中国历代图书总目

艺术卷
06

李致忠 主编

北京国图书店有限责任公司
北京广臻文化艺术有限公司 编纂

文物出版社

第六分册目录

绘　画

中国绘画作品

中国宣传画作品

J0041400
继承和发展民族传统体育运动　石奇人画
上海　少年儿童出版社　1983 年　76cm（2 开）
定价：CNY0.18

J0041401
加强同全国各族人民的团结，加强同全世界人民的团结　李宏宝作
天津　天津人民美术出版社　1983 年　76cm（2 开）
定价：CNY0.16

J0041402
家庭和睦　沈绍伦作
上海　上海人民美术出版社　1983 年　76cm（2 开）
定价：CNY0.16
　　　作者沈绍伦（1935—　　），画家。上海嘉定人。中国美术家协会会员、美术家协会上海分会理事、上海水彩画研究会会长、上海画片出版社编辑、上海人民美术出版社宣传画编辑。代表作品有《荷塘翠鸟》等；出版有《沈绍伦水彩画选集》等。

J0041403
坚持对外开放政策，抵制资本主义腐朽思想侵蚀　刘贵宾作

天津　天津人民美术出版社　1983 年　76cm（2 开）
定价：CNY0.16

J0041404
坚定信念　奋勇向前　谢可新作
成都　四川人民出版社　1983 年　107cm（全开）
定价：CNY0.32

J0041405
建设社会主义精神文明　黄宗瑞作
天津　天津人民美术出版社　1983 年　76cm（2 开）
定价：CNY0.16

J0041406
讲卫生　树新风　张先荣画
北京　人民卫生出版社　1983 年　76cm（2 开）
定价：CNY0.10

J0041407
讲文明　讲礼貌　讲卫生　讲秩序　讲道德　徐天荪设计
乌鲁木齐　新疆人民出版社　1983 年 ［78cm］（3 开）
定价：CNY0.15

J0041408
讲文明　讲礼貌　讲卫生　讲秩序　讲道德　心灵美　语言美　行为美　环境美　热爱祖国　热爱社会主义　热爱党　孟英声等作
成都　四川人民出版社　1983 年　6 张 76cm（2 开）
定价：CNY0.96

J0041409
精心治疗精心护理　王麟坤作
上海　上海人民美术出版社　1983 年　76cm（2 开）
定价：CNY0.16
　　作者王麟坤（1939— ），美术编辑。上海人，笔名王凌昆。毕业于上海美术专科学校油画系。任上海人民美术出版社副编审。作品有《祖国万岁——庆祝中华人民共和国成立三十周年》《德国物理学家爱因斯坦》《京韵系列》《花韵系列》等。

J0041410
开创文明新时代　林震作
沈阳　辽宁美术出版社　1983 年　76cm（2 开）
定价：CNY0.13

J0041411
开创新局面　人人做贡献　杨明作
天津　天津人民美术出版社　1983 年　76cm（2 开）
定价：CNY0.16

J0041412
科学造林　云南省绿化委员会，云南省林业厅编绘
昆明　云南人民出版社　1983 年　78cm（2 开）
定价：CNY0.12

J0041413
控制人口数量，提高人口素质　姚敏奇书写；刘淑英设计
太原　山西人民出版社　1983 年　53cm（4 开）
定价：CNY0.09

J0041414
礼貌　友爱　诚实　勇敢　陆长根作
南京　江苏人民出版社　1983 年　53cm（4 开）
定价：CNY0.36

J0041415
礼貌待人　晁德仁作
沈阳　辽宁美术出版社　1983 年　76cm（2 开）
定价：CNY0.13
　　作者晁德仁（1948— ），画家。河南清丰县人。中国美术家协会会员、大连市美术家协会副主席兼秘书长、大连市青年美术家协会主席。主要作品有《迎春》《制止空气污染》等。

J0041416
立下愚公志　开拓青海省
西宁　青海人民出版社　1983 年　107cm（全开）
定价：CNY0.32

J0041417
立下愚公志　开拓青海省
西宁　青海人民出版社　1983 年　53cm（4 开）
定价：CNY0.18

J0041418
毛主席是中华人民共和国的缔造者　杜润年作
长沙　湖南美术出版社　1983 年　76cm（2 开）
定价：CNY0.16

J0041419
没有共产党就没有新中国　成砺志作
南京　江苏人民出版社　1983 年　76cm（2 开）
定价：CNY0.18
　　作者成砺志（1954— ），江苏扬州人。国家一级美术师，中国美术家协会会员。主要作品《六老图·邓小平》《我为祖国争光》《春暖万家》等。

J0041420
普遍提倡和推行一对夫妇只生育一个孩子　姚敏奇书写；刘淑英设计
太原　山西人民出版社　1983 年　53cm（4 开）
定价：CNY0.09

J0041421
青年先锋　时代楷模　杨华明画
兰州　甘肃人民出版社　1983 年　107cm（全开）
定价：CNY0.36

J0041422
请不要随地吐痰　柏华画
北京　人民卫生出版社　1983 年　76cm（2 开）
定价：CNY0.10

J0041423
全国人民团结一致为全面开创社会主义现代化建设的新局面而奋斗　张文源作
成都　四川人民出版社　1983 年　76cm（2 开）
定价：CNY0.32

J0041424

全民植树 治理河山　周瑞庄作
上海 上海人民美术出版社 1983 年 76cm（2 开）
定价：CNY0.16

J0041425

让我们的生活更有秩序　晁德仁作
沈阳 辽宁美术出版社 1983 年 76cm（2 开）
定价：CNY0.13

J0041426

热爱中国共产党　周瑞庄作
上海 上海人民美术出版社 1983 年 76cm（2 开）
定价：CNY0.16

J0041427

热爱祖国 热爱社会主义 热爱共产党　徐
天荪设计
乌鲁木齐 新疆人民出版社 1983 年 85cm（3 开）
定价：CNY0.15

J0041428

**热烈庆祝第六届全国人民代表大会胜利召
开**　彭德溥作
郑州 中州书画社 1983 年 107cm（全开）
定价：CNY0.36

J0041429

认真宣传执行食品卫生法　湖南省卫生厅
等编
长沙 湖南美术出版社 1983 年 76cm（2 开）
定价：CNY0.16

J0041430

认真学习新党章加强党的建设　李志国作
天津 天津人民美术出版社 1983 年 76cm（2 开）
定价：CNY0.16

J0041431

撒满神州处处春　（献给为四化作贡献的人
们）哈琼文作
上海 上海人民美术出版社 1983 年 76cm（2 开）
定价：CNY0.16
　　作者哈琼文（1925—2012），回族，北京人。
毕业于中央大学艺术系。上海人民美术出版社

编审、上海文史研究馆馆员、中国美术家协会会
员、美术家协会上海分会理事。擅长油画、宣传
画。主要作品有油画《鲁迅——致电党中央祝贺
长征胜利到达陕北》、宣传画《毛主席万岁》等。

J0041432

森林的多种效益　云南省绿化委员会，云南
省林业厅编
昆明 云南人民出版社 1983 年 76cm（2 开）
定价：CNY0.16

J0041433

深入开展"五讲四美三热爱"活动　言师
中画
济南 山东人民出版社 1983 年 1 张 76cm（2 开）
定价：CNY0.16

J0041434

时刻准备着　贺安诚画
长沙 湖南少年儿童出版社 1983 年 1 张
76cm（2 开）定价：CNY0.16

J0041435

**实行计划生育，是关系到我国建设高度的
社会主义物质文明和精神文明的大事**　姚
敏奇书写；刘淑英设计
太原 山西人民出版社 1983 年 1 张 53cm（4 开）
定价：CNY0.09

J0041436

实行计划生育，是我国的一项基本国策
姚敏奇书写；刘淑英设计
太原 山西人民出版社 1983 年 1 张 53cm（4 开）
定价：CNY0.09

J0041437

实行晚婚、晚育、少生、优生　姚敏奇书写；
刘淑英设计
太原 山西人民出版社 1983 年 1 张 53cm（4 开）
定价：CNY0.09

J0041438

**实现祖国统一大业是全国同胞的共同心
愿**　王元珍作
天津 天津人民美术出版社 1983 年 1 张

76cm（2开）定价：CNY0.16

J0041439
誓为共产主义事业奋斗终身　潘鸿海绘
杭州　浙江人民美术出版社　1983 年　1 张
76cm（2开）定价：CNY0.15
　　作者潘鸿海（1942—　），艺术家。上海人，毕业于浙江美术学院油画系。历任浙江人民美术出版社美术记者、美术编辑、编辑部主任、副总编，《富春江画报》负责人，浙江画院院长。代表作品有《又是一个丰收年》《鲁迅》。

J0041440
树立共产主义道德　劳汝根作
广州　岭南美术出版社　1983 年　1 张 76cm（2开）
定价：CNY0.16

J0041441
四化建设英雄谱　邬华敏作
成都　四川人民出版社　1983 年　5 张 76cm（2开）
定价：CNY0.80
　　作者邬华敏（1954—　），画家，擅长油画。重庆人。毕业于重庆社会大学美术系油画专业。任重庆铁路分局重庆西俱乐部主任、政工师。作品曾入选全国美术作品展览及年画展览。作品《敬爱的元帅——徐向前、陈毅》《高瞻远瞩》，油画《金秋》。

J0041442
四旁绿化　云南省绿化委员会，云南省林业厅编绘
昆明 云南人民出版社 1983 年 1 张 [78cm]（2开）
定价：CNY0.12

J0041443
他的英名和事业永垂不朽　费长富作
沈阳　辽宁美术出版社　1983 年　1 张 76cm（2开）
定价：CNY0.13

J0041444
体育运动从小抓起　吴建画
上海　少年儿童出版社　1983 年　1 张 76cm（2开）
定价：CNY0.18

J0041445
万众一心同心同德奔向四化　晁德仕作

天津　天津人民美术出版社　1983 年　1 张
76cm（2开）定价：CNY0.16

J0041446
为河北添光彩　为祖国立新功
石家庄　河北美术出版社　1983 年　1 张
76cm（2开）定价：CNY0.14

J0041447
为实现十二大制定的宏伟目标努力奋斗　邓开圮作
天津　天津人民美术出版社　1983 年　1 张
76cm（2开）定价：CNY0.16

J0041448
为振兴中华贡献自己的青春　赵宇敏画
济南　山东人民出版社　1983 年　1 张 76cm（2开）
定价：CNY0.16

J0041449
伟大的共产主义战士——雷锋　石奇人，许明耀画
上海　上海教育出版社　1983 年　1 张
107cm（全开）定价：CNY0.36

J0041450
伟大的劳动者　黄鹤群，胡春作
南京　江苏人民出版社　1983 年　1 张 76cm（2开）
定价：CNY0.18

J0041451
伟大的祖国蒸蒸日上　时卫平作
南京　江苏人民出版社　1983 年　1 张 76cm（2开）
定价：CNY0.18

J0041452
毋忘团结奋斗　致力振兴中华　郝祥作
石家庄　河北美术出版社　1983 年　1 张
76cm（2开）定价：CNY0.16

J0041453
吸烟有害　陈毓琼作
北京　人民卫生出版社　1983 年　1 张 76cm（2开）
定价：CNY0.10

J0041454

向雷锋叔叔学习争当红花少年　张长清作
成都　四川人民出版社 1983 年 1 张 76cm（2 开）
定价：CNY0.16

J0041455

向雷锋同志学习培养共产主义品德　李万
春作
成都　四川人民出版社 1983 年 1 张 76cm（2 开）
定价：CNY0.16

J0041456

向优秀共青团员张海迪同志学习　潘鸿
海作
杭州　浙江人民美术出版社 1983 年 1 张
76cm（2 开）定价：CNY0.15

J0041457

向张海迪同志学习　翁逸之，周瑞庄作
上海　上海人民美术出版社 1983 年 1 张
76cm（2 开）定价：CNY0.16
　　作者翁逸之（1921—1995），生于上海青浦。
曾任上海人民美术出版社编审、中国美术家协会
会员、上海美术家协会理事、上海粉画学会顾问
等。师承张充仁，创作了许多招贴画、油画和粉
画。旅居西班牙期间举办过个人画展，作品曾多
次获奖，有些被收藏于中国美术馆、上海及各地
的美术馆。画有《保卫和平是英雄建设祖国是好
汉》《全民皆兵保卫祖国》《庆祝中华人民共和国
成立三十五周年》《庆祝中国共产党成立六十周
年》《热烈庆祝五届全运会胜利召开》等。作者
周瑞庄（1930—　），画家。又名睿庄，浙江湖州
人。历任上海人民美术出版社专职画家、编审、
中国美术家协会会员。代表作品有《世界人民反
帝斗争必胜》《繁荣昌盛》《星火燎原》等。

J0041458

象蒋筑英那样为四化多做贡献　谷钢画
长春　吉林人民出版社 1983 年 1 张
107cm（全开）定价：CNY0.32

J0041459

心灵美　高光明作
乌鲁木齐　新疆人民出版社 1983 年 1 张
76cm（2 开）定价：CNY0.18

J0041460

心灵美　徐天苏设计
乌鲁木齐　新疆人民出版社 1983 年 1 张
76cm（2 开）定价：CNY0.15

J0041461

**新宪法是实现社会主义现代化建设的重大
保障**　李志国作
天津　天津人民美术出版社 1983 年 1 张
76cm（2 开）定价：CNY0.16

J0041462

学雷锋树立共产主义理想　蒋昌一画
上海　上海教育出版社 1983 年［1 张］
76cm（2 开）定价：CNY0.18
　　作者蒋昌一（1943—　），画家、国家一级美
术师。湖南湘乡人，毕业于南京艺术学院美术系。
历任上海美术设计公司干部、上海油画雕塑院院
长、中国美术家协会会员、上海美术家协会常务
理事、上海美术家协会绘画艺术委员会主任。代
表作品《团结》《国旗像太阳一样红》《革命风雨
催我长》等。

J0041463

学习马克思刻苦读书的精神　潘鸿海作
杭州　浙江人民美术出版社 1983 年 1 张
76cm（2 开）定价：CNY0.15

J0041464

学习张海迪，做共产主义一代新人　王景
琨作
合肥　安徽人民出版社 1983 年 1 张 76cm（2 开）
定价：CNY0.16

J0041465

**学习张海迪，做有理想、有道德、有文化、
守纪律的共产主义新人**　金纪发画
上海　上海教育出版社 1983 年 1 张 76cm（2 开）
定价：CNY0.18
　　作者金纪发（1965—　），画家、教师。上海
人，毕业于上海美术学院油画系。上海大学美术
学院油画系副教授。作品有《四季歌》《欢歌》《高
歌》《夏日的情思》《怡人》等，出版有《金纪发
油画集》。

J0041466

学习张海迪，做有理想、有道德、有文化、守纪律的一代新人　邱百平作
北京　人民美术出版社　1983 年　1 张 76cm（2 开）
定价：CNY0.16
　　作者邱百平（1964—　　），毕业于中央工艺美术学院。曾在北京战友歌舞团从事美术设计工作，并任中央工艺美术学院、清华大学美术学院绘画系副主任、教授、基础部主任，北京市美术家协会油画艺术委员会委员，中央工艺美术学院基础部主任。作品有《中国现代美术选集》，著作有《油画作品选》《考前色彩指导》《速写／清华大学美术学院学生作品精选》等。

J0041467

学先进　赶先进　争先进
石家庄　河北美术出版社　1983 年　1 张
76cm（2 开）定价：CNY0.14

J0041468

阳光洒遍祖国大地　杨志麟作
南京　江苏人民出版社　1983 年　1 张 76cm（2 开）
定价：CNY0.18

J0041469

要努力建设社会主义精神文明　盛二龙绘
杭州　浙江人民美术出版社　1983 年　1 张
76cm（2 开）定价：CNY0.15
　　作者盛二龙（1948—　　），广东中山人，毕业于浙江美术学院附中。历任浙江人民美术出版社美术编辑、浙江摄影出版社社长，《浙江画报》社社长兼主编。作品有《红孩子、红队长、红爷爷》《山姑娘》（合作）、《江山多娇》。

J0041470

一棵树的作用　云南省绿化委员会，云南省林业厅编；黎光明绘
昆明　云南人民出版社　1983 年　1 张 76cm（2 开）
定价：CNY0.16

J0041471

以争分夺秒精神开创新局面　陈克作
南京　江苏人民出版社　1983 年　1 张 76cm（2 开）
定价：CNY0.18

J0041472

义务植树人人有责　云南省绿化委员会，云南省林业厅编；杨向阳绘
昆明　云南人民出版社　1983 年　1 张 76cm（2 开）
定价：CNY0.16
　　作者杨向阳，书画家、学者、教授。号楚布，字书地人，湖南湘潭人。历任湖南科技大学艺术学院院长，中国当代书画家协会副主席，齐白石画院副院长，中国工业设计协会常务理事等职。主要代表著作有《三体书》《书法要略》《简繁对照字帖》《书法基础》。

J0041473

引滦入津为民造福　黄宗瑞作
天津　天津人民美术出版社　1983 年　1 张
76cm（2 开）定价：CNY0.16

J0041474

优秀共青团员——张海迪　刘全聚摄；顾祝军作
天津　天津人民美术出版社　1983 年　10 张
53cm（4 开）定价：CNY0.35

J0041475

语言美　徐天荪设计
乌鲁木齐　新疆人民出版社　1983 年［78cm］（3 开）
定价：CNY0.15

J0041476

语言美　刘南生作
乌鲁木齐　新疆人民出版社　1983 年 76cm（2 开）
定价：CNY0.18

J0041477

振作精神　振兴河北
石家庄　河北美术出版社　1983 年 76cm（2 开）
定价：CNY0.14

J0041478

振作精神为振兴河北做贡献　安耀华作
石家庄　河北美术出版社　1983 年 76cm（2 开）
定价：CNY0.16

J0041479

只生一个好　（摄影 1984〈农历甲子年〉年历）

陈扬坤摄影
福州 福建人民出版社 1983 年 54cm（4 开）
定价：CNY0.20

J0041480
植树绿化 维护生态平衡　周瑞庄作
上海 上海人民美术出版社 1983 年 76cm（2 开）
定价：CNY0.16

J0041481
种花种草美化城乡环境　王麟坤作
上海 上海人民美术出版社 1983 年 76cm（2 开）
定价：CNY0.16

J0041482
祖国啊，我爱你　王麟坤作
上海 上海人民美术出版社 1983 年 76cm（2 开）
定价：CNY0.16

J0041483
祖国保卫者　高少飞作
上海 上海人民美术出版社 1983 年 76cm（2 开）
定价：CNY0.16

J0041484
祖国四化谱新曲　金纪发作
上海 上海人民美术出版社 1983 年 76cm（2 开）
定价：CNY0.16

J0041485
尊敬老人　周瑞庄作
上海 上海人民美术出版社 1983 年 76cm（2 开）
定价：CNY0.16

J0041486
尊敬老师　徐福根作
天津 天津人民美术出版社 1983 年 76cm（2 开）
定价：CNY0.18
　　作者徐福根（1941—　），别名夫耕，出生于
浙江萧山。擅长年画。曾任江西人民出版社美
术编辑、江西美术出版社副编审等职。作品有《雷
锋与红领巾》《孙中山与宋庆龄》《让世界充满
爱》《春从燕翅归》等。

J0041487
尊师爱生　哈琼文作
上海 上海人民美术出版社 1983 年 76cm（2 开）
定价：CNY0.16

J0041488
做有道德的人　费长富作
沈阳 辽宁美术出版社 1983 年 76cm（2 开）
定价：CNY0.13

J0041489
做有理想有道德有文化守纪律的新一代
林震作
沈阳 辽宁美术出版社 1983 年 76cm（2 开）
定价：CNY0.13

J0041490
《五讲 四美 三热爱》挂图　付文星编文；王
炯平等摄影
福州 福建人民出版社 1984 年 12 张 76cm（2 开）
定价：CNY1.80

J0041491
爱国首先要知国　（知之愈深 爱之愈切）
沙德安，季阳作
杭州 浙江人民美术出版社 1984 年 [1 张]
107cm（全开）定价：CNY0.30
　　作者季阳（1941—　），画家。上海人。毕业
于浙江美术学院版画系。曾任职于《浙北报》社、
嘉兴地区电影公司、浙江省电影公司。中国美
术学院视传设计系研究生教研室主任。作品有
版画《忧》《啊，瑞雪》，招贴画《听从祖国召唤》
《胭脂》等。出版有《电影宣传》《平面广告艺术》
《编排艺术》等。

J0041492
安全生产宣传画　金纪发等作
上海 上海人民美术出版社 1984 年 8 张
76cm（2 开）定价：CNY0.16

J0041493
保护森林 绿化祖国　付启中作
昆明 云南人民出版社 1984 年 76cm（2 开）
定价：CNY0.18

J0041494

必须坚持共产党的领导　季阳作

杭州　浙江人民美术出版社　1984 年

107cm（全开）定价：CNY0.30

J0041495

必须坚持马列主义、毛泽东思想　顾盼作

杭州　浙江人民美术出版社　1984 年

107cm（全开）定价：CNY0.30

J0041496

必须坚持社会主义道路　潘鸿海作

杭州　浙江人民美术出版社　1984 年

107cm（全开）定价：CNY0.32

J0041497

沉绿湖上的英雄乐章　张志勇文；师华梅画

石家庄　河北美术出版社　1984 年　76cm（2 开）

定价：CNY0.16

J0041498

崇高的精神——向华山救险英雄群体学

习！　李瑞兆作

西安　陕西人民美术出版社　1984 年

107cm（全开）定价：CNY0.36

J0041499

璀璨的共青团徽章　周祖强作

南宁　广西人民出版社　1984 年　76cm（2 开）

定价：CNY0.16

J0041500

寸金难买寸光阴　陈松茂作

南昌　江西人民出版社［1984 年］76cm（2 开）

定价：CNY0.18

J0041501

锻炼身体　彭召民作

重庆　重庆出版社　1984 年　76cm（2 开）

定价：CNY0.16

　　作者彭召民（1935—　　），生于四川广安，毕业于西南师范学院美术系。历任韶山毛主席旧居陈列馆美术创作组组长、重庆市美术家协会副主席兼秘书长、重庆市美术家协会主席、中国美术家协会理事、重庆书画艺术院副院长。作品有

《孔子》《彭大将军》《罗汉图》《观荷图》《故里》

《三峡情》《高原小鹰》等。

J0041502

奋发图强　振兴中华　彭成作

昆明　云南人民出版社　1984 年　107cm（全开）

定价：CNY0.36

J0041503

奋飞吧　广西　前平作

南宁　广西人民出版社　1984 年　76cm（2 开）

定价：CNY0.18

J0041504

奋飞吧　中华　章仁缘作

南昌　江西人民出版社［1984 年］107cm（全开）

定价：CNY0.36

J0041505

歌唱祖国　建设祖国　张学乾绘画

兰州　甘肃人民出版社　1984 年　53cm（4 开）

定价：CNY0.09

　　作者张学乾（1944—　　），甘肃兰州人。西北师范大学敦煌艺术学院美术系教授、中国美术家协会会员、中国油画学会团体会员成员、甘肃美术家协会副主席。出版有《张学乾美术作品选》《素描艺术在线法》等著作。主要作品有《孩子鸽子》《塬上家什》《高原晴雪》等。

J0041506

各民族大团结万岁　彭成作

昆明　云南人民出版社　1984 年　107cm（全开）

定价：CNY0.36

J0041507

工农业生产蒸蒸日上　（吉林省三十五年伟大成就·1）张桂玲等画

长春　吉林人民出版社　1984 年　107cm（全开）

定价：CNY0.32

J0041508

环境美　杨馥如作

西安　陕西人民美术出版社　1984 年　76cm（2 开）

定价：CNY0.18

　　作者杨馥如（1918—1992），江苏无锡人。

曾任进艺辉图片社设计室主任。代表作品有《十二生肖娃娃图》《万象更新》《庆丰收》《农家乐》等。

J0041509

黄继光 邱少云　志能作

重庆　重庆出版社　1984年　76cm（2开）

定价：CNY0.16

J0041510

基本建设成绩辉煌　（吉林省三十五年伟大成就·2）张桂玲等画

长春　吉林人民出版社　1984年　107cm（全开）

定价：CNY0.32

J0041511

计划生育宣传画　杨润成，章乐珍书

太原　山西人民出版社　1984年　8张53cm（4开）

定价：CNY0.72

J0041512

纪律是事业取得成功的保证　陈坚作

南京　江苏美术出版社　1984年　76cm（2开）

定价：CNY0.18

　　作者陈坚（1959—　），山东青岛人。曾任中国美术家协会水彩画艺术委员会副主任兼秘书长、北京市美术家协会水彩画艺术委员会副主任、北京水彩画学会副会长。主要作品有《塔吉克老人》《塔吉克姑娘》《逝》等。

J0041513

继承革命传统　立志振兴中华　秦天建，张立宪作

西安　陕西人民美术出版社　1984年　76cm（2开）

定价：CNY0.18

　　作者张立宪（1954—　），陕西渭南人，西安美术学院附属中等美术学校副校长，中国美术家协会陕西分会会员等。

J0041514

继承革命传统　致力振兴中华　邱百平作

北京　人民美术出版社　1984年　76cm（2开）

定价：CNY0.18

J0041515

讲文明　讲礼貌　讲道德　讲卫生　讲秩序　心灵美　语言美　行为美　环境美　热爱党　热爱祖国　热爱社会主义　张明堂，赵益超作

太原　山西人民出版社　1984年　12张53cm（4开）

定价：CNY1.08

　　作者张明堂（1941—　），画家。山西寿阳人，毕业于山西艺术学院美术系。历任山西省美术院专职画家、陕西国画院一级美术师。代表作品有《晓色初动》《战太行》《知心话儿说不尽》《东渡黄河》《月是故乡明》等。出版有连环画《吕梁英雄传》。

J0041516

开拓前进　振兴中华　林风画

兰州　甘肃人民出版社　1984年　107cm（全开）

定价：CNY0.36

J0041517

立志攀登科学高峰　（教育图片）晁德仁画

上海　上海教育出版社　1984年　76cm（2开）

定价：CNY0.18

J0041518

练好本领　保家卫国　赵宋生作

昆明　云南人民出版社　1984年　53cm（4开）

定价：CNY0.10

　　作者赵宋生（1940—1996），高级美术师。四川重庆人，毕业于云南艺术学院。曾任玉溪市文化局局长、玉溪市文联副主席。作品有《花卉的思念》《绿水情深》《溶溶月色》《乐途》《岁月》等，出版有《云南民族风情白描集》《赵宋生画集》等。

J0041519

盲目生育将导致生存危机　冯忆南作

南京　江苏美术出版社　1984年　76cm（2开）

定价：CNY0.18

J0041520

没有共产党　就没有新中国　周昭坎作

合肥　安徽人民出版社　1984年　76cm（2开）

定价：CNY0.16

J0041521

美的环境　美的心灵　龚定平画
石家庄　河北美术出版社 1984 年 76cm（2 开）
定价：CNY0.18

J0041522

美好的未来属于我们　李军画
上海　上海教育出版社 1984 年 76cm（2 开）
定价：CNY0.18

J0041523

民族团结万岁　卢仲坚作
南宁　广西人民出版社 1984 年 76cm（2 开）
定价：CNY0.18

J0041524

南疆花儿红　安杰画
长春　吉林人民出版社 1984 年 76cm（2 开）
定价：CNY0.16

　　作者安杰（1946—　　），毕业于吉林师范学校。曾任吉林省梅河口文化馆创作室主任、高级美术师，中国美术家协会会员，吉林省美术家协会理事。主要作品有《春雪》《喜迎春》《爽秋》等。

J0041525

努力建设两个文明　迎接国庆三十五周年
蒋高义作
昆明　云南人民出版社 1984 年 76cm（2 开）
定价：CNY0.18

J0041526

努力完成整党任务　实现党风根本好转　胡振宇作
杭州　浙江人民出版社 1984 年 107cm（全开）
定价：CNY0.30

　　作家胡振宇（1939—　　），画家。浙江宁波人。浙江美术学院油画系毕业，国家选派赴比利时皇家美术学院留学。历任浙江美院油画系主任、造型学部副主任。代表作品有《功》《一生难忘 1976》《峥嵘岁月》《百年沧桑》《白求恩》，出版有《胡振宇油画作品》画册。

J0041527

攀登知识高峰　飞向未来世界　李善作
成都　四川人民出版社 1984 年 76cm（2 开）

定价：CNY0.18

J0041528

培养高尚的道德情操　（教育图片）晁德仁，盖明生画
上海　上海教育出版社 1984 年 76cm（2 开）
定价：CNY0.18

J0041529

品学兼优　彭召民作
重庆　重庆出版社 1984 年 76cm（2 开）
定价：CNY0.16

J0041530

普及科学知识　破除封建迷信　（挂图）
杭州　浙江科学技术出版社［1984 年］20 张
76cm（2 开）定价：CNY4.00

J0041531

普天同欢庆　各族大团结　（蒙汉文对照）明锐作
呼和浩特　内蒙古人民出版社 1984 年
76cm（2 开）定价：CNY0.18

J0041532

普天同庆　四海归心　张广义，杜世英画
长春　吉林人民出版社 1984 年 107cm（全开）
定价：CNY0.32

J0041533

强大的祖国保卫者　司马连义作
上海　上海人民美术出版社 1984 年 76cm（2 开）
定价：CNY0.16

　　作者司马连义（1947—　　），山东临沂人。毕业于上海大学美术学院油画系。中国美术家协会会员、中国艺术研究院研究员、国家友好画院副院长、国家一级美术师、江苏画院特聘画师、江苏雕塑壁画协会理事。作品有《晨练》《钢铁长城》《岁月》《努力学习》等。

J0041534

勤奋出人才　程国英作
成都　四川人民出版社 1984 年 76cm（2 开）
定价：CNY0.16

　　作者程国英（1922—1967），黑龙江哈尔滨

人。别名程果。毕业于中央美术学院。擅长油画、水彩画。曾任清华大学土建系教师。作品有《南京古鸡鸣寺》《井冈山风暴》《土地革命时的赤卫队》等。

J0041535
勤奋学习　　徐保佳作
重庆　重庆出版社　1984 年　76cm（2 开）
定价：CNY0.16

J0041536
青年英雄谱　　林加冰等画
北京　中国青年出版社　1984 年　10 张
76cm（2 开）定价：CNY1.90

J0041537
庆祝中华人民共和国成立三十五周年　　翁逸之作
上海　上海人民美术出版社　1984 年
107cm（全开）定价：CNY0.32

J0041538
全国宣传画展览作品选　　上海人民出版社编
上海　上海人民美术出版社　1984 年　25cm（15 开）
统一书号：8081.14061 定价：CNY2.50

J0041539
让青春在拼搏中度过　　陈世宁作
南京　江苏美术出版社　1984 年　76cm（2 开）
定价：CNY0.18

J0041540
热爱科学　　徐保佳作
重庆　重庆出版社　1984 年　76cm（2 开）
定价：CNY0.16

J0041541
热烈庆祝中华人民共和国成立三十五周年　　赵大鹏作
北京　北京美术摄影出版社　1984 年　76cm（2 开）
定价：CNY0.18

J0041542
热烈庆祝中华人民共和国成立三十五周年　　阎义春作
沈阳　辽宁美术出版社　1984 年　107cm（全开）
定价：CNY0.26

J0041543
热烈庆祝中华人民共和国成立三十五周年　（蒙汉文对照）关巍作
呼和浩特　内蒙古人民出版社　1984 年
76cm（2 开）定价：CNY0.18

J0041544
人民生活水平日益提高　　张桂玲等画
长春　吉林人民出版社　1984 年　107cm（全开）
定价：CNY0.32
（吉林省三十五年伟大成就之 4）

J0041545
日本青年朋友，古城西安热烈欢迎！
陈延作
西安　陕西人民美术出版社［1984 年］76cm（2 开）

J0041546
神州大地欣欣向荣　　张广义，杜世英画
长春　吉林人民出版社　1984 年　1 张
107cm（全开）定价：CNY0.32

J0041547
时间就是金钱　效率就是生命　　朱植人，季阳作
杭州　浙江人民美术出版社　1984 年　1 张
107cm（全开）定价：CNY0.30

J0041548
时间就是生命　　陈世宁作
南京　江苏美术出版社　1984 年　1 张 76cm（2 开）
定价：CNY0.18

J0041549
书籍是知识的窗户　　张安朴作
上海　上海人民美术出版社　1984 年　1 张
76cm（2 开）定价：CNY0.16
　　作者张安朴（1947—　　），画家。上海嘉定人。曾任上海美术家协会理事、上海硬笔画研究会会长、上海《解放日报》社美术编辑部主任等职。主要作品有《书籍是知识的窗户》《希望的田野》《光辉的前程》等。

J0041550

树立共产主义的远大理想　石奇人作

武汉　湖北少年儿童出版社　1984 年　1 张

76cm（2 开）定价：CNY0.18

J0041551

数星星 数灯灯 数也数不清　周瑞庄作

上海　上海人民美术出版社　1984 年　1 张

76cm（2 开）定价：CNY0.16

J0041552

陶冶美的情操 塑造美的心灵　哈琼文作

上海　上海人民美术出版社　1984 年　1 张

76cm（2 开）定价：CNY0.16

J0041553

同心同德 振兴中华　郭文涛绘

兰州　甘肃人民出版社　1984 年　1 张 53cm（4 开）

定价：CNY0.09

　　作者郭文涛（1941—　　），画家。河北交河人。毕业于西北师范大学美术系。中国美术家协会会员、甘肃省美术家协会副主席、兰州市美术家协会主席、兰州市文联主席、兰州市政协副主席。代表作品《军长之路》（合作）、连环画《四明传奇》、国画《夕照图》。出版有《郭文涛画集》等。

J0041554

团结奋斗 为振兴中华做贡献　吴仁作

沈阳　辽宁美术出版社　1984 年　1 张

107cm（全开）定价：CNY0.26

J0041555

团结起来，为建设社会主义现代化强国而奋斗！　刘秉礼作

广州　岭南美术出版社　1984 年　1 张 76cm（2 开）

定价：CNY0.25

　　作者刘秉礼（1932—2000），广东广州人。历任电影院美术员，出版社设计组组长、创作员，演出公司美工室美术组长，美术公司副经理，广州市美术公司艺术指导。作品有《心怀祖国，放眼世界》《毛主席视察广州造纸厂》《知识是致富的宝库》等。

J0041556

团结友谊和平进步　王永强作

上海　上海人民美术出版社　1984 年　1 张

76cm（2 开）定价：CNY0.16

J0041557

万象更新　钱大昕作

上海　上海人民美术出版社　1984 年　1 张

107cm（全开）定价：CNY0.32

　　作者钱大昕（1922—　　），画家。上海人。擅长宣传画、美术编辑。历任上海人民美术出版社年画宣传画编辑室副主任、副总编辑、编审。作品有《争取更大丰收献给社会主义》《列宁——无产阶级革命的伟大导师》《延河长流鱼水情深》，合著有《怎样画宣传画》。

J0041558

为中华崛起而奋斗　（1949—1984）秦明良作

长沙　湖南美术出版社　1984 年　1 张 76cm（2 开）

定价：CNY0.18

J0041559

为祖国效力 为四化发光　哈琼文作

上海　上海人民美术出版社　1984 年　1 张

76cm（2 开）定价：CNY0.16

J0041560

维护妇女儿童合法权益　王麟坤作

上海　上海人民美术出版社　1984 年　1 张

76cm（2 开）定价：CNY0.16

J0041561

伟大祖国 欣欣向荣　郭文涛绘

兰州　甘肃人民出版社　1984 年　1 张 53cm（4 开）

定价：CNY0.09

J0041562

伟大祖国万岁　（庆祝中华人民共和国三十五周年）阎义春作

沈阳　辽宁美术出版社　1984 年　1 张

107cm（全开）定价：CNY0.26

J0041563

文教卫生事业蓬勃发展　张桂玲等画

长春　吉林人民出版社　1984 年　1 张

107cm（全开）定价：CNY0.32
（吉林省三十五年伟大成就之3）

J0041564
我爱国旗——火样的鲜红 （庆祝中人华民
共和国成立35周年）冯忆南等作
南京 江苏美术出版社 1984年 1张
107cm（全开）定价：CNY0.40

J0041565
我爱黄河——五千年灿烂的文化 冯忆南
等作
南京 江苏美术出版社 1984年 1张
107cm（全开）定价：CNY0.40

J0041566
我爱您 祖国 李善作
成都 四川人民出版社 1984年 1张76cm（2开）
定价：CNY0.18

J0041567
我爱长江——一往无前的精神 （庆祝中华
人民共和国成立35周年）冯忆南等作
南京 江苏美术出版社 1984年 1张
107cm（全开）定价：CNY0.40

J0041568
我们的最高理想是共产主义 赵光涛，房燕
生作
南京 江苏美术出版社 1984年 1张76cm（2开）
定价：CNY0.18

J0041569
我们美化环境 环境美化我们 钱大泾作
南京 江苏美术出版社 1984年 1张76cm（2开）
定价：CNY0.18

J0041570
我们伟大的社会主义祖国万岁！ 贝瑛
仁作
银川 宁夏人民出版社 1984年 1张
107cm（全开）定价：CNY0.60

J0041571
我们永远热爱伟大祖国 郭文涛绘

兰州 甘肃人民出版社 1984年 1张
107cm（全开）定价：CNY0.36

J0041572
五讲四美 张明堂，赵益超作
太原 山西人民出版社 1984年 12张
53cm（4开）定价：CNY1.08

J0041573
鲜艳的红领巾 卢恺作
南宁 广西人民出版社 1984年 1张76cm（2开）
定价：CNY0.16
　　作者卢恺，教授。毕业于广西艺术学院美术
系油画专业。历任中国电视艺术家协会会员，中
国美术家协会广西分会会员，广西电视台美术编
审，广西北部湾油画研究院副院长、画院教授。
代表作品《喜洋洋》《智慧之光》《我家有新船
了》等。

J0041574
心怀四化 勇攀高峰 张学乾绘画
兰州 甘肃人民出版社 1984年 1张53cm（4开）
定价：CNY0.09

J0041575
宣传画获奖作品集
天津 天津人民美术出版社 1984年 45页
25cm（16开）统一书号：8073.50320
定价：CNY4.80
（中国获奖美术作品画库）
　　本书编入1983年由文化部、国家出版局和
中国美术家协会联合主办的全国宣传画展览中
获奖的45件作品。

J0041576
**学习王德恒等同志舍己救人的共产主义精
神！** 费正作
石家庄 河北美术出版社 1984年 1张
76cm（2开）定价：CNY0.18
　　作者费正（1938— ），出生于重庆市，原籍
江苏启东。毕业于中央美术学院。曾在解放军
部队及出版部门从事美术工作。河北画院专业
画家、河北美术家协会副主席。作品有《老农》
《剥蒜》《春》等。

J0041577
要尊重社会公德　周瑞庄作
上海　上海人民美术出版社　1984 年　1 张
76cm（2 开）定价：CNY0.16

J0041578
勇于改革　开创新局面　欧阳荆山作
南宁　广西人民出版社　1984 年　76cm（2 开）
定价：CNY0.16

J0041579
优越的社会主义制度使独生子女健康成长　杨志麟作
南京　江苏美术出版社　1984 年　76cm（2 开）
定价：CNY0.18

J0041580
优质人口是实现四化的保证　钱大泾作
南京　江苏美术出版社　1984 年　76cm（2 开）
定价：CNY0.18

J0041581
有道德的人是高尚的人　陈坚作
南京　江苏美术出版社　1984 年　76cm（2 开）
定价：CNY0.18

J0041582
振兴中华　晁德仁作
沈阳　辽宁美术出版社　1984 年　107cm（全开）
定价：CNY0.26

J0041583
只生一个好　（摄影 1985 年年历）马承梓摄影
福州　福建人民出版社　1984 年　54cm（4 开）
定价：CNY0.20

J0041584
只生一个好　（摄影 1985 年农历乙丑年年历）
兰行摄影
重庆　重庆出版社　1984 年　54cm（4 开）
定价：CNY0.20

J0041585
知识——打开理想大门的钥匙　李建国，时
卫平作

南京　江苏美术出版社　1984 年　76cm（2 开）
统一书号：8353.1.006（2）定价：CNY0.18

J0041586
知识是致富的宝库　刘秉礼作
广州　岭南美术出版社　1984 年　76cm（2 开）
定价：CNY0.18

J0041587
知识为你添上有力的翅膀　赵光涛，房燕生作
南京　江苏美术出版社　1984 年　76cm（2 开）
定价：CNY0.18

J0041588
执行消防条例　保卫四化建设　晁德仁作
上海　上海科学技术出版社　1984 年　76cm（2 开）
定价：CNY0.15

J0041589
中华崛起日新月异　张广义，杜世英画
长春　吉林人民出版社　1984 年　107cm（全开）
定价：CNY0.32

J0041590
中华民族大团结万岁　金纪发作
上海　上海人民美术出版社　1984 年
107cm（全开）定价：CNY0.32

J0041591
中华人民共和国万岁　张泽民，王世祥作
太原　山西人民出版社　1984 年　107cm（全开）
定价：CNY0.36

J0041592
中华人民共和国万岁　彭成作
昆明　云南人民出版社　1984 年　107cm（全开）
定价：CNY0.36

J0041593
中日友好·源远流长　王炎林作
西安　陕西人民美术出版社 [1984 年] 76cm（2 开）
　　作者王炎林（1940—2010），画家。河南郑州
人，毕业于西安美术学院油画系。历任西安电影
制片厂美术设计师、西安市美术家协会副主席、
中国美术家协会会员等。代表作品《我和鸟儿交

朋友》《绿化祖国造福后代》等。

J0041594
自觉遵守集体纪律　苏振英画
上海　上海教育出版社 1984 年 76cm（2 开）
定价：CNY0.18

J0041595
祖国 母亲　王晖作
北京　北京美术摄影出版社 1984 年 76cm（2 开）
定价：CNY0.18
　　作者王晖，女，工笔画画家、一级美术师。生于辽宁大连。毕业于中央工艺美术学院。历任中国美术家协会会员、中国美术家协会重彩画研究会会员、中国工笔画学会会员、中国女画家协会会员、北京重彩画会会员、国际女画家协会会员。代表作品《和谐家园》《细雨》《小莺》等。

J0041596
祖国 母亲　潘蘅生作
哈尔滨　黑龙江美术出版社 1984 年 76cm（2 开）
定价：CNY0.18

J0041597
祖国 我对你说 你的未来灿烂辉煌　李建国，时卫平作
南京　江苏美术出版社 1984 年 76cm（2 开）
定价：CNY0.18

J0041598
祖国 我对你说 我爱你的一山一水　李建国，时卫平作
南京　江苏美术出版社 1984 年 76cm（2 开）
定价：CNY0.18

J0041599
祖国 我对你说 先烈在我心中　李建国，时卫平作
南京　江苏美术出版社 1984 年 76cm（2 开）
定价：CNY0.18

J0041600
祖国·统一·昌盛　卢恺作
南宁　广西人民出版社 1984 年 76cm（2 开）

定价：CNY0.16

J0041601
祖国处处是我家　金纪发作
上海　上海人民美术出版社 1984 年 76cm（2 开）
定价：CNY0.16

J0041602
祖国万岁　刘运良，马元作
长沙　湖南美术出版社 1984 年 76cm（2 开）
定价：CNY0.18

J0041603
祖国万岁　（庆祝中华人民共和国成立三十五周年）袁辉画
济南　山东美术出版社 1984 年 107cm（全开）
定价：CNY0.32

J0041604
祖国万岁　（庆祝中华人民共和国成立三十五周年）王麟坤作
上海　上海人民美术出版社 1984 年 76cm（2 开）
定价：CNY0.16

J0041605
祖国万岁　游龙姑作
成都　四川人民出版社 1984 年 76cm（2 开）
定价：CNY0.18
　　作者游龙姑（1923—1993），女，画家。福建福州人。毕业于南京国立中央大学艺术系。曾任中国美术家协会会员、上海人民美术出版社副编审等职。主要作品有《支援世界人民的反帝斗争》《改革开放，建设有中国特色的社会主义》等。

J0041606
祖国万岁　季阳，徐俊卿作
杭州　浙江人民美术出版社 1984 年 107cm（全开）定价：CNY0.30

J0041607
做国家主人 当人民的公仆
沈阳　辽宁美术出版社 1984 年 76cm（2 开）
定价：CNY0.13

J0041608

做有理想、有道德、有文化、守纪律的新一代　费正画

石家庄　河北美术出版社　1984 年　76cm（2 开）
定价：CNY0.18

J0041609

《五讲、四美、三热爱》挂图　付文星编文；
王炯平等摄影

福州　福建美术出版社　1985 年　12 张 76cm（2 开）
定价：CNY1.80

J0041610

爱科学勤探索

广州　科学普及出版社广州分社　1985 年　1 张
76cm（2 开）定价：CNY0.20

J0041611

爱我中华，爱我长城　李醒滔，梁照堂作

广州　科学普及出版社广州分社　1985 年　1 张
76cm（2 开）统一书号：8051.60407
定价：CNY0.20

　　作者梁照堂（1946—　），国画家、书法金石
家、美术理论家。字天岳，号楚庭，广东顺德人。
曾入广州画院学习中国画及书法篆刻，后修读于
中央美术学院及浙江美术学院。任教于广州美
术学院、中山大学、华南艺大诸院校，中国美术
家协会会员、中国书法家协会会员、广东青年书
法家协会副主席、广东省书法家协会理事、广州
市美术家协会副主席等。出版有《梁照堂国画集》
《梁照堂书法集》。

J0041612

把最美的花儿献给老师　张安朴作

上海　上海教育出版社　1985 年　1 张 76cm（2 开）
统一书号：7150. 图片 .1954　定价：CNY0.22

J0041613

创造祖国美好的明天　邱百平作

北京　人民美术出版社　1985 年　1 张
定价：CNY0.20

J0041614

都和好书交朋友　王良德作

武汉　湖北少年儿童出版社　1985 年　1 张

76cm（2 开）定价：CNY0.20

J0041615

繁荣昌盛　周瑞庄作

上海　上海人民美术出版社　1985 年　1 张
76cm（2 开）定价：CNY0.20

J0041616

防止病从口入　中央爱国卫生运动委员会、
中华人民共和国卫生部主编；关恒齐作

北京　人民卫生出版社　1985 年　1 张 76cm（2 开）
定价：CNY0.18

J0041617

各族人民大团结万岁　王麟坤作

上海　上海人民美术出版社　1985 年　1 张
76cm（2 开）定价：CNY0.20

J0041618

工业普查是实行现代化管理的重要基础工作　吴敏作

北京　人民美术出版社　1985 年　1 张 76cm（2 开）
定价：CNY0.23

　　作者吴敏（1931—　），画家。擅长宣传画。
浙江平湖人。1949 年参军，海军政治部创作室创
作员。1983 年获全国宣传画创作荣誉奖。作品
有《敌人磨刀我们也要磨刀》《神圣的使命》（在
全国宣传画展览中获奖）、《光荣：万里海疆的保
卫者》等。

J0041619

公主与王子

北京　人民美术出版社　1985 年　1 张 76cm（2 开）
定价：CNY0.20

J0041620

光荣的岗位　崇高的职责　王永强作

上海　上海教育出版社　1985 年　1 张 76cm（2 开）
定价：CNY0.22

J0041621

光荣归于人民教师　哈琼文作

上海　上海人民美术出版社　1985 年　1 张
76cm（2 开）定价：CNY0.20

J0041622

国旗 国旗 我爱您　李醒滔，梁照堂作

广州 科学普及出版社广州分社 1985 年 1 张

76cm（2 开）定价：CNY0.20

J0041623

和好书交朋友　徐文华作

上海 上海教育出版社 1985 年 1 张 76cm（2 开）

定价：CNY0.22

J0041624

敬礼！辛苦的园丁　王利国作

上海 上海教育出版社 1985 年 1 张 76cm（2 开）

定价：CNY0.22

J0041625

联合国国际妇女十年　晁德仁作

北京 人民美术出版社 1985 年 1 张 76cm（2 开）

定价：CNY0.20

　　本宣传画内容是：平等发展和平。

J0041626

练好本领，保卫边疆　刘式铮作

昆明 云南人民出版社 1985 年 1 张 76cm（2 开）

定价：CNY0.20

　　作者刘式铮（1947—　），云南思茅人，毕业
于云南艺术学院美术专业。历任中国美术家协
会会员，中国卫生美术创作委员会理事，云南省
科普美术协会会员，云南省健康教育协会卫生美
术研究组组长，思茅地区群众艺术馆美术干部、
副馆长等职。代表作品有《侭山春》《彝家新生》
《彝族新生》《喜悦》《竹筒舞》等。

J0041627

绿化城市美化环境　翁逸之作

上海 上海人民美术出版社 1985 年 1 张

76cm（2 开）定价：CNY0.20

J0041628

勤劳致富光荣　成砺志作

南宁 广西人民出版社 1985 年 1 张 76cm（2 开）

定价：CNY0.20

J0041629

请自觉遵守公共秩序　王麟坤作

上海 上海人民美术出版社 1985 年 1 张

76cm（2 开）定价：CNY0.20

J0041630

庆祝西藏自治区成立二十周年　裴庄欣作

拉萨 西藏人民出版社 1985 年 1 张 76cm（2 开）

定价：CNY0.38

J0041631

庆祝新疆维吾尔自治区成立三十周年　高
泉作

乌鲁木齐 新疆人民出版社 1985 年 1 张

107cm（全开）定价：CNY0.80

　　作者高泉（1936—2014），油画家、教授。安
徽蚌埠人。历任解放军艺术学院教授、中国革
命军事博物馆创作室主任、中国美术家协会会
员、威海海洋画院院长等。代表作包括《大海》
《肃秋》《英雄交响》《黄河壶口》。出版有《海之
歌——高泉海景画集》。

J0041632

全国工业普查是重大的国情国力调查　毛
文彪作

北京 人民美术出版社 1985 年 1 张 76cm（2 开）

定价：CNY0.23

　　作者毛文彪（1950—　），浙江奉化人。擅
长油画、宣传画。海军政治部创作室美术创作员
等。主要作品有《期望》《郑和下西洋》《远航归
来》等。

J0041633

热爱共产党，热爱祖国，热爱社会主义　董
振中作

长沙 湖北美术出版社 1985 年 1 张 76cm（2 开）

定价：CNY0.18

　　作者董振中（1945—　），画家。山东人。字
子午，号老草。毕业于浙江美术学院国画系。中
国美术家协会会员、国家一级美术师、邹城市美
术家协会主席、邹城市画院院长。出版《董振中
画集》《孟子圣迹图》《孔子圣迹图》等。

J0041634

如实填报搞好工业普查　杨克山作

北京 人民美术出版社 1985 年 1 张 76cm（2 开）

定价：CNY0.23

J0041635
书本是知识的源泉　潘放作
广州　科学普及出版社广州分社　1985 年　1 张
76cm（2 开）定价：CNY0.20

J0041636
天翻地覆慨而慷　张德俊［绘］
南京　江苏美术出版社　1985 年　1 张 76cm（2 开）
定价：CNY0.21
　　　作者张德俊（1946—　　），画家。江苏海安人。毕业于南京艺术学院美术系。曾任常州市刘海粟美术馆馆长、中国美术家协会年画艺术委员会委员等职。主要作品有《凤仪亭》《天翻地覆慨而慷》《紫金山顶的瑰宝》等。

J0041637
天天锻炼身体好　罗日明作
广州　科学普及出版社广州分社　1985 年　1 张
76cm（2 开）定价：CNY0.20

J0041638
为振兴中华而努力学习　赵以夫，石奇人作
武汉　湖北少年儿童出版社　1985 年　1 张
76cm（2 开）定价：CNY0.20

J0041639
维护集体利益　珍惜集体荣誉　梁铭光作
广州　科学普及出版社广州分社　1985 年　1 张
76cm（2 开）定价：CNY0.20

J0041640
我爱你中国　高歌作
兰州　甘肃人民出版社　1985 年　1 张 76cm（2 开）
定价：CNY0.20

J0041641
我国古代四大发明　周瑞庄作
上海　上海人民美术出版社　1985 年　1 张
76cm（2 开）定价：CNY0.20

J0041642
我们是未来的宇航员　曹子铎，梁浩作
广州　科学普及出版社广州分社　1985 年　1 张
76cm（2 开）定价：CNY0.20

J0041643
我是小小艺术家
广州　科学普及出版社广州分社　1985 年　1 张
76cm（2 开）定价：CNY0.20

J0041644
西安市火灾案例挂图　西安市公安局消防支队编
西安　陕西人民出版社　1985 年　6 张 76cm（2 开）
定价：CNY1.50

J0041645
小小发明家　未来科学家　石奇人作
上海　上海教育出版社　1985 年　1 张 76cm（2 开）
定价：CNY0.22

J0041646
学英雄，做英雄后代　周鸿民作
武汉　湖北少年儿童出版社　1985 年　1 张
76cm（2 开）定价：CNY0.20

J0041647
要爱护一草一木　周瑞庄作
上海　上海人民美术出版社　1985 年　1 张
76cm（2 开）定价：CNY0.20

J0041648
一抹春山万古雄　田宗宝摄
长沙　湖南美术出版社　1985 年　1 张 76cm（2 开）
定价：CNY0.40

J0041649
友谊　哈琼文作
上海　上海人民美术出版社　1985 年　1 张
76cm（2 开）定价：CNY0.20

J0041650
增进友谊，维护和平　张安朴作
上海　上海人民美术出版社　1985 年　1 张
76cm（2 开）定价：CNY0.20

J0041651
展翅腾飞好时光　徐文华作
上海　上海人民美术出版社　1985 年　1 张
76cm（2 开）定价：CNY0.20

J0041652
知识就是力量　杨树有作
哈尔滨　黑龙江美术出版社 1985 年　1 张
76cm（2 开）定价：CNY0.20

J0041653
知我中华 爱我中华　石奇人作
武汉　湖北少年儿童出版社 1985 年　1 张
76cm（2 开）定价：CNY0.20

J0041654
准备着比赛场上争荣誉　刘秉礼作
广州　科学普及出版社广州分社 1985 年　1 张
76cm（2 开）定价：CNY0.20

J0041655
祖国的宝岛——台湾　王麟坤作
上海　上海人民美术出版社 1985 年　1 张
76cm（2 开）定价：CNY0.20

J0041656
祖国的首都——北京　哈琼文作
上海　上海人民美术出版社 1985 年　1 张
76cm（2 开）定价：CNY0.20

J0041657
祖国万岁　（摄影 1986 年年历）黎昌杰摄影
北京　人民美术出版社 1985 年　1 张 54cm（4 开）
定价：CNY0.24

J0041658
尊敬老师，守纪律　罗日明作
广州　科学普及出版社广州分社 1985 年　1 张
76cm（2 开）定价：CNY0.20

J0041659
爱因斯坦　红岩少年报社文，翁凯旋绘
重庆　重庆出版社 1986 年　1 张 76cm（2 开）
定价：CNY0.25

J0041660
残疾人走向社会　晁德仁作
北京　人民美术出版社［1986 年］［1 张］
76cm（2 开）

J0041661
从小学英模 长大建奇功　张长清作
长沙　湖南美术出版社 1986 年　1 张 76cm（2 开）
定价：CNY0.22

J0041662
大力提倡师生在教学 会议 广播 交谈中使用普通话　王文瑞，沈绍伦画
上海　上海教育出版社 1986 年　1 张 76cm（2 开）
定价：CNY0.22

J0041663
电影宣传画集　中国电影出版社编
北京　中国电影出版社 1986 年 88 页 18cm（15 开）
统一书号：8061.2718 定价：CNY1.65

J0041664
锻炼身体 讲究卫生　柳玉作
长沙　湖南出版社 1986 年 2 版 1 张 76cm（2 开）

J0041665
飞吧祖国　张长清作
成都　四川美术出版社 1986 年　1 张 76cm（2 开）
定价：CNY0.22

J0041666
共产主义理想引导我们不断前进　王龙生作
成都　四川美术出版社 1986 年　1 张 76cm（2 开）
定价：CNY0.22

J0041667
贯彻《食品卫生法》实行食品卫生六有　陕西省卫生厅编绘
西安　陕西人民美术出版社 1986 年　6 张
53cm（4 开）定价：CNY1.50

J0041668
国家推广全国通用的普通话　沈枬作
上海　上海教育出版社 1986 年　1 张 76cm（2 开）
定价：CNY0.22
　　作者沈枬（1935—　），画家。笔名木丹，浙江平湖人，曾就读于上海电力学院。历任上海教育出版社副编审、上海美术家协会会员、上海编辑学会会员。主要作品有《爱国篇》《诚实篇》《针灸》《塞下曲》《小猴吃瓜果》《雏鸟出壳的故

事》等。

J0041669
和平　王麟坤作
上海　上海人民美术出版社　1986 年　1 张
76cm（2 开）定价：CNY0.20

J0041670
积极参加保险　保险不忘安全　湖南省交通
厅, 湖南省保险公司编绘
长沙　湖南美术出版社　1986 年　1 张 76cm（2 开）
定价：CNY0.20

J0041671
驾驶员同志，您做到了安全行车吗　湖南
省交通厅, 湖南省保险公司编绘
长沙　湖南美术出版社　1986 年　1 张 76cm（2 开）
定价：CNY0.20

J0041672
教室宣传画　秦勇军等绘
长沙　湖南美术出版社　1986 年　6 张 76cm（2 开）
定价：CNY1.40

J0041673
教室宣传画　湖南教育科学研究所, 湖南美术
出版社编
长沙　湖南美术出版社　1986 年　4 张 76cm（2 开）
定价：CNY1.00

J0041674
经济合同法　西南政法学院等编
成都　四川省新闻图片社　1986 年　3 张 76cm（2 开）
定价：CNY0.90

J0041675
军事大演习　司马连义作
上海　上海人民美术出版社　1986 年　1 张
76cm（2 开）定价：CNY0.20

J0041676
理想纪律愚公移山志——胜利　周端庄作
上海　上海人民美术出版社　1986 年　1 张
76cm（2 开）定价：CNY0.20

J0041677
马克思爱孩子　哈琼文作
成都　四川美术出版社　1986 年　1 张 76cm（2 开）
定价：CNY0.22

J0041678
骑自行车请注意交通规则　湖南省交通厅,
湖南省保险公司编绘
长沙　湖南美术出版社　1986 年　1 张 76cm（2 开）
定价：CNY0.20

J0041679
勤奋学习勇于创造　范亚林作
长沙　湖南出版社　1986 年　2 版　1 张 76cm（2 开）

J0041680
勤学习　守纪律　张文源作
重庆　重庆出版社　1986 年　1 张 76cm（2 开）
定价：CNY0.22

J0041681
全社会都来关心残疾人　晁德仁作
北京　人民美术出版社［1986 年］［1 张］
76cm（2 开）

J0041682
全体公民都要知法守法　胡仁樵作
成都　四川美术出版社　1986 年　13 张 76cm（2 开）
定价：CNY2.92

J0041683
热爱祖国　立志献身　秦勇军作
长沙　湖南美术出版社　1986 年　2 版　1 张
76cm（2 开）

J0041684
人生是贡献不是索取　张文源作
成都　四川美术出版社　1986 年　1 张 76cm（2 开）
定价：CNY0.22

J0041685
**师范院校的学生是推广普通话的主力
军·普通话是教师的职业语言**　王麟坤画
上海　上海教育出版社　1986 年　1 张 76cm（2 开）
定价：CNY0.22

J0041686
十五的月亮　简崇民作
成都　四川美术出版社　1986年　1张　76cm（2开）
定价：CNY0.22

J0041687
时刻准备着　程国英作
重庆　重庆出版社　1986年　1张　76cm（2开）
定价：CNY0.22

J0041688
提倡文明礼貌服务用普通话接待顾客乘客　周瑞庄画
上海　上海教育出版社　1986年　1张　76cm（2开）
定价：CNY0.22

J0041689
推广普通话是实现四个现代化的需要　翁逸之画
上海　上海教育出版社　1986年　1张　76cm（2开）
定价：CNY0.22

J0041690
为了您和他人的幸福请注意交通安全　湖南省交通厅，湖南省保险公司编绘
长沙　湖南美术出版社　1986年　1张　76cm（2开）
定价：CNY0.20

J0041691
为实现第七个五年计划而努力奋斗　钱大昕等绘
上海　上海人民美术出版社　1986年　10张　76cm（2开）定价：CNY2.60

J0041692
为实现七五计划再展宏图　李善作
成都　四川美术出版社　1986年　1张　76cm（2开）
定价：CNY0.22

J0041693
为中华崛起而读书　李善作
重庆　重庆出版社　1986年　1张　76cm（2开）
定价：CNY0.22

J0041694
维护交通设施保障公路畅通　湖南省交通厅，湖南省保险公司
长沙　湖南美术出版社　1986年　1张　76cm（2开）
定价：CNY0.20

J0041695
我爱老师　尖锋作
重庆　重庆出版社　1986年　1张　76cm（2开）
定价：CNY0.22

J0041696
我们的愿望——友谊·和平　（1986国际和平年）哈琼文作
上海　上海人民美术出版社　1986年　1张　76cm（2开）定价：CNY0.20

J0041697
修瑞娟　红岩少年报社文；庞茂琨绘
重庆　重庆出版社　1986年　1张　76cm（2开）
定价：CNY0.25

J0041698
有道德讲文明　李醒滔，梁照堂画
福州　福建少年儿童出版社　1986年　1张　76cm（2开）定价：CNY0.22

J0041699
有纪律守秩序　李醒滔，梁照堂画
福州　福建少年儿童出版社　1986年　1张　76cm（2开）定价：CNY0.22

J0041700
有理想怀大志　刘秉礼画
福州　福建少年儿童出版社　1986年　1张　76cm（2开）定价：CNY0.22

J0041701
有文化兴中华　梁照堂，李醒滔画
福州　福建少年儿童出版社　1986年　1张　76cm（2开）定价：CNY0.22

J0041702
赞美您，光荣的人民教师　张安朴画
长沙　湖南美术出版社　1986年　1张　76cm（2开）

定价：CNY0.22

J0041703
珍惜安定团结的大好形势　简崇民，罗林作
成都　四川美术出版社　1986 年　1 张 76cm（2 开）
定价：CNY0.22

J0041704
中华人民共和国婚姻法　西南政法学院等编
成都　四川省新闻图片社 1986 年 3 张 76cm（2 开）
定价：CNY0.90

J0041705
中华人民共和国继承法　西南政法学院等编
成都　四川省新闻图片社 1986 年 3 张 76cm（2 开）
定价：CNY0.90

J0041706
中华人民共和国宪法　西南政法学院等编
成都　四川省新闻图片社 1986 年 4 张 76cm（2 开）
定价：CNY1.20

J0041707
中华人民共和国刑法　西南政法学院等编
成都　四川省新闻图片社 1986 年 3 张 76cm（2 开）
定价：CNY0.90

J0041708
追求新知用于创造　程国英作
重庆　重庆出版社 1986 年　1 张 76cm（2 开）
定价：CNY0.22

J0041709
做未来的主人　刘秉礼画
福州　福建少年儿童出版社 1986 年　1 张
107cm（全开）定价：CNY0.56

J0041710
做遵纪守法的好少年　徐文华画
上海　上海教育出版社 1986 年　1 张 76cm（2 开）
定价：CNY0.22

J0041711
爱迪生——美国杰出的发明家 （1847—
1931）郭润文作

武汉　湖北少年儿童出版社 1987 年　1 张
76cm（2 开）定价：CNY0.30

J0041712
爱因斯坦——德国著名的物理学家 （1879—
1955）薛吉生作
武汉　湖北少年儿童出版社 1987 年　1 张
76cm（2 开）定价：CNY0.30

J0041713
**保持长治久安的政治局面　加速我国现代
化建设**　黄箐等作
南宁　广西人民出版社 1987 年　1 张 76cm（2 开）
定价：CNY0.35

J0041714
德　李善作
成都　四川美术出版社 1987 年　1 张 76cm（2 开）
定价：CNY0.28

J0041715
德育　范亚林，鲁然作
长沙　湖南美术出版社 1987 年　1 张 76cm（2 开）

J0041716
德智体美劳宣传图片　晁德仁画
上海　上海教育出版社 1987 年　5 张 76cm（2 开）
定价：CNY1.50

J0041717
芳华正茂
北京　人民体育出版社 1987 年　1 张 76cm（2 开）
定价：CNY0.30

J0041718
高尔基——苏联伟大的文学家和思想家
（1868—1936）陈立仁作
武汉　湖北少年儿童出版社 1987 年　1 张
76cm（2 开）定价：CNY0.30

J0041719
光荣属于人民教师　李善作
重庆　重庆出版社 1987 年　1 张 76cm（2 开）
定价：CNY0.25

J0041720

华罗庚——中国著名的数学家 （1910—1985）郭润之作

武汉　湖北少年儿童出版社　1987 年　1 张　76cm（2 开）定价：CNY0.30

J0041721

积极锻炼　永葆青春　程国英作

重庆　重庆出版社　1987 年　1 张　76cm（2 开）定价：CNY0.25

J0041722

居里夫人——法国著名的物理学家和化学家 （1867—1934）陈立人作

武汉　湖北少年儿童出版社　1987 年　1 张　76cm（2 开）定价：CNY0.30

J0041723

具有不断追求新知、实事求是、独立思考、勇于创造的科学精神　姜长庚作

长沙　湖南美术出版社　1987 年　1 张　76cm（2 开）

J0041724

劳　李善作

成都　四川美术出版社　1987 年　1 张　76cm（2 开）定价：CNY0.28

J0041725

劳动技术教育　范亚林，鲁然作

长沙　湖南美术出版社　1987 年　1 张　76cm（2 开）

J0041726

老师您好　李善作

重庆　重庆出版社　1987 年　1 张　76cm（2 开）定价：CNY0.25

J0041727

联合演习保边疆　司马连义作

天津　天津人民美术出版社　1987 年　1 张　76cm（2 开）定价：CNY0.28

J0041728

练好本领；保卫祖国　刘式铮作

昆明　云南人民出版社　1987 年　1 张　76cm（2 开）统一书号：8116.1564　定价：CNY0.23

J0041729

鲁迅——中国伟大的文学家和思想家 （1881—1936）宋克静作

武汉　湖北少年儿童出版社　1987 年　1 张　76cm（2 开）定价：CNY0.30

　　作者宋克静（1956—　），画家。生于湖北武汉市，毕业于湖北艺术学院美术教育系油画专业。中国美术家协会会员，中国油画学会会员，湖北美术学院油画系副教授。代表作品《亦将打散的构架》《镜前的女人》《打马掌》等。

J0041730

没有祖国，就没有幸福，每个人必须根植于祖国的土壤里。 （屠格涅夫语录）

南京　江苏美术出版社　1987 年　1 张　76cm（2 开）定价：CNY0.30

J0041731

美　李善作

成都　四川美术出版社　1987 年　1 张　76cm（2 开）定价：CNY0.28

J0041732

美育　范亚林，鲁然作

长沙　湖南美术出版社　1987 年　1 张　76cm（2 开）

J0041733

全面发展苗壮成长　程国英作

重庆　重庆出版社　1987 年　1 张　76cm（2 开）定价：CNY0.25

J0041734

热爱社会主义祖国和社会主义事业　姜长庚作

长沙　湖南美术出版社　1987 年　1 张　76cm（2 开）

J0041735

热烈庆祝内蒙古自治区成立四十周年 （1947—1987）关巍作

呼和浩特　内蒙古人民出版社［1987 年］76cm（2 开）

J0041736

生活需要安定四化需要安定　卢恺作

南宁　广西人民出版社　1987 年　1 张　76cm（2 开）

定价: CNY0.28

J0041737
实施计划免疫 保障儿童健康　成中文画
西安 陕西人民美术出版社 1987年 1张
76cm(2开) 定价: CNY0.27

J0041738
**书籍是全世界的营养品, 生活里没有书籍,
就好像没有阳光**……(莎士比亚语录)
南京 江苏美术出版社 1987年 1张 76cm(2开)
定价: CNY0.30

J0041739
体　陈国英作
成都 四川美术出版社 1987年 1张 76cm(2开)
定价: CNY0.28

J0041740
体育　范亚林, 鲁然作
长沙 湖南美术出版社 1987年 1张 76cm(2开)

J0041741
**天才, 就是百分之二的灵感加上百分之
九十八的汗水**　(爱迪生语录)
南京 江苏美术出版社 1987年 1张 76cm(2开)
定价: CNY0.30

J0041742
为建设团结富裕文明的内蒙古而奋斗　(汉
蒙对照)明锐作
呼和浩特 内蒙古人民出版社 [1987年] 1张
76cm(2开)

J0041743
为了残疾人　李军作
北京 人民美术出版社 [1987年]1张 76cm(2开)

J0041744
为了祖国明天珍惜美好的时光　冼小前作
南宁 广西人民出版社 1987年 1张 76cm(2开)
定价: CNY0.28
　　作者冼小前(1955—　), 书画家。笔名廉人,
原籍广东, 毕业于广西艺术学院。中国美术家协
会会员, 中国书法家协会会员, 中国书法艺术研

究院特聘书画家, 广西美术出版社副编审、书法
编辑部主任。作品有油画《春望》《八桂英华》《法
卡边防》等。

J0041745
**我们的事业就是学习再学习, 努力积累更
多的知识,**……(契诃夫语录)
南京 江苏美术出版社 1987年 1张 76cm(2开)
定价: CNY0.30

J0041746
先富帮后富共同走富裕的道路　张恒德作
成都 四川美术出版社 1987年 1张 76cm(2开)
定价: CNY0.22
　　作者张恒德, 画家。作有年画《龙凤和鸣》
《驱邪纳福福寿满堂(门神)》《长寿图》等。

J0041747
向辛勤的园丁致敬　李善作
重庆 重庆出版社 1987年 1张 76cm(2开)
定价: CNY0.25

J0041748
小足球队员　沈家琳, 杨文义作
杭州 浙江人民美术出版社 1987年 1张
76cm(2开) 定价: CNY0.25
　　作者沈家琳(1931—　), 画家。浙江宁波
人, 毕业于华东艺术专科学校。历任上海画片
出版社编辑, 上海人民美术出版社编辑、创作组
长, 年画、宣传画编辑室主任、副编审, 全国美
术作品展览年画评委, 中国美术家协会年画艺
术委员会副主任。创作年画有《做共产主义接班
人》《友爱》《做共产主义接班人》等。作者杨文
义(1953—　), 画家。内蒙古临河人。毕业于北
京书画函授大学。曾任古雕艺术学校校长、中国
教育学会书法教育专业委员会会员等职。作品
有《暗香浮动》《春华秋实》等。

J0041749
**学习贯彻《中华人民共和国土地管理法》宣
传画**　绸坷绘画
武汉 长江文艺出版社 1987年 4张 76cm(2开)
定价: CNY1.60

J0041750
要使人成为真正有教养的人，必须具备三个品质：渊博的知识，思维的习惯和高尚的情操 （车尔尼雪夫斯基语录）
南京　江苏美术出版社　1987年　1张　76cm（2开）
定价：CNY0.30

J0041751
要有耐心！不要依靠灵感。灵感是不存在的。 （罗丹语录）
南京　江苏美术出版社　1987年　1张　76cm（2开）
定价：CNY0.30

J0041752
迎佳节　李建东摄
郑州　河南美术出版社　1987年　1张　53cm（4开）
定价：CNY0.33

J0041753
优生　优育　光荣　幸福　林成翰作
重庆　重庆出版社　1987年　1张　76cm（2开）
定价：CNY0.28

J0041754
有理想、有道德、有文化、有纪律　姜长庚作
长沙　湖南美术出版社　1987年　1张　76cm（2开）

J0041755
在别人身上看出错误并不困难，但在自己身上看出错误可不容易 （歌德语录）
南京　江苏美术出版社　1987年　1张　76cm（2开）
定价：CNY0.30

J0041756
织件锦衣献祖国　张长清作
重庆　重庆出版社　1987年　1张　76cm（2开）
定价：CNY0.25

J0041757
智　陈国英作
成都　四川美术出版社　1987年　1张　76cm（2开）
定价：CNY0.28

J0041758
智育　范亚林，鲁然作

长沙　湖南美术出版社　1987年　1张　76cm（2开）

J0041759
尊师宣传图片　张安朴画
上海　上海教育出版社　1987年　4张　76cm（2开）
定价：CNY1.25

J0041760
爱因斯坦　（1879—1955）徐天苏设计
乌鲁木齐　新疆人民出版社　1988年　1张　78cm（3开）定价：CNY0.20
（名人名言）

J0041761
达尔文　（1809—1882）徐天苏设计
乌鲁木齐　新疆人民出版社　1988年　1张　78cm（2开）定价：CNY0.20
（名人名言）

J0041762
电影宣传画选集　（3）中国电影发行放映公司宣传处编
北京　中国星星出版公司，华艺出版社　1988年　75页　19cm（32开）ISBN：7-80039-067-5
定价：CNY9.50

J0041763
纪念《上海市青少年保护条例》实施一周年　贝家骧，程俊杰等画
上海　上海教育出版社　1988年　2张　76cm（2开）
定价：CNY0.80

J0041764
居里夫人　（1867—1934）徐天苏设计
乌鲁木齐　新疆人民出版社　1988年　1张　78cm（2开）定价：CNY0.20
（名人名言）

J0041765
控制人口势在必行　云南省计划生育协会等绘制
昆明　云南人民出版社［1988年］1张　54cm（4开）

J0041766
为了祖国为了明天　程国英作

重庆　重庆出版社　1988 年　1 张 76cm（2 开）
定价：CNY0.40

J0041767

为胜利完成党的十三大提出的各项任务而奋斗
南宁　广西人民出版社［1988 年］1 张 76cm（2 开）
定价：CNY0.35

J0041768

向祖国致敬　向人民致敬　金安群作
昆明　云南人民出版社　1988 年　1 张 54cm（4 开）
定价：CNY0.26

J0041769

向祖国致敬　向人民致敬　金安群作
昆明　云南人民出版社　1988 年　1 张 76cm（2 开）
定价：CNY0.36

J0041770

中华人民共和国全民所有制工业企业法宣传挂图　（一、二）刘昆山主编；李长海绘
北京　机械工业出版社　1988 年　2 张
108cm（全开）定价：CNY2.00

J0041771

祖国卫士　王祖军作
昆明　云南人民出版社　1988 年　1 张 76cm（2 开）
定价：CNY0.36
　　作者王祖军（1949—　　），画家。生于云南蒙自。云南省美术家协会会员、云南省科普美术摄影协会会员。曾出版《鲜花报喜》《祖国卫士》等多幅门画作品。发表连环画《啊，地球之水》《茫茫银河寻知音》等 10 余件。其设计的大型锡画《红河情》陈列于"99 昆明世界园艺博览会"中国馆。

J0041772

最可爱的人　刘熹奇作
北京　人民美术出版社　1988 年　1 张 76cm（2 开）
定价：CNY0.38
　　作者刘熹奇（1948—　　），生于江西安福。历任江西美术出版社第一编辑室主任、副编审。作品有《祖国啊，母亲》《在希望的田野上》《开国元勋》等。

J0041773

最可爱的人　刘式铮作
昆明　云南人民出版社　1988 年　1 张 54cm（4 开）
定价：CNY0.26

J0041774

发扬革命传统争取更大光荣
广州　岭南美术出版社　1989 年　2 张 76cm（2 开）
定价：CNY0.88

J0041775

国威军威　赵竹绘
贵阳　贵州美术出版社［1989 年］1 张
76cm（2 开）定价：CNY0.36

J0041776

坚持四项基本原则　坚持改革开放　陈九如等绘
天津　天津人民美术出版社　1989 年　6 张
76cm（2 开）定价：CNY3.00
　　作者陈九如（1955—　　），教授。天津人。历任天津美术学院版画系主任、中国美术家协会会员、中国版画家协会会员。出版有《陈九如水彩人体画选》《一代画风——当代中青年水彩画家作品集》《素描五十讲》等。

J0041777

军威雄壮　赵幼华等绘
天津　天津人民美术出版社　1989 年　1 张
107cm（全开）定价：CNY1.00
　　作者赵幼华，高级教师，画家。陕西西安人，毕业于西安美术学院附中。河北省廊坊市三中美术教员。作品有《新圈》《暖风》《辉煌》《鹤乡》。

J0041778

立国之本强国之路　王凌昆绘
上海　上海人民美术出版社　1989 年　1 张
76cm（2 开）定价：CNY0.45

J0041779

领导我们事业的核心力量是中国共产党
张祖元绘
武汉　湖北艺术出版社　1989 年　1 张 76cm（2 开）
定价：CNY0.60

J0041780

美的心灵美的花朵　李善绘
重庆　重庆出版社　1989 年　1 张 76cm（2 开）
定价：CNY0.40

J0041781

全国各族人民大团结万岁　（庆祝中华人民
共和国成立四十周年）王凌昆绘
上海　上海人民美术出版社　1989 年　1 张
107cm（全开）定价：CNY1.00

J0041782

社会主义祖国万岁！　许宝中等绘
上海　上海人民出版社　1989 年　1 张
107cm（全开）定价：CNY1.00
　　作者许宝中（1937— ），画家。山东莘县人。
毕业于鲁迅美术学院油画系。擅长油画。曾任
中国人民军事博物馆美术创作室主任。代表作
品有《战友》（合作）、《把一切献给党》、《青春年
代》等。

J0041783

神州盛开文明花　张明星等绘；张晓，吴焕泉
编文
广州　科学普及出版社广州分社　1989 年　20 张
76cm（2 开）定价：CNY21.00

J0041784

我的祖国　（中华人民共和国成立四十周年颂）
王晖绘
北京　北京美术出版社　1989 年　1 张
107cm（全开）定价：CNY1.80

J0041785

**向全县烈军属、革命伤残、复员退伍、转业
军人同志们致以节日慰问**　赣榆县人民政
府绘
南京　江苏美术出版社　1989 年　1 张 76cm（2 开）
定价：CNY1.10

J0041786

**沿着有中国特色的社会主义道路奋勇前
进！**　彭彬等绘
上海　上海人民出版社　1989 年　1 张
107cm（全开）定价：CNY1.00

J0041787

优生、优育、光荣、幸福　（宣传画　1990 年
年历）林成翰绘
重庆　重庆出版社　1989 年　1 张 54cm（4 开）
定价：CNY0.45

J0041788

只生一个好　成砺志绘
上海　上海人民美术出版社　1989 年　1 张
76cm（2 开）定价：CNY0.45

J0041789

中国共产党万岁　一平等绘
西安　陕西人民美术出版社　1989 年　1 张
76cm（2 开）定价：CNY0.95

J0041790

中华人民共和国万岁　周林一绘
武汉　湖北美术出版社　1989 年　1 张 76cm（2 开）
定价：CNY0.60

J0041791

中华人民共和国万岁　贾鸿勋摄
北京　人民美术出版社　1989 年　1 张 76cm（2 开）
定价：CNY0.55

J0041792

中华人民共和国万岁　一平等绘
西安　陕西人民美术出版社　1989 年　1 张
76cm（2 开）定价：CNY0.95

J0041793

祖国万岁　（庆祝中华人民共和国成立四十周
年）周瑞庄绘
上海　上海人民美术出版社　1989 年　1 张
107cm（全开）定价：CNY3.00

J0041794

爱国主义教育　（学校装饰画）吴延恺摄
上海　上海教育出版社　1990 年　4 张 53cm（4 开）
ISBN：7-5320-2140-8　定价：CNY8.60

J0041795

爱护公物爱劳动　冯家广绘
广州　科学普及出版社广州分社　1990 年　1 张

76cm（2开）定价：CNY0.98

J0041796
爱英雄学英雄　安茂让绘
上海　上海人民美术出版社　1990年　1张
76cm（2开）定价：CNY0.45
　　作者安茂让（1940—　），山东日照人。师范毕业。从事美术教育和群众美术辅导工作。曾任日照市农民画协名誉会长、日照市美术馆副馆长、山东美术家协会会员。主要作品有《春风吹绿黄河岸》《山林卫士》《世界之最》等。

J0041797
边防巡逻　赵幼华绘
天津　天津人民美术出版社　1990年　1张
76cm（2开）定价：CNY0.50

J0041798
蔡元培　（1868—1940）陈敏强绘；王佐杰撰文
广州　科学普及出版社广州分社　1990年　1张
76cm（2开）定价：CNY0.98

J0041799
当代少年儿童的榜样　杨顺泰绘
上海　上海教育出版社　1990年　1张　76cm（2开）
ISBN：7-5320-1916-0　定价：CNY1.00

J0041800
锻炼强健体魄
杭州　浙江少年儿童出版社　1990年　1张
78cm（2开）定价：CNY0.40

J0041801
发扬艰苦奋斗的光荣传统　薛吉生绘
武汉　湖北少年儿童出版社　1990年　1张
76cm（2开）定价：CNY0.80

J0041802
发扬雷锋精神　王凌昆绘；江显辉作
上海　上海人民美术出版社　1990年　1张
107cm（全开）定价：CNY1.60

J0041803
发展科技 振兴中华　沙德安绘
杭州　浙江人民美术出版社　1990年　1张

76cm（2开）定价：CNY0.50

J0041804
改革开放建设有中国特色的社会主义　游龙姑绘
上海　上海人民美术出版社　1990年　1张
107cm（全开）定价：CNY2.20

J0041805
共和国的春天　韩喜增绘
天津　天津人民美术出版社　1990年　1张
76cm（2开）定价：CNY0.50
　　作者韩喜增（1942—　），河北邢台人。毕业于中央美术学院年画、连环画系研究生班，受教于冯真教授、杨先让教授。擅长连环画、年画。中国美术家协会会员、国家一级美术师。曾任河北省美术家协会副主席、邢台市文联副主席、邢台市美术家协会主席。代表作品《人民的好总理》《虎子》《雄狮》。

J0041806
韩愈　（768—824）李醒滔绘；王佐杰撰文
广州　科学普及出版社广州分社　1990年　1张
76cm（2开）定价：CNY0.98

J0041807
弘扬雷锋精神
北京　人民美术出版社　1990年　1张　76cm（2开）
定价：CNY0.85

J0041808
坚持改革开放加速社会主义现代化建设
钱大昕作
上海　上海人民美术出版社　1990年　1张
107cm（全开）定价：CNY2.20

J0041809
讲卫生勤保健　李醒滔，梁照堂绘
广州　科学普及出版社广州分社　1990年　1张
76cm（2开）定价：CNY0.98

J0041810
教室宣传画　孙智和摄影；周健美术
长沙　湖南美术出版社　1990年　4张　76cm（2开）
定价：CNY2.20

J0041811

抗日战争时期宣传画　中国革命博物馆编

北京　文物出版社　1990 年　26cm（16 开）

ISBN：7-5010-0233-9　定价：CNY10.50

J0041812

孔子　（公元前 351—前 479）李醒滔，梁照堂绘；王佐杰撰文

广州　科学普及出版社广州分社　1990 年　1 张

76cm（2 开）定价：CNY0.98

J0041813

雷锋精神代代传　关大全，岫石编文；张峻等摄影

沈阳　辽宁美术出版社　1990 年　1 张

107cm（全开）定价：CNY1.80

J0041814

雷锋日记选　甘肃人民美术出版社等编绘

兰州　甘肃人民美术出版社　1990 年　4 张

76cm（2 开）定价：CNY1.95

J0041815

梁启超　（1873—1929）冼励强绘；王佐杰撰文

广州　科学普及出版社广州分社　1990 年　1 张

76cm（2 开）定价：CNY0.98

J0041816

领导我们事业的核心力量是中国共产党

宋克静绘

武汉　湖北少年儿童出版社　1990 年　1 张

76cm（2 开）定价：CNY0.80

J0041817

鲁迅　（1881—1936）汤小铭绘；王佐杰撰文

广州　科学普及出版社广州分社　1990 年　1 张

76cm（2 开）定价：CNY0.98

J0041818

名人名言　肖家惠，陈建民作

杭州　浙江人民出版社　1990 年　4 张 76cm（2 开）

定价：CNY1.80

J0041819

培养高尚道德

杭州　浙江少年儿童出版社　1990 年　1 张

78cm（2 开）定价：CNY0.40

J0041820

庆祝中国共产党成立七十周年　王一定绘

杭州　浙江人民美术出版社　1990 年　1 张

107cm（全开）定价：CNY1.30

　　作者王一定（1949—　），画家。浙江杭州人，浙江美术学院毕业。浙江农业商贸职业学院艺术设计系学科带头人、装潢美工教研室主任、讲师。作品有《飒爽新姿》（合作）、《祖国·早晨好》。

J0041821

全国各族人民大团结万岁　龚景充，陈继武绘

杭州　浙江人民美术出版社　1990 年　1 张

107cm（全开）定价：CNY1.30

　　作者陈继武（1942—　），福建福州人。别名陈剑生。毕业于浙江美术学院油画系。中国美术家协会会员、中国油画家协会会员、宁波画院院长。擅长年画、油画。主要作品有《江山多娇》《面向未来》《中国之春》等。

J0041822

群星璀璨四季春　哈琼文绘

上海　上海人民美术出版社　1990 年　1 张

107cm（全开）定价：CNY2.20

J0041823

社会主义好　周瑞庄绘

上海　上海人民美术出版社　1990 年　1 张

107cm（全开）定价：CNY1.00

J0041824

十八罗汉　刘光灿绘

上海　上海书画出版社　1990 年　1 张 76cm（2 开）

定价：CNY0.45

J0041825

十二子接福　孙洪发绘

哈尔滨　黑龙江美术出版社　1990 年　1 张

76cm（2 开）定价：CNY0.55

J0041826

时刻准备着，做一个共产主义接班人　罗

日明绘
广州 科学普及出版社广州分社 1990 年 1 张
76cm（2 开）定价：CNY0.98

J0041827
树立革命理想
杭州 浙江少年儿童出版社 1990 年 1 张
78cm（2 开）定价：CNY0.40

J0041828
四川电影宣传画　钟国章编
成都 四川美术出版社 1990 年 17×19cm
ISBN：7-5410-0577-0 定价：CNY8.00

J0041829
陶行知　（1891—1946）刘蒂绘；王佐杰撰文
广州 科学普及出版社广州分社 1990 年 1 张
76cm（2 开）定价：CNY0.98

J0041830
为了共和国的利益　杨戈绘
杭州 浙江人民美术出版社 1990 年 1 张
107cm（全开）定价：CNY1.30

J0041831
未来科学的主人　劳汝根绘
广州 科学普及出版社广州分社 1990 年 1 张
76cm（2 开）定价：CNY0.98

J0041832
我爱美丽的校园　李醒滔，梁照堂绘
广州 科学普及出版社广州分社 1990 年 1 张
76cm（2 开）定价：CNY0.98

J0041833
我爱社会主义　周瑞庄绘
上海 上海人民美术出版社 1990 年 1 张
76cm（2 开）定价：CNY0.50

J0041834
我爱中华　周瑞庄绘
上海 上海人民美术出版社 1990 年 1 张
76cm（2 开）定价：CNY0.50

J0041835
我们的心永远向着党　张安朴绘
上海 上海人民美术出版社 1990 年 1 张
107cm（全开）定价：CNY2.20

J0041836
我们是人民的军队，共和国的卫士　天鹰
等绘
杭州 浙江人民美术出版社 1990 年 1 张
107cm（全开）定价：CNY1.30

J0041837
我为人人，人人为我　王麟坤绘
上海 上海人民美术出版社 1990 年 1 张
76cm（2 开）定价：CNY0.50

J0041838
吴玉章　（1878—1966）关则驹绘；王佐杰撰文
广州 科学普及出版社广州分社 1990 年 1 张
76cm（2 开）定价：CNY0.98
　　作者关则驹（1941—　），画家。出生于广
东阳江，毕业于广州美术学院。代表作有《到祖
国需要的地方去》《春天的气息》《可可园中的姑
娘》等。

J0041839
献给敬爱的老师　刘秉礼绘
广州 科学普及出版社广州分社 1990 年 1 张
76cm（2 开）定价：CNY0.98

J0041840
向党的好干部韩云娜同志学习　辽宁美术
出版社编绘
沈阳 辽宁美术出版社 1990 年 1 张
107cm（全开）定价：CNY1.80

J0041841
向雷锋同志学习
南京 江苏少年儿童出版社 1990 年 5 张
76cm（1 张）（2 开）定价：CNY2.00

J0041842
向雷锋同志学习　马宏道绘
南昌 江西美术出版社 1990 年 1 张 76cm（2 开）
定价：CNY0.50

J0041843
向雷锋同志学习　陈锡岩绘
青岛 青岛出版社 1990 年 1 张 76cm（2 开）
定价：CNY0.45

J0041844
向雷锋同志学习
西宁 青海人民出版社 1990 年 1 张 76cm（2 开）
定价：CNY0.50

J0041845
向雷锋同志学习
北京 人民美术出版社 1990 年 1 张 76cm（2 开）
定价：CNY0.85

J0041846
向英雄少年赖宁学习　龚景充绘
杭州 浙江人民美术出版社 1990 年 1 张
76cm（2 开）定价：CNY0.50

J0041847
小学生守则　潘小庆绘
南京 江苏人民出版社 1990 年 4 张 78cm（2 开）
定价：CNY1.50
　　作者潘小庆（1941—　　），图书封面设计家。
江苏无锡人，就读于苏州艺术专科学校。先后任
江苏人民出版社美编室主任、江苏少年儿童出版
社副社长、江南诗画院常务理事。作品入选《中
国出版年鉴》《中国现代美术全集》等。专集《潘
小庆书装艺术》。

J0041848
小英豪创纪录　刘秉礼绘
广州 科学普及出版社广州分社 1990 年 1 张
76cm（2 开）定价：CNY0.98

J0041849
小制作巧动脑　梁铭光绘
广州 科学普及出版社 1990 年 1 张 76cm（2 开）
定价：CNY0.98

J0041850
徐特立　（1877—1968）符超军绘；王佐杰撰文
广州 科学普及出版社广州分社 1990 年 1 张
76cm（2 开）定价：CNY0.98

J0041851
学好文化科学知识
杭州 浙江少年儿童出版社 1990 年 1 张
78cm（2 开）定价：CNY0.40

J0041852
学赖宁学十佳争做好少年　陈锡岩，陈锡
山绘
青岛 青岛出版社 1990 年 1 张 76cm（2 开）
定价：CNY0.45

J0041853
学雷锋精神做"四有"新人　方东等绘
杭州 浙江人民美术出版社 1990 年 1 张
76cm（2 开）定价：CNY0.50

J0041854
学习"铁人"建设"四化"　宗文龙绘
杭州 浙江人民美术出版社 1990 年 1 张
76cm（2 开）定价：CNY0.50

J0041855
学习焦裕禄，一心为人民　顾盼绘
杭州 浙江人民美术出版社 1990 年 1 张
76cm（2 开）定价：CNY0.50

J0041856
学习雷锋 王进喜 焦裕禄 赖宁宣传画　王
麟坤等绘
上海 上海人民美术出版社 1990 年 4 张
76cm（2 开）定价：CNY2.40

J0041857
学习雷锋好榜样　静轩绘
上海 上海人民美术出版社 1990 年 1 张
76cm（2 开）定价：CNY0.45

J0041858
学习雷锋好榜样　宗文龙，顾盼绘
杭州 浙江人民美术出版社 1990 年 2 张
76cm（2 开）定价：CNY1.10

J0041859
学习雷锋好榜样，发扬艰苦奋斗的精神
陈宏仁绘

南昌　江西美术出版社　1990年　1张　76cm（2开）
定价：CNY0.50

　　作者陈宏仁（1937—　），上海人。毕业于山东师范学院美术科。中国摄影家协会会员。主要摄影作品有《猫头鹰》《骆驼》《五老峰》等。

J0041860

学习雷锋好榜样，努力学习马列主义毛泽东思想　徐福根绘
南昌　江西美术出版社　1990年　1张　76cm（2开）
定价：CNY0.50

J0041861

学习雷锋好榜样，全心全意为人民服务　倪芳华绘
南昌　江西美术出版社　1990年　1张　76cm（2开）
定价：CNY0.50

J0041862

学习雷锋好榜样，热爱党热爱社会主义热爱人民　丘玮绘
南昌　江西美术出版社　1990年　1张　76cm（2开）
定价：CNY0.50

　　作者丘玮（1949—　），美术编辑。别名阿兴，福建上杭人。历任江西人民出版社、江西美术出版社美术编辑。作品连环画《送棉被》《秦始皇的专利》《光辉的旗帜》。

J0041863

学习雷锋同志弘扬雷锋精神　共青团吉林省委编文；朱大海绘
长春　吉林美术出版社　1990年　2张　107cm（全开）定价：CNY5.00

J0041864

学习雷锋做共产主义事业接班人　王小路复制
石家庄　河北美术出版社　1990年　1张　76cm（2开）定价：CNY0.50

　　作者王小路（1945—　），画家。河北邢台人，别名王晓路。结业于中国美协油画研修班。河北省邢台书画院专业画家、二级美术师。擅长油画、宣传画、年画。作品有《龙腾虎跃》《甜》《金鸡高唱》《和平》等。

J0041865

学习雷锋做一代新人　王利国绘
上海　上海人民美术出版社　1990年　1张　76cm（2开）定价：CNY0.45

J0041866

学先锋长志气树理想　丁晓红绘
广州　科学普及出版社广州分社　1990年　1张　76cm（2开）定价：CNY0.98

J0041867

学校装饰画——外国科学家　蒋昌一等绘
上海　上海教育出版社　1990年　4张　54cm（4开）
定价：CNY8.60

J0041868

学校装饰画——中国古代科学家　张培础，戴明德画
上海　上海教育出版社　1990年　4张　54cm（4开）
定价：CNY8.60

J0041869

学校装饰画——中外音乐家　章德明等绘
上海　上海教育出版社　1990年　6张　54cm（4开）
定价：CNY12.80

J0041870

叶圣陶　（1894—1988）贾武绘；王佐杰撰文
广州　科学普及出版社广州分社　1990年　1张　76cm（2开）定价：CNY0.98

J0041871

英雄人物　（学校装饰画）刘耀真等绘
上海　上海教育出版社　1990年　4张　53cm（4开）
ISBN：7-5320-2145-9　定价：CNY8.60

　　作者刘耀真（1946—　），女，画家。上海人，毕业于上海美术专科学校。中国美术家协会会员。代表作有《刘胡兰》等。

J0041872

英雄少年赖宁　泠泠编文；于凉等绘
北京　中国连环画出版社　1990年　1张　76cm（2开）定价：CNY0.80

J0041873

植物园里的小园丁　陈韵波绘
广州 科学普及出版社广州分社 1990 年 1 张
76cm（2 开）定价：CNY0.98

J0041874

中国共产党万岁　钱大昕绘
上海 上海人民美术出版社 1990 年 1 张
107cm（全开）定价：CNY2.20

J0041875

中外音乐家画像　李蕙等绘
广州 岭南美术出版社［1990 年］16 张（袋）
76cm（2 开）定价：CNY23.00

J0041876

中外著名科学家肖像挂图　冼励强等绘
广州 岭南美术出版社［1990 年］14 张（袋）
76cm（2 开）定价：CNY13.50

J0041877

中外著名科学家肖像挂图　李醒滔等绘
广州 岭南美术出版社［1990 年］18 张（袋）
76cm（2 开）定价：CNY16.50

J0041878

中学生守则　潘小庆作
南京 江苏人民出版社 1990 年 4 张 78cm（2 开）
定价：CNY1.50

J0041879

朱熹　（1130—1200）吴炳德绘；王佐杰撰文
广州 科学普及出版社广州分社 1990 年
1 张（教学挂图）76cm（2 开）定价：CNY0.98

J0041880

自力更生奋发图强　陈立人绘
武汉 湖北少年儿童出版社 1990 年 1 张
76cm（2 开）定价：CNY0.80

J0041881

祖国万岁　楼永年绘
杭州 浙江人民美术出版社 1990 年 1 张
107cm（全开）定价：CNY1.30
　　作者楼永年（1940—　　），浙江萧山人，毕业

于浙江美术学院工艺系。历任杭州印染厂花样
设计、高级工艺美术师。代表作品《福宝寿禧》
《四季平安》《福寿万年》《和合图》等。

J0041882

祖国卫士　钢铁长城　娄齐贵绘
武汉 湖北少年儿童出版社 1990 年 1 张
76cm（2 开）定价：CNY0.80

J0041883

祖国在我心中　薛告生绘
武汉 湖北少年儿童出版社 1990 年 1 张
76cm（2 开）定价：CNY0.80

J0041884

"五爱"宣传教育图片　王立华等绘
上海 上海教育出版社 1991 年 5 张 76cm（2 开）
ISBN：7-5320-2474-1 定价：CNY2.70

J0041885

草原英雄小姐妹　陈坚等绘
南京 江苏美术出版社 1991 年 1 张 76cm（2 开）
定价：CNY0.65

J0041886

从小热爱科学　覃日群绘
南宁 广西美术出版社 1991 年 1 张 76cm（2 开）
定价：CNY0.80

J0041887

党的好干部——焦裕禄　陈坚等绘
南京 江苏美术出版社 1991 年 1 张 76cm（2 开）
定价：CNY0.65

J0041888

东方红　陈继武绘
杭州 浙江人民美术出版社 1991 年 1 张
76cm（2 开）定价：CNY0.50

J0041889

共产主义战士雷锋　王素编文；黄驾宇绘
北京 中国连环画出版社 1991 年 1 张
76cm（2 开）定价：CNY0.80

J0041890
共产主义战士——雷锋　陈坚等绘
南京 江苏美术出版社 1991 年 1 张 76cm（2 开）
定价：CNY0.65

J0041891
隆重纪念西藏和平解放四十周年　王振太绘
拉萨 西藏人民出版社［1991 年］1 张
76cm（2 开）定价：CNY1.50

J0041892
没有共产党就没有新中国　王凌昆绘
上海 上海人民美术出版社 1991 年 1 张
107cm（全开）定价：CNY2.20

J0041893
平等互助 团结合作 共同繁荣　易昌绘
呼和浩特 内蒙古人民出版社［1991 年］1 张
76cm（全开）定价：CNY0.80

J0041894
平等互助 团结合作 共同繁荣　易昌绘
呼和浩特 内蒙古人民出版社［1991 年］1 张
107cm（全开）定价：CNY1.50

J0041895
庆祝中国共产党建党七十周年　晁德仁等绘
沈阳 辽宁美术出版社 1991 年 6 张 76cm（2 开）
ISBN：7-5342-0782 定价：CNY9.00

J0041896
让社会主义更美好　（摄影）
上海 上海人民美术出版社 1991 1 张
有 76cm（2 开）定价：CNY1.10

J0041897
热烈欢呼西藏四十年取得的伟大成就　诸
有韬绘
拉萨 西藏人民出版社［1991 年］1 张
76cm（2 开）定价：CNY1.50

J0041898
热烈祝贺内蒙古自治区那达慕大会
呼和浩特 内蒙古人民出版社［1991 年］1 张
76cm（2 开）定价：CNY0.80

J0041899
人民子弟兵
上海 上海人民美术出版社 1991 年 1 张
76cm（2 开）定价：CNY1.10

J0041900
少年英雄——赖宁　陈坚等绘
南京 江苏美术出版社 1991 年 1 张 76cm（2 开）
定价：CNY0.65

J0041901
生的伟大 死的光荣——刘胡兰　陈坚等绘
南京 江苏美术出版社 1991 年 1 张 76cm（2 开）
定价：CNY0.65

J0041902
为中华之崛起而读书　徐震时摄影
南宁 广西美术出版社 1991 年 1 张 76cm（2 开）
定价：CNY0.80

J0041903
向雷锋同志学习　程国英绘
成都 四川少年儿童出版社 1991 年 1 张
76cm（2 开）ISBN：7-5365-0567-1
定价：CNY1.00

J0041904
学雷锋精神做"四有"新人　东方等绘
杭州 浙江人民美术出版社 1991 年 1 张
76cm（2 开）定价：CNY0.50

J0041905
学校装饰画　（爱国主义教育）吴延恺绘
上海 上海教育出版社 1991 年 4 张 76cm（2 开）
袋装 ISBN：7-5320-2372-9 定价：CNY3.20

J0041906
学校装饰画　（外国科学家）齐传等绘
上海 上海教育出版社 1991 年 6 张 76cm（2 开）
袋装 ISBN：7-5320-2404-0 定价：CNY4.60

J0041907
学校装饰画　（英雄人物）张定钊等绘
上海 上海教育出版社 1991 年 8 张 76cm（2 开）
袋装 ISBN：7-5320-2368-0 定价：CNY6.00

J0041908
学校装饰画 （中国科学家）张国梁等绘
上海 上海教育出版社 1991年 8张 76cm（2开）
ISBN：7-5320-2403-2 定价：CNY6.00

J0041909
学校装饰画 （中外音乐家）上海教育出版社
编；王国梁等绘
上海 上海教育出版社 1991年 6张 76cm（2开）
ISBN：7-5320-2365-6 定价：CNY4.60
　　作者王国梁(1943—　)，教授。生于浙江湖
州，毕业于东南大学建筑系。历任东南大学建筑
系主任、教授，中国美术家协会江苏分会会员，
江苏省水彩画会常务理事。

J0041910
战斗英雄——董存瑞　陈坚等绘
南京 江苏美术出版社 1991年 1张 76cm（2开）
定价：CNY0.65

J0041911
战斗英雄——黄继光　陈坚等绘
南京 江苏美术出版社 1991年 1张 76cm（2开）
定价：CNY0.65

J0041912
战斗英雄——邱少云　陈坚等绘
南京 江苏美术出版社 1991年 1张 76cm（2开）
定价：CNY0.65

J0041913
中国现代文学家教育图片　陈敦等画
上海 上海教育出版社 1991年 18张 78cm（2开）
ISBN：7-5320-2502-0 定价：CNY8.85

J0041914
装饰小品　周末编绘
西安 陕西旅游出版社 1991年 94页 19cm（小
32开）ISBN：7-5418-0290-5 定价：CNY3.00

J0041915
爱科学　俞子龙作
上海 上海人民美术出版社 1992年 1张
77cm（2开）定价：CNY0.60
（五爱系列画）

J0041916
爱劳动　李善作
上海 上海人民美术出版社 1992年 1张
77cm（2开）统一书号：85322.17289
定价：CNY0.60
（五爱系列画）

J0041917
爱人民　杨顺泰作
上海 上海人民美术出版社 1992年 1张
773cm（2开）定价：CNY0.60
（五爱系列画）

J0041918
爱社会主义　翁承伟作
上海 上海人民美术出版社 1992年 1张
77cm（2开）统一书号：85322.17291
定价：CNY0.60
（五爱系列画）

J0041919
爱祖国　张安朴作
上海 上海人民美术出版社 1992年 1张
77cm（2开）定价：CNY0.60
（五爱系列画）

J0041920
从小锻炼身体长大保卫祖国　黄文城绘图
南宁 广西美术出版社 1992年 1张 77cm（2开）
统一书号：880582.195 定价：CNY0.80

J0041921
第三届中国艺术节　（1992年2月18日–3
月3日）第三届中国艺术节组委会宣传处编制
昆明 云南人民出版社 1992年 1张 77cm（2开）
定价：CNY1.50

J0041922
关心集体爱护公物　英如，陈中华绘图
南宁 广西美术出版社 1992年 1张 77cm（2开）
统一书号：880582.191 定价：CNY0.80

J0041923
艰苦朴素勤俭节约　覃日群绘图
南宁 广西美术出版社 1992年 1张 77cm（2开）

定价：CNY0.80

J0041924
讲卫生爱清洁　黄文城绘图
南宁　广西美术出版社　1992年　1张　77cm（2开）
统一书号：880582.194　定价：CNY0.80

J0041925
热烈庆祝中国共产党第十次全国代表大会召开　毛国富作
杭州　浙江人民美术出版社　1992年　1张
77×106cm　定价：CNY2.00
　　作者毛国富（1937—　），画家。浙江宁波人。历任浙江省宁波市展览馆美工、宁波市甬剧团画师、宁波市展览馆美术总设计、中国美术家协会会员。主要作品：《中国之春》《东方涛》《湖光春色》《海底世界》《西双版纳》等。

J0041926
文贸盛会异彩纷呈六大活动蔚为壮观
辽宁省人民政府新闻办公室编
沈阳　辽宁美术出版社　1992年　1张　77cm（2开）
ISBN：7-5314-0800-7

J0041927
尊敬老师　英如绘画
南宁　广西美术出版社　1992年　1张　77cm（2开）
定价：CNY0.80

J0041928
广厦千万住房难　张鑫等绘
北京　中国人口出版社　1993年　8张　77cm（2开）
ISBN：7-80079-170-X　定价：CNY8.00

J0041929
纪念毛泽东同志诞辰一百周年　（宣传画）
马田宽作
西宁　青海人民出版社　1993年　1幅　77cm（2开）
定价：CNY1.50

J0041930
意外妊娠不意外　（宣传画）罗凤山摄
北京　中国人口出版社　1993年　9张　68cm（3开）
ISBN：7-80079-183-1　定价：CNY10.00

J0041931
优生优育宝宝好　（一）丁定摄
上海　上海人民美术出版社　1993年　1张
77cm（2开）定价：CNY1.65

J0041932
优生优育宝宝好　（二）丁定摄
上海　上海人民美术出版社　1993年　1张
77cm（2开）定价：CNY1.65

J0041933
优生优育宝宝好　（三）丁定摄
上海　上海人民美术出版社　1993年　1张
77cm（2开）定价：CNY1.65

J0041934
优生优育宝宝好　（四）丁定摄
上海　上海人民美术出版社　1993年　1张
77cm（2开）定价：CNY1.65

J0041935
祖国，早晨好！　王一定作
杭州　浙江人民美术出版社　1993年　1张
53×77cm　定价：CNY2.00

J0041936
毛泽东历史视象　（经典海报画册）张忠尤编
香港　次文化堂　1994年　200页　31cm（10开）精装
定价：HKD600.00
（次文化专集文化系列　3）

J0041937
"五心"教育　（宣传画）吴吉仁等绘
武汉　湖北美术出版社　1995年　5张　77cm（2开）
定价：CNY16.00

J0041938
《新三字经》宣传画　黄俊武，郑立君绘
广州　广东高等教育出版社　1995年　1张
76cm（2开）ISBN：7-5361-1661-6
定价：CNY33.00

J0041939
好好学习　天天向上　（宣传画）李孔安绘
广州　岭南美术出版社　1995年　1张　77cm（2开）

定价：CNY2.50

J0041940

灰面鹫之歌 （青少年法律知识）法务部，幼
狮公司编辑部主编
台北　法务部　1995年　91页　21cm（32开）
ISBN：957-530-821-2　定价：TWD100.00
（智慧文库）

J0041941

毛泽东名言　　新华通讯社新闻摄影部国际编
辑室供稿
南宁　接力出版社　1995年　1张77cm（2开）
定价：CNY2.50

J0041942

名人名言：爱迪生、哥白尼　　刘熹奇，邹起奎作
南宁　广西美术出版社　1995年　1张77cm（2开）
定价：CNY1.80
　　作者刘熹奇（1948—　），生于江西安福。历
任江西美术出版社第一编辑室主任、副编审。作
品有《祖国啊，母亲》《在希望的田野上》《开国
元勋》等。作者邹起奎（1948—　），画家。笔名
加贝，辽宁省盖州人，毕业于鲁迅美术学院附
中。天津杨柳青画社集绘画、摄影、编辑、出版
于一身的专家。中国美术家协会会员。代表作
品有《毛泽东主席》正面标准像等。

J0041943

名人名言：爱因斯坦、居里夫人　　上海人民
美术出版社编
上海　上海人民美术出版社　1995年　1张
77cm（2开）定价：CNY2.40

J0041944

名人名言：邓小平、门捷列夫　　邹起奎作
南宁　广西美术出版社　1995年　1张77cm（2开）
定价：CNY1.80

J0041945

名人名言：伽利略、富兰克林　　上海人民美
术出版社编
上海　上海人民美术出版社　1995年　1张
77cm（2开）定价：CNY2.40

J0041946

名人名言：华罗庚、李四光　　邹起奎作
南宁　广西美术出版社　1995年　1张77cm（2开）
定价：CNY1.80

J0041947

名人名言：刘少奇、邓小平　　上海人民美术
出版社编
上海　上海人民美术出版社　1995年　1张
77cm（2开）定价：CNY2.40

J0041948

名人名言：马克思、毛泽东　　冯杰，邹起
奎作
南宁　广西美术出版社　1995年　1张77cm（2开）
定价：CNY1.80

J0041949

名人名言：毛泽东、周恩来　　上海人民美术
出版社编
上海　上海人民美术出版社　1995年　1张
77cm（2开）定价：CNY2.40

J0041950

名人名言：牛顿、詹天佑　　邹起奎，冯杰作
南宁　广西美术出版社　1995年　1张77cm（2开）
定价：CNY1.80

J0041951

名人名言：周恩来、爱因斯坦　　刘熹奇，邹
起奎作
南宁　广西美术出版社　1995年　1张77cm（2开）
定价：CNY1.80

J0041952

热爱解放军　（摄影年画）支柱摄
天津　天津人民美术出版社　1995年　1张
53×77cm　定价：CNY2.20

J0041953

我们从小做起养成"七不"习惯　（宣传画）
杜建国绘
上海　上海人民美术出版社　1995年　1张
38×53cm　定价：CNY1.50
　　作者杜建国（1941—　），广东澄海人。笔

名常开、一览等。中国美术家协会会员、中国动画学会会员、上海美术家协会漫画艺术委员会委员、上海少年报编辑。主要作品有《小兔非非》《象哥哥》《小熊和小小熊》等。

J0041954
学习雷锋好榜样　（摄影 1996 年年历）年华祖摄
上海 上海人民美术出版社 1995 年 1 张
77cm（2 开）定价：CNY2.40

J0041955
只生一个好　（摄影 1996 年年历）肖松摄
上海 上海人民美术出版社 1995 年 1 张
77cm（2 开）定价：CNY2.40

J0041956
中国电影海报精粹　（1905—1995）广州市对外文化交流协会，中国电影资料馆编
广州 广州出版社 1995 年 139 页 29cm（16 开）
精装 ISBN：7-80592-308-6
　　外文书名：Selected Posters of China's Films.

J0041957
中国历代科学家挂图
北京 朝花美术出版社 1995 年 8 张
77×53cm ISBN：7-5056-0252-7
定价：CNY19.00
　　本套作品是中国现代宣传画挂图，包括：张衡、祖冲之、毕昇、李时珍、詹天佑、李四光、竺可桢、华罗庚。

J0041958
《电力法》宣传组画　中华人民共和国电力工业部编；苏庆英等绘
上海 上海人民美术出版社 1996 年 8 张
77×53cm 定价：CNY24.00

J0041959
弘扬红岩精神　塑造当代重庆人：团结一致真抓实干　杨涪林绘
重庆 重庆出版社 1996 年 1 张 77×53cm
定价：CNY3.00
　　作者杨涪林（1951—　　），画家。生于四川射洪，毕业于四川美术学院。历任中国美术家协会

会员、中央文史研究馆书画院研究员、中国美术家协会蒋兆和艺术研究会会员、文化部国韵文华书画院艺术委员会委员、四川美术学院老教授协会副会长。代表作品有《云起幽壑》《万里晴天》《丛林交响》《蜀山绿衣》等。

J0041960
弘扬红岩精神　塑造当代重庆人：再振重庆雄风　杨涪林绘
重庆 重庆出版社 1996 年 1 张 77×53cm
定价：CNY3.00

J0041961
弘扬红岩精神　塑造当代重庆人：抓住机遇开拓进取　杨涪林绘
重庆 重庆出版社 1996 年 1 张 77×53cm
定价：CNY3.00

J0041962
警钟长鸣　（安全宣传画作品选）茂名石油化工公司安全处，茂名石油化工公司美术协会编
广州 岭南美术出版社 1996 年 56 页
23×21cm ISBN：7-5362-1541-X
定价：CNY28.00

J0041963
劳汝根宣传画选　劳汝根绘
广州 岭南美术出版社 1996 年 47 页 29cm（16 开）
ISBN：7-5362-1548-7 定价：CNY33.00

J0041964
只生一个好　（摄影 1997 年年历）姚中玉摄
上海 上海人民美术出版社 1996 年 1 张
77cm（2 开）定价：CNY2.80

J0041965
中华人民共和国矿产资源法宣传画　地矿部吉林测绘院编绘
广州 广东省地图出版社 1996 年 3 张
77×53cm 定价：CNY15.00

J0041966
1998：五十年不变　（摄影挂历）孔佛才摄
广州 岭南美术出版社 1997 年 42×57cm
ISBN：7-5362-1646-7 定价：CNY18.30

J0041967
爱国小英雄教育图片 （12）马宏道等绘
上海 上海教育出版社 1997年 12张 76×53cm
ISBN：7-5320-3798-3 定价：CNY19.00

J0041968
紧密地团结在以江泽民同志为核心的党中央周围，沿着建设有中国特色的社会主义道路阔步前进！ 顾华明，速加编辑设计
南京 江苏美术出版社 1997年 1张 71×101cm
统一书号：85344.1.530 定价：CNY6.50

J0041969
严格遵守《铁路法》、确保铁路运输安全 铁道安全监察司，中国铁道出版社编
北京 中国铁道出版社 1997年 5张 74cm（2开）
统一书号：17113.1156 定价：CNY15.00

J0041970
周恩来同志
南京 江苏美术出版社 1997年 1张 43×57cm
定价：CNY2.60

J0041971
《中国共产党纪律处分条例(试行)》宣传挂图 中共天津市纪律检查委员会宣教室、法规室编
天津 天津美术出版社 1998年 4张（套）
77cm（2开）统一书号：85305.912

J0041972
1999：祖国颂 （摄影挂历）
广州 岭南美术出版社 1998年 75cm（2开）
ISBN：7-5362-1800-1 定价：CNY27.50

J0041973
1999：祖国万岁 （庆祝中华人民共和国成立五十周年 摄影挂历）
上海 上海书画出版社 1998年 86cm（3开）
ISBN：7-80635-259-7 定价：CNY41.00

J0041974
爱迪生 （宣传画）刘胜军绘
济南 明天出版社 1998年 1张 77×53cm
定价：CNY6.50

J0041975
爱因斯坦 （宣传画）张丽华绘
济南 明天出版社 1998年 1张 77×53cm
定价：CNY6.50
　　作者张丽华，山东艺术学院美术系任教。

J0041976
奥斯特洛夫斯基 （宣传画）于桂元绘
济南 明天出版社 1998年 1张 77×53cm
定价：CNY6.50

J0041977
巴斯德 （宣传画）侯滨绘
济南 明天出版社 1998年 1张 77×53cm
定价：CNY6.50
　　作者侯滨（1950— ），教授、画家。毕业于济宁师范专科学校美术系。历任《山东青年》杂志社美术编辑室主任、山东青年美术家协会主席、山东省青年书画院院长。代表作品《我空军在抗美援朝战场》《海上旧梦》《一坛清水》等。

J0041978
柏拉图 （宣传画）丁庆平绘
济南 明天出版社 1998年 1张 77×53cm
定价：CNY6.50

J0041979
贝多芬 （宣传画）侯滨绘
济南 明天出版社 1998年 1张 77×53cm
定价：CNY6.50

J0041980
城乡卫生歌 （创建国家卫生城市宣传画册）
徐洪斌，顾全元主编
苏州 古吴轩出版社 1998年 147页 17×19cm
ISBN：7-80574-340-1 定价：CNY12.00

J0041981
都市博览 （宣传画）王建华摄
南京 江苏美术出版社 1998年 4张 101×38cm
定价：CNY9.80

J0041982
富兰克林 （宣传画）黄大科绘
济南 明天出版社 1998年 1张 77×53cm

定价: CNY6.50

定价: CNY10.00

J0041983
伽利略 （宣传画）刘胜军绘
济南 明天出版社 1998 年 1 张 77×53cm
定价: CNY6.50

J0041992
居里夫人 （宣传画）于桂元绘
济南 明天出版社 1998 年 1 张 77×53cm
定价: CNY6.50

J0041984
高尔基 （宣传画）丁庆平绘
济南 明天出版社 1998 年 1 张 77×53cm
定价: CNY6.50

J0041993
李大钊 （宣传画）于桂元绘
济南 明天出版社 1998 年 1 张 77×53cm
定价: CNY6.50

J0041985
哥白尼 （宣传画）侯滨绘
济南 明天出版社 1998 年 1 张 77cm（2 开）
定价: CNY6.50

J0041994
列宁 （宣传画）于桂元绘
济南 明天出版社 1998 年 1 张 77×53cm
定价: CNY6.50

J0041986
郭沫若 （宣传画）侯滨绘
济南 明天出版社 1998 年 1 张 77×53cm
定价: CNY6.50

J0041995
林肯 （宣传画）于桂元绘
济南 明天出版社 1998 年 1 张 77×53cm
定价: CNY6.50

J0041987
韩国风光 （宣传画）戴许摄
南京 江苏美术出版社 1998 年 2 张 77×54cm
定价: CNY4.30

J0041996
鲁迅 （宣传画）侯滨绘
济南 明天出版社 1998 年 1 张 77×53cm
定价: CNY6.50

J0041988
韩愈 （宣传画）丁庆平绘
济南 明天出版社 1998 年 1 张 77×53cm
定价: CNY6.50

J0041997
门捷列夫 （宣传画）于桂元绘
济南 明天出版社 1998 年 1 张 77×53cm
定价: CNY6.50

J0041989
杭州西湖小瀛州 （宣传画）兆欣摄
南京 江苏美术出版社 1998 年 1 张 54×152cm
定价: CNY6.00

J0041998
墨翟 （宣传画）于桂元绘
济南 明天出版社 1998 年 1 张 77×53cm
定价: CNY6.50

J0041990
华夏盛景 （宣传画）朱德安等摄
南京 江苏美术出版社 1998 年 2 张 77×54cm
定价: CNY4.30

J0041999
南京中山植物园 （宣传画）王伟摄
南京 江苏美术出版社 1998 年 1 张 54×152cm
定价: CNY6.00

J0041991
金色黄昏 （宣传画）
南京 江苏美术出版社 1998 年 1 张 79×110cm

J0042000
牛顿 （宣传画）丁庆平绘
济南 明天出版社 1998 年 1 张 77×53cm

定价：CNY6.50

J0042001
诺贝尔　（宣传画）刘胜军绘
济南　明天出版社 1998 年　1 张 77×53cm
定价：CNY6.50

J0042002
培根　（宣传画）丁庆平绘
济南　明天出版社 1998 年　1 张 77×53cm
定价：CNY6.50

J0042003
三星图　（宣传画）成励志作
天津　天津人民美术出版社 1998 年　1 张 72×52cm
定价：CNY12.00

J0042004
莎士比亚　（宣传画）丁庆平绘
济南　明天出版社 1998 年　1 张 77×53cm
定价：CNY6.50

J0042005
少女之春　（宣传画）
南京　江苏美术出版社 1998 年　1 张 79×110cm
定价：CNY10.00

J0042006
世界现代汽车　（宣传画）石红供稿
南京　江苏美术出版社 1998 年　2 张 77×54cm
定价：CNY4.30

J0042007
世界战机　（宣传画）夏南等供稿；建明编文
南京　江苏美术出版社 1998 年　2 张 77×5cm
定价：CNY4.30

J0042008
台湾现代海报精选　胡敏琪，邓玉祥，邱苑琪执行编辑；张碧珠美术主编
台北　艺风堂出版社 1998 年　重印本 179 页
30cm（10 开）精装　ISBN：957-9394-53-9
定价：TWD800.00

J0042009
陶行知　（宣传画）丁庆平绘
济南　明天出版社 1998 年　1 张 77×53cm
定价：CNY6.50

J0042010
天安门广场　（宣传画）
南京　江苏美术出版社 1998 年　1 张 54×152cm
定价：CNY6.00

J0042011
外国近代汽车　（宣传画）建华供稿
南京　江苏美术出版社 1998 年　2 张 77×54cm
定价：CNY4.30

J0042012
未来超级火箭　（宣传画）高嵩等编
天津　新蕾出版社 1998 年　8 张 26×39cm
定价：CNY6.40

J0042013
农村安全用电宣传画　要新华等编文；李新安绘
太原　山西科学技术出版社 1999 年　2 张（套）
77×53cm ISBN：7-5377-1602-1
定价：CNY10.00

J0042014
庆祝澳门回归祖国招贴画优秀作品选　王建伟等绘
北京　五洲传播出版社 1999 年　99 页 25×26cm
ISBN：7-80113-670-5 定价：CNY99.00
　　　外文书名：A Selection of the Best Pictorial Posters Celebrating the Return of Macao to China.

J0042015
做新世纪的主人　王建伟等编
广州　岭南美术出版社 1999 年　32 页 19cm（小32 开）ISBN：7-5362-2009-X 定价：CNY3.50

J0042016
做新世纪的主人　（宣传画）《做新世纪的主人》宣传组编委会编
广州　岭南美术出版社 1999 年　12 张（套）

76×52cm 定价：CNY34.50

中国漫画作品

J0042017

护生画初集　丰子恺画；弘一法师书
上海 大法轮书局 1950年 再版 影印本 50幅
17cm（15开）

　　本书内容系用图画和小诗的方式，向读者和人类宣扬佛教众生平等、热爱生命的价值观。作者丰子恺（1898—1975），画家、文学家、艺术教育家。原名丰润，又名仁、仍，字子觊，后改为子恺，笔名 TK，浙江嘉兴人。作品有《缘缘堂随笔》、画集《子恺漫画》等。作者弘一（1880—1942），音乐家、美术教育家、书法家、戏剧活动家。俗名李叔同，我国近代佛教律宗的高僧，曾任浙江省立第一师范学校音乐、图画教师。代表作品有《送别》《南京大学校歌》《三宝歌》等。

J0042018

护生画二集　丰子恺画；弘一法师书
上海 大法轮书局 1950年 影印本 60幅
17cm（15开）

J0042019

护生画集　（正续合刊）丰子恺著
丰子恺［发行者］［1911—1949］2册

J0042020

护生画集　丰子恺著
丰子恺［发行者］［1911—1949］［134］页
19cm（32开）

J0042021

护生画集　丰子恺作；李圆净撰集
上海 中国保护动物会［1920—1929年］
102+32页 21cm（32开）

　　本书内收86幅漫画，每幅均有诗句。

J0042022

护生画集　丰子恺画；弘一法师书
上海 佛学书局 民国十七年［1928］有图 线装
　　本书由《护生画集》丰子恺画、《护生痛言》

李圆净述，印光法师鉴定合订。

J0042023

护生画集　弘一法师书；丰子恺画
上海 开明书店［1928年］102+32页 有图
19cm（32开）

　　本书每幅画均有弘一法师题字。书末附李圆净述、印光大师鉴定的《护生痛言》。

J0042024

护生画集　丰子恺作
上海 开明书店 1929年 再版 102+32页
22cm（32开）定价：大洋五角

　　本书收15幅漫画，每幅画均有弘一法师题字。书末附李圆净述、印光大师鉴定的《护生痛言》，吕碧城的《欧游通信》，英国斯迈尔的《职分论摘录》。

J0042025

护生画集　丰子恺作
上海 开明书店 1930年 8版 102+49页
21cm（32开）定价：洋二角

　　本书收51幅漫画，每幅画均有弘一法师题字。书末附李圆净述、印光大师鉴定的《护生痛言》。

J0042026

护生画集　（第一集）丰子恺画；弘一法师书
［台中县］狮头山无量寿长期放生会 1966年
影印本 101页 20cm（32开）

J0042027

护生画集　（第二集）丰子恺画；弘一法师书
［台中县］狮头山无量寿长期放生会 1966年
影印本 121页 20cm（32开）

J0042028

护生画集　（第三集）丰子恺画；弘一法师书
［台中县］狮头山无量寿长期放生会 1966年
影印本 140页 20cm（32开）

J0042029

护生画集　（第四集）丰子恺画；弘一法师书
［台中县］狮头山无量寿长期放生会 1966年
影印本 160页 20cm（32开）

J0042030
护生画集　（第五集）丰子恺画；弘一法师书
[台中县] 狮头山无量寿长期放生会 1966 年
影印本 180+27 页 20cm（32 开）
　　作者丰子恺（1898—1975），画家、文学家、
艺术教育家。原名丰润，又名仁、仍，字子颛，
后改为子恺，笔名 TK，浙江嘉兴人。作品有《缘
缘堂随笔》、画集《子恺漫画》等。

J0042031
护生画集　　丰子恺绘画；（释）弘一法师等书写
深圳 海天出版社 1993 年 6 册 20cm（32 开）
ISBN：7-80542-627-9 定价：CNY40.00
　　本书绘画部分是丰子恺先生从 1927—1973
年 46 年间创作的漫画作品，诗词部分由弘一法
师所作，寓以佛家护生戒杀之旨。

J0042032
护生画集　　丰子恺绘；沈庆均，杨小玲主编
北京 中国友谊出版公司 1999 年 2 册（12+903 页）
20cm（32 开）ISBN：7-5057-1269-1
定价：CNY48.00

J0042033
护生画集正续合刊　　丰子恺作
上海 大法轮书局 1941 年 [131] 页 15cm（40 开）
定价：三角五分
　　本书系《护生画集》第 1 集、第 2 集、别集
的合刊，共收 120 幅漫画，每幅画均有文字说明。

J0042034
护生画三集　　丰子恺画；叶遐庵书
上海 大法轮书局 1950 年 影印本 71 幅
17cm（15 开）

J0042035
密勒氏漫画选集
[民国] 油印本 20 幅 25cm（小 16 开）

J0042036
袁政府画史　　钱辛绘
[1913 年] 手写石印本 [112] 页 [19×26cm]
环筒装
　　本书收 230 余漫画。

J0042037
文农讽刺画集　　黄文农作
上海 光华书局 1927 年 1 册 21cm（32 开）
定价：八角
（漫画会丛书 第一种）
　　本书收 73 幅漫画。

J0042038
子恺画集　　丰子恺作
上海 文学周报社 民国十六年 [1927] 3 版
22cm（20 开）定价：五角（纸面）
（文学周报社丛书）

J0042039
子恺画集　　丰子恺作
上海 文学周报社 民国十六年 [1927] 90 页
22cm（20 开）定价：大洋五角（纸面）
（文学周报社丛书）
　　本书收 63 幅漫画。书前有《给我们孩子们》
（代序）。

J0042040
子恺画集　　丰子恺作
上海 文学周报社 民国十六年 [1927] 90 页
22cm（20 开）定价：大洋八角（布面）
（文学周报社丛书）

J0042041
子恺漫画　　丰子恺著
上海 开明书店 1927 年 3 版 96 页 24cm（26 开）
定价：五角
（文学周报社丛书）
　　本书收 60 幅漫画。书前有郑振铎、朱自清、
夏丏尊等人的序及作者序，书后有俞平伯的跋。

J0042042
北游漫画　　鲁少飞作
上海 光华书局 1928 年 [120] 页 有肖像
19cm（32 开）
　　本书收 49 幅漫画，每幅均有题记。书前有
叶浅予画的作者像及彩色画 2 幅。

J0042043
石之漫画集　　王石之著
北平 民言社 1929 年 60 页 25cm（16 开）

定价：七角

（民言丛刊 一）

　　本书分上、下卷，收60幅漫画。

J0042044

子恺漫画　丰子恺绘

上海 文学周报社 1929年 5版 96页

22cm（30开）定价：五角（纸面），八角（布面）

（文学周报社丛书）

　　本书收60幅漫画。书前有郑振铎、朱自清、夏丏尊等人的序及作者序，书后有俞平伯的跋。

J0042045

南洋漫画录　刘光鲁著

北平 文化学社 1930年 63页 23cm（10开）

定价：大洋五角

　　本书收63幅漫画。书前有刘光鲁的《卷头的几句话》等。

J0042046

汪逆精卫之丑态　军委会政治部编

［军委会政治部］［1930—1949年］［15］页

13×18cm

　　本书收15幅漫画，讽刺汪精卫投日卖国。

J0042047

霞如之画　吴霞如作

苏州 小说林书社 1930年 93页 19cm（32开）

　　本书收30幅讽刺漫画，附说明文字。

J0042048

光明画集　丰子恺作画；吴契悲编

苏州 弘化社 1931年 6版 54页 18cm（15开）

　　本书收22幅漫画，有说明文字。书末附《保护动物之新运动》《淤溪戒杀会公言》。

J0042049

光明画集　丰子恺作；吴契悲编

苏州 弘化社 1931年 5版 54页 19cm（32开）

J0042050

胡奇漫画　（第一集）胡奇绘

1931年 54页 21cm（32开）

　　作者胡奇（1920—　　），又名钟琦，字稚田。出生于天津，原籍浙江绍兴，毕业于南开大学商科。任职于天津艺术馆。

J0042051

漫画大观　叶浅予编

上海 中国美术刊行社 1931年 184页

［19×26cm］精装

　　本书内分人生哲学、至理名言、是非出入、女性之谜、丈夫本色、台上人物、时代病等类，收张光宇、鲁少飞、黄文农、郑光汉、郭建英等人的漫画200余幅。编者叶浅予（1907—1995），教授、画家。浙江桐庐人。历任中国美术家协会副主席、中国画研究院副院长、中央美术学院教授。曾为茅盾小说《子夜》、老舍剧本《茶馆》等书插图。作品有长篇漫画《王先生》《小陈留京外史》《天堂记》等。著有《画余记画》《十年恶梦录》等。

J0042052

学生漫画　丰子恺作

上海 开明书店 1931年 100页 20cm（32开）

定价：大洋一元

　　本书收100幅漫画。

J0042053

子恺画集　丰子恺作

上海 开明书店 1931年 4版 90页 22cm（20开）

定价：大洋六角五分

　　本书收63幅漫画。书前有《给我们孩子们》（代序）。

J0042054

子恺漫画　丰子恺绘

上海 开明书店 1931年 6版 96页 20cm（32开）

定价：大洋六角五分

（文学周报社丛书）

　　本书收60幅漫画。书前有郑振铎、朱自清、夏丏尊等人的序及作者序，书后有俞平伯的跋。

J0042055

儿童漫画　（普及本）丰子恺作

上海 开明书店 1932年 100页 19cm（32开）

定价：大洋六角

　　本书收100幅漫画。

J0042056

儿童生活漫画　丰子恺绘
上海　儿童书店　1932 年　3 版　19cm（32 开）
定价：三角
　　本书收 36 幅漫画。

J0042057

儿童生活漫画　丰子恺作
上海　儿童书店　1933 年　4 版　19cm（32 开）
定价：大洋三角

J0042058

光明画集　丰子恺作；吴契悲编
苏州　弘化社　1934 年　9 版　54 页　19cm（32 开）

J0042059

建英漫画集　郭建英作
上海　良友图书印刷公司　1934 年　155 页
27cm（16 开）精装　定价：大洋二元
　　本书收 213 幅漫画，每幅均有说明文字。

J0042060

都会之音　丰子恺编绘
上海　天马书店　1935 年　63 幅　21cm（32 开）
定价：大洋八角

J0042061

鸡笼生漫画集　陈炳煌作
基隆　陈炳煌［自刊］1935 年　［110］页
27cm（16 开）精装
　　本书内分古今画、四季画、俗语画、漫画、
社会漫画、时事漫画等辑。

J0042062

鸡笼生漫画集　陈炳煌作
基隆　陈炳煌［自刊］1936 年　再版　［110］页
27cm（16 开）

J0042063

今代漫画选　丁聪等绘；今代出版社编
上海　今代出版社　1935 年　32 页　27cm（16 开）
　　本书收漫画百余幅。作者丁聪（1916—
2009），著名漫画家、舞台美术家。生于上海。曾
任《人民画报》副总编辑、中国美术家协会漫画
艺术委员会主任。作品有《鲁迅小说插图》《丁

聪插图》《四世同堂》《骆驼祥子》作品插图。

J0042064

人间相　丰子恺绘
上海　开明书店　民国二十四年［1935］影印本
线装

J0042065

云霓　（子恺漫画）丰子恺编绘
上海　天马书店　1935 年　60 幅　19cm（32 开）
定价：大洋六角

J0042066

都市学生漫画　萧剑青作
上海　经纬书局　［1936 年］　［60］页　15cm（40 开）
（经纬百科丛书）

J0042067

光宇讽刺集　张光宇作
上海　独立出版社　［1936 年］　［60］页　20cm（32 开）
（漫画丛书 1）
　　本书收 50 余幅漫画，其中有少量彩色印页。
作者张光宇（1900—1965），画家、教授。江苏无
锡人。现代中国装饰艺术的奠基者之一，执教于
中央美术学院、中央工艺美术学院，中国美术家
协会理事。著有《张光宇插图集》，创作设计动画
影片《大闹天宫》。

J0042068

苦孩子　萧剑青作
上海　经纬书局　1936 年　［54］页　19cm（32 开）
　　本书为中国现代漫画画册，收 24 幅漫画，
每幅画均有说明文字。

J0042069

旅行漫画　叶浅予著
上海　上海杂志公司　1936 年　94 页　19cm（32 开）
（现代漫画丛刊）
　　本书为中国现代漫画画册，内分饮食男女、
女流之辈、戏剧人生、未来的中国主人翁、秦淮
河等 10 部分，收 73 幅漫画。作者叶浅予（1907—
1995），教授、画家。浙江桐庐人。历任中国美术
家协会副主席、中国画研究院副院长、中央美术
学院教授。曾为茅盾小说《子夜》、老舍剧本《茶
馆》等书插图。作品有长篇漫画《王先生》《小陈

留京外史》《天堂记》等。著有《画余记画》《十年恶梦录》等

J0042070
漫画名作选　张正宇编
上海　中央书店　1936年　12+98页　20cm（32开）
定价：大洋二元
　　编者张正宇（1904—1976），江苏无锡人。历任《申报》画刊主编，中国青年艺术剧院舞台美术设计总顾问，兼任《人民画报》《美术》《戏剧报》编委等。合作创作大型动画片《大闹天宫》，代表作品《舞台美术小语》等。

J0042071
社会素描　（第1集）陆志庠著
上海　上海杂志公司　1936年　50页　13×19cm
（现代漫画丛刊　第1辑）
　　本书为中国现代漫画画册。

J0042072
志庠素描集　陆志庠著
上海　独立出版社［1936年］［46］页　20cm（32开）
（漫画丛书　3）

J0042073
蒋介石的一生
［平山］冀鲁豫军区政治部战友报社［1937年］
石印本　47页　20cm（32开）
（战友画丛）

J0042074
李三娃　江水作画；婺子配诗
战总会宣传部［1937—1949年］油印本　6页
26cm（16开）
（连环漫画小丛书）

J0042075
皖光画刊　中国国民党安徽省党部宣传科编
［1937—1945年］18cm（32开）

J0042076
笑画事典　张正宇编绘
上海　中央书店　1937年　155页［19cm］（32开）
　　本书为中国现代漫画画册，收漫画150余幅，作者有黄尧、华君武等。

J0042077
大同大姊姊　（儿童战争画）丰子恺著
桂林　特种教育社［1938年］64页　20cm（32开）
　　本书收《黄老伯伯养猴子》《疯子、偷儿和强盗》《大同大姊姊》3个故事，每个故事附有漫画多幅。

J0042078
漫文漫画　丰子恺编著
汉口　大路书店　1938年　98页　19cm（32开）
定价：国币三角
　　本书收51幅漫画，每幅均配有短文一篇。

J0042079
漫文漫画　丰子恺编著
汉口　长流书店［1938年］101页　19cm（32开）
定价：七角

J0042080
漫文漫画　丰子恺编著
成都　集成书店　1943年　101页　18cm（15开）
定价：国币十五元

J0042081
民族的吼声　（一）黄尧编
重庆　生活书店重庆分店　民国二十七年［1938］
12×19cm
（牛鼻抗战漫画　1）
　　作者黄尧（1914—1987），本名黄家塘，原籍浙江嘉善，生长于上海。曾任《上海新闻报》美术编辑，并在20世纪30年代凭"牛鼻子"系列漫画，在中国红极一时，在中国漫画界与张乐平、丁聪齐名。著作有《墨缘随笔》。

J0042082
民族的吼声　（二）黄尧编
重庆　生活书店重庆分店　民国二十七年［1938］
12×19cm
（牛鼻抗战漫画　2）

J0042083
全国漫画作家抗战杰作选集　（1）黄苗子编辑
展望书社　1938年　118页　18cm（32开）
　　本书选收漫画100余幅。

J0042084
西行漫画　萧华作
上海 风雨书屋 1938 年［50］页［19cm］（32 开）
　　本书内收描写红军 25000 里长征的漫画 25 幅。书前有 25000 里行程图、说明文字及《西行小记》等。

J0042085
西行漫画　萧华作
上海 风雨书屋 1938 年 25 叶 20cm（32 开）
定价：四角

J0042086
幽默漫画　郎飘然编
上海 吉士出版社 1938 年 40 页 14×19cm
　　本书收 40 余幅漫画，每幅均有文字说明。

J0042087
阵中奇闻　（第一集）梁又铭编绘
军事委员会政治部［1938 年］13×23cm
　　本套书为中国现代短篇连环漫画册。

J0042088
阵中奇闻　（第二集）梁又铭编绘
军委会政治部阵中画报社 1938 年 13×23cm

J0042089
大树画册　丰子恺作
1939 年［40］页 17cm（40 开）
　　本书收 20 幅漫画。

J0042090
到敌人的后方去　黄尧编
重庆 民间出版社 1939 年 石印本 30 页
13×19cm 定价：一角
（牛鼻子抗战漫画小丛书 12）
　　本书为中国现代漫画画册。外文书名：Forward March of Chinese Guerrillas.

J0042091
联中晨报国庆画刊　江佩声绘
联中漫画队 1939 年 油印本 22cm（32 开）

J0042092
漫画阿 Q 正传　丰子恺著

上海 开明书店 1939 年［53 叶］19cm（32 开）
定价：国币一元九角
　　本书收 53 幅漫画，每幅画均有说明文字。作者丰子恺（1898—1975），画家、文学家、艺术教育家。原名丰润，又名仁、仍，字子觊，后改为子恺，笔名 TK，浙江嘉兴人。作品有《缘缘堂随笔》、画集《子恺漫画》等。

J0042093
漫画阿 Q 正传　丰子恺作
上海 开明书店 1941 年 重庆 2 版 19cm（32 开）
定价：国币二元
　　本书为中国现代漫画插图画册，收 53 幅漫画，每幅画均有说明文字。

J0042094
漫画阿 Q 正传　丰子恺作
上海 开明书店 1942 年 湘 1 版 19cm（32 开）

J0042095
漫画阿 Q 正传　丰子恺作
上海 开明书店 1943 年 3 版 18cm（15 开）

J0042096
漫画阿 Q 正传　丰子恺作
［上海］开明书店 1946 年 8 版 19cm（32 开）
定价：国币一元一角
　　本书收 53 幅漫画，每幅画均有说明文字。

J0042097
漫画阿 Q 正传　丰子恺作
上海 开明书店 1948 年 11 版 19cm（32 开）
定价：国币一元一角

J0042098
侵略七十二图　（英汉对照）黄尧编
重庆 民间出版社 1939 年 石印本 5 册（80 页）
13×19cm
（牛鼻子抗战漫画小丛书）
　　本书为中国现代漫画画册，每幅画均有说明文字，英汉对照。

J0042099
投枪　所亚作
半弓书屋 1939 年 1 册 23cm（10 开）定价：二角

本书收 11 幅漫画。书前有陈依范的《写在"投枪"之前》。

J0042100
战地漫画   丰子恺绘著
香港 英商不列颠图书公司 1939 年［52］页 19cm（32 开）定价：国币三角
（新艺术丛刊）

本书内收 26 幅漫画。书前有著者所作"活的艺术"（代序）。

J0042101
阵中画集   汪子美等作
军委会政治部阵中画报社 1939 年 60 页 有图 17cm（40 开）
（阵中画报丛刊 3）

本书收《动员我们整个的力量》《杀尽倭寇为战死先烈复仇》《赶走日寇收复失地》《前方流血后方流汗》《进退两难》《引敌深入》等 59 幅漫图。

J0042102
儿童教育漫画   陈松平作
杭州 正中书局 1940 年 64 页 19cm（32 开）
定价：国币七角

本书内分上、中、下篇，收 64 幅漫画。

J0042103
抗战画集   梁中铭作
桂林 梁中铭［自刊］1940 年 30 页 26cm（16 开）
定价：国币一元

本书为中国现代漫画册，收 30 幅漫画，每幅均有说明文字。

J0042104
抗战画选集   赵望云主编
重庆 华中图书公司 1940 年 103 页［13×19cm］

本书为中国现代漫画画册。分为抗战必胜之部、寇军暴行之部、敌军反战之部、扫除汉奸之部等四部分，收高龙生、汪子美、黄秋农、赵望云、张乐平、力群、侯子步、王大化、文元等人的漫画 100 余幅（其中有 5 幅为木刻）。主编赵望云（1906—1977），画家。河北束鹿（现辛集市）人。曾任西北军政委员会文化部文物处处长、中国美术家协会常务理事、陕西省美术家协会首任

主席、陕西省文化局副局长等职。主要作品有《农村写生集》《西北旅行画集》《埃及写生画集》《赵望云画集》等。

J0042105
抗战漫画歌谣集   成都市民教馆编
成都 成都市民教馆 1940 年 46 页 19cm（32 开）
（画册 2）

本书收 40 余幅漫画，每幅画配有歌谣。

J0042106
抗战漫画集   陈尔康编绘
丽水 浙江省手工业指导所印刷厂 1940 年 32 页［13×19cm］

本书为中国现代漫画册，收 32 幅漫画。

J0042107
欧洲在漫画中   黄尧编
重庆 黄尧［自刊］1940 年 48 叶 19cm（32 开）
定价：五角

本书辑第二次世界大战的漫画 48 幅。书前有编者序。

J0042108
续护生画集   丰子恺绘画
上海 佛学书局 1940 年 122 页 19cm（32 开）

本书收 60 幅漫画，每幅画均有弘一法师词。作者丰子恺（1898—1975），画家、文学家、艺术教育家。原名丰润，又名仁、仍，字子觊，后改为子恺，笔名 TK，浙江嘉兴人。作品有《缘缘堂随笔》、画集《子恺漫画》等。

J0042109
亚洲在漫画中   （1）黄尧编
重庆 黄尧 1940 年［128］页 19cm（32 开）

本书辑第二次世界大战时的漫画 64 幅。书前有编者序。

J0042110
漫画自选集   张谔著
重庆 读书生活出版社 1941 年 148 页 16cm（25 开）定价：国币一元六角

本书辑录作者 1938 年下半年和 1939 年所作的漫画作品，内分 3 辑：政治漫画、旧阴谋与新花样、保卫大江南，共收 138 幅。

J0042111
如此汪精卫　中华全国漫画作家抗敌协会编
[香港]中华全国漫画作家抗敌协会 1941年
[60]页 30cm(16开) 定价:港币七角
　　本书为中国现代漫画画册,扉页上印有"献给阵亡将士之灵",书前有序。

J0042112
扬眉集　汪子美编绘
桂林 文献出版社 1941年 41页 有图
19cm(32开) 定价:国币八角
　　本书包括"短笛""民间之歌"两部分。"短笛"收韩北屏、李育中、万韦等人的诗6首;"民间之歌"收14篇短篇故事,每首诗、每篇故事均配有漫画。

J0042113
子恺近作漫画集　丰子恺作
成都 普益图书馆 1941年 19cm(32开)
定价:国币三元
　　本书为中国现代漫画画册,收60幅漫画。

J0042114
客窗漫画　丰子恺作
桂林 今日文艺社 民国三十一年[1942]再版 60页
18cm(15开) 定价:国币十四元
(今日文艺丛书 6)
　　本书为中国现代漫画画册,收60幅漫画。

J0042115
卢沟桥事变回忆录　(上集) 王冷斋原著;区锦汉作
贵州 火柴头出版社 1942年 3版 28页
20cm(32开) 定价:九角
(火柴头漫画丛书 二 抗战历史漫画)

J0042116
漫画贵阳　黄尧编
贵阳 文通书局 1942年 100页 19cm(32开)
定价:国币十四元
(牛鼻子旅行漫画)
　　本书又名《贵州风光》,为中国现代漫画画册,系牛鼻子旅行漫画之一,收100幅作品。

J0042117
新新漫画集　谢趣生作
成都 新新新闻报馆 1942年 100页 26cm(16开)
定价:五元五角
　　本书为中国现代漫画画册,包括:国际风云、上流社会、大时代中的小人物、乱世儿女等4辑,收181幅漫画。

J0042118
扬眉集　(文艺·漫画·合集) 汪子美编绘
桂林 文献出版社 1942年 再版 41页 有图
19cm(32开) 定价:一元六角

J0042119
扬眉集　(文艺·漫画·合集) 汪子美编绘
桂林 文献出版社 1942年 3版 41页 19cm(32开)
定价:国币二元
　　本书为中国现代漫画画册,包括"短笛""民间之歌"两部分。"短笛"收韩北屏、李育中、万韦等人的诗6首;"民间之歌"收14篇短篇故事,每首诗、每篇故事均配有漫画。

J0042120
击灭英美展选作集　华北美术协会编
华北政务委员会政务厅情报局 1943年 33页
19cm(32开)
(时局丛书 十)
　　本书为日伪机关出版物,内容为漫画集,书前有序。

J0042121
漫画重庆　(四川风光) 黄尧编
桂林 科学书店 [1943年][94]页 18cm(15开)
(牛鼻子旅行漫画 二)
　　本书收94幅漫画,每幅均有中、英文说明。书前有俞颂华的《介绍画家黄尧的修养与作品》等。

J0042122
战时漫画　吻冰作
泰和县 江西文化出版社 1943年 50页
19cm(32开) 环筒页装
　　本书以漫画形式反映了战时民众生活的方方面面,共收录了46幅漫画。书前有作者原序、再序和丰子恺序。

J0042123
战争中的中国人　黄尧编
桂林　科学书店　1943年　15+106+20页
［19cm］（32开）
（牛鼻子旅行漫画）
　　本书收100余幅漫画，每幅均有中、英文说明。书前有俞颂华的《介绍画家黄尧先生的修养与作品》，书末附作者的《牛鼻子三讲》一文。

J0042124
子恺近作漫画集　丰子恺作
桂林　集成书局　民国三十二年［1943］桂林初版
19cm（32开）
　　本书收60幅漫画。

J0042125
曹文选　江有生作
华东军区政治部华东画报社　1944年　1册26页
13cm（64开）
（华东画报集）
　　收于《华东画报集》之三中。

J0042126
人生漫画　丰子恺作
重庆　崇德书店　1944年　60叶　19cm（32开）

J0042127
世态画集　丰子恺，吴甲原作
桂林　文光书店　1944年　50叶　20cm（32开）

J0042128
万象集　张乐平等作
崇安　中国木刻用品合作工厂　1944年　60页
横20cm（横32开）
（新艺丛书）
　　本书收30幅漫画，作者有张乐平、西崖、叶冈、特伟等。所收作品曾发表于1940年至1941年间《前线日报》"星画"副刊上。作者张乐平（1910—1992），漫画家。浙江海盐人。曾任中国美术家协会上海分会、解放日报社、上海少年儿童出版社专业画家。漫画"三毛"形象的创作者。代表作品《三毛流浪记》《三毛从军记》。

J0042129
都市相　丰子恺作
上海　开明书店　1945年　64页　17cm（35开）
定价：国币九角
（子恺漫画全集　五）
　　本书收有作者的64幅漫画，书前有作者的《子恺漫画全集序》。

J0042130
都市相　丰子恺作
上海　开明书店　1946年　再版64页　17cm（35开）
定价：国币九角
（子恺漫画全集　四）

J0042131
都市相　丰子恺作
上海　开明书店　1947年　3版64页　17cm（35开）
定价：国币九角
（子恺漫画全集　五）

J0042132
都市相　丰子恺作
上海　开明书店　民国三十八年［1949］5版　64页
17cm（35开）定价：国币3.30
（子恺漫画全集　五）

J0042133
儿童相　丰子恺作
上海　开明书店　1945年　84页　19cm（32开）
定价：国币一元二角
（子恺漫画全集　二）
　　本书收84幅画。书前有作者的《子恺漫画全集序》《给我的孩子们》（代序）等。

J0042134
儿童相　丰子恺作
上海　开明书店　1946年　再版84页
17cm（35开）定价：国币一元二角
（子恺漫画全集　二）
　　作者丰子恺（1898—1975），画家、文学家、艺术教育家。原名丰润，又名仁、仍，字子觊，后改为子恺，笔名TK，浙江嘉兴人。作品有《缘缘堂随笔》、画集《子恺漫画》等。

J0042135
儿童相　丰子恺作
上海　开明书店　民国三十六年［1947］84页

17cm（35 开）定价：国币一元二角
（子恺漫画全集　二）

J0042136
古诗新画　丰子恺作
上海　开明书店　1945 年　84 页　19cm（32 开）
定价：国币一元二角
（子恺漫画全集　一）

J0042137
古诗新画　丰子恺作
上海　开明书店　1946 年　再版　84 页　17cm（35 开）
定价：国币一元二角
（子恺漫画全集　一）

J0042138
古诗新画　丰子恺作
上海　开明书店　1947 年　3 版　84 页　17cm（35 开）
定价：国币一元二角
（子恺漫画全集　一）

J0042139
民间相　丰子恺作
上海　开明书店　1945 年　64 页　18cm（15 开）
定价：国币九角
（子恺漫画全集　四）

J0042140
民间相　丰子恺作
上海　开明书店　民国三十八年［1949］3 版
64 页　18cm（15 开）定价：国币九角
（子恺漫画全集　四）

J0042141
民间相　丰子恺作
上海　开明书店　民国三十八年［1949］5 版
64 页　18cm（15 开）
（子恺漫画全集　四）

J0042142
人间生活画集　靳克勤绘
璧山　社会美术教育学社　1945 年　石印本
［40］页［13×19cm］环筒页装

J0042143
学生相　丰子恺作
上海　开明书店　1945 年　64 页　19cm（32 开）
定价：国币九角
（子恺漫画全集　三）

J0042144
战时相　丰子恺作
上海　开明书店　1945 年　64 页　18cm（15 开）
定价：国币九角
（子恺漫画全集　六）

J0042145
可逆反应　朱吻冰作
温岭　文化出版社　1946 年　56 页［13×19cm］
（吻冰漫画 3）

J0042146
漫画上海　陈青白编著
民族出版社　1946 年　106 页　21cm（32 开）
　　本书收 200 余幅漫画。

J0042147
漫画选集　东北画报社编辑
［哈尔滨］东北画报社　1946 年　石印本
54 页　26cm（16 开）
　　本书系中国现代漫画选集。

J0042148
战时相　丰子恺作
上海　开明书店　1946 年　再版　64 页
17cm（40 开）定价：国币九角
（子恺漫画全集　六）
　　本书收《战地之春》《擒贼先擒王》《腰下防身剑》《命中》《战争与音乐》《傀儡》《战时的儿童》《沦陷区》《落日》《胜券在望》《莲花生沸汤》等 64 幅漫画。书前有作者的《子恺漫画全集序》。

J0042149
中国之命运漫画集　总裁原著；陶今也编绘
［兰州］建国文化社　1946 年　118 页　26×19cm
　　本书收入作者 117 幅漫画作品。书前有谷正伦、马步芳等人的题字，林岚等人的书评，书后有张式纶的题跋。

J0042150
子恺漫画全集　丰子恺作
开明书店 1946 年 再版 18cm（15 开）
　　作者丰子恺（1898—1975），画家、文学家、艺术教育家。原名丰润，又名仁、仍，字子觊，后改为子恺，笔名 TK，浙江嘉兴人。作品有《缘缘堂随笔》、画集《子恺漫画》等。

J0042151
子恺漫画选　（彩色版）丰子恺绘
上海 万叶书店 1946 年 36 幅 24cm（26 开）
定价：国币 9,000 元

J0042152
劫余漫画　丰子恺作
上海 万叶书店 1947 年 119 页［13×19cm］
（万叶画库）

J0042153
漫画选集　（2）华君武等作；东北画报社编
哈尔滨 东北画报社 1947 年 60 页 13×18cm
定价：六十元
　　本书内分：人民军队的力量、蒋美合谋、蒋介石的惨相、法西斯残余的末路等四部分，收赵域、华君武、朱丹、刘志忠、施展、未冉等创作的反映解放战争的漫画 49 幅。作者华君武（1915—2010），漫画家。别名华潮，生于杭州，祖籍无锡荡口。就读于上海大同大学高中部。历任鲁迅艺术文学院任研究员、《人民日报》文学艺术部主任、中国美术家协会副主席、中国文联书记处书记等职务。代表作品有《疲劳过度症》《肉骨头引狗》《1939 年所植的树》等。

J0042154
漫画选辑　华君武，张仃等作；东北画报社编
［佳木斯］东北画报社 民国三十五年［1946］
49 页 21cm（32 开）
　　本书辑入的漫画有：《人民军队的力量》（18幅）、《蒋美合谋》（14 幅）、《蒋介石的惨相》（10幅）、法西斯残余的末路（7 幅）等。作者张仃（1917—2010），国画家、美术教育家、美术理论家。号它山，辽宁黑山人。曾任黄宾虹研究会会长，中央工艺美术学院教授、院长等。中国人民政治协商会议会徽的设计者，中华人民共和国国徽设计提议者之一。代表作品有《张仃水墨写生》

《张仃画室》。

J0042155
人生漫画　丰子恺作
重庆 万光书局 1947 年 3 版 60 页 20cm（32 开）

J0042156
三毛从军记　（第一册）张乐平作
张乐平［自刊］1947 年 18×20cm
　　本书为民国时期中国漫画连环画。作者张乐平（1910—1992），漫画家。浙江海盐人。曾任中国美术家协会上海分会、解放日报社、上海少年儿童出版社专业画家。漫画"三毛"形象的创作者。代表作品《三毛流浪记》《三毛从军记》。

J0042157
三毛从军记　（1-3 册）张乐平作
张乐平［自刊］1947 年 再版 3 册（40；40；40 页）
横 20cm（横 24 开）

J0042158
三毛从军记　张乐平作
成都 四川少年儿童出版社 1983 年 114 页
19×21cm 统一书号：R8247.123
定价：CNY0.54

J0042159
三毛从军记　张乐平绘
成都 四川少年儿童出版社 1984 年 114 页
20cm（32 开）统一书号：R8247.160
定价：CNY0.72
（中国儿童漫画家选集）

J0042160
三毛从军记　（全集）张乐平作
上海 同济大学出版社 1990 年 120 页 17×19cm
ISBN：7-5608-0624-4 定价：CNY2.80

J0042161
三毛从军记　（全集）张乐平［绘］
北京 中国连环画出版社 1996 年 125 页 17×19cm
ISBN：7-5061-0671-X 定价：CNY9.60

J0042162
县太爷　（长篇漫画）张文元作

上海 自由漫画社 1947 年 1 册

18×21cm（24 开）定价：国币五千元

　　本书为民国时期中国漫画。作者张文元（1910—1992），漫画家。别名文魁，号太仓一粟。生于江苏太仓。历任《新闻日报》美术摄影组组长、中国美术家协会理事和上海分会常务理事。与米谷等创办了《漫画》月刊。作品有《鸣炮开会》《大闹宁国府》《兽性篇》等，出版有《张文元漫画选》。

J0042163

又生画集　丰子恺作

上海 开明书店 1947 年 石印本 60 页

17cm（40 开）定价：国币七角

　　本书收 60 幅漫画。作者丰子恺（1898—1975），画家、文学家、艺术教育家。原名丰润，又名仁、仍，字子颛，后改为子恺，笔名 TK，浙江嘉兴人。作品有《缘缘堂随笔》、画集《子恺漫画》等。

J0042164

幼幼画集　丰子恺作

上海 儿童书局 1947 年 60 页［19cm］（32 开）

J0042165

战时相　丰子恺作

上海 开明书店 1947 年 3 版 64 页 17cm（40 开）

定价：国币九角

（子恺漫画全集 六）

　　本书收《战地之春》《擒贼先擒王》《腰下防身剑》《命中》《战争与音乐》《傀儡》《战时的儿童》《沦陷区》《落日》《胜券在望》《莲花生沸汤》等 64 幅漫画。书前有作者的《子恺漫画全集序》。

J0042166

丰子恺存画　（第一集）丰子恺著

天津 民国日报社 民国三十七年［1948］

83 页 19cm（32 开）

J0042167

丰子恺画存　（第 2 集）丰子恺作

天津 民国日报社 民国三十七年［1948］

83 页 有图 19cm（32 开）

J0042168

画中有诗　丰子恺作

桂林 文光书店 1948 年 60 页 19cm（32 开）

定价：旧币 3,000 元

J0042169

漫画选集　（2）华君武等作；东北画报社编

［哈尔滨］东北画报社 民国三十七年［1948］

再版 60 页 13×18cm

　　本书内分人民军队的力量、蒋美合谋、蒋介石的惨相、法西斯残余的末路等四部分，收赵域、华君武、朱丹、刘志忠、施展、未冉等创作的反映解放战争的漫画 49 幅。作者华君武（1915—2010），漫画家。别名华潮，生于杭州，祖籍无锡荡口。就读于上海大同大学高中部。历任鲁迅艺术文学院研究员、《人民日报》文学艺术部主任、中国美术家协会副主席、中国文联书记处书记等职务。代表作品有《疲劳过度症》《肉骨头引狗》《1939 年所植的树》等。

J0042170

时事漫画　（1946—1947）华君武作

［哈尔滨］东北书店 1948 年 81 页 13×17cm

J0042171

曹文选　江有生画

华东军区政治部华东画报社 1949 年

［26］页 13cm（64 开）

（东北画报画集 3）

　　本书为中国现代漫画作品集。

J0042172

画中有诗　丰子恺作

桂林 文光书店［1949 年］再版 60 页

20cm（32 开）定价：国币二十四元

J0042173

米谷漫画选　野夫，陈烟桥主编；米谷撰

上海 大众美术出版社 1949 年 影印本

92 页 19cm（32 开）

　　本书收作者 91 幅漫画。内容有《华南人民给蒋介石准备了后事》《马歇尔努力为之》《复员泪》等。作者米谷（1918—1986），著名漫画家。海宁斜桥人。原名朱禄庆，学名朱吾石。笔名米谷、李诚、令狐原等。毕业于上海美术专科

学校洋画系。1939年与华君武在延安创办鲁迅艺术学院漫画研究班，为《前线》《文汇报》《新民晚报》等创作大量讽刺漫画。曾任香港《文汇报》漫画双周刊主编、《解放日报》编委兼艺术组长、中国美术家协会常务理事、中国美术家协会上海分会副主席、中国美术馆研究部主任。代表作品《米谷漫画选》《米谷画选》等。主编陈烟桥（1911—1970），版画家。曾用名陈炳奎，笔名李雾城、米启郎。就读于广州市立美术专科学校西画科和上海新华艺术专科学校西洋画系。历任《新华日报》美术科主任、中国美术家协会上海分会副秘书长、美术家协会广西分会主席等。代表作品有木刻《建设中的佛子岭》《鲁迅和他的伙伴们》等。

J0042174
上海漫画　陈青白编著
上海　中国图书杂志公司　1949年　106页　19cm（32开）

J0042175
时事漫画　（一九四八年作）华君武作
长春　东北书店　1949年　64页　13×19cm
定价：330元

J0042176
五年后之中国　许晚成［绘］
上海　上海文龙书店　1949年　64页　有图　19cm（32开）定价：一元
　　本书为中国现代漫画画册。

J0042177
解放漫画选　（1949—1950）江丰等主编；中华全国美术工作者协会上海分会编
上海　大众美术出版社　1950年　100页　19cm（32开）
　　本书收吴耘的《打击银元投机！》、陶谋基的《阳光下的雪人》、张乐平的《千夫所指》、洪荒的《不容侵犯》、寸松的《支前第一》、武石的《四通八达》、米谷的《在人民法律之内》、黎冰鸿的《我们有的是路》、江有生的《必然结果》、赵延年的《步步高升》、克萍的《胜利的果实》、叶苗的《全国人民大团结》和沈同衡的《东亚的巨人站起来了》等中国现代漫画100幅。主编江丰（1910—1982），版画家、美术教育家、美术评论家。原名

周熙，笔名高岗、固林、江烽、介福。上海人。历任《前线画报》编辑、鲁迅艺术学院美术部主任、中华全国美术工作者协会副主席、中央美术学院院长、中国美术家协会主席。出版有《江丰美术论集》。

J0042178
今人物志　胡考著
上海　独立出版社　1950—1959年
　　作者胡考（1912—1994），小说家、文艺理论家、漫画家。生于上海，祖籍浙江余姚，毕业于上海新华艺术专科学校。历任《苏北画报》社社长、《人民画报》副总编辑、中国美术家协会会员。出版有《胡考素描》《上海滩》。

J0042179
漫画　北京市储运公司马连道仓库编
北京　北京市储运公司马连道仓库［1950—1959年］油印本　13×19cm
　　本书系中国现代漫画画册专著。

J0042180
反侵略漫画选集　人民美术出版社辑
北京　人民美术出版社　1951年　50页　18cm（15开）定价：旧币2,010元

J0042181
抗美援朝保家卫国漫画集　（第三集）广州市文联美协辑
广州　华南人民出版社　1951年　50页　15cm（40开）定价：旧币2,400元

J0042182
漫画选集　（抗美援朝专辑）福建省文学艺术界联合会编
福州　福建省文学艺术界联合会　1951年　25页　21cm（32开）

J0042183
炮灰画传　（美）乔治·斐克作；古巴编选
上海　平明出版社　1951年　67页　17cm（40开）
定价：旧币5,000元
（新时代文丛　第一辑）

J0042184
如此美国 （漫画）华东人民出版社编
上海 华东人民出版社 1951 年 70 页
18cm（32 开）定价：旧币 3,100 元

J0042185
王小青 方成著
北京 工人出版社 1951 年 30 页
19×26cm（16 开）定价：旧币 4,000 元
　　中国现代漫画连环画作品。作者方成
（1918—2018），漫画家、杂文家、幽默理论专家。
原名孙顺潮，杂文笔名张化。祖籍广东中山，生
于北京，毕业于武汉大学。历任《观察》半月刊
漫画版主编、北京《新民晚报》美术编辑、人民日
报社高级编辑、中国新闻漫画研究会会长。

J0042186
战犯变形集 广凯编绘
沈阳 东北人民出版社 1951 年 18 页 有图
19cm（32 开）定价：旧币 2,200 元
　　中国现代儿童活动漫画作品。

J0042187
张文元漫画选 张文元作；江丰等主编
上海 大众美术出版社 1951 年 94 页 18cm（15 开）
定价：旧币 8,000 元
　　本书选编作者 1946 年至 1951 年期间的漫
画作品 93 幅。作者张文元（1910—1992），漫画
家。别名文魁，号太仓一粟。生于江苏太仓。历
任《新闻日报》美术摄影组组长、中国美术家协
会理事和上海分会常务理事。与米谷等创办了
《漫画》月刊。作品有《鸣炮开会》《大闹宁国府》
《兽性篇》等，出版有《张文元漫画选》。主编江
丰（1910—1982），版画家、美术教育家、美术评
论家。原名周熙，笔名高岗、固林、江烽、介福。
上海人。历任《前线画报》编辑、鲁迅艺术学院
美术部主任、中华全国美术工作者协会副主席、
中央美术学院院长、中国美术家协会主席。出版
有《江丰美术论集》。

J0042188
子恺漫画选 （彩色版）丰子恺绘
上海 万叶书店 1951 年 36 幅 19cm（32 开）
定价：旧币 10,000 元
　　作者丰子恺（1898—1975），画家、文学家、

艺术教育家。原名丰润，又名仁、仍，字子觊，
后改为子恺，笔名 TK，浙江嘉兴人。作品有《缘
缘堂随笔》、画集《子恺漫画》等。

J0042189
"三反""五反"漫画集 人民美术出版社辑
北京 人民美术出版社 1952 年 影印本
36 页 15×19cm 定价：旧币 3,300 元

J0042190
丁聪漫画选 丁聪绘
北京 天下出版社 1952 年 38 页 19cm（32 开）
定价：旧币 12,800 元
（中国漫画作家丛刊）
　　作者丁聪（1916—2009），著名漫画家、舞台
美术家。生于上海。曾任《人民画报》副总编辑、
中国美术家协会漫画艺术委员会主任。作品有
《鲁迅小说插图》《丁聪插图》《四世同堂》《骆驼
祥子》作品插图。

J0042191
方灵漫画选 （第一集）方成，钟灵绘
北京 天下出版社 1952 年 36 页 20cm（32 开）
定价：旧币 9,200 元
（中国漫画作家丛刊）

J0042192
一九五一年漫画集 中华全国美术工作者协
会上海分会辑
上海 大众美术出版社 1952 年 影印本 51 页
19cm（32 开）定价：旧币 5,000 元

J0042193
二娃子 （长篇漫画）张乐平作
上海 华东人民美术出版社 1954 年
19×21cm 定价：旧币 4,500 元
　　本书为中国现代长篇漫画画册。作者张乐
平（1910—1992），漫画家。浙江海盐人。曾任中
国美术家协会上海分会、解放日报社、上海少年
儿童出版社专业画家。漫画"三毛"形象的创作
者。代表作品《三毛流浪记》《三毛从军记》。

J0042194
二娃子 （低）张乐平作
上海 少年儿童出版社 1978 年 36 页 19cm（小

32 开）统一书号：R10024.3566　定价：CNY0.28

J0042195

二娃子　张乐平著

成都　四川少年儿童出版社　1984 年

72 页　20cm（32 开）统一书号：R8247.164

定价：CNY0.55

（中国儿童漫画家选集　张乐平儿童漫画选集）

J0042196

二娃子　　张乐平［绘］；唐弢配诗

上海　少年儿童出版社　1997 年　63 页　17×19cm

ISBN：7-5324-3210-6　定价：CNY8.80

　　本书是中国现代漫画连环画册。

J0042197

方成、钟灵政治讽刺画选集　方成，钟灵作

北京　朝花美术出版社　1954 年　影印本

38 页　21cm（32 开）定价：旧币 6,000 元

　　作者方成（1918—2018），漫画家、杂文家、幽默理论专家。原名孙顺潮，杂文笔名张化。祖籍广东中山，生于北京，毕业于武汉大学。历任《观察》半月刊漫画版主编、北京《新民晚报》美术编辑、人民日报社高级编辑、中国新闻漫画研究会会长。

J0042198

华君武政治讽刺画选集　华君武绘

北京　人民美术出版社　1954 年　影印本

68 页　25cm（15 开）定价：旧币 12,000 元

　　作者华君武（1915—2010），漫画家。别名华潮，生于杭州，祖籍无锡荡口。就读于上海大同大学高中部。历任鲁迅艺术文学院研究员、《人民日报》文学艺术部主任、中国美术家协会副主席、中国文联书记处书记等职务。代表作品有《疲劳过度症》《肉骨头引狗》《1939 年所植的树》等。

J0042199

反对侵略战争，保卫世界和平！　　甘夫作；中苏友好协会编

北京　人民美术出版社　1955 年　1 页折图

25cm（15 开）定价：CNY0.18

J0042200

华君武的政治讽刺画　华君武绘；刘迅辑

北京　朝花美术出版社　1955 年　影印本　20 页

17cm（40 开）定价：CNY0.16

（群众美术画库）

　　作者刘迅（1923—2007），画家。江苏南京人，曾在延安鲁迅艺术学院进修。历任北京画院副院长兼党委书记、北京市美术家协会副主席、北京市文联副主席。代表作有《刘迅油画作品集》《刘迅中国画作品集》《刘迅画集》等。

J0042201

肃清一切反革命分子漫画选集　华君武等作

上海　上海人民美术出版社　1955 年　57 页

15cm（40 开）定价：CNY0.20

J0042202

子恺漫画选　　丰子恺绘；王朝闻编

北京　人民美术出版社　1955 年　56 页

26cm（16 开）定价：CNY1.75

　　作者丰子恺（1898—1975），画家、文学家、艺术教育家。原名丰润，又名仁、仍，字子颙，后改为子恺，笔名 TK，浙江嘉兴人。作品有《缘缘堂随笔》、画集《子恺漫画》等。编者王朝闻（1909—2004），雕塑家、文艺理论家、美学家。生于四川合江。别名王昭文，更名王朝闻，笔名汶石、廖化、席斯珂。就读于成都艺术专科学校、杭州国立艺术专科学校。历任中央美术学院副教务长、中国美术家协会副主席、中国艺术研究院副院长等。代表作品《浮雕毛泽东像》《圆雕刘胡兰像》等。

J0042203

第二届全国美术展览会漫画选集　人民美术出版社编

北京　人民美术出版社　1956 年　影印本　76 页

21cm（32 开）定价：CNY1.92

J0042204

全国人民团结起来，坚决彻底、干净、全部地肃清一切反革命分子漫画集　人民美术出版社编

北京　人民美术出版社　1956 年　81 页

18cm（32 开）定价：CNY0.34

J0042205

喧宾夺主　（李滨声漫画选集）李滨声作

北京 北京出版社 1956年 影印本 42页
21cm（32开）统一书号：8071.8
定价：CNY0.24
　　作者李滨声（1925—　　），新闻漫画家。曾用名李洛非，笔名梨园客。出生于黑龙江哈尔滨，祖籍辽宁本溪。历任中国美术家协会会员、北京市文史研究馆馆员。代表作品《喧宾夺主》《三星铅笔》等。

J0042206

一群披着羊皮的豺狼　华君武等绘；高野夫配词
北京 通俗读物出版社 1956年 影印本 115页有图 13×18cm（36开）定价：CNY0.27
　　作者华君武（1915—2010），漫画家。别名华潮，生于杭州，祖籍无锡荡口。就读于上海大同大学高中部。历任鲁迅艺术文学院任研究员、《人民日报》文学艺术部主任、中国美术家协会副主席、中国文联书记处书记等职务。代表作品有《疲劳过度症》《肉骨头引狗》《1939年所植的树》等。

J0042207

政治讽刺画选集　"争取持久和平，争取人民民主！"报中文版出版部辑
北京 "争取持久和平，争取人民民主！"报中文版出版部 1956年 影印本 55页 26cm（16开）
统一书号：3053.2 定价：CNY1.10

J0042208

大街上发生的事情　群众出版社编选
北京 群众出版社 1957年 52页 19cm（32开）
统一书号：T8067.1 定价：CNY0.49
　　本书是中国现代漫画作品集。

J0042209

第一届全国漫画展览会作品选集　钟灵编
北京 人民美术出版社 1957年 影印本 71页
26cm（16开）统一书号：8027.1180
定价：CNY5.65

J0042210

反"右"派斗争漫画选集　长安美术出版社编
西安 长安美术出版社 1957年 36页
21cm（32开）统一书号：8094.165
定价：CNY0.30

J0042211

节约粮食　（保证社会主义建设漫画选）徐守华编
北京 朝花美术出版社 1957年 21页
18cm（15开）统一书号：T8028.1174
定价：CNY0.16
（群众美术画库）

J0042212

漫画　（第一期 总80期）漫画编辑部编
北京 人民美术出版社 1957年 11页
34cm（10开）定价：CNY0.20

J0042213

在天翻地覆的时代里　（米谷政治讽刺画集1946—1956）米谷绘
北京 人民美术出版社 1957年 影印本 84幅
27cm（16开）精装 统一书号：8027.1247
定价：CNY4.10
　　作者米谷（1918—1986），著名漫画家。海宁斜桥人。原名朱禄庆，学名朱吾石。笔名米谷、李诚、令狐原等。毕业于上海美术专科学校洋画系。1939年与华君武在延安创办鲁迅艺术学院漫画研究班，为《前线》《文汇报》《新民晚报》等创作大量讽刺漫画。曾任香港《文汇报》漫画双周刊主编、《解放日报》编委兼艺术组长、中国美术家协会常务理事、中国美术家协会上海分会副主席、中国美术馆研究部主任。代表作品《米谷漫画选》《米谷画选》等。

J0042214

"大跃进"漫画参考资料　人民美术出版社编
北京 人民美术出版社 1958年
影印本 19cm（32开）定价：CNY0.27

J0042215

大字报画选　上海人民美术出版社编
上海 上海人民美术出版社 1958年 94页 20cm
（32开）统一书号：T8081.3583 定价：CNY0.50
　　本书是中国现代漫画作品选。

J0042216

东风压倒西风漫画选集　沈凡等作
上海 上海人民美术出版社 1958年 影印本
45页 20cm（32开）统一书号：T8081.3774

定价：CNY0.30

J0042217
反右派斗争漫画选集　河南人民出版社编选
郑州　河南人民出版社　1958 年　影印本
32 页　19cm（32 开）统一书号：T8105.67
定价：CNY0.14

J0042218
反右派斗争漫画选集　河南人民出版社编选
郑州　河南人民出版社　1958 年　30 页
18cm（15 开）统一书号：T8105.67
定价：CNY0.14

J0042219
敢想敢干　姜启才等画
上海　上海人民美术出版社　1958 年　42 页
20cm（32 开）统一书号：8081.4215
定价：CNY0.32
（工农兵美术作品选辑　五）
　　本书是中国现代漫画作品选。

J0042220
华君武漫画选　华君武作
北京　人民美术出版社　1958 年　40 页
19cm（32 开）统一书号：T8027.1462
定价：CNY0.18

J0042221
漫画　科学画报编辑部编著
上海　科技卫生出版社　1958 年　新 1 版　40 页
19cm（32 开）统一书号：13119.185
定价：CNY0.13
（科学画报丛书）

J0042222
漫画选　敦煌文艺出版社编
兰州　敦煌文艺出版社　1958 年　32 页
20cm（32 开）统一书号：T8148.65
定价：CNY0.22

J0042223
全民动员·为钢而战漫画选集　上海人民美
术出版社编
上海　上海人民美术出版社　1958 年　38 页

15×15cm　统一书号：T8081.4248
定价：CNY0.15

J0042224
陕西工人漫画　人民美术出版社编
北京　人民美术出版社　1958 年　19cm（32 开）
统一书号：8027.2138　定价：CNY0.15

J0042225
沈阳工人漫画选　沈阳市工会联合会宣传部编
沈阳　辽宁画报社　1958 年　24 页　13×18cm
统一书号：T8117.721　定价：CNY0.08

J0042226
西行漫画　阿英编
北京　人民美术出版社　1958 年　25 幅
20cm（32 开）统一书号：8027.2304
定价：CNY0.34
　　作者阿英（1900—1977），现代著名剧作家、
文艺批评家。安徽芜湖人，别名钱杏邨、钱德赋。
著有诗歌、小说、散文，尤以戏剧成就最高，代
表作品有历史剧《李闯王》等，著有《阿英文集》。

J0042227
西游漫记　张光宇作
北京　人民美术出版社　1958 年　130 页
25cm（16 开）统一书号：8027.1251
定价：CNY9.50
　　作者张光宇（1900—1965），画家、教授。江
苏无锡人。现代中国装饰艺术的奠基者之一，执
教于中央美术学院、中央工艺美术学院，任中国
美术家协会理事。著有《张光宇插图集》，创作设
计动画影片《大闹天宫》。

J0042228
西游漫记　张光宇作
北京　人民美术出版社　1983 年　20cm（32 开）
统一书号：8027.1251　定价：CNY2.95
　　本书主要是讽刺国民党重庆政府的黑暗统
治。全部作品 60 幅，每幅均附文字说明。

J0042229
西游漫记　张光宇作
济南　山东画报出版社　1998 年　19×21cm
ISBN：7-80603-245-2　定价：CNY19.80

J0042230

钢铁就是力量　漫画编辑部编
北京 人民美术出版社 1959年 58页 15cm（40开）
统一书号：T8027.2494 定价：CNY0.20
（漫画小丛刊 1）

J0042231

工农画页 （2 泸州专页）泸州专区文艺卫星
办公室编
成都 四川人民出版社 1959年 4摺 19cm
（32开）统一书号：T8118.262
定价：CNY0.16
　　中国现代漫画作品。

J0042232

工人漫画选集　陕西工人报编
西安 长安艺术出版社 1959年 21cm（32开）
统一书号：8146.303 定价：CNY0.17

J0042233

贵州漫画选集　美协贵州分会，贵州人民出
版社合编
贵阳 贵州人民出版社 1959年 44页 15×19cm
统一书号：8115.148 定价：CNY0.22

J0042234

红色画集　中国美术家协会江西分会，江西省
博物馆编
南昌 江西人民出版社 1959年 81页 36cm（6开）
精装 统一书号：E8110.223 定价：CNY7.40
　　本书是中国现代漫画作品画册。

J0042235

江有生漫画　上海人民美术出版社编
上海 上海人民美术出版社 1959年
46页 19cm（32开）统一书号：T8081.4039
定价：CNY0.32
　　本书收作者代表作品46幅图。有《昨日今
朝大不同》《大象：我早告诉你不要站在游人众
多的地方》等。江有生（1921—2015），一级美术
师，擅漫画。出生于日本横滨市，原籍香山县
下栅墟北山村（今珠海市下栅人）。别名江文著。
1938年在澳门培正中学学习漫画。历任新四军
一旅战地服务团漫画木刻组长，《苏中画报》《华
东画报》《漫画》《讽刺与幽默》编委或主编，中

国美术家协会外联部主任、书记处书记。出版有
《江有生漫画》《江有生漫画选》。

J0042236

漫画　科学画报编辑部编著
上海 上海科学技术出版社 1959年 重印本
40页 19cm（32开）统一书号：13119.185
定价：CNY0.13
（科学画报丛书）

J0042237

群众漫画选　中国美术家协会长春分会筹委
会编
长春 吉林人民出版社 1959年 34幅
19cm（32开）统一书号：8091.50
定价：CNY0.20

J0042238

子恺儿童漫画　丰子恺编绘
天津 天津少年儿童美术出版社 1959年 20页
21cm（32开）统一书号：R8073.1672
定价：CNY0.40
　　作者丰子恺（1898—1975），画家、文学家、
艺术教育家。原名丰润，又名仁、仍，字子觊，
后改为子恺，笔名TK，浙江嘉兴人。作品有《缘
缘堂随笔》、画集《子恺漫画》等。

J0042239

"瘟神"现形记　鲁迅美术学院，辽宁美术出
版社编绘
沈阳 辽宁美术出版社 1960年 33页 17cm（25开）
　　本书是中国现代漫画作品画册。

J0042240

艾森豪威尔丢丑记　华君武等作
[石家庄] 河北人民美术出版社 1960年 [1张]
54cm（4开）定价：CNY0.10
　　作者华君武（1915—2010），漫画家。别名华
潮，生于杭州，祖籍无锡荡口。就读于上海大同
大学高中部。历任鲁迅艺术文学院研究员、《人
民日报》文学艺术部主任、中国美术家协会副主
席、中国文联书记处书记等职务。代表作品有《疲
劳过度症》《肉骨头引狗》《1939年所植的树》等。

J0042241

工农画页 （3）重庆市群众艺术馆编
成都 四川人民出版社 1960年 19cm（32开）
折装 统一书号：T8118.339 定价：CNY0.16

J0042242

技术革命开红花 （上海工人漫画选）叶文西，
陆宗铎编
上海 上海人民美术出版社 1960年 34页
15cm（40开）统一书号：T8081.4963
定价：CNY0.18

J0042243

颂先进鼓干劲漫画选集 上海人民美术出版
社编
上海 上海人民美术出版社 1960年 41幅
19cm（32开）统一书号：T8081.4789
定价：CNY0.45

J0042244

走马看英法 米谷作
上海 上海人民美术出版社 1960年
定价：CNY0.17
　　本书是中国现代漫画画册。
　　作者米谷（1918—1986），著名漫画家。海宁
斜桥人。原名朱禄庆，学名朱吾石。笔名米谷、
李诚、令狐原等。毕业于上海美术专科学校洋
画系。1939年与华君武在延安创办鲁迅艺术学
院漫画研究班，为《前线》《文汇报》《新民晚报》
等创作大量讽刺漫画。曾任香港《文汇报》漫画
双周刊主编、《解放日报》编委兼艺术组长、中国
美术家协会常务理事、中国美术家协会上海分会
副主席、中国美术馆研究部主任。代表作品《米
谷漫画选》《米谷画选》等。

J0042245

观瀑图 （苏光漫画选集）苏光画
太原 山西人民出版社 1961年 72页 21cm
（32开）统一书号：8088.92 定价：CNY0.90
　　作者苏光（1918—1999），画家。原名张树
森，山西洪洞县人。就读于鲁迅艺术学院美术系。
曾任重庆《新华日报》社编辑、《西南画报社》社
长，《人民日报》文艺部副主任、美术组副组长，
山西省美术家协会主席。作品有《翻砂》《秋收》
《鸟儿与草人》等。

J0042246

三毛今昔 张乐平绘
上海 少年儿童出版社 1961年 52页 有图
18×21cm（18开）统一书号：R10024.2678
定价：CNY0.48
　　本书是中国现代漫画作品。它采用对比手
法，将《三毛流浪记》中的画面作为反衬，表现了
三毛在新中国的美好生活。作者张乐平（1910—
1992），漫画家。浙江海盐人。曾任中国美术家
协会上海分会、解放日报社、上海少年儿童出版
社专业画家。漫画"三毛"形象的创作者。代表
作品《三毛流浪记》《三毛从军记》。

J0042247

三毛今昔 张乐平作
上海 少年儿童出版社 1996年 53页 17×19cm
ISBN：7-5324-3147-9 定价：CNY6.50

J0042248

三毛流浪记选集 张乐平作
上海 上海少年儿童出版社 1961年 151页 有图
19×21cm 精装 统一书号：R10024.2409
定价：CNY1.00

J0042249

东风压倒西风 中国美术家协会漫画组编
北京 人民美术出版社 1962年 影印本
26cm（16开）统一书号：8027.3843
定价：CNY12.00

J0042250

扇画小品 丰子恺等作
上海 上海人民美术出版社 1962年 16张（套）
19cm（32开）定价：CNY0.80
　　本书是中国现代漫画画册。作者丰子恺
（1898—1975），画家、文学家、艺术教育家。原
名丰润，又名仁、仍，字子觊，后改为子恺，笔名
TK，浙江嘉兴人。作品有《缘缘堂随笔》、画集
《子恺漫画》等。

J0042251

子恺漫画全集 丰子恺画
香港 香港岭南出版社 1962年 19cm（32开）
定价：HKD6.00

J0042252
丰子恺画集　丰子恺绘
上海 上海人民美术出版社 1963 年 77 页
19cm（32 开）统一书号：T8081.5409
定价：CNY5.20, CNY6.40（精装）

J0042253
华君武漫画选集　（1958—1962）华君武绘
北京 人民美术出版社 1963 年 116 页 20cm
（32 开）统一书号：8027.4092 定价：CNY1.33

J0042254
三毛流浪记选集　张乐平绘
上海 少年儿童出版社 1963 年 155 页
24cm（20 开）统一书号：R10024.2409
定价：CNY0.64
　　作者张乐平（1910—1992），漫画家。浙江海
盐人。曾任中国美术家协会上海分会、解放日报
社、上海少年儿童出版社专业画家。漫画“三毛”
形象的创作者。代表作品《三毛流浪记》《三毛
从军记》。

J0042255
东风漫画　（1963—1964）徐林编
北京 人民美术出版社 1964 年 50 页 21cm（32 开）
统一书号：T8027.4497 定价：CNY0.37

J0042256
亚非人民反帝漫画选　亚非新闻工作者协会
书记处编
北京 人民美术出版社 1967 年 22cm（20 开）
统一书号：8027.5013 定价：CNY2.70
　　外文书名：Selections of Afro-Asian People's Anti-
Imperialist Caricature.

J0042257
反帝反修漫画专刊　广东省韶关工代会编
韶关 广东省韶关工代会 1969 年 88 页
19cm（32 开）

J0042258
我跟哥哥去割草　（儿童漫画选）辽宁人民出
版编
沈阳 辽宁人民出版社 1973 年 17×19cm（24 开）
统一书号：8090.422 定价：CNY0.15

J0042259
戆女婿　蔡云龙编绘
台北 东方文化书局 1976 年 影印本 2 册 有图
20cm（32 开）精装
（中国民俗学会民俗丛书 155–156）
　　本书系中国现代漫画连环画作品。外文书
名：Cartoons Dealing with the Jokes.

J0042260
学冬子　人民美术出版社编；徐进等绘
北京 人民美术出版社 1976 年 17cm（32 开）
定价：CNY0.12
（儿童漫画 四）
　　中国现代儿童漫画作品画册。作者徐进
（1960—　　），工笔画家。北京人。徐悲鸿第三代
入室弟子。曾任中央美术学院教授、美国哥伦比
亚大学客座教授。代表作品有《贵妃赏花》《黛
玉初进大观园》等，出版《徐进画集》。

J0042261
砸烂“四人帮”漫画集　上海人民出版社《出
版通讯》[编]
上海 [上海人民出版社] 1976 年 126 页
18cm（15 开）
　　本书选自上海人民出版社《出版通讯》1976
年第 6 期。

J0042262
剥“四人帮”画皮　（讽刺诗、漫画集）上海人
民出版社编
上海 上海人民出版社 1977 年 34 页 17×18cm
定价：CNY0.34

J0042263
除四害漫画集　河北人民出版社编
石家庄 河北人民出版社 1977 年 24 页 17×18cm
定价：CNY0.16

J0042264
除四害漫画集　人民日报社编
北京 人民出版社 1977 年 64 页 26cm（16 开）
定价：CNY0.50

J0042265
打倒“四人帮”漫画集　（一）广东省美术摄

影展览办公室编
广州　广东人民出版社　1977年　42页　17×18cm
定价：CNY0.15

J0042266
打倒"四人帮"漫画集 （二）广东省美术摄
影展览办公室编
广州　广东人民出版社　1977年　26页　17×18cm
定价：CNY0.15

J0042267
粉碎"四人帮"漫画选 （一）上海人民出版
社编
上海　上海人民出版社　1977年　52页　17×18cm
定价：CNY0.23

J0042268
粉碎"四人帮"漫画选 （二）上海市美术创
作办公室编
上海　上海人民出版社　1977年　68页　17×18cm
定价：CNY0.25

J0042269
粉碎"四人帮"漫画选 （三）上海人民出版
社编
上海　上海人民出版社　1977年　37页　17×18cm
定价：CNY0.19

J0042270
粉碎"四人帮"漫画选 （四）上海人民出版
社编
上海　上海人民出版社　1977年　56页　17×18cm
定价：CNY0.24

J0042271
粉碎"四人帮"漫画选 （五）上海人民出版
社编
上海　上海人民出版社　1977年　30页
19cm（小32开）定价：CNY0.18

J0042272
粉碎"四人帮"漫画集　辽宁人民出版社编
沈阳　辽宁人民出版社　1977年　62页
19cm（32开）定价：CNY0.16

J0042273
丰子恺彩色漫画选集　丰子恺绘
香港　中流出版社　1977年　36页　26cm（16开）
定价：HKD15.00
　　　外文书名：Selected Colour Cartoons of　Feng
Tzu-kai. 作者丰子恺（1898—1975），画家、文学
家、艺术教育家。原名丰润，又名仁、仍，字子
觊，后改为子恺，笔名TK，浙江嘉兴人。作品有
《缘缘堂随笔》、画集《子恺漫画》等。

J0042274
漫画选集　人民美术出版社编
北京　人民美术出版社　1977年　74页　17×18cm
定价：CNY0.54

J0042275
全国美术作品展览　漫画选集　人民美术出
版社编
北京　人民美术出版社　1977年　38页
24cm（24开）定价：CNY0.54

J0042276
砸烂"四人帮"　（漫画选）
杭州　浙江人民出版社　1977年　2幅（套）
54cm（4开）定价：CNY0.07

J0042277
砸烂"四人帮"漫画集
南京　江苏人民出版社　1977年　68页　17×18cm
定价：CNY0.24

J0042278
砸烂"四人帮"漫画集　（续集）山东人民出
版社编辑
济南　山东人民出版社　1977年　68页
14cm（64开）定价：CNY0.15

J0042279
砸烂"四人帮"漫画集　济南警备区政治部
等绘画；山东文艺编辑部，济南部队装甲兵政
治部配诗
济南　山东人民出版社　1977年　54页　19×11cm
定价：CNY0.13

J0042280

砸烂"四人帮"漫画选　甘肃人民出版社编
兰州　甘肃人民出版社　1977 年　32 页
19cm（32 开）定价：CNY0.12

J0042281

揭批"四人帮"漫画选　（第三批材料）成都
市群众艺术馆，四川省群众文化工作室编
成都　四川人民出版社　1978 年　76cm（2 开）
定价：CNY0.08

J0042282

**揭批"四人帮"破坏民族团结事业罪行漫画
集**　国家民族事务委员会三司，民族文化宫编
北京　民族出版社　1978 年　111 页
26cm（16 开）定价：CNY1.50

J0042283

漫画　（揭批"四人帮"假左真右的反革命伎俩）
上海人民美术出版社编
上海　上海人民美术出版社　1978 年　38 页
20cm（32 开）统一书号：8081.11296
定价：CNY0.32
　　本书是中国现代漫画画册专著。

J0042284

从小爱科学　张遒成编绘
合肥　安徽人民出版社　1979 年　31 页　20cm（32 开）
统一书号：R8102.1059　定价：CNY0.27
　　本书是中国现代儿童漫画画册。

J0042285

儿童漫画选　（中、低）少年儿童出版社编
上海　少年儿童出版社　1979 年［56 页］
24cm（15 开）统一书号：R8024.4
定价：CNY0.38

J0042286

儿童生活漫画集　（一）临沭县文化馆供稿；
赵锁琬绘
济南　山东人民出版社　1979 年　38 页
18cm（15 开）定价：CNY0.18

J0042287

丰子恺连环漫画集　丰子恺绘画；莫一点，

许征一编
香港　明窗出版社　1979 年　34 页　20cm（32 开）
定价：HKD15.00
　　作者丰子恺（1898—1975），画家、文学家、
艺术教育家。原名丰润，又名仁、仍，字子觊，
后改为子恺，笔名 TK，浙江嘉兴人。作品有《缘
缘堂随笔》、画集《子恺漫画》等。

J0042288

历史的审判　（揭批"四人帮"漫画选）上海人
民美术出版社编
上海　上海人民美术出版社　1979 年　67 页
24cm（26 开）统一书号：8081.11471
定价：CNY3.50

J0042289

三毛迎解放　张乐平绘
上海　少年儿童出版社　1979 年　96 页　24cm（26 开）
统一书号：R10024.3636　定价：CNY0.43
　　本书是《三毛流浪记》续篇的现代漫画连环
画作品。着重描绘从中华人民共和国成立前夕，
到解放的一天，三毛在上海的一段生活经历。收
入 400 幅图。

J0042290

三毛迎解放　张乐平作
上海　少年儿童出版社　1996 年　101 页　17×19cm
ISBN：7-5324-3148-7　定价：CNY8.80
　　作者张乐平（1910—1992），漫画家。浙江海
盐人。曾任中国美术家协会上海分会、解放日报
社、上海少年儿童出版社专业画家。漫画"三毛"
形象的创作者。代表作品《三毛流浪记》《三毛
从军记》。

J0042291

幽默·讽刺　（漫画作品选）
上海　上海人民美术出版社　1979 年　71 幅
20cm（32 开）统一书号：8081.11781
定价：CNY0.40

J0042292

方成漫画选　中国美术家协会四川分会编
成都　四川人民出版社　1980 年　53cm（4 开）
定价：CNY0.08

J0042293

华君武漫画选　华君武绘

上海　上海人民美术出版社　1980 年　110 页
21cm（32 开）统一书号：8081.12184
定价：CNY0.40

　　本画选收入 108 幅图，分 1966 年以前的旧作和 1976 年以后的新作两部分。大部分是反映社会生活题材的幽默讽刺漫画。如《孟母四迁——有的干部不好好教育自己的子女》《谁干剃头的》《疲劳过度症》等。作者华君武（1915—2010），漫画家。别名华潮，生于杭州，祖籍无锡荡口。就读于上海大同大学高中部。历任鲁迅艺术文学院研究员、《人民日报》文学艺术部主任、中国美术家协会副主席、中国文联书记处书记等职务。代表作品有《疲劳过度症》《肉骨头引狗》《1939 年所植的树》等。

J0042294

计划生育漫画集

［南昌］［江西省计划生育办公室］
［1980—1989 年］13×19cm（32 开）

J0042295

科学漫画集　林禽，张中良绘

福州　福建人民出版社　1980 年　51 页
20cm（32 开）统一书号：8173.368
定价：CNY0.22
（儿童科学文艺丛书）

　　作者林禽（1925—　　），画家。原名林毓锐。广西贵港人，祖籍广东番禺。历任上海科普出版社美术编辑组长、上海科技出版社审、中国美术家协会会员、上海美术家协会会员。漫画作品有《冒着敌人的炮火前进！》《寄给妈妈》《城乡差别》《遗传工程》，连环画和漫画作品《祖冲之》《杜鹃花》《科学漫画集》等。

J0042296

陆秒坤漫画集　陆秒坤绘；沈培编选

成都　四川人民出版社　1980 年　120 页　17cm
（40 开）统一书号：R8118.731　定价：CNY0.46

　　本书选收作者幽默漫画 123 幅。作品用笔简洁，着墨不多，但形象生动，既引人发笑，又耐人寻味。作者陆秒坤（1931—1997），漫画大师。上海人。出版有《陆秒坤漫画集》。

J0042297

牛仔画集　王司马绘画

香港　明富出版社　1980 年　25cm（小 16 开）
定价：HKD15.00

J0042298

毕克官漫画选　毕克官绘

天津　天津人民美术出版社　1981 年　58 页
19cm（32 开）统一书号：8073.50195
定价：CNY0.40

　　作者毕克官（1931—2013），艺术家。山东威海人。毕业于中央美术学院。历任中国美术家协会《漫画》《美术》杂志编辑，中国艺术研究院美术研究所所长，中国民间工艺美术学会副主席。擅长漫画。漫画史论方面主要有《漫画十谈》《中国漫画史话》《中国漫画史》（合著）等。画集代表作有《毕克官漫画选》《毕克官王德娟画集》《毕克官水墨画》。

J0042299

儿童讽刺诗画集　重庆市少年宫儿童文学组编

成都　四川少年儿童出版社　1981 年　88 页
17cm（40 开）统一书号：R8274.24
定价：CNY0.16

J0042300

儿童漫画（2）

北京　人民美术出版社　1981 年　17×18cm
统一书号：8027.7252　定价：CNY0.24

J0042301

儿童漫画（3）

北京　人民美术出版社　1981 年　17×18cm
统一书号：8027.7303　定价：CNY0.24

J0042302

儿童漫画（4）

北京　人民美术出版社　1981 年　17×18cm
统一书号：8027.7411　定价：CNY0.24

J0042303

儿童漫画（5）

北京　人民美术出版社　1981 年　17×18cm
统一书号：8027.7508　定价：CNY0.24

J0042304
方成漫画选　方成绘
天津　天津人民美术出版社 1981 年 58 页
27cm（16 开）统一书号：8073.50198
定价：CNY0.40
　　作者方成（1918—2018），漫画家、杂文家、幽默理论专家。原名孙顺潮，杂文笔名张化。祖籍广东中山，生于北京，毕业于武汉大学。历任《观察》半月刊漫画版主编、北京《新民晚报》美术编辑、人民日报社高级编辑、中国新闻漫画研究会会长。

J0042305
讽刺与幽默　（中国漫画选）应文祖编；詹纳尔，张滢英译；（日）渡部英司，（日）押谷贤一日译
香港　生活·读书·新知三联书店 1981 年 152 页
18cm（15 开）ISBN：962-04-0133-6
定价：HKD10.00
　　外文书名：Satire and Humor, Selected Chinese Cartoons.

J0042306
华君武漫画　（1980 年）华君武绘
成都　四川人民出版社 1981 年 62 页 21cm
（32 开）统一书号：8118.1044 定价：CNY0.58

J0042307
江帆漫画选　江帆绘
天津　天津人民美术出版社 1981 年 58 页
19cm（32 开）统一书号：8073.50199
定价：CNY0.40

J0042308
江有生漫画选　江有生绘
天津　天津人民美术出版社 1981 年 58 页
19cm（32 开）统一书号：8073.50193
定价：CNY0.40
　　本书收作者代表作品有《昨日今朝大不同》《两把尺》《大象：我早告诉你不要站在游人众多的地方》等。作者江有生（1921—2015），一级美术师，擅漫画。出生于日本横滨市，原籍香山县（今珠海市下栅人）。别名江文著。曾在澳门培正中学美术研究会学习漫画。历任新四军一旅战地服务团漫画木刻组长，《苏中画报》主编，《华

东画报》编辑，《漫画》杂志编辑部副主任，《讽刺与幽默》编委，中国美术家协会外联部主任、书记处书记。著作有《江有生漫画》《江有生漫画选》等。

J0042309
苗地漫画选　苗地绘
天津　天津人民美术出版社 1981 年 58 页
19cm（32 开）统一书号：8073.50214
定价：CNY0.40

J0042310
缪印堂漫画选　缪印堂绘
天津　天津人民美术出版社 1981 年 58 页
19cm（32 开）统一书号：8073.50221
定价：CNY0.40
　　本书为中国现代漫画。作者缪印堂（1935—2017），著名漫画家。江苏南京人。曾任中国科普研究所高级工艺美术师、中国美术家协会漫画艺术委员会委员、中国美术家协会漫画艺术委员会副主任、《漫画月刊》高级顾问、北京电影学院动画学院客座教授。漫画作品有《啊，危险》《讲经》《矛盾的统一》等。著作有《缪印堂漫画选》《漫画艺术入门》《科学漫画创作概论》等。

J0042311
三毛爱科学　张乐平绘
长沙　湖南人民出版社 1981 年 71 页 17×18cm
定价：CNY0.39

J0042312
三毛爱科学　张乐平作
上海　少年儿童出版社 1997 年 77 页 17×19cm
ISBN：7-5324-3212-2 定价：CNY9.40
（张乐平先生艺术集 22）

J0042313
三十年代到四十年代　（叶浅予漫画选）叶浅予绘；毕克官编
上海　上海人民美术出版社 1981 年 146 页
有照片 24cm（16 开）统一书号：8081.12392
定价：CNY1.30
　　本书编选作者的漫画 4 部：《王先生》是叶浅予的成名之作，反映十里洋场旧上海的市民生活和"冒险家乐园"的社会现象。《小陈留京外史》

揭露和抨击了旧官场的丑态。《战时的重庆》描绘了大后方的桂林和重庆人民的苦难生活。《天堂记》记录作者游历美国的见闻，黄金帝国的种种丑态。作者叶浅予（1907—1995），教授、画家。浙江桐庐人。历任中国美术家协会副主席、中国画研究院副院长、中央美术学院教授。曾为茅盾小说《子夜》、老舍剧本《茶馆》等书插图。作品有长篇漫画《王先生》《小陈留京外史》《天堂记》等。著有《画余记画》《十年恶梦录》等。编者毕克官（1931—2013），艺术家。山东威海人。毕业于中央美术学院。历任中国美术家协会《漫画》、《美术》杂志编辑，中国艺术研究院美术研究所所长，中国民间工艺美术学会副主席。擅长漫画。漫画史论方面主要有《漫画十谈》《中国漫画史话》《中国漫画史》（合著）等。画集代表作有《毕克官漫画选》《毕克官王德娟画集》《毕克官水墨画》。

J0042314

英韬漫画选　英韬绘

天津　天津人民美术出版社　1981年　58页　19cm（32开）统一书号：8073.50194

定价：CNY0.40

　　本书为中国现代漫画画册。

J0042315

丁聪漫画选　丁聪绘

天津　天津人民美术出版社　1982年　56页　18cm（15开）统一书号：8073.50225

定价：CNY0.40

　　本书重点选编了两部分漫画：一部分是发表于1946年前后的作品；另一部分是近年来为反对"四人帮"，以及与不良现象作斗争而创作的。作者丁聪（1916—2009），著名漫画家、舞台美术家。生于上海。曾任《人民画报》副总编辑、中国美术家协会漫画艺术委员会主任。作品有《鲁迅小说插图》《丁聪插图》《四世同堂》《骆驼祥子》作品插图。

J0042316

方成漫画选　方成绘

上海　上海人民美术出版社　1982年　80幅　27cm（16开）统一书号：8081.12642

定价：CNY1.80

　　本画册收入作者的漫画作品80幅，内容有

揭露"四人帮"的丑恶嘴脸；讽刺人民内部的种种坏作风、坏习气和歌颂人民群众中的好人好事等。作者方成（1918—2018），漫画家、杂文家、幽默理论专家。原名孙顺潮，杂文笔名张化。祖籍广东中山，生于北京，毕业于武汉大学。历任《观察》半月刊漫画版主编、北京《新民晚报》美术编辑、人民日报社高级编辑、中国新闻漫画研究会会长。

J0042317

丰子恺彩色漫画选集　丰子恺绘

香港　中流出版社　1982年　36页　26cm（16开）

定价：HKD15.00

　　外文书名：Selected Colour Cartoons of Feng Tzu-kai. 作者丰子恺（1898—1975），画家、文学家、艺术教育家。原名丰润，又名仁、仍，字子觊，后改为子恺，笔名TK，浙江嘉兴人。作品有《缘缘堂随笔》、画集《子恺漫画》等。

J0042318

丰子恺绘画鲁迅小说　（1）丰子恺绘

杭州　浙江人民出版社　1982年　19cm（32开）统一书号：10103.305　定价：CNY0.31

　　中国现代连环漫画画册。

J0042319

丰子恺绘画鲁迅小说　（2）丰子恺绘

杭州　浙江人民出版社　1982年　19cm（小32开）统一书号：10103.306　定价：CNY0.22

　　中国现代连环漫画画册。

J0042320

丰子恺绘画鲁迅小说　（3）丰子恺绘

杭州　浙江人民出版社　1982年　19cm（小32开）统一书号：10103.307　定价：CNY0.23

　　中国现代连环漫画画册。

J0042321

丰子恺绘画鲁迅小说　（4）丰子恺绘

杭州　浙江人民出版社　1982年　19cm（小32开）统一书号：10103.308　定价：CNY0.24

　　中国现代连环漫画画册。

J0042322

丰子恺绘画鲁迅小说　（5）丰子恺绘

杭州　浙江人民出版社　1982 年　19cm（小 32 开）
统一书号：10103.309　定价：CNY0.23

　　中国现代连环漫画画册。

J0042323

丰子恺绘画鲁迅小说　丰子恺绘

杭州　浙江人民出版社　1982 年　405 页　19cm
（32 开）统一书号：10103.258　定价：CNY1.00

　　本书内容包括：《阿 Q 正传》《祝福》《孔乙己》《故乡》《明天》《风波》《药》《社戏》《白光》等九篇小说的 193 幅绘画。是将丰子恺先生的《漫画阿 Q 正传》（1939 年开明书店出版）和《绘画鲁迅小说》（1950 年万叶书店出版）两书合并，重新出版的。

J0042324

丰子恺漫画选　丰子恺绘

北京　知识出版社　1982 年　88 页　19cm（32 开）
统一书号：8214.28　定价：CNY0.93

　　本书共收 82 幅漫画，大部分是中华人民共和国成立前的作品。

J0042325

海虹　（一）毛用坤画

贵阳　贵州人民出版社　1982 年　60 页　19cm
（32 开）定价：CNY0.20

　　本书系毛用坤画现代中国漫画画册。作者毛用坤（1936— 　），漫画家。浙江宁波人。创办上海少年报和《好儿童》画报，任美术组长、画报编辑部主任、副编审。作品有连环画《大扫除》《周总理在少年宫》《小灵通漫游未来》、连环画漫画《海虹》等。

J0042326

科学与幽默　（漫画集）《科普画刊》编辑部编

广州　科学普及出版社　1982 年　44 页　20cm
（32 开）统一书号：8051.60183　定价：CNY0.28

J0042327

乐叔和虾仔　（第一集）《周末》画报编辑部编

广州　岭南美术出版社　1982 年　48 页　26cm
（16 开）统一书号：8260.0391　定价：CNY0.35
（《周末》画报作品选集）

　　《乐叔和虾仔》是连载于《周末》画报上的一个连环漫画作品。乐叔和虾仔是一对明辨是非、

爱憎分明的人物，他们经常出现在社会上的各个角落里，对所见所闻加以评论，歌颂新人新事新风尚，抨击各种社会弊端，是广大群众评判是非的代言人。

J0042328

乐叔和虾仔　（第二集）《周末》画报编辑部编

广州　岭南美术出版社　1984 年　48 页　26cm
（16 开）统一书号：8260.1012　定价：CNY0.40
（《周末》画报选集）

　　中国现代漫画连环画作品。

J0042329

乐叔和虾仔　（第三集）《周末》画报编辑部编

广州　岭南美术出版社　1986 年　47 页　19×26cm
统一书号：8260.1587　定价：CNY0.67
（《周末》画报作品选集）

　　中国现代漫画连环画作品。

J0042330

乐叔和虾仔　（第四集）《周末》画报编辑部编

广州　岭南美术出版社　1986 年　48 页　19×26cm
统一书号：8260.1588　定价：CNY0.67
（《周末》画报作品选集）

　　中国现代漫画连环画作品。

J0042331

乐叔和虾仔　（第五集）《周末》画报编辑部编

广州　岭南美术出版社　1987 年　48 页
26cm（16 开）统一书号：8260.2253
ISBN：7-5362-0107-9　定价：CNY0.67
（《周末》画报作品选集）

　　中国现代漫画连环画作品。

J0042332

李滨声漫画选　李滨声绘

天津　天津人民美术出版社　1982 年　58 页
19cm（32 开）统一书号：8073.50226
定价：CNY0.40

　　作者李滨声（1925— 　），新闻漫画家。曾用名李洛非，笔名梨园客。出生于黑龙江哈尔滨，祖籍辽宁本溪。历任中国美术家协会会员、北京市文史研究馆馆员。代表作品《喧宾夺主》《三星铅笔》等。

J0042333

漫画选刊 （第1辑）方成，沈同衡主编
北京 人民美术出版社 1982年 48页 26cm
（16开）统一书号：8027.8309 定价：CNY0.40

J0042334

漫画选刊 （第2辑）漫画选刊编辑委员会编
辑；方成，沈同衡主编
北京 人民美术出版社 1982年 48页
26cm（16开）定价：CNY0.40

　　本辑选刊全国漫画展览会得奖作品100余
幅。主编沈同衡（1914—2002），出生于江苏省宝
山县，毕业于上海新华艺术专科学校。历任《新
闻漫画选刊》主编。代表作品有《动物常识故事》
《成语典故》等。

J0042335J0043685 A

漫画选刊 （第3辑）方成，沈同衡主编
北京 人民美术出版社 1982年 48页
26cm（16开）统一书号：8027.8316 定价：CNY0.40

J0042336J0043685 B

漫画选刊 （第4辑）方成，沈同衡主编
北京 人民美术出版社 1982年 48页
26cm（16开）统一书号：8027.8833 定价：CNY0.40

J0042337

漫画选刊 （第5辑）方成，沈同衡主编
北京 人民美术出版社 1984年 48页
26cm（16开）定价：CNY0.40

J0042338

漫画选刊 （第6辑）方成，沈同衡主编
北京 人民美术出版社 1984年 32页
26cm（16开）定价：CNY0.28

J0042339

漫画选刊 （第7辑）方成，沈同衡主编；漫画
选刊编辑委员会编
北京 人民美术出版社 1985年 32页
26cm（16开）定价：CNY0.40

J0042340

全国漫画选 上海人民美术出版社编
上海 上海人民美术出版社 1982年 106页

19cm（32开）统一书号：8081.13063
定价：CNY1.50

　　本书所收漫画作品，选自1982年全国漫画
展览会的部分佳作。

J0042341

王乐天漫画选 王乐天绘
天津 天津人民美术出版社 1982年 46页
24cm（16开）统一书号：8073.50224
定价：CNY0.35

J0042342

笑的战斗 （工人漫画作品选）工人日报美术
摄影部编
北京 工人出版社 1982年 77页 19cm（32开）
统一书号：8007.1 定价：CNY0.49

J0042343

丰子恺漫画 丰子恺著
上海 上海人民美术出版社 1983年 212页
19cm（32开）统一书号：8081.13056
定价：CNY1.90，CNY2.90（精装）

　　本书从作者已出版的40余种漫画作品中编
选212幅作品。如《人散后，一钩新月天如水》
等是以古诗词句来经营构思；有《纳凉》《锣鼓
响》《瞻瞻底车—脚踏车》《"糖汤"!》等儿童生
活漫画；批判鞭笞旧社会中的不合理现象的漫
画，如《"去年的先生"》《高柜台》《施粥》等；有
歌颂新社会的作品，如《庆千秋》《庭前生青草》
《清平乐》等。作者丰子恺（1898—1975），画家、
文学家、艺术教育家。原名丰润，又名仁、仍、
字子颙，后改为子恺，笔名TK，浙江嘉兴人。作
品有《缘缘堂随笔》、画集《子恺漫画》等。

J0042344

丰子恺漫画选 丰子恺绘
成都 四川人民出版社 1983年 112页 21cm
（32开）统一书号：8118.1261 定价：CNY0.85
（中国漫画家丛书）

　　本书选作者的漫画114幅。画家采取小中见
大的手法，揭露了旧社会的虚伪丑恶，表现出自
己对生活的热爱与赞美。在技法上融中西画法为
一体；在内容上开创了中国抒情漫画的新领域。

J0042345
讽刺与幽默 《讽刺与幽默》编辑部编
北京 人民日报出版社 1983 年 170 页 21cm
（32 开）统一书号：10132.017 定价：CNY1.30

J0042346
罐斋杂记 黄永玉［著］
香港 生活·读书·新知三联书店香港分店
1983 年 165 页 有图 19cm（32 开）
ISBN：962-04-0301-0 定价：HKD25.00
（永玉三记 1）
　　作者黄永玉（1924— ），土家族，教授。历任中央美术学院教授，全国政协委员，中国美术家协会常务理事、副主席。作品有《春潮》《百花》《人民总理人民爱》《阿诗玛》等。出版有《黄永玉木刻集》《黄永玉画集》。

J0042347
江帆漫画选 江帆绘
成都 四川人民出版社 1983 年 90 页 21cm
（32 开）统一书号：8118.1418 定价：CNY1.10
（中国漫画家丛书）

J0042348
芥末居杂记 黄永玉［著］
香港 生活·读书·新知三联书店香港分店
1983 年 213 页 有图 19cm（32 开）
ISBN：962-04-0303-7 定价：HKD30.00
（永玉三记 3）

J0042349
乐小英儿童连环漫画选 乐小英绘
长春 吉林人民出版社 1983 年 50 幅 22cm
（30 开）统一书号：8091.1405 定价：CNY1.10
　　作者乐小英（1921—1984），原名乐汉英，笔名守松、锹嘉，浙江镇海人。先后任《大报》《亦报》美术编辑和《新民晚报》美术组组长、中国美术家协会上海分会漫画组组长。主要作品有《刘胡兰》《五彩路》《乐小英儿童连环画选》等，出版有《大家做好事》《动脑筋爷爷》《乐小英儿童漫画集》等。

J0042350
涩女郎 朱德庸著
台北 时报文化出版企业公司 1983 年 115 页

21cm（32 开）ISBN：957-13-0971-0
定价：TWD110.00
（时报漫画丛书 178）
　　作者朱德庸（1960— ），台湾著名漫画家。江苏太苍人，毕业于世新大学电影编导科。代表作品有《双响炮》《涩女郎》《醋溜族》《绝对小孩》等。

J0042351
涩女郎 （2）朱德庸著
台北 时报文化出版企业公司 1994 年 113 页
21cm（32 开）ISBN：957-13-1377-7
定价：TWD110.00
（时报漫画丛书 190）

J0042352
涩女郎 （1）朱德庸绘
北京 现代出版社 1999 年 111 页 21×18cm
ISBN：7-80028-513-8 定价：CNY12.00
（现代风情 朱德庸都市生活漫画系列）

J0042353
涩女郎 （2）朱德庸绘
北京 现代出版社 1999 年 111 页 21×18cm
ISBN：7-80028-514-6 定价：CNY12.00
（现代风情 朱德庸都市生活漫画系列）

J0042354
涩女郎 （3）朱德庸绘
北京 现代出版社 1999 年 113 页 21×18cm
ISBN：7-80028-515-4 定价：CNY12.00
（现代风情 朱德庸都市生活漫画系列）

J0042355
儿童幽默画
西安 陕西少年儿童出版社 1984 年 60 页
20cm（32 开）统一书号：R8303.13
定价：CNY0.25

J0042356
父子春秋 张乐平绘
成都 四川少年儿童出版社 1984 年 70 页
20cm（32 开）统一书号：R8247.167
定价：CNY0.55
（中国儿童漫画家选集）

作者张乐平(1910—1992)，漫画家。浙江海盐人。曾任中国美术家协会上海分会、解放日报社、上海少年儿童出版社专业画家。漫画"三毛"形象的创作者。代表作品《三毛流浪记》《三毛从军记》。

J0042357

好孩子　张乐平绘
成都　四川少年儿童出版社　1984 年　77 页
20cm（32 开）统一书号：R8247.165
定价：CNY0.59
（中国儿童漫画家选集）

J0042358

华君武漫画　（1981—1982）华君武绘
成都　四川人民出版社　1984 年　78 页　21cm
（32 开）统一书号：8118.1624　定价：CNY0.85
作者华君武(1915—2010)，漫画家。别名华潮，生于杭州，祖籍无锡荡口。就读于上海大同大学高中部。历任鲁迅艺术文学院研究员、《人民日报》文学艺术部主任、中国美术家协会副主席、中国文联书记处书记等职务。代表作品有《疲劳过度症》《肉骨头引狗》《1939 年所植的树》等。

J0042359

华君武漫画选　（1955—1982）华君武绘；
（英）詹纳尔译
北京　新世界出版社　1984 年　328 页　22cm（32 开）
定价：CNY3.50
本书系 1955 年至 1982 年华君武漫画的英汉对照版。

J0042360

环球幽默画　（第三册）黎方方编
广州　花城出版社　1984 年　158 页　13cm（60 开）
统一书号：8261.72　定价：CNY0.30
（旅伴丛书）

J0042361

家庭教育漫画 100 幅　（献给独生子女的家长）华君武等绘
天津　新蕾出版社　1984 年　72 页　19cm（32 开）
统一书号：8213.9　定价：CNY0.51
本画册汇集了全国 80 多位漫画家的 100 幅作品，幽默风趣、辛辣诙谐，生动形象地表现了当前独生子女教育的种种现象。

J0042362

米谷漫画选　米谷绘
成都　四川人民出版社　1984 年　86 幅　21cm
（32 开）统一书号：8118.1262　定价：CNY1.05
（中国漫画家丛书）
作者米谷(1918—1986)，著名漫画家。海宁斜桥人。原名朱禄庆，学名朱吾石。笔名米谷、李诚、令狐原等。毕业于上海美术专科学校洋画系。1939 年与华君武在延安创办鲁迅艺术学院漫画研究班，为《前线》《文汇报》《新民晚报》等创作大量讽刺漫画。曾任香港《文汇报》漫画双周刊主编、《解放日报》编委兼艺术组长、中国美术家协会常务理事、中国美术家协会上海分会副主席、中国美术馆研究部主任。代表作品《米谷漫画选》《米谷画选》等。

J0042363

三毛流浪记　张乐平绘
成都　四川少年儿童出版社　1984 年　234 页
20cm（32 开）统一书号：R8247.161
定价：CNY1.28
（中国儿童漫画家选集）
作者张乐平(1910—1992)，漫画家。浙江海盐人。曾任中国美术家协会上海分会、解放日报社、上海少年儿童出版社专业画家。漫画"三毛"形象的创作者。代表作品《三毛流浪记》《三毛从军记》。

J0042364

三毛流浪记　张乐平绘
昆明　云南人民出版社　1990 年　153 页
20cm（32 开）定价：CNY3.50

J0042365

三毛流浪记　（全集）张乐平作
上海　少年儿童出版社　1995 年　263 页　17×19cm
精装　ISBN：7-5324-2918-0　定价：CNY18.00

J0042366

三毛流浪记　（彩图漫画故事）张乐平原作
西宁　青海人民出版社　1999 年　重印本　126 页
17×19cm　ISBN：7-225-01637-7
定价：CNY14.80

J0042367

三毛流浪记全集　张乐平编绘

北京 人民美术出版社 1984 年 214 页 24cm
（15 开）统一书号：8027.8804 定价：CNY3.10

　　本书是著名漫画家张乐平关于三毛流浪的全集，收入 214 幅图。画家笔下的"三毛"，是旧中国千万流浪儿的典型，灾难深重的旧中国摧残着他们幼小的心灵。本书通过一组组连环漫画的故事，表现了善良勇敢的三毛"含泪的笑"或"含笑的泪"。

J0042368

三毛外传　张乐平绘

成都 四川少年儿童出版社 1984 年 77 页
20cm（32 开）统一书号：R8247.162
定价：CNY0.59
（中国儿童漫画家选集）

J0042369

三毛外传　张乐平作

上海 少年儿童出版社 1997 年 54 页 17×19cm
ISBN：7-5324-3211-4 定价：CNY8.40
（张乐平先生艺术集 7）

J0042370

三毛新事　张乐平绘

成都 四川少年儿童出版社 1984 年 148 页 20cm
（32 开）统一书号：R8247.166 定价：CNY0.93
（中国儿童漫画家选集）

J0042371

三毛新事　张乐平作

上海 少年儿童出版社 1997 年 92 页 17×19cm
ISBN：7-5324-3362-5 定价：CNY10.30

J0042372

消防漫画选　《中国消防》杂志编辑部编

北京 群众出版社 1984 年 172 页 19cm（32 开）
统一书号：8067.24 定价：CNY0.97

J0042373

郑堂斗太监　刘以鼎编文；陈玉峰绘画

福州 福建人民出版社 1984 年 65 页 9×13cm
统一书号：8173.762 定价：CNY0.14

J0042374

中国幽默画　（1）苏家杰编

广州 花城出版社 1984 年 158 页 13cm（60 开）
定价：CNY0.25
（旅伴丛书）

　　作者苏家杰（1947— ），画家。广州美术学院版画系结业。广东省美术家协会会员、花城出版社美术编辑室主任。作品有《百猫图谱》《友谊花开》等。

J0042375

中国幽默画　（2）苏家杰编

广州 花城出版社 1984 年 142 页 13cm（60 开）
定价：CNY0.28
（旅伴丛书）

J0042376

中国幽默画　（3 陈树斌作品选）

广州 花城出版社 1984 年 158 页 13cm（60 开）
定价：CNY0.28
（旅伴丛书）

　　陈树斌（1938— ），编辑。笔名方唐，广东中山人。历任《羊城晚报》主任美编，中国美术家协会漫画艺术委员会委员、广东漫画学会名誉会长、广东画院特聘画家、广东省政协委员。著有《方唐世界——方唐漫画精选》。

J0042377

昨天的事情　（丁聪讽刺画集）丁聪绘

北京 三联书店 1984 年 158 页 25cm（小 16 开）
统一书号：8002.2 定价：CNY0.84
（读书文丛）

　　本画集收集了作者 1944—1947 年和 1978 年以后两个阶段所画的一部分讽刺漫画。作者丁聪（1916—2009），著名漫画家、舞台美术家。生于上海。曾任《人民画报》副总编辑、中国美术家协会漫画艺术委员会主任。作品有《鲁迅小说插图》《丁聪插图》《四世同堂》《骆驼祥子》作品插图。

J0042378

毕克官漫画选　毕克官绘

成都 四川美术出版社 1985 年 87 页 20cm
（32 开）统一书号：8373.400 定价：CNY3.60
（中国漫画家丛书）

中国现代漫画。作者毕克官（1931—2013），艺术家。山东威海人。毕业于中央美术学院。历任中国美术家协会《漫画》《美术》杂志编辑、中国艺术研究院美术研究所所长、中国民间工艺美术学会副主席。擅长漫画。漫画史论方面主要有《漫画十谈》《中国漫画史话》《中国漫画史》（合著）等。画集代表作有《毕克官漫画选》《毕克官王德娟画集》《毕克官水墨画》。

J0042379

冰兄漫画　廖冰兄绘
广州　岭南美术出版社　1985年　有肖像
25cm（15开）精装　统一书号：8260.1404
定价：CNY12.50

本书收入作者1932—1982年以来的代表作品191幅，其中彩图40幅，黑白图151幅。作品分为政治性和哲理性两大类。这批作品，深刻地表现了历史和现实，人物形象生动谐趣，富有生活气息，构图饱满，线条与色彩强烈鲜明，形成了民族化、通俗化的独特艺术风格。作者廖冰兄（1915—2006），漫画家。原名东生，生于广东广州，祖籍广西象州县。曾任美术家协会广东分会副主席、中国美术家协会理事。代表作品《自嘲》《猫国春秋》《抗战必胜连环图》《残梦纪奇篇》等。

J0042380

儿童益智漫画　缪印堂绘
北京　科学普及出版社　1985年　83页　19cm（32开）
统一书号：CN8051.1046　定价：CNY0.52
（科学漫画丛书）

本书作者选取儿童熟悉的事物，经过巧妙构思，运用漫画手法，将科学知识寓于图画之中。作者缪印堂（1935—2017），著名漫画家。江苏南京人。曾任中国科普研究所高级工艺美术师、中国美术家协会漫画艺术委员会委员、中国美术家协会漫画艺术委员会副主任、《漫画月刊》高级顾问、北京电影学院动画学院客座教授。漫画作品有《啊，危险》《讲经》《矛盾的统一》等。著作有《缪印堂漫画选》《漫画艺术入门》《科学漫画创作概论》等。

J0042381

方成连环漫画集　方成绘
长春　吉林美术出版社　1985年　94页　20cm
（32开）统一书号：8390.24　定价：CNY1.79

作者方成（1918—2018），漫画家、杂文家、幽默理论专家。原名孙顺潮，杂文笔名张化。祖籍广东中山，生于北京，毕业于武汉大学。历任《观察》半月刊漫画版主编、北京《新民晚报》美术编辑、人民日报社高级编辑、中国新闻漫画研究会会长。

J0042382

丰子恺画笔下的鲁迅小说选　（中英对照）
鲁迅著；丰子恺编译
香港　中流出版社　1985年　368页　有插图
20cm（32开）

外文书名：Cartoons of Lu Hsun's Selected Stories by Feng Tzu-kai.

J0042383

罐斋杂记　黄永玉绘著
北京　生活·读书·新知三联书店　1985年　165页
有图　19cm（32开）统一书号：8002.4
定价：CNY2.70

本书共收警句箴言83则，配有165幅插图。

J0042384

华君武漫画选　（1983年）华君武绘
成都　四川美术出版社　1985年　85页　20cm
（32开）统一书号：8378.310　定价：CNY3.70

J0042385

芥末居杂记　黄永玉绘著
北京　三联书店　1985年　213页　19cm（32开）
统一书号：8002.6　定价：CNY3.30

本书收文107篇，配插图213幅。作者黄永玉（1924—　），土家族，教授。历任中央美术学院教授，全国政协委员，中国美术家协会常务理事、副主席。作品有《春潮》《百花》《人民总理人民爱》《阿诗玛》等。出版有《黄永玉木刻集》《黄永玉画集》。

J0042386

商业漫画角色　林业编著
香港　万里书店　1985年　137页　26cm（16开）
ISBN：962-14-0152-6　定价：HKD30.00
（工商美术丛书）

外文书名：The Commercial Cartoon Characters.

J0042387

叶浅予漫画选 （三十年代到四十年代）叶浅予绘；毕克官编
上海　上海人民美术出版社 1985 年 185 页 21×18cm
（20 开）统一书号：8081.14126 定价：CNY3.80

作者叶浅予（1907—1995），教授、画家。浙江桐庐人。历任中国美术家协会副主席、中国画研究院副院长、中央美术学院教授。曾为茅盾小说《子夜》、老舍剧本《茶馆》等书插图。作品有长篇漫画《王先生》《小陈留京外史》《天堂记》等。著有《画余记画》《十年恶梦录》等。编者毕克官（1931—2013），艺术家。山东威海人。毕业于中央美术学院。历任中国美术家协会《漫画》、《美术》杂志编辑、中国艺术研究院美术研究所所长、中国民间工艺美术学会副主席。擅长漫画。漫画史论方面主要有《漫画十谈》《中国漫画史话》《中国漫画史》（合著）等。画集代表作有《毕克官漫画选》《毕克官王德娟画集》《毕克官水墨画》。

J0042388

一流公司 （上班族漫画专辑）罗庆忠著
台北　时报文化出版事业公司 1985 年 144 页
19cm（32 开）定价：TWD90.00
（时报书系 586）

J0042389

幽默大师画刊 （第一期）《富春江画报》编辑部
杭州　浙江人民美术出版社 1985 年 48 页
27cm（16 开）定价：CNY0.38

J0042390

幽默大师画刊 （第二期）《富春江画报》编辑部
杭州　浙江人民美术出版社 1985 年 48 页
27cm（16 开）定价：CNY0.38

J0042391

幽默大师画刊 （第三期）《富春江画报》编辑部
杭州　浙江人民美术出版社 1985 年 48 页
27cm（16 开）定价：CNY0.38

J0042392

幽默大师画刊 （第四期）《富春江画报》编辑部
杭州　浙江人民美术出版社 1985 年 48 页
27cm（16 开）定价：CNY0.38

J0042393

张仃漫画 （1936—1976）张仃绘
沈阳　辽宁美术出版社 1985 年 103 页 18cm
（15 开）统一书号：8161.0707 定价：CNY3.50

作者张仃（1917—2010），国画家、美术教育家、美术理论家。号它山，辽宁黑山人。曾任黄宾虹研究会会长，中央工艺美术学院教授、院长等。中国人民政治协商会议会徽的设计者，中华人民共和国国徽设计提议者之一。代表作品有《张仃水墨写生》《张仃画室》。

J0042394

方成漫画选 方成绘
成都　四川美术出版社 1986 年 [27cm]（16 开）
统一书号：8373.327 定价：CNY2.80
（中国漫画家丛书）

本书收入作者80年代以来的作品102幅图。内容包括：针砭社会丑恶现象、《通俗哲学》插图、《纪往事》组画。作者方成（1918—2018），漫画家、杂文家、幽默理论专家。原名孙顺潮，杂文笔名张化。祖籍广东中山，生于北京，毕业于武汉大学。历任《观察》半月刊漫画版主编、北京《新民晚报》美术编辑、人民日报社高级编辑、中国新闻漫画研究会会长。

J0042395

古趣集 （德汉文对照 图册）丁聪编绘
北京　新世界出版社 1986 年 219 页 20×18cm
定价：CNY10.00

中国现代漫画作品。作者丁聪（1916—2009），著名漫画家、舞台美术家。生于上海。曾任《人民画报》副总编辑、中国美术家协会漫画艺术委员会主任。作品有《鲁迅小说插图》《丁聪插图》《四世同堂》《骆驼祥子》作品插图。

J0042396

古趣集 （法汉文对照 图册）丁聪编绘
北京　新世界出版社 1986 年 219 页 20×18cm
定价：CNY10.00

J0042397

连环漫画集锦 苗地，马克编
济南　山东美术出版社 1986 年 98 页 18cm
（15 开）统一书号：8332.817 定价：CNY0.98

编者马克·艾奎尔（1931—　　），画家。原名马克昌，河南新野人。毕业于中央美术学院绘画系。历任中国美术家协会《美术》月刊编辑、人民日报社文艺部主任编辑、中国美术家协会理事、中国美术家协会版画艺术委员会副主任、中国版画家协会副主席。编著有《中国现代黑白木刻集》《李桦画集》。

J0042398

恋爱·婚姻·家庭漫画集　刘家齐编
长春　北方妇女儿童出版社　1986年　204页
10cm（64开）统一书号：8377.38
定价：CNY2.15

J0042399

漫画选辑　朱根华，沈同衡编著
北京　人民美术出版社　1986年　32页　26cm
（16开）统一书号：8027.9657　定价：CNY0.40
　　中国现代漫画作品。作者沈同衡（1914—2002），出生于江苏省宝山县，毕业于上海新华艺术专科学校。《新闻漫画选刊》主编。代表作品有《动物常识故事》《成语典故》等。

J0042400

漫画庄子　（自然的箫声）蔡志忠作
香港　博益漫画古典宝库　1986年　2版　197页
17cm（40开）ISBN：962-17-0193-7
定价：HKD18.00
（博益漫画古典宝库）
　　中国现代漫画作品。作者蔡志忠（1948—　　），著名漫画家。台湾彰化人，1976年成立远东卡通公司、龙卡通公司。创作的100多部作品被30多个国家翻译出版。代表作品有《庄子说》《老子说》《列子说》《大醉侠》《盗帅独眼龙》《光头神探》等。

J0042401

苗地漫画选　苗地绘；四川美术出版社编
成都　四川美术出版社　1986年　100页
19cm（32开）统一书号：8373.699
定价：CNY2.40
（中国漫画家丛书）

J0042402

世象百图　人民日报出版社编
北京　人民日报出版社　1986年　17cm（32开）

统一书号：10132.050　定价：CNY1.20
　　中国现代漫画作品。

J0042403

图画总汇　（第1集　世界奇闻）《周末》画报编辑部编
广州　岭南美术出版社　1986年　123页
13cm（60开）定价：CNY0.41
　　中国现代漫画作品。

J0042404

图画总汇　（第2集　世界奇闻）《周末》画报编辑部编
广州　岭南美术出版社　1986年　123页
13cm（60开）定价：CNY0.41
　　中国现代漫画作品。

J0042405

王先生和小陈　叶浅予绘
北京　人民美术出版社　1986年　237页　21×19cm
（20开）统一书号：8027.8761　定价：CNY4.30
（连环画艺术研究丛书）
　　本书是中国现代漫画连环画作品。收入237幅图。作者叶浅予（1907—1995），教授、画家。浙江桐庐人。历任中国美术家协会副主席、中国画研究院副院长、中央美术学院教授。曾为茅盾小说《子夜》、老舍剧本《茶馆》等书插图。作品有长篇漫画《王先生》《小陈留京外史》《天堂记》等。著有《画余记画》《十年恶梦录》等。

J0042406

笑画集　中国经济记者协会声像信息部供稿
济南　山东美术出版社　1986年　52页　18×18cm
（24开）定价：CNY1.20
　　中国现代漫画作品。

J0042407

叶浅予漫画选　毕克官编
成都　四川美术出版社　1986年　118页　20cm
（32开）统一书号：8373.371　定价：CNY3.80
（中国漫画家丛书）
　　本书选编作者从1928年到中华人民共和国成立初期的代表作品118幅图。分3部分：1.以"王先生""小陈"为题，讽刺了旧社会官场的黑暗与百姓小人物的陋习和无奈；2.再现了贵州苗乡和川康以及印度的民族风情；3.反映了社会变革过程中所出现的种种不正常现象。编者毕克官(1931—2013)，艺术家。山东威海人。毕业于中央美术学院。历任中国美术家协会《漫画》、《美术》杂志编辑、中国艺术研究院美术研究所所长、中国民间工艺美术学会副主席。擅长漫画。漫画史论方面主要有《漫画十谈》《中国漫画史话》《中国漫画史》(合著)等。画集代表作有《毕克官漫画选》《毕克官王德娟画集》《毕克官水墨画》。

J0042408

一厚一薄　(笑话之九)张志华改编；何进等绘画

上海　上海人民美术出版社　1986年　158页　有图　13cm(60开)定价：CNY0.43

中国现代漫画作品。

J0042409

英韬漫画选　英韬绘；四川美术出版社编

成都　四川美术出版社　1986年

统一书号：8373.746　定价：CNY3.70（复膜本）

(中国漫画家丛书)

J0042410

英韬漫画选　英韬绘；四川美术出版社编

成都　四川美术出版社　1986年

统一书号：8373.745　定价：CNY3.40

(中国漫画家丛书)

J0042411

中国科学漫画选　柯生选编

天津　天津人民美术出版社　1986年　160页　17cm(40开)统一书号：8212.22

定价：CNY2.75

J0042412

中国幽默画300幅　赵树云，潘顺祺编著

成都　四川少年儿童出版社　1986年

186页　15cm(40开)定价：CNY0.79

中国现代漫画作品。编者赵树云(1944—　　)，美术编辑。江苏阜宁人，毕业于上海戏剧学院舞台美术系。历任中国人民解放军空军政治部话剧团舞台美术，《儿童时代》社美术编辑、副编审，上海美术家协会会员。著有儿童画典《单钱绘画

训练》《色彩绘画训练》《百科绘画形象》。编者潘顺祺(1946—　　)，上海人。毕业于上海交通大学。擅长漫画。曾任《为了孩子》杂志美术编辑，现代家庭杂志社副总编辑、主编。代表作品有《棋迷》。出版有《潘顺祺幽默画》《奇思妙想》《眇与BB》等。

J0042413

成语动画廊　(1)李国威主编

香港　博益出版集团公司　1987年　14×21cm

ISBN：962-17-0258-5 定价：HKD12.00

(博益漫画丛书)

J0042414

丁聪漫画选　丁聪绘；四川美术出版社编

成都　四川美术出版社　1987年　90页　有照片　20cm(32开)ISBN：7-5410-0019-1

定价：CNY2.20

(中国漫画家丛书)

本书收入作者1945年至1986年的主要漫画作品。丁聪的漫画以敏感的社会问题为题材，讲究人体的解剖结构，使线条流畅的装饰趣味与素描基础相结合，在中国漫画史上创造出了尖锐泼辣、造型严谨的风格。

J0042415

古趣一百图　丁聪绘

北京　三联书店　1987年　204页　20cm(32开)

定价：CNY3.00

中国现代漫画作品。作者丁聪(1916—2009)，著名漫画家、舞台美术家。生于上海。曾任《人民画报》副总编辑、中国美术家协会漫画艺术委员会主任。作品有《鲁迅小说插图》《丁聪插图》《四世同堂》《骆驼祥子》作品插图。

J0042416

古趣一百图　丁聪画

北京　三联书店　1987年　204页　19cm(32开)

定价：CNY2.30

中国现代漫画作品。

J0042417

华君武漫画　(1984—1985)华君武绘

成都　四川美术出版社　1987年　116页　20cm（32开）ISBN：7-5410-0017-5 定价：CNY2.40

作者华君武(1915—2010)，漫画家。别名华潮，生于杭州，祖籍无锡荡口。就读于上海大同大学高中部。历任鲁迅艺术文学院研究员、《人民日报》文学艺术部主任、中国美术家协会副主席、中国文联书记处书记等职务。代表作品有《疲劳过度症》《肉骨头引狗》《1939年所植的树》等。

J0042418
计划生育漫画选　蒋义海绘
北京　中国文联出版公司　1987年　71页
26cm（16开）统一书号：8355.994
定价：CNY1.75
　　作者蒋义海(1940—　　)，画家、国家一级美术师。笔名六舟(陆洲)，江苏南京人。历任南京名人艺术研究院院长、南京国际梅花书画院院长、江苏省作家协会书画联谊会副会长、中国梅花艺术馆名誉馆长。出版有《蒋义海先生中国画集》《蒋义海梅花集》《画海》。

J0042419
居安思危　（保险与幽默）赵晓光等编
长春　吉林美术出版社　1987年　106页　19cm
（32开）统一书号：8390.325
ISBN：7-5386-0036-1　定价：CNY2.45
　　中国现代漫画作品。

J0042420
老子说　（智者的低语）蔡志忠绘
台北　时报文化出版事业公司　1987年　18版
120页　有图　21×19cm　定价：TWD90.00
（时报漫画丛书　18）
　　中国现代漫画作品。作者蔡志忠(1948—　　)，著名漫画家。台湾彰化人，1976年成立远东卡通公司、龙卡通公司。创作的100多部作品被30多个国家翻译出版。代表作品有《庄子说》《老子说》《列子说》《大醉侠》《盗帅独眼龙》《光头神探》等。

J0042421
老子说　（智者的低语）蔡志忠绘
台北　时报文化出版企业有限公司　1988年
73版　120页　21cm（32开）定价：TWD90.00
（时报漫画丛书　18）
　　中国现代漫画作品。

J0042422
老子说　（智者的低语）蔡志忠绘
北京　三联书店　1990年　119页　19cm（32开）
ISBN：7-108-00333-3　定价：CNY7.80
（蔡志忠漫画）
　　中国现代漫画连环画作品。

J0042423
老子说　（智者的低语）蔡志忠绘
北京　三联书店　1990年　重印本　104页
19cm（32开）ISBN：7-108-00322-8
定价：CNY2.05
（蔡志忠漫画）

J0042424
老子说　（Ⅱ　智者的低语）蔡志忠绘
北京　三联书店　1991年　89页　19cm（32开）
ISBN：7-108-00426-7　定价：CNY2.10
（蔡志忠漫画）
　　作者蔡志忠(1948—　　)，著名漫画家。台湾彰化人，1976年成立远东卡通公司、龙卡通公司。创作的100多部作品被30多个国家翻译出版。代表作品有《庄子说》《老子说》《列子说》《大醉侠》《盗帅独眼龙》《光头神探》等。

J0042425
漫画孔子　（行者的叮咛）蔡志忠著
香港　博益出版公司　1987年　268页　17cm（40开）
ISBN：962-17-0293-3　定价：HKD20.00
（博益漫画古典宝库）
　　中国现代漫画作品。

J0042426
漫画老子　（智者的低语）蔡志忠著
香港　博益出版公司　1987年　160页　16cm（25开）
ISBN：962-17-0252-6　定价：HKD20.00
（博益漫画古典宝库）
　　中国现代漫画作品。

J0042427
漫画列子　（御风而行的哲思）蔡志忠著
香港　博益出版公司　1987年　2版　221页
17cm（40开）ISBN：962-17-0279-8
定价：HKD20.00
（博益漫画古典宝库）

中国现代漫画作品。

J0042428
漫画长白山　陶春林著
北京　工人出版社　1987年　39页　21cm（32开）
定价：CNY0.95
中国现代漫画作品。

J0042429
尼克趣事　张世荣编绘
广州　岭南美术出版社　1987年　103页　有图
10×13cm　统一书号：8260.1640
定价：CNY0.33
中国现代漫画作品。

J0042430
尼克趣事　（1）张世荣编绘
广州　岭南美术出版社　1987年　103页
有图　10×13cm　ISBN：7-5362-0004-8
定价：CNY0.36
中国现代漫画作品。

J0042431
尼克趣事　（2）张世荣编绘
广州　岭南美术出版社　1988年　95页　13cm
（64开）ISBN：7-5382-0190-7　定价：CNY0.38
（儿童漫画尼克趣事 2）
中国现代漫画作品。

J0042432
尼克趣事　（3）张世荣编绘
广州　岭南美术出版社　1988年　95页　10×13cm
ISBN：7-5362-0291-1　定价：CNY0.43
（儿童漫画尼克趣事 4）
中国现代漫画作品。

J0042433
尼克趣事　（4）张世荣编绘
广州　岭南美术出版社　1988年　95页　10×13cm
ISBN：7-5367-0292-1　定价：CNY0.43
（儿童漫画尼克趣事 4）
中国现代漫画作品。

J0042434
三毛流浪记选集　张乐平作

上海　上海少年儿童出版社　1987年　151页
有图　19×21cm　统一书号：R10024.2409
定价：CNY1.20
中国现代漫画作品。

J0042435
台湾政治漫画精选集　罗庆忠绘；王铭义撰文
台北　自立晚报　1987年　159页　21cm（32开）
定价：TWD110.00
（自立丛书）

J0042436
笑画笑话　（第一集）孙泽良等编
武汉　湖北少年儿童出版社　1987年　46页　19cm
（32开）ISBN：7-5353-0088-X　定价：CNY0.38
中国现代漫画作品。作者孙泽良（1950— ），
天津人。天津新蕾出版社编辑。创作漫画、连环
画及中国画。作品有《姜子牙》《济公外传》《弃
匮图》《市井图》等。

J0042437
笑画笑话　（第二集）孙泽良等编
武汉　湖北少年儿童出版社　1987年　46页　19cm
（32开）ISBN：7-5353-0089-8　定价：CNY0.38
中国现代漫画作品。

J0042438
笑画笑话　（第三集）曾大正等编
武汉　湖北少年儿童出版社　1988年　46页
19cm（32开）ISBN：7-5353-0360-9
定价：CNY0.40

J0042439
笑画笑话　（第四集）曾大正等编
武汉　湖北少年儿童出版社　1988年　46页
19cm（32开）ISBN：7-5353-0361-7
定价：CNY0.40
中国现代漫画作品。

J0042440
笑画笑话　（第五集）袁钢，赵景平编
武汉　湖北少年儿童出版社　1988年　46页
17cm（32开）ISBN：7-5353-0386-2
定价：CNY0.58
中国现代漫画作品。

J0042441
笑画笑话 （第六集）袁钢，赵景平编
武汉　湖北少年儿童出版社 1988 年 46 页
17cm（32 开）ISBN：7-5353-0387-0
定价：CNY0.58
　　中国现代漫画作品。

J0042442
笑画笑话 （第一集）孙泽良等编
武汉　湖北少年儿童出版社 1989 年 2 版 46 页
19cm（32 开）定价：CNY0.58
　　中国现代漫画作品。

J0042443
笑画笑话 （第二集）孙泽良等编
武汉　湖北少年儿童出版社 1989 年 2 版 46 页
19cm（32 开）定价：CNY0.58
　　中国现代漫画作品。

J0042444
笑画笑话 （第三集）曾大正等编
武汉　湖北少年儿童出版社 1989 年 2 版 46 页
19cm（32 开）定价：CNY0.58
　　中国现代漫画作品。

J0042445
笑画笑话 （第四集）曾大正等编
武汉　湖北少年儿童出版社 1989 年 2 版 46 页
19cm（32 开）定价：CNY0.58
　　中国现代漫画作品。

J0042446
笑画笑话 （第七集）王之伟等编
武汉　湖北少年儿童出版社 1989 年 46 页
17cm（32 开）ISBN：7-5353-0541-5
定价：CNY0.75
　　中国现代漫画作品。

J0042447
笑画笑话 （第八集）王之伟等编
武汉　湖北少年儿童出版社 1989 年 46 页
19cm（32 开）定价：CNY0.75
　　中国现代漫画作品。

J0042448
笑画笑话 （第九集）唐小军，范立民编
武汉　湖北少年儿童出版社 1989 年 46 页
17cm（32 开）ISBN：7-5353-0601-2
定价：CNY0.75
　　中国现代漫画作品。

J0042449
笑画笑话 （第十集）唐小军，范立民编
武汉　湖北科学技术出版社 1989 年 46 页
19cm（32 开）ISBN：7-5353-0602-0
定价：CNY0.75
　　中国现代漫画作品。

J0042450
庄子说 （自然的箫声）蔡志忠编绘
北京　中国连环画出版社 1987 年 123 页
19cm（32 开）统一书号：CN8444.142
定价：CNY0.95
　　中国现代漫画连环画作品。作者蔡志忠
（1948—　　），著名漫画家。台湾彰化人，1976 年
成立远东卡通公司、龙卡通公司。创作的 100 多
部作品被 30 多个国家翻译出版。代表作品有《庄
子说》《老子说》《列子说》《大醉侠》《盗帅独眼
龙》《光头神探》等。

J0042451
庄子说 （自然的箫声）蔡志忠绘
北京　中国连环画出版社 1987 年 133 页
19cm（32 开）ISBN：7-5061-0132-7
定价：CNY1.30
　　中国现代漫画连环画作品。

J0042452
庄子说 （自然的箫声）蔡志忠绘
台北　时报文化出版企业有限公司 1988 年
83 版 143 页 21cm（32 开）定价：TWD100.00
（时报漫画丛书 14）
　　中国现代漫画作品。

J0042453
庄子说 （自然的箫声 Ⅱ）蔡志忠编绘
香港　南粤出版社 1989 年 95 页 19cm（32 开）
ISBN：962-04-0776-8 定价：HKD20.00
（南粤漫画系列）

中国现代漫画连环画作品。

J0042454
庄子说 （自然的箫声）蔡志忠绘
北京　生活·读书·新知三联书店　1989 年　171 页
19cm（ 32 开）
ISBN：7-108-00231-0　定价：CNY3.05
　　中国现代漫画作品。

J0042455
庄子说 （自然的箫声 Ⅱ）蔡志忠绘
北京　生活·读书·新知三联书店　1990 年　135 页
有图　19cm（ 32 开）ISBN：7-108-00387-2
定价：CNY3.05
（蔡志忠漫画）
　　中国现代漫画连环画作品。

J0042456
爱情漫画选　蒋义海编
北京　中国文联出版公司　1988 年　219 页
19cm（ 32 开）ISBN：7-5059-0112-5
定价：CNY1.60
　　中国现代漫画选集。作者蒋义海（1940—　），
画家、国家一级美术师。笔名六舟（陆洲），江苏
南京人。历任南京名人艺术研究院院长、南京国
际梅花书画院院长、江苏省作家协会书画联谊会
副会长、中国梅花艺术馆名誉馆长。出版有《蒋
义海先生中国画集》《蒋义海梅花集》《画海》。

J0042457
禅说 （尊者的棒喝）蔡志忠绘
台北　时报文化出版公司　1988 年　25 版　159 页
21×19cm　定价：TWD120.00
（时报漫画丛书 36 ）
　　中国现代漫画作品。

J0042458
禅说 （尊者的棒喝）蔡志忠绘
北京　生活·读书·新知三联书店　1989 年　160 页
19cm（ 32 开）
ISBN：7-108-00229-9　定价：CNY2.90
　　中国现代漫画作品。

J0042459
禅说 （尊者的棒喝）蔡志忠漫画

北京　生活·读书·新知三联书店　1990 年　重印本
157 页　19cm（ 32 开）ISBN：7-108-00229-9
定价：CNY3.60
　　中国现代漫画作品。

J0042460
创造博士　戴逸如著
上海　文汇出版社　1988 年　174 页　13×15cm
ISBN：7-80531-055-6　定价：CNY1.60
　　中国现代漫画作品。作者戴逸如（1948—　），
编辑、作家、漫画家。上海人。历任机关刊物《上
海新闻出版》编辑、《新民晚报》主任编辑、中国
创造学会理事、上海市美术家协会会员。著有《启
锁斋笑林》《医圣张仲景》《创造博士》，主编《世
界漫画大师精品珍赏》《东方十日谈》等。

J0042461
搭错线　季青绘
台北　骏马文化事业社　1988 年　120 页
17cm（ 35 开）定价：TWD90.00
（骏马漫画系列浮世绘 04 ）
　　中国现代漫画作品。

J0042462
搭错线　季青绘；东方画书文化研究所选编
北京　三联书店　1990 年　125 页 17×18cm（ 24 开）
ISBN：7-108-00400-3　定价：CNY3.50
（台湾浮世绘）
　　本画册收有作者在《工商时报》连载的幽默
漫画。作者季青（1960—　），本名蔡海青，在《民
生报》任职。

J0042463
儿童幽默故事画　孙以增编
西安　未来出版社　1988 年　66 页　17cm（ 40 开）
ISBN：7-5417-0063-0　定价：CNY0.75
　　中国现代漫画作品。作者孙以增（1941—
2013），漫画家。毕业于中央工艺美术学院装饰
美术系。曾任北京日报美术编辑。作品有《寻找
位置的小星星》《祝福新编》等。

J0042464
丰子恺儿童漫画集　丰子恺绘
成都　四川少年儿童出版社　1988 年　98 页
有照片　19cm（ 32 开）ISBN：7-5365-0170-6

定价：CNY1.32
（中国儿童漫画家选集）

　　本书作品幽默搞笑、又富含哲理。有部分作品未曾出版过。编者乃作者女儿，前言中介绍了作者生平及其艺术。作者丰子恺（1898—1975），画家、文学家、艺术教育家。原名丰润，又名仁、仍，字子觊，后改为子恺，笔名 TK，浙江嘉兴人。作品有《缘缘堂随笔》、画集《子恺漫画》等。

J0042465

古趣集 （图册）丁聪编绘
北京 新世界出版社 1988年 重印 219页 20×18cm
ISBN：7-80005-073-4 定价：CNY13.00
　　中国现代漫画作品。作者丁聪（1916—2009），著名漫画家、舞台美术家。生于上海。曾任《人民画报》副总编辑、中国美术家协会漫画艺术委员会主任。作品有《鲁迅小说插图》《丁聪插图》《四世同堂》《骆驼祥子》作品插图。

J0042466

华君武漫画 （1986年）华君武绘
成都 四川美术出版社 1988年 69页
有照片 20cm（32开）ISBN：7-5410-0120-1
定价：CNY1.80

J0042467

欢妈与强仔 徐德志，聂金妹编绘
广州 新世纪出版社 1988年 5册 13cm（60开）
袋装 定价：CNY2.15
　　中国现代漫画作品。

J0042468

环境保护漫画集 沈环轩编
沈阳 沈阳出版社 1988年 70页 17cm（40开）
ISBN：7-80556-011-0 定价：CNY1.20

J0042469

环境科普漫画集 中国环境报主编；李其瑞，李海英选编
北京 科学普及出版社 1988年 78页 17cm（40开）
ISBN：7-110-00783-9 定价：CNY1.20

J0042470

家庭幽默 （1）花城出版社美术编辑室编
广州 花城出版社［1988年］48页 26cm（16开）

ISBN：7-5360-0230-0 定价：CNY0.85

J0042471

刘庆涛幽默画选 刘庆涛绘
郑州 海燕出版社 1988年 64页 19cm（32开）
ISBN：7-5350-0152-1 定价：CNY1.00
　　中国现代漫画作品。作者刘庆涛，吉林永吉人，毕业于吉林省中等艺术学校。历任吉林省吉剧团舞美设计、吉林省春城剧场美术员、吉林省通榆县文化馆美术干部、长春市宽城文化馆美术干部。作品有《田头阵地》《泉水咚咚》《绿色的冬天》《周总理访问朝鲜》《春风如意》等。

J0042472

陆秒坤幽默画集 陆秒坤绘
重庆 重庆出版社 1988年 162页 17cm（40开）
ISBN：7-5366-0550-1 定价：CNY5.05
　　中国现代漫画作品。作者陆秒坤（1931—1997），漫画大师。上海人。出版有《陆秒坤漫画集》。

J0042473

漫画史记 （历史的长城）蔡志忠著
香港 博益出版集团公司 1988年 2版
17cm（40开）定价：HKD22.00
（博益漫画古典宝库）

　　作者蔡志忠（1948—　），著名漫画家。台湾彰化人，1976年成立远东卡通公司、龙卡通公司。创作的100多部作品被30多个国家翻译出版。代表作品有《庄子说》《老子说》《列子说》《大醉侠》《盗帅独眼龙》《光头神探》等。

J0042474

漫画世说新语 （六朝的清谈）蔡志忠著
香港 博益出版集团公司 1988年 210页
17cm（40开）ISBN：962-17-0378-6
定价：HKD20.00
（博益漫画古典宝库）

J0042475

名人漫像 （1）英韬主编
北京 知识出版社 1988年 110页 19cm（32开）
ISBN：7-5015-0186-6 定价：CNY1.85
　　中国现代漫画肖像画作品。外文书名：
Caricatural Portraits of Celebrities.

J0042476
人丁口戏画集　（戏画）人丁口绘
香港　专业出版社　1988 年　109 页　28cm（16 开）
　　中国现代漫画作品。

J0042477
日本行脚　蔡志忠著
香港　博益出版集团公司　1988 年　17cm（32 开）
ISBN：962-17-0455-3　定价：HKD20.00
　　中国现代漫画作品。

J0042478
傻伙计　朱德庸绘
台北　骏马文化事业社　1988 年　140 页
17cm（32 开）定价：TWD90.00
（骏马漫画系列浮世绘 06）
　　中国现代漫画作品。外文书名：A Boss and
His Dumb Employees. 作者朱德庸（1960—　），
台湾著名漫画家。江苏太苍人，毕业于世新大
学电影编导科。代表作品有《双响炮》《涩女郎》
《醋溜族》《绝对小孩》等。

J0042479
傻伙计　朱德庸绘；东方画书文化研究所选编
北京　生活·读书·新知三联书店　1990 年　125 页
17×18cm（24 开）
ISBN：7-108-00399-6　定价：CNY3.50
（台湾浮世绘漫画系列）
　　中国现代幽默讽刺漫画画册。

J0042480
神气猪　柏言绘
台北　骏马文化事业社　1988 年　124 页
17cm（32 开）定价：TWD90.00
（骏马漫画系列浮世绘 05）
　　中国现代漫画作品。外文书名：A Proud Pig.

J0042481
唐山渡海　林文义绘
台北　骏马文化事业社　1988 年　131 页
17cm（32 开）定价：TWD90.00
（骏马漫画系列浮世绘 07）
　　中国现代漫画作品。

J0042482
文艺漫画　（1）文艺研究编辑部编辑
北京　文化艺术出版社　1988 年　99 页　17cm（32 开）
ISBN：7-5039-0198-5　定价：CNY1.70
　　中国现代漫画作品。

J0042483
五十步　（马龙漫画集）马龙著
香港　百姓文化事业公司　1988 年　119 页
19×20cm（24 开）定价：HKD24.00
（百姓漫画）
　　中国现代漫画作品。

J0042484
小贝蒂　赵明等编；王晓明绘
杭州　浙江人民出版社　1988 年　74 页
21cm（32 开）定价：CNY0.70
（幽默大师丛书 1）
　　中国现代漫画作品。

J0042485
许小铭漫画选　许小雷绘
北京　中国文联出版公司　1988 年　99 页　有肖像
19cm（32 开）ISBN：7-5059-0341-1
定价：CNY1.34

J0042486
有趣的动物漫画　缪印堂选编；张玉蓉绘
北京　人民美术出版社　1988 年　38 页
19cm（32 开）定价：CNY0.44
　　中国现代漫画作品。作者缪印堂（1935—2017），
著名漫画家。江苏南京人。曾任中国科普研究
所高级工艺美术师、中国美术家协会漫画艺术委
员会委员、中国美术家协会漫画艺术委员会副主
任、《漫画月刊》高级顾问、北京电影学院动画学
院客座教授。漫画作品有《啊，危险》《讲经》《矛
盾的统一》等。著作有《缪印堂漫画选》《漫画艺
术入门》《科学漫画创作概论》等。

J0042487
于化鲤漫画选　于化鲤绘；四川美术出版社编
成都　四川美术出版社　1988 年　74 页
有肖像　20cm（32 开）ISBN：7-5410-0056-6
定价：CNY2.50
（中国漫画家丛书）

作者于化鲤（1933—　），画家。又名于化，天津人。曾任天津人民美术出版社副总编。主要作品有《于化鲤漫画作品选集》《宝船》《有朋自远方来》等。

J0042488

中国漫画家作品选　中国美术家协会漫画艺术委员会编

成都　四川美术出版社　1988年　198页　20cm（32开）ISBN：7-5410-0075-2　定价：CNY8.70

J0042489

醉汉米尔　金诚编绘

杭州　浙江人民美术出版社　1988年　19cm（32开）定价：CNY0.70

（幽默大师丛书　2）

　　中国现代漫画作品。

J0042490

戴敦邦新绘旧上海百多图　戴敦邦绘；魏绍昌笺注

杭州　浙江人民美术出版社　1989年　90页　19cm（32开）ISBN：7-5340-0128-5

定价：CNY4.00

　　本书根据清末吴趼人著《沪上百多谈》绘的中国现代漫画作品。作者戴敦邦（1938—　），国画家，教授。号民间艺人，江苏丹徒人。毕业于上海第一师范学校。历任《中国少年报》《儿童时代》美术编辑、上海交通大学人文学院教授等。主要作品《水浒人物一百零八图》《戴敦邦水浒人物谱》《戴敦邦新绘红楼梦》《戴敦邦古典文学名著画集》等；连环画代表作品有《一支驳壳枪》《水上交通站》《大泽烈火》《蔡文姬》等。

J0042491

当代中国漫画集　（中英对照）蓝建安，史济才编

北京　新世界出版社　1989年　318页　21×18cm

ISBN：7-80005-081-5　定价：CNY18.00

　　外文书名：Cartoons from Contemporary China.

J0042492

盗帅独眼龙　（蔡志忠四格漫画杰作精选）蔡志忠绘

台北　皇冠出版社　1989年　175页　20cm（32开）

定价：TWD120.00

（皇冠漫画丛书　63）

　　作者蔡志忠（1948—　），著名漫画家。台湾彰化人，1976年成立远东卡通公司、龙卡通公司。创作的100多部作品被30多个国家翻译出版。代表作品有《庄子说》《老子说》《列子说》《大醉侠》《盗帅独眼龙》《光头神探》等。

J0042493

动物趣味画　宋宝山编著

沈阳　辽宁大学出版社　1989年　122页　26cm（16开）定价：CNY2.95

（辽宁电视台讲座教材）

　　中国现代动物漫画作品。

J0042494

儿童科普漫画　（献给聪明的孩子）周岳峰编绘

哈尔滨　哈尔滨出版社　1989年　105页　19cm（32开）定价：CNY1.60

（七色童年系列丛书）

J0042495

儿童幽默画　（献给快乐的孩子）李战编文；周岳峰绘

哈尔滨　哈尔滨出版社　1989年　104页　19cm（32开）定价：CNY1.60

（七色童年系列丛书）

J0042496

封神榜　蔡志忠编绘

香港　南粤出版社　1989年　124页　有图　19cm（32开）ISBN：962-04-0775-X

定价：HKD24.00

（南粤漫画系列）

　　中国现代连环画作品。

J0042497

封神榜　（传说和现实）蔡志忠绘

北京　三联书店　1990年　134页　19cm（32开）

ISBN：7-108-00362-7　定价：CNY3.10

（蔡志忠漫画）

　　中国现代漫画连环画作品。

J0042498

封神榜　（传说和现实　下）蔡志忠编

北京　三联书店　1992 年　136 页　19cm（小 32 开）
ISBN：7-108-00527-1 定价：CNY3.30
（蔡志忠中国古籍漫画系列　Ⅶ）
　　中国现代连环画。

J0042499
讽刺与幽默　　人民日报社《讽刺与幽默》编辑
部编
北京　人民美术出版社　1989 年　186 页　19cm
（32 开）ISBN：7-102-00467-2　定价：CNY9.90
　　中国现代漫画作品。

J0042500
哈哈伯　（漫画集）孙泽良编绘
广州　新世纪出版社　1989 年　126 页
13cm（60 开）定价：CNY0.60
　　中国现代漫画作品。作者孙泽良（1950—　），
天津人。天津新蕾出版社编辑。创作漫画、连环
画及中国画。作品有《姜子牙》《济公外传》《弃
匿图》《市井图》等。

J0042501
河北邱县农民漫画　　河北邱县"青蛙"漫画组编
石家庄　河北美术出版社　1989 年　76 页
17cm（40 开）ISBN：7-5310-0204-3
定价：CNY4.70
　　本书选入中国著名"青蛙"漫画组多年积
累的优秀漫画作品，收入 75 幅图。这些作品反
映了当前中国农村在改革大潮中各个方面的新
变化。

J0042502
黑材料　（尊子漫画集）尊子绘
香港　创建出版集团公司　1989 年　156 页
14×15cm　定价：HKD25.00
（创建文库　另类漫画系列　3）

J0042503
华君武漫画　（1987）华君武绘
成都　四川美术出版社　1989 年　69 页　有照片
20cm（32 开）ISBN：7-5410-0377-8
定价：CNY2.80
　　作者华君武（1915—2010），漫画家。别名华
潮，生于杭州，祖籍无锡荡口。就读于上海大同
大学高中部。历任鲁迅艺术文学院研究员、《人

民日报》文学艺术部主任、中国美术家协会副主
席、中国文联书记处书记等职务。代表作品有《疲
劳过度症》《肉骨头引狗》《1939 年所植的树》等。

J0042504
欢妈与强仔　（六）徐德志，聂金妹编绘
广州　新世纪出版社　1989 年　13cm（60 开）
定价：CNY0.75
　　中国现代漫画作品。

J0042505
环境保护幽默画选　殷作安等编
北京　中国环境科学出版社　1989 年　127 页
18cm（15 开）ISBN：7-80010-195-9
定价：CNY2.60
　　中国现代漫画作品。

J0042506
快乐童年　刘兴钦绘著
台北　联经出版事业股份有限公司　1989 年
201 页　有图　21cm（32 开）
（刘兴钦漫画集　16）

J0042507
老夫子漫画选　（第 1 辑）王泽绘
昆明　云南人民出版社　1989 年　26cm（16 开）
ISBN：7-222-00570-6　定价：CNY2.70
　　中国现代漫画作品。

J0042508
老夫子漫画选　（第 2 辑）王泽绘
昆明　云南人民出版社　1989 年　26cm（16 开）
ISBN：7-222-00570-6　定价：CNY2.70
　　中国现代漫画作品。

J0042509
老夫子漫画选　（第 3 辑）王泽绘
昆明　云南人民出版社　1990 年　26cm（16 开）
ISBN：7-222-00570-6　定价：CNY2.70
　　中国现代漫画作品。

J0042510
老夫子漫画选　（第 4 辑）王泽绘
昆明　云南人民出版社　1990 年　26cm（16 开）
ISBN：7-222-00570-6　定价：CNY2.70

中国现代漫画作品。

J0042511
老夫子漫画选 （第 5 辑）王泽绘
昆明 云南人民出版社 1990 年 26cm（16 开）
ISBN：7-222-00570-6 定价：CNY3.70
中国现代漫画作品。

J0042512
老夫子漫画选 （第 6 辑）王泽绘
昆明 云南人民出版社 1990 年 26cm（16 开）
ISBN：7-222-00570-6 定价：CNY3.70
中国现代漫画作品。

J0042513
老夫子漫画选 （第 7 辑）王泽绘
昆明 云南人民出版社 1990 年 26cm（16 开）
ISBN：7-222-00570-6 定价：CNY3.70
中国现代漫画作品。

J0042514
老夫子漫画选 （第 8 辑）王泽绘
昆明 云南人民出版社 1990 年 26cm（16 开）
ISBN：7-222-00570-6 定价：CNY3.70
中国现代漫画作品。

J0042515
老猫 阳植禾绘
香港 水禾田制作公司 1989 年 189 页 有图
21cm（32 开）定价：HKD23.00
（倪匡科幻小说漫画 2）

J0042516
老琼漫画作品 （1 蔡田的爱）老琼绘
台北 远流出版事业公司 1989 年 3 版 224 页
26cm（16 开）定价：TWD180.00
作者老琼(1953—2008)，台湾漫画家。本名
刘玉。出版有《蔡田的爱》《她们》《婚姻良民》
《台北开门》《尨仔册》《斗来逗去》等。

J0042517
老子说：祸福相倚 （漫画连环画）卞修耀编
文；司徒虹，屠曙光绘画
天津 天津人民美术出版社 1989 年 84 页
21cm（32 开）定价：CNY1.20

J0042518
黎青漫画 陈黎青绘
济南 山东美术出版社 1989 年 124 页 有肖像
19cm（32 开）ISBN：7-5330-0225-3
定价：CNY5.70
作者陈黎青(1953—)，漫画家。山东文登
人。笔名黎青。中国美术家协会会员、山东省新
闻美术家协会副秘书长、济南市美术家协会副主
席。出版《黎青漫画》集。

J0042519
六祖坛经：曹溪的佛唱 蔡志忠绘
北京 三联书店 1989 年 117 页 19cm（32 开）
ISBN：7-108-00227-2 定价：CNY2.40
中国现代连环画作品。作者蔡志忠(1948—)，
著名漫画家。台湾彰化人，1976 年成立远东卡
通公司、龙卡通公司。创作的 100 多部作品被 30
多个国家翻译出版。代表作品有《庄子说》《老
子说》《列子说》《大醉侠》《盗帅独眼龙》《光头
神探》等。

J0042520
路·人交通安全漫画辑 南京市公安交通警
察支队编
南京 江苏美术出版社 1989 年 142 页
19cm（32 开）ISBN：7-5344-0069-4
定价：CNY3.00

J0042521
漫画禅说 （尊者得棒喝）蔡志忠著
香港 博益出版集团公司 1989 年 有图
17cm（40 开）ISBN：962-17-0546-0
定价：HKD22.00
（博益漫画古典宝库）

J0042522
漫画集锦 （动物篇 一）钟文龙编著
台北 康熙出版社 1989 年 189 页 21cm（32 开）
ISBN：957-9529-02-7 定价：TWD80.00
（美术图书馆 4）
本书系中国动物漫画专著。

J0042523
漫画集锦 （动物篇 二）钟文龙编著
台北 康熙出版社 1989 年 189 页 21cm（32 开）

ISBN：957-9529-04-3　定价：TWD80.00

（美术图书馆 5）

本书系中国动物漫画专著。

J0042524

漫画集锦 （人物篇 一）黄子哲编著

台北 康熙出版社 1989年 189页 21cm（32开）

ISBN：957-9529-01-9　定价：TWD80.00

（美术图书馆 2）

本书系中国人物漫画专著。

J0042525

漫画集锦 （人物篇 二）黄子哲编著

台北 康熙出版社 1989年 189页 21cm（32开）

ISBN：957-9529-03-5　定价：TWD80.00

（美术图书馆 3）

本书系中国人物漫画专著。

J0042526

漫画集锦 （生活篇）钟文龙编著

台北 康熙出版社 1989年 189页 21cm（32开）

ISBN：957-9529-00-0　定价：TWD80.00

（美术图书馆 1）

本书系中国生活漫画专著。

J0042527

漫画集锦综合篇　黄子哲编著

台北 康熙出版社 1989年 189页 21cm（32开）

ISBN：957-9529-05-1　定价：TWD80.00

（美术图书馆 6）

本书系中国现代漫画画册。

J0042528

漫画与欣赏　蒋义海著

南京 江苏人民出版社 1989年 137页

19cm（32开）ISBN：7-214-00353-8

定价：CNY4.85

本书论述了漫画的特点、作用、种类、制作
过程、创作与欣赏方法。书中收集了古今漫画名
家的部分优秀作品。作者蒋义海（1940—　），画
家、国家一级美术师。笔名六舟（陆洲），江苏南
京人。历任南京名人艺术研究院院长、南京国际
梅花书画院院长、江苏省作家协会书画联谊会副
会长、中国梅花艺术馆名誉馆长。出版有《蒋义
海先生中国画集》《蒋义海梅花集》《画海》。

J0042529

七彩世界　（幽默连环画集）

广州 新世纪出版社 1989年 7册 19cm（32开）

盒装 定价：CNY8.00

中国现代连环画作品。

J0042530

奇思妙想　（潘顺祺幽默画选）潘顺祺编绘

上海 上海翻译出版公司 1989年 146页

有照片 19cm（32开）ISBN：7-80514-267-X

定价：CNY2.20

中国现代漫画作品。作者潘顺祺（1946—　），
上海人。毕业于上海交通大学。擅长漫画。曾
任《为了孩子》杂志美术编辑，现代家庭杂志社
副总编辑、主编。代表作品有《棋迷》。出版有《潘
顺祺幽默画》《奇思妙想》《眇与 BB》等。

J0042531

情不自禁　（四格漫画集）曼琰编

兰州 甘肃人民出版社 1989年 113页 19cm
（32开）ISBN：7-226-00463-1　定价：CNY2.60

J0042532

情若无花　（狄克恋曲）狄克，十五少著

香港 自由人有限公司 1989年 4版 162页

有图 17cm（32开）定价：HKD25.00

中国现代漫画作品。

J0042533

情若无花　（狄克恋曲）狄克，十五少著

香港 自由人有限公司 1989年 162页

有图 17cm（32开）定价：HKD25.00

中国现代漫画作品。

J0042534

人·资源·环境科普漫画选　上海市科普创作
协会编

上海 上海科学普及出版社 1989年 124页

19cm（32开）ISBN：7-5427-0221-1

定价：CNY1.85

J0042535

软硬天师软硬 SHOW　软硬天师著

香港 友禾制作事务所 1989年 17cm（32开）

定价：HKD23.00

（友禾广播人丛书 16）
　　中国现代漫画作品。

J0042536
台湾香港澳门幽默画集　司马丹，李雷编
成都　四川少年儿童出版社 1989 年　78 页
19cm（32 开）ISBN：7-5365-0365-2
定价：CNY2.01
（幽默世界）
　　中国现代漫画作品。

J0042537
唐诗三百首　（精选）蔡志忠编绘
香港　南粤出版社 1989 年　138 页 19cm（32 开）
ISBN：962-04-0778-4　定价：HKD28.00
（南粤漫画系列）
　　中国现代连环画作品。作者蔡志忠（1948—　），
著名漫画家。台湾彰化人，1976 年成立远东卡
通公司、龙卡通公司。创作的 100 多部作品被 30
多个国家翻译出版。代表作品有《庄子说》《老
子说》《列子说》《大醉侠》《盗帅独眼龙》《光头
神探》等。

J0042538
体育漫画集　唐汉滔编
广州　新世纪出版社 1989 年　172 页
19cm（32 开）ISBN：7-5405-0283-5
定价：CNY2.10
　　本书表达了群众对中国体育运动的支持和
期望，歌颂了良好的体育道德，讽刺了不正的赛
风以及躺在成绩里不思进取的运动员。画家还
以其想象力设计了许多妙趣横生的、超现实的竞
赛插曲。

J0042539
我的老师　（系列连环幽默画）张开熙，方铭
才绘
兰州　甘肃少年儿童出版社 1989 年　124 页
13×19cm（32 开）ISBN：7-5422-0262-6
定价：CNY2.35
　　中国现代漫画连环画作品。

J0042540
无可奉告　郑丹瑞，黄敏如著；何志文编绘
香港　友禾制作事务所 1989 年　114 页

17cm（32 开）定价：HKD25.00
（友禾精装城市漫画 4）
　　中国现代漫画作品。

J0042541
小夫妻 老夫妻　（幽默画）
杭州　浙江人民美术出版社 1989 年　33 页
26cm（16 开）定价：CNY1.50
（幽默大师丛书）
　　中国现代漫画作品。

J0042542
笑口大开　（港台漫画与笑话）杨嫦君辑
北京　华艺出版社 1989 年　110 页 19cm（32 开）
ISBN：7-80039-166-8　定价：CNY1.95
　　中国现代漫画作品。

J0042543
幸福的幽默　花城出版社美术编辑室编
广州　花城出版社 1989 年　48 页 26cm（16 开）
ISBN：7-5360-0367-6　定价：CNY1.70
（家庭幽默丛书 2）
　　中国现代漫画作品。

J0042544
一个女人三个墟　陈也著
香港　创建出版集团公司 1989 年　174 页
17cm（32 开）定价：HKD25.00
（创建文库 另类漫画系列 2）
　　中国现代漫画作品。

J0042545
幽默解语　郑旻著；刘溢绘
广州　广东旅游出版社 1989 年　190 页　有图
13cm（60 开）定价：CNY1.50
（在路上丛书）
　　中国现代名言警句漫画作品。

J0042546
幽默漫画　龙圣明等编绘
南宁　广西人民出版社 1989 年　59 页
19cm（32 开）ISBN：7-219-01303-5
定价：CNY1.50
　　作者龙圣明（1944—　），广西融水人。广西
科技书画院副院长、广西艺术学院副教授、中国

美术家协会会员。作品有《曙光》《牛》《瑶山丰年》，出版有《中国当代幽默画家作品选》《桑吉纳——红棕素描》等。

J0042547

幽默世界 （1）
成都　四川少年儿童出版社　1989 年　32 页
26cm（16 开）ISBN：7-5365-0319-9
定价：CNY1.20
　　中国现代漫画作品。

J0042548

庄锡龙漫画选　庄锡龙绘；四川美术出版社编
成都　四川美术出版社　1989 年　99 页　20cm
（32 开）ISBN：7-5410-0347-6　定价：CNY3.50
　　作者庄锡龙（1949—　），漫画家。生于上海。广东省漫画学会副会长、广东省新闻漫画学会会长、深圳美术家协会副主席。画有《庄锡龙漫画集》《庄锡龙漫画选集》等。

J0042549

菜根谭 （人生的滋味）蔡志忠绘
北京　三联书店　1990 年　143 页　19cm（32 开）
ISBN：7-108-00358-9　定价：CNY3.25
（蔡志忠漫画）
　　中国现代漫画连环画作品。作者蔡志忠（1948—　），著名漫画家。台湾彰化人，1976 年成立远东卡通公司、龙卡通公司。创作的 100 多部作品被 30 多个国家翻译出版。代表作品有《庄子说》《老子说》《列子说》《大醉侠》《盗帅独眼龙》《光头神探》等。

J0042550

大自在 （佛法不可说）好小子编绘；宁采臣编写
香港　次文化公司社　1990 年　117 页 21cm（32 开）
ISBN：962-7420-03-4　定价：HKD35.00
（次文化漫画丛书 1）
　　中国现代漫画佛教画册。

J0042551

对与错的趣味探索　益群书店编辑部编译
台北　益群书店出版社　1990 年　137 页
21cm（32 开）ISBN：957-552-074-2
定价：TWD90.00

（儿童图书馆　自然科学漫画系列 2）

J0042552

儿童趣味漫画 100　张乃成编
西安　未来出版社　1990 年　100 页　19cm（32 开）
ISBN：7-5417-0382-6　定价：CNY2.40

J0042553

国际体育明星漫像　平凡绘；尹卫星撰文
北京　国际文化出版公司　1990 年　113 页
26×26cm　精装　ISBN：7-80049-629-5
定价：CNY30.00
　　本书包括大家熟悉的体育明星及体育界的著名领导人，共 100 幅。

J0042554

韩非子说 （法家的峻言）蔡志忠绘
北京　三联书店　1990 年　139 页 19cm（32 开）
ISBN：7-108-00363-5　定价：CNY3.15
（蔡志忠漫画）
　　本书系蔡志忠绘中国现代漫画连环画。

J0042555

好爸爸　叶霆绘
杭州　浙江人民美术出版社　1990 年　32 页
27cm（大 16 开）定价：CNY1.20
（幽默大师丛书）
　　中国现代漫画作品。

J0042556

华君武漫画　华君武绘；宗文龙，董小明主编
杭州　浙江人民美术出版社　1990 年　152 页
有照片 25cm（12 开）精装
ISBN：7-5340-0194-3　定价：CNY68.00
　　本书是中国现代漫画作品集。主编董小明（1948—　），画家，艺术策划人。黑龙江人，毕业于中国美术学院。历任中国美术家协会理事、儿童美术艺术委员会委员、深圳画院院长。代表作品有《船老大》《彝女》《半亩方塘》《春雨香江》等。作者华君武（1915—2010），漫画家。别名华潮，生于杭州，祖籍无锡荡口。就读于上海大同大学高中部。历任鲁迅艺术文学院研究员、《人民日报》文学艺术部主任、中国美术家协会副主席、中国文联书记处书记等职务。代表作品有《疲劳过度症》《肉骨头引狗》《1939 年所植的

树》等。

J0042557
济公歪传　孙泽良编绘
杭州　浙江人民美术出版社　1990 年　32 页
27cm（大 16 开）定价：CNY1.20
（幽默大师丛书）
　　中国现代漫画作品。作者孙泽良（1950—　　），
天津人。天津新蕾出版社编辑。创作漫画、连环
画及中国画。作品有《姜子牙》《济公外传》《弃
匿图》《市井图》等。

J0042558
救护手册　钟景编写；不死了绘图
香港　万里书店　1990 年　206 页　21cm（32 开）
ISBN：962-14-0454-1　定价：HKD45.00
（漫画实用常识丛书）
　　实用漫画内科急救手册。外文书名：Hand-
book for First-aid.

J0042559
孔子说　（仁者的叮咛）蔡志忠绘
北京　三联书店　1990 年　150 页　19cm（32 开）
ISBN：7-108-00359-7　定价：CNY3.45
（蔡志忠漫画）
　　中国现代漫画连环画作品。

J0042560
昆虫世界的探索　益群书店编辑部编译
台北　益群书店编辑部　1990 年　155 页
21cm（32 开）ISBN：957-552-077-7
定价：TWD90.00
（儿童图书馆　自然科学漫画系列 5）
　　中国漫画草虫画儿童读物。

J0042561
老夫子漫画精选　（续）王泽绘
北京　学苑出版社　1990 年　110 页　26cm（16 开）
ISBN：7-80060-454-3　定价：CNY2.80
　　中国现代漫画画册。

J0042562
老夫子漫画精选　王泽绘
北京　学苑出版社　1990 年　110 页　26cm（16 开）
ISBN：7-80060-931-6　定价：CNY2.80

中国现代漫画画册。

J0042563
老马正传　（连环漫画　第二集）段纪夫绘
天津　天津杨柳青画社　1990 年　100 页　19cm
（32 开）ISBN：7-80503-107-X　定价：CNY3.50
　　中国现代漫画连环画作品。

J0042564
乐在其中　张世荣编绘
广州　岭南美术出版社　1990 年　70 页
19cm（小 32 开）定价：CNY2.30
（中国连环漫画家选集）
　　中国现代漫画连环画作品。

J0042565
黎耀西漫画集　黎耀西绘
广州　岭南美术出版社　1990 年　63 页　有肖像
17×19cm（24 开）ISBN：7-5362-0616-X
定价：CNY15.60
　　作者黎耀西（1929—1989），笔名老西，广东
顺德县人。中国美术家协会广东分会会员，曾任
广东省漫画学会副会长。

J0042566
聊斋志异　（鬼狐仙怪的传奇）蔡志忠绘
北京　生活·读书·新知三联书店　1990 年　165 页
19cm（32 开）
ISBN：7-108-00360-0　定价：CNY3.80
（蔡志忠漫画）
　　中国现代漫画连环画作品。

J0042567
列子说　（御风而行的哲思）蔡志忠绘
北京　生活·读书·新知三联书店　1990 年　179 页
19cm（32 开）
ISBN：7-108-00323-6　定价：CNY2.95
（蔡志忠漫画）
　　中国现代漫画连环画作品。

J0042568
列子说　（御风而行的哲思）蔡志忠绘
北京　生活·读书·新知三联书店　1990 年　167 页
19cm（32 开）
ISBN：7-108-00332-5　定价：CNY9.95

（蔡志忠漫画）

中国现代漫画连环画作品。

J0042569
论语 （儒者的诤言）蔡志忠绘
北京　生活·读书·新知三联书店　1990年　87页
19cm（32开）
ISBN：7-108-00394-5　定价：CNY2.10
（蔡志忠漫画）

中国现代漫画连环画作品。

J0042570
漫画菜根谭 （品格篇）（明）洪应明原著；张
熙江整理；戴逸如绘注
上海　上海人民出版社　1990年　65页　19cm
（32开）ISBN：7-208-00895-7　定价：CNY1.60

本书系中国现代漫画画册专著。

J0042571
漫画菜根谭 （修养篇）（明）洪应明原著；戴
逸如绘画批注
上海　上海人民出版社　1991年　127页
19cm（小32开）ISBN：7-208-01353-5
定价：CNY2.20

作者戴逸如（1948—　），编辑、作家、漫画
家。上海人。历任机关刊物《上海新闻出版》编辑、
《新民晚报》主任编辑、中国创造学会理事、上海
市美术家协会会员。著有《启锁斋笑林》《医圣
张仲景》《创造博士》，主编《世界漫画大师精品
珍赏》《东方十日谈》等。

J0042572
漫画菜根谭 （智慧篇）（明）洪应明原著；戴
逸如绘画批注
上海　上海人民出版社　1991年　92页
18cm（小32开）ISBN：7-208-01352-7
定价：CNY1.80

J0042573
漫画菜根谭 （豁达篇）（明）洪应明原著；戴
逸如绘画批注
上海　上海人民出版社　1992年　重印本　74页
19cm（32开）ISBN：7-208-01355-1
定价：CNY1.60

现代中国漫画连环画画册。

J0042574
漫画菜根谭 （见识篇）（明）洪应明原著；戴
逸如绘画批注
上海　上海人民出版社　1992年　重印本　130页
19cm（32开）ISBN：7-208-01290-3
定价：CNY2.20

J0042575
漫画菜根谭 （气度篇）（明）洪应明原著；戴
逸如绘画批注
上海　上海人民出版社　1992年　重印本　87页
19cm（32开）ISBN：7-208-01354-3
定价：CNY1.80

J0042576
漫画菜根谭 （智慧篇）（明）洪应明原著；戴
逸如绘画批注
上海　上海人民出版社　1992年　重印本　92页
19cm（32开）ISBN：7-208-01352-7
定价：CNY1.80

J0042577
漫画六朝怪谈 （奇幻人间世）蔡志忠著
香港　博益出版集团公司　1990年　17cm（40开）
ISBN：962-17-0748-X　定价：HKD25.00
（博益漫画丛书　蔡志忠作品集16）

本书系中国现代漫画作品画册。

J0042578
漫画三国志　蔡志忠著
香港　博益出版集团公司　1990年　2版　152页
17cm（40开）ISBN：962-17-0805-2
定价：HKD25.00
（博益漫画丛书）

本书系中国三国志漫画。

J0042579
漫画社交　戴逸如等编绘
上海　上海人民出版社　1990年　4册　19cm（32开）
ISBN：7-208-00894-9　定价：CNY6.00

本书辑入：《交涉大师牛先生》戴逸如，刘金
彪编著；《判断大师牛先生》戴逸如编著绘画，《说
服大师牛先生》戴逸如编著；金建楚绘画，《行动
大师牛先生》戴逸如编著；赵为群绘画。

J0042580

漫画吾爱吾家　蔡志忠绘
香港 博益出版集团公司 1990年 17cm（40开）
ISBN：962-17-0762-5 定价：HKD25.00
（博益漫画丛书 蔡志忠作品集 17）

J0042581

漫画西游记 （大战牛魔王）蔡志忠著
香港 博益出版集团公司 1990年 253页
17cm（40开）ISBN：962-17-0793-5
定价：HKD25.00
（博益漫画丛书 蔡志忠作品集 20）

J0042582

漫画西游记 （西天取经）蔡志忠著
香港 博益出版集团公司 1990年 215页
17cm（40开）ISBN：962-17-0785-4
定价：HKD25.00
（博益漫画丛书 蔡志忠作品集 19）

J0042583

缪印堂儿童漫画集　缪印堂绘
成都 四川少年儿童出版社 1990年 68页
有照片 19×21cm ISBN：7-5365-0628-7
定价：CNY1.60
（中国儿童漫画家选集）
　　本书为中国儿童漫画家选集中的中国现代
漫画画册。作者缪印堂（1935—2017），著名漫
画家。江苏南京人。曾任中国科普研究所高级
工艺美术师、中国美术家协会漫画艺术委员会
委员、中国美术家协会漫画艺术委员会副主任、
《漫画月刊》高级顾问、北京电影学院动画学院客
座教授。漫画作品有《啊，危险》《讲经》《矛盾
的统一》等。著作有《缪印堂漫画选》《漫画艺术
入门》《科学漫画创作概论》等。

J0042584

千人千面 （漫画脸谱造型1000例）田原绘
南京 江苏科学技术出版社 1990年 104页
19cm（32开）ISBN：7-5345-0831-2
定价：CNY2.60
　　中国漫画脸谱画册。作者田原（1925—　），
漫画家，一级美术师。祖籍江苏溧水，生于上海。
原名潘有炜，笔名饭牛。中国美术家协会、中国
书法家协会、中国版画家协会、中国记者协会、

中国漫画家协会会员，中国工艺美术协会理事，
东南大学、深圳大学教授。书画作品有《陋室铭》，
出版有《中国民间玩具》《田原硬笔书法》等，设
计动画片有《熊猫百货商店》等。

J0042585

生活·幽默·漫画 （缪印堂漫画选）缪印堂作
北京 知识出版社 1990年 123页 19×18cm
（24开）ISBN：7-5015-0412-1 定价：CNY3.20

J0042586

生活·幽默·漫画 （孙以增漫画选）孙以增
绘；邰宗远主编
北京 知识出版社 1991年 121页 17×19cm
ISBN：7-5015-0538-1 定价：CNY3.20
　　本书是从其数千件作品中精选出120余幅
编成。作品取材于现实生活，充满生活情趣；以
大胆夸张的手法，造成意外的艺术效果；以尖锐
犀利的画笔，刺痛社会生活中的弊端。作者孙以
增（1941—2013），漫画家。毕业于中央工艺美术
学院装饰美术系。曾任北京日报美术编辑。作
品有《寻找位置的小星星》《祝福新编》等。

J0042587

生活·幽默·漫画 （吴祖望漫画选）吴祖望
绘；邰宗远主编
北京 知识出版社 1992年 127页 19×18cm
ISBN：7-5015-0631-0 定价：CNY3.20
　　作者吴祖望（1925—　），漫画家。浙江奉化
人。历任中国艺术研究院副编审、中国版画家学
会会员。

J0042588

生活·幽默·漫画 （左川漫画选）左川绘；邰
宗远主编
北京 知识出版社 1992年 126页 19×18cm
ISBN：7-5015-0632-9 定价：CNY3.20
　　作者左川（1941—　），漫画家。原名左济利，
四川江北县人，就读于天津红专工艺美术学院。
天津科技出版社美术编辑。出版有《左川漫画选
集》《中国历代皇帝大观》。

J0042589

生活小窍门 （漫画集）严灿光绘
南宁 广西民族出版社 1990年 66页 19cm

（32 开）ISBN：7-5363-0985-6 定价：CNY1.70
　　中国现代漫画画册。

J0042590
史记 （历史的长城 战国四大公子部分）蔡志
忠绘
北京 三联书店 1990 年 157 页 19cm（32 开）
ISBN：7-108-00361-9 定价：CNY3.60
　　中国现代漫画连环画作品。作者蔡志忠
（1948—　），著名漫画家。台湾彰化人，1976 年
成立远东卡通公司、龙卡通公司。创作的 100 多
部作品被 30 多个国家翻译出版。代表作品有《庄
子说》《老子说》《列子说》《大醉侠》《盗帅独眼
龙》《光头神探》等。

J0042591
死性不改　一木绘
香港 创建出版公司 1990 年 187 页
17cm（32 开）定价：HKD25.00
（创建文库 另类漫画系列）
　　中国现代漫画作品画册。

J0042592
台湾幽默精选　中央人民广播电台对台湾广
播部编
北京 对外贸易教育出版社 1990 年 290 页
有图 20cm（32 开）ISBN：7-81000-358-5
定价：CNY4.90

J0042593
唐诗说 （悲欢的歌者）蔡志忠绘
北京 三联书店 1990 年 144 页 19cm（32 开）
ISBN：7-108-00396-1 定价：CNY3.35
（蔡志忠漫画）
　　中国现代漫画连环画作品。

J0042594
唐诗说 （悲欢的歌者．Ⅱ）蔡志忠绘
北京 三联书店 1990 年 145 页 19cm（32 开）
ISBN：7-108-00370-8 定价：CNY3.35
（蔡志忠漫画）
　　中国现代漫画连环画作品。

J0042595
唐诗说 （悲欢的歌者）蔡志忠著

台北 时报文化出版公司 1990 年 149 页 有图
19×21cm 定价：TWD120.00
（时报漫画丛书 54）
　　中国现代漫画画册。

J0042596
啼笑皆非 （苏朗漫画选）苏朗绘
兰州 甘肃人民美术出版社 1990 年 105 页
19cm（32 开）ISBN：7-80588-006-9
定价：CNY1.90
　　中国现代漫画作品画册。作者苏朗（1938—　），
画家。原名严国保，湖北武汉人。就读于武昌艺
术师范学院和西北师范学院艺术系。历任中国
美术家协会会员、甘肃人民出版社副编审。代表
作品有《黄河渡》《煦风吹不尽》《奶站笑语》等。

J0042597
王复羊漫画选　王复羊绘
成都 四川美术出版社 1990 年 109 页
有照片 20cm（32 开）ISBN：7-5410-0483-9
定价：CNY4.50
（中国漫画家丛书）
　　作者王复羊（1935—2008），满族，美术编
辑。辽宁大连人。《北京晚报》编委兼美术摄影
部主任。

J0042598
五四文学漫画　艾芜等著；何剑聪绘
香港 友禾制作事务所 1990 年 2 版 142 页
18cm（32 开）定价：HKD25.00
（友禾精装城市漫画 7）

J0042599
雾社事件　邱若龙编绘
台北 时报文化出版公司 1990 年 262 页
有图 21cm（32 开）定价：TWD140.00
（时报漫画丛书 90）
　　台湾地方史大事记。

J0042600
笑口常开 （港台漫画与笑话）杨嫦君编
北京 花艺出版社 1990 年 110 页
19cm（小 32 开）定价：CNY2.10

J0042601

心急坏事　王云鹤编绘
广州　岭南美术出版社　1990年　70页
19cm（小32开）定价：CNY2.30
（中国连环漫画家选集）

　　中国现代漫画连环画作品。作者王云鹤
（1939—　），书画家。浙江宁波人。上海电视台
荧屏画廊经理、中国水彩画研究会秘书长。作品
有《夏日》《虹桥新区夜色》《秋色迷人》等。

J0042602

新奇剧场　孙家裕编绘
台北　时报文化出版企业公司　1990年　240页
有图 26cm（16开）ISBN：957-13-0191-4
定价：TWD140.00
（时报漫画丛书 86）

　　中国现代漫画作品画册。作者孙家裕
（1960—　），漫画家。生于台北。曾任《民生
报》美术编辑。主要作品有大型历史漫画作品
《三国演义》，以及《秦时明月》《甜蜜城堡》
《七十二变》等。

J0042603

爷孙趣事　（连环漫画集）曾广健绘
南宁　广西民族出版社　1990年　100页
13cm（64开）定价：CNY0.80

　　中国现代漫画连环画作品。

J0042604

爷爷与孙子　高峰编绘
成都　四川少年儿童出版社　1990年　188页
17cm（32开）ISBN：7-5365-0605-8
定价：CNY3.58

　　本书是无文连环漫画集。它撷取了祖孙俩
许多有趣的故事，用夸张的手法，画出一组幽默
诙谐的漫画，反映了儿童和老人生活的欢乐和幸
福。作者高峰（1946—　），画家。祖籍山东，生
于黑龙江齐齐哈尔市。曾任深圳山海书画院院
长等。出版作品有《高峰画集》。

J0042605

叶春旸漫画集　叶春旸绘
北京　中国工人出版社　1990年　114页
19cm（小32开）ISBN：7-5008-0644-2
定价：CNY6.50

J0042606

永恒的夹缠　可嘉绘著
台北　民生报社　1990年　140页　有图
21cm（32开）ISBN：957-08-0444-0
定价：TWD100.00
（民生报妇女丛书）

　　中国现代漫画作品画册。

J0042607

幽默　启迪　回味　（第三届"工人日报漫画大
赛"作品选）于恒希，徐进选编
北京　科学普及出版社　1990年　134页
18cm（15开）ISBN：7-110-01500-9
定价：CNY6.00

　　中国现代漫画作品画册。

J0042608

幽默博览　（少年儿童专辑）缪印堂主编
北京　科学普及出版社　1990年　48页 26cm（16开）
ISBN：7-110-01619-6 定价：CNY2.60

　　本书以幽默画的形式向少年儿童宣传古今
中外的知识和趣闻，同时指导少年儿童如何欣赏
幽默画。主编缪印堂（1935—2017），著名漫画家。
江苏南京人。曾任中国科普研究所高级工艺美
术师、中国美术家协会漫画艺术委员会委员、中
国美术家协会漫画艺术委员会副主任、《漫画月
刊》高级顾问、北京电影学院动画学院客座教授。
漫画作品有《啊，危险》《讲经》《矛盾的统一》
等。著作有《缪印堂漫画选》《漫画艺术入门》《科
学漫画创作概论》等。

J0042609

寓教于乐　（玫瑰园漫画选）林积令编
西安　陕西人民教育出版社　1990年　116页
19cm（小32开）定价：CNY2.60

　　中国现代漫画作品。

J0042610

增广贤文漫画故事　袁庭栋，愚夫编著；张
川华，陈可绘
北京　中国广播电视出版社　1990年　147页
19cm（32开）ISBN：7-5043-0800-5
定价：CNY2.90
（中国古典通俗文化读物漫画系列）

J0042611

中国储蓄漫画选　中国工商银行甘肃省分行，
中国工商银行总行储蓄部编
兰州　甘肃人民美术出版社　1990 年　123 页
19cm（32 开）ISBN：7-226-00566-2
定价：CNY3.80

J0042612

中国漫画人物造型　许志强编
西安　未来出版社　1990 年　138 页　19×17cm
ISBN：7-5417-0329-X　定价：CNY3.15
　　本书收集中国当代漫画家、连环画家、民间
艺术家等 250 多位所塑造的人物形象，有着浓郁
的漫画味。编者收集的人物形象保存了原作的
神韵和笔法。

J0042613

中国现代幽默画大展作品精选　浙江人民
美术出版社编
杭州　浙江人民美术出版社　1990 年　148 页
17×19cm　ISBN：7-5340-0180-3
定价：CNY3.30
　　外文书名：Modern Humor Cartoons.

J0042614

中国幽默画 1200 幅　徐景祥编
北京　今日中国出版社　1990 年　200 页
20cm（32 开）定价：CNY9.80
（长城丛书）

J0042615

中庸　（和谐的人生）蔡志忠绘
北京　三联书店　1990 年　97 页　19cm（32 开）
ISBN：7-108-00391-0　定价：CNY2.20
（蔡志忠漫画）
　　中国现代漫画连环画作品。作者蔡志忠
（1948—　），著名漫画家。台湾彰化人，1976 年
成立远东卡通公司、龙卡通公司。创作的 100 多
部作品被 30 多个国家翻译出版。代表作品有《庄
子说》《老子说》《列子说》《大醉侠》《盗帅独眼
龙》《光头神探》等。

J0042616

道路交通安全宣传漫画册　淮阴市公安交通
警察支队编

南京　南京出版社　1991 年　144 页　17×19cm
ISBN：7-80560-538-6　定价：CNY4.40

J0042617

二马剧场　CoCo 绘
台北　不二出版公司　1991 年　143 页　14cm（64 开）
ISBN：957-8519-18-4　定价：TWD80.00
（CoCo 漫画 6）

J0042618

丰子恺儿童漫画集　丰子恺绘
成都　四川少年儿童出版社　1991 年　98 页
有照片　19×21cm　ISBN：7-5365-0170-6
定价：CNY1.92
（中国儿童漫画家选集）
　　本书作品幽默搞笑，又富含哲理。本画集
中有部分作品未曾出版过。编者乃作者女儿，
前言中介绍了作者生平及其艺术。作者丰子恺
（1898—1975），画家、文学家、艺术教育家。原
名丰润，又名仁、仍，字子颙，后改为子恺，笔名
TK，浙江嘉兴人。作品有《缘缘堂随笔》、画集
《子恺漫画》等。

J0042619

丰子恺儿童漫画欣赏　丰子恺绘；陈星编著
济南　明天出版社　1991 年　63 页　19cm（小 32 开）
ISBN：7-5332-1302-5　定价：CNY1.20
　　编者陈星（1983—　），作家，教授。毕业
于杭州师范学院中文系。历任杭州师范学院学
报编辑部主任、编审，杭州市师范学院弘一大
师·丰子恺研究中心主任、教授、研究生导师。
著有《功德圆满——护生画集创作史话》《天心
月圆——弘一大师》《丰子恺新传》《重访散文的
家园》《李叔同歌曲寻绎》。

J0042620

服务做足 100 分　高岳编著
香港　万里书店　1991 年　210 页　21cm（32 开）
ISBN：962-14-0520-3　定价：HKD45.00
（漫画实用常识丛书）
　　外文书名：The Best Service.

J0042621

港台笑话漫画　杨嫦君编
广州　岭南美术出版社　1991 年　157 页

19cm（小 32 开）ISBN：7-5362-0702-6
定价：CNY2.70

J0042622
港台笑话漫画 （3）杨嫦君编
海口 海南摄影美术出版社 1992 年 157 页
19cm（小 32 开）ISBN：7-80571-251-4
定价：CNY2.90

J0042623
港台笑话漫画 （4）杨嫦君编
海口 海南摄影美术出版社 1992 年 157 页
19cm（小 32 开）ISBN：7-80571-252-2
定价：CNY2.90

J0042624
港台笑话漫画 （5）杨嫦君编
海口 海南摄影美术出版社 1993 年 157 页
19cm（小 32 开）ISBN：7-80571-257-3
定价：CNY2.90

J0042625
港台笑话漫画 （6）杨嫦君编
海口 海南摄影美术出版社 1993 年 157 页
19cm（小 32 开）ISBN：7-80571-250-6
定价：CNY2.90

J0042626
港台笑话漫画 （7）杨嫦君编
海口 海南摄影美术出版社 1993 年 157 页
19cm（小 32 开）ISBN：7-80571-536-X
定价：CNY3.50

J0042627
港台笑话漫画 （8）杨嫦君编
海口 海南摄影美术出版社 1994 年 156 页
19cm（小 32 开）ISBN：7-80571-536-8
定价：CNY3.50

J0042628
花香自有蜜蜂来 四川美术出版社编
成都 四川美术出版社 1991 年 394 页
21cm（32 开）ISBN：7-5410-0619-X
定价：CNY4.90

J0042629
华君武漫画 （1988—1990）华君武绘
成都 四川美术出版社 1991 年 129 页
19cm（小 32 开）ISBN：7-5410-0635-1
定价：CNY4.50

J0042630
华君武漫画选 （1983—1989 汉英对照）华
君武绘；戴乃迪译
北京 今日中国出版社 1991年 276页［14×26cm］
ISBN：7-5072-0249-6 定价：CNY15.50

J0042631
混帐东西 （尊子漫画二集）尊子绘
香港 创建出版公司 1991 年 123 页
19cm（小 32 开）ISBN：962-420-095-5
定价：HKD28.00
（创建文库 类漫画系列）

J0042632
机器人诞生 刘兴钦绘著
台北 联经出版事业股份有限公司 1991 年
194 页 21cm（32 开）
（刘兴钦漫画精选 机器人系列）

J0042633
极乐与地狱 释心寂编绘
高雄 佛光出版社 1991 年 101 页 21cm（32 开）
ISBN：957-543-057-3 定价：TWD180.00
（佛光艺文丛书 8803）

J0042634
江帆漫画集 江帆绘
成都四川美术出版社 1991 年
［21×19cm］ISBN：7-5410-0464-2
定价：CNY4.50

J0042635
姜振民连环漫画 姜振民绘
济南 山东美术出版社 1991 年 116 页
21cm（32 开）ISBN：7-5330-0407-8
定价：CNY6.60
　　作者姜振民（1936— ），编辑。生于山东济
南。历任《济南日报》美术助理编辑，山东省科
协宣传部科普美术编辑，山东人民出版社少儿读

物编辑部美术编辑，山东文艺出版社办公室副主任、美术副编审，中国美术家协会会员。出版有《姜振民曼画集》，长篇连环画《白美丽小姐》等。

J0042636

卡拉熊和OK兔　（1）关陌编；毕树校绘
北京　中国少年儿童出版社　1991年　96页
19cm（小32开）ISBN：7-5007-1369-X
定价：CNY1.20
（儿童系列知识漫画）

J0042637

卡拉熊和OK兔　（2）关陌编；毕树校绘
北京　中国少年儿童出版社　1991年　96页
19cm（小32开）ISBN：7-5007-1370-3
定价：CNY1.20
（儿童系列知识漫画）

J0042638

卡拉熊和OK兔　（3）关陌编；毕树校绘
北京　中国少年儿童出版社　1991年　96页
19cm（小32开）ISBN：7-5007-1371-1
定价：CNY1.20
（儿童系列知识漫画）

J0042639

乐师和皮鞋　何永伟编；卢汶等绘
上海　上海人民美术出版社　1991年　133页
13cm（64开）ISBN：7-5322-0154-6
定价：CNY0.70
（外国幽默　3）

　　中国现代漫画画册。作者卢汶（1922—2010），连环画家。原名卢世宝，出生于上海市，籍贯浙江鄞县。代表作品《蜀山剑侠传》《三国演义》。

J0042640

马龙幽默漫画集　马龙绘
香港　创作人出版社　1991年　14×15cm
ISBN：962-461-001-0　定价：HKD27.00
（创作人漫画丛书　1）

　　外文书名：Humourous Cartoons by Malone.

J0042641

漫画　（社交礼仪）宁丽，青美编绘；戚戈平译文
北京　中国青年出版社　1991年　120页
19cm（小32开）ISBN：7-5006-1060-2
定价：CNY3.00
（知识漫画系列丛书）

J0042642

漫画·婚恋心理　繁星绘；金天，明月编文
北京　中国青年出版社　1991年　121页
19cm（小32开）ISBN：7-5006-1063-7
定价：CNY3.00
（知识漫画系列丛书）

　　本书通过幽默画的形式，介绍了婚恋心理、行为等。

J0042643

漫画九七禅　小方包著
香港　晓高制作社　1991年　125页　17cm（40开）
定价：HKD23.00

J0042644

漫画三字经　麦荣邦画
上海　上海人民出版社　1991年　84页
19cm（小32开）ISBN：7-208-01156-7
定价：CNY1.80

J0042645

漫画宋词　蔡志忠著
香港　博益出版集团公司　1991年　155页
17cm（40开）ISBN：962-17-0918-0
定价：HKD28.00
（博益漫画丛书　蔡志忠作品集　27）

　　作者蔡志忠（1948—　），著名漫画家。台湾彰化人，1976年成立远东卡通公司、龙卡通公司。创作的100多部作品被30多个国家翻译出版。代表作品有《庄子说》《老子说》《列子说》《大醉侠》《盗帅独眼龙》《光头神探》等。

J0042646

漫画中国的历史　（1　大黄河与万里长城　古代文明与秦始皇）（日）集英社原著；王民修编修
北京　国际文化出版公司　1991年　157页
19cm（小32开）ISBN：7-80049-459-4
定价：CNY3.60
（小博士学习漫画系列）

J0042647

漫画中国的历史 （2 项羽与刘邦之战 大汉天威）（日）集英社原著；王民修编修
北京 国际文化出版公司 1991 年 157 页
19cm（小 32 开）ISBN：7-80049-459-4
定价：CNY3.60
（小博士学习漫画系列）

J0042648

漫画中国的历史 （3 三国志中的英雄 战乱中的三国时代）（日）集英社原著；王民修编修
北京 国际文化出版公司 1991 年 157 页
19cm（小 32 开）ISBN：7-80049-459-4
定价：CNY3.60
（小博士学习漫画系列）

J0042649

漫画中国的历史 （4 结合南北的大运河 南北朝与隋的统一）（日）集英社原著；王民修编修
北京 国际文化出版公司 1991 年 157 页
19cm（小 32 开）ISBN：7-80049-459-4
定价：CNY3.60
（小博士学习漫画系列）

J0042650

漫画中国的历史 （5 长安与丝路 大唐帝国与东西的交流）（日）集英社原著；王民修编修
北京 国际文化出版公司 1991 年 157 页
19cm（小 32 开）ISBN：7-80049-459-4
定价：CNY3.60
（小博士学习漫画系列）

J0042651

漫画中国的历史 （6 中国的文艺复兴 花团锦簇的宋文化）（日）集英社原著；王民修编修
北京 国际文化出版公司 1991 年 157 页
19cm（小 32 开）ISBN：7-80049-459-4
定价：CNY3.60
（小博士学习漫画系列）

J0042652

漫画中国的历史 （7 成吉思汗与蒙古大帝国 元朝的统治）（日）集英社原著；王民修编修
北京 国际文化出版公司 1991 年 157 页
19cm（小 32 开）ISBN：7-80049-459-4
定价：CNY3.60
（小博士学习漫画系列）

J0042653

漫画中国的历史 （8 中国的大航海时代 朱元璋与明朝）（日）集英社原著；王民修编修
北京 国际文化出版公司 1991 年 157 页
19cm（小 32 开）ISBN：7-80049-459-4
定价：CNY3.60
（小博士学习漫画系列）

J0042654

漫画中国的历史 （9 鸦片战争与动乱的中国 清朝的兴亡）（日）集英社原著；王民修编修
北京 国际文化出版公司 1991 年 157 页
19cm（小 32 开）ISBN：7-80049-459-4
定价：CNY3.60
（小博士学习漫画系列）

J0042655

漫画中国的历史 （10 新中国的诞生 孙文与辛亥革命）（日）集英社原著；王民修编修
北京 国际文化出版公司 1991 年 157 页
19cm（小 32 开）ISBN：7-80049-459-4
定价：CNY3.60
（小博士学习漫画系列）

J0042656

名人脸谱 彭锦阳绘图撰文
台北 自立晚报社文化出版部 1991 年 62 页
有图 29cm（16 开）ISBN：957-596-137-4
定价：TWD300.00

J0042657

脑筋急转弯 （2）阿江编；曾正忠绘
台北 时报文化出版企业公司 1990 年 92 页
14×15cm ISBN：957-13-0098-6
定价：TWD80.00
（时报漫画丛书 13）

J0042658

脑筋急转弯 （3）脑筋急救站策划
台北 时报文化出版企业公司 1989 年
14×15cm ISBN：957-13-0098-6

定价:TWD80.00

（时报漫画丛书 80）

J0042659

脑筋急转弯 （5）脑筋急救站策划

台北 时报文化出版企业公司 1991 年 96 页

14×15cm ISBN：957–13–0098–6

定价:TWD80.00

（时报漫画丛书 82）

J0042660

脑筋急转弯 （6）尤侠编

台北 时报文化出版企业公司 1991 年 96 页

14×15cm ISBN：957–13–0240–6

定价：TWD80.00

（时报漫画丛书 99）

J0042661

脑筋急转弯 （7）尤侠编；曲敬蕴绘

台北 时报文化出版企业公司 1991 年 96 页

14×15cm ISBN：957–13–0270–8

定价：TWD25.00

（时报漫画丛书 103）

J0042662

脑筋急转弯 （9 创意擂台精华专号）马西宇, 黄健和编；敖幼祥绘

台北 时报文化出版企业公司 1991 年 96 页

17cm（40 开）ISBN：957–13–0301–1

定价：TWD25.00

（时报漫画丛书 106）

作者敖幼祥(1956—)，漫画家。上海人，生于台北。主要作品有《乌龙院》系列、《龟兔赛跑现场推论》《快乐营》等。

J0042663

脑筋急转弯 （10 凹凸狂想曲）马西宇, 黄健和编；曾正忠绘

台北 时报文化出版企业公司 1991 年 91 页

17cm（40 开）ISBN：957–13–0302–X

定价：TWD80.00

（时报漫画丛书 107）

J0042664

脑筋急转弯 （11 飞禽走兽专号）马西宇, 黄

健和编；麦仁杰绘

台北 时报文化出版企业公司 1991 年 96 页

14×15cm ISBN：957–13–0303–8

定价：TWD80.00

（时报漫画丛书 108）

J0042665

脑筋急转弯 （12 创意擂台精华专号）马西宇, 黄健和编；孙家裕, 嘎嘎绘

台北 时报文化出版企业公司 1991 年 93 页

14×15cm ISBN：957–13–0304–6

定价：TWD80.00

（时报漫画丛书 109）

作者孙家裕(1960—)，漫画家。生于台北。曾任《民生报》美术编辑。主要作品有大型历史漫画作品《三国演义》，以及《秦时明月》《甜蜜城堡》《七十二变》等。

J0042666

脑筋急转弯 （13 创意擂台重金悬赏犒九斗之士）马西宇编；麦仁杰绘

台北 时报文化出版企业公司 1991 年 92 页

14×15cm ISBN：957–13–0335–6

定价：TWD80.00

（时报漫画丛书 113）

J0042667

脑筋急转弯 （14 V.S 野生动物园）马西宇编；曾正中绘

台北 时报文化出版企业公司 1991 年 94 页

14×15cm ISBN：957–13–0349–6

定价：TWD80.00

（时报漫画丛书 114）

J0042668

脑筋急转弯 （15）马西宇编；嘎嘎绘

台北 时报文化出版企业公司 1991 年 94 页

14×15cm ISBN：957–13–0367–4

定价：TWD80.00

（时报漫画丛书 116）

J0042669

脑筋急转弯 （7 小孩乱说话）尤侠编；曲敬蕴绘

台北 时报文化出版企业公司 1992 年 96 页

14×15cm ISBN：957-13-0270-8
定价：TWD25.00
（时报漫画丛书 103）

J0042670
脑筋急转弯 （16）马西宇编；敖幼祥绘
台北 时报文化出版企业公司 1992 年 96 页
14×15cm ISBN：957-13-0380-1
定价：TWD80.00
（时报漫画丛书 117）

J0042671
脑筋急转弯 （17 创意擂台精华专号）马西
宇编；朱德庸绘
台北 时报文化出版企业公司 1992 年 92 页
14×15cm ISBN：957-13-0379-8
定价：TWD80.00
（时报漫画丛书 118）
　　作者朱德庸(1960—　　)，台湾著名漫画家。
江苏太苍人，毕业于世新大学电影编导科。代表
作品有《双响炮》《涩女郎》《醋溜族》《绝对小
孩》等。

J0042672
脑筋急转弯 （18）马西宇编；杰利小子绘
台北 时报文化出版企业公司 1992 年 94 页
14×15cm 定价：TWD80.00
（时报漫画丛书 125）

J0042673
脑筋急转弯 （19）马西宇编；曾正中绘
台北 时报文化出版企业公司 1992 年 98 页
14×15cm ISBN：957-13-0429-8
定价：TWD80.00
（时报漫画丛书 127）

J0042674
脑筋急转弯 （20 创意擂台精华号）马西宇
编；嘎嘎绘
台北 时报文化出版企业公司 1992 年 96 页
14×15cm ISBN：957-13-0433-6
定价：TWD80.00
（时报漫画丛书 131）

J0042675
脑筋急转弯 （21 第四届全国金头脑大会师）
马西宇编；麦仁杰绘
台北 时报文化出版企业公司 1992 年 92 页
14×15cm ISBN：957-13-0455-7
定价：TWD80.00
（时报漫画丛书 134）

J0042676
脑筋急转弯 （22）敖幼祥绘
台北 时报文化出版企业公司 1992 年 90 页
14×15cm ISBN：957-13-0468-9
定价：TWD80.00
（时报漫画丛书 139）

J0042677
脑筋急转弯 （24 陆海空疯爆演习专号）马
西宇编；曾正中绘
台北 时报文化出版企业公司 1992 年 90 页
14×15cm ISBN：957-13-0470-0
定价：TWD80.00
（时报漫画丛书 142）

J0042678
脑筋急转弯 （26）麦仁杰绘
台北 时报文化出版企业公司 1993 年 100 页
14×15cm ISBN：957-13-0525-1
定价：TWD80.00
（时报漫画丛书 160）

J0042679
脑筋急转弯 （27）嘎嘎绘
台北 时报文化出版企业公司 1993 年 86 页
14×15cm ISBN：957-13-0660-6
定价：TWD80.00
（时报漫画丛书 161）

J0042680
柠檬树　桑晔绘著
台北 民生报社 1991 年 重印本 126 页 有图
21cm（32 开）ISBN：957-08-0447-5
定价：TWD90.00
（民生报妇女丛书）
　　本书为中国漫画作品。

J0042681
潘顺祺幽默画　潘顺祺绘
上海 上海人民美术出版社 1991 年 19cm(小 32 开)
ISBN：7-5322-0965-2 定价：CNY4.80
　　本书收作者中国现代漫画作品 140 幅。作者潘顺祺(1946—　)，上海人。毕业于上海交通大学。擅长漫画。曾任《为了孩子》杂志美术编辑，现代家庭杂志社副总编辑、主编。代表作品有《棋迷》。出版有《潘顺祺幽默画》《奇思妙想》《眇与 BB》等。

J0042682
潘顺祺幽默画　潘顺祺绘
上海 上海人民美术出版社 1991 年
［21×19cm］精装 ISBN：7-5322-0902-4
定价：CNY7.70

J0042683
全大漫画　王全大绘
昆明 云南人民出版社 1991 年 90 页
19cm(小 32 开) ISBN：7-222-00924-8
定价：CNY2.10
　　作者王全大(1948—　)，摄影家。笔名丹石、江南雨。江苏武进人。历任中国摄影家协会会员、美国专业摄影家协会会员、江苏省美术家协会会员、江苏省漫画家协会副会长、无锡市漫画家协会会长、香港国际美术报副主编、江南雨艺术院长。代表作品《无锡古运河》。

J0042684
神州百态　(方成漫画精选)方成著
香港 南粤出版社 1991 年 129 页 有图
22cm(30 开) ISBN：962-04-0893-4
定价：HKD26.00
(南粤漫画系列)
　　作者方成(1918—2018)，漫画家、杂文家、幽默理论专家。原名孙顺潮，杂文笔名张化。祖籍广东中山，生于北京，毕业于武汉大学。历任《观察》半月刊漫画版主编、北京《新民晚报》美术编辑、人民日报社高级编辑、中国新闻漫画研究会会长。

J0042685
世象百图　(第二集)英韬等编
北京 人民日报出版社 1991 年 107 页 19cm

(32 开) ISBN：7-80002-343-5 定价：CNY2.40
　　中国现代漫画连环画。

J0042686
双响炮　(2)朱德庸著
香港 明窗出版社 1991 年 172 页 11×17cm
ISBN：962-357-311-1 定价：HKD20.00
(漫画系列)

J0042687
孙子兵法　(漫画)迟痴编绘
北京 华艺出版社 1991 年 158 页 19cm(小 32 开)
ISBN：7-80039-519-7 定价：CNY3.60
(中国古代用兵韬略漫画丛书)

J0042688
孙子说　(兵学的先知)蔡志忠绘
北京 生活·读书·新知三联书店 1991 年 130 页
19cm(32 开)
ISBN：7-108-00429-1 定价：CNY3.15
(蔡志忠漫画)
　　作者蔡志忠(1948—　)，著名漫画家。台湾彰化人，1976 年成立远东卡通公司、龙卡通公司。创作的 100 多部作品被 30 多个国家翻译出版。代表作品有《庄子说》《老子说》《列子说》《大醉侠》《盗帅独眼龙》《光头神探》等。

J0042689
体坛蔷薇　南方日报体育采编室编
广州 岭南美术出版社 1991 年 124 页 有图
17×19cm ISBN：7-5362-0737-9
定价：CNY7.00
　　本书是六届南方杯体育漫画比赛中的获奖作品及迎接世界女足赛一些漫画的结集。

J0042690
图说十二生肖　如兰编
上海 上海人民出版社 1991 年 101 页 19cm(32 开)
ISBN：7-208-01142-7 定价：CNY2.00
　　中国现代漫画画册。

J0042691
歪医正传　CoCo 著
台北 不二出版公司 1991 年 143 页 有图
14cm(64 开) ISBN：957-8519-12-5

定价：TWD80.00

（CoCo 漫画 4）

J0042692

王树忱漫画选　王树忱绘

成都 四川美术出版社 1991 年 100 页

21cm（32 开）ISBN：7-5410-0699-8

定价：CNY4.50

（中国漫画家丛书）

J0042693

我们的故事　张乐平绘

上海 少年儿童出版社 1991 年 72 页 有照片

19cm（32 开）ISBN：7-5324-1187-7

定价：CNY2.10

　　现代中国漫画画册。作者张乐平（1910—
1992），漫画家。浙江海盐人。曾任中国美术家
协会上海分会、解放日报社、上海少年儿童出版
社专业画家。漫画"三毛"形象的创作者。代表
作品《三毛流浪记》《三毛从军记》。

J0042694

笑史漫画　伏琛著；王往绘

上海 上海古籍出版社 1991 年 103 页

19cm（小 32 开）ISBN：7-5325-0945-1

定价：CNY1.55

（文化春秋丛书）

J0042695

新潮卡通漫画集　（五）李密玲，黄淑绮编

台北 巧集出版社 1991 年 再版 160 页

21cm（32 开）ISBN：957-662-248-4

定价：TWD90.00

（美术丛书 27）

J0042696

徐昌酩漫画选　徐昌酩绘

上海 上海翻译出版公司 1991 年 112 页

20cm（32 开）ISBN：7-80514-713-2

定价：CNY6.00

　　作者徐昌酩（1929—2018），美术师。浙江桐
乡人。上海市美术家协会秘书长、常务副主席。
出版有《徐昌酩装饰画》《徐昌酩动物装饰画集》
《徐昌酩漫画集》等。

J0042697

幽默画谜　礼苑编

深圳 海天出版社 1991 年 91 页 19cm（小 32 开）

ISBN：7-80542-187-0 定价：CNY2.30

J0042698

赵良漫画选集　（幽默 情趣 智慧）赵良绘

西安 陕西人民美术出版社 1991 年 216 页

有彩照 26cm（16 开）ISBN：7-5368-0303-6

定价：CNY7.80，CNY8.30（精装）

　　外文书名：Selected Cartoons of Zhao Liang.
作者赵良，陕西省石油公司办公室主任、漫
画家。

J0042699

赵文彬漫画选集　赵文彬绘

天津 天津人民美术出版社 1991 年 90 页

17×18cm ISBN：7-5305-0278-6

定价：CNY5.30

J0042700

智囊　（漫画本）王宣铭编绘

北京 中国友谊出版公司 1991 年 223 页

19cm（小 32 开）ISBN：7-5057-0380-3

定价：CNY4.10

（智谋丛书）

　　《智囊》一书是明代大文豪冯梦龙所辑，全
书搜集上起夏商下讫明代的政治家、军事家、外
交家经国理兵治民的故事。本书根据其书改绘
为漫画故事。

J0042701

中国当代幽默画家作品选　龙圣明，刘勇果编

南宁 广西美术出版社 1991 年 121 页 21×19cm

ISBN：7-80582-198-4 定价：CNY5.50

　　作者龙圣明（1944—　　），广西融水人。广西
科技书画院副院长、广西艺术学院副教授、中国
美术家协会会员。作品有《曙光》《牛》《瑶山丰
年》，出版有《中国当代幽默画家作品选》《桑吉
纳——红棕素描》等。

J0042702

中国皇帝大观　（五 魏文帝—吴末帝）徐淦
编文；王宇等绘图

香港 南粤出版社 1991 年 123 页 有图

22cm（30 开）ISBN：962-04-0928-0
定价：HKD27.00
（南粤漫画系列）

作者徐淦，主要改编的连环画作品有《镜花缘》《奇妙的公鸡》《熙凤弄权》《祝福》等。

J0042703
中国皇帝大观 （六 晋武帝—晋恭帝）徐淦编文；王化中等绘图
香港 南粤出版社 1991 年 127 页 有图
22cm（30 开）ISBN：962-04-0934-5
定价：HKD27.00
（南粤漫画系列）

J0042704
中国皇帝大观 （七 宋武帝—陈后主）徐淦编文；王化中等绘
香港 南粤出版社 1991 年 137 页 有图
22cm（30 开）ISBN：962-04-0961-2
定价：HKD38.00
（南粤漫画系列）

J0042705
中国皇帝大观 （四 汉明帝—汉献帝）徐淦编文；左川等绘图
台北 晓园出版社 1991 年 176 页 有图
22cm（30 开）ISBN：957-12-0364-5
定价：TWD115.00
（晓园漫画系列）

作者左川（1941— ），漫画家。原名左济利，四川江北县人，就读于天津红专工艺美术学院。天津科技出版社美术编辑。出版有《左川漫画选集》《中国历代皇帝大观》。

J0042706
中国皇帝大观 （十 唐玄宗—后周恭帝）王化中编；左川等绘
香港 南粤出版社 1993 年 129 页 有图 22cm（30 开）
ISBN：962-04-0961-2 定价：HKD38.00
（南粤漫画系列）

J0042707
中国皇帝大观 （十一 吴越武肃王—宋帝炳）魏红野编；王复羊等绘
香港 南粤出版社 1993 年 163 页 22cm（30 开）

ISBN：962-04-0961-2 定价：HKD52.00
（南粤漫画系列）

作者王复羊（1935—2008），满族，美术编辑。辽宁大连人。《北京晚报》编委兼美术摄影部主任。

J0042708
中学生漫画精选 《中学生》杂志社编
北京 中国少年儿童出版社 1991 年 129 页
19cm（小 32 开）ISBN：7-5007-1200-6
定价：CNY1.80
（中学生丛书）

J0042709
DD 和 BB 的幽默：漫画集 潘顺祺作
北京 中国妇女出版社 1992 年 58 页 1
9cm（小 32 开）ISBN：7-81006-608-2
定价：CNY2.30

作者潘顺祺（1946— ），上海人。毕业于上海交通大学。擅长漫画。曾任《为了孩子》杂志美术编辑，现代家庭杂志社副总编辑、主编。代表作品有《棋迷》。出版有《潘顺祺幽默画》《奇思妙想》《眇与 BB》等。

J0042710
阿 Q 正传插图 鲁迅原著；丁聪画；胥叔平刻
杭州 浙江文艺出版社 1992 年 70 页
19cm（小 32 开）精装 ISBN：7-5339-0579-2
定价：CNY3.50

中国现代连环画，封面题名：阿 Q 正传漫画。作者丁聪（1916—2009），著名漫画家、舞台美术家。生于上海。曾任《人民画报》副总编辑、中国美术家协会漫画艺术委员会主任。作品有《鲁迅小说插图》《丁聪插图》《四世同堂》《骆驼祥子》作品插图。

J0042711
白蛇传 （雷峰塔下的传奇）蔡志忠绘
北京 生活·读书·新知三联书店 1992 年 77 页
19cm（小 32 开）ISBN：7-108-00551-4
定价：CNY1.80
（蔡志忠古典幽默漫画 Ⅷ）

中国现代连环画。作者蔡志忠（1948— ），著名漫画家。台湾彰化人，1976 年成立远东卡通公司、龙卡通公司。创作的 100 多部作品被 30

多个国家翻译出版。代表作品有《庄子说》《老子说》《列子说》《大醉侠》《盗帅独眼龙》《光头神探》等。

J0042712

百战百胜 （明）冯梦龙原著；李杨改编；庄稼汉绘画

呼和浩特 内蒙古人民出版社 1992年 154页 19cm（小32开） ISBN：7-204-01759-5

定价：CNY3.65

（漫画图解《智谋大全》系列 1）

　　作者冯梦龙（1574—1646），通俗文学家、戏曲家。长洲（今江苏苏州）人。字犹龙，又字子犹，别号龙子犹、墨憨斋主人、顾曲散人、词奴等。诸生。一生从事小说、戏曲的创作和编印。编纂《喻世明言》《警世通言》《醒世恒言》《古今谈概》《太平广记钞》等。

J0042713

大开心幽默画廊：袁新廷漫画集 （第一卷）
袁新廷作

海口 海南摄影美术出版社 1992年 156页 20cm（32开） ISBN：7-80571-168-2

定价：CNY3.90

J0042714

戴逸如漫画梁实秋幽默金句 梁实秋文；戴逸如绘

上海 上海书店 1992年 188页 19cm（32开） ISBN：7-80569-811-2 定价：CNY5.00

　　本书辑梁实秋的文字182段，每段配有漫画。作者戴逸如（1948— ），编辑、作家、漫画家。上海人。历任机关刊物《上海新闻出版》编辑、《新民晚报》主任编辑、中国创造学会理事、上海市美协会员。著有《启锁斋笑林》《医圣张仲景》《创造博士》，主编《世界漫画大师精品珍赏》《东方十日谈》等。

J0042715

戴逸如漫画林语堂幽默金句 戴逸如绘

上海 上海书店 1992年 158页 19cm（小32开） ISBN：7-80569-567-X 定价：CNY3.20

J0042716

钓鱼手册 张民林编绘

香港 万里书店 1992年 198页 21cm（32开） ISBN：962-14-0714-1 定价：HKD45.00

（漫画实用常识丛书）

J0042717

丰子恺漫画小说选 丰子恺绘

杭州 浙江文艺出版社 1992年 405页 19cm（小32开） ISBN：7-5339-0457-5

定价：CNY5.00

　　本书为丰子恺将鲁迅的《阿Q正传》及其他八篇小说改编作的漫画集。作者丰子恺（1898—1975），画家、文学家、艺术教育家。原名丰润，又名仁、仍，字子觊，后改为子恺，笔名TK，浙江嘉兴人。作品有《缘缘堂随笔》、画集《子恺漫画》等。

J0042718

鬼狐仙怪 （板桥十三娘子·花姑子）蔡志忠绘

北京 生活·读书·新知三联书店 1992年 93页 19cm（小32开） ISBN：7-108-00556-5

定价：CNY2.15

（蔡志忠古典幽默漫画系列 XⅢ）

J0042719

鬼狐仙怪 （聂小倩·杜子春）蔡志忠绘

北京 生活·读书·新知三联书店 1992年 124页 19cm（小32开） ISBN：7-108-00553-0

定价：CNY2.85

（蔡志忠古典幽默漫画 X）

J0042720

鬼狐仙怪 （三生三世）蔡志忠绘

北京 生活·读书·新知三联书店 1992年 117页 19cm（小32开） ISBN：7-108-00555-7

定价：CNY2.70

（蔡志忠古典幽默漫画 XⅡ）

J0042721

鬼狐仙怪 （醉狐·乌鸦兄弟·龙女）蔡志忠绘

北京 生活·读书·新知三联书店 1992年 128页 19cm（小32开） ISBN：7-108-00554-9

定价：CNY2.95

（蔡志忠古典幽默漫画 XⅠ）

J0042722

鬼狐怪仙 （周醋除三害、绿和尚）蔡志忠绘
北京 生活·读书·新知三联书店 1993 年 96 页
19cm（小 32 开）ISBN：7-108-00655-3
定价：CNY2.45
（蔡志忠古典幽默漫画 Ⅳ）

J0042723

鬼狐仙怪 （变虎、怪马）蔡志忠绘
北京 生活·读书·新知三联书店 1993 年 142 页
19cm（小 32 开）ISBN：7-108-00656-1
定价：CNY3.60
（蔡志忠古典幽默漫画 ⅩⅤ）

J0042724

鬼狐仙怪 （蛇天师 雷公传 PT 外星人）蔡志
忠［编绘］
北京 生活·读书·新知三联书店 1997 年 168 页
19cm（小 32 开）ISBN：7-108-01042-9
定价：CNY7.80
（蔡志忠古典幽默漫画）

J0042725

鬼狐仙怪 （第三部 三生三世）蔡志忠绘
台北 时报文化出版企业公司 1992 年 117 页
21cm（32 开）ISBN：957-13-0387-9
定价：TWD110.00
（时报漫画丛书 123）

J0042726

鬼狐仙怪 （第四部 板桥十三娘子、花姑子）
蔡志忠绘
台北 时报文化出版企业公司 1992 年 121 页
21cm（32 开）ISBN：957-13-0388-7
定价：TWD110.00
（时报漫画丛书 124）

J0042727

郭长柏漫画 （新闻漫画）郭长柏绘
沈阳 辽宁美术出版社 1992 年 114 页 17×19cm
ISBN：7-5314-0955-0 定价：CNY7.50
　　作者郭长柏，本溪市群众艺术馆副馆长、副
研究员，中国美术家协会辽宁分会会员，本溪市
美术家协会秘书长。

J0042728

后西游记 （第一部）蔡志忠绘
台北 时报文化出版企业公司 1992 年 93 页
21cm（32 开）ISBN：957-13-0551-0
定价：TWD100.00
（时报漫画丛书 154）

J0042729

后西游记 （黑孩儿与牛魔王）蔡志忠绘
北京 生活·读书·新知三联书店 1993 年 202 页
19cm（小 32 开）ISBN：7-108-00652-9
定价：CNY5.10
（蔡志忠古典幽默漫画 ⅩⅨ）

J0042730

后西游记 （小圣大战不满山）蔡志忠绘
北京 生活·读书·新知三联书店 1993 年 194 页
19cm（小 32 开）ISBN：7-108-00654-5
定价：CNY4.90
（蔡志忠古典幽默漫画 ⅩⅦ）

J0042731

后西游记 （阴阳二气山）蔡志忠绘
北京 生活·读书·新知三联书店 1993 年 226 页
19cm（小 32 开）ISBN：7-108-00651-0
定价：CNY5.70
（蔡志忠古典幽默漫画 ⅩⅧ）

J0042732

后西游记 （再赴西天求真解）蔡志忠绘
北京 生活·读书·新知三联书店 1993 年 178 页
19cm（小 32 开）ISBN：7-108-00653-7
定价：CNY4.50
（蔡志忠古典幽默漫画 ⅩⅥ）

J0042733

画说中国太监 王庸声编剧；田恒玉绘画；中
国东方文化研究会画书分会组编
海口 海南摄影美术出版社 1992 年 4 册
19cm（小 32 开）ISBN：7-80571-307-3
定价：CNY8.00（全套）
（中国文化画书系列）

J0042734

绘图新百喻 陈四益文；丁聪图

长沙 湖南文艺出版社 1992年 268页 17×18cm
ISBN：7-5404-0870-7 定价：CNY6.50

　　作者陈四益（1939— ），编辑。笔名东耳、叶芝余。出生于四川成都，祖籍上海。任新华社高级编辑。著有《当代杂文选粹·东耳之卷》《现代杂文鉴赏》（合作）《绘图新百喻》等。作者丁聪（1916—2009），著名漫画家、舞台美术家。生于上海。曾任《人民画报》副总编辑、中国美术家协会漫画艺术委员会主任。作品有《鲁迅小说插图》《丁聪插图》《四世同堂》《骆驼祥子》作品插图。

J0042735
金融之道 （系列漫画）戴巴棣，王文煜编著；戴逸如绘画
上海 上海科学技术文献出版社 1992年 66页 26cm（16开）ISBN：7-80513-979-2
定价：CNY3.80

　　中国现代漫画连环画，上海电视台二台电视辅导教材。作者戴逸如（1948— ），编辑、作家、漫画家。上海人。历任机关刊物《上海新闻出版》编辑、《新民晚报》主任编辑、中国创造学会理事、上海市美术家协会会员。著有《启锁斋笑林》《医圣张仲景》《创造博士》，主编《世界漫画大师精品珍赏》《东方十日谈》等。

J0042736
军校漫画选 孙茂琚，张滨编
北京 解放军文艺出版社 1992年 155页 有照片 17×18cm ISBN：7-5033-0576-2
定价：CNY6.40

J0042737
老Q炒股票 张耀宁绘画；张楠撰文
北京 中国社会出版社 1992年 120页 19cm（小32开）ISBN：7-80088-328-0
定价：CNY3.80
（OK漫画丛书）

　　本书以漫画的形式介绍了股票及其交易的基本知识。作者张耀宁（1951— ），编辑。北京人，毕业于北京教育学院。历任中国日报美术部主任、主任编辑，中国新闻漫画研究会常务理事，现代漫画学会副会长。作品有《新的死海》等，出版有《焦点与平面》等。

J0042738
老九集邮幽默画 老九作
杭州 浙江美术学院出版社 1992年 18×16cm
ISBN：7-81019-156-X 定价：CNY4.90

　　本书是第一部中国漫画家的集邮幽默画集，精选了80余幅作品。外文书名：Humor Stamps by Lao Jiu. 作者老九（1965— ），著名漫画家、学者。原名王九成，北京人，毕业于首都师范大学。历任中国戏曲学院教师、中国喜剧美学研究会副会长、华夏书画院副院长等。代表作品有《国宝档案》《老九集邮幽默画》。

J0042739
雷瑞之漫画选 雷瑞之绘
成都 西南交通大学出版社 1992年 127页 有肖像 20cm（32开）ISBN：7-81022-359-3
定价：CNY3.65

　　作者雷瑞之（1944—2013），漫画家。江西南昌人。历任中国美术家协会漫画艺术委员会委员，四川省美术家协会连环画漫画艺术委员会主任、漫画研究会会长。代表作品有《绿化检查》。

J0042740
六韬 王宣铭绘著
香港 勤+缘出版社 1992年 213页 19cm（小32开）
ISBN：962-447-114-2 定价：HKD30.00
（漫画系列 1）

J0042741
漫画 （持家理财）王晓雄，隋明梅原著；刘孝沅编绘
北京 中国青年出版社 1992年 130页 19cm（小32开）ISBN：7-5006-1084-X
定价：CNY3.15
（知识漫画系列丛书）

　　本书是据《家庭经济通》改编的漫画集。

J0042742
漫画 （女性的魅力）羊子撰文；张安绘
北京 中国青年出版社 1992年 120页 有照片 19cm（小32开）ISBN：7-5006-1212-5
定价：CNY3.00
（知识漫画系列丛书）

　　本书内容包括女人魅力谈、举手投足之间和妆扮出你的春天3辑。作者张安（1955— ），中

国青年出版社《追求》杂志的美术编辑。

J0042743

漫画 （使您长寿）李刘坤原著；程懋声编绘
北京　中国青年出版社　1992 年　120 页
19cm（小 32 开）ISBN：7-5006-1211-7
定价：CNY3.00
（知识漫画系列丛书）

　　本书以漫画形式介绍了影响人类健康与寿命的各种因素及一些简便易行的自测方法及日常生活中精神方面的保健知识，衣食住行方面的养生知识；行之有效的运动功法、按摩功法、调养方法及身体各部位的保健方法等内容。

J0042744

漫画·世界民族礼仪　　赵锦元著；缪惟，吕蕾绘
北京　中国青年出版社　1992 年　129 页
19cm（小 32 开）ISBN：7-5006-1238-9
定价：CNY3.30
（知识漫画系列丛书）

　　本书以漫画连环画的形式介绍了世界各国、各民族的礼仪常识，如握手礼等。作者缪惟（1965—　　），图书出版策划人、插图画家、平面设计师、漫画家。出生于北京。毕业于中央工艺美术学院。任职于中国少年儿童新闻出版总社，中国美术家协会会员、中国展示设计家协会会员。作品有《叶圣陶童话》《叶圣陶儿歌》。作者赵锦元（1937—　　），研究员。北京人。中国社会科学院民族研究所世界民族研究室副主任、中国世界民族学学会副会长兼秘书长、中国都市人类学学会理事。

J0042745

漫画·哲学谈　　刘曼华编绘
北京　中国青年出版社　1992 年　重印本　120 页
19cm（32 开）ISBN：7-5006-1059-9
定价：CNY3.00
（知识漫画系列丛书）

　　本书通过一幅幅风趣的画面寓哲学于幽默之中，用漫画的形式向读者阐述了许多哲学观点。作者刘曼华（1963—　　），画家。生于北京，毕业于北京教育学院美术系。出版有《小哥们》《淘淘皮》《脚印》。

J0042746

漫画名人逸事　　台双垣作画；公输鲁，筱寒撰文
上海　上海人民出版社　1992 年　101 页
19cm（小 32 开）ISBN：7-208-01335-7
定价：CNY2.30

J0042747

漫画世界历史大事典　（五百件世界历史大事件始末）蔡志忠监修
成都　四川科学技术出版社　1992 年　273 页
19cm（小 32 开）ISBN：7-5364-2285-7
定价：CNY6.80

　　本书收录了自人类诞生以来，几千年历史大事件始末。书中附有许多地图和照片，用漫画方式呈现与历史大事相关的人物和插图。本书由四川科学技术出版社和四川美术出版社联合出版。作者蔡志忠（1948—　　），著名漫画家。台湾彰化人，1976 年成立远东卡通公司、龙卡通公司。创作的 100 多部作品被 30 多个国家翻译出版。代表作品有《庄子说》《老子说》《列子说》《大醉侠》《盗帅独眼龙》《光头神探》等。

J0042748

漫画世界历史人物事典　（下　三百五十位世界历史人物事迹）蔡志忠监修
成都　四川科学技术出版社　1992 年　271 页
19cm（小 32 开）ISBN：7-5364-2285-7
定价：CNY6.80

　　本书根据世界历史课程的内容，按照时代顺序，将三百五十位世界历史上各时代有名的重要历史人物分为五章介绍。由四川科学技术出版社和四川美术出版社联合出版。

J0042749

漫画世界五千年　　曹俊强，杨勇翔主编
赤峰　内蒙古科学技术出版社　1992 年　7 册
19cm（小 32 开）ISBN：7-5380-0162-X
定价：CNY17.50

J0042750

漫画图解厚黑学　　李宗吾原著；晨亮改编；庄稼汉，大妞儿绘画
呼和浩特　内蒙古人民出版社　1992 年　154 页
19cm（小 32 开）ISBN：7-204-01737-4
定价：CNY3.65

中国现代漫画连环画。

J0042751

漫画周易故事　李殿忠，谭晓春编绘
北京　中国工人出版社　1992年　95页　有图
19cm（小32开）ISBN：7-5008-1014-8
定价：CNY2.40
　　本书以漫画连环画的形式通俗地介绍《周易》一书的产生、发展及对今日世界政治、经济、军事、文化各方面的影响及价值。

J0042752

煤矿安全生产漫画选　淮北矿区工会编
北京　煤炭工业出版社　1992年　56页
14×16cm　ISBN：7-5020-0716-4
定价：CNY2.90

J0042753

美国大丑闻　刘曼华编绘
北京　中国社会出版社　1992年　119页
19cm（小32开）ISBN：7-80088-343-4
定价：CNY3.80
（OK漫画丛书）
　　本书以漫画的形式，揭露了美国社会的种种罪恶现实。作者刘曼华（1963— ），画家。生于北京，毕业于北京教育学院美术系。出版有《小哥们》《淘淘皮》《脚印》。

J0042754

梦游假话国　黄宝贵，施一绘画；甲乙撰文
北京　中国社会出版社　1992年　119页　有肖像
19cm（小32开）ISBN：7-80088-342-6
定价：CNY3.80
（OK漫画丛书）
　　本书以幽默的漫画形式描写乐观的阿龙误入假话国，上当、受骗、涉险、遇难的经历。

J0042755

母与子　（儿童漫画集）朱淑清绘
南京　南京出版社　1992年　90页　有图　17×19cm
ISBN：7-80560-686-2　定价：CNY3.40
　　中国现代漫画连环画。作者朱淑清（1942— ），女，江苏无锡人。新华日报社扬子晚报美术编辑、江苏美术家协会会员。出版连环漫画集《母与子》。

J0042756

奇谋妙计　王宣铭编著
北京　中国友谊出版公司　1992年　198页
19cm（小32开）ISBN：7-5057-0020-0
定价：CNY3.60
（智谋丛书　漫画本）
　　本书以漫画连环画的形式，介绍了自春秋初期（公元前700年）至五代末期（945年）前后，共计99个著名的战役。

J0042757

三国志　（忠肝义胆群英会）蔡志忠编
北京　生活·读书·新知三联书店　1992年　144页
19cm（小32开）
ISBN：7-108-00525-5　定价：CNY3.40
（蔡志忠古籍幽默漫画系列　4）
　　中国现代连环画。

J0042758

三十六计　王宣铭绘著
香港　勤+缘出版社　1992年　203页　有图
17cm（40开）ISBN：962-447-202-5
定价：HKD30.00
（漫画系列　3）

J0042759

商场情场交际术　（漫画的趣味）丛培英编
海口　海南摄影美术出版社　1992年　212页
19cm（小32开）ISBN：7-80571-204-2
定价：CNY3.95

J0042760

少林寺　（天下武学的殿堂）蔡志忠绘
北京　生活·读书·新知三联书店　1992年　136页
19cm（小32开）
ISBN：7-108-00552-2　定价：CNY3.15
（蔡志忠古典幽默漫画系列　9）
　　中国现代连环画。作者蔡志忠（1948— ），著名漫画家。台湾彰化人，1976年成立远东卡通公司、龙卡通公司。创作的100多部作品被30多个国家翻译出版。代表作品有《庄子说》《老子说》《列子说》《大醉侠》《盗帅独眼龙》《光头神探》等。

J0042761
史记 （英雄的史诗）蔡志忠绘
台北 时报文化出版公司 1992 年 227 页 有图
20cm（32 开）精装 ISBN：957-13-0500-6
定价：TWD320.00
（时报漫画丛书 FC08）

J0042762
使人发笑的中国漫画 （画册）毛铭三编著
北京 中国旅游出版社 1992 年 119 页
19cm（小 32 开）ISBN：7-5032-0431-1
定价：CNY2.10
（旅途快乐丛书）
　　本书精选了几百幅我国漫画家的优秀新作。

J0042763
水浒传 （英雄好汉的本色）蔡志忠编
北京 生活·读书·新知三联书店 1992 年 135 页
19cm（小 32 开）
ISBN：7-108-00526-3 定价：CNY3.25
（蔡志忠古籍幽默漫画系列 5）

J0042764
说客 （言辩的智慧）东方弘文编文；邹昌义，
吴松绘图
成都 四川科学技术出版社 1992 年 171 页
19cm（小 32 开）ISBN：7-5364-2394-2
定价：CNY3.50
（中国古代智慧漫画丛书）
　　作者邹昌义，四川美术学院任教。作者吴松
（1962— ），教授。重庆人，毕业于四川美术学
院。历任四川美术学院教授，四川美术学院成人
教育学院、艺术职业学院副院长。代表作品有《中
华历程》《山海经》《城市》等。

J0042765
丝路亘古 丁顺茹选译；李昆武绘画
深圳 海天出版社 1992 年 127 页 有图
19cm（小 32 开）ISBN：7-80542-637-6
定价：CNY3.50
（三千年文萃丛书）

J0042766
孙子兵法、韩非子 （战争的艺术与国家的秩
序）蔡志忠绘

台北 时报文化出版企业公司 1992 年 243 页
20cm（32 开）精装 ISBN：957-13-0496-4
定价：TWD350.00
（时报漫画丛书 FC04）

J0042767
唐诗·宋词 （无弦的音乐与回旋的曲子）蔡志
忠绘
台北 时报文化出版企业公司 1992 年 330 页
20cm（32 开）精装 ISBN：957-13-0499-9
定价：TWD480.00
（时报漫画丛书 FC07）

J0042768
王宇漫画选 王宇绘
北京 长征出版社 1992 年 62 页 21×18cm
ISBN：7-80015-207-3 定价：CNY6.80
（解放军报社老新闻工作者作品选）

J0042769
为什么不？＋生活马盖先 阿江写；钟伟明绘
台北 皇冠文学出版公司 1992 年 116 页 14×15cm
ISBN：957-33-0865-7 定价：TWD80.00
（皇冠丛书 2117）

J0042770
尉缭子 陈济康，徐勇编文；王洪流等绘
北京 华艺出版社 1992 年 151 页
19cm（小 32 开）ISBN：7-80039-523-5
定价：CNY3.75
（中国古代用兵韬略漫画丛书）
　　中国现代漫画连环画作品。

J0042771
乌龙院 （1）敖幼祥作
北京 朝花美术出版社 1992 年 63 页
19cm（32 开）ISBN：7-5056-0183-0
定价：CNY2.30
　　中国现代漫画连环画作品。作者敖幼祥
（1956— ），漫画家。上海人，生于台北。主要
作品有《乌龙院》系列、《龟兔赛跑现场推论》《快
乐营》等。

J0042772
乌龙院 （2）敖幼祥作

北京 朝花美术出版社 1992 年 63 页
19cm（32 开）ISBN：7-5056-0184-9
定价：CNY2.30
　　中国现代漫画连环画作品。

J0042773
乌龙院 （3）敖幼祥作
北京 朝花美术出版社 1992 年 63 页
19cm（32 开）ISBN：7-5056-0185-7
定价：CNY2.30
　　中国现代漫画连环画作品。

J0042774
乌龙院 （4）敖幼祥编
北京 朝花美术出版社 1992 年 63 页
19cm（32 开）ISBN：7-5056-0186-5
定价：CNY2.30
　　中国现代漫画连环画作品。

J0042775
乌龙院 （5）敖幼祥编
北京 朝花美术出版社 1992 年 63 页
19cm（32 开）ISBN：7-5056-0187-3
定价：CNY2.30
　　中国现代漫画连环画作品。

J0042776
乌龙院 （6）敖幼祥编
北京 朝花美术出版社 1992 年 63 页
19cm（32 开）ISBN：7-5056-0188-1
定价：CNY2.30
　　中国现代漫画连环画作品。

J0042777
乌龙院 （7）敖幼祥编
北京 朝花美术出版社 1992 年 63 页
19cm（32 开）ISBN：7-5056-0189-X
定价：CNY2.30
　　中国现代漫画连环画作品。

J0042778
乌龙院 （8）敖幼祥编
北京 朝花美术出版社 1992 年 63 页
19cm（32 开）ISBN：7-5056-0190-3
定价：CNY2.30

中国现代漫画连环画作品。

J0042779
乌龙院 （9）敖幼祥编
北京 朝花美术出版社 1992 年 63 页
19cm（32 开）ISBN：7-5056-0191-1
定价：CNY2.30
　　中国现代漫画连环画作品。

J0042780
乌龙院 （10）敖幼祥编
北京 朝花美术出版社 1992 年 63 页
19cm（32 开）ISBN：7-5056-0192-X
定价：CNY2.30
　　中国现代漫画连环画作品。

J0042781
乌龙院 （11）敖幼祥作
北京 朝花美术出版社 1993 年 63 页
19cm（32 开）ISBN：7-5056-0193-8
定价：CNY2.30
　　中国现代漫画连环画作品。

J0042782
乌龙院 （12）敖幼祥作
北京 朝花美术出版社 1993 年 63 页
19cm（32 开）ISBN：7-5056-0194-6
定价：CNY2.30
　　中国现代漫画连环画作品。

J0042783
乌龙院 （13）敖幼祥作
北京 朝花美术出版社 1993 年 63 页
19cm（32 开）ISBN：7-5056-0195-4
定价：CNY2.30
　　中国现代漫画连环画作品。

J0042784
乌龙院 （14）敖幼祥作
北京 朝花美术出版社 1993 年 63 页
19cm（32 开）ISBN：7-5056-0196-2
定价：CNY2.30
　　中国现代漫画连环画作品。

J0042785
乌龙院 （15）敖幼祥作
北京 朝花美术出版社 1993 年 63 页
19cm（32 开）ISBN：7-5056-0197-0
定价：CNY2.30
　　中国现代漫画连环画作品。

J0042786
乌龙院 （16）敖幼祥作
北京 朝花美术出版社 1993 年 63 页 19cm（32 开）
ISBN：7-5056-0198-9 定价：CNY2.30
　　中国现代漫画连环画作品。

J0042787
乌龙院 （17）敖幼祥作
北京 朝花美术出版社 1993 年 63 页 19cm（32 开）
ISBN：7-5056-0199-7 定价：CNY2.30
　　中国现代漫画连环画作品。

J0042788
乌龙院 （18）敖幼祥作
北京 朝花美术出版社 1993 年 63 页 19cm（32 开）
ISBN：7-5056-0200-4 定价：CNY2.30
　　中国现代漫画连环画作品。

J0042789
乌龙院 （19）敖幼祥作
北京 朝花美术出版社 1993 年 63 页 19cm（32 开）
ISBN：7-5056-0201-2 定价：CNY2.30
　　中国现代漫画连环画作品。

J0042790
乌龙院 （20）敖幼祥作
北京 朝花美术出版社 1993 年 63 页 19cm（32 开）
ISBN：7-5056-0202-0 定价：CNY2.30
　　中国现代漫画连环画作品。

J0042791
西游记 （大闹天宫）蔡志忠编
北京 生活·读书·新知三联书店 1992 年 170 页
19cm（小 32 开）
ISBN：7-108-00468-2 定价：CNY4.00
（蔡志忠古籍幽默漫画系列 1）
　　中国现代漫画连环画。作者蔡志忠(1948—)，
著名漫画家。台湾彰化人，1976 年成立远东卡

通公司、龙卡通公司。创作的 100 多部作品被 30
多个国家翻译出版。代表作品有《庄子说》《老
子说》《列子说》《大醉侠》《盗帅独眼龙》《光头
神探》等。

J0042792
西游记 （大战牛魔王）蔡志忠绘
北京 生活·读书·新知三联书店 1992 年 244 页
19cm（小 32 开）
ISBN：7-108-00524-7 定价：CNY5.70
（蔡志忠古籍幽默漫画系列 2）
　　中国现代漫画连环画。

J0042793
西游记 （西天取经）蔡志忠编
北京 生活·读书·新知三联书店 1992 年 204 页
19cm（小 32 开）
ISBN：7-108-00523-9 定价：CNY4.80
（蔡志忠古籍幽默漫画系列 3）
　　中国现代漫画连环画。

J0042794
先生小姐别露怯 张耀宁撰文绘画
北京 中国社会出版社 1992 年 119 页
19cm（小 32 开）ISBN：7-80088-354-X
定价：CNY3.80
（OK 漫画丛书）
　　本书以漫画的形式介绍了社交场合的礼仪、
礼节。作者张耀宁(1951—)，编辑。北京人，
毕业于北京教育学院。历任中国日报美术部主
任、主任编辑，中国新闻漫画研究会常务理事，
现代漫画学会副会长。作品有《新的死海》等，
出版有《焦点与平面》等。

J0042795
香港人与庄子漫画 小方包著
香港 晓峰画艺制作社 1992 年 142 页
17cm（40 开）定价：HKD23.00

J0042796
眼镜圈生活出出戏 （漫画集）张宝生编绘；
朱志贵配诗
沈阳 辽宁美术出版社 1992 年 124 页 17×18cm
ISBN：7-5314-0991-7 定价：CNY5.50
　　中国现代连环画。作者张宝生(1951—)，

锦州日报社记者、美术编辑，中国美术家协会辽宁分会会员。作者朱志贵（1942— ），锦州日报主任编辑。

J0042797

一钵山水绿 宏意著
高雄 佛光出版社 1992年 241页 19cm（小32开）
ISBN：957-543-123-5 定价：TWD120.00
（佛光艺文丛书 8028）

J0042798

智谋学 （漫画中国智谋全书）张凯玲编文；艾晓临绘图
北京 中国旅游出版社 1992年 173页
19cm（小32开）ISBN：7-5032-0522-9
定价：CNY3.40
中国现代漫画连环画。

J0042799

智囊 王宣铭绘著
香港 勤+缘出版社 1992年 223页 有图
17cm（40开）ISBN：962-447-140-1
定价：HKD30.00
（漫画系列 2）
《智囊》一书是明代大文豪冯梦龙所辑，全书搜集上起夏商下讫明代的政治家、军事家、外交家经国理兵治民的故事。本书根据其书改绘为漫画故事。

J0042800

庄子 （逍遥的宗师）蔡志忠绘
台北 时报文化出版企业公司 1992年 265页
20cm（32开）精装 ISBN：957-13-0495-6
定价：TWD350.00
（时报漫画丛书 FC03）

J0042801

《开心》幽默系列 （1）
南京 江苏人民出版社 1993年 32页 26cm
（16开）ISBN：7-214-01063-1 定价：CNY2.50

J0042802

K博士漫话人生 金明编著；树文绘
香港 国际释迦文化中心 1993年 2册
17cm（40开）定价：HKD56.00

作者金明（1956— ），辽宁沈阳人。从事连环画、油画创作及装帧设计。

J0042803

阿西的猫 阿西绘；古里平，方木翻译
南宁 接力出版社 1993年 96页 26×24cm
ISBN：7-80581-577-1
定价：CNY69.00，CNY85.00（精装）
中国现代儿童漫画画册。外文书名：A Xi's Cat. 作者阿西（1973— ），毛南族，儿童画家。原名谭文西，又名谭阿西，广西桂林人。5岁时的画作《桂林山水》获芬兰第四届国际儿童画金奖。作品《小猫咪》被印上邮票，并有数千幅作品发表在各种刊物上。后创办"采吉画室"，主要以教学为生。

J0042804

爱滋病的呻吟 吴迪选编
海口 海南摄影美术出版社 1993年 131页
19cm（小32开）ISBN：7-80571-364-2
定价：CNY3.00
中国现代漫画。

J0042805

安全漫画集 王维光，张新华主编
哈尔滨 黑龙江人民出版社 1993年 123页
17×19cm ISBN：7-207-02779-6
定价：CNY7.80
本书共精选120余幅漫画作品。作者王维光，齐齐哈尔市安全办主任。主编张新华，黑龙江省齐齐哈尔市富裕县文联副主席、黑龙江省漫画会副会长、中国美术家协会会员、副高级美术师。

J0042806

巴黎服饰绘 （巴黎浮世绘）阿嫚著
台北 皇冠文学出版公司 1993年 155页 有图
18cm（小32开）ISBN：957-33-0926-2
定价：TWD120.00
（皇冠丛书 2197）
作者阿嫚，本名杨承嫚。

J0042807

醋溜族 （2）朱德庸著
台北 时报文化出版企业公司 1993年 115页
有图 21cm（32开）ISBN：957-13-0596-0

定价：TWD99.00

（时报漫画丛书 162）

　　作者朱德庸（1960—　　），台湾著名漫画家。江苏太苍人，毕业于世新大学电影编导科。代表作品有《双响炮》《涩女郎》《醋溜族》《绝对小孩》等。

J0042808

醋溜族 （2）朱德庸制作演出

台北 时报文化出版公司 1994 年 7 版 115 页

21cm（32 开）ISBN：957-13-0596-0

定价：TWD110.00

（时报漫画丛书 162）

J0042809

醋溜族　朱德庸著

台北 时报文化出版公司 1994 年 12 版 115 页

21cm（32 开）ISBN：957-13-0298-8

定价：TWD110.00

（时报漫画丛书 101）

J0042810

醋溜族 （1）朱德庸绘

北京 现代出版社 1999 年 115 页 21×18cm

ISBN：7-80028-499-9 定价：CNY12.00

（现代风情·朱德庸都市生活漫画系列）

J0042811

醋溜族 （2）朱德庸绘

北京 现代出版社 1999 年 115 页 21×18cm

ISBN：7-80028-500-6 定价：CNY12.00

（现代风情·朱德庸都市生活漫画系列）

J0042812

醋溜族 （3）朱德庸绘

北京 现代出版社 1999 年 115 页 21×18cm

ISBN：7-80028-501-4 定价：CNY12.00

（现代风情·朱德庸都市生活漫画系列）

J0042813

大头仔　张世荣编绘

广州 新世纪出版社 1993 年 174 页

19cm（小 32 开）ISBN：7-5405-0831-0

定价：CNY3.30

（中国幽默漫画系列）

J0042814

地震漫画作品选　福建省地震局等编

北京 地震出版社 1993 年 72 页 17×19cm

ISBN：7-5028-1048-X 定价：CNY9.80

J0042815

二马当家　CoCo 绘

台北 时报文化出版企业公司 1993 年 140 页

19cm（小 32 开）ISBN：957-13-0652-5

定价：TWD120.00

（时报漫画丛书 157）

J0042816

饭牛闲话　田原著

长沙 湖南文艺出版社 1993 年 190 页 有图

20cm（32 开）ISBN：7-5404-1099-X

定价：CNY5.05

　　本书用漫画笔法写出画出几十篇文章和插画，包括《事不宜迟》《抄袭与创作》《帮倒忙》《乘车小景》等。作者田原（1925—　　），漫画家，一级美术师。祖籍江苏溧水，生于上海。原名潘有炜，笔名饭牛。中国美术家协会、中国书法家协会、中国版画家协会、中国记者协会、中国漫画家协会会员，中国工艺美术协会理事，东南大学、深圳大学教授。书画作品有《陋室铭》，出版有《中国民间玩具》《田原硬笔书法》等，设计动画片有《熊猫百货商店》等。

J0042817

古人说 （成语故事）郑振耀编绘

北京 科学普及出版社 1993 年 100 页

19cm（小 32 开）ISBN：7-110-02836-4

定价：CNY3.40

（二郑漫画丛书）

　　本书以漫画的形式，讲述了 45 则成语故事。

J0042818

鬼谷探宝　刘兴钦绘著

长沙 湖南少年儿童出版社 1993 年 256 页

20cm（32 开）ISBN：7-5358-0899-9

定价：CNY6.40

（刘兴钦漫画系列）

J0042819

哈哈伯 （1）孙泽良编绘

广州 新世纪出版社 1993 年 125 页
19cm（小 32 开）ISBN：7-5405-0832-9
定价：CNY6.00
（中国幽默漫画系列）

作者孙泽良（1950—　　），天津人。天津新蕾
出版社编辑。创作漫画、连环画及中国画。作品
有《姜子牙》《济公外传》《弃匾图》《市井图》等。

J0042820
海底历险记　刘兴钦绘著
长沙 湖南少年儿童出版社 1993 年 113 页
20cm（32 开）ISBN：7-5358-0896-4
定价：CNY3.25
（刘兴钦漫画系列）

J0042821
红墙巨人　子上人编绘
香港 天地图书公司 1993 年 255 页
21cm（32 开）ISBN：962-257-611-7
定价：HKD40.00

J0042822
虹的传说　（雷龙之章）刘明昆绘
台北 青文出版社 1993 年 153 页 19cm（小 32 开）
ISBN：957-539-014-8 定价：TWD60.00
（开心漫画精彩长篇系列 3）

J0042823
虹的传说　（冒险之旅）刘明昆绘
台北 青文出版社 1993 年 19cm（小 32 开）
ISBN：957-539-085-7 定价：TWD70.00
（开心漫画精彩长篇 2）

J0042824
厚黑学漫画本　李宗吾原著；王大有主编；张
鲁平绘
北京 华夏出版社 1993 年 155 页 19cm（小 32 开）
ISBN：7-5080-0200-8 定价：CNY4.90

J0042825
葫芦头　朱森林编绘
广州 新世纪出版社 1993 年 257 页
19cm（小 32 开）ISBN：7-5405-0833-7
定价：CNY4.90
（中国幽默漫画系列）

J0042826
黄石公三略　王宜铭绘著
香港 勤＋缘出版社 1993 年 193 页 有图
17cm（40 开）ISBN：962-447-251-3
定价：HKD30.00
（漫画系列 4）

J0042827
济公歪传　朱森林等编绘
广州 新世纪出版社 1993 年 254 页
19cm（小 32 开）ISBN：7-5405-0830-2
定价：CNY4.80
（中国幽默漫画系列）

J0042828
今趣集　（中英对照）丁聪编绘
北京 新世界出版社 1993 年 219 页 21×18cm
ISBN：7-80005-112-9 定价：CNY19.00

中国现代漫画。外文书名：Wit and Humour
in Modern China. 作者丁聪（1916—2009），著名
漫画家、舞台美术家。生于上海。曾任《人民画
报》副总编辑、中国美术家协会漫画艺术委员会
主任。作品有《鲁迅小说插图》《丁聪插图》《四
世同堂》《骆驼祥子》作品插图。

J0042829
九十岁更好　（外国故事漫画100 则）李建新
编绘
广州 岭南美术出版社 1993 年 94 页
19cm（小 32 开）ISBN：7-5362-0612-7
定价：CNY2.50

J0042830
军营幽默漫画　金马编绘
济南 黄河出版社 1993 年 121 页 26cm（16 开）
ISBN：7-80558-393-5 定价：CNY6.80

J0042831
科学怪人　刘兴钦绘著
长沙 湖南少年儿童出版社 1993 年 258 页
20cm（32 开）ISBN：7-5358-0895-6
定价：CNY6.40
（刘兴钦漫画系列）

J0042832
捞家仔　徐德志，聂金妹编绘
广州　新世纪出版社　1993 年　189 页
19cm（小 32 开）ISBN：7-5405-0834-5
定价：CNY3.65
（中国幽默漫画系列）

J0042833
老夫子出洋相　欧文编
海口　海南摄影美术出版社　1993 年　90 页
19cm（小 32 开）ISBN：7-80571-291-3
定价：CNY1.90
（老夫子精华本）

J0042834
老夫子吹牛皮　欧文编
海口　海南摄影美术出版社　1993 年　90 页
19cm（小 32 开）ISBN：7-80571-291-3
定价：CNY1.90
（老夫子精华本）

J0042835
老夫子逗人乐　欧文编
海口　海南摄影美术出版社　1993 年　88 页
19cm（小 32 开）ISBN：7-80571-291-3
定价：CNY1.90
（老夫子精华本）

J0042836
老夫子豪华版　（1）宏伟选编
海口　海南摄影美术出版社　1993 年
19cm（小 32 开）ISBN：7-80571-502-5
定价：CNY17.50（5 册）
（老夫子豪华版　第一辑）

J0042837
老夫子豪华版　（2）宏伟选编
海口　海南摄影美术出版社　1993 年
19cm（小 32 开）ISBN：7-80571-502-5
定价：CNY17.50（5 册）
（老夫子豪华版　第一辑）

J0042838
老夫子豪华版　（3）宏伟选编
海口　海南摄影美术出版社　1993 年
19cm（小 32 开）ISBN：7-80571-502-5
定价：CNY17.50（5 册）
（老夫子豪华版　第一辑）

J0042839
老夫子豪华版　（4）宏伟选编
海口　海南摄影美术出版社　1993 年
19cm（小 32 开）ISBN：7-80571-502-5
定价：CNY17.50（5 册）
（老夫子豪华版　第一辑）

J0042840
老夫子豪华版　（5）宏伟选编
海口　海南摄影美术出版社　1993 年
19cm（小 32 开）ISBN：7-80571-502-5
定价：CNY17.50（5 册）
（老夫子豪华版　第一辑）

J0042841
老夫子豪华版　（6）宏伟选编
海口　海南摄影美术出版社　1993 年
19cm（小 32 开）ISBN：7-80571-501-7
定价：CNY17.50（5 册）
（老夫子豪华版　第二辑）

J0042842
老夫子豪华版　（7）宏伟选编
海口　海南摄影美术出版社　1993 年
19cm（小 32 开）ISBN：7-80571-501-7
定价：CNY17.50（5 册）
（老夫子豪华版　第二辑）

J0042843
老夫子豪华版　（8）宏伟选编
海口　海南摄影美术出版社　1993 年
19cm（小 32 开）ISBN：7-80571-501-7
定价：CNY17.50（5 册）
（老夫子豪华版　第二辑）

J0042844
老夫子豪华版　（9）宏伟选编
海口　海南摄影美术出版社　1993 年
19cm（小 32 开）ISBN：7-80571-501-7
定价：CNY17.50（5 册）
（老夫子豪华版　第二辑）

J0042845
老夫子豪华版 （10）宏伟选编
海口 海南摄影美术出版社 1993 年
19cm（小 32 开）ISBN：7-80571-501-7
定价：CNY17.50（5 册）
（老夫子豪华版 第二辑）

J0042846
老夫子精华本 欧文编
海口 海南摄影美术出版社 1993 年 10 册
19cm（小 32 开）ISBN：7-80571-291-3
定价：CNY19.00（全套）

J0042847
老夫子漫画精选 （1）黄虹选编
海口 海南摄影美术出版社 1993 年 78 页
26cm（16 开）精装 ISBN：7-80571-551-3
定价：CNY6.00

J0042848
老夫子漫画精选 （2）宏伟选编
海口 海南摄影美术出版社 1993 年 78 页
26cm（16 开）精装 ISBN：7-80571-492-4
定价：CNY6.00

J0042849
老夫子漫画精选 （3）宏伟选编
海口 海南摄影美术出版社 1993 年 78 页
26cm（16 开）ISBN：7-80571-564-5
定价：CNY3.20

J0042850
老夫子漫画精选 （4）宏伟选编
海口 海南摄影美术出版社 1993 年 78 页
26cm（16 开）ISBN：7-80571-564-5
定价：CNY3.20

J0042851
老夫子谈恋爱 欧文编
海口 海南摄影美术出版社 1993 年 90 页
19cm（小 32 开）ISBN：7-80571-291-3
定价：CNY1.90
（老夫子精华本）

J0042852
老公老婆 （1）
海口 海南摄影美术出版社 1993 年 93 页
19cm（小 32 开）ISBN：7-80571-445-2
定价：CNY2.30

J0042853
林禽漫画集 林禽绘
济南 山东文艺出版社 1993 年 60页 26cm（16 开）
ISBN：7-5329-1109-8 定价：CNY4.80
（中国当代漫画百家丛书）
　　作者林禽（1925— ），画家。原名林毓锐。广西贵港人，祖籍广东番禺。历任上海科普出版社美术编辑组长、上海科技出版社编审、中国美术家协会会员、上海美术家协会会员。漫画作品有《冒着敌人的炮火前进！》《寄给妈妈》《城乡差别》《遗传工程》，连环画和漫画作品《祖冲之》《杜鹃花》《科学漫画集》等。

J0042854
漫画名贤集 袁倩绘
北京 华文出版社 1993 年 120页 19cm（小 32 开）
ISBN：7-5075-0314-3 定价：CNY4.20

J0042855
漫画千字文 程可槑绘
北京 华文出版社 1993 年 120页 19cm（小 32 开）
ISBN：7-5075-0317-8 定价：CNY4.20

J0042856
漫画与戏语 何立伟绘
桂林 漓江出版社 1993 年 94 页 19cm（小 32 开）
ISBN：7-5407-1258-9 定价：CNY3.60
　　作者何立伟（1954— ），作家。生于湖南长沙，毕业于湖南师范学院中文系。长沙市文联副主席、中国作家协会会员。代表作品《花非花》《跟爱情开开玩笑》《天堂之歌》《何立伟漫画与戏语》《失眠的星光》等。

J0042857
漫画增广贤文 白云浩，梁占岩绘
北京 华文出版社 1993 年 120+32 页
19cm（小 32 开）ISBN：7-5075-0315-1
定价：CNY4.20

J0042858

漫游科学世界 （人体）王国忠等主编；王义炯，裴树平撰文；张中良绘
天津　新蕾出版社　1993 年　160 页　20cm（32 开）
ISBN：7-5307-1327-2　定价：CNY6.00
（大型科学漫画丛书）

J0042859

漫游科学世界 （地球）王国忠等主编；罗祖德，戴正洪撰文；蔡康非绘
天津　新蕾出版社　1993 年　160 页　20cm（32 开）
ISBN：7-5307-1325-6　定价：CNY6.00
（大型科学漫画丛书）

J0042860

漫游科学世界 （恐龙）邓荣辉撰文；蔡康非绘画
天津　新蕾出版社　1993 年　160 页　20cm（32 开）
ISBN：7-5307-1329-9　定价：CNY6.00
（大型科学漫画丛书）

J0042861

漫游科学世界 （昆虫）王国忠等主编；柳德宝撰文；林禽，林树绘
天津　新蕾出版社　1993 年　160 页　20cm（32 开）
ISBN：7-5307-1324-8　定价：CNY6.00
（大型科学漫画丛书）

J0042862

漫游科学世界 （理化）许祖馨撰文；胡永光，李树德绘画
天津　新蕾出版社　1993 年　160 页　20cm（32 开）
ISBN：7-5307-1331-0　定价：CNY6.00
（大型科学漫画丛书）

J0042863

漫游科学世界 （鸟类）王国忠等主编；范汜撰文；张中良，高峰绘
天津　新蕾出版社　1993 年　160 页　20cm（32 开）
ISBN：7-5307-1326-4　定价：CNY6.00
（大型科学漫画丛书）

J0042864

漫游科学世界 （气象）陆正华撰文；白庚和绘画

天津　新蕾出版社　1993 年　160 页　20cm（32 开）
ISBN：7-5307-1332-9　定价：CNY6.00
（大型科学漫画丛书）

J0042865

漫游科学世界 （兽类）裴树平，余千里撰文
天津　新蕾出版社　1993 年　160 页　20cm（32 开）
ISBN：7-5307-1330-2　定价：CNY6.00
（大型科学漫画丛书）

J0042866

漫游科学世界 （鱼类）陈春福撰文；韩鹤松绘画
天津　新蕾出版社　1993 年　160 页　20cm（32 开）
ISBN：7-5307-1328-0　定价：CNY6.00
（大型科学漫画丛书）

J0042867

漫游科学世界 （植物）王国忠等主编
天津　新蕾出版社　1993 年　160 页　20cm（32 开）
ISBN：7-5307-1323-X　定价：CNY6.00
（大型科学漫画丛书）

J0042868

末代皇帝　杨若笙漫画
台北　时报文化出版企业公司　1993 年　158 页
17cm（40 开）ISBN：957-13-0192-2
定价：TWD120.00
（时报漫画丛书　166）

J0042869

男生、女生 （幽默画系列）卜家华著
南宁　接力出版社　1993 年　155 页　17×19cm
ISBN：7-80581-547-X　定价：CNY4.50

J0042870

千古神威 （卷一　1　天蓬神咒）李莎编文
重庆　重庆出版社 ［1993 年］30 页　26cm（16 开）
ISBN：7-5366-2398-4　定价：CNY2.30

J0042871

千古神威 （卷一　2　火焰出击）李莎编文
重庆　重庆出版社 ［1993 年］30 页　26cm（16 开）
ISBN：7-5366-2398-4　定价：CNY2.30

J0042872
千古神威 （卷一 3 燃烧的火焰）李莎编文
重庆 重庆出版社［1993 年］29 页 26cm（16 开）
ISBN：7-5366-2398-4 定价：CNY2.30

J0042873
千古神威 （卷一 4 刑天鬼斧君）李莎编文
重庆 重庆出版社［1993 年］30 页 26cm（16 开）
ISBN：7-5366-2398-4 定价：CNY2.30

J0042874
全国电力安全漫画集　乐嘉龙等编
武汉 湖北美术出版社 1993 年 99 页 17×18cm
ISBN：7-5394-0469-8 定价：CNY5.40

J0042875
山海经 （漫画本 卷一）王宣铭编绘
北京 中国友谊出版公司 1993 年 150 页
19cm（小 32 开）ISBN：7-5057-0667-5
定价：CNY3.50
（中国古代神怪名著精选）

J0042876
山海经 （漫画本 卷二）王宣铭编绘
北京 中国友谊出版公司 1993 年 140 页
19cm（小 32 开）ISBN：7-5057-0668-3
定价：CNY3.50
（中国古代神怪名著精选）

J0042877
生活忠告 （画册）《世界工商企业指南》编辑
委员会；刘戈等绘
北京 海洋出版社 1993 年 84 页 26cm（16 开）
ISBN：7-5027-3411-2 定价：CNY3.95
　　以漫画形式、格言警句式的语言表现生活
哲理。

J0042878
失眠的星光 （文人漫画）何立伟作
南京 江苏文艺出版社 1993 年 93 页 有照片
18×17cm ISBN：7-5399-0455-9
定价：CNY14.80
　　本书收入了作者的漫画作品93幅，作品表
现了生活中各色人物的不同生活心态。作者何
立（1954—　 ），作家。生于湖南长沙，毕业于湖
南师范学院中文系。长沙市文联副主席、中国作
家协会会员。代表作品《花非花》《跟爱情开开
玩笑》《天堂之歌》《何立伟漫画与戏语》《失眠
的星光》等。

J0042879
十大昏君　刘建伟主编
北京 国际文化出版公司 1993 年 147 页
19cm（小 32 开）ISBN：7-80049-917-0
定价：CNY3.95
（中国古代人物系列漫画）

J0042880
十大奸臣　刘建伟主编
北京 国际文化出版公司 1993 年 151 页
19cm（小 32 开）ISBN：7-80049-917-0
定价：CNY3.95
（中国古代人物系列漫画）
　　以漫画的形式讲叙吕不韦、董卓、侯景、杨
素、李林甫、蔡京等奸臣的故事。

J0042881
十大开国皇帝　刘建伟主编
北京 国际文化出版公司 1993 年 147 页
19cm（小 32 开）ISBN：7-80049-917-0
定价：CNY3.95
（中国古代人物系列漫画）
　　以漫画的形式讲叙秦始皇、刘邦、刘秀、曹
丕、杨坚等开国皇帝的故事。

J0042882
十大战将　刘建伟主编
北京 国际文化出版公司 1993 年 147 页
19cm（小 32 开）ISBN：7-80049-917-0
定价：CNY3.95
（中国古代人物系列漫画）

J0042883
石头神　刘兴钦绘著
长沙 湖南少年儿童出版社 1993 年 128 页
20cm（32 开）ISBN：7-5358-0898-0
定价：CNY3.60
（刘兴钦漫画系列）
　　中国现代漫画作品集。

J0042884

世界写真 （漫画集）徐德志著

广州 广东旅游出版社 1993 年 308 页 18×19cm

ISBN：7-80521-354-1 定价：CNY9.00

　　漫画集。包括：法国写真、约旦风情、苏联见闻、孟加拉习俗等 31 部分。

J0042885

搜神记 （漫画本 卷一）王宣铭编绘

北京 中国友谊出版公司 1993 年 149 页

19cm（小 32 开）ISBN：7-5057-0683-7

定价：CNY3.50

（中国古代神怪名著精选）

J0042886

搜神记 （漫画本 卷二）王宣铭编绘

北京 中国友谊出版公司 1993 年 150 页

19cm（小 32 开）ISBN：7-5057-0692-6

定价：CNY3.50

（中国古代神怪名著精选）

J0042887

调侃女人 巴蜀民间文化艺术开发部编著；阿嬷执笔绘图

成都 四川科学技术出版社 1993 年 217 页

19cm（小 32 开）ISBN：7-5364-2685-0

定价：CNY4.98

（文学漫画丛书）

J0042888

五岁大寿 （字形漫画选）黄荣章选编

广州 岭南美术出版社 1993 年 62 页

19cm（小 32 开）ISBN：7-5362-0883-9

定价：CNY1.50

　　中国现代字形漫画作品集。

J0042889

孝子神牛 刘兴钦绘著

长沙 湖南少年儿童出版社 1993 年 124 页

20cm（32 开）ISBN：7-5358-0897-2

定价：CNY3.50

（刘兴钦漫画系列）

J0042890

校园幽默漫画 钟勤，柴育筑编

上海 同济大学出版社 1993 年 139 页 17×19cm

ISBN：7-5608-1117-5 定价：CNY7.70

J0042891

笑话 缪印堂绘；李加文

北京 中国世界语出版社 1993 年 100 页

17×19cm ISBN：7-5052-0105-0

定价：CNY7.40

　　作者缪印堂（1935—2017），著名漫画家。江苏南京人。曾任中国科普研究所高级工艺美术师、中国美术家协会漫画艺术委员会委员、中国美术家协会漫画艺术委员会副主任、《漫画月刊》高级顾问、北京电影学院动画学院客座教授。漫画作品有《啊，危险》《讲经》《矛盾的统一》等。著作有《缪印堂漫画选》《漫画艺术入门》《科学漫画创作概论》等。

J0042892

笑破郎的咀 （第一册）浪潮王子绘

台北 知青频道出版公司 1993 年 21cm（32 开）

ISBN：957-9061-72-6 定价：TWD100.00

（情趣生活 37）

J0042893

笑破郎的咀 （第二册）浪潮王子绘

台北 知青频道出版公司 1993 年 21cm（32 开）

ISBN：957-9061-75-0 定价：TWD100.00

（情趣生活 37）

J0042894

新编老夫子 明昊编

西安 陕西旅游出版社 1993 年 93 页 26cm

（16 开）ISBN：7-5418-0672-2 定价：CNY2.80

　　中国现代漫画连环画。

J0042895

新乐园 （感受真性情）老琼著

台北 麦田出版公司 1993 年 143 页 21cm（32 开）

ISBN：957-708-069-3 定价：TWD120.00

（映象传真 7）

　　作者老琼（1953—2008），台湾漫画家。本名刘玉。出版有《蔡田的爱》《她们》《婚姻良民》《台北开门》《尪仔册》《斗来逗去》等。

J0042896

幸福万万岁　詹汉能绘作

台北　号角出版社 1993 年 138 页 21cm（32 开）

ISBN：957-620-085-7 定价：TWD110.00

（时代语言 48）

J0042897

战国策　（辩论家的舞台）郑振耀编绘

北京　科学普及出版社 1993 年 145 页

19cm（小 32 开）ISBN：7-110-02835-6

定价：CNY3.80

（二郑漫画丛书）

J0042898

战国秀场　CoCo 绘

台北　时报文化出版企业公司 1993 年 140 页

19cm（小 32 开）ISBN：957-13-0653-3

定价：TWD120.00

（时报漫画丛书 158）

J0042899

张乐平漫画选　张乐平作

上海　少年儿童出版社 1993 年 380 页 25×27cm

精装　ISBN：7-5324-2091-4 定价：CNY30.00

（骆驼丛书）

　　作者张乐平（1910—1992），漫画家。浙江海盐人。曾任中国美术家协会上海分会、解放日报社、上海少年儿童出版社专业画家。漫画"三毛"形象的创作者。代表作品《三毛流浪记》《三毛从军记》。

J0042900

中国神话新编　（连环画 一）申屠错编绘

南宁　广西教育出版社 1993 年 76 页

20cm（32 开）ISBN：7-5435-1731-0

定价：CNY6.00

　　本书用漫画形式，描绘了富有民族文化色彩的、上古神奇的传统故事。

J0042901

周盛泉漫画集　周盛泉绘

南京　南京出版社 1993 年 100 页 19×17cm

ISBN：7-80560-915-2 定价：CNY5.20

　　作者周盛泉（1934—　），江苏东台人。东台市文化馆副研究馆员、江苏省美术家协会会员、

江苏省快活林漫画协会副会长。出版有《周盛泉漫画集》等。

J0042902

《开心》幽默系列　（2）

南京　江苏人民出版社 1994 年 32 页

26cm（16 开）ISBN：7-214-01223-5

定价：CNY2.50

　　中国现代漫画作品集。

J0042903

K 博士漫话人生　（第四册）金明编著；树文绘

香港　国际释迦文化中心 1994 年 194 页

17cm（40 开）定价：HKD38.00

　　作者金明（1956—　），辽宁沈阳人。从事连环画、油画创作及装帧设计。

J0042904

Y 先生画传　（1）流沙河原著；刘晓彬绘画

成都　四川人民出版社 1994 年 95 页 有图

17×19cm ISBN：7-220-02641-2

定价：CNY3.90

J0042905

Y 先生画传　（2）流沙河原著；刘晓彬，陈鹏绘画

成都　四川人民出版社 1994 年 95 页 17×19cm

ISBN：7-220-02641-2 定价：CNY3.90

J0042906

阿 SIY/Miss 趣卜 Book　欣迎，君比，苏国章［等］著

香港　突破出版社 1994 年 127 页

19cm（小 32 开）ISBN：962-264-418-X

定价：HKD30.00

（生趣系列 16）

J0042907

白善诚漫画集　白善诚绘

合肥　安徽美术出版社 1994 年 132 页

20cm（32 开）ISBN：7-5398-0304-5

定价：CNY12.00

J0042908

半熟中环人　PINK 绘；周淑屏编辑

香港　壹出版公司　1994 年　140 页　有图

21cm（32 开）ISBN：962-577-030-5

定价：HKD30.00

（壹出版系列）

J0042909

超霸世纪　（总第一回·第一辑·上）许景琛编绘

珠海　珠海出版社　1994 年　48 页　20cm（32 开）

ISBN：7-80607-009-5　定价：CNY2.50

　　中国现代漫画连环画作品。作者许景琛（1966—　），漫画家。广东宝安县人。代表作品有《超霸世纪》《恶灵王》《拳皇》等。

J0042910

超霸世纪　（总第二回·第一辑·下）许景琛编绘

珠海　珠海出版社　1994 年　38 页　20cm（32 开）

ISBN：7-80607-009-5　定价：CNY2.50

　　中国现代漫画连环画作品。

J0042911

超霸世纪　（总第三回·第二辑·上）许景琛编绘

珠海　珠海出版社　1994 年　36 页　20cm（32 开）

ISBN：7-80607-013-3　定价：CNY2.50

　　中国现代漫画连环画作品。

J0042912

超霸世纪　（总第四回·第二辑·下）许景琛编绘

珠海　珠海出版社　1994 年　38 页　20cm（32 开）

ISBN：7-80607-013-3　定价：CNY2.50

　　中国现代漫画连环画作品。

J0042913

超霸世纪　（总第二十三回·第九辑之一）许景琛编绘

珠海　珠海出版社　1994 年　33 页　20cm（32 开）

ISBN：7-80607-045-1　定价：CNY2.90

　　中国现代漫画连环画作品。

J0042914

超霸世纪　（总第二十四回·第九辑之二）许景琛编绘

珠海　珠海出版社　1994 年　32 页　20cm（32 开）

ISBN：7-80607-045-1　定价：CNY2.90

　　中国现代漫画连环画作品。

J0042915

超霸世纪　（总第二十五回·第九辑之三）许景琛编绘

珠海　珠海出版社　1994 年　34 页　20cm（32 开）

ISBN：7-80607-045-1　定价：CNY2.90

　　中国现代漫画连环画作品。

J0042916

超霸世纪　（总第二十六回·第九辑之四）许景琛编绘

珠海　珠海出版社　1994 年　33 页　20cm（32 开）

ISBN：7-80607-045-1　定价：CNY2.90

　　中国现代漫画连环画作品。

J0042917

超霸世纪　（总第八回·第四辑·下　第五招·无间空间）许景琛编绘

珠海　珠海出版社　1996 年　38 页　21cm（32 开）

ISBN：7-80607-018-4　定价：CNY2.90

　　中国现代漫画连环画作品。

J0042918

超霸世纪　（总第九回·第五辑·上　无极天道）许景琛编绘

珠海　珠海出版社　1996 年　35 页　21cm（32 开）

ISBN：7-80607-020-6　定价：CNY2.90

　　中国现代漫画连环画作品。

J0042919

超霸世纪　（总第十回·第五辑·下　寻龙）许景琛编绘

珠海　珠海出版社　1996 年　36 页　21cm（32 开）

ISBN：7-80607-020-6　定价：CNY2.90

　　中国现代漫画连环画作品。

J0042920

超霸世纪　（总第十一回·第六辑之一　怒火风暴）许景琛编绘

珠海　珠海出版社 1996 年 33 页 21cm（32 开）
ISBN：7-80607-022-2 定价：CNY2.90
　　中国现代漫画连环画作品。

J0042921

超霸世纪　（总第十二回·第六辑之二　御驾亲
征）许景琛编绘
珠海　珠海出版社 1996 年 31 页 21cm（32 开）
ISBN：7-80607-022-2 定价：CNY2.90
　　中国现代漫画连环画作品。

J0042922

超霸世纪　（总第十三回·第六辑之三　神龙再
现）许景琛编绘
珠海　珠海出版社 1996 年 32 页 21cm（32 开）
ISBN：7-80607-022-2 定价：CNY2.90
　　中国现代漫画连环画作品。

J0042923

超霸世纪　（总第十四回·第六辑之四　天绝）
许景琛编绘
珠海　珠海出版社 1996 年 31 页 21cm（32 开）
ISBN：7-80607-022-2 定价：CNY2.90
　　中国现代漫画连环画作品。

J0042924

超霸世纪　（总第十五回·第七辑之一　士魂天
王）许景琛编绘
珠海　珠海出版社 1996 年 30 页 21cm（32 开）
ISBN：7-80607-036-2 定价：CNY2.90
　　中国现代漫画连环画作品。

J0042925

超霸世纪　（总第十六回·第七辑之二　望月·太
阳剑谱）许景琛编绘
珠海　珠海出版社 1996 年 29 页 21cm（32 开）
ISBN：7-80607-036-2 定价：CNY2.90
　　中国现代漫画连环画作品。

J0042926

超霸世纪　（总第十八回·第七辑之四　皇者之
风）许景琛编绘
珠海　珠海出版社 1996 年 29 页 21cm（32 开）
ISBN：7-80607-036-2 定价：CNY2.90
　　中国现代漫画连环画作品。

J0042927

超霸世纪　（总第十九回·第八辑之一　赤血暴
龙）许景琛编绘
珠海　珠海出版社 1996 年 30 页 21cm（32 开）
ISBN：7-80607-039-7 定价：CNY2.90
　　中国现代漫画连环画作品。

J0042928

超霸世纪　（总第二十回·第八辑之二　相遇）
许景琛编绘
珠海　珠海出版社 1996 年 30 页 21cm（32 开）
ISBN：7-80607-039-7 定价：CNY2.90
　　中国现代漫画连环画作品。

J0042929

超霸世纪　（总第二十一回·第八辑之三　他回
来了）许景琛编绘
珠海　珠海出版社 1996 年 30 页 21cm（32 开）
ISBN：7-80607-039-7 定价：CNY2.90
　　中国现代漫画连环画作品。

J0042930

超霸世纪　（总第二十二回·第八辑之四　天下
第一）许景琛编绘
珠海　珠海出版社 1996 年 34 页 21cm（32 开）
ISBN：7-80607-039-7 定价：CNY2.90
　　中国现代漫画连环画作品。

J0042931

超霸世纪　（总第二十七回·第十辑之一　越空
提升）许景琛编绘
珠海　珠海出版社 1996 年 33 页 21cm（32 开）
ISBN：7-80607-075-3 定价：CNY2.90
　　中国现代漫画连环画作品。

J0042932

超霸世纪　（总第二十八回·第十辑之二　结
局·序章）许景琛编绘
珠海　珠海出版社 1996 年 34 页 21cm（32 开）
ISBN：7-80607-075-3 定价：CNY2.90
　　中国现代漫画连环画作品。

J0042933

超霸世纪　（总第二十九回·第十辑之三　创世
纪）许景琛编绘

珠海　珠海出版社　1996年　34 页　21cm（32 开）
ISBN：7-80607-075-3　定价：CNY2.90
　　　中国现代漫画连环画作品。

J0042934
超霸世纪 （总第三十回·第十辑之四　十兄弟）
许景琛编绘
珠海　珠海出版社　1996年　31 页　21cm（32 开）
ISBN：7-80607-075-3　定价：CNY2.90
　　　中国现代漫画连环画作品。

J0042935
超霸世纪 （总第五回·第三辑·上）许景琛
编绘
珠海　珠海出版社　1997年　42 页　20cm（32 开）
ISBN：7-80607-016-8　定价：CNY2.90
　　　中国现代漫画连环画作品。

J0042936
超霸世纪 （总第六回·第三辑·下）许景琛
编绘
珠海　珠海出版社　1997年　42 页　20cm（32 开）
ISBN：7-80607-016-8　定价：CNY2.90
　　　中国现代漫画连环画作品。

J0042937
超霸世纪 （总第七回·第四辑·上）许景琛
编绘
珠海　珠海出版社　1997年　37 页　20cm（32 开）
ISBN：7-80607-018-4　定价：CNY2.90
　　　中国现代漫画连环画作品。

J0042938
超霸世纪 （总第十七回·第七辑之三　极乐帝
皇拳）许景琛编绘
珠海　珠海出版社　1997年　34 页　20cm（32 开）
ISBN：7-80607-036-2　定价：CNY2.90
　　　中国现代漫画连环画作品。

J0042939
池兴漫画集　李池兴绘
济南　山东文艺出版社　1994年　59 页　有照片
26cm（16 开）ISBN：7-5329-1174-8
定价：CNY5.80
（中国当代漫画百家丛书）

J0042940
登陆美利坚 （美国世界杯球星漫画）西林漫
画创意制作有限公司［编］
北京　生活·读书·新知三联书店　1994年　104 页
20×19cm
ISBN：7-108-00714-2　定价：CNY9.80

J0042941
地球号太空船的劫难 （大地在呻吟）卢玲主
编；红蘑菇漫画屋集体绘
北京　中国少年儿童出版社　1994年　140 页
19cm（小 32 开）ISBN：7-5007-2271-0
定价：CNY4.20
（环保系列漫画丛书）

J0042942
地球号太空船的劫难 （警惕隐形杀手）卢玲
主编；红蘑菇漫画屋集体绘
北京　中国少年儿童出版社　1994年　140 页
19cm（20 开）ISBN：7-5007-2272-9
定价：CNY4.20
（环保系列漫画丛书）

J0042943
地球号太空船的劫难 （空中死亡峡谷）卢玲
主编；红蘑菇漫画屋集体绘
北京　中国少年儿童出版社　1994年　140 页
19cm（20 开）ISBN：7-5007-2270-2
定价：CNY4.20
（环保系列漫画丛书）

J0042944
地球号太空船的劫难 （水的梦魇）卢玲主
编；红蘑菇漫画屋集体绘
北京　中国少年儿童出版社　1994年　140 页
19cm（20 开）ISBN：7-5007-2268-0
定价：CNY4.20
（环保系列漫画丛书）

J0042945
地球号太空船的劫难 （小心生态地雷）卢玲
主编；红蘑菇漫画屋集体绘
北京　中国少年儿童出版社　1994年　140 页
19cm（20 开）ISBN：7-5007-2269-9
定价：CNY4.20

（环保系列漫画丛书）

J0042946
丁聪漫画 （系列之一）丁聪绘
北京 三联书店 1994年 265页 18×16cm
ISBN：7-108-00616-2 定价：CNY14.80
　　作者丁聪（1916—2009），著名漫画家、舞台美术家。生于上海。曾任《人民画报》副总编辑、中国美术家协会漫画艺术委员会主任。作品有《鲁迅小说插图》《丁聪插图》《四世同堂》《骆驼祥子》作品插图。

J0042947
丁聪漫画 （系列之二）丁聪绘
北京 三联书店 1994年 135页 18×16cm
ISBN：7-108-00617-0 定价：CNY9.80

J0042948
丁聪漫画 （系列之三）丁聪绘
北京 三联书店 1994年 266页 18×16cm
ISBN：7-108-00618-9 定价：CNY14.80

J0042949
对联幽默 （图册）石磊编著；丛林等绘
广州 暨南大学出版社 1994年 195页
19cm（小 32 开）ISBN：7-81029-314-1
定价：CNY5.30
（七彩幽默丛书 7）

J0042950
发现·发明的故事
北京 中国林业出版社 1994年 135页
19cm（小 32 开）ISBN：7-5038-1208-7
定价：CNY3.20
（优良儿童读物 科学漫画丛书）

J0042951
方脑壳外传 贺星寒文；高凤成画
成都 四川人民出版社 1994年 117页 17×18cm
ISBN：7-220-02613-7 定价：CNY5.50

J0042952
飞机和火箭
北京 中国林业出版社 1994年 135页
19cm（小 32 开）ISBN：7-5038-1208-7

定价：CNY3.20
（优良儿童读物 科学漫画丛书）

J0042953
飞越外太空
北京 中国林业出版社 1994年 151页
19cm（小 32 开）ISBN：7-5038-1208-7
定价：CNY3.20
（优良儿童读物 科学漫画丛书）

J0042954
风情大王 （漫画 服饰 审美）台双垣主编；沈天呈绘画；知真撰文
北京 中国社会出版社 1994年 120页
19cm（小 32 开）ISBN：7-80088-454-6
定价：CNY4.80
　　中国现代漫画作品。

J0042955
风情大王 （漫画 婚姻 乐器）台双垣主编；苗青绘画；知真撰文
北京 中国社会出版社 1994年 119页
19cm（小 32 开）ISBN：7-80088-454-6
定价：CNY4.80
　　中国现代漫画作品。

J0042956
风情大王 （漫画 居住 饮食）台双垣主编；邹士华绘画；知真撰文
北京 中国社会出版社 1994年 120页
19cm（小 32 开）ISBN：7-80088-454-6
定价：CNY4.80
　　中国现代漫画作品。作者邹士华（1954—　　），毕业于北京教育学院艺术系。历任欧洲艺术家联合会中国会员、日本东京葛市区美术会名誉会员、午马画院院长、中国民族画院研究员、中国民族艺术馆研究员。作品有《霓裳羽衣舞》《大唐六骏图》等。

J0042957
风情大王 （漫画 礼节 祭祀 禁忌）台双垣主编；徐进绘画；知真撰文
北京 中国社会出版社 1994年 120页
19cm（小 32 开）ISBN：7-80088-454-6
定价：CNY4.80

中国现代漫画作品。作者徐进(1960—　)，工笔画家。北京人。徐悲鸿第三代入室弟子。曾任中央美术学院教授、美国哥伦比亚大学客座教授。代表作品有《贵妃赏花》《黛玉初进大观园》等，出版《徐进画集》。

J0042958

风情大王　（漫画　岁时　游艺）台双垣主编；吴兴宏绘画；知真撰文

北京　中国社会出版社　1994年　119页

19cm（小32开）ISBN：7-80088-454-6

定价：CNY4.80

　　中国现代漫画作品。

J0042959

佛山公　（孔庆池漫画　1）孔庆池绘；何均衡编辑

广州　岭南美术出版社　1994年　95页

26cm（16开）ISBN：7-5362-1141-1

定价：CNY4.00

J0042960

狗眼看世界　（1 梦断足球）王朔，陈西林编绘

北京　华艺出版社　1994年　36页　21cm（32开）

ISBN：7-80039-895-1　定价：CNY5.50

　　中国现代漫画集。

J0042961

狗眼看世界　（2 城市摇滚）王朔，陈西林编绘

北京　华艺出版社　1994年　36页　21cm（32开）

ISBN：7-80039-896-X　定价：CNY5.50

　　中国现代漫画集。

J0042962

古经新说　　牧惠著；方成等绘

长沙　湖南文艺出版社　1994年　194页

20cm（32开）ISBN：7-5404-1287-9

定价：CNY6.50

（中国当代著名杂文家漫画家幽默小品）

　　收有《分工不同》《其亲可宗》等杂文80余篇，每篇含漫画一幅。作者方成（1918—2018），漫画家、杂文家、幽默理论专家。原名孙顺潮，杂文笔名张化。祖籍广东中山，生于北京，毕业于武汉大学。历任《观察》半月刊漫画版主编、北京《新民晚报》美术编辑、人民日报社高级编辑、中国新闻漫画研究会会长。

J0042963

股市咏叹调　（阿全侃股　画册）陈乙绘著

海口　海南国际新闻出版中心　1994年　112页

17×17cm　ISBN：7-80609-094-0

定价：CNY3.80

J0042964

海洋科学研究

北京　中国林业出版社　1994年　151页

19cm（小32开）ISBN：7-5038-1208-7

定价：CNY3.20

（优良儿童读物　科学漫画丛书）

J0042965

何韦漫笔　　何韦绘

北京　中国工人出版社　1994年　26cm（16开）

ISBN：7-5008-1715-0　定价：CNY5.60

　　外文书名：He Wei's Cartoon.

J0042966

花间的细诉　（宋词说）蔡志忠绘

台北　时报文化出版企业公司　1994年　140页

21cm（32开）ISBN：957-13-1068-9

定价：TWD130.00

（时报漫画丛书　180）

　　作者蔡志忠（1948—　），著名漫画家。台湾彰化人，1976年成立远东卡通公司、龙卡通公司。创作的100多部作品被30多个国家翻译出版。代表作品有《庄子说》《老子说》《列子说》《大醉侠》《盗帅独眼龙》《光头神探》等。

J0042967

画碟余墨　　马得著

长沙　湖南文艺出版社　1994年　188页　20cm

（32开）ISBN：7-5404-1280-1　定价：CNY5.80

（中国当代著名杂文家漫画家幽默小品）

J0042968

画一画老昆明　（风物篇）李昆武绘

昆明　云南教育出版社　1994年　158页

15cm（64开）定价：CNY4.80

　　中国现代漫画集。由云南教育出版社和香港亚太教育书局联合出版。

J0042969
画一画老昆明 （歌谣篇）李昆武绘
昆明 云南教育出版社 1994 年 153 页
15cm（64 开）定价：CNY4.80
　　中国现代漫画集。由云南教育出版社和香港亚太教育书局联合出版。

J0042970
家庭伦理漫画三字经　北京市妇女联合会，
北京市婚姻家庭研究会编
北京 同心出版社 1994 年 102 页 20cm（32 开）
ISBN：7-80593-099-6 定价：CNY4.80
　　本书以连环画的形式，介绍了家庭伦理知识。全书分：恋爱、夫妻、教子、保健等 10 篇。

J0042971
九命人　阿推绘
台北 时报文化出版企业公司 1994 年 146 页
19cm（小 32 开）ISBN：957-13-1461-7
定价：TWD100.00
（时报漫画丛书 FG018）

J0042972
九命人　阿推绘
台北 时报文化出版企业公司 1994 年 230 页
19cm（小 32 开）ISBN：957-13-1460-9
定价：TWD130.00
（时报漫画丛书 FG019）

J0042973
恐龙世界探秘
北京 中国林业出版社 1994 年 157 页
19cm（小 32 开）ISBN：7-5038-1207-9
定价：CNY3.20
（优良儿童读物 科学漫画丛书）

J0042974
恐龙世界探险记
北京 中国林业出版社 1994 年 152 页
19cm（小 32 开）ISBN：7-5038-1208-9
定价：CNY3.20
（优良儿童读物 科学漫画丛书）

J0042975
昆虫生态记录

北京 中国林业出版社 1994 年 133 页
19cm（小 32 开）ISBN：7-5038-1208-7
定价：CNY3.20
（优良儿童读物 科学漫画丛书）

J0042976
雷峰塔下的传奇 （白蛇传）蔡志忠绘
台北 时报文化出版企业公司 1994 年 121 页
21cm（32 开）ISBN：957-13-1082-4
定价：TWD120.00
（时报漫画丛书 182）

J0042977
李老板　PLNK 著
香港 壹出版公司 1994 年 141 页 有图
21cm（32 开）ISBN：962-577-025-9
定价：HKD30.00
（壹本便利系列）

J0042978
理财之道　吴士余编注；董之一绘
西宁 青海人民出版社 1994 年 100 页
19cm（小 32 开）ISBN：7-225-00873-0
定价：CNY2.80
（漫画中国人的智慧）

J0042979
列子说 （御风而行的哲思）蔡志忠画
台北 时报文化出版企业公司 1994 年 153 页
有图 19×21cm ISBN：957-13-1478-1
定价：TWD140.00
（时报漫画丛书 192）

J0042980
漫画·企业家 36 计　张维胜著；吴冠英，秦晓平编绘
北京 中国青年出版社 1994 年 124 页
19cm（小 32 开）ISBN：7-5006-1805-0
定价：CNY3.90
（知识漫画系列丛书）

J0042981
漫画成语 （痴愚篇）西莹，季芳编文；张乃成绘
西安 未来出版社 1994 年 93 页 20cm（32 开）

ISBN：7-5417-0985-9 定价：CNY4.60

中国现代漫画作品集。

J0042982

漫画成语 （品德篇）西莹，季芳编文；张乃成绘

西安 未来出版社 1994 年 93 页 20cm（32 开）

ISBN：7-5417-0984-0 定价：CNY4.60

J0042983

漫画成语 （智慧篇）西莹，季芳编文；张乃成绘

西安 未来出版社 1994 年 93 页 20cm（32 开）

ISBN：7-5417-0983-2 定价：CNY4.60

J0042984

漫画七侠五义 （1）王鹃等主编

北京 中国人口出版社 1994 年 96 页 有画

20cm（32 开）ISBN：7-80079-201-3

定价：CNY3.90

J0042985

漫画七侠五义 （2）王鹃等主编

北京 中国人口出版社 1994 年 96 页

20cm（32 开）ISBN：7-80079-202-1

定价：CNY3.90

J0042986

漫画七侠五义 （3）王鹃等主编

北京 中国人口出版社 1994 年 96 页

20cm（32 开）ISBN：7-80079-203-X

定价：CNY3.90

J0042987

漫画七侠五义 （4）王鹃等主编

北京 中国人口出版社 1994 年 96 页

20cm（32 开）ISBN：7-80079-204-8

定价：CNY3.90

J0042988

漫画七侠五义 （5）王鹃等主编

北京 中国人口出版社 1994 年 96 页

20cm（32 开）ISBN：7-80079-205-6

定价：CNY3.90

J0042989

漫画三国演义 （上册）（明）罗贯中原著；林文义编绘

西安 太白文艺出版社 1994 年 171 页

21cm（32 开）ISBN：7-80605-071-X

定价：CNY7.10

J0042990

漫画三国演义 （下册）（明）罗贯中原著；林文义编绘

西安 太白文艺出版社 1994 年 151 页

21cm（32 开）ISBN：7-80605-071-X

定价：CNY6.40

J0042991

漫画三字经 （宋）王应麟原著；凡小人［编绘］

大连 大连出版社 1994 年 229 页

19cm（小 32 开）ISBN：7-80612-021-1

定价：CNY8.80

本书用白话和漫画形式解释原文。

J0042992

漫画丝绸之路 （敦煌壁画故事 一）于忠正，曹昌光主编

北京 中国文学出版社 1994 年 111 页

20cm（32 开）ISBN：7-5071-0263-7

定价：CNY7.00

本书 4 册收 41 则故事，有《快目王以眼施人》《鹿母夫人生莲花》《佛图澄》《太子乘象入胎》等。主编曹昌光，漫画家。天水师范学院美术系任教，甘肃省美术家协会会员。出版有《漫画丝绸之路》《漫画丝绸之路·天水卷》。

J0042993

漫画丝绸之路 （敦煌壁画故事 二）于忠正，曹昌光主编

北京 中国文学出版社 1994 年 108 页

20cm（32 开）ISBN：7-5071-0263-7

定价：CNY7.00

J0042994

漫画丝绸之路 （敦煌壁画故事 三）于忠正，曹昌光主编

北京 中国文学出版社 1994 年 115 页

20cm（32 开）ISBN：7-5071-0263-7

定价: CNY7.00

J0042995

漫画丝绸之路 （敦煌壁画故事　四）于忠正，曹昌光主编

北京 中国文学出版社 1994年 104页

20cm（32开）ISBN: 7-5071-0263-7

定价: CNY7.00

J0042996

漫画丝绸之路 （敦煌壁画故事）于忠正，曹昌光主编

北京 中国文学出版社 1994年 4册 20cm（32开）

ISBN: 7-5071-0263-7 定价: CNY28.00

J0042997

漫画丝绸之路 （话说敦煌）于忠正，曹昌光主编；裴广铎画

北京 中国文学出版社 1994年 95页

20cm（32开）ISBN: 7-5071-0263-7

定价: CNY6.00

　　本书介绍历史文化名城敦煌的出现和兴衰。

J0042998

漫画丝绸之路 （丝绸古道）于忠正，曹昌光主编；曹昌光画

北京 中国文学出版社 1994年 160页

20cm（32开）ISBN: 7-5071-0263-7

定价: CNY8.00

　　本书介绍古代丝绸之路的形成、发展和衰落的历史及沿途主要景观。

J0042999

漫画丝绸之路 （丝路传说）于忠正，曹昌光主编；苏朗画

北京 中国文学出版社 1994年 115页

20cm（32开）ISBN: 7-5071-0263-7

定价: CNY7.00

　　本书收20多篇民间传说，有《蚕种姑娘》《酒泉和夜光杯》《伊犁河》等。作者苏朗（1938—　），画家。原名严国保，湖北武汉人。就读于武昌艺术师范学院和西北师范学院艺术系。历任中国美术家协会会员、甘肃人民出版社副编审。代表作品有《黄河渡》《煦风吹不尽》《奶站笑语》等。

J0043000

漫画西游记 （上册）（明）吴承恩原著；林文义编绘

西安 太白文艺出版社 1994年 112页

21cm（32开）ISBN: 7-80605-090-6

定价: CNY5.70

J0043001

漫画西游记 （下册）（明）吴承恩原著；林文义编绘

西安 太白文艺出版社 1994年 253页

21cm（32开）ISBN: 7-80605-090-6

定价: CNY6.60

J0043002

漫画中国人的智慧 （人生篇）吴士余主编；赵为群绘画

西宁 青海人民出版社 1994年 100页

19cm（小32开）ISBN: 7-225-00879-X

定价: CNY2.80

J0043003

漫画中国人的智慧 （修养处世）吴士余主编；潘文辉绘画

西宁 青海人民出版社 1994年 100页

19cm（小32开）ISBN: 7-225-00874-9

定价: CNY2.80

J0043004

漫画中国人的智慧 （养生之道）吴士余主编；戴逸如绘画

西宁 青海人民出版社 1994年 100页

19cm（小32开）ISBN: 7-225-00878-1

定价: CNY2.80

　　作者戴逸如（1948—　），编辑、作家、漫画家。上海人。历任机关刊物《上海新闻出版》编辑、《新民晚报》主任编辑、中国创造学会理事、上海市美协会员。著有《启锁斋笑林》《医圣张仲景》《创造博士》，主编《世界漫画大师精品珍赏》《东方十日谈》等。

J0043005

漫画中国人的智慧 （用人之道）吴士余主编；麦荣邦绘画

西宁 青海人民出版社 1994年 100页

19cm(小32开) ISBN:7-225-00875-7

定价:CNY2.80

J0043006

漫画中国人的智慧 （治国篇）吴士余主编；
韩伍绘画

西宁 青海人民出版社 1994年 100页

19cm(小32开) ISBN:7-225-00877-3

定价:CNY2.80

　　作者韩伍(1936—)，画家。浙江杭州人，
毕业于行知艺术学校。中国美术家协会会员、儿
童时代社《哈哈画报》主编、上海市美术家协会
理事。作品有《五彩路》《微湖山上》《灯花》等，
出版有《韩伍画集》《小巷童年》《诗经彩绘》等。

J0043007

漫画中国人的智慧 （治学篇）吴士余主编；
金建楚绘画

西宁 青海人民出版社 1994年 100页

19cm(小32开) ISBN:7-225-00876-5

定价:CNY2.80

J0043008

漫画周易 谭晓春编绘

北京 中国摄影出版社 1994年 20cm(32开)

ISBN:7-80007-112-X 定价:CNY12.50

J0043009

孟子说 （乱世的哲思）蔡志忠绘

台北 时报文化出版企业公司 1994年 121页

19×21cm ISBN:957-13-1069-7

定价:TWD120.00

（时报漫画丛书 63）

　　作者蔡志忠(1948—)，著名漫画家。台
湾彰化人，1976年成立远东卡通公司、龙卡通公
司。创作的100多部作品被30多个国家翻译出版。
代表作品有《庄子说》《老子说》《列子说》《大醉
侠》《盗帅独眼龙》《光头神探》等。

J0043010

孟子说 （乱世的哲思）蔡志忠绘

北京 生活·读书·新知三联书店 1996年 重印本

114页 19cm(32开) ISBN:7-108-00425-9

定价:CNY4.70

（蔡志忠漫画）

J0043011

谋略六十四篇 王丙文编写；田恒玉绘画；中
国东方文化研究会连环漫画分会组编

银川 宁夏人民出版社 1994年 4册 19cm(32开)

ISBN:7-227-01419-3 定价:CNY18.80

（九头狼丛书 新型漫画系列）

J0043012

鸟类奇观

北京 中国林业出版社 1994年 136页

19cm(小32开) ISBN:7-5038-1207-9

定价:CNY3.20

（优良儿童读物 科学漫画丛书）

J0043013

奇幻人间世 （六朝怪谈）蔡志忠绘

台北 时报文化出版企业公司 1994年 131页

19×21cm ISBN:957-13-1533-8

定价:TWD130.00

（时报漫画丛书 193）

J0043014

奇妙的动物世界

北京 中国林业出版社 1994年 150页

19cm(小32开) ISBN:7-5038-1207-9

定价:CNY3.20

（优良儿童读物 科学漫画丛书）

J0043015

千变万化的天气

北京 中国林业出版社 1994年 136页

19cm(小32开) ISBN:7-5038-1207-9

定价:CNY3.20

（优良儿童读物 科学漫画丛书）

J0043016

千古的绝唱 （唐诗三百首）蔡志忠绘

台北 时报文化出版企业公司 1994年 199页

21cm(32开) ISBN:957-13-1038-7

定价:TWD150.00

（时报漫画丛书 179）

J0043017

认识我们的地球

北京 中国林业出版社 1994年 151页

19cm（小 32 开）ISBN：7-5038-1207-9
定价：CNY3.20
（优良儿童读物 科学漫画丛书）

J0043018
认识我们的身体
北京 中国林业出版社 1994 年 160 页
19cm（小 32 开）ISBN：7-5038-1207-9
定价：CNY3.20
（优良儿童读物 科学漫画丛书）

J0043019
上当先生　田恒玉绘画；王庸声撰文
北京 中国社会出版社 1994 年 120 页
19cm（小 32 开）ISBN：7-80088-457-0
定价：CNY4.80
（漫画丛书）

J0043020
神奇的植物世界
北京 中国林业出版社 1994 年 136 页
19cm（小 32 开）ISBN：7-5038-1207-9
定价：CNY3.20
（优良儿童读物 科学漫画丛书）

J0043021
时代的笑声　（徐德志漫画选集）徐德志绘
广州 广东旅游出版社 1994 年 265 页
20cm（32 开）ISBN：7-80521-452-2
定价：CNY6.50

J0043022
世界发明发现大事典　曾琴莲，李俊秀著
台北 牛顿出版公司 1994 年 287 页
21cm（32 开）ISBN：957-627-371-4
定价：TWD220.00
（小牛顿学习漫画系列）

J0043023
世界化石趣谈
北京 中国林业出版社 1994 年 139 页
19cm（小 32 开）ISBN：7-5038-1208-9
定价：CNY3.20
（优良儿童读物 科学漫画丛书）

J0043024
四眼先生　（看漫画学成语 上）满天飞编绘
北京 海豚出版社 1994 年 58 页 19cm（小 32 开）
ISBN：7-80051-989-9 定价：CNY2.80

J0043025
四眼先生　（看漫画学成语 下）满天飞编绘
北京 海豚出版社 1994 年 116 页 19cm（小 32 开）
ISBN：7-80051-989-9 定价：CNY2.80

J0043026
淞隐漫录　（卷一 漫画本）（清）王韬著；王宣
铭编绘
北京 中国友谊出版公司 1994 年 147 页
19cm（小 32 开）ISBN：7-5057-0819-8
定价：CNY3.50
（中国古代神怪名著精选）

J0043027
淞隐漫录　（卷二 漫画本）（清）王韬著；王宣
铭编绘
北京 中国友谊出版公司 1994 年 149 页
19cm（小 32 开）ISBN：7-5057-0820-1
定价：CNY3.50
（中国古代神怪名著精选）

J0043028
太平广记　（卷一 漫画本）（宋）李昉等编；王
宣铭编绘
北京 中国友谊出版公司 1994 年 149 页
19cm（小 32 开）ISBN：7-5057-0795-7
定价：CNY3.50
（中国古代神怪名著精选）

J0043029
太平广记　（卷二 漫画本）（宋）李昉等编；王
宣铭编绘
北京 中国友谊出版公司 1994 年 150 页
19cm（小 32 开）ISBN：7-5057-0796-5
定价：CNY3.50
（中国古代神怪名著精选）

J0043030
调侃集　舒展文；方成等画
长沙 湖南文艺出版社 1994 年 194 页 有图

20cm（32 开）ISBN：7-5404-1286-0

定价：CNY6.20

（中国当代著名杂文家、漫画家幽默小品）

本书收杂文 40 余篇，每篇杂文附漫画一幅。作者方成（1918—2018），漫画家、杂文家、幽默理论专家。原名孙顺潮，杂文笔名张化。祖籍广东中山，生于北京，毕业于武汉大学。历任《观察》半月刊漫画版主编、北京《新民晚报》美术编辑、人民日报社高级编辑、中国新闻漫画研究会会长。

J0043031

伟人幽默 史翔等编著；陈仁火绘画

广州 暨南大学出版社 1994 年 199 页

19cm（小 32 开）ISBN：7-81029-278-1

定价：CNY4.20

（七彩幽默丛书 2）

J0043032

戏话连篇 王汝刚著；丁聪等配画

上海 上海书店出版社 1994 年 100 页 17×18cm

ISBN：7-80569-983-6 定价：CNY12.00

现代中国漫画作品与笑话集。作者丁聪（1916—2009），著名漫画家、舞台美术家。生于上海。曾任《人民画报》副总编辑、中国美术家协会漫画艺术委员会主任。作品有《鲁迅小说插图》《丁聪插图》《四世同堂》《骆驼祥子》作品插图。作者王汝刚（1952— ），表演艺术家。上海人。历任上海市人民滑稽剧团演员、中国曲艺家协会副主席、上海市文联副主席、上海曲艺家协会主席、中国戏剧家协会会员、上海戏剧家协会主席团委员等。代表作品《请保姆》《招考》《浦江游览》《回家》等。

J0043033

小虎子 （中国少年报连载漫画）吴文渊编绘

南昌 21 世纪出版社 1994 年 102 页 17×19cm

ISBN：7-5391-0847-9 定价：CNY3.80

J0043034

小自在 （佛在心中留）好小子绘；宁采臣编

香港 次文化公司 1994 年 118 页 22cm（30 开）

ISBN：962-7420-03-4 定价：HKD42.00

（次文化漫画丛书 10）

J0043035

校园幽默 小中等编著；张建华绘画

广州 暨南大学社 1994 年 197 页

19cm（小 32 开）ISBN：7-81029-285-4

定价：CNY4.80

（七彩幽默丛书 4）

J0043036

笑口常开 荣荣编

北京 中国商业出版社 1994 年 3 册

26cm（16 开）ISBN：7-5044-2212-6

定价：CNY9.60

J0043037

新潮卡通漫画集 （四）林玉如，吴倩芳编

台北 巧集出版社 1994 年 5 版 153 页

21cm（32 开）ISBN：957-662-247-6

定价：TWD100.00

（美术丛书 22）

J0043038

亚三爱的茶煲 草日绘；周淑屏编

香港 壹出版公司 1994 年 有图 21cm（32 开）

ISBN：962-577-037-2 定价：HKD39.00

（壹出版系列）

J0043039

养生启示录 （漫画）周春才，韩亚洲编绘

北京 中国书籍出版社 1994 年 174 页

20cm（32 开）ISBN：7-5068-0347-X

定价：CNY5.80

J0043040

幽默大人物 台双垣，邹士华绘画；甲乙撰文

北京 中国社会出版社 1994 年 120 页

19cm（小 32 开）ISBN：7-80088-344-2

定价：CNY4.80

（OK 漫画丛书）

本书是中国现代漫画连环画画册。

J0043041

幽默大师精华本 （一）《幽默大师》编辑部编

杭州 浙江人民美术出版社 1994 年 127 页

26cm（16 开）ISBN：7-5340-0429-2

定价：CNY8.80

本作品系现代漫画。

J0043042

幽默大师精华本　（二）《幽默大师》编辑部编
杭州　浙江人民美术出版社　1994 年　127 页
26cm（16 开）ISBN：7-5340-0427-6
定价：CNY8.80
　　本作品系现代漫画。

J0043043

幽默大师精华本　（三）《幽默大师》编辑部编
杭州　浙江人民美术出版社　1995 年　127 页
26cm（16 开）ISBN：7-5340-0627-9
定价：CNY8.60
　　本作品系现代漫画。

J0043044

幽默大师精华本　（四）《幽默大师》编辑部编
杭州　浙江人民美术出版社　1998 年　127 页
26cm（16 开）定价：CNY10.00
　　本作品系现代漫画。

J0043045

幽默大师精华本　（五）《幽默大师》编辑部编
杭州　浙江人民美术出版社　1998 年　127 页
26cm（16 开）定价：CNY10.00
　　本作品系现代漫画。

J0043046

幽默大师精华本　（六）《幽默大师》编辑部编
杭州　浙江人民美术出版社　1996 年　127 页
26cm（16 开）ISBN：7-5340-0534-5
定价：CNY10.00
　　本作品系现代漫画。

J0043047

幽默大师精华本　（七）《幽默大师》编辑部编
杭州　浙江人民美术出版社　1998 年　127 页
26cm（16 开）ISBN：7-5340-0812-3
定价：CNY10.00
　　本作品系现代漫画。

J0043048

幽默大师精华本　（八）《幽默大师》编辑部编
杭州　浙江人民美术出版社　1998 年　127 页

26cm（16 开）ISBN：7-5340-0811-5
定价：CNY10.00
　　本作品系现代漫画。

J0043049

幽默大使　潘顺祺，徐鹏飞作
广州　广州出版社　1994 年　2 册　有图
26cm（16 开）ISBN：7-80592-171-7
定价：CNY3.00
　　作者潘顺祺（1946—　），上海人。毕业于上海交通大学。擅长漫画。曾任《为了孩子》杂志美术编辑，现代家庭杂志社副总编辑、主编。代表作品有《棋迷》。出版有《潘顺祺幽默画》《奇思妙想》《眇与 BB》等。

J0043050

有趣的科学常识
北京　中国林业出版社　1994 年　135 页
19cm（小 32 开）ISBN：7-5038-1208-7
定价：CNY3.20
（优良儿童读物　科学漫画丛书）

J0043051

有趣的昆虫世界
北京　中国林业出版社　1994 年　155 页
19cm（小 32 开）ISBN：7-5038-1208-7
定价：CNY3.20
（优良儿童读物　科学漫画丛书）

J0043052

于守洋漫画集　于守洋绘
济南　山东文艺出版社　1994 年　60 页
26cm（16 开）ISBN：7-5329-1174-8
定价：CNY5.80
（中国当代漫画百家丛书）

J0043053

鱼类的世界
北京　中国林业出版社　1994 年　136 页
19cm（小 32 开）ISBN：7-5038-1207-9
定价：CNY3.20
（优良儿童读物　科学漫画丛书）

J0043054

与智慧有约　（青少年犯罪案例与预防）陈碧

棠，于延祥著；曾伟人，田三勇编绘
台北　正中书局　1994 年　146 页　有图
21cm（32 开）ISBN：957-09-0939-0
定价：TWD120.00
（成长之书）

J0043055
宇宙的奥秘
北京　中国林业出版社　1994 年　157 页
19cm（小 32 开）ISBN：7-5038-1208-9
定价：CNY3.20
（优良儿童读物　科学漫画丛书）

J0043056
阅微草堂笔记 　（漫画本　卷一）王宣铭编绘
北京　中国友谊出版公司　1994 年　147 页
19cm（小 32 开）ISBN：7-5057-0797-3
定价：CNY3.50
（中国古代神怪名著精选）

J0043057
阅微草堂笔记 　（漫画本　卷二）王宣铭编绘
北京　中国友谊出版公司　1994 年　146 页
19cm（小 32 开）ISBN：7-5057-0798-1
定价：CNY3.50
（中国古代神怪名著精选）

J0043058
杂烩集 　（韩羽幽默漫画小品精粹）韩羽著
长沙　湖南文艺出版社　1994 年　214 页　有插图
20cm（32 开）ISBN：7-5404-1279-8
定价：CNY6.50
（中国当代著名杂文家、漫画家幽默小品）

J0043059
真假荒诞 　邵燕祥文；江有生画
长沙　湖南文艺出版社　1994 年　177 页　有图
20cm（32 开）ISBN：7-5404-1284-4
定价：CNY5.80
（中国当代著名杂文家、漫画家幽默小品）
　　本书收有杂文 62 篇，每篇杂文附漫画一幅。

J0043060
智慧集 　（刘溢幽默画集）刘溢绘
南宁　广西美术出版社　1994 年　96 页　17×19cm

ISBN：7-80582-634-X 定价：CNY6.80

J0043061
中国漫画书系 　（丁聪卷）丁聪绘
石家庄　河北教育出版社　1994 年　109 页
27×25cm　精装　ISBN：7-5434-2248-4
定价：CNY55.00
　　外文书名：The Series of Chinese Cartoons.
作者丁聪（1916—2009），著名漫画家、舞台美术
家。生于上海。曾任《人民画报》副总编辑、中
国美术家协会漫画艺术委员会主任。作品有《鲁
迅小说插图》《丁聪插图》《四世同堂》《骆驼祥
子》作品插图。

J0043062
中国漫画书系 　（方成卷）方成绘
石家庄　河北教育出版社　1994 年　137 页
27×25cm　精装　ISBN：7-5434-2248-4
定价：CNY55.00
　　外文书名：The Series of Chinese Cartoons.
作者方成（1918—2018），漫画家、杂文家、幽默
理论专家。原名孙顺潮，杂文笔名张化。祖籍广
东中山，生于北京，毕业于武汉大学。历任《观
察》半月刊漫画版主编、北京《新民晚报》美术编
辑、人民日报社高级编辑、中国新闻漫画研究会
会长。

J0043063
中国漫画书系 　（方唐卷）方唐绘
石家庄　河北教育出版社　1994 年　142 页
27×25cm　精装　ISBN：7-5434-2248-4
定价：CNY55.00
　　外文书名：The Series of Chinese Cartoons.

J0043064
中国漫画书系 　（丰子恺卷）丰子恺绘
石家庄　河北教育出版社　1994 年　128 页
27×25cm　精装　ISBN：7-5434-2248-4
定价：CNY55.00
　　外文书名：The Series of Chinese Cartoons.
作者丰子恺（1898—1975），画家、文学家、艺术
教育家。原名丰润，又名仁、仍，字子觊，后改
为子恺，笔名 TK，浙江嘉兴人。作品有《缘缘堂
随笔》、画集《子恺漫画》等。

J0043065

中国漫画书系　（光宇卷）张光宇绘

石家庄　河北教育出版社　1994年　159页

27×25cm　精装　ISBN：7-5434-2248-4

定价：CNY60.00

　　外文书名：The Series of Chinese Cartoons.
作者张光宇（1900—1965），画家、教授。江苏无
锡人。现代中国装饰艺术的奠基者之一，执教于
中央美术学院、中央工艺美术学院，曾任中国美
术家协会理事。著有《张光宇插图集》，创作设计
动画影片《大闹天宫》。

J0043066

中国漫画书系　（韩羽卷）韩羽绘

石家庄　河北教育出版社　1994年　121页

27×25cm　精装　ISBN：7-5434-2248-4

定价：CNY55.00

　　外文书名：The Series of Chinese Cartoons.

J0043067

中国漫画书系　（华君武卷）华君武绘

石家庄　河北教育出版社　1994年　156页

27×25cm　精装　ISBN：7-5434-2248-4

定价：CNY50.00

　　外文书名：The Series of Chinese Cartoons.
作者华君武（1915—2010），漫画家。别名华潮，
生于杭州，祖籍无锡荡口。就读于上海大同大学
高中部。历任鲁迅艺术文学院研究员、《人民日
报》文学艺术部主任、中国美术家协会副主席、
中国文联书记处书记等职务。代表作品有《疲劳
过度症》《肉骨头引狗》《1939年所植的树》等。

J0043068

中国漫画书系　（江帆卷）江帆绘

石家庄　河北教育出版社　1994年　131页

27×25cm　精装　ISBN：7-5434-2248-4

定价：CNY55.00

　　外文书名：The Series of Chinese Cartoons.

J0043069

中国漫画书系　（廖冰兄卷）廖冰兄绘

石家庄　河北教育出版社　1994年　131页

27×25cm　精装　ISBN：7-5434-2248-4

定价：CNY60.00

　　外文书名：The Series of Chinese Cartoons.

作者廖冰兄（1915—2006），漫画家。原名东生，
生于广东广州，祖籍广西象州县。曾任美术家协
会广东分会副主席、中国美术家协会理事。代表
作品《自嘲》《猫国春秋》《抗战必胜连环图》《残
梦纪奇篇》等。

J0043070

中国漫画书系　（米谷卷）米谷绘

石家庄　河北教育出版社　1994年　126页

27×25cm　精装　ISBN：7-5434-2248-4

定价：CNY55.00

　　外文书名：The Series of Chinese Cartoons.
作者米谷（1918—1986），著名漫画家。海宁斜
桥人。原名朱禄庆，学名朱吾石。笔名米谷、李
诚、令狐原等。毕业于上海美术专科学校洋画系。
1939年与华君武在延安创办鲁迅艺术学院漫画
研究班，为《前线》《文汇报》《新民晚报》等创
作大量讽刺漫画。曾任香港《文汇报》漫画双周
刊主编、《解放日报》编委兼艺术组长、中国美术
家协会常务理事、中国美术家协会上海分会副主
席、中国美术馆研究部主任。代表作品《米谷漫
画选》《米谷画选》等。

J0043071

中国漫画书系　（苗地卷）苗地绘

石家庄　河北教育出版社　1994年　119页

27×25cm　精装　ISBN：7-5434-2248-4

定价：CNY55.00

　　外文书名：The Series of Chinese Cartoons.

J0043072

中国漫画书系　（王复羊卷）王复羊绘

石家庄　河北教育出版社　1994年　150页

27×25cm　精装　ISBN：7-5434-2248-4

定价：CNY55.00

　　外文书名：The Series of Chinese Cartoons.
作者王复羊（1935—2008），满族，美术编辑。辽
宁大连人。《北京晚报》编委兼美术摄影部主任。

J0043073

中国漫画书系　（韦启美卷）韦启美绘

石家庄　河北教育出版社　1994年　136页

27×25cm　精装　ISBN：7-5434-2248-4

定价：CNY55.00

　　外文书名：The Series of Chinese Cartoons.

J0043074

中国漫画书系 （叶浅予卷）叶浅予绘

石家庄　河北教育出版社　1994 年　164 页

27×25cm　精装　ISBN：7-5434-2248-4

定价：CNY50.00

外文书名：The Series of Chinese Cartoons.
作者叶浅予（1907—1995），教授、画家。浙江桐庐人。历任中国美术家协会副主席、中国画研究院副院长、中央美术学院教授。曾为茅盾小说《子夜》、老舍剧本《茶馆》等书插图。作品有长篇漫画《王先生》《小陈留京外史》《天堂记》等。著有《画余记画》《十年恶梦录》等。

J0043075

中国漫画书系 （于化鲤卷）于化鲤绘

石家庄　河北教育出版社　1994 年　144 页

27×25cm　精装　ISBN：7-5434-2248-4

定价：CNY55.00

外文书名：The Series of Chinese Cartoons.
作者于化鲤（1933—　　），画家。又名于化，天津人。曾任天津人民美术出版社副总编。主要作品有《于化鲤漫画作品选集》《宝船》《有朋自远方来》等。

J0043076

中国漫画书系 （詹同卷）詹同绘

石家庄　河北教育出版社　1994 年　144 页

27×25cm　精装　ISBN：7-5434-2248-4

定价：CNY60.00

外文书名：The Series of Chinese Cartoons.

J0043077

中国漫画书系 （张仃卷）张仃绘

石家庄　河北教育出版社　1994 年　112 页

27×25cm　精装　ISBN：7-5434-2248-4

定价：CNY55.00

外文书名：The Series of Chinese Cartoons.
作者张仃（1917—2010），国画家、美术教育家、美术理论家。号它山，辽宁黑山人。曾任黄宾虹研究会会长，中央工艺美术学院教授、院长等。中国人民政治协商会议会徽的设计者，中华人民共和国国徽设计提议者之一。代表作品有《张仃水墨写生》《张仃画室》。

J0043078

中国漫画书系 （张乐平卷）张乐平绘

石家庄　河北教育出版社　1994 年　148 页

27×25cm　精装　ISBN：7-5434-2248-4

定价：CNY55.00

外文书名：The Series of Chinese Cartoons.
作者张乐平（1910—1992），漫画家。浙江海盐人。曾任中国美术家协会上海分会、解放日报社、上海少年儿童出版社专业画家。漫画"三毛"形象的创作者。代表作品《三毛流浪记》《三毛从军记》。

J0043079

中国漫画书系 （廖冰兄卷）廖冰兄绘

石家庄　河北教育出版社　1998 年　2 版　128 页

26×25cm　精装　ISBN：7-5434-2248-4

定价：CNY60.00

作者廖冰兄（1915—2006），漫画家。原名东生，生于广东广州，祖籍广西象州县。曾任美术家协会广东分会副主席、中国美术家协会理事。代表作品《自嘲》《猫国春秋》《抗战必胜连环图》《残梦纪奇篇》等。

J0043080

自然界的世界之最

北京　中国林业出版社　1994 年　136 页

19cm（小 32 开）　ISBN：7-5038-1207-9

定价：CNY3.20

（优良儿童读物　科学漫画丛书）

J0043081

自说自画　阿东著

上海　上海书店出版社　1994 年　65 页　有画

17×18cm　ISBN：7-80569-897-X

定价：CNY2.50

J0043082

爱情传说　马龙绘

香港　壹出版公司　1995 年　134 页　21cm（32 开）

ISBN：962-577-073-9　定价：HKD39.00

（壹出版系列）

J0043083

爱情十句话 （Ⅰ）蔡志忠编绘

北京　三联书店　1995 年　111 页　20cm（32 开）

ISBN：7-108-00763-0　定价：CNY5.00
（十句话丛书）

　　中国现代漫画。作者蔡志忠(1948—　)，著名漫画家。台湾彰化人，1976年成立远东卡通公司、龙卡通公司。创作的100多部作品被30多个国家翻译出版。代表作品有《庄子说》《老子说》《列子说》《大醉侠》《盗帅独眼龙》《光头神探》等。

J0043084
储蓄与生活漫画集　杨介元，王建伟主编
郑州　河南美术出版社　1995年　122页
17×19cm　ISBN：7-5401-0448-1
定价：CNY9.80

J0043085
聪明儿子糊涂爸　老莫主编；岳昕等绘
郑州　海燕出版社　1995年　178页　17×19cm
ISBN：7-5350-1293-0　定价：CNY12.00
（少儿安全防护漫画故事）

J0043086
大漫画　赵晓苏主编
广州　岭南美术出版社　1995年　48页　26cm（16开）
ISBN：7-5362-1212-7　定价：CNY2.98

J0043087
大漫画　王林主编
广州　岭南美术出版社　1995年　47页　26cm（16开）
ISBN：7-5362-1206-2　定价：CNY3.40

J0043088
大漫画　陈松南主编
广州　岭南美术出版社　1995年　48页　26cm（16开）
ISBN：7-5362-1241-0　定价：CNY2.98

J0043089
大千世界　（世情篇）唐子恒等编译；金马等绘
济南　山东大学出版社　1995年　101页
19cm（小32开）　ISBN：7-5607-1552-4
定价：CNY5.10
（中国笑林博览绘画本8）

J0043090
电视漫画赏析100幅　缪印堂编著
北京　农村读物出版社　1995年　201页
13×15cm　ISBN：7-5048-2548-4
定价：CNY9.80

　　作者缪印堂(1935—2017)，著名漫画家。江苏南京人。曾任中国科普研究所高级工艺美术师、中国美术家协会漫画艺术委员会委员、中国美术家协会漫画艺术委员会副主任、《漫画月刊》高级顾问、北京电影学院动画学院客座教授。漫画作品有《啊，危险》《讲经》《矛盾的统一》等。著作有《缪印堂漫画选》《漫画艺术入门》《科学漫画创作概论》等。

J0043091
儿童漫画佳作选：包青天审奇案　徐淦改编；贺友直绘
北京　人民美术出版社　1995年　32页　26cm（16开）
ISBN：7-102-01511-9　定价：CNY2.40

　　作者徐淦，主要改编的连环画作品有《镜花缘》《奇妙的公鸡》《熙凤弄权》《祝福》等。作者贺友直(1922—2016)，连环画家。出生于上海，祖籍浙江宁波。曾任上海人民美术出版社编审、连环画艺术委员会主任、上海市美术家协会第四届副主席、中国连环画研究会第二届副会长等职。代表作品《朝阳沟》《山乡巨变》等。

J0043092
儿童漫画佳作选：获奖作品精选　顾朴编
北京　人民美术出版社　1995年　93页　26cm（16开）
ISBN：7-102-01509-7　定价：CNY6.80

J0043093
发明大王爱迪生　简朴等编著
沈阳　辽宁民族出版社　1995年　72页　19×17cm
ISBN：7-80527-496-7　定价：CNY3.80
（名人故事漫画丛书）
　　中国现代漫画作品。

J0043094
反腐倡廉漫画　（汉英对照）于祥，张新华主编
哈尔滨　黑龙江人民出版社　1995年　145页
17×19cm　ISBN：7-207-03296-X
定价：CNY13.80
　　主编张新华，黑龙江省齐齐哈尔市富裕县文

联副主席、黑龙江省漫画会副会长、中国美术家
协会会员、副高级美术师。

J0043095
丰子恺金句漫画　戴逸如绘；于凭选编
上海　上海书店出版社　1995年　207页
19cm（小32开）ISBN：7-80622-038-0
定价：CNY7.00
（戴逸如漫画现代文豪金句系列）
　　作者戴逸如（1948—　　），编辑、作家、漫画
家。上海人。历任机关刊物《上海新闻出版》编辑、
《新民晚报》主任编辑、中国创造学会理事、上海
市美术家协会会员。著有《启锁斋笑林》《医圣
张仲景》《创造博士》，主编《世界漫画大师精品
珍赏》《东方十日谈》等。

J0043096
丰子恺连环漫画　陈星编
银川　宁夏人民出版社　1995年　68页　25×27cm
ISBN：7-227-01546-7　定价：CNY11.80
　　编者陈星（1983—　　），作家，教授。毕业
于杭州师范学院中文系。历任杭州师范学院学
报编辑部主任、编审，杭州市师范学院弘一大
师·丰子恺研究中心主任、教授、研究生导师。
著有《功德圆满——护生画集创作史话》《天心
月圆——弘一大师》《丰子恺新传》《重访散文的
家园》《李叔同歌曲寻绎》。

J0043097
伏羲与八卦　曹昌光等文图
兰州　甘肃人民美术出版社　1995年　160页
20cm（32开）ISBN：7-80588-086-7
定价：CNY9.80
（漫画丝绸之路　天水卷）
　　作者曹昌光，漫画家。天水师范学院美术系
任教，甘肃省美术家协会会员。出版有《漫画丝
绸之路》《漫画丝绸之路.天水卷》。

J0043098
顾盼人生　（台双垣漫画选 1）台双垣绘
北京　中国民族摄影艺术出版社　1995年　重印
本 240页　19cm（32开）ISBN：7-80069-099-7
定价：CNY11.80

J0043099
黑色大书　麦仁杰绘
台北　时报文化出版企业公司　1995年　103页
27cm（大16开）精装　ISBN：957-13-1723-3
定价：TWD400.00
（时报漫画丛书 FT001）

J0043100
红楼梦　周剑改编；何宇宏等主绘
北京　长征出版社　1995年　2册（1008页）
20cm（32开）ISBN：7-80015-332-0
定价：CNY116.00
（漫画四大名著）

J0043101
华君武漫画　（1991—1994）华君武绘
石家庄　河北教育出版社　1995年　198页
24×22cm　ISBN：7-5434-2523-8
定价：CNY19.50
　　作者华君武（1915—2010），漫画家。别名华
潮，生于杭州，祖籍无锡荡口。就读于上海大同
大学高中部。历任鲁迅艺术文学院研究员、《人
民日报》文学艺术部主任、中国美术家协会副主
席、中国文联书记处书记等职务。代表作品有《疲
劳过度症》《肉骨头引狗》《1939年所植的树》等。

J0043102
画龙点睛　（夸张篇）唐子恒等编译；金马等绘
济南　山东大学出版社　1995年　101页
19cm（小32开）ISBN：7-5607-1552-4
定价：CNY5.10
（中国笑林博览绘画本 6）

J0043103
荒唐画集　王俭绘
上海　上海人民出版社　1995年　135页
13×16cm　ISBN：7-208-02180-5
定价：CNY9.00
　　中国现代漫画。

J0043104
火王　（1-4）游素兰编绘
沈阳　沈阳出版社　1995年　4册　20cm（32开）
ISBN：7-5441-0382-X　定价：CNY19.80
（精致漫画系列）

J0043105

火王 （5-8）游素兰编绘

沈阳 沈阳出版社 1995年 4册 20cm（32开）

ISBN：7-5441-0383-8 定价：CNY19.80

（精致漫画系列）

J0043106

火战士 （第一集）夏有志编；徐志明等绘

南宁 接力出版社 1995年 140页 19cm（小32开）

ISBN：7-80581-951-3 定价：CNY7.50

（中国青春漫画书系）

J0043107

今日睇 FUN 啲 PINK 编绘

香港 壹出版公司 1995年 222页 21cm（32开）

ISBN：962-577-074-7 定价：HKD39.00

（壹出版系列）

J0043108

京吟集 （北京日报新闻漫画百图）孙以增主编

北京 同心出版社 1995年 113页 17×19cm

ISBN：7-80593-071-6 定价：CNY5.50

作者孙以增（1941—2013），漫画家。毕业于中央工艺美术学院装饰美术系。曾任北京日报美术编辑。作品有《寻找位置的小星星》《祝福新编》等。

J0043109

科学巨星牛顿 简朴等编著

沈阳 辽宁民族出版社 1995年 72页 19×17cm

ISBN：7-80527-496-7 定价：CNY3.80

（名人故事漫画丛书）

中国现代漫画作品。

J0043110

孔老三 （连环漫画 1）朱康林绘

广州 岭南美术出版社 1995年 71页 19cm（32开）

ISBN：7-5362-1283-6 定价：CNY4.20

（幽默大世界）

作者朱康林，导演、漫画家。浙江人，中国美术电影导演、中国电影家协会会员。作品有《三毛流浪记——孤苦伶仃》《三毛流浪记——相依为命》等。

J0043111

孔老三 （连环漫画 2）朱康林绘

广州 岭南美术出版社 1995年 72页 19cm（32开）

ISBN：7-5362-1284-4 定价：CNY4.20

（幽默大世界）

J0043112

狂想地带非人生活 草日著

香港 壹出版公司 1995年 205页 21cm（32开）

ISBN：962-577-049-6 定价：HKD39.00

（壹出版系列）

J0043113

了如指掌 （行之有效的市场调查）陈明编；张文竹等绘

武汉 湖北人民出版社 1995年 120页 19cm（小32开） ISBN：7-216-01785-4

定价：CNY5.80

（1分钟经济漫画系列）

J0043114

镭的母亲 – 居里夫人 简朴等编著

沈阳 辽宁民族出版社 1995年 72页 19×17cm

ISBN：7-80527-496-7 定价：CNY3.80

（名人故事漫画丛书）

中国现代漫画作品。

J0043115

冷眼观世 （嘲讽篇）唐子恒等编译；金马等绘

济南 山东大学出版社 1995年 10+102页 19cm（小32开） ISBN：7-5607-1552-4

定价：CNY5.10

（中国笑林博览绘画本 1）

J0043116

梨花村诗画 杨栋著

太原 山西高校联合出版社 1995年 247页 19cm（小32开） ISBN：7-81032-814-X

定价：CNY16.00

本书收录了作者的部分诗歌和漫画作品，包括旧体诗、新体诗、散文诗等3大部分。有《自题小像》《山居杂咏》《感遇诗纪》等。

J0043117

李老板又嚓嘞！ PINK 绘

香港 壹出版公司 1995 年 140 页 21cm（32 开）
ISBN：962-577-063-1 定价：HKD39.00
（青云路系列）

J0043118
龙霸天下 （1 赤帝之子）博采图书工作室
制作
银川 宁夏人民出版社 1995 年 93 页 19cm（32 开）
ISBN：7-227-01470-3 定价：CNY3.30
（九头狼丛书·新型漫画系列）

J0043119
龙霸天下 （2 霸王出世）博采图书工作室
制作
银川 宁夏人民出版社 1995 年 93 页 19cm（32 开）
ISBN：7-227-01470-3 定价：CNY3.30
（九头狼丛书·新型漫画系列）

J0043120
龙霸天下 （3 巨鹿之战）博采图书工作室
制作
银川 宁夏人民出版社 1995 年 94 页 19cm（32 开）
ISBN：7-227-01470-3 定价：CNY3.30
（九头狼丛书·新型漫画系列）

J0043121
龙霸天下 （4 击破二关）博采图书工作室
制作
银川 宁夏人民出版社 1995 年 94 页 19cm（32 开）
ISBN：7-227-01470-3 定价：CNY3.30
（九头狼丛书·新型漫画系列）

J0043122
龙霸天下 （5 鸿门古堡）博采图书工作室
制作
银川 宁夏人民出版社 1997 年 94 页 19cm（32 开）
ISBN：7-227-01470-3 定价：CNY3.30
（九头狼丛书·新型漫画系列）

J0043123
龙霸天下 （6 兵败彭城）博采图书工作室
制作
银川 宁夏人民出版社 1997 年 94 页 19cm（32 开）
ISBN：7-227-01470-3 定价：CNY3.30
（九头狼丛书·新型漫画系列）

J0043124
龙霸天下 （7 火龙之死）博采图书工作室
制作
银川 宁夏人民出版社 1997 年 94 页 19cm（32 开）
ISBN：7-227-01470-3 定价：CNY3.30
（九头狼丛书·新型漫画系列）

J0043125
龙霸天下 （8 龙虎风云）博采图书工作室
制作
银川 宁夏人民出版社 1997 年 94 页 19cm（32 开）
ISBN：7-227-01470-3 定价：CNY3.30
（九头狼丛书·新型漫画系列）

J0043126
龙霸天下 （9 四面楚歌）博采图书工作室
制作
银川 宁夏人民出版社 1997 年 94 页 19cm（32 开）
ISBN：7-227-01470-3 定价：CNY3.30
（九头狼丛书·新型漫画系列）

J0043127
龙霸天下 （10 英雄末路）博采图书工作室
制作
银川 宁夏人民出版社 1997 年 94 页 19cm（32 开）
ISBN：7-227-01470-3 定价：CNY3.30
（九头狼丛书·新型漫画系列）

J0043128
鲁迅金句漫画　戴逸如绘；余国成，于凭选编
上海 上海书店出版社 1995 年 207 页
19cm（小 32 开）ISBN：7-80622-036-4
定价：CNY7.00
（戴逸如漫画现代文豪金句系列）
　　作者戴逸如（1948—　），编辑、作家、漫画
家。上海人。历任机关刊物《上海新闻出版》编辑、
《新民晚报》主任编辑、中国创造学会理事、上海
市美术家协会会员。著有《启锁斋笑林》《医圣
张仲景》《创造博士》，主编《世界漫画大师精品
珍赏》《东方十日谈》等。

J0043129
漫画奥林匹克探案游戏 （1）雨心编写；胡
平利，王凌波绘
北京 北京少年儿童出版社 1995 年 228 页

19cm（小 32 开）ISBN：7-5301-0568-X
定价：CNY8.00

J0043130
漫画奥林匹克探案游戏 （2）雨心编写；胡
平利，王凌波绘
北京 北京少年儿童出版社 1995 年 253 页
19cm（小 32 开）ISBN：7-5301-0569-8
定价：CNY8.00

J0043131
漫画奥林匹克探案游戏 （3）雨心编写；胡
平利，王凌波绘
北京 北京少年儿童出版社 1995 年 243 页
19cm（小 32 开）ISBN：7-5301-0570-1
定价：CNY8.00

J0043132
漫画奥林匹克头脑游戏 （4）李其震，于瑾
编著；杨兮绘
北京 北京少年儿童出版社 1995 年 181 页
19cm（小 32 开）ISBN：7-5301-0558-0
定价：CNY8.00

J0043133
漫画奥林匹克头脑游戏 （5）李其震，于瑾
编著；郭晓牧绘
北京 北京少年儿童出版社 1995 年 180 页
19cm（小 32 开）ISBN：7-5301-0559-0
定价：CNY8.00

J0043134
漫画奥林匹克头脑游戏 （6）李其震，于瑾
编著；王凌波绘
北京 北京少年儿童出版社 1995 年 180 页
19cm（小 32 开）ISBN：7-5301-0560-4
定价：CNY8.00

J0043135
漫画初中文言课文 郭小虎编绘
合肥 安徽教育出版社 1995 年 177 页
20cm（32 开）ISBN：7-5336-1739-8
定价：CNY4.50

J0043136
漫画韩非子 蔡志忠著
香港 博益出版集团公司 1995 年 195 页
17cm（40 开）ISBN：962-17-1419-2
定价：HKD38.00
（博益漫画丛书 蔡志忠作品 44）
　　　作者蔡志忠（1948— ），著名漫画家。台
湾彰化人，1976 年成立远东卡通公司、龙卡通公
司。创作的 100 多部作品被 30 多个国家翻译出版。
代表作品有《庄子说》《老子说》《列子说》《大醉
侠》《盗帅独眼龙》《光头神探》等。

J0043137
漫画汉书 李敬泽，阎明魁主编
石家庄 河北教育出版社 1995 年 4 册
26cm（16 开）ISBN：7-5434-2360-X
定价：CNY110.00
（三味漫画屋）

J0043138
漫画交通法规 卢玲，屠玄龄编；金瘦羚，肖
进绘
沈阳 辽宁少年儿童出版社 1995 年 123 页
19cm（小 32 开）ISBN：7-5315-2525-9
定价：CNY3.60

J0043139
漫画礼仪 齐来陵，张平治著；王彦斌绘
广州 广东科技出版社 1995 年 171 页
19cm（小 32 开）ISBN：7-5359-1469-1
定价：CNY6.00

J0043140
漫画史记 魏连科等主编
石家庄 河北教育出版社 1995 年 5 册
26cm（16 开）ISBN：7-5434-2358-8
定价：CNY120.00
（三味漫画屋）

J0043141
漫画四大名著
北京 长征出版社 1995 年 8 册 20cm（32 开）
ISBN：7-80015-332-0 定价：CNY116.00

J0043142

漫画唐诗三百首　蔡志忠著
香港　博益出版集团公司　1995 年　177 页
17cm（40 开）ISBN：962–17–1385–4
定价：HKD38.00
（博益漫画丛书　蔡志忠作品 43）

J0043143

毛毛雨漫画　胡明亮编著
北京　对外经济贸易大学出版社　1995 年　114 页
17×19cm　ISBN：7–81000–744–0
定价：CNY9.80
作者胡明亮（1951—　），漫画家。北京和平里第四小学美术高级教师、中国美术家协会北京分会会员。

J0043144

脑筋快转弯　张黎晨编
大连　辽宁师范大学出版社　1995 年　186 页
19cm（小 32 开）ISBN：7–81042–055–0
定价：CNY5.00
（糖葫芦书架丛书系列）
中国现代漫画作品。

J0043145

普普亚三（一个男女老幼轻松小剧场）草日绘
香港　壹出版公司　1995 年　201 页　21cm（32 开）
ISBN：962–577–069–0　定价：HKD39.00
（壹出版系列）

J0043146

奇妙乐园：睡童笔下的神奇王国　袁路绘
贵阳　贵州人民出版社　1995 年　118 页
17×19cm　ISBN：7–221–03914–3
定价：CNY9.80
中国现代漫画。

J0043147

蔷薇园（漫画作品集）《贵阳晚报》社编
贵阳　贵州人民出版社　1995 年　119 页
26cm（16 开）ISBN：7–221–03706–X
定价：CNY6.80

J0043148

瞧男人真面目（漫画本）戴逸如绘画
上海　三联书店上海分店　1995 年　19cm（小 32 开）
ISBN：7–5426–0728–6　定价：CNY9.80
作者戴逸如（1948—　），编辑、作家、漫画家。上海人。历任机关刊物《上海新闻出版》编辑、《新民晚报》主任编辑、中国创造学会理事、上海市美术家协会会员。著有《启锁斋笑林》《医圣张仲景》《创造博士》，主编《世界漫画大师精品珍赏》《东方十日谈》等。

J0043149

倾国怨伶：古镜奇谭（第一章）游素兰著
沈阳　沈阳出版社　1995 年　4 册　19cm（小 32 开）
ISBN：7–5441–0379–X
中国现代漫画。

J0043150

三国演义　何佳媛改编；何宇宏等主绘
北京　长征出版社　1995 年　2 册（1010 页）
20cm（32 开）ISBN：7–80015–332–0
定价：CNY116.00
（漫画四大名著）

J0043151

三国志　蔡志忠绘
台北　时报文化出版公司　1995 年　149 页
19×21cm　ISBN：957–13–1561–3
定价：TWD140.00
（时报漫画丛书 195）
作者蔡志忠（1948—　），著名漫画家。台湾彰化人，1976 年成立远东卡通公司、龙卡通公司。创作的 100 多部作品被 30 多个国家翻译出版。代表作品有《庄子说》《老子说》《列子说》《大醉侠》《盗帅独眼龙》《光头神探》等。

J0043152

山东漫画作品选　山东省漫画学会编
济南　山东美术出版社　1995 年　149 页
21×19cm　ISBN：7–5330–0851–0
定价：CNY17.00

J0043153

神乎其神（广告在促销中的妙用）陈桂芳，刘可风编；刘可风绘

武汉　湖北人民出版社　1995 年　140 页
19cm（小 32 开）ISBN：7-216-01784-6
定价：CNY6.50
（1 分钟经济漫画系列）

J0043154
生活礼仪 （图集）陈全友文；凯军，张帆绘
杭州　浙江人民美术出版社　1995 年　145 页
19cm（小 32 开）ISBN：7-5340-0637-6
定价：CNY6.50
　　中国现代漫画。作者张帆，改编的主要连环画作品有《回民支队》《甲午海战》《敌后武工队》等。

J0043155
声东击西 （影射篇）唐子恒等编译；金马等绘
济南　山东大学出版社　1995 年　101 页
19cm（小 32 开）ISBN：7-5607-1552-4
定价：CNY5.10
（中国笑林博览绘画本 5）

J0043156
世说新语 （六朝的清谈）蔡志忠绘
北京　生活·读书·新知三联书店　1995 年　重印本
167 页　19cm（32 开）ISBN：7-108-00395-3
定价：CNY4.95
（蔡志忠漫画）

J0043157
水浒传 周剑改编；何宇宏等主绘
北京　长征出版社　1995 年　2 册（1003 页）
20cm（32 开）ISBN：7-80015-332-0
定价：CNY116.00
（漫画四大名著）

J0043158
水浒全传 （1　乱世出枭雄）博采图书工作室制作
银川　宁夏人民出版社　1995 年　94 页
19cm（小 32 开）ISBN：7-227-01466-5
定价：CNY3.30
（九头狼丛书·新型漫画系列）

J0043159
水浒全传 （2　智取生辰纲）博采图书工作室制作
银川　宁夏人民出版社　1995 年　94 页
19cm（小 32 开）ISBN：7-227-01466-5
定价：CNY3.30
（九头狼丛书·新型漫画系列）

J0043160
水浒全传 （3　夜闯景阳冈）博采图书工作室制作
银川　宁夏人民出版社　1995 年　94 页
19cm（小 32 开）ISBN：7-227-01466-5
定价：CNY3.30
（九头狼丛书·新型漫画系列）

J0043161
水浒全传 （4　血溅鸳鸯楼）博采图书工作室制作
银川　宁夏人民出版社　1995 年　94 页
19cm（小 32 开）ISBN：7-227-01466-5
定价：CNY3.30
（九头狼丛书·新型漫画系列）

J0043162
说假道真 （荒诞篇）唐子恒等编译；金马等绘
济南　山东大学出版社　1995 年　10+103 页
19cm（小 32 开）ISBN：7-5607-1552-4
定价：CNY5.10
（中国笑林博览绘画本 7）

J0043163
松花蛋 （卜愚漫画）卜愚绘
天津　天津人民美术出版社　1995 年　58 页
21×19cm　ISBN：7-5305-0565-3
定价：CNY28.00

J0043164
卫斯理传奇 （1　卫斯理与白素）倪匡著；黄展鸣编绘
香港　博益出版集团公司　1995 年　182 页
21cm（32 开）ISBN：962-17-1395-1
定价：HKD30.00
（博益漫画丛书 1）

J0043165
西方十句话 （Ⅰ）蔡志忠编绘
北京 生活·读书·新知三联书店 1995 年 119 页
20cm（32 开）ISBN：7-108-00762-2
定价：CNY5.20
（十句话丛书）
　　中国现代漫画。

J0043166
西方十句话 （Ⅱ）蔡志忠编绘
北京 生活·读书·新知三联书店 1995 年 115 页
20cm（32 开）ISBN：7-108-00830-0
定价：CNY5.60
（十句话丛书）

J0043167
西方十句话 （Ⅲ）蔡志忠编绘
北京 生活·读书·新知三联书店 1995 年 107 页
20cm（32 开）ISBN：7-108-00831-9
定价：CNY5.20
（十句话丛书）

J0043168
西方十句话 （Ⅳ）蔡志忠编绘
北京 生活·读书·新知三联书店 1995 年 98 页
20cm（32 开）ISBN：7-108-00832-7
定价：CNY4.70
（十句话丛书）

J0043169
西方十句话 （Ⅴ）蔡志忠编绘
北京 生活·读书·新知三联书店 1995 年 120 页
20cm（32 开）ISBN：7-108-00833-5
定价：CNY5.80
（十句话丛书）

J0043170
西游记 杨颖改编；张青主绘
北京 长征出版社 1995 年 2 册（986 页）
20cm（32 开）ISBN：7-80015-332-0
定价：CNY116.00
（漫画四大名著）

J0043171
戏谑人生 （诙谐篇）唐子恒等编译；金马等绘
济南 山东大学出版社 1995 年 10+99 页
19cm（小 32 开）ISBN：7-5607-1552-4
定价：CNY5.10
（中国笑林博览绘画本 2）

J0043172
消费的学问 肖翠祥编；刘可风绘
武汉 湖北人民出版社 1995 年 154 页
19cm（小 32 开）ISBN：7-216-01786-2
定价：CNY7.20
（1 分钟经济漫画系列）

J0043173
小和尚 （幽默长篇 漫画集）凯军，凯平编绘
上海 上海人民美术出版社 1995 年 294 页
19cm（小 32 开）ISBN：7-5322-1434-6
定价：CNY8.00

J0043174
小秃笔师生漫画选 张兆新编著
上海 上海教育出版社 1995 年 136 页
17×19cm ISBN：7-5320-4226-X
定价：CNY3.00

J0043175
笑话大师 （笑话、漫画 1）罗秋等编；昆武绘
昆明 晨光出版社 1995 年 131 页 19cm（小 32 开）
ISBN：7-5414-1047-0 定价：CNY4.50
　　作者李昆武（1955— ），云南昆明人。历任春城晚报美术编辑、云南省美术家协会理事、中国新闻漫画研究会常务理事。代表作品《逍遥游》《边疆风情录》《一个中国人的一生》等。

J0043176
笑话大师 （笑话、漫画 2）罗秋等编；昆武绘
昆明 晨光出版社 1995 年 123 页 19cm（小 32 开）
ISBN：7-5414-1048-9 定价：CNY4.30

J0043177
笑口常开 （滑稽篇）唐子恒等编译；金马等绘
济南 山东大学出版社 1995 年 105 页
19cm（小 32 开）ISBN：7-5607-1552-4
定价：CNY5.10
（中国笑林博览绘画本 4）

J0043178
徐志摩金句漫画　戴逸如绘；于凭选编
上海　上海书店出版社　1995年　205页
19cm（小32开）ISBN：7-80622-037-2
定价：CNY7.00
（戴逸如漫画现代文豪金句系列）
　　作者戴逸如（1948—　），编辑、作家、漫画
家。上海人。历任机关刊物《上海新闻出版》编辑、
《新民晚报》主任编辑、中国创造学会理事、上海
市美术家协会会员。著有《启锁斋笑林》《医圣
张仲景》《创造博士》，主编《世界漫画大师精品
珍赏》《东方十日谈》等。

J0043179
养生健身长寿画库　林端宜主编；刘同升等
编文；邱木生等绘画
福州　福建美术出版社　1995年　4册
19cm（小32开）ISBN：7-5393-0303-4
定价：CNY27.60
　　本书是漫画连环画，分《妙治篇》《饮食篇》
《养生篇》《趣谈篇》4册。主编林端宜（1946—　），
女，福建中医学院图书馆馆长、闽台中医药信息
中心主任。主要从事台湾中医药文献研究。

J0043180
异想天开　（阿明幽默画）阿明绘
西安　陕西人民美术出版社　1995年　96页
17×19cm　ISBN：7-5368-0757-0
定价：CNY6.80
　　外文书名：Out of Imagination: A Ming's
Humor Painting. 作者阿明（1962—　），湖北人，
本名宋晓明。《幽默大王》杂志副主编。

J0043181
于守洋体育幽默漫画集　于守洋绘
济南　山东文艺出版社　1995年　70页　18×17cm
ISBN：7-5329-1274-4　定价：CNY4.50
　　作者守洋（1957—　），山东潍坊人。山
东省滕州市物资集团总公司领导干部、高级政工
师，中国美术家协会山东分会会员。

J0043182
寓言画典　朱迪卓，晓宏主编
北京　蓝天出版社　1995年　2册（578；486页）
20cm（32开）ISBN：7-80081-583-8

定价：CNY42.00
　　本书为中国现代漫画，上卷为哲理警世，下
卷为讽刺幽默。

J0043183
原子弹之父爱因斯坦　简朴等编著
沈阳　辽宁民族出版社　1995年　72页　19×17cm
ISBN：7-80527-496-7　定价：CNY3.80
（名人故事漫画丛书）
　　中国现代漫画作品。

J0043184
云南18怪　（李小午边疆风情录）昆武［绘］著
昆明　晨光出版社　1995年　176页　19cm（小32开）
ISBN：7-5414-1044-6　定价：CNY5.30
　　中国现代漫画。

J0043185
在爱中，请勿打扰！　阿宽编；阿祖绘
香港　壹出版公司　1995年　2册　21cm（32开）
ISBN：962-577-051-8　定价：HKD39.00
（壹出版系列）

J0043186
智慧快餐　（幽默篇）唐子恒等编译；金马
等绘
济南　山东大学出版社　1995年　10+102页
19cm（小32开）ISBN：7-5607-1552-4
定价：CNY5.10
（中国笑林博览绘画本　3）

J0043187
智慧快餐　（郑辛遥幽默画）郑辛遥绘
上海　上海人民出版社　1995年　134页
12×16cm　ISBN：7-208-02160-0
定价：CNY9.00
　　外文书名：Wisdom Snack: Zheng Xinyao
Humourous Cartoons. 作者郑辛遥（1958—　），
漫画家。生于上海，祖籍江苏苏州。历任中国美
术家协会会员、上海漫画艺术委员会委员、《漫
画世界》编委、上海市美术家协会第八届主席。
代表作品有《智慧快餐》系列漫画，作品集《郑辛
遥幽默画》，《漫条思理——郑辛遥智慧快餐漫画
大全集》等。

J0043188
中国漫画精品大观 （报刊精选 1979—1994）
毛铭三编
北京 经济日报出版社 1995 年 300 页
21×18cm ISBN：7-80036-924-2
定价：CNY29.50

J0043189
中国笑林博览绘画本 唐子恒等编译；金马
等绘
济南 山东大学出版社 1995 年 8 册
19cm（小 32 开）ISBN：7-5607-1552-4
定价：CNY40.80

J0043190
周作人金句漫画 周作人原著；戴逸如绘；于
凭选编
上海 上海书店出版社 1995 年 192 页
19cm（小 32 开）ISBN：7-80622-039-9
定价：CNY6.30
（戴逸如漫画现代文豪金句系列）
　　作者戴逸如(1948—)，编辑、作家、漫画
家。上海人。历任机关刊物《上海新闻出版》编辑、
《新民晚报》主任编辑、中国创造学会理事、上海
市美术家协会会员。著有《启锁斋笑林》《医圣
张仲景》《创造博士》，主编《世界漫画大师精品
珍赏》《东方十日谈》等。

J0043191
纵横捭阖 （商务谈判的制胜之道）陈明编；
张文竹等绘
武汉 湖北人民出版社 1995 年 158 页
19cm（小 32 开）ISBN：7-216-01783-8
定价：CNY7.50
（1 分钟经济漫画系列）

J0043192
**"天下第一店杯"全国漫画大赛优秀作品
集** 王玉礼主编
济南 山东文艺出版社 1996 年 97 页 20×18cm
ISBN：7-5329-1380-5 定价：CNY28.80

J0043193
捕捉阳光 苏童文；贺友直绘
上海 上海书店出版社 1996 年 139 页

20cm（32 开）ISBN：7-80622-153-0
定价：CNY12.50
（语丝画痕丛书 苏童语丝）
　　作者贺友直(1922—2016)，连环画家。出生
于上海，祖籍浙江宁波。曾任上海人民美术出版
社编审、连环画艺术委员会主任、上海市美术家
协会第四届副主席、中国连环画研究会第二届副
会长等职。代表作品《朝阳沟》《山乡巨变》等。

J0043194
陈言勿去录 陈村文；谢春彦画
上海 上海书店出版社 1996 年 135 页
20cm（32 开）ISBN：7-80622-152-2
定价：CNY12.50
（语丝画痕丛书 陈村语丝）

J0043195
成长的贺卡 （青春漫画）徐晓东编绘
成都 四川少年儿童出版社 1996 年 128 页
19cm（小 32 开）ISBN：7-5365-1616-9
定价：CNY5.00
（多梦季节 2）
　　中国现代漫画作品。

J0043196
丁聪画廊 （中外名人肖像集）丁聪绘；卢丽
丽主编
郑州 黄河水利出版社 1996 年 65 页
18cm（小 32 开）经折装 ISBN：7-80621-128-4
定价：CNY13.80
　　作者丁聪(1916—2009)，著名漫画家、舞台
美术家。生于上海。曾任《人民画报》副总编辑、
中国美术家协会漫画艺术委员会主任。作品有
《鲁迅小说插图》《丁聪插图》《四世同堂》《骆驼
祥子》作品插图。

J0043197
儿童漫画佳作选：聪明的猴仔 小平著；立
军，小墨绘
北京 人民美术出版社 1996 年 65 页 26cm（16 开）
ISBN：7-102-01692-1 定价：CNY4.60
　　中国现代漫画作品。

J0043198
儿童漫画佳作选：小刺猬 丁午编绘

北京　人民美术出版社　1996年　54页
26cm（16开）ISBN：7-102-01693-X
定价：CNY10.50
　　中国现代漫画作品。

J0043199
疯狂政治秀　（漫画集）郑松维绘
台北　东门出版社　1996年　174页　27cm（大16开）
ISBN：957-9410-35-6　定价：TWD240.00
（漫画系列）

J0043200
故事新编　鲁迅原著；芦金改编；赵文彬绘
石家庄　河北人民出版社　1996年　257页
20cm（32开）ISBN：7-202-01925-6
定价：CNY18.00
（漫画鲁迅小说）

J0043201
鬼谷探宝　刘兴钦绘著
台北　联经出版事业公司　1996年　256页
21cm（32开）ISBN：957-08-0395-9
定价：TWD150.00
（刘兴钦漫画集　27）

J0043202
呼啸山庄　（英）勃朗特原著；韩慧译；森园美
留久改编、绘画
南宁　接力出版社　1996年　265页　19cm（小32开）
ISBN：7-80631-032-0　定价：CNY15.00
（漫画世界文学名著　7）
　　中国现代漫画作品。

J0043203
环球幽默　（画册　第1辑）陈贤仲主编
武汉　湖北少年儿童出版社　1996年　48页
29cm（16开）ISBN：7-5353-1604-2
定价：CNY6.80
　　外文书名：Universal Humour.

J0043204
幻想美丽　何立伟文；王震坤绘
上海　上海书店出版社　1996年　135页
20cm（32开）ISBN：7-80622-155-7
定价：CNY12.50

（语丝画痕丛书　立伟语丝）

J0043205
老插和他的驴　（魏铁漫画集）魏铁绘
济南　山东文艺出版社　1996年　117页
21cm（32开）ISBN：7-5329-1343-0
定价：CNY10.00
　　作者魏铁（1935—　），原名魏铁生，北京市
朝阳剧场美工、中国美术家协会会员。

J0043206
梁山好汉　朱佳等编
北京　人民美术出版社　1996年　10册　17×18cm
ISBN：7-102-01486-4　定价：CNY40.00
（漫画古典文学名著）
　　中国现代漫画作品。

J0043207
梁山好汉——武松　巢阳改编；孙晓纲绘
北京　人民美术出版社　1996年　71页　17×18cm
ISBN：7-102-01486-4
（漫画古典文学名著）
　　中国现代漫画作品。

J0043208
梁实秋金句漫画　梁实秋文；戴逸如绘；于凭
选编
上海　上海书店出版社　1996年　重印本　188页
19cm（32开）ISBN：7-80622-074-7
定价：CNY7.00
（戴逸如漫画现代文豪金句系列）

J0043209
林语堂金句漫画　戴逸如绘；于凭选编
上海　上海书店出版社　1996年　重印本　158页
19cm（32开）ISBN：7-80622-073-9
定价：CNY6.50
（戴逸如漫画现代文豪金句系列）
　　作者戴逸如（1948—　），编辑、作家、漫画
家。上海人。历任机关刊物《上海新闻出版》编辑、
《新民晚报》主任编辑、中国创造学会理事、上海
市美术家协会会员。著有《启锁斋笑林》《医圣
张仲景》《创造博士》，主编《世界漫画大师精品
珍赏》《东方十日谈》等。

J0043210

六朝怪谈 （奇幻人间世）蔡志忠绘
北京　三联书店　1996年　重印本　169页
19cm（32开）ISBN：7-108-00427-5
定价：CNY6.90
（蔡志忠漫画）

　　　作者蔡志忠（1948—　　），著名漫画家。台湾彰化人，1976年成立远东卡通公司、龙卡通公司。创作的100多部作品被30多个国家翻译出版。代表作品有《庄子说》《老子说》《列子说》《大醉侠》《盗帅独眼龙》《光头神探》等。

J0043211

漫画后汉书　李秀民，王小牛主编
石家庄　河北教育出版社　1996年　4册
26cm（16开）ISBN：7-5434-2709-5
定价：CNY102.20
（三味漫画屋）

J0043212

漫画后汉书　李秀民，王小牛主编
石家庄　河北教育出版社　1996年　4册
26cm（16开）精装　ISBN：7-5434-2708-7
定价：CNY140.20
（三味漫画屋）

J0043213

漫画科学史探险　星河编文；任军等绘
北京　北京少年儿童出版社　1996年　3册
19cm（小32开）ISBN：7-5301-0605-8
定价：CNY27.00
　　　中国现代漫画作品。

J0043214

漫画三国志　魏连科等主编
石家庄　河北教育出版社　1996年　5册
26cm（16开）精装　ISBN：7-5434-2490-8
定价：CNY176.00
（三味漫画屋）

J0043215

漫画三国志　魏连科等主编
石家庄　河北教育出版社　1996年　5册
26cm（16开）ISBN：7-5434-2491-6
定价：CNY126.00

（三味漫画屋）

J0043216

漫画三十六计　龚永志绘；廖漫莹，龚华编文
北京　商务印书馆国际有限公司　1996年　308页
20cm（32开）ISBN：7-80103-080-X
定价：CNY18.00
（中国古代历史故事）

J0043217

漫画同人志：金虹画集　阿恒，高大春编绘
乌鲁木齐　新疆青少年出版社　1996年　2册
19cm（小32开）ISBN：7-5371-2480-9
定价：CNY12.40
（小鬼头丛书　1）
　　　中国现代漫画作品。

J0043218

漫画详解《千字文》《名贤集》《增广贤文》　李琼，黄晓新主编；程可粿等绘
北京　华文出版社　1996年　414页　19cm（小32开）
ISBN：7-5075-0434-4　定价：CNY13.00

J0043219

漫画心经　菜志忠绘
台北　佛光文化事业公司　1996年　140页
21cm（32开）ISBN：957-543-474-9
定价：TWD140.00
（佛光经典漫画系列）

J0043220

漫画原子弹　（金虹画集）阿恒等编绘
乌鲁木齐　新疆青少年出版社　1996年　2册
19cm（小32开）ISBN：7-5371-2505-8
定价：CNY12.40
（小鬼头丛书　2）
　　　中国现代漫画作品。

J0043221

漫话慈禧　刘阳等编绘
海口　南海出版公司　1996年　240页　20cm（32开）
ISBN：7-5442-0691-2　定价：CNY15.50
（德辰文化卡通系列　第一批）
　　　中国现代漫画连环画。作者刘阳（1963—　　），满族，笔名三者，北京人。曾于中央美术学院、

中国社会科学院研究生院学习。专著有《刘阳画集》《刘阳诗集》《中国动物画技法大全》《中国现代书印学史》《刘阳艺术论》等。

J0043222
漫话刘罗锅　刘阳等编绘
海口　南海出版公司　1996年　261页　20cm（32开）
ISBN：7-5442-0690-4　定价：CNY16.50
（德辰文化卡通系列　第一批）
　　中国现代漫画连环画。

J0043223
漫话三国　刘阳等编绘
海口　南海出版公司　1996年　355页　20cm（32开）
ISBN：7-5442-0689-0　定价：CNY18.50
（德辰文化卡通系列　第一批）
　　中国现代漫画连环画。

J0043224
漫话水浒　刘阳等编绘
海口　南海出版公司　1996年　298页　20cm（32开）
ISBN：7-5442-0688-2　定价：CNY17.50
（德辰文化卡通系列　第一批）
　　中国现代漫画连环画。

J0043225
名著歪传　赵为群［著］
上海　上海人民出版社　1996年　122页　19cm（小32开）ISBN：7-208-02457-X
定价：CNY10.00
　　中国现代漫画画册。

J0043226
呐喊　鲁迅原著；马光复改编；曹开祥，朱森林绘
石家庄　河北人民出版社　1996年　349页　20cm（32开）ISBN：7-202-01926-4
定价：CNY24.00
（漫画鲁迅小说）

J0043227
彷徨　鲁迅原著；石伟改编；左川等绘
石家庄　河北人民出版社　1996年　365页　20cm（32开）ISBN：7-202-01899-3
定价：CNY24.00
（漫画鲁迅小说）

　　作者左川（1941— ），漫画家。原名左济利，四川江北县人，就读于天津红专工艺美术学院。天津科技出版社美术编辑。出版有《左川漫画选集》《中国历代皇帝大观》。

J0043228
胖姐儿　孙以增编绘
西安　未来出版社　1996年　48页　26cm（16开）
ISBN：7-5417-1178-0　定价：CNY4.00
　　中国现代漫画作品。作者孙以增（1941—2013），漫画家。毕业于中央工艺美术学院装饰美术系。曾任北京日报美术编辑。作品有《寻找位置的小星星》《祝福新编》等。

J0043229
全国著名儿童漫画家作品精选　段纪夫等绘
石家庄　河北少年儿童出版社　1996年　3册　17×19cm　ISBN：7-5376-1403-2
定价：CNY15.00
（开心果丛书）

J0043230
人生金钥匙：人生修养格言　吟龙，延峰绘；曹黛编
北京　现代出版社　1996年　331页　19cm（小32开）
ISBN：7-80028-318-6　定价：CNY12.80
　　中国现代漫画作品。

J0043231
上海漫画
上海　上海书店出版社　1996年　影印本　2册　38cm（6开）精装　ISBN：7-80622-147-6
定价：CNY950.00

J0043232
宋词说　（花间的细诉）蔡志忠绘
北京　三联书店　1996年　重印本　141页　19cm（32开）ISBN：7-108-00428-3
定价：CNY3.15
（蔡志忠漫画）
　　作者蔡志忠（1948— ），著名漫画家。台湾彰化人，1976年成立远东卡通公司、龙卡通公司。创作的100多部作品被30多个国家翻译出版。

代表作品有《庄子说》《老子说》《列子说》《大醉侠》《盗帅独眼龙》《光头神探》等。

J0043233
王米漫画集　王米绘
北京 文津出版社 1996 年 127 页 29cm（16 开）
ISBN：7-80554-305-4 定价：CNY28.00
　　中国现代漫画作品。

J0043234
我爱你　（十二色爱情物语）水瓶鲸鱼绘
台北 时报文化出版企业公司 1996 年 150 页
21cm（32 开）ISBN：957-13-2105-2
定价：TWD150.00
（时报漫画丛书 FA229）

J0043235
我画你写　（文化人肖像集）丁聪绘；宗文编
北京 外文出版社 1996 年 155 页 17×19cm
ISBN：7-119-01809-4 定价：CNY16.00
　　作者丁聪(1916—2009)，著名漫画家、舞台美术家。生于上海。曾任《人民画报》副总编辑、中国美术家协会漫画艺术委员会主任。作品有《鲁迅小说插图》《丁聪插图》《四世同堂》《骆驼祥子》作品插图。

J0043236
无痕　林意菲编绘
北京 中国连环画出版社 1996 年 131 页
19cm（小 32 开）ISBN：7-5061-0729-5
定价：CNY6.90
（少男少女漫画丛书）
　　中国现代漫画作品。

J0043237
戏画老安　（张乃成连环漫画）张乃成编绘
西安 未来出版社 1996 年 50 页 26cm（16 开）
ISBN：7-5417-1177-2 定价：CNY4.00
　　中国现代漫画作品。

J0043238
瞎操心　陈四益文；丁聪绘
上海 汉语大词典出版社 1996 年 237 页
20cm（32 开）ISBN：7-5432-0220-4
定价：CNY12.00
（书友文丛）
　　现代中国漫画画册。作者陈四益(1939—)，编辑。笔名东耳、叶芝余。出生于四川成都，祖籍上海。任新华社高级编辑。著有《当代杂文选粹·东耳之卷》《现代杂文鉴赏》（合作）《绘图新百喻》等。作者丁聪(1916—2009)，著名漫画家、舞台美术家。生于上海。曾任《人民画报》副总编辑、中国美术家协会漫画艺术委员会主任。作品有《鲁迅小说插图》《丁聪插图》《四世同堂》《骆驼祥子》作品插图。

J0043239
消防漫画集　王林主编；《江苏消防》杂志社编
南京 江苏美术出版社 1996 年 172 页
21×19cm ISBN：7-5344-0606-4
定价：CNY14.80

J0043240
小平说：什么是社会主义　（漫画本）解聘如主编；赵晓苏绘
广州 广州出版社 1996 年 197 页 19cm（小 32 开）
ISBN：7-80592-352-3 定价：CNY7.60

J0043241
笑画幽默笑话　张乃成编画
合肥 安徽人民出版社 1996 年 110 页
26cm（16 开）ISBN：7-212-01271-8
定价：CNY7.80

J0043242
邂逅性灵　夏中义文；王俭绘
上海 上海书店出版社 1996 年 146 页
20cm（32 开）ISBN：7-80622-156-5
定价：CNY12.50
（语丝画痕丛书 申义语丝）

J0043243
杨海峰漫画选　杨海峰绘
长沙 湖南美术出版社 1996 年 105 页
17×18cm ISBN：7-5356-0910-4
定价：CNY9.70
　　作者杨海峰(1929—)，原名贤锐。江西省美术家协会会员、江西省漫画学会理事、赣南漫画研究会会长。

J0043244
艺术家十句话　蔡志忠编绘
北京　生活·读书·新知三联书店　1996年　147页
有插图　20cm（32开）ISBN：7-108-00873-4
定价：CNY7.80
（十句话丛书）
　　　　现代中国漫画画册。

J0043245
影响二十世纪中国历史进程的三巨人说
（漫画本　第一册　孙中山说：革命尚未成功）
张磊主编；方成绘
广州　广东经济出版社　1996年　14+248页
20cm（32开）ISBN：7-80632-037-7
定价：CNY12.80
　　　　作者方成（1918—2018），漫画家、杂文家、
幽默理论专家。原名孙顺潮，杂文笔名张化。祖
籍广东中山，生于北京，毕业于武汉大学。历任
《观察》半月刊漫画版主编、北京《新民晚报》美
术编辑、人民日报社高级编辑、中国新闻漫画研
究会会长。

J0043246
影响二十世纪中国历史进程的三巨人说
（漫画本　第二册　毛泽东说：中国人民站起来
了）廖盖隆，吴智棠主编；王复羊绘
广州　广东经济出版社　1996年　14+280页
20cm（32开）ISBN：7-80632-036-9
定价：CNY14.30
　　　　作者王复羊（1935—2008），满族，美术编
辑。辽宁大连人。《北京晚报》编委兼美术摄影
部主任。

J0043247
影响二十世纪中国历史进程的三巨人说
（漫画本　第三册　邓小平说：建设有中国特色的
社会主义）解聘如，赵辛茅主编；廖冰兄绘
广州　广东经济出版社　1996年　14+274页
20cm（32开）ISBN：7-80632-035-0
定价：CNY13.80
　　　　作者廖冰兄（1915—2006），漫画家。原名东
生，生于广东广州，祖籍广西象州县。曾任美术
家协会广东分会副主席、中国美术家协会理事。
代表作品《自嘲》《猫国春秋》《抗战必胜连环图》
《残梦纪奇篇》等。

J0043248
幽默画　李下主编；徐鹏飞选编
成都　四川人民出版社　1996年　250页　20cm
（32开）ISBN：7-220-03246-3　定价：CNY18.00
（20世纪中国幽默精品）

J0043249
又绿江南　叶兆言文；潘顺祺绘
上海　上海书店出版社　1996年　133页
20cm（32开）ISBN：7-80622-154-9
定价：CNY12.50
（语丝画痕丛书　兆言语丝）
　　　　作者潘顺祺（1946—　　），上海人。毕业于上
海交通大学。擅长漫画。曾任《为了孩子》杂志
美术编辑，现代家庭杂志社副总编辑、主编。代
表作品有《棋迷》。出版有《潘顺祺幽默画》《奇
思妙想》《眇与BB》等。

J0043250
怎样打民事官司　（漫画《民事诉讼法》）洪
波，解玉环主编；迟伟凡绘画
北京　警官教育出版社　1996年　365页
19cm（小32开）ISBN：7-81027-662-X
定价：CNY16.80

J0043251
智慧之书十句话　蔡志忠编绘
北京　生活·读书·新知三联书店　1996年　89页
20cm（32开）
ISBN：7-108-00874-2　定价：CNY4.50
（十句话丛书）
　　　　现代中国漫画画册。

J0043252
中国儿童漫画家选集
成都　四川少年儿童出版社　1996年　4册
17×18cm　ISBN：7-5365-1476-X
定价：CNY24.50

J0043253
中国十佳少年　（漫画本）刘军改编；王庆
宏绘
大连　大连出版社　1996年　120页　19cm（小32开）
ISBN：7-80612-298-2　定价：CNY4.50

J0043254
中学生漫画精选　《中学生》杂志社编
北京　中国少年儿童出版社　1996 年　129 页
19cm（小 32 开）ISBN：7-5007-3209-0
定价：CNY5.20
（开心书屋　当代中学生精品书屋）

J0043255
1935 年的三毛　张乐平作
上海　少年儿童出版社　1997 年　124 页
17×19cm　ISBN：7-5324-3361-7
定价：CNY12.20
　　　　中国现代漫画画册。

J0043256
遨游太空城　陆正华撰文；邹越非等绘
天津　新蕾出版社　1997 年　156 页　20cm（32 开）
ISBN：7-5307-2035-X　定价：CNY14.50
（大型科学漫画丛书　漫游新科技世界）
　　　作者邹越非（1934—　），连环画家。生于江
苏镇江，就读于上海连环画学习班。历任上海美
术家协会创作员、上海教育出版社美术编辑、上
海社会科学院出版社美术编辑。代表作品有《蔷
薇花案件》《孙小圣与猪小能》，出版有《龙江颂》
《通俗前后汉演义》。

J0043257
百美图（当代文艺家自画像）包立民编著
济南　山东画报出版社　1997 年　2 册（495 页）
21×21cm　ISBN：7-80603-112-X
定价：CNY60.00

J0043258
补丁集　华君武著
上海　学林出版社　1997 年　347 页　有照片
20cm（32 开）ISBN：7-80616-447-2
定价：CNY18.00
（笔会文丛　3）
　　　　中国现代漫画画册。

J0043259
豺狼的微笑（爱尔兰）阿奎利斯·爱克斯著；
蔡志忠绘；何伊译
北京　生活·读书·新知三联书店　1997 年　85 页
20×18cm　ISBN：7-108-01061-5

定价：CNY7.80
　　　中国现代漫画画册。

J0043260
超时空数学之旅（1 漫画趣味数学）李毓佩
编著；林航，王皓绘
北京　首都师范大学出版社　1997 年　208 页
19cm（小 32 开）ISBN：7-81039-921-7
定价：CNY9.50
（漫画趣味百科丛书）

J0043261
超速风暴（第 1 集）陈绍业主编；吕蕾电脑
绘画
北京　中国少年儿童出版社　1997 年　192 页
26cm（16 开）ISBN：7-5007-3414-X
定价：CNY14.80
（中国时代特色故事漫画系列丛书）

J0043262
超速风暴（第 2 集）陈绍业主编
北京　中国少年儿童出版社　1997 年　190 页
26cm（16 开）ISBN：7-5007-3517-0
定价：CNY14.80
（中国时代特色故事漫画系列丛书）

J0043263
成功致富又快乐　温世仁著；蔡志忠绘
北京　生活·读书·新知三联书店　1997 年　78 页
20×18cm
ISBN：7-108-01062-3　定价：CNY6.80
　　　中国现代漫画画册。

J0043264
春花秋月　杨青青著
上海　中国纺织大学出版社　1997 年　139 页
20cm（32 开）ISBN：7-81038-155-5
定价：CNY18.00
　　　中国现代漫画画册。

J0043265
地下作家　江润秋原作；夏俊绘
成都　四川少年儿童出版社　1997 年　128 页
19cm（小 32 开）ISBN：7-5365-1826-9
定价：CNY5.00

（青春漫画·多梦季节 6）

J0043266
地震来了怎么办 （科普漫画 第二版）国家
地震局，辽宁省地震局编绘
北京 地震出版社 1997年 43页 17×18cm
ISBN：7-5028-1361-6 定价：CNY6.00

J0043267
斗室的散步 黄永玉绘
北京 生活·读书·新知三联书店 1997年 284页
14×13cm ISBN：7-108-01055-0 定价：CNY9.60
（永玉六记 6）
　　中国现代漫画画册。作者黄永玉（1924—　　），
土家族，教授。历任中央美术学院教授，全国政
协委员，中国美术家协会常务理事、副主席。作
品有《春潮》《百花》《人民总理人民爱》《阿诗
玛》等。出版有《黄永玉木刻集》《黄永玉画集》。

J0043268
儿童一日一笑 金建楚编
上海 上海书画出版社 1997年 365页
17×19cm ISBN：7-80635-149-3
定价：CNY20.00
（365丛书）
　　中国少儿漫画画册。

J0043269
飞越'97 众生广告商社编绘
北京 华夏出版社 1997年 42页 26cm（16开）
ISBN：7-5080-1249-6 定价：CNY9.80
（自豪的中国少儿系列漫画丛书）

J0043270
佛陀说 蔡志忠编绘
北京 生活·读书·新知三联书店 1997年 144页
19cm（小32开）
ISBN：7-108-01080-1 定价：CNY6.60
（蔡志忠佛经漫画）

J0043271
罐斋杂记 黄永玉绘著
北京 生活·读书·新知三联书店 1997年 2版
171页 14×13cm ISBN：7-108-01050-X
定价：CNY5.80

（永玉六记 1）
　　中国现代漫画画册。

J0043272
汗珠里的沙漠 黄永玉绘
北京 生活·读书·新知三联书店 1997年 244页
14×13cm ISBN：7-108-01054-2
定价：CNY8.50
（永玉六记 5）
　　中国现代漫画画册。

J0043273
胡君里漫画选 胡君里绘
广州 岭南美术出版社 1997年 72页 17×19cm
ISBN：7-5362-1627-0 定价：CNY12.90

J0043274
荒画连篇 潘文辉文、图
上海 上海书店出版社 1997年 200页
17×19cm ISBN：7-80622-235-9
定价：CNY16.00

J0043275
黄河·黄帝 众生广告商社编绘
北京 华夏出版社 1997年 46页 26cm（16开）
ISBN：7-5080-1250-X 定价：CNY9.80
（自豪的中国少儿系列漫画丛书）

J0043276
绘图双百喻 陈四益文；丁聪绘
长沙 湖南文艺出版社 1997年 16+420页
20cm（32开）ISBN：7-5404-1682-3
定价：CNY19.80
（中国当代著名杂文家、漫画家幽默小品）
　　作者陈四益（1939—　　），编辑。笔名东耳、
叶芝余。出生于四川成都，祖籍上海。任新华社
高级编辑。著有《当代杂文选粹·东耳之卷》《现
代杂文鉴赏》（合作）《绘图新百喻》等。作者丁
聪（1916—2009），著名漫画家、舞台美术家。生
于上海。曾任《人民画报》副总编辑、中国美术
家协会漫画艺术委员会主任。作品有《鲁迅小说
插图》《丁聪插图》《四世同堂》《骆驼祥子》作品
插图。

J0043277
姜末日记 （姜永杰连环漫画集）姜永杰绘
沈阳 辽宁人民出版社 1997 年 183 页
19cm（小 32 开）ISBN：7-205-04096-5
定价：CNY12.00

J0043278
蒋文兵肖像漫画作品集 （世界名人百图）
蒋文兵绘
杭州 浙江文艺出版社 1997 年 110 页
25cm（小 16 开）ISBN：7-5339-1022-2
定价：CNY30.00

J0043279
结晶 王玉北文；韦尔乔绘
南京 江苏教育出版社 1997 年 350 页
20cm（32 开）ISBN：7-5343-3049-1
定价：CNY14.80
（西方哲理漫画 3）

J0043280
静思语 蔡志忠编绘
北京 生活·读书·新知三联书店 1997 年 273 页
18cm（小 32 开）
ISBN：7-108-00974-9 定价：CNY12.50
（蔡志忠佛经漫画）

J0043281
力求严肃认真思考的札记 黄永玉［绘著］
北京 生活·读书·新知三联书店 1997 年 2 版
144 页 14×13cm
ISBN：7-108-01051-8 定价：CNY4.80
（永玉六记 2）
　　中国现代漫画画册。

J0043282
罗曼蒂克原理 尤侠绘
台北 商智文化事业公司 1997 年 157 页
19cm（小 32 开）ISBN：957-8420-17-X
定价：TWD250.00
（爱情工具书）
　　外文书名：Romantic.

J0043283
漫画奥林匹克科幻游戏 （1）杨鹏编文；王
凌波等绘
北京 北京少年儿童出版社 1997 年 207 页
19cm（小 32 开）ISBN：7-5301-0599-X
定价：CNY9.00

J0043284
漫画奥林匹克科幻游戏 （2）杨鹏编文；王
凌波等绘
北京 北京少年儿童出版社 1997 年 218 页
19cm（小 32 开）ISBN：7-5301-0600-7
定价：CNY9.00

J0043285
漫画奥林匹克科幻游戏 （3）杨鹏编文；王
凌波等绘
北京 北京少年儿童出版社 1997 年 222 页
19cm（小 32 开）ISBN：7-5301-0601-5
定价：CNY9.00

J0043286
漫画奥林匹克智商游戏 （1）唐映红编文；
高赞民绘
北京 北京少年儿童出版社 1997 年 197 页
19cm（小 32 开）ISBN：7-5301-0608-2
定价：CNY9.00

J0043287
漫画奥林匹克智商游戏 （2）于微，童五编
文；高赞民绘
北京 北京少年儿童出版社 1997 年 199 页
19cm（小 32 开）ISBN：7-5301-0609-0
定价：CNY9.00

J0043288
漫画奥林匹克智商游戏 （3）于微，童五编
文；高赞民绘
北京 北京少年儿童出版社 1997 年 204 页
19cm（小 32 开）ISBN：7-5301-0610-4
定价：CNY9.00

J0043289
漫画本随机学 （BASIC）叶彦，孙莉编著；荣
非绘
北京 人民邮电出版社 1997 年 90 页 26cm（16 开）
ISBN：7-115-06461-X 定价：CNY13.00

J0043290

漫画本随机学 （WPS）孙莉，叶彦编著；荣非绘

北京 人民邮电出版社 1997年 90页 26cm（16开） ISBN：7-115-06463-6 定价：CNY13.00

J0043291

漫画本随机学 （什么是计算机）卢静，刘鲁军编著；荣非绘

北京 人民邮电出版社 1997年 90页 26cm（16开） ISBN：7-115-06460-1 定价：CNY13.00

J0043292

漫画成语故事 田恒玉，马玉珠编绘；刘玲选编

北京 农村读物出版社 1997年 100页 17×19cm

J0043293

漫画成语故事 李衍绘著

北京 中国华侨出版社 1997年 225页 20cm（32开） ISBN：7-80074-978-9 定价：CNY9.90

J0043294

漫画启蒙故事精粹 吴运鸿主编

北京 京华出版社 1997年 2册（231；207页） 20cm（32开） ISBN：7-80600-162-X 定价：CNY26.00

　　主编吴运鸿(1954—)，艺术家。创作以中国画的山水画为主。生于北京，祖籍山东蓬莱。笔名鲁人。中央美术学院中国画专业研究生班毕业。中国外文出版社美术副编审、北京轻工业技术学院美术特聘教授、民建北京市委文化委员会委员。出版专著《少年美术入门系列》《吴运鸿画集》，主编大型艺术丛书《世界美术馆巡览》。与台湾合作出版《西洋美术辞典》一书。国画作品《松山月色图》《春月图》《京剧印象》等。

J0043295

漫画税法 山西省国家税务局，山西省地方税务局编

北京 中国税务出版社 1997年 189页 19×18cm ISBN：7-80117-119-5 定价：CNY18.00

J0043296

漫画俗语三百篇 王亦秋策划编集；肖文津等绘；卢润祥词目解说

北京 中国连环画出版社 1997年 309页 20cm（32开） ISBN：7-5061-0605-1 定价：CNY19.00

　　编者王亦秋(1925—)，连环画家。又名王野秋，浙江镇海人。历任前锋出版社美术编辑，上海人民美术出版社连环画创作室创作员、副编审。主要作品有《杨门女将》《小刀会》《马跃檀溪》《李逵闹东京》《清兵入塞》等。

J0043297

漫画一分钟商业心理学 一禾文；刘孝沆画

北京 团结出版社 1997年 168页 20cm（32开） ISBN：7-80130-094-7 定价：CNY12.80

　　作者刘孝沆(1946—)，女，《经济日报》出版社美术编辑。

J0043298

漫画中国成语故事 王超，岫云编著

南宁 接力出版社 1997年 311页 20cm（32开） ISBN：7-80631-073-8 定价：CNY21.00

J0043299

萌芽 王玉北文；韦尔乔绘

南京 江苏教育出版社 1997年 303页 20cm（32开） ISBN：7-5343-3048-3 定价：CNY13.20

（西方哲理漫画 1）

J0043300

前途 温世仁著；蔡志忠绘

北京 三联书店 1997年 104页 20×18cm ISBN：7-108-01076-3 定价：CNY8.80

　　中国现代漫画画册。

J0043301

三毛翻身记 张乐平作

上海 少年儿童出版社 1997年 51页 17×19cm ISBN：7-5324-3213-0 定价：CNY8.20

（张乐平先生艺术集 11）

　　中国现代漫画连环画。作者张乐平(1910—1992)，漫画家。浙江海盐人。曾任中国美术家协会上海分会、解放日报社、上海少年儿童出版

社专业画家。漫画"三毛"形象的创作者。代表
作品《三毛流浪记》《三毛从军记》。

J0043302
三毛日记　张乐平作
上海　少年儿童出版社　1997 年　146 页
17×19cm　ISBN：7-5324-3371-4
定价：CNY13.00
　　中国现代连环画。

J0043303
神童威与搞笑星　（01 智者无敌）杨明编绘
广州　广州出版社　1997 年　126 页　19cm（32 开）
ISBN：7-80592-624-7 定价：CNY5.50
　　本作品系现代漫画。

J0043304
神童威与搞笑星　（02 扭计智多星）杨明
编绘
广州　广州出版社　1997 年　126 页　19cm（32 开）
ISBN：7-80592-625-5 定价：CNY5.50
　　本作品系现代漫画。

J0043305
神童威与搞笑星　（03 大戏群恶）杨明编绘
广州　广州出版社　1997 年　126 页　19cm（32 开）
ISBN：7-80592-626-3 定价：CNY5.50
　　本作品系现代漫画。

J0043306
神童威与搞笑星　（04 智者无难事）杨明
编绘
广州　广州出版社　1997 年　126 页　19cm（32 开）
ISBN：7-80592-627-1 定价：CNY5.50
　　本作品系现代漫画。

J0043307
神童威与搞笑星　（05 百展机智）杨明编绘
广州　广州出版社　1997 年　126 页　19cm（32 开）
ISBN：7-80592-680-8 定价：CNY5.50
　　本作品系现代漫画。

J0043308
神童威与搞笑星　（06 大显神通）杨明编绘
广州　广州出版社　1997 年　126 页　19cm（32 开）

ISBN：7-80592-681-6 定价：CNY5.50
　　本作品系现代漫画。

J0043309
神童威与搞笑星　（07 锦囊多妙计）杨明
编绘
广州　广州出版社　1997 年　126 页　19cm（32 开）
ISBN：7-80592-682-4 定价：CNY5.50
　　本作品系现代漫画。

J0043310
神童威与搞笑星　（08 逗乐搞笑星）杨明
编绘
广州　广州出版社　1997 年　126 页　19cm（32 开）
ISBN：7-80592-683-2 定价：CNY5.50
　　本作品系现代漫画。

J0043311
神童威与搞笑星　（09 大气恶霸）杨明编绘
广州　广州出版社　1998 年　126 页　19cm（32 开）
ISBN：7-80592-783-9 定价：CNY5.50
　　本作品系现代漫画。

J0043312
神童威与搞笑星　（10 大惩流氓）杨明编绘
广州　广州出版社　1998 年　126 页　19cm（32 开）
ISBN：7-80592-741-3 定价：CNY5.50
　　本作品系现代漫画。

J0043313
神童威与搞笑星　（11 大擒盗贼）杨明编绘
广州　广州出版社　1998 年　126 页　19cm（32 开）
ISBN：7-80592-742-1 定价：CNY5.50
　　本作品系现代漫画。

J0043314
神童威与搞笑星　（12 大戏国王）杨明编绘
广州　广州出版社　1998 年　126 页　19cm（32 开）
ISBN：7-80592-743-X 定价：CNY5.50
　　本作品系现代漫画。

J0043315
诗禹漫画　广州美术学院天堂空气漫画组
编绘
广州　岭南美术出版社　1997 年　64 页　26cm（16 开）

ISBN：7-5362-1673-4　定价：CNY4.80

J0043316
世界幽默名著　（漫画本）
杭州　浙江人民美术出版社　1997年　6册
20cm（32开）ISBN：7-5340-0735-6
定价：CNY100.00

J0043317
孙子说　（兵学的先知）蔡志忠绘
北京　生活·读书·新知三联书店　1997年　重印本
130页　19cm（32开）ISBN：7-108-00429-1
定价：CNY5.30
（蔡志忠漫画）
　　作者蔡志忠（1948—　），著名漫画家。台
湾彰化人，1976年成立远东卡通公司、龙卡通公
司。创作的100多部作品被30多个国家翻译出
版。代表作品有《庄子说》《老子说》《列子说》
《大醉侠》《盗帅独眼龙》《光头神探》等。

J0043318
太阳花　王一秀著；曹键绘
成都　四川少年儿童出版社　1997年　60页
19cm（小32开）ISBN：7-5365-1801-3
定价：CNY5.00
（青春漫画·多梦季节　5）

J0043319
探索　王玉北文；韦尔乔绘
南京　江苏教育出版社　1997年　354页
20cm（32开）ISBN：7-5343-3050-5
定价：CNY15.10
（西方哲理漫画　2）

J0043320
淘哥哥与淘妹妹　（过年大磕头）欧阳笑笑
写；袁佩娜，施瑞康绘
上海　少年儿童出版社　1997年　86页　20cm（32开）
ISBN：7-5324-3443-5　定价：CNY6.20
（淘气包）
　　中国现代少儿漫画画册。

J0043321
淘哥哥与淘妹妹　（捡到一个小毛头）欧阳笑
笑写；袁佩娜，施瑞康绘

上海　少年儿童出版社　1997年　86页　20cm（32开）
ISBN：7-5324-3440-0　定价：CNY6.20
（淘气包）
　　中国现代少儿漫画画册。

J0043322
淘哥哥与淘妹妹　（考试大享受）欧阳笑笑
写；袁佩娜，施瑞康绘
上海　少年儿童出版社　1997年　87页　20cm（32开）
ISBN：7-5324-3442-7　定价：CNY6.20
（淘气包）
　　中国现代少儿漫画画册。

J0043323
淘哥哥与淘妹妹　（老鼠驯化）欧阳笑笑写；
袁佩娜，施瑞康绘
上海　少年儿童出版社　1997年　86页　20cm（32开）
ISBN：7-5324-3441-9　定价：CNY6.20
（淘气包）
　　中国现代少儿漫画画册。

J0043324
突泉漫画选　王俊才主编
呼和浩特　内蒙古人民出版社　1997年　168页
21×19cm　ISBN：7-204-03581-X
定价：CNY12.00

J0043325
王先生和小陈　（1）叶浅予［绘］
北京　中国连环画出版社　1997年　122页
17×19cm　ISBN：7-5061-0800-3
定价：CNY9.60
　　中国现代漫画画册。作者叶浅予（1907—
1995），教授、画家。浙江桐庐人。历任中国美术
家协会副主席、中国画研究院副院长、中央美术
学院教授。曾为茅盾小说《子夜》、老舍剧本《茶
馆》等书插图。作品有长篇漫画《王先生》《小陈
留京外史》《天堂记》等。著有《画余记画》《十
年恶梦录》等。

J0043326
王先生和小陈　（2）叶浅予［绘］
北京　中国连环画出版社　1997年　122页
17×19cm　ISBN：7-5061-0801-1
定价：CNY9.60

中国现代漫画画册。

J0043327

王先生和小陈 （3）叶浅予［绘］

北京 中国连环画出版社 1997 年 122 页

17×19cm ISBN：7-5061-0802-X

定价：CNY9.60

中国现代漫画画册。

J0043328

王先生和小陈 （4）叶浅予［绘］

北京 中国连环画出版社 1997 年 124 页

17×19cm ISBN：7-5061-0803-8

定价：CNY9.60

中国现代漫画画册。

J0043329

王先生与小陈 （5）叶浅予绘

北京 中国连环画出版社 1998 年 122 页

17×19cm ISBN：7-5061-0804-6

定价：CNY9.60

J0043330

往日，故乡的情话 黄永玉绘

北京 生活·读书·新知三联书店 1997 年 234 页

14×13cm ISBN：7-108-01053-4 定价：CNY8.00

（永玉六记 4）

中国现代漫画画册。作者黄永玉（1924— ），土家族，教授。历任中央美术学院教授，全国政协委员，中国美术家协会常务理事、副主席。作品有《春潮》《百花》《人民总理人民爱》《阿诗玛》等。出版有《黄永玉木刻集》《黄永玉画集》。

J0043331

消防漫画与幽默 陈祖朝主编

昆明 云南美术出版社 1997 年 160 页

18×26cm ISBN：7-80586-378-4

定价：CNY18.60

J0043332

小胖墩墩 乐小英编绘

上海 少年儿童出版社 1997 年 80 页 17×19cm

ISBN：7-5324-3331-5 定价：CNY6.20

（乐小英儿童漫画集）

作者乐小英（1921—1984），原名乐汉英，笔

名守松、锹嘉，浙江镇海人。先后任《大报》《亦报》美术编辑和《新民晚报》美术组组长、中国美术家协会上海分会漫画组组长。主要作品有《刘胡兰》《五彩路》《乐小英儿童连环画选》等，出版有《大家做好事》《动脑筋爷爷》《乐小英儿童漫画集》等。

J0043333

小山城来的少帅 任哥舒著；夏俊绘

成都 四川少年儿童出版社 1997 年 127 页

19cm（小 32 开）ISBN：7-5365-1743-2

定价：CNY5.00

J0043334

笑笑大世界 蒋义海主编

哈尔滨 哈尔滨出版社 1997 年 重印本 3 册

13cm（60 开）ISBN：7-80639-004-9

定价：CNY7.00

现代漫画选集。作者蒋义海（1940— ），画家、国家一级美术师。笔名六舟（陆洲），江苏南京人。历任南京名人艺术研究院院长、南京国际梅花书画院院长、江苏省作家协会书画联谊会副会长、中国梅花艺术馆名誉馆长。出版有《蒋义海先生中国画集》《蒋义海梅花集》《画海》。

J0043335

心经 蔡志忠编绘

北京 生活·读书·新知三联书店 1997 年 241 页

18cm（小 32 开）ISBN：7-108-00973-0

定价：CNY11.80

（蔡志忠佛经漫画）

作者蔡志忠（1948— ），著名漫画家。台湾彰化人，1976 年成立远东卡通公司、龙卡通公司。创作的 100 多部作品被 30 多个国家翻译出版。代表作品有《庄子说》《老子说》《列子说》《大醉侠》《盗帅独眼龙》《光头神探》等。

J0043336

一笑了之 （康笑宇读书漫画）康笑宇绘

北京 时事出版社 1997 年 184 页 20cm（32 开）

ISBN：7-80009-434-0 定价：CNY18.00

J0043337

中国漫画大王 谢春彦主编

上海 上海远东出版社 1997 年 436 页

20cm（32开）精装　ISBN：7-80613-341-0
定价：CNY16.00

J0043338
姊姊日记 （漫画）徐玫怡著
台北　时报文化出版企业股份有限公司　1997年
129页　19cm（小32开）
（时报漫画丛书 FA0240）

J0043339
阿斗画传　高龙生画；魏绍昌编
济南　山东画报出版社　1998年　28页
19cm（小32开）ISBN：7-80603-264-9
定价：CNY1.30
（老漫画专辑 第一辑）

J0043340
爸爸妈妈的耳朵 （画集）
北京　中国民族摄影艺术出版社　1998年　157页
26cm（16开）ISBN：7-80069-240-X
定价：CNY10.00

J0043341
白秋练　王庸声改编；胡蓉绘
北京　中国连环画出版社　1998年　2册
19cm（小32开）ISBN：7-5061-0834-8
定价：CNY13.80
（古典文学漫画丛书）
　　本书系根据《聊斋》同名故事编绘的古典文
学漫画。作者胡蓉（1956—　），女，油画家。生
于辽宁大连，祖籍安徽凤阳。毕业于鲁迅美术学
院。任职于辽宁美术出版社美编室。任中国民
间美术学会会员、中国民间美术学会辽宁分会秘
书长。油画作品有《诞生》《敖包树》《村戏》等。

J0043342
不违心声 （叶新语丝）沙叶新文；潘顺祺绘
上海　上海书店出版社　1998年　139页
20cm（32开）ISBN：7-80622-338-X
定价：CNY12.70
（语丝画痕丛书 第二辑）
　　作者潘顺祺（1946—　），上海人。毕业于上
海交通大学。擅长漫画。曾任《为了孩子》杂志
美术编辑，现代家庭杂志社副总编辑、主编。代
表作品有《棋迷》。出版有《潘顺祺幽默画》《奇

思妙想》《眇与BB》等。

J0043343
不亦乐乎 （康笑宇读书漫画）康笑宇著
北京　新世界出版社　1998年　203页　20cm（32开）
ISBN：7-80005-437-3　定价：CNY19.50

J0043344
创造新生命　范氾撰文；钱生发，邹越非绘
天津　新蕾出版社　1998年　重印本　156页
20cm（32开）ISBN：7-5307-2030-9
定价：CNY14.50
（大型科学漫画丛书 漫游新科技世界）
　　作者钱生发，连环画家。绘有连环画《80年
代》《小萝卜头》《在轮船上》等。作者邹越非，
（1934—　），连环画家。生于江苏镇江，就读上
海连环画学习班。历任上海教育出版社美术编
辑、上海社会科学院出版社美术编辑。代表作品
有《蔷薇花案件》《孙小圣与猪小能》，出版有《龙
江颂》《通俗前后汉演义》。

J0043345
从分子说开去　王芳，周彪著；杨厚永绘
山东　明天出版社　1998年　135页　26cm（16开）
ISBN：7-5332-2854　定价：CNY16.00
（漫画科学百科）
　　本作品系现代漫画。

J0043346
醋溜 CITY　朱德庸著
台北　时报文化出版企业公司　1998年　163页
19×21cm　ISBN：957-13-2486-8
定价：TWD150.00
（时报漫画丛书 258）
　　作者朱德庸（1960—　），台湾著名漫画家。
江苏太苍人，毕业于世新大学电影编导科。代表
作品有《双响炮》《涩女郎》《醋溜族》《绝对小
孩》等。

J0043347
醋溜 CITY　朱德庸绘
北京　现代出版社　1999年　153页　21×19cm
ISBN：7-80028-506-2　定价：CNY15.00
（现代风情·朱德庸都市生活漫画系列）
　　本书是一本漫画集，收入题为《醋溜 Spring》

《醋溜 Summer》《醋溜 Autumn》《醋溜 Winter》
《醋溜 Weather》等漫画多篇。

J0043348

大自然探险 （1）王亚非编写；王凌波等绘
北京 北京少年儿童出版社 1998 年 重印本
221 页 19cm（32 开）ISBN：7-5301-0614-7
定价：CNY9.00
　　作者王亚非（1955—　　），黑龙江哈尔滨人，
历任鲁迅美术学院成人教育学院副院长、中国广
告学会会员、中国美术家协会辽宁分会会员。

J0043349

大自然探险 （2）王亚非编写；王凌波等绘
北京 北京少年儿童出版社 1998 年 重印本
230 页 19cm（32 开）ISBN：7-5301-0615-5
定价：CNY9.00

J0043350

大自然探险 （3）王亚非编写；王凌波等绘
北京 北京少年儿童出版社 1998 年 重印本
228 页 19cm（32 开）ISBN：7-5301-0616-3
定价：CNY9.00

J0043351

呆是不呆 （新百喻解）陈四益文；丁聪绘
西安 陕西师范大学出版社 1998 年 254 页
20cm（32 开）ISBN：7-5613-1884-7
定价：CNY19.50
　　现代中国漫画画册。作者陈四益（1939—　　），
编辑。笔名东耳、叶芝余。出生于四川成都，祖
籍上海。任新华社高级编辑。著有《当代杂文选
粹·东耳之卷》《现代杂文鉴赏》（合作）《绘图新
百喻》等。作者丁聪（1916—2009），著名漫画家、
舞台美术家。生于上海。曾任《人民画报》副总
编辑、中国美术家协会漫画艺术委员会主任。作
品有《鲁迅小说插图》《丁聪插图》《四世同堂》
《骆驼祥子》作品插图。

J0043352

地球探秘 王芳，周彪编译；赵奉业绘
济南 明天出版社 1998 年 135 页 26cm（16 开）
ISBN：7-5332-2854-5 定价：CNY16.00
（漫画科学百科）
　　本作品系现代漫画。

J0043353

电的学问 葛仁好，周彪编译；杨厚永绘
济南 明天出版社 1998 年 135 页 26cm（16 开）
ISBN：7-5332-2854-5 定价：CNY16.00
（漫画科学百科）
　　本作品系现代漫画。

J0043354

电脑课堂 葛仁好，周彪编译；赵奉业绘
济南 明天出版社 1998 年 135 页 26cm（16 开）
ISBN：7-5332-2854-5 定价：CNY16.00
（漫画科学百科）
　　本作品系现代漫画。

J0043355

动物王国 王俊卿，周彪编译；赵奉业绘
济南 明天出版社 1998 年 135 页 26cm（16 开）
ISBN：7-5332-2854-5 定价：CNY16.00
（漫画科学百科）
　　本作品系现代漫画。

J0043356

多彩的城市 邓荣辉，褚劲风撰文；韩鹤松绘
天津 新蕾出版社 1998 年 重印本 156 页
20cm（32 开 ）ISBN：7-5307-2032-5
定价：CNY14.50
（大型科学漫画丛书 漫游新科技世界）

J0043357

发明与发现 金日革等编译
济南 明天出版社 1998 年 135 页 26cm（16 开）
ISBN：7-5332-2854-5 定价：CNY16.00
（漫画科学百科）
　　本作品系现代漫画。

J0043358

法句经 蔡志忠编绘
北京 生活·读书·新知三联书店 1998 年 234 页
19cm（小 32 开）ISBN：7-108-01189-1
定价：CNY12.50
（蔡志忠佛经漫画）
　　作者蔡志忠（1948—　　），著名漫画家。台
湾彰化人，1976 年成立远东卡通公司、龙卡通公
司。创作的 100 多部作品被 30 多个国家翻译出版。
代表作品有《庄子说》《老子说》《列子说》《大醉

侠》《盗帅独眼龙》《光头神探》等。

J0043359

方成漫画　方成绘

北京　人民日报出版社　1998年　143页

26×25cm　ISBN：7-80002-970-0

定价：CNY58.00

作者方成（1918—2018），漫画家、杂文家、幽默理论专家。原名孙顺潮，杂文笔名张化。祖籍广东中山，生于北京，毕业于武汉大学。历任《观察》半月刊漫画版主编、北京《新民晚报》美术编辑、人民日报社高级编辑、中国新闻漫画研究会会长。

J0043360

飞机与火箭　全先刚，周彪编译；赵奉业绘

济南　明天出版社　1998年　135页　26cm（16开）

ISBN：7-5332-2854-5　定价：CNY16.00

（漫画科学百科）

本作品系现代漫画。

J0043361

非常姿态　（赵汀阳漫画集）赵汀阳绘

济南　济南出版社　1998年　151页　20cm（32开）

ISBN：7-80629-379-5　定价：CNY16.00

J0043362

风流禅　（寸丝不挂）亦文文；王小［绘］

沈阳　辽宁画报出版社　1998年　184页

20cm（32开）ISBN：7-80601-176-5

定价：CNY9.80

（绘图历代禅学公案丛书）

本书由辽宁画报出版社和香港恒嘉出版公司联合出版。

J0043363

风流禅　（道在粪中）亦文文；王小［绘］

沈阳　辽宁画报出版社　1998年　184页

20cm（32开）ISBN：7-80601-178-1

定价：CNY9.80

（绘图历代禅学公案丛书）

本书由辽宁画报出版社和香港恒嘉出版公司联合出版。

J0043364

风流禅　（呵佛骂祖）亦文文；王小［绘］

沈阳　辽宁画报出版社　1998年　184页

20cm（32开）ISBN：7-80601-177-3

定价：CNY9.80

（绘图历代禅学公案丛书）

本书由辽宁画报出版社和香港恒嘉出版公司联合出版。

J0043365

风流禅　（天堂之门）亦文文；王小［绘］

沈阳　辽宁画报出版社　1998年　184页

20cm（32开）ISBN：7-80601-175-7

定价：CNY9.80

（绘图历代禅学公案丛书）

本书由辽宁画报出版社和香港恒嘉出版公司联合出版。

J0043366

讽刺诗与漫画系列丛书　王士圭著

呼和浩特　内蒙古人民出版社　1998年　4册

20cm（32开）ISBN：7-204-04443-6

定价：CNY79.20

J0043367

夫妻笑话　英豪主编；王燕童，吴晓丽绘画

北京　中国林业出版社　1998年　136页

19cm（小32开）ISBN：7-5038-2080-2

定价：CNY6.00

（古今中外幽默笑话集）

J0043368

告别愚昧　缪印堂，祝永华主编

郑州　大象出版社　1998年　101页　18×19cm

ISBN：7-5347-2172-5　定价：CNY5.00

中国现代漫画画册。主编缪印堂（1935—2017），著名漫画家。江苏南京人。曾任中国科普研究所高级工艺美术师、中国美术家协会漫画艺术委员会委员、中国美术家协会漫画艺术委员会副主任、《漫画月刊》高级顾问、北京电影学院动画学院客座教授。漫画作品有《啊，危险》《讲经》《矛盾的统一》等。著作有《缪印堂漫画选》《漫画艺术入门》《科学漫画创作概论》等。

J0043369
庚地心目中的中国英雄　庚地画
北京 知识出版社 1998 年 30 页 26cm（16 开）
ISBN：7-5015-1921-8 定价：CNY12.00

J0043370
古今中外幽默笑话集　英豪主编；周芳等
绘画
北京 中国林业出版社 1998 年 6 册 有插图
19cm（小 32 开）定价：CNY36.00（合计）

J0043371
古趣今画　（英汉对照）丁聪绘
北京 外文出版社 1998 年 201 页 21×18cm
ISBN：7-119-01486-2 定价：CNY19.80
　　作者丁聪（1916—2009），著名漫画家、舞台
美术家。生于上海。曾任《人民画报》副总编辑、
中国美术家协会漫画艺术委员会主任。作品有
《鲁迅小说插图》《丁聪插图》《四世同堂》《骆驼
祥子》作品插图。

J0043372
故事漫画纵横谈　王庸声著
北京 中国连环画出版社 1998 年 277 页
20cm（32 开）ISBN：7-5061-0844-5
定价：20.00
　　本作品系现代漫画。

J0043373
官场漫画　任一鸣编；丁聪等绘
长沙 湖南文艺出版社 1998 年 194 页
20cm（32 开）ISBN：7-5404-1979-2
定价：CNY12.00
（钱·权·情 漫画系列）

J0043374
官场笑话　英豪主编；耿燕峰，陈维鑫绘画
北京 中国林业出版社 1998 年 134 页 有插图
19cm（小 32 开）ISBN：7-5038-2076-4
定价：CNY6.00
（古今中外幽默笑话集）

J0043375
广告人手记　小庄著
台北 时报文化出版企业公司 1998 年 227 页

21cm（32 开）ISBN：957-13-2415-9
定价：TWD180.00
（时报漫画丛书 FT007）

J0043376
海洋的秘密　陈海英，周彪编译；杨厚永绘
济南 明天出版社 1998 年 135 页 26cm（16 开）
ISBN：7-5332-2854-5 定价：CNY16.00
（漫画科学百科）
　　本作品系现代漫画。

J0043377
汉语大观园　（连环漫画 白字笑话 修辞集锦）
广州 岭南美术出版社 1998 年 95 页
19cm（小 32 开）ISBN：7-5362-1572-X
定价：CNY4.50

J0043378
汉语大观园　（连环漫画 标点轶事 方言搜奇）
广州 岭南美术出版社 1998 年 95 页
19cm（小 32 开）ISBN：7-5362-1571-1
定价：CNY4.50

J0043379
汉语大观园　（连环漫画 广告妙语 测字揭秘）
广州 岭南美术出版社 1998 年 95 页
19cm（小 32 开）ISBN：7-5362-1574-6
定价：CNY4.50

J0043380
汉语大观园　（连环漫画 汉字拾趣 一字千金）
广州 岭南美术出版社 1998 年 95 页
19cm（小 32 开）ISBN：7-5362-1570-3
定价：CNY4.50

J0043381
汉语大观园　（连环漫画 语序奇闻 词语典故）
广州 岭南美术出版社 1998 年 95 页
19cm（小 32 开）ISBN：7-5362-1573-8
定价：CNY4.50

J0043382
滑稽侦探　《幽默大师》编辑部编
杭州 浙江人民美术出版社 1998 年 98 页
26cm（16 开）ISBN：7-5340-0845-X

定价：CNY8.10

（幽默大师丛书）

　　本作品系现代漫画。

J0043383

化石与探险　吴世杰，周彪编译；杨候英绘

济南　明天出版社　1998年　135页　26cm（16开）

ISBN：7-5332-2854-5　定价：CNY16.00

（漫画科学百科）

　　本作品系现代漫画。

J0043384

画说鲁迅　杨振伟编绘

成都　四川文艺出版社　1998年　257页

20cm（32开）ISBN：7-5411-1724-2

定价：CNY16.80

J0043385

画外余音　方成画

北京　东方出版社　1998年　173页　20cm（32开）

ISBN：7-5060-1065-8　定价：CNY13.20

（楼外楼书系　第一辑）

　　现代中国漫画画册。作者方成（1918—2018），漫画家、杂文家、幽默理论专家。原名孙顺潮，杂文笔名张化。祖籍广东中山，生于北京，毕业于武汉大学。历任《观察》半月刊漫画版主编、北京《新民晚报》美术编辑、人民日报社高级编辑、中国新闻漫画研究会会长。

J0043386

环球记趣　徐德志编画

广州　广东旅游出版社　1998年　235页

20cm（32开）ISBN：7-80521-887-0

定价：CNY14.80

　　现代中国漫画画册。

J0043387

霍夫林漫画占星讲座　（恋爱篇）高永著

西宁　青海人民出版社　1998年　125页

19cm（小32开）ISBN：7-225-01478-1

定价：CNY5.95

（高永作品集）

　　本作品系现代漫画。

J0043388

机器人时代　王丽芳，周彪编译；赵奉业绘

济南　明天出版社　1998年　135页　26cm（16开）

ISBN：7-5332-2854-5　定价：CNY16.00

（漫画科学百科）

　　本作品系现代漫画。

J0043389

几人相忆在江楼　（丰子恺的抒情漫画）陈星，朱晓江编著

济南　山东画报出版社　1998年　201页

19cm（小32开）ISBN：7-80603-268-1

定价：CNY6.50

（老漫画专辑　第一辑）

　　编者陈星（1983—　　），作家，教授。毕业于杭州师范学院中文系。历任杭州师范学院学报编辑部主任、编审，杭州市师范学院弘一大师·丰子恺研究中心主任、教授、研究生导师。著有《功德圆满——护生画集创作史话》《天心月圆——弘一大师》《丰子恺新传》《重访散文的家园》《李叔同歌曲寻绎》。

J0043390

家庭哈哈经　（新民晚报连载漫画）赵为群著

上海　上海书店出版社　1998年　106页

20cm（32开）ISBN：7-80622-293-6

定价：CNY8.80

J0043391

家庭笑话　英豪主编；孙元明，蔡长海绘画

北京　中国林业出版社　1998年　134页　有插图

19cm（小32开）ISBN：7-5038-2081-0

定价：CNY6.00

（古今中外幽默笑话集）

J0043392

健康与疾病　朱世宏，周彪编译；金英奎绘

济南　明天出版社　1998年　135页　26cm（16开）

ISBN：7-5332-2854-5　定价：CNY16.00

（漫画科学百科）

　　本作品系现代漫画。

J0043393

江帆漫画　江帆绘

北京　人民日报出版社　1998年　143页

26×25cm ISBN：7-80002-974-3
定价：CNY58.00

J0043394
街霸　Ⅲ　许景琛编绘
西宁　青海人民出版社　1998年　19cm（小32开）
ISBN：7-225-01588-5　定价：CNY70.00（10册）
（金虹画集）
　　本作品系现代漫画。作者许景琛（1966—　　），
漫画家。广东宝安县人。代表作品有《超霸世纪》
《恶灵王》《拳皇》等。

J0043395
今人物志　胡考著
济南　山东画报出版社　1998年　125页
19cm（小32开）ISBN：7-80603-263-0
定价：CNY4.20
（老漫画专辑　第一辑）
　　作者胡考（1912—1994），小说家、文艺理论
家、漫画家。生于上海，祖籍浙江余姚，毕业于
上海新华艺术专科学校。历任《苏北画报》社社
长、《人民画报》副总编辑、中国美术家协会会员。
出版有《胡考素描》《上海滩》。

J0043396
九头狼　南台编；曾途绘
银川　宁夏人民出版社　1998年　165页
19cm（小32开）ISBN：7-227-01727-3
定价：CNY7.80
（九头狼丛书　新型漫画系列）

J0043397
旧宅玫瑰　（王蒙语丝）王蒙文；谢春彦绘
上海　上海书店出版社　1998年　140页
20cm（32开）ISBN：7-80622-335-5
定价：CNY12.70
（语丝画痕丛书　第二辑）

J0043398
拒绝句号　（骥才语丝）冯骥才文；王俭绘
上海　上海书店出版社　1998年　141页
20cm（32开）ISBN：7-80622-336-3
定价：CNY12.70
（语丝画痕丛书　第二辑）

J0043399
看不见的世界　赵春燕，周彪编译；李范基绘
济南　明天出版社　1998年　135页　26cm（16开）
ISBN：7-5332-2854-5　定价：CNY16.00
（漫画科学百科）
　　本作品系现代漫画。

J0043400
恐龙的足迹　杨玉红，周彪编译；沈万基绘
济南　明天出版社　1998年　135页　26cm（16开）
ISBN：7-5332-2854-5　定价：CNY16.00
（漫画科学百科）
　　本作品系现代漫画。

J0043401
快乐的为什么　杨红玉，周彪编译；金英奎绘
济南　明天出版社　1998年　135页　26cm（16开）
ISBN：7-5332-2854-5　定价：CNY16.00
（漫画科学百科）
　　本作品系现代漫画。

J0043402
昆虫王国　徐梅，周彪编译；赵奉业绘
济南　明天出版社　1998年　135页　26cm（16开）
ISBN：7-5332-2854-5　定价：CNY16.00
（漫画科学百科）
　　本作品系现代漫画。

J0043403
蓝色的海洋　郁慧芳撰文；钱生发，邹越非绘
天津　新蕾出版社　1998年　重印本　156页
20cm（32开）ISBN：7-5307-2028-7
定价：CNY14.50
（大型科学漫画丛书　漫游新科技世界）
　　作者钱生发，连环画家。绘有连环画《80年
代》《小萝卜头》《在轮船上》等。作者邹越非，
（1934—　　），连环画家。生于江苏镇江，就读上
海连环画学习班。历任上海教育出版社美术编
辑、上海社会科学院出版社美术编辑。代表作品
有《蔷薇花案件》《孙小圣与猪小能》，出版有《龙
江颂》《通俗前后汉演义》。

J0043404
老夫子　王泽绘
沈阳　辽宁画报出版社　1998年　10册

19cm（小 32 开）ISBN：7-80601-172-2
定价：CNY78.00
（王泽漫画作品全集 普及版 1-10）

　　本书由辽宁画报出版社和香港恒嘉出版公司联合出版。

J0043405
老夫子　王泽绘
沈阳 辽宁画报出版社 1998 年 10 册
13cm（64 开）ISBN：7-80601-171-4
定价：CNY29.80
（王泽漫画作品全集 袖珍版 1-10）

　　本书由辽宁画报出版社和香港恒嘉出版公司联合出版。

J0043406
老夫子　（第 2 辑）王泽著
沈阳 辽宁画报出版社 1998 年 10 册
19cm（小 32 开）ISBN：7-80601-232-X
定价：CNY78.00
（王泽漫画作品全集）

J0043407
老憨漫画　（成语故事新编）白群岭，孟朝霞编绘
北京 学苑出版社 1998 年 245 页
19cm（小 32 开）ISBN：7-5077-1253-2
定价：CNY9.80

J0043408
鲁滨逊漂流记　（绘画本）（英）笛福原著；陈安群绘画；黎紫改编
长沙 湖南少年儿童出版社 1998 年
20cm（32 开）ISBN：7-5358-1276-7
定价：CNY12.50
（世界探险·传奇文学名著）

J0043409
绿林大侠罗宾汉　（绘画本）（英）H. 吉尔伯特原著；刘谦，易法智绘画；黎紫改编
长沙 湖南少年儿童出版社 1998 年
20cm（32 开）ISBN：7-5358-1275-9
定价：CNY12.50
（世界探险·传奇文学名著）

J0043410
绿色宝库　刘钻扩，周彪编译；赵奉业绘
济南 明天出版社 1998 年 135 页 26cm（16 开）
ISBN：7-5332-2854-5 定价：CNY16.00
（漫画科学百科）

　　本作品系现代漫画。

J0043411
绿色的世界　罗祖德，汪军撰文；蔡康非绘
天津 新蕾出版社 1998 年 重印本 156 页
20cm（32 开）ISBN：7-5307-2034-1
定价：CNY14.50
（大型科学漫画丛书 漫游新科技世界）

J0043412
漫画 BQ　（大脑商数）蔡志忠著
台北 时报文化出版企业公司 1998 年 109 页
19×21cm ISBN：957-13-2561-9
定价：TWD150.00
（时报漫画丛书 252）

　　外文书名：Brain Quotient. 作者蔡志忠（1948— ），著名漫画家。台湾彰化人，1976 年成立远东卡通公司、龙卡通公司。创作的 100 多部作品被 30 多个国家翻译出版。代表作品有《庄子说》《老子说》《列子说》《大醉侠》《盗帅独眼龙》《光头神探》等。

J0043413
漫画禅　马龙著
香港 世纪文化公司 1998 年 144 页 21cm（32 开）
ISBN：962-85302-3-2 定价：HKD38.00

J0043414
漫画成语词典　许青天编绘
上海 汉语大词典出版社 1998 年 重印本 154 页
19cm（32 开）ISBN：7-5432-0229-8
定价：CNY8.00

J0043415
漫画地方税　沈卫国主编
合肥 安徽人民出版社 1998 年 118 页
19cm（小 32 开）ISBN：7-212-01652-7
定价：CNY11.80

　　本作品系现代漫画。

J0043416

漫画佛陀说　蔡志忠著
香港 博益出版公司 1998 年 2 版 226 页
16cm（26 开）ISBN：962-17-7802-6
定价：HKD46.00
（博益漫画丛书 蔡志忠作品 48）

J0043417

漫画急救小百科　东方出版社编辑部编译
北京 世界图书出版西安公司 1998 年 111 页
20cm（32 开）ISBN：7-5062-3995-7
定价：CNY16.80
　　本作品系现代漫画。

J0043418

漫画精品集　陈旭峰编译
广州 岭南美术出版社 1998 年 2 册
19cm（小 32 开）ISBN：7-5362-1752-8
定价：CNY13.00
（金虹画集）
　　本作品系现代漫画。

J0043419

漫画科学百科　王丽芳，周彪编译；赵奉业绘
济南 明天出版社 1998 年 30 册 26cm（16 开）
ISBN：7-5332-2854-5
定价：CNY480.00（全 30 册）
　　本作品系现代漫画。

J0043420

漫画科学史探险　（1）星河编写；任军等绘
北京 北京少年儿童出版社 1998 年 重印本
233 页 19cm（小 32 开）ISBN：7-5301-0605-8
定价：CNY9.00

J0043421

漫画科学史探险　（2）星河编写；任军等绘
北京 北京少年儿童出版社 1998 年 重印本
221 页 19cm（小 32 开）ISBN：7-5301-0606-6
定价：CNY9.00

J0043422

漫画科学史探险　（3）星河编写；任军等绘
北京 北京少年儿童出版社 1998 年 重印本
240 页 19cm（小 32 开）ISBN：7-5301-0607-4

定价：CNY9.00

J0043423

漫画梁山好汉　（水浒人物连环画）马东源绘
呼和浩特 远方出版社 1998 年 154 页
20cm（32 开）ISBN：7-80595-435-6
定价：CNY16.80

J0043424

漫画外国笑话　刘明等改编；丁聪等绘画
北京 中国连环画出版社 1998 年 523 页
20cm（32 开）ISBN：7-5061-0831-3
定价：CNY19.80
　　作者丁聪（1916—2009），著名漫画家、舞台
美术家。生于上海。曾任《人民画报》副总编辑、
中国美术家协会漫画艺术委员会主任。作品有
《鲁迅小说插图》《丁聪插图》《四世同堂》《骆驼
祥子》作品插图。

J0043425

漫画笑林广记　魏春晓绘；游戏主人纂辑
呼和浩特 内蒙古人民出版社 1998 年 306 页
20cm（32 开）ISBN：7-204-04430-4
定价：CNY19.80
（中国古典珍本世界漫画经典）

J0043426

漫画中国古代笑话　刘明等改编；丁聪等
绘画
北京 中国连环画出版社 1998 年 531 页
20cm（32 开）ISBN：7-5061-0829-1
定价：CNY19.90

J0043427

漫画中国历史故事　高敏主编；吴岚等撰文；
刘泽岱等绘
郑州 海燕出版社 1998 年 6 册 20cm（32 开）
ISBN：7-5350-1572-7 定价：CNY90.00
　　作者刘泽岱（1938—　　），美术设计师。唐山
人，毕业于北京电影学院美术系。历任中国电影
家协会上海分会会员、中国美术家协会上海分会
会员、上海漫画学会会员。木偶片设计有《桑哥
哥》《黑熊奇遇记》《小裁缝》《蚂蜂窝》，动画片
《大扫除》《蚂蚁和大象》等。

J0043428
漫画中国少数民族笑话　叶曦等改编；丁聪
等绘画
北京　中国连环画出版社　1998 年　491 页
20cm（32 开）ISBN：7-5061-0830-5
定价：CNY18.80

J0043429
蜜蜂小姐　梁白波［绘］；魏绍昌编
济南　山东画报出版社　1998 年　75 页
19cm（小 32 开）ISBN：7-80603-265-7
定价：CNY2.80
（老漫画专辑　第一辑）

J0043430
苗地漫画　苗地绘
北京　人民日报出版社　1998 年　143 页
26×25cm　ISBN：7-80002-972-7
定价：CNY58.00

J0043431
民间笑话　英豪主编；耿燕峰，陈维鑫绘画
北京　中国林业出版社　1998 年　136 页　有插图
19cm（小 32 开）ISBN：7-5038-2078-0
定价：CNY6.00
（古今中外幽默笑话集）

J0043432
魔术的秘密　王宝山，周彪编译；金英奎绘
济南　明天出版社　1998 年　135 页　26cm（16 开）
ISBN：7-5332-2854-5　定价：CNY16.00
（漫画科学百科）
　　　本作品系现代漫画。

J0043433
南极和北极　贾纯晶，周彪编译；赵奉业绘
济南　明天出版社　1998 年　135 页　26cm（16 开）
ISBN：7-5332-2854-5　定价：CNY16.00
（漫画科学百科）
　　　本作品系现代漫画。

J0043434
鸟的生活　刘钻扩，周彪编译；赵奉业绘
济南　明天出版社　1998 年　135 页　26cm（16 开）
ISBN：7-5332-2854-5　定价：CNY16.00

（漫画科学百科）
　　　本作品系现代漫画。

J0043435
霹雳再造人
北京　科学普及出版社　1998 年　159 页
19cm（小 32 开）ISBN：7-110-04513-7
定价：CNY14.80
　　　本作品系现代漫画。

J0043436
齐鲁安泰　（张炜语丝）张炜文；王震坤绘
上海　上海书店出版社　1998 年　138 页
20cm（32 开）ISBN：7-80622-337-1
定价：CNY12.70
（语丝画痕丛书　第二辑）

J0043437
气象观测　王光顺，周彪编译；赵奉业绘
济南　明天出版社　1998 年　135 页　26cm（16 开）
ISBN：7-5332-2854-5　定价：CNY16.00
（漫画科学百科）
　　　本作品系现代漫画。

J0043438
汽车与火车　今日革，周彪编译；杨厚永绘
济南　明天出版社　1998 年　135 页　26cm（16 开）
ISBN：7-5332-2854-5　定价：CNY16.00
（漫画科学百科）
　　　本作品系现代漫画。

J0043439
琴弦不断　（铁生语丝）史铁生文；孟石初绘
上海　上海书店出版社　1998 年　142 页
20cm（32 开）ISBN：7-80622-334-7
定价：CNY12.70
（语丝画痕丛书　第二辑）

J0043440
情场漫画　任一鸣编；方成等绘
长沙　湖南文艺出版社　1998 年　197 页
20cm（32 开）ISBN：7-5404-1978-4
定价：CNY12.00
（钱·权·情　漫画系列）
　　　作者方成（1918—2018），漫画家、杂文家、

幽默理论专家。原名孙顺潮，杂文笔名张化。祖籍广东中山，生于北京，毕业于武汉大学。历任《观察》半月刊漫画版主编、北京《新民晚报》美术编辑、人民日报社高级编辑、中国新闻漫画研究会会长。

J0043441
趣味人生　方关通等图；唐小峰，泓兰文
上海　上海人民出版社　1998 年　408 页
19cm（小 32 开）ISBN：7-208-01786-7
定价：CNY18.00
　　现代中国漫画画册。

J0043442
人体与健康　朱世宏，周彪编译；赵奉业绘
济南　明天出版社　1998 年　135 页　26cm（16 开）
ISBN：7-5332-2854-5　定价：CNY16.00
（漫画科学百科）
　　本作品系现代漫画。

J0043443
人性显微镜　杨楚民文；庄锡龙绘
深圳　海天出版社　1998 年　163 页　20cm（32 开）
ISBN：7-80615-827-8　定价：CNY16.00（全 2 册）
（画说世相：哲理小品漫画集　第一辑）
　　作者杨楚民，编辑。常用笔名杨帆，《羊城晚报》编辑、广东省作家协会会员，著有《趣味心理》《少男少女的新困惑》《洒脱人生》等。作者庄锡龙（1949—　），漫画家。生于上海。广东省漫画学会副会长、广东省新闻漫画学会会长、深圳美术家协会副主席。画有《庄锡龙漫画集》《庄锡龙漫画选集》等。

J0043444
三国演义　（最新漫画版）赵佳，张虹编绘
天津　天津大学出版社　1998 年　4 册　26cm（16 开）
ISBN：7-5618-1072-5　定价：CNY28.80

J0043445
神秘的医学　刘正兴撰文；毛小榆绘
天津　新蕾出版社　1998 年　重印本　156 页
20cm（32 开　）ISBN：7-5307-2031-7
定价：CNY14.50
（大型科学漫画丛书　漫游新科技世界）

J0043446
神秘的宇宙　王小敏，周彪编译；沈万基绘
济南　明天出版社　1998 年　135 页　26cm（16 开）
ISBN：7-5332-2854-5　定价：CNY16.00
（漫画科学百科）
　　本作品系现代漫画。

J0043447
神奇的新材料　全先刚，周彪编译；杨厚永绘
济南　明天出版社　1998 年　135 页　26cm（16 开）
ISBN：7-5332-2854-5　定价：CNY16.00
（漫画科学百科）
　　本作品系现代漫画。

J0043448
生活笑话　英豪主编；耿燕峰，陈维鑫绘画
北京　中国林业出版社　1998 年　134 页　有插图
19cm（小 32 开）ISBN：7-5038-2079-9
定价：CNY6.00
（古今中外幽默笑话集）

J0043449
生命与科学　贾纯静，周彪编译；赵奉业绘
济南　明天出版社　1998 年　135 页　26cm（16 开）
ISBN：7-5332-2854-5　定价：CNY16.00
（漫画科学百科）
　　本作品系现代漫画。

J0043450
石油与生活　王小敏，周彪编译；金英奎绘
济南　明天出版社　1998 年　135 页　26cm（16 开）
ISBN：7-5332-2854-5　定价：CNY16.00
（漫画科学百科）
　　本作品系现代漫画。

J0043451
水瓶鲸鱼漫画作品　（2　好想结个婚　都会男女爱情极短篇）水瓶鲸鱼绘
台北　元尊文化企业公司　1998 年　173 页
21cm（32 开）ISBN：957-8399-89-8
定价：TWD160.00
（风行馆　漫画图书馆　S1075）

J0043452
司徒大豆　小二杜撰坊编绘

广州 新世纪出版社 1998 年 128 页
19cm（小 32 开）ISBN：7-5405-1823-5
定价：CNY8.80
　　本作品系现代漫画。

J0043453
汤姆历险记 （绘画本）（美）马克·吐温原著；
葛闽丰绘画；孙晨改编
长沙 湖南少年儿童出版社 1998 年
20cm（32 开）ISBN：7-5358-1342-9
定价：CNY12.50
（世界探险·传奇文学名著）

J0043454
特区漫画志 （001 选民方程式）马龙主编
香港 世纪文化有限公司 1998 年 159 页
21cm（32 开）ISBN：962-85302-1-6
定价：HKD35.00

J0043455
特区漫画志 （002 失业心灵鸡汤）马龙主编
香港 世纪文化有限公司 1998 年 160 页
21cm（32 开）ISBN：962-85302-4-0
定价：HKD35.00

J0043456
特区漫画志 （003）马龙主编
香港 世纪文化有限公司 1998 年 175 页
21cm（32 开）ISBN：962-85302-5-9
定价：HKD35.00

J0043457
特区漫画志 （004）马龙主编
香港 世纪文化有限公司 1999 年 157 页
21cm（32 开）ISBN：962-85302-6-7
定价：HKD35.00

J0043458
特区漫画志 （005）马龙主编
香港 世纪文化有限公司 1999 年 152 页
21cm（32 开）ISBN：962-85302-9-1
定价：HKD35.00

J0043459
特区漫画志 （006）马龙主编

香港 世纪文化有限公司 1999 年 157 页
21cm（32 开）ISBN：962-8714-01-5
定价：HKD35.00

J0043460
天呈漫画 沈天呈绘
上海 上海人民出版社 1998 年 135 页
21×19cm ISBN：7-208-02673-4
定价：CNY12.00

J0043461
听革命家的歌 （革命家陈智雄传）汤玛仕绘
台北 前卫出版社 1998 年 187 页 21cm（32 开）
ISBN：957-801-199-7 定价：TWD150.00
（漫画系列 001 汤玛仕革命作品集）

J0043462
万能的信息 韩王荣，龚静撰文；邹越非，钱
生发绘
天津 新蕾出版社 1998 年 重印本 156 页
20cm（32 开）ISBN：7-5307-2027-9
定价：CNY14.50
（大型科学漫画丛书 漫游新科技世界）

J0043463
未来的武器 裘树平，郝思军撰文；刘熊绘
天津 新蕾出版社 1998 年 重印本 156 页
20cm（32 开 ）ISBN：7-5307-2026-0
定价：CNY14.50
（大型科学漫画丛书 漫游新科技世界）

J0043464
我的天 （应霁连环漫画）欧阳应霁［绘］
海口 海南出版社 1998 年 3 册（202；199；199
页）20cm（32 开）ISBN：7-80645-200-1
定价：CNY60.00
（森乐文库）

J0043465
我们的故事 张乐平作
上海 少年儿童出版社 1998 年 166 页
21×18cm ISBN：7-5324-3479-6 定价：16.00
　　本作品系现代漫画。

J0043466

吴孝三儿童漫画选　吴孝三编绘
西安　陕西人民美术出版社　1998 年　146 页
17×19cm　ISBN：7-5368-0947-6
定价：CNY18.00

J0043467

西方哲理漫画　（1 萌芽）王玉北编文；韦尔
乔绘
南京　江苏教育出版社　1998 年　2 版　303 页
20cm（32 开）ISBN：7-5343-3048-3
定价：CNY13.20
　　　本作品系现代漫画。

J0043468

西方哲理漫画　（2 探索）王玉北编文；韦尔
乔绘
南京　江苏教育出版社　1998 年　2 版　354 页
20cm（32 开）ISBN：7-5343-3050-5
定价：CNY15.10
　　　本作品系现代漫画。

J0043469

西方哲理漫画　（3 结晶）王玉北编文；韦尔
乔绘
南京　江苏教育出版社　1998 年　2 版　350 页
20cm（32 开）ISBN：7-5343-3049-1
定价：CNY14.80
　　　本作品系现代漫画。

J0043470

西厢记　曹聚仁文；胡考画
济南　山东画报出版社　1998 年　147 页
19cm（32 开）ISBN：7-80603-266-5
定价：CNY5.00
（老漫画专辑　第一辑）
　　　本书由《西厢记》（曹聚仁文；胡考画）、《西
施》（胡考画）合订。作者胡考（1912—1994），小
说家、文艺理论家、漫画家。生于上海，祖籍浙
江余姚，毕业于上海新华艺术专科学校。历任《苏
北画报》社社长、《人民画报》副总编辑、中国美
术家协会会员。出版有《胡考素描》《上海滩》。

J0043471

弦外之音　（东方的感悟）吟龙编绘

北京　东方出版社　1998 年　245 页　20cm（32 开）
ISBN：7-5060-1118-2 定价：CNY16.00
　　　现代中国漫画画册。

J0043472

弦外之音　（西方的思索）吟龙编绘
北京　东方出版社　1998 年　244 页　20cm（32 开）
ISBN：7-5060-1119-0 定价：CNY16.00
　　　现代中国漫画画册。

J0043473

相对论趣谈　陈海英，周彪编译；杨厚永绘
济南　明天出版社　1998 年　135 页　26cm（16 开）
ISBN：7-5332-2854-5 定价：CNY16.00
（漫画科学百科）
　　　本作品系现代漫画。

J0043474

向脑筋挑战　（鬼点子创意漫画系列 1　半圆
形造型设计）黄木村编著
北京　中国少年儿童出版社　1998 年　183 页
21cm（32 开）ISBN：7-5007-4369-6
定价：CNY11.80
　　　作者黄木村，台湾漫画家。

J0043475

向脑筋挑战　（鬼点子创意漫画系列 2　圆形
造型设计）黄木村编著
北京　中国少年儿童出版社　1998 年　167 页
21cm（32 开）ISBN：7-5007-4366-1
定价：CNY11.80

J0043476

向脑筋挑战　（鬼点子创意漫画系列 3　椭圆
形造型设计）黄木村编著
北京　中国少年儿童出版社　1998 年　191 页
21cm（32 开）ISBN：7-5007-4370-X
定价：CNY11.80

J0043477

向脑筋挑战　（鬼点子创意漫画系列 4　方形
造型设计）黄木村编著
北京　中国少年儿童出版社　1998 年　183 页
21cm（32 开）ISBN：7-5007-4368-8
定价：CNY11.80

J0043478

向脑筋挑战 （鬼点子创意漫画系列　5　三角形造型设计）黄木村编著
北京　中国少年儿童出版社　1998年　183页
21cm（32开）ISBN：7-5007-4367-X
定价：CNY11.80

J0043479

向脑筋挑战 （鬼点子创意漫画系列　6　人物造型设计）黄木村编著
北京　中国少年儿童出版社　1998年　167页
21cm（32开）ISBN：7-5007-4365-3
定价：CNY11.80

J0043480

校园笑话 英豪主编；周芳，牛京章绘画
北京　中国林业出版社　1998年　136页　有插图
19cm（小32开）ISBN：7-5038-2077-2
定价：CNY6.00
（古今中外幽默笑话集）

J0043481

新奇的材料 王一川撰文；王又文，高峰绘
天津　新蕾出版社　1998年　重印本　156页
20cm（32开）ISBN：7-5307-2033-3
定价：CNY14.50
（大型科学漫画丛书　漫游新科技世界）

J0043482

雪椰 （第五集）颜开编绘
北京　中国连环画出版社　1998年　127页
19cm（小32开）ISBN：7-5061-0836-4
定价：CNY6.90
（连环漫画明星丛书）
　　本作品系现代漫画。

J0043483

谚语人生 杨新编；王新民绘
合肥　安徽美术出版社　1998年　92页
18cm（小32开）ISBN：7-5398-0705-9
定价：CNY4.50

J0043484

野蒺藜 王士圭著
呼和浩特　内蒙古人民出版社　1998年　381页

有插图　20cm（32开）ISBN：7-204-04443-6
定价：CNY19.80
（讽刺诗与漫画系列丛书　3）

J0043485

野辣椒 王士圭著
呼和浩特　内蒙古人民出版社　1998年　405页
20cm（32开）ISBN：7-204-04443-6
定价：CNY19.80
（讽刺诗与漫画系列丛书　4）

J0043486

野玫瑰 王士圭著
呼和浩特　内蒙古人民出版社　1998年　366页
20cm（32开）ISBN：7-204-04443-6
定价：CNY19.80
（讽刺诗与漫画系列丛书　2）

J0043487

野蔷薇 王士圭著
呼和浩特　内蒙古人民出版社　1998年　382页
有插图　20cm（32开）ISBN：7-204-04443-6
定价：CNY19.80
（讽刺诗与漫画系列丛书　1）

J0043488

一笑了之 （康笑宇读书漫画）康笑宇绘
台北　捷幼出版社　1998年　184页　21cm（32开）
ISBN：957-8523-43-2　定价：TWD200.00
（认识中国　8）

J0043489

衣食足然后知寂寞 亚边个编绘
香港　壹出版公司　1998年　158页　18cm（小32开）
ISBN：962-577-445-9　定价：HKD39.00
（壹出版系列）

J0043490

隐私多棱镜 杨楚民文；庄锡龙绘
深圳　海天出版社　1998年　165页　20cm（32开）
ISBN：7-80615-827-8　定价：CNY16.00（全2册）
（画说世相：哲理小品漫画集　第一辑）
　　作者杨楚民，编辑。常用笔名杨帆，《羊城晚报》编辑、广东省作家协会会员，著有《趣味心理》《少男少女的新困惑》《洒脱人生》等。作者

庄锡龙(1949—　)，漫画家。生于上海。广东省漫画学会副会长、广东省新闻漫画学会会长、深圳美术家协会副主席。画有《庄锡龙漫画集》《庄锡龙漫画选集》等。

J0043491

英韬漫画　英韬绘

北京　人民日报出版社　1998 年　143 页

26×25cm　ISBN：7-80002-971-9

定价：CNY58.00

J0043492

幽默的足球　（足球漫画）姚国祥编著

昆明　云南美术出版社　1998 年　重印本　96 页

26cm（16 开）　ISBN：7-80586-345-8

定价：CNY11.80

J0043493

鱼和贝类　金日革等编译

济南　明天出版社　1998 年　135 页　26cm（16 开）

ISBN：7-5332-2854-5　定价：CNY16.00

（漫画科学百科）

　　本作品系现代漫画。

J0043494

原子能的利用　徐梅，周彪编译；金英奎绘

济南　明天出版社　1998 年　135 页　26cm（16 开）

ISBN：7-5332-2854-5　定价：CNY16.00

（漫画科学百科）

　　本作品系现代漫画。

J0043495

运动和力　王丽芳，周彪编译；赵奉业绘

济南　明天出版社　1998 年　135 页　26cm（16 开）

ISBN：7-5332-2854-5　定价：CNY16.00

（漫画科学百科）

　　本作品系现代漫画。

J0043496

杂画人世　丁聪绘

北京　东方出版社　1998 年　10+175 页　20cm（32 开）

ISBN：7-5060-1060-7　定价：CNY13.20

（楼外楼书系　第一辑）

　　现代中国漫画画册。作者丁聪(1916—2009)，著名漫画家、舞台美术家。生于上海。曾任《人民画报》副总编辑、中国美术家协会漫画艺术委员会主任。作品有《鲁迅小说插图》《丁聪插图》《四世同堂》《骆驼祥子》作品插图。

J0043497

张光宇绘民间情歌　张光宇绘

济南　山东画报出版社　1998 年　63 页

19cm（小 32 开）　ISBN：7-80603-267-3

定价：CNY2.60

（老漫画专辑　第一辑）

　　作者张光宇(1900—1965)，画家、教授。江苏无锡人。现代中国装饰艺术的奠基者之一，执教于中央美术学院、中央工艺美术学院，任中国美术家协会理事。著有《张光宇插图集》，创作设计动画影片《大闹天宫》。

J0043498

哲理诗词漫画评释　王文奎编著

上海　上海教育出版社　1998 年　189 页

19cm（小 32 开）　ISBN：7-5320-5969-3

定价：CNY8.00

J0043499

志庠素描集　陆志庠绘

济南　山东画报出版社　1998 年　184 页

19cm（小 32 开）　ISBN：7-80603-262-2

定价：CNY6.00

（老漫画专辑　第一辑）

J0043500

中国谚语幽默漫画　秦彦士编著；阿桂绘

乌鲁木齐　新疆人民出版社　1998 年　6 册

17cm（40 开）　ISBN：7-228-04824-5

定价：CNY58.50

J0043501

中华漫画选刊　（第 1 期　创刊号　1998）方成主编

北京　中华书局　1998 年　32 页　26cm（16 开）

ISBN：7-101-02021-6　定价：CNY2.80

　　作者方成(1918—2018)，漫画家、杂文家、幽默理论专家。原名孙顺潮，杂文笔名张化。祖籍广东中山，生于北京，毕业于武汉大学。历任《观察》半月刊漫画版主编、北京《新民晚报》美术编辑、人民日报社高级编辑、中国新闻漫画研

究会会长。

J0043502
钟表脸谱 （娄广华漫画集）娄广华绘
贵阳 贵州人民出版社 1998年 98页 20cm（32开）
ISBN：7-221-04490-2 定价：CNY12.80

J0043503
朱根华漫画 朱根华绘
北京 人民日报出版社 1998年 143页
26×25cm ISBN：7-80002-973-5
定价：CNY58.00

J0043504
阿Q正传 鲁迅著；丰子恺绘
上海 上海书店出版社 1999年 189页 有图
21cm（32开）ISBN：7-80622-285-5
定价：CNY14.50
　　作者丰子恺（1898—1975），画家、文学家、
艺术教育家。原名丰润，又名仁、仍，字子觊，
后改为子恺，笔名TK，浙江嘉兴人。作品有《缘
缘堂随笔》、画集《子恺漫画》等。

J0043505
爱我家园漫画集 缪印堂，祝永华主编
郑州 大象出版社 1999年 104页 18×20cm
ISBN：7-5347-2360-4 定价：CNY5.00
　　主编缪印堂（1935—2017），著名漫画家。江
苏南京人。曾任中国科普研究所高级工艺美术
师、中国美术家协会漫画艺术委员会委员、中国
美术家协会漫画艺术委员会副主任、《漫画月刊》
高级顾问、北京电影学院动画学院客座教授。漫
画作品有《啊，危险》《讲经》《矛盾的统一》等。
著作有《缪印堂漫画选》《漫画艺术入门》《科学
漫画创作概论》等。

J0043506
澳门漫画选 张兆全编
澳门 澳门基金会 1999年 152页 30cm（10开）
ISBN：972-658-110-9 定价：MOP60.00
　　外文书名：A Caricatura de Macau.

J0043507
爸爸的画 （第一集）丰子恺绘；丰陈宝，丰一
吟著

上海 华东师范大学出版社 1999年 10+203页
19×17cm ISBN：7-5617-2142-0
定价：CNY11.50
　　中国现代漫画画册。

J0043508
爸爸的画 （第二集）丰子恺绘；丰陈宝，丰一
吟著
上海 华东师范大学出版社 1999年 12+203页
19×17cm ISBN：7-5617-2143-9 定
价：CNY11.50
　　中国现代漫画画册。

J0043509
白领冒号 赵为群［绘］
上海 上海人民出版社 1999年 121页
20cm（32开）ISBN：7-208-03042-1
定价：CNY12.00
（办公私话 连载漫画系列 1）

J0043510
半截裤腿 卜硕编
北京 兵器工业出版社 1999年 3册（118；
118；118页）20×18cm ISBN：7-80132-721-7
定价：CNY85.50（全套）
（幽默脑筋总动员 城市风情系列）
　　中国现代漫画画册。

J0043511
宝岛先生 蔡虫绘
台北 时报文化出版企业公司 1999年 131页
19cm（小32开）ISBN：957-13-2896-0
定价：TWD100.00
（时报漫画丛书 FA275）

J0043512
北窗漫画 李钢著
北京 中国画报出版社 1999年 189页
20cm（32开）ISBN：7-80024-510-1
定价：CNY18.00

J0043513
筚路蓝缕建家园 （漫画台湾历史）林文义漫
画/撰文
台北 台原出版社 1999年 重印本 151页

21cm（32 开）ISBN：957-9261-28-8
定价：TWD180.00
（台湾智慧丛刊 11）

J0043514

成语故事　丁聪［绘］

北京 生活·读书·新知三联书店 1999 年 153 页
19×18cm
ISBN：7-108-01279-0 定价：CNY11.00
（丁聪漫画系列）

　　作者丁聪（1916—2009），著名漫画家、舞台美术家。生于上海。曾任《人民画报》副总编辑、中国美术家协会漫画艺术委员会主任。作品有《鲁迅小说插图》《丁聪插图》《四世同堂》《骆驼祥子》作品插图。

J0043515

城市风情系列　卜硕编

北京 兵器工业出版社 1999 年 9 册 20×18cm
ISBN：7-80132-721-7 定价：CNY85.50
（幽默脑筋总动员）

J0043516

大型电脑动画片《封神榜传奇》（金刚哪吒 1）
中央漫画部编绘

北京 中国电影出版社 1999 年 199 页
19cm（小 32 开）ISBN：7-106-01170-3
定价：CNY9.80

　　现代中国动漫画画册。

J0043517

大型电脑动画片《封神榜传奇》（金刚哪吒 2）
中央漫画部编绘

北京 中国电影出版社 1999 年 199 页
19cm（小 32 开）ISBN：7-106-01388-9
定价：CNY9.80

　　现代中国动漫画画册。

J0043518

动物园台湾出巡　黎达达荣著

台北 土狗杂志社 1999 年 317 页 21cm（32 开）
ISBN：957-98004-4-8 定价：TWD280.00

J0043519

方唐世界　（方唐漫画精选）陈树斌著

广州 岭南美术出版社 1999 年 215 页
21×19cm ISBN：7-5362-2015-4
定价：CNY43.00

　　作者陈树斌（1938— ），笔名方唐，现为《羊城晚报》主任美编、中国美术家协会漫画艺术委员会委员、广东漫画学会名誉会长、广东画院特聘画家、广东省政协委员。著有《方唐世界——方唐漫画精选》。

J0043520

粉红涩女郎　朱德庸著

台北 时报文化出版企业公司 1999 年 159 页
21×19cm ISBN：957-13-2789-1
定价：TWD150.00
（朱德庸作品 15）

　　作者朱德庸（1960— ），台湾著名漫画家。江苏太苍人，毕业于世新大学电影编导科。代表作品有《双响炮》《涩女郎》《醋溜族》《绝对小孩》等。

J0043521

丰子恺护生画集选　丰子恺编绘；葛兆光选评

北京 中华书局 1999 年 231 页 20cm（32 开）
ISBN：7-101-02363-0 定价：CNY22.00

　　现代中国漫画画册。作者丰子恺（1898—1975），画家、文学家、艺术教育家。原名丰润，又名仁、仍，字子觊，后改为子恺，笔名 TK，浙江嘉兴人。作品有《缘缘堂随笔》、画集《子恺漫画》等。

J0043522

丰子恺漫画全集　丰子恺绘；丰陈宝，丰一吟编

北京 京华出版社 1999 年 16 册 26cm（16 开）
精装 ISBN：7-80600-335-5 定价：CNY2500.00

　　编者丰陈宝（1920—2010），女，浙江崇德县人。丰子恺先生长女。毕业于重庆中央大学外文系。上海译文出版社编审、丰子恺研究会顾问。主要翻译出版的专著有辟斯顿《和声学》、雅谷《管弦乐法》和列夫·托尔斯泰《艺术论》等。编者丰一吟（1929— ），画家、翻译学家。浙江崇德县（今桐乡市石门镇）人。其父是著名画家丰子恺。上海市文史研究馆馆员、丰子恺研究会顾问、上海翻译家协会会员。主要著作有《潇洒风

神——我的父亲丰子恺》《丰子恺漫画全集》《爸爸的画》等。

J0043523
讽刺画 （一集）丁聪绘
北京 生活·读书·新知三联书店 1999 年 153 页
19×18cm
ISBN：7-108-01280-4 定价：CNY10.00
（丁聪漫画系列）

J0043524
讽刺画 （二集）丁聪绘
北京 生活·读书·新知三联书店 1999 年 141 页
19×18cm
ISBN：7-108-01281-2 定价：CNY9.50
（丁聪漫画系列）

J0043525
讽刺画 （三集）丁聪绘
北京 生活·读书·新知三联书店 1999 年 181 页
19×18cm
ISBN：7-108-01282-0 定价：CNY12.00
（丁聪漫画系列）

J0043526
讽刺画 （四集）丁聪绘
北京 生活·读书·新知三联书店 1999 年 269 页
19×18cm ISBN：7-108-01283-9
定价：CNY18.50
（丁聪漫画系列）

J0043527
佛山公 （幽默漫画 第一集）孔庆池绘
广州 岭南美术出版社 1999 年 48 页
26cm（16 开）ISBN：7-5362-1895-8
定价：CNY3.50
（孔庆池漫画丛书 普通话注释）

J0043528
佛山公 （幽默漫画 第二集）孔庆池绘
广州 岭南美术出版社 1999 年 48 页
26cm（16 开）ISBN：7-5362-1895-8
定价：CNY3.50
（孔庆池漫画丛书 普通话注释）

J0043529
佛山公 （幽默漫画 第三集）孔庆池绘
广州 岭南美术出版社 1999 年 48 页
26cm（16 开）ISBN：7-5362-1895-8
定价：CNY3.50
（孔庆池漫画丛书 普通话注释）

J0043530
佛山公 （幽默漫画 第四集）孔庆池绘
广州 岭南美术出版社 1999 年 48 页 26cm（16 开）
ISBN：7-5362-1895-8 定价：CNY3.50
（孔庆池漫画丛书 普通话注释）

J0043531
佛山公 （幽默漫画 第五集）孔庆池绘
广州 岭南美术出版社 1999 年 48 页 26cm（16 开）
ISBN：7-5362-1895-8 定价：CNY3.50
（孔庆池漫画丛书 普通话注释）

J0043532
佛山公 （幽默漫画 第六集）孔庆池绘
广州 岭南美术出版社 1999 年 48 页 26cm（16 开）
ISBN：7-5362-1895-8 定价：CNY3.50
（孔庆池漫画丛书 普通话注释）

J0043533
古古打工族 陈磊撰文；阿桂绘
成都 西南财经大学出版社 1999 年 203 页
17×19cm ISBN：7-81055-567-7
定价：CNY18.80
（商悟漫画经典）

J0043534
古古话保险 袁兵兵，杨立旺撰文；杜娟绘
成都 西南财经大学出版社 1999 年 203 页
17×19cm ISBN：7-81055-534-0
定价：CNY19.80
（商悟漫画经典）

J0043535
古古经济学 谢恒撰文；杨仕成绘
成都 西南财经大学出版社 1999 年 203 页
17×19cm ISBN：7-81055-570-7
定价：CNY19.80
（商悟漫画经典）

J0043536

古古流行语　三草，肖庆华撰文；杨仕成配图
成都　西南财经大学出版社　1999 年　203 页
17×19cm　ISBN：7-81055-504-9
定价：CNY18.80
（时代漫画经典）

J0043537

古古生意经　鲁稚著；魏春晓图
成都　西南财经大学出版社　1999 年　203 页
17×19cm　ISBN：7-81055-448-4
定价：CNY18.80
（商悟漫画经典）

J0043538

古古市场谱　李勇军撰文；杨仕成配图
成都　西南财经大学出版社　1999 年　203 页
17×19cm　ISBN：7-81055-496-4
定价：CNY18.80
（商悟漫画经典）

J0043539

古古谈判术　叶朝武撰文；阿桂配图
成都　西南财经大学出版社　1999 年　203 页
17×19cm　ISBN：7-81055-505-7
定价：CNY18.80
（商悟漫画经典）

J0043540

古古营销术　汪劲东撰文；阿桂配图
成都　西南财经大学出版社　1999 年　203 页
17×19cm　ISBN：7-81055-497-2
定价：CNY18.80
（商悟漫画经典）

J0043541

古趣图　（一集）丁聪［绘］
北京　生活·读书·新知三联书店　1999 年　209 页
19×18cm
ISBN：7-108-01277-4　定价：CNY14.00
（丁聪漫画系列）
　　作者丁聪（1916—2009），著名漫画家、舞台美术家。生于上海。曾任《人民画报》副总编辑、中国美术家协会漫画艺术委员会主任。作品有《鲁迅小说插图》《丁聪插图》《四世同堂》《骆驼祥子》作品插图。

J0043542

古趣图　（二集）丁聪［绘］
北京　生活·读书·新知三联书店　1999 年　269 页
19×18cm　ISBN：7-108-01278-2
定价：CNY18.50
（丁聪漫画系列）

J0043543

过目难忘　（漫画）方仲等编
广州　花城出版社　1999 年　100 页　20cm（32 开）
ISBN：7-5360-2846-6　定价：CNY5.90

J0043544

呵护灿烂星光　青春自我保护　（未成年人自我保护常识）赵宏主编
北京　华文出版社　1999 年　84 页　19cm（小 32 开）
ISBN：7-5075-0953-2　定价：CNY7.00

J0043545

何君华漫画选　何君华绘
北京　民族出版社　1999 年　60 页　25×25cm
ISBN：7-105-03387-8　定价：CNY48.00

J0043546

胡明亮漫画　胡明亮绘
北京　民族出版社　1999 年　79 页　25×25cm
ISBN：7-105-03634-6　定价：CNY18.00
　　作者胡明亮（1951—　），漫画家。北京和平里第四小学美术高级教师、中国美术家协会北京分会会员。

J0043547

画说菜根谭　（得意的失落）傅继英绘画；殷涵配文
北京　中国民族摄影艺术出版社　1999 年　200 页
20cm（32 开）ISBN：7-80069-283-3
定价：CNY10.00

J0043548

画说菜根谭　（浪漫的烦恼）傅继英绘画；殷涵配文
北京　中国民族摄影艺术出版社　1999 年　200 页
20cm（32 开）ISBN：7-80069-282-5

定价：CNY10.00

J0043549
画说菜根谭 （劳作的休闲）傅继英绘画；殷涵配文
北京 中国民族摄影艺术出版社 1999 年 200 页
20cm（32 开）ISBN：7-80069-284-1
定价：CNY10.00

J0043550
画说情歌 李迪采辑；刘学伦画
北京 中国对外翻译出版公司 1999 年 276 页
有图 20cm（32 开）ISBN：7-5001-0663-7
定价：CNY22.00
（大家漫画丛书 1）

本书是一本充满诗情画意的歌谣图集，编者精心采辑了中国民间情歌中大量鲜为世人所见、所闻的真情实感，内容涉及男女之间最隐秘、最自然、最诗意的感情纠缠，文辞美妙，直逼人心。作者刘学伦（1954— ），画家、教授。生于四川成都，祖籍安徽肥西县，毕业于日本大阪艺术大学。西南民族大学艺术系教授、中国美术家协会会员。作品有《画说情歌》《金沙祭》《解放军入城图》等。

J0043551
画外文谈 方成作
天津 百花文艺出版社 1999 年 161 页
19cm（小 32 开）ISBN：7-5306-1895-4
定价：CNY8.80
（杂谈与漫画丛书）

作者方成（1918—2018），漫画家、杂文家、幽默理论专家。原名孙顺潮，杂文笔名张化。祖籍广东中山，生于北京，毕业于武汉大学。历任《观察》半月刊漫画版主编、北京《新民晚报》美术编辑、人民日报社高级编辑、中国新闻漫画研究会会长。

J0043552
画与话 黎青绘；知行，钱海燕话
济南 山东画报出版社 1999 年 149 页 有图
20cm（32 开）ISBN：7-80603-337-8
定价：CNY10.80

J0043553
画中有话 江有生作；江有生等文
济南 山东画报出版社 1999 年 147 页
19cm（小 32 开）ISBN：7-80603-368-8
定价：CNY9.80
（睹画思往录）

J0043554
绘图本中国古典幽默 王定天编译；任兆祥绘图
成都 四川文艺出版社 1999 年 404 页
20cm（32 开）ISBN：7-5411-1791-9
定价：CNY20.00

J0043555
见闻偶拾 何满子文；天呈绘
天津 百花文艺出版社 1999 年 167 页
19cm（小 32 开）ISBN：7-5306-1897-0
定价：CNY9.50
（杂谈与漫画丛书）

J0043556
江沛扬漫画 （1949—1999 年作品选）萧红总编辑
澳门 华夏杂志社 1999 年 119 页 19×21cm
定价：MOP70.00，HKD70.00

J0043557
精品动漫 哈曼主编
海拉尔 内蒙古文化出版社 1999 年 142 页
26cm（16 开）ISBN：7-80506-388-5
定价：CNY25.00

J0043558
旧世百态 （1912—1949 老漫画）李忠清，杨小民编
北京 现代出版社 1999 年 6 册 20cm（32 开）

J0043559
冷眼热肠 池北偶文；丁聪等绘
天津 百花文艺出版社 1999 年 201 页
19cm（小 32 开）ISBN：7-5306-1899-7
定价：CNY11.00
（杂谈与漫画丛书）

作者丁聪（1916—2009），著名漫画家、舞台

美术家。生于上海。曾任《人民画报》副总编辑、中国美术家协会漫画艺术委员会主任。作品有《鲁迅小说插图》《丁聪插图》《四世同堂》《骆驼祥子》作品插图。

J0043560

李小午云南幽默风情游　李昆武创作室著
昆明 晨光出版社 1999年 199页 20cm（32开）
ISBN：7-5414-1618-5 定价：CNY5.80

J0043561

领袖　温世仁著；蔡志忠绘
北京 生活·读书·新知三联书店 1999年 77页
20×18cm ISBN：7-108-01370-3 定价：CNY7.50
　　中国现代漫画连环画。作者蔡志忠（1948— ），著名漫画家。台湾彰化人，1976年成立远东卡通公司、龙卡通公司。创作的100多部作品被30多个国家翻译出版。代表作有《庄子说》《老子说》《列子说》《大醉侠》《盗帅独眼龙》《光头神探》等。

J0043562

罗琪漫画　罗琪编绘
深圳 海天出版社 1999年 105页 20cm（32开）
ISBN：7-80654-017-2 定价：CNY9.80

J0043563

漫画奥林匹克智商游戏　（5）乐薇，童鹉编写；仙贝，鸥子漫画
北京 北京少年儿童出版社 1999年 206页
19cm（小32开）ISBN：7-5301-0681-3
定价：CNY9.00

J0043564

漫画法句经　（智慧的语言）蔡志忠著
香港 博益出版集团公司 1999年 2版 251页
17cm（40开）ISBN：962-17-7803-4
定价：HKD46.00
（蔡志忠作品 49）

J0043565

漫画广告　李忠清，杨小民编
北京 现代出版社 1999年 147页 20cm（32开）
ISBN：7-80028-482-4 定价：CNY10.00
（旧世百态 1912—1949 老漫画）

J0043566

漫画老子　魏志刚，陈国英主编
石家庄 河北教育出版社 1999年 289页
26cm（16开）ISBN：7-5434-3217-X
定价：CNY26.30
（三味漫画屋）
　　主编魏志刚（1950— ），生于河北省保定市。毕业于天津美术学院。中国美术家协会会员、中国油画学会会员、天津美术家协会会员、天津人民美术出版社编审。画作有《野火烧不尽》《犬漠孤灵》《满月》《大漠组画》等。主要著作有《魏志刚油画作品选》《风景油画全程训练》《水粉风景——原野遗韵》。

J0043567

漫画名人　李忠清，杨小民编
北京 现代出版社 1999年 217页 20cm（32开）
ISBN：7-80028-483-2 定价：CNY14.00
（旧世百态 1912—1949 老漫画）

J0043568

漫画人生　（陈荣宝漫画作品选集）陈荣宝绘
广州 岭南美术出版社 1999年 116页
21×21cm ISBN：7-5362-1898-2
定价：CNY38.00

J0043569

漫画人生　李忠清，杨小民编
北京 现代出版社 1999年 166页 20cm（32开）
ISBN：7-80028-479-4 定价：CNY11.00
（旧世百态 1912—1949 老漫画）

J0043570

漫画三百六十行　李忠清，杨小民编
北京 现代出版社 1999年 154页 20cm（32开）
ISBN：7-80028-481-6 定价：CNY10.00
（旧世百态 1912—1949 老漫画）

J0043571

漫画社会　李忠清，杨小民编
北京 现代出版社 1999年 196页 20cm（32开）
ISBN：7-80028-480-8 定价：CNY13.00
（旧世百态 1912—1949 老漫画）

J0043572
漫画时政　李忠清，杨小民编
北京　现代出版社　1999 年　243 页　20cm（32 开）
ISBN：7-80028-478-6　定价：CNY16.00
（旧世百态　1912—1949 老漫画）

J0043573
漫画庄子　魏志刚，陈国英主编
石家庄　河北教育出版社　1999 年　3 册（203；
418；361 页）26cm（16 开）
ISBN：7-5434-3260-9　定价：CNY100.40
（三味漫画屋）

J0043574
漫画庄子　魏志刚，陈国英主编
石家庄　河北教育出版社　1999 年　3 册（203；
418；361 页）26cm（16 开）精装
ISBN：7-5434-3259-5　定价：CNY112.90
（三味漫画屋）

J0043575
漫画资治通鉴　周传家等主编
石家庄　河北教育出版社　1999 年　6 册
20cm（32 开）ISBN：7-5434-3423-7
定价：CNY134.90
（三味漫画屋）
　　主编周传家（1944—　　），戏曲史论研究者。
江苏沛县人，就职于中国艺术研究院。历任北京
联合大学应用文理学院教授，兼任中国昆剧研
究会副会长、中华武侠文学研究会副会长、北京
人民广播电台艺术研究所所长。代表作品有《戏
曲编剧概论》《京华生藻》《名旦风采》《一代宗
师》等。

J0043576
猫国春秋　廖冰兄［绘］
济南　山东画报出版社　1999 年　98 页
20cm（32 开）ISBN：7-80603-349-1
定价：CNY9.50
（老漫画专辑）
　　作者廖冰兄（1915—2006），漫画家。原名东
生，生于广东广州，祖籍广西象州县。曾任美术
家协会广东分会副主席、中国美术家协会理事。
代表作品《自嘲》《猫国春秋》《抗战必胜连环图》
《残梦纪奇篇》等。

J0043577
蜜蜂叮癫痫　戴逸如作
天津　百花文艺出版社　1999 年　201 页
19cm（小 32 开）ISBN：7-5306-1898-9
定价：CNY11.50
（杂谈与漫画丛书）
　　作者戴逸如（1948—　　），编辑、作家、漫画
家。上海人。历任机关刊物《上海新闻出版》编辑、
《新民晚报》主任编辑、中国创造学会理事、上海
市美术家协会会员。著有《启锁斋笑林》《医圣
张仲景》《创造博士》，主编《世界漫画大师精品
珍赏》《东方十日谈》等。

J0043578
魔域传奇　黄伟评著
台北　时报文化出版企业公司　1999 年　146 页
19cm（小 32 开）ISBN：957-13-2842-1
定价：TWD90.00
（时报漫画丛书　FN012）

J0043579
男人夜话　绿野著
深圳　海天出版社　1999 年　181 页　有图
20cm（32 开）ISBN：7-80615-991-6
定价：CNY8.50
（木耳漫画丛书）

J0043580
南枪北剑集　江沛扬漫画；马良配诗；广东省
美术家协会漫画艺委会，广东漫画学会编
广州　广东漫画学会　1999 年　127 页　21cm（32 开）

J0043581
牛鼻子全集　（第一集）黄尧绘
济南　山东画报出版社　1999 年　191 页
20×21cm　ISBN：7-80603-344-0
定价：CNY18.00
　　作者黄尧（1914—1987），本名黄家塘，原籍
浙江嘉善，生长于上海。曾任《上海新闻报》美
术编辑，并在 20 世纪 30 年代凭"牛鼻子"系列
漫画，在中国红极一时，在中国漫画界与张乐
平、丁聪齐名。著作有《墨缘随笔》。

J0043582
牛鼻子全集　（第二集）黄尧绘

济南 山东画报出版社 1999 年 196 页
20×21cm ISBN：7-80603-383-1
定价：CNY18.00

J0043583
青蛙漫画 英镯主编
石家庄 河北教育出版社 1999 年 17+198 页
29cm（16 开）精装 ISBN：7-5434-3498-9
定价：CNY180.00

J0043584
上帝爱滚笑 （陈义仁漫画集）陈义仁著
台北 前卫出版社 1999 年 126 页 21cm（32 开）
ISBN：957-801-219-5 定价：TWD120.00
（台湾闽南语长老教会漫画 3）

J0043585
生活门诊 （任晓时生活漫画集）任晓时绘；
姚意克，于彬文
北京 中国文联出版公司 1999 年 122 页
26cm（16 开）ISBN：7-5059-3174-1
定价：CNY19.80

J0043586
世间万象 方杰编绘
呼和浩特 远方出版社 1999 年 128 页
17×19cm ISBN：7-80595-562-X
定价：CNY32.00（全套）
（幽默大本营）
　　中国现代漫画画册。

J0043587
市井百态 （方唐新闻漫画精选）许维国编
广州 羊城晚报出版社 1999 年 215 页
14×14cm ISBN：7-80651-006-0
定价：CNY10.00
（盒饭丛书）
　　本书收方唐从 1992 年 2 月到 1993 年 3 月为
羊城晚报《下午茶》和《市井百态》所作的新闻漫
画 235 幅。

J0043588
双响炮 （1）朱德庸绘
北京 现代出版社 1999 年 115 页 21×18cm
ISBN：7-80028-502-2 定价：CNY12.00

（现代风情 朱德庸都市生活漫画系列）
　　作者朱德庸（1960—　），台湾著名漫画家。
江苏太苍人，毕业于世新大学电影编导科。代表
作品有《双响炮》《涩女郎》《醋溜族》《绝对小
孩》等。

J0043589
双响炮 （2）朱德庸绘
北京 现代出版社 1999 年 115 页 21×18cm
ISBN：7-80028-503-0 定价：CNY12.00
（现代风情 朱德庸都市生活漫画系列）

J0043590
双响炮 （3）朱德庸绘
北京 现代出版社 1999 年 115 页 21×18cm
ISBN：7-80028-504-9 定价：CNY12.00
（现代风情 朱德庸都市生活漫画系列）

J0043591
双响炮 （4）朱德庸绘
北京 现代出版社 1999 年 113 页 21×18cm
ISBN：7-80028-505-7 定价：CNY12.00
（现代风情 朱德庸都市生活漫画系列）

J0043592
双响炮 （5）朱德庸绘
北京 现代出版社 1999 年 115 页 21×18cm
ISBN：7-80028-506-5 定价：CNY12.00
（现代风情 朱德庸都市生活漫画系列）

J0043593
双响炮 （6）朱德庸绘
北京 现代出版社 1999 年 115 页 21×18cm
ISBN：7-80028-507-3 定价：CNY12.00
（现代风情 朱德庸都市生活漫画系列）

J0043594
谁比谁傻 卜硕编
北京 兵器工业出版社 1999 年 3 册（118；
118；118 页）21×18cm ISBN：7-80132-721-7
定价：CNY85.50（全套）
（幽默脑筋总动员 城市风情系列）
　　中国现代漫画画册。

J0043595
思想品德教育漫画故事 （1）李雪红主编
广州 新世纪出版社 1999 年 74 页 20cm（32 开）
ISBN：7-5405-2052-3 定价：CNY10.00

J0043596
孙大圣漫游人体世界 白汉玉编著；毛迪，刘曜绘
北京 人民卫生出版社 1999 年 56 页 19×26cm
ISBN：7-117-03350-9 定价：CNY28.00
　　中国现代漫画画册。

J0043597
唐诗别解 陈四益撰文；丁聪漫画
北京 解放军文艺出版社 1999 年 275 页 有图
17×19cm ISBN：7-5033-1054-5
定价：CNY23.00

J0043598
天龙八部漫画 （第 1 册）金庸原著；黄玉郎编绘
北京 生活·读书·新知三联书店 1999 年 176 页
20cm（32 开）ISBN：7-108-01234-4
定价：CNY10.00
　　编绘者黄玉郎（Tony Wong，1951—　　），香港漫画家。原名黄振隆，早期笔名为黄玄生。出生于广东江门。编绘有《天龙八部漫画》，代表作品有《如来神掌》《天子传奇》《神兵玄奇》等。

J0043599
天龙八部漫画 （第 2 册）金庸原著；黄玉郎编绘
北京 生活·读书·新知三联书店 1999 年 184 页
20cm（32 开）ISBN：7-108-01245-6
定价：CNY10.00

J0043600
天龙八部漫画 （第 3 册）金庸原著；黄玉郎编绘
北京 生活·读书·新知三联书店 1999 年 171 页
20cm（32 开）ISBN：7-108-01246-4
定价：CNY10.00

J0043601
天龙八部漫画 （第 4 册）金庸原著；黄玉郎编绘
北京 生活·读书·新知三联书店 1999 年 167 页
20cm（32 开）ISBN：7-108-01247-2
定价：CNY10.00

J0043602
天龙八部漫画 （第 5 册）金庸原著；黄玉郎编绘
北京 生活·读书·新知三联书店 1999 年 165 页
20cm（32 开）ISBN：7-108-01248-0
定价：CNY10.00

J0043603
天龙八部漫画 （第 6 册）金庸原著；黄玉郎编绘
北京 生活·读书·新知三联书店 1999 年 100 页
20cm（32 开）ISBN：7-108-01311-8
定价：CNY10.00

J0043604
天龙八部漫画 （第 7 册）金庸原著；黄玉郎编绘
北京 生活·读书·新知三联书店 1999 年 161 页
20cm（32 开）ISBN：7-108-01312-6
定价：CNY10.00

J0043605
天龙八部漫画 （第 8 册）金庸原著；黄玉郎编绘
北京 生活·读书·新知三联书店 1999 年 159 页
20cm（32 开）ISBN：7-108-01320-7
定价：CNY10.00

J0043606
天龙八部漫画 （第 9 册）金庸原著；黄玉郎编绘
北京 生活·读书·新知三联书店 1999 年 160 页
20cm（32 开）ISBN：7-108-01323-1
定价：CNY10.00

J0043607
天龙八部漫画 （第 10 册）金庸原著；黄玉郎编绘
北京 生活·读书·新知三联书店 1999 年 165 页
20cm（32 开）ISBN：7-108-01332-0

定价：CNY10.00

J0043608
天龙八部漫画 （第 11 册）金庸原著；黄玉郎编绘
北京　生活·读书·新知三联书店　1999 年　161 页
20cm（32 开）ISBN：7–108–01336–3
定价：CNY10.00

J0043609
天龙八部漫画 （第 12 册）金庸原著；黄玉郎编绘
北京　生活·读书·新知三联书店　1999 年　161 页
20cm（32 开）ISBN：7–108–01349–5
定价：CNY10.00

J0043610
天龙八部漫画 （第 13 册）金庸原著；黄玉郎编绘
北京　生活·读书·新知三联书店　1999 年　160 页
21cm（32 开）ISBN：7–108–01367–3
定价：CNY10.00

J0043611
天龙八部漫画 （第 14 册）金庸原著；黄玉郎编绘
北京　生活·读书·新知三联书店　1999 年　154 页
21cm（32 开）ISBN：7–108–01368–1
定价：CNY10.00

J0043612
天龙八部漫画 （第 15 册）金庸原著；黄玉郎编绘
北京　生活·读书·新知三联书店　1999 年　160 页
21cm（32 开）ISBN：7–108–01369–X
定价：CNY10.00

J0043613
天龙八部漫画 （第 16 册）金庸原著；黄玉郎编绘
北京　生活·读书·新知三联书店　1999 年　160 页
20cm（32 开）
ISBN：7–108–01410–6 定价：CNY10.00

J0043614
天龙八部漫画 （第 17 册）金庸原著；黄玉郎编绘
北京　生活·读书·新知三联书店　1999 年　160 页
20cm（32 开）
ISBN：7–108–01411–4 定价：CNY10.00

J0043615
天龙八部漫画 （第 18 册）金庸原著；黄玉郎编绘
北京　生活·读书·新知三联书店　1999 年　160 页
20cm（32 开）
ISBN：7–108–01412–2 定价：CNY10.00

J0043616
伟哥笑话　艾效著
呼和浩特　内蒙古人民出版社　1999 年　280 页
有插图 20cm（32 开）ISBN：7–204–04898–9
定价：CNY16.80

J0043617
未来不是梦 （科技与未来漫画集）华君武等绘
天津　天津科学技术出版社　1999 年　139 页
21×19cm ISBN：7–5308–2655–7
定价：CNY35.00

J0043618
文画缘 （华君武漫画一百图）华君武绘；江坪撰文
北京　中国连环画出版社　1999 年　206 页
17×19cm ISBN：7–5061–0869–0
定价：CNY15.80

J0043619
校园哈哈镜　杨楚民文；庄锡龙画
深圳　海天出版社　1999 年　169 页 20cm（32 开）
ISBN：7–80654–042–3 定价：CNY16.00（全 2 册）
（画说世相：哲理小品漫画集 第二辑）
　　本书内容把校园逸事、师生趣闻、哲理小品和幽默漫画融为一体，记述了校园生活的方方面面，反映了学生的喜怒哀乐。作者杨楚民，常用笔名杨帆，《羊城晚报》编辑、广东省作家协会会员，著有《趣味心理》《少男少女的新困惑》《洒脱人生》等。作者庄锡龙（1949—　　），漫画家。

生于上海。广东省漫画学会副会长、广东省新闻
漫画学会会长、深圳美术家协会副主席。画有《庄
锡龙漫画集》《庄锡龙漫画选集》等。

J0043620
笑比哭好　（康笑宇读书漫画）康笑宇著
北京　作家出版社　1999 年　203 页　20cm（32 开）
ISBN：7-5063-1605-6　定价：CNY19.50

J0043621
笑和尚说笑话　（春）笑石编；杨梅红绘
合肥　安徽少年儿童出版社　1999 年　140 页
17×19cm　ISBN：7-5397-1684-3
定价：CNY12.90
（中外漫画笑话 300）

J0043622
笑和尚说笑话　（夏）笑石编；杨梅红绘
合肥　安徽少年儿童出版社　1999 年　140 页
17×19cm　ISBN：7-5397-1685-1
定价：CNY12.90
（中外漫画笑话 300）

J0043623
笑和尚说笑话　（秋）笑石编；杨梅红绘
合肥　安徽少年儿童出版社　1999 年　140 页
17×19cm　ISBN：7-5397-1686-X
定价：CNY12.90
（中外漫画笑话 300）

J0043624
笑和尚说笑话　（冬）笑石编；杨梅红绘
合肥　安徽少年儿童出版社　1999 年　140 页
17×19cm　ISBN：7-5397-1687-8
定价：CNY12.90
（中外漫画笑话 300）

J0043625
徐鹏飞漫画　徐鹏飞绘
长春　吉林文史出版社　1999 年　149 页
26×24cm　精装　ISBN：7-80626-417-5
定价：CNY50.00
（中国当代漫画家）

J0043626
学院反光镜　杨楚民文；庄锡龙画
深圳　海天出版社　1999 年　171 页　20cm（32 开）
ISBN：7-80654-042-3　定价：CNY16.00（全 2 册）
（画说世相：哲理小品漫画集　第二辑）
　　本书内容把校园逸事、师生趣闻、哲理小品
和幽默漫画融为一体，记述了校园生活的方方面
面，反映了学生的喜怒哀乐。

J0043627
胭脂与砒霜　（钱海燕妙语漫画集）钱海燕绘
济南　山东友谊出版社　1999 年　215 页　有彩照
20cm（32 开）ISBN：7-80642-268-4
定价：CNY9.80

J0043628
一笑了之　卜硕编
北京　兵器工业出版社　1999 年　3 册（118；
118；118 页）21cm（32 开）
ISBN：7-80132-721-7　定价：CNY85.50
（幽默脑筋总动员　城市风情系列）
　　中国现代漫画画册。

J0043629
异想天开　（创造性思维幽默画选）林钱康著
上海　上海科学普及出版社　1999 年　140 页
19cm（小 32 开）ISBN：7-5427-1640-9
定价：CNY7.00

J0043630
幽默快餐　（检察日报新闻漫画精选　上）高洪
海主编
北京　中国检察出版社　1999 年　245 页
21cm（32 开）ISBN：7-80086-650-5
定价：CNY210.00（全套）
（中国检察日报社报刊精品丛书）
　　本书精选了 200 余幅漫画作品，这些作品从
不同角度反映了漫画家们对社会主义民主与法
制建设的独到见解及调试的社会责任感，体现了
广大作者不懈的开拓和创新精神。

J0043631
幽默快餐　（检察日报新闻漫画精选　下）高洪
海主编
北京　中国检察出版社　1999 年　407 页

20cm（32 开）ISBN：7-80086-650-5
定价：CNY210.00（全套）
（中国检察日报社报刊精品丛书）

J0043632
云南 18 怪　（李小午边疆风情录）昆武著
昆明　晨光出版社　1999 年　修订 2 版　174 页
20cm（32 开）ISBN：7-5414-1044-6
定价：CNY6.80
　　本书以漫画手法向广大读者展示了云南的
大好河山和风土人情。李昆武(1955—　)，云南
昆明人。历任春城晚报资深美术编辑、云南省美
术家协会理事、中国新闻漫画研究会常务理事。
代表作品《逍遥游》《边疆风情录》《一个中国人
的一生》等。

J0043633
哲人的微笑　（解读漫画）史道祥编选
武汉　湖北教育出版社　1999 年　208 页
19cm（小 32 开）ISBN：7-5351-2490-9
定价：CNY10.00
（中学生阅读文库）

J0043634
中国工艺美术大师阮文辉作品选　（5　葫芦
棚闲画）阮文辉著
兰州　甘肃民族出版社　1999 年　113 页　有照片
20cm（32 开）ISBN：7-5421-0695-3
定价：CNY112.00（全七册）
（冷余斋艺丛）
　　中国现代文艺作品和漫画画册。

J0043635
中国故事　（聪慧卷）毋世朝主编；陆毅编文；
刘然绘
太原　希望出版社　1999 年　124 页　20cm（32 开）
ISBN：7-5379-2356-6　定价：CNY7.50

J0043636
中国故事　（美德卷）毋世朝主编；师文兵编
文；刘然绘
太原　希望出版社　1999 年　124 页　20cm（32 开）
ISBN：7-5379-2356-6　定价：CNY7.50

J0043637
中国故事　（勤奋卷）毋世朝主编；张明霞编
文；刘然绘
太原　希望出版社　1999 年　124 页　20cm（32 开）
ISBN：7-5379-2356-6　定价：CNY7.50

J0043638
中国故事　（神话卷）毋世朝主编；师文兵编
文；刘然绘
太原　希望出版社　1999 年　124 页　20cm（32 开）
ISBN：7-5379-2356-6　定价：CNY7.50

J0043639
中国故事　（童话卷）毋世朝主编；李亚莉编
文；刘然绘
太原　希望出版社　1999 年　124 页　20cm（32 开）
ISBN：7-5379-2356-6　定价：CNY7.50

J0043640
中国故事　（笑话卷）毋世朝主编；刘然绘
太原　希望出版社　1999 年　124 页　20cm（32 开）
ISBN：7-5379-2356-6　定价：CNY7.50

J0043641
中国故事　（英勇卷）毋世朝主编；师文兵编
文；刘然绘
太原　希望出版社　1999 年　124 页　20cm（32 开）
ISBN：7-5379-2356-6　定价：CNY7.50

J0043642
中国故事　（寓言卷）毋世朝主编；张明霞编
文；刘然绘
太原　希望出版社　1999 年　124 页　20cm（32 开）
ISBN：7-5379-2356-6　定价：CNY7.50

J0043643
中国漫画精品欣赏
天津　天津人民美术出版社　1999 年　43 页
26cm（16 开）ISBN：7-5305-1058-4
定价：CNY19.90

J0043644
中国优秀漫画选
石家庄　河北教育出版社　1999 年　122 页
26×25cm　精装　ISBN：7-5434-2992-6

定价: CNY38.00

　　本书收集的漫画是1993年全国漫画展的参展作品, 它们既是画家自选的精品, 又是各省市地区所选当地佳作。这些作品展示了我国现时的漫画创作水平。

J0043645

中外科学巨匠 （漫画本 第1辑.1) 王水, 屈向东主编

西安 陕西科学技术出版社 1999年 256页 20cm (32开) ISBN: 7-5369-0262-X

定价: CNY52.50 (全套)

(科学家故事连环画丛书)

J0043646

中外科学巨匠 （漫画本 第1辑.2) 王水, 屈向东主编

西安 陕西科学技术出版社 1999年 240页 20cm (32开) ISBN: 7-5369-0262-X

定价: CNY52.50 (全套)

(科学家故事连环画丛书)

J0043647

中外科学巨匠 （漫画本 第1辑.3) 王水, 屈向东主编

西安 陕西科学技术出版社 1999年 254页 20cm (32开) ISBN: 7-5369-0262-X

定价: CNY52.50 (全套)

(科学家故事连环画丛书)

J0043648

朱元璋 （漫画本) 林林改编; 陈丹旭绘

上海 上海人民美术出版社 1999年 5册 11×15cm ISBN: 7-5322-2226-8

定价: CNY28.00

J0043649

祖国, 您好! 汤玛仕绘

台北 前卫出版社 1999年 161页 21cm (32开) ISBN: 957-801-206-3 定价: TWD140.00

(汤玛仕革命作品集 漫画系列 002)

中国年画作品

J0043650

民间新年神像图画展览会 北京中法汉学研究所编

北京 北京中法汉学研究所 1942年 239页 有图 24cm (26开) 定价: 三元

　　本书为中国年画展览会作品图集。

J0043651

一九四九年新年画选集 （合订) 荣宝斋编

北京 荣宝斋 1949年 15幅 26cm (16开)

J0043652

1959年初版新年画缩样 长江文艺出版社编

武汉 长江文艺出版社 [1950—1959年] 13×18cm

J0043653

年画缩样 （1950—1959) 长安美术出版社编

西安 长安美术出版社 [1950—1959年] 影印本 13×19cm

J0043654

杨柳青年画选 （第一辑) 天津荣宝斋编

天津 天津人民美术出版社 [1950—1999年] 1册 31×40cm (6开)

　　中国现代工艺美术木版年画作品。

J0043655

一九五〇年新年画选集 （合订) 中华全国美术工作者协会编

北京 荣宝斋 1950年 2册

J0043656

一九五一年新年画选集 （2-4) 中华全国美术工作者协会编

北京 荣宝斋 1951年 3册 (30幅) 23×34cm (10开)

J0043657

新年画样本 （1952年)

北京 人民美术出版社 ［1952 年］1 册
13×19cm（32 开）

J0043658

一九五四年新年画样张　华东人民美术出版
社辑
上海 华东人民美术出版社 1953 年 影印本
28 页 13×18cm（36 开）

J0043659

一九五五年初版年画　上海画片出版社辑
上海 上海画片出版社 1954 年 影印本 1 册
24cm（16 开）

J0043660

一九五五年年画样本　（第一辑）新美术出版
社, 新华书店华东总分店编印
上海 新美术出版社 1954 年 影印本 1 册
18cm（32 开）

J0043661

一九五五年年画样本　（第二辑）新美术出
版社, 美术读物出版社, 新华书店华东总分店
编印
上海 新华书店华东总分店 1954 年 影印本
1 册 18cm（32 开）

J0043662

一九五五年新年画样张　（第一本 代订货目
录）华东人民美术出版社辑
上海 华东人民美术出版社 1954 年 影印本
1 册 13×18cm（36 开）
　　本书与新艺术出版社共同出版。

J0043663

一九五五年新年画样张　（第二本）华东人
民美术出版社辑
上海 华东人民美术出版社 1954 年 影印本
1 册 13×18cm（36 开）
　　本书与新艺术出版社共同出版。

J0043664

岳家庄　（京剧唱谱）张笑侠编撰；赵鹏万整理
上海 自立书店 1954 年 23 页 16cm（25 开）
定价：旧币 1,500 元

J0043665

华东民间年画　陈烟桥等辑
上海 上海人民美术出版社 1955 年 影印本
21cm（32 开）定价：二元四角, 四元（精装）
　　陈烟桥（1911—1970）, 版画家。曾用名陈炳
奎, 笔名李雾城、米启郎。就读于广州市立美术
专科学校西画科和上海新华艺术专科学校西洋
画系。历任《新华日报》美术科主任、中国美术
家协会上海分会副秘书长、美术家协会广西分会
主席。代表作品有木刻《建设中的佛子岭》《鲁
迅和他的伙伴们》等。

J0043666

新年画　安靖编
北京 朝花美术出版社 1956 年 影印本 ［12］页
17cm（32 开）统一书号：T8028.743
定价：CNY0.16
（群众美术画库）

J0043667

1958 年年画缩样　（第二册）辽宁画报社编辑
沈阳 辽宁画报社 1957 年 13×18cm

J0043668

门画缩印样本　（1957—1958）林发荣等作
贵阳 贵州人民出版社 ［1957 年］
影印本 13×18cm
　　本书系中国 1957—1958 年年画小样画册。

J0043669

上海画片出版社年画缩样　上海画片出版
社编
上海 上海画片出版社 1957 年 影印本 3 册

J0043670

杨柳青木刻年画选集　张映雪编
北京 中国古典艺术出版社 1957 年 影印本
40 页 有图 26cm（16 开）统一书号：8029.5
定价：CNY3.30
　　中国现代工艺美术木版年画作品。编者张
映雪（1916—2011）, 画家。山西夏县人。毕业
于延安鲁迅艺术文学院美术系。历任延安《新中
华报》美术编辑、中国美术家协会会员、天津美
术家协会副主席、天津市文学艺术界联合会副主
席。代表作品有《陕北风光》《塞外铃声》《欢庆

解放》等。

J0043671

杨柳青年画　毛再生编

北京 朝花美术出版社 1957 年 19 页 18cm（32 开）

统一书号：T8028.1392 定价：CNY0.16

（群众美术画库）

　　中国现代工艺美术木版年画作品。

J0043672

年画缩样　上海画片出版社编

上海 上海画片出版社 1958 年 13×18cm

J0043673

1959 年画缩样　河南人民出版社编

郑州 河南人民出版社 1959 年 19cm（32 开）

J0043674

1959 年画缩样　长安美术出版社编

西安 长安美术出版社 1959 年 13×19cm

J0043675

1960 年画缩样　（第一集）长安美术出版社编

西安 长安美术出版社 1959 年 13×19cm

J0043676

1960 年画缩样　（第二集）长安美术出版社编

西安 长安美术出版社 1959 年 13×19cm

J0043677

年画缩样　（1959）

郑州 河南人民出版社 [1959 年] 13×19cm

J0043678

十年来上海年画选集　（1949—1959）上海人民美术出版社编

上海 上海人民美术出版社 1959 年 90 幅

27cm（16 开）精装 统一书号：8081.4598

定价：CNY20.00

　　本书选编 29 位作者的 90 件作品，均用擦笔着彩技法，有戏曲、胖娃娃、风景花鸟及民间故事等传统题材，也有反映和歌颂社会主义新人、新事、新风尚及工农业生产建设成就的现实题材。

J0043679

杨柳青年画资料集　王树村编

北京 人民美术出版社 1959 年 93 幅

39cm（8 开）精装 统一书号：8027.2671

定价：CNY54.00

　　本书中的《九九消寒图》刻于明弘治元年（1488 年），是现存印本年画中较早的一幅。收入本书的年画作品都附有作品刻印年代和简要文字。编者王树村（1923—2009），画家。天津人，毕业于华北大学美术科。曾在中国美术研究所、中国艺术研究院从事创作、编辑、研究工作，任中国民间美术协会副会长，中国民俗学会理事、顾问、研究员。主要著作《杨柳青年画资料集》《中国美术全集·石刻线画、民间年画》。

J0043680

1960 年年画缩样　湖北省新华书店编

武汉 湖北人民出版社 [1960 年] 13×19cm

J0043681

1960 年年画缩样　（第一本）湖南人民出版社编

长沙 湖南人民出版社 [1960 年] 13×19cm

J0043682

阿姨爱我们，我们爱阿姨　卢沉作

天津 天津美术出版社 1960 年 [1 张]

定价：CNY0.12

　　作者卢沉（1935—2004），国画家、教授。江苏苏州人，毕业于中央美术学院中国画系。中央美术学院教授、学术委员会常委，北京大学艺术教研室顾问。代表作品有《机车大夫》《草原夜月》《塞上竞技图》《太白捉月》等。

J0043683

阿姨戴上光荣花　黄妙发作

上海 上海人民美术出版社 1960 年 [1 张]

定价：CNY0.12

　　作者黄妙发（1938— ），别名年丰，江苏常熟人。擅长年画。曾任上海人民美术出版社年画宣传画编辑室副主任。作品有年画《喜临门》《我爱中华》《儿童附捐邮票一套》（两枚）等。

J0043684

阿姨早　张绩秋作

上海　上海人民美术出版社　1960 年［1 张］
定价：CNY0.15

J0043685
爱羔羊　步万方作；都冰如花边设计
上海　上海人民美术出版社　1960 年［1 张］
定价：CNY0.12
　　作者都冰如(1903—1987)，编辑。字能，别
署九五客，浙江海宁人，毕业于上海专科师范学
校。历任商务印书馆、香港商务《东方画报》《健
与力》美术编辑、四川重庆国立劳作师范学校美
术教师、上海文史馆馆员等职。作品有《长恨歌》
《正气歌》《万马奔腾》。

J0043686
爱劳动　张大昕作
上海　上海人民美术出版社　1960 年［1 张］
定价：CNY0.12
　　作者张大昕(1917—2009)，画家。艺名张逸，
别号玄化居士。出生于上海。毕业于上海美术
专科学校。曾在上海人民美术出版社从事年画、
国画创作。代表作品有《咯咯鸡》《串木珠》《宝
宝看画报》《锦绣河山》等。

J0043687
爱整洁　张大昕作
上海　上海人民美术出版社　1960 年［1 张］
定价：CNY0.12

J0043688
八字宪法　（门画）傅启中作
［昆明］云南人民出版社　1960 年［2 张］
定价：CNY0.12

J0043689
百鸟朝凤　何逸梅绘
［石家庄］河北人民美术出版社　1960 年［1 张］
定价：CNY0.12
　　作者何逸梅(1894—1972)，画家。号明斋。
江苏吴县(今属苏州)人。上海商务印书馆图画
部第一批练习生之一。主要从事月份牌画创作，
兼作工商装潢美术设计。

J0043690
宝莲灯　马乐群作

上海　上海人民美术出版社　1960 年［1 张］
定价：CNY0.12
　　作者马乐群(1933—　　)，画家。上海人，曾
在上海现代画室学习绘画及西洋美术史等。历
任上海画片出版社年画创作员、上海美术出版社
年画编辑。作品有《人民不允许浪费粮食的行为》
《海防前线宣传员》《金杯红花传捷报》《激流勇
进》等。

J0043691
保卫祖国保卫和平　（门画）韩晓作
［昆明］云南人民出版社　1960 年［2 张］
定价：CNY0.10

J0043692
玻璃窗，亮晶晶　陶琦作
天津　天津美术出版社　1960 年［1 张］
定价：CNY0.12
　　作者陶琦(1922—2002)，女，连环画家。毕
业于北平艺术专科学校。原中联书店、天津美术
出版社画家、天津文史馆馆员。创作连环画有《我
当上了学习小组长》。

J0043693
采红菱　吴哲夫作
上海　上海人民美术出版社　1960 年［1 张］
定价：CNY0.12
　　作者吴哲夫，画家。擅长年画。师从杭稚英，
在上海"稚英画室"工作，长期共事，集体创作，
被称为"杭派"月份牌画家。作品有《节日的食堂》
《向解放军叔叔致敬》《老手带新手》等。

J0043694
采菱舞　金雪尘作
上海　上海人民美术出版社　1960 年［1 张］
定价：CNY0.12
　　作者金雪尘(1904—1996)，画家。上海嘉定
人。曾任上海图片出版社、上海人民美术出版社
特约记者。代表作有《武松打虎》《春江花月夜》
《金鱼舞》。

J0043695
蔡文姬　（四扇屏）程十发绘
［石家庄］河北人民美术出版社　1960 年［1 张］
定价：CNY0.24

作者程十发(1921—2007),画家。出生于上海金山,毕业于上海美术专科学校国画系。代表作品有《丽人行》《迎春图》《列宁的故事》《孔乙己》等。出版有《程十发近作选》《程十发花鸟习作选》《程十发作品展》。

J0043696
参观妈妈的工厂　张瑞作
天津　天津美术出版社　1960 年［1 张］
定价：CNY0.13

J0043697
灿烂鲜花迎春开　李仁杰作
重庆　重庆人民出版社　1960 年［1 张］
定价：CNY0.13

J0043698
唱杯吉祥的青稞酒　尚德周作
［西安］长安美术出版社　1960 年［1 张］
定价：CNY0.12

J0043699
唱丰收　赵敏生作
上海　上海人民美术出版社　1960 年［1 张］
定价：CNY0.12

J0043700
唱个曲儿庆丰收　张朗作
［武汉］湖北人民出版社　1960 年［1 张］
定价：CNY0.06

J0043701
城市支援农村,农村支援城市　(门画)罗存洁作
［昆明］云南人民出版社　1960 年［2 张］
定价：CNY0.07

J0043702
春耕显身手,夺取丰收粮　卢德辉作
北京　人民美术出版社　1960 年［1 张］
定价：CNY0.13

J0043703
春天来啦　赵敦,柴夫作
天津　天津少儿美术出版社　1960 年［1 张］
定价：CNY0.12

J0043704
大地回春　魏紫熙作
上海　上海人民美术出版社　1960 年［1 张］
定价：CNY0.12

　　作者魏紫熙(1915—2002),画家。河南遂平县人,河南艺术师范学院毕业。历任河南艺术师范学校教师、河南大学讲师、江苏省国画院画师、徐州市国画院名誉院长等。代表作品《黄洋界》《温课》《巡逻》《同劳动同协商》《魏紫熙画集》。

J0043705
大公鸡　杨馥如作
上海　上海人民美术出版社　1960 年［1 张］
定价：CNY0.12

J0043706
大红花献英雄　金铭作
上海　上海人民美术出版社　1960 年［1 张］
定价：CNY0.12

J0043707
大轮船　张碧梧作
上海　上海人民美术出版社　1960 年［1 张］
定价：CNY0.12

　　作者张碧梧(1905—1987),画家。江苏江阴人。曾任上海人民美术出版社特约年画作者、中国美术家协会会员。代表作品有《百万雄师渡长江》《养小鸡捐飞机》等。

J0043708
单鼓舞　李慕白作
［沈阳］辽宁美术出版社　1960 年［1 张］
定价：CNY0.12

　　作者李慕白(1913—1991),画家。生于浙江海宁。历任中国民主同盟会成员、中国美术家协会会员、上海人民美术出版社特约年画作者。出版有《李慕白、金雪尘年画选集》。

J0043709
电气孵鸡　金雪尘作
上海　上海人民美术出版社　1960 年［1 张］
定价：CNY0.12

J0043710

儿童交通公园　　魏瀛洲作
上海　上海人民美术出版社　1960 年［1 张］
定价：CNY0.12
　　作者魏瀛洲，海派年画、宣传画家。于中华
人民共和国成立初期被称为月份牌画家。作品
有《国庆节的早晨》《欢腾的农机站》《在幸福的
时代》等。

J0043711

放牧　　何逸梅作
上海　上海人民美术出版社　1960 年［1 张］
定价：CNY0.12
　　作者何逸梅（1894—1972），画家。号明斋。
江苏吴县（今属苏州）人。上海商务印书馆图画
部第一批练习生之一。主要从事月份牌画创作，
兼作工商装潢美术设计。

J0043712

放鸭　　吴哲夫作
上海　上海人民美术出版社　1960 年［1 张］
定价：CNY0.12

J0043713

丰收的喜悦　　范林根作
上海　上海人民美术出版社　1960 年［1 张］
定价：CNY0.12

J0043714

丰收图　　罗次冰作
［成都］四川人民出版社　1960 年［1 张］
定价：CNY0.06

J0043715

干部在田头　　金志远作
［南京］江苏人民出版社　1960 年［1 张］
定价：CNY0.12

J0043716

高歌“跃进”报丰收　　郑鸥草图；杨馥如改画
上海　上海人民美术出版社　1960 年［1 张］
定价：CNY0.12
　　郑鸥（1926—　），画家，生于浙江瑞安白
门。历任上海人民美术出版社副编审、上海美术
家协会会员、中国艺术研究院市场研究中心特

邀创作委员。杨馥如（1918—1992），江苏无锡
人。曾任进艺辉图片社设计室主任。代表作品
有《十二生肖娃娃图》《万象更新》《庆丰收》《农
家乐》等。

J0043717

工农并举持续“跃进”　（门画）陈学辑作
［武汉］湖北人民出版社　1960 年［2 张］
定价：CNY0.12

J0043718

工农大联欢　　鲁迅美术学院教育系二年级作
［沈阳］辽宁美术出版社　1960 年［1 张］
定价：CNY0.12

J0043719

**工农商学兵共同“跃进”，农林牧副渔全面
丰收**　（门画）李柳作
［昆明］云南人民出版社　1960 年［2 张］
定价：CNY0.07

J0043720

工业四化成绩伟大，农业四化前途光明
（门画）张景中，美群作
［昆明］云南人民出版社　1960 年［2 张］
定价：CNY0.07

J0043721

古代女英雄屏　（1–4）赵宏本，江栋良作
上海　上海人民美术出版社　1960 年［1 张］
定价：CNY0.24
　　作者赵宏本（1915—2000），连环画家。号赵
卿，又名张弓，生于上海，原籍江苏阜宁。历任
中国美术家协会会员、中国美术家协会上海分会
常务理事、中国连环画研究会副会长。主要作品
有《孙悟空三打白骨精》《水浒一百零八将》《小
五义》《七侠五义》等。

J0043722

贵妃醉酒　　杨俊生作
上海　上海人民美术出版社　1960 年［1 张］
定价：CNY0.12
　　作者杨俊生（1909—1981），出生于安徽安
庆。曾任上海人民美术出版社、上海画版出版社
特约作者，上海美术家协会年画组组长等职。代

表作品有《岳母刺字》《夜战马超》《大闹天宫》
《贵妃醉酒》等。

J0043723
好阿姨　旋鹰作
［兰州］敦煌文艺出版社 1960 年［1 张］
定价：CNY0.08

J0043724
好阿姨　吴性清作
上海　上海人民美术出版社 1960 年［1 张］
定价：CNY0.12
　　作者吴性清（1933—　），女，编审。生于江
苏泰州，毕业于中央美术学院华东分院油画系。
历任上海人民美术出版社创作员、中国美术家协
会会员。作品有《我们热爱毛主席》《胡笳十八
拍图卷》《关汉卿名剧选》等。

J0043725
合家欢乐　赵俊杰绘
［石家庄］河北人民美术出版社 1960 年［1 张］
定价：CNY0.06

J0043726
合家欢乐　于化鲤作
天津　天津美术出版社 1960 年［1 张］
定价：CNY0.13
　　作者于化鲤（1933—　），画家。又名于化，
天津人。曾任天津人民美术出版社副总编。主
要作品有《于化鲤漫画作品选集》《宝船》《有朋
自远方来》等。

J0043727
和平友谊　黄山作
上海　上海人民美术出版社 1960 年［1 张］
定价：CNY0.12

J0043728
贺继生创造了醴陵二号插秧机　汤清海，刘
正凡作
［长沙］湖南人民出版社 1960 年［1 张］
定价：CNY0.13

J0043729
贺新春　吕幼安，钟鸣天作
［长沙］湖南人民出版社 1960 年［1 张］
定价：CNY0.13

J0043730
红花处处开　杨馥如作
上海　上海人民美术出版社 1960 年［1 张］
定价：CNY0.12

J0043731
红娘子　金肇芳作
上海　上海人民美术出版社 1960 年［1 张］
定价：CNY0.12

J0043732
湖中鲤鱼上山来　山东艺术专科学校集体
创作
北京　人民美术出版社 1960 年［1 张］
定价：CNY0.07

J0043733
互相支援共同"跃进"　（门画）陈悦平，周令
豪作
［广州］广东人民出版社 1960 年［2 张］
定价：CNY0.06

J0043734
互助友爱　王恩盛作
天津　天津美术出版社 1960 年［1 张］
定价：CNY0.13

J0043735
互助友爱　陶琦作
天津　天津少儿美术出版社 1960 年［1 张］
定价：CNY0.12
　　作者陶琦（1922—2002），女，连环画家。毕
业于北平艺术专科学校。原中联书店、天津美术
出版社画家，天津文史馆馆员。创作连环画有《我
当上了学习小组长》。

J0043736
花灯会　都冰如作
上海　上海人民美术出版社 1960 年［1 张］
定价：CNY0.12
　　作者都冰如（1903—1987），编辑。字能，别
署九五客，浙江海宁人，毕业于上海专科师范学

校。历任商务印书馆、香港商务《东方画报》《健与力》美术编辑、四川重庆国立劳作师范学校美术教师、上海文史馆馆员等职。作品有《长恨歌》《正气歌》《万马奔腾》。

J0043737
花好月圆人寿年丰　都冰如作
上海　上海人民美术出版社 1960 年［1 张］
定价：CNY0.12

J0043738
花环操　沈家琳作
上海　上海人民美术出版社 1960 年［1 张］
定价：CNY0.12

J0043739
花鸟屏　（1）侯碧漪等作
上海　上海人民美术出版社 1960 年［1 张］
定价：CNY0.24

J0043740
花鸟屏　（2）唐云等作
上海　上海人民美术出版社 1960 年［1 张］
定价：CNY0.24
　　作者唐云（1910—　　），画家。字侠尘，别号药城、药尘、药翁等。历任中国画研究院院务委员，上海中国画院副院长、代院长、名誉院长等职。中国美术家协会理事、美术家协会上海分会副主席。

J0043741
花伞舞　金雪尘作
上海　上海人民美术出版社 1960 年［1 张］
定价：CNY0.12
　　作者金雪尘（1904—1996），画家。上海嘉定人。曾任上海画片出版社、上海人民美术出版社特约记者。代表作有《武松打虎》《春江花月夜》《金鱼舞》。

J0043742
画壁画　陈强作
上海　上海人民美术出版社 1960 年［1 张］
定价：CNY0.12

J0043743
欢欢喜喜庆六一　陶琦画；萃娃诗
天津　天津少儿美术出版社 1960 年［1 张］
定价：CNY0.12

J0043744
欢乐的大家庭　忻礼良作
上海　上海人民美术出版社 1960 年［1 张］
定价：CNY0.12
　　作者忻礼良（1913—？），浙江鄞县人。擅长年画。曾任上海画片出版社特约作者、上海人民美术出版社创作人员等职。代表作品有《毛主席和我们在一起》《姑嫂选笔》《拾到五分钱》等。

J0043745
欢乐歌舞喜庆丰收　（门画）陈烈彬作
［广州］广东人民出版社 1960 年［2 张］
定价：CNY0.06

J0043746
欢腾的东平湖　吕学勤作
［济南］山东人民出版社 1960 年［1 张］
定价：CNY0.12
　　作者吕学勤（1936—1993），画家。别名理园，山东临朐人。历任中国美术家协会理事、山东美术家协会副主席、山东省美术馆一级美术师。代表作品有《雨后江山分外明》《春风得意图》《科研小组》等。

J0043747
欢欣鼓舞迎新春　张乐平作
北京　人民美术出版社 1960 年［1 张］
定价：CNY0.13
　　作者张乐平（1910—1992），漫画家。浙江海盐人。曾任中国美术家协会上海分会、解放日报社、上海少年儿童出版社专业画家。漫画"三毛"形象的创作者。代表作品《三毛流浪记》《三毛从军记》。

J0043748
机器铁牛耕作忙，丰收歌声遍地响，大小河流建电站，光明普照新农村　（门画）阜阳专区文学艺术工作者联合会美术组设计；坟台"人民公社"剪纸创作组，胡集"人民公社"剪纸创作组刻

［合肥］安徽人民出版社 1960 年［2 张］
定价: CNY0.20

J0043749
机械化、电气化、水利化、化肥化 （门画）
杨晓东作
［昆明］云南人民出版社 1960 年［2 张］
定价: CNY0.10

J0043750
鸡蛋丰收 吴少云等绘
［石家庄］河北人民美术出版社 1960 年［1 张］
定价: CNY0.12

J0043751
鸡鸭成群，花果满园 纪宇作
天津 天津美术出版社 1960 年［1 张］
定价: CNY0.13

J0043752
集体力量大 陈谷平等作
［南京］江苏人民出版社 1960 年［1 张］
定价: CNY0.12
　　作者陈谷平(1920—　)，江苏扬州人。大学文化。原扬州市国画院画师。中国美术家协会江苏分会会员。擅长年画、国画。作品有《戏鱼图》《门画》等。

J0043753
将军当兵 范振家［作］
上海 上海人民美术出版社 1960 年［1 张］
定价: CNY0.12

J0043754
降龙伏虎 （门画）中央工艺美术学院装饰绘画系壁画工作室集体创作
北京 人民美术出版社 1960 年［2 张］
定价: CNY0.13

J0043755
节日的早晨 陈谷平等作
［南京］江苏人民出版社 1960 年［1 张］
定价: CNY0.12

J0043756
节日前夕 沈阳市第二印刷厂画稿组作
［沈阳］辽宁美术出版社 1960 年［1 张］
定价: CNY0.12

J0043757
今天的好消息 鲁迅美术学院教育系二年级作
［沈阳］辽宁美术出版社 1960 年［1 张］
定价: CNY0.12

J0043758
看画报 王伟戍，范林根作
上海 上海人民美术出版社 1960 年［1 张］
定价: CNY0.12
　　作者王伟戍，曾任上海人民美术出版社年画、宣传画编辑室主任。

J0043759
看金鱼 范振家作
上海 上海人民美术出版社 1960 年［1 张］
定价: CNY0.12

J0043760
颗粒归仓 黄山鹤作
上海 上海人民美术出版社 1960 年［1 张］
定价: CNY0.12

J0043761
孔雀之舞 张碧梧作
上海 上海人民美术出版社 1960 年［1 张］
定价: CNY0.12
　　作者张碧梧(1905—1987)，画家。江苏江阴人。曾任上海人民美术出版社特约年画作者、中国美术家协会会员。代表作品有《百万雄师渡长江》《养小鸡捐飞机》等。

J0043762
拉郎配 （1-4）吉志西词；韩敏，江南春绘
［石家庄］河北人民美术出版社 1960 年［1 张］
定价: CNY0.24
　　作者韩敏(1929—　)，连环画、年画画家。浙江杭州人。历任上海人民美术出版社创作员、上海书画研究院院长、中国美术家协会委员、上海市美术家协会理事、上海文史馆馆员。代表作

品有《郑板桥》等。

J0043763
狼牙山五壮士　（1-6）曹延路绘
[石家庄] 河北人民美术出版社 1960 年 [1 张]
定价: CNY0.30
　　作者曹延路(1930—)，国画家。生于河南
内黄县，毕业于华北军政大学。中国美术家协会
会员。代表作《深情融透三尺雪》《狼牙山五壮
士》《爱民模范》。出版有《爱地球画集》。

J0043764
劳动光荣集体幸福　（门画）陈烈彬作
[广州] 广东人民出版社 1960 年 [2 张]
定价: CNY0.12

J0043765
老幼共欢　王信作
[沈阳] 辽宁美术出版社 1960 年 [1 张]
定价: CNY0.12
　　作者王信(1925—)，画家。河北承德人。
历任辽宁美术出版社专职画家、承德市群众艺术
馆研究馆员、河北水彩画会名誉会长、河北省美
术家协会顾问。画作有《早雾》《原始森林》《深
山情》《山家》等。出版有《王信水彩画选辑》《王
信水彩选集》《王信水彩画专辑》等。

J0043766
理论联系生产实际，攀登科学文化高峰
（门画）陆宇飞画
[昆明] 云南人民出版社 1960 年 [2 张]
定价: CNY0.07

J0043767
梁秋燕　吴少云等作
[西安] 长安美术出版社 1960 年 [1 张]
定价: CNY0.12

J0043768
粮钢齐飞跃，生产大丰收　（门画）湖南人民
艺术服务社作
[长沙] 湖南人民出版社 1960 年 [2 张]
定价: CNY0.14

J0043769
粮食大丰收　区晖作
[武汉] 湖北人民出版社 1960 年 [1 张]
定价: CNY0.13

J0043770
辽宁年画选集　（1948—1959）辽宁美术出版
社编选
[沈阳] 辽宁美术出版社 1960 年 37 张(套)
定价: CNY9.00

J0043771
林冲夜奔　吴少云作
上海 上海人民美术出版社 1960 年 [1 张]
定价: CNY0.12

J0043772
刘三姐　黄旭作
[南宁] 广西人民出版社 1960 年 [1 张]
定价: CNY0.12

J0043773
柳荫底下书声高　沙更思作
北京 人民美术出版社 1960 年 [1 张]
定价: CNY0.13

J0043774
龙凤舟　沈晋田作
上海 上海人民美术出版社 1960 年 [1 张]
定价: CNY0.12

J0043775
妈妈安心去工作　魏瀛洲画
[长春] 吉林人民出版社 1960 年 [1 张]
定价: CNY0.12
　　作者魏瀛洲，海派年画、宣传画家。于中华
人民共和国成立初期被称为月份牌画家。作品
有《国庆节的早晨》《欢腾的农机站》《在幸福的
时代》等。

J0043776
妈妈开着拖拉机来了　张大昕作
上海 上海人民美术出版社 1960 年 [1 张]
定价: CNY0.12

J0043777
满林红桔喜丰收　马乐群作
上海　上海人民美术出版社　1960 年［1 张］
定价：CNY0.12
　　作者马乐群(1933—)，画家。上海人，曾在上海现代画室学习绘画及西洋美术史等。历任上海画片出版社年画创作员、上海美术出版社年画编辑。作品有《人民不允许浪费粮食的行为》《海防前线宣传员》《金杯红花传捷报》《激流勇进》等。

J0043778
满意的新产品　慈旭绘
［石家庄］河北人民美术出版社　1960 年［1 张］
定价：CNY0.06

J0043779
茅庐出诸葛　余石风绘
［石家庄］河北人民美术出版社　1960 年［1 张］
定价：CNY0.06

J0043780
美好的童年　黄妙发作
上海　上海人民美术出版社　1960 年［1 张］
定价：CNY0.12
　　作者黄妙发(1938—)，别名年丰，江苏常熟人。擅长年画。曾任上海人民美术出版社年画宣传画编辑室副主任。作品有年画《喜临门》《我爱中华》《儿童附捐邮票一套》(两枚)等。

J0043781
门当户对　林涛绘
［石家庄］河北人民美术出版社　1960 年［1 张］
定价：CNY0.12

J0043782
模仿　邝声作
［广州］广东人民出版社　1960 年［1 张］
定价：CNY0.08
　　作者邝声(1933—)，教授。广东台山人，毕业于华南文艺学院美术系和中南美术专科学校。历任广州美术学院教授，中国美术家协会会员、广东分会理事。代表作有《模仿》《我们爱阿姨》《五朵红云》等，著有《最新素描技法》《素描——明暗画法与结构画法研究》等。

J0043783
穆桂英挂帅　朱庆祺作
北京　人民美术出版社　1960 年［1 张］
定价：CNY0.13

J0043784
穆桂英挂帅　（1-8）张玮作
天津　天津美术出版社　1960 年［1 张］
定价：CNY0.52

J0043785
闹花灯　陈贯时作
上海　上海人民美术出版社　1960 年［1 张］
定价：CNY0.12
　　作者陈贯时(1928—)，画家。浙江温州人。又名灌丁、亦壶。毕业于浙江美术学院中国画系，并留校任教。主要作品有《雨霁》《斑竹》《梅石图》等。

J0043786
农林牧副渔　赵之，江南春作
上海　上海人民美术出版社　1960 年［1 张］
定价：CNY0.12

J0043787
农业生产日日新　郭玢草稿；袁维清画
上海　上海人民美术出版社　1960 年［1 张］
定价：CNY0.12

J0043788
女跳伞员　吴少云等作
［西安］长安美术出版社　1960 年［1 张］
定价：CNY0.12

J0043789
苹果丰收　王金豹作
［西安］长安美术出版社　1960 年［1 张］
定价：CNY0.12

J0043790
葡萄丰收　范振家作
上海　上海人民美术出版社　1960 年［1 张］
定价：CNY0.12

J0043791

普天同庆　蔡鹤汀，蔡鹤洲绘

[石家庄] 河北人民美术出版社 1960 年 [1 张]

定价: CNY0.12

　　作者蔡鹤汀(1909—1976)，国画家。原名蔡颐元，号枕石散人，出生于福州台江。曾任陕西省戏剧研究院艺术委员会委员、西安美术家协会分会常务理事。绘画作品有《铁骨冰心》《月季》《雀跃》《池塘小憩》等。出版有《荻芦盒画册》《花卉写生技法》《名家花卉画谱》。作者蔡鹤洲(1911—1971)，画家。又名颐亨，字学亨，号狄芦令二郎，原名蔡学亨，号白羽。福建福州人。擅长中国画，兼事连环画、舞台美术设计。中国美术家协会会员。主要作品有《蜀道如今不再难》，出版有《花卉写生技法》《名家花卉画谱》《蔡鹤洲画辑》等。

J0043792

七仙女下凡学纺织　谢慕莲作

上海 上海人民美术出版社 1960 年 [1 张]

定价: CNY0.12

　　作者谢慕莲(1918—1985)，画家。浙江余姚人。曾受聘为上海画片出版社和上海人民美术出版社特约年画作者，中国美术家协会会员。代表作有《李香君》《霸王别姬》《杨家十二女将》等。

J0043793

巧女散花　忻礼良作

上海 上海人民美术出版社 1960 年 [1 张]

定价: CNY0.12

　　作者忻礼良(1913—?)，浙江鄞县人。擅长年画。曾任上海画片出版社特约作者、上海人民美术出版社创作人员等职。代表作品有《毛主席和我们在一起》《姑嫂选笔》《拾到五分钱》等。

J0043794

巧女图　(门画)林涛绘

[石家庄] 河北人民美术出版社 1960 年 [2 张]

定价: CNY0.12

J0043795

亲如姐妹　陈达绘

[石家庄] 河北人民美术出版社 1960 年 [1 张]

定价: CNY0.08

J0043796

勤嫂嫂　韩美林作

北京 人民美术出版社 1960 年 [1 张]

定价: CNY0.13

　　作者韩美林(1936—　　)，画家、艺术家、国家一级美术师。山东人。清华大学美术学院教授、中央文史馆研究员。代表作品有《北京奥运会吉祥物福娃》《国航航徽》等。出版有《山花烂漫》《美林》《韩美林自选雕塑集》《韩美林自选绘画集》。

J0043797

轻骑兵　张碧梧作

上海 上海人民美术出版社 1960 年 [1 张]

定价: CNY0.12

　　作者张碧梧(1905—1987)，画家。江苏江阴人。曾任上海人民美术出版社特约年画作者、中国美术家协会会员。代表作品有《百万雄师渡长江》《养小鸡捐飞机》等。

J0043798

轻骑兵　(汉、藏文对照版)张碧梧作

上海 上海人民美术出版社 1963 年 76cm(2 开)

定价: CNY0.18

J0043799

轻骑兵　(汉、朝文对照版)张碧梧作

上海 上海人民美术出版社 1963 年 76cm(2 开)

定价: CNY0.18

J0043800

轻骑兵　(汉、傣仂、拉祜文对照版)张碧梧作

上海 上海人民美术出版社 1963 年 76cm(2 开)

定价: CNY0.18

J0043801

轻骑兵　(汉、傣纳、景颇文对照版)张碧梧作

上海 上海人民美术出版社 1963 年 76cm(2 开)

定价: CNY0.18

J0043802

轻骑兵　(汉、傈僳文对照版)张碧梧作

上海 上海人民美术出版社 1963 年 76cm(2 开)

定价: CNY0.18

J0043803
轻骑兵 （汉、蒙文对照版）张碧梧作
上海 上海人民美术出版社 1963 年 76cm（2 开）
定价：CNY0.18

J0043804
轻骑兵 （汉、僮文对照版）张碧梧作
上海 上海人民美术出版社 1963 年 76cm（2 开）
定价：CNY0.18

J0043805
轻骑兵 （汉、佤文对照版）张碧梧作
上海 上海人民美术出版社 1963 年 76cm（2 开）
定价：CNY0.18

J0043806
轻骑兵 （汉、维、哈文对照版）张碧梧作
上海 上海人民美术出版社 1963 年 76cm（2 开）
定价：CNY0.18

J0043807
庆丰收 李宝珠作
［兰州］敦煌文艺出版社 1960 年 ［1 张］
定价：CNY0.12

J0043808
全面高涨全面"跃进" （门画）李嵬，邓三智作
［兰州］敦煌文艺出版社 1960 年 ［2 张］
定价：CNY0.08

J0043809
群英会 陆泽之作
上海 上海人民美术出版社 1960 年 ［1 张］
定价：CNY0.12

J0043810
让儿童们健康地成长！ 陈绍宪作
［广州］广东人民出版社 1960 年 ［1 张］
定价：CNY0.16

J0043811
人丁兴旺菜果丰收 （门画）盛此君作
北京 人民美术出版社 1960 年 ［2 张］
定价：CNY0.13
　　作者盛此君（1915—1996），广西贵县人，在

上海美术专科学校毕业后赴日本新宿洋画研究所学习。中华人民共和国成立后，历任新闻出版总署美术室干部、人民美术出版社专业画家。作品有年画《1981 年农历图》，绘画版连环画《小玲玲找弟弟》，宣传画《祖国建设花怒放，提高警惕防虎狼》等。

J0043812
三宝图 李国衡画
［长春］吉林人民出版社 1960 年 ［1 张］
定价：CNY0.12

J0043813
三个万岁 （门画）陈琦作
［昆明］云南人民出版社 1960 年 ［2 张］
定价：CNY0.12

J0043814
上夜校 李慕白作
上海 上海人民美术出版社 1960 年 ［1 张］
定价：CNY0.12
　　作者李慕白（1913—1991），画家。生于浙江海宁。历任中国民主同盟会成员、中国美术家协会会员、上海人民美术出版社特约年画作者。出版有《李慕白、金雪尘年画选集》。

J0043815
少年宫 章育青作
上海 上海人民美术出版社 1960 年 ［1 张］
定价：CNY0.12
　　作者章育青（1909—1993），画家。浙江慈溪人。上海人民美术出版社年画专业画家。作品《上海大世界》《元宵灯》《上海外滩》《南京长江大桥》等。

J0043816
数风流人物还看今朝 鲁迅美术学院国画系二年级作
［沈阳］辽宁美术出版社 1960 年 ［1 张］
定价：CNY0.06

J0043817
水足肥饱夺丰收 （门画）宋广训，正威作
［成都］四川人民出版社 1960 年 ［2 张］
定价：CNY0.12

J0043818

四宝临门全面丰收 （门画）吴江冷作

[广州] 广东人民出版社 1960 年 [2 张]

定价: CNY0.06

J0043819

四化远景动人心，加快建设新农村 （门画）

李星武，曾国涅作

[成都] 四川人民出版社 1960 年 [1 张]

定价: CNY0.12

J0043820

四季瓶花屏 （1-4）王柳影，黄子希作

上海　上海人民美术出版社 1960 年 [1 张]

定价: CNY0.12

　　作者王柳影(1917—)，画家。浙江湖州人。曾任苏州美术专科学校沪校国画专修科教授、上海市美术家协会会员、上海市文史研究馆馆员。擅长人物、山水、走兽、花鸟等。作品有《杨贵妃·沉香亭》《九如图》《螺祖育蚕图》(与友人合作)等。

J0043821

四季长青　那启明作

天津　天津美术出版社 1960 年 [1 张]

定价: CNY0.13

　　作者那启明(1936—)，满族，北京人。擅长民间美术。1958 年毕业于中央美术学院附中。现任天津杨柳青画社编辑部主任、编审。作品《白求恩》获第三届全国年画美术作品展览二等奖，《团结图》获第五届全国年画美术作品展览三等奖，《多彩夕阳》获中华人民共和国成立 45 周年美术作品展览佳作奖，《喜迎春》等作品入选第四届、五届全国年画展和第六届、七届、八届全国美术作品展览。1994 年被中央文化部、新闻出版署评为“优秀年画编辑”。中国美术家协会会员。

J0043822

四时佳果大丰收 （门画）邓朝贵作

[广州] 广东人民出版社 1960 年 [2 张]

定价: CNY0.06

J0043823

送饭上茶山　林令作

上海　上海人民美术出版社 1960 年 [1 张]

定价: CNY0.12

J0043824

送戏到村　任率英作

北京　人民美术出版社 1960 年 [1 张]

定价: CNY0.13

　　作者任率英(1911—1989)，画家。原名敬表，河北束鹿(现辛集市)人。擅长工笔画、连环画、年画。历任中国美术家协会会员、中国连环画研究会顾问、北京东方书画研究社社长、北京工笔重彩画协会副会长、北京中国画研究会理事、北京工业大学书画协会顾问。代表作品《嫦娥奔月》《洛神图》《梁红玉击鼓战金山》等。

J0043825

提前实现农业发展纲要，多快好省建设社会主义 （门画）谢天虹，罗既张作

[南宁] 广西人民出版社 1960 年 [2 张]

定价: CNY0.12

J0043826

田间表演　廖先悟作

[长沙] 湖南人民出版社 1960 年 [1 张]

定价: CNY0.13

J0043827

挑绷绷　吴哲夫作

上海　上海人民美术出版社 1960 年 [1 张]

定价: CNY0.12

　　作者吴哲夫，画家。擅长年画。师从杭稺英，在上海“稺英画室”工作，长期共事，集体创作，被称为“杭派”月份牌画家。作品有《节日的食堂》《向解放军叔叔致敬》《老手带新手》等。

J0043828

铁杵磨针　李慕白绘

[石家庄] 河北人民美术出版社 1960 年 [1 张]

定价: CNY0.12

J0043829

听解放军叔叔讲故事　杨兆新作

上海　上海人民美术出版社 1960 年 [1 张]

定价: CNY0.12

　　作者杨兆新，主要的年画作品有《听解放军叔叔讲故事》《学得象操得好》《新年乐》等。

J0043830

听解放军叔叔讲故事 （汉、藏文对照版）杨兆新作

上海 上海人民美术出版社 1963 年 76cm（2 开）

定价：CNY0.18

J0043831

听解放军叔叔讲故事 （汉、朝文对照版）杨兆新作

上海 上海人民美术出版社 1963 年 76cm（2 开）

定价：CNY0.18

J0043832

听解放军叔叔讲故事 （汉、傣仂、拉祜文对照版）杨兆新作

上海 上海人民美术出版社 1963 年 76cm（2 开）

定价：CNY0.18

J0043833

听解放军叔叔讲故事 （汉、傣纳、景颇文对照版）杨兆新作

上海 上海人民美术出版社 1963 年 76cm（2 开）

定价：CNY0.18

J0043834

听解放军叔叔讲故事 （汉、傈僳文对照版）杨兆新作

上海 上海人民美术出版社 1963 年 76cm（2 开）

定价：CNY0.18

J0043835

听解放军叔叔讲故事 （汉、蒙文对照版）杨兆新作

上海 上海人民美术出版社 1963 年 76cm（2 开）

定价：CNY0.18

J0043836

听解放军叔叔讲故事 （汉、僮文对照版）杨兆新作

上海 上海人民美术出版社 1963 年 76cm（2 开）

定价：CNY0.18

J0043837

听解放军叔叔讲故事 （汉、佤文对照版）杨兆新作

上海 上海人民美术出版社 1963 年 76cm（2 开）

定价：CNY0.18

J0043838

听解放军叔叔讲故事 （汉、维、哈文对照版）杨兆新作

上海 上海人民美术出版社 1963 年 76cm（2 开）

定价：CNY0.18

J0043839

突破技术关攻上文化山 （门画）罗宗海作

［广州］广东人民出版社 1960 年 ［2 张］

定价：CNY0.06

J0043840

托儿所里好宝宝健又壮 何艳荣作

上海 上海人民美术出版社 1960 年 ［1 张］

定价：CNY0.12

J0043841

托儿所里学来的乖 杨兆新作

上海 上海人民美术出版社 1960 年 ［1 张］

定价：CNY0.12

J0043842

娃娃乐 李炎作

［西安］长安美术出版社 1960 年 ［1 张］

定价：CNY0.12

J0043843

娃娃胖小鸡壮 张瑞恒作

天津 天津美术出版社 1960 年 ［1 张］

定价：CNY0.13

作者张瑞恒，连环画艺术家。绘有连环画《青梅煮酒论英雄》《四化连年富有余》《三年早知道》等。

J0043844

万里长江第一桥 章育青作

上海 上海人民美术出版社 1960 年 ［1 张］

定价：CNY0.12

作者章育青（1909—1993），画家。浙江慈溪人。上海人民美术出版社年画专业画家。作品《上海大世界》《元宵灯》《上海外滩》《南京长江大桥》等。

J0043845

万里长江第一桥 （汉、藏文对照版）章育青作

上海　上海人民美术出版社　1964 年［1 张］

76cm（2 开）定价：CNY0.15

J0043846

万里长江第一桥 （汉、朝文对照版）章育青作

上海　上海人民美术出版社　1964 年［1 张］

76cm（2 开）定价：CNY0.15

J0043847

万里长江第一桥 （汉、傣纳、傣仂、景颇、拉祜、傈僳、佤文对照版）章育青作

上海　上海人民美术出版社　1964 年［1 张］

76cm（2 开）定价：CNY0.15

J0043848

万里长江第一桥 （汉、蒙文对照版）章育青作

上海　上海人民美术出版社　1964 年［1 张］

76cm（2 开）定价：CNY0.15

J0043849

万里长江第一桥 （汉、僮文对照版）章育青作

上海　上海人民美术出版社　1964 年［1 张］

76cm（2 开）定价：CNY0.15

J0043850

万里长江第一桥 （汉、维、哈、锡伯文对照版）章育青作

上海　上海人民美术出版社　1964 年［1 张］

76cm（2 开）定价：CNY0.15

J0043851

万象更新　江粄作

［成都］四川人民出版社　1960 年［1 张］

定价：CNY0.06

J0043852

慰问爷爷和奶奶　郭孝敏，宝忠化作

［西安］长安美术出版社　1960 年［1 张］

定价：CNY0.12

J0043853

文姬归汉图　康殷作

北京　人民美术出版社　1960 年［1 张］

定价：CNY0.13

　　作者康殷（1926—1999），古文字学家、古玺印专家、篆刻家、书法家、画家。别署大康，祖籍河北乐亭，生于辽宁义县。毕业于吉林师范大学美术系。曾任中央文史研究馆馆员、首都师范大学研究员、中国书法家协会理事、中国美术家协会会员等。著有《古文字形发微》《文字源流浅说》《古文字学新论》《说文部首诠释》，编纂中国第一部古印玺全集《印典》。

J0043854

我爱和平　张大昕作

上海　上海人民美术出版社　1960 年［1 张］

定价：CNY0.12

J0043855

我国自制的小轿车　李慕白作

上海　上海人民美术出版社　1960 年［1 张］

定价：CNY0.12

J0043856

我们爱和平　沈涛绘

［石家庄］河北人民美术出版社　1960 年［1 张］

定价：CNY0.06

　　作者沈涛（1915—　　），画家，教师。原名沈雪华，出生于浙江临安县，就读于杭州国立艺术专科学校、上海新华艺术专科学校，师承潘天寿、汪亚尘、朱屺瞻等。曾在华东艺术专科学校绘画系、南京艺术学院工作。作品有《龙岗冬色》《烽烟满眼不胜愁》等。

J0043857

我们的小白兔　陶琦作

天津　天津美术出版社　1960 年［1 张］

定价：CNY0.13

　　作者陶琦（1922—2002），女，连环画家。毕业于北平艺术专科学校。原中联书店、天津美术出版社画家，天津文史馆馆员。创作连环画有《我当上了学习小组长》。

J0043858

我们热爱和平　王恩盛绘

[石家庄] 河北人民美术出版社 1960 年 [1 张]
定价: CNY0.12

J0043859
我们热爱毛主席　吴性清作
上海　上海人民美术出版社 1960 年 [1 张]
定价: CNY0.12

　　作者吴性清(1933—)，女，编审。生于江苏泰州，毕业于中央美术学院华东分院油画系。历任上海人民美术出版社创作员、中国美术家协会会员。作品有《我们热爱毛主席》《胡笳十八拍图卷》《关汉卿名剧选》等。

J0043860
我们热爱毛主席　吴性清作
上海　上海人民美术出版社 1961 年 [1 幅]
定价: CNY0.09

J0043861
我 们 热 爱 毛 主 席　（汉、藏文对照版）吴性清作
上海　上海人民美术出版社 1963 年 76cm（2 开）
定价: CNY0.18

J0043862
我 们 热 爱 毛 主 席　（汉、朝文对照版）吴性清作
上海　上海人民美术出版社 1963 年 76cm（2 开）
定价: CNY0.18

J0043863
我 们 热 爱 毛 主 席　（汉、傣仂、拉祜文对照版）吴性清作
上海　上海人民美术出版社 1963 年 76cm（2 开）
定价: CNY0.18

J0043864
我 们 热 爱 毛 主 席　（汉、傣纳、景颇文对照版）吴性清作
上海　上海人民美术出版社 1963 年 76cm（2 开）
定价: CNY0.18

J0043865
我 们 热 爱 毛 主 席　（汉、傈僳文对照版）吴性清作

上海　上海人民美术出版社 1963 年 76cm（2 开）
定价: CNY0.18

J0043866
我 们 热 爱 毛 主 席　（汉、蒙文对照版）吴性清作
上海　上海人民美术出版社 1963 年 76cm（2 开）
定价: CNY0.18

J0043867
我 们 热 爱 毛 主 席　（汉、僮文对照版）吴性清作
上海　上海人民美术出版社 1963 年 76cm（2 开）
定价: CNY0.18

J0043868
我 们 热 爱 毛 主 席　（汉、佤文对照版）吴性清作
上海　上海人民美术出版社 1963 年 76cm（2 开）
定价: CNY0.18

J0043869
我 们 热 爱 毛 主 席　（汉、维、哈文对照版）吴性清作
上海　上海人民美术出版社 1963 年 76cm（2 开）
定价: CNY0.18

J0043870
我 们 热 爱 毛 主 席　（汉、藏文对照版）吴性清作
上海　上海人民美术出版社 1964 年 [1 张]
76cm（2 开）定价: CNY0.15

J0043871
我 们 热 爱 毛 主 席　（汉、藏文对照版）吴性清作
上海　上海人民美术出版社 1964 年 [1 张]
53cm（4 开）定价: CNY0.08

J0043872
我 们 热 爱 毛 主 席　（汉、朝文对照版）吴性清作
上海　上海人民美术出版社 1964 年 [1 张]
53cm（4 开）定价: CNY0.08

J0043873
我们热爱毛主席 （汉、朝文对照版）吴性清作
上海 上海人民美术出版社 1964 年 ［1 张］
76cm（2 开）定价：CNY0.15

J0043874
我们热爱毛主席 （汉、傣纳、傣仂、景颇、拉祜、傈僳、佤文对照版）吴性清作
上海 上海人民美术出版社 1964 年 ［1 张］
76cm（2 开）定价：CNY0.15

J0043875
我们热爱毛主席 （汉、傣纳、傣仂、景颇、拉祜、傈僳、佤文对照版）吴性清作
上海 上海人民美术出版社 1964 年 ［1 张］
53cm（4 开）定价：CNY0.08

J0043876
我们热爱毛主席 （汉、蒙文对照版）吴性清作
上海 上海人民美术出版社 1964 年 ［1 张］
76cm（2 开）定价：CNY0.15

J0043877
我们热爱毛主席 （汉、蒙文对照版）吴性清作
上海 上海人民美术出版社 1964 年 ［1 张］
53cm（4 开）定价：CNY0.08

J0043878
我们热爱毛主席 （汉、僮文对照版）吴性清作
上海 上海人民美术出版社 1964 年 ［1 张］
53cm（4 开）定价：CNY0.08

J0043879
我们热爱毛主席 （汉、僮文对照版）吴性清作
上海 上海人民美术出版社 1964 年 ［1 张］
76cm（2 开）定价：CNY0.15

J0043880
我们热爱毛主席 （汉、维、哈、锡伯文对照版）吴性清作

上海 上海人民美术出版社 1964 年 ［1 张］
76cm（2 开）定价：CNY0.15

J0043881
我们热爱毛主席 （汉、维、哈、锡伯文对照版）吴性清作
上海 上海人民美术出版社 1964 年 ［1 张］
53cm（4 开）定价：CNY0.08

J0043882
我们热爱毛主席 吴性清作
上海 上海人民美术出版社 1965 年 53cm（4 开）
定价：CNY0.08

J0043883
我们也来做广播操 谢慕莲作
上海 上海人民美术出版社 1960 年 ［1 张］
定价：CNY0.12
　　作者谢慕莲（1918—1985），画家。浙江余姚人。曾受聘为上海画片出版社和上海人民美术出版社特约年画作者、中国美术家协会会员。代表作有《李香君》《霸王别姬》《杨家十二女将》等。

J0043884
我们祝贺英雄们的新成就 陈光键作
［西安］长安美术出版社 1960 年 ［1 张］
定价：CNY0.12

J0043885
五谷丰登六畜兴旺 （门画）阿沁作
［西宁］青海人民出版社 1960 年 2 张
定价：CNY0.18

J0043886
武松醉打蒋门神 范振家作
上海 上海人民美术出版社 1960 年 ［1 张］
定价：CNY0.12

J0043887
西藏之春 忻礼良作
上海 上海人民美术出版社 1960 年 ［1 张］
定价：CNY0.12
　　作者忻礼良（1913—？），浙江鄞县人。擅长年画。曾任上海画片出版社特约作者、上海人民

美术出版社创作人员等职。代表作品有《毛主席和我们在一起》《姑嫂选笔》《拾到五分钱》等。

J0043888
喜报丰收　徐寄萍作
上海　上海人民美术出版社　1960年［1张］
定价：CNY0.12
　　作者徐寄萍（1919—2005），上海人。曾任上海美术家协会会员、上海人民美术出版社特约年画作者等职。主要作品有《帮妈妈做事》《学雷锋做好事》《擦亮眼睛》等。

J0043889
喜报三多　都冰如作
上海　上海人民美术出版社　1960年［1张］
定价：CNY0.12
　　作者都冰如（1903—1987），编辑。字能，别署九五客，浙江海宁人，毕业于上海专科师范学校。历任商务印书馆、香港商务《东方画报》《健与力》美术编辑，四川重庆国立劳作师范学校美术教师，上海文史馆馆员等职。作品有《长恨歌》《正气歌》《万马奔腾》。

J0043890
戏鸽图　杨馥如作
上海　上海人民美术出版社　1960年［1张］
定价：CNY0.12

J0043891
鲜花朵朵迎春开　林昌骏作
［成都］四川人民出版社　1960年［1张］
定价：CNY0.07

J0043892
献礼去　陈强作
上海　上海人民美术出版社　1960年［1张］
定价：CNY0.12

J0043893
向农业现代化进军　（门画）龙辅民，徐匡作
［成都］四川人民出版社　1960年［2张］
定价：CNY0.12
　　作者徐匡（1938—　　），国家一级美术师。生于湖南长沙，毕业于中央美术学院附中。历任四川美术家协会常务理事、中国美术家协会会员。

代表作品《走过草地》《天路》《高原的阳光》等。

J0043894
象园丁一样细心培育祖国的花朵　周令钊，陈若菊作
天津　天津美术出版社　1960年［1张］
定价：CNY0.12

J0043895
小阿姨　谢慕莲作
天津　天津美术出版社　1960年［1张］
定价：CNY0.13
　　作者谢慕莲（1918—1985），画家。浙江余姚人。曾受聘为上海画片出版社和上海人民美术出版社特约年画作者，中国美术家协会会员。代表作有《李香君》《霸王别姬》《杨家十二女将》等。

J0043896
小大夫　陈其华作
［西安］长安美术出版社　1960年［1张］
定价：CNY0.12

J0043897
小饲养员　金梅生作
［沈阳］辽宁美术出版社　1960年［1张］
定价：CNY0.12
　　作者金梅生（1902—1989），画家。别名石摩，上海人。曾于商务印书馆美术科专门从事月份牌绘画，上海市文史馆馆员、上海人民美术出版社特约年画家。作品有《新中国的歌声》《秀女饲养员》《花木兰》等。

J0043898
新拔萝卜　何国华，叔冒作
天津　天津少儿美术出版社　1960年［1张］
定价：CNY0.13

J0043899
新飞天　（门画）敦煌文物研究所作
［兰州］敦煌文艺出版社　1960年［2张］
定价：CNY0.08

J0043900
新聚宝盆　董天野作

上海　上海人民美术出版社　1960 年 ［1 张］
定价: CNY0.12

J0043901
新社员来了　中流作
［武汉］湖北人民出版社　1960 年 ［1 张］
定价: CNY0.13

J0043902
幸福的歌儿唱不完　胡汀作
［杭州］浙江人民美术出版社　1960 年 ［1 张］
定价: CNY0.12

J0043903
幸福的童年　墨浪作
北京　人民美术出版社　1960 年 ［1 张］
定价: CNY0.13

J0043904
幸福的晚年　广州美术学院集体创作
［广州］广东人民出版社　1960 年 ［1 张］
定价: CNY0.05

J0043905
幸福的一代　赵敏作
［沈阳］辽宁美术出版社　1960 年 ［1 张］
定价: CNY0.12
　　作者赵敏, 辽宁美术出版社社长、总编辑、编审。

J0043906
幸福儿童　陈菊仙作
上海　上海人民美术出版社　1960 年 ［1 张］
定价: CNY0.12
　　作者陈菊仙(1929—　　)女, 浙江温州人。毕业于中央美术学院华东分院。擅长年画。上海人民美术出版社画家。主要作品有《捉麻雀》《个个争当小雷锋》《共同富万家乐》等。著有《年画述要》。

J0043907
绣书包　赵翔绘
［石家庄］河北人民美术出版社　1960 年 ［1 张］
定价: CNY0.12

J0043908
学得象操得好　杨兆新作
上海　上海人民美术出版社　1960 年 ［1 张］
定价: CNY0.12
　　作者杨兆新, 主要的年画作品有《听解放军叔叔讲故事》《学得象操得好》《新年乐》等。

J0043909
鸭多蛋大　李慕白作
上海　上海人民美术出版社　1960 年 ［1 张］
定价: CNY0.12

J0043910
研究新规划　徐永祥作
上海　上海人民美术出版社　1960 年 ［1 张］
定价: CNY0.12

J0043911
演出之前　谢慕莲作
上海　上海人民美术出版社　1960 年 ［1 张］
定价: CNY0.12

J0043912
杨家十二女将　谢慕莲作
上海　上海人民美术出版社　1960 年 ［1 张］
定价: CNY0.12

J0043913
杨排风　江南春作
上海　上海人民美术出版社　1960 年 ［1 张］
定价: CNY0.12

J0043914
养鸡模范　金培庚作
天津　天津美术出版社　1960 年 ［1 张］
定价: CNY0.13

J0043915
养兔　徐寄萍作
上海　上海人民美术出版社　1960 年 ［1 张］
定价: CNY0.12
　　作者徐寄萍(1919—2005), 上海人。曾任上海美术家协会会员、上海人民美术出版社特约年画作者等职。主要作品有《帮妈妈做事》《学雷锋做好事》《擦亮眼睛》等。

J0043916
要互助　张大昕作
上海　上海人民美术出版社　1960 年［1 张］
定价：CNY0.12

J0043917
爷爷题诗　辛国绘
［石家庄］河北人民美术出版社　1960 年［1 张］
定价：CNY0.06

J0043918
移山倒海征服自然　（门画）容璞，麦穗作
［广州］广东人民出版社　1960 年［2 张］
定价：CNY0.12

J0043919
以粮为纲全面"跃进"　（门画）陈衡作
［广州］广东人民出版社　1960 年［4 张］
76cm（2 开）定价：CNY0.12

J0043920
以粮为纲全面"跃进"　（门画）陈衡作
［广州］广东人民出版社　1960 年［4 张］
53cm（4 开）定价：CNY0.06
　　中国现代工艺美术门画作品。

J0043921
引洮上山幸福万年　（1–4）陡剑岷作
［兰州］敦煌文艺出版社　1960 年［1 张］
定价：CNY0.32

J0043922
英雄大战断龙山　查德基作
［长沙］湖南人民出版社　1960 年［1 张］
定价：CNY0.04

J0043923
英雄归来　杨俊生作
上海　上海人民美术出版社　1960 年［1 张］
定价：CNY0.12
　　作者杨俊生（1909—1981），出生于安徽安
庆。曾任上海人民美术出版社、上海画版出版社
特约作者，上海美术家协会年画组组长等职。代
表作品有《岳母刺字》《夜战马超》《大闹天宫》
《贵妃醉酒》等。

J0043924
英雄上北京　金梅生作
上海　上海人民美术出版社　1960 年［1 张］
定价：CNY0.12
　　作者金梅生（1902—1989），画家。别名石摩，
上海人。曾于商务印书馆美术科专门从事月份
牌绘画，上海市文史馆馆员、上海人民美术出版
社特约年画家。作品有《新中国的歌声》《秀女
饲养员》《花木兰》等。

J0043925
迎春接喜　胡汀作
［杭州］浙江人民美术出版社　1960 年［1 张］
定价：CNY0.12

J0043926
优秀的女饲养员　金梅生作
上海　上海人民美术出版社　1960 年［1 张］
定价：CNY0.12

J0043927
油菜花黄蝴蝶忙　李慕白作
上海　上海人民美术出版社　1960 年［1 张］
定价：CNY0.12
　　作者李慕白（1913—1991），画家。生于浙江
海宁。历任中国民主同盟会成员、中国美术家协
会会员、上海人民美术出版社特约年画作者。出
版有《李慕白、金雪尘年画选集》。

J0043928
幼儿园里朋友多　阮恩泽绘
［石家庄］河北人民美术出版社　1960 年［1 张］
定价：CNY0.12

J0043929
鱼儿大娃娃胖祖国人财两兴旺　（门画）刘
慧琴作
［郑州］河南人民出版社　1960 年［2 张］
定价：CNY0.06

J0043930
鱼美人　（舞剧）金雪尘作
上海　上海人民美术出版社　1960 年［1 张］
定价：CNY0.12
　　作者金雪尘（1904—1996），画家。上海嘉定

人。曾任上海图片出版社、上海人民美术出版社特约记者。代表作有《武松打虎》《春江花月夜》《金鱼舞》。

J0043931

渔民乐　葛文山作

[沈阳] 辽宁美术出版社 1960 年 [1 张]

定价: CNY0.12

J0043932

月月红　（四扇屏）张肇铭等作

[武汉] 湖北人民出版社 1960 年 [1 张]

定价: CNY0.26

J0043933

"跃进" 花灯　陈谷平, 宗静风作

[沈阳] 辽宁美术出版社 1960 年 [1 张]

定价: CNY0.12

　　作者陈谷平（1920—　），江苏扬州人。大学文化。原扬州市国画院画师。中国美术家协会江苏分会会员。擅长年画、国画。作品有《戏鱼图》《门画》等。作者宗静风（1925—　），画家、书法家、连环画家。扬州人。作品有《春草阑堂》《三家福》《谢瑶环》《红梅阁》等。

J0043934

祝贺英雄夺高产　陈强作

上海　上海人民美术出版社 1960 年 [1 张]

定价: CNY0.12

J0043935

祖国遍地是阳光　韩伍作

天津　天津少儿美术出版社 1960 年 [1 张]

定价: CNY0.12

　　作者韩伍（1936—　），画家。浙江杭州人，毕业于行知艺术学校。中国美术家协会会员、儿童时代社《哈哈画报》主编、上海市美术家协会理事。作品有《五彩路》《微湖山上》《灯花》等，出版有《韩伍画集》《小巷童年》《诗经彩绘》等。

J0043936

做游戏　张大昕作

上海　上海人民美术出版社 1960 年 [1 张]

定价: CNY0.12

J0043937

八女跨海征荒岛　陈德宏作

[福州] 福建人民出版社 1961 年 [1 张]

定价: CNY0.12

　　作者陈德宏（1927—　），画家。福建惠安人。字琴舟，号丹碧翁。福建师范大学副教授、中国美术家协会会员、福建省政协书画室画师、福建省老年书画艺术协会顾问、烟山画院院长。作品有《嘉藕图》《燕子声声里》《为谁初着紫罗裳》等。

J0043938

八仙剑　沈家琳作

上海　上海人民美术出版社 1961 年 [1 张]

定价: CNY0.13

J0043939

百花齐放　罗晓帆作

[天津] 德裕公出版社 1961 年 [1 张]

J0043940

百子图　颜铁良等

北京　人民美术出版社 1961 年 [1 张]

定价: CNY0.28

J0043941

拜年　焦国辉作

[太原] 山西人民出版社 1961 年 [1 张]

定价: CNY0.10

J0043942

拜月记　金雪尘作

上海　上海人民美术出版社 1961 年 [1 张]

定价: CNY0.09

J0043943

宝宝白又胖, 妈妈喜盈盈　杨玉华, 子馨作

[南昌] 江西人民出版社 1961 年 [1 张]

定价: CNY0.13

J0043944

保粮保钢　（门画 蒙汉文对照）魏泉深作

[呼和浩特] 内蒙古人民出版社 1961 年 [2 张]

定价: CNY0.20

J0043945
保卫建设保卫边疆 （门画）李正兴作
［昆明］云南人民出版社 1961 年［2 张］
定价：CNY0.10

J0043946
捕鱼 张大昕作
上海 上海人民美术出版社 1961 年［1 张］
定价：CNY0.13

J0043947
采茶姑娘 忻礼良作
上海 上海人民美术出版社 1961 年［1 张］
定价：CNY0.12

　　作者忻礼良（1913—？），浙江鄞县人。擅长
年画。曾任上海画片出版社特约作者、上海人民
美术出版社创作人员等职。代表作品有《毛主席
和我们在一起》《姑嫂选笔》《拾到五分钱》等。

J0043948
采苹果 魏瀛洲作
上海 上海人民美术出版社 1961 年［1 张］
定价：CNY0.12

　　作者魏瀛洲，海派年画、宣传画家。于中华
人民共和国成立初期被称为月份牌画家。作品
有《国庆节的早晨》《欢腾的农机站》《在幸福的
时代》等。

J0043949
嫦娥 范灵作
北京 人民美术出版社 1961 年［1 张］
定价：CNY0.20

J0043950
晨 徐纤作
［南京］江苏人民出版社 1961 年［1 张］
定价：CNY0.13

J0043951
畜旺年丰 （1–4）张甸作
沈阳 辽宁美术出版社 1961 年［4 张］
定价：CNY0.32

　　作者张甸（1930— ），摄影家。原名张殿宸，
生于河北昌黎，毕业于鲁迅文艺学院美术系。历
任东北画报社摄影组助理记者、辽宁画报社摄影

创作室主任、中国摄影家协会会员。作品有《声
震山河》《草原神鹰》《客人来到草原》

J0043952
穿上叔叔的服装 丁世弼作
［南昌］江西人民出版社 1961 年［1 张］
定价：CNY0.13

　　作者丁世弼（1939—2018），画家、国家一级
美术师。字仲宜，江西南昌人。历任中国美术家
协会会员、江西省美术家协会副主席。代表作有
《渔岛怒潮》《秋瑾》《陈赓大将》《红楼梦》等。

J0043953
吹号 （杨柳青年画）
天津 天津荣宝斋 1961 年［1 张］

J0043954
春 晓岗作
［兰州］敦煌文艺出版社 1961 年［1 张］
定价：CNY0.10

J0043955
**春耕播种比蜂忙 哪有闲空把镇上 哥成模
范要入党 妹把红旗当嫁妆** 白逸如，谢昌
一作
北京 人民美术出版社 1961 年［1 张］
定价：CNY0.16

　　作者白逸如（1932— ），女，画家。北京人。
毕业于浙江美术学院。曾任职于山东省文化局
美工室，任山东师范大学艺术系教师、天津画院
专业画家。主要作品有《渔家女儿上大学》《移
来南茶住北乡》《大娘的病好了》等。

J0043956
**春耕下学插秧 颗颗标准行对行 阵阵稻香
飘千里 丰收时节人成双** （门画）黄鹏作
北京 人民美术出版社 1961 年［2 张］
定价：CNY0.11

J0043957
春来多播种 年来喜丰收 （门画）张心忠作
［贵阳］贵州人民出版社 1961 年［2 张］
定价：CNY0.14

J0043958
春满果园　王信作
[沈阳] 辽宁美术出版社 1961 年 [1 张]
定价: CNY0.18
　　作者王信(1925—)，画家。河北承德人。
历任辽宁美术出版社专职画家、承德市群众艺术
馆研究馆员、河北水彩画会名誉会长、河北省美
术家协会顾问。画作有《早雾》《原始森林》《深
山情》《山家》等。出版有《王信水彩画选辑》《王
信水彩选集》《王信水彩画专辑》等。

J0043959
春牛图　陈毓和作
[福州] 福建人民出版社 1961 年 [1 张]
定价: CNY0.06（甲种）

J0043960
春牛图　陈毓和作
[福州] 福建人民出版社 1961 年 [1 张]
定价: CNY0.03（乙种）

J0043961
春暖花开　都冰如作
上海　上海人民美术出版社 1961 年 [1 张]
定价: CNY0.13
　　作者都冰如(1903—1987)，编辑。字能，别
署九五客，浙江海宁人，毕业于上海专科师范学
校。历任商务印书馆、香港商务《东方画报》《健
与力》美术编辑，四川重庆国立劳作师范学校美
术教师，上海文史馆馆员等职。作品有《长恨歌》
《正气歌》《万马奔腾》。

J0043962
春暖花开　喜气盈门　（门画）陈衡作
[广州] 广东人民出版社 1961 年 [2 张]
定价: CNY0.14

J0043963
打虎岭上摘蜜桃　碧莲池中网大鱼　（门画）
蒋采苹作
[太原] 山西人民出版社 1961 年 [2 张]
定价: CNY0.07
　　作者蒋采苹(1934—)，女，画家。河南开
封人，毕业于中央美术学院，留校任教。历任中
央美术学院中国画系副教授、工笔画室主任，中

国美术家协会会员，中国当代工笔画学会副会
长，北京工笔重彩画会副会长。主要作品有《孔
雀之歌》《摘火把果的姑娘》《憩》《雪》等，主编
有画集《现代重彩画》。

J0043964
打渔杀家　陆泽之作
上海　上海人民美术出版社 1961 年 [1 张]
76cm（2 开）定价: CNY0.20

J0043965
打渔杀家　陆泽之作
上海　上海人民美术出版社 1961 年 [1 张]
53cm（4 开）定价: CNY0.09

J0043966
大办农业　大办粮食　（门画）陈明谋作
[福州] 福建人民出版社 1961 年 [2 张]
定价: CNY0.12

J0043967
大办农业　大办粮食　（门画）张友慈，林发
荣作
[贵阳] 贵州人民出版社 1961 年 [2 张]
定价: CNY0.16

J0043968
大办农业　大办粮食　唐冠芳作
[昆明] 云南人民出版社 1961 年 [1 张]
定价: CNY0.10

J0043969
大办农业，大办粮食　（门画）唐天谷，曹辉
禄作
[成都] 四川人民出版社 1961 年 [2 张]
定价: CNY0.12

J0043970
大办农业，大办粮食丰收图　杨应修等作
[武汉] 湖北人民出版社 1961 年 [1 张]
定价: CNY0.13

J0043971
大办农业，夺取丰收　（门画）张朗作
[武汉] 湖北人民出版社 1961 年 [2 张]

定价: CNY0.12

J0043972
大办农业, 五谷丰登 (门画) 钟鸣天, 吕幼安作
[长沙] 湖南人民出版社 1961 年 [2 张]
定价: CNY0.14

J0043973
大公鸡 杨馥如作
上海 上海人民美术出版社 1961 年 [1 张]
53cm (4 开) 定价: CNY0.09

J0043974
大公鸡 杨馥如作
上海 上海人民美术出版社 1961 年 [1 张]
9cm (8 开) 定价: CNY0.05

J0043975
大寿桃 金梅生作
上海 上海人民美术出版社 1961 年 [1 张]
定价: CNY0.05
　　作者金梅生(1902—1989), 画家。别名石摩,上海人。曾于商务印书馆美术科专门从事月份牌绘画, 上海市文史馆馆员、上海人民美术出版社特约年画家。作品有《新中国的歌声》《秀女饲养员》《花木兰》等。

J0043976
丹凤朝阳 杨馥如作
上海 上海人民美术出版社 1961 年 [1 张]
76cm (2 开) 定价: CNY0.12

J0043977
丹凤朝阳 杨馥如作
上海 上海人民美术出版社 1961 年 [1 张]
39cm (8 开) 定价: CNY0.05

J0043978
当代英雄 中央美术学院附中教师
北京 人民美术出版社 1961 年 [1 张] (2 全开)
定价: CNY2.60

J0043979
当代英雄 中央美术学院附中教师

北京 人民美术出版社 1961 年 [1 张] 76cm (2 开)
定价: CNY0.16

J0043980
当代英雄 (汉、藏文对照版) 中央美术学院附中教师
北京 人民美术出版社 1963 年 76cm (2 开)
定价: CNY0.25

J0043981
当代英雄 (汉、朝文对照版) 中央美术学院附中教师
北京 人民美术出版社 1963 年 76cm (2 开)
定价: CNY0.25

J0043982
当代英雄 (汉、德傣、西双版纳傣、景颇、拉祜文对照版) 中央美术学院附中教师
北京 人民美术出版社 1963 年 76cm (2 开)
定价: CNY0.25

J0043983
当代英雄 (汉、傈僳文对照版) 中央美术学院附中教师
北京 人民美术出版社 1963 年 76cm (2 开)
定价: CNY0.25

J0043984
当代英雄 (汉、蒙文对照版) 中央美术学院附中教师
北京 人民美术出版社 1963 年 76cm (2 开)
定价: CNY0.25

J0043985
当代英雄 (汉、僮文对照版) 中央美术学院附中教师
北京 人民美术出版社 1963 年 76cm (2 开)
定价: CNY0.25

J0043986
当代英雄 (汉、佤文对照版) 中央美术学院附中教师
北京 人民美术出版社 1963 年 76cm (2 开)
定价: CNY0.25

J0043987

当代英雄 （汉、维、哈文对照版）中央美术学院附中教师

北京　人民美术出版社　1963 年　76cm（2 开）

定价：CNY0.25

J0043988

到"公社"报到去　张碧梧作

上海　上海人民美术出版社　1961 年　[1 张]

定价：CNY0.12

　　作者张碧梧（1905—1987），画家。江苏江阴人。曾任上海人民美术出版社特约年画作者、中国美术家协会会员。代表作品有《百万雄师渡长江》《养小鸡捐飞机》等。

J0043989

淀上渔歌　张锡武作

天津　天津美术出版社　1961 年　[1 张]

定价：CNY0.16

　　作者张锡武（1927—　），画家。字青松，河北河间人。历任天津国画研究所副所长、天津杨柳青画社副编审、中国美术家协会会员等。代表作品《淀上渔歌》《李时珍问药图》，出版有《张锡武画选》《牡丹的画法》等。

J0043990

东风送暖　赵梦朱作

[沈阳] 辽宁美术出版社　1961 年　[1 张]

定价：CNY0.18

　　作者赵梦朱（1892—1985），花鸟画家、教授。原名恩熹，号明湖，河北雄县人。历任京华美术学院、华北艺术专科学校教授，中国美术家协会会员。

J0043991

冬瓜上高楼　金梅生作

上海　上海人民美术出版社　1961 年　[1 张]

定价：CNY0.09

J0043992

锻炼身体 人人强壮　王柳影作

上海　上海人民美术出版社　1961 年　[1 张]

定价：CNY0.13

　　作者王柳影（1917—　），画家。浙江湖州人。曾任苏州美术专科学校沪校国画专修科教授、上海市美术家协会会员、上海市文史研究馆馆员。擅长人物、山水、走兽、花鸟等。作品有《杨贵妃·沉香亭》《九如图》《螺祖育蚕图》（与友人合作）等。

J0043993

鹅毛扇舞　金雪尘作

上海　上海人民美术出版社　1961 年　[1 张]

定价：CNY0.05

　　作者金雪尘（1904—1996），画家。上海嘉定人。曾任上海图片出版社、上海人民美术出版社特约记者。代表作有《武松打虎》《春江花月夜》《金鱼舞》。

J0043994

儿童条屏　（1-4）于平词；刘旦宅绘

石家庄　河北人民美术出版社　1961 年　[4 幅]

定价：CNY0.26

　　作者刘旦宅（1931—2011），教授、画家。原名浑，又名小粟，后改名旦宅，别名海云生。浙江温州人。曾在上海市大中国图书局、上海教育出版社、上海人民美术出版社绘画，任上海师范大学美术系主任。代表作品《曹雪芹生平》《琵琶行》《刘旦宅聊斋百图》《石头记人物画册》等。

J0043995

纺织姑娘　江南春，王仲清作

上海　上海人民美术出版社　1961 年　[1 张]

定价：CNY0.16

　　作者王仲清（1924—　），画家、教授。生于四川成都，毕业于省立成都师范学院美术科。历任上海人民美术出版社创作员、上海戏剧学院中国画教师、中国美术家协会会员、中国禅画研究院名誉院长。作品有中国画《小三峡》《胡笳十八拍》，连环画《阿诗玛》等。出版有《王仲清画集》等。

J0043996

飞禽图　王伟戌作

上海　上海人民美术出版社　1961 年　[1 张]

定价：CNY0.12

J0043997

丰收乐　姜学炳作

石家庄　河北人民美术出版社　1961 年　[1 张]

定价：CNY0.07

J0043998
丰收乐 杨义秀作
上海 上海人民美术出版社 1961 年［1 张］
定价：CNY0.09

　　作者杨文秀（1929—?），女，山东郓城人。毕业于华东艺术专科学校。擅长宣传画、年画。曾任上海人民美术出版社创作干部。作品有《猪多肥多粮产高》《好婆媳》《小医生》等。

J0043999
丰收时节 （1-4）张典芳等合作
［广州］广东人民出版社 1961 年［4 张］
定价：CNY0.40

J0044000
丰收图 黄妙发作
上海 上海人民美术出版社 1961 年［1 张］
定价：CNY0.13

　　作者黄妙发（1938— ），别名年丰，江苏常熟人。擅长年画。曾任上海人民美术出版社年画宣传画编辑室副主任。作品有年画《喜临门》《我爱中华》《儿童附捐邮票一套》（两枚）等。

J0044001
丰收喜报 余蔚作
［广州］广东人民出版社 1961 年［1 张］
定价：CNY0.13

J0044002
丰收之前 李慕白，金雪尘作
上海 上海人民美术出版社 1961 年［1 张］
定价：CNY0.13

J0044003
凤凰与牡丹 邓端和作
杭州 浙江人民美术出版社 1961 年［1 张］
定价：CNY0.13

J0044004
福寿图
［南京］江苏人民出版社 1961 年［1 张］
定价：CNY0.03

J0044005
富贵有余 王祖珍作
［哈尔滨］黑龙江美术出版社 1961 年［1 张］
定价：CNY0.10

J0044006
钢粮丰收 （门画）邹宗绪作
［昆明］云南人民出版社 1961 年［2 张］
定价：CNY0.13

　　作者邹宗绪（1933—2010），又名阿工，河南开封人。毕业于中央美术学院绘画系。历任陕西人民美术出版社编辑、编辑部主任、副总编、编审，陕西省美术家协会副主席，陕西国画院特聘画师，西安美术学院研究院研究员。作品有《喜报丰年》，出版有《中国历代雕塑·秦俑群》《千年古都西安》《洛川民间美术》等。

J0044007
钢铁英雄 谢之光作
上海 上海人民美术出版社 1961 年［1 张］
定价：CNY0.12

　　作者谢之光（1900—1976），美术家、画家。浙江余姚人，毕业于上海美术专科学校。曾任上海中国画院画师。代表作品有《铁水奔流》《洛神》。

J0044008
歌丰收 陈光健作
北京 人民美术出版社 1961 年［1 张］
定价：CNY0.16

　　作者陈光健（1936— ），女，四川荣昌人。毕业于浙江美术学院，并留校工作，后调入西安美术学院任教。中国美术家协会会员、当代工笔画会会员、陕西省国画院画师。主要作品有《在社员家里》《自习》《老师》等。

J0044009
工农联盟 （门画）徐云作
天津 天津美术出版社 1961 年［2 张］
定价：CNY0.13

J0044010
工农一家亲 （门画）温尚光，刘歌祥作
［广州］广东人民出版社 1961 年［2 幅］
定价：CNY0.09

J0044011

恭贺新喜　王克印作

[郑州]河南人民出版社 1961年 [1张]

定价: CNY0.05

　　作者王克印(1932—2003)，工笔花鸟画家、美术教育家、高级设计师。河南登封人，笔名石山。毕业于河南艺术学校大专班。中国美术家协会会员，曾任平顶山市美术家协会副主席、中国少林书画院高级顾问、河南省中国画院画师、中南书画研究院常年理事等职。主要作品有《白露秋水》《春秋配》《塘边》。

J0044012

巩固祖国国防　保卫世界和平　(门画)孙新元作

西安　长安美术出版社 1961年 [1张]

定价: CNY0.12

J0044013

瓜菜满园香　颜韵松作

[武汉]湖北人民出版社 1961年 [1张]

定价: CNY0.13

J0044014

贵妃醉酒　杨俊生作

上海　上海人民美术出版社 1961年 [1张]

定价: CNY0.05

　　作者杨俊生(1909—1981)，出生于安徽安庆。曾任上海人民美术出版社、上海画版出版社特约作者，上海美术家协会年画组组长等职。代表作品有《岳母刺字》《夜战马超》《大闹天宫》《贵妃醉酒》等。

J0044015

桂林山水甲天下　应野平作

上海　上海人民美术出版社 1961年 [1张]

定价: CNY0.05

　　作者应野平(1910—1990)，教授。曾名野萍、野苹。浙江宁海人。历任新华艺术专科学校教授、上海人民美术出版社编辑室副主任、上海美术专科学校和上海大学美术学院教授。代表作品有《应野平山水画集》《应野平山水画辑》《应野平山水画册》。

J0044016

过新年　周成章作

[南昌]江西人民出版社 1961年 [1张]

定价: CNY0.13

J0044017

杭州西湖全图

[杭州]浙江人民出版社 1961年 [1张]

定价: CNY0.50

J0044018

杭州西泠桥畔　周诗成作

上海　上海人民美术出版社 1961年 [1张]

定价: CNY0.09

J0044019

好阿姨　吴性清作

上海　上海人民美术出版社 1961年 [1张]

定价: CNY0.05

　　作者吴性清(1933—　　)，女，编审。生于江苏泰州，毕业于中央美术学院华东分院油画系。历任上海人民美术出版社创作员、中国美术家协会会员。作品有《我们热爱毛主席》《胡笳十八拍图卷》《关汉卿名剧选》等。

J0044020

河南年画集　(1954—1960)河南人民出版社编选

郑州　河南人民出版社 1961年 72页 21cm(32开)

精装　统一书号: T8150.232 定价: CNY1.70

J0044021

荷花鸳鸯　陈佩秋作

上海　上海人民美术出版社 1961年 [1张]

定价: CNY0.05

　　作者陈佩秋(1922—　　)，女，现代中国画花鸟画画家。河南南阳人。字健碧，室名秋兰室、高华阁、截玉轩。毕业于国立艺术专科学校。历任上海大学美术学院兼职教授、上海中国画院画师、中国美术家协会会员。主要作品有《天目山杜鹃》《水佩风裳》《红满枝头》。

J0044022

横眉冷对千夫指俯首甘为孺子牛　赵延年作

上海　上海人民美术出版社 1961年 [1张]

定价：CNY0.06

作者赵延年(1924—2014)，教授、版画家。生于浙江湖州，就读于上海美术专科学校学习木刻。历任浙江美术学院教授、浙江版画家协会名誉会长、浙江漫画研究会顾问等。作品有《负木者》《鲁迅先生》《起来饥寒交迫的奴隶》等，出版有《赵延年版画选》。

J0044023
红花处处开 杨馥如作
上海 上海人民美术出版社 1961年 [1张]
53cm(4开) 定价：CNY0.09

J0044024
红花处处开 杨馥如作
上海 上海人民美术出版社 1961年 [1张]
39cm(4开) 定价：CNY0.05

J0044025
红棉白鸽 梁纪作
[天津] 德裕公出版社 1961年 [1张]
作者梁纪(1926—)，字方纲，广东佛山人。广州市文史研究馆馆员、中国美术家协会会员、广州美术家协会副主席。作品有《竹溪双鸭》《薄膜育秧》《孔雀紫荆》等。

J0044026
红旗竞赛 张碧梧，杨兆新作
上海 上海人民美术出版社 1961年 [1张]
定价：CNY0.13

J0044027
红旗招展万象更新 吴夏安作
[南京] 江苏人民出版社 1961年 [1张]
定价：CNY0.12

J0044028
红勤巧俭 革新花开 吴性清作
上海 上海人民美术出版社 1961年 [1张]
76cm(2开) 定价：CNY0.16

J0044029
红勤巧俭 革新花开 吴性清作
上海 上海人民美术出版社 1961年 [1张]
53cm(4开) 定价：CNY0.09

J0044030
红杏屏 (1-4 蒙汉文对照) 白铭作
[呼和浩特] 内蒙古人民出版社 1961年 [4张]
定价：CNY0.48

作者白铭(1926—2002)，国画家。蒙古族，内蒙古包头人。字雉堂。毕业于北京京华美术学院国画系。擅花鸟，兼作山水、人物。中国美术家协会会员，曾任内蒙古美术家协会副主席、包头师范专科学校教师、高级工艺美术设计师。主要作品有《梅雀图》《芍药》《白梅》等。

J0044031
互相支援 同庆丰收 (门画) 赵德修作
[郑州] 河南人民出版社 1961年 [2张]
定价：CNY0.07

J0044032
互相支援共同进步 (门画) 钟鸣天，吕幼安作
[长沙] 湖南人民出版社 1961年 [2张]
定价：CNY0.14

J0044033
花果之乡 沈家琳作
上海 上海人民美术出版社 1961年 [1张]
定价：CNY0.16

J0044034
花好月圆人寿年丰 都冰如作
上海 上海人民美术出版社 1961年 [1张]
定价：CNY0.09

作者都冰如(1903—1987)，编辑。字能，别署九五客，浙江海宁人，毕业于上海专科师范学校。历任商务印书馆、香港商务《东方画报》《健与力》美术编辑，四川重庆国立劳作师范学校美术教师，上海文史馆馆员等职。作品有《长恨歌》《正气歌》《万马奔腾》。

J0044035
花卉 (1-4) 王霞宙等作
[武汉] 湖北人民出版社 1961年 [1张]
定价：CNY0.50

作者王霞宙(1902—1976)，教授、画家。自号怀约室主，湖北枣阳人。毕业于南京美术专科学校。历任华中师范学院、湖北艺术学院副教授，

中国美术家协会武汉分会副主席等职。代表作品《铁棕》《美人蕉》《卷丹》等。

J0044036
花卉 （1–4）张颖等作
[南京] 江苏人民出版社 1961年 [4张]
定价：CNY0.28

J0044037
花鸟四季屏 （1–4）郭世清作
[兰州] 敦煌文艺出版社 1961年 [1张]
定价：CNY0.48

J0044038
欢度春节 谈天，余连如合作
[南京] 江苏人民出版社 1961年 [1张]
定价：CNY0.13

J0044039
欢度春节 章育青作
上海 上海人民美术出版社 1961年 [1张]
定价：CNY0.13
　　作者章育青（1909—1993），画家。浙江慈溪人。上海人民美术出版社年画专业画家。作品《上海大世界》《元宵灯》《上海外滩》《南京长江大桥》等。

J0044040
欢乐的节日 陈之初，陆星辰制作
上海 上海人民美术出版社 1961年 [1张]
定价：CNY0.11

J0044041
欢庆革新传捷报 杨馥如作
上海 上海人民美术出版社 1961年 [1张]
定价：CNY0.13

J0044042
黄巢起义军进长安 王绪阳作
北京 人民美术出版社 1961年 [1张]
定价：CNY0.10

J0044043
活泼儿童 李慕白作
上海 上海人民美术出版社 1961年 [1张]
定价：CNY0.13

J0044044
积极生产劳动光荣 （门画）启蒙作
[广州] 广东人民出版社 1961年 [2张]
定价：CNY0.14

J0044045
集体力量大 张乐平作
上海 上海人民美术出版社 1961年 [1张]
定价：CNY0.13
　　作者张乐平（1910—1992），漫画家。浙江海盐人。曾任中国美术家协会上海分会、解放日报社、上海少年儿童出版社专业画家。漫画"三毛"形象的创作者。代表作品《三毛流浪记》《三毛从军记》。

J0044046
技术改革 （门画）徐云作
北京 人民美术出版社 1961年 [2张]
定价：CNY0.13

J0044047
佳果丰收 阳盛全作
[武汉] 湖北人民出版社 1961年 [1张]
定价：CNY0.09

J0044048
艰苦朴素 勤俭持家 （门画）汤文虎作
重庆 重庆人民出版社 1961年 [2张]
定价：CNY0.10

J0044049
剑舞 李慕白，金雪尘作
上海 上海人民美术出版社 1961年 [1张]
定价：CNY0.09
　　作者李慕白（1913—1991），画家。生于浙江海宁。历任中国民主同盟会成员、中国美术家协会会员、上海人民美术出版社特约年画作者。出版有《李慕白、金雪尘年画选集》。作者金雪尘（1904—1996），画家。上海嘉定人。曾任上海图片出版社、上海人民美术出版社特约记者。代表作有《武松打虎》《春江花月夜》《金鱼舞》。

J0044050
剑舞　李慕白, 金雪尘作
上海　上海人民美术出版社 1980 年［1］张
53cm（4 开）定价: CNY0.08

J0044051
剑舞　李慕白, 金雪尘作
上海　上海人民美术出版社 1980 年［1］张
76cm（2 开）定价: CNY0.14

J0044052
接福迎祥　（门画）张宇作
［沈阳］辽宁美术出版社 1961 年［2 张］
定价: CNY0.12
　　作者张宇, 字寰六, 号赤云子、奇清逸士。
河南省教育书画协会秘书长、河南省中国画研究
院、河南诗词学会理事。

J0044053
接生员　（蒙汉文对照）王玉泉作
［呼和浩特］内蒙古人民出版社 1961 年［1 张］
定价: CNY0.10

J0044054
节日　罗承力作
［兰州］敦煌文艺出版社 1961 年［1 张］
定价: CNY0.10

J0044055
节日　（蒙汉文对照）布和巴雅尔作
［呼和浩特］内蒙古人民出版社 1961 年［1 张］
定价: CNY0.10

J0044056
节日赛马　敦煌文物研究所
［北京］人民体育出版社 1961 年［1 张］
定价: CNY0.16

J0044057
节日之夜　庞卡作
上海　上海人民美术出版社 1961 年［1 张］
定价: CNY0.12
　　作者庞卡（1935—　）。画家。又名庞抱俊。
上海人。历任上海人民美术出版社年画编辑、创
作员。作品有《从小爱科学》《秧苗青青春来早》
《爱人民》等。

J0044058
金山战鼓　李慕白, 金雪尘作
上海　上海人民美术出版社 1961 年［1 张］
53cm（4 开）定价: CNY0.09

J0044059
金山战鼓　李慕白, 金雪尘作
上海　上海人民美术出版社 1961 年［1 张］
76cm（2 开）定价: CNY0.16

J0044060
金粟碧波图　那启明作
天津　天津美术出版社 1961 年［1 张］
定价: CNY0.13
　　作者那启明（1936—　），满族，北京人。擅
长民间美术。1958 年毕业于中央美术学院附中。
现任天津杨柳青画社编辑部主任、编审。作品《白
求恩》获第三届全国年画美术作品展览二等奖,
《团结图》获第五届全国年画美术作品展览三等
奖,《多彩夕阳》获中华人民共和国成立 45 周年
美术作品展览佳作奖,《喜迎春》等作品入选第四
届、五届全国年画展和第六届、七届、八届全国
美术作品展览。1994 年被中央文化部、新闻出版
署评为"优秀年画编辑", 中国美术家协会会员。

J0044061
金鱼屏　（1–4）何逸梅作
上海　上海人民美术出版社 1961 年［1 张］
定价: CNY0.32
　　作者何逸梅（1894—1972），画家。号明斋。
江苏吴县（今属苏州）人。上海商务印书馆图画
部第一批练习生之一。主要从事月份牌画创作,
兼作工商装潢美术设计。

J0044062
金鱼舞　李慕白, 金雪尘作
上海　上海人民美术出版社 1961 年［1 张］
53cm（4 开）定价: CNY0.09

J0044063
金鱼舞　李慕白, 金雪尘作
上海　上海人民美术出版社 1961 年［1 张］
76cm（2 开）定价: CNY0.16

J0044064

京剧屏 （四扇屏）

［天津］德裕公出版社 1961 年［4 幅］

J0044065

京剧英雄屏 （1-4）金梅生作

上海 上海人民美术出版社 1961 年［4 幅］

定价：CNY0.26

　　作者金梅生（1902—1989），画家。别名石摩，上海人。曾于商务印书馆美术科专门从事月份牌绘画，上海市文史馆馆员、上海人民美术出版社特约年画家。作品有《新中国的歌声》《秀女饲养员》《花木兰》等。

J0044066

精忠报国 杨俊生作

上海 上海人民美术出版社 1961 年［1 张］

定价：CNY0.13

　　作者杨俊生（1909—1981），出生于安徽安庆。曾任上海人民美术出版社、上海画版出版社特约作者，上海美术家协会年画组组长等职。代表作品有《岳母刺字》《夜战马超》《大闹天宫》《贵妃醉酒》等。

J0044067

旧衣改新衣 李士侣，林绍先作

［郑州］河南人民出版社 1961 年［1 张］

定价：CNY0.03

J0044068

看谁认的多 陶琦作

天津 天津美术出版社 1961 年［1 张］

定价：CNY0.13

　　作者陶琦（1922—2002），女，连环画家。毕业于北平艺术专科学校。原中联书店、天津美术出版社画家，天津文史馆馆员。创作连环画有《我当上了学习小组长》。

J0044069

颗粒归仓 高马得，陈汝勤作

［南京］江苏人民出版社 1961 年［1 张］

定价：CNY0.12

　　作者高马得（1917—2007），国画家。江苏南京人，毕业于天津河北省立水产专科学校。江苏省国画院一级美术师、中国美术家协会会员、江

苏分会理事。代表作品《画戏话戏》《画碟余墨》《马得水墨小品》等。

J0044070

颗粒归仓 张大昕作

上海 上海人民美术出版社 1961 年［1 张］

定价：CNY0.16

J0044071

可爱的娃娃 忻礼良作

上海 上海人民美术出版社 1961 年［1 张］

定价：CNY0.13

　　作者忻礼良（1913—？），浙江鄞县人。擅长年画。曾任上海画片出版社特约作者、上海人民美术出版社创作人员等职。代表作品有《毛主席和我们在一起》《姑嫂选笔》《拾到五分钱》等。

J0044072

空城计 金肇芳作

上海 上海人民美术出版社 1961 年［1 张］

定价：CNY0.16

J0044073

跨上"跃进"马比翼齐高翔 （门画）朱晔，李星武作

［成都］四川人民出版社 1961 年［2 张］

定价：CNY0.12

J0044074

喇叭欢奏丰收乐 短笛横吹喜迎春 （门画）符光耿作

［成都］四川人民出版社 1961 年［2 张］

定价：CNY0.16

J0044075

劳动后休息 陈达，杨叙南作

［南京］江苏人民出版社 1961 年［1 张］

定价：CNY0.13

J0044076

李闯王 张义潜作

北京 人民美术出版社 1961 年［1 张］

定价：CNY0.13

J0044077
李香君　谢慕莲作
上海　上海人民美术出版社　1961 年［1 张］
定价：CNY0.09
　　作者谢慕莲（1918—1985），画家。浙江余姚人。曾受聘为上海画片出版社和上海人民美术出版社特约年画作者、中国美术家协会会员。代表作有《李香君》《霸王别姬》《杨家十二女将》等。

J0044078
粮棉丰收　六畜兴旺　（门画）杨国栋作
［昆明］云南人民出版社　1961 年［2 张］
定价：CNY0.10

J0044079
粮食丰收　连年有余　（门画）孔伯礼作
［郑州］河南人民出版社　1961 年［2 张］
定价：CNY0.07

J0044080
粮食满仓　果菜满园　（门画）史正学作
［南昌］江西人民出版社　1961 年［2 张］
定价：CNY0.14
　　作者史正学（1933—　　），国家一级美术师。又名莫可，河南洛阳人。毕业于广州美术学院国画系。中国美术家协会会员、河南省美术家协会常务理事、河南中山书画院院长。代表作品有《晨钟响了》《深山火种》《枣雨》《征途报捷》等。

J0044081
刘三姐　（四条屏）新华通信社广西分社供稿
［南宁］广西人民出版社　1961 年［4 张］
定价：CNY0.26

J0044082
刘三姐　杨俊生作
上海　上海人民美术出版社　1961 年［1 张］
定价：CNY0.16

J0044083
龙飞凤舞庆丰收　（门画）张绍城等合作
［广州］广东人民出版社　1961 年［2 张］
定价：CNY0.07

J0044084
洛神　谢之光作
上海　上海人民美术出版社　1961 年［1 张］
定价：CNY0.09
　　作者谢之光（1900—1976），美术家、画家。浙江余姚人，毕业于上海美术专科学校。曾任上海中国画院画师。代表作品有《铁水奔流》《洛神》。

J0044085
麻姑献寿　郑慕康作
上海　上海人民美术出版社　1961 年［1 张］
定价：CNY0.13
　　作者郑慕康（1901—1982），画家。名师元，号慕康。广东潮阳人，就读于上海美术专科学校。代表作品有《采莲女》。

J0044086
马兰花　（1–4）
［北京］中国电影出版社　1961 年［4 张］
定价：CNY0.32

J0044087
满山花果喜丰收　张碧梧作
北京　人民美术出版社　1961 年［1 张］
定价：CNY0.13
　　作者张碧梧（1905—1987），画家。江苏江阴人。曾任上海人民美术出版社特约年画作者、中国美术家协会会员。代表作品有《百万雄师渡长江》《养小鸡捐飞机》等。

J0044088
毛主席参观造船厂　韩敏作
上海　上海人民美术出版社　1961 年［1 张］
54cm（4 开）定价：CNY0.09
　　作者韩敏（1929—　　），连环画、年画画家。浙江杭州人。历任上海人民美术出版社创作员、上海书画研究院院长、中国美术家协会委员、上海市美术家协会理事、上海文史馆馆员。代表作品有《郑板桥》等。

J0044089
毛主席参观造船厂　韩敏作
上海　上海人民美术出版社　1961 年［1 张］
76cm（2 开）定价：CNY0.16

J0044090

毛主席参观造船厂 （汉、朝文对照版）韩敏作

上海 上海人民美术出版社 1963 年 76cm（2 开）

定价：CNY0.18

J0044091

毛主席参观造船厂 （汉、傣仂、拉祜文对照版）韩敏作

上海 上海人民美术出版社 1963 年 76cm（2 开）

定价：CNY0.18

J0044092

毛主席参观造船厂 （汉、傣纳、景颇文对照版）韩敏作

上海 上海人民美术出版社 1963 年 76cm（2 开）

定价：CNY0.18

J0044093

毛主席参观造船厂 （汉、傈僳文对照版）韩敏作

上海 上海人民美术出版社 1963 年 76cm（2 开）

定价：CNY0.18

J0044094

毛主席参观造船厂 （汉、蒙文对照版）韩敏作

上海 上海人民美术出版社 1963 年 76cm（2 开）

定价：CNY0.18

J0044095

毛主席参观造船厂 （汉、僮文对照版）韩敏作

上海 上海人民美术出版社 1963 年 76cm（2 开）

定价：CNY0.18

J0044096

毛主席参观造船厂 （汉、佤文对照版）韩敏作

上海 上海人民美术出版社 1963 年 76cm（2 开）

定价：CNY0.18

J0044097

毛主席参观造船厂 （汉、维、哈文对照版）韩敏作

上海 上海人民美术出版社 1963 年 76cm（2 开）

定价：CNY0.18

J0044098

毛主席关怀着我们 金志远作

［南京］江苏人民出版社 1961 年 ［1 张］

定价：CNY0.12

J0044099

毛主席和青年农民 何国华作

天津 天津美术出版社 1961 年 ［1 张］

定价：CNY0.13

J0044100

毛主席和我们在一起 肖林作

［太原］山西人民出版社 1961 年 ［1 张］

定价：CNY0.07

作者肖林（1929—1981），画家。别名马秉铎，河北定县（现定州）人。毕业于华北联合大学文艺学院美系。曾任人民美术出版社创作室创作员。主要作品有《白求恩大夫》《永远前进》《向英雄黄继光的母亲报告学习成绩》等。

J0044101

毛主席和武钢英雄 宋恩厚等作

［武汉］湖北人民出版社 1961 年 ［1 张］

定价：CNY0.13

J0044102

棉花丰收 唐天谷，曹辉禄作

［成都］四川人民出版社 1961 年 ［1 张］

定价：CNY0.06

J0044103

民族英雄屏 （1-4）赵宏本，钱笑呆作

上海 上海人民美术出版社 1961 年 ［4 张］

定价：CNY0.26

作者赵宏本（1915—2000），连环画家。号赵卿，又名张弓，生于上海，原籍江苏阜宁。历任中国美术家协会会员、中国美术家协会上海分会常务理事、中国连环画研究会副会长。主要作品有《孙悟空三打白骨精》《水浒一百零八将》《小五义》《七侠五义》等。作者钱笑呆（1912—1965），连环画名家。祖籍江西，出生于江苏阜宁。原名爱荃。曾为上海锦章书局创作连环画，后任

上海新华美术出版社、上海人民美术出版社连环画创作员。代表作有《青楼泪》《红楼梦》《洛阳桥》等。

J0044104

母子图　吴家华作
北京　人民美术出版社　1961年　[1张]
定价：CNY0.16

　　作者吴家华(1932—)，版画家。出生于贵州贵阳，毕业于贵阳师范学院艺术科美术专业，并留校任教。历任中国美术家协会、版画家协会、藏书票研究会会员，贵州版画研究会副会长，贵州民族学院特聘客座教授。代表作品有《吴家华版画选集》。

J0044105

牡丹亭　漆德琰作
[南昌]江西人民出版社　1961年　[1张]
定价：CNY0.13

　　作者漆德琰(1932—)，教授，画家。江西高安人，毕业于鲁迅美术学院。历任《江西画报》社编辑、江西文艺学院教师、江西革命博物馆创作员、重庆建筑大学教授、中国水彩画学会理事、重庆水彩画学会会长。擅长水彩画、油画、壁画。代表作品《井冈山会师》《石板哨小屋》《归牧》《水乡》等。出版有《漆德琰水彩画作品与技法》《漆德琰水彩画选》《水彩写生技法示范》等。

J0044106

沐牛图　嵇锡林，尚君砺作
[南京]江苏人民出版社　1961年　[1张]
定价：CNY0.13

J0044107

穆桂英挂帅屏　张璋，郭鸿勋作
[天津]德裕公出版社　1961年　[8幅]

J0044108

哪吒闹海　李慕白作
上海　上海人民美术出版社　1961年　[1幅]
定价：CNY0.09

J0044109

南湖的春天　谢稚柳作
上海　上海人民美术出版社　1961年　[1幅]

76cm(2开)定价：CNY0.16

J0044110

南湖的春天　谢稚柳作
上海　上海人民美术出版社　1961年　[1幅]
39cm(4开)定价：CNY0.05

　　作者谢稚柳(1910—1997)，书画家、书画鉴定家。原名稚，字稚柳，后以字行，晚号壮暮翁，斋名鱼饮溪堂等。江苏常州人。历任上海市文物保护委员会编纂、副主任，上海市博物馆顾问，中国书法家协会理事，国家文物局全国古代书画鉴定小组组长等。编著有《敦煌石室记》《敦煌艺术叙录》《水墨画》《唐五代宋元名迹》等。

J0044111

年画选编　(1949—1959)人民美术出版社编
北京　人民美术出版社　1961年　[96]幅
27cm(16开)精装　统一书号：8027.3001
定价：CNY12.60

J0044112

年年增收　岁岁丰收　(门画)徐钟杰作
[南京]江苏人民出版社　1961年　[2幅]
定价：CNY0.13

J0044113

鸟语花香　(1-2)黄幻吾作
上海　上海人民美术出版社　1961年　[2幅]
定价：CNY0.24

　　作者黄幻吾(1906—1985)，花鸟画家。名罕，字幻吾，号罕僧，晚年称罕翁。广东新会人。历任中国美术家协会会员、中国美术家协会上海分会理事、上海文史研究馆馆员等职。出版有《幻吾画集》《幻吾小品画集》《怎样画走兽》《中国画技法》等。

J0044114

农村妇女屏　(1-4)刘旦宅作
上海　上海人民美术出版社　1961年　[4幅]
定价：CNY0.26

　　作者刘旦宅(1931—2011)，教授、画家。原名浑，又名小粟，后改名旦宅，别名海云生。浙江温州人。曾在上海市大中国图书局、上海教育出版社、上海人民美术出版社绘画，任上海师范大学美术系主任。代表作品《曹雪芹生平》《琵琶行》《刘旦宅聊斋百图》《石头记人物画册》等。

J0044115
农村姑娘志气高　金铭作
上海　上海人民美术出版社 1961 年［1 幅］
76cm（2 开）定价：CNY0.13

J0044116
农村姑娘志气高　金铭作
上海　上海人民美术出版社 1961 年［1 幅］
39cm（8 开）定价：CNY0.05

J0044117
农林牧副渔　（1–5）刘永凯，田郁文作
北京　人民美术出版社 1961 年［5 幅］
定价：CNY0.40
　　作者刘永凯（1927—　　），画家。字阿刘，黑
龙江齐齐哈尔人，毕业于中央美术学院。历任
人民美术出版社美术编辑、连环画创作组副组
长。代表作品《石林湖畔》《西双版纳》《渔夫和
金鱼的故事》《中国古代神话故事》《清宫演义》
等。作者田郁文（1928—　　）。画家。山东青岛
人。毕业于中央美术学院。历任人民美术出版
社编辑室主任、副总编辑、社长、编审。中国美
术家协会会员。作品有《毛主席万岁》《祖国万
岁》《庆丰收》等。出版有《水彩艺术》、翻著《艺
术哲学》等。

J0044118
排个民族团结舞　李光天作
［兰州］敦煌文艺出版社 1961 年［1 幅］
定价：CNY0.12

J0044119
葡萄熟了　于雁，朱迪作
上海　上海人民美术出版社 1961 年［1 幅］
定价：CNY0.12

J0044120
奇果图　谢慕莲作
上海　上海人民美术出版社 1961 年［1 幅］
定价：CNY0.09
　　作者谢慕莲（1918—1985），画家。浙江余
姚人。曾受聘为上海画片出版社和上海人民美
术出版社特约年画作者，中国美术家协会会员。

代表作有《李香君》《霸王别姬》《杨家十二女
将》等。

J0044121
麒麟送子　（杨柳青年画）
天津　天津荣宝斋 1961 年［1 幅］

J0044122
抢新郎　（1–4）
［北京］中国电影出版社 1961 年［4 幅］
定价：CNY0.26

J0044123
琴棋书画　（杨柳青年画）
天津　天津荣宝斋 1961 年［1 幅］

J0044124
勤劳人家　李萍，康珠作
［贵阳］贵州人民出版社 1961 年［1 幅］
定价：CNY0.08

J0044125
勤劳益寿 增产获福　（门画）范里作
［贵阳］贵州人民出版社 1961 年［2 幅］
76cm（2 开）定价：CNY0.14

J0044126
勤劳益寿 增产获福　（门画）范里作
［贵阳］贵州人民出版社 1961 年［2 幅］
53cm（4 开）定价：CNY0.07

J0044127
庆丰收　林发荣作
［贵阳］贵州人民出版社 1961 年［1 幅］
定价：CNY0.08

J0044128
庆丰收　（门画）业守义作
［西宁］青海人民出版社 1961 年［2 幅］
定价：CNY0.08

J0044129
秋菊小鸟　蔡鹤汀等作
［兰州］敦煌文艺出版社 1961 年［1 幅］
定价：CNY0.15

作者蔡鹤汀(1909—1976)，国画家。原名蔡颐元，号枕石散人，出生于福州台江。曾任陕西省戏剧研究院艺术委员会委员、西安美术家协会分会常务理事。绘画作品有《铁骨冰心》《月季》《雀跃》《池塘小憩》等。出版有《荻芦盦画册》《花卉写生技法》《名家花卉画谱》。

J0044130
全面丰收　孔宪恩，美群作
[昆明] 云南人民出版社 1961 年 [1 幅]
定价: CNY0.10

J0044131
群鸡　何磊作
[广州] 广东人民出版社 1961 年 [1 幅]
定价: CNY0.13

J0044132
群英献礼图　江南春作
上海　上海人民美术出版社 1961 年 [1 幅]
定价: CNY0.16

J0044133
群英献礼图　（汉、藏文对照版）江南春作
上海　上海人民美术出版社 1963 年 76cm（ 2 开 ）
定价: CNY0.18

J0044134
群英献礼图　（汉、朝文对照版）江南春作
上海　上海人民美术出版社 1963 年 76cm（ 2 开 ）
定价: CNY0.18

J0044135
群英献礼图　（汉、傣仂、拉祜文对照版）江南春作
上海　上海人民美术出版社 1963 年 76cm（ 2 开 ）
定价: CNY0.18

J0044136
群英献礼图　（汉、傣纳、景颇文对照版）江南春作
上海　上海人民美术出版社 1963 年 76cm（ 2 开 ）
定价: CNY0.18

J0044137
群英献礼图　（汉、傈僳文对照版）江南春作
上海　上海人民美术出版社 1963 年 76cm（ 2 开 ）
定价: CNY0.18

J0044138
群英献礼图　（汉、蒙文对照版）江南春作
上海　上海人民美术出版社 1963 年 76cm（ 2 开 ）
定价: CNY0.18

J0044139
群英献礼图　（汉、僮文对照版）江南春作
上海　上海人民美术出版社 1963 年 76cm（ 2 开 ）
定价: CNY0.18

J0044140
群英献礼图　（汉、佤文对照版）江南春作
上海　上海人民美术出版社 1963 年 76cm（ 2 开 ）
定价: CNY0.18

J0044141
群英献礼图　（汉、维、哈文对照版）江南春作
上海　上海人民美术出版社 1963 年 76cm（ 2 开 ）
定价: CNY0.18

J0044142
让洼塘变富仓　赵华胜等作
[沈阳] 辽宁美术出版社 1961 年 [1 幅]
定价: CNY0.18
　　作者赵华胜，辽宁画院院长。

J0044143
人畜两旺　赵敏生作
天津　天津美术出版社 1961 年 [1 幅]
定价: CNY0.16

J0044144
人民的勤务员　（1-4）舒华等作
[武汉] 湖北人民出版社 1961 年 [4 幅]
定价: CNY0.26

J0044145
入队　徐寄萍作
上海　上海人民美术出版社 1961 年 [1 幅]
定价: CNY0.13

作者徐寄萍(1919—2005),上海人。曾任上海美术家协会会员、上海人民美术出版社特约年画作者等职。主要作品有《帮妈妈做事》《学雷锋做好事》《擦亮眼睛》等。

J0044146
三岔口　　*金梅生作*
上海　上海人民美术出版社　1961年［1幅］
定价：CNY0.09

作者金梅生(1902—1989),画家。别名石摩,上海人。曾于商务印书馆美术科专门从事月份牌绘画,上海市文史馆馆员、上海人民美术出版社特约年画家。作品有《新中国的歌声》《秀女饲养员》《花木兰》等。

J0044147
山鹊山鹊别处啼　　*邵文锦作*
天津　天津美术出版社　1961年［1幅］
定价：CNY0.16

作者邵文锦(1931—)。画家。山东荣城人,毕业于中央美术学院绘画系。历任《天津画报》社、天津美术出版社编辑,天津杨柳青画社副社长、副总编、一级美术师。中国美术家协会会员、理事。作品有《春晖颂》《春风十里桃花香》《学习老英雄继续新长征》《匠门虎子》等。

J0044148
扇子舞　　*金雪尘作*
上海　上海人民美术出版社　1961年［1幅］
定价：CNY0.09

作者金雪尘(1904—1996),画家。上海嘉定人。曾任上海图片出版社、上海人民美术出版社特约记者。代表作有《武松打虎》《春江花月夜》《金鱼舞》。

J0044149
射箭　　（杨柳青年画）
天津　天津荣宝斋　1961年［1幅］

J0044150
牲畜兴旺　　（1-4）刘继卣作
［石家庄］河北人民美术出版社　1961年［4幅］
定价：CNY0.26

作者刘继卣(1918—1983),画家。天津人。就读于天津市立美术馆西画系。曾任职于文化

部艺术局、人民美术出版社,任中国美术家协会理事、北京市工笔人物画研究会副会长、北京市花鸟画研究会副会长。代表作品有《大闹天宫》《雄狮图》《孔雀开屏》《鸡毛信》等。

J0044151
失空斩　　（1-4）蔡鹤汀,蔡鹤洲作
［石家庄］河北人民美术出版社　1961年［4幅］
定价：CNY0.26

作者蔡鹤汀(1909—1976),国画家。原名蔡颐元,号枕石散人,出生于福州台江。曾任陕西省戏剧研究院艺术委员会委员、西安美术家协会分会常务理事。绘画作品有《铁骨冰心》《月季》《雀跃》《池塘小憩》等。出版有《荻芦盦画册》《花卉写生技法》《名家花卉画谱》。作者蔡鹤洲(1911—1971),画家。又名颐亨,字学亨,号荻芦令二郎,原名蔡学亨,号白羽。福建福州人。擅长中国画,兼事连环画、舞台美术设计。中国美术家协会会员。主要作品有《蜀道如今不再难》,出版有《花卉写生技法》《名家花卉画谱》《蔡鹤洲画辑》等。

J0044152
史湘云醉眠芍药裀
［天津］德裕公出版社　1961年［1幅］

J0044153
士美图　　（杨柳青年画）
天津　天津荣宝斋　1961年［1幅］

J0044154
收获　　*金志远作*
［南京］江苏人民出版社　1961年［1幅］
定价：CNY0.13

J0044155
蔬菜　　*徐松安,邓少峰作*
［武汉］湖北人民出版社　1961年［1幅］
定价：CNY0.07

J0044156
蔬菜满园　　*徐娥作*
［石家庄］河北人民美术出版社　1961年［1幅］
定价：CNY0.13

J0044157
双凤朝牡丹　马慈航作
［广州］广东人民出版社 1961 年［1 幅］
定价：CNY0.13

J0044158
双虎图　朱文侯作
上海　上海人民美术出版社 1961 年［1 幅］
定价：CNY0.12

J0044159
双喜临门　杨志坚作
［南京］江苏人民出版社 1961 年［1 幅］
定价：CNY0.06

J0044160
双喜临门　粮畜并茂　（门画）广西工艺美术研究所
［南宁］广西人民出版社 1961 年［2 幅］
定价：CNY0.12

J0044161
双鱼吉庆新年好　杨馥如，徐飞鸿作
上海　上海人民美术出版社 1961 年［1 幅］
76cm（2 开）定价：CNY0.13

J0044162
双鱼吉庆新年好　杨馥如，徐飞鸿作
上海　上海人民美术出版社 1961 年［1 幅］
53cm（4 开）定价：CNY0.09

J0044163
水到渠成　王柳影，黄子希作
上海　上海人民美术出版社 1961 年［1 幅］
定价：CNY0.13

J0044164
水乡集市　孙君良作
［南京］江苏人民出版社 1961 年［1 幅］
定价：CNY0.13

J0044165
四季花　杨馥如作
上海　上海人民美术出版社 1961 年［1 幅］
定价：CNY0.12

J0044166
送儿当红军　周沧米作
上海　上海人民美术出版社 1961 年［1 幅］
定价：CNY0.12
　　　作者周沧米（1929—2011），教授。浙江乐清人。又名昌米。浙江美术学院中国画系教授、西泠书画院研究员、中国美术家协会会员等。作品有《万壑争流》《春江水暖》《和露临风》《芳草萋萋》等。

J0044167
送儿当红军　（汉、藏文对照版）周沧米作
上海　上海人民美术出版社 1964 年［1 张］
76cm（2 开）定价：CNY0.15

J0044168
送儿当红军　（汉、朝文对照版）周沧米作
上海　上海人民美术出版社 1964 年［1 张］
76cm（2 开）定价：CNY0.15

J0044169
送儿当红军　（汉、傈僳文对照版）周沧米作
上海　上海人民美术出版社 1964 年［1 张］
76cm（2 开）定价：CNY0.15

J0044170
送儿当红军　（汉、蒙文对照版）周沧米作
上海　上海人民美术出版社 1964 年［1 张］
76cm（2 开）定价：CNY0.15

J0044171
送儿当红军　（汉、僮文对照版）周沧米作
上海　上海人民美术出版社 1964 年［1 张］
76cm（2 开）定价：CNY0.15

J0044172
送儿当红军　（汉、维、哈文对照版）周沧米作
上海　上海人民美术出版社 1964 年［1 张］
76cm（2 开）定价：CNY0.15

J0044173
孙悟空三打白骨精　（1-4）
［北京］中国电影出版社 1961 年［4 幅］
定价：CNY0.32

J0044174
她们在光荣的岗位上 杨焕照作
[南京] 江苏人民出版社 1961 年 [1 幅]
定价: CNY0.13

J0044175
桃献千年寿 花开万世香 江南春作
上海 上海人民美术出版社 1961 年 [1 幅]
定价: CNY0.16

J0044176
天女散花 谢慕连作
上海 上海人民美术出版社 1961 年 [1 幅]
76cm(2 开) 定价: CNY0.13

J0044177
天女散花 谢慕连作
上海 上海人民美术出版社 1961 年 [1 幅]
53cm(4 开) 定价: CNY0.09

J0044178
天女散花 (汉、藏文对照版) 谢慕连作
上海 上海人民美术出版社 1963 年 76cm(2 开)
定价: CNY0.18

J0044179
天女散花 (汉、朝文对照版) 谢慕连作
上海 上海人民美术出版社 1963 年 76cm(2 开)
定价: CNY0.18

J0044180
天女散花 (汉、傣仂、拉祜文对照版) 谢慕
连作
上海 上海人民美术出版社 1963 年 76cm(2 开)
定价: CNY0.18

J0044181
天女散花 (汉、傣纳、景颇文对照版) 谢慕
连作
上海 上海人民美术出版社 1963 年 76cm(2 开)
定价: CNY0.18

J0044182
天女散花 (汉、傈僳文对照版) 谢慕连作
上海 上海人民美术出版社 1963 年 76cm(2 开)

定价: CNY0.18

J0044183
天女散花 (汉、蒙文对照版) 谢慕连作
上海 上海人民美术出版社 1963 年 76cm(2 开)
定价: CNY0.18

J0044184
天女散花 (汉、僮文对照版) 谢慕连作
上海 上海人民美术出版社 1963 年 76cm(2 开)
定价: CNY0.18

J0044185
天女散花 (汉、佤文对照版) 谢慕连作
上海 上海人民美术出版社 1963 年 76cm(2 开)
定价: CNY0.18

J0044186
天女散花 (汉、维、哈文对照版) 谢慕连作
上海 上海人民美术出版社 1963 年 76cm(2 开)
定价: CNY0.18

J0044187
天山南北情谊深 民族兄弟访亲友 沈文,
柯玲作
[福州] 福建人民出版社 1961 年 [1 幅]
定价: CNY0.13

J0044188
挑绷绷 吴哲夫作
上海 上海人民美术出版社 1961 年 [1 幅]
定价: CNY0.09
　　作者吴哲夫,画家。擅长年画。师从杭稺英,
在上海"稺英画室"工作,长期共事,集体创作,
被称为"杭派"月份牌画家。作品有《节日的食堂》
《向解放军叔叔致敬》《老手带新手》等。

J0044189
玩蝈蝈三才 (杨柳青年画)
天津 天津荣宝斋 1961 年 [1 幅]

J0044190
玩空竹 (杨柳青年画)
天津 天津荣宝斋 1961 年 [1 幅]

J0044191

玩鸟 （杨柳青年画）

天津　天津荣宝斋　1961 年［1 幅］

J0044192

万朵红花一根藤　唐云作

上海　上海人民美术出版社　1961 年［1 幅］

定价：CNY0.12

　　作者唐云（1910—1993），画家。字侠尘，别号药城、药尘、药翁等。历任中国画研究院院务委员，上海中国画院副院长、代院长、名誉院长等职。中国美术家协会理事、美术家协会上海分会副主席。

J0044193

万寿无疆　陈谷平等作

［南京］江苏人民出版社　1961 年［1 幅］

定价：CNY0.13

　　作者陈谷平（1920—　　），江苏扬州人。大学文化。原扬州市国画院画师。中国美术家协会江苏分会会员。擅长年画、国画。作品有《戏鱼图》《门画》等。

J0044194

万水千山屏　（1–8）应野平，汪观清作

上海　上海人民美术出版社　1961 年［8 幅］

定价：CNY0.64

　　作者应野平（1910—1990），教授。曾名野萍、野苹。浙江宁海人。历任新华艺术专科学校教授、上海人民美术出版社编辑室副主任、上海美术专科学校和上海大学美术学院教授。代表作品有《应野平山水画集》《应野平山水画辑》《应野平山水画册》。作者汪观清（1931—　　），艺术家。号耕莘堂主，安徽歙县人。历任上海人民美术出版社副编审、中国美术家协会会员、上海市美术家协会理事。出版有《汪观清画集》《怎样画牛》《名家教画》等。

J0044195

万水千山屏　（1–8）应野平，汪观清作

上海　上海人民美术出版社　1963 年　8 张

54cm（4 开）精印镶边　定价：CNY2.00

J0044196

万水千山屏　（1–8 汉、藏文对照版）应野平，

汪观清作

上海　上海人民美术出版社　1963 年　8 张

54cm（4 开）定价：CNY0.72

J0044197

万水千山屏　（1–8 汉、朝文对照版）应野平，

汪观清作

上海　上海人民美术出版社　1963 年　8 张

54cm（4 开）定价：CNY0.72

J0044198

万水千山屏　（1–8 汉、傣仂、拉祜文对照版）

应野平，汪观清作

上海　上海人民美术出版社　1963 年　8 张

54cm（4 开）定价：CNY0.72

J0044199

万水千山屏　（1–8 汉、傣纳、景颇文对照版）

应野平，汪观清作

上海　上海人民美术出版社　1963 年　8 张

54cm（4 开）定价：CNY0.72

J0044200

万水千山屏　（1–8 汉、傈僳文对照版）应野

平，汪观清作

上海　上海人民美术出版社　1963 年　8 张

54cm（4 开）定价：CNY0.72

J0044201

万水千山屏　（1–8 汉、蒙文对照版）应野平，

汪观清作

上海　上海人民美术出版社　1963 年　8 张

54cm（4 开）定价：CNY0.72

J0044202

万水千山屏　（1–8 汉、僮文对照版）应野平，

汪观清作

上海　上海人民美术出版社　1963 年　8 张

54cm（4 开）定价：CNY0.72

J0044203

万水千山屏　（1–8 汉、佤文对照版）应野平，

汪观清作

上海　上海人民美术出版社　1963 年　8 张

54cm（4 开）定价：CNY0.72

J0044204

万水千山屏 （1-8 汉、维、哈文对照版）应野平，汪观清作

上海 上海人民美术出版社 1963 年 8 张

54cm（4 开）定价：CNY0.72

J0044205

卫生长寿 张乐平作

上海 上海人民美术出版社 1961 年 ［1 幅］

定价：CNY0.05

　　作者张乐平（1910—1992），漫画家。浙江海盐人。曾任中国美术家协会上海分会、解放日报社、上海少年儿童出版社专业画家。漫画"三毛"形象的创作者。代表作品《三毛流浪记》《三毛从军记》。

J0044206

文成公主 李慕白，金雪尘作

上海 上海人民美术出版社 1961 年 ［1 幅］

定价：CNY0.09

J0044207

文成公主入藏图 董天野作

［南京］江苏人民出版社 1961 年 ［1 幅］

定价：CNY0.13

J0044208

文成公主入藏图 宋忠元作

上海 上海人民美术出版社 1961 年 ［1 幅］

定价：CNY0.08

　　作者宋忠元（1932—2013），教授。上海奉贤人，毕业于浙江美术学院，留校任教。历任中国美术学院教授、副院长，中国美术家协会理事，浙江美术家协会副主席，浙江省文联委员等职。代表作品《文成公主入藏图》《游春图》《邓白像》等。

J0044209

我们敬爱的毛主席 王伟戌作

上海 上海人民美术出版社 1961 年 ［1 张］

76cm（2 开）定价：CNY0.16

J0044210

我们敬爱的毛主席 王伟戌作

上海 上海人民美术出版社 1961 年 ［1 幅］

54cm（4 开）定价：CNY0.09

J0044211

我们敬爱的毛主席 （汉、藏文对照版）王伟戌作

上海 上海人民美术出版社 1963 年 76cm（2 开）

定价：CNY0.18

J0044212

我们敬爱的毛主席 （汉、朝文对照版）王伟戌作

上海 上海人民美术出版社 1963 年 76cm（2 开）

定价：CNY0.18

J0044213

我们敬爱的毛主席 （汉、傣仂、拉祜文对照版）王伟戌作

上海 上海人民美术出版社 1963 年 76cm（2 开）

定价：CNY0.18

J0044214

我们敬爱的毛主席 （汉、傣纳、景颇文对照版）王伟戌作

上海 上海人民美术出版社 1963 年 76cm（2 开）

定价：CNY0.18

J0044215

我们敬爱的毛主席 （汉、傈僳文对照版）王伟戌作

上海 上海人民美术出版社 1963 年 76cm（2 开）

定价：CNY0.18

J0044216

我们敬爱的毛主席 （汉、蒙文对照版）王伟戌作

上海 上海人民美术出版社 1963 年 76cm（2 开）

定价：CNY0.18

J0044217

我们敬爱的毛主席 （汉、僮文对照版）王伟戌作

上海 上海人民美术出版社 1963 年 76cm（2 开）

定价：CNY0.18

J0044218

我们敬爱的毛主席 （汉、佤文对照版）王伟戌作

上海 上海人民美术出版社 1963 年 76cm（2 开）
定价：CNY0.18

J0044219
我们敬爱的毛主席 （汉、维、哈文对照版）
王伟戍作
上海 上海人民美术出版社 1963 年 76cm（2 开）
定价：CNY0.18

J0044220
我们敬爱的毛主席 （汉、藏文对照版）王伟
戍作
上海 上海人民美术出版社 1964 年 ［1 张］
53cm（4 开）定价：CNY0.08

J0044221
我们敬爱的毛主席 （汉、藏文对照版）王伟
戍作
上海 上海人民美术出版社 1964 年 ［1 张］
76cm（2 开）定价：CNY0.15

J0044222
我们敬爱的毛主席 （汉、朝文对照版）王伟
戍作
上海 上海人民美术出版社 1964 年 ［1 张］
53cm（4 开）定价：CNY0.08

J0044223
我们敬爱的毛主席 （汉、朝文对照版）王伟
戍作
上海 上海人民美术出版社 1964 年 ［1 张］
76cm（2 开）定价：CNY0.15

J0044224
我们敬爱的毛主席 （汉、傣纳、傣仂、景颇、
拉祜、傈僳、佤文对照版）王伟戍作
上海 上海人民美术出版社 1964 年 ［1 张］
76cm（2 开）定价：CNY0.15

J0044225
我们敬爱的毛主席 （汉、蒙文对照版）王伟
戍作
上海 上海人民美术出版社 1964 年 ［1 张］
76cm（2 开）定价：CNY0.15

J0044226
我们敬爱的毛主席 （汉、蒙文对照版）王伟
戍作
上海 上海人民美术出版社 1964 年 ［1 张］
53cm（4 开）定价：CNY0.08

J0044227
我们敬爱的毛主席 （汉、僮文对照版）王伟
戍作
上海 上海人民美术出版社 1964 年 ［1 张］
53cm（4 开）定价：CNY0.08

J0044228
我们敬爱的毛主席 （汉、僮文对照版）王伟
戍作
上海 上海人民美术出版社 1964 年 ［1 张］
83cm（2 开）定价：CNY0.15

J0044229
我们敬爱的毛主席 （汉、维、哈、锡伯文对
照版）王伟戍作
上海 上海人民美术出版社 1964 年 ［1 张］
76cm（2 开）定价：CNY0.15

J0044230
我们敬爱的毛主席 （汉、维、哈文对照版）
王伟戍作
上海 上海人民美术出版社 1964 年 ［1 张］
76cm（2 开）定价：CNY0.15

J0044231
我们敬爱的毛主席 王伟戍作
上海 上海人民美术出版社 1965 年 53cm（4 开）
定价：CNY0.08

J0044232
我们敬爱的毛主席 王伟戍作
北京 人民美术出版社 1977 年 39cm（8 开）
定价：CNY0.14
　　作者王伟戍，曾任上海人民美术出版社年
画、宣传画编辑室主任。

J0044233
我们热爱劳动 李慕白作
北京 人民美术出版社 1961 年 ［1 幅］

定价: CNY0.11

J0044234
五福临门　罗次冰作
[成都] 四川人民出版社 1961 年 ［1 幅］
76cm（2 开）定价: CNY0.12

J0044235
五福临门　罗次冰作
[成都] 四川人民出版社 1961 年 ［1 幅］
39cm（8 开）定价: CNY0.05

J0044236
五谷丰登　畜牧兴旺　（门画）陈惠龄作
[南京] 江苏人民出版社 1961 年 ［2 幅］
定价: CNY0.13

J0044237
五谷丰登　花果满园　（门画）吴江冷作
[广州] 广东人民出版社 1961 年 ［2 幅］
定价: CNY0.14

J0044238
五谷丰登　六畜兴旺　（门画）王志英, 潘玉崑作
[南昌] 江西人民出版社 1961 年 ［2 幅］
定价: CNY0.21

J0044239
五谷丰登猪牛壮　（门画）潘仕勤作
[贵阳] 贵州人民出版社 1961 年 ［2 幅］
定价: CNY0.16

J0044240
五子爱清洁　张鸾作
天津　天津美术出版社 1961 年 ［1 幅］
定价: CNY0.13
　　作者张鸾(1924—　)，女。别名张米玖，天津人。天津人民美术出版社从事创作，编审。作品有木版画《鲁迅和一个工厂》《五子爱清洁》《娃娃戏少林寺》《小胜儿》《小笛和水罐》等。

J0044241
武则天　（1-4）于平词; 程十发绘
[石家庄] 河北人民美术出版社 1961 年 ［4 幅］

定价: CNY0.26
　　作者程十发(1921—2007)，画家。出生于上海金山，毕业于上海美术专科学校国画系。代表作品有《丽人行》《迎春图》《列宁的故事》《孔乙己》等。出版有《程十发近作选》《程十发花鸟习作选》《程十发作品展》。

J0044242
喜绘图　顾生岳作
上海　上海人民美术出版社 1961 年 ［1 幅］
定价: CNY0.12
　　作者顾生岳(1927—2012)，画家。浙江普陀人，毕业于中央美术学院华东分院。历任浙江美术学院中国画系主任、教授，浙江画院副院长，杭州市美术家协会主席，浙江人物画研究会会长等职。著作有《顾生岳人物速写选》。

J0044243
喜临门庆丰收　（门画）霍起作
[广州] 广东人民出版社 1961 年 ［2 幅］
定价: CNY0.07

J0044244
喜气洋洋　姜学炳作
[沈阳] 辽宁美术出版社 1961 年 ［1 幅］
定价: CNY0.18

J0044245
喜庆丰收　（门画）包应钊作
[贵阳] 贵州人民出版社 1961 年 ［2 幅］
定价: CNY0.08

J0044246
喜庆丰收　金肇芳作
[杭州] 浙江人民美术出版社 1961 年 ［1 幅］
定价: CNY0.13

J0044247
喜鹊红棉　钟其华作
[南宁] 广西人民出版社 1961 年 ［1 幅］
定价: CNY0.09

J0044248
喜相逢　姚中玉作
上海　上海人民美术出版社 1961 年 ［1 幅］

定价：CNY0.12

　　作者姚中玉，画家。曾任湖南省艺术家书画院会员、长沙市书法家协会会员等职。主要作品有《迎风燕舞》《向天歌》《一唱雄鸡天下白》《春情》《富贵吉祥》等。

J0044249
下乡演出　董天野作
上海　上海人民美术出版社　1961 年［1 幅］
定价：CNY0.12

J0044250
向解放军叔叔致敬　吴哲夫作
上海　上海人民美术出版社　1961 年［1 幅］
定价：CNY0.16

　　作者吴哲夫，画家。擅长年画。师从杭稺英，在上海"稺英画室"工作，长期共事，集体创作，被称为"杭派"月份牌画家。作品有《节日的食堂》《向解放军叔叔致敬》《老手带新手》等。

J0044251
向解放军叔叔致敬　（汉、藏文对照版）吴哲夫作
上海　上海人民美术出版社　1964 年［1 张］
76cm（2 开）定价：CNY0.15

J0044252
向解放军叔叔致敬　（汉、朝文对照版）吴哲夫作
上海　上海人民美术出版社　1964 年［1 张］
76cm（2 开）定价：CNY0.15

J0044253
向解放军叔叔致敬　（汉、傣纳、景颇、傈僳文对照版）吴哲夫作
上海　上海人民美术出版社　1964 年［1 张］
76cm（2 开）定价：CNY0.15

J0044254
向解放军叔叔致敬　（汉、蒙文对照版）吴哲夫作
上海　上海人民美术出版社　1964 年［1 张］
76cm（2 开）定价：CNY0.15

J0044255
向解放军叔叔致敬　（汉、僮文对照版）吴哲夫作
上海　上海人民美术出版社　1964 年［1 张］
76cm（2 开）定价：CNY0.15

J0044256
向解放军叔叔致敬　（汉、维、哈、锡伯文对照版）吴哲夫作
上海　上海人民美术出版社　1964 年［1 张］
76cm（2 开）定价：CNY0.15

J0044257
向解放军叔叔致敬　（卷轴）吴哲夫作
天津　天津美术出版社德裕公　1964 年［1 张］

J0044258
小帮忙　金祖章作
［哈尔滨］黑龙江美术出版社　1961 年［1 幅］
定价：CNY0.10

J0044259
小刀会　谢慕连作
上海　上海人民美术出版社　1961 年［1 幅］
定价：CNY0.13

J0044260
心灵手巧　史振锋，陈凤玉合作
［沈阳］辽宁美术出版社　1961 年［1 幅］
定价：CNY0.18

J0044261
心思和线绣恩人　陈忠志作
［石家庄］河北人民美术出版社　1961 年［1 幅］
定价：CNY0.13

J0044262
欣欣向荣　杨石朗作
［南昌］江西人民出版社　1961 年［1 幅］
定价：CNY0.13

　　作者杨石朗（1915—2000），画家、摄影记者。浙江海宁人。曾任职于江西省工艺美术研究所，任江西书画院顾问、中国美术家协会会员。作品有《井冈山》《匡庐奇秀》《三峡奇观》等。出版有《杨石朗画集》。

J0044263

新春牛图　王柳影作

上海　上海人民美术出版社　1961 年［1 幅］

定价：CNY0.13

　　作者王柳影（1917—　），画家。浙江湖州人。曾任苏州美术专科学校沪校国画专修科教授、上海市美术家协会会员、上海市文史研究馆馆员。擅长人物、山水、走兽、花鸟等。作品有《杨贵妃·沉香亭》《九如图》《螺祖育蚕图》（与友人合作）等。

J0044264

新疆运来的羊　（蒙汉文对照）张光壁作

［呼和浩特］内蒙古人民出版社　1961 年［1 幅］

定价：CNY0.16

J0044265

新年乐　杨兆新作

上海　上海人民美术出版社　1961 年［1 幅］

定价：CNY0.13

J0044266

新社员　于志学作

［哈尔滨］黑龙江美术出版社　1961 年［1 幅］

定价：CNY0.20

J0044267

幸福明珠落山村　王信作

［沈阳］辽宁美术出版社　1961 年［1 幅］

定价：CNY0.18

　　作者王信（1925—　），画家。河北承德人。历任辽宁美术出版社专职画家、承德市群众艺术馆研究馆员、河北水彩画会名誉会长、河北省美术家协会顾问。画作有《早雾》《原始森林》《深山情》《山家》等。出版有《王信水彩画选辑》《王信水彩选集》《王信水彩画专辑》等。

J0044268

幸福桃　葛文山作；季桂琴诗

［沈阳］辽宁美术出版社　1961 年［1 幅］

定价：CNY0.12

　　另有配诗：踏上梯田上云霄，去摘王母大蟠桃，送给亲人毛主席，愿他福寿比天高。

J0044269

雄狮献宝　万象迎新　（门画）周惠英作

［贵阳］贵州人民出版社　1961 年［2 幅］

定价：CNY0.16

J0044270

绣红花　李慕白作

北京　人民美术出版社　1961 年［1 幅］

定价：CNY0.28

　　作者李慕白（1913—1991），画家。生于浙江海宁。历任中国民主同盟会成员，中国美术家协会会员，上海人民美术出版社特约年画作者。出版有《李慕白、金雪尘年画选集》。

J0044271

绣红花　（汉、藏文对照版）李慕白作

北京　人民美术出版社　1963 年　1 张 76cm（2 开）

定价：CNY0.25

J0044272

绣红花　（汉、朝文对照版）李慕白作

北京　人民美术出版社　1963 年　1 张 76cm（2 开）

定价：CNY0.25

J0044273

绣红花　（汉、德傣、西双版纳傣、景颇、拉祜文对照版）李慕白作

北京　人民美术出版社　1963 年　1 张 76cm（2 开）

定价：CNY0.25

J0044274

绣红花　（汉、傈僳文对照版）李慕白作

北京　人民美术出版社　1963 年　1 张 76cm（2 开）

定价：CNY0.25

J0044275

绣红花　（汉、蒙文对照版）李慕白作

北京　人民美术出版社　1963 年　1 张 76cm（2 开）

定价：CNY0.25

J0044276

绣红花　（汉、僮文对照版）李慕白作

北京　人民美术出版社　1963 年　1 张 76cm（2 开）

定价：CNY0.25

J0044277

绣红花 （汉、佤文对照版）李慕白作

北京 人民美术出版社 1963年 1张 76cm（2开）

定价：CNY0.25

J0044278

绣红花 （汉、维、哈文对照版）李慕白作

北京 人民美术出版社 1963年 1张 76cm（2开）

定价：CNY0.25

J0044279

绣红花 （中文、阿尔巴尼亚文对照版）李慕白作

北京 人民美术出版社 1964年 ［1张］76cm（2开）

J0044280

绣桃献给毛主席 王秀菊作

［沈阳］辽宁美术出版社 1961年 ［1幅］

定价：CNY0.08

J0044281

旭日东升 应野平作

上海 上海人民美术出版社 1961年 ［1幅］

定价：CNY0.16

作者应野平（1910—1990），教授。曾名野萍、野苹。浙江宁海人。历任新华艺术专科学校教授、上海人民美术出版社编辑室副主任、上海美术专科学校和上海大学美术学院教授。代表作品有《应野平山水画集》《应野平山水画辑》《应野平山水画册》。

J0044282

荀灌娘 金雪尘作

天津 天津美术出版社 1961年 ［1幅］

定价：CNY0.13

作者金雪尘（1904—1996），画家。上海嘉定人。曾任上海图片出版社、上海人民美术出版社特约记者。代表作有《武松打虎》《春江花月夜》《金鱼舞》。

J0044283

训子 （蒙汉文对照）超鲁作

［呼和浩特］内蒙古人民出版社 1961年 ［1幅］

定价：CNY0.16

J0044284

杨柳青年画选 （第1辑）

天津 天津荣宝斋 1961年

中国现代民间年画作品。

J0044285

杨门女将 （1-4）

［北京］中国电影出版社 1961年 ［4幅］

定价：CNY0.26

J0044286

样样有余 （蒙汉文对照）超鲁作

［呼和浩特］内蒙古人民出版社 1961年 ［1幅］

定价：CNY0.16

J0044287

迎春灯 凌健作

上海 上海人民美术出版社 1961年 ［1幅］

定价：CNY0.18

J0044288

迎春图 陈白一作

［武汉］湖北人民出版社 1961年 ［1幅］

定价：CNY0.09

作者陈白一（1926—2014），美术师。湖南邵阳人，毕业于华中艺术专科学校。历任湖南书画研究院院长、中国当代工笔画学会副会长、湖南省美术家协会顾问、湖南师范大学艺术学院客座教授。代表作品《小港堵口图》《听壁脚》《喜丰收》《工农联盟》等。

J0044289

迎亲人 陈强作

上海 上海人民美术出版社 1961年 ［1幅］

定价：CNY0.13

J0044290

迎亲图 周沧米作

上海 上海人民美术出版社 1961年 ［1幅］

定价：CNY0.16

作者周沧米（1929—2011），教授。浙江乐清人。又名昌米。浙江美术学院中国画系教授、西泠书画院研究员、中国美术家协会会员等。作品有《万壑争流》《春江水暖》《和露临风》《芳草萋萋》等。

J0044291

迎帅旗　蚁美楷画

[长春] 吉林人民出版社 1961 年 [1 幅]

定价: CNY0.12

　　作者蚁美楷(1938—)，画家。广东澄海人，毕业于北京艺术师范学院。历任吉林艺术学院美术系教师、广州美术学院副教授。代表作品《打稻场上》《待鱼归》《炎黄子孙》等。

J0044292

拥军爱民　宋芸仙作

[贵阳] 贵州人民出版社 1961 年 [1 幅]

定价: CNY0.07

J0044293

拥政爱民　拥军优属　（门画）邓朝贵作

[广州] 广东人民出版社 1961 年 [2 幅]

定价: CNY0.14

J0044294

优秀的女饲养员　金梅生作

上海 上海人民美术出版社 1961 年 [1 幅]

定价: CNY0.09

　　作者金梅生(1902—1989)，画家。别名石摩，上海人。曾于商务印书馆美术科专门从事月份牌绘画，上海市文史馆馆员、上海人民美术出版社特约年画家。作品有《新中国的歌声》《秀女饲养员》《花木兰》等。

J0044295

友谊长城万里长　刘旦宅作

上海 上海人民美术出版社 1961 年 [1 幅]

定价: CNY0.09

　　作者刘旦宅(1931—2011)，教授、画家。原名浑，又名小粟，后改名旦宅，别名海云生。浙江温州人。曾在上海市大中国图书局、上海教育出版社、上海人民美术出版社绘画，任上海师范大学美术系主任。代表作品《曹雪芹生平》《琵琶行》《刘旦宅聊斋百图》《石头记人物画册》等。

J0044296

有朋自远方来　于化鲤作

天津 天津美术出版社 1961 年 [1 幅]

定价: CNY0.13

　　作者于化鲤(1933—)，画家。又名于化，天津人。曾任天津人民美术出版社副总编。主要作品有《于化鲤漫画作品选集》《宝船》《有朋自远方来》等。

J0044297

幼儿园里多快乐　邓治德作

[成都] 四川人民出版社 1961 年 [1 幅]

定价: CNY0.08

J0044298

鱼美人　金雪尘作

上海 上海人民美术出版社 1961 年 [1 幅]

定价: CNY0.09

J0044299

寓言屏　（1-4）程十发作

上海 上海人民美术出版社 1961 年 [4 幅]

定价: CNY0.26

　　作者程十发(1921—2007)，画家。出生于上海金山，毕业于上海美术专科学校国画系。代表作品有《丽人行》《迎春图》《列宁的故事》《孔乙己》等。出版有《程十发近作选》《程十发花鸟习作选》《程十发作品展》。

J0044300

园田乐　竟时作

[哈尔滨] 黑龙江美术出版社 1961 年 [1 幅]

定价: CNY0.07

J0044301

月月红　沈晋田作

上海 上海人民美术出版社 1961 年 [1 幅]

76cm（2 开）定价: CNY0.13

J0044302

月月红　沈晋田作

上海 上海人民美术出版社 1961 年 [1 幅]

53cm（4 开）定价: CNY0.09

J0044303

在毛主席身边　刘文西作

北京 人民美术出版社 1961 年 [1 幅]

定价: CNY0.16

　　作者刘文西(1933—2019)，生于浙江嵊州。曾任中国美术家协会顾问、陕西省文艺界联合会顾问、陕西省美术家协会副主席、西安美术学院名誉院长、西安美术学院研究院院长、延安市副市长。重要作品有《毛主席和牧羊人》《东方》《解放区的天》和巨幅系列长卷《黄土人》等近百幅。

J0044304
在毛主席身边 （汉、藏文对照版）刘文西作
北京　人民美术出版社　1963 年　76cm（2 开）
定价: CNY0.25

J0044305
在毛主席身边 （汉、朝文对照版）刘文西作
北京　人民美术出版社　1963 年　76cm（2 开）
定价: CNY0.25

J0044306
在毛主席身边 （汉、德傣、西双版纳傣、景颇、拉祜文对照版）刘文西作
北京　人民美术出版社　1963 年　76cm（2 开）
定价: CNY0.25

J0044307
在毛主席身边 （汉、傈僳文对照版）刘文西作
北京　人民美术出版社　1963 年　76cm（2 开）
定价: CNY0.25

J0044308
在毛主席身边 （汉、蒙文对照版）刘文西作
北京　人民美术出版社　1963 年　76cm（2 开）
定价: CNY0.25

J0044309
在毛主席身边 （汉、僮文对照版）刘文西作
北京　人民美术出版社　1963 年　76cm（2 开）
定价: CNY0.25

J0044310
在毛主席身边 （汉、佤文对照版）刘文西作
北京　人民美术出版社　1963 年　76cm（2 开）
定价: CNY0.25

J0044311
在毛主席身边 （汉、维、哈文对照版）刘文西作

J0044312
在毛主席身边 （汉、藏文对照版）刘文西作
北京　人民美术出版社　1964 年　[1 张]
76cm（2 开）定价: CNY0.15

J0044313
在毛主席身边 （汉、朝文对照版）刘文西作
北京　人民美术出版社　1964 年　[1 张]
76cm（2 开）定价: CNY0.15

J0044314
在毛主席身边 （汉、蒙文对照版）刘文西作
北京　人民美术出版社　1964 年　[1 张]
76cm（2 开）定价: CNY0.15

J0044315
在毛主席身边 （汉、僮文对照版）刘文西作
北京　人民美术出版社　1964 年　[1 张]
76cm（2 开）定价: CNY0.15

J0044316
在毛主席身边 （汉、维、哈、锡伯文对照版）刘文西作
北京　人民美术出版社　1964 年　[1 张]
76cm（2 开）定价: CNY0.15

J0044317
在农村生根开花 （1–4）陈绪初, 高季方作
[武汉] 湖北人民出版社　1961 年　[4 幅]
定价: CNY0.26

J0044318
珍禽图 何逸梅作
上海　上海人民美术出版社　1961 年　[1 幅]
定价: CNY0.16
　　作者何逸梅(1894—1972), 画家。号明斋。江苏吴县(今属苏州)人。上海商务印书馆图画部第一批练习生之一。主要从事月份牌画创作, 兼作工商装潢美术设计。

J0044319
政治到食堂干部下伙房 吴夏安作

［南京］江苏人民出版社 1961 年［1 幅］
定价：CNY0.12

J0044320
支援农业　孔宪恩，美群作
［昆明］云南人民出版社 1961 年［1 幅］
定价：CNY0.10

J0044321
重逢　（蒙汉文对照）关和璋作
［呼和浩特］内蒙古人民出版社 1961 年［1 幅］
定价：CNY0.16

J0044322
周总理在三八饭店　金兰作
［哈尔滨］黑龙江美术出版社 1961 年［1 幅］
定价：CNY0.20

J0044323
猪肥年丰　张士莹作
［成都］四川人民出版社 1961 年［1 幅］
定价：CNY0.08

J0044324
主席来到我们家　问长问短把话拉　李琦作
北京　人民美术出版社 1961 年［1 幅］
定价：CNY0.16

J0044325
主席来到我们家，问长问短把话拉！　（汉、藏文对照版）李琦作
北京　人民美术出版社 1963 年 76cm（2 开）
定价：CNY0.25

J0044326
主席来到我们家，问长问短把话拉！　（汉、朝文对照版）李琦作
北京　人民美术出版社 1963 年 76cm（2 开）
定价：CNY0.25

J0044327
主席来到我们家，问长问短把话拉！　（汉、德傣、西双版纳傣、景颇、拉祜文对照版）李琦作
北京　人民美术出版社 1963 年 76cm（2 开）

定价：CNY0.25

J0044328
主席来到我们家，问长问短把话拉！　（汉、傈僳文对照版）李琦作
北京　人民美术出版社 1963 年 76cm（2 开）
定价：CNY0.25

J0044329
主席来到我们家，问长问短把话拉！　（汉、蒙文对照版）李琦作
北京　人民美术出版社 1963 年 76cm（2 开）
定价：CNY0.25

J0044330
主席来到我们家，问长问短把话拉！　（汉、僮文对照版）李琦作
北京　人民美术出版社 1963 年 76cm（2 开）
定价：CNY0.25

J0044331
主席来到我们家，问长问短把话拉！　（汉、佤文对照版）李琦作
北京　人民美术出版社 1963 年 76cm（2 开）
定价：CNY0.25

J0044332
主席来到我们家，问长问短把话拉！　（汉、维、哈文对照版）李琦作
北京　人民美术出版社 1963 年 76cm（2 开）
定价：CNY0.25

J0044333
追鱼　魏瀛洲作
上海　上海人民美术出版社 1961 年［1 幅］
定价：CNY0.13
　　作者魏瀛洲，海派年画、宣传画家。中华人民共和国成立初期被称为月份牌画家。作品有《国庆节的早晨》《欢腾的农机站》《在幸福的时代》等。

J0044334
自己动手丰衣足食　（门画）区本泉作
［广州］广东人民出版社 1961 年［2 幅］
定价：CNY0.14

作者区本泉,绘有连环画《智擒八虎》,绘插图的有《潮州歌册:白蛇传》

J0044335
祖国的花朵　何在世作
[武汉]湖北人民出版社 1961年[1幅]
定价:CNY0.13

J0044336
祖国颂　陈菊仙作
上海 上海人民美术出版社 1961年[1幅]
定价:CNY0.16
　　作者陈菊仙(1929—　),女,浙江温州人。毕业于中央美术学院华东分院。擅长年画。上海人民美术出版社画家。主要作品有《捉麻雀》《个个争当小雷锋》《共同富万家乐》等。著有《年画述要》。

J0044337
做好红旗献英雄　谢之光,陈惠珍作
上海 上海人民美术出版社 1961年[1幅]
定价:CNY0.16
　　作者谢之光(1900—1976),美术家、画家。浙江余姚人,毕业于上海美术专科学校。曾任上海中国画院画师。代表作品有《铁水奔流》《洛神》。

J0044338
爱劳动 爱清洁　霍起作
广州 广东人民出版社 1962年 1张 53cm(4开)
定价:CNY0.10

J0044339
八仙过海
[天津]德裕公 1962年[1张]107cm(全开)

J0044340
霸王别姬　谢慕莲作
上海 上海人民美术出版社 1962年[1张]
53cm(4开)定价:CNY0.13
　　作者谢慕莲(1918—1985),画家。浙江余姚人。曾受聘为上海画片出版社和上海人民美术出版社特约年画作者,中国美术家协会会员。代表作有《李香君》《霸王别姬》《杨家十二女将》等。

J0044341
霸王别姬　谢慕莲作
上海 上海人民美术出版社 1962年[1张]
38cm(8开)定价:CNY0.07

J0044342
霸王别姬　谢慕莲作
上海 上海人民美术出版社 1962年[1张]
76cm(2开)定价:CNY0.25

J0044343
白娘娘与许仙　金梅生作
上海 上海人民美术出版社 1962年[1张]
76cm(2开)定价:CNY0.25
　　作者金梅生(1902—1989),画家。别名石摩,上海人。曾于商务印书馆美术科专门从事月份牌绘画,上海市文史馆馆员、上海人民美术出版社特约年画家。作品有《新中国的歌声》《秀女饲养员》《花木兰》等。

J0044344
百花齐放
[天津]德裕公 1962年 53cm(4开)

J0044345
百花图　沈晋田作
上海 上海人民美术出版社 1962年[1张]
76cm(2开)定价:CNY0.18

J0044346
百花争艳　于化鲤作
天津 天津美术出版社 1962年[1张]
76cm(2开)定价:CNY0.18
　　作者于化鲤(1933—　),画家。又名于化,天津人。曾任天津人民美术出版社副总编。主要作品有《于化鲤漫画作品选集》《宝船》《有朋自远方来》等。

J0044347
办嫁妆　马三和作
武汉 湖北人民出版社 1962年[1张]
76cm(2开)定价:CNY0.18

J0044348
宝宝爱读书　邵佐唐作

沈阳 辽宁美术出版社 1962 年［1 张］
76cm（2 开）定价：CNY0.13

　　作者邵佐唐，有年画《西园记》《上学第一
天》《新来的小伙伴》《在科学宫里》等。

J0044349
宝宝看画报　张大昕作
上海 上海人民美术出版社 1962 年［1 张］
76cm（2 开）定价：CNY0.16

J0044350
宝宝学英雄　韩敏作
上海 上海人民美术出版社 1962 年［1 张］
76cm（2 开）定价：CNY0.17

　　作者韩敏（1929— ），连环画、年画画家。
浙江杭州人。历任上海人民美术出版社创作员、
上海书画研究院院长、中国美术家协会委员、上
海市美术家协会理事、上海文史馆馆员。代表作
品有《郑板桥》等。

J0044351
保卫国防 保卫边疆　孔樱作
昆明 云南人民出版社 1962 年 1 张 76cm（2 开）
定价：CNY0.18

J0044352
保卫国防 保卫边疆　孔樱作
昆明 云南人民出版社 1962 年 1 张 53cm（4 开）
定价：CNY0.10

J0044353
保卫社会主义建设　陈辅，张镇照合作
济南 山东人民出版社 1962 年 2 版 1 张
76cm（2 开）定价：CNY0.18

J0044354
保卫祖国 保卫边疆　刘永谦作
成都 四川人民出版社 1962 年 1 张 76cm（2 开）
定价：CNY0.18

J0044355
博望坡
［天津］德裕公 1962 年［1 张］107cm（全开）

J0044356
采茶舞　周雪芬作
［武汉］群益堂 1962 年［1 张］76cm（2 开）
定价：CNY0.18

J0044357
采莲歌　颜梅华，江寒汀作
上海 上海人民美术出版社 1962 年［1 张］
76cm（2 开）定价：CNY0.25

　　作者颜梅华（1927— ），国画家。号雪庵，
斋号琴斋。浙江乐清人。代表作品有《比目鱼》
《白秋练》《白蛇传》《风云初记》等。作者江寒汀
（1903—1963），花鸟画家、教育家。名上渔，又
名渔，字寒汀、寒艇，号石溪，江苏常熟人。历
任上海美术学院专科学校教师、上海中国画院画
师、中国美术家协会会员、上海分会理事。出版
有《江寒汀百兽图》《当代名画家江寒汀》《江寒
汀百兽图画册》等。

J0044358
蔡文姬　李慕白，金雪尘作
［武汉］群益堂 1962 年［1 张］76cm（2 开）
定价：CNY0.18

　　作者李慕白（1913—1991），画家。生于浙江
海宁。历任中国民主同盟会成员、中国美术家协
会会员、上海人民美术出版社特约年画作者。出
版有《李慕白、金雪尘年画选集》。作者金雪尘
（1904—1996），画家。上海嘉定人。曾任上海图
片出版社、上海人民美术出版社特约记者。代表
作有《武松打虎》《春江花月夜》《金鱼舞》。

J0044359
草笠舞　庞卡作
［武汉］群益堂 1962 年［1 张］76cm（2 开）
定价：CNY0.18

　　作者庞卡（1935— ）。画家。又名庞抱俊。
上海人。历任上海人民美术出版社年画编辑、创
作员。作品有《从小爱科学》《秧苗青青春来早》
《爱人民》等。

J0044360
草原风光　陈克健作
兰州 甘肃人民出版社 1962 年［1 张］
37×79cm 定价：CNY0.15

J0044361
钗头凤　章育青作
[武汉] 群益堂 1962 年 [1 张] 76cm（2 开）
定价：CNY0.18
　　作者章育青（1909—1993），画家。浙江慈溪人。上海人民美术出版社年画专业画家。作品《上海大世界》《元宵灯》《上海外滩》《南京长江大桥》等。

J0044362
乘风破浪　姚中玉作
上海　上海人民美术出版社 1962 年 [1 张]
76cm（2 开）定价：CNY0.18

J0044363
程咬金搬兵
天津　天津荣宝斋 1962 年 [1 张] 107cm（全开）

J0044364
出征图　瘦甲作
哈尔滨　黑龙江美术出版社 1962 年 [1 张]
76cm（2 开）定价：CNY0.25

J0044365
春　林希元作
[南宁] 广西僮族自治区人民出版社 1962 年
[1 张] 76cm（2 开）定价：CNY0.18

J0044366
春　（斗方）郑鹍作
上海　上海人民美术出版社 1962 年 [1 张]
53cm（4 开）定价：CNY0.07
　　作者郑鹍（1926—　　），画家，生于浙江瑞安白门。历任上海人民美术出版社副编审、上海美术家协会会员、中国艺术研究院市场研究中心特邀创作委员。

J0044367
春风得意　那启明作
天津　天津美术出版社 1962 年 [1 张]
76cm（2 开）定价：CNY0.18
　　作者那启明（1936—　　），满族，北京人。擅长民间美术。1958 年毕业于中央美术学院附中。现任天津杨柳青画社编辑部主任、编审。作品《白求恩》获第三届全国年画美术作品展览二等奖，

《团结图》获第五届全国年画美术作品展览三等奖，《多彩夕阳》获中华人民共和国成立 45 周年美术作品展览佳作奖，《喜迎春》等作品入选第四届、五届全国年画展和第六届、七届、八届全国美术作品展览。1994 年被中央文化部、新闻出版署评为"优秀年画编辑"。中国美术家协会会员。

J0044368
春耕时节　卢望明作
武汉　湖北人民出版社 1962 年 [1 张]
76cm（2 开）定价：CNY0.18

J0044369
春回大地 花果满山　区本泉作
广州　广东人民出版社 1962 年 1 张 53cm（4 开）
定价：CNY0.10
　　作者区本泉，绘有连环画《智擒八虎》，绘插图的有《潮州歌册：白蛇传》

J0044370
春江花月夜　（舞蹈）李慕白，金雪尘作
上海　上海人民美术出版社 1962 年 [1 张]
38cm（8 开）定价：CNY0.05

J0044371
春江花月夜　（舞蹈）李慕白，金雪尘作
上海　上海人民美术出版社 1962 年 [1 张]
76cm（2 开）定价：CNY0.16

J0044372
春江花月夜　（舞蹈）李慕白，金雪尘作
上海　上海人民美术出版社 1962 年 [1 张]
53cm（4 开）定价：CNY0.13

J0044373
春牛图　赵敏生作
天津　天津美术出版社 1962 年 [1 张]
76cm（2 开）定价：CNY0.18

J0044374
春牛图
天津　天津荣宝斋 1962 年 [1 张] 107cm（全开）

J0044375
春秋配

[天津]德裕公 1962年[1张]53cm(4开)

J0044376
春色满园　刘长恩画
长春 吉林人民出版社 1962年[1张]
76cm(2开)定价：CNY0.25
　　作者刘长恩(1936—1996)，吉林通榆人。吉林美术出版社美术编辑。代表作品《咱队的好猎手》《再请战》《巧妈妈》等。

J0044377
春色满园 万象更新　陈况悦，里千合作
广州 广东人民出版社 1962年 1张53cm(4开)
定价：CNY0.10
　　作者陈况悦(1933—　)，教授。毕业于华南文艺学院美术系。历任华南理工大学建筑美术副教授、广东美术家协会会员、新加坡新神州艺术院高级荣誉顾问、东坡名画院名誉院长。著有《陈况悦画选》。

J0044378
春夏秋冬　(1-4)王石岑作
合肥 安徽人民出版社 1962年 4张53cm(4开)
定价：CNY0.52

J0044379
春夏秋冬　(1-4)王仙圃作
哈尔滨 黑龙江美术出版社 1962年 4张
53cm(4开)定价：CNY0.50

J0044380
春夏秋冬　(1-4)万良滨作
南昌 江西人民出版社 1962年 4张53cm(4开)
定价：CNY0.52

J0044381
春游　杨志坚作
南京 江苏人民出版社 1962年[1张]
76cm(2开)定价：CNY0.18

J0044382
打电话　忻礼良作
上海 上海人民美术出版社 1962年[1张]
76cm(2开)定价：CNY0.25
　　作者忻礼良(1913—?)，浙江鄞县人。擅长

年画。曾任上海画片出版社特约作者、上海人民美术出版社创作人员等职。代表作品有《毛主席和我们在一起》《姑嫂选笔》《拾到五分钱》等。

J0044383
打花鼓　于航作
[武汉]群益堂 1962年[1张]76cm(2开)
定价：CNY0.18

J0044384
大办农业 大办粮食　龚艺岚作
合肥 安徽人民出版社 1962年[1张]
76cm(2开)定价：CNY0.15

J0044385
大办农业 大办粮食　傅国基作
贵阳 贵州人民出版社 1962年 1张76cm(2开)
定价：CNY0.18

J0044386
大办农业 大办粮食　邹淙栅作
西安 长安美术出版社 1962年 1张76cm(2开)
定价：CNY0.18

J0044387
大办农业 丰衣足食　林景椿作
南宁 广西僮族自治区人民出版社 1962年 1张
76cm(2开)定价：CNY0.10

J0044388
大窗花
石家庄 河北武强画店 1962年[1张]76cm(2开)

J0044389
大地回春　肖里作
哈尔滨 黑龙江美术出版社 1962年[1张]
76cm(2开)定价：CNY0.25

J0044390
大红花　金铭作
上海 上海人民美术出版社 1962年[1张]
76cm(2开)定价：CNY0.18

J0044391
大吉祥

[天津] 德裕公 1962 年 [1 张] 107cm（全开）

J0044392
大绵羊   高汝法作
银川 宁夏回族自治区人民出版社 1962 年
[1 张] 76cm（2 开）定价：CNY0.18

J0044393
大明湖   朱学达作
济南 山东人民出版社 1962 年 [1 张]
53cm（4 开）定价：CNY0.10

J0044394
大南瓜   回耽作
哈尔滨 黑龙江美术出版社 1962 年 [1 张]
76cm（2 开）定价：CNY0.25

J0044395
大四杰村
南京 江苏人民出版社 1962 年 [1 张]
53cm（4 开）定价：CNY0.10

J0044396
丹凤朝阳   陈谷平，宗静风合作
南京 江苏人民出版社 1962 年 [1 张]
76cm（2 开）定价：CNY0.18
　　作者陈谷平（1920—　），江苏扬州人。大学
文化。原扬州市国画院画师。中国美术家协会
江苏分会会员。擅长年画、国画。作品有《戏鱼图》
《门画》等。作者宗静风（1925—　），画家、书法
家、连环画家。扬州人。作品有《春草阔堂》《三
家福》《谢瑶环》《红梅阁》等。

J0044397
丹凤朝阳
天津 天津荣宝斋 1962 年 [1 张] 53cm（4 开）

J0044398
当阳长坂坡
[天津] 德裕公 1962 年 [1 张] 107cm（全开）

J0044399
得鱼大喜
天津 天津荣宝斋 1962 年 [1 张] 53cm（4 开）

J0044400
得鱼自喜
天津 天津荣宝斋 1962 年 [1 张] 53cm（4 开）

J0044401
登高图   邵声朗作
武汉 湖北人民出版社 1962 年 [1 张]
76cm（2 开）定价：CNY0.18
　　作者邵声朗（1931—2014），著名山水画家。
湖北仙桃人，毕业于中央美术学院。历任《湖北
日报》美术编辑，湖北艺术学院美术系副主任、
副教授，湖北美术学院教授、研究生导师，湖北
书画院副院长，湖北省美术家协会理事，湖北省
书法家协会常务理事，湖北书画院副院长等。代
表作品年画《登高图》，门画《开渠造林》，国画
《红杏枝头春意闹》《汲》《农忙季节》等。

J0044402
东风一曲乐无边   周沧米作
杭州 浙江人民美术出版社 1962 年 [1 张]
76cm（2 开）定价：CNY0.18
　　作者周沧米（1929—2011），教授。浙江乐清
人。又名昌米。浙江美术学院中国画系教授、西
泠书画院研究员、中国美术家协会会员等。作品
有《万壑争流》《春江水暖》《和露临风》《芳草萋
萋》等。

J0044403
东吴招亲
天津 天津荣宝斋 1962 年 [1 张] 107cm（全开）

J0044404
洞庭红遍   尚君砺，宋文治合作
南京 江苏人民出版社 1962 年 [1 张]
76cm（2 开）定价：CNY0.18

J0044405
段赤城 杜朝选   万强麟作
昆明 云南人民出版社 1962 年 1 张 53cm（4 开）
定价：CNY0.12

J0044406
断臂说书   房绍青作
济南 山东人民出版社 1962 年 [1 张]
76cm（2 开）定价：CNY0.18

J0044407

对歌　刘锡永作

[南宁] 广西僮族自治区人民出版社 1962 年
[1 张] 76cm（2 开）定价：CNY0.18

J0044408

鹅毛扇舞　金雪尘作

上海 上海人民美术出版社 1962 年 [1 张]
53cm（4 开）定价：CNY0.13

　　作者金雪尘（1904—1996），画家。上海嘉定人。曾任上海图片出版社、上海人民美术出版社特约记者。代表作有《武松打虎》《春江花月夜》《金鱼舞》。

J0044409

儿童钓鱼

天津 天津荣宝斋 1962 年 [1 张] 53cm（4 开）

J0044410

二顾茅庐

天津 天津荣宝斋 1962 年 [1 张] 107cm（全开）

J0044411

二进宫

[天津] 德裕公 1962 年 [1 张] 107cm（全开）

J0044412

二十四番花信风　（1-4）王霞宙作

武汉 湖北人民出版社 1962 年 2 张 76cm（2 开）
定价：CNY0.36

　　作者王霞宙（1902—1976），教授、画家。自号怀约室主，湖北枣阳人。毕业于南京美术专科学校。历任华中师范学院、湖北艺术学院副教授，中国美术家协会武汉分会副主席等职。代表作品《铁棕》《美人蕉》《卷丹》等。

J0044413

发愤图强自力更生 自己动手丰衣足食　张世吉作

北京 人民美术出版社 1962 年 1 张 76cm（2 开）
定价：CNY0.18

J0044414

伐子都

[天津] 德裕公 1962 年 [1 张] 53cm（4 开）

J0044415

伐子都

天津 天津荣宝斋 1962 年 [1 张] 53cm（4 开）

J0044416

樊梨花大战杨蕃

天津 天津荣宝斋 1962 年 [1 张] 107cm（全开）

J0044417

樊梨花点兵　谢之光作

南京 江苏人民出版社 1962 年 [1 张]
76cm（2 开）定价：CNY0.18

　　作者谢之光（1900—1976），美术家、画家。浙江余姚人，毕业于上海美术专科学校。曾任上海中国画院画师。代表作品有《铁水奔流》《洛神》。

J0044418

飞虎山收李存孝

天津 天津荣宝斋 1962 年 [1 张] 107cm（全开）

J0044419

丰　（斗方）都冰如作

上海 上海人民美术出版社 1962 年 [1 张]
53cm（4 开）定价：CNY0.07

　　作者都冰如（1903—1987），编辑。字能，别署九五客，浙江海宁人，毕业于上海专科师范学校。历任商务印书馆、香港商务《东方画报》《健与力》美术编辑，四川重庆国立劳作师范学校美术教师，上海文史馆馆员等职。作品有《长恨歌》《正气歌》《万马奔腾》。

J0044420

丰收欢乐图　（汉维文对照）龚建新作

乌鲁木齐 新疆人民出版社 1962 年 [1 张]
76cm（2 开）定价：CNY0.25

　　作者龚建新（1938—　　），满族，一级美术师。新疆奇台人，毕业于中央美术学院国画系。曾于乌鲁木齐市文化馆防疫站从事美术工作，任教于新疆艺术学院、新疆画院，任新疆美术家协会名誉主席、中国美术家协会新疆创作中心主任。作品有《静静的卡甫河》《万里送马》《瑶池会》，出版有《新疆人物写生》等。

J0044421
丰收乐　梅剑龙作
兰州　甘肃人民出版社　1962 年［1 张］
53cm（4 开）定价：CNY0.12

J0044422
丰收乐　陈谷平，朱旭作
南昌　江西人民出版社　1962 年　1 张　76cm（2 开）
定价：CNY0.20
　　作者陈谷平（1920— ），江苏扬州人。大学
文化。原扬州市国画院画师。中国美术家协会
江苏分会会员。擅长年画、国画。作品有《戏鱼图》
《门画》等。

J0044423
丰收乐　傅启中作
昆明　云南人民出版社　1962 年［1 张］
53cm（4 开）定价：CNY0.10

J0044424
丰收乐　杜琦作
重庆　重庆人民出版社　1962 年［1 张］
76cm（2 开）定价：CNY0.25

J0044425
丰收年　于志学作
哈尔滨　黑龙江美术出版社　1962 年［1 张］
76cm（2 开）定价：CNY0.20

J0044426
丰收在望　陈白一作
长沙　湖南人民出版社　1962 年［1 张］
76cm（2 开）定价：CNY0.18
　　作者陈白一（1926—2014），美术师。湖南邵
阳人，毕业于华中艺术专科学校。历任湖南书画
研究院院长、中国当代工笔画学会副会长、湖南
省美术家协会顾问、湖南师范大学艺术学院客座
教授。代表作品《小港堵口图》《听壁脚》《喜丰
收》《工农联盟》等。

J0044427
凤凰山救赵匡胤
天津　天津荣宝斋　1962 年［1 张］107cm（全开）

J0044428
凤凰展翅幸福来　迟先薇作
济南　山东人民出版社　1962 年［1 张］
76cm（2 开）定价：CNY0.18

J0044429
芙蓉莲余
天津　天津荣宝斋　1962 年［1 张］53cm（4 开）

J0044430
福临大地　喜唱人间　伟强，瑞贤合作
广州　广东人民出版社　1962 年　1 张 53cm（4 开）
定价：CNY0.10

J0044431
副业生产四季图　（1–4）陈永智作
哈尔滨　黑龙江美术出版社　1962 年　4 张
53cm（4 开）定价：CNY0.50

J0044432
赶"摆"　（汉傣文对照）谷嶙作
昆明　云南民族出版社　1962 年［1 张］
76cm（2 开）定价：CNY0.30
　　作者谷嶙（1928— ），画家。云南昆明人，
毕业于中央美术学院。任教于中央工艺美术学
院（现合并为清华大学美术学院）。中国美术家协
会会员、中国老教授协会艺术委员会委员。作品
有《赶摆》《思路传友谊》《香妃》等。

J0044433
赶集归来　李凤森，富鹏志作
哈尔滨　黑龙江美术出版社　1962 年［1 张］
76cm（2 开）定价：CNY0.25

J0044434
赶坡会　（汉僮文对照）陆之珝作
［南宁］广西民族出版社　1962 年［1 张］
76cm（2 开）定价：CNY0.18

J0044435
咯咯鸡　张大昕作
上海　上海人民美术出版社　1962 年［1 张］
38cm（6 开）定价：CNY0.07

J0044436
咯咯鸡　张大昕作
上海 上海人民美术出版社 1962 年［1 张］
76cm（2 开）定价：CNY0.18

J0044437
咯咯鸡　张大昕作
上海 上海人民美术出版社 1962 年［1 张］
53cm（4 开）定价：CNY0.13

J0044438
歌唱大团结　沈复明，黄善赉作
上海 上海人民美术出版社 1962 年［1 张］
76cm（2 开）定价：CNY0.25
　　作者沈复明（1935—　），画家。即沈丰明，
浙江海盐人，毕业于鲁迅美术学院。负责上海人
民美术出版社、广西人民出版社出版发行工作。
其作品有《希望寄托在你们身上》《歌唱大团结》
《备战备荒为人民》《到工农兵去》《做红色接班
人》《反对帝国主义争取民族解放》《大寨花盛
开》《漓水春风客舟轻》等。

J0044439
歌唱大团结　（汉、藏文对照版）沈复明，黄善
赉作
上海 上海人民美术出版社 1963 年 76cm（2 开）
定价：CNY0.18

J0044440
歌唱大团结　（汉、朝文对照版）沈复明，黄善
赉作
上海 上海人民美术出版社 1963 年 76cm（2 开）
定价：CNY0.18

J0044441
歌唱大团结　（汉、傣仂、拉祜文对照版）沈复
明，黄善赉作
上海 上海人民美术出版社 1963 年 76cm（2 开）
定价：CNY0.18

J0044442
歌唱大团结　（汉、傣纳、景颇文对照版）沈复
明，黄善赉作
上海 上海人民美术出版社 1963 年 76cm（2 开）
定价：CNY0.18

J0044443
歌唱大团结　（汉、傈僳文对照版）沈复明，黄
善赉作
上海 上海人民美术出版社 1963 年 76cm（2 开）
定价：CNY0.18

J0044444
歌唱大团结　（汉、蒙文对照版）沈复明，黄善
赉作
上海 上海人民美术出版社 1963 年 76cm（2 开）
定价：CNY0.18

J0044445
歌唱大团结　（汉、僮文对照版）沈复明，黄善
赉作
上海 上海人民美术出版社 1963 年 76cm（2 开）
定价：CNY0.18

J0044446
歌唱大团结　（汉、佤文对照版）沈复明，黄善
赉作
上海 上海人民美术出版社 1963 年 76cm（2 开）
定价：CNY0.18

J0044447
歌唱大团结　（汉、维、哈文对照版）沈复明，
黄善赉作
上海 上海人民美术出版社 1963 年 76cm（2 开）
定价：CNY0.18

J0044448
歌唱社会主义好　于雁作
合肥 安徽人民出版社 1962 年［1 张］
76cm（2 开）定价：CNY0.18

J0044449
歌唱祖国万古长青　张汝济作
北京 人民美术出版社 1962 年［1 张］
76cm（2 开）定价：CNY0.25
　　作者张汝济（1931—　），二级美术师。毕业
于中央美术学院绘画系。历任人民美术出版社
美术创作员、图书画册编辑室美术编辑、创作室
专业画家。代表作有《阿克山的早晨》《翔》《永
远保持同群众一起劳动的光荣传统》等。

J0044450
革命史迹风光　孟慕颐作
银川 宁夏回族自治区人民出版社
1962 年［1 张］76cm（2 开）定价：CNY0.18

J0044451
给军属拜年　符光耿作
成都 四川人民出版社 1962 年［1 张］
53cm（4 开）定价：CNY0.10

J0044452
给毛主席拜年　沙更世作
北京 人民美术出版社 1962 年［1 张］
76cm（2 开）定价：CNY0.25
　　作者沙更世（1926—　　），编辑。又名沙更
思，浙江鄞县人。历任西泠印社会员、人民画报、
人民美术出版社编辑、创作员，中央民族学院中
国画教研室主任、硕士研究生工作室副主任、导
师、教授，中国美术家协会、中国书法家协会会
员。作品有《雪山浴日》《江山如此多娇》等。出
版有《沙孟海篆刻集》《二十世纪书法经典——
沙孟海卷》《沙更世书画篆刻选集》。

J0044453
给毛主席拜年　（汉、藏文对照版）沙更世作
北京 人民美术出版社 1963 年 76cm（2 开）
定价：CNY0.25

J0044454
给毛主席拜年　（汉、朝文对照版）沙更世作
北京 人民美术出版社 1963 年 76cm（2 开）
定价：CNY0.25

J0044455
给毛主席拜年　（汉、德傣、西双版纳傣、景
颇、拉祜文对照版）沙更世作
北京 人民美术出版社 1963 年 76cm（2 开）
定价：CNY0.25

J0044456
给毛主席拜年　（汉、傈僳文对照版）沙更
世作
北京 人民美术出版社 1963 年 76cm（2 开）
定价：CNY0.25

J0044457
给毛主席拜年　（汉、蒙文对照版）沙更世作
北京 人民美术出版社 1963 年 76cm（2 开）
定价：CNY0.25

J0044458
给毛主席拜年　（汉、僮文对照版）沙更世作
北京 人民美术出版社 1963 年 76cm（2 开）
定价：CNY0.25

J0044459
给毛主席拜年　（汉、佤文对照版）沙更世作
北京 人民美术出版社 1963 年 76cm（2 开）
定价：CNY0.25

J0044460
给毛主席拜年　（汉、维、哈文对照版）沙更
世作
北京 人民美术出版社 1963 年 76cm（2 开）
定价：CNY0.25

J0044461
给娃娃做新衣　谢慕莲作
上海 上海人民美术出版社 1962 年［1 张］
76cm（2 开）定价：CNY0.18
　　作者谢慕莲（1918—1985），画家。浙江余
姚人。曾受聘为上海画片出版社和上海人民美
术出版社特约年画作者，中国美术家协会会员。
代表作有《李香君》《霸王别姬》《杨家十二女
将》等。

J0044462
耕织全图
［天津］德裕公 1962 年［1 张］107cm（全开）

J0044463
工农联盟万象春　黄妙发作
上海 上海人民美术出版社 1962 年 1 张
53cm（4 开）定价：CNY0.25
　　作者黄妙发（1938—　　），别名年丰，江苏常
熟人。擅长年画。曾任上海人民美术出版社年
画宣传画编辑室副主任。作品有年画《喜临门》
《我爱中华》《儿童附捐邮票一套》（两枚）等。

J0044464

姑嫂英雄　（樊梨花与薛金莲）陆泽之作
上海　上海人民美术出版社　1962 年［1 张］
76cm（2 开）定价：CNY0.18

J0044465

古代儿童的故事　江南春作
上海　上海人民美术出版社　1962 年［1 张］
76cm（2 开）定价：CNY0.13

J0044466

瓜果百种　魏瀛洲作
上海　上海人民美术出版社　1962 年［1 张］
76cm（2 开）定价：CNY0.18
　　作者魏瀛洲，海派年画、宣传画家。中华人
民共和国成立初期被称为月份牌画家。作品有
《国庆节的早晨》《欢腾的农机站》《在幸福的时
代》等。

J0044467

瓜棚新农　金铭作
上海　上海人民美术出版社　1962 年［1 张］
76cm（2 开）定价：CNY0.18

J0044468

光荣八大员　孟养玉作
［太原］山西人民出版社　1962 年［1 张］
76cm（2 开）定价：CNY0.18
　　作者孟养玉（1935— ），画家。山西文水人，
毕业于山西汾阳师范学校。历任山西文水县文
化馆高级研究员、人物画学会艺术顾问、吕梁地
区美术家协会主席、黄河书画院副院长。代表作
品有《收音机下乡》《刘胡兰》《能工巧匠》等。

J0044469

光山披绿装　遍地粮油香　吴辛编文；张举
毅，刘仕钦绘画
长沙　湖南人民出版社　1962 年［1 张］
76cm（2 开）定价：CNY0.18

J0044470

贵妃醉酒　杨俊生作
上海　上海人民美术出版社　1962 年［1 张］
53cm（4 开）定价：CNY0.13
　　作者杨俊生（1909—1981），出生于安徽安

庆。曾任上海人民美术出版社、上海画版出版社
特约作者，上海美术家协会年画组组长等职。代
表作品有《岳母刺字》《夜战马超》《大闹天宫》
《贵妃醉酒》等。

J0044471

贵子得鱼
天津　天津荣宝斋　1962 年［1 张］53cm（4 开）

J0044472

还我河山　马璟作
北京　人民美术出版社　1962 年［1 张］
76cm（2 开）定价：CNY0.25
　　作者马璟（1937— ），国画家、水彩画家。
笔名梅山，字清源，又号司马清源，九峰画室主
人。山西清徐县人。毕业于中央美术学院国画系。
北京画院专职画家、中国美术家协会会员、国家
一级美术师。代表作有《还我河山》《黄河之水
天上来》《日日夜夜》《秋爽斋》《李清照》等。

J0044473

海滨游戏　谢之光作
沈阳　辽宁美术出版社　1962 年［1 张］
76cm（2 开）定价：CNY0.25
　　作者谢之光（1900—1976），美术家、画家。
浙江余姚人，毕业于上海美术专科学校。曾任
上海中国画院画师。代表作品有《铁水奔流》
《洛神》。

J0044474

海底漫游　沈晋田，王柳影作
上海　上海人民美术出版社　1962 年［1 张］
76cm（2 开）定价：CNY0.18
　　作者王柳影（1917— ），画家。浙江湖州人。
曾任苏州美术专科学校沪校国画专修科教授、上
海市美术家协会会员、上海市文史研究馆馆员。
擅长人物、山水、走兽、花鸟等。作品有《杨贵
妃·沉香亭》《九如图》《嫘祖育蚕图》（与友人合
作）等。

J0044475

汉阳院徐庶归曹营
［天津］德裕公　1962 年［1 张］107cm（全开）

J0044476
好宝宝　金培庚作
杭州　浙江人民美术出版社 1962 年［1 张］
76cm（2 开）定价：CNY0.18

J0044477
禾生双穗 花开并蒂　江南春作
上海　上海人民美术出版社 1962 年［1 张］
76cm（2 开）定价：CNY0.25

J0044478
合家欢乐共庆三多
［天津］德裕公 1962 年［1 张］107cm（全开）

J0044479
和合　谢之光作
上海　上海人民美术出版社 1962 年［1 张］
53cm（4 开）定价：CNY0.13

J0044480
和平幸福　周发书作
贵阳　贵州人民出版社 1962 年 1 张 76cm（2 开）
定价：CNY0.20

J0044481
荷花鸳鸯　李昆璞作
天津　天津美术出版社 1962 年［1 张］
76cm（2 开）定价：CNY0.18

J0044482
荷塘鱼跃　张泽苾作
天津　天津美术出版社 1962 年［1 张］
76cm（2 开）定价：CNY0.18
　　作者张泽苾（1926—　），女，编辑。别名张
爱丽，湖北汉阳人。历任《天津晚报》《天津日报》
社美术编辑、天津人民美术出版社年画编辑室副
主任。作品有系列漫画《小丫日记》，中国画《秋
华正茂鱼先醉》《中华女儿经》等。

J0044483
红楼梦庆赏中秋节
［天津］德裕公 1962 年［1 张］107cm（全开）

J0044484
红梅报喜　陈菊仙，王伟戍合作

南京　江苏人民出版社 1962 年 1 张 76cm（2 开）
定价：CNY0.18
　　作者陈菊仙（1929—　），女，浙江温州人。
毕业于中央美术学院华东分院。擅长年画。上
海人民美术出版社画家。主要作品有《捉麻雀》
《个个争当小雷锋》《共同富万家乐》等。著有《年
画述要》。作者王伟戍，曾任上海人民美术出版
社年画、宣传画编辑室主任。

J0044485
红梅多结子绿竹又生孙
［天津］德裕公 1962 年［1 张］107cm（全开）

J0044486
红旗谱　（1–8）于平词；刘端作
石家庄　河北人民美术出版社 1962 年 4 张
76cm（2 开）定价：CNY0.72
　　作者于平（1954—　），教授。江西南昌人。
毕业于中国艺术研究院。曾任文化部艺术司司
长、南京艺术学院舞蹈学院院长等职。主要作品
有《中国古典舞与雅士文化》《中外舞蹈思想概
论》《高教舞蹈综论》等。

J0044487
红线盗盒　谢之光作
上海　上海人民美术出版社 1962 年［1 张］
76cm（2 开）定价：CNY0.25

J0044488
红线盗盒　谢之光作
上海　上海人民美术出版社 1962 年［1 张］
53cm（4 开）定价：CNY0.10

J0044489
红状元进北京　葛文山作
沈阳　辽宁美术出版社 1962 年［1 张］
76cm（2 开）定价：CNY0.18

J0044490
虹桥赠珠　谢慕莲作
南京　江苏人民出版社 1962 年［1 张］
76cm（2 开）定价：CNY0.18
　　作者谢慕莲（1918—1985），画家。浙江余
姚人。曾受聘为上海画片出版社和上海人民美
术出版社特约年画作者，中国美术家协会会员。

代表作有《李香君》《霸王别姬》《杨家十二女将》等。

J0044491
洪福齐天　凌虚创稿；徐国良刻
南京　江苏人民出版社　1962 年［1 张］
76cm（2 开）定价：CNY0.18

J0044492
洪湖岸边是家乡　彭庆祥作
武汉　湖北人民出版社　1962 年［1 张］
76cm（2 开）定价：CNY0.18

J0044493
湖北风景　（1–4）黄鼎钧作
武汉　湖北人民出版社　1962 年　4 张 53cm（4 开）
定价：CNY0.36

J0044494
虎
［石家庄］河北武强画店　1962 年　2 张
76cm（2 开）定价：CNY0.30

J0044495
花儿万朵　李岜作
兰州　甘肃人民出版社　1962 年［1 张］
53cm（4 开）定价：CNY0.12

J0044496
花果山猴王开操
南京　江苏人民出版社　1962 年［1 张］
53cm（4 开）定价：CNY0.10

J0044497
花好月常圆鸳鸯并蒂莲
［石家庄］河北武强画店　1962 年［1 张］
76cm（2 开）定价：CNY0.15

J0044498
花好月圆　陆抑非作
上海　上海人民美术出版社　1962 年［1 张］
53cm（4 开）定价：CNY0.13
　　作者陆抑非（1908—1997），美术教育家。名翀，初字一飞，改字抑非，号非翁，又号苏叟。江苏常熟人。历任中国美术学院教授、研究生导师，西泠书画院副院长，常熟书画院名誉院长。作品有《花好月圆》《春到农村》《寿桃图》等，著有《非翁画语录》。

J0044499
花卉四条屏　（1–4）高云峕作
哈尔滨　黑龙江美术出版社　1962 年　1 张
76cm（2 开）定价：CNY0.25

J0044500
花开林荫绿 祖国万年青　陈衡作
上海　上海人民美术出版社　1962 年　1 张
76cm（2 开）定价：CNY0.25

J0044501
花木兰　李慕白，金雪尘作
上海　上海人民美术出版社　1962 年［1 张］
76cm（2 开）定价：CNY0.25
　　作者李慕白（1913—1991），画家。生于浙江海宁。历任中国民主同盟会成员、中国美术家协会会员、上海人民美术出版社特约年画作者。出版有《李慕白、金雪尘年画选集》。作者金雪尘（1904—1996），画家。上海嘉定人。曾任上海图片出版社、上海人民美术出版社特约记者。代表作有《武松打虎》《春江花月夜》《金鱼舞》。

J0044502
花鸟屏　（1–4）邵一萍等作
长沙　湖南人民出版社　1962 年　4 张 53cm（4 开）
定价：CNY0.40
　　作者邵一萍（1910—1965），女，画家。原名慧卿，号浙东女史，别号萍庐主人、紫溪馆主。浙江东阳人。曾任湖南省湘绣一厂一级技工、湖南省工艺美术研究所技工。作品有《萱花》《高粱》《梅竹》等。

J0044503
花鸟屏　（1–4）陆抑非作
杭州　浙江人民美术出版社　1962 年　4 张
53cm（4 开）定价：CNY0.36

J0044504
花鸟山水集锦屏　（1–4）黄幻吾作
上海　上海人民美术出版社　1962 年　4 张
53cm（4 开）定价：CNY0.50

作者黄幻吾(1906—1985)，花鸟画家。名罕，字幻吾，号罕僧，晚年称罕翁。广东新会人。历任中国美术家协会会员、中国美术家协会上海分会理事、上海文史研究馆馆员等职。出版有《幻吾画集》《幻吾小品画集》《怎样画走兽》《中国画技法》等。

J0044505
花鸟四幅屏　（1-4）王小古作
济南　山东人民出版社　1962年　4张53cm（4开）
定价：CNY0.36

J0044506
花鸟四季屏　（1-4）郝进贤作
兰州　甘肃人民出版社　1962年　4张53cm（4开）
定价：CNY0.48
　　作者郝进贤(1914—1993)，别号鹤翁。甘肃兰州市人。甘肃省工艺美术研究所工艺美术师。代表作品有《兴隆山太白泉》《古金城》《炳灵寺》《迎春》《牡丹》等。

J0044507
花香鹅肥　高齐寰作
哈尔滨　黑龙江美术出版社　1962年　[1张]
76cm（2开）定价：CNY0.25

J0044508
花香鸟语　施立华作
杭州　浙江人民美术出版社　1962年　[1张]
76cm（2开）定价：CNY0.18
　　作者施立华(1940—　)，上海人，毕业于浙江美术学院国画系。历任日本秋田市水墨画研究会顾问、上海师范大学艺术系教师。出版有《施立华画册》等。

J0044509
画中游　黄润华作
北京　人民美术出版社　1962年　[1张]
76cm（2开）定价：CNY0.25
　　作者黄润华(1932—2000)，教授。河北正定人。毕业于中央美术学院中国画系。历任中央美术学院中国画系主任、中央美术学院学术委员会委员、中国美术家协会会员、中国书画函授大学名誉教授。出版有《黄润华山水画集》《黄润华画集》。

J0044510
槐荫记　区晖作
[武汉]群益堂　1962年　[1张]　76cm（2开）
定价：CNY0.18

J0044511
槐荫记　王凤年作
济南　山东人民出版社　1962年　[1张]
53cm（4开）定价：CNY0.10
　　作者王凤年(1915—　)，画家。字小珊，原字筱山、晓珊。山东济南人，祖籍浙江省绍兴，就读于北平美术学院中国画系和北平京华美术学院。历任中国美术家协会会员、美术家协会山东分会名誉理事等。主要作品有《三打白骨精》《群仙祝寿》《抄检大观园》等。

J0044512
欢乐的大家庭　李明强作
兰州　甘肃人民出版社　1962年　[1张]
76cm（2开）定价：CNY0.22

J0044513
欢庆丰年　朗森作
昆明　云南人民出版社　1962年　[1张]
38cm（6开）定价：CNY0.06

J0044514
欢庆丰年　杨国栋作
昆明　云南人民出版社　1962年　[1张]
38cm（6开）定价：CNY0.06

J0044515
回荆州　俞微波作
上海　上海人民美术出版社　1962年　[1张]
76cm（2开）定价：CNY0.18

J0044516
鸡肥羊儿壮　五谷千里香　王天一作
西安　长安美术出版社　1962年　1张53cm（4开）
定价：CNY0.15
　　作者王天一(1926—　)，古筝理论家、教育家。甘肃画院副院长、中国美术家协会会员、一级美术家。

J0044517
吉庆有余　徐德润画
长春　吉林人民出版社　1962年［1张］
76cm（2开）定价：CNY0.25

J0044518
吉庆有余
天津　天津荣宝斋　1962年［1张］53cm（4开）

J0044519
吉庆有余　康师尧作
西安　长安美术出版社　1962年　1张　53cm（4开）
定价：CNY0.10
　　作者康师尧（1921—1985），笔名康巽，河南博爱县人，曾任美术家协会陕西分会创作委员会委员、陕西书法篆刻研究会理事等。

J0044520
吉祥如意　张典方作
［武汉］群益堂　1962年［1张］76cm（2开）
定价：CNY0.18

J0044521
集体生产丰收 家庭副业兴旺　周令谟作
长沙　湖南人民出版社　1962年　1张　76cm（2开）
定价：CNY0.20

J0044522
挤奶　李承仙作
兰州　甘肃人民出版社　1962年［1张］
76cm（2开）定价：CNY0.22

J0044523
家家幸福 岁岁有余　陈衡作
广州　广东人民出版社　1962年　1张　53cm（4开）
定价：CNY0.10

J0044524
假日　钟为作
兰州　甘肃人民出版社　1962年［1张］
76cm（2开）定价：CNY0.29

J0044525
嫁女上山　苏朗作
兰州　甘肃人民出版社　1962年［1张］
53cm（4开）定价：CNY0.12
　　作者苏朗（1938—　），画家。原名严国保，湖北武汉人。就读于武昌艺术师范学院和西北师范学院艺术系。历任中国美术家协会会员、甘肃人民出版社副编审。代表作品有《黄河渡》《煦风吹不尽》《奶站笑语》等。

J0044526
建设伟大祖国 保卫世界和平　包应钊作
贵阳　贵州人民出版社　1962年　1张　76cm（2开）
定价：CNY0.20

J0044527
讲故事　王永豪作
［太原］山西人民出版社　1962年［1张］
76cm（2开）定价：CNY0.18

J0044528
讲卫生　白逸如作
北京　人民美术出版社　1962年［1张］
53cm（4开）定价：CNY0.10
　　作者白逸如（1932—　），女，画家。北京人。毕业于浙江美术学院。曾任职于山东省文化局美工室，任山东师范大学艺术系教师、天津画院专业画家。主要作品有《渔家女儿上大学》《移来南茶住北乡》《大娘的病好了》等。

J0044529
节日的兰州　王天一，李光天作
兰州　甘肃人民出版社　1962年［1张］
76cm（2开）定价：CNY0.22
　　作者王天一（1926—　），古筝理论家、教育家。甘肃画院副院长、中国美术家协会会员、一级美术家。

J0044530
结绒线　马乐群作
［武汉］群益堂　1962年［1张］76cm（2开）
定价：CNY0.18
　　作者马乐群（1933—　），画家。上海人，曾在上海现代画室学习绘画及西洋美术史等。历任上海画片出版社年画创作员、上海美术出版社年画编辑。作品有《人民不允许浪费粮食的行为》《海防前线宣传员》《金杯红花传捷报》《激流勇进》等。

J0044531
巾帼英雄 （1-4）任率英作
北京 人民美术出版社 1962年 2张 76cm（2开）
定价：CNY0.50
　　作者任率英（1911—1989），画家。原名敬表，河北束鹿（现辛集市）人。擅长工笔画、连环画、年画。历任中国美术家协会会员、中国连环画研究会顾问、北京东方书画研究社社长、北京工笔重彩画协会副会长、北京中国画研究会理事、北京工业大学书画协会顾问。代表作品《嫦娥奔月》《洛神图》《梁红玉击鼓战金山》等。

J0044532
金鱼多子
［天津］德裕公 1962年［1张］53cm（4开）

J0044533
金鱼双美
天津 天津荣宝斋 1962年［1张］53cm（4开）

J0044534
金鱼嬉水 杨馥如作
上海 上海人民美术出版社 1962年［1张］
76cm（2开）定价：CNY0.18

J0044535
金鱼嬉水 杨馥如作
上海 上海人民美术出版社 1962年［1张］
38cm（6开）定价：CNY0.07

J0044536
精忠报国 杨俊生作
上海 上海人民美术出版社 1962年［1张］
53cm（4开）定价：CNY0.13
　　作者杨俊生（1909—1981），出生于安徽安庆。曾任上海人民美术出版社、上海画版出版社特约作者，上海美术家协会年画组组长等职。代表作品有《岳母刺字》《夜战马超》《大闹天宫》《贵妃醉酒》等。

J0044537
井台会 张锡之作
济南 山东人民出版社 1962年［1张］
76cm（2开）定价：CNY0.18

J0044538
景阳冈武松打虎
南京 江苏人民出版社 1962年［1张］
53cm（4开）

J0044539
君臣定计回荆州
天津 天津荣宝斋 1962年［1张］107cm（全开）

J0044540
开演啦！ 姚中玉作
上海 上海人民美术出版社 1962年［1张］
76cm（2开）定价：CNY0.18

J0044541
看金鱼 邹宗绪，朱宏修合作
［西安］长安美术出版社 1962年［1张］
53cm（4开）定价：CNY0.10
　　作者邹宗绪（1933—2010），又名阿工，河南开封人。毕业于中央美术学院绘画系。历任陕西人民美术出版社编辑、编辑部主任、副总编、编审。陕西省美术家协会副主席、陕西国画院特聘画师、西安美术学院研究院研究员。作品有《喜报丰年》，出版有《中国历代雕塑·秦俑群》《千年古都西安》《洛川民间美术》等。

J0044542
看菊花 章育青作
上海 上海人民美术出版社 1962年［1张］
76cm（2开）定价：CNY0.18
　　作者章育青（1909—1993），画家。浙江慈溪人。上海人民美术出版社年画专业画家。作品《上海大世界》《元宵灯》《上海外滩》《南京长江大桥》等。

J0044543
可爱的小鸡 张大昕作
上海 上海人民美术出版社 1962年［1张］
76cm（2开）定价：CNY0.18

J0044544
可爱的小羊 李慕白作
合肥 安徽人民出版社 1962年［1张］
76cm（2开）定价：CNY0.25

J0044545
孔雀　田世光作
北京 人民美术出版社 1962 年［1 张］
76cm（2 开）定价：CNY0.25
　　作者田世光（1916—1999），教授。号公炜，
北京人，祖籍山东乐陵，毕业于北京京华美术学
院，师承张大千、赵梦朱、吴镜汀、于非闇、齐白
石诸先生。历任中国美术家协会会员、北京工笔
重彩画副会长、中国画研究院第一届院务委员。
代表作《和平颂》《松树白鹰》《春晖》《幽谷红
妆》《山雀》。

J0044546
孔雀开屏　钟质夫作
沈阳 辽宁美术出版社 1962 年［1 张］
76cm（2 开）定价：CNY0.18
　　作者钟质夫（1914—1994），满族，教授、国
画家。字鸿毅，北京人。鲁迅美术学院中国画
系副主任、教授，辽宁省文联、美术家协会理事，
辽宁省政协委员。作品有《荷塘烟雨》《十二月
令，四扇屏》《桃花四喜图》《雪树寒鸦》《荷花
鸳鸯》等。

J0044547
孔雀舞　张中光作
［武汉］群益堂 1962 年［1 张］76cm（2 开）
定价：CNY0.18

J0044548
枯木逢春　（1-4）
［北京］中国电影出版社 1962 年 2 张
76cm（2 开）定价：CNY0.36
　　本作品系中国现代 4 条屏年画。

J0044549
夸新娘　叶文西作
上海 上海人民美术出版社 1962 年［1 张］
76cm（2 开）定价：CNY0.25

J0044550
兰州的夏天　米瑛作
兰州 甘肃人民出版社 1962 年［1 张］
76cm（2 开）定价：CNY0.29

J0044551
劳动丰收福寿来　（斗方）黄锡令作
沈阳 辽宁美术出版社 1962 年［1 张］
定价：CNY0.17

J0044552
劳动归来　乔玉钏作
郑州 河南人民出版社 1962 年 1 张 76cm（2 开）
定价：CNY0.18

J0044553
老鹰捉小鸡　李慕白作
上海 上海人民美术出版社 1962 年［1 张］
53cm（4 开）定价：CNY0.13

J0044554
李白进京　（1-4）崔松亭编文
长春 吉林人民出版社 1962 年 2 张 76cm（2 开）
定价：CNY0.50

J0044555
李太白醉写番表
天津 天津荣宝斋 1962 年［1 张］107cm（全开）

J0044556
连环套
天津 天津荣宝斋 1962 年［1 张］53cm（4 开）

J0044557
连年有余　符光耿作
成都 四川人民出版社 1962 年［1 张］
53cm（4 开）定价：CNY0.10

J0044558
连生贵子
天津 天津荣宝斋 1962 年［1 张］53cm（4 开）

J0044559
莲池得蟹
天津 天津荣宝斋 1962 年［1 张］53cm（4 开）

J0044560
莲得龙鲸
天津 天津荣宝斋 1962 年［1 张］53cm（4 开）

J0044561
莲灯戏狮
［天津］德裕公 1962 年［1 张］53cm（4 开）

J0044562
莲灯戏狮
天津 天津荣宝斋 1962 年［1 张］53cm（4 开）

J0044563
莲年得鱼
天津 天津荣宝斋 1962 年［1 张］53cm（4 开）

J0044564
练好本领 保卫祖国　林发荣作
贵阳 贵州人民出版社 1962 年 1 张 76cm（2 开）
定价：CNY0.20

J0044565
梁山伯与祝英台　金梅生作
上海 上海人民美术出版社 1962 年［1 张］
53cm（4 开）定价：CNY0.13
　　作者金梅生（1902—1989），画家。别名石摩，
上海人。曾于商务印书馆美术科专门从事月份
牌绘画，上海市文史馆馆员、上海人民美术出版
社特约年画家。作品有《新中国的歌声》《秀女
饲养员》《花木兰》等。

J0044566
猎归　李国衡作
长春 吉林人民出版社 1962 年［1 张］
76cm（2 开）定价：CNY0.18

J0044567
林海雪原　王星北编文；张碧梧，罗兴画
上海 上海人民美术出版社 1962 年［1 幅］
76cm（2 开）定价：CNY0.18
　　作者张碧梧（1905—1987），画家。江苏江
阴人。曾任上海人民美术出版社特约年画作者、
中国美术家协会会员。代表作品有《百万雄师
渡长江》《养小鸡捐飞机》等。作者罗兴（1922—
1994），连环画家。别名罗孝苹，上海人，毕业于
上海大学建筑学科。曾从事建筑室内外设计，在
上海从事连环画及插图创作。曾任上海工艺美
术学校造型专业组教研组长。作品有《库楚别依》
《林海雪原》等。

J0044568
刘三姐　（1-4）黄旭作
［南宁］广西僮族自治区人民出版社 1962 年
4 张 53cm（4 开）定价：CNY0.36

J0044569
刘三姐　（1-4）吕幼安，钟鸣天作
［武汉］群益堂 1962 年 4 张 53cm（4 开）
定价：CNY0.36

J0044570
刘三姐　宋怀林作
［西安］长安美术出版社 1962 年［1 张］
76cm（2 开）定价：CNY0.18

J0044571
刘三姐　（1-4）
［北京］中国电影出版社 1962 年 2 张
76cm（2 开）定价：CNY0.36
　　本作品系中国现代 4 条屏年画。

J0044572
刘三姐对歌　周令剑作
北京 人民美术出版社 1962 年［1 张］
53cm（4 开）定价：CNY0.10

J0044573
榴开百子
天津 天津荣宝斋 1962 年［1 张］53cm（4 开）

J0044574
榴开百子 子孙满堂
［天津］德裕公 1962 年［1 张］107cm（全开）

J0044575
柳欢花笑贵宾来　应野平，刘旦宅作
上海 上海人民美术出版社 1962 年［1 张］
76cm（2 开）定价：CNY0.25
　　作者应野平（1910—1990），教授。曾名野萍、
野苹。浙江宁海人。历任新华艺术专科学校教授，
上海人民美术出版社编辑室副主任，上海美术
专科学校和上海大学美术学院教授。代表作品
有《应野平山水画集》《应野平山水画辑》《应野
平山水画册》。作者刘旦宅（1931—2011），教授、
画家。原名浑，又名小粟，后改名旦宅，别名海

云生。浙江温州人。曾在上海市大中国图书局、上海教育出版社、上海人民美术出版社绘画,上海师范大学美术系主任。代表作品《曹血雪芹生平》《琵琶行》《刘旦宅聊斋百图》《石头记人物画册》等。

J0044576

六月荷花朵朵开　姜学炳作

沈阳　辽宁美术出版社 1962 年 [1 张]

76cm (2 开) 定价: CNY0.18

J0044577

龙凤呈祥　河北武强画店稿

石家庄　河北人民美术出版社 1962 年 [1 张]

76cm (2 开) 定价: CNY0.18

J0044578

龙女牧羊　(蒙汉文对照) 任率英作

呼和浩特　内蒙古人民出版社 1962 年 [1 张]

37 × 79cm 定价: CNY0.12

　　作者任率英 (1911—1989),画家。原名敬表,河北束鹿 (现辛集市) 人。擅长工笔画、连环画、年画。历任中国美术家协会会员、中国连环画研究会顾问、北京东方书画研究社社长、北京工笔重彩画协会副会长、北京中国画研究会理事、北京工业大学书画协会顾问。代表作品《嫦娥奔月》《洛神图》《梁红玉击鼓战金山》等。

J0044579

芦花荡

[天津] 德裕公 1962 年 [1 张] 107cm (全开)

J0044580

芦塘得蟹

天津　天津荣宝斋 1962 年 [1 张] 53cm (4 开)

J0044581

鹿鹤同春　周惠英作

贵阳　贵州人民出版社 1962 年　1 张 76cm (2 开)

定价: CNY0.20

J0044582

鹿鹤同春　何逸梅作

上海　上海人民美术出版社 1962 年 [1 张]

76cm (2 开) 定价: CNY0.25

作者何逸梅 (1894—1972),画家。号明斋。江苏吴县 (今属苏州) 人。上海商务印书馆图画部第一批练习生之一。主要从事月份牌画创作,兼作工商装潢美术设计。

J0044583

洛神　(梅兰芳戏曲) 杨俊生作

上海　上海人民美术出版社 1962 年 [1 张]

37 × 79cm 定价: CNY0.17

　　作者杨俊生 (1909—1981),出生于安徽安庆。曾任上海人民美术出版社、上海画版出版社特约作者,上海美术家协会年画组组长等职。代表作品有《岳母刺字》《夜战马超》《大闹天宫》《贵妃醉酒》等。

J0044584

满堂红　赫保真作

济南　山东人民出版社 1962 年 [1 张]

76cm (2 开) 定价: CNY0.18

J0044585

满园春色　(1–4) 赵合侨作

武汉　湖北人民出版社 1962 年　2 张 76cm (2 开)

定价: CNY0.36

J0044586

蔓萝花　(舞剧) 李慕白,金雪尘作

上海　上海人民美术出版社 1962 年 [1 张]

76cm (2 开) 定价: CNY0.16

J0044587

毛主席在农村调查　漆德琰作

南昌　江西人民出版社 1962 年 [1 张]

76cm (2 开) 定价: CNY0.25

　　作者漆德琰 (1932—　　),教授,画家。江西高安人,毕业于鲁迅美术学院。历任《江西画报》社编辑、江西文艺学院教师、江西革命博物馆创作员、重庆建筑大学教授、中国水彩画学会理事、重庆水彩画学会会长。擅长水彩画、油画、壁画。代表作品《井冈山会师》《石板哨小屋》《归牧》《水乡》等。出版有《漆德琰水彩画作品与技法》《漆德琰水彩画选》《水彩写生技法示范》等。

J0044588

梅兰芳戏剧条屏　(1–4) 金雪尘,李慕白绘

石家庄 河北人民美术出版社 1962 年 4 张
76cm（2 开）定价：CNY0.50

　　作者李慕白（1913—1991），画家。生于浙江海宁。历任中国民主同盟会成员、中国美术家协会会员、上海人民美术出版社特约年画作者。出版有《李慕白、金雪尘年画选集》。作者金雪尘（1904—1996），画家。上海嘉定人。曾任上海图片出版社、上海人民美术出版社特约记者。代表作有《武松打虎》《春江花月夜》《金鱼舞》。

J0044589
描仿　庞卡画
长春 吉林人民出版社 1962 年［1 张］
76cm（2 开）定价：CNY0.25

　　作者庞卡（1935—　）。画家。又名庞抱俊。上海人。历任上海人民美术出版社年画编辑、创作员。作品有《从小爱科学》《秧苗青青春来早》《爱人民》等。

J0044590
民间木版年画选　王角编
北京 朝花美术出版社 1962 年 20 页
18cm（15 开）统一书号：T8028.1861
定价：CNY0.23
（群众美术画库）

　　编者王角（1917—1995），画家。吉林九台人，别名大坷，毕业于辽宁美术专科学校。历任《东北画报》社美术记者，人民美术出版社美术编辑、创作室创作员。作品有《花径》《金色的谷》《江姐》等。

J0044591
民族英雄　（郑成功·岳飞）侯文发作
广州 广东人民出版社 1962 年 1 张 76cm（2 开）
定价：CNY0.18

　　作者侯文发（1928—　），广东梅州人。曾用名剑萍。毕业于中南美专。中国书画家协会理事，中国国画家协会理事，广东省美术家协会会员。主要作品有《工地探亲》《宋湘》《三英战吕布》等。

J0044592
民族英雄　（郑成功·岳飞）侯文发作
广州 广东人民出版社 1962 年 1 张 53cm（4开）
定价：CNY0.10

J0044593
名山胜景　（1—4）李硕卿作
福州 福建人民出版社 1962 年 4 张 53cm（4 开）
定价：CNY0.36

J0044594
茉花村
［天津］德裕公 1962 年［1 张］53cm（4 开）

J0044595
母子安康　张希苓作
天津 天津美术出版社 1962 年［1 张］
76cm（2 开）定价：CNY0.18

J0044596
穆桂英　吴光宇作
北京 人民美术出版社 1962 年［1 张］
76cm（2 开）定价：CNY0.25

　　作者吴光宇（1908—1970），国画家。原名显曾，以字行，浙江绍兴人。曾在北京中国画学研究会、北平国立艺术专科学校京华美术学院、北京画院从事专业创作。代表作有《荀灌娘救父》《淝水之战》《宝琴立雪》等。

J0044597
穆桂英大破天门阵
天津 天津荣宝斋 1962 年［1 张］107cm（全开）

J0044598
闹新春　肖代贤作
武汉 湖北人民出版社 1962 年［1 张］
76cm（2 开）定价：CNY0.18

J0044599
能文能武 亦农亦兵　邹涤栩作
北京 人民美术出版社 1962 年 1 张
76cm（2 开）定价：CNY0.18

J0044600
年画集锦
辽宁 辽宁美术出版社 1962 年 10 张（套）
13cm（60 开）定价：CNY0.28

J0044601
年画缩样　（1960—1961）上海人民美术出版

社编
上海　上海人民美术出版社　1962 年　13×19cm

J0044602
年年丰收　家家康乐　　苏以作
广州　广东人民出版社　1962 年　1 张 53cm（4 开）
定价：CNY0.10

J0044603
年年如意　　李慕白，金雪尘作
上海　上海人民美术出版社　1962 年［1 张］
76cm（2 开）定价：CNY0.16

J0044604
年年如意　　李慕白，金雪尘作
上海　上海人民美术出版社　1962 年［1 张］
53cm（4 开）定价：CNY0.13

J0044605
年年有余　岁岁平安　　邵念慈，吴雪熊作
合肥　安徽人民出版社　1962 年　1 张 76cm（2 开）
定价：CNY0.20

J0044606
年年增产　岁岁丰收　　冯国柱作
昆明　云南人民出版社　1962 年　1 张 53cm（4 开）
定价：CNY0.10

J0044607
鸟语花香　人勤春早　　杨莹泽，刘多成作
成都　四川人民出版社　1962 年　2 张 53cm（4 开）
定价：CNY0.18

J0044608
牛郎织女　　金梅生作
上海　上海人民美术出版社　1962 年［1 张］
53cm（4 开）定价：CNY0.13
　　作者金梅生（1902—1989），画家。别名石摩，上海人。曾于商务印书馆美术科专门从事月份牌绘画，上海市文史馆馆员、上海人民美术出版社特约年画家。作品有《新中国的歌声》《秀女饲养员》《花木兰》等。

J0044609
农忙时节亲人来　　谢昌一作

北京　人民美术出版社 1962 年［1 张］
76cm（2 开）定价：CNY0.18

J0044610
女驸马　　（1-4）冯国琳作
沈阳　辽宁美术出版社　1962 年　2 张
76cm（2 开）定价：CNY0.36
　　作者冯国琳（1932—　　），画家。曾用名玉林，辽宁沈阳人，毕业于东北鲁迅文艺学院美术部。历任东北画报社记者、创作员、编辑、副编审，中国美术家协会会员，辽宁省年画学会理事。作品有《花为媒》《笔中情》《耕读育新人》《红楼梦》等。

J0044611
女民兵　　陈强作
上海　上海人民美术出版社　1962 年［1 张］
76cm（2 开）定价：CNY0.18

J0044612
胖娃娃　　贾宜群作
贵阳　贵州人民出版社　1962 年［1 张］
76cm（2 开）定价：CNY0.18

J0044613
平江起义　　冯宝诚作
长沙　湖南人民出版社　1962 年［1 张］
53cm（4 开）定价：CNY0.18

J0044614
苹果大娃娃胖　　张碧梧，高汝法作
上海　上海人民美术出版社　1962 年［1 张］
53cm（4 开）定价：CNY0.13
　　作者张碧梧（1905—1987），画家。江苏江阴人。曾任上海人民美术出版社特约年画作者、中国美术家协会会员。代表作品有《百万雄师渡长江》《养小鸡捐飞机》等。

J0044615
齐鸣颂艳阳　　佟雪凡画
长春　吉林人民出版社　1962 年　1 张 76cm（2 开）
定价：CNY0.25

J0044616
齐心合力　吉庆有余

南京　江苏人民出版社 1962 年［1 张］
53cm（4 开）定价：CNY0.10

J0044617
棋逢对手　范振家作
上海　上海人民美术出版社 1962 年［1 张］
76cm（2 开）定价：CNY0.18

J0044618
巧夺天工蝶争艳　陈菊仙作
上海　上海人民美术出版社 1962 年［1 张］
76cm（2 开）定价：CNY0.16
　　作者陈菊仙（1929—　），女，浙江温州人。
毕业于中央美术学院华东分院。擅长年画。上
海人民美术出版社画家。主要作品有《捉麻雀》
《个个争当小雷锋》《共同富万家乐》等。著有《年
画述要》。

J0044619
秦英锁阳城救驾
天津　天津荣宝斋 1962 年［1 张］107cm（全开）

J0044620
禽畜条屏　（1–4）张其翼作
石家庄　河北人民美术出版社 1962 年　4 张
53cm（4 开）定价：CNY0.50
　　作者张其翼（1915—1968），教授、花鸟画
家。字君振，号鸿飞楼主。北京人，祖籍福建闽
侯。曾任教于河北艺术师范学校和天津美术学
院。代表作品《九寿朝阳图》《玉兰绶带》《池塘
雨露》《雪鹤芭蕉》。

J0044621
勤俭建国　勤俭持家　美群作
昆明　云南人民出版社 1962 年　1 张 53cm（4 开）
定价：CNY0.10

J0044622
青狮舞　刘恒久作
郑州　河南人民出版社 1962 年　1 张 53cm（4 开）
定价：CNY0.10

J0044623
庆顶珠
［天津］德裕公 1962 年［1 张］107cm（全开）

J0044624
庆顶珠
［天津］德裕公 1962 年［1 张］53cm（4 开）

J0044625
庆丰收　楚启恩作
合肥　安徽人民出版社 1962 年［1 张］
76cm（2 开）定价：CNY0.25

J0044626
庆节日　翁元章作
合肥　安徽人民出版社 1962 年［1 张］
76cm（2 开）定价：CNY0.18

J0044627
庆粮棉增产　贺瓜果丰收　李中文作
郑州　河南人民出版社 1962 年　1 张 53cm（4 开）
定价：CNY0.10

J0044628
秋收万斤粮　江粹作
成都　四川人民出版社 1962 年［1 张］
53cm（4 开）定价：CNY0.10

J0044629
热爱集体勤劳兴家　（蔡月娥的模范事迹）金
希光编文；郑一呼绘图
长沙　湖南人民出版社 1962 年［1 张］
76cm（2 开）定价：CNY0.18

J0044630
人强马壮庆丰收　富鹏志作
哈尔滨　黑龙江美术出版社 1962 年［1 张］
76cm（2 开）定价：CNY0.25

J0044631
人勤花香　李慕白，金雪尘作
上海　上海人民美术出版社 1962 年［1 张］
76cm（2 开）定价：CNY0.25

J0044632
人人勤生产　社社喜丰收　（1–4）肖漪萍作
长沙　湖南人民出版社 1962 年　1 张 76cm（2 开）
定价：CNY0.20

J0044633
人寿年丰　江南春作
北京 人民美术出版社 1962 年［1 张］
76cm（2 开）定价：CNY0.18

J0044634
瑞雪丰年
天津 天津荣宝斋 1962 年［1 张］107cm（全开）

J0044635
三宝图　李国衡作
沈阳 辽宁美术出版社 1962 年［1 张］
76cm（2 开）定价：CNY0.25

J0044636
三杯美酒敬亲人　田野作
南昌 江西人民出版社 1962 年［1 张］
76cm（2 开）定价：CNY0.18

J0044637
三岔口
［天津］德裕公 1962 年［1 张］53cm（4 开）

J0044638
三打白骨精
天津 天津荣宝斋 1962 年［1 张］107cm（全开）

J0044639
三国故事
［石家庄］河北武强画店 1962 年［1 张］
76cm（2 开）

J0044640
三姊妹　（蒙汉文对照）牛远久作
呼和浩特 内蒙古人民出版社 1962 年［1 张］
76cm（2 开）定价：CNY0.25

J0044641
森林中的运动会　王志英作
石家庄 河北人民美术出版社 1962 年［1 张］
76cm（2 开）定价：CNY0.25

J0044642
山东名山　（1-4）张彦青作
济南 山东人民出版社 1962 年 4 张 53cm（4 开）

定价：CNY0.24

　　作者张彦青（1917—2017），原名焕，字剑进，号抚愠斋主。山东临清市人。毕业于北平辅仁大学美术系和重庆中央大学艺术系国画专业。历任中国美术家协会山东分会常务理事、山东老年书画研究会副会长。代表作品有《张彦青国画选》《山东革命纪念册》《张彦青山水写生集》。

J0044643
山雀山雀别处啼
天津 天津荣宝斋 1962 年［1 张］107cm（全开）

J0044644
上海大世界　章育青作
上海 上海人民美术出版社 1962 年［1 张］
76cm（2 开）定价：CNY0.18

　　作者章育青（1909—1993），画家。浙江慈溪人。上海人民美术出版社年画专业画家。作品《上海大世界》《元宵灯》《上海外滩》《南京长江大桥》等。

J0044645
上海豫园　章育青作
上海 上海人民美术出版社 1962 年［1 张］
76cm（2 开）定价：CNY0.25

J0044646
睄妹子　蔡锡林作
南昌 江西人民出版社 1962 年［1 张］
76cm（2 开）定价：CNY0.25

J0044647
狮子滚绣球
［石家庄］河北武强画店 1962 年 2 张
76cm（2 开）定价：CNY0.30

J0044648
狮子舞　唐冠芳作
昆明 云南人民出版社 1962 年［1 张］
38cm（6 开）定价：CNY0.06

J0044649
石秀算账
天津 天津荣宝斋 1962 年［1 张］53cm（4 开）

J0044650
拾金不昧　魏瀛洲画
长春 吉林人民出版社 1962 年［1 张］
76cm（2 开）定价：CNY0.25
　　作者魏瀛洲，海派年画、宣传画家。于中华
人民共和国成立初期被称为月份牌画家。作品
有《国庆节的早晨》《欢腾的农机站》《在幸福的
时代》等。

J0044651
史湘云醉眠芍药茵　刘旦宅作
石家庄 河北人民美术出版社 1962 年［1 张］
26cm（16 开）定价：CNY0.10
　　作者刘旦宅（1931—2011），教授、画家。原
名浑，又名小粟，后改名旦宅，别名海云生。浙
江温州人。曾在上海市大中国图书局、上海教育
出版社、上海人民美术出版社绘画，任上海师范
大学美术系主任。代表作品《曹雪芹生平》《琵
琶行》《刘旦宅聊斋百图》《石头记人物画册》等。

J0044652
柿熟满园　吴性清作
上海 上海人民美术出版社 1962 年［1 张］
76cm（2 开）定价：CNY0.25
　　作者吴性清（1933—　），女，编审。生于江
苏泰州，毕业于中央美术学院华东分院油画系。
历任上海人民美术出版社任创作员、中国美术
家协会会员。作品有《我们热爱毛主席》《胡笳
十八拍图卷》《关汉卿名剧选》等。

J0044653
寿星图　舒华作
［武汉］群益堂 1962 年［1 张］76cm（2 开）
定价：CNY0.18

J0044654
双鸡教五子　（卷轴）刘奎龄作
［天津］德裕公 1962 年 1 轴
　　作者刘奎龄（1885—1967），画家。字耀辰，
天津人。历任美术家协会天津分会副主席、天津
市国画研究会委员、天津文史馆研究员、中国美
术家协会会员。代表作品有《上林春色图》《动
物八屏图》《卧虎图》等。

J0044655
双鹿　（卷轴）刘奎龄作
［天津］德裕公 1962 年 1 轴

J0044656
双鱼吉庆乐丰年　赵万堂作
兰州 甘肃人民出版社 1962 年［1 张］
53cm（4 开）定价：CNY0.12

J0044657
水果丰收　金旭，肖晨合作
［西安］长安美术出版社 1962 年［1 张］
76cm（2 开）定价：CNY0.12

J0044658
水漫金山寺
［天津］德裕公 1962 年［1 张］107cm（全开）

J0044659
水乡春好　晓白作
武汉 湖北人民出版社 1962 年［1 张］
76cm（2 开）定价：CNY0.18

J0044660
四季花鸟　（1-4）何逸梅作
石家庄 河北人民美术出版社 1962 年 4 张
53cm（4 开）定价：CNY0.50
　　作者何逸梅（1894—1972），画家。号明斋。
江苏吴县（今属苏州）人。上海商务印书馆图画
部第一批练习生之一。主要从事月份牌画创作，
兼作工商装潢美术设计。

J0044661
四季花鸟　（1-4）张其翼作
北京 人民美术出版社 1962 年 4 张 53cm（4 开）
定价：CNY0.36
　　作者张其翼（1915—1968），教授、花鸟画
家。字君振，号鸿飞楼主。北京人，祖籍福建闽
侯。曾任教于河北艺术师范学校和天津美术学
院。代表作品《九寿朝阳图》《玉兰绶带》《池塘
雨露》《雪鹤芭蕉》。

J0044662
四季花鸟屏　（1-4）郭世清作
兰州 甘肃人民出版社 1962 年 2 张 76cm（2 开）

定价: CNY0.48

J0044663
四季平安　孔小瑜作
合肥 安徽人民出版社 1962 年［1 张］
76cm（2 开）定价: CNY0.18
　　作者孔小瑜(1899—1984)，画家、教授。原名宪英，生于浙江慈溪。历任安徽画院副院长、安徽艺术学校教授。代表作品有《牡丹》《四季平安》《欣欣向荣》《百花争艳》《战袍诗》等。

J0044664
四季平安　（1-4）陈之初，张苏予作
上海 上海人民美术出版社 1962 年 4 张
53cm（4 开）定价: CNY0.36

J0044665
四季平安
天津 天津荣宝斋 1962 年［1 张］53cm（4 开）

J0044666
四美图　黄鹂作
济南 山东人民出版社 1962 年［1 张］
37×79cm 定价: CNY0.24

J0044667
四平山
天津 天津荣宝斋 1962 年［1 张］107cm（全开）

J0044668
松鹤长春　何逸梅作
上海 上海人民美术出版社 1962 年［1 张］
53cm（4 开）定价: CNY0.10
　　作者何逸梅(1894—1972)，画家。号明斋。江苏吴县（今属苏州）人。上海商务印书馆图画部第一批练习生之一。主要从事月份牌画创作，兼作工商装潢美术设计。

J0044669
松鹰图
［石家庄］河北武强画店 1962 年［1 张］
76cm（2 开）定价: CNY0.18

J0044670
送春联　鲁慕迅作
武汉 湖北人民出版社 1962 年 1 张 76cm（2 开）
定价: CNY0.18
　　作者鲁慕迅(1928—)，画家、一级美术师。生于河南汝州，中原大学文艺学院美术系。中国美术家协会理事、湖北美术家协会顾问。代表作品有《鸡冠花》《荷叶小鱼》《香雪》。

J0044671
隋唐英雄大会贾家楼前本　王荣兴印刻
南京 江苏人民出版社 1962 年［1 张］
53cm（4 开）

J0044672
岁岁丰收 年年有余　范汝超作
昆明 云南人民出版社 1962 年 1 张 53cm（4 开）
定价: CNY0.10

J0044673
孙悟空三打白骨精　刘旦宅作
南京 江苏人民出版社 1962 年［1 张］
76cm（2 开）定价: CNY0.18

J0044674
孙悟空三打白骨精　罗珍，王珏作
济南 山东人民出版社 1962 年［1 张］
76cm（2 开）定价: CNY0.18

J0044675
孙悟空三打白骨精　张鸾作
天津 天津美术出版社 1962 年［1 张］
76cm（2 开）定价: CNY0.18
　　作者张鸾(1924—)，女。别名张米玖，天津人。天津人民美术出版社从事创作，编审。作品有木版画《鲁迅和一个工厂》《五子爱清洁》《娃娃戏少林寺》《小胜儿》《小笛和水罐》等。

J0044676
踏花载歌送新娘　（汉、藏、维、蒙文对照）罗承力作
兰州 甘肃民族出版社 1962 年［1 张］
37×79cm 定价: CNY0.15

J0044677
桃李梅　刘长恩画
长春 吉林人民出版社 1962 年［1 张］

定价：CNY0.25

　　作者刘长恩（1936—1996），吉林通榆人，吉林美术出版社美术编辑。代表作品《咱队的好猎手》《再请战》《巧妈妈》等。

J0044678

桃献千年

天津　天津荣宝斋　1962 年［1 张］53cm（4 开）

J0044679

桃园　招楚玉，区晖作

武汉　湖北人民出版社　1962 年［1 张］
76cm（2 开）定价：CNY0.18

J0044680

踢毽子　李慕白，金雪尘作

上海　上海人民美术出版社　1962 年［1 张］
76cm（2 开）定价：CNY0.25

J0044681

天河配　唐西川作

兰州　甘肃人民出版社　1962 年［1 张］
76cm（2 开）定价：CNY0.22

J0044682

天女散花　（梅兰芳戏曲）杨俊生作

上海　上海人民美术出版社　1962 年［1 张］
37×79cm　定价：CNY0.17

　　作者杨俊生（1909—1981），出生于安徽安庆。曾任上海人民美术出版社、上海画版出版社特约作者，上海美术家协会年画组组长等职。代表作品有《岳母刺字》《夜战马超》《大闹天宫》《贵妃醉酒》等。

J0044683

天上白云飘下来　汤文选作

［武汉］群益堂　1962 年［1 张］76cm（2 开）
定价：CNY0.18

J0044684

铁道游击队　（飞虎队打冈村）董子畏编文；
韩和平，丁斌曾画

上海　上海人民美术出版社　1962 年［1 张］
76cm（2 开）定价：CNY0.18

　　作者韩和平（1932—2019），连环画家、教授。吉林东宁人，毕业于中央美术学院华东分院绘画系。曾在上海人民美术出版社从事连环画创作，历任上海大学美术学院油画系副主任、副教授、艺术研究所主任。作品连环画有《铁道游击队》《红岩》等。作者丁斌曾（1927—2001），连环画画家。浙江绍兴人，毕业于中央美术学院华东分院。曾任上海人民美术出版社创作员、《中国连环画大系》美术编辑。作品有《铁道游击队》《老爹打猎》《沙家浜》等。

J0044685

听——东方红　李慕白作

南京　江苏人民出版社　1962 年［1 张］
76cm（2 开）定价：CNY0.18

J0044686

同欢共乐　刘文西作

北京　人民美术出版社　1962 年［1 张］
76cm（2 开）定价：CNY0.25

　　作者刘文西（1933—2019），生于浙江嵊州。曾任中国美术协会顾问、陕西省文艺界联合会顾问、陕西省美术家协会副主席、西安美术学院名誉院长、西安美术学院研究院院长、延安市副市长。重要作品有《毛主席和牧羊人》《东方》《解放区的天》和巨幅系列长卷《黄土人》等近百幅。

J0044687

同欢共乐　刘文西作

［西安］长安美术出版社　1962 年［1 张］
107cm（全开）道林纸　定价：CNY0.50

J0044688

同欢共乐　刘文西作

［西安］长安美术出版社　1962 年［1 张］
107cm（全开）招贴纸　定价：CNY0.36

J0044689

同欢共乐　（汉、藏文对照版）刘文西作

北京　人民美术出版社　1963 年　1 张 76cm（2 开）
定价：CNY0.25

J0044690

同欢共乐　（汉、朝文对照版）刘文西作

北京　人民美术出版社　1963 年　1 张 76cm（2 开）
定价：CNY0.25

J0044691
同欢共乐 （汉、德傣、西双版纳傣、景颇、拉祜文对照版）刘文西作
北京　人民美术出版社　1963 年　1 张　76cm（2 开）
定价：CNY0.25

J0044692
同欢共乐 （汉、傈僳文对照版）刘文西作
北京　人民美术出版社　1963 年　1 张　76cm（2 开）
定价：CNY0.25

J0044693
同欢共乐 （汉、蒙文对照版）刘文西作
北京　人民美术出版社　1963 年　1 张　76cm（2 开）
定价：CNY0.25

J0044694
同欢共乐 （汉、僮文对照版）刘文西作
北京　人民美术出版社　1963 年　1 张　76cm（2 开）
定价：CNY0.25

J0044695
同欢共乐 （汉、佤文对照版）刘文西作
北京　人民美术出版社　1963 年　1 张　76cm（2 开）
定价：CNY0.25

J0044696
同欢共乐 （汉、维、哈文对照版）刘文西作
北京　人民美术出版社　1963 年　1 张　76cm（2 开）
定价：CNY0.25

J0044697
同欢共乐　刘文西作
西安　长安美术出版社　1963 年　1 张　76cm（2 开）
定价：CNY0.18

J0044698
同欢共乐　刘文西作
西安　长安美术出版社　1963 年　1 张　54cm（4 开）
定价：CNY0.28

J0044699
同庆丰年
［天津］德裕公　1962 年　［1 张］107cm（全开）

J0044700
托儿所的早晨　朱修立，李乃强合作
郑州　河南人民出版社　1962 年　［1 张］
53cm（4 开）定价：CNY0.10
　　作者朱修立(1938—　)，画家。上海人，毕业于南京艺术学院美术系。中国美术家协会会员、安徽美术家协会常务理事、安徽省书画院一级画师。作品有《艳阳秋》《松魂》《山水长卷》等，出版有《朱修立画集》《朱修立扇面画集》等。

J0044701
娃娃爱小兔　金梅生作
上海　上海人民美术出版社　1962 年　［1 张］
76cm（2 开）定价：CNY0.25
　　作者金梅生(1902—1989)，画家。别名石摩，上海人。曾于商务印书馆美术科专门从事月份牌绘画，上海市文史馆馆员、上海人民美术出版社特约年画家。作品有《新中国的歌声》《秀女饲养员》《花木兰》等。

J0044702
娃娃爱小兔　金梅生作
上海　上海人民美术出版社　1962 年　［1 张］
53cm（4 开）定价：CNY0.09

J0044703
娃娃爱小兔　金梅生作
上海　上海人民美术出版社　1962 年　［1 张］
38cm（6 开）定价：CNY0.07

J0044704
娃娃玩小虎　金梅生作
上海　上海人民美术出版社　1962 年　［1 张］
76cm（2 开）定价：CNY0.25

J0044705
玩花灯　毛秉权作
南昌　江西人民出版社　1962 年　［1 张］
76cm（2 开）定价：CNY0.18

J0044706
玩耍蝈蝈
天津　天津荣宝斋　1962 年　［1 张］53cm（4 开）

J0044707
万寿无疆
南京 江苏人民出版社 1962 年［1 张］
53cm（4 开）定价：CNY0.10

J0044708
万象更新　姜学炳作
石家庄 河北人民美术出版社 1962 年［1 张］
76cm（2 开）定价：CNY0.18

J0044709
万象更新　杨馥如作
南京 江苏人民出版社 1962 年［1 张］
76cm（2 开）定价：CNY0.18

J0044710
万紫千红总是春　（1–4）张振铎作
武汉 湖北人民出版社 1962 年 4 张 53cm（4 开）
定价：CNY0.36

J0044711
喂鸡　邓文欣画
长春 吉林人民出版社 1962 年［1 张］
76cm（2 开）定价：CNY0.25

　　作者邓文欣（1936—　），书画家。字子鹤，
号那立闪人，辽宁阜新人。任四平市书画院院长、
中国美术家协会会员。作品有《松鹤迎春》《路
漫漫》《征程》，出版画集《山水花鸟画谱》《3D
文欣仙鹤画集》《文欣画鹤》等。

J0044712
渭水访贤
［天津］德裕公 1962 年［1 张］107cm（全开）

J0044713
文化车　彭志雄作
武汉 湖北人民出版社 1962 年［1 张］
76cm（2 开）定价：CNY0.18

J0044714
闻太师西岐大战
天津 天津荣宝斋 1962 年［1 张］107cm（全开）

J0044715
我给娃娃洗衣裳　陈永智作

哈尔滨 黑龙江美术出版社 1962 年［1 张］
76cm（2 开）定价：CNY0.25

J0044716
我们的花房　张大昕作
上海 上海人民美术出版社 1962 年［1 张］
53cm（4 开）定价：CNY0.13

J0044717
邬飞霞刺梁　（苏昆剧传统名剧）徐绍青，叶
金生作
南京 江苏人民出版社 1962 年［1 张］
53cm（4 开）

J0044718
五福祝寿　年年有余　蒋在谱作
武汉 湖北人民出版社 1962 年 1 张 76cm（2 开）
定价：CNY0.18

J0044719
五谷丰登　六畜兴旺　陈毓和画
福州 福建人民出版社 1962 年 2 张 53cm（4 开）
定价：CNY0.18

J0044720
五谷丰登　六畜兴旺　金兰作
哈尔滨 黑龙江美术出版社 1962 年［1 张］
76cm（2 开）定价：CNY0.20

J0044721
五谷丰登　六畜兴旺　（蒙汉文对照）超鲁作
呼和浩特 内蒙古人民出版社 1962 年［1 张］
76cm（2 开）定价：CNY0.25

J0044722
五谷丰登　六畜兴旺　杨晓东作
昆明 云南人民出版社 1962 年 1 张 53cm（4 开）
定价：CNY0.10

J0044723
五业丰收　全面"跃进"　陈衡作
武汉 湖北人民出版社 1962 年 1 张 76cm（2 开）
定价：CNY0.18

J0044724
五子爱清洁
天津　天津荣宝斋　1962年［1张］107cm（全开）

J0044725
武松　（1-4）茅以春编；宗静风，宗静草绘
南京　江苏人民出版社　1962年　4张53cm（4开）
定价：CNY0.36
　　作者宗静风（1925—　　），画家、书法家、连
环画家。扬州人。作品有《春草阔堂》《三家福》
《谢瑶环》《红梅阁》等。作者宗静草，江苏美术
出版社美编，与其兄合作有《宗静风宗静草连环
画作品》，包括《十五贯》《包公审石》《放鸭姑
娘》《黑黑和白白》《蝴蝶杯》等。

J0044726
武松打虎　金雪尘作
上海　上海人民美术出版社　1962年［1张］
53cm（4开）定价：CNY0.13
　　作者金雪尘（1904—1996），画家。上海嘉定
人。曾任上海图片出版社、上海人民美术出版社
特约记者。代表作有《武松打虎》《春江花月夜》
《金鱼舞》。

J0044727
西瓜田中歇歇凉　张锡武作
天津　天津美术出版社　1962年［1张］
76cm（2开）定价：CNY0.18
　　作者张锡武（1927—　　），画家。字青松，河
北河间人。历任天津国画研究所副所长、天津杨
柳青画社副编审、中国美术家协会会员等。代表
作品《淀上渔歌》《李时珍问药图》，出版有《张
锡武画选》《牡丹的画法》等。

J0044728
西施　（梅兰芳戏曲）杨俊生作
上海　上海人民美术出版社　1962年［1张］
37×79cm　定价：CNY0.17
　　作者杨俊生（1909—1981），出生于安徽安
庆。曾任上海人民美术出版社、上海画版出版社
特约作者，上海美术家协会年画画组组长等职。代
表作品有《岳母刺字》《夜战马超》《大闹天宫》
《贵妃醉酒》等。

J0044729
西施浣纱　杭稚英作
上海　上海人民美术出版社　1962年［1张］
76cm（2开）定价：CNY0.25

J0044730
西厢记　李慕白，金雪尘作
上海　上海人民美术出版社　1962年［1张］
76cm（2开）定价：CNY0.25

J0044731
西厢记　李慕白，金雪尘作
上海　上海人民美术出版社　1962年［1张］
53cm（4开）定价：CNY0.10

J0044732
西厢记　李慕白，金雪尘作
上海　上海人民美术出版社　1962年［1张］
38cm（6开）定价：CNY0.07

J0044733
嬉春图　陈菊仙作
上海　上海人民美术出版社　1962年［1张］
76cm（2开）定价：CNY0.18
　　作者陈菊仙（1929—　　），女，浙江温州人。
毕业于中央美术学院华东分院。擅长年画。上
海人民美术出版社画家。主要作品有《捉麻雀》
《个个争当小雷锋》《共同富万家乐》等。著有《年
画述要》。

J0044734
嬉灯图　施鹤良作
哈尔滨　黑龙江美术出版社　1962年［1张］
76cm（2开）定价：CNY0.25

J0044735
喜报丰年　（节气表）邹宗绪，朱宏修作
西安　长安美术出版社　1962年［1张］
53cm（4开）定价：CNY0.10
　　中国现代工艺美术作品。作者邹宗绪
（1933—2010），又名阿工，河南开封人。毕业于
中央美术学院绘画系。历任陕西人民美术出版
社编辑、编辑部主任、副总编、编审。陕西省美
术家协会副主席、陕西国画院特聘画师、西安美
术学院研究院研究员。作品有《喜报丰年》，出版

有《中国历代雕塑·秦俑群》《千年古都西安》《洛川民间美术》等。

J0044736
喜报花开　胡伯祥作
成都 四川人民出版社 1962 年［1 张］
76cm（2 开）定价：CNY0.25
　　作者胡伯祥（1923—2010），当代著名书画家、诗人。字葭萌，四川昭化人。中国美术家协会会员。精通中国工笔画，善书，能诗，通史，鼓琴等。曾先后在四川华西大学博物馆、四川大学博物馆任职，成都画院画师、顾问。出版《胡伯祥、胡涛美术作品集》画册、《胡伯祥诗词选集》。

J0044737
喜报早春　王伟成，陈菊仙作
杭州 浙江人民美术出版社 1962 年［1 张］
76cm（2 开）定价：CNY0.18

J0044738
喜灯会　林曦明作
上海 上海人民美术出版社 1962 年［1 张］
53cm（4 开）定价：CNY0.13
　　作者林曦明（1925—　），画家。原名正熙，号乌牛。浙江永嘉人。历任上海戏剧学院美术系教师。上海中国画院一级画师、中国美术家协会会员、现代书画研究会会长。代表作品有《红梅时节》《水满鱼肥》《太湖之歌》《漓江雨后》《故乡》等。

J0044739
喜分超产粮　陈达，赵升云合作
南京 江苏人民出版社 1962 年［1 张］
76cm（2 开）定价：CNY0.18

J0044740
喜气临门　赵敏作
沈阳 辽宁美术出版社 1962 年［1 张］
76cm（2 开）定价：CNY0.18
　　作者赵敏，辽宁美术出版社社长、总编辑、编审。

J0044741
喜庆丰收　（斗方）吴盈画

J0044742
喜庆有余　杨馥如作
上海 上海人民美术出版社 1962 年［1 张］
76cm（2 开）定价：CNY0.18

J0044743
囍　（卷轴）
［天津］德裕公 1962 年 1 轴

J0044744
戏驴图　方菁作
北京 人民美术出版社 1962 年［1 张］
76cm（2 开）定价：CNY0.18

J0044745
戏曲屏　（1-4）陈白一作
长沙 湖南人民出版社 1962 年 4 张 53cm（4 开）
定价：CNY0.40
　　作者陈白一（1926—2014），美术师。湖南邵阳人，毕业于华中艺术专科学校。历任湖南书画研究院院长、中国当代工笔画学会副会长、湖南省美术家协会顾问、湖南师范大学艺术学院客座教授。代表作品《小港堵口图》《听壁脚》《喜丰收》《工农联盟》等。

J0044746
鲜花朵朵颂英雄　哈琼文作
上海 上海人民美术出版社 1962 年［1 张］
107cm（全开）定价：CNY0.22

J0044747
献寿桃　金梅生作
天津 天津美术出版社 1962 年［1 张］
76cm（2 开）定价：CNY0.25
　　作者金梅生（1902—1989），画家。别名石摩，上海人。曾于商务印书馆美术科专门从事月份牌绘画，上海市文史馆馆员、上海人民美术出版社特约年画家。作品有《新中国的歌声》《秀女饲养员》《花木兰》等。

J0044748
献寿图　凌虚作

武汉　湖北人民出版社 1962 年［1 张］
53cm（4 开）定价：CNY0.10

J0044749
向毛主席报喜　朱学达作
济南　山东人民出版社 1962 年［1 张］
76cm（2 开）定价：CNY0.12

J0044750
向阳花开　袁双印作
哈尔滨　黑龙江美术出版社 1962 年［1 张］
76cm（2 开）定价：CNY0.20

J0044751
小窗花
石家庄　河北武强画店 1962 年［1 张］
76cm（2 开）

J0044752
小刀会　（1-4）
［北京］中国电影出版社 1962 年　2 张
76cm（2 开）定价：CNY0.36
　　本作品系中国现代 4 条屏年画。

J0044753
小二黑结婚　贺友直画；杨兆麟配诗
上海　上海人民美术出版社 1962 年［1 张］
76cm（2 开）定价：CNY0.25
　　作者贺友直（1922—2016），连环画家。出生
于上海，祖籍浙江宁波。曾任上海人民美术出版
社编审、连环画艺术委员会主任、上海市美术家
协会第四届副主席、中国连环画研究会第二届副
会长等职。代表作品《朝阳沟》《山乡巨变》等。

J0044754
小剧场　宋承志作
贵阳　贵州人民出版社 1962 年［1 张］
76cm（2 开）定价：CNY0.18

J0044755
小喇叭开始广播啦　廉浦作
哈尔滨　黑龙江美术出版社 1962 年［1 张］
76cm（2 开）定价：CNY0.25

J0044756
小小画家　李慕白作
北京　人民美术出版社 1962 年［1 张］
76cm（2 开）定价：CNY0.25

J0044757
小小画家　（汉、藏文对照版）李慕白作
北京　人民美术出版社 1963 年　1 张 76cm（2 开）
定价：CNY0.25

J0044758
小小画家　（汉、朝文对照版）李慕白作
北京　人民美术出版社 1963 年　1 张 76cm（2 开）
定价：CNY0.25

J0044759
小小画家　（汉、德傣、西双版纳傣、景颇、拉
祜文对照）李慕白作
北京　人民美术出版社 1963 年　1 张 76cm（2 开）
定价：CNY0.25

J0044760
小小画家　（汉、傈僳文对照版）李慕白作
北京　人民美术出版社 1963 年　1 张 76cm（2 开）
定价：CNY0.25

J0044761
小小画家　（汉、蒙文对照版）李慕白作
北京　人民美术出版社 1963 年　1 张 76cm（2 开）
定价：CNY0.25

J0044762
小小画家　（汉、僮文对照版）李慕白作
北京　人民美术出版社 1963 年　1 张 76cm（2 开）
定价：CNY0.25

J0044763
小小画家　（汉、佤文对照版）李慕白作
北京　人民美术出版社 1963 年　1 张 76cm（2 开）
定价：CNY0.25

J0044764
小小画家　（汉、维、哈文对照版）李慕白作
北京　人民美术出版社 1963 年　1 张 76cm（2 开）
定价：CNY0.25

J0044765

小小画家 （中文、阿尔巴尼亚文对照版）李慕白作

北京 人民美术出版社 1964年［1张］

76cm（2开）定价：CNY0.15

J0044766

小学生种菜园 吴哲夫作

石家庄 河北人民美术出版社 1962年［1张］

76cm（2开）定价：CNY0.30

　　作者吴哲夫，画家。擅长年画。师从杭稺英，在上海"稺英画室"工作，长期共事，集体创作，被称为"杭派"月份牌画家。作品有《节日的食堂》《向解放军叔叔致敬》《老手带新手》等。

J0044767

小羊羔 高汝法作

银川 宁夏回族自治区人民出版社 1962年［1张］76cm（2开）定价：CNY0.18

J0044768

小鹦鹉 张大昕作

天津 天津美术出版社 1962年［1张］

76cm（2开）定价：CNY0.18

J0044769

小游戏 金兰作

哈尔滨 黑龙江美术出版社 1962年［1张］

76cm（2开）定价：CNY0.25

J0044770

新春万福 王信作

沈阳 辽宁美术出版社 1962年［1张］

76cm（2开）定价：CNY0.18

　　作者王信（1925— ），画家。河北承德人。历任辽宁美术出版社专职画家、承德市群众艺术馆研究馆员、河北水彩画会名誉会长、河北省美术家协会顾问。画作有《早雾》《原始森林》《深山情》《山家》等。出版有《王信水彩画选辑》《王信水彩选集》《王信水彩画专辑》等。

J0044771

新苗 于志学作

哈尔滨 黑龙江美术出版社 1962年［1张］

76cm（2开）定价：CNY0.25

J0044772

新苗绿遍春色娇 沙更世作

哈尔滨 黑龙江美术出版社 1962年［1张］

76cm（2开）定价：CNY0.25

　　作者沙更世（1926— ），编辑。又名沙更思，浙江鄞县人。历任西泠印社会员、人民画报、人民美术出版社编辑、创作员，中央民族学院中国画教研室主任、硕士研究生工作室副主任、导师、教授，中国美术家协会、中国书法家协会会员。作品有《雪山浴日》《江山如此多娇》等。出版有《沙孟海篆刻集》《二十世纪书法经典——沙孟海卷》《沙更世书画篆刻选集》。

J0044773

新年乐 于海江作

哈尔滨 黑龙江美术出版社 1962年［1张］

76cm（2开）定价：CNY0.25

J0044774

新年乐 陈谷平，朱旭合作

南京 江苏人民出版社 1962年［1张］

76cm（2开）道林纸 定价：CNY0.25

　　作者陈谷平（1920— ），江苏扬州人。大学文化。原扬州市国画院画师。中国美术家协会江苏分会会员。擅长年画、国画。作品有《戏鱼图》《门画》等。

J0044775

新年乐 陈谷平，朱旭合作

南京 江苏人民出版社 1962年［1张］

76cm（2开）招贴纸 定价：CNY0.18

J0044776

新年乐 姜学炳作

北京 人民美术出版社 1962年［1张］

76cm（2开）定价：CNY0.18

J0044777

新渔樵耕读图 朱家安画

长春 吉林人民出版社 1962年［1张］

76cm（2开）定价：CNY0.25

J0044778

幸福图 叶德昌，韦江琼合作

武汉 湖北人民出版社 1962年［1张］

76cm（2 开）定价：CNY0.18

J0044779
幸福万年　　江籹作
重庆　重庆人民出版社 1962 年［1 张］
76cm（2 开）定价：CNY0.25

J0044780
幸福鸳鸯　　杨馥如作
上海　上海人民美术出版社 1962 年［1 张］
76cm（2 开）定价：CNY0.13

J0044781
兄弟民族访问井冈山　　唐稚云作
南昌　江西人民出版社 1962 年［1 张］
76cm（2 开）定价：CNY0.18

J0044782
绣春　　殷励箴，郑若泉作
合肥　安徽人民出版社 1962 年［1 张］
53cm（4 开）定价：CNY0.10

J0044783
薛仁贵大战越虎城
［天津］德裕公 1962 年［1 张］107cm（全开）

J0044784
学文化　爱劳动　　（桃花坞木刻年画）
南京　江苏人民出版社 1962 年 2 张 53cm（4 开）
定价：CNY0.18

J0044785
胭脂虎
［天津］德裕公 1962 年［1 张］53cm（4 开）

J0044786
燕嬉白头　　江寒汀作
上海　上海人民美术出版社 1962 年 2 张
78cm（2 开）定价：CNY0.34
　　作者江寒汀（1903—1963），花鸟画家、教育家。名上渔，又名渔，字寒汀、寒艇，号石溪，江苏常熟人。历任上海美术学院专科学校教师、上海中国画院画师、中国美术家协会会员、上海分会理事。出版有《江寒汀百兽图》《当代名画家江寒汀》《江寒汀百兽图画册》等。

J0044787
燕喜呈祥
天津　天津荣宝斋 1962 年［1 张］53cm（4 开）

J0044788
杨天真金陵解救王侯
天津　天津荣宝斋 1962 年［1 张］107cm（全开）

J0044789
养兔　　吴祯作
兰州　甘肃人民出版社 1962 年［1 张］
53cm（4 开）定价：CNY0.12

J0044790
瑶寨山高亲人来　　邵文锦作
天津　天津美术出版社 1962 年［1 张］
76cm（2 开）定价：CNY0.18
　　作者邵文锦（1931—　），画家。山东荣城人，毕业于中央美术学院绘画系。历任《天津画报》社、天津美术出版社编辑，天津杨柳青画社副社长、副总编、一级美术师，中国美术家协会会员、理事。作品有《春晖颂》《春风十里桃花香》《学习老英雄继续新长征》《匠门虎子》等。

J0044791
瑶寨山高亲人来
天津　天津荣宝斋 1962 年［1 张］107cm（全开）

J0044792
一个热鸡蛋　　柯明作
南京　江苏人民出版社 1962 年［1 张］
76cm（2 开）定价：CNY0.18
　　作者柯明（1922—2014），画家。就读于国立杭州艺术专科学校西画科。历任《新华日报》美术编辑、江苏人民出版社高级美术编审、中国美术家协会理事、少儿美术艺术委员会委员、中国出版工作者协会装帧艺术研究会常务理事。水墨画作品《阿福》《荷花灯》等。

J0044793
一九六三年春节年画缩样　　群益堂编
［武汉］群益堂［1962 年］1 册 13×19cm（32 开）

J0044794
一捧雪

[天津]德裕公 1962年[1张]53cm（4开）

J0044795

以农为荣 以农为乐　钟鸣天，吕幼安作
长沙 湖南人民出版社 1962年 1张 76cm（2开）
定价：CNY0.20

J0044796

英雄花　葛文山作
沈阳 辽宁美术出版社 1962年[1张]
76cm（2开）定价：CNY0.18

J0044797

莺莺听琴　邱小玉作
南昌 江西人民出版社 1962年[1张]
76cm（2开）定价：CNY0.18

J0044798

迎春　由甲申等作
沈阳 辽宁美术出版社 1962年[1张]
76cm（2开）定价：CNY0.13

J0044799

迎春床饰画　邓端和作
杭州 浙江人民美术出版社 1962年[1张]
定价：CNY0.50

J0044800

迎春床饰画　江南春，陈菊仙作
杭州 浙江人民美术出版社 1962年[1张]
定价：CNY0.50
　　作者陈菊仙（1929— ），女，浙江温州人。
毕业于中央美术学院华东分院。擅长年画。上
海人民美术出版社画家。主要作品有《捉麻雀》
《个个争当小雷锋》《共同富万家乐》等。著有《年
画述要》。

J0044801

迎春贴纸　（大方福、房门福、门楣条、迎禧接
福、窗花）江南春等作
上海 上海人民美术出版社 1962年[5张]
76cm（2开）定价：CNY0.18

J0044802

迎春贴纸　（房门画）江南春等作

上海 上海人民美术出版社 1962年[1张]
76cm（2开）定价：CNY0.18

J0044803

迎春贴纸　（灶画、柜画、缸画、床画、槽画、
窗花、对联）江南春等作
上海 上海人民美术出版社 1962年[8张]
76cm（2开）定价：CNY0.18

J0044804

迎丰收　李慕白作
石家庄 河北人民美术出版社 1962年[1张]
76cm（2开）定价：CNY0.12
　　作者李慕白（1913—1991），画家。生于浙江
海宁。历任中国民主同盟会成员、中国美术家协
会会员、上海人民美术出版社特约年画作者。出
版有《李慕白、金雪尘年画选集》。

J0044805

迎丰收　江南春，吴性清画；潘雨辰草图
上海 上海人民美术出版社 1962年 4张
53cm（4开）定价：CNY0.54

J0044806

迎丰收　江南春，吴性清画；潘雨辰草图
上海 上海人民美术出版社 1962年 1张
76cm（2开）定价：CNY0.54
　　作者吴性清（1933— ），女，编审。生于江
苏泰州，毕业于中央美术学院华东分院油画系。
历任上海人民美术出版社任创作员、中国美术
家协会会员。作品有《我们热爱毛主席》《胡笳
十八拍图卷》《关汉卿名剧选》等。

J0044807

迎节日　吴哲夫作
上海 上海人民美术出版社 1962年[1张]
76cm（2开）定价：CNY0.25
　　作者吴哲夫，画家。擅长年画。师从杭稺英，
在上海"稺英画室"工作，长期共事，集体创作，
被称为"杭派"月份牌画家。作品有《节日的食堂》
《向解放军叔叔致敬》《老手带新手》等。

J0044808

迎禧接福　江南春作
上海 上海人民美术出版社 1962年[1张]

107cm（全开）定价：CNY0.36

作有《武松打虎》《春江花月夜》《金鱼舞》。

J0044809

迎新春　郑旭生作

［西安］长安美术出版社　1962 年［1 张］
76cm（2 开）定价：CNY0.18

J0044810

迎新春　庆丰年　吴江冷作

广州　广东人民出版社　1962 年　1 张 53cm（4 开）
定价：CNY0.10

J0044811

应征服役　参军光荣　倪宝诚，朱鸿年作

郑州　河南人民出版社　1962 年　1 张 76cm（2 开）
定价：CNY0.18

　　作者倪宝诚（1935—　　），画家。山东临朐人。
历任河南省群众艺术馆研究员、中国美术家协会
会员、中国民间工艺学术委员会委员、河南人民
出版社美术编辑室主任、河南省群众艺术馆研究
员、河南省民间美术学会会长等职。作品有连环
画《红心》《跳轿》《大地回春》《保家卫国》等。
主编有《大河风——河南民间美术文集》《朱仙
镇门神》《玩具》《民间美术与现代美术》等著作。

J0044812

拥军优属　岑寻作

广州　广东人民出版社　1962 年　1 张 76cm（2 开）
定价：CNY0.18

J0044813

游行　李慕白作

上海　上海人民美术出版社　1962 年［1 张］
53cm（4 开）定价：CNY0.13

J0044814

游湖　李慕白，金雪尘作

上海　上海人民美术出版社　1962 年［1 张］
76cm（2 开）定价：CNY0.25

　　作者李慕白（1913—1991），画家。生于浙江
海宁。历任中国民主同盟会成员、中国美术家协
会会员、上海人民美术出版社特约年画作者。出
版《李慕白、金雪尘年画选集》。作者金雪尘
（1904—1996），画家。上海嘉定人。曾任上海图
片出版社、上海人民美术出版社特约记者。代表

J0044815

游鱼自乐

天津　天津荣宝斋　1962 年［1 张］53cm（4 开）

J0044816

鱼乐图　刘王斌作

上海　上海人民美术出版社　1962 年［1 张］
53cm（4 开）定价：CNY0.13

　　作者刘王斌（1921—　　），画家。湖南攸县人。
历任上海人民美术出版社副编审、上海美术家协
会会员、上海中山艺术院理事。代表作品有《鸭
司令》《沙恭达罗》《鱼乐图》《荷花童子舞》《鲤
鱼跳龙门》《欢欢喜喜》等。

J0044817

鱼龙变化

天津　天津荣宝斋　1962 年［1 张］53cm（4 开）

J0044818

鱼雁满船　莲菱满仓　张朗作

武汉　湖北人民出版社　1962 年　1 张 53cm（4 开）
定价：CNY0.10

J0044819

渔业丰收　（1–4）赵维，张镇照合作

济南　山东人民出版社　1962 年　4 张 53cm（4 开）
定价：CNY0.24

J0044820

宇宙锋　（梅兰芳戏曲）杨俊生作

上海　上海人民美术出版社　1962 年［1 张］
37×79cm　定价：CNY0.17

　　作者杨俊生（1909—1981），出生于安徽安
庆。曾任上海人民美术出版社、上海画版出版社
特约作者，上海美术家协会年画组组长等职。代
表作品有《岳母刺字》《夜战马超》《大闹天宫》
《贵妃醉酒》等。

J0044821

鸳鸯荷花　喻继高作

南京　江苏人民出版社　1962 年［1 张］
76cm（2 开）定价：CNY0.18

　　作者喻继高（1932—　　），国家一级美术师。

江苏铜山人，毕业于南京大学艺术系和南京师范学院美术系。江苏省国画院副院长、江苏省美术家协会副主席、中国画研究院委员、中国工笔画学会副会长、徐悲鸿奖学金委员会委员。代表作品有《梨花春雨》《玉兰锦鸡》《春江水暖》等。

J0044822

鸳鸯娃娃　齐方作

上海　上海人民美术出版社　1962年［1张］76cm（2开）定价：CNY0.25

J0044823

圆环操　姚中玉作

上海　上海人民美术出版社　1962年［1张］76cm（2开）定价：CNY0.18

J0044824

岳飞进军朱仙镇　宋忠元作

上海　上海人民美术出版社　1962年［1张］76cm（2开）定价：CNY0.16

作者宋忠元（1932—2013），教授。上海奉贤人，毕业于浙江美术学院，留校任教。历任中国美术学院教授、副院长，中国美术家协会理事，浙江美术家协会副主席，浙江省文联委员等职。代表作品《文成公主入藏图》《游春图》《邓白像》等。

J0044825

云中落绣鞋　李慕白，金雪尘合作

杭州　浙江人民美术出版社　1962年［1张］76cm（2开）定价：CNY0.18

J0044826

杂技　（1-4）陈冠真作

［武汉］群益堂　1962年　4张53cm（4开）定价：CNY0.36

J0044827

杂技集锦　徐寄萍作

上海　上海人民美术出版社　1962年［1张］76cm（2开）定价：CNY0.18

作者徐寄萍（1919—2005），上海人。曾任上海美术家协会会员、上海人民美术出版社特约年画作者等职。主要作品有《帮妈妈做事》《学雷锋做好事》《擦亮眼睛》等。

J0044828

长春图　刘旦宅作

上海　上海人民美术出版社　1962年［1张］76cm（2开）定价：CNY0.25

作者刘旦宅（1931—2011），教授、画家。原名浑，又名小粟，后改名旦宅，别名海云生。浙江温州人。曾在上海市大中国图书局、上海教育出版社、上海人民美术出版社绘画，任上海师范大学美术系主任。代表作品《曹雪芹生平》《琵琶行》《刘旦宅聊斋百图》《石头记人物画册》等。

J0044829

长江夺阿斗

［天津］德裕公　1962年［1张］107cm（全开）

J0044830

长命百岁　效梅作

［武汉］群益堂　1962年［1张］76cm（2开）定价：CNY0.18

J0044831

昭君出塞

天津　天津荣宝斋　1962年［1张］107cm（全开）

J0044832

珍珠塔　谢慕莲作

上海　上海人民美术出版社　1962年［1张］76cm（2开）定价：CNY0.25

作者谢慕莲（1918—1985），画家。浙江余姚人。曾受聘为上海画片出版社和上海人民美术出版社特约年画作者，中国美术家协会会员。代表作有《李香君》《霸王别姬》《杨家十二女将》等。

J0044833

志愿军英雄屏　（1-4）马乐群画；钱朴编文

上海　上海人民美术出版社　1962年　4张53cm（4开）定价：CNY0.36

作者马乐群（1933—　　），画家。上海人，曾在上海现代画室学习绘画及西洋美术史等。历任上海画片出版社年画创作员、上海美术出版社年画编辑。作品有《人民不允许浪费粮食的行为》《海防前线宣传员》《金杯红花传捷报》《激流勇进》等。

J0044834

志愿军英雄屏 （汉、藏文对照版）马乐群画；
钱朴编文

上海 上海人民美术出版社 1964 年 4 张
53cm（4 开）定价：CNY0.30

J0044835

志愿军英雄屏 （汉、朝文对照版）马乐群画；
钱朴编文

上海 上海人民美术出版社 1964 年 4 张
53cm（4 开）定价：CNY0.30

J0044836

志愿军英雄屏 （汉、傣纳、景颇、傈僳文对照
版）马乐群画；钱朴编文

上海 上海人民美术出版社 1964 年 4 张
53cm（4 开）定价：CNY0.30

J0044837

志愿军英雄屏 （汉、哈文对照版）马乐群画；
钱朴编文

上海 上海人民美术出版社 1964 年 4 张
53cm（4 开）定价：CNY0.30

J0044838

志愿军英雄屏 （汉、蒙文对照版）马乐群画；
钱朴编文

上海 上海人民美术出版社 1964 年 4 张
53cm（4 开）定价：CNY0.30

J0044839

志愿军英雄屏 （汉、僮文对照版）马乐群画；
钱朴编文

上海 上海人民美术出版社 1964 年 4 张
53cm（4 开）定价：CNY0.30

J0044840

志愿军英雄屏 （汉、维文对照版）马乐群画；
钱朴编文

上海 上海人民美术出版社 1964 年 4 张
53cm（4 开）定价：CNY0.30

J0044841

治山造林频报喜 理水修渠庆有余 邵声
朗作

武汉 湖北人民出版社 1962 年 1 张 76cm（2 开）
定价：CNY0.18

作者邵声朗（1931—2014），著名山水画家。
湖北仙桃人，毕业于中央美术学院。历任《湖北
日报》美术编辑，湖北艺术学院美术系副主任、
副教授，湖北美术学院教授、研究生导师，湖北
书画院副院长，湖北省美术家协会理事，湖北省
书法家协会常务理事，湖北书画院副院长等。代
表作品年画《登高图》，门画《开渠造林》，国画
《红杏枝头春意闹》《汲》《农忙季节》等。

J0044842

智激黄忠双取定军山

南京 江苏人民出版社 1962 年［1 张］
53cm（4 开）定价：CNY0.10

J0044843

忠义堂

［天津］德裕公 1962 年［1 张］107cm（全开）

J0044844

忠义堂

南京 江苏人民出版社 1962 年［1 张］
53cm（4 开）定价：CNY0.10

J0044845

重耳走国楚成王打猎

［天津］德裕公 1962 年［1 张］107cm（全开）

J0044846

朱德爷爷种的大冬瓜 方洞作

天津 天津美术出版社 1962 年［1 张］
76cm（2 开）定价：CNY0.25

J0044847

竹林七贤

［天津］德裕公 1962 年［1 张］107cm（全开）

J0044848

子鱼同欢

天津 天津荣宝斋 1962 年［1 张］53cm（4 开）

J0044849

姊妹们的骄傲 宋恩厚，单恂作

武汉 湖北人民出版社 1962 年［1 张］

76cm（2开）定价：CNY0.18

J0044850
最珍贵的礼品　陈克健作
兰州 甘肃人民出版社 1962 年［1 张］
37×79cm 定价：CNY0.15

J0044851
做个有礼貌的好孩子　葛文作
沈阳 辽宁美术出版社 1962 年［1 张］
76cm（2开）定价：CNY0.12

J0044852
做荷包　范振家作
天津 天津美术出版社 1962 年［1 张］
76cm（2开）定价：CNY0.18

J0044853
做毛主席的好孩子　陈望秋，冯一鸣作
天津 天津美术出版社 1962 年［1 张］
76cm（2开）定价：CNY0.25

J0044854
爱劳动 爱清洁　陈菊仙，王伟戌作
上海 上海人民美术出版社 1963 年
76cm（2开）定价：CNY0.18
　　作者陈菊仙（1929— ），女，浙江温州人。毕业于中央美术学院华东分院。擅长年画。上海人民美术出版社画家。主要作品有《捉麻雀》《个个争当小雷锋》《共同富万家乐》等。著有《年画述要》。

J0044855
爱清洁　马乐群作
杭州 浙江人民美术出版社 1963 年
76cm（2开）定价：CNY0.18

J0044856
爱学习 讲卫生　曹辉禄作
成都 四川人民出版社 1963 年 1 张 76cm（2开）
定价：CNY0.18

J0044857
爱祖国　范林根作
上海 上海人民美术出版社 1963 年

76cm（2开）精印镶边 定价：CNY0.18

J0044858
八百秋千
天津 天津杨柳青画店 1963 年 54cm（4开）
定价：CNY0.10

J0044859
八百长寿
天津 天津杨柳青画店 1963 年 54cm（4开）
定价：CNY0.10

J0044860
八扯图
天津 天津杨柳青画店 1963 年 108cm（全开）
定价：CNY0.28

J0044861
八门金锁阵
天津 天津杨柳青画店 1963 年 108cm（全开）
定价：CNY0.28

J0044862
八月的金银滩　（汉、蒙、藏、哈文对照）郭世清作
兰州 甘肃民族出版社 1963 年 76cm（2开）
定价：CNY0.18

J0044863
八子嬉鱼图　（群益堂年画）刘王斌作
武汉 群益堂 1963 年 76cm（2开）
定价：CNY0.18
　　作者刘王斌（1921— ），画家。湖南攸县人。历任上海人民美术出版社副编审、上海美术家协会会员、上海中山艺术院理事。代表作品有《鸭司令》《沙恭达罗》《鱼乐图》《荷花童子舞》《鲤鱼跳龙门》《欢欢喜喜》等。

J0044864
白毛女　（连环画片）林涛作；李万章，王福安刻
［衡水］河北武强画店 1963 年

J0044865
白娘娘与许仙　金梅生作

上海 上海人民美术出版社 1963 年
76cm（2 开）精印镶边 定价：CNY0.50

作者金梅生（1902—1989），画家。别名石摩，上海人。曾于商务印书馆美术科专门从事月份牌绘画，上海市文史馆馆员、上海人民美术出版社特约年画家。作品有《新中国的歌声》《秀女饲养员》《花木兰》等。

J0044866
白蛇传　金肇芳作
天津 天津美术出版社 1963 年 76cm（2 开）
定价：CNY0.18

J0044867
白蛇传
天津 天津杨柳青画店 1963 年 108cm（全开）
定价：CNY0.28

J0044868
百花齐放 万象更新　霍起作
广州 广东人民出版社 1963 年 1 张 76cm（2 开）
定价：CNY0.18

J0044869
百花齐放 万象更新　霍起作
广州 广东人民出版社 1963 年 1 张 54cm（4 开）
定价：CNY0.10

J0044870
百花园里出新人　张碧梧作
上海 上海人民美术出版社 1963 年
76cm（2 开）定价：CNY0.18

作者张碧梧（1905—1987），画家。江苏江阴人。曾任上海人民美术出版社特约年画作者、中国美术家协会会员。代表作品有《百万雄师渡长江》《养小鸡捐飞机》等。

J0044871
百万雄师渡长江　（汉、藏文对照版）张碧梧作
上海 上海人民美术出版社 1963 年
76cm（2 开）定价：CNY0.18

J0044872
百万雄师渡长江　（汉、朝文对照版）张碧

梧作
上海 上海人民美术出版社 1963 年
76cm（2 开）定价：CNY0.18

J0044873
百万雄师渡长江　（汉、傣仂、拉祜文对照版）张碧梧作
上海 上海人民美术出版社 1963 年
76cm（2 开）定价：CNY0.18

J0044874
百万雄师渡长江　（汉、傣纳、景颇文对照版）张碧梧作
上海 上海人民美术出版社 1963 年
76cm（2 开）定价：CNY0.18

J0044875
百万雄师渡长江　（汉、傈僳文对照版）张碧梧作
上海 上海人民美术出版社 1963 年
76cm（2 开）定价：CNY0.18

J0044876
百万雄师渡长江　（汉、蒙文对照版）张碧梧作
上海 上海人民美术出版社 1963 年
76cm（2 开）定价：CNY0.18

J0044877
百万雄师渡长江　（汉、僮文对照版）张碧梧作
上海 上海人民美术出版社 1963 年
76cm（2 开）定价：CNY0.18

J0044878
百万雄师渡长江　（汉、佤文对照版）张碧梧作
上海 上海人民美术出版社 1963 年
76cm（2 开）定价：CNY0.18

J0044879
百万雄师渡长江　（汉、维、哈文对照版）张碧梧作
上海 上海人民美术出版社 1963 年
76cm（2 开）定价：CNY0.18

J0044880
百子富贵
天津　天津杨柳青画店　1963 年　108cm（全开）
定价：CNY0.28

J0044881
拜师　丁宁原作
济南　山东人民出版社　1963 年　76cm（2 开）
定价：CNY0.18
　　作者丁宁原（1939—　），山东青州人。毕业于山东艺术专科学校美术系。中国美术家协会会员、山东省美术家协会副主席、山东师范大学艺术系教授。主要作品有《重见光明》《出工》《胜似春光》《灵岩秋色》。出版《丁宁原速写作品》《丁宁原俄罗斯写生》等。

J0044882
拜月记
长沙　湖南人民出版社　1963 年　76cm（2 开）
定价：CNY0.18

J0044883
办年货　（汉、蒙文对照）刘嵩柏作
呼和浩特　内蒙古人民出版社　1963 年
38cm（6 开）定价：CNY0.09

J0044884
宝宝爱清洁　黄妙发作
上海　上海人民美术出版社　1963 年
76cm（2 开）定价：CNY0.18
　　作者黄妙发（1938—　），别名年丰，江苏常熟人。擅长年画。曾任上海人民美术出版社年画宣传画编辑室副主任。作品有年画《喜临门》《我爱中华》《儿童附捐邮票一套》（两枚）等。

J0044885
宝宝又重了三斤　（群益堂年画）马乐群作
武汉　群益堂　1963 年　76cm（2 开）
定价：CNY0.18
　　作者马乐群（1933—　），画家。上海人，曾在上海现代画室学习绘画及西洋美术史等。历任上海画片出版社年画创作员、上海美术出版社年画编辑。作品有《人民不允许浪费粮食的行为》《海防前线宣传员》《金杯红花传捷报》《激流勇进》等。

J0044886
宝莲灯　李慕白，金雪尘作
银川　宁夏回族自治区人民出版社　1963 年
76cm（2 开）定价：CNY0.18

J0044887
保丰收　陶天月作
合肥　安徽人民出版社　1963 年　76cm（2 开）
定价：CNY0.18

J0044888
保卫果实
［开封］开封市朱仙镇年画社　1963 年

J0044889
保卫和平
［开封］开封市朱仙镇年画社　1963 年

J0044890
保卫和平　努力生产　李国衡画
长春　吉林人民出版社　1963 年　1 张 76cm（2 开）
定价：CNY0.18

J0044891
保卫生产　保卫祖国　孔樱作
昆明　云南人民出版社　1963 年　1 张 76cm（2 开）
定价：CNY0.18

J0044892
保卫祖国
天津　天津杨柳青画店　1963 年　76cm（2 开）
定价：CNY0.28

J0044893
保卫祖国　建设祖国　冯国琳作
沈阳　辽宁美术出版社　1963 年　2 张 39cm（8 开）
定价：CNY0.12
　　作者冯国琳（1932—　），画家。曾用名玉林，辽宁沈阳人，毕业于东北鲁迅文艺学院美术部。历任东北画报社记者、创作员、编辑、副编审，中国美术家协会会员，辽宁省年画学会理事。作品有《花为媒》《笔中情》《耕读育新人》《红楼梦》等。

J0044894

北京风景　上海人民美术出版社编
上海　上海人民美术出版社　1963 年
76cm（2 开）定价：CNY0.18

J0044895

闭月羞花
天津　天津杨柳青画店　1963 年　54cm（4 开）
定价：CNY0.10

J0044896

博古屏　（1-4）何逸梅作
上海　上海人民美术出版社　1963 年　4 张
54cm（4 开）定价：CNY0.36

　　作者何逸梅（1894—1972），画家。号明斋。
江苏吴县（今属苏州）人。上海商务印书馆图画
部第一批练习生之一。主要从事月份牌画创作，
兼作工商装潢美术设计。

J0044897

渤海渔歌　苏国景，周廷波合作
沈阳　辽宁美术出版社　1963 年　76cm（2 开）
定价：CNY0.18

J0044898

补网　陈辅作
济南　山东人民出版社　1963 年　76cm（2 开）
定价：CNY0.18

J0044899

捕蝶　张大昕作
天津　天津美术出版社　1963 年　76cm（2 开）
定价：CNY0.18

J0044900

不让它吹倒　邵克萍，吴哲夫作
上海　上海人民美术出版社　1963 年
76cm（2 开）定价：CNY0.18

　　作者吴哲夫，画家。擅长年画。师从杭穉英，
在上海"穉英画室"工作，长期共事，集体创作，
被称为"杭派"月份牌画家。作品有《节日的食堂》
《向解放军叔叔致敬》《老手带新手》等。

J0044901

采莲　李慕白，金雪尘作

上海　上海人民美术出版社　1963 年　76cm（2 开）
定价：CNY0.18，CNY0.50（精印镶边）

　　作者金雪尘（1904—1996），画家。上海嘉定
人。曾任上海图片出版社、上海人民美术出版社
特约记者。代表作有《武松打虎》《春江花月夜》
《金鱼舞》。

J0044902

采莲　罗恩华作
成都　四川人民出版社　1963 年　54cm（4 开）
定价：CNY0.10

J0044903

采棉乐　聂南溪作
长沙　湖南人民出版社　1963 年　76cm（2 开）
定价：CNY0.18

　　作者聂南溪（1934—2011），中国画大师。湖
南人。历任湖南师范大学艺术学院院长、教授，
中国美术家协会会员，国家教委艺术教育委员会
委员等。作品有《藏女》《赶场去》《品优图》《武
陵情》等。出版有《聂南溪白描人物选》《聂南溪
中国画集》。

J0044904

彩车送货来　李明强作
兰州　甘肃人民出版社　1963 年　76cm（2 开）
定价：CNY0.18

J0044905

蚕茧丰收　王宏喜作
南京　江苏人民出版社　1963 年　54cm（4 开）
定价：CNY0.10

J0044906

草原兴居　（汉、蒙、藏、哈文对照）姜豪作
兰州　甘肃民族出版社　1963 年　76cm（2 开）
定价：CNY0.18

J0044907

茶花　肖士英作
昆明　云南人民出版社　1963 年　78cm（2 开）
定价：CNY0.12

J0044908

茶花　（1-4）肖士英作

昆明　云南人民出版社　1963 年　4 张 54cm（4 开）
定价：CNY0.50

J0044909
朝春图　何逸梅作
上海　上海人民美术出版社　1963 年
76cm（2 开）定价：CNY0.18
　　作者何逸梅（1894—1972），画家。号明斋。
江苏吴县（今属苏州）人。上海商务印书馆图画
部第一批练习生之一。主要从事月份牌画创作，
兼作工商装潢美术设计。

J0044910
沉鱼落雁
天津　天津杨柳青画店　1963 年　54cm（4 开）
定价：CNY0.10

J0044911
陈三磨镜　王柳影，黄子希作
福州　福建人民出版社　1963 年　76cm（2 开）
定价：CNY0.18
　　作者王柳影（1917—　　），画家。浙江湖州人。
曾任苏州美术专科学校沪校国画专修科教授、上
海市美术家协会会员、上海市文史研究馆馆员。
擅长人物、山水、走兽、花鸟等。作品有《杨贵
妃 沉香亭》《九如图》《螺祖育蚕图》（与友人合
作）等。

J0044912
城里来的好姑娘　丁成弼作
长沙　湖南人民出版社　1963 年　76cm（2 开）
定价：CNY0.18

J0044913
乘龙驾凤 粮棉丰收　赵宋生，美群作
昆明　云南人民出版社　1963 年　1 张 78cm（2 开）
定价：CNY0.12

J0044914
程咬金搬兵
天津　天津杨柳青画店　1963 年　108cm（全开）
定价：CNY0.28

J0044915
春　（1–4 汉、僮文对照）刘宇一作

南宁　广西僮族自治区人民出版社　1963 年　4 张
54cm（4 开）定价：CNY0.50（甲种），CNY0.36
（乙种）

J0044916
春　许敦谷作
昆明　云南人民出版社　1963 年　76cm（2 开）
定价：CNY0.25

J0044917
春风得意　黄继明作
武汉　湖北人民出版社　1963 年　76cm（2 开）
定价：CNY0.18

J0044918
春华秋实　吴家华作
北京　人民美术出版社　1963 年　76cm（2 开）
定价：CNY0.18

J0044919
春回大地 万象更新　江南春作
上海　上海人民美术出版社　1963 年　1 张
76cm（2 开）定价：CNY0.18

J0044920
春来早耕地 秋后多打粮　杨志坚作
南京　江苏人民出版社　1963 年　1 张 54cm（4 开）
定价：CNY0.12

J0044921
春满山乡　蒋孝游，陶天月作
合肥　安徽人民出版社　1963 年　76cm（2 开）
定价：CNY0.18

J0044922
春牛图　彭志雄作
长沙　湖南人民出版社　1963 年　76cm（2 开）
定价：CNY0.18

J0044923
春暖犊儿肥　范振家作
上海　上海人民美术出版社　1963 年
76cm（2 开）定价：CNY0.18

J0044924

春暖花开　付凌云作

郑州　河南人民出版社　1963 年　76cm（2 开）

定价：CNY0.18

J0044925

春暖早出勤　范振家作

天津　天津美术出版社　1963 年　76cm（2 开）

定价：CNY0.18

J0044926

春香传　（1-4）李成勋画；刘光编文

沈阳　辽宁美术出版社　1963 年　4 张 54cm（4 开）

定价：CNY0.36

根据电影故事改编的

J0044927

春种千亩地　秋收万车粮　杨志印作

兰州　甘肃人民出版社　1963 年　1 张 54cm（4 开）

定价：CNY0.10

J0044928

刺绣图　吉梅魂作

广州　广东人民出版社　1963 年　76cm（2 开）

定价：CNY0.18

J0044929

崔莹会见罗盛教的双亲　陈白一作

长沙　湖南人民出版社　1963 年　76cm（2 开）

定价：CNY0.18

作者陈白一（1926—2014），美术师。湖南邵阳人，毕业于华中艺术专科学校。历任湖南书画研究院院长、中国当代工笔画学会副会长、湖南省美术家协会顾问、湖南师范大学艺术学院客座教授。代表作品《听壁脚》《喜丰收》《工农联盟》等。

J0044930

打草　（汉、蒙文对照）官布作

呼和浩特　内蒙古人民出版社　1963 年　38cm（6 开）定价：CNY0.09

作者官布（1928—2013），蒙古族，画家。毕业于齐齐哈尔军政大学。历任中国美术家协会第二、三、四届理事，北京海峡两岸书画家联谊会常务理事、常务副主席。代表作品有《傍晚》

《读毛主席的书》《草原小姐妹》《壶口瀑布》《万马奔腾》等。

J0044931

打草场上　（汉、蒙文对照）旺亲作

呼和浩特　内蒙古人民出版社　1963 年　54cm（4 开）定价：CNY0.10

J0044932

打电话　忻礼良作

上海　上海人民美术出版社　1963 年　76cm（2 开）精印镶边　定价：CNY0.50

作者忻礼良（1913—？），浙江鄞县人。擅长年画。曾任上海画片出版社特约作者、上海人民美术出版社创作人员等职。代表作品有《毛主席和我们在一起》《姑嫂选笔》《拾到五分钱》等。

J0044933

打韩昌

天津　天津杨柳青画店　1963 年　54cm（4 开）

定价：CNY0.10

J0044934

打猎图《团结生威力，打虎在齐心》　邵文锦作

天津　天津美术出版社　1963 年　76cm（2 开）

定价：CNY0.18

作者邵文锦（1931—　）。画家。山东荣城人，毕业于中央美术学院绘画系。历任《天津画报》社、天津美术出版社编辑，天津杨柳青画社副社长、副总编、一级美术师，中国美术家协会会员、理事。作品有《春晖颂》《春风十里桃花香》《学习老英雄继续新长征》《匠门虎子》等。

J0044935

打龙袍

天津　天津杨柳青画店　1963 年　54cm（4 开）

定价：CNY0.10

J0044936

大办农业　大办粮食　李希玉作

兰州　甘肃人民出版社　1963 年　2 张 39cm（8 开）

定价：CNY0.10

J0044937
大办农业 五谷丰登　王捷三，靳冠山作
太原 山西人民出版社 1963年 2张 54cm（4开）
定价：CNY0.18

J0044938
大观园游莲花池
天津 天津杨柳青画店 1963年 108cm（全开）
定价：CNY0.28

J0044939
大花瓶　左战勤刻
[石家庄] 河北武强画店 1963年 76cm（2开）
定价：CNY0.10

J0044940
大井朝晖　吴齐作
南昌 江西人民出版社 1963年 39cm（4开）
定价：CNY0.06

J0044941
大力支援农业 争取粮食丰收　于雁，朱迪
作作
合肥 安徽人民出版社 1963年 1张 76cm（2开）
定价：CNY0.20

J0044942
大马戏集锦　汤时芳作
天津 天津美术出版社 1963年 76cm（2开）
定价：CNY0.18

J0044943
大马戏团　汤时芳作
上海 上海人民美术出版社 1963年
76cm（2开）定价：CNY0.18

J0044944
大团结舞　姜学炳作
杭州 浙江人民美术出版社 1963年
76cm（2开）定价：CNY0.18

J0044945
大鱼图　阿春作
上海 上海人民美术出版社 1963年
76cm（2开）定价：CNY0.18

J0044946
大禹治水　刘旦宅作
上海 上海人民美术出版社 1963年
76cm（2开）定价：CNY0.18
　　作者刘旦宅（1931—2011），教授、画家。原名浑，又名小粟，后改名旦宅，别名海云生。浙江温州人。曾在上海市大中国图书局、上海教育出版社、上海人民美术出版社绘画，任上海师范大学美术系主任。代表作品《曹雪芹生平》《琵琶行》《刘旦宅聊斋百图》《石头记人物画册》等。

J0044947
黛玉抚琴　吴少云作
上海 上海人民美术出版社 1963年
76cm（2开）定价：CNY0.18

J0044948
第一代上学　范林根作
武汉 湖北人民出版社 1963年 76cm（2开）
定价：CNY0.18

J0044949
电工伯伯来了　高同宝作
石家庄 河北人民美术出版社 1963年
76cm（2开）定价：CNY0.18
　　作者高同宝（1937— ），美术编辑。曾用笔名高鹏，河北晋州市人，毕业于河北美术学院（现天津美术学院）。曾在河北美术出版社、河北教育出版社做美术编辑。主要作品有《无底洞》《龙宫借宝》《流沙河》《高同宝画集》等。

J0044950
蝶恋花　程甲锐作
哈尔滨 黑龙江美术出版社 1963年
76cm（2开）定价：CNY0.18

J0044951
东吴招亲　（1-4）卜孝怀画
长春 吉林人民出版社 1963年 4张 54cm（4开）
定价：CNY0.50
　　作者卜孝怀（1904—1969），画家。河北安国人，又名卜宪中、卜广中，毕业于北京大学艺术学院。曾任人民美术出版社创作室创作员、中国画院兼职画家、中国美术家协会会员等。代表作品有连环画《刘巧团圆》《水浒》《闹江州》等。

J0044952
东吴招亲
天津　天津杨柳青画店　1963 年　108cm（全开）
定价：CNY0.28

J0044953
侗寨三月　（汉、僮文对照）陈素春，曾日文作
南宁　广西僮族自治区人民出版社　1963 年
76cm（2 开）定价：CNY0.18

J0044954
逗双狮
天津　天津杨柳青画店　1963 年　54cm（4 开）
定价：CNY0.10

J0044955
逗娃娃　吴性清，叶文西作
上海　上海人民美术出版社　1963 年　76cm（2 开）
定价：CNY0.18，CNY0.50（精印镶边）
　　作者吴性清（1933—　　），女，编审。生于江苏泰州，毕业于中央美术学院华东分院油画系。历任上海人民美术出版社创作员、中国美术家协会会员。作品有《我们热爱毛主席》《胡笳十八拍图卷》《关汉卿名剧选》等。

J0044956
锻炼身体　人人强壮　（汉、藏文对照版）王柳影作
上海　上海人民美术出版社　1963 年
76cm（2 开）定价：CNY0.18
　　作者王柳影（1917—　　），画家。浙江湖州人。曾任苏州美术专科学校沪校国画专修科教授、上海市美术家协会会员、上海市文史研究馆馆员。擅长人物、山水、走兽、花鸟等。作品有《杨贵妃·沉香亭》《九如图》《螺祖育蚕图》（与友人合作）等。

J0044957
锻炼身体　人人强壮　（汉、朝文对照版）王柳影作
上海　上海人民美术出版社　1963 年
76cm（2 开）定价：CNY0.18

J0044958
锻炼身体　人人强壮　（汉、傣仂、拉祜文对照版）王柳影作
上海　上海人民美术出版社　1963 年
76cm（2 开）定价：CNY0.18

J0044959
锻炼身体　人人强壮　（汉、傣纳、景颇文对照版）王柳影作
上海　上海人民美术出版社　1963 年
76cm（2 开）定价：CNY0.18

J0044960
锻炼身体　人人强壮　（汉、傈僳文对照版）王柳影作
上海　上海人民美术出版社　1963 年
76cm（2 开）定价：CNY0.18

J0044961
锻炼身体　人人强壮　（汉、蒙文对照版）王柳影作
上海　上海人民美术出版社　1963 年
76cm（2 开）定价：CNY0.18

J0044962
锻炼身体　人人强壮　（汉、僮文对照版）王柳影作
上海　上海人民美术出版社　1963 年
76cm（2 开）定价：CNY0.18

J0044963
锻炼身体　人人强壮　（汉、维、哈文对照版）王柳影作
上海　上海人民美术出版社　1963 年
76cm（2 开）定价：CNY0.18

J0044964
多福多寿多男子
天津　天津杨柳青画店　1963 年　108cm（全开）
定价：CNY0.28

J0044965
朵朵鲜花献英雄　金梅生作
上海　上海人民美术出版社　1963 年
76cm（2 开）精印镶边　定价：CNY0.50
　　作者金梅生（1902—1989），画家。别名石摩，上海人。曾于商务印书馆美术科专门从事月份

牌绘画，上海市文史馆馆员、上海人民美术出版社特约年画家。作品有《新中国的歌声》《秀女饲养员》《花木兰》等。

J0044966
朵朵鲜花献英雄 （汉、藏文对照版）金梅生作
上海 上海人民美术出版社 1964 年［1 张］
76cm（2 开）定价：CNY0.15

J0044967
朵朵鲜花献英雄 （汉、朝文对照版）金梅生作
上海 上海人民美术出版社 1964 年［1 张］
76cm（2 开）定价：CNY0.15

J0044968
朵朵鲜花献英雄 （汉、傣纳、傣仂、景颇、拉祜、傈僳、佤文对照版）金梅生作
上海 上海人民美术出版社 1964 年［1 张］
76cm（2 开）定价：CNY0.15

J0044969
朵朵鲜花献英雄 （汉、蒙文对照版）金梅生作
上海 上海人民美术出版社 1964 年［1 张］
76cm（2 开）定价：CNY0.15

J0044970
朵朵鲜花献英雄 （汉、僮文对照版）金梅生作
上海 上海人民美术出版社 1964 年［1 张］
76cm（2 开）定价：CNY0.15

J0044971
朵朵鲜花献英雄 （汉、维、哈、锡伯文对照版）金梅生作
上海 上海人民美术出版社 1964 年［1 张］
76cm（2 开）定价：CNY0.15

J0044972
朵朵鲜花献英雄 金梅生作
上海 上海人民美术出版社 1984 年
76cm（2 开）定价：CNY0.16

J0044973
朵朵鲜花献英雄 金梅生作
上海 上海人民美术出版社 1994 年 1 张
77×53cm 定价：CNY1.25

J0044974
儿歌 吴性清画；拾风配诗
上海 上海人民美术出版社 1963 年
76cm（2 开）定价：CNY0.18

J0044975
儿童钓鱼
天津 天津杨柳青画店 1963 年 54cm（4 开）
定价：CNY0.10

J0044976
发愤图强 柳文田作
合肥 安徽人民出版社 1963 年 76cm（2 开）
定价：CNY0.18

J0044977
繁荣的村镇 徐启雄作
北京 人民美术出版社 1963 年 76cm（2 开）
定价：CNY0.18

J0044978
贩马记 谢慕莲作
上海 上海人民美术出版社 1963 年
76cm（2 开）定价：CNY0.18

J0044979
丰乐图 黄胄作
北京 人民美术出版社 1963 年 76cm（2 开）
定价：CNY0.18
作者黄胄(1925—1997)，画家、社会活动家、收藏家。字映斋，河北蠡县人。历任总政治部文化部创作员、中国画研究院副院长、中国美术家协会常务理事等。代表作品有《洪荒风雪》《巡逻图》等，出版有《黄胄书画论》《黄胄作品集》《黄胄谈艺术》等。

J0044980
丰收 肖举文作
成都 四川人民出版社 1963 年 54cm（4 开）
定价：CNY0.10

J0044981
丰收场上斗山歌　陈政民，陈政趾合作
广州　广东人民出版社　1963 年　76cm（2 开）
定价：CNY0.18

J0044982
丰收的欢乐　樊德康作
南昌　江西人民出版社　1963 年　76cm（2 开）
定价：CNY0.18

J0044983
丰收歌　袁双印作
哈尔滨　黑龙江美术出版社　1963 年
76cm（2 开）定价：CNY0.18

J0044984
丰收归来　陈强作
上海　上海人民美术出版社　1963 年
76cm（2 开）定价：CNY0.18

J0044985
丰收乐　于雁，朱迪作
合肥　安徽人民出版社　1963 年　76cm（2 开）
定价：CNY0.18

J0044986
丰收乐　赵贵德作
石家庄　河北人民美术出版社　1963 年
76cm（2 开）定价：CNY0.18
　　作者赵贵德（1937—　），满族、国家一级美
术师。生于北京。历任中国美术家协会理事、河
北省美术家协会名誉主席。代表作品有《激流》
《春潮》《大风歌》《神骏图》等，著有《怎样才能
画好速写》。

J0044987
丰收乐　陈强作
南京　江苏人民出版社　1963 年　76cm（2 开）
定价：CNY0.18

J0044988
丰收喜报　翁元章作
合肥　安徽人民出版社　1963 年　76cm（2 开）
定价：CNY0.18

J0044989
丰收喜迎毛主席　胡忠元作
沈阳　辽宁美术出版社　1963 年　38cm（8 开）
定价：CNY0.08

J0044990
丰收在望　（汉、蒙、藏、哈文对照）苏朗作
兰州　甘肃民族出版社　1963 年　76cm（2 开）
定价：CNY0.18
　　作者苏朗（1938—　），画家。原名严国保，
湖北武汉人。就读于武昌艺术师范学院和西北
师范学院艺术系。历任中国美术家协会会员、甘
肃人民出版社副编审。代表作品有《黄河渡》《煦
风吹不尽》《奶站笑语》等。

J0044991
枫洛池　（1-4）王天一作
兰州　甘肃人民出版社　1963 年　4 张 54cm（4 开）
定价：CNY0.36
　　作者王天一（1926—　），古筝理论家、教育
家。甘肃画院副院长、中国美术家协会会员、一
级美术家。

J0044992
凤凰来仪
天津　天津杨柳青画店　1963 年　108cm（全开）
定价：CNY0.28

J0044993
凤凰山救赵匡胤
天津　天津杨柳青画店　1963 年　108cm（全开）
定价：CNY0.28

J0044994
夫妻学文化　（汉、藏文对照）朱乃正作
西宁　青海人民出版社　1963 年　76cm（2 开）
定价：CNY0.25
　　作者朱乃正（1935—2013），教授。浙江海
盐人，毕业于中央美术学院。历任中央美术学院
学术委员会主任、教授，中国美术家协会理事。
代表作品有《金色的季节》《春华秋实》《青海
长云》。

J0044995
福

[开封] 开封市朱仙镇年画社 1963 年

J0044996
福囍屏 （1-2）都冰如作
上海 上海人民美术出版社 1963 年 2 张
54cm（4 开）定价：CNY0.18
　　作者都冰如（1903—1987），编辑。字能，别
署九五客，浙江海宁人，毕业于上海专科师范学
校。历任商务印书馆、香港商务《东方画报》《健
与力》美术编辑，四川重庆国立劳作师范学校美
术教师，上海文史馆馆员等职。作品有《长恨歌》
《正气歌》《万马奔腾》。

J0044997
赶集 吕学勤作
郑州 河南人民出版社 1963 年 1 张 76cm（2 开）
定价：CNY0.18
　　作者吕学勤（1936—1993），画家。别名理园，
山东临朐人。历任中国美术家协会理事、山东美
术家协会副主席、山东省美术馆一级美术师。代
表作品有《雨后江山分外明》《春风得意图》《科
研小组》等。

J0044998
赶集归来 邵晶坤作
北京 人民美术出版社 1963 年 76cm（2 开）
定价：CNY0.18

J0044999
干群是一家
[开封] 开封市朱仙镇年画社 1963 年

J0045000
缸鱼 姜毅然作
天津 天津美术出版社 1963 年 78cm（2 开）
定价：CNY0.12

J0045001
羔肥娃娃壮 （汉、蒙文对照）那木斯赉作
呼和浩特 内蒙古人民出版社 1963 年
76cm（2 开）定价：CNY0.25

J0045002
歌日 （汉、僮文对照）刘宇一作
南宁 广西僮族自治区人民出版社 1963 年

76cm（2 开）定价：CNY0.18

J0045003
歌颂新人新社会 辉映红旗红太阳 （上、下
联 卷轴）孙止斋书
[天津] 德裕公 1963 年 [2 轴]

J0045004
歌舞庆丰年 （1-4）李春画
沈阳 辽宁美术出版社 1963 年 4 张 54cm（4 开）
定价：CNY0.36

J0045005
革命的友谊 （亚洲、非洲、拉丁美洲朋友们
参观中国人民革命军事博物馆）沈家琳作
上海 上海人民美术出版社 1963 年 76cm（2 开）
定价：CNY0.18，CNY0.50（精印镶边）

J0045006
革命的友谊 （亚洲、非洲、拉丁美洲朋友们
参观中国人民革命军事博物馆 汉、藏文对照
版）沈家琳作
上海 上海人民美术出版社 1964 年 [1 张]
76cm（2 开）定价：CNY0.15

J0045007
革命的友谊 （亚洲、非洲、拉丁美洲朋友们
参观中国人民革命军事博物馆 汉、朝文对照
版）沈家琳作
上海 上海人民美术出版社 1964 年 [1 张]
76cm（2 开）定价：CNY0.15

J0045008
革命的友谊 （亚洲、非洲、拉丁美洲朋友们
参观中国人民革命军事博物馆 汉、哈文对照
版）沈家琳作
上海 上海人民美术出版社 1964 年 [1 张]
76cm（2 开）定价：CNY0.15

J0045009
革命的友谊 （亚洲、非洲、拉丁美洲朋友们
参观中国人民革命军事博物馆 汉、蒙文对照
版）沈家琳作
上海 上海人民美术出版社 1964 年 [1 张]
76cm（2 开）定价：CNY0.15

J0045010
革命的友谊 （亚洲、非洲、拉丁美洲朋友们参观中国人民革命军事博物馆　汉、僮文对照版）沈家琳作
上海　上海人民美术出版社　1964 年［1 张］76cm（2 开）定价：CNY0.15

J0045011
革命的友谊 （亚洲、非洲、拉丁美洲朋友们参观中国人民革命军事博物馆　汉、维文对照版）沈家琳作
上海　上海人民美术出版社　1964 年［1 张］76cm（2 开）定价：CNY0.15

J0045012
革命的友谊 （亚洲、非洲、拉丁美洲朋友们参观中国人民革命军事博物馆　汉、锡伯文对照版）沈家琳作
上海　上海人民美术出版社　1964 年［1 张］76cm（2 开）定价：CNY0.15

J0045013
革命家庭　陈加逊作
武汉　湖北人民出版社　1963 年　76cm（2 开）定价：CNY0.18

J0045014
各族兄弟访问金星"人民公社"　王永豪作
太原　山西人民出版社　1963 年　76cm（2 开）定价：CNY0.18

J0045015
给军属拜年　陈立言作
武汉　湖北人民出版社　1963 年　76cm（2 开）定价：CNY0.18

J0045016
耕、种、管、收农业生产四扇屏　（1-4）金铭，姚中玉作
天津　天津美术出版社　1963 年　4 张 54cm（4 开）定价：CNY0.36

J0045017
工农并肩齐"跃进"城乡同庆大丰年　谭裕剑，杨家聪合作

广州　广东人民出版社　1963 年　1 张 76cm（2 开）定价：CNY0.18

作者杨家聪(1932—　　), 画家。广州市美术家协会主席、广州水彩画研究会顾问、广州诗社副社长。作品有《杨家聪画集》《杨家聪作品选》《杨家聪水彩画选》《杨家聪杨毅钢笔画集》《杨家聪文集》等。

J0045018
工农互助　发展生产　陈白一作
长沙　湖南人民出版社　1963 年　1 张 76cm（2 开）定价：CNY0.20

作者陈白一(1926—2014), 美术师。湖南邵阳人，毕业于华中艺术专科学校。历任湖南书画研究院院长，中国当代工笔画学会副会长，湖南省美术家协会顾问，湖南师范大学艺术学院客座教授。代表作品《小港堵口图》《听壁脚》《喜丰收》《工农联盟》等。

J0045019
工农联盟　互相支援　（汉、僮文对照）翁文忠作
南宁　广西僮族自治区人民出版社　1963 年　1 张 76cm（2 开）定价：CNY0.18

J0045020
工农联盟　建设祖国　周令豪作
广州　广东人民出版社　1963 年　1 张 76cm（2 开）定价：CNY0.18

J0045021
工农携手发展生产 城乡合作建设祖国　陈德奎作
南京　江苏人民出版社　1963 年　1 张 76cm（2 开）定价：CNY0.18

J0045022
工农携手庆有余　沈大慈作
石家庄　河北人民美术出版社　1963 年　76cm（2 开）定价：CNY0.18

J0045023
工农友情　庞亦鹏，庞卡作
杭州　浙江人民美术出版社　1963 年　76cm（2 开）定价：CNY0.18

作者庞卡(1935—)。画家。又名庞抱俊。上海人。历任上海人民美术出版社年画编辑、创作员。作品有《从小爱科学》《秧苗青青春来早》《爱人民》等。

J0045024

"公社"新果 （汉、维、哈文对照）潘丁丁作

乌鲁木齐 新疆青年出版社 1963年

76cm（2开）定价：CNY0.25

作者潘丁丁(1936—1999)，画师。广东南海人。毕业于西安美院油画系，后在中央美术学院铜版画工作室进修。擅长水粉画、中国画。历任新疆军区创作组美术创作员、新疆画院一级画师。作品有《走亲戚》《沙路》等。出版有《潘丁丁画册》《潘丁丁新疆速写集》《龟兹线描集》《丝路华彩画集》。

J0045025

巩固国防 保卫祖国 舒华作

武汉 湖北人民出版社 1963年 1张76cm（2开）

定价：CNY0.18

J0045026

巩固人民民主专政 发扬光荣革命传统 陈绪初作

武汉 湖北人民出版社 1963年 1张76cm（2开）

定价：CNY0.18

J0045027

共产党万岁 毛主席万岁 刘仲元作

贵阳 贵州人民出版社 1963年 1张76cm（2开）

定价：CNY0.18

J0045028

瓜甜果鲜 梅剑龙作

兰州 甘肃人民出版社 1963年 76cm（2开）

定价：CNY0.18

J0045029

光荣门第 模范人家 伍启宗，岑寻合作

广州 广东人民出版社 1963年 1张76cm（2开）

定价：CNY0.18

J0045030

果香瓜甜 张碧梧作

上海 上海人民美术出版社 1963年

76cm（2开）定价：CNY0.18

作者张碧梧(1905—1987)，画家。江苏江阴人。曾任上海人民美术出版社特约年画作者、中国美术家协会会员。代表作品有《百万雄师渡长江》《养小鸡捐飞机》等。

J0045031

哈萨克族的婚礼 （汉、蒙、藏、哈文对照）陈克健作

兰州 甘肃民族出版社 1963年 76cm（2开）

定价：CNY0.18

J0045032

海滨游戏图 张鸾作

北京 人民体育出版社 1963年 76cm（2开）

定价：CNY0.18

作者张鸾(1924—)，女。别名张米玖，天津人。于天津人民美术出版社从事创作、编审。作品有木版画《鲁迅和一个工厂》《五子爱清洁》《娃娃戏少林寺》《小胜儿》《小笛和水罐》等。

J0045033

海防坚如钢 银鱼又满舱 冯子祥，梁业鸿合作

广州 广东人民出版社 1963年 1张54cm（4开）

定价：CNY0.10

J0045034

海洋在等待着你们 吴敏作

北京 人民美术出版社 1963年 76cm（2开）

定价：CNY0.18

J0045035

好歌唱给知心人 （汉、蒙、藏、哈文对照）钟为作

兰州 甘肃民族出版社 1963年 76cm（2开）

定价：CNY0.18

J0045036

好姐姐 （汉、藏文对照版）李慕白作

北京 人民美术出版社 1963年 76cm（2开）

定价：CNY0.25

J0045037
好姐姐 （汉、朝文对照版）李慕白作
北京 人民美术出版社 1963 年 76cm（2 开）
定价：CNY0.25

J0045038
好姐姐 （汉、德傣、西双版纳傣、景颇、拉祜文对照版）李慕白作
北京 人民美术出版社 1963 年 76cm（2 开）
定价：CNY0.25

J0045039
好姐姐 （汉、傈僳文对照版）李慕白作
北京 人民美术出版社 1963 年 76cm（2 开）
定价：CNY0.25

J0045040
好姐姐 （汉、蒙文对照版）李慕白作
北京 人民美术出版社 1963 年 76cm（2 开）
定价：CNY0.25

J0045041
好姐姐 （汉、僮文对照版）李慕白作
北京 人民美术出版社 1963 年 76cm（2 开）
定价：CNY0.25

J0045042
好姐姐 （汉、佤文对照版）李慕白作
北京 人民美术出版社 1963 年 76cm（2 开）
定价：CNY0.25

J0045043
好姐姐 （汉、维、哈文对照版）李慕白作
北京 人民美术出版社 1963 年 76cm（2 开）
定价：CNY0.25
　　作者李慕白(1913—1991)，画家。生于浙江海宁。历任中国民主同盟会成员、中国美术家协会会员、上海人民美术出版社特约年画作者。出版有《李慕白、金雪尘年画选集》。

J0045044
合家欢　徐云作
郑州 河南人民出版社 1963 年 76cm（2 开）
定价：CNY0.18

J0045045
河边漫歌 （汉、藏文对照版）吴家华作
北京 人民美术出版社 1963 年 76cm（2 开）
定价：CNY0.25

J0045046
河边漫歌 （汉、朝文对照版）吴家华作
北京 人民美术出版社 1963 年 76cm（2 开）
定价：CNY0.25
　　作者吴家华(1932—　　)，版画家。出生于贵州贵阳，毕业于贵阳师范学院艺术科美术专业，并留校任教。历任中国美术家协会、版画家协会、藏书票研究会会员，贵州版画研究会副会长，贵州民族学院特聘客座教授。代表作品有《吴家华版画选集》。

J0045047
河边漫歌 （汉、德傣、西双版纳傣、景颇、拉祜文对照版）吴家华作
北京 人民美术出版社 1963 年 76cm（2 开）
定价：CNY0.25

J0045048
河边漫歌 （汉、傈僳文对照版）吴家华作
北京 人民美术出版社 1963 年 76cm（2 开）
定价：CNY0.25

J0045049
河边漫歌 （汉、蒙文对照版）吴家华作
北京 人民美术出版社 1963 年 76cm（2 开）
定价：CNY0.25

J0045050
河边漫歌 （汉、僮文对照版）吴家华作
北京 人民美术出版社 1963 年 76cm（2 开）
定价：CNY0.25

J0045051
河边漫歌 （汉、佤文对照版）吴家华作
北京 人民美术出版社 1963 年 76cm（2 开）
定价：CNY0.25

J0045052
河边漫歌 （汉、维、哈文对照版）吴家华作
北京 人民美术出版社 1963 年 76cm（2 开）

定价: CNY0.25

J0045053
河山新貌屏 （1-4）应野平作
上海 上海人民美术出版社 1963 年 4 张
54cm（4 开）定价: CNY0.36
　　作者应野平（1910—1990），教授。曾名野萍、野苹。浙江宁海人。历任新华艺术专科学校教授、上海人民美术出版社编辑室副主任、上海美术专科学校和上海大学美术学院教授。代表作品有《应野平山水画集》《应野平山水画辑》《应野平山水画册》。

J0045054
荷花鸳鸯图　忻礼良作
上海 上海人民美术出版社 1963 年
76cm（2 开）精印镶边 定价: CNY0.50
　　作者忻礼良（1913—?），浙江鄞县人。擅长年画。曾任上海画片出版社特约作者、上海人民美术出版社创作人员等职。代表作品有《毛主席和我们在一起》《姑嫂选笔》《拾到五分钱》等。

J0045055
荷塘鱼跃
天津 天津杨柳青画店 1963 年 108cm（全开）
定价: CNY0.28

J0045056
贺新年　吕幼安作
武汉 湖北人民出版社 1963 年 1 张 54cm（4 开）
定价: CNY0.10

J0045057
贺新年庆丰收 （汉、僮文对照）方海雄作
南宁 广西僮族自治区人民出版社 1963 年 1 张
76cm（2 开）定价: CNY0.18

J0045058
红灯高照　王信作
沈阳 辽宁美术出版社 1963 年 76cm（2 开）
定价: CNY0.18
　　作者王信（1925— ），画家。河北承德人。历任辽宁美术出版社专职画家、承德市群众艺术馆研究馆员、河北水彩画会名誉会长、河北省美术家协会顾问。画作有《早雾》《原始森林》《深

山情》《山家》等。出版有《王信水彩画选辑》《王信水彩选集》《王信水彩画专辑》等。

J0045059
红鸾禧
天津 天津杨柳青画店 1963 年 54cm（4 开）
定价: CNY0.10

J0045060
红色娘子军 （1-4）湖北人民出版社编文；蔡培作
武汉 湖北人民出版社 1963 年 4 张 54cm（4 开）
定价: CNY0.36

J0045061
红珊瑚　曹辅銮作
南京 江苏人民出版社 1963 年 76cm（2 开）
定价: CNY0.18
　　作者曹辅銮（1935— ），画家。上海人。毕业于南京师范学院美术系。南京艺术学院教授、硕士研究生导师。作品有水彩粉画《白绣球》《玉兰花》《睡莲》等，出版著作有《曹辅銮水粉画集》《环境艺术概论》《水粉基础》等。

J0045062
红岩英雄　杜显清作
成都 四川人民出版社 1963 年 54cm（4 开）
定价: CNY0.10
　　作者杜显清（1922—2012），国画家。别名杜大石，四川三台县人。曾任四川美术学院绘画系教授、中国美术家协会会员。代表作有《小雪》《阿妈》《秋韵》《松鹰图》《簪花图》。

J0045063
洪宜娇　黄旭作
南宁 广西僮族自治区人民出版社 1963 年
76cm（2 开）定价: CNY0.18

J0045064
胡彦庆大破八宝城
天津 天津杨柳青画店 1963 年 108cm（全开）
定价: CNY0.28

J0045065
湖畔晨曲　辛鹤江作

石家庄 河北人民美术出版社 1963 年
76cm（2 开）定价：CNY0.18
　　作者辛鹤江（1941—　　），河北安新人。毕业于天津美术学院。擅长中国画。曾任河北美术家协会副主席、连环画研究会副会长、河北美术出版社社长兼总编辑、编审等职。代表作有《棉农来访》《周总理和小演员在一起》《敌情急》《老英雄回到雁翎队》等。

J0045066
虎　蔡鹤汀作
西安 长安美术出版社 1963 年 76cm（2 开）
定价：CNY0.18
　　作者蔡鹤汀（1909—1976），国画家。原名蔡颐元，号枕石散人，出生于福州台江。曾任陕西省戏剧研究院艺术委员会委员、西安美术家协会分会常务理事。绘画作品有《铁骨冰心》《月季》《雀跃》《池塘小憩》等。出版有《荻芦盦画册》《花卉写生技法》《名家花卉画谱》。

J0045067
互让　杨葆郓作
哈尔滨 黑龙江美术出版社 1963 年
76cm（2 开）定价：CNY0.18

J0045068
花蝶图　陈佩秋作
上海 上海人民美术出版社 1963 年
76cm（2 开）定价：CNY0.18
　　作者陈佩秋（1922—　　），女，现代中国画花鸟画画家。河南南阳人。字健碧，室名秋兰室、高华阁、截玉轩。毕业于国立艺术专科学校。历任上海大学美术学院兼职教授、上海中国画院画师、中国美术家协会会员。主要作品有《天目山杜鹃》《水佩风裳》《红满枝头》。

J0045069
花朵满园　（汉、维文对照）王宗岚作
乌鲁木齐 新疆人民出版社 1963 年
54cm（4 开）定价：CNY0.13

J0045070
花好月圆双戏鸳鸯　忻礼良作
上海 上海人民美术出版社 1963 年
76cm（2 开）定价：CNY0.18

　　作者忻礼良（1913—?），浙江鄞县人。擅长年画。曾任上海画片出版社特约作者、上海人民美术出版社创作人员等职。代表作品有《毛主席和我们在一起》《姑嫂选笔》《拾到五分钱》等。

J0045071
花卉屏　（1-4）郝进贤作
兰州 甘肃人民出版社 1963 年 4 张 54cm（4 开）
定价：CNY0.36
　　作者郝进贤（1914—1993），别号鹤翁。甘肃兰州市人。自幼喜好绘画，稍长，师从裴建华、范振绪。擅山水、花鸟。在甘肃省工艺美术公司工作，从事中国画创作五十余年。代表作《兴隆山太白泉》《古金城》《炳灵寺》《迎春》《牡丹》等。

J0045072
花开幸福 竹报平安　华儿作
福州 福建人民出版社 1963 年 2 张 76cm（2 开）
定价：CNY0.08

J0045073
花木兰　李国衡画
长春 吉林人民出版社 1963 年 78cm（2 开）
定价：CNY0.17

J0045074
花木兰　史正学作
南昌 江西人民出版社 1963 年 54cm（4 开）
定价：CNY0.13
　　作者史正学（1933—　　），国家一级美术师。又名莫可，河南洛阳人。毕业于广州美术学院国画系。中国美术家协会会员、河南省美术家协会常务理事、河南中山书画院院长。代表作品有《晨钟响了》《深山火种》《枣雨》《征途报捷》等。

J0045075
花木兰　李慕白，金雪尘作
上海 上海人民美术出版社 1963 年
76cm（2 开）精印镶边 定价：CNY0.50

J0045076
花木兰　（汉、朝文对照版）李慕白，金雪尘作
上海 上海人民美术出版社 1963 年
76cm（2 开）定价：CNY0.18

J0045077

花木兰 （汉、傣仂、拉祜文对照版）李慕白，
金雪尘作
上海　上海人民美术出版社　1963 年
76cm（2 开）定价：CNY0.18

J0045078

花木兰 （汉、傣纳、景颇文对照版）李慕白，
金雪尘作
上海　上海人民美术出版社　1963 年
76cm（2 开）定价：CNY0.18

J0045079

花木兰 （汉、傈僳文对照版）李慕白，金雪
尘作
上海　上海人民美术出版社　1963 年
76cm（2 开）定价：CNY0.18

J0045080

花木兰 （汉、蒙文对照版）李慕白，金雪尘作
上海　上海人民美术出版社　1963 年
76cm（2 开）定价：CNY0.18

J0045081

花木兰 （汉、僮文对照版）李慕白，金雪尘作
上海　上海人民美术出版社　1963 年
76cm（2 开）定价：CNY0.18

J0045082

花木兰 （汉、佤文对照版）李慕白，金雪尘作
上海　上海人民美术出版社　1963 年
76cm（2 开）定价：CNY0.18

J0045083

花木兰 （汉、维、哈文对照版）李慕白，金雪
尘作
上海　上海人民美术出版社　1963 年
76cm（2 开）定价：CNY0.18
　　作者李慕白（1913—1991），画家。生于浙江
海宁。历任中国民主同盟会成员、中国美术家协
会会员、上海人民美术出版社特约年画作者。出
版有《李慕白、金雪尘年画选集》。作者金雪尘
（1904—1996），画家。上海嘉定人。曾任上海图
片出版社、上海人民美术出版社特约记者。代表
作有《武松打虎》《春江花月夜》《金鱼舞》。

J0045084

花鸟 （1–4）江轸光等合作
南京　江苏人民出版社　1963 年　4 张 54cm（4 开）
定价：CNY0.36

J0045085

花鸟屏 （1–4）黄幻吾作
上海　上海人民美术出版社　1963 年　4 张
78cm（2 开）定价：CNY0.48
　　作者黄幻吾（1906—1985），花鸟画家。名罕，
字幻吾，号罕僧，晚年称罕翁。广东新会人。历
任中国美术家协会会员、中国美术家协会上海分
会理事、上海文史研究馆馆员等职。出版有《幻
吾画集》《幻吾小品画集》《怎样画走兽》《中国
画技法》等。

J0045086

花鸟屏 （1–4）郑乃珖作
西安　长安美术出版社　1963 年　4 张 54cm（4 开）
定价：CNY0.36
　　作者郑乃珖（1911—2005），画家、教授。号
璧寿翁，生于福建福州市。历任中国画研究院院
务委员、西安美术学院教授、福建省政协常委、
福州画院院长、国家一级美术师。代表作品有《水
乡春色》《荷萍》《灵山秀水育新苗》等。

J0045087

花鸟图 张景寿，施鸿光作
南昌　江西人民出版社　1963 年　76cm（2 开）
定价：CNY0.25

J0045088

花鸟屏 （1–4）蔡鹤洲作
西安　长安美术出版社　1963 年　4 张 54cm（4 开）
定价：CNY0.50
　　作者蔡鹤洲（1911—1971），画家。又名颐亨，
字学亨，号狄芦令二郎，原名蔡学亨，号白羽。
福建福州人。擅长中国画，兼事连环画、舞台美
术设计。中国美术家协会会员。主要作品有《蜀
道如今不再难》，出版有《花卉写生技法》《名家
花卉画谱》《蔡鹤洲画辑》等。

J0045089

花迎喜气皆如意 （蒙、汉文对照）刘嵩柏，
张文斑作

呼和浩特 内蒙古人民出版社 1963 年
76cm（2 开）定价：CNY0.25

J0045090
华山屏 （1-4）何海霞作
西安 长安美术出版社 1963 年 4 张 54cm（4 开）
定价：CNY0.36
　　作者何海霞（1908—1998），满族，北京人。初名何福海，字瀛，又字登瀛。曾任陕西国画院副院长及名誉院长、中国国画研究院研究员等职。代表作品《看山还看祖国山》《何海霞画集》《何海霞画册·山水部分》等。

J0045091
话丰收 （汉、僮文对照）曾日文作
南宁 广西民族出版社 1963 年 76cm（2 开）
定价：CNY0.18

J0045092
欢乐的大家庭 （汉、藏文对照版）忻礼良作
上海 上海人民美术出版社 1963 年
76cm（2 开）定价：CNY0.18
　　作者忻礼良（1913—？），浙江鄞县人。擅长年画。曾任上海画片出版社特约作者、上海人民美术出版社创作人员等职。代表作品有《毛主席和我们在一起》《姑嫂选笔》《拾到五分钱》等。

J0045093
欢乐的大家庭 （汉、朝文对照版）忻礼良作
上海 上海人民美术出版社 1963 年
76cm（2 开）定价：CNY0.18

J0045094
欢乐的大家庭 （汉、傣纳、傣仂文对照版）忻礼良作
上海 上海人民美术出版社 1963 年
76cm（2 开）定价：CNY0.18

J0045095
欢乐的大家庭 （汉、蒙文对照版）忻礼良作
上海 上海人民美术出版社 1963 年
76cm（2 开）定价：CNY0.18

J0045096
欢乐的大家庭 （汉、僮文对照版）忻礼良作

上海 上海人民美术出版社 1963 年
76cm（2 开）定价：CNY0.18

J0045097
欢乐的大家庭 （汉、维、哈文对照版）忻礼良作
上海 上海人民美术出版社 1963 年
76cm（2 开）定价：CNY0.18

J0045098
欢乐的田野 （汉、维文对照）薛俊一作
乌鲁木齐 新疆人民出版社 1963 年
76cm（2 开）定价：CNY0.25

J0045099
欢庆丰年 （汉、傣纳、傣仂、景颇文对照）杨国栋作
昆明 云南人民出版社 1963 年 1 张 54cm（4 开）
定价：CNY0.10

J0045100
欢天喜地
天津 天津杨柳青画店 1963 年 54cm（4 开）
定价：CNY0.10

J0045101
欢欣歌舞迎新春 哈琼文，杨文秀作
上海 上海人民美术出版社 1963 年
76cm（2 开）定价：CNY0.18

J0045102
黄鹤楼
天津 天津杨柳青画店 1963 年 54cm（4 开）
定价：CNY0.10

J0045103
黄妈妈教子 雷荣厚作
成都 四川人民出版社 1963 年 76cm（2 开）
定价：CNY0.18

J0045104
回娘家 黄迪杞作
福州 福建人民出版社 1963 年 76cm（2 开）
定价：CNY0.18
　　作者黄迪杞（1929—　），字晴川，福建福

清人。毕业于福建师范大学艺术系。历任福建
人民出版社、福建画报社美术编辑，福建美术出
版社美术编辑、编审，福建省美术家协会常务理
事、理事，中国年画研究会理事，福州涌泉书画
社社长，中国美术家协会会员。作品有《满堂红》
《丰碑》。出版《黄迪杞古典人物画辑》《黄迪杞
书画集》《黄迪杞画集》等。

J0045105
鸡声茅店月　人迹板桥霜
天津　天津杨柳青画店　1963 年　108cm（全开）
定价：CNY0.28

J0045106
积少成多，颗粒归仓　蔡亮作
西安　长安美术出版社　1963 年　76cm（2 开）
定价：CNY0.18
　　作者蔡亮（1932—1995），油画家。福建厦门
人，毕业于中央美术学院绘画系。中国美术家协
会会员、美术家协会浙江分会理事、浙江油画研
究会副会长、浙江美术学院教授、中国美术学院
教授。主要作品有《延安火炬》《贫农的儿子》《红
军三大主力会师》等。

J0045107
吉庆有余
［开封］开封市朱仙镇年画社　1963 年

J0045108
吉庆有余　年年有余
［开封］开封市朱仙镇年画社　1963 年

J0045109
集体有余　崔振环作
哈尔滨　黑龙江美术出版社　1963 年
76cm（2 开）定价：CNY0.18

J0045110
季季蔬菜大丰收　庞希泉作
北京　人民美术出版社　1963 年　54cm（4 开）
定价：CNY0.10
　　作者庞希泉（1941—　），美术编辑。山东
潍坊人。毕业于中央工艺美术学院装饰绘画系。
曾任山东潍坊市第二印染厂美术设计、北京报社
美术编辑。中国美术家协会会员、北京美术家协

会会员。出版有《庞希泉中国画》《希泉画猫精
品》《庞希泉中国画作品集》等。

J0045111
家家喜庆　处处春光　吴江泠作
广州　广东人民出版社　1963 年　1 张 54cm（4 开）
定价：CNY0.10

J0045112
剪窗花　（汉、蒙文对照）魏泉深作
呼和浩特　内蒙古人民出版社　1963 年
76cm（2 开）定价：CNY0.18

J0045113
剪花样　王信作
沈阳　辽宁美术出版社　1963 年　76cm（2 开）
定价：CNY0.18
　　作者王信（1925—　），画家。河北承德人。
历任辽宁美术出版社专职画家、承德市群众艺术
馆研究馆员、河北水彩画会名誉会长、河北省美
术家协会顾问。画作有《早雾》《原始森林》《深
山情》《山家》等。出版有《王信水彩画选辑》《王
信水彩选集》《王信水彩画专辑》等。

J0045114
剪羊毛　（蒙、汉文对照）桑吉雅作
呼和浩特　内蒙古人民出版社　1963 年
38cm（6 开）定价：CNY0.09

J0045115
建设新农村　（1-4）庞亦鹏，庞卡画
长春　吉林人民出版社　1963 年　4 张 54cm（4 开）
定价：CNY0.50

J0045116
建设祖国　保卫祖国　陈谷平作
南京　江苏人民出版社　1963 年　1 张 54cm（4 开）
定价：CNY0.10
　　作者陈谷平（1920—　），江苏扬州人。大学
文化。原扬州市国画院画师。中国美术家协会
江苏分会会员。擅长年画、国画。作品有《戏鱼图》
《门画》等。

J0045117
奖励超产队　（汉、蒙文对照）满达作

呼和浩特 内蒙古人民出版社 1963 年
76cm（2 开）定价：CNY0.18

J0045118
交流球艺　姚中玉作
上海 上海人民美术出版社 1963 年
76cm（2 开）定价：CNY0.18

J0045119
节日　陆子馨作
福州 福建人民出版社 1963 年 76cm（2 开）
定价：CNY0.18

J0045120
节日　黄宝荪作
杭州 浙江人民美术出版社 1963 年
76cm（2 开）定价：CNY0.18

J0045121
节日的上海外滩　章育青作
上海 上海人民美术出版社 1963 年
76cm（2 开）定价：CNY0.18
　　作者章育青（1909—1993），画家。浙江慈溪人。上海人民美术出版社年画专业画家。作品《上海大世界》《元宵灯》《上海外滩》《南京长江大桥》等。

J0045122
节约储蓄 年年有余　（斗方）姚延林作
哈尔滨 黑龙江美术出版社 1963 年 1 张
76cm（2 开）定价：CNY0.18
　　作者姚延林，主要绘制的连环画作品有《霸王别姬》《养牛的人》《河神娶媳妇》等。

J0045123
姐姐养猪我喂鸡　柴夫作
成都 四川人民出版社 1963 年 76cm（2 开）
定价：CNY0.18

J0045124
解放军路过阿妈家　（汉、蒙、藏、哈文对照）
钟为作
兰州 甘肃民族出版社 1963 年 54cm（4 开）
定价：CNY0.10

J0045125
解放军叔叔讲故事　李慕白作
南京 江苏人民出版社 1963 年 76cm（2 开）
定价：CNY0.18

J0045126
金沙滩
天津 天津杨柳青画店 1963 年 108cm（全开）
定价：CNY0.28

J0045127
金山银海大有余　刘王斌作
杭州 浙江人民美术出版社 1963 年
76cm（2 开）定价：CNY0.18
　　作者刘王斌（1921—　），画家。湖南攸县人。历任上海人民美术出版社副编审、上海美术家协会会员、上海中山艺术院理事。代表作品有《鸭司令》《沙恭达罗》《鱼乐图》《荷花童子舞》《鲤鱼跳龙门》《欢欢喜喜》等。

J0045128
锦鸡与牡丹　陆抑非作
杭州 浙江人民美术出版社 1963 年
76cm（2 开）定价：CNY0.18
　　作者陆抑非（1908—1997），美术教育家。名翀，初字一飞，改字抑非，号非翁，又号苏叟。江苏常熟人。历任中国美术学院教授、研究生导师，西泠书画院副院长，常熟书画院名誉院长。作品有《花好月圆》《春到农村》《寿桃图》等，著有《非翁画语录》。

J0045129
锦葵 牡丹 孔雀开屏　邵一萍作
长沙 湖南人民出版社 1963 年 2 张 54cm（4 开）
定价：CNY0.38
　　作者邵一萍（1910—1965），女，画家。原名慧卿，号浙东女史，别号萍庐主人、紫溪馆主。浙江东阳人。曾任湖南省湘绣一厂一级技工、湖南省工艺美术研究所技工。作品有《萱花》《高粱》《梅竹》等。

J0045130
锦上添花年年好，工农联盟心连心　赵敏生作
天津 天津美术出版社 1963 年 76cm（2 开）

定价: CNY0.18

J0045131
敬爱我们的老师 沈家琳作
上海 上海人民美术出版社 1963 年
76cm（2 开）定价: CNY0.18

J0045132
桔子丰收 陆洋作
南昌 江西人民出版社 1963 年 76cm（2 开）
定价: CNY0.18

J0045133
菊花谱 沈晋田作
上海 上海人民美术出版社 1963 年
76cm（2 开）定价: CNY0.18

J0045134
橘榴丰收
天津 天津杨柳青画店 1963 年 54cm（4 开）
定价: CNY0.10

J0045135
军民联防 保卫祖国 林发荣作
贵阳 贵州人民出版社 1963 年 1 张 76cm（2 开）
定价: CNY0.18

J0045136
卡寨女社员 李自由作
贵阳 贵州人民出版社 1963 年 76cm（2 开）
定价: CNY0.18

J0045137
开学顽戏
天津 天津杨柳青画店 1963 年 108cm（全开）
定价: CNY0.28

J0045138
看有趣的图画 忻礼良作
天津 天津美术出版社 1963 年 76cm（2 开）
定价: CNY0.18
　　作者忻礼良(1913—？)，浙江鄞县人。擅长
年画。曾任上海画片出版社特约作者、上海人民
美术出版社创作人员等职。代表作品有《毛主席
和我们在一起》《姑嫂选笔》《拾到五分钱》等。

J0045139
科学技术下农村 谢之光作
南京 江苏人民出版社 1963 年 76cm（2 开）
定价: CNY0.18
　　作者谢之光(1900—1976)，美术家、画家。
浙江余姚人，毕业于上海美术专科学校。曾任
上海中国画院画师。代表作品有《铁水奔流》
《洛神》。

J0045140
垦地新主人 姚中玉作
上海 上海人民美术出版社 1963 年
76cm（2 开）定价: CNY0.18

J0045141
孔雀红叶 张其翼作
沈阳 辽宁美术出版社 1963 年 76cm（2 开）
定价: CNY0.18
　　作者张其翼(1915—1968)，教授、花鸟画
家。字君振，号鸿飞楼主。北京人，祖籍福建闽
侯。曾任教于河北艺术师范学校和天津美术学
院。代表作品《九寿朝阳图》《玉兰绶带》《池塘
雨露》《雪鹤芭蕉》。

J0045142
孔雀牡丹 孔小瑜作
合肥 安徽人民出版社 1963 年 78cm（2 开）
定价: CNY0.17
　　作者孔小瑜(1899—1984)，画家、教授。原
名宪英，生于浙江慈溪。历任安徽画院副院长、
安徽艺术学校教授。代表作品有《牡丹》《四季
平安》《欣欣向荣》《百花争艳》《战袍诗》等。

J0045143
孔雀牡丹 贾宜群作
贵阳 贵州人民出版社 1963 年 76cm（2 开）
定价: CNY0.18

J0045144
孔雀图 喻继高作
杭州 浙江人民美术出版社 1963 年
76cm（2 开）定价: CNY0.18
　　作者喻继高(1932—)，国家一级美术师。
江苏铜山人，毕业于南京大学艺术系和南京师范
学院美术系。江苏省国画院副院长、江苏省美术

家协会副主席、中国画研究院委员、中国工笔画学会副会长、徐悲鸿奖学金委员会委员。代表作品有《梨花春雨》《玉兰锦鸡》《春江水暖》等。

J0045145
孔雀舞 李慕白，金雪尘作
上海 上海人民美术出版社 1963 年 76cm（2 开）
定价：CNY0.18，CNY0.50（精印镶边）

J0045146
快活林
天津 天津杨柳青画店 1963 年 54cm（4 开）
定价：CNY0.10

J0045147
快乐的春天 陈若菊作
北京 人民美术出版社 1963 年 76cm（2 开）
定价：CNY0.18

J0045148
兰州五泉山 杨春晖作
兰州 甘肃人民出版社 1963 年 76cm（2 开）
定价：CNY0.18

J0045149
浪山节 （汉、蒙、藏、哈文对照）肖树惇作
兰州 甘肃民族出版社 1963 年 76cm（2 开）
定价：CNY0.18

J0045150
劳动丰收图 赵万堂，罗承力作
兰州 甘肃人民出版社 1963 年 1 张 54cm（4 开）
定价：CNY0.10

J0045151
老公公走好 魏瀛洲作
上海 上海人民美术出版社 1963 年 76cm（2 开）定价：CNY0.18
作者魏瀛洲，海派年画、宣传画家。中华人民共和国成立初期被称为月份牌画家。作品有《国庆节的早晨》《欢腾的农机站》《在幸福的时代》等。

J0045152
老来红 胡振郎作
杭州 浙江人民美术出版社 1963 年 76cm（2 开）定价：CNY0.18
作者胡振郎（1938— ），国家一级美术师。浙江永康县人，毕业于浙江美术学院。历任中国美术家协会上海分会理事、上海市黄浦画院院长、上海市文史研究馆馆员、上海中国画院画师。代表作品有《功》《一生难忘 1976》《峥嵘岁月》《百年沧桑》《白求恩》，出版有《胡振郎画集》《胡振郎山水画集》《怎样画水墨山水》等。

J0045153
雷锋叔叔讲革命故事 吴哲夫，杨玉华作
上海 上海人民美术出版社 1963 年 76cm（2 开）定价：CNY0.18
作者吴哲夫，画家。擅长年画。师从杭稺英，在上海"稺英画室"工作，长期共事，集体创作，被称为"杭派"月份牌画家。作品有《节日的食堂》《向解放军叔叔致敬》《老手带新手》等。

J0045154
冷宫救昭君
天津 天津杨柳青画店 1963 年 108cm（全开）
定价：CNY0.28

J0045155
礼物 （汉、蒙文对照）安学贵画
长春 吉林人民出版社 1963 年 76cm（2 开）
定价：CNY0.25
作者安学贵（1940— ），画家。辽宁辽阳市人。中国同泽书画研究院书画家。吉林省通榆县文化馆馆员、中国美术家协会会员。主要作品有《礼物》等。

J0045156
李广和霍去病 （名将门画）李嵬作
兰州 甘肃人民出版社 1963 年 2 张 39cm（8 开）
定价：CNY0.10

J0045157
李双双 （1-4）于平词
石家庄 河北人民美术出版社 1963 年 4 张 54cm（4 开）定价：CNY0.36
根据中国电影《李双双》改编的现代连环画年画作品。作者于平（1954— ），教授。江西南昌人。毕业于中国艺术研究院。曾任文化部艺

术司司长、南京艺术学院舞蹈学院院长等职。主要作品有《中国古典舞与雅士文化》《中外舞蹈思想概论》《高教舞蹈综论》等。

J0045158
李双双 （1-4）刘菊清，陈德曦合作
南京 江苏人民出版社 1963年 4张 54cm（4开）
定价：CNY0.36

J0045159
李双双 （1-4）
北京 中国电影出版社 1963年 4张 54cm（4开）
定价：CNY0.36

J0045160
李双双四扇屏 （1-4）陶琦作
天津 天津美术出版社 1963年 4张 54cm（4开）
定价：CNY0.36
　　作者陶琦（1922—2002），女，连环画家。毕业于北平艺术专科学校。原中联书店、天津美术出版社画家，天津文史馆馆员。创作连环画有《我当上了学习小组长》。

J0045161
连环套
天津 天津杨柳青画店 1963年 54cm（4开）
定价：CNY0.10

J0045162
莲年得鱼
天津 天津杨柳青画店 1963年 54cm（4开）
定价：CNY0.10

J0045163
莲年有余
天津 天津杨柳青画店 1963年 54cm（4开）
定价：CNY0.10

J0045164
练好本领 保卫祖国 邹宗绪作
西安 长安美术出版社 1963年 2张 76cm（2开）
定价：CNY0.36
　　作者邹宗绪（1933—2010），又名阿工，河南开封人。毕业于中央美术学院绘画系。历任陕西人民美术出版社编辑、编辑部主任、副总编、

编审，陕西省美术家协会副主席，陕西国画院特聘画师，西安美术学院研究院研究员。作品有《喜报丰年》，出版有《中国历代雕塑·秦俑群》《千年古都西安》《洛川民间美术》等。

J0045165
练好本领 保卫祖国 邹宗绪作
西安 长安美术出版社 1963年 1张 76cm（2开）
定价：CNY0.18

J0045166
梁红玉 李国衡画
长春 吉林人民出版社 1963年 78cm（2开）
定价：CNY0.17

J0045167
梁山伯与祝英台 （1-4）丁正华编词；宗静草等合作
南京 江苏人民出版社 1963年 4张 54cm（4开）
定价：CNY0.36

J0045168
梁山泊收关胜
天津 天津杨柳青画店 1963年 108cm（全开）
定价：CNY0.28

J0045169
粮棉丰收 李逢春作
昆明 云南人民出版社 1963年 1张 54cm（4开）
定价：CNY0.10

J0045170
粮棉丰收 瓜果满园 吴性清作
南京 江苏人民出版社 1963年 1张 76cm（2开）
定价：CNY0.18
　　作者吴性清（1933—　），女，编审。生于江苏泰州，毕业于中央美术学院华东分院油画系。历任上海人民美术出版社创作员、中国美术家协会会员。作品有《我们热爱毛主席》《胡笳十八拍图卷》《关汉卿名剧选》等。

J0045171
晾葡萄干 （汉、维文对照）王广禄作
乌鲁木齐 新疆人民出版社 1963年
54cm（4开）定价：CNY0.13

J0045172
猎归　李国衡画
长春　吉林人民出版社　1963 年　76cm（2 开）
定价：CNY0.18

J0045173
猎归　张家明作
成都　四川人民出版社　1963 年　54cm（4 开）
定价：CNY0.10

J0045174
林黛玉重建桃花社
天津　天津杨柳青画店　1963 年　108cm（全开）
定价：CNY0.28

J0045175
林则徐　张义潜作
石家庄　河北人民美术出版社　1963 年
76cm（2 开）定价：CNY0.18

J0045176
刘海与金蟾　陈尔忠，美群作
昆明　云南人民出版社　1963 年　54cm（4 开）
定价：CNY0.10

J0045177
刘三姐　（1–4）半丁编词；王仲清等合作
南京　江苏人民出版社　1963 年　4 张 54cm（4 开）
定价：CNY0.36
　　作者王仲清（1924—　），画家、教授。生于四川成都，毕业于省立成都师范美术科。历任上海人民美术出版社创作员、上海戏剧学院中国画教师、中国美术家协会会员、中国禅画研究院名誉院长。作品有中国画《小三峡》《胡笳十八拍》，连环画《阿诗玛》等。出版有《王仲清画集》等。

J0045178
刘三姐　（1–4）冯国琳画；丁巩文
沈阳　辽宁美术出版社　1963 年　4 张 54cm（4 开）
定价：CNY0.36
　　作者冯国琳（1932—　），画家。曾用名玉林，辽宁沈阳人，毕业于东北鲁迅文艺学院美术部。历任东北画报社记者、创作员、编辑、副编审，中国美术家协会会员，辽宁省年画学会理事。作品有《花为媒》《笔中情》《耕读育新人》《红楼梦》等。

J0045179
刘三姐　（汉、僮文对照）杨俊生作
上海　上海人民美术出版社　1963 年
76cm（2 开）定价：CNY0.18
　　作者杨俊生（1909—1981），出生于安徽安庆。曾任上海人民美术出版社、上海画版出版社特约作者，上海美术家协会年画组组长等职。代表作品有《岳母刺字》《夜战马超》《大闹天宫》《贵妃醉酒》等。

J0045180
榴开百子
天津　天津杨柳青画店　1963 年　54cm（4 开）
定价：CNY0.10

J0045181
柳毅传书　魏瀛洲作
长春　吉林人民出版社　1963 年　76cm（2 开）
定价：CNY0.18
　　作者魏瀛洲，海派年画、宣传画家。中华人民共和国成立初期被称为月份牌画家。作品有《国庆节的早晨》《欢腾的农机站》《在幸福的时代》等。

J0045182
六国封相衣锦荣归
天津　天津杨柳青画店　1963 年　108cm（全开）
定价：CNY0.28

J0045183
龙凤呈祥　吴少云作
上海　上海人民美术出版社　1963 年
76cm（2 开）精印镶边　定价：CNY0.50

J0045184
庐山风景　瞿国梁作
上海　上海人民美术出版社　1963 年
76cm（2 开）定价：CNY0.18

J0045185
落户图　黄继明作
长沙　湖南人民出版社　1963 年　76cm（2 开）
定价：CNY0.18

J0045186

麻姑献寿 （群益堂年画）谢之光作

武汉 群益堂 1963 年 76cm（2 开）

定价：CNY0.18

　　作者谢之光（1900—1976），美术家、画家。浙江余姚人，毕业于上海美术专科学校。曾任上海中国画院画师。代表作品有《铁水奔流》《洛神》。

J0045187

麻姑献寿 郑慕康作

上海 上海人民美术出版社 1963 年 76cm（2 开）精印镶边 定价：CNY0.50

　　作者郑慕康（1901—1982），画家。名师元，号慕康。广东潮阳人，就读于上海美术专科学校。代表作品有《采莲女》。

J0045188

马鞍山俞伯牙抚琴

天津 天津杨柳青画店 1963 年 108cm（全开）

定价：CNY0.28

J0045189

满堂红 黄迪杞作

福州 福建人民出版社 1963 年 76cm（2 开）

定价：CNY0.25

　　作者黄迪杞（1929— ），字晴川，福建福清人。毕业于福建师范大学艺术系。历任福建人民出版社、福建画报社美术编辑，福建美术出版社美术编辑、编审，福建省美术家协会常务理事、理事，中国年画研究会理事，福州涌泉书画社社长。中国美术家协会会员。作品有《郑成功收复台湾》《满堂红》《丰碑》。出版《黄迪杞古典人物画辑》《黄迪杞书画集》《黄迪杞画集》等。

J0045190

满园花开喜迎春 姜学炳作

沈阳 辽宁美术出版社 1963 年 54cm（4 开）

定价：CNY0.10

J0045191

满载而归 金志远，徐奸作

南京 江苏人民出版社 1963 年 76cm（2 开）

定价：CNY0.18

J0045192

猫蝶春花 （汉、蒙文对照）白铭作

呼和浩特 内蒙古人民出版社 1963 年 78cm（2 开）定价：CNY0.25

　　作者白铭（1926—2002），国画家。蒙古族，内蒙古包头人。字雄堂。毕业于北京京华美术学院国画系。擅花鸟，兼作山水、人物。中国美术家协会会员，曾任内蒙古美术家协会副主席、包头师范专科学校教师、高级工艺美术设计师。主要作品有《梅雀图》《芍药》《白梅》等。

J0045193

毛主席参观丰产田 刘文西，陈光健作

郑州 河南人民出版社 1963 年 76cm（2 开）

定价：CNY0.18

　　作者刘文西（1933—2019），生于浙江嵊州。曾任中国美术家协会顾问、陕西省文艺界联合会顾问、陕西省美术家协会副主席、西安美术学院名誉院长、西安美术学院研究院院长、延安市副市长。重要作品有《毛主席和牧羊人》《东方》《解放区的天》和巨幅系列长卷《黄土人》等近百幅。作者陈光健（1936— ），女，四川荣昌人。毕业于浙江美术学院，并留校工作，后调入西安美术学院任教。中国美术家协会会员、当代工笔画会会员、陕西省国画院画师。主要作品有《在社员家里》《自习》《老师》等。

J0045194

毛主席的好战士——雷锋 （1-4）湖北人民出版社编文；王居平，朱仪作

武汉 湖北人民出版社 1963 年 4 张 54cm（4 开）

定价：CNY0.36

J0045195

毛主席的好战士——雷锋 （1-4）冯国琳作

沈阳 辽宁美术出版社 1963 年 4 张 54cm（4 开）

定价：CNY0.36

　　作者冯国琳（1932— ），画家。曾用名玉林，辽宁沈阳人，毕业于东北鲁迅文艺学院美术部。历任东北画报社记者、创作员、编辑、副编审，中国美术家协会会员，辽宁省年画学会理事。作品有《花为媒》《笔中情》《耕读育新人》《红楼梦》等。

J0045196
毛主席的好战士——雷锋 （1-4）于化鲤，何国华作
天津 天津美术出版社 1963 年 4 张 54cm（4 开）定价：CNY0.36
　　作者于化鲤（1933— ），画家。又名于化，天津人。曾任天津人民美术出版社副总编。主要作品有《于化鲤漫画作品选集》《宝船》《有朋自远方来》等。

J0045197
毛主席和农村知识青年 庞卡作
武汉 湖北人民出版社 1963 年 76cm（2 开）道林纸版 定价：CNY0.25，CNY0.18（报纸版）
　　作者庞卡（1935— ）。画家。又名庞抱俊。上海人。历任上海人民美术出版社年画编辑、创作员。作品有《从小爱科学》《秧苗青青春来早》《爱人民》等。

J0045198
毛主席和我们在一起 （汉、藏文对照版）忻礼良作
上海 上海人民美术出版社 1963 年
76cm（2 开）定价：CNY0.18
　　作者忻礼良（1913—？），浙江鄞县人。擅长年画。曾任上海画片出版社特约作者、上海人民美术出版社创作人员等职。代表作品有《毛主席和我们在一起》《姑嫂选笔》《拾到五分钱》等。

J0045199
毛主席和我们在一起 （汉、朝文对照版）忻礼良作
上海 上海人民美术出版社 1963 年
76cm（2 开）定价：CNY0.18

J0045200
毛主席和我们在一起 （汉、傣仍、拉祜文对照版）忻礼良作
上海 上海人民美术出版社 1963 年
76cm（2 开）定价：CNY0.18

J0045201
毛主席和我们在一起 （汉、傣纳、景颇文对照版）忻礼良作
上海 上海人民美术出版社 1963 年
76cm（2 开）定价：CNY0.18

J0045202
毛主席和我们在一起 （汉、傈僳文对照版）忻礼良作
上海 上海人民美术出版社 1963 年
76cm（2 开）定价：CNY0.18

J0045203
毛主席和我们在一起 （汉、蒙文对照版）忻礼良作
上海 上海人民美术出版社 1963 年
76cm（2 开）定价：CNY0.18

J0045204
毛主席和我们在一起 （汉、僮文对照版）忻礼良作
上海 上海人民美术出版社 1963 年
76cm（2 开）定价：CNY0.18

J0045205
毛主席和我们在一起 （汉、佤文对照版）忻礼良作
上海 上海人民美术出版社 1963 年
76cm（2 开）定价：CNY0.18

J0045206
毛主席和我们在一起 （汉、维、哈文对照版）忻礼良作
上海 上海人民美术出版社 1963 年
76cm（2 开）定价：CNY0.18

J0045207
毛主席和我们在一起 （汉、藏文对照版）忻礼良作
上海 上海人民美术出版社 1964 年［1 张］
76cm（2 开）定价：CNY0.15

J0045208
毛主席和我们在一起 （汉、朝文对照版）忻礼良作
上海 上海人民美术出版社 1964 年［1 张］
76cm（2 开）定价：CNY0.15

J0045209
毛主席和我们在一起 （汉、傣纳、傣仂、景颇、拉祜、傈僳、佤文对照版）忻礼良作
上海 上海人民美术出版社 1964 年［1 张］76cm（2 开）定价：CNY0.15

J0045210
毛主席和我们在一起 （汉、蒙文对照版）忻礼良作
上海 上海人民美术出版社 1964 年［1 张］76cm（2 开）定价：CNY0.15

J0045211
毛主席和我们在一起 （汉、僮文对照版）忻礼良作
上海 上海人民美术出版社 1964 年［1 张］76cm（2 开）定价：CNY0.15

J0045212
毛主席和我们在一起 （汉、维、哈、锡伯文对照版）忻礼良作
上海 上海人民美术出版社 1964 年［1 张］76cm（2 开）定价：CNY0.15

J0045213
毛主席来到我们家   朱旭作
南昌 江西人民出版社 1963 年 76cm（2 开）
定价：CNY0.25

J0045214
毛主席来到咱们社   周洪才作
沈阳 辽宁美术出版社 1963 年 76cm（2 开）
定价：CNY0.18

J0045215
毛主席来了   娄溥义作
兰州 甘肃人民出版社 1963 年 76cm（2 开）
定价：CNY0.18

J0045216
毛主席在田间   李慕白作
合肥 安徽人民出版社 1963 年 76cm（2 开）
定价：CNY0.25

J0045217
梅兰芳舞台艺术   金肇芳作
天津 天津美术出版社 1963 年 76cm（2 开）
定价：CNY0.18

J0045218
美丽的花朵 （群益堂年画）章育青作
武汉 群益堂 1963 年 76cm（2 开）
定价：CNY0.18
    作者章育青（1909—1993），画家。浙江慈溪人。上海人民美术出版社年画专业画家。作品《上海大世界》《元宵灯》《上海外滩》《南京长江大桥》等。

J0045219
孟母择邻
天津 天津杨柳青画店 1963 年 108cm（全开）
定价：CNY0.28

J0045220
民兵模范   黄锡令作
沈阳 辽宁美术出版社 1963 年 1 张 76cm（2 开）
定价：CNY0.16

J0045221
母子安康
天津 天津杨柳青画店 1963 年 108cm（全开）
定价：CNY0.28

J0045222
牡丹   宋省予作
福州 福建人民出版社 1963 年 76cm（2 开）
定价：CNY0.25
    作者宋省予（1909—1966），画家、教育家。原名连庆，字廉卿，号红杏主人。福建上杭人。曾任福建师范学院图画教师、中国美术家协会会员。代表作品有《岩壑春光》《母子依依》《万寿图》《稻熟鸭肥》等。出版《宋省予花鸟技法讲座》《宋省予画集》。

J0045223
牡丹   汪岳云作
兰州 甘肃人民出版社 1963 年 76cm（2 开）
定价：CNY0.18

J0045224
牡丹　曾杏绯作
银川　宁夏回族自治区人民出版社 1963 年
54cm（4 开）定价：CNY0.10
　　作者曾杏绯（1911—2013），女，回族。美术
家。江苏常州市人。原名曾瑜。曾任中国美术
家协会理事、中国美术家协会宁夏分会主席、宁
夏文史馆名誉馆员、宁夏书画院名誉院长等职。
代表作品有《工笔牡丹》《万紫千红》《牡丹蝴
蝶》等。

J0045225
穆桂英　李国衡画
长春　吉林人民出版社 1963 年 78cm（2 开）
定价：CNY0.17

J0045226
穆桂英　史正学作
南昌　江西人民出版社 1963 年 54cm（4 开）
定价：CNY0.13
　　作者史正学（1933—　　），国家一级美术师。
又名莫可，河南洛阳人。毕业于广州美术学院国
画系。中国美术家协会会员、河南省美术家协会
常务理事、河南中山书画院院长。代表作品有《晨
钟响了》《深山火种》《枣雨》《征途报捷》等。

J0045227
穆桂英　（汉、藏文对照版）吴光宇作
北京　人民美术出版社 1963 年 76cm（2 开）
定价：CNY0.25
　　作者吴光宇（1908—1970），国画家。原名显
曾，以字行，浙江绍兴人。曾在北京中国画学研
究会、北平国立艺术专科学校京华美术学院、北
京画院从事专业创作。代表作有《荀灌娘救父》
《淝水之战》《宝琴立雪》等。

J0045228
穆桂英　（汉、朝文对照版）吴光宇作
北京　人民美术出版社 1963 年 76cm（2 开）
定价：CNY0.25

J0045229
穆桂英　（汉、德傣、西双版纳傣、景颇、拉祜
文对照版）吴光宇作
北京　人民美术出版社 1963 年 76cm（2 开）
定价：CNY0.25

J0045230
穆桂英　（汉、傈僳文对照版）吴光宇作
北京　人民美术出版社 1963 年 76cm（2 开）
定价：CNY0.25

J0045231
穆桂英　（汉、蒙文对照版）吴光宇作
北京　人民美术出版社 1963 年 76cm（2 开）
定价：CNY0.25

J0045232
穆桂英　（汉、僮文对照版）吴光宇作
北京　人民美术出版社 1963 年 76cm（2 开）
定价：CNY0.25

J0045233
穆桂英　（汉、佤文对照版）吴光宇作
北京　人民美术出版社 1963 年 76cm（2 开）
定价：CNY0.25

J0045234
穆桂英　（汉、维、哈文对照版）吴光宇作
北京　人民美术出版社 1963 年 76cm（2 开）
定价：CNY0.25

J0045235
穆桂英挂帅　花木兰从军　侯文发作
广州　广东人民出版社 1963 年 1 张 76cm（2 开）
定价：CNY0.18
　　作者侯文发（1928—　　），广东梅州人。曾用
名剑萍。毕业于中南美术专科学校。中国书画
家协会理事、中国国画家协会理事、广东省美术
家协会会员。主要作品有《工地探亲》《宋湘》《三
英战吕布》等。

J0045236
穆桂英挂帅　花木兰从军　侯文发作
广州　广东人民出版社 1963 年 1 张 54cm（4 开）
定价：CNY0.18

J0045237
穆柯寨　谢慕连作
上海　上海人民美术出版社 1963 年

76cm（2开）定价：CNY0.18

J0045238
穆柯寨　谢慕连作
上海　上海人民美术出版社　1963年
54cm（4开）定价：CNY0.10

J0045239
闹元宵　张鸾作
郑州　河南人民出版社　1963年　76cm（2开）
定价：CNY0.18
　　作者张鸾（1924—　），女。别名张米玖，天津人。天津人民美术出版社从事创作，编审。作品有木版画《鲁迅和一个工厂》《五子爱清洁》《娃娃戏少林寺》《小胜儿》《小笛和水罐》等。

J0045240
内蒙古民间舞蹈屏　（蒙、汉文对照）王玉泉作
呼和浩特　内蒙古人民出版社　1963年　1张
78cm（2开）定价：CNY0.25

J0045241
你弹我唱　吴哲夫作
石家庄　河北人民美术出版社　1963年
76cm（2开）定价：CNY0.25
　　作者吴哲夫，画家。擅长年画。师从杭穉英，在上海"穉英画室"工作，长期共事，集体创作，被称为"杭派"月份牌画家。作品有《节日的食堂》《向解放军叔叔致敬》《老手带新手》等。

J0045242
年丰畜壮　竞时作
沈阳　辽宁美术出版社　1963年　54cm（4开）
定价：CNY0.10

J0045243
年画缩样　（1963.2）上海人民美术出版社辑
上海　上海人民美术出版社　1963年　影印本
37幅　13×19cm　统一书号：2579–2613

J0045244
年画缩样　（1963.3）上海人民美术出版社辑
上海　上海人民美术出版社　1963年　影印本
13×19cm　统一书号：2608–2631

J0045245
年年丰收　凌健作
杭州　浙江人民美术出版社　1963年
76cm（2开）定价：CNY0.18

J0045246
年年有余　岁岁丰收　黄瑛作
昆明　云南人民出版社　1963年　1张54cm（4开）
定价：CNY0.10

J0045247
鸟语花香　陈之佛作
南京　江苏人民出版社　1963年　78cm（2开）
定价：CNY0.12
　　作者陈之佛（1896—1962），画家、工艺美术家。又名陈绍本、陈杰，号雪翁。毕业于浙江省工业专门学校染织科机织专业，曾留学日本入东京美术学校工艺图案科。曾任教于上海美术专科学校及中央大学艺术系，任南京大学、南京师范学院教授，江苏美术家协会副主席，南京艺术学院副院长，中国美术家协会理事等职。代表作品有《瑞安名胜古诗选》《旅美纪行》《江村集》等。

J0045248
牛犊　（蒙、汉文对照）乌恩作
呼和浩特　内蒙古人民出版社　1963年
38cm（6开）定价：CNY0.09

J0045249
牛头山
天津　天津杨柳青画店　1963年　108cm（全开）
定价：CNY0.28

J0045250
农村四景　（1-4）区晖作
武汉　湖北人民出版社　1963年　4张54cm（4开）
定价：CNY0.36

J0045251
农忙妇女屏　（1-4）王伟戎作
上海　上海人民美术出版社　1963年　4张
78cm（2开）定价：CNY0.48

J0045252

农牧连双喜同庆万年春 （汉、蒙文对照）胡钧作

呼和浩特 内蒙古人民出版社 1963 年 78cm（2 开）定价：CNY0.17

J0045253

农业技师 拖拉机手 顾成骥作

昆明 云南人民出版社 1963 年 1 张 54cm（4 开） 定价：CNY0.10

J0045254

女电焊工 马乐群作

上海 上海人民美术出版社 1963 年 76cm（2 开）定价：CNY0.18

作者马乐群（1933— ），画家。上海人，曾在上海现代画室学习绘画及西洋美术史等。历任上海画片出版社年画创作员、上海美术出版社年画编辑。作品有《人民不允许浪费粮食的行为》《海防前线宣传员》《金杯红花传捷报》《激流勇进》等。

J0045255

女民兵 陈永智作

哈尔滨 黑龙江美术出版社 1963 年 76cm（2 开）定价：CNY0.18

J0045256

女民兵 姜宝星作

济南 山东人民出版社 1963 年 76cm（2 开） 定价：CNY0.18

J0045257

女社员 翁开恩作

福州 福建人民出版社 1963 年 76cm（2 开） 定价：CNY0.18

作者翁开恩（1939— ），教授。号竹啸庄人，福建莆田人。历任福建师范大学美术系副教授、福建画院、福州画院、福建政协画师，中国美术家协会会员，福建美术协会理事。出版有《翁开恩画集》《翁开恩写生》《翁开恩画辑》等。

J0045258

排灌机，真出力，灌得庄稼饱饱的，长个粗杆大穗子！ 李慕白作

北京 人民美术出版社 1963 年 76cm（2 开） 定价：CNY0.18

作者李慕白（1913—1991），画家。生于浙江海宁。历任中国民主同盟会成员、中国美术家协会会员、上海人民美术出版社特约年画作者。出版有《李慕白、金雪尘年画选集》。

J0045259

胖娃娃 李慕白作

银川 宁夏回族自治区人民出版社 1963 年 76cm（2 开）定价：CNY0.18

J0045260

陪嫁的传家宝 魏瀛洲作

杭州 浙江人民美术出版社 1963 年 76cm（2 开）定价：CNY0.18

作者魏瀛洲，海派年画、宣传画家。中华人民共和国成立初期被称为月份牌画家。作品有《国庆节的早晨》《欢腾的农机站》《在幸福的时代》等。

J0045261

评功表模庆丰年 彭庆祥作

武汉 湖北人民出版社 1963 年 76cm（2 开） 定价：CNY0.18

J0045262

苹果树下喜丰收 张胜作

沈阳 辽宁美术出版社 1963 年 76cm（2 开） 定价：CNY0.18

J0045263

破雪 周霖作

昆明 云南人民出版社 1963 年 54cm（4 开） 定价：CNY0.10

作者周霖（1902—1977），纳西族，国画家、诗人。字慰苍，云南丽江人。画作《金沙水拍云崖暖》《玉龙金川》等。

J0045264

齐鸣颂艳阳 （1-4）佟雪凡画

长春 吉林人民出版社 1963 年 2 版 4 张 54cm（4 开）定价：CNY0.50

J0045265

巧妈妈　刘长恩画
长春　吉林人民出版社　1963年　76cm（2开）
定价：CNY0.18
　　作者刘长恩（1936—1996），吉林通榆人，吉林美术出版社美术编辑。代表作品《咱队的好猎手》《再请战》《巧妈妈》等。

J0045266

巧女绣花山　石鲁作
西安　长安美术出版社　1963年　76cm（2开）
定价：CNY0.25
　　作者石鲁（1919—1982），画家。原名冯亚珩，四川仁寿人，就读于成都东方美术专科学校和陕北公学院。曾任中国美术家协会常务理事、陕西省美术家协会主席、陕西省书法家协会主席、陕西省国画院名誉院长、中国画研究院院委等职。著有《石鲁学画录》，电影剧本《暴风中的雄鹰》等。

J0045267

巧做花灯庆丰年　高潮作
北京　人民美术出版社　1963年　76cm（2开）
定价：CNY0.18

J0045268

巧做花灯庆丰年　（汉、藏文对照版）高潮作
北京　人民美术出版社　1964年［1张］
76cm（2开）定价：CNY0.20

J0045269

巧做花灯庆丰年　（汉、朝文对照版）高潮作
北京　人民美术出版社　1964年［1张］
76cm（2开）定价：CNY0.20

J0045270

巧做花灯庆丰年　（汉、傣纳、傣仂、景颇、拉祜、傈僳、佤文对照版）高潮作
北京　人民美术出版社　1964年［1张］
76cm（2开）定价：CNY0.20

J0045271

巧做花灯庆丰年　（汉、蒙文对照版）高潮作
北京　人民美术出版社　1964年［1张］
76cm（2开）定价：CNY0.20

J0045272

巧做花灯庆丰年　（汉、僮文对照版）高潮作
北京　人民美术出版社　1964年［1张］
76cm（2开）定价：CNY0.20

J0045273

巧做花灯庆丰年　（汉、维、哈、锡伯文对照版）高潮作
北京　人民美术出版社　1964年［1张］
76cm（2开）定价：CNY0.20

J0045274

勤俭办社连年有余　张逸民作
北京　人民美术出版社　1963年　1张76cm（2开）
定价：CNY0.18

J0045275

勤俭持家　五谷丰收　高孝慈作
沈阳　辽宁美术出版社　1963年　2张39cm（8开）
定价：CNY0.12

J0045276

青海山水　（1-4）方之南作
西宁　青海人民出版社　1963年　4张54cm（4开）
定价：CNY0.36
　　作者方之南（1911—1990），画家。青海西宁人，原名方泰兴，别署指南。毕业于青海师范学校、上海美术专科学校国画系、国立北平艺术专科学校。历任青海省文联美术组组长、青海省美术家协会理事、青海省文联副主席、青海省美术家协会主席、中国美术家协会理事等。代表作《巍巍祁连》《收听藏语广播》《百花争艳》《孤亭背岭开》，出版有《柴达木写生选集》。

J0045277

清洁长寿　劳动多福　吴龙才画
长春　吉林人民出版社　1963年　1张76cm（2开）
定价：CNY0.18

J0045278

庆丰收　迎新春　（1-4　汉、僮文对照）林景椿作
南宁　广西民族出版社　1963年　4张54cm（4开）
定价：CNY0.36

J0045279

庆赏元宵

天津　天津杨柳青画店　1963 年　108cm（全开）

定价：CNY0.28

J0045280

秋收分粮图 （汉、藏文对照）钟一鸾作

西宁　宁青海人民出版社　1963 年　76cm（2 开）

定价：CNY0.25

J0045281

秋收乐　隋成林作

济南　山东人民出版社　1963 年　76cm（2 开）

定价：CNY0.18

J0045282

群英会 （1-4）韩敏作

上海　上海人民美术出版社　1963 年　4 张

54cm（4 开）定价：CNY0.36

　　作者韩敏（1929—　），连环画、年画画家。浙江杭州人。历任上海人民美术出版社创作员、上海书画研究院院长、中国美术家协会委员、上海市美术家协会理事、上海文史馆馆员。代表作品有《郑板桥》等。

J0045283

群英聚会　沙更世作

北京　人民美术出版社　1963 年　76cm（2 开）

定价：CNY0.25

　　作者沙更世（1926—　），编辑。又名沙更思，浙江鄞县人。历任西泠印社社员、人民画报、人民美术出版社编辑、创作员，中央民族学院中国画教研室主任、硕士研究生工作室副主任、导师、教授，中国美术家协会、中国书法家协会会员。作品有《雪山浴日》《江山如此多娇》等。出版有《沙孟海篆刻集》《二十世纪书法经典——沙孟海卷》《沙更世书画篆刻选集》。

J0045284

群众的歌手　许勇作

沈阳　辽宁美术出版社　1963 年　76cm（2 开）

定价：CNY0.18

　　作者许勇（1933—　），画家。别名许涌。生于山东青岛，毕业于东北美术专科学校并留校任教。历任鲁迅美术学院教授、研究生导师，中国

美术家协会会员，中国连环画研究会常务理事，中国当代工笔画学会理事，雪庐画会副会长。代表作品有《金田起义》《戚继光平倭图》等。出版有《许勇画马》。

J0045285

群众的歌手　许勇作

沈阳　辽宁美术出版社　1963 年　38cm（6 开）

定价：CNY0.08

J0045286

热爱集体劳动　勤俭节约持家 （窗对画）纪宇作

天津　天津美术出版社　1963 年　2 张 54cm（4 开）

定价：CNY0.18

J0045287

热爱农村　热爱劳动　庞亦鹏，庞卡作

武汉　湖北人民出版社　1963 年　76cm（2 开）

定价：CNY0.18

　　作者庞卡（1935—　）。画家。又名庞抱俊。上海人。历任上海人民美术出版社年画编辑、创作员。作品有《从小爱科学》《秧苗青青春来早》《爱人民》等。

J0045288

热爱英雄黄继光　学习雷锋好榜样　傅国基作

贵阳　贵州人民出版社　1963 年　1 张 76cm（2 开）

定价：CNY0.18

J0045289

人定胜天　谭裕剑作

广州　广东人民出版社　1963 年　1 张 76cm（2 开）

定价：CNY0.18

J0045290

人欢畜旺年丰　刘勃舒作

北京　人民美术出版社　1963 年　76cm（2 开）

定价：CNY0.18

J0045291

人欢畜旺年丰 （汉、藏文对照版）刘勃舒作

北京　人民美术出版社　1964 年　［1 张］

76cm（2 开）定价：CNY0.20

J0045292

人欢畜旺年丰　（汉、朝文对照版）刘勃舒作

北京　人民美术出版社　1964 年［1 张］

76cm（2 开）定价：CNY0.20

J0045293

人欢畜旺年丰　（汉、傣纳、傣仂、景颇、拉祜、傈僳、佤文对照版）刘勃舒作

北京　人民美术出版社　1964 年［1 张］

76cm（2 开）定价：CNY0.20

J0045294

人欢畜旺年丰　（汉、蒙文对照版）刘勃舒作

北京　人民美术出版社　1964 年［1 张］

76cm（2 开）定价：CNY0.20

J0045295

人欢畜旺年丰　（汉、僮文对照版）刘勃舒作

北京　人民美术出版社　1964 年［1 张］

76cm（2 开）定价：CNY0.20

J0045296

人欢畜旺年丰　（汉、维、哈、锡伯文对照版）刘勃舒作

北京　人民美术出版社　1964 年［1 张］

76cm（2 开）定价：CNY0.20

J0045297

人民战士守边疆，幸福生活万年长　蒋采苹作

北京　人民美术出版社　1963 年　1 张 76cm（2 开）

定价：CNY0.18

　　作者蒋采苹（1934—　　），女，画家。河南开封人，毕业于中央美术学院，留校任教。历任中央美术学院中国画系副教授、工笔画室主任，中国美术家协会会员，中国当代工笔画学会副会长，北京工笔重彩画会副会长。主要作品有《孔雀之歌》《摘火把果的姑娘》《憩》《雪》等，主编有画集《现代重彩画》。

J0045298

人强马壮　张辛国作

石家庄　河北人民美术出版社　1963 年

76cm（2 开）定价：CNY0.18

　　作者张辛国（1926—　　），编辑。河北安平人，

就读于中央美术学院。历任河北美术出版社总编辑、编审，中国美术家协会会员，河北美术家协会顾问。出版有《怎样画鹿》《张辛国动物画集》《百鹿图》等。

J0045299

人勤畜旺

［开封］开封市朱仙镇年画社　1963 年

J0045300

人勤春早　叶公贤，唐冠芳作

昆明　云南人民出版社　1963 年　1 张 54cm（4 开）

定价：CNY0.10

J0045301

人勤年丰送粮忙　陈强作

上海　上海人民美术出版社　1963 年

76cm（2 开）定价：CNY0.18

J0045302

人人健康　年年丰收

［开封］开封市朱仙镇年画社　1963 年

J0045303

人寿年丰　魏瀛洲作

长春　吉林人民出版社　1963 年　76cm（2 开）

定价：CNY0.18

　　作者魏瀛洲，海派年画、宣传画家。中华人民共和国成立初期被称为月份牌画家。作品有《国庆节的早晨》《欢腾的农机站》《在幸福的时代》等。

J0045304

人寿年丰　（汉、蒙文对照）牛远久作

呼和浩特　内蒙古人民出版社　1963 年

76cm（2 开）定价：CNY0.25

J0045305

瑞狮起舞　喜庆丰年　伟强，瑞贤合作

广州　广东人民出版社　1963 年　1 张 54cm（4 开）

定价：CNY0.10

J0045306

三打祝家庄　（1-4）刘王斌作

上海　上海人民美术出版社　1963 年　4 张

54cm（4开）定价：CNY0.36

作者刘王斌（1921—　），画家。湖南攸县人。历任上海人民美术出版社副编审、上海美术家协会会员、上海中山艺术院理事。代表作品有《鸭司令》《沙恭达罗》《鱼乐图》《荷花童子舞》《鲤鱼跳龙门》《欢欢喜喜》等。

J0045307

三家福　（1-4）孔继昭画

福州　福建人民出版社　1963年　4张54cm（4开）
定价：CNY0.36

作者孔继昭（1924—1995），女，工笔画家。北京人，历任中国美术家协会会员、厦门美术家协会理事、厦门画院画师。主要作品有《上寿图》《台湾蝴蝶兰》《陈三五娘》《钗头凤》等。

J0045308

山川四景　（1-4）应野平作

沈阳　辽宁美术出版社　1963年　4张54cm（4开）
定价：CNY0.36

作者应野平（1910—1990），教授。曾名野萍、野苹。浙江宁海人。历任新华艺术专科学校教授、上海人民美术出版社编辑室副主任、上海美术专科学校和上海大学美术学院教授。代表作品有《应野平山水画集》《应野平山水画辑》《应野平山水画册》。

J0045309

山乡四季图　（1-4）鲍加，郑伊农作；刘夜峰配诗

合肥　安徽人民出版社　1963年　4张78cm（2开）
定价：CNY0.48

J0045310

上学　金铭作

长春　吉林人民出版社　1963年　76cm（2开）
定价：CNY0.18

J0045311

少年勤学屏　（1-4）沈枬，姚延林作

沈阳　辽宁美术出版社　1963年　4张54cm（4开）
定价：CNY0.36

J0045312

社会主义好　赵敏作

沈阳　辽宁美术出版社　1963年　108cm（全开）
定价：CNY0.36

作者赵敏，辽宁美术出版社社长、总编辑、编审。

J0045313

胜利归来　叶文西作

上海　上海人民美术出版社　1963年　1张
76cm（2开）定价：CNY0.18

J0045314

十二月花屏　（1-4）何逸梅作

上海　上海人民美术出版社　1963年　4张
54cm（4开）定价：CNY0.36

作者何逸梅（1894—1972），画家。号明斋。江苏吴县（今属苏州）人。上海商务印书馆图画部第一批练习生之一。主要从事月份牌画创作，兼作工商装潢美术设计。

J0045315

十五的月亮　张云峰作

石家庄　河北人民美术出版社　1963年
76cm（2开）定价：CNY0.18

J0045316

试帆　柳济生作

济南　山东人民出版社　1963年　76cm（2开）
定价：CNY0.18

J0045317

试耕图　韩敏作

上海　上海人民美术出版社　1963年
76cm（2开）定价：CNY0.18

作者韩敏（1929—　），连环画、年画画家。浙江杭州人。历任上海人民美术出版社创作员、上海书画研究院院长、中国美术家协会委员、上海市美术家协会理事、上海文史馆馆员。代表作品有《郑板桥》等。

J0045318

收陆文龙

天津　天津杨柳青画店　1963年　108cm（全开）
定价：CNY0.28

J0045319
手鼓舞　金雪尘作
天津　天津美术出版社　1963年　1张 76cm（2开）
定价：CNY0.18

J0045320
书记下田头　吴光华作
上海　上海人民美术出版社　1963年
76cm（2开）定价：CNY0.18
　　作者吴光华（1933—　　），版画家。生于江西
东乡，曾用笔名：牧也、笑也、牧春等。中国美
术家协会会员、上海人民美术出版社副编审。擅
版画、年画、国画及篆刻。在江西陶瓷专业艺术
学院从事了三年的绘瓷生涯。毕业于中央美术
学院华东分院版画系，师从木刻家张漾兮。版
画作品有《把余粮卖给国家》《村口》《新学》等，
木刻连环画《党费》，木刻画《舞师图》《春》《黄
河渔民》，木刻邮票《摘棉花》。

J0045321
双虎图　戈湘岚作
杭州　浙江人民美术出版社　1963年
76cm（2开）定价：CNY0.18

J0045322
双狮图
天津　天津杨柳青画店　1963年　54cm（4开）
定价：CNY0.10

J0045323
水深鱼大莲井蒂　陈菊仙，王伟戌作
杭州　浙江人民美术出版社　1963年
76cm（2开）定价：CNY0.18
　　作者陈菊仙（1929—　　），女，浙江温州人。
毕业于中央美术学院华东分院。擅长年画。上
海人民美术出版社画家。主要作品有《捉麻雀》
《个个争当小雷锋》《共同富万家乐》等。著有《年
画述要》。

J0045324
硕果瑞鸟图　（1-4）张其翼作
北京　人民美术出版社　1963年　4张 54cm（4开）
定价：CNY0.36
　　作者张其翼（1915—1968），教授、花鸟画
家。字君振，号鸿飞楼主。北京人，祖籍福建闽

侯。曾任教于河北艺术师范学校和天津美术学
院。代表作品《九寿朝阳图》《玉兰绶带》《池塘
雨露》《雪鹤芭蕉》。

J0045325
四季常春　黄妙发作
上海　上海人民美术出版社　1963年
76cm（2开）定价：CNY0.18
　　作者黄妙发（1938—　　），别名年丰，江苏常
熟人。擅长年画。曾任上海人民美术出版社年
画宣传画编辑室副主任。作品有年画《喜临门》
《我爱中华》《儿童附捐邮票一套》（两枚）等。

J0045326
四季常青　（1-4）王雪涛作
沈阳　辽宁美术出版社　1963年　4张 54cm（4开）
定价：CNY0.36
　　作者王雪涛（1903—1982），写意花鸟画家。
原名庭钧，字晓封，号迟园。河北成安人。历任
北京画院院长、中国美术家协会理事、美术家协
会北京分会副主席等职。著有《王雪涛画集》《王
雪涛画辑》《王雪涛画谱》《王雪涛的花鸟画》等。

J0045327
四季花常开 幸福集体来　方菁作
北京　人民美术出版社　1963年　1张 76cm（2开）
定价：CNY0.18

J0045328
四季花鸟　（1-4）申茂之作
合肥　安徽人民出版社　1963年　4张 54cm（4开）
定价：CNY0.36
　　作者申茂之（1904—1976），画家。又名申柏
馨、申柏厂、申拓。安徽芜湖人，毕业于北京
艺术专科学校。先后在华东大学艺术系、山东大
学艺术系、华东艺术专科学校美术系、安徽师范
学院艺术科、安徽师范大学艺术系任教，美术家
协会安徽分会会员。代表作品有《凌霄孔雀》。

J0045329
四季花鸟　（1-4）叶桐轩作
郑州　河南人民出版社　1963年　4张 54cm（4开）
定价：CNY0.36
　　作者叶桐轩（1313—1971），画家。河南淮阳
人，原名叶荫槐。毕业于上海大华学校，曾任美

术教员、开封师范学院艺术系教师、开封市政协委员。擅长国画，尤精花鸟，兼习山水，对美术理论亦有研究。作品《西湖之秋》《西湖山水》《庐山苍松》等。著有《国画教范》。

J0045330
四季花鸟 （1-4 汉、德傣、西双版纳傣、景颇、拉祜文对照）田世光作
北京 人民美术出版社 1963 年 4 张 54cm（4 开）
定价：CNY0.05
　　作者田世光（1916—1999），教授。号公炜，北京人，祖籍山东乐陵，毕业于北京京华美术学院，师承张大千、赵梦朱、吴镜汀、于非闇、齐白石诸先生。历任中国美术家协会会员、北京工笔重彩画副会长、中国画研究院第一届院务委员。代表作《和平颂》《松树白鹰》《春晖》《幽谷红妆》《山雀》。

J0045331
四季花鸟 （1-4 汉、傈僳文对照）田世光作
北京 人民美术出版社 1963 年 4 张 54cm（4 开）
定价：CNY0.05

J0045332
四季花鸟 （1-4 汉、佤文对照）田世光作
北京 人民美术出版社 1963 年 4 张 54cm（4 开）
定价：CNY0.05

J0045333
四季花鸟 （1-4）岳祥书作
济南 山东人民出版社 1963 年 4 张 54cm（4 开）
定价：CNY0.36
　　作者岳祥书（1913—1979），生于河南省开封市。字瑞麟，号祥书、木鱼子，曾用名湘絮、乡蔬、鸿祥、翔舒、松风斋主等。毕生从事美术工作，绘画领域涉猎广博，中、西绘画皆通。作品有《山中急雨》《腊梅仙鹤》《秋鸡菊花》《群鸭捕蜻》。出版有《祥书墨妙》《木鱼子画集》。

J0045334
四季花鸟 （1-4）房润兰作
济南 山东人民出版社 1963 年 4 张 54cm（4 开）
定价：CNY0.36
　　作者房润兰，女，花鸟画家。师承徐操大师。

J0045335
四季生产屏 （1-4）江南春等作
上海 上海人民美术出版社 1963 年 4 张
54cm（4 开）定价：CNY0.36

J0045336
四季颂 （1-4 汉、蒙文对照）官布作
呼和浩特 内蒙古人民出版社 1963 年 4 张
54cm（4 开）定价：CNY0.36
　　作者官布（1928—2013），蒙古族，画家。毕业于齐齐哈尔军政大学。历任中国美术家协会第二、三、四届理事，北京海峡两岸书画家联谊会常务理事、常务副主席。代表作品有《傍晚》《读毛主席的书》《草原小姐妹》《壶口瀑布》《万马奔腾》等。

J0045337
松鹤图 郑乃珖作
西安 长安美术出版社 1963 年 1 张
定价：CNY0.24
　　作者郑乃珖（1911—2005），画家、教授。号璧寿翁，生于福建福州市。历任中国画研究院院务委员、西安美术学院教授、福建省政协常委、福州画院院长、国家一级美术师。代表作品有《水乡春色》《荷萍》《灵山秀水育新苗》等。

J0045338
松鹤延年 光元鲲作
合肥 安徽人民出版社 1963 年 ［1 张］
76cm（2 开）定价：CNY0.18
　　作者光元鲲（1907—1974），画家。名德需，安徽桐城县人，毕业于上海新华艺术大学绘画系。曾任皖南大学（今安徽师范大学）艺术科、合肥师范学院艺术系中国画教师。作品有《柳塘清趣》《荷塘清趣》《松鹤延年》《虎啸》等。

J0045339
松龄鹤寿 韩天眷作
兰州 甘肃人民出版社 1963 年 76cm（2 开）
定价：CNY0.18

J0045340
宋副主席和少先队员 张碧梧作
天津 天津美术出版社 1963 年 76cm（2 开）
定价：CNY0.18

作者张碧梧(1905—1987),画家。江苏江阴人。曾任上海人民美术出版社特约年画作者、中国美术家协会会员。代表作品有《百万雄师渡长江》《养小鸡捐飞机》等。

J0045341
送货下乡　　陈达作
南京　江苏人民出版社　1963年　76cm(2开)
定价:CNY0.18

J0045342
送戏上门　　韩宝琳作
广州　广东人民出版社　1963年　76cm(2开)
定价:CNY0.18

J0045343
苏绣图　　吴君琪作
石家庄　河北人民美术出版社　1963年
76cm(2开)定价:CNY0.18

J0045344
岁朝春色　　郑乃珖作
兰州　甘肃人民出版社　1963年　1张 76cm(2开)
定价:CNY0.18

J0045345
岁岁丰收　　张松茂作
长沙　湖南人民出版社　1963年　76cm(2开)
定价:CNY0.18

J0045346
岁岁丰收 年年有余　　梁培浩作
武汉　湖北人民出版社　1963年　1张 76cm(2开)
定价:CNY0.18

J0045347
岁岁增产 年年丰收
[开封]开封市朱仙镇年画社　1963年

J0045348
孙悟空大闹天宫　　杨俊生作
上海　上海人民美术出版社　1963年
76cm(2开)定价:CNY0.18
　　作者杨俊生(1909—1981),出生于安徽安庆。曾任上海人民美术出版社、上海画版出版社

特约作者,上海美术家协会年画组组长等职。代表作品有《岳母刺字》《夜战马超》《大闹天宫》《贵妃醉酒》等。

J0045349
孙悟空三打白骨精　　史正学作
南昌　江西人民出版社　1963年　76cm(2开)
定价:CNY0.18
　　作者史正学(1933—　　),国家一级美术师。又名莫可,河南洛阳人。毕业于广州美术学院国画系。中国美术家协会会员、河南省美术家协会常务理事、河南中山书画院院长。代表作品有《晨钟响了》《深山火种》《枣雨》《征途报捷》等。

J0045350
孙悟空三打白骨精　　(1-4)赵宏本,钱笑呆画;王星北编文
上海　上海人民美术出版社　1963年　4张
78cm(2开)定价:CNY0.48
　　作者赵宏本(1915—2000),连环画家。号赵卿,又名张弓,生于上海,原籍江苏阜宁。历任中国美术家协会会员、中国美术家协会上海分会常务理事、中国连环画研究会副会长。主要作品有《孙悟空三打白骨精》《水浒一百零八将》《小五义》《七侠五义》等。作者钱笑呆(1912—1965),连环画名家。祖籍江西,出生于江苏阜宁。原名爱葆。曾为上海锦章书局创作连环画,后任上海新华美术出版社、上海人民美术出版社连环画创作员。代表作有《青楼泪》《红楼梦》《洛阳桥》等。

J0045351
孙悟空三打白骨精　　(1-4)赵宏本,钱笑呆画;王星北编文
上海　上海人民美术出版社　1963年　4张
78cm(2开)精印镶边 定价:CNY1.40
　　中国现代工艺美术年画作品。作者王星北(1905—1973),连环画脚本文学家。浙江定海人。原名心葆。曾就读于定海公学。曾任上海私营北斗出版社经理、泰兴书局文字编辑、上海新美术出版社连环画文字编辑、上海人民美术出版社连环画编辑科副科长等职。

J0045352
太行山上话当年　　吴光华作
上海　上海人民美术出版社　1963年

76cm（2 开）定价：CNY0.18

　　作者吴光华（1933—　　），版画家。生于江西东乡，曾用笔名：牧也、笑也、牧春等。中国美术家协会会员、上海人民美术出版社副编审。擅版画、年画、国画及篆刻。在江西陶瓷专业艺术学院从事了三年的绘瓷生涯。毕业于中央美术学院华东分院版画系，师从木刻家张漾兮。版画作品有《把余粮卖给国家》《村口》《新学》等，木刻连环画《党费》，木刻画《舞师图》《春》《黄河渔民》，木刻邮票《摘棉花》。

J0045353
太阳出来荔枝红　　柯玲作
福州　福建人民出版社　1963 年　76cm（2 开）
定价：CNY0.18

J0045354
滩头练武　　娄世棠作
北京　人民美术出版社　1963 年　1 张 76cm（2 开）
定价：CNY0.18
　　作者娄世棠（1926—　　），画家。浙江新昌人，浙江美术学院毕业。曾任北京文化艺术总公司编审、中国美术家协会会员。作品有连环画《赵百万》《小豆儿》《毛主席视察南泥湾》等，水彩画《归牧》《燕山深处》《秋林》，中国画《故园景色》《雪》等，出版有《娄世棠画选》《铅笔画》等。

J0045355
桃献千年
天津　天津杨柳青画店　1963 年　54cm（4 开）
定价：CNY0.10

J0045356
腾克号开到莫旗　（蒙、汉文对照）耐勒图，伊德勒胡作
呼和浩特　内蒙古人民出版社　1963 年
38cm（6 开）定价：CNY0.09

J0045357
天鹅蛋　　白雪尘作
上海　上海人民美术出版社　1963 年　1 张
76cm（2 开）定价：CNY0.18

J0045358
天水关

天津　天津杨柳青画店　1963 年　54cm（4 开）
定价：CNY0.10

J0045359
田螺仙女　　黄野作
福州　福建人民出版社　1963 年　76cm（2 开）
定价：CNY0.18

J0045360
挑滑车
天津　天津杨柳青画店　1963 年　54cm（4 开）
定价：CNY0.10

J0045361
听雷锋叔叔讲故事，学习雷锋叔叔的榜样　　方菁作
北京　人民美术出版社　1963 年　1 张 76cm（2 开）
定价：CNY0.18

J0045362
僮家姑娘上北京　（汉、僮文对照）卢汉华作
南宁　广西僮族自治区人民出版社　1963 年
78cm（2 开）定价：CNY0.12

J0045363
托儿所里宝宝乖　妈妈安心去生产　　范林根作
上海　上海人民美术出版社　1963 年
76cm（2 开）定价：CNY0.18

J0045364
拖拉机来了　　李直作
南京　江苏人民出版社　1963 年　76cm（2 开）
定价：CNY0.18

J0045365
完璧归赵
天津　天津杨柳青画店　1963 年　108cm（全开）
定价：CNY0.28

J0045366
玩好了，我们来放放好　　徐寄萍作
上海　上海人民美术出版社　1963 年
76cm（2 开）定价：CNY0.18
　　作者徐寄萍（1919—2005），上海人。曾任上

海美术家协会会员、上海人民美术出版社特约年画作者等职。主要作品有《帮妈妈做事》《学雷锋做好事》《擦亮眼睛》等。

J0045367
玩具花果屏　（1-4）陈秋草作
上海　上海人民美术出版社　1963 年　4 张
54cm（4 开）定价：CNY0.36

J0045368
玩气球　樊德康作
南昌　江西人民出版社　1963 年　76cm（2 开）
定价：CNY0.18

J0045369
万象回春　五谷丰登
[开封]开封市朱仙镇年画社　1963 年

J0045370
万紫千红　张一尊等合作
长沙　湖南人民出版社　1963 年　76cm（2 开）
定价：CNY0.18

J0045371
未来的拖拉机手　金铭作
上海　上海人民美术出版社　1963 年
76cm（2 开）定价：CNY0.18

J0045372
喂鸡　黄鹏作
北京　人民美术出版社　1963 年　1 张 54cm（4 开）
定价：CNY0.10

J0045373
喂鸡
天津　天津杨柳青画店　1963 年　54cm（4 开）
定价：CNY0.10

J0045374
喂小鸡　高汝法作
银川　宁夏回族自治区人民出版社　1963 年
76cm（2 开）定价：CNY0.18

J0045375
慰劳新姑姑　李捷作

石家庄　河北人民美术出版社　1963 年
76cm（2 开）定价：CNY0.18

J0045376
文成公主　李慕白作
天津　天津美术出版社　1963 年　1 张 76cm（2 开）
定价：CNY0.18

J0045377
文姬归汉
天津　天津杨柳青画店　1963 年　108cm（全开）
定价：CNY0.28

J0045378
我们的兵舰下水了　吴哲夫作
上海　上海人民美术出版社　1963 年
76cm（2 开）定价：CNY0.18
　　作者吴哲夫，画家。擅长年画。师从杭稚英，在上海"稚英画室"工作，长期共事，集体创作，被称为"杭派"月份牌画家。作品有《节日的食堂》《向解放军叔叔致敬》《老手带新手》等。

J0045379
我们的刘志丹　张义潜作
石家庄　河北人民美术出版社　1963 年
76cm（2 开）定价：CNY0.18

J0045380
我们果果多　罗既张作
南宁　广西僮族自治区人民出版社　1963 年
76cm（2 开）定价：CNY0.18

J0045381
我们也开拖拉机　廉浦画
长春　吉林人民出版社　1963 年　76cm（2 开）
定价：CNY0.18

J0045382
我在造工厂　孟慕颐作
银川　宁夏回族自治区人民出版社　1963 年
76cm（2 开）定价：CNY0.18

J0045383
五谷丰登　邹宗绪作
西安　长安美术出版社　1963 年　76cm（2 开）

定价：CNY0.18

　　作者邹宗绪（1933—2010），又名阿工，河南开封人。毕业于中央美术学院绘画系。历任陕西人民美术出版社编辑、编辑部主任、副总编、编审，陕西省美术家协会副主席，陕西国画院特聘画师，西安美术学院研究院研究员。作品有《喜报丰年》，出版有《中国历代雕塑·秦俑群》《千年古都西安》《洛川民间美术》等。

J0045384

五谷丰登　六畜兴旺　李中文作

郑州　河南人民出版社　1963 年　1 张 76cm（2 开）

定价：CNY0.18

J0045385

五好社员　模范夫妻　宋承志作

贵阳　贵州人民出版社　1963 年　1 张 76cm（2 开）

定价：CNY0.18

J0045386

五龙二虎锁彦章

天津　天津杨柳青画店　1963 年　108cm（全开）

定价：CNY0.28

J0045387

武汉长江大桥和黄鹤楼　黄鼎钧作

武汉　湖北人民出版社　1963 年　76cm（2 开）

定价：CNY0.18

J0045388

舞蹈条屏　（1-4）金雪尘，李慕白作

石家庄　河北人民美术出版社　1963 年　4 张

54cm（4 开）定价：CNY0.36

J0045389

西藏之春　（汉、藏文对照）忻礼良作

上海　上海人民美术出版社　1963 年

76cm（2 开）定价：CNY0.18

　　作者忻礼良（1913—？），浙江鄞县人。擅长年画。曾任上海画片出版社特约作者、上海人民美术出版社创作人员等职。代表作品有《毛主席和我们在一起》《姑嫂选笔》《拾到五分钱》等。

J0045390

西湖风光(春、夏、秋、冬）　（1-4）章育青作

杭州　浙江人民美术出版社　1963 年　4 张

54cm（4 开）定价：CNY0.36

　　作者章育青（1909—1993），画家。浙江慈溪人。上海人民美术出版社年画专业画家。作品《上海大世界》《元宵灯》《上海外滩》《南京长江大桥》等。

J0045391

喜报丰年　邹宗绪，朱宏修合作

西安　长安美术出版社　1963 年　76cm（2 开）

统一书号：8146.877　定价：CNY0.18

　　作者邹宗绪（1933—2010），又名阿工，河南开封人。毕业于中央美术学院绘画系。历任陕西人民美术出版社编辑、编辑部主任、副总编、编审，陕西省美术家协会副主席，陕西国画院特聘画师，西安美术学院研究院研究员。作品有《喜报丰年》，出版有《中国历代雕塑·秦俑群》《千年古都西安》《洛川民间美术》等。

J0045392

喜得双鱼

天津　天津杨柳青画店　1963 年　54cm（4 开）

定价：CNY0.10

J0045393

喜丰收　迎新春　徐芝麟，陈白一作

长沙　湖南人民出版社　1963 年　1 张 76cm（2 开）

定价：CNY0.20

　　作者陈白一（1926—2014），美术师。湖南邵阳人，毕业于华中艺术专科学校。历任湖南书画研究院院长、中国当代工笔画学会副会长、湖南省美术家协会顾问、湖南师范大学艺术学院客座教授。代表作品《听壁脚》《喜丰收》《工农联盟》等。

J0045394

喜叫蝈蝈

天津　天津杨柳青画店　1963 年　108cm（全开）

定价：CNY0.28

J0045395

喜庆丰年　傅作仁，杨力作

哈尔滨　黑龙江美术出版社　1963 年　1 张

76cm（2 开）定价：CNY0.18

J0045396
喜庆丰年 欢度春节　刘王斌作
上海 上海人民美术出版社 1963 年 1 张
76cm（2 开）定价：CNY0.18
　　作者刘王斌（1921—　），画家。湖南攸县人。
历任上海人民美术出版社副编审、上海美术家协
会会员、上海中山艺术院理事。代表作品有《鸭
司令》《沙恭达罗》《鱼乐图》《荷花童子舞》《鲤
鱼跳龙门》《欢欢喜喜》等。

J0045397
喜庆丰收　潘仕勤作
贵阳 贵州人民出版社 1963 年 1 张 76cm（2 开）
定价：CNY0.18

J0045398
喜庆有余　吴光华作
长沙 湖南人民出版社 1963 年 76cm（2 开）
定价：CNY0.18
　　作者吴光华（1933—　），版画家。生于江西
东乡，曾用笔名：牧也、笑也、牧春等。中国美
术家协会会员、上海人民美术出版社副编审。擅
版画、年画、国画及篆刻。在江西陶瓷专业艺
术学院从事了三年的绘瓷生涯。毕业于中央美术
学院华东分院版画系，师从木刻家张漾兮。版
画作品有《把余粮卖给国家》《村口》《新学》等，
木刻连环画《党费》，木刻画《舞师图》《春》《黄
河渔民》，木刻邮票《摘棉花》。

J0045399
喜上眉梢　冯一鸣作
天津 天津美术出版社 1963 年 76cm（2 开）
定价：CNY0.18

J0045400
喜事　白逸如作
北京 人民美术出版社 1963 年 1 张 76cm（2 开）
定价：CNY0.18
　　作者白逸如（1932—　），女，画家。北京人。
毕业于浙江美术学院。曾任山东省文化局美工
室、山东师范大学艺术系教师、天津画院专业画
家。主要作品有《渔家女儿上大学》《移来南茶
住北乡》《大娘的病好了》等。

J0045401
喜学英雄　那启明作
天津 天津美术出版社 1963 年 76cm（2 开）
定价：CNY0.18
　　作者那启明（1936—　），满族，北京人。擅
长民间美术。1958 年毕业于中央美术学院附中。
现任天津杨柳青画社编辑部主任、编审。作品《白
求恩》获第三届全国年画美术作品展览二等奖，
《团结图》获第五届全国年画美术作品展览三等
奖，《多彩夕阳》获中华人民共和国成立 45 周年
美术作品展览佳作奖，《喜迎春》等作品入选第四
届、五届全国年画展和第六届、七届、八届全国
美术作品展览。1994 年被中央文化部、新闻出版
署评为"优秀年画编辑"。中国美术家协会会员。

J0045402
囍　陈田颂作
福州 福建人民出版社 1963 年 39cm（4 开）
定价：CNY0.18

J0045403
戏蝈蝈
天津 天津杨柳青画店 1963 年 54cm（4 开）
定价：CNY0.10

J0045404
夏夜　郑乃珖作
兰州 甘肃人民出版社 1963 年 1 张 78cm（2 开）
定价：CNY0.12
　　作者郑乃珖（1911—2005），画家、教授。号
璧寿翁，生于福建福州市。历任中国画研究院院
务委员、西安美术学院教授、福建省政协常委、
福州画院院长、国家一级美术师。代表作品有《水
乡春色》《荷萍》《灵山秀水育新苗》等。

J0045405
鲜花遍地喜丰年　金铭作
上海 上海人民美术出版社 1963 年
76cm（2 开）定价：CNY0.18

J0045406
献给毛主席　高汝法作
银川 宁夏回族自治区人民出版社 1963 年
76cm（2 开）定价：CNY0.18

J0045407

向雷锋叔叔学习　于雁，朱迪作

合肥 安徽人民出版社 1963 年 76cm（2 开）

定价：CNY0.18

J0045408

向雷锋同志学习　马乐群，庞卡作

天津 天津美术出版社 1963 年 76cm（2 开）

定价：CNY0.18

作者马乐群（1933— ），画家。上海人，曾在上海现代画室学习绘画及西洋美术史等。历任上海画片出版社年画创作员、上海美术出版社年画编辑。作品有《人民不允许浪费粮食的行为》《海防前线宣传员》《金杯红花传捷报》《激流勇进》等。作者庞卡（1935— ）。画家。又名庞抱俊。上海人。历任上海人民美术出版社年画编辑、创作员。作品有《从小爱科学》《秧苗青青春来早》《爱人民》等。

J0045409

潇湘八景　（1-4）段千湖作

长沙 湖南人民出版社 1963 年 4 张 54cm（4 开）

定价：CNY0.40

J0045410

小放牛　赵国荃作

太原 山西人民出版社 1963 年 76cm（2 开）

定价：CNY0.18

J0045411

小姑贤　张锡之作

济南 山东人民出版社 1963 年 76cm（2 开）

定价：CNY0.18

J0045412

小海员　盛此君作

北京 人民美术出版社 1963 年 1 张 76cm（2 开）

定价：CNY0.18

作者盛此君（1915—1996），广西贵县人，在上海美术专科学校毕业后赴日本新宿洋画研究所学习。中华人民共和国成立后，历任新闻出版总署美术室干部、人民美术出版社专业画家。作品有年画《1981 年农历图》，绘画版连环画《小玲玲找弟弟》，宣传画《祖国建设花怒放，提高警惕防虎狼》等。

J0045413

小小水车团团转　杨馥如作

上海 上海人民美术出版社 1963 年 76cm（2 开）定价：CNY0.18

J0045414

小小服务员　孟庸作

沈阳 辽宁美术出版社 1963 年 54cm（4 开）

定价：CNY0.10

J0045415

小小科学家　陈谷平作

南京 江苏人民出版社 1963 年 76cm（2 开）

定价：CNY0.18

作者陈谷平（1920— ），江苏扬州人。大学文化。原扬州市国画院画师。中国美术家协会江苏分会会员。擅长年画、国画。作品有《戏鱼图》《门画》等。

J0045416

小小科学家　杨玉华作

天津 天津美术出版社 1963 年 76cm（2 开）

定价：CNY0.18

J0045417

心灵手巧　吴性清作

杭州 浙江人民美术出版社 1963 年 76cm（2 开）定价：CNY0.18

作者吴性清（1933— ），女，编审。生于江苏泰州，毕业于中央美术学院华东分院油画系。历任上海人民美术出版社创作员、中国美术家协会会员。作品有《我们热爱毛主席》《胡笳十八拍图卷》《关汉卿名剧选》等。

J0045418

新春　潘天涛作

沈阳 辽宁美术出版社 1963 年 38cm（6 开）

定价：CNY0.08

J0045419

新春乐　（斗方）朱家安画

长春 吉林人民出版社 1963 年 1 张 54cm（4 开）

定价：CNY0.10

J0045420
新节目　周玉满作
沈阳　辽宁美术出版社　1963 年　54cm（4 开）
定价：CNY0.10

J0045421
新来的社员　李新作
南京　江苏人民出版社　1963 年　76cm（2 开）
定价：CNY0.18
　　作者李新（1944—　　），河南罗山县人，驻马店日报社编委会委员，中国摄影家协会会员。摄有《李新摄影作品集》等。

J0045422
新门画　王兴邦作
［武强］河北武强画店　1963 年　1 张 54cm（4 开）
定价：CNY0.08

J0045423
新年多吉庆　合家乐家然
天津　天津杨柳青画店　1963 年　108cm（全开）
定价：CNY0.28

J0045424
新派来的教师　（汉、蒙、藏、哈文对照）肖树惇作
兰州　甘肃民族出版社　1963 年　76cm（2 开）
定价：CNY0.18

J0045425
新社员　李慕白作
石家庄　河北人民美术出版社　1963 年　1 张 76cm（2 开）定价：CNY0.18
　　作者李慕白（1913—1991），画家。生于浙江海宁。历任中国民主同盟会成员、中国美术家协会会员、上海人民美术出版社特约年画作者。出版有《李慕白、金雪尘年画选集》。

J0045426
新媳妇　（汉僮文对照）陆之珝作
南宁　广西民族出版社　1963 年　76cm（2 开）
定价：CNY0.18

J0045427
杏林春晓　赵梦朱作

沈阳　辽宁美术出版社　1963 年　76cm（2 开）
定价：CNY0.18
　　作者赵梦朱（1892—1985），花鸟画家、教授。原名恩熹，号明湖，河北雄县人。历任京华美术学院、华北艺术专科学校教授，中国美术家协会会员。

J0045428
幸福不忘毛主席　王喜庆，王珏合作
济南　山东人民出版社　1963 年　76cm（2 开）
定价：CNY0.18
　　作者王喜庆（1934—　　），画家。号唐王山人，另号东夷一夫，山东海阳人。历任山东炎黄书画院院长、山东画院高级画师、世界书画家协会理事，中国书画家协会会员。

J0045429
幸福的会见　李鸿祥作
哈尔滨　黑龙江美术出版社　1963 年
108cm（全开）定价：CNY0.50

J0045430
幸福歌儿唱不完　漆德琰作
南昌　江西人民出版社　1963 年　76cm（2 开）
定价：CNY0.18
　　作者漆德琰（1932—　　），教授，画家。江西高安人，毕业于鲁迅美术学院。历任《江西画报》社编辑、江西文艺学院教师、江西革命博物馆创作员、重庆建筑大学教授、中国水彩画学会理事、重庆水彩画学会会长。擅长水彩画、油画、壁画。代表作品《井冈山会师》《石板哨小屋》《归牧》《水乡》等。出版有《漆德琰水彩画作品与技法》《漆德琰水彩画选》《水彩写生技法示范》等。

J0045431
幸福花开　喜庆有余　陈惠明作
武汉　湖北人民出版社　1963 年　1 张 54cm（4开）
定价：CNY0.10
　　作者陈惠明（1933—　　），湖北嘉鱼人，毕业于中南美术专科学校。中国美术家协会会员、湖北省美术家协会理事、中国连环画研究会常务理事、湖北连环画研究会会长。曾为《中国历代寓言选》《长诗望红台》《古寓言今译》等图书作国画插图。

J0045432

幸福颂　姚有多作

北京　人民美术出版社　1963 年　1 张　76cm（2 开）

定价：CNY0.18

　　作者姚有多（1937—2001），画家、教授。浙江慈溪人，毕业于中央美术学院中国画系。历任中央美术学院教授、中国画系主任，中国美术学协会中国画艺术委员会常务副主任。代表作品有《幸福颂歌》《新队长》《陈胜吴广起义》《抗洪图》《牧归图》等。

J0045433

幸福颂　（汉、藏文对照版）姚有多作

北京　人民美术出版社　1964 年　［1 张］

76cm（2 开）定价：CNY0.20

J0045434

幸福颂　（汉、朝文对照版）姚有多作

北京　人民美术出版社　1964 年　［1 张］

76cm（2 开）定价：CNY0.20

J0045435

幸福颂　（汉、傣纳、傣仂、景颇、拉祜、傈僳、佤文对照版）姚有多作

北京　人民美术出版社　1964 年　［1 张］

76cm（2 开）定价：CNY0.20

J0045436

幸福颂　（汉、蒙文对照版）姚有多作

北京　人民美术出版社　1964 年　［1 张］

76cm（2 开）定价：CNY0.20

J0045437

幸福颂　（汉、僮文对照版）姚有多作

北京　人民美术出版社　1964 年　［1 张］

76cm（2 开）定价：CNY0.20

J0045438

幸福颂　（汉、维、哈、锡伯文对照版）姚有多作

北京　人民美术出版社　1964 年　［1 张］

76cm（2 开）定价：CNY0.20

J0045439

雄鹰　张春峰作；王福安刻

［石家庄］河北武强画店　1963 年　76cm（2 开）

定价：CNY0.10

　　作者张春峰（1929—　），书画家。出生于河北武强县。笔名武艺，号西园，居号泥香草堂。毕业于河北省艺术干部学校。曾任河北美术出版社副社长、纽约东西方艺术家协会民俗艺术委员会副主席、中国台湾国宝画院教授等职。主要作品有《雄鹰图》《母子虎》《草书虎字》等。

J0045440

绣花姑娘　徐奸作

南京　江苏人民出版社　1963 年　76cm（2 开）

定价：CNY0.18

J0045441

旭日东升　（汉、朝文对照版）应野平作

上海　上海人民美术出版社　1963 年

76cm（2 开）定价：CNY0.18

　　作者应野平（1910—1990），教授。曾名野萍、野苹。浙江宁海人。历任新华艺术专科学校教授、上海人民美术出版社编辑室副主任、上海美术专科学校和上海大学美术学院教授。代表作品有《应野平山水画集》《应野平山水画辑》《应野平山水画册》。

J0045442

旭日东升　（汉、维、哈文对照版）应野平作

上海　上海人民美术出版社　1963 年

76cm（2 开）定价：CNY0.18

J0045443

旭日东升万象新　（汉、藏文对照版）沈复明，黄善贲作

上海　上海人民美术出版社　1963 年

108cm（全开）定价：CNY0.36

　　作者沈复明（1935—　），画家。即沈丰明，浙江海盐人，毕业于鲁迅美术学院。负责上海人民美术出版社、广西人民出版社出版发行工作。其作品《希望寄托在你们身上》《歌唱大团结》《备战备荒为人民》《到工农兵去》《做红色接班人》《反对帝国主义争取民族解放》《大寨花盛开》《漓水春风客舟轻》等。

J0045444

旭日东升万象新　（汉、朝文对照版）沈复明，

黄善赍作
上海　上海人民美术出版社　1963 年
108cm（全开）定价：CNY0.36

J0045445

旭日东升万象新　（汉、傣仂、拉祜文对照版）
沈复明，黄善赍作
上海　上海人民美术出版社　1963 年
108cm（全开）定价：CNY0.36

J0045446

旭日东升万象新　（汉、傣纳、景颇文对照版）
沈复明，黄善赍作
上海　上海人民美术出版社　1963 年
108cm（全开）定价：CNY0.36

J0045447

旭日东升万象新　（汉、傈僳文对照版）沈复明，黄善赍作
上海　上海人民美术出版社　1963 年
108cm（全开）定价：CNY0.36

J0045448

旭日东升万象新　（汉、蒙文对照版）沈复明，黄善赍作
上海　上海人民美术出版社　1963 年
108cm（全开）定价：CNY0.36

J0045449

旭日东升万象新　（汉、僮文对照版）沈复明，黄善赍作
上海　上海人民美术出版社　1963 年
108cm（全开）定价：CNY0.36

J0045450

旭日东升万象新　（汉、佤文对照版）沈复明，黄善赍作
上海　上海人民美术出版社　1963 年
108cm（全开）定价：CNY0.36

J0045451

旭日东升万象新　（汉、维、哈文对照版）沈复明，黄善赍作
上海　上海人民美术出版社　1963 年
108cm（全开）定价：CNY0.36

J0045452

选种图　翟润书作
石家庄　河北人民美术出版社　1963 年
76cm（2 开）定价：CNY0.18

J0045453

学习小组　沈涛作
石家庄　河北人民美术出版社　1963 年
76cm（2 开）定价：CNY0.18
　　作者沈涛（1915—　　），画家，教师。原名沈雪华，出生于浙江临安县，就读于杭州国立艺术专科学校、上海新华艺术专科学校，师承潘天寿、汪亚尘、朱屺瞻等。曾在华东艺术专科学校绘画系、南京艺术学院工作。作品有《龙岗冬色》《烽烟满眼不胜愁》等。

J0045454

学医　（汉、蒙、藏、哈文对照）李嵬作
兰州　甘肃民族出版社　1963 年　54cm（4 开）
定价：CNY0.18

J0045455

荀灌娘　李国衡画
长春　吉林人民出版社　1963 年　78cm（2 开）
定价：CNY0.17

J0045456

驯虎演员　徐寄萍作
上海　上海人民美术出版社　1963 年
76cm（2 开）定价：CNY0.18
　　作者徐寄萍（1919—2005），上海人。曾任上海美术家协会会员、上海人民美术出版社特约年画作者等职。主要作品有《帮妈妈做事》《学雷锋做好事》《擦亮眼睛》等。

J0045457

驯兽表演　（群益堂年画）陈冠真作
武汉　群益堂　1963 年　76cm（2 开）
定价：CNY0.18

J0045458

鸦片战争　（1-4）湖北人民出版社编文；陈敬翔作
武汉　湖北人民出版社　1963 年　4 张 54cm（4 开）
定价：CNY0.36

J0045459

燕嬉白头　（1–2）江寒汀作

上海　上海人民美术出版社　1963 年　2 张

78cm（2 开）精印镶边　定价：CNY0.70

作者江寒汀（1903—1963），花鸟画家、教育家。名上渔，又名渔，字寒汀、寒艇，号石溪，江苏常熟人。历任上海美术学院专科学校教师、上海中国画院画师、中国美术家协会会员、上海分会理事。出版有《江寒汀百兽图》《当代名画家江寒汀》《江寒汀百兽图画册》等。

J0045460

杨柳青红楼梦年画集　阿英编

天津　天津美术出版社　1963 年　51 幅

27cm（16 开）精装　统一书号：8073.1859

定价：CNY5.00

作者阿英（1900—1977），现代著名剧作家、文艺批评家。安徽芜湖人，别名钱杏邨、钱德赋。著有诗歌、小说、散文，尤以戏剧成就最高，代表作品有历史剧《李闯王》等，著有《阿英文集》。

J0045461

杨门女将　（1-4）湖北人民出版社编文；蔡宏坡，郑士彬合作

武汉　湖北人民出版社　1963 年　4 张 54cm（4 开）

定价：CNY0.36

J0045462

样样有余　热光作

银川　宁夏回族自治区人民出版社　1963 年　1 张

76cm（2 开）定价：CNY0.18

J0045463

夜宴桃李园

天津　天津杨柳青画店　1963 年　108cm（全开）

定价：CNY0.28

J0045464

夜战马超　杨俊生作

上海　上海人民美术出版社　1963 年

76cm（2 开）定价：CNY0.18

作者杨俊生（1909—1981），出生于安徽安庆。曾任上海人民美术出版社、上海画版出版社特约作者，上海美术家协会年画组组长等职。代表作品有《岳母刺字》《夜战马超》《大闹天宫》

《贵妃醉酒》等。

J0045465

一九六三年春节年画缩样　湖北人民出版社编

武汉　湖北人民出版社［1963 年］影印本　1 册

13×19cm

J0045466

一曲渔歌北京来　李瑞作

广州　广东人民出版社　1963 年　76cm（2 开）

定价：CNY0.25

J0045467

一人参军 全家光荣　余林作

西安　长安美术出版社　1963 年　76cm（2 开）

定价：CNY0.18

J0045468

一心为社 勤俭持家　李光烈作

长沙　湖南人民出版社　1963 年　1 张 76cm（2 开）

定价：CNY0.20

J0045469

依靠集体幸福多　（汉、藏文对照）里果作

西宁　宁青海人民出版社　1963 年　76cm（2 开）

定价：CNY0.25

J0045470

颐和园之春　金鸿钧作

北京　人民美术出版社　1963 年　1 张 76cm（2 开）

定价：CNY0.18

作者金鸿钧（1937—　），教授、画家。别名爱新觉罗鸿钧，生于北京。历任中央美术学院中国画系教授、中国美术家协会会员、北京工笔重彩画会会长。代表作品《生生不已》《石壁榕根》《叶落归根》《枝繁花盛》，出版有《牡丹画谱》《工笔花鸟画技法》《金鸿钧画集》等。

J0045471

颐和园之春　（汉、藏文对照版）金鸿钧作

北京　人民美术出版社　1964 年［1 张］

76cm（2 开）定价：CNY0.20

J0045472
颐和园之春 （汉、朝文对照版）金鸿钧作
北京 人民美术出版社 1964 年［1 张］
76cm（2 开）定价：CNY0.20

J0045473
颐和园之春 （汉、傣纳、傣仂、景颇、拉祜、
傈僳、佤文对照版）金鸿钧作
北京 人民美术出版社 1964 年［1 张］
76cm（2 开）定价：CNY0.20

J0045474
颐和园之春 （汉、蒙文对照版）金鸿钧作
北京 人民美术出版社 1964 年［1 张］
76cm（2 开）定价：CNY0.20

J0045475
颐和园之春 （汉、僮文对照版）金鸿钧作
北京 人民美术出版社 1964 年［1 张］
76cm（2 开）定价：CNY0.20

J0045476
颐和园之春 （汉、维、哈、锡伯文对照版）金
鸿钧作
北京 人民美术出版社 1964 年［1 张］
76cm（2 开）定价：CNY0.20

J0045477
以农为荣 以农为乐 （门画）陈菊仙作
上海 上海人民美术出版社 1963 年 2 张
78cm（2 开）定价：CNY0.24
　　作者陈菊仙（1929— ），女，浙江温州人。毕
业于中央美术学院华东分院。擅长年画。上海人
民美术出版社画家。主要作品有《捉麻雀》《个个
争当小雷锋》《共同富万家乐》等。著有《年画述要》。

J0045478
以社为家
［开封］开封市朱仙镇年画社 1963 年

J0045479
银花满地喜丰收 姚中玉作
杭州 浙江人民美术出版社 1963 年
76cm（2 开）定价：CNY0.18

J0045480
饮羊 （蒙、汉文对照）张光璧作
呼和浩特 内蒙古人民出版社 1963 年
38cm（6 开）定价：CNY0.09

J0045481
英雄门第 模范家庭 倪宝诚作
郑州 河南人民出版社 1963 年 1 张 76cm（2 开）
定价：CNY0.18
　　作者倪宝诚（1935— ），画家。山东临朐人。
历任河南省群众艺术馆研究员、中国美术家协会
会员、中国民间工艺学术委员会委员、河南人民
出版社美术编辑室主任、河南省群众艺术馆研究
员、河南省民间美术学会会长等职。作品有连环
画《红心》《跳轿》《大地回春》《保家卫国》等。
主编有《大河风——河南民间美术文集》《朱仙
镇门神》《玩具》《民间美术与现代美术》等著作。

J0045482
英雄门第 模范人家 朱仪作
武汉 湖北人民出版社 1963 年 1 张 76cm（2 开）
定价：CNY0.18

J0045483
迎春 龚艺岚作
合肥 安徽人民出版社 1963 年 76cm（2 开）
定价：CNY0.18

J0045484
迎春 维克作
广州 广东人民出版社 1963 年 1 张 76cm（2 开）
定价：CNY0.18

J0045485
迎春 维克作
广州 广东人民出版社 1963 年 1 张 54cm（4 开）
定价：CNY0.10

J0045486
迎春贴纸 江苏人民出版社作
南京 江苏人民出版社 1963 年 76cm（2 开）
定价：CNY0.18

J0045487
迎春贴纸·"福"字 （保卫祖国）牛山书；鲁

华作
哈尔滨 黑龙江美术出版社 1963 年
76cm（2 开）定价：CNY0.18

J0045488
迎春贴纸·"福"字 （大办农业）刘忠书；施鹤良作
哈尔滨 黑龙江美术出版社 1963 年
76cm（2 开）定价：CNY0.18

J0045489
迎春贴纸·"福"字 （恭贺新喜）刘忠书；鲁华作
哈尔滨 黑龙江美术出版社 1963 年
76cm（2 开）定价：CNY0.18

J0045490
迎春贴纸·"福"字 （民富国强）谢志学书；施鹤良作
哈尔滨 黑龙江美术出版社 1963 年
76cm（2 开）定价：CNY0.18

J0045491
迎春贴纸·"福"字 （普天同庆）岳伯武书；施鹤良作
哈尔滨 黑龙江美术出版社 1963 年
76cm（2 开）定价：CNY0.18

J0045492
迎春贴纸·"福"字 （前程似锦）房坚书；鲁华作
哈尔滨 黑龙江美术出版社 1963 年
76cm（2 开）定价：CNY0.18

J0045493
迎春贴纸·"福"字 （万象更新）程甲锐书；鲁华作
哈尔滨 黑龙江美术出版社 1963 年
76cm（2 开）定价：CNY0.18

J0045494
迎春贴纸·"福"字 （喜气盈门）程甲锐书；鲁华作
哈尔滨 黑龙江美术出版社 1963 年
76cm（2 开）定价：CNY0.18

J0045495
迎春贴纸·"福"字 （志大心雄）房坚书；施鹤良作
哈尔滨 黑龙江美术出版社 1963 年
76cm（2 开）定价：CNY0.18

J0045496
迎春图　郑乃珖作
北京 人民美术出版社 1963 年 78cm（2 开）
定价：CNY0.12
　　作者郑乃珖（1911—2005），画家、教授。号璧寿翁，生于福建福州市。历任中国画研究院院务委员、西安美术学院教授、福建省政协常委、福州画院院长、国家一级美术师。代表作品有《水乡春色》《荷萍》《灵山秀水育新苗》等。

J0045497
迎丰收　（1-4，附中堂 汉、藏文对照版）潘雨辰等作
上海 上海人民美术出版社 1963 年 5 张
定价：CNY0.54

J0045498
迎丰收　（1-4，附中堂 汉、朝文对照版）潘雨辰等作
上海 上海人民美术出版社 1963 年 5 张
定价：CNY0.54

J0045499
迎丰收　（1-4，附中堂 汉、傣仂、拉祜文对照版）潘雨辰等作
上海 上海人民美术出版社 1963 年 5 张
定价：CNY0.54

J0045500
迎丰收　（1-4，附中堂 汉、傣纳、景颇文对照版）潘雨辰等作
上海 上海人民美术出版社 1963 年 5 张
定价：CNY0.54

J0045501
迎丰收　（1-4，附中堂 汉、哈文对照版）潘雨辰等作
上海 上海人民美术出版社 1963 年 5 张
定价：CNY0.54

J0045502

迎丰收　（1-4，附中堂 汉、傈僳文对照版）潘雨辰等作

上海　上海人民美术出版社 1963 年 5 张
定价：CNY0.54

J0045503

迎丰收　（1-4，附中堂 汉、蒙文对照版）潘雨辰等作

上海　上海人民美术出版社 1963 年 5 张
定价：CNY0.54

J0045504

迎丰收　（1-4，附中堂 汉、僮文对照版）潘雨辰等作

上海　上海人民美术出版社 1963 年 5 张
定价：CNY0.54

J0045505

迎丰收　（1-4，附中堂 汉、佤文对照版）潘雨辰等作

上海　上海人民美术出版社 1963 年 5 张
定价：CNY0.54

J0045506

迎丰收　（1-4，附中堂 汉、维文对照版）潘雨辰等作

上海　上海人民美术出版社 1963 年 5 张
定价：CNY0.54

J0045507

迎禧接福　江南春作
上海　上海人民美术出版社 1963 年
76cm（2 开）定价：CNY0.18

J0045508

迎新春　翁开恩作
福州　福建人民出版社 1963 年 76cm（2 开）
定价：CNY0.18
　　作者翁开恩（1939—　），教授。号竹啸庄人，福建莆田人。历任福建师范大学美术系副教授，福建画院、福州画院、福建政协画师，中国美术家协会会员，福建美术家协会理事。出版有《翁开恩画集》《翁开恩写生》《翁开恩画辑》等。

J0045509

迎新春　韦江琼，叶德昌作
武汉　湖北人民出版社 1963 年 76cm（2 开）
定价：CNY0.18

J0045510

迎新春　朱栅作
南昌　江西人民出版社 1963 年 76cm（2 开）
定价：CNY0.25

J0045511

迎新春庆丰年　陈衡作
南昌　江西人民出版社 1963 年 54cm（4 开）
定价：CNY0.13

J0045512

影片《白毛女》中的喜儿在剪贴窗花布置新房　田华饰
北京　中国电影出版社 1963 年 76cm（2 开）
定价：CNY0.18

J0045513

拥军优属　符仕柱，张松茂作
长沙　湖南人民出版社 1963 年 1 张 76cm（2 开）
定价：CNY0.20

J0045514

永远学习好榜样　朱膺作
上海　上海人民美术出版社 1963 年
76cm（2 开）定价：CNY0.18
　　作者朱膺（1919—2008），教授。别名瑞序，浙江萧山人，毕业于重庆国立艺术专科学校西画系。历任上海同济大学建筑系教授、上海海派现代油画会会长、中国美术家协会会员。主要作品有《世外桃源》《烟雨缭绕》《绿色小径》等。

J0045515

有趣的书　张大昕作
杭州　浙江人民美术出版社 1963 年
76cm（2 开）定价：CNY0.18

J0045516

鱼池洗浴
天津　天津杨柳青画店 1963 年 54cm（4 开）
定价：CNY0.10

J0045517
鱼家乐连生贵子
天津　天津杨柳青画店　1963 年　108cm（全开）
定价：CNY0.28

J0045518
渔歌　金雪尘，杭鸣时作
石家庄　河北人民美术出版社　1963 年
76cm（2 开）定价：CNY0.18
　　作者金雪尘（1904—1996），画家。上海嘉定
人。曾任上海图片出版社、上海人民美术出版社
特约记者。代表作有《武松打虎》《春江花月夜》
《金鱼舞》。作者杭鸣时（1931—　），画家。又名
杭度，生于上海，祖籍浙江海宁，毕业于鲁迅美
术学院。历任苏州城市建设环境保护学院建筑
系美术教研室主任、中国美术家协会会员。代表
作品有《夜航》《工业的粮仓》等。

J0045519
愉快的劳动，丰收的喜悦　薛瑞忠作
济南　山东人民出版社　1963 年　78cm（2 开）
定价：CNY0.12

J0045520
辕门射戟
天津　天津杨柳青画店　1963 年　54cm（4 开）
定价：CNY0.10

J0045521
月月增产　年年丰收　（汉、藏文对照版）章
育青作
上海　上海人民美术出版社　1963 年
76cm（2 开）定价：CNY0.18
　　作者章育青（1909—1993），画家。浙江慈溪
人。上海人民美术出版社年画专业画家。作品《上
海大世界》《元宵灯》《上海外滩》《南京长江大
桥》等。

J0045522
月月增产　年年丰收　（汉、朝文对照版）章
育青作
上海　上海人民美术出版社　1963 年
76cm（2 开）定价：CNY0.18

J0045523
月月增产　年年丰收　（汉、傣仂、拉祜文对照
版）章育青作
上海　上海人民美术出版社　1963 年
76cm（2 开）定价：CNY0.18

J0045524
月月增产　年年丰收　（汉、傣纳、景颇文对照
版）章育青作
上海　上海人民美术出版社　1963 年
76cm（2 开）定价：CNY0.18

J0045525
月月增产　年年丰收　（汉、傈僳文对照版）
章育青作
上海　上海人民美术出版社　1963 年
76cm（2 开）定价：CNY0.18

J0045526
月月增产　年年丰收　（汉、蒙文对照版）章
育青作
上海　上海人民美术出版社　1963 年
76cm（2 开）定价：CNY0.18

J0045527
月月增产　年年丰收　（汉、僮文对照版）章
育青作
上海　上海人民美术出版社　1963 年
76cm（2 开）定价：CNY0.18

J0045528
月月增产　年年丰收　（汉、佤文对照版）章
育青作
上海　上海人民美术出版社　1963 年
76cm（2 开）定价：CNY0.18

J0045529
月月增产　年年丰收　（汉、维、哈文对照版）
章育青作
上海　上海人民美术出版社　1963 年
76cm（2 开）定价：CNY0.18

J0045530
岳飞　史正学作
南昌　江西人民出版社　1963 年　54cm（4 开）

定价: CNY0.13

　　作者史正学(1933—　　)，国家一级美术师。又名莫可，河南洛阳人。毕业于广州美术学院国画系。中国美术家协会会员、河南省美术家协会常务理事、河南中山书画院院长。代表作品有《晨钟响了》《深山火种》《枣雨》《征途报捷》等。

J0045531
岳飞　俞微波作
上海　上海人民美术出版社　1963 年
76cm(2 开)　定价: CNY0.18

J0045532
岳飞 戚继光
[开封] 开封市朱仙镇年画社　1963 年

J0045533
岳飞 戚继光　万强麟作
昆明　云南人民出版社　1963 年　1 张 54cm(4 开)
定价: CNY0.10

J0045534
岳飞 戚继光　万强麟作
昆明　云南人民出版社　1963 年　1 张 76cm(2 开)
定价: CNY0.18

J0045535
岳飞·郑成功　朱鸿年作
郑州　河南人民出版社　1963 年　1 张 54cm(4 开)
定价: CNY0.10

J0045536
岳飞大战金兀术　史正学作
郑州　河南人民出版社　1963 年　76cm(2 开)
定价: CNY0.18

J0045537
岳飞枪挑小梁王　杨俊生作
上海　上海人民美术出版社　1963 年
76cm(2 开)　定价: CNY0.18
　　作者杨俊生(1909—1981)，出生于安徽安庆。曾任上海人民美术出版社、上海画版出版社特约作者，上海美术家协会年画组组长等职。代表作品有《岳母刺字》《夜战马超》《大闹天宫》《贵妃醉酒》等。

J0045538
运来了新农具　于雁，朱迪作
合肥　安徽人民出版社　1963 年　76cm(2 开)
定价: CNY0.18

J0045539
在社员家里　陈光健，刘文西作
北京　人民美术出版社　1963 年　76cm(2 开)
定价: CNY0.18
　　作者陈光健(1936—　　)，女，四川荣昌人。毕业于浙江美术学院，并留校工作，后调入西安美术学院任教。中国美术家协会会员、当代工笔画会会员、陕西省国画院画师。主要作品有《在社员家里》《自习》《老师》等。作者刘文西(1933—2019)，生于浙江嵊州。曾任中国美术家协会顾问、陕西省文艺界联合会顾问、陕西省美术家协会副主席、西安美术学院名誉院长、西安美术学院研究院院长、延安市副市长。重要作品有《毛主席和牧羊人》《东方》《解放区的天》和巨幅系列长卷《黄土人》等近百幅。

J0045540
簪花图　宋忠元作
上海　上海人民美术出版社　1963 年
76cm(2 开)　精印镶边　定价: CNY0.35
　　作者宋忠元(1932—2013)，教授。上海奉贤人，毕业于浙江美术学院，留校任教。历任中国美术学院教授、副院长，中国美术家协会理事，浙江美术家协会副主席，浙江省文联委员等职。代表作品《文成公主入藏图》《游春图》《邓白像》等。

J0045541
枣园桃李　刘文西作
西安　长安美术出版社　1963 年　76cm(2 开)
定价: CNY0.18

J0045542
赠别　(汉、蒙、藏、哈文对照)周昌谷作
兰州　甘肃民族出版社　1963 年　76cm(2 开)
定价: CNY0.18
　　作者周昌谷(1929—1985)，画家。号老谷，浙江乐清人，毕业于国立艺术专科学校，留校任教。作品有《荔枝熟了》《春》等，著有《意笔人物画技法探索》《妙语与创造》《周昌谷画选》等。

J0045543
战磐河
天津 天津杨柳青画店 1963 年 54cm（4 开）
定价：CNY0.10

J0045544
长白之虎 （汉、朝文对照）裴东官作
延吉 延边人民出版社 1963 年 54cm（4 开）
定价：CNY0.13

J0045545
长命百岁
天津 天津杨柳青画店 1963 年 108cm（全开）
定价：CNY0.28

J0045546
镇坛州
天津 天津杨柳青画店 1963 年 54cm（4 开）
定价：CNY0.10

J0045547
郑成功 史正学作
南昌 江西人民出版社 1963 年 54cm（4 开）
定价：CNY0.13
　　作者史正学(1933—　)，国家一级美术师。又名莫可，河南洛阳人。毕业于广州美术学院国画系。中国美术家协会会员、河南省美术家协会常务理事、河南中山书画院院长。代表作品有《晨钟响了》《深山火种》《枣雨》《征途报捷》等。

J0045548
支援农业 全面丰收 陈衡作
武汉 湖北人民出版社 1963 年 1 张 54cm（4 开）
定价：CNY0.10

J0045549
制扇 张大昕作
上海 上海人民美术出版社 1963 年 76cm（2 开）
定价：CNY0.18，CNY0.50（精印镶边）

J0045550
种果得果 （群益堂年画）张碧梧作
武汉 群益堂 1963 年 76cm（2 开）
定价：CNY0.18
　　作者张碧梧(1905—1987)，画家。江苏江阴人。曾任上海人民美术出版社特约年画作者、中国美术家协会会员。代表作品有《百万雄师渡长江》《养小鸡捐飞机》等。

J0045551
庄家忙
天津 天津杨柳青画店 1963 年 108cm（全开）
定价：CNY0.28

J0045552
追鱼 金雪尘作
上海 上海人民美术出版社 1963 年 76cm（2 开）
定价：CNY0.18，CNY0.50（精印镶边）

J0045553
子孙万代
天津 天津杨柳青画店 1963 年 54cm（4 开）
定价：CNY0.10

J0045554
紫藤金鱼 叶访樵作
西安 长安美术出版社 1963 年 78cm（2 开）
定价：CNY0.12

J0045555
祖国花朵 魏瀛洲作
长春 吉林人民出版社 1963 年 76cm（2 开）
定价：CNY0.18
　　作者魏瀛洲，海派年画、宣传画家。中华人民共和国成立初期被称为月份牌画家。作品有《国庆节的早晨》《欢腾的农机站》《在幸福的时代》等。

J0045556
祖国四方放光芒 张碧梧作
天津 天津美术出版社 1963 年 76cm（2 开）
定价：CNY0.18

J0045557
做红花 肖代贤作
武汉 湖北人民出版社 1963 年 76cm（2 开）
定价：CNY0.18

J0045558
做花灯 王宇文作

石家庄 河北人民美术出版社 1963 年
76cm（2 开）定价：CNY0.18

J0045559
做花灯迎新春　郑若泉作
合肥 安徽人民出版社 1963 年 76cm（2 开）
定价：CNY0.18

J0045560
做了一件小公益　徐寄萍作
上海 上海人民美术出版社 1963 年
76cm（2 开）定价：CNY0.18
　　作者徐寄萍(1919—2005)，上海人。曾任上
海美术家协会会员、上海人民美术出版社特约年
画作者等职。主要作品有《帮妈妈做事》《学雷
锋做好事》《擦亮眼睛》等。

J0045561
做了一件小公益　（汉、藏文对照版）徐寄
萍作
上海 上海人民美术出版社 1964 年 ［1 张］
76cm（2 开）定价：CNY0.15

J0045562
做了一件小公益　（汉、朝文对照版）徐寄
萍作
上海 上海人民美术出版社 1964 年 ［1 张］
76cm（2 开）定价：CNY0.15

J0045563
做了一件小公益　（汉、傣纳、傣仂文对照版）
徐寄萍作
上海 上海人民美术出版社 1964 年 ［1 张］
76cm（2 开）定价：CNY0.15

J0045564
做了一件小公益　（汉、蒙文对照版）徐寄
萍作
上海 上海人民美术出版社 1964 年 ［1 张］
76cm（2 开）定价：CNY0.15

J0045565
做了一件小公益　（汉、僮文对照版）徐寄
萍作
上海 上海人民美术出版社 1964 年 ［1 张］

76cm（2 开）定价：CNY0.15

J0045566
做了一件小公益　（汉、维、哈、锡伯文对照
版）徐寄萍作
上海 上海人民美术出版社 1964 年 ［1 张］
76cm（2 开）定价：CNY0.15

J0045567
做了一件小公益　（中文、越南文对照版）徐
寄萍作
上海 上海人民美术出版社 1964 年 ［1 张］
76cm（2 开）定价：CNY0.15

J0045568
"金半仙"出丑记　（连环画片）刘真相改编；
钱贵荪绘图
［杭州］浙江人民美术出版社 1964 年 ［1 张］
76cm（2 开）定价：CNY0.15
　　作者钱贵荪(1936—　　)，美术编辑。浙江吴
兴人。毕业于中国美术学院。家学渊源。祖父
钱云鹤（又名病鹤）为著名漫画家，国画家；曾祖
父钱琢初为金石家。历任浙江人民美术出版社
美术编辑、副编审，浙江省人物画研究会会员，
西泠书画院特聘画师。作品有连环画《鉴湖女
侠》，水粉组画《浩气长存贯长虹》，国画组画《萧
楚女》。著有技法书《速写起步》等。

J0045569
《红岩》英雄人物图　李俊民诗；顾炳鑫等画
上海 上海人民美术出版社 1964 年 ［1 张］
76cm（2 开）定价：CNY0.15
　　作者顾炳鑫(1923—2001)，美术家。笔名甘
草、朽木，江苏宝山人。历任中国美术家协会理
事、上海美术家协会主席团委员、上海美术家协
会连环画艺术委员会主任。代表作品有连环画
《渡江侦察记》《列宁在十月》等。

J0045570
1965 年画缩样　宁夏回族自治区人民出版社
编辑
银川 宁夏回族自治区人民出版社 ［1964 年］
13×19cm

J0045571
爱科学 （汉、藏文对照版）盛此君作
北京 人民美术出版社 1964 年 ［1 张］
76cm（2 开）定价：CNY0.20
　　作者盛此君（1915—1996），广西贵县人，在上海美术专科学校毕业后赴日本新宿洋画研究所学习。中华人民共和国成立后，历任新闻出版总署美术室干部、人民美术出版社专业画家。作品有年画《1981 年农历图》，绘画版连环画《小玲玲找弟弟》，宣传画《祖国建设花怒放，提高警惕防虎狼》等。

J0045572
爱科学 （汉、傣纳、傣仂、景颇、拉祜、傈僳、佤文对照版）盛此君作
北京 人民美术出版社 1964 年 ［1 张］
76cm（2 开）定价：CNY0.20

J0045573
爱科学 （汉、蒙文对照版）盛此君作
北京 人民美术出版社 1964 年 ［1 张］
76cm（2 开）定价：CNY0.20

J0045574
爱科学 （汉、僮文对照版）盛此君作
北京 人民美术出版社 1964 年 ［1 张］
76cm（2 开）定价：CNY0.20

J0045575
爱科学 （汉、维、哈、锡伯文对照版）盛此君作
北京 人民美术出版社 1964 年 ［1 张］
76cm（2 开）定价：CNY0.20

J0045576
爱劳动 杨馥如作
［南京］江苏人民出版社 1964 年 ［1 张］
76cm（2 开）定价：CNY0.15

J0045577
爱劳动 姜学炳作
［银川］宁夏回族自治区人民出版社 1964 年 ［1 张］76cm（2 开）定价：CNY0.15

J0045578
爱学习 讲卫生 （藏、汉文对照版）曹辉禄作
［成都］四川人民出版社 1964 年 2 张
38cm（6 开）定价：CNY0.04

J0045579
爱祖国 （汉、藏文对照版）范林根作
上海 上海人民美术出版社 1964 年 ［1 张］
76cm（2 开）定价：CNY0.15

J0045580
爱祖国 （汉、朝文对照版）范林根作
上海 上海人民美术出版社 1964 年 ［1 张］
76cm（2 开）定价：CNY0.15

J0045581
爱祖国 （汉、傣纳、景颇、傈僳文对照版）范林根作
上海 上海人民美术出版社 1964 年 ［1 张］
76cm（2 开）定价：CNY0.15

J0045582
爱祖国 （汉、蒙文对照版）范林根作
上海 上海人民美术出版社 1964 年 ［1 张］
76cm（2 开）定价：CNY0.15

J0045583
爱祖国 （汉、僮文对照版）范林根作
上海 上海人民美术出版社 1964 年 ［1 张］
76cm（2 开）定价：CNY0.15

J0045584
爱祖国 （汉、维、哈、锡伯文对照版）范林根作
上海 上海人民美术出版社 1964 年 ［1 张］
76cm（2 开）定价：CNY0.15

J0045585
八路军平型关大捷 张碧梧作
上海 上海人民美术出版社 1964 年 ［1 张］
76cm（2 开）定价：CNY0.15
　　作者张碧梧（1905—1987），画家。江苏江阴人。曾任上海人民美术出版社特约年画作者、中国美术家协会会员。代表作品有《百万雄师渡长江》《养小鸡捐飞机》等。

J0045586

把文化送给农民 将货物带到山村　程巨原作
[贵阳] 贵州人民出版社 1964 年 2 张
54cm（4 开）定价：CNY0.15

J0045587

白孔雀　袁晓岑作
[昆明] 云南人民出版社 1964 年 [1 张]
85cm（3 开）定价：CNY0.16

　　作者袁晓岑（1915—2008），雕塑家、画家、教授。贵州普定县人，毕业于云南大学。历任云南文联创作研究部副主任，云南艺术学院系主任、副院长，云南省画院名誉院长。出版有《袁晓岑画辑》等。

J0045588

白毛女屏　（汉、藏文对照版）华三川画；大鲁编文
上海 上海人民美术出版社 1964 年 4 张
53cm（4 开）定价：CNY0.45

　　作者华三川（1930—2004），画家。浙江镇海人。中国美术家协会会员、上海美术家协会理事、上海少年儿童出版社专业画家、上海市文史研究馆馆员。代表作品《华三川仕女画集》《华三川绘新百美图》《锦瑟年华》等。

J0045589

白毛女屏　（汉、朝文对照版）华三川画；大鲁编文
上海 上海人民美术出版社 1964 年 4 张
53cm（4 开）定价：CNY0.45

J0045590

白毛女屏　（汉、傣仂文对照版）华三川画；大鲁编文
上海 上海人民美术出版社 1964 年 4 张
53cm（4 开）定价：CNY0.45

J0045591

白毛女屏　（汉、蒙文对照版）华三川画；大鲁编文
上海 上海人民美术出版社 1964 年 4 张
53cm（4 开）定价：CNY0.45

J0045592

白毛女屏　（汉、僮文对照版）华三川画；大鲁编文
上海 上海人民美术出版社 1964 年 4 张
53cm（4 开）定价：CNY0.45

J0045593

白毛女屏　（汉、维、哈文对照版）华三川画；大鲁编文
上海 上海人民美术出版社 1964 年 4 张
53cm（4 开）定价：CNY0.45

J0045594

白毛女屏　（汉、锡伯文对照版）华三川画；大鲁编文
上海 上海人民美术出版社 1964 年 4 张
53cm（4 开）定价：CNY0.45

J0045595

白毛女屏　（汉文版）华三川画；大鲁编文
上海 上海人民美术出版社 1964 年 4 张
53cm（4 开）定价：CNY0.45

J0045596

百合花 短嘴山椒鸟　（峨眉花鸟）苏葆桢作
[成都] 四川人民出版社 1964 年 [1 张]
53cm（4 开）定价：CNY0.10

　　作者苏葆桢（1916—1990），国画家。江苏宿迁市人，师从徐悲鸿、张书旂、傅抱石等大家。曾任西南大学教授、硕士生导师，重庆国画院副院长。作品有《葡萄图》《硕果累累》《玉羽迎春》《山花烂漫》《战地花开》等。

J0045597

百花争艳　于化鲤作
天津 天津杨柳青画店 1964 年 [1 张]
107cm（全开）定价：CNY0.28

　　作者于化鲤（1933—　　　），画家。又名于化，天津人。曾任天津人民美术出版社副总编。主要作品有《于化鲤漫画作品选集》《宝船》《有朋自远方来》等。

J0045598

百货下乡　顾生岳作
上海 上海人民美术出版社 1964 年 [1 张]

76cm（2 开）定价：CNY0.15

作者顾生岳（1927—2012），画家。浙江普陀人，毕业于中央美术学院华东分院。历任浙江美术学院中国画系主任、教授，浙江画院副院长，杭州市美术家协会主席，浙江人物画研究会会长等职。著作有《顾生岳人物速写选》。

J0045599
半耕半读 一代新人　曾宪龙，陈毓和作
［福州］福建人民出版社 1964 年［1 张］
76cm（2 开）定价：CNY0.15

J0045600
帮爷爷写春联　田原作
［南京］江苏人民出版社 1964 年［1 张］
76cm（2 开）定价：CNY0.08

作者田原（1925— ），漫画家，一级美术师。祖籍江苏溧水，生于上海。原名潘有炜，笔名饭牛。中国美术家协会、中国书法家协会、中国版画家协会、中国记者协会、中国漫画家协会会员，中国工艺美术协会理事，东南大学、深圳大学教授。书画作品有《陋室铭》，出版有《中国民间玩具》《田原硬笔书法》等，设计动画片有《熊猫百货商店》等。

J0045601
宝宝爱清洁　（中文、越南文对照版）黄妙发作
上海 上海人民美术出版社 1964 年［1 张］
76cm（2 开）

作者黄妙发（1938— ），别名年丰，江苏常熟人。擅长年画。曾任上海人民美术出版社年画宣传画编辑室副主任。作品有年画《喜临门》《我爱中华》《儿童附捐邮票一套》（两枚）等。

J0045602
保卫革命胜利果实 建设社会主义农村　胡子渊作
［成都］四川人民出版社 1964 年 2 张
54cm（4 开）定价：CNY0.15

J0045603
保卫祖国 保卫边疆　（藏、汉文对照版）刘永谦作
［成都］四川民族出版社 1964 年 2 张

54cm（4 开）定价：CNY0.08

J0045604
保卫祖国 保卫生产　李希玉作
［兰州］甘肃人民出版社 1964 年 2 张
38cm（6 开）定价：CNY0.08

J0045605
保卫祖国 巩固国防　倪宝诚作
［沈阳］辽宁美术出版社 1964 年 2 张
53cm（4 开）定价：CNY0.15

作者倪宝诚（1935— ），画家。山东临朐人。历任河南省群众艺术馆研究员、中国美术家协会会员、中国民间工艺学术委员会委员、河南人民出版社美术编辑室主任、河南省群众艺术馆研究员、河南省民间美术学会会长等职。作品有连环画《红心》《跳轿》《大地回春》《保家卫国》等。主编有《大河风——河南民间美术文集》《朱仙镇门神》《玩具》《民间美术与现代美术》等著作。

J0045606
北京风景　（汉、藏文对照版）
上海 上海人民美术出版社 1964 年［1 张］
76cm（2 开）定价：CNY0.15

J0045607
北京风景　（汉、朝文对照版）
上海 上海人民美术出版社 1964 年［1 张］
76cm（2 开）定价：CNY0.15

J0045608
北京风景　（汉、傣纳、傣仂、景颇、拉祜、傈僳、佤文对照版）
上海 上海人民美术出版社 1964 年［1 张］
76cm（2 开）定价：CNY0.15

J0045609
北京风景　（汉、哈文对照版）
上海 上海人民美术出版社 1964 年［1 张］
76cm（2 开）定价：CNY0.15

J0045610
北京风景　（汉、蒙文对照版）
上海 上海人民美术出版社 1964 年［1 张］
76cm（2 开）定价：CNY0.15

J0045611

北京风景　（汉、僮文对照版）

上海　上海人民美术出版社　1964 年［1 张］

76cm（2 开）定价：CNY0.15

J0045612

北京风景　（汉、维文对照版）

上海　上海人民美术出版社　1964 年［1 张］

76cm（2 开）定价：CNY0.15

J0045613

北京风景　（汉、锡伯文对照版）

上海　上海人民美术出版社　1964 年［1 张］

76cm（2 开）定价：CNY0.15

J0045614

北京风景　（汉文版）

上海　上海人民美术出版社　1964 年［1 张］

76cm（2 开）定价：CNY0.15

J0045615

北京来的客人　陆鸿年作

北京　人民美术出版社　1964 年［1 张］

76cm（2 开）定价：CNY0.15

　　作者陆鸿年（1919—1989），教师。江苏太仓人，毕业于辅仁大学美术系，并留校任美术系助教。历任中央美术学院中国画系讲师、副教授。发表《法海神寺壁画》《永乐宫壁画艺术》《中国古代壁画的一些成就》等研究论文。

J0045616

北京颐和园　（汉、藏文对照版）章育青作

上海　上海人民美术出版社　1964 年［1 张］

76cm（2 开）定价：CNY0.15

　　作者章育青（1909—1993），画家。浙江慈溪人。上海人民美术出版社年画专业画家。作品《上海大世界》《元宵灯》《上海外滩》《南京长江大桥》等。

J0045617

北京颐和园　（汉、朝文对照版）章育青作

上海　上海人民美术出版社　1964 年［1 张］

76cm（2 开）定价：CNY0.15

J0045618

北京颐和园　（汉、傣纳、景颇、拉祜、傈僳文对照版）章育青作

上海　上海人民美术出版社　1964 年［1 张］

76cm（2 开）定价：CNY0.15

J0045619

北京颐和园　（汉、蒙文对照版）章育青作

上海　上海人民美术出版社　1964 年［1 张］

76cm（2 开）定价：CNY0.15

J0045620

北京颐和园　（汉、僮文对照版）章育青作

上海　上海人民美术出版社　1964 年［1 张］

76cm（2 开）定价：CNY0.15

J0045621

北京颐和园　（汉、维、哈、锡伯文对照版）章育青作

上海　上海人民美术出版社　1964 年［1 张］

76cm（2 开）定价：CNY0.15

J0045622

北京颐和园　（汉文版）章育青作

上海　上海人民美术出版社　1964 年［1 张］

76cm（2 开）定价：CNY0.15

J0045623

比学赶帮　齐争上游　蔡培作

［武汉］湖北人民出版社　1964 年　2 张

76cm（2 开）定价：CNY0.30

J0045624

不叫鸡儿祸害粮　张春峰作

［石家庄］河北人民美术出版社　1964 年［1 张］

76cm（2 开）定价：CNY0.15

　　作者张春峰（1929—　　），书画家。出生于河北武强县。笔名武艺，号西园，居号泥香草堂。毕业于河北省艺术干部学校。曾任河北美术出版社副社长、纽约东西方艺术家协会民俗艺术委员会副主席、中国台湾国宝画院教授等职。主要作品有《雄鹰图》《母子虎》《草书虎字》等。

J0045625

不要忘记过去　（汉、维、哈、托忒蒙古文对照

版）薛俊一作
[乌鲁木齐]新疆人民出版社 1964 年［1 张］
76cm（2 开）定价：CNY0.20

J0045626
采莲 （中文，越南文对照版）李慕白，金雪尘作
上海 上海人民美术出版社 1964 年［1 张］
76cm（2 开）定价：CNY0.15

J0045627
参观阶级教育展览会　梁洪涛作
上海 上海人民美术出版社 1964 年［1 张］
76cm（2 开）定价：CNY0.15

J0045628
蚕花姑娘　陈达作
[南京]江苏人民出版社 1964 年［1 张］
76cm（2 开）定价：CNY0.15

J0045629
蚕花姑娘
[北京]中国电影出版社 1964 年 4 张
53cm（4 开）定价：CNY0.30

J0045630
蚕花茂盛　吴冰玉，徐德森作
上海 上海人民美术出版社 1964 年［1 张］
76cm（2 开）定价：CNY0.15
　　作者吴冰玉（1934— ），江苏无锡人。毕业于华东艺术专科学校。上海美术家协会会员、上海人民美术出版社画家、上海连环画研究会会员。擅长连环画、中国画。多次参加全国美术作品展览及上海市美术作品展览。作品绢本彩色藏族连环画《青蛙骑手》多次获奖。

J0045631
藏族红领巾　（汉、藏文版）张大昕作
上海 上海人民美术出版社 1964 年［1 张］
76cm（2 开）定价：CNY0.15

J0045632
藏族红领巾　（汉文版）张大昕作
上海 上海人民美术出版社 1964 年［1 张］
76cm（2 开）定价：CNY0.15

J0045633
草原赛马会　（汉、藏文对照版）刘勃舒作
北京 人民美术出版社 1964 年［1 张］
76cm（2 开）定价：CNY0.20

J0045634
草原赛马会　（汉、朝文对照版）刘勃舒作
北京 人民美术出版社 1964 年［1 张］
76cm（2 开）定价：CNY0.20

J0045635
草原赛马会　（汉、傣纳、傣仂、景颇、拉祜、傈僳、佤文对照版）刘勃舒作
北京 人民美术出版社 1964 年［1 张］
76cm（2 开）定价：CNY0.20

J0045636
草原赛马会　（汉、蒙文对照版）刘勃舒作
北京 人民美术出版社 1964 年［1 张］
76cm（2 开）定价：CNY0.20

J0045637
草原赛马会　（汉、僮文对照版）刘勃舒作
北京 人民美术出版社 1964 年［1 张］
76cm（2 开）定价：CNY0.20

J0045638
草原赛马会　（汉、维、哈、锡伯文对照版）刘勃舒作
北京 人民美术出版社 1964 年［1 张］
76cm（2 开）定价：CNY0.20

J0045639
唱歌五好社员歌　韦江琼，叶德昌作
[武汉]湖北人民出版社 1964 年［1 张］
76cm（2 开）定价：CNY0.15

J0045640
朝起勃勃忙春耕　张福龙作
天津 天津杨柳青画店 1964 年［1 张］
107cm（全开）
　　作者张福龙（1942— ），画家。天津人。曾任天津杨柳青画社、天津画院专业画家等职。主要作品有《毛主席和青年农民》《杨柳春风》《山娃》等。

J0045641
朝气勃勃忙春耕　张福龙作
天津　天津美术出版社　1964 年［1 张］
76cm（2 开）定价：CNY0.15

J0045642
朝阳沟　姚华配文
［石家庄］河北人民美术出版社　1964 年　4 张
53cm（4 开）定价：CNY0.30
　　中国现代年画作品，根据长春电影制片厂的
电影《朝阳沟》改编。

J0045643
朝阳沟　（连环画片）湖北人民出版社编文；区
晖绘图
［武汉］湖北人民出版社　1964 年　4 张
53cm（4 开）定价：CNY0.30

J0045644
朝阳沟　静如等画；匡荣文
［沈阳］辽宁美术出版社　1964 年　4 张
53cm（4 开）定价：CNY0.30

J0045645
朝阳沟　（连环画片）于雁，朱迪画；杨兆麟
编文
上海　上海人民美术出版社　1964 年　4 张
53cm（4 开）定价：CNY0.30
　　中国现代连环画年画作品。

J0045646
朝阳沟　陶琦作；亚方文
天津　天津美术出版社　1964 年　4 张 53cm（4 开）
定价：CNY0.30
　　作者陶琦（1922—2002），女，连环画家。毕
业于北平艺术专科学校。原中联书店、天津美术
出版社画家，天津文史馆馆员。创作连环画有《我
当上了学习小组长》。

J0045647
朝阳沟
［北京］中国电影出版社　1964 年　4 张
53cm（4 开）定价：CNY0.30

J0045648
城里姑娘到山区　高汝法作
［银川］宁夏回族自治区人民出版社　1964 年
［1 张］76cm（2 开）定价：CNY0.15

J0045649
赤卫队员话当年　李日湘作
［长沙］湖南人民出版社　1964 年［1 张］
76cm（2 开）定价：CNY0.15

J0045650
传授农艺　邓晶瑜作
［合肥］安徽人民出版社　1964 年［1 张］
76cm（2 开）定价：CNY0.15

J0045651
传授武艺　汤光铣作
北京　人民美术出版社　1964 年［1 张］
76cm（2 开）定价：CNY0.15
　　本作品系本年年画，1965 年出版有蒙古文
版、藏文版，维吾尔、哈萨克文版，朝鲜文版，傣
纳、傣仂、景颇、拉祜、傈僳、佤文版等 5 种。

J0045652
春到田头插秧忙　宋忠元作
上海　上海人民美术出版社　1964 年［1 张］
76cm（2 开）定价：CNY0.15
　　作者宋忠元（1932—2013），教授。上海奉贤
人，毕业于浙江美术学院，留校任教。历任中国
美术学院教授、副院长，中国美术家协会理事，
浙江美术家协会副主席，浙江省文联委员等职。
代表作品《文成公主入藏图》《游春图》《邓白
像》等。

J0045653
春灯图　戈韦作
［南京］江苏人民出版社　1964 年［1 张］
76cm（2 开）定价：CNY0.15

J0045654
春华秋实收成好　果甜瓜熟稻麦香　毕永
祥作
［贵阳］贵州人民出版社　1964 年　2 张
54cm（4 开）定价：CNY0.15

J0045655

春节慰亲人 （蒙、汉文对照版）刘肃作
[呼和浩特] 内蒙古人民出版社 1964 年 [1 张]
76cm（2 开）定价：CNY0.15

J0045656

春暖犊儿肥 （中文、越南文对照版）范振家作
上海 上海人民美术出版社 1964 年 [1 张]
76cm（2 开）

J0045657

辞旧岁不忘阶级苦 迎新春永做革命人 卢德辉作
天津 天津美术出版社 1964 年 [1 张]
76cm（2 开）定价：CNY0.15

J0045658

从胜利走向胜利 江南春作
上海 上海人民美术出版社 1964 年 [1 张]
76cm（2 开）定价：CNY0.15

J0045659

打虎图 邵文锦作
天津 天津杨柳青画店 1964 年 [1 张]
107cm（全开）

作者邵文锦（1931— ）。画家。山东荣城人，毕业于中央美术学院绘画系。历任《天津画报》社、天津美术出版社编辑，天津杨柳青画社副社长、副总编、一级美术师。中国美术家协会会员、理事。作品有《春晖颂》《春风十里桃花香》《学习老英雄继续新长征》《匠门虎子》等。

J0045660

大办农业 丰衣足食 倪宝诚作
[石家庄] 河北人民美术出版社 1964 年 2 张
53cm（4 开）定价：CNY0.15

作者倪宝诚（1935— ），画家。山东临朐人。历任河南省群众艺术馆研究员、中国美术家协会会员、中国民间工艺学术委员会委员、河南人民出版社美术编辑室主任、河南省群众艺术馆研究员、河南省民间美术学会会长等职。作品有连环画《红心》《跳轿》《大地回春》《保家卫国》等。主编有《大河风——河南民间美术文集》《朱仙镇门神》《玩具》《民间美术与现代美术》等著作。

J0045661

大公无私的老队长 宋治平，韩敏画；胡梦坡编文
上海 上海人民美术出版社 1964 年 [1 张]
76cm（2 开）定价：CNY0.15

作者韩敏（1929— ），连环画、年画画家。浙江杭州人。历任上海人民美术出版社创作员、上海书画研究院院长、中国美术家协会委员、上海市美术家协会理事、上海文史馆馆员。代表作品有《郑板桥》等。

J0045662

大青树下 （汉、傣纳、傣仂、景颇文对照版）胡世学作
[昆明] 云南人民出版社 1964 年 [1 张]
76cm（2 开）定价：CNY0.15

J0045663

大青树下赞英雄 胡世学作
北京 人民美术出版社 1964 年 [1 张]
76cm（2 开）定价：CNY0.15

J0045664

戴花要戴大红花 冯萍作
[武汉] 湖北人民出版社 1964 年 [1 张]
76cm（2 开）定价：CNY0.15

J0045665

得奖归来 李诗唐，张明堂作
[太原] 山西人民出版社 1964 年 [1 张]
76cm（2 开）定价：CNY0.15

J0045666

得奖归来 陈政明，陈政趾作
上海 上海人民美术出版社 1964 年 [1 张]
76cm（2 开）定价：CNY0.15

作者陈政明（1941— ），画家。广东普宁人，毕业于汕头市师范学校。历任中国美术家协会理事、广东美术家协会中国画艺术委员会副主任、汕头市美术家协会主席、汕头中国画院院长，国家一级美术师。代表作《南海晨曲》《特区姑娘》《夕阳红》等，出版有《陈政明画集》《陈政明国外写生画集》等。

J0045667

电影到山村　冯国琳作

[沈阳] 辽宁美术出版社 1964 年 [1 张]

76cm（2 开）定价：CNY0.15

　　作者冯国琳（1932—　　），画家。曾用名玉林，辽宁沈阳人，毕业于东北鲁迅文艺学院美术部。历任东北画报社记者、创作员、编辑、副编审，中国美术家协会会员，辽宁省年画学会理事。作品有《花为媒》《笔中情》《耕读育新人》《红楼梦》等。

J0045668

订好生产计划　梁培浩作

[武汉] 湖北人民出版社 1964 年 [1 张]

76cm（2 开）定价：CNY0.15

J0045669

东方红　李明强作

[兰州] 甘肃人民出版社 1964 年 [1 张]

76cm（2 开）定价：CNY0.15

J0045670

东方红　沙更世作

北京 人民美术出版社 1964 年 [1 张]

76cm（2 开）定价：CNY0.15

　　作者沙更世（1926—　　），编辑。又名沙更思，浙江鄞县人。历任西泠印社社员，人民画报、人民美术出版社编辑、创作员，中央民族学院中国画教研室主任、硕士研究生工作室副主任、导师、教授，中国美术家协会、中国书法家协会会员。作品有《雪山浴日》《江山如此多娇》等。出版有《沙孟海篆刻集》《二十世纪书法经典——沙孟海卷》《沙更世书画篆刻选集》。

J0045671

东方红　李慕白，金雪尘作

[杭州] 浙江人民美术出版社 1964 年 [1 张]

78cm（2 开）定价：CNY0.15

J0045672

东风吹彻内蒙古　（蒙、汉文对照版）官布作

[呼和浩特] 内蒙古人民出版社 1964 年 4 张

53cm（4 开）定价：CNY0.30

　　作者官布（1928—2013），蒙古族，画家。毕业于齐齐哈尔军政大学。历任中国美术家协会第二、三、四届理事，北京海峡两岸书画家联谊会常务理事、常务副主席。代表作品有《傍晚》《读毛主席的书》《草原小姐妹》《壶口瀑布》《万马奔腾》等。

J0045673

读毛主席的书，做毛主席的好战士　马乐群作

天津 天津美术出版社 1964 年 [1 张]

76cm（2 开）定价：CNY0.15

　　作者马乐群（1933—　　），画家。上海人，曾在上海现代画室学习绘画及西洋美术史等。历任上海画片出版社年画创作员、上海美术出版社年画编辑。作品有《人民不允许浪费粮食的行为》《海防前线宣传员》《金杯红花传捷报》《激流勇进》等。

J0045674

读毛主席书 听毛主席话　庞卡作

上海 上海人民美术出版社 1964 年 [1 张]

76cm（2 开）定价：CNY0.15

　　作者庞卡（1935—　　）。画家。又名庞抱俊。上海人。历任上海人民美术出版社年画编辑、创作员。作品有《从小爱科学》《秧苗青青春来早》《爱人民》等。

J0045675

杜鹃花　鹡鸰　（峨眉花鸟）苏葆桢作

[成都] 四川人民出版社 1964 年 [1 张]

53cm（4 开）定价：CNY0.10

　　作者苏葆桢（1916—1990），国画家。江苏宿迁人，师从徐悲鸿、张书旂、傅抱石等大家。曾任西南大学教授、硕士生导师，重庆国画院副院长。作品有《葡萄图》《硕果累累》《玉羽迎春》《山花烂漫》《战地花开》等。

J0045676

夺印　湖北人民出版社编文；陈贻福，陈绪初作

[武汉] 湖北人民出版社 1964 年 4 张

53cm（4 开）定价：CNY0.36

　　作者陈贻福（1927—　　），编辑。湖北武汉人。先后担任封面设计、年画编辑、大型画册编辑、《中南农民》期刊美术编辑，长江文艺出版社、湖北美术出版社美术编辑、副编审。连环画作品有《小砍刀》《雷雨》《归来》《我的前半生》。长篇

漫画有《管得宽画传》。

J0045677

夺印　赵林文，戴仁作

天津　天津美术出版社　1964年　4张53cm（4开）

定价：CNY0.30

　　作者戴仁（1934—　），浙江温州人。中国美术家协会会员、浙江省美术家协会理事、浙江省科普艺术协会理事。主要作品有连环画《三个勇士》《棠棣之花》《胭脂》等。

J0045678

夺印　张福龙等作

天津　天津杨柳青画店　1964年　［1张］

53cm（4开）定价：CNY0.09

　　作者张福龙（1942—　），画家。天津人。曾任天津杨柳青画社、天津画院专业画家等职。主要作品有《毛主席和青年农民》《杨柳春风》《山娃》等。

J0045679

鄂伦春的春天　鲁华，王秀成作

［哈尔滨］黑龙江美术出版社　1964年　［1张］

76cm（2开）定价：CNY0.15

J0045680

二十四节农事图　路治国，刘一心作

［石家庄］河北人民美术出版社　1964年　4张

53cm（4开）定价：CNY0.30

J0045681

发展多种经营 增加集体收入　杨晓东作

［昆明］云南人民出版社　1964年　2张

54cm（4开）定价：CNY0.15

J0045682

翻身不忘本 幸福万年长　谭裕钊作

［广州］广东人民出版社　1964年　2张

54cm（4开）定价：CNY0.15

　　作者谭裕钊（1929—　），漫画家。广东鹤山人。曾任中华书局广州编辑室美术编辑，为《少先队员》《广东青年》《商报》等报刊绘制漫画和插图，广东省美术家协会会员。作品有《古谐今译》《笑话·笑画》《益智故事精华》等。

J0045683

翻身不忘本 幸福万年长　谭裕钊作

［广州］广东人民出版社　1964年　2张

38cm（8开）定价：CNY0.08

J0045684

翻身不忘本 忆苦才知甜　马三和作

上海　上海人民美术出版社　1964年　2张

38cm（6开）定价：CNY0.15

J0045685

翻身的奴隶　张文源作

［成都］四川人民出版社　1964年　［1张］

76cm（2开）定价：CNY0.15

J0045686

翻身的奴隶　（藏、汉文对照版）张文源作

［成都］四川人民出版社　1964年　［1张］

76cm（2开）定价：CNY0.08

J0045687

返母校　金克全作

［济南］山东人民出版社　1964年　［1张］

76cm（2开）定价：CNY0.15

J0045688

飞机喷农药　（汉、藏文对照版）王伟戌作

上海　上海人民美术出版社　1964年　［1张］

76cm（2开）定价：CNY0.15

J0045689

飞机喷农药　（汉、傣纳、傣仂、景颇、傈僳文对照版）王伟戌作

上海　上海人民美术出版社　1964年　［1张］

76cm（2开）定价：CNY0.15

J0045690

飞机喷农药　（汉、蒙文对照版）王伟戌作

上海　上海人民美术出版社　1964年　［1张］

76cm（2开）定价：CNY0.15

J0045691

飞机喷农药　（汉、僮文对照版）王伟戌作

上海　上海人民美术出版社　1964年　［1张］

76cm（2开）定价：CNY0.15

J0045692
飞机喷农药 （汉、维、哈、锡伯文对照版）王伟戌作
上海　上海人民美术出版社 1964 年［1 张］
76cm（2 开）定价：CNY0.15

J0045693
飞机喷农药 （汉文版）王伟戌作
上海　上海人民美术出版社 1964 年［1 张］
76cm（2 开）定价：CNY0.15

J0045694
丰产丰收　颗粒归仓　徐登举作
［兰州］甘肃人民出版社 1964 年 2 张
38cm（6 开 ）定价：CNY0.08

J0045695
丰收不忘共产党　支援国家贡献多　苏以作
［广州］广东人民出版社 1964 年 2 张
54cm（4 开）定价：CNY0.15

J0045696
丰收不忘共产党　支援国家贡献多　苏以作
［广州］广东人民出版社 1964 年 2 张
38cm（8 开）定价：CNY0.08

J0045697
丰收图　荔山作
［福州］福建人民出版社 1964 年［1 张］
76cm（2 开）定价：CNY0.15

J0045698
丰收小曲响云霄　李泽霖作
［武汉］湖北人民出版社 1964 年［1 张］
76cm（2 开）定价：CNY0.15

J0045699
风雪铁骑 （汉、藏文对照版）张碧梧作
上海　上海人民美术出版社 1964 年［1 张］
76cm（2 开）定价：CNY0.15
　　作者张碧梧(1905—1987)，画家。江苏江阴人。曾任上海人民美术出版社特约年画作者、中国美术家协会会员。代表作品有《百万雄师渡长江》《养小鸡捐飞机》等。

J0045700
风雪铁骑 （汉、朝文对照版）张碧梧作
上海　上海人民美术出版社 1964 年［1 张］
76cm（2 开）定价：CNY0.15

J0045701
风雪铁骑 （汉、傣纳、傣仂、景颇、拉祜、傈僳、佤文对照版）张碧梧作
上海　上海人民美术出版社 1964 年［1 张］
76cm（2 开）定价：CNY0.15

J0045702
风雪铁骑 （汉、蒙文对照版）张碧梧作
上海　上海人民美术出版社 1964 年［1 张］
76cm（2 开）定价：CNY0.15

J0045703
风雪铁骑 （汉、僮文对照版）张碧梧作
上海　上海人民美术出版社 1964 年［1 张］
76cm（2 开）定价：CNY0.15

J0045704
风雪铁骑 （汉、维、哈、锡伯文对照版）张碧梧作
上海　上海人民美术出版社 1964 年［1 张］
76cm（2 开）定价：CNY0.15

J0045705
风雪铁骑 （汉文版）张碧梧作
上海　上海人民美术出版社 1964 年［1 张］
76cm（2 开）定价：CNY0.15

J0045706
父英雄　子好汉　孔樱作
［昆明］云南人民出版社 1964 年 2 张
54cm（4 开）定价：CNY0.15

J0045707
干部参加劳动　社员争做五好 （汉）莫更原作
［南宁］广西僮族自治区人民出版社 1964 年 2 张 54cm（4 开）定价：CNY0.15

J0045708
干部下田，保持劳动本色　将军当兵，贯彻

三八作风　林发荣作
［贵阳］贵州人民出版社 1964 年 2 张
54cm（4 开）定价：CNY0.15

J0045709
高唱革命歌曲　陈松林作；浙江美术学院供稿
上海　上海人民美术出版社 1964 年［1 张］
76cm（2 开）定价：CNY0.15

J0045710
高原军民鱼水情深　王同仁作
北京　人民美术出版社 1964 年［1 张］
76cm（2 开）定价：CNY0.15
　　作者王同仁（1937—　），教授、画家。甘肃
兰州人，毕业于中央美术学院。任中央美术学院
教授，中国美术家协会、中国书法家协会会员，
炎黄艺术馆艺委会原副主任，北京国际艺术博览
会基金会理事等。出版《王同仁作品集》《中国
画大家——王同仁》《王同仁速写》等。

J0045711
咯咯鸡　（中文、越南文对照版）张大昕作
上海　上海人民美术出版社 1964 年［1 张］
76cm（2 开）

J0045712
歌唱社会主义好
潍坊　潍坊市木版年画出版社 1964 年［1 张］
53cm（4 开）定价：CNY0.05

J0045713
歌唱我们的好队长　刘敬瑞，杨铠作
［沈阳］辽宁美术出版社 1964 年［1 张］
76cm（2 开）定价：CNY0.15

J0045714
革命歌曲大家唱　姚中玉作
上海　上海人民美术出版社 1964 年［1 张］
76cm（2 开）定价：CNY0.15

J0045715
革命家史代代传　辛克靖作
［武汉］湖北人民出版社 1964 年［1 张］
76cm（2 开）定价：CNY0.15

J0045716
革命精神代代传　劳动世家辈辈红　周惠
英作
［贵阳］贵州人民出版社 1964 年 2 张
76cm（2 开）定价：CNY0.30

J0045717
革命胜地　（汉、藏文对照版）上海人民美术
出版社编
上海　上海人民美术出版社 1964 年［1 张］
76cm（2 开）定价：CNY0.15

J0045718
革命胜地　（汉、朝文对照版）上海人民美术
出版社编
上海　上海人民美术出版社 1964 年［1 张］
76cm（2 开）定价：CNY0.15

J0045719
革命胜地　（汉、傣纳、景颇文对照版）上海人
民美术出版社编
上海　上海人民美术出版社 1964 年［1 张］
76cm（2 开）定价：CNY0.15

J0045720
革命胜地　（汉、蒙文对照版）上海人民美术
出版社编
上海　上海人民美术出版社 1964 年［1 张］
76cm（2 开）定价：CNY0.15

J0045721
革命胜地　（汉、僮文对照版）上海人民美术
出版社编
上海　上海人民美术出版社 1964 年［1 张］
76cm（2 开）定价：CNY0.15

J0045722
革命胜地　（汉、维、哈、锡伯文对照版）上海
人民美术出版社编
上海　上海人民美术出版社 1964 年［1 张］
76cm（2 开）定价：CNY0.15

J0045723
革命胜地　（汉文版）上海人民美术出版社编
上海　上海人民美术出版社 1964 年［1 张］

76cm（2开）定价：CNY0.15

J0045724
革命自有后来人
天津　天津杨柳青画店　1964 年［1 张］
53cm（4开）定价：CNY0.09

J0045725
给军属拜年　王威作
［郑州］河南人民出版社　1964 年［1 张］
76cm（2开）定价：CNY0.15

J0045726
给模范饲养员拜年　葛文山作
［沈阳］辽宁美术出版社　1964 年［1 张］
76cm（2开）定价：CNY0.15

J0045727
给女民兵示范　张兆柏作
北京　人民美术出版社　1964 年［1 张］
76cm（2开）定价：CNY0.15

J0045728
耕，种，管，收农业生产四扇屏　（卷轴）金铭，姚中玉作
天津　天津美术出版社德裕公　1964 年［1 张］

J0045729
工农联欢　王暗晓作
［太原］山西人民出版社　1964 年［1 张］
76cm（2开）定价：CNY0.15

J0045730
工农联盟　城乡互助　李直，保彬作
［南京］江苏人民出版社　1964 年　2 张
85cm（1开）定价：CNY0.20
　　作者保彬（1936—　　），蒙古族，国画家。江苏南通人。毕业于南京艺术学院美术系并留校任教。南京艺术学院院长、中国美术家协会会员、江苏美术家协会理事等。主要作品有《鹤寿图》《华夏魂》《嫦娥奔月》等。专著有《纵横挥洒》《保彬画集》《黄山奇松》。

J0045731
工农联盟　奋发图强　（汉）翁文忠作

［南宁］广西僮族自治区人民出版社　1964 年
2 张 54cm（4开）定价：CNY0.15

J0045732
工农联盟　建设祖国　（汉）林景椿作
［南宁］广西僮族自治区人民出版社　1964 年
2 张 54cm（4开）定价：CNY0.15

J0045733
工农同庆丰收年　王秀成作
［哈尔滨］黑龙江美术出版社　1964 年［1 张］
76cm（2开）定价：CNY0.15

J0045734
工农同舟心连心　庞卡作
上海　上海人民美术出版社　1964 年［1 张］
76cm（2开）定价：CNY0.15
　　作者庞卡（1935—　　）。画家。又名庞抱俊。上海人。历任上海人民美术出版社年画编辑、创作员。作品有《从小爱科学》《秧苗青青春来早》《爱人民》等。

J0045735
工农携手生产"跃进"城乡互助经济繁荣
黄守堡作
［贵阳］贵州人民出版社　1964 年　2 张
54cm（4开）定价：CNY0.15

J0045736
工人送到抽水机　知识青年来落户　黄继明作
［武汉］湖北人民出版社　1964 年［1 张］
76cm（2开）定价：CNY0.15

J0045737
工人下乡传技术　吴哲夫，邵克萍作
上海　上海人民美术出版社　1964 年［1 张］
76cm（2开）定价：CNY0.15
　　作者吴哲夫，画家。擅长年画。师从杭穉英，在上海"穉英画室"工作，长期共事，集体创作，被称为"杭派"月份牌画家。作品有《节日的食堂》《向解放军叔叔致敬》《老手带新手》等。

J0045738
"公社"新人　秦汝文作

[济南] 山东人民出版社 1964 年 [1 张]
76cm（2 开）定价：CNY0.15

J0045739
"公社"迎贵宾 朱膺作
上海 上海人民美术出版社 1964 年 [1 张]
76cm（2 开）定价：CNY0.15
　　作者朱膺（1919—2008），教授。别名瑞序，浙江萧山人，毕业于重庆国立艺术专科学校西画系。历任上海同济大学建筑系教授、上海海派现代油画会会长、中国美术家协会会员。主要作品有《世外桃源》《烟雨缭绕》《绿色小径》等。

J0045740
"公社"渔歌 施邦华作
[济南] 山东人民出版社 1964 年 [1 张]
76cm（2 开）定价：CNY0.15

J0045741
琪桐花 铜绿雀 （峨眉花鸟）苏葆桢作
[成都] 四川人民出版社 1964 年 [1 张]
53cm（4 开）定价：CNY0.10
　　作者苏葆桢（1916—1990），国画家。江苏宿迁市人，师从徐悲鸿、张书旂、傅抱石等大家。曾任西南大学教授、硕士生导师，重庆国画院副院长。作品有《葡萄图》《硕果累累》《玉羽迎春》《山花烂漫》《战地花开》等。

J0045742
姑嫂选笔 忻礼良作
上海 上海人民美术出版社 1964 年 [1 张]
76cm（2 开）定价：CNY0.15
　　作者忻礼良（1913—?），浙江鄞县人。擅长年画。曾任上海画片出版社特约作者、上海人民美术出版社创作人员等职。代表作品有《毛主席和我们在一起》《姑嫂选笔》《拾到五分钱》等。

J0045743
瓜果百种 魏瀛洲作
上海 上海人民美术出版社 1964 年 [1 张]
76cm（2 开）
　　作者魏瀛洲，海派年画、宣传画家。中华人民共和国成立初期被称为月份牌画家。作品有《国庆节的早晨》《欢腾的农机站》《在幸福的时代》等。

J0045744
光荣之家 余林作
[西安] 长安美术出版社 1964 年 [1 张]
76cm（2 开）定价：CNY0.15

J0045745
果香瓜甜 （中文、越南文对照版）张碧梧作
上海 上海人民美术出版社 1964 年 [1 张]
76cm（2 开）
　　作者张碧梧（1905—1987），画家。江苏江阴人。曾任上海人民美术出版社特约年画作者、中国美术家协会会员。代表作品有《百万雄师渡长江》《养小鸡捐飞机》等。

J0045746
海防前线宣传员 马乐群作
上海 上海人民美术出版社 1964 年 [1 张]
76cm（2 开）定价：CNY0.15
　　作者马乐群（1933— ），画家。上海人，曾在上海现代画室学习绘画及西洋美术史等。历任上海画片出版社年画创作员、上海美术出版社年画编辑。作品有《人民不允许浪费粮食的行为》《海防前线宣传员》《金杯红花传捷报》《激流勇进》等。

J0045747
好榜样 崔炳良作
[武汉] 湖北人民出版社 1964 年 [1 张]
76cm（2 开）定价：CNY0.15

J0045748
好儿女志在四方 吴性清作
上海 上海人民美术出版社 1964 年 [1 张]
76cm（2 开）定价：CNY0.15
　　作者吴性清（1933— ），女，编审。生于江苏泰州，毕业于中央美术学院华东分院油画系。历任上海人民美术出版社创作员、中国美术家协会会员。作品有《我们热爱毛主席》《胡笳十八拍图卷》《关汉卿名剧选》等。

J0045749
好孩子 乐小英，凌健作
上海 上海人民美术出版社 1964 年 [1 张]
76cm（2 开）定价：CNY0.15
　　作者乐小英（1921—1984），原名乐汉英，笔

名守松、锹嘉，浙江镇海人。先后任《大报》《亦报》美术编辑和《新民晚报》美术组组长，中国美术家协会上海分会漫画组组长。主要作品有《刘胡兰》《五彩路》《乐小英儿童连环画选》等，出版有《大家做好事》《动脑筋爷爷》《乐小英儿童漫画集》等。

J0045750
好好学习　邵佐唐作
［哈尔滨］辽宁美术出版社 1964 年［1 张］
76cm（2 开）定价：CNY0.15
　　作者邵佐唐，有年画作品《西园记》《上学第一天》《新来的小伙伴》《在科学宫里》等。

J0045751
荷花淀　赵信芳作
［石家庄］河北人民美术出版社 1964 年［1 张］
76cm（2 开）定价：CNY0.15
　　作者赵信芳（1927—　　），一级美术师。号半须，生于河北安新，就读于河北艺术学校美术班。历任河北画院一级美术师、河北省群众艺术馆副馆长、河北省美术工作室副主任。作品有《雁翎队》《赵半须扇画选》等。

J0045752
贺丰年　陈衡作
［南昌］江西人民出版社 1964 年 2 张
54cm（4 开）定价：CNY0.15

J0045753
红色娘子军　金梅生作
上海 上海人民美术出版社 1964 年［1 张］
76cm（2 开）定价：CNY0.15
　　作者金梅生（1902—1989），画家。别名石摩，上海人。曾于商务印书馆美术科专门从事月份牌绘画，上海市文史馆馆员、上海人民美术出版社特约年画家。作品有《新中国的歌声》《秀女饲养员》《花木兰》等。

J0045754
洪湖赤卫队　张中光作
［武汉］湖北人民出版社 1964 年 4 张
53cm（4 开）定价：CNY0.36

J0045755
洪湖舟上话当年　冯萍作
［武汉］湖北人民出版社 1964 年［1 张］
76cm（2 开）定价：CNY0.15

J0045756
虎口救羊群　徐寄萍作
上海 上海人民美术出版社 1964 年［1 张］
76cm（2 开）定价：CNY0.15
　　作者徐寄萍（1919—2005），上海人。曾任上海美术家协会会员、上海人民美术出版社特约年画作者等职。主要作品有《帮妈妈做事》《学雷锋做好事》《擦亮眼睛》等。

J0045757
互助友爱　吕小鹏作
天津 天津美术出版社 1964 年［1 张］
76cm（2 开）定价：CNY0.15

J0045758
花鸟四屏条　郭世清作
［西宁］青海人民出版社 1964 年 4 张
53cm（4 开）定价：CNY0.30

J0045759
花样屏　杨丁东作
［兰州］甘肃人民出版社 1964 年 2 张
53cm（4 开）定价：CNY0.15

J0045760
画中游　（中文、阿尔巴尼亚文对照版）黄润华作
北京 人民美术出版社 1964 年［1 张］
76cm（2 开）
　　作者黄润华（1932—2000），教授。河北正定人。毕业于中央美术学院中国画系。历任中央美术学院中国画系主任、中央美术学院学术委员会委员、中国美术家协会会员、中国书画函授大学名誉教授。出版有《黄润华山水画集》《黄润华画集》。

J0045761
槐树庄　金岩作
［沈阳］辽宁美术出版社 1964 年 4 张
53cm（4 开）定价：CNY0.30

J0045762

欢庆丰收　耿汉作

[兰州] 甘肃人民出版社 1964 年 [1 张]

53cm（4 开）定价：CNY0.08

J0045763

欢送劳模上北京　肖代贤作

[武汉] 湖北人民出版社 1964 年 [1 张]

76cm（2 开）定价：CNY0.15

J0045764

欢腾的边疆　谷嶙作

北京 人民美术出版社 1964 年 [1 张]

76cm（2 开）定价：CNY0.15

　　作者谷嶙(1928—　），画家。云南昆明人，毕业于中央美术学院。中央工艺美术学院（现合并为清华大学美术学院）任教。中国美术家协会会员、中国老教授协会艺术委员会委员。作品有《赶摆》《思路传友谊》《香妃》等。

J0045765

欢腾的节日　张碧梧作

[杭州] 浙江人民美术出版社 1964 年 [1 张]

76cm（2 开）定价：CNY0.15

　　作者张碧梧(1905—1987)，画家。江苏江阴人。曾任上海人民美术出版社特约年画作者、中国美术家协会会员。代表作品有《百万雄师渡长江》《养小鸡捐飞机》等。

J0045766

欢腾的农机站　（汉、藏文对照版）魏瀛洲作

上海 上海人民美术出版社 1964 年 [1 张]

76cm（2 开）定价：CNY0.15

　　作者魏瀛洲，海派年画、宣传画家。中华人民共和国成立初期被称为月份牌画家。作品有《国庆节的早晨》《欢腾的农机站》《在幸福的时代》等。

J0045767

欢腾的农机站　（汉、朝文对照版）魏瀛洲作

上海 上海人民美术出版社 1964 年 [1 张]

76cm（2 开）定价：CNY0.15

J0045768

欢腾的农机站　（汉、傣纳、傣仂、景颇、拉

祜、傈僳文对照版）魏瀛洲作

上海 上海人民美术出版社 1964 年 [1 张]

76cm（2 开）定价：CNY0.15

J0045769

欢腾的农机站　（汉、蒙文对照版）魏瀛洲作

上海 上海人民美术出版社 1964 年 [1 张]

76cm（2 开）定价：CNY0.15

J0045770

欢腾的农机站　（汉、僮文对照版）魏瀛洲作

上海 上海人民美术出版社 1964 年 [1 张]

76cm（2 开）定价：CNY0.15

J0045771

欢腾的农机站　（汉、维、哈、锡伯文对照版）魏瀛洲作

上海 上海人民美术出版社 1964 年 [1 张]

76cm（2 开）定价：CNY0.15

J0045772

欢腾的农机站　（汉文版）魏瀛洲作

上海 上海人民美术出版社 1964 年 [1 张]

76cm（2 开）定价：CNY0.15

J0045773

欢欣鼓舞迎新春　（中文、阿尔巴尼亚文对照版）张乐平作

北京 人民美术出版社 1964 年 [1 张]

76cm（2 开）

　　作者张乐平(1910—1992)，漫画家。浙江海盐人。曾任中国美术家协会上海分会、解放日报社、上海少年儿童出版社专业画家。漫画"三毛"形象的创作者。代表作品《三毛流浪记》《三毛从军记》。

J0045774

换上劳动服　李明强作

[兰州] 甘肃人民出版社 1964 年 [1 张]

76cm（2 开）定价：CNY0.15

J0045775

黄妈妈教子　（藏、汉文对照版）雷荣厚作

[成都] 四川民族出版社 1964 年 [1 张]

76cm（2 开）定价：CNY0.15

J0045776
鸡壮蛋大　金铭作
[杭州] 浙江人民美术出版社 1964 年 [1 张]
76cm (2 开) 定价：CNY0.15

J0045777
积肥能手 水利模范　杨晓东作
[昆明] 云南人民出版社 1964 年 2 张
38cm (6 开) 定价：CNY0.08

J0045778
集体收成年年好 社员生活步步高　朱鸿
年作
[郑州] 河南人民出版社 1964 年 2 张
54cm (4 开) 定价：CNY0.15

J0045779
记工图　李江鸿作
上海 上海人民美术出版社 1964 年 [1 张]
76cm (2 开) 定价：CNY0.15

J0045780
加强田间管理 争取粮棉丰收　善盛作
天津 天津杨柳青画店 1964 年 2 张 53cm (4 开)
定价：CNY0.18

J0045781
佳节探亲人　辛鹤江作
[石家庄] 河北人民美术出版社 1964 年 [1 张]
76cm (2 开) 定价：CNY0.15
　　作者辛鹤江(1941—　)，河北安新人。毕
业于天津美术学院。擅长中国画。曾任河北美
术家协会副主席，连环画研究会副会长，河北美
术出版社社长兼总编辑、编审等职。代表作有
《棉农来访》《周总理和小演员在一起》《敌情急》
《老英雄回到雁翎队》等。

J0045782
家庭访问　安学贵作
[长春] 吉林人民出版社 1964 年 [1 张]
76cm (2 开) 定价：CNY0.15
　　作者安学贵(1940—　)，画家。辽宁辽阳市
人。中国同泽书画研究院书画家、吉林省通榆县
文化馆馆员、中国美术家协会会员。主要作品有
《礼物》等。

J0045783
嘉兴南湖图　童中焘作
上海 上海人民美术出版社 1964 年 [1 张]
76cm (2 开) 定价：CNY0.15
　　作者童中焘(1939—　)，画家。出生于浙江
鄞县，毕业于中国美术学院中国画系，并留校任
教。历任中国美术家协会会员、李可染基金会艺
委会委员、中国美术学院教授等。出版有《童中
焘画集》《山水速写——搜尽奇峰打草稿》《童中
焘国画解析》《童中焘山水画选》等。

J0045784
坚持"四同"—同吃、同住、同劳动、同商
量　纪宇作
天津 天津美术出版社 1964 年 4 张 53cm (4 开)
定价：CNY0.30

J0045785
剪窗花　姜贵恒，魏瀛洲作
[长春] 吉林人民出版社 1964 年 [1 张]
76cm (2 开) 定价：CNY0.15
　　作者魏瀛洲，海派年画、宣传画家。中华人
民共和国成立初期被称为月份牌画家。作品有
《国庆节的早晨》《欢腾的农机站》《在幸福的时
代》等。

J0045786
建设基本田 旱涝保收成　杨鹏作
[兰州] 甘肃人民出版社 1964 年 2 张
53cm (4 开) 定价：CNY0.15

J0045787
建设我们的新山区　庞卡作
上海 上海人民美术出版社 1964 年 [1 张]
76cm (2 开) 定价：CNY0.15
　　作者庞卡(1935—　)。画家。又名庞抱俊。
上海人。历任上海人民美术出版社年画编辑、创
作员。作品有《从小爱科学》《秧苗青青春来早》
《爱人民》等。

J0045788
健康的成长　符仕柱作
[长沙] 湖南人民出版社 1964 年 [1 张]
76cm (2 开) 定价：CNY0.15

J0045789

江姐 王角作

北京 人民美术出版社 1964 年 4 张

53cm（4 开）定价：CNY0.30

　　作者王角（1917—1995），画家。吉林九台人，别名大珂，毕业于辽宁美专。历任《东北画报》社美术记者，人民美术出版社美术编辑、创作室创作员。作品有《花径》《金色的谷》《江姐》等。

J0045790

江山多娇 孟慕颐作

[银川] 宁夏回族自治区人民出版社 1964 年

8 张 53cm（4 开 ）定价：CNY0.60

J0045791

江苏水利建设新貌 余连如作

[南京] 江苏人民出版社 1964 年 [1 张]

76cm（2 开）定价：CNY0.15

J0045792

将军送子务农图 徐芝麟作

[长沙] 湖南人民出版社 1964 年 [1 张]

76cm（2 开）定价：CNY0.15

J0045793

讲革命故事 陈谷平，鞠福祥作

[南京] 江苏人民出版社 1964 年 [1 张]

76cm（2 开）定价：CNY0.15

　　作者陈谷平（1920— ），江苏扬州人。大学文化。原扬州市国画院画师。中国美术家协会江苏分会会员。擅长年画、国画。作品有《戏鱼图》《门画》等。

J0045794

讲革命故事 吴光华作

上海 上海人民美术出版社 1964 年 [1 张]

76cm（2 开）定价：CNY0.15

　　作者吴光华（1933— ），版画家。生于江西东乡，曾用笔名：牧也、笑也、牧春等。中国美术家协会会员、上海人民美术出版社副编审。擅版画、年画、国画及篆刻。在江西陶瓷专业艺术学院从事了三年的绘瓷生涯。毕业于中央美术学院华东分院版画系，师从木刻家张漾兮。版画作品有《把余粮卖给国家》《村口》《新学》等，木刻连环画《党费》，木刻画《舞师图》《春》《黄

河渔民》，木刻邮票《摘棉花》。

J0045795

讲卫生 白逸如作；杨修义刻

潍坊 潍坊市木版年画 1964 年 [1 张]

53cm（4 开）定价：CNY0.05

　　作者白逸如（1932— ），女，画家。北京人。毕业于浙江美术学院。曾任职于山东省文化局美工室，任山东师范大学艺术系教师、天津画院专业画家。主要作品有《渔家女儿上大学》《移来南茶住北乡》《大娘的病好了》等。

J0045796

阶级仇恨记心头 黄发榜作；浙江美术学院供稿

上海 上海人民美术出版社 1964 年 [1 张]

76cm（2 开）定价：CNY0.15

J0045797

节日之夜 章育青作

[杭州] 浙江人民美术出版社 1964 年 [1 张]

76cm（2 开）定价：CNY0.15

　　作者章育青（1909—1993），画家。浙江慈溪人。上海人民美术出版社年画专业画家。作品《上海大世界》《元宵灯》《上海外滩》《南京长江大桥》等。

J0045798

姐姐当了理发员 刘长恩作

[长春] 吉林人民出版社 1964 年 [1 张]

76cm（2 开）定价：CNY0.15

　　作者刘长恩（1936—1996），吉林通榆人，吉林美术出版社美术编辑。代表作品《咱队的好猎手》《再请战》《巧妈妈》等。

J0045799

金粟碧波 那启明作

天津 天津杨柳青画店 1964 年 [1 张]

107cm（全开）

　　作者那启明（1936— ），满族，北京人。擅长民间美术。1958 年毕业于中央美术学院附中。现任天津杨柳青画社编辑部主任、编审。作品《白求恩》获第三届全国年画美术作品展览二等奖，《团结图》获第五届全国年画美术作品展览三等奖，《多彩夕阳》获中华人民共和国成立 45 周年

美术作品展览佳作奖,《喜迎春》等作品入选第四届、五届全国年画展和第六届、七届、八届全国美术作品展览。1994年被中央文化部、新闻出版署评为"优秀年画编辑"。中国美术家协会会员。

J0045800
锦上添花　张其翼作
[哈尔滨]黑龙江美术出版社 1964年［1张］
76cm(2开)定价:CNY0.15
　　作者张其翼(1915—1968),教授、花鸟画家。字君振,号鸿飞楼主。北京人,祖籍福建闽侯。曾任教于河北艺术师范学校和天津美术学院。代表作品《九寿朝阳图》《玉兰绶带》《池塘雨露》《雪鹤芭蕉》。

J0045801
锦上添花年年好　工农联盟心连心
天津　天津杨柳青画店 1964年［1张］
107cm(全开)

J0045802
锦绣草原　(藏、汉文对照版)王叠泉,朱晓舟作
[成都]四川民族出版社 1964年［1张］
76cm(2开)定价:CNY0.08

J0045803
经常读报　关心时事　杨玉华作
上海　上海人民美术出版社 1964年［1张］
76cm(2开)定价:CNY0.15

J0045804
井冈山上的年轻人　漆德琰作
[南昌]江西人民出版社 1964年［1张］
76cm(2开)定价:CNY0.15
　　作者漆德琰(1932—　),教授,画家。江西高安人,毕业于鲁迅美术学院。历任《江西画报》社编辑、江西文艺学院教师、江西革命博物馆创作员、重庆建筑大学教授、中国水彩画学会理事、重庆水彩画学会会长。擅长水彩画、油画、壁画。代表作品《井冈山会师》《石板哨小屋》《归牧》《水乡》等。出版有《漆德琰水彩画作品与技法》《漆德琰水彩画选》《水彩写生技法示范》等。

J0045805
敬爱我们的老师　(汉字版)沈家琳作
上海　上海人民美术出版社 1964年［1张］
76cm(2开)定价:CNY0.15

J0045806
敬爱我们的老师　(中文、越南文对照版版)
沈家琳作
上海　上海人民美术出版社 1964年［1张］
76cm(2开)

J0045807
军民情谊　陆鸿年作
[长沙]湖南人民出版社 1964年［1张］
76cm(2开)定价:CNY0.15
　　作者陆鸿年(1919—1989),教师。江苏太仓人,毕业于辅仁大学美术系,并留校任美术系助教。历任中央美术学院中国画系讲师、副教授。发表《法海神寺壁画》《永乐宫壁画艺术》《中国古代壁画的一些成就》等研究论文。

J0045808
开矿山支援建设　修水利夺取丰收　宋承志作
[贵阳]贵州人民出版社 1964年 2张
54cm(4开)定价:CNY0.15

J0045809
看闺女　曾凡乡作
[济南]山东人民出版社 1964年［1张］
76cm(2开)定价:CNY0.15

J0045810
抗天图　黄达德,李硕卿作
[福州]福建人民出版社 1964年［1张］
76cm(2开)定价:CNY0.15

J0045811
颗粒归仓　不浪费一粒粮食　金梅生作
上海　上海人民美术出版社 1964年［1张］
76cm(2开)定价:CNY0.15
　　作者金梅生(1902—1989),画家。别名石摩,上海人。曾于商务印书馆美术科专门从事月份牌绘画,上海市文史馆馆员、上海人民美术出版社特约年画家。作品有《新中国的歌声》《秀女饲养员》《花木兰》等。

J0045812

可爱的北京 （2）孟慕颐作

［银川］宁夏回族自治区人民出版社　1964 年

［1 张］76cm（2 开）定价：CNY0.15

J0045813

课余劳动图　方增先作

上海　上海人民美术出版社　1964 年 ［1 张］

76cm（2 开）定价：CNY0.15

　　作者方增先（1931—　），国画家。浙江兰
溪人，毕业于浙江杭州国立艺术专科学校。历任
上海美术馆馆长、中国美术家协会常务理事。出
版画集《方增先人物画》《方增先水墨画诗意画》
《方增先古装人物画集》等，专著有《怎样画水墨
人物画》《结构素描》《人物画的造型问题》等。

J0045814

课余生活　刘旦宅作

［南京］江苏人民出版社　1964 年 ［1 张］

76cm（2 开）定价：CNY0.15

　　作者刘旦宅（1931—2011），教授、画家。原
名浑，又名小粟，后改名旦宅，别名海云生。浙
江温州人。曾在上海市大中国图书局、上海教育
出版社、上海人民美术出版社绘画，任上海师范
大学美术系主任。代表作品《曹雪芹生平》《琵
琶行》《刘旦宅聊斋百图》《石头记人物画册》等。

J0045815

垦地新主人　（中文、越南文对照版）姚中玉作

上海　上海人民美术出版社　1964 年 ［1 张］

76cm（2 开）

J0045816

孔雀　（中文、阿尔巴尼亚文对照版）田世光作

北京　人民美术出版社　1964 年 ［1 张］

76cm（2 开）

　　作者田世光（1916—1999），教授。号公炜，
北京人，祖籍山东乐陵，毕业于北京京华美术学
院，师承张大千、赵梦朱、吴镜汀、于非闇、齐白
石诸先生。历任中国美术家协会会员、北京工笔
重彩画副会长、中国画研究院第一届院务委员。
代表作《和平颂》《松树白鹰》《春晖》《幽谷红
妆》《山雀》。

J0045817

孔雀图　戈葆东作

［杭州］浙江人民美术出版社　1964 年 ［1 张］

76cm（2 开）定价：CNY0.15

J0045818

劳模归来　马三和作

［武汉］湖北人民出版社　1964 年 ［1 张］

76cm（2 开）定价：CNY0.18

J0045819

老公公走好　（中文、越南文对照版）魏瀛洲作

上海　上海人民美术出版社　1964 年 ［1 张］

76cm（2 开）

　　作者魏瀛洲，海派年画、宣传画家。中华人
民共和国成立初期被称为月份牌画家。作品有
《国庆节的早晨》《欢腾的农机站》《在幸福的时
代》等。

J0045820

老农会　李忠翔，张建中作

［昆明］云南人民出版社　1964 年 ［1 张］

76cm（2 开）定价：CNY0.15

　　作者李忠翔（1940—　），一级美术师。重
庆人，毕业于云南艺术学院美术系版画专业。历
任云南省展览馆、省文化局美术设计与创作员、
云南画院副院长，中国美术家协会理事，云南美
术家协会副主席。版画作品有《心中的歌》《雪
山梦》等，出版有《李忠翔版画集》《李忠翔版画
1990—1994》等。

J0045821

老手带新手　黄子晞，吴哲夫作

［杭州］浙江人民美术出版社　1964 年 ［1 张］

76cm（2 开）定价：CNY0.15

　　作者吴哲夫，画家。擅长年画。师从杭稺英，
在上海“稺英画室”工作，长期共事，集体创作，
被称为“杭派”月份牌画家。作品有《节日的食堂》
《向解放军叔叔致敬》《老手带新手》等。

J0045822

雷锋　李慕白，金雪尘作；任心溪配文

［石家庄］河北人民出版社　1964 年　4 张

53cm（4 开）定价：CNY0.30

　　作者李慕白（1913—1991），画家。生于浙江

海宁。历任中国民主同盟会成员、中国美术家协会会员、上海人民美术出版社特约年画作者。出版有《李慕白、金雪尘年画选集》。

J0045823
雷锋屏
天津 天津杨柳青画店 1964 年［1 张］

J0045824
雷锋叔叔讲革命故事 （汉、朝文对照版）吴哲夫，杨玉华作
上海 上海人民美术出版社 1964 年［1 张］
76cm（2 开）定价：CNY0.15

J0045825
雷锋叔叔讲革命故事 （汉、傣纳、傣仂、景颇、拉祜、傈僳、佤文对照版）吴哲夫，杨玉华作
上海 上海人民美术出版社 1964 年［1 张］
76cm（2 开）定价：CNY0.15

J0045826
雷锋叔叔讲革命故事 （汉、僮文对照版）吴哲夫，杨玉华作
上海 上海人民美术出版社 1964 年［1 张］
76cm（2 开）定价：CNY0.15

J0045827
雷锋叔叔讲革命故事 （汉、藏文对照版）吴哲夫，杨玉华作
上海 上海人民美术出版社 1964 年［1 张］
76cm（2 开）定价：CNY0.15

J0045828
雷锋叔叔讲革命故事 （汉、蒙文对照版）吴哲夫，杨玉华作
上海 上海人民美术出版社 1964 年［1 张］
76cm（2 开）定价：CNY0.15

J0045829
雷锋叔叔讲革命故事 （汉、维、哈、锡伯文对照版）吴哲夫，杨玉华作
上海 上海人民美术出版社 1964 年［1 张］
76cm（2 开）定价：CNY0.15

J0045830
漓江好 （汉文版）叶侣梅作
［南宁］广西僮族自治区人民出版社 1964 年
6 张 53cm（4 开）定价：CNY0.45

J0045831
漓江好 （僮、汉文对照版）叶侣梅作
［南宁］广西僮族自治区人民出版社 1964 年
6 张 53cm（4 开）定价：CNY0.45

J0045832
李双双 于志学，于海江作
［哈尔滨］黑龙江美术出版社 1964 年 4 张
53cm（4 开）定价：CNY0.30

J0045833
李双双 三林画
［长春］吉林人民出版社 1964 年 4 张
53cm（4 开）定价：CNY0.30

J0045834
立下务农志 建设新农村 冬深作
［昆明］云南人民出版社 1964 年 2 张
54cm（4 开）定价：CNY0.15

J0045835
立志建设新农村 龙华作
［福州］福建人民出版社 1964 年［1 张］
76cm（2 开）定价：CNY0.15

J0045836
立志建设新农村 黄妙发作
上海 上海人民美术出版社 1964 年［1 张］
76cm（2 开）定价：CNY0.15
　　作者黄妙发（1938—　　），别名年丰，江苏常熟人。擅长年画。曾任上海人民美术出版社年画宣传画编辑室副主任。作品有年画《喜临门》《我爱中华》《儿童附捐邮票一套》（两枚）等。

J0045837
练好本领时刻准备狠击侵略者 加强训练随时听从祖国召唤 （藏、汉文对照）冯显遒作
［成都］四川人民出版社 1964 年 2 张
54cm（4 开）定价：CNY0.08

J0045838
练好本领守海防　茅志云画
［福州］福建人民出版社 1964 年［1 张］
76cm（2 开）定价：CNY0.15

J0045839
两代英雄　由甲申作
［哈尔滨］黑龙江美术出版社 1964 年［1 张］
76cm（2 开）定价：CNY0.15

J0045840
林则徐禁烟　王企玫画；朱羽诗
［福州］福建人民出版社 1964 年 4 张
53cm（4 开）定价：CNY0.30
　　作者朱羽，连环画艺术家。作品有《近代
中国演义（下）》《中国传统连环画精选》《林则
徐戒烟》《大闹铁佛寺》《现代故事画库·坪寨风
雷》等。

J0045841
刘胡兰　（连环画片）郑家声画；吴稊配诗
上海　上海人民美术出版社 1964 年［1 张］
76cm（2 开）定价：CNY0.15
　　作者郑家声（1933—2018），女，画家。生于
浙江宁波。曾任上海美术出版社连环画创作员、
副编审。作品有《智激美猴王》《毛主席在陕北》
等，出版有画集《红楼梦》《牡丹亭》。

J0045842
六好社员　马乐群作
上海　上海人民美术出版社 1964 年［1 张］
76cm（2 开）定价：CNY0.15
　　作者马乐群（1933—　　），画家。上海人，曾
在上海现代画室学习绘画及西洋美术史等。历
任上海画片出版社年画创作员、上海美术出版社
年画编辑。作品有《人民不允许浪费粮食的行为》
《海防前线宣传员》《金杯红花传捷报》《激流勇
进》等。

J0045843
六扇屏　（卷轴）
天津　天津美术出版社德裕公 1964 年［1 张］
　　中国现代年画作品，天津美术出版社德裕公
装裱。

J0045844
龙凤图　（连环画片）砚子，谢虹编词；宇一画
［南宁］广西僮族自治区人民出版社 1964 年
［1 张］76cm（2 开）定价：CNY0.15

J0045845
陆海空军联合演习　吴敏作
北京　人民美术出版社 1964 年［1 张］
76cm（2 开）定价：CNY0.15

J0045846
绿树成林果满枝　张振铎作
1964 年 4 张 53cm（4 开）定价：CNY0.36

J0045847
妈妈喂猪肥又大　黄绍民作
［南京］江苏人民出版社 1964 年［1 张］
53cm（4 开）定价：CNY0.10

J0045848
麦收上场　吕学勤作；杨修义刻
潍坊　潍坊市木版年画出版社 1964 年［1 张］
38cm（6 开）定价：CNY0.025
　　作者吕学勤（1936—1993），画家。别名理园，
山东临朐人。历任中国美术家协会理事、山东美
术家协会副主席、山东省美术馆一级美术师。代
表作品有《雨后江山分外明》《春风得意图》《科
研小组》等。

J0045849
满堂红　江南春作
天津　天津美术出版社 1964 年［1 张］
76cm（2 开）定价：CNY0.15

J0045850
满载归来　吴君琪作
［南京］江苏人民出版社 1964 年［1 张］
76cm（2 开）定价：CNY0.15

J0045851
毛田新貌　徐湄君作
［长沙］湖南人民出版社 1964 年 4 张
53cm（4 开）定价：CNY0.30

J0045852

毛主席参观试验田　　邵文锦作

天津　天津美术出版社　1964 年［1 张］
76cm（2 开）定价：CNY0.15

　　作者邵文锦（1931—　　）。画家。山东荣城人，毕业于中央美术学院绘画系。历任《天津画报》社、天津美术出版社编辑，天津杨柳青画社副社长、副总编、一级美术师。中国美术家协会会员、理事。作品有《春晖颂》《春风十里桃花香》《学习老英雄继续新长征》《匠门虎子》等。

J0045853

毛主席的好战士——雷锋　　杨力作；陆伟然配诗

［哈尔滨］黑龙江美术出版社　1964 年　4 张
53cm（4 开）定价：CNY0.30

J0045854

毛主席和我们心连心　（汉、藏文对照版）韩敏作

上海　上海人民美术出版社　1964 年［1 张］
76cm（2 开）定价：CNY0.15

　　作者韩敏（1929—　　），连环画、年画画家。浙江杭州人。历任上海人民美术出版社创作员、上海书画研究院院长、中国美术家协会委员、上海市美术家协会理事、上海文史馆馆员。代表作品有《郑板桥》等。

J0045855

毛主席和我们心连心　（汉、朝文对照版）韩敏作

上海　上海人民美术出版社　1964 年［1 张］
76cm（2 开）定价：CNY0.15

J0045856

毛主席和我们心连心　（汉、傣纳、傣仂、景颇、拉祜、傈僳、佤文对照版）韩敏作

上海　上海人民美术出版社　1964 年［1 张］
76cm（2 开）定价：CNY0.15

J0045857

毛主席和我们心连心　（汉、蒙文对照版）韩敏作

上海　上海人民美术出版社　1964 年［1 张］
76cm（2 开）定价：CNY0.15

J0045858

毛主席和我们心连心　（汉、僮文对照版）韩敏作

上海　上海人民美术出版社　1964 年［1 张］
76cm（2 开）定价：CNY0.15

J0045859

毛主席和我们心连心　（汉、维、哈、锡伯文对照版）韩敏作

上海　上海人民美术出版社　1964 年［1 张］
76cm（2 开）定价：CNY0.15

J0045860

毛主席和我们心连心　（汉文版）韩敏作

上海　上海人民美术出版社　1964 年［1 张］
107cm（全开）定价：CNY0.30

J0045861

毛主席和我们心连心　（汉文版）韩敏作

上海　上海人民美术出版社　1964 年［1 张］
76cm（2 开）定价：CNY0.15

J0045862

毛主席接见劳动模范　（汉、朝文对照版）李慕白，金雪尘作

上海　上海人民美术出版社　1964 年［1 张］
76cm（2 开）定价：CNY0.15

J0045863

毛主席接见劳动模范　（汉、傣纳、傣仂、景颇、拉祜、傈僳、佤文对照版）李慕白，金雪尘作

上海　上海人民美术出版社　1964 年［1 张］
76cm（2 开）定价：CNY0.15

J0045864

毛主席接见劳动模范　（汉、藏文对照版）李慕白，金雪尘作

上海　上海人民美术出版社　1964 年［1 张］
76cm（2 开）定价：CNY0.15

J0045865

毛主席接见劳动模范　（汉、蒙文对照版）李慕白，金雪尘作

上海　上海人民美术出版社　1964 年［1 张］

76cm（2开）定价：CNY0.15

85cm（3开）定价：CNY0.16

J0045866

毛主席接见劳动模范　（汉、僮文对照版）李慕白，金雪尘作
上海　上海人民美术出版社　1964年　[1张]
76cm（2开）定价：CNY0.15

J0045867

毛主席接见劳动模范　（汉、维、哈、锡伯文对照版）李慕白，金雪尘作
上海　上海人民美术出版社　1964年　[1张]
76cm（2开）定价：CNY0.15

J0045868

毛主席接见劳动模范　（汉文版）李慕白，金雪尘作
上海　上海人民美术出版社　1964年　[1张]
76cm（2开）定价：CNY0.15
　　作者李慕白（1913—1991），画家。生于浙江海宁。历任中国民主同盟会成员、中国美术家协会会员、上海人民美术出版社特约年画作者。出版有《李慕白、金雪尘年画选集》。作者金雪尘（1904—1996），画家。上海嘉定人。曾任上海图片出版社、上海人民美术出版社特约记者。代表作有《武松打虎》《春江花月夜》《金鱼舞》。

J0045869

毛主席来到我们队　娄溥义作
[兰州] 甘肃人民出版社　1964年　[1张]
76cm（2开）定价：CNY0.15

J0045870

毛主席在炼钢炉旁　冯一鸣作
天津　天津美术出版社　1964年　[1张]
76cm（2开）定价：CNY0.15

J0045871

毛主席在天安门上　李慕白作
天津　天津美术出版社　1964年　[1张]
76cm（2开）定价：CNY0.15

J0045872

梅花　梁书农作
[昆明] 云南人民出版社　1964年　[1张]

J0045873

棉花大丰收　李慕白作
[合肥] 安徽人民出版社　1964年　[1张]
76cm（2开）定价：CNY0.15

J0045874

棉花姑娘　常征作
[武汉] 湖北人民出版社　1964年　[1张]
76cm（2开）定价：CNY0.15

J0045875

棉花姑娘　沈大慈作
天津　天津美术出版社　1964年　[1张]
76cm（2开）定价：CNY0.15

J0045876

棉花姑娘
天津　天津杨柳青画店　1964年　[1张]
53cm（4开）定价：CNY0.09

J0045877

苗家儿女比武归　（汉、僮文对照版）周明作
[南宁] 广西僮族自治区人民出版社　1964年
[1张] 76cm（2开）定价：CNY0.15
　　作者周明（1935—　　），高级画师。广东开平人。中国美术家协会会员、国家高级美术师、广西书画院院士、广西民族书画院高级画师。

J0045878

模范社员榜　邵晶坤作；易和元配诗
北京　人民美术出版社　1964年　4张 53cm（4开）
定价：CNY0.30

J0045879

模范饲养员　孙敬会，李明娟作
[济南] 山东人民出版社　1964年　[1张]
76cm（2开）定价：CNY0.15
　　作者孙敬会（1939—　　），教授。字克齐，号生前生，山东艺术研究院中国绘画研究室主任。出版专著和画集有《写意人物画技法》《中国肖像画研究》《孙敬会人物画选》《孙敬会水浒人物全图》等。作者李明娟（1936—　　），女，教授。字克平，笔名汇波，浙江宁波人。山东艺术学院

教授。作品有《给咱添花》《同饮幸福水》《拳友》《流水寄深情》等，出版有《工笔人物画技法》《李明媚人物画选》《李明媚传统人物画专辑》等。

J0045880
牡丹锦鸡　　喻继高作
[南京]江苏人民出版社 1964 年 [1 张]
76cm（2 开）定价：CNY0.15
　　作者喻继高（1932—　　），国家一级美术师。江苏铜山人，毕业于南京大学艺术系和南京师范学院美术系。江苏省国画院副院长、江苏省美术家协会副主席、中国画研究院委员、中国工笔画学会副会长、徐悲鸿奖学金委员会委员。代表作品有《梨花春雨》《玉兰锦鸡》《春江水暖》等。

J0045881
耐心教　虚心学　　王伟戍作
上海　上海人民美术出版社 1964 年 [1 张]
76cm（2 开）定价：CNY0.15

J0045882
南京路上好八连　　尤崇仁，高山作；易和元配诗
北京　人民美术出版社 1964 年 4 张
53cm（4 开）定价：CNY0.30

J0045883
能文能武红透专深　互教互学共同前进　　陈敦品作
[贵阳]贵州人民出版社 1964 年 2 张
54cm（4 开）定价：CNY0.15

J0045884
年画缩样　（1963—1964）李慕白等作
合肥　安徽人民出版社 1964 年 17 页
19cm（32 开）

J0045885
年画缩样　（1963—1964）
合肥　安徽人民出版社 1964 年 13×19cm

J0045886
年画小集　（1962—1963）
[沈阳]辽宁美术出版社 1964 年 10 张（套）
19cm（小 32 开）定价：CNY0.32

J0045887
农村文化生活屏　　刘旦宅作
上海　上海人民美术出版社 1964 年 4 张
53cm（4 开）定价：CNY0.30
　　作者刘旦宅（1931—2011），教授、画家。原名浑，又名小粟，后改名旦宅，别名海云生。浙江温州人。曾在上海市大中国图书局、上海教育出版社、上海人民美术出版社绘画，任上海师范大学美术系主任。代表作品《曹雪芹生平》《琵琶行》《刘旦宅聊斋百图》《石头记人物画册》等。

J0045888
农村新貌图　　韩敏等作
上海　上海人民美术出版社 1964 年 [1 张]
76cm（2 开）定价：CNY0.15
　　作者韩敏（1929—　　），连环画、年画画家。浙江杭州人。历任上海人民美术出版社创作员、上海书画研究院院长、中国美术家协会委员、上海市美术家协会理事、上海文史馆馆员。代表作品有《郑板桥》等。

J0045889
农村知识青年学习小组　　韦江琼，叶德昌作
[武汉]湖北人民出版社 1964 年 [1 张]
76cm（2 开）定价：CNY0.15

J0045890
农民参观化肥厂　　刘王斌作
上海　上海人民美术出版社 1964 年 [1 张]
76cm（2 开）定价：CNY0.15
　　作者刘王斌（1921—　　），画家。湖南攸县人。历任上海人民美术出版社副编审、上海美术家协会会员、上海中山艺术院理事。代表作品有《鸭司令》《沙恭达罗》《鱼乐图》《荷花童子舞》《鲤鱼跳龙门》《欢欢喜喜》等。

J0045891
农民代表参观炼铁厂　　梁培浩作
[武汉]湖北人民出版社 1964 年 [1 张]
76cm（2 开）定价：CNY0.15

J0045892
农业发展靠四化　（汉）莫丹作
[南宁]广西僮族自治区人民出版社 1964 年
2 张 54cm（4 开）定价：CNY0.15

J0045893

农业机械化的尖兵 （汉、僮文对照版）曾日文作

[南宁] 广西僮族自治区人民出版社 1964 年 [1 张] 76cm（2 开） 定价：CNY0.15

J0045894

农业四化图 朱学达作

[济南] 山东人民出版社 1964 年 2 张 54cm（4 开） 定价：CNY0.15

J0045895

农艺会上情谊深 张鸾作

天津 天津美术出版社 1964 年 [1 张] 76cm（2 开） 定价：CNY0.15

　　作者张鸾（1924— ），女。别名张米玖，天津人。天津人民美术出版社从事创作，编审。作品有木版画《鲁迅和一个工厂》《五子爱清洁》《娃娃戏少林寺》《小胜儿》《小笛和水罐》等。

J0045896

农艺会上情谊深 张鸾作

天津 天津杨柳青画店 1964 年 [1 张] 107cm（全开）

J0045897

奴隶的女儿 （汉、藏文对照版）马芳华作

[兰州] 甘肃民族出版社 1964 年 [1 张] 76cm（2 开） 定价：CNY0.15

J0045898

努力学好毛主席著作 舒华作

[武汉] 湖北人民出版社 1964 年 2 张 76cm（2 开） 定价：CNY0.30

J0045899

努力学习 做无产阶级的革命接班人 忻礼良作

[杭州] 浙江人民美术出版社 1964 年 [1 张] 76cm（2 开） 定价：CNY0.15

　　作者忻礼良（1913—？），浙江鄞县人。擅长年画。曾任上海画片出版社特约作者、上海人民美术出版社创作人员等职。代表作品有《毛主席和我们在一起》《姑嫂选笔》《拾到五分钱》等。

J0045900

女测量队员 范林根作

[武汉] 湖北人民出版社 1964 年 [1 张] 76cm（2 开） 定价：CNY0.15

J0045901

女民兵 （中文、越南文对照版）陈强作

上海 上海人民美术出版社 1964 年 [1 张] 76cm（2 开）

J0045902

女拖拉机手 金梅生，金培庚作

天津 天津美术出版社 1964 年 [1 张] 76cm（2 开） 定价：CNY0.15

　　作者金梅生（1902—1989），画家。别名石摩，上海人。曾于商务印书馆美术科专门从事月份牌绘画，上海市文史馆馆员、上海人民美术出版社特约年画家。作品有《新中国的歌声》《秀女饲养员》《花木兰》等。

J0045903

排练"白毛女" 吕燕作

[沈阳] 辽宁美术出版社 1964 年 [1 张] 76cm（2 开） 定价：CNY0.15

J0045904

炮击金门 史正学作

[郑州] 河南人民出版社 1964 年 [1 张] 76cm（2 开） 定价：CNY0.15

　　作者史正学（1933— ），国家一级美术师。又名莫可，河南洛阳人。毕业于广州美术学院国画系。中国美术家协会会员、河南省美术家协会常务理事、河南中山书画院院长。代表作品有《晨钟响了》《深山火种》《枣雨》《征途报捷》等。

J0045905

平原游击队 徐邦浍，晓白作

[武汉] 湖北人民出版社 1964 年 4 张 53cm（4 开） 定价：CNY0.36

J0045906

苹果熟了 黄鹏作

[济南] 山东人民出版社 1964 年 [1 张] 76cm（2 开） 定价：CNY0.15

J0045907

葡萄丰收　薛俊一作

[西安] 长安美术出版社 1964年 [1张]

76cm (2开) 定价: CNY0.15

J0045908

祁连驯鹿　(汉、藏文对照版) 白峰作

[西宁] 青海人民出版社 1964年 [1张]

76cm (2开) 定价: CNY0.08

J0045909

奇袭白虎团　(1 袭击)

天津 天津杨柳青画店 1964年 [1张]

53cm (4开) 定价: CNY0.09

J0045910

千万不要忘记　沙更世作

北京 人民美术出版社 1964年 4张 53cm (4开)

定价: CNY0.30

　　作者沙更世(1926—)，编辑。又名沙更思，浙江鄞县人。历任西泠印社会员，人民画报、人民美术出版社编辑、创作员，中央民族学院中国画教研室主任、硕士研究生工作室副主任、导师、教授，中国美术家协会、中国书法家协会会员。作品有《雪山浴日》《江山如此多娇》等。出版有《沙孟海篆刻集》《二十世纪书法经典——沙孟海卷》《沙更世书画篆刻选集》。

J0045911

前程似锦　崔炳良，李武英作

[武汉] 湖北人民出版社 1964年 [1张]

76cm (2开) 定价: CNY0.15

J0045912

亲如手足　马负书作

[兰州] 甘肃人民出版社 1964年 [1张]

76cm (2开) 定价: CNY0.15

J0045913

勤俭持家 勤俭办社　李子敬作

[贵阳] 贵州人民出版社 1964年 2张

54cm (4开) 定价: CNY0.15

J0045914

勤理园林瓜果甜 大办农业五谷香

潍坊 潍坊市木版年画 1964年 2张 54cm (4开)

定价: CNY0.10

J0045915

青年鲁班

[北京] 中国电影出版社 1964年 4张

53cm (4开) 定价: CNY0.30

J0045916

青年骑手　(蒙、汉文对照版) 那木斯赉作

[呼和浩特] 内蒙古人民出版社 1964年 [1张]

76cm (2开) 定价: CNY0.15

J0045917

晴天喜雨　范振家作

天津 天津美术出版社 1964年 [1张]

76cm (2开) 定价: CNY0.15

J0045918

请叔叔交还失主　江风作

上海 上海人民美术出版社 1964年 [1张]

76cm (2开) 定价: CNY0.15

J0045919

庆丰收 度新春 欢乐歌舞　刘永春作

[哈尔滨] 黑龙江美术出版社 1964年 4张

53cm (4开) 定价: CNY0.30

J0045920

庆贺新年 万象更新　方湘侠，肖俐君作

[长沙] 湖南人民出版社 1964年 2张

54cm (4开) 定价: CNY0.15

　　作者方湘侠(1940—)，原籍福建莆田，出生于湖南长沙。毕业于湖北艺术学院(现湖北美术学院)美术系中国画专业。曾任湖北省群众艺术馆美术编辑、副馆长，湖北美术家协会副主席、湖北省科普美术家协会理事长。主要作品有《运石图》《欢乐的日子》《欲飞》等。

J0045921

全国各民族大团结万岁　杨俊生作

上海 上海人民美术出版社 1964年 [1张]

76cm (2开) 定价: CNY0.15

　　作者杨俊生(1909—1981)，出生于安徽安庆。曾任上海人民美术出版社、上海画版出版社

特约作者,上海美术家协会年画组组长等职。代表作品有《岳母刺字》《夜战马超》《大闹天宫》《贵妃醉酒》等。

J0045922

全国民族大团结 （汉、藏文对照版）金梅生作

上海　上海人民美术出版社 1964 年［1 张］

76cm（2 开）定价：CNY0.15

　　作者金梅生(1902—1989)，画家。别名石摩，上海人。曾于商务印书馆美术科专门从事月份牌绘画，上海市文史馆馆员、上海人民美术出版社特约年画家。作品有《新中国的歌声》《秀女饲养员》《花木兰》等。

J0045923

全国民族大团结 （汉、朝文对照版）金梅生作

上海　上海人民美术出版社 1964 年［1 张］

76cm（2 开）定价：CNY0.15

J0045924

全国民族大团结 （汉、傣纳、景颇、拉祜、傈僳文对照版）金梅生作

上海　上海人民美术出版社 1964 年［1 张］

76cm（2 开）定价：CNY0.15

J0045925

全国民族大团结 （汉、蒙文对照版）金梅生作

上海　上海人民美术出版社 1964 年［1 张］

76cm（2 开）定价：CNY0.15

J0045926

全国民族大团结 （汉、僮文对照版）金梅生作

上海　上海人民美术出版社 1964 年［1 张］

76cm（2 开）定价：CNY0.15

J0045927

全国民族大团结 （汉、维、哈、锡伯文对照版）金梅生作

上海　上海人民美术出版社 1964 年［1 张］

76cm（2 开）定价：CNY0.15

J0045928

全家红　廉振华作

［太原］山西人民出版社 1964 年　2 张

38cm（6 开 ）定价：CNY0.08

J0045929

群英会上的好姊妹　李慕白,金雪尘作

上海　上海人民美术出版社 1964 年［1 张］

76cm（2 开）定价：CNY0.15

J0045930

热爱共产党　热爱毛主席 （汉、藏文对照版）李慕白作

上海　上海人民美术出版社 1964 年［1 张］

53cm（4 开）定价：CNY0.08

J0045931

热爱共产党　热爱毛主席 （汉、藏文对照版）李慕白作

上海　上海人民美术出版社 1964 年［1 张］

76cm（2 开）定价：CNY0.15

J0045932

热爱共产党　热爱毛主席 （汉、朝文对照版）李慕白作

上海　上海人民美术出版社 1964 年［1 张］

76cm（2 开）定价：CNY0.15

J0045933

热爱共产党　热爱毛主席 （汉、朝文对照版）李慕白作

上海　上海人民美术出版社 1964 年［1 张］

53cm（4 开）定价：CNY0.08

J0045934

热爱共产党　热爱毛主席 （汉、傣纳、傣仂、景颇、拉祜、傈僳、佤文对照版）李慕白作

上海　上海人民美术出版社 1964 年［1 张］

53cm（4 开）定价：CNY0.08

J0045935

热爱共产党　热爱毛主席 （汉、傣纳、傣仂、景颇、拉祜、傈僳文对照版）李慕白作

上海　上海人民美术出版社 1964 年［1 张］

76cm（2 开）定价：CNY0.15

J0045936
热爱共产党 热爱毛主席 （汉、蒙文对照版）
李慕白作
上海 上海人民美术出版社 1964 年［1 张］
76cm（2 开）定价：CNY0.15

J0045937
热爱共产党 热爱毛主席 （汉、蒙文对照版）
李慕白作
上海 上海人民美术出版社 1964 年［1 张］
53cm（4 开）定价：CNY0.08

J0045938
热爱共产党 热爱毛主席 （汉、僮文对照版）
李慕白作
上海 上海人民美术出版社 1964 年［1 张］
53cm（4 开）定价：CNY0.08

J0045939
热爱共产党 热爱毛主席 （汉、僮文对照版）
李慕白作
上海 上海人民美术出版社 1964 年［1 张］
76cm（2 开）定价：CNY0.15

J0045940
热爱共产党 热爱毛主席 （汉、维、哈文对
照版）李慕白作
上海 上海人民美术出版社 1964 年［1 张］
76cm（2 开）定价：CNY0.15

J0045941
热爱共产党 热爱毛主席 （汉、维、哈文对
照版）李慕白作
上海 上海人民美术出版社 1964 年［1 张］
53cm（4 开）定价：CNY0.08

J0045942
热爱共产党 热爱毛主席 （汉、锡伯文对照
版）李慕白作
上海 上海人民美术出版社 1964 年［1 张］
53cm（4 开）定价：CNY0.08

J0045943
热爱共产党 热爱毛主席 （汉、锡伯文对照
版）李慕白作

上海 上海人民美术出版社 1964 年［1 张］
76cm（2 开）定价：CNY0.15

J0045944
热爱共产党 热爱毛主席 李慕白作
上海 上海人民美术出版社 1965 年
76cm（2 开）定价：CNY0.15

J0045945
热爱共产党 热爱毛主席 李慕白作
上海 上海人民美术出版社 1965 年
53cm（4 开）定价：CNY0.08

J0045946
热爱共产党 热爱毛主席 李慕白作
天津 天津杨柳青画店 1965 年［1 轴］
76cm（2 开）
　　作者李慕白(1913—1991)，画家。生于浙江
海宁。历任中国民主同盟会成员、中国美术家协
会会员、上海人民美术出版社特约年画作者。出
版有《李慕白、金雪尘年画选集》。

J0045947
热爱劳动 焦岩峰作
［济南］山东人民出版社 1964 年［1 张］
53cm（4 开）定价：CNY0.08

J0045948
"人民公社"四化屏 刘王斌作
上海 上海人民美术出版社 1964 年 4 张
53cm（4 开）定价：CNY0.30
　　作者刘王斌(1921—　　)，画家。湖南攸县人。
历任上海人民美术出版社副编审、上海美术家协
会会员、上海中山艺术院理事。代表作品有《鸭
司令》《沙恭达罗》《鱼乐图》《荷花童子舞》《鲤
鱼跳龙门》《欢欢喜喜》等。

J0045949
人民子弟兵 吴哲夫作
上海 上海人民美术出版社 1964 年［1 张］
76cm（2 开）定价：CNY0.15
　　作者吴哲夫，画家。擅长年画。师从杭穉英，
在上海"穉英画室"工作，长期共事，集体创作，
被称为"杭派"月份牌画家。作品有《节日的食堂》
《向解放军叔叔致敬》《老手带新手》等。

J0045950

人强马壮喜丰收　刘德民画

［沈阳］辽宁美术出版社 1964 年［1 张］

76cm（2 开）定价：CNY0.15

J0045951

人勤春早　张文波作

［兰州］甘肃人民出版社 1964 年［1 张］

53cm（4 开）定价：CNY0.08

J0045952

人勤年丰送粮忙　（中文、越南文对照版）陈强作

上海 上海人民美术出版社 1964 年［1 张］

76cm（2 开）

J0045953

人人爱科学 户户读书声　区本泉，霍起作

［郑州］河南人民出版社 1964 年 2 张

54cm（4 开）定价：CNY0.15

J0045954

人人争当神炮手　丁俊杰作

［成都］四川人民出版社 1964 年［1 张］

76cm（2 开）定价：CNY0.15

J0045955

人人争当五好社员　权正环作

北京 人民美术出版社 1964 年［1 张］

76cm（2 开）定价：CNY0.15

J0045956

人寿年丰　（中文、阿尔巴尼亚文对照版）江南春作

北京 人民美术出版社 1964 年［1 张］

76cm（2 开）定价：CNY0.15

J0045957

瑞雪兆丰年 农业大发展　赵贵德作

天津 天津美术出版社 1964 年［1 张］

76cm（2 开）定价：CNY0.15

　　作者赵贵德(1937—)，满族、国家一级美术师。生于北京。历任中国美术家协会理事，河北省美术家协会名誉主席。代表作品有《激流》《春潮》《大风歌》《神骏图》等，著有《怎样才能画好速写》。

J0045958

三少年英勇机智救火车　李慕白作

北京 人民美术出版社 1964 年［1 张］

76cm（2 开）定价：CNY0.15

J0045959

山川风光　季观之作

［沈阳］辽宁美术出版社 1964 年 4 张

53cm（4 开）定价：CNY0.30

J0045960

山村夏忙　张彦青作

［济南］山东人民出版社 1964 年［1 张］

76cm（2 开）定价：CNY0.15

　　作者张彦青(1917—2017)，原名焕，字剑进，号抚愠斋主。山东临清市人。毕业于北平辅仁大学美术系和重庆中央大学艺术系国画专业。历任中国美术家协会山东分会常务理事、山东老年书画研究会副会长。代表作品有《张彦青国画选》《山东革命纪念册》《张彦青山水写生集》。

J0045961

山东名山　陈维信作

［济南］山东人民出版社 1964 年 4 张

53cm（4 开 ）定价：CNY0.30

J0045962

山乡新貌　黄鼎钧作

［武汉］湖北人民出版社 1964 年 4 张

53cm（4 开）定价：CNY0.30

J0045963

山中女"秀才"　任之玉作

北京 人民美术出版社 1964 年［1 张］

76cm（2 开）定价：CNY0.15

J0045964

上海风景　（汉、藏文对照版）上海人民美术出版社编

上海 上海人民美术出版社 1964 年［1 张］

76cm（2 开）定价：CNY0.15

J0045965

上海风景　（汉、朝文对照版）上海人民美术
出版社编

上海　上海人民美术出版社　1964 年［1 张］

76cm（2 开）定价：CNY0.15

J0045966

上海风景　（汉、傣纳、景颇文对照版）上海人
民美术出版社编

上海　上海人民美术出版社　1964 年［1 张］

76cm（2 开）定价：CNY0.15

J0045967

上海风景　（汉、蒙文对照版）上海人民美术
出版社编

上海　上海人民美术出版社　1964 年［1 张］

76cm（2 开）定价：CNY0.15

J0045968

上海风景　（汉、僮文对照版）上海人民美术
出版社编

上海　上海人民美术出版社　1964 年［1 张］

76cm（2 开）定价：CNY0.15

J0045969

上海风景　（汉、维、哈、锡伯文对照版）上海
人民美术出版社编

上海　上海人民美术出版社　1964 年［1 张］

76cm（2 开）定价：CNY0.15

J0045970

上海黄浦江的早晨　瞿昉作

上海　上海人民美术出版社　1964 年［1 张］

76cm（2 开）定价：CNY0.15

J0045971

韶山　美术家协会湖南分会创作组作

［长沙］湖南人民出版社　1964 年［1 张］

76cm（2 开）定价：CNY0.15

J0045972

社庆日　赵国荃等作

上海　上海人民美术出版社　1964 年［1 张］

76cm（2 开）定价：CNY0.15

J0045973

社员都是向阳花　刘振铎作

［哈尔滨］黑龙江美术出版社　1964 年［1 张］

76cm（2 开）定价：CNY0.15

　　作者刘振铎（1937—　　），画家。生于河北
献县。历任中国美术家协会会员、黑龙江省美术
家协会常务理事、美术家协会创作室主任等。作
品有《刘振铎山水画选》《红色草原赛畜图》《矿
工》等。

J0045974

社员都是向阳花　姚中玉作

上海　上海人民美术出版社　1964 年［1 张］

76cm（2 开）定价：CNY0.15

J0045975

社员心里的太阳　常觉圆作

［哈尔滨］黑龙江美术出版社　1964 年［1 张］

76cm（2 开）定价：CNY0.15

J0045976

神箭手李淑兰

［北京］中国电影出版社　1964 年［1 张］

76cm（2 开）定价：CNY0.15

J0045977

神枪手　赵贵德作

［石家庄］河北人民美术出版社　1964 年［1 张］

76cm（2 开）定价：CNY0.15

　　作者赵贵德（1937—　　），满族、国家一级美
术师。生于北京。历任中国美术家协会理事、河
北省美术家协会名誉主席。代表作品有《激流》
《春潮》《大风歌》《神骏图》等，著有《怎样才能
画好速写》。

J0045978

审椅子　苑诚心画

天津　天津杨柳青画店　1964 年［1 张］

53cm（4 开）定价：CNY0.09

J0045979

生产争模范 战斗比英雄　（汉）莫丹作

［南宁］广西僮族自治区人民出版社　1964 年

2 张 54cm（4 开）定价：CNY0.15

J0045980

省里送来的显微镜　崔森林作

［济南］山东人民出版社 1964 年［1 张］

76cm（2 开）定价：CNY0.15

　　作者崔森林（1943— ），美术编辑。笔名黎恩、李恩。生于山东济南，毕业于济南艺术学校。任山东美术出版社副编审。作品有《省里送来显微镜》《黄河》《第一面八一军旗的诞生》《毛主席视察北园》等，小说《不屈的昆仑》插图。

J0045981

时刻警惕着　叶文西作

上海　上海人民美术出版社 1964 年［1 张］

76cm（2 开）定价：CNY0.15

J0045982

誓为农业 志在山乡　米俊峰作

［郑州］河南人民出版社 1964 年 2 张

38cm（6 开 ）定价：CNY0.08

J0045983

手扶拖拉机　（汉、藏文对照版）韩敏作

上海　上海人民美术出版社 1964 年［1 张］

76cm（2 开）定价：CNY0.15

　　作者韩敏（1929— ），连环画、年画画家。浙江杭州人。历任上海人民美术出版社创作员、上海书画研究院院长、中国美术家协会委员、上海市美术家协会理事、上海文史馆馆员。代表作品有《郑板桥》等。

J0045984

手扶拖拉机　（汉、朝文对照版）韩敏作

上海　上海人民美术出版社 1964 年［1 张］

76cm（2 开）定价：CNY0.15

J0045985

手扶拖拉机　（汉、蒙文对照版）韩敏作

上海　上海人民美术出版社 1964 年［1 张］

76cm（2 开）定价：CNY0.15

J0045986

手扶拖拉机　（汉、僮文对照版）韩敏作

上海　上海人民美术出版社 1964 年［1 张］

76cm（2 开）定价：CNY0.15

J0045987

手扶拖拉机　（汉、维、哈、锡伯文对照版）韩敏作

上海　上海人民美术出版社 1964 年［1 张］

76cm（2 开）定价：CNY0.15

J0045988

兽医姑娘　胡振郎作

上海　上海人民美术出版社 1964 年［1 张］

76cm（2 开）定价：CNY0.15

　　作者胡振郎（1938— ），国家一级美术师。浙江永康县人，毕业于浙江美术学院。历任中国美术家协会上海分会理事、上海市黄浦画院院长、上海市文史研究馆馆员、上海中国画院画师。代表作品有《功》《一生难忘 1976》《峥嵘岁月》《百年沧桑》《白求恩》，出版有《胡振郎画集》《胡振郎山水画集》《怎样画水墨山水》等。

J0045989

书记下田间　恽振霖，王石岑作

［合肥］安徽人民出版社 1964 年［1 张］

76cm（2 开）定价：CNY0.15

J0045990

书记下田头　（中文、越南文对照版）吴光华作

上海　上海人民美术出版社 1964 年［1 张］

76cm（2 开）

　　作者吴光华（1933— ），版画家。生于江西东乡，曾用笔名：牧也、笑也、牧春等。中国美术家协会会员、上海人民美术出版社副编审。擅版画、年画、国画及篆刻。在江西陶瓷专业艺术学院从事了三年的绘瓷生涯。毕业于中央美术学院华东分院版画系，师从木刻家张漾兮。版画作品有《把余粮卖给国家》《村口》《新学》等，木刻连环画《党费》，木刻画《舞师图》《春》《黄河渔民》，木刻邮票《摘棉花》。

J0045991

书记在牧场　席兆宾作

［兰州］甘肃民族出版社 1964 年［1 张］

76cm（2 开）定价：CNY0.15

J0045992

蔬菜丰收　靳冠山作

［太原］山西人民出版社 1964 年 ［1 张］
76cm（2 开）定价：CNY0.15

J0045993
蔬果图　刘家裕，王企华作
［济南］山东人民出版社 1964 年 4 张
53cm（4 开）定价：CNY0.30
　　作者王企华（1912—2001），画家。江苏苏州
人，毕业于日本东京图案专门学校。历任山东艺
术学院教授、中国美术家协会会员、齐鲁书画研
究院院长。出版有《图案》《王企华画选》《王企
华书法选》等。

J0045994
双龙斗龟　（连环画片）李盛华编词；莫更原绘
［南宁］广西僮族自治区人民出版社 1964 年
［1 张］76cm（2 开）定价：CNY0.15
　　中国现代连环画年画作品。

J0045995
水乡四季　徐孅作
［南京］江苏人民出版社 1964 年 4 张
53cm（4 开）定价：CNY0.30

J0045996
水笑人欢　王志明作
［南京］江苏人民出版社 1964 年 ［1 张］
76cm（2 开）定价：CNY0.15

J0045997
说红书　李亨作
［太原］山西人民出版社 1964 年 ［1 张］
76cm（2 开）定价：CNY0.15

J0045998
思想革命化 粮食大丰收　保彬，李直作
［南京］江苏人民出版社 1964 年 4 张
53cm（4 开）定价：CNY0.30
　　作者保彬（1936—　），蒙古族，国画家。江
苏南通人。毕业于南京艺术学院美术系并留校
任教。南京艺术学院院长、中国美术家协会会员、
江苏美术家协会理事等。主要作品有《鹤寿图》
《华夏魂》《嫦娥奔月》等。专著有《纵横挥洒》《保
彬画集》《黄山奇松》。

J0045999
四季常青　王戈作
［沈阳］辽宁美术出版社 1964 年 2 张
53cm（4 开）定价：CNY0.15

J0046000
四季花卉　吴作光作
［武汉］湖北人民出版社 1964 年 4 张
53cm（4 开）定价：CNY0.36

J0046001
四季花鸟屏　（蒙、汉文对照版）白铭作
［呼和浩特］内蒙古人民出版社 1964 年
4 张 53cm（4 开）定价：CNY0.30
　　作者白铭（1926—2002），国画家。蒙古族，
内蒙古包头人。字莊堂。毕业于北京京华美术
学院国画系。擅花鸟，兼作山水、人物。中国美
术家协会会员，曾任内蒙古美术家协会副主席、
包头师范专科学校教师、高级工艺美术设计师。
主要作品有《梅雀图》《芍药》《白梅》等。

J0046002
四月八　（连环画片）杨焕编词；邵伟尧画
［南宁］广西僮族自治区人民出版社 1964 年
［1 张］76cm（2 开）定价：CNY0.15
　　中国现代连环画年画作品。作者邵伟尧
（1938—　），油画家。广东南海人，毕业于中央
美术学院油画系。历任广西艺术学院教授、中国
油画学会理事、广西美术家协会名誉主席、广西
老美术家协会主席、中国美术家协会会员。代表
作品有《渔歌》《新绿》《春在田间》《白云·红土
地》等。专著有《素描基础训练》。

J0046003
送货到草原　（汉、维、哈、托忒蒙古 文对照
版）杨鸣山，刘开基作
［乌鲁木齐］新疆人民出版社 1964 年 ［1 张］
53cm（4 开）定价：CNY0.10

J0046004
送货上门　朱学达作
潍坊 潍坊市木版年画 1964 年 ［1 张］
53cm（4 开）定价：CNY0.05

J0046005
送货下乡　慈旭作
［石家庄］河北人民美术出版社 1964 年［1 张］
76cm（2 开）定价：CNY0.15

J0046006
送来亲人信 带走好消息　杨俊生作
上海　上海人民美术出版社 1964 年［1 张］
76cm（2 开）定价：CNY0.15
　　作者杨俊生（1909—1981），出生于安徽安庆。曾任上海人民美术出版社、上海画版出版社特约作者，上海美术家协会年画组组长等职。代表作品有《岳母刺字》《夜战马超》《大闹天宫》《贵妃醉酒》等。

J0046007
送粮上门　李兆彩作
［济南］山东人民出版社 1964 年［1 张］
53cm（4 开）定价：CNY0.08

J0046008
送粮图　廖连贵作
［武汉］湖北人民出版社 1964 年［1 张］
76cm（2 开）定价：CNY0.15
　　作者廖连贵（1932—　），国家一级美术师。广西贵港市人。毕业于华中师范大学美术系，并留校任教。历任中国美术家协会会员、湖北省美术院专业画家、湖北水墨画院院士、湖北书画院院士。作品有《高原千里踪》《瑶老庚》《东坡夜游图》《勇进》《版纳的笑声》等。

J0046009
送年画　朱旭作
［南京］江苏人民出版社 1964 年［1 张］
76cm（2 开）定价：CNY0.15

J0046010
送书下乡　裴家同作
［合肥］安徽人民出版社 1964 年［1 张］
76cm（2 开）定价：CNY0.15

J0046011
送水　周玉满作
［沈阳］辽宁美术出版社 1964 年［1 张］
76cm（2 开）定价：CNY0.15

J0046012
送子参军　陈强作
上海　上海人民美术出版社 1964 年［1 张］
76cm（2 开）定价：CNY0.15

J0046013
岁岁是英雄 年年当模范　吕学勤作
［郑州］河南人民出版社 1964 年 2 张
38cm（6 开）定价：CNY0.08
　　作者吕学勤（1936—1993），画家。别名理园，山东临朐人。历任中国美术家协会理事、山东美术家协会副主席、山东省美术馆一级美术师。代表作品有《雨后江山分外明》《春风得意图》《科研小组》等。

J0046014
孙悟空三打白骨精　赵文贤画；雁来红编文
［沈阳］辽宁美术出版社 1964 年 4 张
53cm（4 开）定价：CNY0.30

J0046015
她是顾客的知心人　张希苓作
天津　天津美术出版社 1964 年［1 张］
76cm（2 开）定价：CNY0.15

J0046016
探亲　（蒙、汉文对照版）旺亲作
［呼和浩特］内蒙古人民出版社 1964 年［1 张］
76cm（2 开）定价：CNY0.15

J0046017
桃李争辉　杨奠安作
［长沙］湖南人民出版社 1964 年［1 张］
76cm（2 开）定价：CNY0.15

J0046018
天罗地网　何国华作
天津　天津美术出版社 1964 年［1 张］
76cm（2 开）定价：CNY0.15

J0046019
天罗地网　何国华作
天津　天津杨柳青画店 1964 年［1 张］
107cm（全开）定价：CNY0.25

J0046020

田间传艺　汤光铣作

［成都］四川人民出版社 1964 年 ［1 张］

76cm（2 开）定价：CNY0.15

J0046021

田间休息　申申作

［沈阳］辽宁美术出版社 1964 年 ［1 张］

76cm（2 开）定价：CNY0.15

J0046022

田头卫生员　李慕白，金雪尘作

上海 上海人民美术出版社 1964 年 ［1 张］

76cm（2 开）定价：CNY0.15

J0046023

田头演唱　常征作

［武汉］湖北人民出版社 1964 年 ［1 张］

76cm（2 开）定价：CNY0.15

J0046024

听革命老妈妈讲故事　杨玉华作

天津 天津美术出版社 1964 年 ［1 张］

76cm（2 开）定价：CNY0.15

J0046025

听话要听党的话 戴花要戴大红花　邓朝作

［广州］广东人民出版社 1964 年 2 张

54cm（4 开）定价：CNY0.15

J0046026

听话要听党的话 戴花要戴大红花　邓朝作

［广州］广东人民出版社 1964 年 2 张

38cm（8 开）定价：CNY0.08

J0046027

听讲革命斗争故事　孙文松，高二非作

［济南］山东人民出版社 1964 年 ［1 张］

76cm（2 开）定价：CNY0.15

J0046028

听毛主席的话 做革命的接班人　赵友萍

作；袁鹰配诗

北京 人民美术出版社 1964 年 ［1 张］

76cm（2 开）定价：CNY0.15

作者赵友萍(1932—)，女，油画家。黑龙江依兰人。历任中央美术学院教授、中国美术家协会会员、中国油画学会理事、中国人民大学徐悲鸿艺术学院副院长等。作品有《代表会上的妇女委员》《山花烂漫时》《路漫漫》等。

J0046029

听毛主席话　（汉、藏文对照版）蒋召和作

北京 人民美术出版社 1964 年 ［1 张］

76cm（2 开）定价：CNY0.20

J0046030

听毛主席话　（汉、朝文对照版）蒋召和作

北京 人民美术出版社 1964 年 ［1 张］

76cm（2 开）定价：CNY0.20

J0046031

听毛主席话　（汉、傣纳、傣仂、景颇、拉祜、傈僳、佤文对照版）蒋召和作

北京 人民美术出版社 1964 年 ［1 张］

76cm（2 开）定价：CNY0.20

J0046032

听毛主席话　（汉、蒙文对照版）蒋召和作

北京 人民美术出版社 1964 年 ［1 张］

76cm（2 开）定价：CNY0.20

J0046033

听毛主席话　（汉、僮文对照版）蒋召和作

北京 人民美术出版社 1964 年 ［1 张］

76cm（2 开）定价：CNY0.20

J0046034

听毛主席话　（汉、维、哈、锡伯文对照版）蒋召和作

北京 人民美术出版社 1964 年 ［1 张］

76cm（2 开）定价：CNY0.20

J0046035

听毛主席话　（汉、蒙文对照版）蒋兆和作

北京 人民美术出版社 1965 年 76cm（2 开）

定价：CNY0.15

作者蒋兆和(1904—1986)，国画家、美术教育家。原名万绥，改名兆和。生于四川泸州，祖籍湖北麻城。历任上海美术专科学校、中央美

术学院教授，中国美术家协会理事，中国文联委员，中国画研究院院务委员，民盟中央文教委员会委员。代表作品《流民图》，出版有《蒋兆和画册》《蒋兆和画集》《蒋兆和画选》等。

J0046036

同耕共读 （蒙、汉文对照版）刘嵩柏作

［呼和浩特］内蒙古人民出版社 1964 年［1 张］

［78cm］（3 开）定价：CNY0.10

J0046037

同心同德发展生产 爱国爱社喜庆丰收 赵宋生，魏兰芳作

［昆明］云南人民出版社 1964 年 2 张

38cm（6 开）定价：CNY0.08

J0046038

同心协力 大办农业 朱旭作

［长沙］湖南人民出版社 1964 年 2 张

54cm（4 开）定价：CNY0.15

J0046039

同心协力 增产丰收 陈德奎作

［南京］江苏人民出版社 1964 年 2 张

54cm（4 开）定价：CNY0.24

J0046040

完璧归赵 陶治安作

［沈阳］辽宁美术出版社 1964 年 4 张

53cm（4 开）定价：CNY0.30

J0046041

完成作业再游戏 金培庚作

［石家庄］河北人民美术出版社 1964 年［1 张］

76cm（2 开）定价：CNY0.15

J0046042

玩好了，我们来放放好 （中文、越南文对照版）徐寄萍作

上海 上海人民美术出版社 1964 年［1 张］

76cm（2 开）

　　作者徐寄萍（1919—2005），上海人。曾任上海美术家协会会员、上海人民美术出版社特约年画作者等职。主要作品有《帮妈妈做事》《学雷锋做好事》《擦亮眼睛》等。

J0046043

慰问烈军属 高先贵作

［贵阳］贵州人民出版社 1964 年［1 张］

76cm（2 开）定价：CNY0.15

J0046044

文化下乡 房英魁，高红生作

［沈阳］辽宁美术出版社 1964 年［1 张］

76cm（2 开）定价：CNY0.15

J0046045

文艺工作队在农村 （僮、汉文对照版）罗既作

［南宁］广西民族出版社 1964 年［1 张］

76cm（2 开）定价：CNY0.15

J0046046

我的血泪史 （贫农文永福家史 连环画片）王平凡编文；宋怀林绘图

［西安］长安美术出版社 1964 年［1 张］

76cm（2 开）定价：CNY0.15

J0046047

我们村里的年轻人 （上集）

［北京］中国电影出版社 1964 年 2 版 4 张

53cm（4 开 ）定价：CNY0.30

J0046048

我们村里的年轻人 （下集）

［北京］中国电影出版社 1964 年 2 版 4 张

53cm（4 开 ）定价：CNY0.30

J0046049

我们的兵舰下水了 （中文、越南文对照版）吴哲夫作

上海 上海人民美术出版社 1964 年［1 张］

76cm（2 开）

　　作者吴哲夫，画家。擅长年画。师从杭穉英，在上海"穉英画室"工作，长期共事，集体创作，被称为"杭派"月份牌画家。作品有《节日的食堂》《向解放军叔叔致敬》《老手带新手》等。

J0046050

我们的好队长 庞亦鹏，庞卡作

［杭州］浙江人民美术出版社 1964 年［1 张］

76cm（2 开）定价：CNY0.15

作者庞卡(1935—　　)。画家。又名庞抱俊。上海人。历任上海人民美术出版社年画编辑、创作员。作品有《从小爱科学》《秧苗青青春来早》《爱人民》等。

J0046051

我们的朋友遍天下　　叶文西作

上海　上海人民美术出版社　1964年　[1张]

76cm(2开)定价:CNY0.15

J0046052

我们的拖拉机手　　马乐群作

[杭州]浙江人民美术出版社　1964年　[1张]

76cm(2开)定价:CNY0.15

作者马乐群(1933—　)，画家。上海人，曾在上海现代画室学习绘画及西洋美术史等。历任上海画片出版社年画创作员、上海美术出版社年画编辑。作品有《人民不允许浪费粮食的行为》《海防前线宣传员》《金杯红花传捷报》《激流勇进》等。

J0046053

我们队里的好会计　　金铭作

上海　上海人民美术出版社　1964年　[1张]

76cm(2开)定价:CNY0.15

J0046054

我们队里的好饲养员　　金培庚作

[杭州]浙江人民美术出版社　1964年　[1张]

76cm(2开)定价:CNY0.15

J0046055

我们队里的事上了报　　李江鸿,王永豪作

上海　上海人民美术出版社　1964年　[1张]

76cm(2开)定价:CNY0.15

J0046056

我们社里的女青年　　金兰作

[哈尔滨]黑龙江美术出版社　1964年　[1张]

76cm(2开)定价:CNY0.15

J0046057

我学做针线　　金培庚作

[石家庄]河北人民美术出版社　1964年　[1张]

76cm(2开)定价:CNY0.15

J0046058

五好花开　遍地皆春　　王信作

[沈阳]辽宁美术出版社　1964年　[1张]

76cm(2开)定价:CNY0.15

作者王信(1925—　)，画家。河北承德人。历任辽宁美术出版社专职画家、承德市群众艺术馆研究馆员、河北水彩画会名誉会长、河北省美术家协会顾问。画作有《早雾》《原始森林》《深山情》《山家》等。出版有《王信水彩画选辑》《王信水彩选集》《王信水彩画专辑》等。

J0046059

五好花开处处红　　刘勃舒,何韵兰作

北京　人民美术出版社　1964年　[1张]

76cm(2开)定价:CNY0.15

作者何韵兰(1937—　)，女，教授、画家。浙江海宁人，历任中央戏剧学院舞台美术系副教授、中国美术家协会会员、北京市女美术家联谊会会长。作品有《信念》《溯》《京剧脸谱》等，出版有《韵兰集》《何韵兰作品集》。

J0046060

五好社员　　王信作

[沈阳]辽宁美术出版社　1964年　[1张]

76cm(2开)定价:CNY0.15

J0046061

五好社员　　顾成骥作

[昆明]云南人民出版社　1964年　[1张]

53cm(4开)定价:CNY0.08

J0046062

五好社员家　　白逸如作

[济南]山东人民出版社　1964年　2张

54cm(4开)定价:CNY0.15

作者白逸如(1932—　)，女，画家。北京人。毕业于浙江美术学院。曾任职于山东省文化局美工室，任山东师范大学艺术系教师、天津画院专业画家。主要作品有《渔家女儿上大学》《移来南茶住北乡》《大娘的病好了》等。

J0046063

五好社员人人夸　　张瑞恒作

天津　天津美术出版社　1964年　[1张]

76cm(2开)定价:CNY0.15

作者张瑞恒，连环画艺术家。绘有连环画《青梅煮酒论英雄》《四化连年富有余》《三年早知道》等。

J0046064
五好战士　　胡子渊作
［成都］四川人民出版社 1964 年 ［1 张］
53cm（4 开）定价：CNY0.08

J0046065
五好战士个个赞扬　模范军属人人尊敬　　刘星源作
［贵阳］贵州人民出版社 1964 年 ［1 张］
76cm（2 开）定价：CNY0.15

J0046066
五好战士人人尊敬　模范民兵个个赞扬　　潘仕勤作
［贵阳］贵州人民出版社 1964 年 2 张
54cm（4 开）定价：CNY0.15

J0046067
五好之家　　晓岗作
［兰州］甘肃人民出版社 1964 年 ［1 张］
76cm（2 开）定价：CNY0.15

J0046068
西瓜田中歇歇凉　　锡武作
天津　天津杨柳青画店 1964 年 ［1 张］
107cm（全开）定价：CNY0.25

J0046069
嬉春灯　　张大昕作
天津　天津美术出版社 1964 年 ［1 张］
76cm（2 开）定价：CNY0.15

J0046070
喜看孙儿学文化　　陈立言作
［武汉］湖北人民出版社 1964 年 ［1 张］
76cm（2 开）定价：CNY0.15

J0046071
喜庆丰年　　吕燕作
［沈阳］辽宁美术出版社 1964 年 2 张
53cm（4 开）定价：CNY0.15

J0046072
喜庆丰收　　刘仲元作
［贵阳］贵州人民出版社 1964 年 2 张
54cm（4 开）定价：CNY0.15

J0046073
喜庆丰收　　刘仲元作
［贵阳］贵州人民出版社 1964 年 2 张
38cm（8 开）定价：CNY0.08

J0046074
喜庆丰收　　武培柱作
［昆明］云南人民出版社 1964 年 ［1 张］
53cm（4 开）定价：CNY0.08

J0046075
喜庆农业丰收　保卫革命果实　　包应钊作
［贵阳］贵州人民出版社 1964 年 2 张
54cm（4 开）定价：CNY0.15

J0046076
喜收新棉　　马奉信作
［南京］江苏人民出版社 1964 年 ［1 张］
76cm（2 开）定价：CNY0.15

J0046077
喜信　　韦江琼，叶德昌作
［武汉］湖北人民出版社 1964 年 ［1 张］
76cm（2 开）定价：CNY0.15

J0046078
喜学英雄　　那启明作
天津　天津杨柳青画店 1964 年 ［1 张］
107cm（全开）

作者那启明（1936— ），满族，北京人。擅长民间美术。1958 年毕业于中央美术学院附中。现任天津杨柳青画社编辑部主任、编审。作品《白求恩》获第三届全国年画美术作品展览二等奖，《团结图》获第五届全国年画美术作品展览三等奖，《多彩夕阳》获中华人民共和国成立 45 周年美术作品展览佳作奖，《喜迎春》等作品入选第四届、五届全国年画展和第六届、七届、八届全国美术作品展览。1994 年被中央文化部、新闻出版署评为"优秀年画编辑"。中国美术家协会会员。

J0046079
喜迎丰收　林川作
[南京] 江苏人民出版社 1964年 [1张]
76cm（2开）定价：CNY0.15

J0046080
喜迎新春　金兰作
[哈尔滨] 黑龙江美术出版社 1964年 [1张]
76cm（2开）定价：CNY0.15

J0046081
喜摘新棉　忻礼良作
天津 天津美术出版社 1964年 [1张]
76cm（2开）定价：CNY0.15
　　作者忻礼良（1913—？），浙江鄞县人。擅长年画。曾任上海画片出版社特约作者、上海人民美术出版社创作人员等职。代表作品有《毛主席和我们在一起》《姑嫂选笔》《拾到五分钱》等。

J0046082
喜做千家饭 巧缝万人衣
潍坊 潍坊市木版年画 1964年 2张
54cm（4开）定价：CNY0.10

J0046083
系烟图　冀学闻作
[济南] 山东人民出版社 1964年 [1张]
76cm（2开）定价：CNY0.15
　　作者冀学闻（1935—2005），美术家。山东青州人。历任潍坊教育学院副教授、中国美术家协会山东分会会员、青州市美术家协会副主席。代表作品有《黄山晴云》《黄山云涌》等。

J0046084
夏令营的早晨　张大昕作
上海 上海人民美术出版社 1964年 [1张]
76cm（2开）定价：CNY0.15

J0046085
先进集体 五好社员　周发书作
[贵阳] 贵州人民出版社 1964年 2张
54cm（4开）定价：CNY0.15

J0046086
鲜花献给光荣家　黄继明作

[长沙] 湖南人民出版社 1964年 [1张]
76cm（2开）定价：CNY0.15

J0046087
献花　李慕白，金雪尘作
上海 上海人民美术出版社 1964年 2版 [1张]
76cm（2开）定价：CNY0.15
　　作者李慕白（1913—1991），画家。生于浙江海宁。历任中国民主同盟会成员、中国美术家协会会员、上海人民美术出版社特约年画作者。出版有《李慕白、金雪尘年画选集》。

J0046088
乡村女教师　庞亦鹏，庞卡作
上海 上海人民美术出版社 1964年 [1张]
76cm（2开）定价：CNY0.15
　　作者庞卡（1935—　）。画家。又名庞抱俊。上海人。历任上海人民美术出版社年画编辑、创作员。作品有《从小爱科学》《秧苗青青春来早》《爱人民》等。

J0046089
向空军叔叔学本领　徐寄萍作
上海 上海人民美术出版社 1964年 [1张]
76cm（2开）定价：CNY0.15
　　作者徐寄萍（1919—2005），上海人。曾任上海美术家协会会员、上海人民美术出版社特约年画作者等职。主要作品有《帮妈妈做事》《学雷锋做好事》《擦亮眼睛》等。

J0046090
向老饲养员领教　张锡武作
天津 天津美术出版社 1964年 [1张]
76cm（2开）定价：CNY0.15
　　作者张锡武（1927—　），画家。字青松，河北河间人。历任天津国画研究所副所长、天津杨柳青画社副编审、中国美术家协会会员等。代表作品《淀上渔歌》《李时珍问药图》，出版有《张锡武画选》《牡丹的画法》等。

J0046091
向阳花，朵朵红，知识青年喜务农　韩书彧作
天津 天津美术出版社 1964年 [1张]
76cm（2开）定价：CNY0.15

J0046092

向中国人民解放军致敬　周令豪作

上海　上海人民美术出版社 1964 年［1 张］

76cm（2 开）定价：CNY0.15

J0046093

小兵张嘎

［北京］中国电影出版社 1964 年 4 张

53cm（4 开）定价：CNY0.30

J0046094

小小乒乓球手　周雪芬作

上海　上海人民美术出版社 1964 年［1 张］

76cm（2 开）定价：CNY0.15

J0046095

歇晌　杜玉曦，李力作

［太原］山西人民出版社 1964 年［1 张］

76cm（2 开）定价：CNY0.15

J0046096

心红手巧

潍坊　潍坊市木版年画 1964 年 2 张

38cm（6 开　）定价：CNY0.05

J0046097

新电工　邓延涛作

［济南］山东人民出版社 1964 年［1 张］

76cm（2 开）定价：CNY0.15

J0046098

新棉朵朵暖人心　潘培德作

［成都］四川人民出版社 1964 年［1 张］

53cm（4 开）定价：CNY0.08

　　作者潘培德（1938—　　），画家。四川成都人。毕业于四川美术学院附中。历任《四川画报》社美术编辑、记者，四川省群众艺术馆群众美术辅导，致力于民间木板年画（绵竹年画）的研究和创作。作品《康乐图》《印刷工人的心愿》《草地雷锋——扎江》《赛龙舟》等。

J0046099

新社员　葛俊生作

［合肥］安徽人民出版社 1964 年［1 张］

76cm（2 开）定价：CNY0.15

J0046100

新社员　冼心作

［哈尔滨］黑龙江美术出版社 1964 年［1 张］

76cm（2 开）定价：CNY0.15

J0046101

新社员下地　陈克健作

［兰州］甘肃人民出版社 1964 年［1 张］

76cm（2 开）定价：CNY0.15

J0046102

新拖拉机手　尚友淞作

［济南］山东人民出版社 1964 年［1 张］

76cm（2 开）定价：CNY0.15

J0046103

新文艺到农村，自编自演唱新人　赵敏生作

天津　天津美术出版社 1964 年［1 张］

76cm（2 开）定价：CNY0.15

J0046104

新秧手　范林根，瞿昉合作

［南京］江苏人民出版社 1964 年［1 张］

76cm（2 开）定价：CNY0.15

J0046105

新中国的少年儿童　沈家琳等作

上海　上海人民美术出版社 1964 年［1 张］

76cm（2 开）定价：CNY0.15

J0046106

幸福的笑容　马学鹏作

［哈尔滨］辽宁美术出版社 1964 年［1 张］

76cm（2 开）定价：CNY0.15

J0046107

雄伟的新安江水电站　（汉、藏文对照版）庞卡作

上海　上海人民美术出版社 1964 年［1 张］

76cm（2 开）定价：CNY0.15

　　作者庞卡（1935—　　）。画家。又名庞抱俊。上海人。历任上海人民美术出版社年画编辑、创作员。作品有《从小爱科学》《秧苗青青春来早》《爱人民》等。

J0046108
雄伟的新安江水电站 （汉、朝文对照版）庞卡作
上海 上海人民美术出版社 1964 年 ［1 张］
76cm（2 开）定价：CNY0.15

J0046109
雄伟的新安江水电站 （汉、傣纳、傣仂、景颇、傈僳文对照版）庞卡作
上海 上海人民美术出版社 1964 年 ［1 张］
76cm（2 开）定价：CNY0.15

J0046110
雄伟的新安江水电站 （汉、蒙文对照版）庞卡作
上海 上海人民美术出版社 1964 年 ［1 张］
76cm（2 开）定价：CNY0.15

J0046111
雄伟的新安江水电站 （汉、僮文对照版）庞卡作
上海 上海人民美术出版社 1964 年 ［1 张］
76cm（2 开）定价：CNY0.15

J0046112
雄伟的新安江水电站 （汉、维、哈、锡伯文对照版）庞卡作
上海 上海人民美术出版社 1964 年 ［1 张］
76cm（2 开）定价：CNY0.15

J0046113
雄伟的新安江水电站 （汉文版）庞卡作
上海 上海人民美术出版社 1964 年 ［1 张］
76cm（2 开）定价：CNY0.15

J0046114
续红色家谱 传生产经验 吴性清作
上海 上海人民美术出版社 1964 年 2 张
85cm（3 开）定价：CNY0.15
　　作者吴性清(1933—)，女，编审。生于江苏泰州，毕业于中央美术学院华东分院油画系。历任上海人民美术出版社创作员、中国美术家协会会员。作品有《我们热爱毛主席》《胡笳十八拍图卷》《关汉卿名剧选》等。

J0046115
续红色家谱 传生产经验 吴性清作
上海 上海人民美术出版社 1964 年 2 张
54cm（4 开）定价：CNY0.15

J0046116
续无产阶级家谱世代相传 做坚强革命后代永不忘本 彭庆祥作
［武汉］湖北人民出版社 1964 年 2 张
76cm（2 开）定价：CNY0.30

J0046117
续无产阶级家谱世代相传 做坚强革命后代永不忘本 彭庆祥作
［武汉］湖北人民出版社 1964 年 2 张
38cm（6 开）定价：CNY0.08

J0046118
宣传党的政策 鞠福祥作
［南京］江苏人民出版社 1964 年 ［1 张］
76cm（2 开）定价：CNY0.18

J0046119
宣传员 李亨作
［太原］山西人民出版社 1964 年 ［1 张］
76cm（2 开）定价：CNY0.15

J0046120
选好干部当好家 徐启雄作
北京 人民美术出版社 1964 年 ［1 张］
76cm（2 开）定价：CNY0.15

J0046121
选好棉卖给国家 潘培德作
［成都］四川人民出版社 1964 年 ［1 张］
76cm（2 开）定价：CNY0.15
　　作者潘培德(1938—)，画家。四川成都人。毕业于四川美术学院附中。历任《四川画报》社美术编辑、记者，四川省群众艺术馆群众美术辅导，致力于民间木板年画(绵竹年画)的研究和创作。作品《康乐图》《印刷工人的心愿》《草地雷锋——札江》《赛龙舟》等。

J0046122
选好种，多打粮 范林根，瞿眆作

天津　天津美术出版社 1964 年［1 张］
76cm（2 开）定价：CNY0.15

J0046123
选良种　夺高产　谢慕连作
上海　上海人民美术出版社 1964 年［1 张］
76cm（2 开）定价：CNY0.15

J0046124
选种多打粮　除虫保丰收　李中文作
［南昌］江西人民出版社 1964 年　2 张
54cm（4 开）定价：CNY0.15

J0046125
学犁田　（僮、汉文对照版）黄旭作
［南宁］广西民族出版社 1964 年［1 张］
76cm（2 开）定价：CNY0.15

J0046126
学习大寨精神　于化鲤作
天津　天津美术出版社 1964 年［1 张］
76cm（2 开）定价：CNY0.15
　　作者于化鲤（1933— ），画家。又名于化，
天津人。曾任天津人民美术出版社副总编。主
要作品有《于化鲤漫画作品选集》《宝船》《有朋
自远方来》等。

J0046127
学习郭兴福　丁俊杰作
北京　人民美术出版社 1964 年［1 张］
76cm（2 开）定价：CNY0.15

J0046128
学习解放军　本领过得硬　那启明作
天津　天津美术出版社 1964 年［1 张］
76cm（2 开）定价：CNY0.15
　　作者那启明（1936— ），满族，北京人。擅
长民间美术。1958 年毕业于中央美术学院附中。
现任天津杨柳青画社编辑部主任、编审。作品《白
求恩》获第三届全国年画美术作品展览二等奖，
《团结图》获第五届全国年画美术作品展览三等
奖，《多彩夕阳》获中华人民共和国成立 45 周年
美术作品展览佳作奖，《喜迎春》等作品入选第四
届、五届全国年画展和第六届、七届、八届全国
美术作品展览。1994 年被中央文化部、新闻出版

署评为"优秀年画编辑"。中国美术家协会会员。

J0046129
学习解放军　本领过得硬　那启明作
天津　天津杨柳青画店 1964 年［1 张］
107cm（全开）定价：CNY0.25

J0046130
学习科学技术　参加生产实践　美群作
［昆明］云南人民出版社 1964 年　2 张
53cm（4 开）定价：CNY0.10

J0046131
学习雷锋好榜样　做永不生锈的螺丝钉　张
碧梧作
［杭州］浙江人民美术出版社 1964 年［1 张］
76cm（2 开）定价：CNY0.15
　　作者张碧梧（1905—1987），画家。江苏江阴
人。曾任上海人民美术出版社特约年画作者、中
国美术家协会会员。代表作品有《百万雄师渡长
江》《养小鸡捐飞机》等。

J0046132
**学习雷锋精神，全心全意、勤勤恳恳为人
民服务！**　长春电影制片厂供稿
［北京］中国电影出版社 1964 年［1 张］
76cm（2 开）定价：CNY0.15

J0046133
学习毛主席著作　林凡作
［太原］山西人民出版社 1964 年［1 张］
76cm（2 开）定价：CNY0.15

J0046134
学习人民解放军的好作风　陈世真，吴敏
作；王澍配诗
北京　人民美术出版社 1964 年　4 张 53cm（4 开）
定价：CNY0.30

J0046135
学先进赶先进　谢慕连作
上海　上海人民美术出版社 1964 年［1 张］
76cm（2 开）定价：CNY0.15

J0046136
岩藤　白头翁　（峨眉花鸟）苏葆桢作
[成都] 四川人民出版社 1964 年 [1 张]
76cm（2 开）定价：CNY0.10

　　作者苏葆桢(1916—1990)，国画家。江苏宿迁市人，师从徐悲鸿、张书旂、傅抱石等大家。曾任西南大学教授、硕士生导师，重庆国画院副院长。作品有《葡萄图》《硕果累累》《玉羽迎春》《山花烂漫》《战地花开》等。

J0046137
秧苗茁壮　范林根，瞿昉作
天津　天津美术出版社 1964 年 [1 张]
76cm（2 开）定价：CNY0.15

J0046138
阳春三月采茶忙　李慕白作
[南昌] 江西人民出版社 1964 年 [1 张]
76cm（2 开）定价：CNY0.15

J0046139
养成俭朴作风　张碧梧作
天津　天津美术出版社 1964 年 [1 张]
76cm（2 开）定价：CNY0.15

J0046140
养鸡　（中文、阿尔巴尼亚文对照版）张碧梧作
北京　人民美术出版社 1964 年 [1 张]
76cm（2 开）

J0046141
养鸡模范　（中文、阿尔巴尼亚文对照版）金培庚作
天津　天津美术出版社 1964 年 [1 张]
76cm（2 开）定价：CNY0.15

J0046142
养鹿育林　（蒙、汉文对照版）耐勒图作
[呼和浩特] 内蒙古人民出版社 1964 年 [1 张]
76cm（2 开）定价：CNY0.15

J0046143
要想花开满枝叶，管理技术好好学　范振家作
天津　天津美术出版社 1964 年 [1 张]
76cm（2 开）定价：CNY0.15

J0046144
野火春风斗古城　钟志宏画；尚羡智配文；贾世海、李万章刻
石家庄　河北人民美术出版社 1964 年 4 张
53cm（4 开）定价：CNY0.20

　　作者钟志宏(1932—2003)，画家。别名晓钟，河北省获鹿县(今鹿泉市)大河乡人。历任石家庄市民办教育馆、石家庄市文联、《河北画刊》、《河北画报》美术编辑，中国美术家协会会员，中国美术家协会理事等。美术作品有《太行金秋》《漓江春早》《幸福之路》《西游记》等。

J0046145
野火春风斗古城　赵文贤作；何况编文
[沈阳] 辽宁美术出版社 1964 年 4 张
53cm（4 开）定价：CNY0.30

J0046146
一对红　韩克礼作
北京　人民美术出版社 1964 年 [1 张]
76cm（2 开）定价：CNY0.15

J0046147
一面红旗　（襄樊棉织厂的道路）冉中编文；马三和绘图
[武汉] 湖北人民出版社 1964 年 4 张
53cm（4 开）定价：CNY0.30

J0046148
一针一线为集体　吴哲夫作
[石家庄] 河北人民美术出版社 1964 年 [1 张]
76cm（2 开）定价：CNY0.15

　　作者吴哲夫，画家。擅长年画。师从杭稺英，在上海"稺英画室"工作，长期共事，集体创作，被称为"杭派"月份牌画家。作品有《节日的食堂》《向解放军叔叔致敬》《老手带新手》等。

J0046149
沂河两岸新风光　艾书编文；晏文正等绘画
[济南] 山东人民出版社 1964 年 4 张
53cm（4 开）定价：CNY0.30

　　作者晏文正(1926—　　)，水彩画家。山东濮县人。历任青岛教育学院教授、艺术系主任，中

国美术家协会会员，中国水彩画家协会理事，山东美术家协会名誉理事，山东水彩画会名誉会长。出版有《晏文正水粉画选》《晏文正画集》《水彩画技法》《晏文正写生散记》等。

J0046150

忆苦思甜　沈水福作；浙江美术学院供稿
上海　上海人民美术出版社　1964年［1张］
76cm（2开）定价：CNY0.15

J0046151

银海处处收棉花　尚君砺作
［南京］江苏人民出版社　1964年［1张］
76cm（2开）定价：CNY0.18

J0046152

银花遍地　陆泽之作
上海　上海人民美术出版社　1964年［1张］
76cm（2开）定价：CNY0.15

J0046153

英雄时代唱英雄　赵敏作
［沈阳］辽宁美术出版社　1964年［1张］
76cm（2开）定价：CNY0.15
　　作者赵敏，辽宁美术出版社社长、总编辑、编审。

J0046154

迎春图　邵文锦，张福龙作
天津　天津杨柳青画店　1964年［1张］
76cm（2开）定价：CNY0.14
　　作者邵文锦（1931—　），画家。山东荣城人，毕业于中央美术学院绘画系。历任《天津画报》社、天津美术出版社编辑，天津杨柳青画社副社长、副总编、一级美术师。中国美术家协会会员、理事。作品有《春晖颂》《春风十里桃花香》《学习老英雄继续新长征》《匠门虎子》等。

J0046155

迎丰收　吴光华作
上海　上海人民美术出版社　1964年［1张］
76cm（2开）定价：CNY0.15
　　作者吴光华（1933—　），版画家。生于江西东乡，曾用笔名：牧也、笑也、牧春等。中国美术家协会会员、上海人民美术出版社副编审。擅

版画、年画、国画及篆刻。在江西陶瓷专业艺术学院从事了三年的绘瓷生涯。毕业于中央美术学院华东分院版画系，师从木刻家张漾兮。版画作品有《把余粮卖给国家》《村口》《新学》等，木刻连环画《党费》，木刻画《舞师图》《春》《黄河渔民》，木刻邮票《摘棉花》。

J0046156

迎丰收　（卷轴）潘雨辰等作
天津　天津美术出版社　1964年［1张］

J0046157

永不褪色　杨春晖作
［兰州］甘肃人民出版社　1964年［1张］
76cm（2开）定价：CNY0.15

J0046158

鱼水情深　吴纯强作
［济南］山东人民出版社　1964年［1张］
76cm（2开）定价：CNY0.15
　　作者吴纯强（1939—　），画家。山东蓬莱人，毕业于山东艺术学院。历任青岛画院画家、副教授。出版有《吴纯强画集》。

J0046159

愚公移山　刘旦宅作
［石家庄］河北人民美术出版社　1964年［1张］
76cm（2开）定价：CNY0.15
　　作者刘旦宅（1931—2011），教授、画家。原名浑，又名小粟，后改名旦宅，别名海云生。浙江温州人。曾在上海市大中国图书局、上海教育出版社、上海人民美术出版社绘画，任上海师范大学美术系主任。代表作品《曹雪芹生平》《琵琶行》《刘旦宅聊斋百图》《石头记人物画册》等。

J0046160

愚公移山　彭志雄作
［长沙］湖南人民出版社　1964年［1张］
76cm（2开）定价：CNY0.15

J0046161

玉米丰收　郑若泉作
［合肥］安徽人民出版社　1964年［1张］
76cm（2开）定价：CNY0.15

J0046162
玉米黄金粒粒壮　钟筱琛作
［南京］江苏人民出版社 1964 年［1 张］
76cm（2 开）定价：CNY0.08

J0046163
玉米满场喜丰收　周若兰作；浙江美术学院
供稿
上海　上海人民美术出版社 1964 年［1 张］
76cm（2 开）定价：CNY0.12

J0046164
远方来的客人　林岗作
北京　人民美术出版社 1964 年［1 张］
76cm（2 开）定价：CNY0.15

J0046165
杂技表演　上海人民美术出版社编
上海　上海人民美术出版社 1964 年［1 张］
76cm（2 开）定价：CNY0.15

J0046166
在麦田里　吴云龙作
［济南］山东人民出版社 1964 年［1 张］
53cm（4 开）定价：CNY0.08

J0046167
在试验田里　仓小义作
［济南］山东人民出版社 1964 年［1 张］
76cm（2 开）定价：CNY0.15

J0046168
在阳光下　李美画作
［长春］吉林人民出版社 1964 年［1 张］
76cm（2 开）定价：CNY0.15

J0046169
咱们的新社员　杨建喜作
［西安］长安美术出版社 1964 年［1 张］
76cm（2 开）定价：CNY0.15

J0046170
战襄阳　湖北人民出版社编文；中流，张善
平作
［武汉］湖北人民出版社 1964 年 4 张

53cm（4 开 ）定价：CNY0.36

J0046171
浙江潮　孔仲起作
［杭州］浙江人民美术出版社 1964 年［1 张］
76cm（2 开）定价：CNY0.15
　　作者孔仲起（1934—2015），画家、教授。名
庆福，字仲起，浙江慈溪人，毕业于浙江美术学
院中国画系。历任中国美术学院教授、中国美术
家协会会员。著有《孔仲起山水画集》《孔仲起
画云水》《山水画技法概要》《孔仲起山水写生
法》等。

J0046172
志在山村　吴光华作
上海　上海人民美术出版社 1964 年［1 张］
76cm（2 开）定价：CNY0.15
　　作者吴光华（1933—　），版画家。生于江西
东乡，曾用笔名：牧也、笑也、牧春等。中国美
术家协会会员、上海人民美术出版社副编审。擅
版画、年画、国画及篆刻。在江西陶瓷专业艺术
学院从事了三年的绘瓷生涯。毕业于中央美术
学院华东分院版画系，师从木刻家张漾兮。版
画作品有《把余粮卖给国家》《村口》《新学》等，
木刻连环画《党费》，木刻画《舞师图》《春》《黄
河渔民》，木刻邮票《摘棉花》。

J0046173
智取华山　杨启伦改编；关庆留，里玉绘图
［西安］长安美术出版社 1964 年［1 张］
76cm（2 开）定价：CNY0.15
　　作者关庆留（1935—　），笔名阿留，广东顺
德人。毕业于西安军医大学。曾任解放军总后
勤部政治部后勤杂志社任副科长、中国美术家协
会会员。作品有《捉麻雀》《风雪高原》，连环画
《智取华山》等。

J0046174
中国共产党万岁　程尚俊作
［成都］四川人民出版社 1964 年［1 张］
76cm（2 开）定价：CNY0.15
　　作者程尚俊（1913—1997），教授、工艺美术
设计师。浙江金华人，毕业于杭州国立艺术专科
学校。历任四川美术学院教授、中国美术家协会
四川分会理事。代表作品有人民大会堂四川厅

总体设计,《五粮液系列包装设计》等。

J0046175

种子队良种丰产　杨奠安作

［武汉］湖北人民出版社 1964 年［1 张］

76cm（2 开）定价：CNY0.15

J0046176

种子选得好　产量年年高　金梅生作

上海　上海人民美术出版社 1964 年［1 张］

76cm（2 开）定价：CNY0.15

　　作者金梅生（1902—1989），画家。别名石摩，上海人。曾于商务印书馆美术科专门从事月份牌绘画,上海市文史馆馆员、上海人民美术出版社特约年画家。作品有《新中国的歌声》《秀女饲养员》《花木兰》等。

J0046177

祝你健康　张鸾作

天津　天津美术出版社 1964年 4 张 53cm（4 开）

定价：CNY0.30

　　作者张鸾（1924—　　），女。别名张米玖,天津人。天津人民美术出版社从事创作,编审。作品有木版画《鲁迅和一个工厂》《五子爱清洁》《娃娃戏少林寺》《小胜儿》《小笛和水罐》等。

J0046178

壮丽的新安江水电站夜景　张碧梧作

［杭州］浙江人民美术出版社 1964 年［1 张］

76cm（2 开）定价：CNY0.15

　　作者张碧梧（1905—1987）,画家。江苏江阴人。曾任上海人民美术出版社特约年画作者、中国美术家协会会员。代表作品有《百万雄师渡长江》《养小鸡捐飞机》等。

J0046179

自己的事自己做　吴蓝烟作

上海　上海人民美术出版社 1964 年［1 张］

76cm（2 开）定价：CNY0.15

J0046180

自力更生　奋发图强　李葆初作

［武汉］湖北人民出版社 1964 年 2 张

54cm（4 开）定价：CNY0.15

J0046181

走姥姥家　魏振祥等作

［太原］山西人民出版社 1964 年［1 张］

76cm（2 开）定价：CNY0.15

J0046182

祖国的海港　（汉、藏文对照版）陈强作

上海　上海人民美术出版社 1964 年［1 张］

76cm（2 开）定价：CNY0.15

J0046183

祖国的海港　（汉、朝文对照版）陈强作

上海　上海人民美术出版社 1964 年［1 张］

76cm（2 开）定价：CNY0.15

J0046184

祖国的海港　（汉、傣纳、景颇、傈僳文对照版）陈强作

上海　上海人民美术出版社 1964 年［1 张］

76cm（2 开）定价：CNY0.15

J0046185

祖国的海港　（汉、蒙文对照版）陈强作

上海　上海人民美术出版社 1964 年［1 张］

76cm（2 开）定价：CNY0.15

J0046186

祖国的海港　（汉、僮文对照版）陈强作

上海　上海人民美术出版社 1964 年［1 张］

76cm（2 开）定价：CNY0.15

J0046187

祖国的海港　（汉、维、哈、锡伯文对照版）陈强作

上海　上海人民美术出版社 1964 年［1 张］

76cm（2 开）定价：CNY0.15

J0046188

祖国的海港　（汉文版）陈强作

上海　上海人民美术出版社 1964 年［1 张］

76cm（2 开）定价：CNY0.15

J0046189

祖国万岁　李慕白等作

［南京］江苏人民出版社 1964 年［1 张］

76cm（2开）定价：CNY0.15

J0046190

做共产主义接班人　沈家琳作

上海　上海人民美术出版社　1964年［1张］

76cm（2开）定价：CNY0.15

J0046191

做毛主席的好孩子　谢之光作

上海　上海人民美术出版社　1964年［1张］

76cm（2开）定价：CNY0.15

　　作者谢之光（1900—1976），美术家、画家。浙江余姚人，毕业于上海美术专科学校。曾任上海中国画院画师。代表作品有《铁水奔流》《洛神》。

J0046192

做毛主席的好战士　张道兴作

北京　人民美术出版社　1964年［1张］

76cm（2开）定价：CNY0.15

J0046193

做群众的知心人　金铭作

上海　上海人民美术出版社　1964年［1张］

76cm（2开）定价：CNY0.15

J0046194

做群众的知心人　邱光正，张琳作

天津　天津美术出版社　1964年［1张］

76cm（2开）定价：CNY0.15

J0046195

做渔船模型　忻礼良作

上海　上海人民美术出版社　1964年［1张］

76cm（2开）定价：CNY0.15

　　作者忻礼良（1913—？），浙江鄞县人。擅长年画。曾任上海画片出版社特约作者、上海人民美术出版社创作人员等职。代表作品有《毛主席和我们在一起》《姑嫂选笔》《拾到五分钱》等。

J0046196

1965年初版年画缩样　（2）人民美术出版社编

北京　人民美术出版社　［1965年］13×19cm

J0046197

1965年初版年画缩样　沙更世等作

北京　人民美术出版社　1965年［10］页

13×19cm　统一书号：T8027.4430　定价：赠阅

　　作者沙更世（1926—　　），编辑。又名沙更思，浙江鄞县人。历任西泠印社会员，人民画报、人民美术出版社编辑、创作员，中央民族学院中国画教研室主任、硕士研究生工作室副主任、导师、教授，中国美术家协会、中国书法家协会会员。作品有《雪山浴日》《江山如此多娇》等。出版有《沙孟海篆刻集》《二十世纪书法经典——沙孟海卷》《沙更世书画篆刻选集》。

J0046198

1965年画缩样　刘依闻等作

武汉　湖北人民出版社　1965年　45页　13×19cm

　　作者刘依闻（1919—2018），油画家、美术教育家。湖北汉阳人，毕业于国立艺术专科学校油画专业，留校任教。历任湖北艺术学院、湖北美术学院教授、硕士生导师及湖北美术院副院长，中国美术家协会会员，湖北美术家协会顾问及油画学会顾问。代表作品有油画《老妇》《画家与其妻》《丝绸之路》《母女俩》等，出版有《刘依闻油画集》《刘依闻素描像》。

J0046199

1965年画缩样　湖北人民出版社编

武汉　湖北人民出版社　［1965年］13×19cm

J0046200

1965年画缩样　山东人民出版社辑

济南　山东人民出版社　1965年　13×19cm

J0046201

1965年画缩样　中国电影出版社撰

北京　中国电影出版社　1965年　13×19cm

J0046202

1965年门画年画缩样　广东人民出版社编

广州　广东人民出版社　1965年　24页　13×19cm

J0046203

1966年门画、年画缩样　广东人民出版社编

广州　广东人民出版社　1965年　13×19cm

J0046204

爱国爱社争先进 劳武结合夺丰收 （壮、汉文对照版）翁文忠作

南宁 广西民族出版社 1965 年 1 张 53cm（4 开）定价：CNY0.08

J0046205

爱国爱社争先进 劳武结合夺丰收 （壮、汉文对照版）翁文忠作

南宁 广西民族出版社 1965 年 1 张 76cm（2 开）定价：CNY0.15

J0046206

爱护耕牛 李慕白，金雪尘作

上海 上海人民美术出版社 1965 年 [1 张] 76cm（2 开）定价：CNY0.15

　　作者李慕白（1913—1991），画家。生于浙江海宁。历任中国民主同盟会成员、中国美术家协会会员、上海人民美术出版社特约年画作者。出版有《李慕白、金雪尘年画选集》。作者金雪尘（1904—1996），画家。上海嘉定人。曾任上海图片出版社、上海人民美术出版社特约记者。代表作有《武松打虎》《春江花月夜》《金鱼舞》。

J0046207

爱劳动 爱学习 热爱毛主席的书 张大昕作

[杭州]浙江人民美术出版社 1965 年 [1 张] 76cm（2 开）定价：CNY0.15

　　作者张大昕（1917—2009），画家。艺名张逸，别号玄化居士。出生于上海。毕业于上海美术专科学校。曾在上海人民美术出版社从事年画、国画创作。代表作品有《咯咯鸡》《串木珠》《宝宝看画报》《锦绣河山》等。

J0046208

爱民模范吴兴春 曹延路作

[昆明]云南人民出版社 1965 年 [1 张] 78cm（2 开）定价：CNY0.10

　　作者曹延路（1930— ），国画家。生于河南内黄县，毕业于华北军政大学。中国美术家协会会员。代表作《深情融透三尺雪》《狼牙山五壮士》《爱民模范》。出版有《爱地球画集》。

J0046209

把革命的红旗接过来 （汉、壮文对照版）金

国辉作

[南宁]广西壮族自治区人民出版社 1965 年 [1 张] 76cm（2 开）定价：CNY0.15

J0046210

把毛泽东思想真正学到手 张振发，尹向前作

美术出版社 1965 年 76cm（2 开）定价：CNY0.15

J0046211

白毛女 杨起民画

潍坊 潍县杨家埠木版年画社 1965 年 38cm（6 开）定价：CNY0.09

J0046212

半耕半读育新人 杨文仁作

北京 人民美术出版社 1965 年 [78cm]（3 开）定价：CNY0.10

　　作者杨文仁（1941— ），画家。生于山东青岛。山东师范学院艺术系中国画专业毕业。历任泰安师范美术教师、山东省艺术馆美术干部、山东师范大学美术系教师、山东省美术馆一级美术师、山东省美术家协会副主席。出版有《杨文仁花鸟画集》《杨文仁国画精品集》《荷花画法》等。

J0046213

半工半读 赵正，金克全作

北京 人民美术出版社 1965 年 76cm（2 开）定价：CNY0.15

J0046214

半工半读育新人 沈家琳作

上海 上海人民美术出版社 1965 年 76cm（2 开）定价：CNY0.15

J0046215

半工半读育新人 宋玉星，冯习忠作

天津 天津美术出版社 1965 年 76cm（2 开）定价：CNY0.15

J0046216

半农半读 劳武结合 （汉、壮文对照版）龙开朗作

南宁 广西壮族自治区人民出版社 1965 年 1 张 76cm（2 开）定价：CNY0.15

J0046217
半农半读 能文能武 李希玉作
兰州 甘肃人民出版社 1965 年 2 张 38cm（6 开）
定价：CNY0.08

J0046218
半农半读 能文能武 忻礼良作
杭州 浙江人民美术出版社 1965 年
76cm（2 开）定价：CNY0.15
　　作者忻礼良(1913—？)，浙江鄞县人。擅长年画。曾任上海画片出版社特约作者、上海人民美术出版社创作人员等职。代表作品有《毛主席和我们在一起》《姑嫂选笔》《拾到五分钱》等。

J0046219
半农半读 社来社去 江海等作
武汉 湖北人民出版社 1965 年 1 张 76cm（2 开）
定价：CNY0.15

J0046220
半农半读 又红又专 陈衡，杨家聪作
广州 广东人民出版社 1965 年 1 张 53cm（4 开）
定价：CNY0.08

J0046221
半农半读 又红又专 陈衡，杨家聪作
广州 广东人民出版社 1965 年 1 张 76cm（2 开）
定价：CNY0.15

J0046222
半农半读育新人 朱鸿年作
石家庄 河北人民美术出版社 1965 年 1 张
76cm（2 开）定价：CNY0.15

J0046223
保护青蛙和蝌蚪 张大昕作
上海 上海人民美术出版社 1965 年
76cm（2 开）定价：CNY0.15

J0046224
保卫领空 巩固海防 李智，王永升作
郑州 河南人民出版社 1965 年 1 张 53cm（4 开）

定价：CNY0.08

J0046225
保卫祖国 保卫建设 梅肖青，杨国栋作
昆明 云南人民出版社 1965 年 1 张 53cm（4 开）
定价：CNY0.08

J0046226
保卫祖国 建设祖国 吴性清作
上海 上海人民美术出版社 1965 年 2 张
78cm（2 开）定价：CNY0.20
　　作者吴性清(1933—　)，女，编审。生于江苏泰州，毕业于中央美术学院华东分院油画系。历任上海人民美术出版社创作员、中国美术家协会会员。作品有《我们热爱毛主席》《胡笳十八拍图卷》《关汉卿名剧选》等。

J0046227
保卫祖国 建设祖国 吴性清作
上海 上海人民美术出版社 1965 年 2 张
53cm（4 开）定价：CNY0.15

J0046228
北京新建筑
［北京］中国电影出版社 1965 年 76cm（2 开）
定价：CNY0.15

J0046229
比武会后 陈政明作
［广州］广东人民出版社 1965 年［1 张］
76cm（2 开）定价：CNY0.15
　　作者陈政明(1941—　)，画家。广东普宁人，毕业于汕头市师范学校。历任中国美术家协会理事、广东省美术家协会中国画艺术委员会副主任、汕头市美术家协会主席、汕头中国画院院长、国家一级美术师。代表作《南海晨曲》《特区姑娘》《夕阳红》等，出版有《陈政明画集》《陈政明国外写生画集》等。

J0046230
比武会上 祖春等作
［合肥］安徽人民出版社 1965 年［1 张］
76cm（2 开）定价：CNY0.15

J0046231

比学赶帮　齐争五好　　张煜作

天津　天津美术出版社 1965 年［1 张］

76cm（2 开）定价：CNY0.15

　　作者张煜（1963— ），国家二级美术师。字文染，号八公山人，三痴斋主，安徽寿县人。历任中国美术家协会会员、中国书法家协会会员、安徽省直机关书画家协会创作部主任、安徽省青年书法家协会常务理事、安徽省青年美术家协会理事、安徽省书画院特聘画家、合肥市美术家协会理事、合肥市书画院专职画家。作品《清凉世界》《醉彩浓墨写秋山》《万壑泉声松外去》等。代表作品有《张煜水墨画集》。

J0046232

比学赶帮争五好　　吴性清作

上海　上海人民美术出版社 1965 年［1 张］

76cm（2 开）定价：CNY0.15

J0046233

并肩保卫祖国　　李光学作

昆明　云南人民出版社 1965 年　1 张 53cm（4 开）

定价：CNY0.08

J0046234

捕鲸船　　张碧梧作

上海　上海人民美术出版社 1965 年［1 张］

76cm（2 开）定价：CNY0.15

　　作者张碧梧（1905—1987），画家。江苏江阴人。曾任上海人民美术出版社特约年画作者、中国美术家协会会员。代表作品有《百万雄师渡长江》《养小鸡捐飞机》等。

J0046235

捕鲸船　　张碧梧作

上海　上海人民美术出版社 1965 年［1 张］

38cm（8 开）定价：CNY0.04

　　中国现代工艺美术年画作品。

J0046236

不爱红装爱武装　　石美鼎作

［成都］四川人民出版社 1965 年［1 张］

76cm（2 开）定价：CNY0.15

J0046237

不忘阶级仇　永做革命人　　陈谋，董舒作

北京　人民美术出版社 1965 年［1 张］

76cm（2 开）定价：CNY0.15

　　作者陈谋（1937— ），教授。北京市人，毕业于中央美术学院中国画系。中央美术学院副教授、中国美术家协会会员。代表作品有《六月会上》《第一个春天》《晨牧》。

J0046238

不忘阶级仇　永做革命人　　陈谋，董舒作

北京　人民美术出版社 1965 年［1 张］

53cm（4 开）定价：CNY0.08

J0046239

不忘阶级苦　紧握手中枪　　忻礼良作

［杭州］浙江人民美术出版社 1965 年［1 张］

76cm（2 开）定价：CNY0.15

　　作者忻礼良（1913—？），浙江鄞县人。擅长年画。曾任上海画片出版社特约作者、上海人民美术出版社创作人员等职。代表作品有《毛主席和我们在一起》《姑嫂选笔》《拾到五分钱》等。

J0046240

步步跟着毛主席　　苏朗作

兰州　甘肃人民出版社 1965 年 76cm（2 开）

定价：CNY0.15

　　作者苏朗（1938— ），画家。原名严国保，湖北武汉人。就读于武昌艺术师范学院和西北师范学院艺术系。历任中国美术家协会会员、甘肃人民出版社副编审。代表作品有《黄河渡》《煦风吹不尽》《奶站笑语》等。

J0046241

采桑图　　吴柱熙作

［广州］广东人民出版社 1965 年［1 张］

76cm（2 开）定价：CNY0.15

J0046242

彩礼

天津　天津杨柳青画店 1965 年［1 张］

53cm（4 开）

J0046243

参观阶级教育展览　　董率真作

［潍坊］潍县杨家埠木版年画社 1965 年［1 张］
38cm（2 开）定价：CNY0.02

J0046244
蚕花姑娘　黄宝荪作
［合肥］安徽人民出版社 1965 年［1 张］
76cm（2 开）定价：CNY0.15

J0046245
苍松绶鸟图　张其翼作
北京 人民美术出版社 1965 年 78cm（2 开）
定价：CNY0.10
　　作者张其翼（1915—1968），教授、花鸟画家。字君振，号鸿飞楼主。北京人，祖籍福建闽侯。曾任教于河北艺术师范学校和天津美术学院。代表作品《九寿朝阳图》《玉兰绶带》《池塘雨露》《雪鹤芭蕉》。

J0046246
槽头育新人　石永寅作
［石家庄］河北人民美术出版社 1965 年［1 张］
76cm（2 开）定价：CNY0.15

J0046247
草原军民　（蒙、汉文对照版）牛远久作
［呼和浩特］内蒙古人民出版社 1965 年［1 张］
76cm（2 开）定价：CNY0.15

J0046248
草原铁骑　杭鸣时作
［沈阳］辽宁美术出版社 1965 年［1 张］
76cm（2 开）定价：CNY0.15
　　作者杭鸣时（1931—　），画家。又名杭度，生于上海，祖籍浙江海宁，毕业于鲁迅美术学院。历任苏州城市建设环境保护学院建筑系美术教研室主任、中国美术家协会会员。代表作品有《夜航》《工业的粮仓》等。

J0046249
草原新春　包世学作
北京 人民美术出版社 1965 年［1 张］
53cm（2 开）定价：CNY0.08

J0046250
草原雄鹰

［北京］中国电影出版社 1965 年 2 张
76cm（2 开）定价：CNY0.30

J0046251
草原英雄小姐妹　方菁作
上海 上海人民美术出版社 1965 年
76cm（2 开）定价：CNY0.15

J0046252
草原英雄小姐妹
天津 天津杨柳青画店 1965 年 53cm（4 开）

J0046253
草原英雄小姊妹　李慕白，金雪尘作
上海 上海人民美术出版社 1965 年
38cm（6 开）定价：CNY0.04

J0046254
草原英雄小姊妹　李慕白，金雪尘作
上海 上海人民美术出版社 1965 年
76cm（2 开）定价：CNY0.15

J0046255
草原英雄小姊妹　李慕白，金雪尘作
上海 上海人民美术出版社 1965 年
53cm（4 开）定价：CNY0.08
　　作者李慕白（1913—1991），画家。生于浙江海宁。历任中国民主同盟会成员、中国美术家协会会员、上海人民美术出版社特约年画作者。出版有《李慕白、金雪尘年画选集》。作者金雪尘（1904—1996），画家。上海嘉定人。曾任上海图片出版社、上海人民美术出版社特约记者。代表作有《武松打虎》《春江花月夜》《金鱼舞》。

J0046256
畅谈学习心得　徐芝麟作
长沙 湖南人民出版社 1965 年 76cm（2 开）
定价：CNY0.15

J0046257
城里来的姑娘　张连瑞，郭诚意作
［太原］山西人民出版社 1965 年［1 张］
76cm（2 开）定价：CNY0.15

J0046258
出工　丁宁原作
北京 人民美术出版社 1965 年 ［1 张］
76cm（2 开）定价：CNY0.15

J0046259
传授　王今栋作
［郑州］河南人民出版社 1965 年 ［1 张］
76cm（2 开）定价：CNY0.15
　　作者王今栋（1932—2013），画家、一级美术师。北京人。历任河南省文史研究馆馆员、河南省美术家协会副主席、中国美术家协会会员、中国画家协会理事等。代表作品《今栋山水画》。

J0046260
春到草原　（蒙、汉文对照版）那木斯来作
［呼和浩特］内蒙古人民出版社 1965 年 ［1 张］
76cm（2 开）定价：CNY0.15

J0046261
春燕展翅
［北京］中国电影出版社 1965 年 76cm（2 开）
定价：CNY0.15

J0046262
春野书声　史正学作
［郑州］河南人民出版社 1965 年 ［1 张］
76cm（2 开）定价：CNY0.15
　　作者史正学（1933— ），国家一级美术师。又名莫可，河南洛阳人。毕业于广州美术学院国画系。中国美术家协会会员、河南省美术家协会常务理事、河南中山书画院院长。代表作品有《晨钟响了》《深山火种》《枣雨》《征途报捷》等。

J0046263
春雨　吉林省艺术学校美术系画
［长春］吉林人民出版社 1965 年 ［1 张］
76cm（2 开）定价：CNY0.15

J0046264
村头看村史　方钦树，吴光华作
上海 上海人民美术出版社 1965 年 ［1 张］
76cm（2 开）定价：CNY0.15
　　作者吴光华（1933— ），版画家。生于江西东乡，曾用笔名：牧也、笑也、牧春等。中国美

术家协会会员、上海人民美术出版社副编审。擅版画、年画、国画及篆刻。在江西陶瓷专业艺术学院从事了三年的绘瓷生涯。毕业于中央美术学院华东分院版画系，师从木刻家张漾兮。版画作品有《把余粮卖给国家》《村口》《新学》等，木刻连环画《党费》，木刻画《舞师图》《春》《黄河渔民》，木刻邮票《摘棉花》。

J0046265
打稻场上　黄宝荪作
［沈阳］辽宁美术出版社 1965 年 ［1 张］
76cm（2 开）定价：CNY0.15

J0046266
打得准　张甸作
［沈阳］辽宁美术出版社 1965 年 ［1 张］
76cm（2 开）定价：CNY0.15
　　作者张甸（1930— ），摄影家。原名张殿宸，生于河北昌黎，毕业于鲁迅文艺学院美术系。历任东北画报社摄影组助理记者、辽宁画报社摄影创作室主任、中国摄影家协会会员。作品有《声震山河》《草原神鹰》《客人到草原》

J0046267
大摆地雷阵　姜宝星作
济南 山东人民出版社 1965 年 76cm（2 开）
定价：CNY0.15

J0046268
大寨精神开新花　王信作
［沈阳］辽宁美术出版社 1965 年 ［1 张］
76cm（2 开）定价：CNY0.15
　　作者王信（1925— ），画家。河北承德人。历任辽宁美术出版社专职画家、承德市群众艺术馆研究馆员、河北水彩画会名誉会长、河北省美术家协会顾问。画作有《早雾》《原始森林》《深山情》《山家》等。出版有《王信水彩画选辑》《王信水彩选集》《王信水彩画专辑》等。

J0046269
代代红　（汉、壮文对照版）翁文忠作
［南宁］广西壮族自治区人民出版社 1965 年
［1 张］53cm（4 开）定价：CNY0.08

J0046270
代代红
天津 天津杨柳青画店 1965 年［1 张］
53cm（4 开）

J0046271
带着敌情观念 苦练杀敌硬功　孙桂喜作
武汉 湖北人民出版社 1965 年 1 张 76cm（2 开）
定价：CNY0.15

J0046272
戴花要戴大红花　裴家同作
［合肥］安徽人民出版社 1965 年［1 张］
76cm（2 开）定价：CNY0.15

J0046273
戴花要戴大红花　高潮作；易和元配诗
北京 人民美术出版社 1965 年［1 张］
76cm（2 开）定价：CNY0.15

J0046274
稻场练武　柳文田，陈昌源作
合肥 安徽人民出版社 1965 年 76cm（2 开）
定价：CNY0.15

J0046275
稻香果红　孝游，天月作
［合肥］安徽人民出版社 1965 年［1 张］
76cm（2 开）定价：CNY0.15

J0046276
稻香季节　池东浩作
［哈尔滨］黑龙江美术出版社 1965 年［1 张］
76cm（2 开）定价：CNY0.15

J0046277
稻香季节　杨德衡作
沈阳 辽宁美术出版社 1965 年［1 张］
53cm（4 开）定价：CNY0.15

J0046278
得奖归来　白逸如作
上海 上海人民美术出版社 1965 年［1 张］
76cm（2 开）定价：CNY0.15
　　作者白逸如（1932—　），女，画家。北京人。

毕业于浙江美术学院。曾任职于山东省文化局
美工室，任山东师范大学艺术系教师、天津画院
专业画家。主要作品有《渔家女儿上大学》《移
来南茶住北乡》《大娘的病好了》等。

J0046279
地头学习
［潍坊］潍县家埠木版年画社 1965 年［1 张］
38cm（2 开）定价：CNY0.02

J0046280
电到农村　徐寄萍作
上海 上海人民美术出版社 1965 年［1 张］
76cm（2 开）定价：CNY0.15
　　作者徐寄萍（1919—2005），上海人。曾任上
海美术家协会会员、上海人民美术出版社特约年
画作者等职。主要作品有《帮妈妈做事》《学雷
锋做好事》《擦亮眼睛》等。

J0046281
淀上神兵　魏魁仲作
石家庄 河北人民美术出版社 1965 年
76cm（2 开）定价：CNY0.15

J0046282
东方红　沙更世作
北京 人民美术出版社 1965 年 76cm（2 开）
定价：CNY0.15
　　作者沙更世（1926—　），编辑。又名沙更
思，浙江鄞县人。历任西泠印社会员，人民画报、
人民美术出版社编辑、创作员，中央民族学院中
国画教研室主任、硕士研究生工作室副主任、导
师、教授，中国美术家协会、中国书法家协会会
员。作品有《雪山浴日》《江山如此多娇》等。出
版有《沙孟海篆刻集》《二十世纪书法经典——
沙孟海卷》《沙更世书画篆刻选集》。

J0046283
东方红　沙更世作
北京 人民美术出版社 1965 年 53cm（4 开）
定价：CNY0.08
　　中国现代工艺美术年画作品。

J0046284
东方红　（卷轴）沙更世作

天津　天津杨柳青画店 1965 年［1 轴］

J0046285
东方红　常育青作
杭州　浙江人民美术出版社 1965 年
76cm（2 开）定价：CNY0.15

J0046286
独有英雄驱虎豹　敢教日月换新天　巫子强作
贵阳　贵州人民出版社 1965 年　1 张 76cm（2 开）
定价：CNY0.15
　　　作者巫子强（1939—　），回族，生于云南
昆明。毕业于四川美术学院油画专业。历任铜
仁县文化馆馆长、铜仁县文化局局长、铜仁地区
文联主席、贵州民族学院艺术系主任、贵州民族
学院副教授。作品有《日日夜夜》《无辜者》《小
鬼》等。

J0046287
读红色书方向明　唱革命歌鼓干劲　周惠英作
贵阳　贵州人民出版社 1965 年　1 张 53cm（4 开）
定价：CNY0.08

J0046288
读红色书方向明　唱革命歌鼓干劲　周惠英作
贵阳　贵州人民出版社 1965 年　1 张 76cm（2 开）
定价：CNY0.15

J0046289
读红书心明眼亮　严幼俊作
上海　上海人民美术出版社 1965 年［1 张］
76cm（2 开）定价：CNY0.15

J0046290
读毛主席的书　听毛主席的话　黄迪杞作
福州　福建人民出版社 1965 年　76cm（2 开）
定价：CNY0.15
　　　作者黄迪杞（1929—　），字晴川，福建福
清人。毕业于福建师范大学艺术系。历任福建
人民出版社、福建画报社美术编辑，福建美术出
版社美术编辑、编审，福建省美术家协会常务理
事、理事，中国年画研究会理事，福州涌泉书画
社社长，中国美术家协会会员。作品有《满堂红》
《丰碑》。出版《黄迪杞古典人物画辑》《黄迪杞
书画集》《黄迪杞画集》等。

J0046291
读毛主席的书　听毛主席的话　于晋鲤等作
天津　天津美术出版社 1965 年　76cm（2 开）
定价：CNY0.15

J0046292
读毛主席书　听毛主席话　庞卡作
上海　上海人民美术出版社 1965 年
76cm（2 开）定价：CNY0.15
　　　作者庞卡（1935—　）。画家。又名庞抱俊。
上海人。历任上海人民美术出版社年画编辑、创
作员。作品有《从小爱科学》《秧苗青青春来早》
《爱人民》等。

J0046293
**读毛主席书，听毛主席话，照毛主席的指
示办事！**
北京　中国电影出版社 1965 年　76cm（2 开）
定价：CNY0.15

J0046294
锻炼身体　保卫祖国　建设祖国
［北京］中国电影出版社 1965 年　76cm（2 开）
定价：CNY0.15

J0046295
对敌宣传员　陈运义作
福州　福建人民出版社 1965 年　76cm（2 开）
定价：CNY0.15

J0046296
朵朵花儿向太阳　颗颗红心向着党
［北京］中国电影出版社 1965 年　76cm（2 开）
定价：CNY0.15

J0046297
鄂伦春的新一代　祝林恩作
哈尔滨　黑龙江美术出版社 1965 年
76cm（2 开）定价：CNY0.15

J0046298
发扬革命传统　争取更大光荣　郭秀庚作
南昌　江西人民出版社 1965 年　1 张 76cm（2 开）
定价：CNY0.15
　　　作者郭秀庚（1942—　），湖北黄冈人。毕业

于湖北艺术学院。中国美术家协会会员，曾任江西美术出版社副编审、《小猕猴智力画刊》社副主编、江西书画院特聘画家、南昌画院特聘画家。作品有连环画《南瓜记》《蔡文姬》，年画《八千里路云和月》等。

J0046299
翻身农奴歌颂党 金梅生作
天津 天津美术出版社 1965 年 [1 张] 76cm (2 开) 定价：CNY0.15
　　作者金梅生 (1902—1989)，画家。别名石摩，上海人。曾于商务印书馆美术科专门从事月份牌绘画，上海市文史馆馆员、上海人民美术出版社特约年画家。作品有《新中国的歌声》《秀女饲养员》《花木兰》等。

J0046300
反帝小战士 李慕白，金雪尘作
上海 上海人民美术出版社 1965 年 76cm (2 开) 定价：CNY0.15
　　作者李慕白 (1913—1991)，画家。生于浙江海宁。历任中国民主同盟会成员、中国美术家协会会员、上海人民美术出版社特约年画作者。出版有《李慕白、金雪尘年画选集》。作者金雪尘 (1904—1996)，画家。上海嘉定人。曾任上海图片出版社、上海人民美术出版社特约记者。代表作有《武松打虎》《春江花月夜》《金鱼舞》。

J0046301
反帝小战士 李慕白，金雪尘作
上海 上海人民美术出版社 1965 年 38cm (6 开) 定价：CNY0.04

J0046302
访问 谢志高作
广州 广东人民出版社 1965 年 76cm (2 开) 定价：CNY0.15
　　作者谢志高 (1942—)，画家、国家一级美术师。生于上海，研究生毕业于中央美术学院，后留校任教。曾任中国画研究院创作研究部主任。代表作品《水墨仕女画技法》《战海河》《欢欢喜喜过个年》《春蚕》等。

J0046303
奋发图强 改造自然 章育青作

上海 上海人民美术出版社 1965 年 [1 张] 76cm (2 开) 定价：CNY0.15
　　作者章育青 (1909—1993)，画家。浙江慈溪人。上海人民美术出版社年画专业画家。作品《上海大世界》《元宵灯》《上海外滩》《南京长江大桥》等。

J0046304
奋发图强 建设祖国 陈绍泉，裴广铎作
兰州 甘肃人民出版社 1965 年 4 张 53cm (4 开) 定价：CNY0.30

J0046305
丰收后 王志宏作
[石家庄] 河北人民美术出版社 1965 年 [1 张] 76cm (2 开) 定价：CNY0.15

J0046306
丰收之后 孟庆江作
北京 人民美术出版社 1965 年 2 张 76cm (2 开) 定价：CNY0.30
　　作者孟庆江 (1937—)，画家。浙江温州人。毕业于中央美术学院国画系。曾任《连环画报》主编、《中国艺术》副主编、北京功毕重彩画绘副会长。代表作品《刘胡兰》《蔡文姬》《长恨歌》等。

J0046307
风雨送课 吉林省艺术学校美术系画
长春 吉林人民出版社 1965 年 76cm (2 开) 定价：CNY0.15

J0046308
父子比武 张静波，朱定一作
[合肥] 安徽人民出版社 1965 年 [1 张] 76cm (2 开) 定价：CNY0.15

J0046309
改造荒滩建农场 吴哲夫，邵克萍作
上海 上海人民美术出版社 1965 年 [1 张] 76cm (2 开) 定价：CNY0.15
　　作者吴哲夫，画家。擅长年画。师从杭稺英，在上海"稺英画室"工作，长期共事，集体创作，被称为"杭派"月份牌画家。作品有《节日的食堂》《向解放军叔叔致敬》《老手带新手》等。

J0046310

敢教日月换新天　杨春晖作

[兰州] 甘肃人民出版社 1965 年 [1 张]

76cm（2 开）定价：CNY0.15

J0046311

高举红灯不断革命　紧握枪杆坚持斗争　单柏钦，维克作

广州 广东人民出版社 1965 年 1 张 53cm（4 开）

定价：CNY0.08

J0046312

高粱红　肖玉磊，朱曙征作

[合肥] 安徽人民出版社 1965 年 [1 张]

76cm（2 开）定价：CNY0.15

J0046313

搞试验 夺丰产　卢望明作

[武汉] 湖北人民出版社 1965 年 [1 张]

76cm（2 开）定价：CNY0.15

J0046314

哥俩好　李中文作

[郑州] 河南人民出版社 1965 年 [1 张]

53cm（4 开）定价：CNY0.08

J0046315

哥俩好　李中文作

[郑州] 河南人民出版社 1965 年 [1 张]

38cm（8 开）定价：CNY0.04

　　中国现代工艺美术年画作品。

J0046316

歌唱丰收　吉林省艺术学校美术系画

[长春] 吉林人民出版社 1965 年 [1 张]

76cm（2 开）定价：CNY0.15

J0046317

歌唱社会主义好

[潍坊] 潍县杨家埠木版年画社 1965 年 [1 张]

53cm（4 开）定价：CNY0.05

J0046318

革命的根本　力量的源泉　吴哲夫作

上海 上海人民美术出版社 1965 年

76cm（2 开）定价：CNY0.15

J0046319

革命红旗　念慈等作

[合肥] 安徽人民出版社 1965 年 [1 张]

76cm（2 开）定价：CNY0.15

J0046320

革命红旗代代传　王信作

[沈阳] 辽宁美术出版社 1965 年 [1 张]

76cm（2 开）定价：CNY0.15

　　作者王信（1925— ），画家。河北承德人。历任辽宁美术出版社专职画家、承德市群众艺术馆研究馆员、河北水彩画会名誉会长、河北省美术家协会顾问。画作有《早雾》《原始森林》《深山情》《山家》等。出版有《王信水彩画选辑》《王信水彩选集》《王信水彩画专辑》等。

J0046321

革命接班人　梁培浩作

武汉 湖北人民出版社 1965 年 2 张 76cm（2 开）

定价：CNY0.30

J0046322

革命枪杆代代传　金租章作

[哈尔滨] 黑龙江美术出版社 1965 年 [1 张]

76cm（2 开）定价：CNY0.15

J0046323

革命人民团结紧　永远紧握手中枪　李轸，杨国栋作

昆明 云南人民出版社 1965 年 1 张 53cm（4 开）

定价：CNY0.08

J0046324

革命武装，代代相传　（汉、壮文对照版）周明作

[南宁] 广西壮族自治区人民出版社 1965 年

[1 张] 76cm（2 开）定价：CNY0.15

　　作者周明（1935— ），高级画师。广东开平人。中国美术家协会会员、国家高级美术师、广西书画院院士、广西民族书画院高级画师。

J0046325

革命现代戏　袁维青作

上海 上海人民美术出版社 1965 年
76cm（2 开）定价：CNY0.15

J0046326
革命英雄 （丁佑君）林昌骏作
成都 四川人民出版社 1965 年 78cm（2 开）
定价：CNY0.10

J0046327
革命英雄 （黄继光）雷荣厚作
成都 四川人民出版社 1965 年 53cm（4 开）
定价：CNY0.08

J0046328
革命英雄 （刘文学）赖深如作
成都 四川人民出版社 1965 年［78cm］（3 开）
定价：CNY0.10

J0046329
革命英雄 （邱少云）米立权作
［成都］四川人民出版社 1965 年［1 张］
78cm（2 开）定价：CNY0.10
　　作者米立权，四川美术学院附中任教。

J0046330
革命英雄 （赵一曼）李文信作
成都 四川人民出版社 1965 年 78cm（2 开）
定价：CNY0.10

J0046331
各族同心土变金 （蒙、汉文对照版）超鲁作
［呼和浩特］内蒙古人民出版社 1965 年［1 张］
76cm（2 开）定价：CNY0.15

J0046332
耕读小学 张和荣作
南京 江苏人民出版社 1965 年 76cm（2 开）
定价：CNY0.15

J0046333
耕读小学 沈蓉儿作
上海 上海人民美术出版社 1965 年
76cm（2 开）定价：CNY0.15

J0046334
耕读育新人 冯国琳作
沈阳 辽宁美术出版社 1965 年 76cm（2 开）
定价：CNY0.15
　　作者冯国琳（1932— ），画家。曾用名玉林，辽宁沈阳人，毕业于东北鲁迅文艺学院美术部。历任东北画报社记者、创作员、编辑、副编审，中国美术家协会会员，辽宁省年画学会理事。作品有《花为媒》《笔中情》《耕读育新人》《红楼梦》等。

J0046335
"公社" 的小主人 郭公达，蒋振帆作
合肥 安徽人民出版社 1965 年 76cm（2 开）
定价：CNY0.15
　　作者郭公达（1931— ），画家。安徽萧县人，毕业于浙江美术学院中国画系。任教于安徽艺术学院（现为安徽大学艺术学院），任中国美术家协会会员、安徽美术家协会副主席等职。出版有《郭公达山水画册》《郭公达画集》《郭公达山水画选集》等。

J0046336
"公社" 新社员 刘旦宅作
［南京］江苏人民出版社 1965 年［1 张］
76cm（2 开）定价：CNY0.15
　　作者刘旦宅（1931—2011），教授、画家。原名浑，又名小粟，后改名旦宅，别名海云生。浙江温州人。曾在上海市大中国图书局、上海教育出版社、上海人民美术出版社绘画，任上海师范大学美术系主任。代表作品《曹雪芹生平》《琵琶行》《刘旦宅聊斋百图》《石头记人物画册》等。

J0046337
巩固工农联盟 发展集体经济 朱曙征，肖玉磊作
合肥 安徽人民出版社 1965 年 1 张 76cm（2 开）
定价：CNY0.15

J0046338
共产党万岁 刘仲元作
贵阳 贵州人民出版社 1965 年 1 张 53cm（4 开）
定价：CNY0.08

J0046339

共产党万岁 毛主席万岁　刘仲元作

贵阳 贵州人民出版社 1965 年 1 张 76cm（2 开）

定价：CNY0.15

J0046340

共谋增产大计　于志学作

[哈尔滨] 黑龙江美术出版社 1965 年 [1 张]

76cm（2 开）定价：CNY0.15

J0046341

姑嫂红

潍坊 潍县杨家埠木版年画社 1965 年 1 张

53cm（4 开）定价：CNY0.05

J0046342

观灯　胡国良，钟安作

广州 广东人民出版社 1965 年 76cm（2 开）

定价：CNY0.15

J0046343

光辉的日子　新华社供稿

沈阳 辽宁美术出版社 1965 年 76cm（2 开）

定价：CNY0.15

J0046344

光荣入伍 立志务农　陈衡，杨家聪作

广州 广东人民出版社 1965 年 1 张 53cm（4 开）

定价：CNY0.08

J0046345

光荣入伍 立志务农　陈衡，杨家聪作

广州 广东人民出版社 1965 年 1 张 76cm（2 开）

定价：CNY0.15

J0046346

广阔天地　张辛国作

[石家庄] 河北人民美术出版社 1965 年 [1 张]

76cm（2 开）定价：CNY0.15

　　作者张辛国（1926— ），编辑。河北安平人，
就读于中央美术学院。历任河北美术出版社总
编辑、编审，中国美术家协会会员，河北美术家
协会顾问。出版有《怎样画鹿》《张辛国动物画
集》《百鹿图》等。

J0046347

过新年　芜湖市美术馆

[合肥] 安徽人民出版社 1965 年 [1 张]

76cm（2 开）定价：CNY0.15

J0046348

哈达献给毛主席　杨俊生作

上海 上海人民美术出版社 1965 年

76cm（2 开）定价：CNY0.15

　　作者杨俊生（1909—1981），出生于安徽安
庆。曾任上海人民美术出版社、上海画版出版社
特约作者，上海美协年画组组长等职。代表作品
有《岳母刺字》《夜战马超》《大闹天宫》《贵妃醉
酒》等。

J0046349

海防前线宣传员　马乐群作；天津德裕公
装裱

天津 德裕公 1965 年 76cm（2 开）

　　作者马乐群（1933— ），画家。上海人，曾
在上海现代画室学习绘画及西洋美术史等。历
任上海画片出版社年画创作员、上海美术出版社
年画编辑。作品有《人民不允许浪费粮食的行为》
《海防前线宣传员》《金杯红花传捷报》《激流勇
进》等。

J0046350

海河风光　陈林祥作

天津 天津美术出版社 1965 年 76cm（2 开）

定价：CNY0.15

J0046351

海上南泥湾　张锦标作

上海 上海人民美术出版社 1965 年 [1 张]

76cm（2 开）定价：CNY0.15

　　作者张锦标（1935— ），编审。浙江嵊州市
人，毕业于浙江美术学院中国画系。历任上海书
画出版社编辑、副编审。代表作品有《熊猫宴》
《宠爱》《迎千年曙光》《任伯年群仙祝寿图》。著
作有《怎样画大熊猫》。

J0046352

好儿童 （汉、壮文对照版）金国辉作

[南宁] 广西壮族自治区人民出版社 1965 年
1 张 54cm（4 开）定价：CNY0.15

J0046353

好儿童 （汉、壮文对照版）金国辉作

南宁 广西壮族自治区人民出版社 1965 年 1 张
76cm（2 开）定价：CNY0.15

J0046354

好歌唱给知心人　钟为作

上海 上海人民美术出版社 1965 年 [1 张]
76cm（2 开）定价：CNY0.15

J0046355

好机器　马杰生作

[太原] 山西人民出版社 1965 年 [1 张]
76cm（2 开）定价：CNY0.15

J0046356

好婆媳　吴光华作

上海 上海人民美术出版社 1965 年 [1 张]
76cm（2 开）定价：CNY0.15

　　作者吴光华（1933—　　），版画家。生于江西
东乡，曾用笔名：牧也、笑也、牧春等。中国美
术家协会会员、上海人民美术出版社副编审。擅
版画、年画、国画及篆刻。在江西陶瓷专业艺
术学院从事了三年的绘瓷生涯。毕业于中央美术
学院华东分院版画系，师从木刻家张漾兮。版
画作品有《把余粮卖给国家》《村口》《新学》等，
木刻连环画《党费》，木刻画《舞师图》《春》《黄
河渔民》，木刻邮票《摘棉花》。

J0046357

好社员 （汉、壮文对照版）晏立熹作

[南宁] 广西壮族自治区人民出版社 1965 年
[1 张] 53cm（4 开）定价：CNY0.08

J0046358

红灯记　黄宝荪作

杭州 浙江人民美术出版社 1965 年
76cm（2 开）定价：CNY0.15

J0046359

红花曲　朱宗之等作

南京 江苏人民出版社 1965 年 76cm（2 开）
定价：CNY0.15

J0046360

红军留下的枪　林发荣作

[贵阳] 贵州人民出版社 1965 年 [1 张]
76cm（2 开）定价：CNY0.15

J0046361

红色饲养员　曹力，陈晨作

[哈尔滨] 黑龙江美术出版社 1965 年 [1 张]
76cm（2 开）定价：CNY0.15

　　作者曹力（1954—　　），画家，教师。江苏南
京人。毕业于中央美术学院，并留校任教。代表
作品有《小城印象》《牧童》《牧牛图》《童声合
唱》《马》等。

J0046362

红色宣传员　平德威，江南春作

南昌 江西人民出版社 1965 年 4 张 53cm（4 开）
定价：CNY0.30

J0046363

红色庄稼汉　刘振铎作

[哈尔滨] 黑龙江美术出版社 1965 年 [1 张]
76cm（2 开）定价：CNY0.15

　　作者刘振铎（1937—　　），画家。生于河北
献县。历任中国美术家协会会员、黑龙江省美术
家协会常务理事、美术家协会创作室主任等。作
品有《刘振铎山水画选》《红色草原赛畜图》《矿
工》等。

J0046364

红透专深比干劲　勤学苦练出新人　万强
麟，郭普津作

昆明 云南人民出版社 1965 年 1 张 53cm（4 开）
定价：CNY0.08

J0046365

红在农村　李恩云作

天津 天津美术出版社 1965 年 [1 张]
76cm（2 开）定价：CNY0.15

J0046366

华蓥山上

上海　上海人民美术出版社　1965年

76cm（2开）定价：CNY0.15

J0046367

淮海大捷　　张加齐作

[合肥] 安徽人民出版社　1965年 [1张]

76cm（2开）定价：CNY0.15

J0046368

欢庆伟大的日子

北京　中国电影出版社　1965年　76cm（2开）

定价：CNY0.15

J0046369

欢送亲人去参军　　卢德辉作

天津　天津美术出版社　1965年 [1张]

76cm（2开）定价：CNY0.15

J0046370

欢腾的边疆　　谷嶙作

北京　人民美术出版社　1965年 [1张]

76cm（2开）定价：CNY0.15

　　作者谷嶙（1928—　　），画家。云南昆明人，毕业于中央美术学院。中央工艺美术学院（现合并为清华大学美术学院）任教。中国美术家协会会员、中国老教授协会艺术委员会委员。作品有《赶摆》《思路传友谊》《香妃》等。

J0046371

欢迎贫农下中农代表　　戚子斌作

[西安] 长安美术出版社　1965年 [1张]

76cm（2开）定价：CNY0.15

J0046372

机耕队　　张碧梧作

上海　上海人民美术出版社　1965年 [1张]

76cm（2开）定价：CNY0.15

J0046373

机耕队　　张碧梧作

上海　上海人民美术出版社　1965年 [1张]

38cm（8开）定价：CNY0.04

　　中国现代工艺美术年画作品。作者张碧梧

（1905—1987），画家。江苏江阴人。曾任上海人民美术出版社特约年画作者、中国美术家协会会员。代表作品有《百万雄师渡长江》《养小鸡捐飞机》等。

J0046374

积极练武　保卫祖国　　周令豪作

广州　广东人民出版社　1965年　1张 53cm（4开）

定价：CNY0.08

J0046375

积极练武　保卫祖国　　周令豪作

广州　广东人民出版社　1965年　1张 76cm（2开）

定价：CNY0.15

J0046376

积极生产　保家卫国　　（壮、汉文对照版）谢佑春作

南宁　广西民族出版社　1965年　1张 76cm（2开）

定价：CNY0.15

J0046377

急起直追赶先进　乘风破浪争上游　　（纸裱卷轴）

天津　天津杨柳青画店　1965年 [1轴]

J0046378

挤奶　　（蒙、汉文对照版）旺亲作

[呼和浩特] 内蒙古人民出版社　1965年 [1张]

76cm（2开）定价：CNY0.15

J0046379

计划生育　移风易俗　　朱帆作

天津　天津美术出版社　1965年 [1张]

76cm（2开）定价：CNY0.15

　　作者朱帆（1931—2006），原名朱铁民。天津日报主任编辑、天津美术家协会理事、中国美术家协会会员。出版有《朱帆舞台写生集》等。

J0046380

继承胡兰姐姐遗志　练好杀敌本领　　孟养玉作

[太原] 山西人民出版社　1965年 [1张]

76cm（2开）定价：CNY0.15

　　作者孟养玉（1935—　　），画家。山西文水人，

毕业于山西汾阳师范学校。历任山西文水县文化馆高级研究员、人物画学会艺术顾问、吕梁地区美术家协会主席、黄河书画院副院长。代表作品有《收音机下乡》《刘胡兰》《能工巧匠》等。

J0046381

家禽兴旺

潍坊　潍县杨家埠木版年画社　1965 年　1 张
53cm（4 开）定价：CNY0.05

J0046382

建设社会主义新农村　李慕白，金雪尘作

[杭州] 浙江人民美术出版社　1965 年 [1 张]
76cm（2 开）定价：CNY0.15

J0046383

建设社会主义新山区　王伟戍作

[杭州] 浙江人民美术出版社　1965 年 [1 张]
76cm（2 开）定价：CNY0.15

J0046384

江姐　（歌剧写照）卢叶梓作

长沙　湖南人民出版社　1965 年　76cm（2 开）
定价：CNY0.15

J0046385

江姐　高士良，郝惠芬作

天津　天津美术出版社　1965 年　53cm（4 开）
定价：CNY0.08

J0046386

江姐　龚景充作

杭州　浙江人民美术出版社　1965 年
76cm（2 开）定价：CNY0.15

J0046387

江南春光　王石岑作

[合肥] 安徽人民出版社　1965 年 [1 张]
107cm（全开）定价：CNY0.30

J0046388

讲家史　陈瑞山作

[潍坊] 潍县杨家埠木版年画社　1965 年 [1 张]
38cm（8 开）定价：CNY0.02

J0046389

讲科学　看日食　徐寄萍作

上海　上海人民美术出版社　1965 年
76cm（2 开）定价：CNY0.15

　　作者徐寄萍（1919—2005），上海人。曾任上海美术家协会会员、上海人民美术出版社特约年画作者等职。主要作品有《帮妈妈做事》《学雷锋做好事》《擦亮眼睛》等。

J0046390

交通新貌图　章育青作

上海　上海人民美术出版社　1965 年
76cm（2 开）定价：CNY0.15

　　作者章育青（1909—1993），画家。浙江慈溪人。上海人民美术出版社年画专业画家。作品《上海大世界》《元宵灯》《上海外滩》《南京长江大桥》等。

J0046391

教师来访　李诗唐，孙明堂作

北京　人民美术出版社　1965 年　76cm（2 开）
定价：CNY0.15

J0046392

解放军的文艺表演

[北京] 中国电影出版社　1965 年　76cm（2 开）
定价：CNY0.15

J0046393

解放军野营训练图　申云萍，韩敏作

上海　上海人民美术出版社　1965 年 [1 张]
76cm（2 开）定价：CNY0.15

　　作者韩敏（1929—　　），连环画、年画画家。浙江杭州人。历任上海人民美术出版社创作员、上海书画研究院院长、中国美术家协会委员、上海市美术家协会理事、上海文史馆馆员。代表作品有《郑板桥》等。

J0046394

紧握枪杆　李希玉作

兰州　甘肃人民出版社　1965 年　1 张 53cm（4 开）
定价：CNY0.08

J0046395

紧握枪杆　革命到底　高季方作

兰州 甘肃人民出版社 1965 年 1 张 76cm（2 开）
定价：CNY0.15

J0046396
紧握枪杆 革命到底　高季方作
武汉 湖北人民出版社 1965 年 1 张 53cm（4 开）
定价：CNY0.08

J0046397
紧握手中枪，永作革命人　（汉、壮文对照版）方犂作
南宁 广西壮族自治区人民出版社 1965 年 1 张 53cm（4 开）定价：CNY0.08

J0046398
紧握手中枪，永作革命人　（汉、壮文对照版）方犂作
南宁 广西壮族自治区人民出版社 1965 年 1 张 76cm（2 开）定价：CNY0.15

J0046399
锦绣河山添秀丽 英雄儿女学雷锋　苏以作
广州 广东人民出版社 1965 年 1 张 53cm（4 开）
定价：CNY0.08

J0046400
精选良种　金梅生，金培庚作
[杭州] 浙江人民美术出版社 1965 年 [1 张]
76cm（2 开）定价：CNY0.15
　　作者金梅生（1902—1989），画家。别名石摩，上海人。曾于商务印书馆美术科专门从事月份牌绘画，上海市文史馆馆员、上海人民美术出版社特约年画家。作品有《新中国的歌声》《秀女饲养员》《花木兰》等。

J0046401
井冈山上话当年　施绍辰作
[南昌] 江西人民出版社 1965 年 [1 张]
76cm（2 开）定价：CNY0.15
　　作者施绍辰（1939— ），油画家。祖籍浙江湖州，毕业于中国美术学院油画系。历任中国美术学院教授、学术委员会委员，中国美术学院附中校长，浙江美术家协会常务理事，浙江油画家协会副会长。出版专题油画集《撒哈拉风情》。

J0046402
景阳岗十姊妹　郝丕玉，王辉亮作
济南 山东人民出版社 1965 年 76cm（2 开）
定价：CNY0.15

J0046403
巨轮试航　张碧梧作
北京 人民美术出版社 1965 年 [1 张]
38cm（6 开）定价：CNY0.08
　　作者张碧梧（1905—1987），画家。江苏江阴人。曾任上海人民美术出版社特约年画作者、中国美术家协会会员。代表作品有《百万雄师渡长江》《养小鸡捐飞机》等。

J0046404
军民联防 保卫祖国　陈谷平作
南京 江苏人民出版社 1965 年 2 张 78cm（2 开）
定价：CNY0.20
　　作者陈谷平（1920— ），江苏扬州人。大学文化。原扬州市国画院画师。中国美术家协会江苏分会会员。擅长年画、国画。作品有《戏鱼图》《门画》等。

J0046405
军民之间　朱旭，茅织云作
长沙 湖南人民出版社 1965 年 1 张 76cm（2 开）
定价：CNY0.15

J0046406
开山引水干劲高 改变山区旧面貌　施邦华作
北京 人民美术出版社 1965 年 [1 张]
76cm（2 开）定价：CNY0.15

J0046407
看谁瞄的准　李雅茹作
长春 吉林人民出版社 1965 年 76cm（2 开）
定价：CNY0.15

J0046408
科学种田夺丰收　吕学勤作
上海 上海人民美术出版社 1965 年 [1 张]
76cm（2 开）定价：CNY0.15
　　作者吕学勤（1936—1993），画家。别名理园，山东临朐人。历任中国美术家协会理事、山东美

术家协会副主席、山东省美术馆一级美术师。代表作品有《雨后江山分外明》《春风得意图》《科研小组》等。

J0046409
刻碑 陈开民画
[长春] 吉林人民出版社 1965年 [1张]
76cm（2开）定价：CNY0.15

J0046410
苦练杀敌本领 大搞科学实验 吴永清作
贵阳 贵州人民出版社 1965年 1张 76cm（2开）
定价：CNY0.15

J0046411
苦练硬功夫 争当神枪手 陈政明，陈政趾作
上海 上海人民美术出版社 1965年 [1张]
76cm（2开）定价：CNY0.15
　　作者陈政明（1941— ），画家。广东普宁人，毕业于汕头市师范学校。历任中国美术家协会理事、广东美术家协会中国画艺术委员会副主任、汕头市美术家协会主席、汕头中国画院院长、国家一级美术师。代表作《南海晨曲》《特区姑娘》《夕阳红》等，出版有《陈政明画集》《陈政明国外写生画集》等。

J0046412
夸神枪手 郑学恭作
福州 福建人民出版社 1965年 76cm（2开）
定价：CNY0.15

J0046413
葵花开放朝太阳 王兆相，谭国信作
[济南] 山东人民出版社 1965年 [1张]
76cm（2开）定价：CNY0.15

J0046414
劳武结合 江德悦作
[济南] 山东人民出版社 1965年 [1张]
76cm（2开）定价：CNY0.15

J0046415
劳武结合 靳冠山作
太原 山西人民出版社 1965年 1张 53cm（4开）

定价：CNY0.08

J0046416
劳武结合 孔樱作
昆明 云南人民出版社 1965年 53cm（4开）
定价：CNY0.08

J0046417
劳武结合 全民皆兵 古月作
成都 四川人民出版社 1965年 1张 76cm（2开）
定价：CNY0.15

J0046418
牢记主席话 承做革命人 王伟戍作
上海 上海人民美术出版社 1965年
76cm（2开）定价：CNY0.15

J0046419
牢记主席话 承做革命人 王伟戍作
上海 上海人民美术出版社 1965年
38cm（8开）定价：CNY0.04

J0046420
老师来了 张伯瑷，乔文科作
石家庄 河北人民美术出版社 1965年
76cm（2开）定价：CNY0.15

J0046421
老书记
[潍坊] 潍县家埠木版年画社 1965年 [1张]
38cm（2开）定价：CNY0.02

J0046422
雷锋
天津 天津德裕公 1965年 [1轴]

J0046423
雷锋
[北京] 中国电影出版社 1965年 2张
76cm（2开）定价：CNY0.30

J0046424
李双双
潍坊 潍县杨家埠木版年画社 1965年 2张
76cm（2开）定价：CNY0.18

J0046425
连年庆功　陈有吉作；易和元配诗
北京 人民美术出版社 1965 年［1 张］
76cm（2 开）定价：CNY0.15

J0046426
练好本领 保卫祖国　杨馥如，杨雨青作
［南京］江苏人民出版社 1965 年［1 张］
76cm（2 开）定价：CNY0.15
　　作者杨馥如（1918—1992），江苏无锡人。曾
任进艺辉图片社设计室主任。代表作品有《十二
生肖娃娃图》《万象更新》《庆丰收》《农家乐》
等。作者杨雨青（1944—　　），国家一级美术师。
出生于江苏无锡，毕业于南京艺术学院附中。中
国美术家协会会员、无锡市书画院国家一级美术
师，专业从艺 60 载。代表作品有《红肚兜儿》《水
牛图》《卖驴》等。

J0046427
**练好本领时刻准备狠击侵略者 加强训练
随时听从祖国召唤**　冯显通作
成都 四川人民出版社 1965 年 1 张 53cm（4 开）
定价：CNY0.08

J0046428
练好杀敌本领 夺取粮食丰收　孔樱作
昆明 云南人民出版社 1965 年 1 张 53cm（4 开）
定价：CNY0.08

J0046429
练好杀敌本领 夺取粮食丰收　孔樱作
昆明 云南人民出版社 1965 年 1 张 76cm（2 开）
定价：CNY0.15

J0046430
练杀敌本领 走大寨之路　彭吕作
［西安］长安美术出版社 1965 年 1 张
76cm（2 开）定价：CNY0.15

J0046431
练武讲评　（汉、藏文对照版）马西光作
［兰州］甘肃民族出版社 1965 年［1 张］
76cm（2 开）定价：CNY0.15

J0046432
练硬功　全祝明作
［石家庄］河北人民美术出版社 1965 年［1 张］
76cm（2 开）定价：CNY0.15

J0046433
良种鉴定　邵念慈，陈菊仙作
上海 上海人民美术出版社 1965 年［1 张］
76cm（2 开）定价：CNY0.15
　　作者陈菊仙（1929—　　），女，浙江温州人。
毕业于中央美术学院华东分院。擅长年画。上
海人民美术出版社画家。主要作品有《捉麻雀》
《个个争当小雷锋》《共同富万家乐》等。著有《年
画述要》。

J0046434
辽宁工业颂　任梦璋等作
沈阳 辽宁美术出版社 1965 年 2 张 76cm（2 开）
定价：CNY0.30
　　作者任梦璋（1934—　　），画家，教授。河北
束鹿（现辛集市）人，毕业于中央美术学院。曾
任鲁迅美术学院教授、中国美术家协会会员、辽
宁美术家协会顾问。代表作品《平型关大捷》《攻
克锦州》《秋色》等。

J0046435
邻里新风　乐小英作
上海 上海人民美术出版社 1965 年［1 张］
76cm（2 开）定价：CNY0.15
　　作者乐小英（1921—1984），原名乐汉英，笔
名守松、锹嘉，浙江镇海人。先后任《大报》《亦
报》美术编辑和《新民晚报》美术组组长，中国美
术家协会上海分会漫画组组长。主要作品有《刘
胡兰》《五彩路》《乐小英儿童连环画选》等，出
版有《大家做好事》《动脑筋爷爷》《乐小英儿童
漫画集》等。

J0046436
林海娘子军　翁开恩，曾宪龙画；朱羽文
福州 福建人民出版社 1965 年 4 张 53cm（4 开）
定价：CNY0.30
　　作者翁开恩（1939—　　），教授。号竹啸庄
人，福建莆田人。历任福建师范大学美术系副教
授，福建画院、福州画院、福建政协画师，中国
美术家协会会员，福建美术家协会理事。出版有

《翁开恩画集》《翁开恩写生》《翁开恩画辑》等。
作者朱羽，连环画艺术家。作品有《近代中国演
义（下）》《中国传统连环画精选》《林则徐戒烟》
《大闹铁佛寺》《现代故事画库·坪寨风雷》等。

J0046437
岭上青松　　杜连仁作
［沈阳］辽宁美术出版社 1965 年［1 张］
76cm（2 开）定价：CNY0.15

J0046438
炉前喜讯　　杜玉曦作
［太原］山西人民出版社 1965 年［1 张］
76cm（2 开）定价：CNY0.15

J0046439
陆上胜猛虎　水中赛蛟龙　　贺飞白作
武汉 湖北人民出版社 1965 年 1 张 76cm（2 开）
定价：CNY0.15

J0046440
绿化祖国　　张金花仿作
［潍坊］潍县杨家埠木版年画社 1965 年［1 张］
38cm（8 开）定价：CNY0.02

J0046441
麦收服务队　　栾业礼作
济南 山东人民出版社 1965 年 76cm（2 开）
定价：CNY0.15

J0046442
麦收上场　　吕学勤作
［潍坊］潍县杨家埠木版年画社 1965 年［1 张］
76cm（2 开）定价：CNY0.02
　　作者吕学勤（1936—1993），画家。别名理园，
山东临朐人。历任中国美术家协会理事、山东美
术家协会副主席、山东省美术馆一级美术师。代
表作品有《雨后江山分外明》《春风得意图》《科
研小组》等。

J0046443
毛泽东思想放光芒　　阎茂如等作
天津 天津美术出版社 1965 年 2 张 76cm（2 开）
定价：CNY0.30
　　编者阎茂如（1925—　　），曾任天津市文联委

员、中国美术家协会天津分会常务理事。

J0046444
毛主席，我们永远跟着您前进！
［北京］中国电影出版社 1965 年［1 张］
76cm（2 开）定价：CNY0.15

J0046445
毛主席的好战士雷锋　　李慕白作
石家庄 河北人民美术出版社 1965 年
76cm（2 开）定价：CNY0.15

J0046446
毛主席的教导永远记在心！
北京 中国电影出版社 1965 年 53cm（4 开）
定价：CNY0.08

J0046447
毛主席故乡——韶山　　美协湖南分会创作
组作
长沙 湖南人民出版社 1965 年 78cm（2 开）
定价：CNY0.10

J0046448
毛主席和各国朋友在一起　　艺岚作
合肥 安徽人民出版社 1965 年 76cm（2 开）
定价：CNY0.20

J0046449
毛主席和女民兵在一起　　王德娟作
北京 人民美术出版社 1965 年 76cm（2 开）
定价：CNY0.15
　　作者王德娟（1932—　　），教授。江苏武进
人，毕业于中央美术学院。中央美术学院附中副
教授、中国美术家协会会员。代表作品有《毛主
席和女民兵》《芬芳满人间》等。出版有《王德娟
油画选》《毕克官、王德娟——油画、素描、漫画
集》《王德娟画集》。

J0046450
毛主席和青年农民　　张福龙作
天津 天津美术出版社 1965 年 76cm（2 开）
定价：CNY0.15
　　作者张福龙（1942—　　），画家。天津人。曾
任天津杨柳青画社、天津画院专业画家等职。主

要作品有《毛主席和青年农民》《杨柳春风》《山娃》等。

J0046451
毛主席和青年农民　张福龙作
天津　天津人民美术出版社 1972 年
76cm（2 开）定价：CNY0.14

J0046452
毛主席和青年农民　张福龙作
北京　人民美术出版社 1977 年 39cm（8 开）
定价：CNY0.14

J0046453
毛主席和我们在一起　文兵作
合肥　安徽人民出版社 1965 年 76cm（2 开）
定价：CNY0.15

J0046454
毛主席和我们在一起　忻礼良作
天津　天津德裕公 1965 年［1 轴］
　　作者忻礼良（1913—？），浙江鄞县人。擅长年画。曾任上海画片出版社特约作者、上海人民美术出版社创作人员等职。代表作品有《毛主席和我们在一起》《姑嫂选笔》《拾到五分钱》等。

J0046455
毛主席话儿记心上　李江鸿作
石家庄　河北人民美术出版社 1965 年
76cm（2 开）定价：CNY0.15

J0046456
毛主席接见少数民族青年代表　李慕白作
天津　天津美术出版社 1965 年 76cm（2 开）
定价：CNY0.15

J0046457
毛主席夸我们的枪法好　马璩作
北京　人民美术出版社 1965 年 76cm（2 开）
定价：CNY0.15
　　作者马璩（1937—　），国画家、水彩画家。笔名梅山，字清源，又号司马清源，九峰画室主人。山西清徐县人，毕业于中央美术学院国画系。北京画院专职画家、中国美术家协会会员、国家一级美术师。代表作有《还我河山》《黄河之水

天上来》《日日夜夜》《秋爽斋》《李清照》等。

J0046458
毛主席是咱社里人　吉林省艺术学校美术系画
［长春］吉林人民出版社 1965 年［1 张］
76cm（2 开）定价：CNY0.15

J0046459
毛主席万岁　刘仲元作
贵阳　贵州人民出版社 1965 年 1 张 53cm（4 开）
定价：CNY0.08

J0046460
毛主席万岁　廖炯模作
沈阳　辽宁美术出版社 1965 年 76cm（2 开）
定价：CNY0.15

J0046461
毛主席万岁　钱大昕，哈琼文作
上海　上海人民美术出版社 1965 年
107cm（全开）定价：CNY0.30

J0046462
毛主席万岁　钱大昕，哈琼文作
上海　上海人民美术出版社 1965 年
76cm（2 开）定价：CNY0.15

J0046463
毛主席万岁　钱大昕，哈琼文作
上海　上海人民美术出版社 1965 年 107c（全开）
定价：CNY0.04

J0046464
毛主席万岁　阎善盛作
天津　天津美术出版社 1965 年 76cm（2 开）
定价：CNY0.15

J0046465
毛主席在天安门上　李慕白作
天津　天津美术出版社 1965 年 2 版
76cm（2 开）定价：CNY0.15

J0046466
毛主席在天安门上

北京 中国电影出版社 1965 年 53cm（4 开）
定价：CNY0.08

J0046467
毛主席著作越学心里越亮堂 毛泽东思想
用在哪里哪里灵　陈惠明作
武汉 湖北人民出版社 1965 年 1 张 53cm（4 开）
定价：CNY0.08
　　作者陈惠明（1933— ），湖北嘉鱼人，毕业
于中南美术专科学校。中国美术家协会会员、湖
北省美术家协会理事、中国连环画研究会常务理
事、湖北连环画研究会会长。曾为《中国历代寓
言选》《长诗望红台》《古寓言今译》等图书作国
画插图。

J0046468
毛主席著作越学心里越亮堂 毛泽东思想
用在哪里哪里灵　陈惠明作
武汉 湖北人民出版社 1965 年 2 张 53cm（4 开）
定价：CNY0.30

J0046469
毛主席著作越学心里越亮堂 毛泽东思想
用在哪里哪里灵　陈惠明作
武汉 湖北人民出版社 1965 年 1 张 76cm（2 开）
定价：CNY0.15

J0046470
煤店新工人
天津 天津杨柳青画店 1965 年［1 张］
53cm（4 开）

J0046471
门画　杜重划，刘嘉祥绘
南京 江苏人民出版社 1965 年 2 张 76cm（2 开）
定价：CNY0.22

J0046472
门画年画缩样　（1965）
广州 广东人民出版社［1965 年］13×19cm

J0046473
棉农来访　辛鹤江作
［石家庄］河北人民美术出版社 1965 年［1 张］
76cm（2 开）定价：CNY0.15

　　作者辛鹤江（1941— ），河北安新人。毕
业于天津美术学院。擅长中国画。曾任河北美
术家协会副主席，连环画研究会副会长，河北美
术出版社社长兼总编辑、编审等职。代表作有
《棉农来访》《周总理和小演员在一起》《敌情急》
《老英雄回到雁翎队》等。

J0046474
苗族女民兵　（湘西苗族鼓舞）
昆明 云南人民出版社 1965 年 53cm（4 开）
定价：CNY0.08

J0046475
民兵比武大会　杨松林，陈宏仁作
上海 上海人民美术出版社 1965 年［1 张］
76cm（2 开）定价：CNY0.15

J0046476
民兵比武大会　杨松林，陈宏仁作
上海 上海人民美术出版社 1965 年［1 张］
53cm（4 开）定价：CNY0.25

J0046477
民兵比武大会　杨松林，陈宏仁作
上海 上海人民美术出版社 1965 年［1 张］
78cm（7 开）定价：CNY0.25

J0046478
民兵练武　陈绪初作
武汉 湖北人民出版社 1965 年 76cm（2 开）
定价：CNY0.15

J0046479
民兵两姊妹　黄宝荪作
济南 山东人民出版社 1965 年 76cm（2 开）
定价：CNY0.15

J0046480
民兵图　李奎根作
沈阳 辽宁美术出版社 1965 年 2 张 76cm（2 开）
定价：CNY0.30

J0046481
牡丹　赵梦朱作
沈阳 辽宁美术出版社 1965 年 76cm（2 开）

定价: CNY0.15

作者赵梦朱(1892—1985),花鸟画家、教授。原名恩熹,号明湖,河北雄县人。历任京华美术学院、华北艺术专科学校教授,中国美术家协会会员。

J0046482
牧童班　肖赛明作;江南春着色
南昌　江西人民出版社 1965 年　76cm(2 开)
定价: CNY0.15

J0046483
那达慕盛会　包世学作
北京　人民美术出版社 1965 年　2 张 76cm(2 开)
定价: CNY0.30

J0046484
南方来信　陈三百编文;黄克勤摄
武汉　湖北人民出版社 1965 年　2 张 76cm(2 开)
定价: CNY0.30

J0046485
南方来信　杜滋龄作
天津　天津美术出版社 1965 年　2 张 76cm(2 开)
定价: CNY0.30

作者杜滋龄(1941—　　),教授。生于天津,毕业于中国美术学院中国画系研究生班。历任中国画学会副会长、中国艺术研究院博士生导师、南开大学教授、天津美术家协会副主席。代表作品《帕米尔初雪》《古老的歌》《大漠行》等。

J0046486
南海长城　湖北人民出版社编文;彭志雄作
武汉　湖北人民出版社 1965 年　2 张 76cm(2 开)
定价: CNY0.30

J0046487
南海长城
上海　上海人民美术出版社 1965 年
107cm(全开)定价: CNY0.30

J0046488
南海长城　华三川画;吴文焕编文
上海　上海人民美术出版社 1965 年　2 张
76cm(2 开)定价: CNY0.30

作者华三川(1930—2004),画家。浙江镇海人。中国美术家协会会员、上海美术家协会理事、上海少年儿童出版社专业画家、上海市文史研究馆馆员。代表作品《华三川仕女画集》《华三川绘新百美图》《锦瑟年华》等。

J0046489
南海长城
天津　天津杨柳青画店 1965 年　53cm(4 开)
定价: CNY0.09

J0046490
能文能武建设社会主义新农村 又红又专培养革命事业接班人　赵宋生、魏兰芳作
昆明　云南人民出版社 1965 年　1 张 76cm(2 开)
定价: CNY0.15

J0046491
霓虹灯下的哨兵　李成勋画;刘光文
沈阳　辽宁美术出版社 1965 年　2 张 76cm(2 开)
定价: CNY0.30

J0046492
你追我赶　庞亦鹏,庞卡作
[杭州]浙江人民美术出版社 1965 年 [1 张]
76cm(2 开)定价: CNY0.15

作者庞卡(1935—　　),画家。又名庞抱俊。上海人。历任上海人民美术出版社年画编辑、创作员。作品有《从小爱科学》《秧苗青青春来早》《爱人民》等。

J0046493
年画集锦　钱大昕等作
上海　上海人民美术出版社 1965 年
76cm(2 开)定价: CNY0.15

J0046494
年画集锦　郑通校等作
上海　上海人民美术出版社 1965 年
76cm(2 开)定价: CNY0.15

J0046495
年画缩样　(1965)安徽人民出版社编
合肥　安徽人民出版社 1965 年　13×19cm

J0046496
年画缩样 （1965）吉林人民出版社编
长春 吉林人民出版社 1965 年 13×19cm

J0046497
年青一代四海创业立功 红色种子到处生根发芽 韩敏,凌健作
南京 江苏人民出版社 1965 年 2 张 53cm（4 开）
定价：CNY0.20
　　作者韩敏(1929—)，连环画、年画画家。浙江杭州人。历任上海人民美术出版社创作员、上海书画研究院院长、中国美术家协会委员、上海市美术家协会理事、上海文史馆馆员。代表作品有《郑板桥》等。

J0046498
农村文化室 张光照等作
[西安] 长安美术出版社 1965 年 [1 张]
76cm（2 开）定价：CNY0.15

J0046499
农村新事 朱迪,于雁作；绥民诗
合肥 安徽人民出版社 1965 年 4 张 53cm（4 开）
定价：CNY0.30

J0046500
努力实现四个现代化 王伟成,陈菊仙作
上海 上海人民美术出版社 1965 年 4 张
53cm（4 开）定价：CNY0.20
　　作者陈菊仙(1929—)，女，浙江温州人。毕业于中央美术学院华东分院。擅长年画。上海人民美术出版社画家。主要作品有《捉麻雀》《个个争当小雷锋》《共同富万家乐》等。著有《年画述要》。

J0046501
女飞行员 湖北人民出版社编文；黄克勤摄
武汉 湖北人民出版社 1965 年 2 张 76cm（2 开）
定价：CNY0.30

J0046502
女炮兵 李百钧作
北京 人民美术出版社 1965 年 76cm（2 开）
定价：CNY0.15

J0046503
女拖拉机手
[潍坊] 潍县杨家埠木版年画社 1965 年 [1 张]
38cm（2 开）定价：CNY0.02

J0046504
欧阳海 李武英作
[武汉] 湖北人民出版社 1965 年 [1 张]
76cm（2 开）定价：CNY0.15

J0046505
欧阳海 陈白一作
[长沙] 湖南人民出版社 1965 年 [1 张]
76cm（2 开）定价：CNY0.15
　　作者陈白一(1926—2014)，美术师。湖南邵阳人，毕业于华中艺术专科学校。历任湖南书画研究院院长、中国当代工笔画学会副会长、湖南省美术家协会顾问、湖南师范大学艺术学院客座教授。代表作品《听壁脚》《喜丰收》《工农联盟》等。

J0046506
贫下中农参观农具厂 仓小义作
北京 人民美术出版社 1965 年 [1 张]
76cm（2 开）定价：CNY0.15

J0046507
贫下中农代表参观工业展览会 戴松耕作
上海 上海人民美术出版社 1965 年 [1 张]
76cm（2 开）定价：CNY0.15

J0046508
贫下中农代表参观水轮泵 王维宝作
[福州] 福建人民出版社 1965 年 [1 张]
76cm（2 开）定价：CNY0.15
　　作者王维宝(1942—)，画家。福建晋江人，毕业于广州美术学院附中。历任中国美术家协会会员、广东美术家协会常务理事、广东画院专业画家等。代表作品《捉麻雀》《霞染渔村》《女炮班》等。

J0046509
贫下中农协会红旗飘 韩敏作
上海 上海人民美术出版社 1965 年 [1 张]
76cm（2 开）定价：CNY0.15

作者韩敏(1929—　)，连环画、年画画家。浙江杭州人。历任上海人民美术出版社创作员、上海书画研究院院长、中国美术家协会委员、上海市美术家协会理事、上海文史馆馆员。代表作品有《郑板桥》等。

J0046510

贫下中农赞　陈毓和，孙仁英作
福州　福建人民出版社　1965年　4张53cm（4开）定价：CNY0.30

作者孙仁英(1933—　)，美术家。福建仙游县人。中国美术家协会会员，福建省文史馆馆员，福建省美术家协会理事，仙游李耕国画研究所名誉所长、高级美术师。作品有《女娲补天》《铸剑图》《竹林七贤》《桔颂》《夸父逐日》等。

J0046511

贫下中农赞　纪宇作
天津　天津美术出版社　1965年　2张76cm（2开）定价：CNY0.30

J0046512

苹果丰收　忻礼良作
天津　天津美术出版社　1965年　[1张]
76cm（2开）定价：CNY0.15

J0046513

气象哨
[潍坊]潍县杨家埠木版年画社　1965年　[1张]
38cm（8开）定价：CNY0.02

J0046514

汽车开到荆竹寨
[长沙]湖南人民出版社　1965年　[1张]
53cm（4开）定价：CNY0.08

J0046515

千里探亲人　薛俊一作
北京　人民美术出版社　1965年　[1张]
76cm（2开）定价：CNY0.15

J0046516

千万不要忘记　王角作；天津杨柳青画店装裱
天津　天津杨柳青画店　1965年　1轴
76cm（2开）

作者王角(1917—1995)，画家。吉林九台人，别名大坷，毕业于辽宁美术专科学校。历任《东北画报》社美术记者，人民美术出版社美术编辑、创作室创作员。作品有《花径》《金色的谷》《江姐》等。

J0046517

枪杆子是咱们的革命传家宝　刘腾超作
[西安]长安美术出版社　1965年　[1张]
76cm（2开）定价：CNY0.15

J0046518

勤俭办社　勤俭持家　郑玉崐，耿炳伦作
郑州　河南人民出版社　1965年　1张53cm（4开）定价：CNY0.08

J0046519

勤俭节约一字歌　松青作
天津　天津美术出版社　1965年　76cm（2开）定价：CNY0.15

J0046520

勤学苦练保卫祖国　奋发图强建设农村　吴雪熊，周昭坎作
合肥　安徽人民出版社　1965年　1张76cm（2开）定价：CNY0.15

J0046521

青松岭
天津　天津杨柳青画店　1965年　[1张]
53cm（4开）

J0046522

轻骑兵　张碧作；天津杨柳青画店装裱
天津　天津杨柳青画店　1965年　[1轴]

J0046523

请教　赵栓造作
[石家庄]河北人民美术出版社　1965年　[1张]
76cm（2开）定价：CNY0.15

J0046524

邱少云　米立权作
成都　四川人民出版社　1965年　78cm（2开）定价：CNY0.15

作者米立权,四川美术学院附中任教。

J0046525
求革命知识 学劳动本领　杨松青作
福州 福建人民出版社 1965 年 1 张 78cm（2 开）
定价：CNY0.10

J0046526
泗渡演习 战胜江河　张琳,浦冬作
上海 上海人民美术出版社 1965 年［1 张］
76cm（2 开）定价：CNY0.15

J0046527
全国各民族大团结万岁　杨俊生作
上海 上海人民美术出版社 1965 年［1 张］
76cm（2 开）定价：CNY0.15
　　作者杨俊生（1909—1981）,出生于安徽安庆。曾任上海人民美术出版社、上海画版出版社特约作者,上海美术家协会年画组组长等职。代表作品有《岳母刺字》《夜战马超》《大闹天宫》《贵妃醉酒》等。

J0046528
全国少数民族业余艺术表演
［北京］中国电影出版社 1965 年 76cm（2 开）
定价：CNY0.15

J0046529
全家光荣　林德宏作
［昆明］云南人民出版社 1965 年［1 张］
76cm（2 开）定价：CNY0.15

J0046530
全家光荣　林德宏作
［昆明］云南人民出版社 1965 年［1 张］
53cm（4 开）定价：CNY0.08

J0046531
全家争五好 好了还要好　莫伯华作
上海 上海人民美术出版社 1965 年［1 张］
76cm（2 开）定价：CNY0.15

J0046532
全民皆兵 保卫祖国
［北京］中国电影出版社 1965 年［1 张］

76cm（2 开）定价：CNY0.15

J0046533
全民皆兵 巩固国防　孙新元作
［西安］长安美术出版社 1965 年 1 张
76cm（2 开）定价：CNY0.15

J0046534
全世界人民团结起来　王大仁作
［合肥］安徽人民出版社 1965 年［1 张］
76cm（2 开）定价：CNY0.15

J0046535
热爱劳动　李慕白作
北京 人民美术出版社 1965 年 76cm（2 开）
定价：CNY0.15
　　作者李慕白（1913—1991）,画家。生于浙江海宁。历任中国民主同盟会成员、中国美术家协会会员、上海人民美术出版社特约年画作者。出版有《李慕白、金雪尘年画选集》。

J0046536
热爱劳动　杜传芬作
［潍坊］潍县杨家埠木版年画社 1965 年
38cm（6 开）定价：CNY0.02

J0046537
人红谷满场 高产更高产　谢慕连作
上海 上海人民美术出版社 1965 年［1 张］
76cm（2 开）定价：CNY0.15

J0046538
人红谷满场 高产更高产　谢慕连作
上海 上海人民美术出版社 1965 年［1 张］
38cm（8 开）定价：CNY0.04

J0046539
人民的勤务员　李慕白,金雪尘作
上海 上海人民美术出版社 1965 年［1 张］
76cm（2 开）定价：CNY0.15
　　作者金雪尘（1904—1996）,画家。上海嘉定人。曾任上海图片出版社、上海人民美术出版社特约记者。代表作有《武松打虎》《春江花月夜》《金鱼舞》。

J0046540

人民好车站　张秀山作

［沈阳］辽宁美术出版社 1965 年［1 张］

76cm（2 开）定价：CNY0.15

J0046541

人强马壮闹春耕　孔小瑜，徐欣民作

［合肥］安徽人民出版社 1965 年［1 张］

76cm（2 开）定价：CNY0.15

　　作者孔小瑜（1899—1984），画家、教授。原名宪英，生于浙江慈溪。历任安徽画院副院长、安徽艺术学校教授。代表作品有《牡丹》《四季平安》《欣欣向荣》《百花争艳》《战袍诗》等。

J0046542

人人爱科学 户户读书声　霍起，区本泉作

郑州 河南人民出版社 1965 年 1 张 53cm（4开）

定价：CNY0.08

J0046543

塞上儿女　彭江浩作

［太原］山西人民出版社 1965 年［1 张］

76cm（2 开）定价：CNY0.15

J0046544

赛马去　慈旭，刘生展作

天津 天津美术出版社 1965 年［1 张］

76cm（2 开）定价：CNY0.15

　　作者刘生展（1938—2016），画家，一级美术师。别名塞城。内蒙古丰镇人。历任河北省张北县文化馆馆长、张家口市美术家协会名誉主席、中国美术家协会会员、中华炎黄文化研究会会员、中日美术交流协会会员、察哈尔书画院名誉院长。作品有《草原女民兵》《赛马去》《多为农业选俊马》《草原盛会》等。出版《怎样画马》《三国志人物绘卷》《马的描法》等。

J0046545

三代民兵　吕学勤作

上海 上海人民美术出版社 1965 年

76cm（2 开）定价：CNY0.15

　　作者吕学勤（1936—1993），画家。别名理园，山东临朐人。历任中国美术家协会理事、山东美术家协会副主席、山东省美术馆一级美术师。代表作品有《雨后江山分外明》《春风得意图》《科

研小组》等。

J0046546

三少年英勇机智救火车　李慕白作

北京 人民美术出版社 1965 年 76cm（2 开）

定价：CNY0.15

J0046547

三少年英勇机智救火车　李慕白作

北京 人民美术出版社 1965 年 53cm（4 开）

定价：CNY0.08

J0046548

桑园姐妹　吴哲夫作

［杭州］浙江人民美术出版社 1965 年［1 张］

76cm（2 开）定价：CNY0.15

　　作者吴哲夫，画家。擅长年画。师从杭稺英，在上海"稺英画室"工作，长期共事，集体创作，被称为"杭派"月份牌画家。作品有《节日的食堂》《向解放军叔叔致敬》《老手带新手》等。

J0046549

山东姐妹学插秧　白逸如作

［济南］山东人民出版社 1965 年［1 张］

76cm（2 开）定价：CNY0.15

　　作者白逸如（1932—　　），女，画家。北京人。毕业于浙江美术学院。曾任职于山东省文化局美工室，任山东师范大学艺术系教师、天津画院专业画家。主要作品有《渔家女儿上大学》《移来南茶住北乡》《大娘的病好了》等。

J0046550

山东年画选辑　吕学勤等作

上海 上海人民美术出版社 1965 年 22 张（套）

19cm（32 开）统一书号：T8081.9304

定价：CNY0.25

J0046551

山歌晚会　陈田颂，李淑华作

［福州］福建人民出版社 1965 年［1 张］

76cm（2 开）定价：CNY0.15

J0046552

山区生产　若泉等作

合肥 安徽人民出版社 1965 年 4 张 78cm（2 开）

定价: CNY0.40

J0046553
山西年画选辑　李亨等作
上海　上海人民美术出版社 1965 年　8 张(套)
13cm(60 开) 定价: CNY0.32

J0046554
山乡新貌图　蒋孝游, 陶天月作
上海　上海人民美术出版社 1965 年
54cm(4 开) 定价: CNY0.25

J0046555
上海大世界　章育青作
上海　上海人民美术出版社 1965 年
76cm(2 开) 定价: CNY0.15
　　作者章育青(1909—1993), 画家。浙江慈溪
人。上海人民美术出版社年画专业画家。作品《上
海大世界》《元宵灯》《上海外滩》《南京长江大
桥》等。

J0046556
少年科研小组　吴哲夫作
天津　天津美术出版社 1965 年　76cm(2 开)
定价: CNY0.15

J0046557
少年信号兵　李慕白, 金雪尘作
上海　上海人民美术出版社 1965 年
76cm(2 开) 定价: CNY0.15

J0046558
社会主义的新愚公　苟聿作
[武汉] 湖北人民出版社 1965 年 [1 张]
76cm(2 开) 定价: CNY0.15

J0046559
社员的大喜事　朱旭, 茅织云作
[南京] 江苏人民出版社 1965 年 [1 张]
76cm(2 开) 定价: CNY0.15

J0046560
社员喜售丰收棉　魏瀛洲作
上海　上海人民美术出版社 1965 年 [1 张]
76cm(2 开) 定价: CNY0.15

　　作者魏瀛洲, 海派年画、宣传画家。中华人
民共和国成立初期被称为月份牌画家。作品有
《国庆节的早晨》《欢腾的农机站》《在幸福的时
代》等。

J0046561
深山探宝　陆鸿年作
[长沙] 湖南人民出版社 1965 年 [1 张]
76cm(2 开) 定价: CNY0.15
　　作者陆鸿年(1919—1989), 教师。江苏太仓
人, 毕业于辅仁大学美术系, 并留校任美术系助
教。历任中央美术学院中国画系讲师、副教授。
发表《法海神寺壁画》《永乐宫壁画艺术》《中国
古代壁画的一些成就》等研究论文。

J0046562
生产战线是能手　保卫祖国是标兵　贾宜
群作
贵阳　贵州人民出版社 1965 年　1 张 76cm(2 开)
定价: CNY0.15

J0046563
师傅下田头　艺徒四方来　李慕白, 赵升仁作
[南京] 江苏人民出版社 1965 年 [1 张]
76cm(2 开) 定价: CNY0.15
　　作者李慕白(1913—1991), 画家。生于浙江
海宁。历任中国民主同盟会成员、中国美术家协
会会员、上海人民美术出版社特约年画作者。出
版有《李慕白、金雪尘年画选集》。

J0046564
时刻准备着　谢昌一, 王文善作
北京　人民美术出版社 1965 年　76cm(2 开)
定价: CNY0.15

J0046565
拾金不昧　杭鸣时作
沈阳　辽宁美术出版社 1965 年　76cm(2 开)
定价: CNY0.15
　　作者杭鸣时(1931—　　), 画家。又名杭度,
生于上海, 祖籍浙江海宁, 毕业于鲁迅美术学
院。历任苏州城市建设环境保护学院建筑系美
术教研室主任、中国美术家协会会员。代表作品
有《夜航》《工业的粮仓》等。

J0046566

试车　王喜庆，李兆彩作

［济南］山东人民出版社 1965 年 ［1 张］

76cm（2 开）定价：CNY0.15

　　作者王喜庆（1934— ），画家。号唐王山人，另号东夷一夫，山东海阳人。历任山东炎黄书画院院长、山东画院高级画师、世界书画家协会理事、中国书画家协会会员。

J0046567

收获　漆德琰作

［南昌］江西人民出版社 1965 年 ［1 张］

76cm（2 开）定价：CNY0.15

　　作者漆德琰（1932— ），教授，画家。江西高安人，毕业于鲁迅美术学院。历任《江西画报》社编辑、江西文艺学院教师、江西革命博物馆创作员、重庆建筑大学教授、中国水彩画学会理事、重庆水彩画学会会长。擅长水彩画、油画、壁画。代表作品《井冈山会师》《石板哨小屋》《归牧》《水乡》等。出版有《漆德琰水彩画作品与技法》《漆德琰水彩画选》《水彩写生技法示范》等。

J0046568

书记下田闹春耕　张亦浩作

上海 上海人民美术出版社 1965 年 ［1 张］

76cm（2 开）定价：CNY0.15

J0046569

双枪老太婆

天津 天津杨柳青画店 1965 年 53cm（4 开）

定价：CNY0.09

J0046570

水库带来了丰收　李慕白，金雪尘作

上海 上海人民美术出版社 1965 年 ［1 张］

76cm（2 开）定价：CNY0.15

J0046571

水乡节日　刘启端作

［广州］广东人民出版社 1965 年 ［1 张］

76cm（2 开）定价：CNY0.15

　　作者刘启端（1938— ），画家。广东潮阳人。岭南美术出版社副编审、广东省出版工作者协会装帧艺术委员会会员。出版有连环画《鲁迅传》《彭湃》《叶挺》《黄兴》《寸土不让》等，国画《百牛图》《百马图》《刘启端画选》《刘启端画集》等。

J0046572

说红书赞英雄　方增先作

上海 上海人民美术出版社 1965 年 ［1 张］

76cm（2 开）定价：CNY0.15

　　作者方增先（1931— ），国画家。浙江兰溪人，毕业于浙江杭州国立艺术专科学校。历任上海美术馆馆长、中国美术家协会常务理事。出版画集《方增先人物画》《方增先水墨画诗意画》《方增先古装人物画集》等，专著有《怎样画水墨人物画》《结构素描》《人物画的造型问题》等。

J0046573

四好民兵 五好社员　黄德作

哈尔滨 黑龙江美术出版社 1965 年

76cm（2 开）定价：CNY0.15

J0046574

送饭到田间　李瑞作

［广州］广东人民出版社 1965 年 ［1 张］

76cm（2 开）定价：CNY0.15

J0046575

送货上门

［潍坊］潍县杨家埠木版年画社 1965 年 ［1 张］

53cm（4 开）定价：CNY0.15

J0046576

送货下乡　吴德椿作

［合肥］安徽人民出版社 1965 年 ［1 张］

76cm（2 开）定价：CNY0.15

J0046577

送书上山　赵卿云，王维宝作

［福州］福建人民出版社 1965 年 ［1 张］

76cm（2 开）定价：CNY0.15

　　作者王维宝（1942— ），画家。福建晋江人，毕业于广州美术学院附中。历任中国美术家协会会员、广东美术家协会常务理事、广东画院专业画家等。代表作品《捉麻雀》《霞染渔村》《女炮班》等。

J0046578
送子到农村　李冰作
[兰州] 甘肃人民出版社 1965 年 [1 张]
76cm（2 开）定价：CNY0.15

J0046579
送字上门　辛鹤江作
石家庄 河北人民美术出版社 1965 年
76cm（2 开）定价：CNY0.15
　　作者辛鹤江（1941—　），河北安新人。毕业于天津美术学院。擅长中国画。曾任河北美术家协会副主席，连环画研究会副会长，河北美术出版社社长兼总编辑、编审等职。代表作有《棉农来访》《周总理和小演员在一起》《敌情急》《老英雄回到雁翎队》等。

J0046580
苏州花鸟画小辑
上海 上海人民美术出版社 1965 年 6 张（套）
19cm（32 开）定价：CNY0.12

J0046581
塑料薄膜育秧　忻礼良，周昌谷作
上海 上海人民美术出版社 1965 年 [1 张]
76cm（2 开）定价：CNY0.15
　　作者忻礼良（1913—？），浙江鄞县人。擅长年画。曾任上海画片出版社特约作者、上海人民美术出版社创作人员等职。代表作品有《毛主席和我们在一起》《姑嫂选笔》《拾到五分钱》等。作者周昌谷（1929—1985），画家。号老谷，浙江乐清人，毕业于国立艺术专科学校，留校任教。作品有《荔枝熟了》《春》等，著有《意笔人物画技法探索》《妙语与创造》《周昌谷画选》等。

J0046582
塑料薄膜育秧　忻礼良，周昌谷作
上海 上海人民美术出版社 1965 年 [1 张]
53cm（4 开）定价：CNY0.08
　　中国现代工艺美术年画作品。

J0046583
太阳照红心　（汉、藏文对照版）钟为作
[兰州] 甘肃人民出版社 1965 年 [1 张]
76cm（2 开）定价：CNY0.15

J0046584
探亲途中　柳文田，肖志中作
[合肥] 安徽人民出版社 1965 年 [1 张]
76cm（2 开）定价：CNY0.15

J0046585
田间传艺　吴光华作
上海 上海人民美术出版社 1965 年 [1 张]
76cm（2 开）定价：CNY0.15
　　作者吴光华（1933—　），版画家。生于江西东乡，曾用笔名牧也、笑也、牧春等。中国美术家协会会员、上海人民美术出版社副编审。擅版画、年画、国画及篆刻。在江西陶瓷专业艺术学院从事了三年的绘瓷生涯。毕业于中央美术学院华东分院版画系，师从木刻家张漾兮。版画作品有《把余粮卖给国家》《村口》《新学》等，木刻连环画《党费》，木刻画《舞师图》《春》《黄河渔民》，木刻邮票《摘棉花》。

J0046586
田间课堂　徐欣民作
[合肥] 安徽人民出版社 1965 年 [1 张]
76cm（2 开）定价：CNY0.15

J0046587
听话要听党的话 戴花要戴大红花　陈衡作
南昌 江西人民出版社 1965 年 2 张 76cm（2 开）
定价：CNY0.15

J0046588
听毛主席的话 做革命接班人　林龙华作
沈阳 辽宁美术出版社 1965 年 76cm（2 开）
定价：CNY0.15

J0046589
听毛主席话 跟共产党走
天津 天津杨柳青画店 1965 年 [1 轴]

J0046590
听毛主席话 做毛主席的好学生　刘文西作
上海 上海人民美术出版社 1965 年
76cm（2 开）定价：CNY0.15
　　作者刘文西（1933—2019），生于浙江嵊州。曾任中国美术家协会顾问、陕西省文艺界联合会顾问、陕西省美术家协会副主席、西安美术学院

名誉院长、西安美术学院研究院院长、延安市副市长。重要作品有《毛主席和牧羊人》《东方》《解放区的天》和巨幅系列长卷《黄土人》等近百幅。

J0046591

同劳动 夺丰收 同练武 保国防　郑先梅，陈其铮作

广州 广东人民出版社 1965 年 1 张 53cm（4 开）

定价：CNY0.08

J0046592

同劳动 夺丰收 同练武 保国防　郑先梅，陈其铮作

广州 广东人民出版社 1965 年 1 张 76cm（2 开）

定价：CNY0.15

J0046593

童年当长工的地方　陈培光，陈菊仙作

上海 上海人民美术出版社 1965 年 [1 张]

76cm（2 开）定价：CNY0.15

　　作者陈菊仙（1929—　　），女，浙江温州人。毕业于中央美术学院华东分院。擅长年画。上海人民美术出版社画家。主要作品有《捉麻雀》《个个争当小雷锋》《共同富万家乐》等。著有《年画述要》。

J0046594

土专家

[潍坊] 潍县杨家埠木版年画社 1965 年 [1 张]

76cm（2 开）定价：CNY0.02

J0046595

拖拉机来了　李直作；天津德裕公装裱

天津 天津德裕公 1965 年 [1 轴]

J0046596

万吨水压机的诞生　盛亮贤，马乐群画；张萍摄影

上海 上海人民美术出版社 1965 年 [1 张]

76cm（2 开）定价：CNY0.15

　　作者盛亮贤（1919—2008），画家。上海青浦人。曾从事电影动画及中学美术教学工作，历任上海新美术出版社、上海人民美术出版社连环画创作室科长等职。连环画作品有《三字经》《枯木逢春》《木匠迎亲》《寻人》《三国演义》等。作

者马乐群（1933—　　），画家。上海人，曾在上海现代画室学习绘画及西洋美术史等。历任上海画片出版社年画创作员、上海美术出版社年画编辑。作品有《人民不允许浪费粮食的行为》《海防前线宣传员》《金杯红花传捷报》《激流勇进》等。

J0046597

万山红遍　辛克靖作

[武汉] 湖北人民出版社 1965 年 [1 张]

76cm（2 开）定价：CNY0.15

J0046598

威震长空　马乐群作

上海 上海人民美术出版社 1965 年 [1 张]

53cm（4 开）定价：CNY0.08

J0046599

为人民服务一辈子 学一辈子毛主席著作　范振家作

杭州 浙江人民美术出版社 1965 年

76cm（2 开）定价：CNY0.15

J0046600

为实现农业现代化贡献力量　彭召民作

上海 上海人民美术出版社 1965 年 [1 张]

76cm（2 开）定价：CNY0.15

J0046601

伟大的国际主义战士——白求恩　湖北人民出版社编文；舒华作

武汉 湖北人民出版社 1965 年 2 张 76cm（2 开）

定价：CNY0.30

J0046602

伟大的领袖 英雄的人民

北京 中国电影出版社 1965 年 76cm（2 开）

定价：CNY0.15

J0046603

伟大祖国伟大党 英雄人民英雄军　彭召民，江晋林作

四川人民出版社 1965 年 1 张 53cm（4 开）

定价：CNY0.08

J0046604
喂鸡
［潍坊］潍县杨家埠木版年画社 1965 年
53cm（4 开）定价：CNY0.05

J0046605
我们爱红书　　姜学炳作
沈阳 辽宁人民出版社 1965 年 76cm（2 开）
定价：CNY0.15

J0046606
我们的代表回来了　　吉林省艺术学校美术
系画
［长春］吉林人民出版社 1965 年 ［1 张］
76cm（2 开）定价：CNY0.15

J0046607
我们的革新成功了　　吴光华作
上海 上海人民美术出版社 1965 年 ［1 张］
76cm（2 开）定价：CNY0.15
　　作者吴光华（1933—　　），版画家。生于江西
东乡，曾用笔名牧也、笑也、牧春等。中国美术
家协会会员、上海人民美术出版社副编审。擅版
画、年画、国画及篆刻。在江西陶瓷专业艺术学
院从事了三年的绘瓷生涯。毕业于中央美术学
院华东分院版画系，师从木刻家张漾兮。版画作
品有《把余粮卖给国家》《村口》《新学》等，木
刻连环画《党费》，木刻画《舞师图》《春》《黄河
渔民》，木刻邮票《摘棉花》。

J0046608
我们的好老师　　忻礼良作
上海 上海人民美术出版社 1965 年
76cm（2 开）定价：CNY0.15
　　作者忻礼良（1913—？），浙江鄞县人。擅长
年画。曾任上海画片出版社特约作者、上海人民
美术出版社创作人员等职。代表作品有《毛主席
和我们在一起》《姑嫂选笔》《拾到五分钱》等。

J0046609
我们的好营业员　　贡振宝作
［沈阳］辽宁美术出版社 1965 年 ［1 张］
76cm（2 开）定价：CNY0.15

J0046610
我们和工人叔叔在一起　　杜玉曦作
［太原］山西人民出版社 1965 年 ［1 张］
76cm（2 开）定价：CNY0.15

J0046611
我们社里喜事多　　张笃正作
［合肥］安徽人民出版社 1965 年 ［1 张］
76cm（2 开）定价：CNY0.15

J0046612
我们是共产主义接班人　　李中贵作
北京 北京出版社 1965 年 2 张 76cm（2 开）
定价：CNY0.30

J0046613
我们是红色少年　　陶琦作
天津 天津美术出版社 1965 年 76cm（2 开）
定价：CNY0.15
　　作者陶琦（1922—2002），女，连环画家。毕
业于北平艺术专科学校。原中联书店、天津美术
出版社画家，天津文史馆馆员。创作连环画有《我
当上了学习小组长》。

J0046614
我们谈拢啦　　张碧梧作
南昌 江西人民出版社 1965 年 76cm（2 开）
定价：CNY0.15
　　作者张碧梧（1905—1987），画家。江苏江阴
人。曾任上海人民美术出版社特约年画作者、中
国美术家协会会员。代表作品有《百万雄师渡长
江》《养小鸡捐飞机》等。

J0046615
我们文化室成立了　　李明强作
兰州 甘肃人民出版社 1965 年 4 张 53cm（4 开）
定价：CNY0.30

J0046616
我们走在大路上　　潘世勋作
上海 上海人民美术出版社 1965 年 ［1 张］
76cm（2 开）定价：CNY0.15

J0046617
我娃上学了　　黄乃源作

［西安］长安美术出版社 1965 年［1 张］
76cm（2 开）定价：CNY0.15

　　作者黄乃源（1931—2004），教授。江西萍乡市人。毕业于西北艺术学院（西安美术学院前身），并留校任教。中国美术家协会会员、陕西美术家协会理事、陕西油画学会副会长。作品有《巡道工》《巨轮》《萍矿洗煤厂》等。出版画册有《黄乃源油画风景习作选》《黄乃源油画作品选》《黄乃源油画风景写生集》等。

J0046618
五好社员家　白逸如作
潍坊 潍县杨家埠木版年画社 1965 年 1 张
76cm（2 开）定价：CNY0.09

　　作者白逸如（1932—　），女，画家。北京人。毕业于浙江美术学院。曾任职于山东省文化局美工室，任山东师范大学艺术系教师、天津画院专业画家。主要作品有《渔家女儿上大学》《移来南茶住北乡》《大娘的病好了》等。

J0046619
五色牡丹　姜毅然作；天津德裕公装裱
天津 天津德裕公 1965 年［1 轴］76cm（2 开）

J0046620
武汉长江大桥　章育青作
上海 上海人民美术出版社 1965 年
76cm（2 开）定价：CNY0.15

　　作者章育青（1909—1993），画家。浙江慈溪人。上海人民美术出版社年画专业画家。作品《上海大世界》《元宵灯》《上海外滩》《南京长江大桥》等。

J0046621
喜夺丰收　臧立志作
［沈阳］辽宁美术出版社 1965 年［1 张］
76cm（2 开）定价：CNY0.15

J0046622
喜见新苗　金铭作
［南京］江苏人民出版社 1965 年［1 张］
76cm（2 开）定价：CNY0.15

J0046623
喜售丰收果　谢慕连作

上海 上海人民美术出版社 1965 年［1 张］
76cm（2 开）定价：CNY0.15

J0046624
喜送爱国粮　杨松青等作
［福州］福建人民出版社 1965 年［1 张］
76cm（2 开）定价：CNY0.15

J0046625
喜讯寄给毛主席　禹晓荣作
［武汉］湖北人民出版社 1965 年［1 张］
76cm（2 开）定价：CNY0.15

J0046626
喜迎春　（汉、壮文对照版）陈以忠等作
南宁 广西壮族自治区人民出版社 1965 年 1 张
76cm（2 开）定价：CNY0.15

　　作者陈以忠（1940—　），编辑。广东化州人，毕业于广西艺术学院美术系。历任《广西日报》高级编辑、漓江画院副院长、中国人才研究会艺术家学部委员会委员、中国美术家协会广西分会常务理事等职。出版有《报刊美编学》《实用图案设计》。

J0046627
喜迎春　（汉、壮文对照版）陈以忠等作
南宁 广西壮族自治区人民出版社 1965 年 1 张
53cm（4 开）定价：CNY0.08

J0046628
先把新书送亲人
［潍坊］潍县杨家埠木版年画社 1965 年［1 张］
53cm（4 开）定价：CNY0.05

J0046629
向革命长辈学习 做红色的接班人　米俊峰作
郑州 河南人民出版社 1965 年 1 张 53cm（4 开）
定价：CNY0.08

J0046630
向革命长辈学习 做红色的接班人　米俊峰作
郑州 河南人民出版社 1965 年 1 张 76cm（2 开）
定价：CNY0.15

J0046631
向老饲养员领教
天津　天津杨柳青画店　1965 年［1 张］
107cm（全开）定价：CNY0.25

J0046632
向母校汇报　张慧敏作
［石家庄］河北人民美术出版社　1965 年［1 张］
76cm（2 开）定价：CNY0.15

J0046633
向新愚公学习　山东艺术学校教师创作组作
［济南］山东人民出版社　1965 年［1 张］
76cm（2 开）定价：CNY0.15

J0046634
小保管上任　马正太文；罗兴，张碧梧画
南昌　江西人民出版社　1965 年　2 张 76cm（2 开）
定价：CNY0.30
　　作者罗兴（1922—1994），连环画家。别名罗
孝苹，上海人，毕业于上海大学建筑学科。曾从
事建筑室内外设计，在上海从事连环画及插图创
作。曾任上海工艺美术学校造型专业组教研组
长。作品有《库楚别依》《林海雪原》等。作者张
碧梧（1905—1987），画家。江苏江阴人。曾任上
海人民美术出版社特约年画作者、中国美术家协
会会员。代表作品有《百万雄师渡长江》《养小
鸡捐飞机》等。

J0046635
小保管上任　金梅生作
上海　上海人民美术出版社　1965 年［1 张］
76cm（2 开）定价：CNY0.15
　　作者金梅生（1902—1989），画家。别名石摩，
上海人。曾于商务印书馆美术科专门从事月份
牌绘画，上海市文史馆馆员、上海人民美术出版
社特约年画家。作品有《新中国的歌声》《秀女
饲养员》《花木兰》等。

J0046636
小保管上任　金梅生作
上海　上海人民美术出版社　1965 年［1 张］
38cm（8 开）定价：CNY0.04

J0046637
小故事员　乐小英，凌健作
上海　上海人民美术出版社　1965 年
76cm（2 开）定价：CNY0.15
　　作者乐小英（1921—1984），原名乐汉英，笔
名守松、锹嘉，浙江镇海人。先后任《大报》《亦
报》美术编辑和《新民晚报》美术组组长，中国美
术家协会上海分会漫画组组长。主要作品有《刘
胡兰》《五彩路》《乐小英儿童连环画选》等，出
版有《大家做好事》《动脑筋爷爷》《乐小英儿童
漫画集》等。

J0046638
小射手　徐德润作
哈尔滨　黑龙江美术出版社　1965 年
76cm（2 开）定价：CNY0.15

J0046639
心明眼亮　彭志雄作
［长沙］湖南人民出版社　1965 年［1 张］
76cm（2 开）定价：CNY0.15

J0046640
心向集体　耿汉作
［兰州］甘肃人民出版社　1965 年［1 张］
76cm（2 开）定价：CNY0.08

J0046641
心中有本阶级账　紧握手中革命枪　吴民
才作
武汉　湖北人民出版社　1965 年　1 张 76cm（2 开）
定价：CNY0.15

J0046642
新队长　金兰作
［哈尔滨］黑龙江美术出版社　1965 年［1 张］
76cm（2 开）定价：CNY0.15

J0046643
新谷登场　李子侯作
上海　上海人民美术出版社　1965 年［1 张］
76cm（2 开）定价：CNY0.15

J0046644
新嫁妆　吴茂全作

[福州] 福建人民出版社 1965 年 [1 张]
76cm（2 开）定价: CNY0.15

J0046645
新节目 （汉、壮文对照版）曾宪高作
[南宁] 广西壮族自治区人民出版社 1965 年
[1 张] 76cm（2 开）定价: CNY0.15
　　作者曾宪高(1937—)，国家一级美术师。
广东海丰县人，毕业于广西艺术学院。广西美术
家协会副主席、中国美术家协会会员。

J0046646
新来的饲养员　郭德祥作
[广州] 广东人民出版社 1965 年 [1 张]
76cm（2 开）定价: CNY0.15

J0046647
新内燃机车出厂　青岛四方机车厂职工业余
美术组
[济南] 山东人民出版社 1965 年 [1 张]
76cm（2 开）定价: CNY0.15

J0046648
新式结婚　尹增昌作
[潍坊] 潍县杨家埠木版年画社 1965 年 [1 张]
53cm（4 开）定价: CNY0.05

J0046649
新手　尹增昌作
[潍坊] 潍县家埠木版年画社 1965 年 [1 张]
38cm（2 开）定价: CNY0.02

J0046650
新媳妇　杨焕编; 雷德祖绘
[南宁] 广西壮族自治区人民出版社 1965 年
[1 张] 76cm（2 开）定价: CNY0.15
　　作者雷德祖(1942—1991)，连环画家、编
辑。生于广西南宁，毕业于广西艺术学院。历
任中国美术家协会会员、广西美术家协会副主
席、中国连环画研究会常务理事、《美术界》主
编。代表作有《斯巴达克思》《世界名著连环画
丛书》等。

J0046651
幸福晚年　（蒙、汉文对照版）孟喜元作

[呼和浩特] 内蒙古人民出版社 1965 年 [1 张]
76cm（2 开）定价: CNY0.15
　　作者孟喜元(1943—)，河北省曲阳县人，
毕业于内蒙古财贸干部进修学院，结业于浙江美
术学院国画人物进修班。历任内蒙古人民出版
社美术编辑室主任、国家一级美术师、内蒙古自
治区文史研究馆馆员、中国美术家协会会员、中
国连环画研究会常务理事。代表作品有《幸福晚
年》《团日》，出版有《艺用人体摄影图谱》《孟喜
元画集》等。

J0046652
胸怀祖国 放眼世界　杨永东作
武汉 湖北人民出版社 1965 年 1 张 76cm（2 开）
定价: CNY0.15

J0046653
雄关漫道真如铁 而今迈步从头越　彭彬作
北京 人民美术出版社 1965 年 76cm（2 开）
定价: CNY0.15

J0046654
修堤防洪保丰收　齐新民作
北京 人民美术出版社 1965 年 [1 张]
76cm（2 开）定价: CNY0.15

J0046655
选育良种　吴君琪作
[南京] 江苏人民出版社 1965 年 [1 张]
76cm（2 开）定价: CNY0.15

J0046656
选种
[潍坊] 潍县杨家埠木版年画社 1965 年 [1 张]
53cm（4 开）定价: CNY0.05

J0046657
选猪娃　郭重光作
天津 天津美术出版社 1965 年 [1 张]
76cm（2 开）定价: CNY0.15

J0046658
学大庆 学大寨　于行作
武汉 湖北人民出版社 1965 年 1 张 53cm（4 开）
定价: CNY0.08

J0046659

学大庆 学大寨 于行作

武汉 湖北人民出版社 1965年 1张 76cm（2开）

定价：CNY0.15

J0046660

学大庆精神 走大寨之路 白逸如，单应桂作

上海 上海人民出版社 1965年 2张 53cm（4开）

定价：CNY0.15

　　作者白逸如（1932— ），女，画家。北京人。毕业于浙江美术学院。曾任职于山东省文化局美工室，任山东师范大学艺术系教师、天津画院专业画家。主要作品有《渔家女儿上大学》《移来南茶住北乡》《大娘的病好了》等。

J0046661

学大庆人 走大寨路 建设社会主义新农村 杨焕照，保彬作

[南京]江苏人民出版社 1965年 1张 107cm（全开）定价：CNY0.30

　　作者保彬（1936— ），蒙古族，国画家。江苏南通人。毕业于南京艺术学院美术系并留校任教。南京艺术学院院长、中国美术家协会会员、江苏美术家协会理事等。主要作品有《鹤寿图》《华夏魂》《嫦娥奔月》等。专著有《纵横挥洒》《保彬画集》《黄山奇松》。

J0046662

学大寨 赶大寨 郑伊农，裘忧耀作

[合肥]安徽人民出版社 1965年 [1张] 76cm（2开）定价：CNY0.15

J0046663

学大寨 建设社会主义新农村 徐天敏作

[南京]江苏人民出版社 1965年 [1张] 76cm（2开）定价：CNY0.15

J0046664

学大寨，争五好 （汉、壮文对照版）沈复明作

南宁 广西壮族自治区人民出版社 1965年 1张 53cm（4开）定价：CNY0.08

　　作者沈复明（1935— ），画家。即沈丰明，浙江海盐人，毕业于鲁迅美术学院。负责上海人民美术出版社、广西人民出版社出版发行工作。其作品有《希望寄托在你身上》《歌唱大团结》

《备战备荒为人民》《到工农兵去》《做红色接班人》《反对帝国主义争取民族解放》《大寨花盛开》《漓水春风客舟轻》等。

J0046665

学大寨，争五好 （汉、壮文对照版）沈复明作

南宁 广西壮族自治区人民出版社 1965年 1张 76cm（2开）定价：CNY0.15

J0046666

学习大寨精神

天津 天津杨柳青画店 1965年 1张 107cm（全开）定价：CNY0.25

J0046667

学习雷锋好榜样 王角，杨兆三作

北京 人民美术出版社 1965年 2张 76cm（2开）定价：CNY0.30

　　作者王角（1917—1995），画家。吉林九台人，别名大坷，毕业于辽宁美术专科学校。历任《东北画报》社美术记者，人民美术出版社美术编辑、创作室创作员。作品有《花径》《金色的谷》《江姐》等。

J0046668

学习雷锋好榜样 贺友直作

上海 上海人民美术出版社 1965年 4张 53cm（4开）定价：CNY0.30

　　作者贺友直（1922—2016），连环画家。出生于上海，祖籍浙江宁波。曾任上海人民美术出版社编审、连环画艺术委员会主任、上海市美术家协会第四届副主席、中国连环画研究会第二届副会长等职。代表作品《朝阳沟》《山乡巨变》等。

J0046669

学习水稻丰产经验 李慕白作

[南京]江苏人民出版社 1965年 [1张] 76cm（2开）定价：CNY0.15

J0046670

学艺 张素玉作

[石家庄]河北人民美术出版社 1965年 [1张] 76cm（2开）定价：CNY0.15

作者张素玉(1944—　　)，女，画家，国家一级美术师，出生于石家庄市。历任中国美术家协会会员、石家庄市政协常委、河北省美术研究所特邀研究员、石家庄市画院画师。代表作品有《山杏》《戎冠秀》。

J0046671

延安颂　钱松嵒作

上海　上海人民美术出版社　1965 年

76cm（2 开）定价：CNY0.15

作者钱松嵒(1899—1985)，当代画家。江苏宜兴人。曾任江苏省国画院院长、名誉院长，江苏省美术家协会主席，中国美术家协会常务理事等。画作有《红岩》《延安颂》《芙蓉湖上》《山岳颂》等。代表作品有《梅园新村》《延安颂》《红岩》《井冈大瀑布》等。著作《砚边点滴》。出版物《钱松岩画集》等。

J0046672

严守海疆　马乐群作

上海　上海人民美术出版社　1965 年［1 张］

53cm（4 开）定价：CNY0.08

作者马乐群(1933—　　)，画家。上海人，曾在上海现代画室学习绘画及西洋美术史等。历任上海画片出版社年画创作员、上海美术出版社年画编辑。作品有《人民不允许浪费粮食的行为》《海防前线宣传员》《金杯红花传捷报》《激流勇进》等。

J0046673

秧　（连环画片）凌健，王子希作

［南昌］江西人民出版社　1965 年［1 张］

76cm（2 开）定价：CNY0.15

中国现代连环画年画作品。

J0046674

羊城新八景

广州　广东人民出版社　1965 年　76cm（2 开）

定价：CNY0.20

J0046675

养蚕姑娘　吉林省艺术学校美术系画

［长春］吉林人民出版社　1965 年［1 张］

76cm（2 开）定价：CNY0.15

J0046676

要做革命的接班人　方菁作

北京　人民美术出版社　1965 年　76cm（2 开）

定价：CNY0.15

J0046677

要做革命的接班人　方菁作

北京　人民美术出版社　1965 年　53cm（4 开）

定价：CNY0.08

J0046678

椰林怒火

天津　天津杨柳青画店　1965 年［1 张］

53cm（4 开）定价：CNY0.09

J0046679

夜击飞贼　张碧梧作

天津　天津美术出版社　1965 年［1 张］

76cm（2 开）定价：CNY0.15

作者张碧梧(1905—1987)，画家。江苏江阴人。曾任上海人民美术出版社特约年画作者、中国美术家协会会员。代表作品有《百万雄师渡长江》《养小鸡捐飞机》等。

J0046680

夜送宣传员　陈运义作

福州　福建人民出版社　1965 年　76cm（2 开）

定价：CNY0.15

J0046681

一本红书一片心　陈廷熙作

［长沙］湖南人民出版社　1965 年［1 张］

76cm（2 开）定价：CNY0.15

J0046682

一九六五年重版年画缩样　四川人民出版社等辑

成都　四川人民出版社　1965 年　13×19cm（32 开）

本书由四川人民出版社和四川民族出版社联合出版。

J0046683

一年更比一年好　黄乃源作

［西安］长安美术出版社　1965 年［1 张］

76cm（2 开）定价：CNY0.15

作者黄乃源(1931—2004)，教授。江西萍乡市人。毕业于西北艺术学院(西安美术学院前身)，并留校任教。中国美术家协会会员、陕西美术家协会理事、陕西油画学会副会长。作品有《巡道工》《巨轮》《萍矿洗煤厂》等。出版画册有《黄乃源油画风景习作选》《黄乃源油画作品选》《黄乃源油画风景写生集》等。

J0046684

一心跟党走　红旗代代传　晓岗作
兰州　甘肃人民出版社　1965年　1张53cm(4开)
定价：CNY0.08

J0046685

一心为集体　当家做主人　谭裕钊作
广州　广东人民出版社　1965年　1张53cm(4开)
定价：CNY0.08

作者谭裕钊(1929—)，漫画家。广东鹤山人。曾任中华书局广州编辑室美术编辑，为《少先队员》《广东青年》《商报》等报刊绘制漫画和插图，广东省美术家协会会员。作品有《古谐今译》《笑话·笑画》《益智故事精华》等。

J0046686

一心为人风格高　俞士梅，屈建国木刻
上海　上海人民美术出版社　1965年［1张］
76cm(2开)　定价：CNY0.15

J0046687

移风易俗办喜事　张霭维作
［广州］广东人民出版社　1965年［1张］
76cm(2开)　定价：CNY0.15

J0046688

移风易俗过新年　郝宝林，黄维中作
天津　天津美术出版社　1965年［1张］
76cm(2开)　定价：CNY0.15

J0046689

以岛为家　翁开恩，黄迪杞作
［福州］福建人民出版社　1965年［1张］
76cm(2开)　定价：CNY0.15

作者翁开恩(1939—)，教授。号竹啸庄人，福建莆田人。历任福建师范大学美术系副教授，福建画院、福州画院、福建政协画师，中国美术家协会会员、福建美术家协会理事。出版有《翁开恩画集》《翁开恩写生》《翁开恩画辑》等。作者黄迪杞(1929—)，字晴川，福建福清人。毕业于福建师范大学艺术系。历任福建人民出版社、福建画报社美术编辑，福建美术出版社美术编辑、编审，福建省美术家协会常务理事、理事，中国年画研究会理事，福州涌泉书画社社长。中国美术家协会会员。作品有《满堂红》《丰碑》。出版《黄迪杞古典人物画辑》《黄迪杞书画集》《黄迪杞画集》等。

J0046690

亦工亦农　半农半读　(汉，壮文对照版)蔡福礼，方犁作
南宁　广西壮族自治区人民出版社　1965年　1张53cm(4开)　定价：CNY0.08

J0046691

亦工亦农　半农半读　(汉，壮文对照版)蔡福礼，方犁作
南宁　广西壮族自治区人民出版社　1965年　1张76cm(2开)　定价：CNY0.15

J0046692

英雄的大寨人　彦颖文；王捷三，张守中画
［太原］山西人民出版社　1965年［1张］
76cm(2开)　定价：CNY0.15

J0046693

英雄儿女　长春电影制片厂供稿
沈阳　辽宁美术出版社　1965年　2张76cm(2开)
定价：CNY0.30

J0046694

英雄儿女
［北京］中国电影出版社　1965年　2张
76cm(2开)　定价：CNY0.30

J0046695

英雄赴会　张振发，姚天沐作
［太原］山西人民出版社　1965年［1张］
76cm(2开)　定价：CNY0.15

J0046696

英雄门第　革命人家　霍起，区本泉作

广州　广东人民出版社 1965年 1张 76cm（2开）
定价：CNY0.15

　　作者区本泉，绘有连环画《智擒八虎》，为
《潮州歌册：白蛇传》绘插图。

J0046697
英雄门第 革命人家　霍起，区本泉作
广州　广东人民出版社 1965年 1张 53cm（4开）
定价：CNY0.08

J0046698
英雄民兵　王大仁作
合肥　安徽人民出版社 1965年 76cm（2开）
定价：CNY0.15

J0046699
英雄女民兵　吴哲夫作
上海　上海人民美术出版社 1965年 76cm（2开）
定价：CNY0.15

　　作者吴哲夫，画家。擅长年画。师从杭稺英，
在上海"稺英画室"工作，长期共事，集体创作，
被称为"杭派"月份牌画家。作品有《节日的食堂》
《向解放军叔叔致敬》《老手带新手》等。

J0046700
英雄女民兵　吴哲夫作
上海　上海人民美术出版社 1965年
38cm（8开）定价：CNY0.04

J0046701
英雄人民英雄军　彭召民，江晋林作
［成都］四川人民出版社 1965年 ［1张］
76cm（2开）定价：CNY0.15

J0046702
迎春贴纸　保彬作
南京　江苏人民出版社 1965年 76cm（2开）
定价：CNY0.15

　　作者保彬（1936—　），蒙古族，国画家。江
苏南通人。毕业于南京艺术学院美术系并留校
任教。南京艺术学院院长、中国美术家协会会员、
江苏美术家协会理事等。主要作品有《鹤寿图》
《华夏魂》《嫦娥奔月》等。专著有《纵横挥洒》《保
彬画集》《黄山奇松》。

J0046703
迎丰收　周作民作
北京　人民美术出版社 1965年 ［1张］
76cm（2开）定价：CNY0.15

J0046704
迎接农业生产新高潮　周令豪作
广州　广东人民出版社 1965年 1张 53cm（4开）
定价：CNY0.08

J0046705
迎接农业生产新高潮　周令豪作
广州　广东人民出版社 1965年 1张 76cm（2开）
定价：CNY0.15

J0046706
迎新春　方权等作
［合肥］安徽人民出版社 1965年 ［1张］
76cm（2开）定价：CNY0.15

J0046707
拥军 优属　乐建文，夏晔作
广州　广东人民出版社 1965年 1张 76cm（2开）
定价：CNY0.15

J0046708
拥军优属　夏晔作
长沙　湖南人民出版社 1965年 1张 76cm（2开）
定价：CNY0.15

J0046709
拥军优属 人人有责 鼓舞士气 巩固国防
河南省民政厅编
郑州　河南人民出版社 1965年 4张 53cm（4开）
定价：CNY0.30

J0046710
永不忘记阶级斗争　乐小英，凌健作
［杭州］浙江人民美术出版社 1965年 ［1张］
76cm（2开）定价：CNY0.15

　　作者乐小英（1921—1984），原名乐汉英，笔
名守松、锹嘉，浙江镇海人。先后任《大报》《亦
报》美术编辑和《新民晚报》美术组组长，中国美
术家协会上海分会漫画组组长。主要作品有《刘
胡兰》《五彩路》《乐小英儿童连环画选》等，出

版有《大家做好事》《动脑筋爷爷》《乐小英儿童漫画集》等。

J0046711

永远跟着共产党　永远跟着毛主席　侯一民等作

北京　人民美术出版社　1965年　76cm（2开）

定价：CNY0.15

　　作者侯一民（1930—　），蒙古族，画家、雕塑家、美术教育家。河北高阳人。历任中央美术学院教授、中国壁画学会会长、中国美术家协会常务理事、全国壁画艺术委员会主任、吴作人国际美术基金会理事长。油画代表作品有《青年地下工作者》《毛主席与安源矿工》《六亿神州尽舜尧》《百花齐放》《华夏之歌》等。

J0046712

永远听共产党的话　经常读毛主席的书　李逢春作

昆明　云南人民出版社　1965年　1张53cm（4开）

定价：CNY0.08

J0046713

友谊瓜

[潍坊]潍县杨家埠木版年画社　1965年　[1张]

53cm（4开）定价：CNY0.05

J0046714

渔港新景　顾生岳作

上海　上海人民美术出版社　1965年　[1张]

76cm（2开）定价：CNY0.15

　　作者顾生岳（1927—2012），画家。浙江普陀人，毕业于中央美术学院华东分院。历任浙江美术学院中国画系主任、教授，浙江画院副院长，杭州市美术协会主席，浙江人物画研究会会长等职。著作有《顾生岳人物速写选》。

J0046715

渔汛凯歌　赵乃升，丁宁原作

[济南]山东人民出版社　1965年　[1张]

76cm（2开）定价：CNY0.15

J0046716

雨夜　辛鹤江，马焕民作

[石家庄]河北人民美术出版社　1965年　[1张]

76cm（2开）定价：CNY0.15

　　作者辛鹤江（1941—　），河北安新人。毕业于天津美术学院。擅长中国画。曾任河北美术家协会副主席，连环画研究会副会长，河北美术出版社社长兼总编辑、编审等职。代表作有《棉农来访》《周总理和小演员在一起》《敌情急》《老英雄回到雁翎队》等。

J0046717

育苗　单应桂作

上海　上海人民美术出版社　1965年　[1张]

76cm（2开）定价：CNY0.15

J0046718

越南儿女英雄多　贡振宝作

[沈阳]辽宁美术出版社　1965年　[1张]

76cm（2开）定价：CNY0.15

J0046719

越南南方英雄多　鲁迅美术学院干训班画；王真文

[沈阳]辽宁美术出版社　1965年　[1张]

76cm（2开）定价：CNY0.15

J0046720

在阳光下　（蒙、汉文对照版）刘飞雄作

呼和浩特　内蒙古人民出版社　1965年

53cm（4开）定价：CNY0.08

J0046721

咱们的好代表　张品操作

上海　上海人民美术出版社　1965年　[1张]

76cm（2开）定价：CNY0.15

　　作者张品操（1936—　），画家、美术教育家，生于浙江省安吉县，祖籍安徽桐城。毕业于浙江美术学院中国画系，并留校任教。现为中国美术学院教授、中国美术家协会会员。代表作连环画《小兵张嘎》。著有《水墨人物画技法》《国画人物画法》《聚焦浙派·张品操作品集》《张品操速写》等书。

J0046722

咱们队里的新机器

[潍坊]潍县杨家埠木版年画社　1965年　[1张]

38cm（8开）定价：CNY0.02

J0046723
战海啸 （连环画片）中国美术家协会天津分
会美术组
天津　天津美术出版社 1965 年 ［1 张］
76cm（2 开）定价：CNY0.15

J0046724
战洪图　河北省话剧院供稿
石家庄　河北人民美术出版社 1965 年　2 张
76cm（2 开）定价：CNY0.30

J0046725
战洪图　张煜等作
天津　天津美术出版社 1965 年　2 张 76cm（2 开）
定价：CNY0.30
　　作者张煜（1963— ），国家二级美术师。字
文染，号八公山人、三痴斋主，安徽寿县人。历
任中国美术家协会会员、中国书法家协会会员、
安徽省直机关书画家协会创作部主任、安徽省青
年书法家协会常务理事、安徽省青年美术家协会
理事、安徽省书画院特聘画家、合肥市美术家协
会理事、合肥市书画院专职画家。作品《清凉世
界》《醉彩浓墨写秋山》《万壑泉声松外去》等。
代表作品有《张煜水墨画集》。

J0046726
**站稳立场，不忘阶级斗争　提高警惕，紧握
革命枪杆**　张雪茵作
西安　长安美术出版社 1965 年　1 张 76cm（2 开）
定价：CNY0.15

J0046727
张高谦　李淑华画
福州　福建人民出版社 1965 年　76cm（2 开）
定价：CNY0.15

J0046728
支援大生产，学习解放军　（汉、壮文对照
版）翁文忠作
南宁　广西壮族自治区人民出版社 1965 年　1 张
53cm（4 开）定价：CNY0.08

J0046729
支援山区　建设山区　刘中奇作
昆明　云南人民出版社 1965 年　1 张 78cm（2 开）
定价：CNY0.10

J0046730
支援灾区　张玉良作
［石家庄］河北人民美术出版社 1965 年 ［1 张］
76cm（2 开）定价：CNY0.15

J0046731
知识分子劳动化　劳动人民知识化　田宇
高作
贵阳　贵州人民出版社 1965 年　1 张 76cm（2 开）
定价：CNY0.15

J0046732
志在四方屏　庞亦鹏，庞卡作
上海　上海人民美术出版社 1965 年　4 张
53cm（4 开）定价：CNY0.30
　　作者庞卡（1935— ）。画家。又名庞抱俊。
上海人。历任上海人民美术出版社年画编辑、创
作员。作品有《从小爱科学》《秧苗青青春来早》
《爱人民》等。

J0046733
治山治水　改天换地　张文波，李冰作
兰州　甘肃人民出版社 1965 年　1 张 53cm（4 开）
定价：CNY0.08

J0046734
智慧之花　李士萍，张元善作
天津　天津美术出版社 1965 年 ［1 张］
76cm（2 开）定价：CNY0.15

J0046735
智取威虎山　（京剧）杨俊生绘
上海　上海人民美术出版社 1965 年
76cm（2 开）定价：CNY0.15
　　作者杨俊生（1909—1981），出生于安徽安
庆。曾任上海人民美术出版社、上海画版出版社
特约作者，上海美术家协会年画组组长等职。代
表作品有《岳母刺字》《夜战马超》《大闹天宫》
《贵妃醉酒》等。

J0046736
智取威虎山　（京剧）杨俊生绘
上海　上海人民美术出版社 1965 年

38cm（6开）定价：CNY0.04

J0046737

中国共产党万岁 （藏、汉文对照版）程尚俊作

成都 四川民族出版社 1965年 76cm（2开）定价：CNY0.08

　　作者程尚俊（1913—1997），教授、工艺美术设计师。浙江金华人，毕业于杭州国立艺术专科学校。历任四川美术学院教授、中国美术家协会四川分会理事。代表作品有人民大会堂四川厅总体设计，五粮液系列包装设计等。

J0046738

中国人民的伟大领袖毛主席万岁

北京 中国电影出版社 1965年 76cm（2开）定价：CNY0.15

J0046739

中华儿女多奇志 不爱红装爱武装 韩樾作

上海 上海人民美术出版社 1965年［1张］76cm（2开）定价：CNY0.15

J0046740

中越人民友谊深 于福谦作

天津 天津美术出版社 1965年［1张］76cm（2开）定价：CNY0.15

J0046741

种籽试验 靳冠山作

［太原］山西人民出版社 1965年［1张］76cm（2开）定价：CNY0.15

J0046742

重要一课 恽振霖作

［合肥］安徽人民出版社 1965年［1张］76cm（2开）定价：CNY0.15

J0046743

竹楼新歌 冯国柱作

［昆明］云南人民出版社 1965年［1张］76cm（2开）定价：CNY0.15

J0046744

自力更生的新成就 上海人民美术出版社编

上海 上海人民美术出版社 1965年［1张］76cm（2开）定价：CNY0.15

J0046745

自力更生奋发图强 艰苦奋斗勤俭建国 江南春作

上海 上海人民美术出版社 1965年［1张］76cm（2开）定价：CNY0.15

J0046746

走来的新娘子 杨俊生作

［杭州］浙江人民美术出版社 1965年［1张］76cm（2开）定价：CNY0.15

J0046747

祖国建设花怒放 提高警惕防虎狼 盛此君作

北京 人民美术出版社 1965年［1张］76cm（2开）定价：CNY0.15

　　作者盛此君（1915—1996），广西贵县人，在上海美术专科学校毕业后赴日本新宿洋画研究所学习。中华人民共和国成立后，历任新闻出版总署美术室干部、人民美术出版社专业画家。作品有年画《1981年农历图》，绘画版连环画《小玲玲找弟弟》，宣传画《祖国建设花怒放，提高警惕防虎狼》等。

J0046748

做共产主义接班人 沈家琳作

上海 上海人民美术出版社 1965年 53cm（4开）定价：CNY0.08

J0046749

做红色的劳动者 当革命的接班人

侯文发，单柏钦作

广州 广东人民出版社 1965年 1张 53cm（4开）定价：CNY0.08

　　作者侯文发（1928— ），广东梅州人。曾用名剑萍。毕业于中南美术专科学校。中国书画家协会理事、中国国画家协会理事、广东省美术家协会会员。主要作品有《工地探亲》《宋湘》《三英战吕布》等。

J0046750

做坚强革命后代永不忘本 续无产阶级家谱世代相传 彭庆祥作

武汉 湖北人民出版社 1965 年 1 张 76cm（2 开）
定价：CNY0.15

J0046751
做贫下中农的知心人　鞠福祥作
[南昌] 江西人民出版社 1965 年 [1 张]
76cm（2 开）定价：CNY0.15

J0046752
做社会主义的新愚公　唐建中作
[成都] 四川人民出版社 1965 年 [1 张]
76cm（2 开）定价：CNY0.15

J0046753
做渔船模型　忻礼良作
上海 上海人民美术出版社 1965 年
76cm（2 开）
　　作者忻礼良（1913—?），浙江鄞县人。擅长
年画。曾任上海画片出版社特约作者、上海人民
美术出版社创作人员等职。代表作品有《毛主席
和我们在一起》《姑嫂选笔》《拾到五分钱》等。

J0046754
1966 年画缩样　湖北人民出版社编
武汉 湖北人民出版社 [1966 年] 13×19cm

J0046755
1966 年画缩样　（第二册）江苏人民出版社编
南京 江苏人民出版社 [1966 年] 影印本
13×19cm

J0046756
1966 年画缩样　江西人民出版社编
南昌 江西人民出版社 [1966 年] 影印本
13×19cm

J0046757
1966 年画缩样　内蒙古人民出版社编
呼和浩特 内蒙古人民出版社 [1966 年]
13×19cm

J0046758
1966 年画缩样　山东人民出版社编
济南 山东人民出版社 [1966 年] 重版
13×19cm

J0046759
把电力送到农村　彭召民作
上海 上海人民美术出版社 1966 年 [1 张]
38cm（6 开）定价：CNY0.04

J0046760
半农半读社来社去　（门画）江海等作
[武汉] 湖北人民出版社 1966 年 [1 幅]
53cm（4 开）定价：CNY0.08

J0046761
半农半读育人育苗　金铭作
上海 上海人民美术出版社 1966 年 [1 张]
76cm（2 开）定价：CNY0.15

J0046762
初版年画缩样　（1966）
兰州 甘肃人民出版社 [1966 年] 13×19cm

J0046763
读毛主席书 听毛主席话　庞卡作
上海 上海人民美术出版社 1966 年 [1 张]
38cm（6 开）定价：CNY0.04
　　作者庞卡（1935— ）。画家。又名庞抱俊。
上海人。历任上海人民美术出版社年画编辑、创
作员。作品有《从小爱科学》《秧苗青青春来早》
《爱人民》等。

J0046764
父子比武　邱耀秋作
[武汉] 湖北人民出版社 1966 年 [1 张]
76cm（2 开）定价：CNY0.15

J0046765
耕读小说　张和荣作
上海 上海人民美术出版社 1966 年 [1 张]
38cm（6 开）定价：CNY0.04

J0046766
好儿女志在四方　吴性清作
上海 上海人民美术出版社 1966 年 [1 张]
38cm（6 开）定价：CNY0.04
　　作者吴性清（1933— ），女，编审。生于江
苏泰州，毕业于中央美术学院华东分院油画系。
历任上海人民美术出版社创作员、中国美术家协

会会员。作品有《我们热爱毛主席》《胡笳十八拍图卷》《关汉卿名剧选》等。

J0046767
江姐　（1–4　四条屏）高枫作
上海　上海人民美术出版社　1966 年　2 张
76cm（2 开）定价：CNY0.30

J0046768
街道六好图　（六条屏）天津美术出版社
天津　天津美术出版社　1966 年　2 张　76cm（2 开）

J0046769
节日大游行　章育青作
上海　上海人民美术出版社　1966 年［1 张］
76cm（2 开）定价：CNY0.15
　　作者章育青(1909—1993)，画家。浙江慈溪人。上海人民美术出版社年画专业画家。作品《上海大世界》《元宵灯》《上海外滩》《南京长江大桥》等。

J0046770
立下愚公移山志　科学种田不靠天　（门画）
吕幼安作
［武汉］湖北人民出版社　1966 年［1 幅］
76cm（2 开）定价：CNY0.15

J0046771
陆上胜猛虎　水中赛蛟龙　（门画）贺飞白作
［武汉］湖北人民出版社　1966 年［1 幅］
53cm（4 开）定价：CNY0.08

J0046772
毛主席的好战士——王杰　高山作
北京　人民美术出版社　1966 年［1 张］
76cm（2 开）定价：CNY0.15

J0046773
年画缩样　（1966）
合肥　安徽人民出版社　1966 年　13×19cm

J0046774
年画缩样　（1966）福建人民出版社编
福州　福建人民出版社［1966 年］影印本　15 页
13×19cm

J0046775
年画缩样　（1966）福建人民出版社编
福州　福建人民出版社［1966 年］重版　影印本
13×19cm

J0046776
年画缩样　（1966.2）湖南省新华书店
长沙　湖南人民出版社［1966 年］影印本
13×19cm

J0046777
年画缩样　（1966）
呼和浩特　内蒙古人民出版社［1966 年］
13×19cm

J0046778
年画缩样　（1966）云南人民出版社编
昆明　云南人民出版社　1966 年　13×19cm

J0046779
女跳伞员　徐寄萍作
上海　上海人民美术出版社　1966 年［1 张］
76cm（2 开）定价：CNY0.15
　　作者徐寄萍(1919—2005)，上海人。曾任上海美术家协会会员、上海人民美术出版社特约年画作者等职。主要作品有《帮妈妈做事》《学雷锋做好事》《擦亮眼睛》等。

J0046780
人人讲卫生　家家爱清洁　魏瀛洲作
上海　上海人民美术出版社　1966 年［1 张］
76cm（2 开）定价：CNY0.15
　　作者魏瀛洲，海派年画、宣传画家。中华人民共和国成立初期被称为月份牌画家。作品有《国庆节的早晨》《欢腾的农机站》《在幸福的时代》等。

J0046781
学习白求恩毫不利己专门利人　学习张思德全心全意为人民服务　（门画）向农，张帆作
［武汉］湖北人民出版社　1966 年［1 幅］
76cm（2 开）定价：CNY0.15

J0046782
眼观全球胸怀世界　杨玉华作

上海　上海人民美术出版社 1966 年［1 张］
76cm（2 开）定价：CNY0.15

J0046783
椰林怒火　（舞剧）金雪尘绘
上海　上海人民美术出版社 1966 年［1 张］
76cm（2 开）定价：CNY0.15
　　作者金雪尘（1904—1996），画家。上海嘉定
人。曾任上海图片出版社、上海人民美术出版社
特约记者。代表作有《武松打虎》《春江花月夜》
《金鱼舞》。

J0046784
英雄大寨人　王光宇作
北京　人民美术出版社 1966 年［1 张］
76cm（2 开）定价：CNY0.15

J0046785
拥护共产党　热爱毛主席
天津　天津杨柳青画店 19s66 年［1 轴］

J0046786
种田为革命　彭润生作
［武汉］湖北人民出版社 1966 年［1 张］
76cm（2 开）定价：CNY0.15

J0046787
赤道战鼓　李恍执笔；海军政治部文工团话剧
团；曹震云摄影
上海　上海人民美术出版社 1967 年［1 张］
107cm（全开）定价：CNY0.30

J0046788
横眉冷对千夫指俯首甘为孺子牛
上海　上海人民美术出版社 1967 年［1 张］
53cm（4 开）定价：CNY0.10

J0046789
**毛主席思想光辉灿烂　共产党领导正确英
明**　（纸裱卷轴）
天津　天津杨柳青画店 1967 年［1 轴］

J0046790
年画缩样　（1967.1）
武汉　湖北人民出版社 1967 年　13×19cm

J0046791
年画缩样　（1967.2）
武汉　湖北人民出版社 1967 年　13×19cm

J0046792
年画缩样　（1967）湖南省新华书店编
长沙　湖南人民出版社 1967 年　重版　13×19cm

J0046793
年画缩样　（1967.1）湖南省新华书店编
长沙　湖南人民出版社 1967 年　13×19cm

J0046794
年画缩样　（1967.1）
南京　江苏人民出版社 1967 年　13×19cm

J0046795
年画缩样　（1967）
［南昌］江西人民出版社 1967 年　重版
13×19cm

J0046796
四海翻腾云水怒　五洲震荡风雷激
［上海］东方红书画社 1968 年［1 轴］
定价：CNY0.30

J0046797
家庭毛泽东思想学习班　（年画）江苏革命
文艺学校供稿
南京　江苏省"革命委员会"出版发行局 1970 年
1 张 76cm（2 开）定价：CNY0.11

J0046798
军民一家亲　（年画）
广州　广东人民出版社 1970 年　1 张 76cm（2 开）
定价：CNY0.11

J0046799
毛主席在井冈山农村调查　（年画）毛主席
在江西革命活动纪念馆美术组
太原　山西人民出版社 1970 年　1 张 54cm（4 开）
定价：CNY0.07

J0046800
门画

南京　江苏人民出版社　1970年　2张　76cm（2开）
定价：CNY0.16

J0046801
最新指示发表之前　（年画）浙江美术学院工
农兵创作学习班供稿
杭州　浙江人民美术出版社　1970年　1张
76cm（2开）定价：CNY0.12

J0046802
1972（农历壬子年）（年历画）
北京　人民美术出版社　1971年　[1]张
53cm（4开）定价：CNY2.00

J0046803
地头学习会
长春　吉林人民出版社　1971年　[1]张
76cm（2开）定价：CNY0.14

J0046804
都有一颗红亮的心　晏延萱画
石家庄　河北人民出版社　1971年　[1]张
76cm（2开）定价：CNY0.14

J0046805
都有一颗红亮的心　王玉琦作
沈阳　辽宁省新华书店　1971年　[1]张
76cm（2开）定价：CNY0.12

J0046806
革命现代京剧《红色娘子军》（连长和清华
欣然起舞）
北京　人民出版社　1971年　[1]张　53cm（4开）
定价：CNY0.05

J0046807
工业学大庆　农业学大寨
西宁　青海人民出版社　1971年　[1]张
76cm（2开）定价：CNY0.12

J0046808
巩固工农联盟　加强无产阶级专政　南方日
报美术组供稿
广州　广东人民出版社　1971年　[1]张
78cm（2开）定价：CNY0.07

J0046809
红灯记
[石家庄]河北人民出版社　1971年　[2]张
76cm（2开）定价：CNY0.28

J0046810
红灯记
北京　人民美术出版社　1971年　[2]张
76cm（2开）定价：CNY0.26

J0046811
红色娘子军
北京　北京人民美术出版社　1971年　[2]张
76cm（2开）定价：CNY0.26

J0046812
红色娘子军
[石家庄]河北人民出版社　1971年　[2]张
76cm（2开）定价：CNY0.28

J0046813
红色娘子军
[南京]江苏人民出版社　1971年　[2]张
76cm（2开）定价：CNY0.20

J0046814
红色娘子军　（1–3）
[沈阳]辽宁人民出版社　1971年　[3]张
76cm（2开）定价：CNY0.30

J0046815
红色娘子军
[沈阳]辽宁新华书店　1971年　[2]张
76cm（2开）定价：CNY0.20

J0046816
红色娘子军
[太原]山西人民出版社　1971年　[2]张
76cm（2开）定价：CNY0.20

J0046817
军民鱼水情
合肥　1971年　[1]张　76cm（2开）定价：CNY0.11

J0046818
军民鱼水情
上海　上海人民出版社 1971 年 [1] 张
76cm（2 开）定价：CNY0.11

J0046819
毛主席接见工人代表
广州　广东人民出版社 1971 年 [1] 张
78cm（2 开）定价：CNY0.10

J0046820
毛主席在井冈山农村调查
北京　人民出版社 1971 年 [1] 张 76cm（2 开）
定价：CNY0.14

J0046821
农业学大寨
西宁　青海人民出版社 1971 年 [1] 张
76cm（2 开）定价：CNY0.12

J0046822
韶山
天津　天津人民出版社 1971 年 [2] 张
76cm（2 开）定价：CNY0.28

J0046823
太行民兵　普东南地区美术创作组集团创作
太原　山西人民出版社 1971 年 [1] 张
76cm（2 开）定价：CNY0.10

J0046824
土圆仓前话当年　安次县民兵美术创作组画
石家庄　河北人民出版社 1971 年 [1] 张
76cm（2 开）定价：CNY0.14

J0046825
为 "公社" 培养技术人员　王俊亮画
石家庄　河北人民出版社 1971 年 [1] 张
76cm（2 开）定价：CNY0.12

J0046826
我们的老师　临汾地区美术创作组
太原　山西人民出版社 1971 年 [1] 张
76cm（2 开）定价：CNY0.10

J0046827
胸有朝阳　临汾地区美术创作组
太原　山西人民出版社 1971 年 [1] 张
76cm（2 开）定价：CNY0.10

J0046828
血井
石家庄　河北人民出版社 1971 年 [1] 张
76cm（2 开）定价：CNY0.14

J0046829
驯战马
长春　吉林人民出版社 1971 年 [1] 张
76cm（2 开）定价：CNY0.14

J0046830
言传身教
太原　山西人民出版社 1971 年 [1] 张
76cm（2 开）定价：CNY0.10

J0046831
智取威虎山
[郑州] 河南人民出版社 1971 年 [2] 张
76cm（2 开）定价：CNY0.28

J0046832
智取威虎山
[哈尔滨] 黑龙江人民出版社 1971 年 [2] 张
76cm（2 开）定价：CNY0.28

J0046833
智取威虎山　（乘胜进军）
[沈阳] 辽宁省新华书店 1971 年 [1] 张
76cm（2 开）定价：CNY0.10

J0046834
智取威虎山
[呼和浩特] 内蒙古自治区人民出版社 1971 年
[2] 张 76cm（2 开）定价：CNY0.32

J0046835
智取威虎山　（一～四）
天津　天津人民美术出版社 1971 年 [4] 张
76cm（2 开）定价：CNY0.40

J0046836
爱民 （汉、蒙文对照）乌力吉图作
呼和浩特 内蒙古自治区人民出版社 1972 年
［1 张］76cm（2 开）定价：CNY0.11

J0046837
边疆"红小兵" 万桂香作
哈尔滨 黑龙江人民出版社 1972 年
76cm（2 开）定价：CNY0.16
　　作者万桂香（1944—　），女，画家。辽宁丹东人，毕业于哈尔滨师范大学艺术系。曾在黑龙江省鸡西市文化馆、河北省内丘县文化馆从事美术工作。历任河北省电影公司《河北银幕》编辑、河北省电影发行公司宣传科科长、河北省电影宣传画画会会长。代表作品《戎奶奶佳节到我家》《女驸马》《花为媒》等。

J0046838
不爱红装爱武装 郭重光作
天津 天津人民出版社 1972 年 76cm（2 开）
定价：CNY0.10

J0046839
草原女民兵 刘生展作
石家庄 河北人民出版社 1972 年 76cm（2 开）
定价：CNY0.14
　　作者刘生展（1938—2016），画家，一级美术师。别名塞城。内蒙古丰镇人。历任河北省张北县文化馆馆长、张家口市美术家协会名誉主席、中国美术家协会会员、中华炎黄文化研究会会员、中日美术交流协会会员、察哈尔书画院名誉院长，作品有《草原女民兵》《赛马去》《多为农业选俊马》《草原盛会》等。出版《怎样画马》《三国志人物绘卷》《马的描法》等。

J0046840
草原小学 马振祥作
沈阳 辽宁人民出版社 1972 年 76cm（2 开）
定价：CNY0.12

J0046841
草原新牧民 李恩云作
天津 天津人民美术出版社 1972 年
76cm（2 开）定价：CNY0.10

J0046842
草原长城 张冠哲作
哈尔滨 黑龙江人民出版社 1972 年
76cm（2 开）定价：CNY0.16

J0046843
城里来了机修组 刘满驹作
广州 广东人民出版社 1972 年 76cm（2 开）
定价：CNY0.12

J0046844
城里来了机修组 刘满驹作
北京 人民美术出版社 1972 年 76cm（2 开）
单面胶版纸 定价：CNY0.11

J0046845
城里来了机修组 刘满驹作
北京 人民美术出版社 1972 年 76cm（2 开）
双面胶版纸 定价：CNY0.14

J0046846
赤脚兽医 白玉作
沈阳 辽宁人民出版社 1972 年 76cm（2 开）
定价：CNY0.12

J0046847
赤脚医生 谢秋华作
合肥 安徽人民出版社 1972 年 76cm（2 开）
定价：CNY0.11

J0046848
出诊归来 王建华作
太原 山西人民出版社 1972 年 76cm（2 开）
定价：CNY0.12

J0046849
创新路 晋东南地区美术创作组
太原 山西人民出版社 1972 年 76cm（2 开）
定价：CNY0.10

J0046850
大队药厂 临汾地区汾西县美术创作组创作
太原 山西人民出版社 1972 年 76cm（2 开）
定价：CNY0.12

J0046851
大寨精神传四方　史希光，曹雯作
太原 山西人民出版社 1972 年 76cm（2 开）
定价：CNY0.12

J0046852
代代相传　陈汉中作
广州 广东人民出版社 1972 年 76cm（2 开）
定价：CNY0.12

J0046853
当年战场开红花　张恩亮作
沈阳 辽宁人民出版社 1972 年 76cm（2 开）
定价：CNY0.12

J0046854
冬天的早晨　房山县美术学习班作
北京 人民出版社 1972 年 76cm（2 开）
定价：CNY0.14

J0046855
多产果 产好果　张家臣，阎永生作
沈阳 辽宁人民出版社 1972 年 76cm（2 开）
定价：CNY0.12

J0046856
发扬革命传统 争取更大光荣　（门画）郭秀庚作
南昌 江西人民出版社 1972 年 2 张 54cm（4 开）
定价：CNY0.14
　　作者郭秀庚（1942— ），湖北黄冈人。毕业于湖北艺术学院。中国美术家协会会员，曾任江西美术出版社副编审、《小猕猴智力画刊》社副主编、江西书院院特聘画家、南昌画院特聘画家。作品有连环画《南瓜记》《蔡文姬》，年画《八千里路云和月》等。

J0046857
放学归来　建湖县文化馆供稿
南京 江苏人民出版社 1972 年 76cm（2 开）
定价：CNY0.14

J0046858
分内事　陈爱康，黄芹作
杭州 浙江人民出版社 1972 年 54cm（4 开）
定价：CNY0.07

J0046859
丰收忙　秦永春作
沈阳 辽宁人民出版社 1972 年 76cm（2 开）
定价：CNY0.12
　　作者秦永春（1936— ），高级美术师。历任中国美术家协会会员、中国电影家协会会员、沈阳市美术家协会副主席、沈阳市美术家协会顾问。作品《丰收忙》《蝙蝠》《天云山传奇》，出版有《中国当代美术家精品集——秦永春》。

J0046860
丰收忙　秦永春作
北京 人民美术出版社 1972 年 76cm（2 开）
定价：CNY0.14

J0046861
丰收图　邢子云作
沈阳 辽宁人民出版社 1972 年 76cm（2 开）
定价：CNY0.08

J0046862
丰收迎友人　韩家悦作
沈阳 辽宁人民出版社 1972 年 76cm（2 开）
定价：CNY0.12

J0046863
妇女能顶半边天　若岚作
哈尔滨 黑龙江人民出版社 1972 年
76cm（2 开）定价：CNY0.16

J0046864
搞好卫生增强人民健康　上海人民出版社美术通讯员作
上海 上海人民出版社 1972 年 108cm（全开）
定价：CNY0.22

J0046865
革命传统大发扬　宽甸县文化宣传站供稿
沈阳 辽宁人民出版社 1972 年 76cm（2 开）
定价：CNY0.12

J0046866
革命精神代代传

郑州 河南人民出版社 1972 年 76cm（2 开）
定价：CNY0.14

J0046867
革命圣地 （四条屏）胡宗瑞作
天津 天津人民美术出版社 1972 年 2 张
76cm（2 开）定价：CNY0.20

J0046868
根治黄河 为民造福 满达，肖云升，周经
络作
呼和浩特 内蒙古自治区人民出版社 1972 年
76cm（2 开）定价：CNY0.11

J0046869
关怀 宜宾地区美术创作组供稿
成都 四川人民出版社 1972 年 76cm（2 开）
定价：CNY0.12

J0046870
广阔天地 （四条屏）周大正作
兰州 甘肃人民出版社 1972 年 4 张 54cm（4 开）
定价：CNY0.32
　　作者周大正（1941— ），教授。湖北沙市人，
毕业于浙江美术学院油画系。历任甘肃临夏州
展览馆美术干部，西北民族学院艺术系美术教研
室主任、副教授、教授。作品有《手牵黄河上高
山》《希望》《清清夏河水》《夏河风情》《哈族婚
礼》《进军腊子口》等，出版有《周大正画选》。

J0046871
广阔天地 朱岷甫作
昆明 云南人民出版社 1972 年 76cm（2 开）
定价：CNY0.11

J0046872
好老师 雁北地区平鲁县美术创作组
太原 山西人民出版社 1972 年 76cm（2 开）
定价：CNY0.12

J0046873
红灯高照 （汉、蒙文对照）魏志刚作
呼和浩特 内蒙古自治区 1972 年 76cm（2 开）
定价：CNY0.11
　　作者魏志刚（1950— ），生于河北省保定

市。毕业于天津美术学院。中国美术家协会会员、
中国油画学会会员、天津美术家协会会员、天津
人民美术出版社编审。画作有《野火烧不尽》《犬
漠孤灵》《满月》《大漠组画》等。主要著作有《魏
志刚油画作品选》《风景油画全程训练》《水粉风
景——原野遗韵》。

J0046874
红色喇叭家家响 黄恩涛作
北京 人民美术出版社 1972 年 76cm（2 开）
定价：CNY0.11
　　作者黄恩涛（1948— ），山东济宁人。毕
业于山东艺术学院美术系。历任山东省巨野县
文化馆馆长、文联副主席、研究馆员，中国书画
协会会员，中国美术家协会会员，国家一级美术
师，中国人物画艺术委员会委员，中国连环画、
插图艺术委员会委员。主要作品有《红色喇叭家
家响》《社社队队粮满仓》《我是工地点炮手》。

J0046875
红色喇叭家家响 黄恩涛作
济南 山东人民出版社 1972 年 76cm（2 开）
定价：CNY0.11

J0046876
红太阳光辉暖万代 亢佐田作
北京 人民美术出版社 1972 年 76cm（2 开）
单面胶版纸 定价：CNY0.11

J0046877
红太阳光辉暖万代 亢佐田作
北京 人民美术出版社 1972 年 76cm（2 开）
双面胶版纸 定价：CNY0.14

J0046878
红太阳光辉暖万代 亢佐田作
太原 山西美术出版社 1972 年 76cm（2 开）
定价：CNY0.12

J0046879
红心手巧 张铁林作
沈阳 辽宁人民出版社 1972 年 76cm（2 开）
定价：CNY0.12

J0046880
欢迎您——战友　朱淑媛作
沈阳　辽宁人民出版社 1972 年 76cm（2 开）
定价：CNY0.12
　　作者朱淑媛，年画艺术家，辽宁人。作品有
《校园新苗》《花儿》《全家福》《牡丹仙子》等。

J0046881
家访　张伯媛作
天津　天津人民美术出版社 1972 年
76cm（2 开）定价：CNY0.10

J0046882
坚决要求上战场　马祖熙作
南昌　江西人民出版社 1972 年 76cm（2 开）
定价：CNY0.14

J0046883
蕉香万里　帅立功作
南宁　广西人民出版社 1972 年 76cm（2 开）
定价：CNY0.14

J0046884
精心护养　俞东高作
杭州　浙江人民出版社 1972 年 76cm（2 开）
定价：CNY0.14

J0046885
军民联防保卫边疆　吕景富作
哈尔滨　黑龙江人民出版社 1972 年
76cm（2 开）定价：CNY0.16

J0046886
军民团结情谊深　中国人民解放军八一七二
部队供稿
上海　上海人民出版社 1972 年 [1 幅]
76cm（2 开）定价：CNY0.11

J0046887
军民一家亲　韩光煦作
沈阳　辽宁人民出版社 1972 年 76cm（2 开）
定价：CNY0.12

J0046888
军民一家亲　韩光煦作

北京　人民美术出版社 1972 年 76cm（2 开）
定价：CNY0.11

J0046889
军民一家亲　韩光煦作
北京　人民美术出版社 1972 年 76cm（2 开）
定价：CNY0.14

J0046890
军民鱼水情　淮南煤矿机械厂工代会供稿
合肥　安徽人民出版社 1972 年 76cm（2 开）
定价：CNY0.11

J0046891
军民鱼水情　葛荣环作
哈尔滨　黑龙江人民出版社 1972 年
76cm（2 开）定价：CNY0.16

J0046892
军民鱼水情　上饶地区工农兵文艺工作站供稿
南昌　江西人民出版社 1972 年 76cm（2 开）
定价：CNY0.14

J0046893
开门红　王金库作
哈尔滨　黑龙江人民出版社 1972 年 1 页
76cm（2 开）定价：CNY0.16

J0046894
开学第一课　宜宾地区美术创作组供稿
成都　四川人民出版社 1972 年 76cm（2 开）
定价：CNY0.12

J0046895
看动物 长知识　陈永镇作
合肥　安徽人民出版社 1972 年 78cm（2 开）
定价：CNY0.09
　　作者陈永镇（1936—　），浙江乐清人。毕业
于中国美术学院（浙江美术学院）。中国美术家协
会理事、中国儿童美术艺术委员会委员、安徽省
美术家协会副主席。主要作品有《还是一样》《再
给你带上一个》等。

J0046896
科学种田　杨可叙，金鉴才作；义乌县文化馆

供稿

杭州　浙江人民出版社　1972年　76cm（2开）

定价：CNY0.14

J0046897

矿山的主人　薛景贵作

沈阳　辽宁人民出版社　1972年　76cm（2开）

定价：CNY0.12

J0046898

劳动结合　王宝珩作

天津　天津人民美术出版社　1972年

76cm（2开）定价：CNY0.10

J0046899

老民兵讲抗战的故事　丹东市印刷厂设计室

沈阳　辽宁人民出版社　1972年　76cm（2开）

定价：CNY0.12

J0046900

力量的源泉　石嘴山市毛主席思想宣传站王

系松作

银川　宁夏人民出版社　1972年　76cm（2开）

定价：CNY0.14

J0046901

毛主席教导记心间　天津市东郊区新立村

"公社"崔家码头大队业余美术创作组

天津　天津人民美术出版社　1972年

78cm（2开）定价：CNY0.08

J0046902

毛主席教导金光闪，字字句句记心间　天

津市东郊区业余美术创作组作

天津　天津人民美术出版社　1972年

78cm（2开）定价：CNY0.07

J0046903

奶奶，我也去　梁培龙作

广州　广东人民出版社　1972年　76cm（2开）

定价：CNY0.12

　　作者梁培龙（1944—　），儿童画家。广东三

水人，毕业于广州建筑工程学院。历任广东新世

纪出版社编辑室主任、美术副编审，中国美术家

协会会员，广东分会理事等职。出版有《梁培龙

画册》《儿时的歌——梁培龙水墨画集》《童年的

梦——梁培龙画集》等。

J0046904

农村新貌　（四条屏）阜阳县文化馆美术组创作

合肥　安徽人民出版社　1972年　2张76cm（2开）

定价：CNY0.28

J0046905

女饲养员　金梅生作

上海　上海人民出版社　1972年　76cm（2开）

定价：CNY0.11

　　作者金梅生（1902—1989），画家。别名石摩，

上海人。曾于商务印书馆美术科专门从事月份

牌绘画，上海市文史馆馆员、上海人民美术出版

社特约年画家。作品有《新中国的歌声》《秀女

饲养员》《花木兰》等。

J0046906

拍张照片寄回家　张铁兵作

昆明　云南人民出版社　1972年　76cm（2开）

定价：CNY0.11

J0046907

贫下中农的称心店

南京　江苏人民出版社　1972年　76cm（2开）

定价：CNY0.11

J0046908

贫下中农的好医生　梁洪涛作

上海　上海人民出版社　1972年　76cm（2开）

定价：CNY0.11

J0046909

千年铁树开了花　如今聋哑说了话　李福星

作；宁波征文办公室供稿

杭州　浙江人民出版社　1972年　76cm（2开）

定价：CNY0.14

J0046910

亲切的关怀　天津市建设局业余美术创作小

组作

天津　天津人民美术出版社　1972年

76cm（2开）定价：CNY0.10

J0046911
全国学人民解放军 解放军学全国人民 （门画）朱旭作
南京 江苏人民出版社 1972年 2张 78cm（2开）
定价：CNY0.15

J0046912
人勤春早 高中炎作
昆明 云南人民出版社 1972年 76cm（2开）
定价：CNY0.11

J0046913
山村新灯 曾志巩原作；邹达清改画
南昌 江西人民出版社 1972年 76cm（2开）
定价：CNY0.14

J0046914
石油凯歌 佟振杰，赵兵凯，谢凤岗作
天津 天津人民美术出版社 1972年 1张
76cm（2开）定价：CNY0.10

J0046915
实践盛开灿烂花 那启明作
天津 天津人民美术出版社 1972年 1张
76cm（2开）定价：CNY0.10
　　作者那启明（1936— ），满族，北京人。擅长民间美术。1958年毕业于中央美术学院附中。现任天津杨柳青画社编辑部主任、编审。作品《白求恩》获第三届全国年画美术作品展览二等奖，《团结图》获第五届全国年画美术作品展览三等奖，《多彩夕阳》获中华人民共和国成立45周年美术作品展览佳作奖，《喜迎春》等作品入选第四届、五届全国年画展和第六届、七届、八届全国美术作品展览。1994年被中央文化部、新闻出版署评为"优秀年画编辑"。中国美术家协会会员。

J0046916
试针 邵华作
西宁 青海人民出版社 1972年 1张 36cm（6开）
定价：CNY0.04

J0046917
收获 四八〇〇部队业余美术创作组创作
石家庄 河北人民出版社 1972年 1张

76cm（2开）定价：CNY0.16

J0046918
叔叔拉练过我村 陈以忠作
南宁 广西人民出版社 1972年 1张 76cm（2开）
定价：CNY0.14
　　作者陈以忠（1940— ），编辑。广东化州人，毕业于广西艺术学院美术系。历任《广西日报》高级编辑、漓江画院副院长、中国人才研究会艺术家学部委员会委员、中国美术家协会广西分会常务理事等职。出版有《报刊美编学》《实用图案设计》。

J0046919
送亲人 沧海作
南昌 江西人民出版社 1972年 1张 76cm（2开）
定价：CNY0.14

J0046920
颂歌献给毛主席 红心永向共产党
南京 江苏人民出版社 1972年 1幅
76cm（2开）定价：CNY0.14

J0046921
探亲 凤林作
合肥 安徽人民出版社 1972年 1张 76cm（2开）
定价：CNY0.11

J0046922
提高警惕 保卫祖国
南京 江苏人民出版社 1972年 1张 76cm（2开）
定价：CNY0.11

J0046923
提高警惕 保卫祖国
太原 山西人民出版社 1972年 1张 76cm（2开）
定价：CNY0.10

J0046924
天天向上 金兰作
哈尔滨 黑龙江人民出版社 1972年 1张
76cm（2开）定价：CNY0.16

J0046925
田间新课 李玉凯作

沈阳　辽宁人民出版社　1972年　1张76cm（2开）

定价：CNY0.12

J0046926

贴心商店　钟志一，程惠钊作

武汉　湖北人民出版社　1972年　4张54cm（4开）

定价：CNY0.28

J0046927

铁路修到毛家寨　佟应龙作

贵阳　贵州人民出版社　1972年　1张76cm（2开）

定价：CNY0.14

J0046928

听故事　（学雷锋）许元财作

昆明　云南人民出版社　1972年　1张76cm（2开）

定价：CNY0.11

J0046929

万泉河畔传史歌　关则驹作

广州　广东人民出版社　1972年　1张76cm（2开）

定价：CNY0.12

J0046930

王屋山下新愚公　河南省军区业余美术创作组作

郑州　河南人民出版社　1972年　1张76cm（2开）

定价：CNY0.14

J0046931

我们是工农子弟兵　中国人民解放军八一八一部队政治部供稿

上海　上海人民出版社　1972年　1张76cm（2开）

定价：CNY0.11

J0046932

喜送亲人上大学　（甘肃省纪念毛主席《在延安文艺座谈会上的讲话》发表三十周年美术作品选）朱光荣作

兰州　甘肃人民出版社　1972年　1张76cm（2开）

定价：CNY0.16

J0046933

喜迎新春　高马得，陈汝勤作

南京　江苏人民出版社　1972年　1张76cm（2开）

定价：CNY0.14

作者高马得（1917—2007），国画家。江苏南京人，毕业于天津河北省立水产专科学校。江苏省国画院一级美术师、中国美术家协会会员、江苏分会理事。代表作品《画戏话戏》《画碟余墨》《马得水墨小品》等。

J0046934

下地之前　甘长林作

天津　天津人民出版社　1972年　1张76cm（2开）

定价：CNY0.10

J0046935

掀帘战　李树文作

天津　天津人民美术出版社　1972年　1张76cm（2开）定价：CNY0.14

"掀帘战"是抗日战争时期，根据地人民运用毛主席人民战争的光辉思想，创造的打击日寇的一种巧妙方法。

J0046936

向人民群众学习的好课堂　南京部队美术创作学习班作

南京　江苏人民出版社　1972年　1张76cm（2开）

定价：CNY0.14

J0046937

向人民学习　许跃祥作

昆明　云南人民出版社　1972年　1张76cm（2开）

定价：CNY0.11

J0046938

心明眼亮　马洪道作

南昌　江西人民出版社　1972年　1张76cm（2开）

定价：CNY0.14

J0046939

心意　黄宗祥作

南宁　广西人民出版社　1972年　1张76cm（2开）

定价：CNY0.14

J0046940

新的一课　金欲聆作

南京　江苏人民出版社　1972年　1张76cm（2开）

定价：CNY0.14

J0046941
新课堂　潘志新，贾书敏画
石家庄 河北人民出版社 1972 年 1 张
76cm（2 开）定价：CNY0.14

J0046942
新人骏马　牛春晓作
合肥 安徽人民出版社 1972 年 1 张 76cm（2 开）
定价：CNY0.11

J0046943
新手　刘庭耀画
石家庄 河北人民出版社 1972 年 1 张
76cm（2 开）定价：CNY0.12

J0046944
幸福泉　王玉琦作
沈阳 辽宁人民出版社 1972 年 1 张 76cm（2 开）
定价：CNY0.12

J0046945
幸福泉　王玉琦作
北京 人民美术出版社 1972 年 1 张 76cm（2 开）
单面胶版纸 定价：CNY0.11

J0046946
幸福泉　王玉琦作
北京 人民美术出版社 1972 年 1 张 76cm（2 开）
双面胶版纸 定价：CNY0.14

J0046947
选战马　唐一文作
兰州 甘肃人出版社 1972 年 1 张 76cm（2 开）
定价：CNY0.16

J0046948
学唱革命歌　深泽公作
沈阳 辽宁人民出版社 1972 年 1 张 76cm（2 开）
定价：CNY0.12

J0046949
学耕　何绍教作；建德县征文办公室供稿
杭州 浙江人民出版社 1972 年 1 张 54cm（4 开）
定价：CNY0.07

J0046950
学解放军　做革命人（门画）程宏仁，杨轩
良合作
南昌 江西人民出版社 1972 年 1 张 76cm（2 开）
定价：CNY0.14

J0046951
学文化　讲哲学　王成章作；江山县征文办公
室供稿
杭州 浙江人民出版社 1972 年 1 张 76cm（2 开）
定价：CNY0.14

J0046952
巡回小学（汉，蒙文对照）韩兴业，丁玉歧作
呼和浩特 内蒙古自治区人民出版社 1972 年
1 张 76cm（2 开）定价：CNY0.11

J0046953
驯战马
长春 吉林人民出版社 1972 年 1 张 76cm（2 开）
定价：CNY0.14

J0046954
延安儿女创新业　西安日报美术组供稿
西安 陕西人民出版社 1972 年 1 张 76cm（2 开）
定价：CNY0.11

J0046955
延安女儿心向毛主席　陕西省美术创作组作
西安 陕西人民出版社 1972 年 1 张 76cm（2 开）
定价：CNY0.16

J0046956
延安新春　陕西省美术创作组作
北京 人民美术出版社 1972 年 1 张 76cm（2 开）
单面胶版纸 定价：CNY0.14

J0046957
延安新春　陕西省美术创作组作
北京 人民美术出版社 1972 年 1 张 76cm（2 开）
双面胶版纸 定价：CNY0.16

J0046958
延安新春　陕西省美术创作组作
北京 人民美术出版社 1977 年 39cm（8 开）

定价：CNY0.14

J0046959
演出之后　梁培浩作
武汉　湖北人民出版社　1972年　1张76cm（2开）
定价：CNY0.13

J0046960
演出之后　闫凤成画
长春　吉林人民出版社　1972年　1张76cm（2开）
定价：CNY0.16

J0046961
阳光照草原　葛文山作
沈阳　辽宁人民出版社　1972年　1张76cm（2开）
定价：CNY0.12

J0046962
养猪多　积肥多　打粮多　贡献多　（四条屏）
董维舟，张惠斌作
沈阳　辽宁人民出版社　1972年　2张76cm（2开）
定价：CNY0.24
　　作者张惠斌（1942—　），画家、国家一级美术师。山东济南人。历任中国美术家协会会员，锦州市中国画研究会会长、副研究馆员。出版有《张惠斌书画集》《张惠斌画集》等。

J0046963
一代新社员　申同景画
石家庄　河北人民出版社　1972年　1张
76cm（2开）定价：CNY0.14
　　作者申同景，绘有年画《文君听琴》《樊梨花》《百寿图》《凤求凰》等。

J0046964
一代新手　曹元根，马开达画
杭州　浙江人民出版社　1972年　1张76cm（2开）
定价：CNY0.14

J0046965
一个更比一个远　韩喜增，王献宾画
石家庄　河北人民出版社　1972年　1张
76cm（2开）定价：CNY0.14

J0046966
银针草药放新光　章开森作
合肥　安徽人民出版社　1972年　1张76cm（2开）
定价：CNY0.11

J0046967
银针凝深情　马莲，刘大为作
呼和浩特　内蒙古自治区人民出版社　1972年
1张76cm（2开）定价：CNY0.11
　　作者刘大为（1945—　），教师。山东诸城人。解放军艺术学院美术系主任，中国美术家协会中国画艺术委员会委员等。出版有《刘大为画集》。

J0046968
英雄笑谈纸老虎　晋东南美术创作组
太原　山西人民出版社　1972年　76cm（2开）
定价：CNY0.12

J0046969
迎亲人　顾生岳，余新民，袁振璜作
杭州　浙江人民出版社　1972年　54cm（4开）
定价：CNY0.07
　　作者顾生岳（1927—2012），画家。浙江普陀人，毕业于中央美术学院华东分院。历任浙江美术学院中国画系主任、教授，浙江画院副院长，杭州市美术家协会主席，浙江人物画研究会会长等职。著作有《顾生岳人物速写选》。作者余新民，笔名余叶，华南师范大学美术系副教授、中国美术家协会会员。

J0046970
拥军优属　李一新作
南昌　江西人民出版社　1972年　[1张]
76cm（2开）定价：CNY0.14

J0046971
永不褪色　戴松耕作
上海　上海人民出版社　1972年　76cm（2开）
定价：CNY0.11

J0046972
永远热爱毛主席　（四条屏）范曾，边宝华作
北京　人民美术出版社　1972年　2张76cm（2开）
单面胶版纸　定价：CNY0.22
　　作者范曾（1938—　），画家、学者。字十

翼，别署抱冲斋主，江苏南通人。毕业于中央美术学院中国画系。历任中央工艺美术学院讲师、副教授，南开大学东方艺术系教授、博士生导师，中国艺术研究院终身研究员等。代表作品有《庄子显灵记》《范曾自述》《老子出关》《钟馗神威》等。

J0046973
永远热爱毛主席 （四条屏）范曾，边宝华作
北京　人民美术出版社 1972 年 2 张 76cm（2 开）
双面胶版纸 定价：CNY0.28

J0046974
又是一个丰收年 顾盼，潘鸿海作
北京　人民美术出版社 1972 年 76cm（2 开）
定价：CNY0.11

J0046975
又是一个丰收年 顾盼，潘鸿海作
北京　人民美术出版社 1972 年 76cm（2 开）
双面胶版纸 定价：CNY0.14

J0046976
渔汛季节服务到船上 张恩杰画
石家庄 河北人民出版社 1972 年 76cm（2 开）
定价：CNY0.14

J0046977
育苗 李永成，尹照熙画
长春 吉林人民出版社 1972 年 76cm（2 开）
定价：CNY0.16

J0046978
远海巡逻 王行本作
昆明 云南人民出版社 1972 年 76cm（2 开）
定价：CNY0.11

J0046979
越是艰险越是向前 夏洪华作
武汉 湖北人民出版社 1972 年 76cm（2 开）
定价：CNY0.12

J0046980
在斗争实践中成长 白银录画
石家庄 河北人民出版社 1972 年 76cm（2 开）

定价：CNY0.14

J0046981
在农业学大寨的道路上前进 晋东南美术创作组
太原　山西人民出版社 1972 年［1 幅］
76cm（2 开）定价：CNY0.14

J0046982
扎根太行
太原　山西人民出版社 1972 年 76cm（2 开）
定价：CNY0.10

J0046983
炸坦克 李兆谦，尹永恒画
长春 吉林人民出版社 1972 年 76cm（2 开）
定价：CNY0.16

J0046984
展销好 段蓓华作；杭州市征文办公室供稿
杭州 浙江人民出版社 1972 年 76cm（2 开）
定价：CNY0.14

J0046985
张思德的故事 （四条屏）天津人民美术出版社
天津　天津人民美术出版社 1972 年 4 张
54cm（4 开）定价：CNY0.20

J0046986
种田为革命　握枪保江山 （门画）秦文作
兰州 甘肃人民出版社 1972 年 2 张 39cm（4 开）
定价：CNY0.08

J0046987
重逢 王美芳作
哈尔滨 黑龙江人民出版社 1972 年
76cm（2 开）定价：CNY0.16
　　作者王美芳（1949—　　），女，高级画师。北京人。毕业于中央美术学院附中。天津工艺美术设计院高级画师、天津画院院外画家。擅长中国画。作品有《蒙山腊月》《王贵与李香香》《做嫁衣》《正月》《太阳、雪山和我》。

J0046988
抓飞贼 孙式彦作

哈尔滨　黑龙江人民出版社　1972 年
76cm（2 开）定价：CNY0.16

J0046989
走出店门　苏立作
沈阳　辽宁人民出版社　1972 年　76cm（2 开）
定价：CNY0.12

J0046990
走熟千家路　延会作
哈尔滨　黑龙江人民出版社　1972 年
76cm（2 开）定价：CNY0.16

J0046991
最幸福的时刻　李祥麟作
南宁　广西人民出版社　1972 年　76cm（2 开）
定价：CNY0.10

J0046992
做人要做这样的　单联孝作
北京　人民美术出版社　1972 年　76cm（2 开）
单面胶版纸　定价：CNY0.11

J0046993
做人要做这样的　单联孝作
北京　人民美术出版社　1972 年　76cm（2 开）
双面胶版纸　定价：CNY0.14

J0046994
做人要做这样的　单联孝作
北京　人民美术出版社　1972 年　108cm（全开）
定价：CNY0.28

J0046995
俺村又添新机床　任尚永作
北京　人民美术出版社　1973 年［1 张］
53×77cm　定价：CNY0.11

J0046996
拔河　徐寄萍等作
上海　上海人民出版社　1973 年　76cm（2 开）
ISBN：8171.721　定价：CNY0.11
　　作者徐寄萍（1919—2005），上海人。曾任上
海美术家协会会员、上海人民美术出版社特约年
画作者等职。主要作品有《帮妈妈做事》《学雷

锋做好事》《擦亮眼睛》等。

J0046997
白求恩——伟大的共产主义战士生活片断　（四条屏）陶同文；吕景富，刘亚民画
哈尔滨　黑龙江人民出版社　1973 年
76cm（2 开）定价：CNY0.28

J0046998
百花盛开春光好　风流人物看今朝　（门画）
杨永东作
武汉　湖北人民出版社　1973 年　2 张 53cm（4 开）
统一书号：8106.1413　定价：CNY0.11

J0046999
百拿不厌　王守新，罗惠卿作
长春　吉林人民出版社　1973 年　76cm（2 开）
定价：CNY0.14

J0047000
班长送我传家宝　蔡民生作
上海　上海人民出版社　1973 年　76cm（2 开）
定价：CNY0.11

J0047001
半夜鸡叫　（四条屏）史振亚，谢京秋作
沈阳　辽宁人民出版社　1973 年　2 张 76cm（2 开）
定价：CNY0.22

J0047002
北京　（四条屏）
郑州　河南人民出版社　1973 年　2 张 76cm（2 开）
定价：CNY0.28

J0047003
北京　（四条屏）
济南　山东人民出版社　1973 年　2 张 76cm（2 开）
定价：CNY0.28

J0047004
北京　（四条屏）
太原　山西人民出版社　1973 年　2 张 76cm（2 开）
定价：CNY0.32

J0047005
北京的声音　刘称奇作
南昌　江西人民出版社　1973 年　76cm（2 开）
定价：CNY0.14

J0047006
备战、备荒、为人民　（四条屏）冯英杰作
天津　天津人民美术出版社　1973 年　2 张
76cm（2 开）定价：CNY0.22
　　作者冯英杰（1932—　　），书画花鸟画家。生
于河北威县。作品有《鸡的工笔画法》。

J0047007
边防巡逻　广廷渤作
沈阳　辽宁人民出版社　1973 年　76cm（2 开）
定价：CNY0.11

J0047008
边疆春色　刘棣、张冠哲作
哈尔滨　黑龙江人民出版社　1973 年
76cm（2 开）定价：CNY0.14
　　作者刘棣（1948—　　），画家。别名刘怀山，
辽宁锦州人。毕业于内蒙古师范学院艺术系美
术专业。主要作品有《伯乐相马》《破晓》《大漠
行》等。

J0047009
边疆新景象　章育青作
上海　上海人民出版社　1973 年　76cm（2 开）
定价：CNY0.11
　　作者章育青（1909—1993），画家。浙江慈溪
人。上海人民美术出版社年画专业画家。作品《上
海大世界》《元宵灯》《上海外滩》《南京长江大
桥》等。

J0047010
不让它吹倒　邵克萍，吴哲夫作
上海　上海人民出版社　1973 年　76cm（2 开）
定价：CNY0.11
　　作者吴哲夫，画家。擅长年画。师从杭穉英，
在上海“穉英画室”工作，长期共事，集体创作，
被称为“杭派”月份牌画家。作品有《节日的食堂》
《向解放军叔叔致敬》《老手带新手》等。

J0047011
采药　孙建华作
郑州　河南人民出版社　1973 年　76cm（2 开）
定价：CNY0.14

J0047012
采药　刘吉厚作
沈阳　辽宁人民出版社　1973 年　76cm（2 开）
定价：CNY0.12
　　作者刘吉厚（1942—2011），满族，画家。辽
宁宽甸人。历任辽宁美术出版社编辑，外联部编
审，辽宁形象传播研究会常务副会长、秘书长。
作品有《鸿福满堂》《春满人间》，出版有《刘吉
厚作品选集》等。

J0047013
采药　李文彦，侯泽民作
太原　山西人民出版社　1973 年　76cm（2 开）
定价：CNY0.12

J0047014
操作练兵为革命　纺纱织布为人民　杨顺泰
执笔
上海　上海人民出版社　1973 年　76cm（2 开）
统一书号：8171.597 定价：CNY0.11

J0047015
草原小民兵　葛文山作
沈阳　辽宁人民出版社　1973 年　76cm（2 开）
定价：CNY0.11

J0047016
草原英雄小姐妹　（四条屏）冯国琳作
沈阳　辽宁人民出版社　1973 年　2 张 76cm（2 开）
定价：CNY0.22
　　作者冯国琳（1932—　　），画家。曾用名玉林，
辽宁沈阳人，毕业于东北鲁迅文艺学院美术部。
历任东北画报社记者、创作员、编辑、副编审，
中国美术家协会会员，辽宁省年画学会理事。作
品有《花为媒》《笔中情》《耕读育新人》《红楼
梦》等。

J0047017
茶山春晖　李洪勋作
合肥　安徽人民出版社　1973 年　76cm（2 开）

定价：CNY0.14

J0047018

厂小志气高　争作大贡献　　胡博亚作
南京　江苏人民出版社　1973年　76cm（2开）
定价：CNY0.14

J0047019

畅谈大好形势　　莫若莹作
南宁　广西人民出版社　1973年　53cm（4开）
定价：CNY0.08

J0047020

处处有亲人　　王守业作
沈阳　辽宁人民出版社　1973年　76cm（2开）
定价：CNY0.11

J0047021

春满煤城　　张春新作
哈尔滨　黑龙江人民出版社　1973年
76cm（2开）定价：CNY0.14

J0047022

瓷城盛开友谊花　　何叔水作
南昌　江西人民出版社　1973年　76cm（2开）
定价：CNY0.14

J0047023

崔莹会见罗盛教的双亲　　陈白一作
长沙　湖南人民出版社　1973年　76cm（2开）
定价：CNY0.14
　　作者陈白一（1926—2014），美术师。湖南邵阳人，毕业于华中艺术专科学校。历任湖南书画研究院院长、中国当代工笔画学会副会长、湖南省美术家协会顾问、湖南师范大学艺术学院客座教授。代表作品《听壁脚》《喜丰收》《工农联盟》等。

J0047024

村里来了文工团　　刘忠仁作
哈尔滨　黑龙江人民出版社　1973年
76cm（2开）定价：CNY0.14

J0047025

大搞科学种田　实现农业四化　　（门画）刘巨

德作
昆明　云南人民出版社　1973年　2张53cm（4开）
定价：CNY0.11
　　作者刘巨德（1946—　　），蒙古族，画家、美术理论家。内蒙古商都人，硕士毕业于中央工艺美术学院并留校任教。清华大学美术学院绘画系教授、副院长、博士生导师、学术委员会主席，清华大学吴冠中艺术研究中心主任，中国美术家协会理事，北京市美术家协会理事。代表作品有《鱼》《面对形象》《图形想象》《刘巨德素描集》等。

J0047026

大轮船下水　　丁仪新作
上海　上海人民出版社　1973年　76cm（2开）
定价：CNY0.11

J0047027

侗寨新事　　杨艾湘作
长沙　湖南人民出版社　1973年　76cm（2开）
定价：CNY0.14

J0047028

洞庭新貌　　（四条屏）杜炜，黄铁山作
长沙　湖南人民出版社　1973年　2张76cm（2开）
定价：CNY0.14

J0047029

都是毛主席的好孩子　　阎凤成作
长春　吉林人民出版社　1973年　76cm（2开）
定价：CNY0.14
　　作者阎凤成（1942—　　），画家。吉林大安人。任吉林市丰满区教师进修学院教研员。代表作品有《愁》《瓜香时节》《礼物》《落花有意》等。

J0047030

都有一颗红亮的心　　金梅生作
上海　上海人民出版社　1973年　76cm（2开）
定价：CNY0.11
　　作者金梅生（1902—1989），画家。别名石摩，上海人。曾于商务印书馆美术科专门从事月份牌绘画，上海市文史馆馆员、上海人民美术出版社特约年画家。作品有《新中国的歌声》《秀女饲养员》《花木兰》等。

J0047031

队队储备丰收粮　陈光健作
西安　陕西人民出版社　1973年　76cm（2开）
定价：CNY0.11
　　作者陈光健（1936—　　），女，四川荣昌人。毕业于浙江美术学院，并留校工作，后调入西安美术学院任教。中国美术家协会会员、当代工笔画会会员、陕西省国画院画师。主要作品有《在社员家里》《自习》《老师》等。

J0047032

队队有渔　金振陆作
沈阳　辽宁人民出版社　1973年　76cm（2开）
定价：CNY0.11

J0047033

发扬革命传统　争取更大光荣　（门画）郭秀庚作
南昌　江西人民出版社　1973年　2张53cm（4开）
定价：CNY0.11
　　作者郭秀庚（1942—　　），湖北黄冈人。毕业于湖北艺术学院。中国美术家协会会员，曾任江西美术出版社副编审、《小猕猴智力画刊》社副主编、江西书画院特聘画家、南昌画院特聘画家。作品有连环画《南瓜记》《蔡文姬》，年画《八千里路云和月》等。

J0047034

放学路上　潘蘅生作
哈尔滨　黑龙江人民出版社　1973年
76cm（2开）定价：CNY0.14
　　作者潘蘅生（1949—　　），画家。上海人。历任黑龙江省京剧团美术设计、《剧作家》杂志美术编辑、中国美术家协会会员、黑龙江省美术家协会副主席。兼擅连环画、油画、水墨画。出版有《潘蘅生油画作品精选》《美术家潘蘅生》等。

J0047035

沸腾的山村　张成思作
沈阳　辽宁人民出版社　1973年　76cm（2开）
定价：CNY0.11

J0047036

丰收歌舞　郑新雨作
沈阳　辽宁人民出版社　1973年　76cm（2开）
定价：CNY0.11

J0047037

风雪同归　忻礼良作
上海　上海人民出版社　1973年　76cm（2开）
定价：CNY0.11
　　作者忻礼良（1913—？），浙江鄞县人。擅长年画。曾任上海画片出版社特约作者、上海人民美术出版社创作人员等职。代表作品有《毛主席和我们在一起》《姑嫂选笔》《拾到五分钱》等。

J0047038

革命传统代代传　李慕白作
上海　上海人民出版社　1973年　76cm（2开）
定价：CNY0.11
　　作者李慕白（1913—1991），画家。生于浙江海宁。历任中国民主同盟会成员、中国美术家协会会员、上海人民美术出版社特约年画作者。出版有《李慕白、金雪尘年画选集》。

J0047039

革命圣地　（四条屏）刘鲁生等
济南　山东人民出版社　1973年　2张76cm（2开）
定价：CNY0.28

J0047040

革命现代京剧《奇袭白虎团》　（四条屏）
武汉　湖北人民出版社　1973年　2张76cm（2开）
定价：CNY0.22

J0047041

革命现代剧英雄人物　（四条屏　胶印轴画）
天津　天津人民出版社东方红画店　1973年　4轴
76cm（2开）定价：CNY1.04

J0047042

各族人民大团结　温州市工艺美术研究所供稿
杭州　浙江人民出版社　1973年　76cm（2开）
定价：CNY0.14

J0047043

各族人民歌唱毛主席　谌学诗作
南昌　江西人民出版社　1973年　76cm（2开）
定价：CNY0.11
　　作者谌学诗（1942—　　），江西人。江西省美术家协会会员。曾从事美术设计、美术编辑等工作。多幅作品为人民美术出版社、上海美术出版社等出版发行。

J0047044
工农联盟 （门画）平德威作
南昌 江西人民出版社 1973年 2张 53cm（4开）
定价：CNY0.11

J0047045
工业学大庆 农业学大寨 （门画）覃奕汉作
广州 广东人民出版社 1973年 2张 53cm（4开）
定价：CNY0.14

J0047046
工业学大庆 农业学大寨 （门画）李中文作
郑州 河南人民出版社 1973年 2张 38cm（6开）
定价：CNY0.06

J0047047
工业学大庆 农业学大寨 （门画）李中文作
郑州 河南人民出版社 1973年 2张 53cm（4开）
定价：CNY0.11

J0047048
共产主义战士杨水才 （四条屏）许昌县杨水才事迹展览馆供稿
郑州 河南人民出版社 1973年 2张 76cm（2开）
定价：CNY0.28

J0047049
鼓革命干劲 夺粮棉丰收 （门画）杜克礼作
郑州 河南人民出版社 1973年 2张 53cm（4开）
定价：CNY0.11

J0047050
鼓革命干劲 夺粮棉丰收 （门画）杜克礼作
郑州 河南人民出版社 1973年 2张 38cm（6开）
定价：CNY0.06

J0047051
管好集体储备粮 周大正作
兰州 甘肃人民出版社 1973年 76cm（2开）
定价：CNY0.16
　　作者周大正（1941—　　），教授。湖北沙市人，

毕业于浙江美术学院油画系。历任甘肃临夏州展览馆美术干部，西北民族学院艺术系美术教研室主任、副教授、教授。作品有《手牵黄河上高山》《希望》《清清夏河水》《夏河风情》《哈族婚礼》《进军腊子口》等，出版有《周大正画选》。

J0047052
光荣人家 孙耀盛，李白颖作；咸阳地区"革命委员会"文教局供稿
西安 陕西人民出版社 1973年 76cm（2开）
定价：CNY0.11

J0047053
果乡的早晨 王慎艺，葛书光作
沈阳 辽宁人民出版社 1973年 76cm（2开）
定价：CNY0.12

J0047054
海港 （四条屏）
郑州 河南人民出版社 1973年 2张 76cm（2开）
定价：CNY0.28

J0047055
海港 （四条屏）
济南 山东人民出版社 1973年 2张 76cm（2开）
定价：CNY0.28

J0047056
海河 （国画定生 四条屏 胶印轴画）刘宝纯等作
天津 天津杨柳青画店 1973年 2张 76cm（2开）
定价：CNY1.04

J0047057
好好向雷锋叔叔学习 钱运选，张子恩作
西安 陕西人民出版社 1973年 76cm（2开）
定价：CNY0.11

J0047058
好收成 王庆裕作
郑州 河南人民出版社 1973年 76cm（2开）
定价：CNY0.14

J0047059
河北风光 （四条屏）孙克纲，王颂余作

天津　天津人民美术出版社　1973 年　2 张
53cm（4 开）定价：CNY0.22

　　作者孙克纲（1923—2007），画家。天津人。曾任天津画院一级画师、中国美术家协会天津分会副主席等。代表作品有《太行十月》《秦岭烟云》《峨眉天下秀》等。作者王颂余（1910—2005），书法家、山水画家。出生于天津。天津美术学院任教。代表作品《把余粮卖给国家》《凯歌黄金路》《滦水清分清且甘》等。

J0047060
红太阳照草原　　李宝峰作
兰州　甘肃人民出版社　1973 年　76cm（2 开）
定价：CNY0.16

　　作者李宝峰（1938—2019），国画家、一级美术师。辽宁抚顺市人，就读于鲁迅美术学院附中。历任甘肃画院副院长、甘肃美术家协会副主席、中国美术家协会会员。代表作品有《李宝峰草原风情录》《李宝峰画集》等。

J0047061
宏图壮志　　文军作
西安　陕西人民出版社　1973 年　76cm（2 开）
定价：CNY0.11

J0047062
花儿朵朵向阳开　　罗秀岳等作
北京　人民出版社　1973 年　76cm（2 开）
定价：CNY0.14

J0047063
欢聚一堂　　周波作
广州　广东人民出版社　1973 年　76cm（2 开）
定价：CNY0.11

　　作者周波（1940—　），画家。曾用名周胤波。广东潮阳人，毕业于广州美术学院中国画系。广州美术学院国画系教师、广东及中国美术家协会（ICAA）会员。主要作品有《蕉鸭图》《戏水图》《退潮》等。

J0047064
欢庆丰收　（汉、蒙文标题）明锐作
呼和浩特　内蒙古人民出版社　1973 年
76cm（2 开）定价：CNY0.11

J0047065
黄河故道花果香　　贺承作
南京　江苏人民出版社　1973 年　76cm（2 开）
定价：CNY0.14

J0047066
汇报丰收　　朱岩作
哈尔滨　黑龙江人民出版社　1973 年
76cm（2 开）定价：CNY0.14

J0047067
火车朝着韶山跑　　徐福根作
南昌　江西人民出版社　1973 年　76cm（2 开）
定价：CNY0.14

J0047068
火车向着韶山跑　　蔡汝震作
北京　人民出版社　1973 年　76cm（2 开）
定价：CNY0.14

J0047069
机器插秧好　　黄妙发作
上海　上海人民出版社　1973 年　76cm（2 开）
定价：CNY0.11

　　作者黄妙发（1938—　），别名年丰，江苏常熟人。擅长年画。曾任上海人民美术出版社年画宣传画编辑室副主任。作品有年画《喜临门》《我爱中华》《儿童附捐邮票一套》（两枚）等。

J0047070
机修到田间　　解义勇，阎颂艺作
太原　山西人民出版社　1973 年　76cm（2 开）
定价：CNY0.12

J0047071
寄信母校报丰收　　王振羽作
沈阳　辽宁人民出版社　1973 年　76cm（2 开）
定价：CNY0.11

　　作者王振羽（1946—　），画家。吉林人。毕业于辽宁艺术师范美术科，结业于鲁迅美术学院油画进修班。曾任舞美设计，抚顺市人民影院美工。擅长油画。作品有油画《寄信母校报丰收》，年画《桃李芬芳》，水彩画《北方十月》等。

J0047072
假日服务到田间　尹群作
沈阳　辽宁人民出版社　1973 年　76cm（2 开）
定价：CNY0.11

J0047073
教场新兵　李中文作
郑州　河南人民出版社　1973 年　76cm（2 开）
定价：CNY0.14

J0047074
阶级仇恨永不忘　路线斗争天天讲　（门画）
合肥　安徽人民出版社　1973 年　2 张 53cm（4 开）
定价：CNY0.11

J0047075
阶级情谊深　万里送马来　李铁树作
天津　天津人民美术出版社　1973 年
76cm（2 开）定价：CNY0.11

J0047076
姐姐得了大红花　朱圣廉原作；罗竺峰改画
南昌　江西人民出版社　1973 年　76cm（2 开）
定价：CNY0.11

J0047077
解放军医疗队到俺庄　朱庆武，吴梦林作
太原　山西人民出版社　1973 年　76cm（2 开）
定价：CNY0.12

J0047078
锦绣前程　李朝祥，刘继成，张敬平作
合肥　安徽人民出版社　1973 年　76cm（2 开）
定价：CNY0.11

J0047079
锦绣前程　关满生，丛嘉业作
沈阳　辽宁人民出版社　1973 年　76cm（2 开）
定价：CNY0.11

J0047080
锦绣前程　（到祖国需要的地方去）聂维民作；
黑龙江人民出版社供稿
北京　人民美术出版社　1973 年　76cm（2 开）
定价：CNY0.011

J0047081
精打细算　徐志文作
上海　上海人民出版社　1973 年　76cm（2 开）
定价：CNY0.11

J0047082
精心培育　王吉祥作
郑州　河南人民出版社　1973 年　76cm（2 开）
定价：CNY0.14

J0047083
精选快装　杨复如等作
杭州　浙江人民出版社　1973 年　76cm（2 开）
定价：CNY0.14

J0047084
军民情谊深　（汉、蒙文标题）仲跻和作
呼和浩特　内蒙古人民出版社　1973 年
76cm（2 开）定价：CNY0.11

J0047085
军民同收万里云　肖斯锐作
南京　江苏人民出版社　1973 年　76cm（2 开）
定价：CNY0.14

J0047086
军民团结如一人　试看天下谁能敌　（门画）
芦永祯，宋玉年作
太原　山西人民出版社　1973 年　2 张 53cm（4 开）
定价：CNY0.14

J0047087
军民团结一条心　互相学习情谊深　（门画）
谭西方作
郑州　河南人民出版社　1973 年　2 张 53cm（4 开）
定价：CNY0.11
　　　作者谭西方，美术编辑，河南郾城人。作品
有连环画《中华字圣许慎》等。

J0047088
军民团结一条心　互相学习情谊深　（门画）
谭西方作
郑州　河南人民出版社　1973 年　2 张 38cm（6 开）
定价：CNY0.06

J0047089
军民心连心　李希玉作
兰州　甘肃人民出版社　1973 年　76cm（2 开）
定价：CNY0.16

J0047090
科学种棉夺高产　陆泽之作
上海　上海人民出版社　1973 年　76cm（2 开）
定价：CNY0.11

J0047091
课外辅导　孙伯礼作
郑州　河南人民出版社　1973 年　76cm（2 开）
定价：CNY0.14

J0047092
课外学习班　金裕岭作
南京　江苏人民出版社　1973 年　76cm（2 开）
定价：CNY0.14

J0047093
课外学习小组　陈俭贞作
天津　天津人民美术出版社　1973 年
76cm（2 开）定价：CNY0.11

J0047094
苦练杀敌本领　孙建华作
郑州　河南人民出版社　1973 年　76cm（2 开）
定价：CNY0.14

J0047095
快钻井 多出油　李树基作
沈阳　辽宁人民出版社　1973 年　76cm（2 开）
定价：CNY0.11

J0047096
雷锋叔叔和我们在一起　易自群，胡齐作
南昌　江西人民出版社　1973 年　76cm（2 开）
定价：CNY0.11

J0047097
粮枣丰收　（年画 一九七四年 阴历甲寅年 月
建节气表）王兰芳画
济南　山东人民出版社　1973 年　53cm（4 开）
定价：CNY0.06

J0047098
刘胡兰　（四条屏）李济远等作；郑涌配诗
北京　人民美术出版社　1973 年　2 张 76cm（2 开）
定价：CNY0.22

J0047099
刘胡兰　（四条屏）王角等作；郑涌配诗
太原　山西人民出版社　1973 年　2 张 76cm（2 开）
定价：CNY0.32
　　作者王角（1917—1995），画家。吉林九台人，
别名大珂，毕业于辽宁美术专科学校。历任《东
北画报》社美术记者，人民美术出版社美术编辑、
创作室创作员。作品有《花径》《金色的谷》《江
姐》等。

J0047100
刘胡兰　（四条屏）俞理作
上海　上海人民出版社　1973 年　2 张 76cm（2 开）
定价：CNY0.22

J0047101
龙江颂　（四条屏）
郑州　河南人民出版社　1973 年　2 张 76cm（2 开）
定价：CNY0.28

J0047102
龙江颂　（四条屏）
太原　山西人民出版社　1973 年　2 张 76cm（2 开）
定价：CNY0.32

J0047103
路线斗争天天讲 阶级斗争永不忘　（门画）
西宁　青海人民出版社　1973 年　2 张 53cm（4 开）
定价：CNY0.14

J0047104
旅客的贴心人　詹钦成等作
上海　上海人民出版社　1973 年　76cm（2 开）
定价：CNY0.11

J0047105
麦场小哨兵　李兆谦作
长春　吉林人民出版社　1973 年　76cm（2 开）
定价：CNY0.14

J0047106
毛主席的恩情唱不完 （汉、维、哈、蒙文标题）朱华昆；刘士山作
乌鲁木齐 新疆人民出版社 1973 年
76cm（2 开）定价：CNY0.14

J0047107
毛主席来到我们家 刘称奇作
南昌 江西人民出版社 1973 年 76cm（2 开）
定价：CNY0.14

J0047108
磨练 王锡其作
南京 江苏人民出版社 1973 年 76cm（2 开）
定价：CNY0.14

J0047109
牧场新歌 马玉岩作
哈尔滨 黑龙江人民出版社 1973 年
76cm（2 开）定价：CNY0.14

J0047110
那达慕盛会 白玉作
沈阳 辽宁人民出版社 1973 年 76cm（2 开）
定价：CNY0.11

J0047111
南京长江大桥 章育青作
上海 上海人民出版社 1973 年 76cm（2 开）
定价：CNY0.11
　　作者章育青（1909—1993），画家。浙江慈溪人。上海人民美术出版社年画专业画家。作品《上海大世界》《元宵灯》《上海外滩》《南京长江大桥》等。

J0047112
年画缩样 （1973）
沈阳 辽宁人民出版社 1973 年 13×19cm

J0047113
年画资料辑
沈阳 辽宁人民出版社 1973 年 15cm（40 开）
统一书号：8090.300 定价：CNY0.30

J0047114
年年夺丰收　岁岁广积粮 （门画）肖换儒作；陕西省艺术学校供稿
西安 陕西人民出版社 1973 年 2 张 53cm（4 开）
定价：CNY0.11

J0047115
农奴女儿上大学 潘世勋作
天津 天津人民美术出版社 1973 年
76cm（2 开）定价：CNY0.14

J0047116
泼水佳节清泉流 孔令生作
昆明 云南人民出版社 1973 年 76cm（2 开）
定价：CNY0.11

J0047117
奇袭白虎团 （四条屏）
北京 人民美术出版社 1973 年 2 张 76cm（2 开）
定价：CNY0.22

J0047118
奇袭白虎团 （四条屏）
济南 山东人民出版社 1973 年 2 张 76cm（2 开）
定价：CNY0.28

J0047119
巧手织出春光来 那启明作
天津 天津人民美术出版社 1973 年
76cm（2 开）定价：CNY0.11
　　作者那启明（1936—　），满族，北京人。擅长民间美术。1958 年毕业于中央美术学院附中。现任天津杨柳青画社编辑部主任、编审。作品《白求恩》获第三届全国年画美术作品展览二等奖，《团结图》获第五届全国年画美术作品展览三等奖，《多彩夕阳》获中华人民共和国成立 45 周年美术作品展览佳作奖，《喜迎春》等作品入选第四届、五届全国年画展和第六届、七届、八届全国美术作品展览。1994 年被中央文化部、新闻出版署评为"优秀年画编辑"。中国美术家协会会员。

J0047120
青海风光 （四条屏）贾允中作
西宁 青海人民出版社 1973 年 4 张 53cm（4 开）
定价：CNY0.32

J0047121
请进来　李文龙，宋玉璞作
太原　山西人民出版社 1973 年　76cm（2 开）
定价：CNY0.12

J0047122
庆丰会　倪芳华作
南昌　江西人民出版社 1973 年　76cm（2 开）
定价：CNY0.11

J0047123
庆丰收　赵宋生作
昆明　云南人民出版社 1973 年　76cm（2 开）
定价：CNY0.11

J0047124
庆丰收　广积粮　（门画）杨军作
西安　陕西人民出版社 1973 年　2 张 53cm（4 开）
定价：CNY0.11

J0047125
全国各族人民大团结万岁　中共广州市委宣
传部美工室作
广州　广东人民出版社 1973 年　76cm（2 开）
定价：CNY0.14

J0047126
全国学人民解放军　解放军学全国人民
（门画）郭秀庚作
南昌　江西人民出版社 1973 年　2 张 53cm（4 开）
定价：CNY0.11
　　作者郭秀庚（1942—　），湖北黄冈人。毕业
于湖北艺术学院。中国美术家协会会员，曾任江
西美术出版社副总编、《小猕猴智力画刊》社副主
编，江西书画院特聘画家、南昌画院特聘画家。
作品有连环画《南瓜记》《蔡文姬》，年画《八千
里路云和月》等。

J0047127
全心全意　李慕白，金雪尘画
上海　上海人民出版社 1973 年　76cm（2 开）
定价：CNY0.11

J0047128
热坝忙月　赵宋生，郭凌作

昆明　云南人民出版社 1973 年　76cm（2 开）
定价：CNY0.11

J0047129
热心的读者　陈一致作
福州　福建人民出版社 1973 年　76cm（2 开）
定价：CNY0.14

J0047130
人欢鱼跃　杨馥如，陆嘉禾作
南京　江苏人民出版社 1973 年　76cm（2 开）
　定价：CNY0.14

J0047131
人民热爱子弟兵　柳宗福作
天津　天津人民美术出版社 1973 年
76cm（2 开）定价：CNY0.11

J0047132
认真思考　张克伟，聂维民作
哈尔滨　黑龙江人民出版社 1973 年
76cm（2 开）定价：CNY0.14

J0047133
瑞雪纷飞迎亲人　马祖熙作
南昌　江西人民出版社 1973 年　76cm（2 开）
定价：CNY0.11

J0047134
三打祝家庄　（四条屏）修明，高铁林编文；刘
棣，张冠哲画
哈尔滨　黑龙江人民出版社 1973 年　2 张
76cm（2 开）定价：CNY0.28
　　作者刘棣（1948—　），画家。别名刘怀山，
辽宁锦州人。毕业于内蒙古师范学院艺术系美
术专业。主要作品有《伯乐相马》《破晓》《大漠
行》等。

J0047135
山花映红半边天　赵敏生作
天津　天津人民美术出版社 1973 年　1 张
76cm（2 开）定价：CNY0.11

J0047136
山寨里新来的年青人　戴玉茹作

昆明　云南人民出版社　1973 年［1 张］
76cm（2 开）定价：CNY0.11

J0047137
上学路上　冯力作
兰州　甘肃人民出版社　1973 年　1 张 76cm（2 开）
定价：CNY0.16

J0047138
生产队科研小组　姜书璞，杨文仁作；山东人
民出版社供稿
北京　人民美术出版社　1973 年　1 张 76cm（2 开）
定价：CNY0.11
　　作者杨文仁（1941—　　），画家。生于山东青
岛。山东师范学院艺术系中国画专业毕业。历
任泰安师范美术教师、山东省艺术馆美术干部、
山东师范大学美术系教师、山东省美术馆一级
美术师、山东省美术家协会副主席。出版有《杨
文仁花鸟画集》《杨文仁国画精品集》《荷花画
法》等。

J0047139
师傅帮我戴红花　戴松耕作
上海　上海人民出版社　1973 年　1 张 76cm（2 开）
定价：CNY0.11

J0047140
实践出真知　杜浴曦作
太原　山西人民出版社　1973 年　1 张 76cm（2 开）
定价：CNY0.16

J0047141
拾到五分钱　忻礼良，邵克萍作
上海　上海人民出版社　1973 年　1 张 76cm（2 开）
定价：CNY0.11
　　作者忻礼良（1913—？），浙江鄞县人。擅长
年画。曾任上海画片出版社特约作者、上海人民
美术出版社创作人员等职。代表作品有《毛主席
和我们在一起》《姑嫂选笔》《拾到五分钱》等。

J0047142
试针　邵华作
北京　人民美术出版社　1973 年　1 张 76cm（2 开）
定价：CNY0.11（单面胶版纸），CNY0.14（双面
胶版纸）

J0047143
首战传捷报　王金库作
哈尔滨　黑龙江人民出版社　1973 年　1 张
76cm（2 开）定价：CNY0.14

J0047144
书记大寨归　郭秀庚作
南昌　江西人民出版社　1973 年　1 张 76cm（2 开）
定价：CNY0.11
　　作者郭秀庚（1942—　　），湖北黄冈人。毕业
于湖北艺术学院。中国美术家协会会员，曾任江
西美术出版社副编审、《小猕猴智力画刊》社副主
编、江西书画院特聘画家、南昌画院特聘画家。
作品有连环画《南瓜记》《蔡文姬》，年画《八千
里路云和月》等。

J0047145
书记来到青年点　蓬静茹作
沈阳　辽宁人民出版社　1973 年　1 张 76cm（2 开）
定价：CNY0.11

J0047146
硕果满园　邵文锦，张克森作
天津　天津人民美术出版社　1973 年　1 张
76cm（2 开）定价：CNY0.11
　　作者邵文锦（1931—　　）。画家。山东荣城人，
毕业于中央美术学院绘画系。历任《天津画报》
社、天津美术出版社编辑，天津杨柳青画社副社
长、副总编、一级美术师。中国美术家协会会员、
理事。作品有《春晖颂》《春风十里桃花香》《学
习老英雄继续新长征》《匠门虎子》等。

J0047147
硕果屏　（四条屏 汉、蒙文标题）白铭作
呼和浩特　内蒙古人民出版社　1973 年　4 张
53cm（4 开）定价：CNY0.28
　　作者白铭（1926—2002），国画家。蒙古族，
内蒙古包头人。字涟堂。毕业于北京京华美术
学院国画系。擅花鸟，兼作山水、人物。中国美
术家协会会员，曾任内蒙古美术家协会副主席、
包头师范专科学校教师、高级工艺美术设计师。
主要作品有《梅雀图》《芍药》《白梅》等。

J0047148
四季常春　金铭作

上海　上海人民出版社　1973年　1张　76cm（2开）
定价：CNY0.11

J0047149
速寻失主　杨葆郛作
哈尔滨　黑龙江人民出版社　1973年　1张
76cm（2开）定价：CNY0.14

J0047150
太行山上稻谷香　刘向金作
太原　山西人民出版社　1973年　1张 76cm（2开）
定价：CNY0.12

J0047151
提高警惕 保卫祖国
南京　江苏人民出版社　1973年　1张 76cm（2开）
定价：CNY0.11

J0047152
天不下雨人降雨　吴莽贵作
太原　山西人民出版社　1973年　1张 76cm（2开）
定价：CNY0.12

J0047153
田间课堂　魏东山作
郑州　河南人民出版社　1973年　1张 76cm（2开）
定价：CNY0.14

J0047154
铁水金花映太行　刘振亭作
天津　天津人民美术出版社　1973年　1张
76cm（2开）定价：CNY0.11

J0047155
听故事　许元财等作
昆明　云南人民出版社　1973年　1张 76cm（2开）
定价：CNY0.11

J0047156
听解放军叔叔讲故事　虞健作
南京　江苏人民出版社　1973年　1张 76cm（2开）
定价：CNY0.14

J0047157
为革命种田 保红色江山　（门画）张杰，王

维典作
兰州　甘肃人民出版社　1973年　2张 53cm（4开）
定价：CNY0.08

J0047158
文艺轻骑到渔村　李玉凯作
沈阳　辽宁人民出版社　1973年　1张 76cm（2开）
定价：CNY0.11

J0047159
我爱北京天安门　速泰熙作
南京　江苏人民出版社　1973年　1张 76cm（2开）
定价：CNY0.07

J0047160
我爱北京天安门　张英武作
沈阳　辽宁人民出版社　1973年　1张 76cm（2开）
定价：CNY0.11

J0047161
我爱北京天安门　陶琦作
天津　天津人民美术出版社　1973年　1张
76cm（2开）定价：CNY0.11
　　作者陶琦（1922—2002），女，连环画家。毕
业于北平艺术专科学校。原中联书店、天津美术
出版社画家，天津文史馆馆员。创作连环画有《我
当上了学习小组长》。

J0047162
我当杨子荣　高平县美术创作组
太原　山西人民出版社　1973年　1张 76cm（2开）
定价：CNY0.16

J0047163
我和轮胎比高低　范振家作
上海　上海人民出版社　1973年　1张 76cm（2开）
定价：CNY0.11

J0047164
我们爱读革命书　池长尧作
杭州　浙江人民出版社　1973年　1张 76cm（2开）
定价：CNY0.14

J0047165
我是"公社"小社员　杨复如等作

杭州　浙江人民出版社　1973年　1张　76cm（2开）
定价：CNY0.11

J0047166
喜报大丰收　钱运选，张子恩作
西安　陕西人民出版社　1973年　1张　76cm（2开）
定价：CNY0.11

J0047167
喜迎新社员　王西京作
西安　陕西人民出版社　1973年　1张　76cm（2开）
定价：CNY0.11
　　作者王西京（1946— ），一级美术师。陕
西西安人。历任中国美术家协会理事、中国美术
家协会中国画艺术委员会委员、中国画学会副会
长、陕西美术家协会名誉主席等。主要作品有《王
西京作品集》《中国历史人物画传》等。

J0047168
向金训华同志学习　谢慕莲作
上海　上海人民出版社　1973年　1张　76cm（2开）
定价：CNY0.11
　　作者谢慕莲（1918—1985），画家。浙江余
姚人。曾受聘为上海画片出版社和上海人民美
术出版社特约年画作者，中国美术家协会会员。
代表作有《李香君》《霸王别姬》《杨家十二女
将》等。

J0047169
小小螺丝帽　林惠珍作
沈阳　辽宁人民出版社　1973年　1张　76cm（2开）
定价：CNY0.11

J0047170
小小针线包　沈大慈作
天津　天津人民美术出版社　1973年　1张
76cm（2开）定价：CNY0.11

J0047171
小鸭归队　（连环画片）谢光照，刘肖晖作；南
京部队供稿
上海　上海人民出版社　1973年　1张　76cm（2开）
定价：CNY0.11

J0047172
小英雄谢荣策　（四条屏）林瑛珊作
沈阳　辽宁人民出版社　1973年　2张　76cm（2开）
定价：CNY0.22
　　作者林瑛珊（1940— ）笔名砚春，号步云
居士，辽宁省盖州市人。1965年毕业于鲁迅美术
学院，为赵梦朱、郭西河先生入室弟子，又拜师
著名国画大师崔子范先生。辽宁美术出版社社
长兼总编辑。出版有《林瑛珊画集》《砚春花鸟
画集锦》《砚春国画小品》等。

J0047173
歇响　陈绍泉作
兰州　甘肃人民出版社　1973年　76cm（2开）
定价：CNY0.16

J0047174
心红荒山绿　李燕华画
石家庄　河北人民出版社　1973年　1张
76cm（2开）定价：CNY0.14

J0047175
新疆舞　王叔晖作
天津　天津人民美术出版社　1973年　1张
76cm（2开）定价：CNY0.14
　　作者王叔晖（1912—1985），女，国画家。字
郁芬，生于天津，祖籍浙江绍兴。历任出版总署
美术科员、新华书店总管理处美术室图案组组
长、人民美术出版社连环画创作组组长。代表
作《西厢记》《林黛玉》《夜宴桃李园》《杨门女
将》等。

J0047176
新课堂　韦智仁作
广州　广东人民出版社　1973年　1张　76cm（2开）
定价：CNY0.14

J0047177
兄弟民族代表参观纺机厂　吴光华作
上海　上海人民出版社　1973年　1张　76cm（2开）
定价：CNY0.11
　　作者吴光华（1933— ），版画家。生于江西
东乡，曾用笔名牧也、笑也、牧春等。中国美术
家协会会员、上海人民美术出版社副编审。擅版
画、年画、国画及篆刻。在江西陶瓷专业艺术学

院从事了三年的绘瓷生涯。毕业于中央美术学院华东分院版画系，师从木刻家张漾兮。版画作品有《把余粮卖给国家》《村口》《新学》等，木刻连环画《党费》，木刻画《舞师图》《春》《黄河渔民》，木刻邮票《摘棉花》。

J0047178
学爸爸　赵彦杰画
长春　吉林人民出版社　1973年　1张 76cm（2开）
定价：CNY0.14
　　作者赵彦杰（1937— ），国家二级美术师。出生在东北，毕业于师范学校。作品有《农忙十二月》《泥土芳香》《大观园》《忠烈千秋》《血染白山》等。

J0047179
学解放军　做革命人　（门画）陈宏仁，杨轩良作
南昌　江西人民出版社　1973年　2张 53cm（4开）
定价：CNY0.11

J0047180
学雷锋　赵澍萍作
济南　山东人民出版社　1973年　1张 76cm（2开）
定价：CNY0.14

J0047181
学习大寨绘新图　大办农业夺丰收　（门画）
乐建文作；安陆县委宣传部供稿
武汉　湖北人民出版社　1973年　2张 53cm（4开）
定价：CNY0.11

J0047182
学习雷锋好榜样　（四条屏）贺友直作
上海　上海人民出版社　1973年　2张 76cm（2开）
定价：CNY0.22
　　作者贺友直（1922—2016），连环画家。出生于上海，祖籍浙江宁波。曾任上海人民美术出版社编审、连环画艺术委员会主任、上海市美术家协会第四届副主席、中国连环画研究会第二届副会长等职。代表作品《朝阳沟》《山乡巨变》等。

J0047183
学演革命样板戏　董兆惠作
兰州　甘肃人民出版社　1973年　1张 76cm（2开）

定价：CNY0.16

J0047184
盐碱变稻田　黄宝苏画
济南　山东人民出版社　1973年　1张 76cm（2开）
定价：CNY0.14

J0047185
羊工　侯泽民，李文彦作
太原　山西人民出版社　1973年　1张 76cm（2开）
定价：CNY0.12

J0047186
阳光雨露育新苗　张乐平作
上海　上海人民出版社　1973年　1张 76cm（2开）
定价：CNY0.11
　　作者张乐平（1910—1992），漫画家。浙江海盐人。曾任中国美术家协会上海分会、解放日报社、上海少年儿童出版社专业画家。漫画“三毛”形象的创作者。代表作品《三毛流浪记》《三毛从军记》。

J0047187
要让塞北变江南　肖忠厚画
石家庄　河北人民出版社　1973年　1张 76cm（2开）定价：CNY0.14

J0047188
夜校新课　张敬平，肖玉磊，李士忠作
合肥　安徽人民出版社　1973年　1张 76cm（2开）
定价：CNY0.11

J0047189
一代新人　张泽民作
太原　山西人民出版社　1973年　1张 76cm（2开）
定价：CNY0.12

J0047190
一代新人学雷锋　张方作
合肥　安徽人民出版社　1973年　1张 76cm（2开）
定价：CNY0.11

J0047191
一代新人学雷锋　（四条屏）林龙华，竹翔飞作
沈阳　辽宁人民出版社　1973年　2张 76cm（2开）

定价：CNY0.22

作者竹翔飞，女，毕业于鲁迅美术学院。作有连环画《打金枝》《女驸马》《欢迎我们的新教师》等。

J0047192

一路丰收一路歌　王学明画

石家庄　河北人民出版社　1973年　1张
76cm（2开）定价：CNY0.14

作者王学明（1943—　），美术编辑。天津人，毕业于河北省美术学校。历任师范学校美术教员、报社美术编辑、衡水地区画院院长、中国美术家协会会员。连环画代表作品有《三断奇案》等，出版有《买海居诗选》《王学明画集》等。

J0047193

一切反动派都是纸老虎　苗佳硕作

天津　天津人民美术出版社　1973年　1张
76cm（2开）定价：CNY0.11

J0047194

移山志　安学贵画

长春　吉林人民出版社　1973年　1张76cm（2开）
定价：CNY0.14

作者安学贵（1940—　），画家。辽宁辽阳市人。中国同泽书画研究院书画家。吉林省通榆县文化馆馆员、中国美术家协会会员。主要作品有《礼物》等。

J0047195

以粮为纲　全面发展　（四条屏）刘雨昌等作

合肥　安徽人民出版社　1973年　2张76cm（2开）
定价：CNY0.22

J0047196

以粮为纲　全面发展　（门画）李冰作

兰州　甘肃人民出版社　1973年　2张38cm（6开）
定价：CNY0.08

J0047197

以粮为纲　全面发展　郭炳安，黄菊芬作

广州　广东人民出版社　1973年　1张76cm（2开）
定价：CNY0.12

J0047198

以粮为纲　全面发展　（门画）许三连作

郑州　河南人民出版社　1973年　2张53cm（4开）
定价：CNY0.11

J0047199

以粮为纲　全面发展　（门画）许三连作

郑州　河南人民出版社　1973年　2张38cm（6开）
定价：CNY0.06

J0047200

以粮为纲　全面发展　（门画）丁红章，章毓霖作

南京　江苏人民出版社　1973年　2张53cm（4开）
定价：CNY0.15

作者章毓霖（1947—2006），生于南通市，历任江苏省美术家协会会员、南通市美术家协会理事、海安县美术家协会主席、海安书画院兼职画师。作品有《"北京人"下落不明》等。

J0047201

以粮为纲　全面发展　何叔水作

南昌　江西人民出版社　1973年　1张76cm（2开）
定价：CNY0.14

J0047202

以粮为纲五谷丰登　全面发展百业兴旺　（门画）陈秀珊作

武汉　湖北人民出版社　1973年　2张53cm（4开）
定价：CNY0.11

J0047203

银球传友谊　刘宝泉画

长春　吉林人民出版社　1973年　1张76cm（2开）
定价：CNY0.14

J0047204

迎春图　杨作文作

天津　天津人民美术出版社　1973年
76cm（2开）定价：CNY0.11

作者杨作文（1936—　），画家。出生于河北威县。任中国书画研究院高级美术师、中国国画家协会理事、冀南画院名誉院长等职。代表作品有《迎春图》《海河工地英雄多》等。

J0047205
拥军 爱民 （门画）邹工作
西安 陕西人民出版社 1973 年 2 张 53cm（4 开）
定价：CNY0.14

J0047206
拥军优属 李一新作
南昌 江西人民出版社 1973 年 1 张 76cm（2 开）
定价：CNY0.14

J0047207
永远跟着共产党 永远跟着毛主席 侯一民等作
北京 人民美术出版社 1973 年 76cm（2 开）
定价：CNY0.14
　　作者侯一民（1930— ），蒙古族，画家、雕塑家、美术教育家。河北高阳人。历任中央美术学院教授、中国壁画学会会长、中国美术家协会常务理事、全国壁画艺术委员会主任、吴作人国际美术基金会理事长。油画代表作品有《青年地下工作者》《毛主席与安源矿工》《六亿神州尽舜尧》《百花齐放》《华夏之歌》等。

J0047208
永远紧握手中枪 姚中玉作
上海 上海人民出版社 1973 年 76cm（2 开）
定价：CNY0.11

J0047209
又一个春天 陈以忠画
南宁 广西人民出版社 1973 年 76cm（2 开）
定价：CNY0.14
　　作者陈以忠（1940— ），编辑。广东化州人，毕业于广西艺术学院美术系。历任《广西日报》高级编辑、漓江画院副院长、中国人才研究会艺术家学部委员会委员、中国美术家协会广西分会常务理事等职。出版有《报刊美编学》《实用图案设计》。

J0047210
余热养鱼鱼儿壮 金兰作
哈尔滨 黑龙江人民出版社 1973 年 76cm（2 开）统一书号：8093.190
定价：CNY0.14

J0047211
渔乡四季 （四条屏）杨维科等画
长春 吉林人民出版社 1973 年 2 张 76cm（2 开）
定价：CNY0.28

J0047212
育新苗 廖先吾作
长沙 湖南人民出版社 1973 年 76cm（2 开）
定价：CNY0.14

J0047213
扎根边疆 志在农村 （门画）黄蕴瑜，赵长安作
昆明 云南人民出版社 1973 年 2 张 53cm（4 开）
定价：CNY0.11

J0047214
瞻仰中国共产党第一次代表大会会址 金铭作
上海 上海人民出版社 1973 年 76cm（2 开）
定价：CNY0.11

J0047215
支农新产品 张群发，荆平运作
太原 山西人民出版社 1973 年 76cm（2 开）
定价：CNY0.12

J0047216
知识青年在草原 （四条屏）赵贵德，刘海志画；聪聪配诗
石家庄 河北人民出版社 1973 年 2 张
76cm（2 开）定价：CNY0.28
　　作者赵贵德（1937— ），满族、国家一级美术师。生于北京。历任中国美术家协会理事，河北省美术家协会名誉主席。代表作品有《激流》《春潮》《大风歌》《神骏图》等，著有《怎样才能画好速写》。

J0047217
中学毕业以后 李冰作
兰州 甘肃人民出版社 1973 年 76cm（2 开）
定价：CNY0.16

J0047218
珠算课 郑恩天，尤佐田作

太原　山西人民出版社　1973 年　76cm（2 开）
定价：CNY0.16

J0047219
茁壮成长　赵华仁作
合肥　安徽人民出版社　1973 年　76cm（2 开）
定价：CNY0.11

J0047220
祖国处处有亲人　周振清等作
北京　人民出版社　1973 年　76cm（2 开）
定价：CNY0.14

J0047221
阿姨替我们种牛痘　马乐群作
上海　上海人民出版社　1974 年［1 张］
76cm（2 开）定价：CNY0.11
　　作者马乐群（1933— ），画家。上海人，曾在上海现代画室学习绘画及西洋美术史等。历任上海画片出版社年画创作员、上海美术出版社年画编辑。作品有《人民不允许浪费粮食的行为》《海防前线宣传员》《金杯红花传捷报》《激流勇进》等。

J0047222
阿姨又来了　胡立滨作
［哈尔滨］黑龙江人民出版社　1974 年［1 张］
76cm（2 开）定价：CNY0.14

J0047223
爱学习　侯丙英，王传习画
［济南］山东人民出版社　1974 年［1 张］
76cm（2 开）定价：CNY0.11

J0047224
爱祖国　袁丕海，杨维才画
［济南］山东人民出版社　1974 年［1 张］
76cm（2 开）定价：CNY0.14

J0047225
安徽新貌　（四条屏）王大仁作
［合肥］安徽人民出版社　1974 年　2 张
107cm（全开）定价：CNY0.56

J0047226
跋山涉水颂凯歌　踏遍青山为人民　杜克礼作
［郑州］河南人民出版社　1974 年［1 张］
76cm（2 开）定价：CNY0.11

J0047227
跋山涉水颂凯歌　踏遍青山为人民　杜克礼作
［郑州］河南人民出版社　1974 年［1 张］
53cm（4 开）定价：CNY0.06

J0047228
跋山涉水为人民　张成九画
［长春］吉林人民出版社　1974 年［1 张］
76cm（2 开）定价：CNY0.14

J0047229
白求恩在中国　（四条屏）中国人民解放军白求恩国际和平医院供稿并编文；许荣初等绘画
［沈阳］辽宁人民出版社　1974 年　2 张
76cm（2 开）定价：CNY0.22
　　作者许荣初（1934— ），教授。出生于江苏武进，就读于东北鲁迅文艺学院美术部绘画系。曾任鲁迅美术学院学术委员会主任、辽宁省美术家协会副主席。

J0047230
百倍警惕　游龙姑执笔
上海　上海人民出版社　1974 年［1 张］
76cm（2 开）定价：CNY0.11

J0047231
报春图　（汉、蒙文标题）薛晓林作
［兰州］甘肃人民出版社　1974 年［1 张］
76cm（2 开）定价：CNY0.14

J0047232
报捷　王奎文作
［杭州］浙江人民出版社　1974 年［1 张］
76cm（2 开）定价：CNY0.14

J0047233
卑贱者最聪明　孙为平作
北京　人民出版社　1974 年［1 张］76cm（2 开）

定价：CNY0.14

J0047234
遍地草药都是宝　吴光华作
上海　上海人民出版社 1974 年［1 张］
76cm（2 开）定价：CNY0.11
　　作者吴光华（1933— ），版画家。生于江西东乡，曾用笔名牧也、笑也、牧春等。中国美术家协会会员、上海人民美术出版社副编审。擅版画、年画、国画及篆刻。在江西陶瓷专业艺术学院从事了三年的绘瓷生涯。毕业于中央美术学院华东分院版画系，师从木刻家张漾兮。版画作品有《把余粮卖给国家》《村口》《新学》等，木刻连环画《党费》，木刻画《舞师图》《春》《黄河渔民》，木刻邮票《摘棉花》。

J0047235
渤海渔歌　张恩杰作
［石家庄］河北人民出版社 1974 年［1 张］
76cm（2 开）定价：CNY0.14

J0047236
不浪费一粒粮　陶琦作
天津　天津人民美术出版社 1974 年［1 张］
76cm（2 开）定价：CNY0.11
　　作者陶琦（1922—2002），女，连环画家。毕业于北平艺术专科学校。原中联书店、天津美术出版社画家，天津文史馆馆员。创作连环画有《我当上了学习小组长》。

J0047237
不误农时　赵俊杰作
［太原］山西人民出版社 1974 年［1 张］
76cm（2 开）定价：CNY0.14

J0047238
参观农业机械展览会　刘王斌作
上海　上海人民出版社 1974 年［1 张］
76cm（2 开）定价：CNY0.11
　　作者刘王斌（1921— ），画家。湖南攸县人。历任上海人民美术出版社副编审、上海美术家协会会员、上海中山艺术院理事。代表作品有《鸭司令》《沙恭达罗》《鱼乐图》《荷花童子舞》《鲤鱼跳龙门》《欢欢喜喜》等。

J0047239
参加庆祝大会去　（汉、维、哈、蒙文标题）阿曼作
［乌鲁木齐］新疆人民出版社 1974 年［1 张］
76cm（2 开）定价：CNY0.14

J0047240
灿烂青春　（汉、蒙文标题）仲跻和作
［呼和浩特］内蒙古人民出版社 1974 年［1 张］
76cm（2 开）定价：CNY0.11

J0047241
草原春早　（汉、蒙文标题）梁志高作
［呼和浩特］内蒙古人民出版社 1974 年［1 张］
76cm（2 开）定价：CNY0.11

J0047242
草原民兵　（汉、维、哈、蒙文标题）马晓峰作
［乌鲁木齐］新疆人民出版社 1974 年［1 张］
76cm（2 开）定价：CNY0.14

J0047243
草原牧民喜丰收　魏昌有作
［沈阳］辽宁人民出版社 1974 年［1 张］
76cm（2 开）定价：CNY0.11

J0047244
草原盛会　刘生展画
［石家庄］河北人民出版社 1974 年［1 张］
76cm（2 开）定价：CNY0.14
　　作者刘生展（1938—2016），画家，一级美术师。别名塞城。内蒙古丰镇人。历任河北省张北县文化馆馆长、张家口市美术家协会名誉主席、中国美术家协会会员、中华炎黄文化研究会会员、中日美术交流协会会员、察哈尔书画院名誉院长。作品有《草原女民兵》《赛马去》《多为农业选俊马》《草原盛会》等。出版《怎样画马》《三国志人物绘卷》《马的描法》等。

J0047245
草原盛会——那达慕　白音那画
［长春］吉林人民出版社 1974 年［1 张］
76cm（2 开）定价：CNY0.14
　　作者白音那（1948— ），内蒙古人民出版社美术编辑，内蒙古美术家协会会员。

J0047246
草原新曲 （汉、蒙文标题）王德发作
[呼和浩特] 内蒙古人民出版社 1974 年 [1 张]
76cm（2 开）定价：CNY0.11

J0047247
草原之鹰 （汉、蒙文标题）胡钧作
[呼和浩特] 内蒙古人民出版社 1974 年 [1 张]
76cm（2 开）定价：CNY0.11

J0047248
茶山的早晨 王继权画
[福州] 福建人民出版社 1974 年 [1 张]
76cm（2 开）定价：CNY0.14

J0047249
畅谈大好形势 张延龄作
天津 天津人民美术出版社 1974 年 [1 张]
76cm（2 开）定价：CNY0.14

J0047250
成长 张义良作
[郑州] 河南人民出版社 1974 年 [1 张]
76cm（2 开）定价：CNY0.14

J0047251
虫情测报 张月才等作
[合肥] 安徽人民出版社 1974 年 [1 张]
76cm（2 开）定价：CNY0.11

J0047252
出工图 裹念清作；于来配诗
[昆明] 云南人民出版社 1974 年 [1 张]
53cm（4 开）定价：CNY0.06

J0047253
出新 何山作
[南昌] 江西人民出版社 1974 年 [1 张]
76cm（2 开）定价：CNY0.11

J0047254
雏鹰展翅 董善明作
[石家庄] 河北人民出版社 1974 年 [1 张]
76cm（2 开）定价：CNY0.14

J0047255
锤炼 沈安有作
[昆明] 云南人民出版社 1974 年 [1 张]
76cm（2 开）定价：CNY0.11

J0047256
春孵 邹晓清作
[合肥] 安徽人民出版社 1974 年 [1 张]
76cm（2 开）定价：CNY0.14

J0047257
春羔满圈 （汉、维、哈、蒙文标题）薛周琦作
[乌鲁木齐] 新疆人民出版社 1974 年 [1 张]
76cm（2 开）定价：CNY0.14

J0047258
春暖山寨 潘公凯作
[杭州] 浙江人民出版社 1974 年 [1 张]
76cm（2 开）定价：CNY0.11

J0047259
春雨时节插秧忙 金铭作
上海 上海人民出版社 1974 年 [1 张]
76cm（2 开）定价：CNY0.11

J0047260
打靶 （汉、蒙文标题）牛忠满作
[呼和浩特] 内蒙古人民出版社 1974 年 [1 张]
76cm（2 开）定价：CNY0.11

J0047261
打井现场会 周大正作
[兰州] 甘肃人民出版社 1974 年 [1 张]
76cm（2 开）定价：CNY0.14
　　作者周大正(1941—)，教授。湖北沙市人，毕业于浙江美术学院油画系。历任甘肃临夏州展览馆美术干部，西北民族学院艺术系美术教研室主任、副教授、教授。作品有《手牵黄河上高山》《希望》《清清夏河水》《夏河风情》《哈族婚礼》《进军腊子口》等，出版有《周大正画选》。

J0047262
大队办起了图书室 陆泽之画
上海 上海人民出版社 1974 年 [1 张]
76cm（2 开）定价：CNY0.11

J0047263
大队图书室　汤继民作
［南京］江苏人民出版社 1974 年［1 张］
76cm（2 开）定价：CNY0.11

J0047264
大寨红花遍地开　李文龙作
［太原］山西人民出版社 1974 年［1 张］
53cm（4 开）定价：CNY0.07

J0047265
大寨花开团结渠　黄力生，黄奇士作
［广州］广东人民出版社 1974 年［1 张］
76cm（2 开）定价：CNY0.14

J0047266
大寨精神照长白　赵丁画
［长春］吉林人民出版社 1974 年［1 张］
76cm（2 开）定价：CNY0.14

J0047267
代表归来　王玉琦作
［沈阳］辽宁人民出版社 1974 年［1 张］
76cm（2 开）定价：CNY0.11

J0047268
代表归来报喜讯　（汉、蒙、维、哈文标题）林峰［作］
［乌鲁木齐］新疆人民出版社 1974 年［1 张］
76cm（2 开）定价：CNY0.14
　　作者林峰(1938—)，本名王树林，生于河北涿州。历任新艺摄影公司技术副总监、市摄影协会顾问、国家特级摄影师。著有《林峰作品选》等。

J0047269
担土造田学大寨　刘成荣作
天津 天津人民美术出版社 1974 年［1 张］
76cm（2 开）定价：CNY0.11

J0047270
当代愚公绘新图　（四条屏 选自户县农民画展）程敏生，张林作
上海 上海人民出版社 1974 年 2 张 76cm（2开）
定价：CNY0.22

J0047271
到新的岗位　陈胜民作
［福州］福建人民出版社 1974 年［1 张］
76cm（2 开）定价：CNY0.14

J0047272
第一层老茧　侯国良作
［沈阳］辽宁人民出版社 1974 年［1 张］
76cm（2 开）定价：CNY0.11

J0047273
第一次巡逻　阎凤成画
［长春］吉林人民出版社 1974 年［1 张］
76cm（2 开）定价：CNY0.14
　　作者阎凤成(1942—)，画家。吉林大安人。任吉林市丰满区教师进修学院教研员。代表作品有《愁》《瓜香时节》《礼物》《落花有意》等。

J0047274
都学习　张和荣画
［济南］山东人民出版社 1974 年［1 张］
76cm（2 开）定价：CNY0.14

J0047275
都有一颗红亮的心　何纬仁作
［南宁］广西人民出版社 1974 年［1 张］
53cm（4 开）定价：CNY0.07

J0047276
杜鹃山　（四条屏）周长智改编；刘根生绘画
［长春］吉林人民出版社 1974 年 2 张
76cm（2 开）定价：CNY0.28

J0047277
队长带回大寨花　赵彦杰画
［长春］吉林人民出版社 1974 年［1 张］
76cm（2 开）定价：CNY0.14
　　作者赵彦杰(1937—)，国家二级美术师。出生在东北，毕业于师范学校。作品有《农忙十二月》《泥土芳香》《大观园》《忠烈千秋》《血染白山》等。

J0047278
多产化肥夺丰收　全祝明画
［石家庄］河北人民出版社 1974 年［1 张］

76cm（2开）定价：CNY0.14

J0047279

儿童团长张德新　（四条屏）张惠斌作
［沈阳］辽宁人民出版社 1974年 2张
76cm（2开）定价：CNY0.22

　　作者张惠斌（1942—　　），画家、国家一级美术师。山东济南人。历任中国美术家协会会员，锦州市中国画研究会会长、副研究馆员。出版有《张惠斌书画集》《张惠斌画集》等。

J0047280

翻身不忘共产党　幸福感谢毛主席　涂柏森作
［南昌］江西人民出版社 1974年 ［1张］
76cm（2开）定价：CNY0.11

J0047281

繁荣的码头　罗玉江作
［石家庄］河北人民出版社 1974年 ［1张］
76cm（2开）定价：CNY0.14

J0047282

繁荣的上海港　章育青作
上海 上海人民出版社 1974年 ［1张］
76cm（2开）定价：CNY0.11

　　作者章育青（1909—1993），画家。浙江慈溪人。上海人民美术出版社年画专业画家。作品《上海大世界》《元宵灯》《上海外滩》《南京长江大桥》等。

J0047283

沸腾在矿山　宁大明画
［石家庄］河北人民出版社 1974年 ［1张］
76cm（2开）定价：CNY0.14

　　作者宁大明（1943—　　），画家，教授。河北乐亭人。毕业于天津美术学院。历任石家庄丝弦剧团舞台美术设计、河北师范大学美术系教师、中国美术家协会会员、河北书装研究会常务理事。作品有中国画《高风亮节》《先驱》，年画《领袖和人民》。

J0047284

丰富多彩　欣欣向荣　沈行工，侯德剑作
［南京］江苏人民出版社 1974年 ［1张］

76cm（2开）定价：CNY0.11

　　作者沈行工（1943—　　），画家，艺术家。浙江宁波人，毕业于南京艺术学院。南京艺术学院教授、硕士生导师，中国美术家协会会员，中国油画学会理事，江苏省油画学会名誉主席，艺术委员会主席。代表作品《小镇春深》《秋晴》《读书人生》《蓝色的江南风景》《雪后的江南风景》等。作者侯德剑（1949—　　），江苏南通人。南通书法国画研究院院长、南通市美术家协会主席、中国美术家协会会员、国家一级美术师、江苏省政协书画室特聘画师。擅长中国画、连环画。作品有连环画《东进、东进》，中国画《牛戏图》《铁流》（合作）等。

J0047285

丰收场上　王朝斌作
［郑州］河南人民出版社 1974年 ［1张］
76cm（2开）定价：CNY0.14

J0047286

丰收场上　张锦标作
上海 上海人民出版社 1974年 ［1张］
76cm（2开）定价：CNY0.11

　　作者张锦标（1935—　　），编审。浙江嵊州市人，毕业于浙江美术学院中国画系。历任上海书画出版社编辑、副编审。代表作品有《熊猫宴》《宠爱》《迎千年曙光》《任伯年群仙祝寿图》。著作有《怎样画大熊猫》。

J0047287

丰收场上　刘浩画
［成都］四川人民出版社 1974年 ［1张］
76cm（2开）定价：CNY0.14

J0047288

丰收的喜悦　邵子振作
［哈尔滨］黑龙江人民出版社 1974年 ［1张］
76cm（2开）定价：CNY0.14

J0047289

丰收路上　廖先悟作
［长沙］湖南人民出版社 1974年 ［1张］
76cm（2开）定价：CNY0.11

J0047290
风华正茂　韦之琦，帅立功画
[南宁] 广西人民出版社 1974 年 [1 张]
76cm（2 开）定价：CNY0.14

J0047291
服务到田头　金汉俊，唐才良作
上海　上海人民出版社 1974 年 [1 张]
76cm（2 开）定价：CNY0.11

J0047292
妇女撑起半边天　王维经作；临汾地区文化
局美术组供稿
[太原] 山西人民出版社 1974 年 [1 张]
38cm（6 开）定价：CNY0.04

J0047293
高唱革命战歌 发扬革命传统　马伯乐作
[南京] 江苏人民出版社 1974 年 [1 张]
76cm（2 开）定价：CNY0.14

J0047294
高炉层层起 太行日日新　魏魁仲作
[石家庄] 河北人民出版社 1974 年 [1 张]
76cm（2 开）定价：CNY0.14

J0047295
哥哥穿上了新军装　邹达青作
[南昌] 江西人民出版社 1974 年 [1 张]
76cm（2 开）定价：CNY0.11

J0047296
歌唱民族大团结　（汉、维吾尔新文字标题）
张威等作
[乌鲁木齐] 新疆人民出版社 1974 年 [1 张]
76cm（2 开）定价：CNY0.14

J0047297
革命纪念地　（四条屏）黄宗瑞作
天津　天津人民美术出版社 1974 年 2 张
76cm（2 开）定价：CNY0.28

J0047298
革命圣地　（四条屏）刘鲁生等作
[济南] 山东人民出版社 1974 年 2 张
76cm（2 开）定价：CNY0.28

J0047299
革新花开又一枝　傅东星作
[兰州] 甘肃人民出版社 1974 年 [1 张]
76cm（2 开）定价：CNY0.11

J0047300
根深苗壮　王红作
[兰州] 甘肃人民出版社 1974 年 [1 张]
76cm（2 开）定价：CNY0.14

J0047301
根深叶茂桔满园　谌学诗，翁平作
[南昌] 江西人民出版社 1974 年 [1 张]
76cm（2 开）定价：CNY0.11
　　　作者谌学诗（1942— ），江西人。江西省美
术家协会会员。曾从事美术设计、美术编辑等工
作。多幅作品为人民美术出版社、上海美术出版
社等出版发行。

J0047302
工农同唱丰收歌　张敬平等作
[合肥] 安徽人民出版社 1974 年 [1 张]
76cm（2 开）定价：CNY0.11

J0047303
工农一家喜迎春　富穹，冯健辛作
[沈阳] 辽宁人民出版社 1974 年 [1 张]
76cm（2 开）定价：CNY0.11

J0047304
工业盛开"跃进"花　（四条屏）薛景贵等作
[沈阳] 辽宁人民出版社 1974 年 2 张
76cm（2 开）定价：CNY0.22

J0047305
工业学大庆　许全群作
北京　人民出版社 1974 年 [1 张] 76cm（2 开）
定价：CNY0.14
　　　作者许全群（1943— ），画家。河南鲁山县
人。毕业于北京艺术学院附中。曾任职于人民
美术出版社创作室，中国美术家协会会员、吉隆
坡艺术学院客座教授。出版有《许全群画集》《许
全群水墨作品精选》等。

J0047306
工业学大庆 农业学大寨 方文河作
［福州］福建人民出版社 1974 年［1 张］
76cm（2 开）定价：CNY0.14

J0047307
工业学大庆 农业学大寨 覃奕汉作
［广州］广东人民出版社 1974 年［1 张］
53cm（4 开）定价：CNY0.07

J0047308
工业学大庆 农业学大寨 平德威作
［南昌］江西人民出版社 1974 年［1 张］
76cm（2 开）定价：CNY0.11

J0047309
"公社" 小社员 孙伯礼作
［郑州］河南人民出版社 1974 年［1 张］
76cm（2 开）定价：CNY0.14

J0047310
"公社" 新气象 （四条屏）南汇县业余美术学
习班，上海人民出版社三结合创作组［作］
上海 上海人民出版社 1974 年 2 张 76cm（2 开）
定价：CNY0.22

J0047311
共同战斗 张从渝作
［成都］四川人民出版社 1974 年［1 张］
76cm（2 开）定价：CNY0.14

J0047312
购销组到咱村 尤文绚作
［南京］江苏人民出版社 1974 年［1 张］
76cm（2 开）定价：CNY0.11

J0047313
购销组到咱村 尤文绚作
北京 人民美术出版社 1974 年［1 张］
76cm（2 开）定价：CNY0.11

J0047314
瓜香万里 （汉、维、哈、蒙文标题）林博君作
［乌鲁木齐］新疆人民出版社 1974 年［1 张］
76cm（2 开）定价：CNY0.14

J0047315
关怀 钱流作
［合肥］安徽人民出版社 1974 年［1 张］
76cm（2 开）定价：CNY0.14

J0047316
关怀 （汉、藏文标题）董兆惠作
［兰州］甘肃人民出版社 1974 年［1 张］
76cm（2 开）定价：CNY0.11

J0047317
关怀 韦江琼作
［武汉］湖北人民出版社 1974 年［1 张］
76cm（2 开）定价：CNY0.11

J0047318
广积粮 马承光供稿
［南宁］广西人民出版社 1974 年［1 张］
76cm（2 开）定价：CNY0.14

J0047319
广阔天地 谭成富，周黎作
［合肥］安徽人民出版社 1974 年［1 张］
76cm（2 开）定价：CNY0.14

J0047320
广阔天地 （四条屏）刘金珠，田林海作
［杭州］浙江人民出版社 1974 年 2 张
76cm（2 开）定价：CNY0.28

J0047321
广阔天地 大有作为 袁鸿儒作
［郑州］河南人民出版社 1974 年［1 张］
53cm（4 开）定价：CNY0.06

J0047322
广阔天地 大有作为 （四条屏）毛成贵等作
［武汉］湖北人民出版社 1974 年 2 张
76cm（2 开）定价：CNY0.22

J0047323
广阔天地 大有作为 （四条屏）金红炜画
［长春］吉林人民出版社 1974 年 2 张
76cm（2 开）定价：CNY0.28

J0047324

广阔天地 大有作为　阮诚作

[南昌] 江西人民出版社 1974 年 [1 张]

76cm（ 2 开 ）定价：CNY0.11

J0047325

广阔天地 大有作为　张平义作

[太原] 山西人民出版社 1974 年 [1 张]

38cm（ 6 开 ）定价：CNY0.04

J0047326

广阔天地炼红心 大有作为创新业　颜静蓉
等作

[武汉] 湖北人民出版社 1974 年 [1 张]

76cm（ 2 开 ）定价：CNY0.11

J0047327

广阔天地迎新人　孙顺正画

[济南] 山东人民出版社 1974 年 [1 张]

76cm（ 2 开 ）定价：CNY0.11

　　作者孙顺正（1942—　），画家。山东济南人，
毕业于山东艺术专科学校油画专业。曾任济南
搪瓷厂技术科美术设计、山东人民出版社美术编
辑。画作有中国画《故情》《杨柳风》《盗仙草》等，
出版有《孙顺正工笔重彩古装人物画精选》。

J0047328

广阔天地育新苗　（汉、蒙文标题）陈启东作

[呼和浩特] 内蒙古人民出版社 1974 年 [1 张]

76cm（ 2 开 ）定价：CNY0.11

J0047329

贵在坚持　杨振洲作

[郑州] 河南人民出版社 1974 年 [1 张]

76cm（ 2 开 ）定价：CNY0.14

J0047330

果园新姐妹　陈守义作

[南京] 江苏人民出版社 1974 年 [1 张]

76cm（ 2 开 ）定价：CNY0.14

　　作者陈守义（1944—　），浙江温州人。毕业
于浙江美术学院油画系。中国美术家协会会员、
浙江美术家协会理事、浙江美术教育研究会副会
长。主要作品有《山城》《水乡的回忆》《巴黎春
色》等。

J0047331

好闺女　张达平作

[南宁] 广西人民出版社 1974 年 [1 张]

76cm（ 2 开 ）定价：CNY0.14

　　作者张达平（1945—　），广西博白人。师从
著名岭南派画家黄独峰。曾任广西美术出版社
副总编、广西书画研究会副会长、广西文物收藏
家协会副会长等职。主要作品有《苗山新绣》《狼
孩》《木偶奇遇记》等。

J0047332

和爷爷一起战斗　张泽民作

[太原] 山西人民出版社 1974 年 [1 张]

76cm（ 2 开 ）定价：CNY0.14

J0047333

贺年　吴炳德等作

[广州] 广东人民出版社 1974 年 [1 张]

76cm（ 2 开 ）定价：CNY0.14

J0047334

红旗渠畔插秧忙　张贺门作

[郑州] 河南人民出版社 1974 年 [1 张]

76cm（ 2 开 ）定价：CNY0.14

J0047335

红太阳光芒照大地 毛主席恩情暖人心　（胶
印对联）于锦声书

天津 天津杨柳青画店 1974 年 2 张 76cm（ 2 开 ）
定价：CNY0.50

　　作者于锦声（1940—　），河北黄骅县人。天
津市美术家协会理事、天津书法家协会会员、艺
友书画会画师。出版有《于锦声画集》等。

J0047336

"红小兵"茶水站　忻礼良作

上海 上海人民出版社 1974 年 [1 张]

76cm（ 2 开 ）定价：CNY0.11

　　作者忻礼良（1913—？），浙江鄞县人。擅长
年画。曾任上海画片出版社特约作者、上海人民
美术出版社创作人员等职。代表作品有《毛主席
和我们在一起》《姑嫂选笔》《拾到五分钱》等。

J0047337

"红小兵"学工　谢慕莲作

上海　上海人民出版社 1974 年 [1 张]
76cm（ 2 开 ）定价：CNY0.11

　　作者谢慕莲（1918—1985），画家。浙江余姚人。曾受聘为上海画片出版社和上海人民美术出版社特约年画作者、中国美术家协会会员。代表作有《李香君》《霸王别姬》《杨家十二女将》等。

J0047338
"红小兵" 学军　　黄志成，江南春作
上海　上海人民出版社 1974 年 [1 张]
76cm（ 2 开 ）定价：CNY0.11

J0047339
虎头山上传友情　　康富平作
[太原] 山西人民出版社 1974 年 [1 张]
76cm（ 2 开 ）定价：CNY0.14

J0047340
互帮互学　　金梅生作
上海　上海人民出版社 1974 年 [1 张]
76cm（ 2 开 ）定价：CNY0.11

　　作者金梅生（1902—1989），画家。别名石摩，上海人。曾于商务印书馆美术科专门从事月份牌绘画，上海市文史馆馆员、上海人民美术出版社特约年画家。作品有《新中国的歌声》《秀女饲养员》《花木兰》等。

J0047341
互相学习　　（汉、维、哈、蒙文标题）于永昌作
[乌鲁木齐] 新疆人民出版社 1974 年 [1 张]
76cm（ 2 开 ）定价：CNY0.14

J0047342
淮河新貌　　（四条屏）黄成泰作
[合肥] 安徽人民出版社 1974 年 2 张
76cm（ 2 开 ）定价：CNY0.28

J0047343
欢度春节抒豪情　　邓秀作
天津　天津人民美术出版社 1974 年 [1 张]
76cm（ 2 开 ）定价：CNY0.14

J0047344
欢乐的草原　　关鉴画

[长春] 吉林人民出版社 1974 年 [1 张]
76cm（ 2 开 ）定价：CNY0.14

J0047345
黄金时节　　蔡其中画
[南宁] 广西人民出版社 1974 年 [1 张]
76cm（ 2 开 ）定价：CNY0.14

J0047346
火车向着韶山开　　（汉、蒙文标题）戴有强作
[呼和浩特] 内蒙古人民出版社 1974 年 [1 张]
76cm（ 2 开 ）定价：CNY0.11

J0047347
火车向着韶山跑　　解义勇作
[太原] 山西人民出版社 1974 年 [1 张]
76cm（ 2 开 ）定价：CNY0.14

J0047348
基本路线天天讲　生产面貌日日新　　何荣卿作
[武汉] 湖北人民出版社 1974 年 [1 张]
76cm（ 2 开 ）定价：CNY0.11

J0047349
继承革命传统　加强战备训练　　赵宋生作
[昆明] 云南人民出版社 1974 年 [1 张]
76cm（ 2 开 ）定价：CNY0.14

J0047350
家乡又是丰收年　　高民利作
[西安] 陕西人民出版社 1974 年 [1 张]
76cm（ 2 开 ）定价：CNY0.11

J0047351
家乡在前进　　赵宏作
[成都] 四川人民出版社 1974 年 [1 张]
76cm（ 2 开 ）定价：CNY0.14

J0047352
假期归来　　卢金泉作
[哈尔滨] 黑龙江人民出版社 1974 年 [1 张]
76cm（ 2 开 ）定价：CNY0.14

J0047353

胶林新战友　屠曙光作

［昆明］云南人民出版社 1974 年［1 张］

76cm（2 开）定价：CNY0.14

J0047354

教革命传统　传生产知识　袁敬德作

［昆明］云南人民出版社 1974 年［1 张］

76cm（2 开）定价：CNY0.11

J0047355

教育革命开新花　李伟华作

［哈尔滨］黑龙江人民出版社 1974 年［1 张］

76cm（2 开 ）定价：CNY0.14

J0047356

教子务农　无尚光荣　张光奎作

［郑州］河南人民出版社 1974 年［1 张］

76cm（2 开）定价：CNY0.11

J0047357

教子务农　扎根农村　甘家伟作

［昆明］云南人民出版社 1974 年［1 张］

76cm（2 开）定价：CNY0.11

J0047358

接受工农再教育　誓做红色接班人　关振旋,汤集祥作

［广州］广东人民出版社 1974 年［1 张］

76cm（2 开）定价：CNY0.14

J0047359

接受工农再教育　誓做红色接班人　关振旋,汤集祥作

［广州］广东人民出版社 1974 年［1 张］

53cm（4 开）定价：CNY0.07

J0047360

节日的水乡　江恩莲,曾洪流作

［广州］广东人民出版社 1974 年［1 张］

76cm（2 开）定价：CNY0.14

J0047361

节日的珠江　单剑峰作

［广州］广东人民出版社 1974 年［1 张］

76cm（2 开）定价：CNY0.14

J0047362

解放军拉练到咱村　韦自强作

［兰州］甘肃人民出版社 1974 年［1 张］

76cm（2 开）定价：CNY0.14

J0047363

解放军叔叔到我家　孔昭平画

［长春］吉林人民出版社 1974 年［1 张］

76cm（2 开）定价：CNY0.14

J0047364

解放军叔叔你们打得好　赵伟月,罗秀岳作

北京 人民出版社 1974 年［1 张］76cm（2 开）

定价：CNY0.14

J0047365

解放军叔叔野营训练过俺村　柳忠福作

［石家庄］河北人民出版社 1974 年［1 张］

76cm（2 开）定价：CNY0.14

　　作者柳忠福(1942—2014),教授。祖籍山东,字兰芝,号兰芝斋主,辽宁师范大学艺术系毕业。现任中国书画家协会理事、中国收藏家协会会员、中国国学研究会研究员、雅典艺校教授、大连美术家协会会员、中国当代艺术协会副主席等职位。

J0047366

今日黄泛区　章锦荣作

［郑州］河南人民出版社 1974 年［1 张］

76cm（2 开）定价：CNY0.14

J0047367

金谷登场　赵德修作

［郑州］河南人民出版社 1974 年［1 张］

76cm（2 开）定价：CNY0.11

J0047368

金色的阿佤山　牛彬作

［昆明］云南人民出版社 1974 年［1 张］

76cm（2 开）定价：CNY0.14

J0047369

金色的种子　韩绍愈作

[郑州] 河南人民出版社 1974 年 [1 张]
76cm（2 开）定价：CNY0.11

J0047370
紧握枪杆保江山　王信作
[石家庄] 河北人民出版社 1974 年 [1 张]
76cm（2 开）定价：CNY0.14
　　作者王信（1925— ），画家。河北承德人。历任辽宁美术出版社专职画家、承德市群众艺术馆研究馆员、河北水彩画会名誉会长、河北省美术家协会顾问。画作有《早雾》《原始森林》《深山情》《山家》等。出版有《王信水彩画选辑》《王信水彩选集》《王信水彩画专辑》等。

J0047371
锦绣前程　丁中一作
[郑州] 河南人民出版社 1974 年 [1 张]
76cm（2 开）定价：CNY0.14
　　作者丁中一（1937— ），国画家。上海人，毕业于中国美术学院中国画系。历任河南艺术学院美术系硕士生导师、中国美术学院成人教育分院特聘教授、河南中国人物画艺术委员会顾问、河南中国山水画艺术委员会顾问、中国美术家协会会员。代表作品《八大山人》《素描技法论系》《丁中一西部写生画集》等。

J0047372
精选肥猪给国家　黄庭松供稿
[南宁] 广西人民出版社 1974 年 [1 张]
76cm（2 开）定价：CNY0.14

J0047373
井冈红旗　陈慧荪作
[南昌] 江西人民出版社 1974 年 [1 张]
76cm（2 开）定价：CNY0.11

J0047374
卷扬机手　胡震国作
[合肥] 安徽人民出版社 1974 年 [1 张]
76cm（2 开）定价：CNY0.11
　　作者胡震国，连环画家。曾任上海工艺美术职业学院美术系主任。

J0047375
军爱民　民拥军　谭西方作

[武汉] 湖北人民出版社 1974 年 [1 张]
76cm（2 开）定价：CNY0.11
　　作者谭西方，美术编辑，河南鄢城人。作品有连环画《中华字圣许慎》等。

J0047376
军队应该是一个大学校　（四条屏）施琦平，费龙翔作
上海 上海人民出版社 1974 年 2 张 76cm（2 开）
定价：CNY0.22

J0047377
军民同谱新渔歌　于成业作
[南宁] 广西人民出版社 1974 年 [1 张]
76cm（2 开）定价：CNY0.14
　　作者于成业（1950— ），画家。山东文登市人。曾任中国美术家协会广东分会会员、人民日报神舟书画院画师。代表作品有《五洲乐》《千禧年》《古堡女奴》等。

J0047378
军民同庆丰收年　张义良作
上海 上海人民出版社 1974 年 [1 张]
76cm（2 开）定价：CNY0.11

J0047379
军民同心织渔网　杨德彪，唐耀宗作
上海 上海人民出版社 1974 年 [1 张]
76cm（2 开）定价：CNY0.11

J0047380
军民团结如一人　江苏人民出版社作
[南京] 江苏人民出版社 1974 年 [1 张]
76cm（2 开）定价：CNY0.14

J0047381
军民协力开新渠　曹天舒作
[郑州] 河南人民出版社 1974 年 [1 张]
76cm（2 开）定价：CNY0.14

J0047382
军民一家喜夺丰收　徐震时作
北京 人民美术出版社 1974 年 [1 张]
76cm（2 开）定价：CNY0.14

J0047383
开到北京去　陈以忠画
[南宁]广西人民出版社 1974 年［1 张］
76cm（2 开）定价：CNY0.14

　　作者陈以忠(1940—　)，编辑。广东化州人，毕业于广西艺术学院美术系。历任《广西日报》高级编辑、漓江画院副院长、中国人才研究会艺术家学部委员会委员、中国美术家协会广西分会常务理事等职。出版有《报刊美编学》《实用图案设计》。

J0047384
考车　王俊亮作
[石家庄]河北人民出版社 1974 年［1 张］
76cm（2 开）定价：CNY0.14

J0047385
科学种田　尹向前等作
[太原]山西人民出版社 1974 年［1 张］
76cm（2 开）定价：CNY0.07

J0047386
科学种田当尖兵　孙建华作
[郑州]河南人民出版社 1974 年［1 张］
76cm（2 开）定价：CNY0.14

J0047387
颗粒归仓　章孟和作
[合肥]安徽人民出版社 1974 年［1 张］
76cm（2 开）定价：CNY0.11

J0047388
夸闺女　苗佳硕作
天津 天津人民美术出版社 1974 年［1 张］
76cm（2 开）定价：CNY0.11

J0047389
夸愚公　刘宏达作
[广州]广东人民出版社 1974 年［1 张］
76cm（2 开）定价：CNY0.14

J0047390
夸愚公　刘宏达作
北京 人民美术出版社 1974 年［1 张］
76cm（2 开）定价：CNY0.14

J0047391
壶水盛满四海情　程锡汉，熊家庆作
[武汉]湖北人民出版社 1974 年［1 张］
53cm（4 开）定价：CNY0.06

J0047392
劳模会归来　朱克运作
[合肥]安徽人民出版社 1974 年［1 张］
76cm（2 开）定价：CNY0.14

J0047393
老队长夸新社员　汪家龄作
[合肥]安徽人民出版社 1974 年［1 张］
76cm（2 开）定价：CNY0.11

　　作者汪家龄(1944—2010)，画家。江西婺源人。中国艺术研究院特邀创作委员、黄山市美术家协会副主席、黄山市中国画研究院副院长、中国美术家协会安徽分会会员。擅长连环画。作品有《追牛》《三八号》《红烛泪》等连环画，《哪吒闹海》《三战吕布》等年画。

J0047394
雷锋叔叔是我们的好榜样　（四条屏）刘建平，张志平作；王时一配诗
天津 天津人民美术出版社 1974 年 2 张
76cm（2 开）定价：CNY0.28

J0047395
炼就红心铁骨 建设美好江山　刘贵友作
[武汉]湖北人民出版社 1974 年［1 张］
76cm（2 开）定价：CNY0.11

J0047396
粮鱼双丰收　郭炳安，黄菊芬作
[广州]广东人民出版社 1974 年［1 张］
76cm（2 开）定价：CNY0.14

J0047397
粮鱼双丰收　郭炳安，黄菊芬作
[广州]广东人民出版社 1974 年［1 张］
53cm（4 开）定价：CNY0.07

J0047398
量不完的新田　廖连贵作
[武汉]湖北人民出版社 1974 年［1 张］

76cm（2开）定价：CNY0.11

　　作者廖连贵（1932—　　），国家一级美术师。广西贵港市人。毕业于华中师范大学美术系，并留校任教。历任中国美术家协会会员、湖北省美术院专业画家、湖北水墨画院院士、湖北书画院院士。作品有《高原千里踪》《瑶老庚》《东坡夜游图》《勇进》《版纳的笑声》等。

J0047399
刘胡兰 （四条屏　胶印轴画）李济远等作；郑涌配诗
天津　天津杨柳青画店　1974年　4轴
76cm（2开）定价：CNY1.10

J0047400
刘文学 （四条屏）楼家本作
北京　人民美术出版社　1974年　2张 76cm（2开）
定价：CNY0.22

J0047401
流动红旗到车间　李祥麟作
[南宁]广西人民出版社　1974年　[1张]
76cm（2开）定价：CNY0.14

J0047402
流动书店 （汉、蒙文标题）全继昌作
[呼和浩特]内蒙古人民出版社　1974年　[1张]
76cm（2开）定价：CNY0.11

J0047403
流动书箱　张学乾作
[兰州]甘肃人民出版社　1974年　[1张]
76cm（2开）定价：CNY0.14

J0047404
盲眼复明见太阳　张松茂作
[长沙]湖南人民出版社　1974年　[1张]
76cm（2开）定价：CNY0.14

J0047405
毛主席万岁　姜贵恒，魏瀛洲作
北京　人民美术出版社　1974年　[1张]
76cm（2开）定价：CNY0.11

J0047406
美好的日子万年长　汪大燮作
[哈尔滨]黑龙江人民出版社　1974年　[1张]
76cm（2开）定价：CNY0.14

J0047407
棉田新歌　华文权作
[武汉]湖北人民出版社　1974年　[1张]
76cm（2开）定价：CNY0.11

J0047408
民学军并肩战斗　军学民携手前进　吴象峰作
[武汉]湖北人民出版社　1974年　[1张]
76cm（2开）定价：CNY0.11

J0047409
牡丹之乡新花开　陈鹏同画
[济南]山东人民出版社　1974年　[1张]
76cm（2开）定价：CNY0.11

J0047410
纳新　简崇志作
[成都]四川人民出版社　1974年　[1张]
76cm（2开）定价：CNY0.14

J0047411
南湖　章育青作
上海　上海人民出版社　1974年　[1张]
76cm（2开）定价：CNY0.11

　　作者章育青（1909—1993），画家。浙江慈溪人。上海人民美术出版社年画专业画家。作品《上海大世界》《元宵灯》《上海外滩》《南京长江大桥》等。

J0047412
年画缩样 （1975）
南京　江苏人民出版社　[1974年] 13×19cm

J0047413
年画缩样 （1975）
南昌　江西人民出版社　[1974年] 19cm（32开）

J0047414
年画缩样 （1974）

呼和浩特 内蒙古人民出版社 1974 年
13×19cm

J0047415
年画缩样 （1975）
太原 山西人民出版社［1974 年］13×19cm

J0047416
年画小集 （1974）
石家庄 河北人民出版社 1974 年 18cm（15 开）
统一书号：8086.389 定价：CNY0.30

J0047417
年画选辑 上海人民出版社编
上海 上海人民出版社 1974 年 18cm（15 开）
统一书号：8171.921 定价：CNY0.25

J0047418
农村阵地日日新 靳冠山作
［太原］山西人民出版社 1974 年［1 张］
76cm（2 开）定价：CNY0.14

J0047419
农大新学员 唐一文作
北京 人民美术出版社 1974 年［1 张］
76cm（2 开）定价：CNY0.11

J0047420
农忙托儿所 刘二刚作
［南京］江苏人民出版社 1974 年［1 张］
76cm（2 开）定价：CNY0.11
　　作者刘二刚（1947— ），国家一级美术师。
字梦铁，又字柔克，江苏镇江人。曾供职于镇江
国画院、南京书画院。代表作品有《二刚国画小
品集》《刘二刚书画选集》《庙亭山随笔》等。

J0047421
农牧结合喜丰收 李连仲作
［沈阳］辽宁人民出版社 1974 年［1 张］
76cm（2 开）定价：CNY0.11

J0047422
农业学大寨 许全群作
北京 人民出版社 1974 年［1 张］76cm（2 开）
定价：CNY0.14

　　作者许全群（1943— ），画家。河南鲁山县
人。毕业于北京艺术学院附中。曾任职于人民
美术出版社创作室，中国美术家协会会员、吉隆
坡艺术学院客座教授。出版有《许全群画集》《许
全群水墨作品精选》等。

J0047423
女炮班 丁壮，姚中玉作
上海 上海人民出版社 1974 年［1 张］
76cm（2 开）定价：CNY0.11

J0047424
女桥工 郑新民作
［哈尔滨］黑龙江人民出版社 1974 年［1 张］
76cm（2 开）定价：CNY0.14

J0047425
女书记 万桂香，南运生作
［石家庄］河北人民出版社 1974 年［1 张］
76cm（2 开）定价：CNY0.14
　　作者万桂香（1944— ），女，画家。辽宁丹
东人，毕业于哈尔滨师范大学艺术系。曾在黑龙
江省鸡西市文化馆、河北省内丘县文化馆从事美
术工作。历任河北省电影公司《河北银幕》编辑、
河北省电影发行公司宣传科科长、河北省电影宣
传画画会会长。代表作品《戎奶奶佳节到我家》
《女驸马》《花为媒》等。作者南运生（1944— ），
一级美术师。别名南恽笙，河北任丘人，毕业于
哈尔滨师范大学艺术系美术专业。历任河北省
艺术馆馆长，河北画报社社长、总编，中国美术
家协会、河北省美术家协会副主席，河北省画院
院长。年画作品有《花好月圆》《艺苑新秀》《吉
庆有余》等。

J0047426
贫下中农的好闺女 林美岚作
［南昌］江西人民出版社 1974 年［1 张］
76cm（2 开）定价：CNY0.11
　　作者林美岚（1940— ），字山风，江西武宁
人。毕业于江西九江师范学校。历任中小学美
术教师，江西九江市群众艺术馆美术干部、副研
究馆员，江西省美术家协会理事。作品有《党是
阳光我是花》《喜庆丰年》《鸟语花香》等。出版
有《林美岚人物画选》。

J0047427
品茶　王小林，柳文田作
[合肥] 安徽人民出版社 1974 年 [1 张]
76cm（2 开）定价：CNY0.11

J0047428
谱新曲　李向伟作
[合肥] 安徽人民出版社 1974 年 [1 张]
76cm（2 开）定价：CNY0.11

J0047429
齐心协力　方冰山作
[南京] 江苏人民出版社 1974 年 [1 张]
76cm（2 开）定价：CNY0.11

J0047430
齐心协力　高燕，王海涛作
[北京] 人民体育出版社 1974 年 [1 张]
76cm（2 开）定价：CNY0.11

J0047431
千里行程一路春　邢国胜，邢云堂作
[哈尔滨] 黑龙江人民出版社 1974 年 [1 张]
76cm（2 开）定价：CNY0.14

J0047432
千里油田处处春　范垂宇作
[哈尔滨] 黑龙江人民出版社 1974 年 [1 张]
76cm（2 开）定价：CNY0.14

J0047433
前程似锦　孙少楷画
[长春] 吉林人民出版社 1974 年 [1 张]
76cm（2 开）定价：CNY0.14

J0047434
前进的列车　王大太，王向群作
[哈尔滨] 黑龙江人民出版社 1974 年 [1 张]
76cm（2 开）定价：CNY0.14

J0047435
亲人到咱村　黄文庆作
[广州] 广东人民出版社 1974 年 [1 张]
76cm（2 开）定价：CNY0.14

J0047436
青春似火　（四条屏 胶印轴画）
天津 天津杨柳青画店 1974 年 4 轴
76cm（2 开）定价：CNY1.10

J0047437
青年有志奔千里 革命种子播四方　张学衡作
[南昌] 江西人民出版社 1974 年 [1 张]
76cm（2 开）

J0047438
庆丰收　李淑华作
[福州] 福建人民出版社 1974 年 [1 张]
76cm（2 开）定价：CNY0.14

J0047439
庆丰收　李恒声画
[南宁] 广西人民出版社 1974 年 [1 张]
76cm（2 开）定价：CNY0.14

J0047440
秋忙　谢毓功作
[昆明] 云南人民出版社 1974 年 [1 张]
76cm（2 开）定价：CNY0.11

J0047441
取经归来　赵志光作
[太原] 山西人民出版社 1974 年 [1 张]
76cm（2 开）定价：CNY0.14
　　作者赵志光（1938— ），编辑。河北怀安人，毕业于天津美术学院中国画专业。历任山西人民出版社编审、副总编辑，中国版协连环画研究会常务理事，山西省美术家协会原副主席、顾问，山西省花鸟画学会会长，中国工艺美术学会山西分会理事。代表品有《清香图》《翠阴小鸟》《玉艳冰姿》等。

J0047442
全国学人民解放军 解放军学全国人民　郭秀庚作
[南昌] 江西人民出版社 1974 年 [1 张]
76cm（2 开）定价：CNY0.11
　　作者郭秀庚（1942— ），湖北黄冈人。毕业于湖北艺术学院。中国美术家协会会员，曾任江西美术出版社副编审、《小猕猴智力画刊》社副主

编，江西书画院特聘画家、南昌画院特聘画家。作品有连环画《南瓜记》《蔡文姬》，年画《八千里路云和月》等。

J0047443
全心全意为人民　聂维民作
[哈尔滨]黑龙江人民出版社 1974年 [1张]
76cm（2开）定价：CNY0.14

J0047444
人工养殖获丰收　董家祥画
[广州]广东人民出版社 1974年 [1张]
76cm（2开）定价：CNY0.11

J0047445
人民战争威力无穷　全民皆兵无坚不摧　张自武作
[武汉]湖北人民出版社 1974年 [1张]
76cm（2开）定价：CNY0.11

J0047446
塞外河子过"长江"（四条屏）韩金宝，金中全画；戈非配诗
[呼和浩特]内蒙古人民出版社 1974年 2张
76cm（2开）定价：CNY0.28

J0047447
山村货郎担　申纪成作
[太原]山西人民出版社 1974年 [1张]
76cm（2开）定价：CNY0.04

J0047448
山村新户　陈有吉画
[长春]吉林人民出版社 1974年 [1张]
76cm（2开）定价：CNY0.14

J0047449
山谷新泉　任铭生作
[太原]山西人民出版社 1974年 [1张]
76cm（2开）定价：CNY0.14

J0047450
山河新貌　（四条屏）杨樵康等作
[杭州]浙江人民出版社 1974年 4张
53cm（4开）定价：CNY0.28

J0047451
山里红　荣村作
[石家庄]河北人民出版社 1974年 [1张]
76cm（2开）定价：CNY0.14

J0047452
山乡亲人　宁积贤，李文龙作
[太原]山西人民出版社 1974年 [1张]
76cm（2开）定价：CNY0.14

J0047453
闪闪的红星　（四条屏）贲庆余等作
[沈阳]辽宁人民出版社 1974年 2张
76cm（2开）定价：CNY0.22
　　作者贲庆余(1929—2004)，美术理论家、画家，鲁迅美术学院教授。生于哈尔滨，毕业于东北鲁迅文艺学院美术部。作品有《瓦岗军分粮》《李自成》，插图《我要读书》等。

J0047454
上山下乡干革命　广阔天地炼红心　李冰作
[兰州]甘肃人民出版社 1974年 2张
38cm（6开）定价：CNY0.07

J0047455
上学路上　（汉、藏文标题）冯力作
[兰州]甘肃人民出版社 1974年 [1张]
76cm（2开）定价：CNY0.14

J0047456
上阵　张桂芝作
[哈尔滨]黑龙江人民出版社 1974年 [1张]
76cm（2开）定价：CNY0.14

J0047457
社社队队粮满仓　黄恩涛作
北京 人民美术出版社 1974年 [1张]
76cm（2开）定价：CNY0.11
　　作者黄恩涛(1948—　)，山东济宁人。毕业于山东艺术学院美术系。历任山东省巨野县文化馆馆长、文联副主席、研究馆员，中国书画协会会员，中国美术家协会会员，国家一级美术师，中国人物画艺术委员会委员，中国连环画、插图艺术委员会委员。主要作品有《红色喇叭家家响》《社社队队粮满仓》《我是工地点炮手》。

J0047458
社社队队粮满仓　黄恩涛作
[济南] 山东人民出版社 1974 年 [1 张]
76cm（2 开）定价: CNY0.14

J0047459
深山人家喜看革命样板戏　（汉、维、哈、蒙文标题）张舒彤作
[乌鲁木齐] 新疆人民出版社 1974 年 [1 张]
76cm（2 开）定价: CNY0.14

J0047460
深挖洞　杨逸塘作
[南京] 江苏人民出版社 1974 年 [1 张]
76cm（2 开）定价: CNY0.11

J0047461
深挖洞　广积粮　杨国栋作
[昆明] 云南人民出版社 1974 年 [1 张]
76cm（2 开）定价: CNY0.11

J0047462
收割之前　（汉、蒙、维、哈文标题）阿不都米吉提作
[乌鲁木齐] 新疆人民出版社 1974 年 [1 张]
76cm（2 开）定价: CNY0.14

J0047463
收获　程犁, 唐小禾作
[武汉] 湖北人民出版社 1974 年 [1 张]
76cm（2 开）定价: CNY0.11
　　作者程犁(1941—　), 女, 湖北武汉人。毕业于湖北美术学院。中国美术家协会会员、中国美术家协会湖北分会理事。主要作品有《楚乐》《葛洲坝人》《1976～中国的十月》等。作者唐小禾(1941—　), 画家。祖籍湖北武昌, 生于四川江津县。毕业于湖北艺术学院美术系。历任湖北美术学院院长、湖北省美术院副院长、湖北省美术家协会主席、中国美术家协会壁画艺术委员会主任。代表作品有《在大风大浪中前进》《葛洲坝人》《火中的凤凰》《楚乐》等。

J0047464
守岛一条心　建岛一家人　高国强作
[杭州] 浙江人民出版社 1974 年 [1 张]

76cm（2 开）定价: CNY0.14

J0047465
书记在工地　马衡麟作
[兰州] 甘肃人民出版社 1974 年 [1 张]
76cm（2 开）定价: CNY0.11

J0047466
叔叔野营到俺村　刘建友作
[郑州] 河南人民出版社 1974 年 [1 张]
76cm（2 开）定价: CNY0.14

J0047467
曙光初照演兵场　姚中玉作
上海　上海人民出版社 1974 年 [1 张]
76cm（2 开）定价: CNY0.11

J0047468
双手开出大寨田　王永才画
[长春] 吉林人民出版社 1974 年 [1 张]
76cm（2 开）定价: CNY0.14

J0047469
双手绣出满园春　（汉、维、哈、蒙文标题）龙清廉作
[乌鲁木齐] 新疆人民出版社 1974 年 [1 张]
76cm（2 开）定价: CNY0.14

J0047470
谁又替我把雪扫　刘晓莉作
[沈阳] 辽宁人民出版社 1974 年 [1 张]
76cm（2 开）定价: CNY0.11

J0047471
谁又替我把雪扫　刘晓莉作
北京　人民美术出版社 1974 年 [1 张]
76cm（2 开）定价: CNY0.11

J0047472
谁又替我把雪扫　刘晓莉画
[成都] 四川人民出版社 1974 年 [1 张]
76cm（2 开）定价: CNY0.14

J0047473
谁又替我把雪扫　刘晓莉作

天津 天津人民出版社 1974 年［1 张］
76cm（2 开）定价：CNY0.11

J0047474
谁又替我把雪扫 （胶印轴画）刘晓莉作
天津 天津杨柳青画店 1974 年［1 轴］
定价：CNY0.48

J0047475
水库鱼肥 侯纪德画
［济南］山东人民出版社 1974 年［1 张］
76cm（2 开）定价：CNY0.14

J0047476
水上交通站 （四条屏）姚鸿发作
［沈阳］辽宁人民出版社 1974 年 2 张
76cm（2 开）定价：CNY0.22
　　作者姚鸿发（1940—2003），画家。生于浙江
宁波。历任辽宁出版社、辽宁美术出版社、辽宁
人民出版社任美术创作员及美术编辑，辽宁少年
儿童出版社综合编辑室主任，中国美术家协会会
员。出版有《姚鸿发画集》等。

J0047477
水乡渔歌 陆方德，潘如艾作
［南京］江苏人民出版社 1974 年［1 张］
76cm（2 开）定价：CNY0.11

J0047478
硕果满园英姿爽 （汉、维、哈、蒙文标题）潘
丁丁作
［乌鲁木齐］新疆人民出版社 1974 年［1 张］
76cm（2 开）定价：CNY0.14
　　作者潘丁丁（1936—1999），画师。广东南海
人。毕业于西安美术学院油画系，后在中央美术
学院铜版画工作室进修。擅长水粉画、中国画。
历任新疆军区创作组美术创作员、新疆画院一级
画师。作品有《走亲戚》《沙路》等。出版有《潘
丁丁画册》《潘丁丁新疆速写集》《龟兹线描集》
《丝路华彩画集》。

J0047479
送教上门 崔晖作
［合肥］安徽人民出版社 1974 年［1 张］
76cm（2 开）定价：CNY0.14

J0047480
送粮忙 白统绪作
［武汉］湖北人民出版社 1974 年［1 张］
76cm（2 开）定价：CNY0.11

J0047481
送书到山区 刘爱民作
［西安］陕西人民出版社 1974 年［1 张］
76cm（2 开）定价：CNY0.11

J0047482
送信到田间 王系松作
［银川］宁夏人民出版社 1974 年［1 张］
76cm（2 开）定价：CNY0.11

J0047483
送子务农 志在农村 骆华民作
［太原］山西人民出版社 1974 年［1 张］
76cm（2 开）定价：CNY0.07

J0047484
颂歌献给毛主席 （汉、蒙文标题）王重英作
［呼和浩特］内蒙古人民出版社 1974 年［1 张］
76cm（2 开）定价：CNY0.11

J0047485
算算队里的丰收账 李树芳画
［长春］吉林人民出版社 1974 年［1 张］
76cm（2 开）定价：CNY0.14

J0047486
踏遍青山 郭秀庚作
［南昌］江西人民出版社 1974 年［1 张］
76cm（2 开）定价：CNY0.14
　　作者郭秀庚（1942—　），湖北黄冈人。毕业
于湖北艺术学院。中国美术家协会会员，曾任江
西美术出版社副编审、《小猕猴智力画刊》社副主
编、江西书画院特聘画家、南昌画院特聘画家。
作品有连环画《南瓜记》《蔡文姬》，年画《八千
里路云和月》等。

J0047487
太行新家 南运生，万桂香作
［石家庄］河北人民出版社 1974 年［1 张］
76cm（2 开）定价：CNY0.11

作者南运生(1944—)，一级美术师。别名南悻笙，河北任丘人，毕业于哈尔滨师范大学艺术系美术专业。历任河北省艺术馆馆长，河北画报社社长、总编，中国美术家协会、河北省美术家协会副主席，河北省画院院长。年画作品有《花好月圆》《艺苑新秀》《吉庆有余》等。作者万桂香(1944—)，女，画家。辽宁丹东人，毕业于哈尔滨师范大学艺术系。曾在黑龙江省鸡西市文化馆、河北省内丘县文化馆从事美术工作。历任河北省电影公司《河北银幕》编辑、河北省电影发行公司宣传科科长、河北省电影宣传画画会会长。代表作品《戎奶奶佳节到我家》《女驸马》《花为媒》等。

J0047488

太行新秋　姚维身，阎珍作

[石家庄] 河北人民出版社 1974 年 [1 张]

76cm(2 开) 定价：CNY0.11

J0047489

太空响彻东方红　肖跳跳作

[广州] 广东人民出版社 1974 年 [1 张]

76cm(2 开) 定价：CNY0.14

J0047490

提倡晚婚 计划生育　刘宗奇作

[昆明] 云南人民出版社 1974 年 [1 张]

76cm(2 开) 定价：CNY0.11

J0047491

提倡晚婚 计划生育　刘宗奇作

[昆明] 云南人民出版社 1974 年 [1 张]

53cm(4 开) 定价：CNY0.06

J0047492

提高警惕 保卫祖国　邓三智作

[兰州] 甘肃人民出版社 1974 年 [1 张]

76cm(2 开) 定价：CNY0.06

J0047493

提高警惕 保卫祖国　马煌兴作

[郑州] 河南人民出版社 1974 年 [1 张]

53cm(4 开) 定价：CNY0.06

J0047494

提高警惕 保卫祖国　马煌兴作

[郑州] 河南人民出版社 1974 年 [1 张]

76cm(2 开) 定价：CNY0.11

J0047495

提高警惕 保卫祖国　尹向前作

[太原] 山西人民出版社 1974 年 [1 张]

76cm(2 开) 定价：CNY0.14

J0047496

提高警惕 加强练兵　蒋仲波，刘小曼执笔

上海 上海人民出版社 1974 年 [1 张]

76cm(2 开) 定价：CNY0.11

J0047497

提高警惕紧握五尺钢枪 保卫祖国苦练杀敌本领　徐慧玲作

[武汉] 湖北人民出版社 1974 年 [1 张]

76cm(2 开) 定价：CNY0.11

作者徐慧玲(1936—)，女，画家。湖北武汉人。毕业于华中师范大学美术系，后又进入中央工艺美术学院进修。就职于湖北美术院。代表作品有《喜鹊牡丹》《歌手》《晚归》《舞新春》等。

J0047498

体育花朵向阳开　(四条屏) 人民体育出版社编辑

[北京] 人民体育出版社 1974 年 2 张

76cm(2 开) 定价：CNY0.28

J0047499

添新仓　朱家安画

[长春] 吉林人民出版社 1974 年 [1 张]

76cm(2 开) 定价：CNY0.14

J0047500

田头大批判　杭法基作

[合肥] 安徽人民出版社 1974 年 [1 张]

76cm(2 开) 定价：CNY0.14

J0047501

铁姑娘之歌　熊兆瑞作

[广州] 广东人民出版社 1974 年 [1 张]

76cm（2 开）定价：CNY0.14

J0047502
铁人精神代代相传　王大为作
[哈尔滨] 黑龙江人民出版社 1974 年 [1 张]
76cm（2 开）定价：CNY0.14

J0047503
同庆丰年　曹子铎，梁皓作
[广州] 广东人民出版社 1974 年 [1 张]
76cm（2 开）定价：CNY0.14

J0047504
同学喜逢　（汉、维、哈、蒙文标题）王惠仪作
[乌鲁木齐] 新疆人民出版社 1974 年 [1 张]
76cm（2 开）定价：CNY0.14

J0047505
铜墙铁壁　（四条屏 胶印轴画）
天津 天津杨柳青画店 1974 年 4 轴
76cm（2 开）定价：CNY1.10

J0047506
头等大事　于天，罗承力作
[兰州] 甘肃人民出版社 1974 年 [1 张]
76cm（2 开）定价：CNY0.14

J0047507
团结有力量　马振祥作
[沈阳] 辽宁人民出版社 1974 年 [1 张]
76cm（2 开）定价：CNY0.11

J0047508
为革命养猪　邓秀，张瑞恒作
天津 天津人民美术出版社 1974 年 [1 张]
76cm（2 开）定价：CNY0.14
　　作者张瑞恒，连环画艺术家。绘有连环画
《青梅煮酒论英雄》《四化连年富有余》《三年早
知道》等。

J0047509
为了争取更大的丰收　王世强画
[南宁] 广西人民出版社 1974 年 [1 张]
76cm（2 开）定价：CNY0.14

J0047510
我帮爷爷搞革新　刘毅等作
天津 天津人民美术出版社 1974 年 [1 张]
76cm（2 开）定价：CNY0.11

J0047511
我见到了毛主席　刘庆涛画
[长春] 吉林人民出版社 1974 年 [1 张]
76cm（2 开）定价：CNY0.14
　　作者刘庆涛，吉林永吉人，毕业于吉林省中
等艺术学校。历任吉林省吉剧团舞美设计、吉林
省春城剧场美术员、吉林省通榆县文化馆美术干
部、长春市宽城文化馆美术干部。作品有《田头
阵地》《泉水咚咚》《绿色的冬天》《周总理访问
朝鲜》《春风如意》等。

J0047512
我叫"红小兵"　李德仁作
[太原] 山西人民出版社 1974 年 [1 张]
76cm（2 开）定价：CNY0.14
　　作者李德仁（1946—　　），教授。字泽甫，号
霄原，山西榆次人。历任山西大学美术系副教授、
中国美术家协会会员、中国书法家协会会员，兼
任马来西亚艺术学院东方艺术研究中心研究员。
出版《东方绘画学原理概论》《道与书画》《明
清绘画大师丛书——徐渭》《李德仁中国画作品
集》等。

J0047513
我们大队培育的细毛羊　郑大其画
[长春] 吉林人民出版社 1974 年 [1 张]
76cm（2 开）定价：CNY0.14

J0047514
我们的大学生回来了　朱岩作
[哈尔滨] 黑龙江人民出版社 1974 年 [1 张]
76cm（2 开）定价：CNY0.14

J0047515
我们是光荣的兵团战士　刘宇廉作
[哈尔滨] 黑龙江人民出版社 1974 年 [1 张]
76cm（2 开）定价：CNY0.14

J0047516
我们长大也要上山下乡　范继祥等作

北京　人民美术出版社 1974 年［1 张］
76cm（2 开）定价：CNY0.14

J0047517
我是"公社"小牧民　（汉、蒙文标题）曹玉朴作
［呼和浩特］内蒙古人民出版社 1974 年［1 张］
76cm（2 开）定价：CNY0.11

J0047518
我是"公社"小社员　蒋铁峰作
［昆明］云南人民出版社 1974 年［1 张］
76cm（2 开）定价：CNY0.11

J0047519
五·七路上炼红心　（汉、蒙文标题）张万隆作
［呼和浩特］内蒙古人民出版社 1974 年［1 张］
76cm（2 开）定价：CNY0.11

J0047520
五业兴旺　郑洪峨作
［太原］山西人民出版社 1974 年［1 张］
53cm（4 开）定价：CNY0.07
　　作者郑洪峨（1943—　），中国美术家协会山西分会会员。

J0047521
西沙战歌　（四条屏）黄树德等作
北京　人民美术出版社 1974 年［1 张］
107cm（全开）定价：CNY0.36
　　作者黄树德（1931—　），版画家。广东南海人，曾进修于广州美术学院油画系。历任海军南海舰队美术创作组组长、部队专职画家、广东水彩画研究会副会长、广东岭南美术出版社社长兼总编辑、中国美术家协会会员、中国版画家协会理事。出版有《黄树德版画集》《海之歌——黄树德水彩版画集》等。

J0047522
喜过"长江"　李震鳌等作
［哈尔滨］黑龙江人民出版社 1974 年［1 张］
76cm（2 开）定价：CNY0.14

J0047523
喜看产品日日新　高凤鸣作

［兰州］甘肃人民出版社 1974 年［1 张］
76cm（2 开）定价：CNY0.14

J0047524
喜看河水上高山　辛克清作
［武汉］湖北人民出版社 1974 年［1 张］
76cm（2 开）定价：CNY0.11

J0047525
喜看女儿多健壮　田建通作
［石家庄］河北人民出版社 1974 年［1 张］
76cm（2 开）定价：CNY0.14

J0047526
喜庆丰收　黄培忠作
［南京］江苏人民出版社 1974 年［1 张］
76cm（2 开）定价：CNY0.11

J0047527
喜晒战备粮　陈布谷，郭守祥作
［太原］山西人民出版社 1974 年［1 张］
76cm（2 开）定价：CNY0.14

J0047528
喜送战备粮　张敬平等作
［合肥］安徽人民出版社 1974 年［1 张］
76cm（2 开）定价：CNY0.14

J0047529
喜送子女务农　陈光健作
［西安］陕西人民出版社 1974 年［1 张］
76cm（2 开）定价：CNY0.11
　　作者陈光健（1936—　），女，四川荣昌人。毕业于浙江美术学院，并留校工作，后调入西安美术学院任教。中国美术家协会会员、当代工笔画会会员、陕西省国画院画师。主要作品有《在社员家里》《自习》《老师》等。

J0047530
喜讯带给毛主席　孙新川作
［太原］山西人民出版社 1974 年［1 张］
76cm（2 开）定价：CNY0.14

J0047531
喜悦　陈彬画

[南宁] 广西人民出版社 1974 年 [1 张]
76cm（2 开）定价：CNY0.14

J0047532
喜在心间 （四条屏　胶印轴画）
天津　天津杨柳青画店 1974 年　4 轴
76cm（2 开）定价：CNY1.10

J0047533
现场批判会　王荣奖作
[武汉] 湖北人民出版社 1974 年 [1 张]
76cm（2 开）定价：CNY0.11

J0047534
向阿妈汇报　戴朝模作
[昆明] 云南人民出版社 1974 年 [1 张]
76cm（2 开）定价：CNY0.14

J0047535
向母校汇报　陆惟宁作
[兰州] 甘肃人民出版社 1974 年 [1 张]
76cm（2 开）定价：CNY0.14

J0047536
向农业机械化进军 （四条屏）肖忠厚，陈秉德作
[石家庄] 河北人民出版社 1974 年　2 张
76cm（2 开）定价：CNY0.28

J0047537
向亲人汇报　覃奕汉作
[广州] 广东人民出版社 1974 年 [1 张]
76cm（2 开）定价：CNY0.14

J0047538
向他们挑战　王桂英，史希光作
[太原] 山西人民出版社 1974 年 [1 张]
76cm（2 开）定价：CNY0.14

J0047539
向阳渠 （四条屏）张景阳，宋汝成作
[南京] 江苏人民出版社 1974 年　4 张
53cm（4 开）定价：CNY0.24

J0047540
小护青员　李兆谦画
[长春] 吉林人民出版社 1974 年 [1 张]
76cm（2 开）定价：CNY0.14

J0047541
小牧民　汪景林作
[沈阳] 辽宁人民出版社 1974 年 [1 张]
76cm（2 开）定价：CNY0.11

J0047542
小社员 （汉、蒙文标题）郝存祥作
[呼和浩特] 内蒙古人民出版社 1974 年 [1 张]
76cm（2 开）定价：CNY0.11

J0047543
小图书员　孙精国作
[南京] 江苏人民出版社 1974 年 [1 张]
53cm（4 开）定价：CNY0.07

J0047544
小小文化室　古钜荣作
[广州] 广东人民出版社 1974 年 [1 张]
76cm（2 开）定价：CNY0.14

J0047545
新保管老传统　李元星作
[昆明] 云南人民出版社 1974 年 [1 张]
76cm（2 开）定价：CNY0.14

J0047546
新春温暖　周清源作
[合肥] 安徽人民出版社 1974 年 [1 张]
76cm（2 开）定价：CNY0.11

J0047547
新的高度　陈惠钊作
[武汉] 湖北人民出版社 1974 年 [1 张]
76cm（2 开）定价：CNY0.11

J0047548
新的一代在成长　侯德剑，袁峰作
[南京] 江苏人民出版社 1974 年 [1 张]
76cm（2 开）定价：CNY0.14
　　作者侯德剑（1949—　），江苏南通人。南通

书法国画研究院院长、南通市美术家协会主席、中国美术家协会会员、国家一级美术师、江苏省政协书画室特聘画师。擅长中国画、连环画。作品有连环画《东进、东进》，中国画《牛戏图》《铁流》（合作）等。

J0047549
新队长　谢芳莱画
[长春] 吉林人民出版社 1974 年 [1 张]
76cm（2 开）定价：CNY0.14

J0047550
新花怒放　胡文智作
[武汉] 湖北人民出版社 1974 年 [1 张]
76cm（2 开）定价：CNY0.11

J0047551
新家　顾元等作
北京 人民美术出版社 1974 年 [1 张]
38cm（6 开）定价：CNY0.04

J0047552
新家　顾元等作
北京 人民美术出版社 1974 年 [1 张]
76cm（2 开）定价：CNY0.11

J0047553
新家　顾元等合作
[西安] 陕西人民出版社 1974 年 [1 张]
76cm（2 开）定价：CNY0.11

J0047554
新课堂　杨世昌作
[哈尔滨] 黑龙江人民出版社 1974 年 [1 张]
76cm（2 开）定价：CNY0.14

J0047555
新课堂　冯萍作
[武汉] 湖北人民出版社 1974 年 [1 张]
76cm（2 开）定价：CNY0.11

J0047556
新老干部团结战斗　辛鹤江作
天津 天津人民美术出版社 1974 年 [1 张]
76cm（2 开）定价：CNY0.14

作者辛鹤江（1941— ），河北安新人。毕业于天津美术学院。擅长中国画。曾任河北美术家协会副主席，连环画研究会副会长，河北美术出版社社长兼总编辑、编审等职。代表作有《棉农来访》《周总理和小演员在一起》《敌情急》《老英雄回到雁翎队》等。

J0047557
新苗茁壮　徐德元画
[长春] 吉林人民出版社 1974 年 [1 张]
76cm（2 开）定价：CNY0.14

作者徐德元（1949— ），画家。辽宁鞍山人。曾任辽宁美协会员、岫岩美协主席等职。主要作品有《农家乐》《中华魂》《闹灯馆》等。

J0047558
新摩雅　范渝作
[昆明] 云南人民出版社 1974 年 [1 张]
76cm（2 开）定价：CNY0.11

J0047559
新年画选　人民美术出版社编
北京 人民美术出版社 1974 年 48 页
18×17cm（30 开）统一书号：8027.5800
定价：CNY0.55

J0047560
新炮手　金尘作
[南昌] 江西人民出版社 1974 年 [1 张]
76cm（2 开）

J0047561
新手　苏州市装潢设计公司[作]
[南京] 江苏人民出版社 1974 年 [1 张]
76cm（2 开）定价：CNY0.11

J0047562
新书下连　王美芳，张喜良作
[哈尔滨] 黑龙江人民出版社 1974 年 [1 张]
76cm（2 开）定价：CNY0.14

作者王美芳（1949— ），女，高级画师。北京人。毕业于中央美术学院附中。天津工艺美术设计院高级画师、天津画院院外画家。擅长中国画。作品有《蒙山腊月》《王贵与李香香》《做嫁衣》《正月》《太阳、雪山和我》。

J0047563
新书下连　王美芳，张喜良作
北京 人民美术出版社 1974 年［1 张］
76cm（2 开）定价：CNY0.11

J0047564
新田初量　李家聪，杨受安画
［成都］四川人民出版社 1974 年［1 张］
76cm（2 开）定价：CNY0.14

J0047565
新支书　高洪生作
［沈阳］辽宁人民出版社 1974 年［1 张］
76cm（2 开）定价：CNY0.11

J0047566
星期日　（汉、蒙文标题）苏彪作
［呼和浩特］内蒙古人民出版社 1974 年［1 张］
76cm（2 开）定价：CNY0.11

J0047567
形势喜人　阎贵明作
北京 人民美术出版社 1974 年［1 张］
76cm（2 开）定价：CNY0.14

J0047568
选会计　马世金作
［南京］江苏人民出版社 1974 年［1 张］
76cm（2 开）定价：CNY0.11

J0047569
学唱革命样板戏　景岚作
［哈尔滨］黑龙江人民出版社 1974 年［1 张］
76cm（2 开）定价：CNY0.14

J0047570
学大寨 山河移　安学贵画
［长春］吉林人民出版社 1974 年［1 张］
76cm（2 开）定价：CNY0.14
　　作者安学贵（1940— ），画家。辽宁辽阳市人。中国同泽书画研究院书画家。吉林省通榆县文化馆馆员、中国美术家协会会员。主要作品有《礼物》等。

J0047571
学革命传统　郁家伦，赵华仁作
［合肥］安徽人民出版社 1974 年［1 张］
76cm（2 开）定价：CNY0.11

J0047572
学解放军叔叔　程宏业等作
［太原］山西人民出版社 1974 年［1 张］
76cm（2 开）定价：CNY0.14

J0047573
学习好经验 建设新山区　单锡和作
上海 上海人民出版社 1974 年［1 张］
76cm（2 开）定价：CNY0.11
　　作者单锡和（1940— ），画家。江西高安人。毕业于南京艺术学院油画系。任教于上海东华大学。上海服饰协会理事、全国工艺美术教学专业委员会委员。擅长水粉画、年画和装饰画。主要作品有《夏夜静静》《浓浓情怀》等，著有《单锡和装饰油画集》《单锡和线描装饰画》等。

J0047574
学习雷锋好榜样　刘根群作
［太原］山西人民出版社 1974 年［1 张］
38cm（6 开）定价：CNY0.04

J0047575
学英雄精神 走英雄道路　孟养玉作
［太原］山西人民出版社 1974 年［1 张］
76cm（2 开）定价：CNY0.14
　　作者孟养玉（1935— ），画家。山西文水人，毕业于山西汾阳师范学校。历任山西文水县文化馆高级研究员、人物画学会艺术顾问、吕梁地区美术家协会主席、黄河书画院副院长。代表作品有《收音机下乡》《刘胡兰》《能工巧匠》等。

J0047576
学英雄务农志不移　刘泽文画
［济南］山东人民出版社 1974 年［1 张］
76cm（2 开）定价：CNY0.14
　　作者刘泽文（1943— ），画家，国家一级美术师。山东即墨人，历任烟台地区新华书店美工、山东省出版总社烟台分社美术编辑。代表作品《望穿碧海千层浪》，出版有《刘泽文水粉画集》。

J0047577
雪原练兵　王善生画
[长春]吉林人民出版社 1974 年 [1 张]
76cm（2 开）定价：CNY0.14

J0047578
驯军马　（汉、藏文标题）李明强作
[兰州]甘肃人民出版社 1974 年 [1 张]
76cm（2 开）定价：CNY0.14

J0047579
延安儿女心向毛主席　陕西省美术创作组作
北京　人民美术出版社 1974 年 [1 张]
76cm（2 开）定价：CNY0.14

J0047580
延安儿女心向毛主席　陕西省美术创作组作
北京　人民美术出版社 1974 年 [1 张]
38cm（6 开）定价：CNY0.04

J0047581
延安儿女心向毛主席　陕西省美术创作组作
天津　天津人民美术出版社 1974 年 [1 张]
76cm（2 开）定价：CNY0.14

J0047582
延安儿女心向毛主席　陕西省美术创作组作
天津　天津杨柳青画店 1975 年 [1 轴]
胶印轴画 定价：CNY0.80

J0047583
延安儿女心向毛主席　陕西省美术创作组作
北京　人民美术出版社 1977 年 39cm（8 开）
定价：CNY0.14

J0047584
延安精神代代传　左建华作
天津　天津人民美术出版社 1974 年 [1 张]
76cm（2 开）定价：CNY0.14

J0047585
延安精神代代传　大寨红花遍地开　周绍
文，严文俊作
[郑州]河南人民出版社 1974 年 [1 张]
76cm（2 开）定价：CNY0.11

J0047586
延安精神代代传　大寨红花遍地开　周绍
文，严文俊作
[郑州]河南人民出版社 1974 年 [1 张]
53cm（4 开）定价：CNY0.06

J0047587
**严格训练杀敌本领——海军航空兵空靶射
击训练**　吴锡康作
上海　上海人民出版社 1974 年 [1 张]
76cm（2 开）定价：CNY0.11

J0047588
严阵以待　陈延作
[兰州]甘肃人民出版社 1974 年 [1 张]
76cm（2 开）定价：CNY0.14

J0047589
演出之后　俞士梅作
[南京]江苏人民出版社 1974 年 [1 张]
76cm（2 开）定价：CNY0.11

J0047590
演出之后　尤文绚，张君谟作
北京　人民美术出版社 1974 年 [1 张]
76cm（2 开）定价：CNY0.11

J0047591
演革命戏　做革命人　李中文作
[郑州]河南人民出版社 1974 年 [1 张]
76cm（2 开）定价：CNY0.14

J0047592
演革命戏　做革命人　刘称奇作
[南昌]江西人民出版社 1974 年 [1 张]
76cm（2 开）定价：CNY0.11

J0047593
演习之后　龙山农画
[南宁]广西人民出版社 1974 年 [1 张]
76cm（2 开）定价：CNY0.14

J0047594
演习之前　吴增亮作
北京　人民美术出版社 1974 年 [1 张]

76cm（2开）定价：CNY0.14

J0047595
阳光雨露　肇玉厚画
[长春] 吉林人民出版社 1974 年 [1 张]
76cm（2开）定价：CNY0.14

J0047596
样板戏来到咱山村　吴敏荣，刘福芳[作]
北京 人民出版社 1974 年 [1 张] 76cm（2开）
定价：CNY0.14

J0047597
要关心大事 为革命种田　蚌德亮作
[昆明] 云南人民出版社 1974 年 [1 张]
76cm（2开）定价：CNY0.11

J0047598
一花引来万花开　姜贵恒画
[长春] 吉林人民出版社 1974 年 [1 张]
76cm（2开）定价：CNY0.14

J0047599
一路茶香春意浓　宋忠元作
[杭州] 浙江人民出版社 1974 年 [1 张]
76cm（2开）定价：CNY0.14
　　作者宋忠元（1932—2013），教授。上海奉贤
人，毕业于浙江美术学院，留校任教。历任中国
美术学院教授、副院长，中国美术家协会理事，
浙江美术家协会副主席，浙江省文联委员等职。
代表作品《文成公主入藏图》《游春图》《邓白
像》等。

J0047600
一年四季迎朝阳　郭大桥等作
[沈阳] 辽宁人民出版社 1974 年 [1 张]
76cm（2开）定价：CNY0.11

J0047601
一人推转千家磨　朱文俊，谢霍生作
[合肥] 安徽人民出版社 1974 年 [1 张]
76cm（2开）定价：CNY0.11

J0047602
一堂珠算课　郭志明，吴性清作

上海 上海人民出版社 1974 年 [1 张]
76cm（2开）定价：CNY0.11

J0047603
以粮为纲 全面发展　傅传令，李维林作
[合肥] 安徽人民出版社 1974 年 [1 张]
76cm（2开）定价：CNY0.11

J0047604
以粮为纲　全面发展　（五条屏）刘万里，董
吉泉作
[兰州] 甘肃人民出版社 1974 年 5 张
39cm（4开）定价：CNY0.47

J0047605
以粮为纲 全面发展　林墉作
[广州] 广东人民出版社 1974 年 [1 张]
76cm（2开）定价：CNY0.14
　　作者林墉（1942—　），画家、国家一级美术
师。广东潮州人，毕业于广州美术学院中国画系。
中国美术家协会副主席、广东画院院长、美术家
协会广东分会主席、暨南大学艺术中心主任。作
品有《宋庆龄》《访问巴基斯坦组画》，出版有《林
墉作品选》《林墉访问巴基斯坦选集》《人体速
写》等。

J0047606
以粮为纲 全面发展　林墉作
[广州] 广东人民出版社 1974 年 [1 张]
53cm（4开）定价：CNY0.07

J0047607
以粮为纲 全面发展
[昆明] 云南人民出版社 1974 年 [1 张]
76cm（2开）定价：CNY0.11

J0047608
以粮为纲五谷丰登 全面发展百业兴旺　蔡
宏坡作
[武汉] 湖北人民出版社 1974 年 [1 张]
76cm（2开）定价：CNY0.11

J0047609
义务教师　李用璜作
[南昌] 江西人民出版社 1974 年 [1 张]

76cm（2开）定价：CNY0.11

J0047610
引人入胜 耿跃民画
［长春］吉林人民出版社 1974年［1张］
76cm（2开）定价：CNY0.14

J0047611
英雄的大庆工人 （四条屏 胶印轴画）
天津 天津杨柳青画店 1974年 4幅
定价：CNY1.10

J0047612
英姿飒爽翔长空 苑成心作
［石家庄］河北人民出版社 1974年［1张］
76cm（2开）定价：CNY0.14

J0047613
迎来万代幸福泉 王暗晓，马杰生作
［太原］山西人民出版社 1974年［1张］
76cm（2开）定价：CNY0.14

J0047614
迎着朝霞送新书 刘泽文画
［济南］山东人民出版社 1974年［1张］
76cm（2开）定价：CNY0.14
　　作者刘泽文（1943—　），画家，国家一级美术师。山东即墨人，历任烟台地区新华书店美工、山东省出版总社烟台分社美术编辑。代表作品《望穿碧海千层浪》，出版有《刘泽文水粉画集》。

J0047615
拥军爱民 夏晔，潘晋拔作
［广州］广东人民出版社 1974年［1张］
76cm（2开）定价：CNY0.14
　　作者潘晋拔（1939—　），美术编审。广东兴宁市永和镇人，毕业于广州美术学院中国画系。历任广州美术学院中国画系、广东画院、广东省博物馆、广东省作家协会《作品》编辑部美术编审。出版有《中国电脑画》画集。

J0047616
拥军爱民 夏晔，潘晋拔作
［广州］广东人民出版社 1974年［1张］
53cm（4开）定价：CNY0.07

J0047617
拥军爱民 保卫祖国 王瑞明作
［昆明］云南人民出版社 1974年［1张］
76cm（2开）定价：CNY0.11

J0047618
友谊 高海作
［合肥］安徽人民出版社 1974年［1张］
76cm（2开）定价：CNY0.11

J0047619
友谊之花 徐成智作
［武汉］湖北人民出版社 1974年［1张］
76cm（2开）定价：CNY0.11
　　作者徐成智（1937—　），江苏金坛人。曾任武汉画院画师、湖北省美术家协会会员、湖北省连环画研究会首届副会长等职。代表作品有《友谊之花》《丰收歌舞》《情寓西厢》《体操王子》等。

J0047620
又是一窑好瓷 王朝明作
［南昌］江西人民出版社 1974年［1张］
76cm（2开）定价：CNY0.11

J0047621
幼苗茁壮 许贵芳作
［太原］山西人民出版社 1974年［1张］
38cm（6开）定价：CNY0.04

J0047622
鱼水情 谢拒瓯作
［杭州］浙江人民出版社 1974年［1张］
76cm（2开）定价：CNY0.14

J0047623
雨夜出诊 王吉祥作
［郑州］河南人民出版社 1974年［1张］
76cm（2开）定价：CNY0.11

J0047624
远方客人来到咱草原 （汉、蒙文标题）金高作
［呼和浩特］内蒙古人民出版社 1974年［1张］
76cm（2开）定价：CNY0.11

J0047625
再比一场　唐映南，蒋太禄作
[长沙] 湖南人民出版社 1974 年 [1 张]
76cm (2 开) 定价: CNY0.11

J0047626
再绘新图　冯振国作
[兰州] 甘肃人民出版社 1974 年 [1 张]
76cm (2 开) 定价: CNY0.14

J0047627
在斗争中成长　(汉、维、哈、蒙文标题) 马泉义作
[乌鲁木齐] 新疆人民出版社 1974 年 [1 张]
76cm (2 开) 定价: CNY0.14

J0047628
咱队的好猎手　刘长恩画
[长春] 吉林人民出版社 1974 年 [1 张]
76cm (2 开) 定价: CNY0.14
　　作者刘长恩(1936—1996)，吉林通榆人，吉林美术出版社美术编辑。代表作品《咱队的好猎手》《再请战》《巧妈妈》等。

J0047629
咱队又添新粮仓　刘继成等作
[合肥] 安徽人民出版社 1974 年 [1 张]
76cm (2 开) 定价: CNY0.11

J0047630
咱们连队英雄多　赵国经作
[哈尔滨] 黑龙江人民出版社 1974 年 [1 张]
76cm (2 开) 定价: CNY0.14
　　作者赵国经(1950—　)，一级画师。出生于河北景县，毕业于天津美术学院绘画系。历任中国美术家协会会员，连环画艺术委员会委员，天津美术家协会副主席，天津画院、天津美术出版社美术编辑、连环画编辑室主任。年画代表作品有《烽火连三月》《做嫁衣》等。

J0047631
咱是"公社"半边天　侯继明作；岐山县文化馆供稿
[西安] 陕西人民出版社 1974 年 [1 张]
76cm (2 开) 定价: CNY0.11

J0047632
赞哈新歌　陈以忠画
[昆明] 云南人民出版社 1974 年 [1 张]
76cm (2 开) 定价: CNY0.14
　　作者陈以忠(1940—　)，编辑。广东化州人，毕业于广西艺术学院美术系。历任《广西日报》高级编辑、漓江画院副院长、中国人才研究会艺术家学部委员会委员、中国美术家协会广西分会常务理事等职。出版有《报刊美编学》《实用图案设计》。

J0047633
扎根边疆　刘忠仁作
[哈尔滨] 黑龙江人民出版社 1974 年 [1 张]
76cm (2 开) 定价: CNY0.14

J0047634
扎根农村干革命　广阔天地炼红心　李先润作
[武汉] 湖北人民出版社 1974 年 [1 张]
76cm (2 开) 定价: CNY0.11

J0047635
扎根农村志不移　秦大虎作
上海 上海人民出版社 1974 年 [1 张]
76cm (2 开) 定价: CNY0.11
　　作者秦大虎(1938—　)，教授。历任中国美术学院油画系教授、中国美术家协会会员、中国油画家协会理事、浙江美术家协会常务理事等职。作品有《在战斗中成长》《老将》《田喜嫂》等。出版有《秦大虎油画选》《秦大虎的绘画世界》和《油画创作》等。

J0047636
战歌代代传　邓子敬，陈居茂作
[广州] 广东人民出版社 1974 年 [1 张]
76cm (2 开) 定价: CNY0.14

J0047637
战歌鼓斗志 扛枪为人民　谷青作
[南昌] 江西人民出版社 1974 年 [1 张]
76cm (2 开) 定价: CNY0.14

J0047638
张思德　(四条屏) 杨国光作

北京 人民美术出版社 1974年 2张 76cm（2开）
定价：CNY0.22

J0047639
长城好汉　文军作
［西安］陕西人民出版社 1974年 ［1张］
76cm（2开）定价：CNY0.11

J0047640
长大当个新农民　潘直亮作
［武汉］湖北人民出版社 1974年 ［1张］
76cm（2开）定价：CNY0.11
　　作者潘直亮（1941—　），编辑。湖北汉阳人。
历任湖北孝感市文联副主席、市美术家协会主
席，孝感画院院长，中国美术家协会会员，孝感
市美术家协会名誉主席。作品有《杨靖宇》《恋》
《献寿》主要专著有《潘直亮佛教题材水墨作品选
集》等。

J0047641
长大我也去边疆　赵建华作
天津 天津人民美术出版社 1974年 ［1张］
76cm（2开）定价：CNY0.11

J0047642
长大我也去农村　任杰作
［兰州］甘肃人民出版社 1974年 ［1张］
76cm（2开）定价：CNY0.14

J0047643
珍宝岛的故事　侯泽民等作
［太原］山西人民出版社 1974年 ［1张］
76cm（2开）定价：CNY0.14

J0047644
整装待发　李重新，康纪生画
［石家庄］河北人民出版社 1974年 ［1张］
76cm（2开）定价：CNY0.14

J0047645
政治夜校　苏家杰作
［广州］广东人民出版社 1974年 ［1张］
76cm（2开）定价：CNY0.14
　　作者苏家杰（1947—　），画家。广州美术学
院版画系结业。广东省美术家协会会员、花城出

版社美术编辑室主任。作品有《百猫图谱》《友
谊花开》等。

J0047646
政治夜校　杨作文作
［石家庄］河北人民出版社 1974年 ［1张］
76cm（2开）定价：CNY0.14
　　作者杨作文（1936—　），画家。出生于河北
威县。任中国书画研究院高级美术师、中国国画
家协会理事、冀南画院名誉院长等职。代表作品
有《迎春图》《海河工地英雄多》等。

J0047647
支农传艺　李葆竹作
［兰州］甘肃人民出版社 1974年 ［1张］
76cm（2开）定价：CNY0.14

J0047648
支农路上　何卫平作
［合肥］安徽人民出版社 1974年 ［1张］
76cm（2开）定价：CNY0.11

J0047649
支援农业夺丰收 大办农业广积粮　杜卓选作
［武汉］湖北人民出版社 1974年 ［1张］
76cm（2开）定价：CNY0.11

J0047650
织新图　李夜冰作
［太原］山西人民出版社 1974年 ［1张］
76cm（2开）定价：CNY0.14
　　作者李夜冰（1931—　），画家、艺术家、高
级工艺美术师。河北井陉县人。中国美术家协
会会员、中央文史研究馆书画院研究员、中央书
画艺术研究院名誉院长、五台山佛教书画艺术研
究院名誉院长、山西国际文化交流画院院长。代
表作品《明珠今夜更灿烂》《夕阳映辉》《三雕惊
世》《华沙一条街》等。

J0047651
志在山乡　曹新林作
［郑州］河南人民出版社 1974年 ［1张］
76cm（2开）定价：CNY0.14
　　作者曹新林（1940—　），画家。湖南望城县
人。毕业于广州美术学院油画系，曾任河南省书

画院副院长、河南省美术家协会副主席，河南油
画学会会长。主要作品有《粉笔生涯》《江边》等。
出版有《曹新林绘画作品选》专集。

J0047652
准备上阵　　王训月，聂维民作
[哈尔滨] 黑龙江人民出版社 1974 年 [1 张]
76cm (2 开) 定价 : CNY0.14

J0047653
茁壮成长　　张克伟作
[哈尔滨] 黑龙江人民出版社 1974 年 [1 张]
76cm (2 开) 定价 : CNY0.14

J0047654
茁壮成长　　张希关作
[西安] 陕西人民出版社 1974 年 [1 张]
76cm (2 开) 定价 : CNY0.11

J0047655
自己动手做教具　　王学明作
[石家庄] 河北人民出版社 1974 年 [1 张]
76cm (2 开) 定价 : CNY0.14
　　作者王学明(1943—　　)，美术编辑。天津
人，毕业于河北省美术学院。历任衡水地区画院
院长、中国美术家协会会员。连环画代表作品有
《三断奇案》等，出版有《买海居诗选》《王学明
画集》等。

J0047656
祖国的海港　　费正作
[石家庄] 河北人民出版社 1974 年 [1 张]
76cm (2 开) 定价 : CNY0.14

J0047657
最美的歌献给毛主席　　（汉、维、哈、蒙文标
题）吴立中，剡鸿魁[作]
[乌鲁木齐] 新疆人民出版社 1974 年 [1 张]
76cm (2 开) 定价 : CNY0.14

J0047658
"推优"掀起"跃进"潮，闯将闯出路一条；
试焊又逢最优点，多快好省逐浪高。　　刘
勇作; 罗继长配诗
[太原] 山西人民出版社 1975 年 [1 张]

76cm (2 开) 定价 : CNY0.14

J0047659
1975 年画缩样
南京　江苏人民出版社 1975 年　19cm (32 开)

J0047660
1975 年画缩样　　江西人民出版社编
[南昌] 江西人民出版社 [1975 年] 13 × 18cm

J0047661
1975 年画缩样
太原　山西人民出版社 1975 年　19cm (32 开)

J0047662
1976 年年画缩样　　（一）
沈阳　辽宁人民出版社 [1975] 19cm (32 开)

J0047663
1976 年画缩样
合肥　安徽人民出版社 1975 年　13 页　19cm (32 开)

J0047664
1976 年画缩样　　（二）广东人民出版社编
广州　广东人民出版社 1975 年　19cm (32 开)

J0047665
1976 年画缩样　　（一）
南宁　广西人民出版社 1975 年　19cm (32 开)

J0047666
1976 年画缩样　　（一）
郑州　河南人民出版社 [1975 年] 19cm (32 开)

J0047667
1976 年画缩样　　（二）
郑州　河南人民出版社 1975 年　8 页　19cm (32 开)

J0047668
1976 年画缩样　　（一）
太原　山西人民出版社 1975 年　19cm (32 开)

J0047669
1976 年画缩样　　（二）
太原　山西人民出版社 [1975 年] 11 页

19cm（32 开）

J0047670
1976 年门画缩样 （第一批）
昆明 云南人民出版社 1975 年 10 幅
19cm（32 开）

J0047671
1976 年门画缩样 （第二批）
昆明 云南人民出版社 1975 年 10 页
19cm（32 开）

J0047672
阿姨巡医到我家　熊青作
［南昌］江西人民出版社 1975 年 ［1 张］
76cm（2 开）定价：CNY0.14

J0047673
阿姨又到渔村来　杨家保作
［南京］江苏人民出版社 1975 年 ［1 张］
76cm（2 开）定价：CNY0.14

J0047674
阿姨又送糌粑来了　吴梅芬作
上海 上海人民出版社 1975 年 ［1 张］
76cm（2 开）定价：CNY0.11

J0047675
安徽新貌 （四条屏）王大仁作
［合肥］安徽人民出版社 1975 年 2 张
76cm（2 开）定价：CNY0.28

J0047676
俺村又添新机床　任尚永作
［沈阳］辽宁人民出版社 1975 年 ［1 张］
76cm（2 开）定价：CNY0.11

J0047677
俺村又添新机床　任尚永作
上海 上海人民出版社 1975 年 ［1 张］
76cm（2 开）定价：CNY0.11

J0047678
俺队的理论家　孙廷任作
［沈阳］辽宁人民出版社 1975 年 ［1 张］

76cm（2 开）定价：CNY0.11

J0047679
把关　汪林发作
上海 上海人民出版社 1975 年 ［1 张］
76cm（2 开）定价：CNY0.11

J0047680
把好社会主义方向盘　王守业，詹克礼作
［沈阳］辽宁人民出版社 1975 年 ［1 张］
76cm（2 开）定价：CNY0.11

J0047681
爸爸也是内行　中国人民解放军九五七八部
队供稿；解洪臣画
［济南］山东人民出版社 1975 年 ［1 张］
76cm（2 开）定价：CNY0.11

J0047682
白洋淀上练武忙　魏奎仲作
［沈阳］辽宁人民出版社 1975 年 ［1 张］
76cm（2 开）统一书号：8090.563
定价：CNY0.11

J0047683
百里浦江一片春　王路作
北京 人民出版社 1975 年 ［1 张］76cm（2 开）
定价：CNY0.14
　　作者王路（1936—　），画家。安徽霍邱人，
北京书画院油画、雕塑工作室主任，北京市美术
家协会理事。代表作品有《古田会址》《白洋淀
上》《天山之晨》等。

J0047684
班后学习　赵玉荣作
［沈阳］辽宁人民出版社 1975 年 ［1 张］
76cm（2 开）定价：CNY0.11

J0047685
榜样　程国英作
［成都］四川人民出版社 1975 年 ［1 张］
76cm（2 开）定价：CNY0.11

J0047686
包谷丰收 （彝族）李家元作

［昆明］云南人民出版社 1975 年［1 张］
76cm（2 开）定价：CNY0.11

J0047687
报春 （胶印轴画）王种玉作
上海　上海书画社 1975 年［1 轴］76cm（2 开）
定价：CNY0.28

J0047688
北京 （四条屏）李颖作
天津　天津人民美术出版社 1975 年　2 张
76cm（2 开）定价：CNY0.28

J0047689
北京送来的礼物　伍启中等作
上海　上海人民出版社 1975 年［1 张］
76cm（2 开）定价：CNY0.11
　　作者伍启中（1944—　），画家，国家一级美
术师。擅长国画。广东新会人。毕业于广州
美术学院附中。广东画院副院长、中国美术家协会
会员、广东省美术家协会常务理事。曾任《广东
画报》美术编辑。代表作品有《康有为》《浩气长
存——孙中山》，国画《心潮逐浪高》《世上无难
事》《新区故地》，油画《东方欲晓》等。

J0047690
北京送来的礼物　伍启中等作
上海　上海书画社 1975 年［1 张］76cm（2 开）
定价：CNY0.14

J0047691
备课　西安市莲湖区美术教师学习班
［西安］陕西人民出版社 1975 年［1 张］
76cm（2 开）定价：CNY0.11

J0047692
备战备荒为人民　庞泰嵩作
［南宁］广西人民出版社 1975 年 76cm（2 开）
定价：CNY0.14

J0047693
奔向广阔天地　庞建国作
［广州］广东人民出版社 1975 年［1 张］
76cm（2 开）定价：CNY0.14

J0047694
比贡献　罗国贤作
［广州］广东人民出版社 1975 年［1 张］
76cm（2 开）定价：CNY0.14

J0047695
比新苗　沈成作
［南京］江苏人民出版社 1975 年［1 张］
76cm（2 开）定价：CNY0.14

J0047696
毕业归来　马国强作
［郑州］河南人民出版社 1975 年［1 张］
76cm（2 开）定价：CNY0.11

J0047697
毕业归来　许晨有，肖斯锐作
［南京］江苏人民出版社 1975 年［1 张］
76cm（2 开）定价：CNY0.14

J0047698
边寨歌声　区焕礼，黄小笃作
［广州］广东人民出版社 1975 年［1 张］
76cm（2 开）定价：CNY0.14
　　作者区焕礼（1947—　），画家。广西柳州人，
毕业于广州美术学院附中。历任广东美术创作
院副院长、广东画院特聘画家、中国美术家协会
会员、广东分会副秘书长。作品有油画《胶林繁
星》、水彩画《胶林晨曲》等。

J0047699
编新书　张瑜生作
［石家庄］河北人民出版社 1975 年［1 张］
76cm（2 开）定价：CNY0.14

J0047700
兵民是胜利之本　王志安，马复旦作
［兰州］甘肃人民出版社 1975 年　2 张
38cm（6 开）定价：CNY0.07

J0047701
渤海民兵 （年画 1976 年年历）苗连侠作
天津　天津人民美术出版社 1975 年
53cm（4 开）定价：CNY0.15

J0047702
渤海之春 贾克里,吴守明作
[石家庄] 河北人民出版社 1975 年 [1 张]
76cm(2 开) 定价: CNY0.14

J0047703
渤海之春 (胶印轴画) 贾克里,吴守明画
[石家庄] 河北人民出版社 1975 年 [1 轴]
76cm(2 开) 定价: CNY0.75

J0047704
捕鲸 晃德仁作
[沈阳] 辽宁人民出版社 1975 年 [1 张]
76cm(2 开) 定价: CNY0.11

J0047705
捕鲨 吴树林,陈建国画
[福州] 福建人民出版社 1975 年 [1 张]
76cm(2 开) 定价: CNY0.14

J0047706
步调一致才能得胜利——一九二八年毛主席在桂东沙田颁布"三大纪律八项注意" 高虹等作
[石家庄] 河北人民出版社 1975 年 [1 张]
76cm(2 开) 定价: CNY0.14

J0047707
步调一致才能得胜利—— 一九二八年毛主席在桂东沙田颁布"三大纪律八项注意" 高虹等作
[沈阳] 辽宁人民出版社 1975 年 [1 张]
76cm(2 开) 定价: CNY0.14

J0047708
步调一致才能得胜利—— 一九二八年毛主席在桂东沙田颁布"三大纪律八项注意" 高虹等作
上海 上海人民出版社 1975 年 [1 张]
76cm(2 开) 定价: CNY0.14

J0047709
彩笔绘新图 杜明岑,姚仲新作
天津 天津人民美术出版社 1975 年 [1 张]
76cm(2 开) 定价: CNY0.11

J0047710
仓仓粮好 杨子健,周玉虎作
[合肥] 安徽人民出版社 1975 年 [1 张]
76cm(2 开) 定价: CNY0.14

J0047711
草原女民兵 刘风祥作
[兰州] 甘肃人民出版社 1975 年 [1 张]
76cm(2 开) 定价: CNY0.14

J0047712
草原盛夏浴羊忙 赵德生,郭重光作
[石家庄] 河北人民出版社 1975 年 [1 张]
76cm(2 开) 定价: CNY0.11

J0047713
草原渔歌 许永昌作
[石家庄] 河北人民出版社 1975 年 [1 张]
76cm(2 开) 定价: CNY0.14

J0047714
插队落户扎根农村炼红心 上山下乡胸怀朝阳干革命 饶湘平作
[贵阳] 贵州人民出版社 1975 年 76cm(2 开)
定价: CNY0.14

J0047715
常备不懈 祝建华,黄嘉苓作
[武汉] 湖北人民出版社 1975 年 [1 张]
76cm(2 开) 定价: CNY0.14

J0047716
厂社挂勾育新人 李万春作
[成都] 四川人民出版社 1975 年 [1 张]
76cm(2 开) 定价: CNY0.14

J0047717
场长,我回来了 李红才作
[石家庄] 河北人民出版社 1975 年 [1 张]
76cm(2 开) 定价: CNY0.14

J0047718
畅评世界风云 李重新,康纪生作
[石家庄] 河北人民出版社 1975 年 [1 张]
76cm(2 开) 定价: CNY0.14

J0047719

唱唱咱国产挖掘机　李新生执笔；六四〇九厂
集体创作

[沈阳] 辽宁人民出版社 1975 年 [1 张]

76cm（ 2 开 ）定价：CNY0.11

J0047720

朝气蓬勃　符光耿作

[成都] 四川人民出版社 1975 年 [1 张]

76cm（ 2 开 ）定价：CNY0.11

J0047721

车把式驾新车　柳绪绪作；户县文化馆供稿

[西安] 陕西人民出版社 1975 年 [1 张]

76cm（ 2 开 ）定价：CNY0.11

J0047722

车间喜报革新花　韩传明作

[沈阳] 辽宁人民出版社 1975 年 [1 张]

76cm（ 2 开 ）定价：CNY0.11

J0047723

车间新报　江明作

[哈尔滨] 黑龙江人民出版社 1975 年 [1 张]

76cm（ 2 开 ）定价：CNY0.14

J0047724

成功的手术　刘永焕作

[沈阳] 辽宁人民出版社 1975 年 [1 张]

76cm（ 2 开 ）定价：CNY0.11

J0047725

成功的手术　刘永焕作

[成都] 四川人民出版社 1975 年 [1 张]

76cm（ 2 开 ）定价：CNY0.11

J0047726

赤脚医生来到我们家　王天佑作；绥德县文
化馆供稿

[西安] 陕西人民出版社 1975 年 [1 张]

76cm（ 2 开 ）定价：CNY0.11

J0047727

赤脚医生在田间　马清涛作；武功县新书店
供稿

西安　陕西人民出版社 1975 年 [1 张]

76cm（ 2 开 ）定价：CNY0.11

　　作者马清涛（1938—2019），美术教师。出生
于河南温县。历任中国画家协会会员、中国山水
画家协会会员、陕西省美术家协会会员。在武功
县文化馆从事创作和教学工作。

J0047728

处处有亲人　于万强作

北京　人民美术出版社 1975 年 [1 张]

76cm（ 2 开 ）定价：CNY0.11

J0047729

川西三月　苏葆桢作

[成都] 四川人民出版社 1975 年 [1 张]

76cm（ 2 开 ）定价：CNY0.11

　　作者苏葆桢（1916—1990），国画家。江苏
宿迁市人，师从徐悲鸿、张书旂、傅抱石等大家。
曾任西南大学教授、硕士生导师，重庆国画院副
院长。作品有《葡萄图》《硕果累累》《玉羽迎春》
《山花烂漫》《战地花开》等。

J0047730

传喜讯　周继雄，施肇祖作

[成都] 四川人民出版社 1975 年 [1 张]

76cm（ 2 开 ）定价：CNY0.11

J0047731

传新艺 育新苗　韩锦堂画

[济南] 山东人民出版社 1975 年 [1 张]

76cm（ 2 开 ）定价：CNY0.11

J0047732

春到草地　李正康，简崇志作

[成都] 四川人民出版社 1975 年 [1 张]

76cm（ 2 开 ）定价：CNY0.11

J0047733

春满校园　张秉厚作

[沈阳] 辽宁人民出版社 1975 年 [1 张]

76cm（ 2 开 ）定价：CNY0.11

J0047734

春满影院暖人心　谈欣作

[南京] 江苏人民出版社 1975 年 [1 张]

76cm（2开）定价：CNY0.11

J0047735
春暖花开　余树泽作
［广州］广东人民出版社 1975 年［1 张］
76cm（2开）定价：CNY0.14

J0047736
春雨　仲兆麟作
［沈阳］辽宁人民出版社 1975 年［1 张］
76cm（2开）定价：CNY0.11

J0047737
春雨　仲兆麟作
上海 上海人民出版社 1975 年［1 张］
76cm（2开）定价：CNY0.11

J0047738
春育新苗　何伊华，何正元作
［贵阳］贵州人民出版社 1975 年［1 张］
76cm（2开）定价：CNY0.14

J0047739
从小锻炼身体好 长大要把重担挑　王惠
琴作
［南京］江苏人民出版社 1975 年［1 张］
76cm（2开）定价：CNY0.11

J0047740
从小就走大寨路　刘长贵作
北京 人民出版社 1975 年［1 张］76cm（2开）
定价：CNY0.14

J0047741
打靶归来　段英利，秦文作
［兰州］甘肃人民出版社 1975 年［1 张］
76cm（2开）定价：CNY0.14

J0047742
打坦克　董会群，汉如合作
天津 天津人民美术出版社 1975 年［1 张］
76cm（2开）定价：CNY0.11

J0047743
打猪草　刘士英，诸中英作

北京 人民出版社 1975 年［1 张］76cm（2开）
定价：CNY0.14

J0047744
大伯教我识草药　李洪勋作
［合肥］安徽人民出版社 1975 年［1 张］
76cm（2开）定价：CNY0.14

J0047745
大队造渔轮　王言昌画
［济南］山东人民出版社 1975 年［1 张］
76cm（2开）定价：CNY0.14

J0047746
大风浪里炼红心　（年画 1976〈农历丙辰年〉
年历）高而颐等作
天津 天津杨柳青画店 1975 年 53cm（4开）
定价：CNY0.25

J0047747
大干促大变　雍文卓作
［银川］宁夏人民出版社 1975 年［1 张］
76cm（2开）定价：CNY0.11

J0047748
大干快上　宁积贤作
［太原］山西人民出版社 年 53cm（4开）
定价：CNY0.07

J0047749
大干之年　陈重印作
［南昌］江西人民出版社 1975 年［1 张］
76cm（2开）定价：CNY0.11

J0047750
大搞科学种田 发展合作医疗　董克俊等作
［贵阳］贵州人民出版社 1975 年 76cm（2开）
定价：CNY0.14
　　作者董克俊（1939—2019），一级美术师。曾
用笔名邹周，出生于重庆。历任贵阳市画院副院
长、中国美术家协会理事、中国版画家协会常务
理事、美术家协会贵州分会副主席、贵阳市美术
家协会主席。作品有《春返苗山》等，出版有《雪
峰寓言木刻插图集》《董克俊版画新作选集》。

J0047751
大庆花开朵朵红　何叔水作
[南昌] 江西人民出版社 1975 年 [1 张]
76cm（2 开）

J0047752
大网头
[杭州] 浙江人民出版社 1975 年 [1 张]
76cm（2 开）定价：CNY0.11

J0047753
大喜日子里　舒畅作
[南昌] 江西人民出版社 1975 年 [1 张]
76cm（2 开）

J0047754
大演革命样板戏工农豪情贯长虹　陈汉
中作
[广州] 广东人民出版社 1975 年 76cm（2 开）
定价：CNY0.14

J0047755
大演革命样板戏工农豪情贯长虹　陈汉
中作
[广州] 广东人民出版社 1975 年 53cm（4 开）
定价：CNY0.07

J0047756
大院盛开向阳花　张秉厚作
[沈阳] 辽宁人民出版社 1975 年 [1 张]
76cm（2 开）定价：CNY0.11

J0047757
大院新春　季清远作
天津 天津人民美术出版社 1975 年 [1 张]
76cm（2 开）定价：CNY0.11

J0047758
大寨　章育青作
上海 上海人民出版社 1975 年 [1 张]
76cm（2 开）定价：CNY0.11
　　作者章育青（1909—1993），画家。浙江慈溪
人。上海人民美术出版社年画专业画家。作品《上
海大世界》《元宵灯》《上海外滩》《南京长江大
桥》等。

J0047759
大寨的春天　江显辉作
上海 上海人民出版社 1975 年 [1 张]
76cm（2 开）定价：CNY0.11

J0047760
大寨的种子　张守中作
[太原] 山西人民出版社 1975 年 [1 张]
76cm（2 开）定价：CNY0.14

J0047761
大寨红旗飘 丰收广积粮　包应钊作
[贵阳] 贵州人民出版社 1975 年 76cm（2 开）
定价：CNY0.14

J0047762
当好人民勤务员　陈俭贞作
天津 天津人民美术出版社 1975 年 [1 张]
76cm（2 开）定价：CNY0.11

J0047763
当年战斗过的地方　欧阳小林作
[合肥] 安徽人民出版社 1975 年 [1 张]
76cm（2 开）定价：CNY0.14

J0047764
当年战斗过的地方　欧阳小林作
北京 人民美术出版社 1975 年 [1 张]
76cm（2 开）定价：CNY0.11

J0047765
党的委托　田克盛作
[沈阳] 辽宁人民出版社 1975 年 [1 张]
76cm（2 开）定价：CNY0.11

J0047766
党课　吴健作
[沈阳] 辽宁人民出版社 1975 年 [1 张]
76cm（2 开）定价：CNY0.11

J0047767
稻香季节　吕景富作
[哈尔滨] 黑龙江人民出版社 1975 年 [1 张]
76cm（2 开）定价：CNY0.14

J0047768
灯光捕鱼　李双成，马学礼作
[沈阳] 辽宁人民出版社 1975 年 [1 张]
76cm（2 开）定价：CNY0.11

J0047769
敌前侦察　张雯煦作；南京部队供稿
上海　上海人民出版社 1975 年 [1 张]
76cm（2 开）定价：CNY0.11

J0047770
第一次挑重担　侯泽民等作
[太原] 山西人民出版社 1975 年 [1 张]
76cm（2 开）定价：CNY0.14

J0047771
电影队在山村　张明生作
[成都] 四川人民出版社 1975 年 [1 张]
53cm（4 开）定价：CNY0.06

J0047772
淀上新社员　（四条屏）辛鹤江作；聪聪配诗
[石家庄] 河北人民出版社 1975 年 2 张
76cm（2 开）定价：CNY0.22
　　　作者辛鹤江（1941—　　），河北安新人。毕
业于天津美术学院。擅长中国画。曾任河北美
术家协会副主席，连环画研究会副会长，河北美
术出版社社长兼总编辑、编审等职。代表作有
《棉农来访》《周总理和小演员在一起》《敌情急》
《老英雄回到雁翎队》等。

J0047773
定教山河换新装　乔满囤作
[郑州] 河南人民出版社 1975 年 [1 张]
76cm（2 开）定价：CNY0.14

J0047774
董存瑞的故事　李惠芬，曾廷仲作
北京　人民美术出版社 1975 年 [1 张]
76cm（2 开）统一书号：8067.6065
定价：CNY0.11

J0047775
董存瑞的故事　李惠芬，曾廷仲作
[成都] 四川人民出版社 1975 年 [1 张]

76cm（2 开）定价：CNY0.11

J0047776
侗寨新戏　宋剑峰作
[贵阳] 贵州人民出版社 1975 年 [1 张]
76cm（2 开）定价：CNY0.14

J0047777
侗族民兵练武忙　廖志惠作
[贵阳] 贵州人民出版社 1975 年 [1 张]
76cm（2 开）定价：CNY0.14

J0047778
都学习　张和荣画
[济南] 山东人民出版社 1975 年 [1 张]
76cm（2 开）定价：CNY0.14

J0047779
杜鹃山　（四条屏　胶印轴画）
天津　天津杨柳青画店 1975 年 [1 轴]
78cm（2 开）定价：CNY1.10

J0047780
队队争比贡献多　张南作
[合肥] 安徽人民出版社 1975 年 [1 张]
76cm（2 开）定价：CNY0.14

J0047781
队里的科学试验小组　景志龙作
[成都] 四川人民出版社 1975 年 [1 张]
53cm（4 开）定价：CNY0.06

J0047782
队里又添新铁牛　李恒声作
[南宁] 广西人民出版社 1975 年 [1 张]
76cm（2 开）定价：CNY0.11

J0047783
对，就这样撒　钱流，巫俊移植
[合肥] 安徽人民出版社 1975 年 [1 张]
76cm（2 开）定价：CNY0.14

J0047784
朵瓣归仓　石传兴，石传义作
[武汉] 湖北人民出版社 1975 年 [1 张]

76cm（2 开）定价：CNY0.14

J0047785

儿歌向着北京唱　谷爱萍作

［石家庄］河北人民出版社 1975 年［1 张］

76cm（2 开）定价：CNY0.14

J0047786

儿童普检日　邢志耕，李勤作

［石家庄］河北人民出版社 1975 年［1 张］

76cm（2 开）定价：CNY0.14

J0047787

发扬艰苦奋斗精神　王德兴作

［太原］山西人民出版社 1975 年［1 张］

76cm（2 开）定价：CNY0.14

J0047788

访问老红军　林美岚作

［南昌］江西人民出版社 1975 年［1 张］

76cm（2 开）定价：CNY0.14

　　作者林美岚（1940—　　），字山风，江西武宁人。毕业于江西九江师范学校。历任中小学美术教师，江西九江市群众艺术馆美术干部、副研究馆员，江西美术家协会理事。作品有《党是阳光我是花》《喜庆丰年》《鸟语花香》等。出版有《林美岚人物画选》。

J0047789

放映之前　潘直亮作

［武汉］湖北人民出版社 1975 年［1 张］

76cm（2 开）定价：CNY0.14

　　作者潘直亮（1941—　　），编辑。湖北汉阳人。历任湖北孝感市文联副主席、市美术家协会主席，孝感画院院长，中国美术家协会会员，孝感市美术家协会名誉主席。作品有《杨靖宇》《恋》《献寿》主要专著有《潘直亮佛教题材水墨作品选集》等。

J0047790

飞雪迎春　郝培君作

［沈阳］辽宁人民出版社 1975 年［1 张］

76cm（2 开）定价：CNY0.11

J0047791

飞雪迎春　史慧芳作；户县文化馆供稿

西安 陕西人民出版社 1975 年［1 张］

76cm（2 开）定价：CNY0.11

J0047792

沸腾的钢城　（四条屏）华令作

［合肥］安徽人民出版社 1975 年 2 张

76cm（2 开）定价：CNY0.28

J0047793

沸腾的矿山　阎峰樵等作

［沈阳］辽宁人民出版社 1975 年［1 张］

76cm（2 开）定价：CNY0.11

J0047794

分秒必争　忻秉勇作；南京部队供稿

上海 上海人民出版社 1975 年［1 张］

76cm（2 开）定价：CNY0.11

J0047795

奋力除害保牧群　安永荣画

［长春］吉林人民出版社 1975 年［1 张］

76cm（2 开）定价：CNY0.14

J0047796

丰富多采的民族群众体育活动　沈尧伊作

［北京］人民体育出版社 1975 年［1 张］

76cm（2 开）定价：CNY0.11

　　作者沈尧伊（1943—　　），画家。浙江镇海人，毕业于中央美术学院。曾任中国人民大学徐悲鸿艺术学院教授、中国美术家协会会员、北京美术家协会理事、连环画艺术委员会主任。代表作品《而今迈步从头越》《革命理想高于天》《地球的红飘带》等。

J0047797

丰收场上摆战场　杨奔骅作

上海 上海人民出版社 1975 年［1 张］

76cm（2 开）定价：CNY0.11

J0047798

丰收场上唱丰收　姜守典，薛明亮作

［郑州］河南人民出版社 1975 年［1 张］

76cm（2 开）定价：CNY0.11

J0047799
丰收场上披新装　周云根作
上海　上海人民出版社　1975 年［1 张］
76cm（2 开）定价：CNY0.11

J0047800
丰收场上舞银球　余曾美，高山崧作
［武汉］湖北人民出版社　1975 年［1 张］
76cm（2 开）定价：CNY0.14

J0047801
丰收场上学理论　魏宗普，张兆鹏作
［兰州］甘肃人民出版社　1975 年［1 张］
76cm（2 开）定价：CNY0.14

J0047802
丰收的歌儿飞满山　林钧相作
［沈阳］辽宁人民出版社　1975 年［1 张］
76cm（2 开）定价：CNY0.11

J0047803
丰收的喜悦　王喜庆作
［石家庄］河北人民出版社　1975 年［1 张］
76cm（2 开）定价：CNY0.14
　　作者王喜庆（1934—　），画家。号唐王山人，另号东夷一夫，山东海阳人。历任山东炎黄书画院院长、山东画院高级画师、世界书画家协会理事、中国书画家协会会员。

J0047804
丰收时节　（海伦农民画）赵宏作
［哈尔滨］黑龙江人民出版社　1975 年［1 张］
76cm（2 开）定价：CNY0.14

J0047805
丰收时节　王文倩，蒋中林作
［沈阳］辽宁人民出版社　1975 年［1 张］
76cm（2 开）定价：CNY0.11

J0047806
风雪送亲人　崔翔作
北京　人民美术出版社　1975 年［1 张］
76cm（2 开）定价：CNY0.11

J0047807
风雨采油样　张克森作
天津　天津人民美术出版社　1975 年［1 张］
76cm（2 开）定价：CNY0.14

J0047808
烽火童年　秦大虎作
上海　上海人民出版社　1975 年［1 张］
76cm（2 开）定价：CNY0.11
　　作者秦大虎（1938—　），教授。历任中国美术学院油画系教授、中国美术家协会会员、中国油画家协会理事、浙江美术家协会常务理事等职。作品有《在战斗中成长》《老将》《田喜嫂》等。出版有《秦大虎油画选》《秦大虎的绘画世界》和《油画创作》等。

J0047809
服务到矿山　苏立作
［沈阳］辽宁人民出版社　1975 年［1 张］
76cm（2 开）定价：CNY0.11

J0047810
辅导员　张建国，裴开新作
北京　人民出版社　1975 年［1 张］
76cm（2 开）定价：CNY0.14

J0047811
妇女罱泥队　张爱国作
上海　上海人民出版社　1975 年［1 张］
76cm（2 开）定价：CNY0.11

J0047812
妇女能顶半边天　潘直亮等作
［武汉］湖北人民出版社　1975 年［1 张］
76cm（2 开）定价：CNY0.14

J0047813
复员回到了家　井维春作
［沈阳］辽宁人民出版社　1975 年［1 张］
76cm（2 开）定价：CNY0.11

J0047814
改天换地　李清保作
［昆明］云南人民出版社　1975 年［1 张］
76cm（2 开）定价：CNY0.11

J0047815

钢厂铁姑娘　周国岩作；南京部队供稿
上海　上海人民出版社　1975 年［1 张］
76cm（2 开）定价：CNY0.11

J0047816

钢水映红半边天　高连升等作
天津　天津人民美术出版社　1975 年［1 张］
76cm（2 开）定价：CNY0.14

J0047817

钢铁防线　刘棣，张冠哲作
［哈尔滨］黑龙江人民出版社　1975 年［1 张］
76cm（2 开）定价：CNY0.14

　　作者刘棣（1948—　），画家。别名刘怀山，辽宁锦州人。毕业于内蒙古师范学院艺术系美术专业。主要作品有《伯乐相马》《破晓》《大漠行》等。

J0047818

钢铁工人评千秋　马振声作
［成都］四川人民出版社　1975 年［1 张］
76cm（2 开）定价：CNY0.11

　　作者马振声（1939—　），国家一级美术师。北京人，毕业于中央美术学院中国画系。历任中国美术家协会会员，后于四川省美术家协会从事专业美术创作员，又任重庆国画院名誉院长、中央文史研究馆馆员。作品有《爱国诗人陆游》《酒歌图》《逢场》等。

J0047819

钢铁洪流　张洪文，刘荣仁作
［沈阳］辽宁人民出版社　1975 年［1 张］
76cm（2 开）定价：CNY0.11

J0047820

杠棒的故事　忻礼良作
上海　上海人民出版社　1975 年［1 张］
76cm（2 开）定价：CNY0.11

　　作者忻礼良（1913—？），浙江鄞县人。擅长年画。曾任上海画片出版社特约作者、上海人民美术出版社创作人员等职。代表作品有《毛主席和我们在一起》《姑嫂选笔》《拾到五分钱》等。

J0047821

高山顶上稻谷香　陈研，李广林作
［合肥］安徽人民出版社　1975 年［1 张］
76cm（2 开）定价：CNY0.11

J0047822

高原盛开大寨花　胡振郎作
上海　上海人民出版社　1975 年［1 张］
76cm（2 开）定价：CNY0.11

　　作者胡振郎（1938—　），国家一级美术师。浙江永康县人，毕业于浙江美术学院。历任中国美术家协会上海分会理事、上海市黄浦画院院长、上海市文史研究馆馆员、上海中国画院画师。代表作品有《功》《一生难忘 1976》《峥嵘岁月》《百年沧桑》《白求恩》，出版有《胡振郎画集》《胡振郎山水画集》《怎样画水墨山水》等。

J0047823

革命传统代代传　孙国成作
［长沙］湖南人民出版社　1975 年［1 张］
76cm（2 开）定价：CNY0.11

J0047824

革命故事会　钟志一作
［武汉］湖北人民出版社　1975 年［1 张］
76cm（2 开）定价：CNY0.14

J0047825

革命友谊深如海　郭宏武作
上海　上海人民出版社　1975 年［1 张］
76cm（2 开）定价：CNY0.11

J0047826

革新闯将　罗凤仙作
［昆明］云南人民出版社　1975 年［1 张］
76cm（2 开）定价：CNY0.11

J0047827

各族人民参观造船厂　孙启秀作
［沈阳］辽宁人民出版社　1975 年［1 张］
76cm（2 开）定价：CNY0.11

J0047828

各族人民的心愿　翁开恩作
［福州］福建人民出版社　1975 年［1 张］

76cm（2 开）定价：CNY0.14

作者翁开恩（1939—　），教授。号竹啸庄人，福建莆田人。历任福建师范大学美术系副教授，福建画院、福州画院、福建政协画师，中国美术家协会会员，福建美术家协会理事。出版有《翁开恩画集》《翁开恩写生》《翁开恩画辑》等。

J0047829
给妹妹回信　曹天舒作
［郑州］河南人民出版社 1975 年 ［1 张］
76cm（2 开）定价：CNY0.14

J0047830
耕海　（年画 1976〈农历丙辰年〉年历）汤集祥，余国宏作
［兰州］甘肃人民出版社 1975 年 53cm（4 开）
定价：CNY0.07

J0047831
耕海　（年画 1976 年〈农历丙辰年〉年历）汤集祥，余国宏作
［石家庄］河北人民出版社 1975 年 53cm（4 开）
定价：CNY0.08

J0047832
耕海　（年画 1976 年〈农历丙辰年〉年历）汤集祥，余国宏作
［哈尔滨］黑龙江人民出版社 1975 年
53cm（4 开）定价：CNY0.10

J0047833
耕海　（年画 1976〈农历丙辰年〉年历）汤集祥，余国宏作
天津 天津杨柳青画店 1975 年 53cm（4 开）
定价：CNY0.25

J0047834
工地党课　马江作
［兰州］甘肃人民出版社 1975 年 ［1 张］
76cm（2 开）定价：CNY0.14

J0047835
工地理论小组　唐建国作
［贵阳］贵州人民出版社 1975 年 ［1 张］
76cm（2 开）定价：CNY0.14

J0047836
工地批判会　严灼明作
［武汉］湖北人民出版社 1975 年 ［1 张］
76cm（2 开）定价：CNY0.14

J0047837
工农情谊深　关绍忠作
［沈阳］辽宁人民出版社 1975 年 ［1 张］
76cm（2 开）定价：CNY0.11

J0047838
工农同唱丰收歌　陈凯作
上海 上海人民出版社 1975 年 ［1 张］
76cm（2 开）定价：CNY0.11

J0047839
工农喜迎春　李乃宙作
［石家庄］河北人民出版社 1975 年 ［1 张］
76cm（2 开）定价：CNY0.14

J0047840
工农一家喜迎春　富穹，冯健辛作
北京 人民美术出版社 1975 年 ［1 张］
76cm（2 开）定价：CNY0.11

J0047841
工人理论小组　济南机车工厂美术组供稿；董志军画
［济南］山东人民出版社 1975 年 ［1 张］
76cm（2 开）定价：CNY0.11

J0047842
工业学大庆 农业学大寨　韦君琳作
［合肥］安徽人民出版社 1975 年 76cm（2 开）
定价：CNY0.14

J0047843
工业学大庆 农业学大寨　何永坤作
［昆明］云南人民出版社 1975 年 76cm（2 开）
定价：CNY0.11

作者何永坤（1953—　），教授。出生于昆明，祖籍浙江鄞县，云南艺术学院工艺美术系任教。作品有《山果》《青草地》等。

J0047844
工业学大庆　农业学大寨　何永坤作
［昆明］云南人民出版社 1975 年 53cm（4 开）
定价：CNY0.06

J0047845
"公社" 半边天　（四条屏）李钉作
［兰州］甘肃人民出版社 1975 年 4 张
53cm（4 开）定价：CNY0.28

J0047846
"公社" 的鹅群　方楚雄作
［长沙］湖南人民出版社 1975 年［1 张］
76cm（2 开）定价：CNY0.14
　　　作者方楚雄(1950—　)，广东普宁人。毕业
于广州美术学院并留校任教。中国美术家协会
会员。主要作品有《牧鸭》《水禽》《翠蝶兰》等。
出版《方楚雄画选》《方楚雄画集》等。

J0047847
"公社" 鸡场　张思淮作
［太原］山西人民出版社 1975 年［1 张］
76cm（2 开）定价：CNY0.14

J0047848
"公社" 荔枝红　黄念祖作
［南宁］广西人民出版社 1975 年［1 张］
76cm（2 开）定价：CNY0.14

J0047849
"公社" 农机现场会　李贵甫, 刘亚非作
［武汉］湖北人民出版社 1975 年［1 张］
76cm（2 开）定价：CNY0.14

J0047850
"公社" 新苗　彭开天作
［南昌］江西人民出版社 1975 年［1 张］
76cm（2 开）

J0047851
关怀　蒋太禄作
［长沙］湖南人民出版社 1975 年［1 张］
76cm（2 开）定价：CNY0.11

J0047852
关怀　张起林, 张添柴作；兴平县文化馆供稿
［西安］陕西人民出版社 1975 年［1 张］
76cm（2 开）定价：CNY0.11

J0047853
光辉的道路　灿烂的前程　上海机电一局工
人美术创作组［作］
上海 上海人民出版社 1975 年［1 张］
76cm（2 开）定价：CNY0.11

J0047854
光荣人家更浓　（胶印轴画）张伯媛画
［石家庄］河北人民出版社 1975 年［1 轴］
76cm（2 开）定价：CNY0.75

J0047855
广阔天地　唐德泉作
［成都］四川人民出版社 1975 年［1 张］
76cm（2 开）定价：CNY0.11

J0047856
广阔天地大有作为　潘仕勤作
［贵阳］贵州人民出版社 1975 年 53cm（4 开）
定价：CNY0.07

J0047857
广阔天地大有作为　（八条屏）周至宇作
［太原］山西人民出版社 1975 年 2 张
76cm（2 开）定价：CNY0.28

J0047858
广阔天地育新人　（四条屏）夜冰等画；罗继
长文
［太原］山西人民出版社 1975 年 2 张
76cm（2 开）定价：CNY0.28

J0047859
还干这一行　尹向前, 董兴泰作
［太原］山西人民出版社 1975 年［1 张］
76cm（2 开）定价：CNY0.14

J0047860
孩子们已在战斗　王铁城作
［兰州］甘肃人民出版社 1975 年［1 张］

76cm（2开）定价：CNY0.14

J0047861
孩子在成长　　金瓯作
［杭州］浙江人民出版社 1975 年 ［1 张］
76cm（2开）定价：CNY0.11

J0047862
海岛节日　　谷林作
［北京］人民体育出版社 1975 年 ［1 张］
76cm（2开）定价：CNY0.11

J0047863
海防线上　　林成翰作
［沈阳］辽宁人民出版社 1975 年 ［1 张］
76cm（2开）定价：CNY0.11

J0047864
海防线上　　林成翰作
北京 人民美术出版社 1975 年 ［1 张］
76cm（2开）定价：CNY0.11

J0047865
海河新歌　　阎贵明作
天津 天津人民美术出版社 1975 年 ［1 张］
76cm（2开）定价：CNY0.11

J0047866
海河新貌　（四条屏 胶印轴画）赵文发画
［石家庄］河北人民出版社 1975 年 4 张
53cm（4开）定价：CNY0.85
　　作者赵文发（1933—　　），教师。别名晓文，
河北泊头人，毕业于西安美术学院国画系。历任
西安美术学院国画系教师、河北交河县文化馆美
术干部、河北泊头市文化馆美术组组长等。

J0047867
海上健儿逞英豪　　李雅兰，梁启镛作
上海 上海人民出版社 1975 年 ［1 张］
76cm（2开）定价：CNY0.11

J0047868
旱塬今日　　莫建成作
［兰州］甘肃人民出版社 1975 年 ［1 张］
76cm（2开）定价：CNY0.14

J0047869
合作医疗开新花　　李树仁作
［沈阳］辽宁人民出版社 1975 年 ［1 张］
76cm（2开）定价：CNY0.11

J0047870
红灯代代传 红星闪闪亮　　汪羿作
［贵阳］贵州人民出版社 1975 年 76cm（2开）
定价：CNY0.14

J0047871
红儿班宣传队　（1976〈农历丙辰年〉年历）
吴纯洁，方文河画
［福州］福建人民出版社 1975 年 38cm（6开）
定价：CNY0.03

J0047872
红儿班演出队　　吴纯洁，方文河作
［福州］福建人民出版社 1975 年 ［1 张］
76cm（2开）定价：CNY0.14

J0047873
红花朵朵　　邵盛宝作
［杭州］浙江人民出版社 1975 年 ［1 张］
76cm（2开）定价：CNY0.11

J0047874
红花向阳开 祖国春长在　（年画 1976〈农
历丙辰年〉年历）广州美术工作室作
［北京］人民体育出版社 1975 年 53cm（4开）
定价：CNY0.10

J0047875
红旗渠　（四条屏）张绍文，刘书民作
［郑州］河南人民出版社 1975 年 2 张
76cm（2开）定价：CNY0.28

J0047876
红色园地　　白逸如作
北京 人民美术出版社 1975 年 ［1 张］
76cm（2开）定价：CNY0.14
　　作者白逸如（1932—　　），女，画家。北京人。
毕业于浙江美术学院。曾任职于山东省文化局
美工室，任山东师范大学艺术系教师、天津画院
专业画家。主要作品有《渔家女儿上大学》《移

来南茶住北乡》《大娘的病好了》等。

J0047877
红太阳从这里升起　（年画 1976 年年历）师松岭，陈永镇作
［合肥］安徽人民出版社 1975 年 38cm（6 开）
定价：CNY0.10

　　作者陈永镇（1936—　），浙江乐清人。毕业于中国美术学院(浙江美术学院)。中国美术家协会理事、中国儿童美术艺术委员会委员、安徽省美术家协会副主席。主要作品有《还是一样》《再给你带上一个》等。

J0047878
"红小兵" 的假日　马开琪作
［成都］四川人民出版社 1975 年 ［1 张］
76cm（2 开）定价：CNY0.14

J0047879
"红小兵" 气象哨　抗文生作
［兰州］甘肃人民出版社 1975 年 ［1 张］
53cm（4 开）定价：CNY0.07

J0047880
"红小兵" 图书站　解义勇作
［太原］山西人民出版社 1975 年 ［1 张］
76cm（2 开）定价：CNY0.14

J0047881
红星传万代　周宗源作；南京部队供稿
上海　上海人民出版社 1975 年 ［1 张］
76cm（2 开）定价：CNY0.11

J0047882
红星代代传　徐国祯作
［沈阳］辽宁人民出版社 1975 年 ［1 张］
76cm（2 开）定价：CNY0.11

J0047883
红星闪闪传万代　黄延桐等作
［广州］广东人民出版社 1975 年 ［1 张］
76cm（2 开）定价：CNY0.14

J0047884
红星照我去战斗　韦自强作

［兰州］甘肃人民出版社 1975 年 ［1 张］
76cm（2 开）定价：CNY0.14

J0047885
红星照我去战斗　雷振刚画
［成都］四川人民出版社 1975 年 ［1 张］
76cm（2 开）定价：CNY0.11

J0047886
红星照我去战斗　郭洪印作
天津　天津人民美术出版社 1975 年 ［1 张］
76cm（2 开）定价：CNY0.11

J0047887
红医颂　李志国作
天津　天津人民美术出版社 1975 年 ［1 张］
76cm（2 开）定价：CNY0.11

J0047888
宏图美景双手绘　蔚学高作
［太原］山西人民出版社 1975 年 ［1 张］
76cm（2 开）定价：CNY0.14

J0047889
花红苗壮　亢佐田作
［太原］山西人民出版社 1975 年 ［1 张］
76cm（2 开）定价：CNY0.14

J0047890
淮河两岸双抢忙　李用世作
［合肥］安徽人民出版社 1975 年 ［1 张］
76cm（2 开）定价：CNY0.14

J0047891
欢迎哥哥姐姐下乡来　于振立作
［沈阳］辽宁人民出版社 1975 年 ［1 张］
76cm（2 开）定价：CNY0.11

J0047892
欢迎解放军叔叔　钱留声，王遵义画
［济南］山东人民出版社 1975 年 ［1 张］
76cm（2 开）定价：CNY0.14

　　作者王遵义（1938—　），画家。擅长油画、中国画。山东临沂人。在山东省体委、济南军区文工团，长期从事舞台美术设计工作。作品《姐

妹俩》《未包扎完的绷带》《胜利之路》为中国美术馆收藏，《甘作春泥育新苗》《爱鸟》获全国宣传画大展二、三等奖，《回天无力》获第八届全国美术作品展览优秀奖。

J0047893
换岗之前　孙学诚作
[石家庄] 河北人民出版社 1975 年 [1 张]
76cm（2 开）定价：CNY0.14

J0047894
换了人间　陈兆复，邢琏作
天津　天津人民美术出版社 1975 年 [1 张]
76cm（2 开）定价：CNY0.14
　　作者陈兆复（1933— ），教授。生于浙江瑞安，毕业于浙江美术学校。中央民族大学教授、博士生导师，联合国教科文组织国际岩画委员会执行委员，中国岩画研究中心名誉主任，中国美术家学会会员。出版有《中国岩画发现史》《中国岩画札记》《原始艺术史》等。

J0047895
黄巢进长安　张扬作；中国革命历史博物馆供稿
上海　上海人民出版社 1975 年 [1 张]
76cm（2 开）定价：CNY0.11

J0047896
黄河明珠　刘书民作
[郑州] 河南人民出版社 1975 年 [1 张]
76cm（2 开）定价：CNY0.14

J0047897
黄浦江上一堂课　周补田，甘长霖作
上海　上海人民出版社 1975 年 [1 张]
76cm（2 开）定价：CNY0.11

J0047898
回队汇报　钱毅作
[南京] 江苏人民出版社 1975 年 [1 张]
76cm（2 开）定价：CNY0.14

J0047899
回击　马强，姚天沐作
上海　上海人民出版社 1975 年 [1 张]

76cm（2 开）定价：CNY0.11

J0047900
回来再作山里人　徐福根作
[南昌] 江西人民出版社 1975 年 [1 张]
76cm（2 开）

J0047901
回来再做山里人　（年画 1976 年年历）徐福根作；原海荣设计
[南昌] 江西人民出版社 1975 年 53cm（4 开）
定价：CNY0.12

J0047902
会战　梅洪，刘耀真作
上海　上海人民出版社 1975 年 [1 张]
76cm（2 开）定价：CNY0.11

J0047903
机声隆隆夜耕忙　金祥龙作
上海　上海人民出版社 1975 年 [1 张]
76cm（2 开）定价：CNY0.11
　　作者金祥龙（1956— ），画家。上海人。上海市南汇县文化馆馆员。作品有《故乡之四》《故乡之七》，出版有《金祥龙画选》《金祥龙版画选》。

J0047904
及时雨　熊立生作
[长沙] 湖南人民出版社 1975 年 [1 张]
76cm（2 开）定价：CNY0.11

J0047905
技术革新开红花　程欣甫，金铭作
上海　上海人民出版社 1975 年 [1 张]
76cm（2 开）定价：CNY0.11

J0047906
既是人民邮递员 又是党的宣传员　张竞华作
上海　上海人民出版社 1975 年 [1 张]
76cm（2 开）定价：CNY0.11

J0047907
佳节话五洲　刘文甫，张伯媛作
[石家庄] 河北人民出版社 1975 年 [1 张]

76cm（2 开）定价：CNY0.14

J0047908
家庭批判会　梁长林作
北京　人民出版社 1975 年［1 张］76cm（2 开）
定价：CNY0.14
　　作者梁长林（1951—1983），画家。吉林白城人，毕业于中央美术学院中国画系，留校任教。主要作品有《故乡行》《春雨》《板桥小像》《吕梁游击队》《荷花淀》等。

J0047909
家乡变了样　李恩林，方世聪作
上海　上海人民出版社 1975 年［1 张］
76cm（2 开）定价：CNY0.11
　　作者方世聪（1941—　），画家。毕业于国立上海美术专科学校油画系。历任上海美术家协会会员，上海戏剧学院美术系油画教研室主任、教授，上海黄浦画院副院长。代表作《华夏魂》《东方少女》《潜在的能量》《激情的艺术》《塞纳河夕照》等。

J0047910
家喻户晓　梁启德作
［南宁］广西人民出版社 1975 年［1 张］
76cm（2 开）定价：CNY0.14

J0047911
家喻户晓　刘二刚作
［南京］江苏人民出版社 1975 年［1 张］
76cm（2 开）定价：CNY0.11
　　作者刘二刚（1947—　），国家一级美术师。字梦铁，又字柔克，江苏镇江人。曾供职于镇江国画院、南京书画院。代表作品有《二刚国画小品集》《刘二刚书画选集》《庙亭山随笔》等。

J0047912
假日　蒋纯尧作
［合肥］安徽人民出版社 1975 年［1 张］
76cm（2 开）定价：CNY0.14

J0047913
假日　陈启华，陈宏新作
［广州］广东人民出版社 1975 年［1 张］
76cm（2 开）定价：CNY0.14

J0047914
假日　一六四三部队八连美术组［作］
天津　天津人民美术出版社 1975 年［1 张］
76cm（2 开）定价：CNY0.11

J0047915
嫁娶新风　丁昉作
天津　天津人民美术出版社 1975 年［1 张］
76cm（2 开）定价：CNY0.11

J0047916
建设伟大的祖国　支援世界革命　柳文社，郭德宁作
［太原］山西人民出版社 1975 年 53cm（4 开）
定价：CNY0.07

J0047917
健康体检　张存发，杨美钦作
［太原］山西人民出版社 1975 年［1 张］
76cm（2 开）定价：CNY0.14

J0047918
教育革命开新花　招远县文化馆供稿；袁大义画
［济南］山东人民出版社 1975 年［1 张］
76cm（2 开）定价：CNY0.11

J0047919
教育革命新风　（四条屏　胶印轴画）
天津　天津杨柳青画店 1975 年 4 轴
定价：CNY1.10

J0047920
接力赛跑　张方作
［合肥］安徽人民出版社 1975 年［1 张］
76cm（2 开）定价：CNY0.14

J0047921
接力赛跑　（年画 1976 年年历）张方作
［合肥］安徽人民出版社 1975 年 53cm（4 开）
定价：CNY0.14

J0047922
接妹妹　陈初良作
［福州］福建人民出版社 1975 年［1 张］

76cm（2开）定价：CNY0.14

作者陈初良（1944—　），画家。福建闽侯人，毕业于厦门工艺美术学院绘画系。历任福州画院专职画家、国家一级美术师。代表作《海岳雄峙》《花草美人秋》《郁郁乡情》等。出版有《陈初良画集》《四季古诗》《陈初良线描》等。

J0047923

接真抓实干前辈牧马杆　刘永义作
［石家庄］河北人民出版社　1975年［1张］
76cm（2开）定价：CNY0.14

作者刘永义（1946—　），美术师。陕西长安人，毕业于西安美术学院。陕西省美术家协会会员，西安市美术家协会会员，西安国画艺术研究院研究员、花鸟画研究室副主任。

J0047924

节日之夜　胡今叶作；南京部队供稿
上海　上海人民出版社　1975年［1张］
76cm（2开）定价：CNY0.11

J0047925

捷报传四方　李宝峰，邓志政作
［兰州］甘肃人民出版社　1975年［1张］
76cm（2开）定价：CNY0.14

作者李宝峰（1938—2019），国画家、一级美术师。辽宁抚顺市人，就读于鲁迅美术学院附中。历任甘肃画院副院长、甘肃美术家协会副主席、中国美术家协会会员。代表作品有《李宝峰草原风情录》《李宝峰画集》等。

J0047926

捷报频传　马学礼作
［沈阳］辽宁人民出版社　1975年［1张］
76cm（2开）定价：CNY0.11

J0047927

截潜流　高喜柱作
［太原］山西人民出版社　1975年［1张］
76cm（2开）定价：CNY0.14

J0047928

姐姐又得好成绩　白绪号，刘瑞兆作；户县文化馆供稿
西安　陕西人民出版社　1975年［1张］

76cm（2开）定价：CNY0.11

J0047929

姐妹俩　王遵义，殷培华作
北京　人民美术出版社　1975年［1张］
76cm（2开）定价：CNY0.11

作者王遵义（1938—　），画家。擅长油画、中国画。山东临沂人。在山东省体委、济南军区文工团，长期从事舞台美术设计工作。作品《姐妹俩》《未包扎完的绷带》《胜利之路》为中国美术馆收藏，《甘作春泥育新苗》《爱鸟》获全国宣传画大展二、三等奖，《回天无力》获第八届全国美术作品展览优秀奖。

J0047930

姐妹俩　王遵义，殷培华作
［济南］山东人民出版社　1975年［1张］
76cm（2开）定价：CNY0.14

作者殷培华（1943—　），国家一级美术师。江苏常熟人。毕业于苏州工艺美术专科学校。曾任《山东民兵》美术编辑、南京军区政治部文艺创作室专职创作员等职。主要作品有《三比一》《总理和老农》《歌别图》等。

J0047931

解放军英雄屏　（四条屏）何声钦作
上海　上海人民出版社　1975年　2张　76cm（2开）
定价：CNY0.22

J0047932

今日江南分外娇　钱松嵒作
上海　上海书画社出版社　1975年［1张］
76cm（2开）定价：CNY0.14

作者钱松嵒（1899—1985），当代画家。江苏宜兴人。曾任江苏省国画院院长、名誉院长，江苏省美术家协会主席，中国美术家协会常务理事等。画作有《红岩》《延安颂》《芙蓉湖上》《山岳颂》等。代表作品有《梅园新村》《延安颂》《红岩》《井冈大瀑布》等。

J0047933

金光满塘　励利道，盛元龙合作
［杭州］浙江人民出版社　1975年［1张］
76cm（2开）定价：CNY0.11

J0047934
金色的道路 李国维作
［南宁］广西人民出版社 1975 年 ［ 1 张 ］
76cm（ 2 开）定价：CNY0.14

J0047935
紧握枪杆保海疆 宁宵作
［广州］广东人民出版社 1975 年 ［ 1 张 ］
76cm（ 2 开）定价：CNY0.14

J0047936
锦上添花 齐传玉，于振立作
［沈阳］辽宁人民出版社 1975 年 ［ 1 张 ］
76cm（ 2 开）定价：CNY0.11

J0047937
锦绣前程 从嘉业，关满生作
北京 人民美术出版社 1975 年 ［ 1 张 ］
76cm（ 2 开）定价：CNY0.11

J0047938
惊天春雷翻太行 蔚学高作
［太原］山西人民出版社 1975 年 ［ 1 张 ］
76cm（ 2 开）定价：CNY0.14

J0047939
精打细收 廖永生作
［成都］四川人民出版社 1975 年 ［ 1 张 ］
53cm（ 4 开）定价：CNY0.06

J0047940
精挑细选 杨宝发作
［沈阳］辽宁人民出版社 1975 年 ［ 1 张 ］
76cm（ 2 开）定价：CNY0.11

J0047941
精益求精 姜桦作
［沈阳］辽宁人民出版社 1975 年 ［ 1 张 ］
76cm（ 2 开）定价：CNY0.11

J0047942
井冈红医 陈慧荪作
［南昌］江西人民出版社 1975 年 ［ 1 张 ］
76cm（ 2 开）定价：CNY0.14

J0047943
井冈山的早晨 丘玮作
［南昌］江西人民出版社 1975 年 ［ 1 张 ］
76cm（ 2 开）定价：CNY0.14

J0047944
旧祠展新画 陈以雄，曾洪流作
［广州］广东人民出版社 1975 年 ［ 1 张 ］
76cm（ 2 开）定价：CNY0.14

J0047945
拒腐蚀 永不沾 吴梅芬执笔；上海美术学校
第五期工农兵美术创作学习班集体创作
上海 上海人民出版社 1975 年 ［ 1 张 ］
76cm（ 2 开）定价：CNY0.11

J0047946
军爱民 民拥军 赵海鹰等作
［贵阳］贵州人民出版社 1975 年 76cm（ 2 开）
定价：CNY0.14

J0047947
军爱民 民拥军 胡有章作
［太原］山西人民出版社 1975 年 53cm（ 4 开）
定价：CNY0.07

J0047948
军爱民鱼水难分 民拥军阶级情深 户福
根作
［武汉］湖北人民出版社 1975 年 ［ 1 张 ］
76cm（ 2 开）定价：CNY0.14

J0047949
军马小后勤 刘志进，胡有章作
［太原］山西人民出版社 1975 年 ［ 1 张 ］
76cm（ 2 开）定价：CNY0.14

J0047950
军民联防 保卫边疆 肖唤作
［西安］陕西人民出版社 1975 年 76cm（ 2 开）
定价：CNY0.11

J0047951
军民同话丰收年 谢伯齐作
［武汉］湖北人民出版社 1975 年 ［ 1 张 ］

76cm（2 开）定价：CNY0.14

J0047952
军民一家亲　玉荣奖作
［武汉］湖北人民出版社 1975 年［1 张］
76cm（2 开）定价：CNY0.14

J0047953
军民一家亲　（四条屏）夏侯新年作
天津 天津人民美术出版社 1975 年 2 张
76cm（2 开）定价：CNY0.22

J0047954
骏马飞腾　（四条屏）刘生展画
［石家庄］河北人民出版社 1975 年 2 张
76cm（2 开）定价：CNY0.28
　　作者刘生展（1938—2016），画家，一级美术师。别名塞城。内蒙古丰镇人。历任河北省张北县文化馆馆长、张家口市美术家协会名誉主席、中国美术家协会会员、中华炎黄文化研究会会员、中日美术交流协会会员、察哈尔书画院名誉院长。作品有《草原女民兵》《赛马去》《多为农业选俊马》《草原盛会》等。出版《怎样画马》《三国志人物绘卷》《马的描法》等。

J0047955
骏马献亲人　（维族）卡德尔作
［杭州］浙江人民出版社 1975 年［1 张］
76cm（2 开）定价：CNY0.11

J0047956
开会回来　关秀云作
［郑州］河南人民出版社 1975 年［1 张］
76cm（2 开）定价：CNY0.14

J0047957
开门办学　李一新作
［南昌］江西人民出版社 1975 年［1 张］
76cm（2 开）

J0047958
开门办学　李一新作
北京 人民美术出版社 1975 年［1 张］
76cm（2 开）定价：CNY0.14

J0047959
开门办学好　陈明达作
上海 上海人民出版社 1975 年［1 张］
76cm（2 开）定价：CNY0.11

J0047960
看望革命的老妈妈　兖州县文化馆供稿；陈青，马长友画
［济南］山东人民出版社 1975 年［1 张］
76cm（2 开）定价：CNY0.14

J0047961
考试　（四条屏）方湘侠作
［武汉］湖北人民出版社 1975 年 2 张
76cm（2 开）定价：CNY0.28
　　作者方湘侠（1940—　　），原籍福建莆田，出生于湖南长沙。毕业于湖北艺术学院（现湖北美术学院）美术系中国画专业。曾任湖北省群众艺术馆美术编辑、副馆长，湖北美术协会副主席，湖北省科普美术家协会理事长。主要作品有《运石图》《欢乐的日子》《欲飞》等。

J0047962
科学养猪　陈庆心，陈衍宁作
［广州］广东人民出版社 1975 年［1 张］
76cm（2 开）定价：CNY0.14

J0047963
课前　李秉刚作
［沈阳］辽宁人民出版社 1975 年［1 张］
76cm（2 开）定价：CNY0.11

J0047964
课堂　肖玉田作
［沈阳］辽宁人民出版社 1975 年［1 张］
76cm（2 开）定价：CNY0.11

J0047965
课堂　王敬平作
［银川］宁夏人民出版社 1975 年［1 张］
76cm（2 开）定价：CNY0.11

J0047966
廊房大捷　戴泽作；中国革命历史博物馆供稿

上海　上海人民出版社 1975 年［1 张］
76cm（2 开）定价：CNY0.11

J0047967
老书记话当年　戴永凤作
上海　上海人民出版社 1975 年［1 张］
76cm（2 开）定价：CNY0.11

J0047968
老同学新教师　周英黔作
［长沙］湖南人民出版社 1975 年［1 张］
76cm（2 开）定价：CNY0.11

J0047969
老英雄参观新地道　肖锋，宋秀英作
上海　上海人民出版社 1975 年［1 张］
76cm（2 开）定价：CNY0.11

J0047970
老英雄回到雁翎队　（胶印轴画）辛鹤江画
［石家庄］河北人民出版社 1975 年［1 轴］
107cm（全开）定价：CNY0.75
　　作者辛鹤江（1941—　），河北安新人。毕业于天津美术学院。擅长中国画。曾任河北美术家协会副主席，连环画研究会副会长，河北美术出版社社长兼总编辑、编审等职。代表作有《棉农来访》《周总理和小演员在一起》《敌情急》《老英雄回到雁翎队》等。

J0047971
李自成进北京　伍必端，陆鸿年作；中国革命历史博物馆供稿
上海　上海人民出版社 1975 年［1 张］
76cm（2 开）定价：CNY0.11
　　作者伍必端（1926—　），回族，画家、教授。生于江苏南京。历任中央美术学院版画系主任、教授。代表作《上甘岭上的英雄》（油画）《寂静的草地》（水彩画）《周总理》（素描头像）等。作者陆鸿年（1919—1989），教师。江苏太仓人，毕业于辅仁大学美术系，并留校任美术系助教。历任中央美术学院中国画系讲师、副教授。发表《法海神寺壁画》《永乐宫壁画艺术》《中国古代壁画的一些成就》等研究论文。

J0047972
理论花开遍地红　海云，李永红作
［合肥］安徽人民出版社 1975 年［1 张］
76cm（2 开）定价：CNY0.14

J0047973
理论课前　史正学作
［郑州］河南人民出版社 1975 年［1 张］
76cm（2 开）定价：CNY0.11
　　作者史正学（1933—　），国家一级美术师。又名莫可，河南洛阳人。毕业于广州美术学院国画系。中国美术家协会会员、河南省美术家协会常务理事、河南中山书画院院长。代表作品有《晨钟响了》《深山火种》《枣雨》《征途报捷》等。

J0047974
理论小组　康和作
［昆明］云南人民出版社 1975 年［1 张］
76cm（2 开）定价：CNY0.11

J0047975
历史不容篡改　汪洋作
上海　上海人民出版社 1975 年［1 张］
76cm（2 开）定价：CNY0.11

J0047976
连队理论小组　王遵义作
［沈阳］辽宁人民出版社 1975 年［1 张］
76cm（2 开）定价：CNY0.11
　　作者王遵义（1938—　），画家。擅长油画、中国画。山东临沂人。在山东省体委、济南军区文工团，长期从事舞台美术设计工作。作品《姐妹俩》《未包扎完的绷带》《胜利之路》为中国美术馆收藏，《甘作春泥育新苗》《爱鸟》获全国宣传画大展二、三等奖，《回天无力》获第八届全国美术作品展览优秀奖。

J0047977
连队理论小组　王遵义作
上海　上海人民出版社 1975 年［1 张］
76cm（2 开）定价：CNY0.11

J0047978
练武去　（年画 1976〈农历丙辰年〉年历）赵

金龙作
天津　天津杨柳青画店　1975 年　53cm（4 开）
定价：CNY0.25

J0047979
凉山在前进　　张文瑞作
［成都］四川人民出版社　1975 年　［1 张］
76cm（2 开）定价：CNY0.14

J0047980
粮食满仓诗满怀　　郝惠芬作
天津　天津人民美术出版社　1975 年　［1 张］
76cm（2 开）定价：CNY0.11

J0047981
列车新风　　程敏生作；户县文化馆供稿
［西安］陕西人民出版社　1975 年　［1 张］
76cm（2 开）定价：CNY0.11

J0047982
流动书箱到田间　　尹西九，王锦华作
［郑州］河南人民出版社　1975 年　［1 张］
76cm（2 开）定价：CNY0.11

J0047983
陇原渔歌　　王顺发作
［兰州］甘肃人民出版社　1975 年　［1 张］
76cm（2 开）定价：CNY0.14

J0047984
庐山　（四条屏）杨豹作
［南昌］江西人民出版社　1975 年　2 张
76cm（2 开）定价：CNY0.28

J0047985
庐山仙人洞　　傅尧笙作
［南昌］江西人民出版社　1975 年　［1 张］
78cm（2 开）定价：CNY0.10
　　作者傅尧笙（1936—2003），陶瓷艺术家。江西临川人，就读于中央工艺美术学院进修班。中国美术家协会会员、中国雕塑家协会理事、中国鼻烟壶研究会会员、中国考古学会会员、景德镇书画院特级画师。代表作品有《江山如画》《春风又绿江南岸》。

J0047986
锣鼓声中　　学鹏等作
［沈阳］辽宁人民出版社　1975 年　［1 张］
76cm（2 开）定价：CNY0.11

J0047987
旅客之家　　张全安作
［西宁］青海人民出版社　1975 年　［1 张］
76cm（2 开）定价：CNY0.11

J0047988
绿满高原　　周嘉福作
［兰州］甘肃人民出版社　1975 年　［1 张］
76cm（2 开）定价：CNY0.14

J0047989
妈妈上工了　　赵玉明，王铁成作
［兰州］甘肃人民出版社　1975 年　［1 张］
76cm（2 开）定价：CNY0.14

J0047990
麦假里　　唐邦才作
［郑州］河南人民出版社　1975 年　［1 张］
76cm（2 开）定价：CNY0.11

J0047991
满腔热情为人民　　赵建源画
［济南］山东人民出版社　1975 年　［1 张］
76cm（2 开）定价：CNY0.11
　　作者赵建源（1940—　），山东美术出版社副编审、编辑室主任，中国工艺美术学会会员，中国工艺美术理论研究会理事。

J0047992
满网鲤鱼满船歌　　米春茂作
［石家庄］河北人民出版社　1975 年　［1 张］
76cm（2 开）定价：CNY0.14
　　作者米春茂（1938—　），一级美术师。生于河北霸州。历任沧州市文联专业画家、中国美术家协会会员、美术家协会河北分会会员、河北省工艺美术学会常务理事、沧州市美术家协会理事长。代表作品有《米春茂画集》《中国画自学丛书——怎样画小动物》。

J0047993

满意的答卷　崔翔作

［沈阳］辽宁人民出版社 1975 年［1 张］

76cm（2 开）定价：CNY0.11

J0047994

毛委员和我们在一起　刘称奇作

［南昌］江西人民出版社 1975 年［1 张］

76cm（2 开）定价：CNY0.14

J0047995

毛主席和纺织工人在一起　禹化兴等作

［郑州］河南人民出版社 1975 年［1 张］

76cm（2 开）定价：CNY0.14

J0047996

毛主席和井冈山人民心连心　邹良才作

［南昌］江西人民出版社 1975 年［1 张］

76cm（2 开）定价：CNY0.14

J0047997

毛主席视察北园　崔森林，孟晋元等画

［济南］山东人民出版社 1975 年［1 张］

76cm（2 开）定价：CNY0.14

J0047998

毛主席在农村调查　蔡超作

［南昌］江西人民出版社 1975 年［1 张］

76cm（2 开）定价：CNY0.14

　　作者蔡超（1944—　），国家一级美术师。上海嘉定人。擅长中国画人物创作，兼攻山水、花鸟以及连环画。历任南昌画院院长、江西博物馆馆长、江西省美术家协会主席、中国美术家协会江西分会理事。代表作品有《集思》《扶臂》《天地间》《众志成城》《毛主席在农村调查》等。

J0047999

苗势喜人　程惠钊作

［武汉］湖北人民出版社 1975 年［1 张］

76cm（2 开）定价：CNY0.14

J0048000

奶奶今晚要演出　翁开恩作

［福州］福建人民出版社 1975 年［1 张］

76cm（2 开）定价：CNY0.14

　　作者翁开恩（1939—　），教授。号竹啸庄人，福建莆田人。历任福建师范大学美术系副教授，福建画院、福州画院、福建政协画师，中国美术家协会会员，福建美术家协会理事。出版有《翁开恩画集》《翁开恩写生》《翁开恩画辑》等。

J0048001

奶香千里　任素贤作

［西宁］青海人民出版社 1975 年［1 张］

76cm（2 开）定价：CNY0.11

J0048002

南竹北移　日照县文化馆供稿；董家祥，黄抗美画

［济南］山东人民出版社 1975 年［1 张］

76cm（2 开）定价：CNY0.11

J0048003

能文能武　巨野县文化馆供稿；黄恩涛画

［济南］山东人民出版社 1975 年［1 张］

76cm（2 开）定价：CNY0.11

　　作者黄恩涛（1948—　），山东济宁人。毕业于山东艺术学院美术系。历任山东省巨野县文化馆馆长、文联副主席、研究馆员，中国书画协会会员，中国美术家协会会员，国家一级美术师，中国人物画艺术委员会委员，中国连环画、插图艺术委员会委员。主要作品有《红色喇叭家家响》《社社队队粮满仓》《我是工地点炮手》。

J0048004

侃队长　郭志明作

上海　上海人民出版社 1975 年［1 张］

76cm（2 开）定价：CNY0.11

J0048005

年画缩样　（1975.1）

合肥　安徽人民出版社 1975 年 13×19cm

J0048006

年画缩样　（1976）

合肥　安徽人民出版社［1975 年］13×19cm

J0048007

年画缩样　（1976.2）

广州　广东人民出版社［1975 年］13×19cm

J0048008
年画缩样 （1976.1）
南宁 广西人民出版社 [1975 年] 13×19cm

J0048009
年画缩样 （1976）
石家庄 河北人民出版社 [1975 年] 13×19cm
统一书号：8086.508

J0048010
年画缩样 （1976）
石家庄 河北人民出版社 [1975 年] 13×19cm
统一书号：8086.553

J0048011
年画缩样 （1976）
石家庄 河北人民出版社 [1975 年] 13×19cm
统一书号：8086.504

J0048012
年画缩样 （1976.1）
郑州 河南人民出版社 [1975 年] 13×19cm

J0048013
年画缩样 （1976.2）
郑州 河南人民出版社 [1975 年] 13×19cm

J0048014
年画缩样 （1975）
沈阳 辽宁人民出版社 1975 年 13×19cm

J0048015
年画缩样 （1976.1）
沈阳 辽宁人民出版社 [1975 年] 13×19cm

J0048016
年画缩样 （1976.2）
呼和浩特 内蒙古人民出版社 [1975 年]
19cm（32 开）

J0048017
年画缩样 （1976.1）
太原 山西人民出版社 [1975 年] 13×19cm

J0048018
年画缩样 （1976.2）
太原 山西人民出版社 [1975 年] 13×19cm

J0048019
年画缩样 （1975.1）
昆明 云南人民出版社 1975 年 13×19cm

J0048020
年画缩样 （1975.2）
昆明 云南人民出版社 1975 年 13×19cm

J0048021
年画小集 （1975）
武汉 湖北人民出版社 1975 年 12 幅
19cm（32 开）定价：CNY0.13

J0048022
年门画缩样 （1976 第一批）
昆明 云南人民出版社 [1975 年] 13×19cm

J0048023
年门画缩样 （1976 第二批）
昆明 云南人民出版社 [1975 年] 13×19cm

J0048024
年门画缩样 （1977 第一批）
昆明 云南人民出版社 [1976 年] 13×19cm

J0048025
年门画缩样 （1977 第二批）
昆明 云南人民出版社 [1976 年] 13×19cm

J0048026
年门画缩样 （1977 第三批）
昆明 云南人民出版社 [1976 年] 13×19cm

J0048027
年门画缩样 （1978）
昆明 云南人民出版社 [1977 年] 13×19cm

J0048028
年门画缩样 （1980 第一集）
昆明 云南人民出版社 [1979 年] 13×19cm

J0048029
年门画缩样 （1981 年第一集）
昆明 云南人民出版社 ［1980 年］13×19cm

J0048030
年门画缩样 （1981 年第二集）
昆明 云南人民出版社 ［1980 年］13×19cm

J0048031
年门画缩样 （1982. 一）
昆明 云南人民出版社 ［1981 年］13×19cm

J0048032
年门画缩样 （1982. 二）
昆明 云南人民出版社 ［1981 年］13×19cm

J0048033
年门画缩样 （1982. 三）
昆明 云南人民出版社 ［1981 年］13×19cm

J0048034
牛栏岗大捷 宋志坚作；中国革命历史博物馆
供稿
上海 上海人民出版社 1975 年 ［1 张］
76cm（2 开）定价：CNY0.11

J0048035
农村文化开新花 科学种田结硕果 周绍
文，严文俊作
［郑州］河南人民出版社 1975 年 53cm（4 开）
定价：CNY0.06

J0048036
农忙托儿所 梁凤瑞，张素玉作
［石家庄］河北人民出版社 1975 年 ［1 张］
76cm（2 开）定价：CNY0.14
　　作者张素玉（1944—　），女，画家，国家一
级美术师，出生于石家庄市。历任中国美术家协
会会员、石家庄市政协常委、河北省美术研究所
特邀研究员、石家庄市画院画师。代表作品有《山
杏》《戎冠秀》。

J0048037
农民画家到车间 张成思作
［沈阳］辽宁人民出版社 1975 年 ［1 张］
76cm（2 开）定价：CNY0.11

J0048038
农奴的女儿上讲台 （胶印轴画）马刚作
上海 上海书画社 1975 年 ［1 轴］76cm（2 开）
定价：CNY0.28

J0048039
农业学大寨 山河重安排 张光奎，许三连作
［郑州］河南人民出版社 1975 年 76cm（2 开）
定价：CNY0.11

J0048040
农业学大寨 山河重安排 张光奎，许三连作
［郑州］河南人民出版社 1975 年 53cm（4 开）
定价：CNY0.06

J0048041
奴隶英雄柳下跖 （四条屏）李德仁作
［太原］山西人民出版社 1975 年 4 张
78cm（2 开）定价：CNY0.37
　　作者李德仁（1946—　），教授。字泽甫，号
霁原，山西榆次人。历任山西大学美术系副教授、
中国美术家协会会员、中国书法家协会会员，兼
任马来西亚艺术学院东方艺术研究中心研究员。
出版《东方绘画学原理概论》《道与书画》《明
清绘画大师丛书——徐渭》《李德仁中国画作品
集》等。

J0048042
努力学习马列主义 巩固无产阶级专政 苏
家芬，苏华作
［广州］广东人民出版社 1975 年 53cm（4 开）
定价：CNY0.07
　　作者苏家芬（1945—　），女，讲师。广东新
会人，毕业于广州美术学院工艺系。广东轻工职
业技术学院副教授、中国美术家协会会员、广东
美术家协会理事。作品有《何芷故事选》《煤油
灯下的欢乐》《猎鲨者》《笑画》《苏家芬水彩画
集》等。

J0048043
女子采油队 范垂宇作
［哈尔滨］黑龙江人民出版社 1975 年 ［1 张］
76cm（2 开）定价：CNY0.14

J0048044
女子放牧班　垦利县文化馆供稿；周永生画
［济南］山东人民出版社 1975 年［1 张］
76cm（2 开）定价：CNY0.11
　　作者周永生（1950—　），画家。生于青岛，毕业于青岛市美术学校。历任中国美术家协会山东分会会员、山东省连环画研究会理事、青岛市黄岛文化馆馆长兼青岛油画院院长、青岛中华文化学院教授。连环画作品有《孤岛长城》《晚霞》《岳飞》《成语故事》《三国》《水浒》《红楼梦》《西游记》《聊斋故事》等。

J0048045
炮轰《女儿经》　冯有康作
上海　上海人民出版社 1975 年［1 张］
76cm（2 开）定价：CNY0.11

J0048046
培养拖拉机手　栖霞县文化馆供稿；郝丕瑜画
［济南］山东人民出版社 1975 年［1 张］
76cm（2 开）定价：CNY0.11

J0048047
培育新苗　邱建军作
上海　上海人民出版社 1975 年［1 张］
76cm（2 开）定价：CNY0.11

J0048048
淠史杭展新容　许用谦等作
［合肥］安徽人民出版社 1975 年［1 张］
76cm（2 开）定价：CNY0.14

J0048049
劈风斩浪　黄妙发作
上海　上海人民出版社 1975 年［1 张］
76cm（2 开）定价：CNY0.11
　　作者黄妙发（1938—　），别名年丰，江苏常熟人。擅长年画。曾任上海人民美术出版社年画宣传画编辑室副主任。作品有年画《喜临门》《我爱中华》《儿童附捐邮票一套》（两枚）等。

J0048050
劈山引水灌新田　杜应强作
［广州］广东人民出版社 1975 年［1 张］

76cm（2 开）定价：CNY0.14
　　作者杜应强（1939—　），画家、高级美术师。广东澄海人。历任汕头画院院长、中国美术家协会会员、中国版画家协会会员、广东省美术家协会常务理事。出版有《杜应强水墨画集》《杜应强版画集》《杜应强画集·百榕图》等。

J0048051
贫农的女儿　陈一楷，傅森作
［武汉］湖北人民出版社 1975 年［1 张］
76cm（2 开）定价：CNY0.14

J0048052
贫下中农的好闺女　林美岚作
北京　人民美术出版社 1975 年［1 张］
76cm（2 开）定价：CNY0.14
　　作者林美岚（1940—　），字山风，江西武宁人。毕业于江西九江师范学校。历任中小学美术教师，江西九江市群众艺术馆美术干部、副研究馆员，江西美术家协会理事。作品有《党是阳光我是花》《喜庆丰年》《鸟语花香》等。出版有《林美岚人物画选》。

J0048053
贫下中农管理学校好　魏荷芳，梅国民作
［南京］江苏人民出版社 1975 年［1 张］
76cm（2 开）定价：CNY0.14

J0048054
品多样新　缪爱莉，邝声作
［广州］广东人民出版社 1975 年［1 张］
76cm（2 开）定价：CNY0.14
　　作者邝声（1933—　），教授。广东台山人，毕业于华南文艺学院美术系和中南美术专科学校。历任广州美术学院教授、中国美术家协会会员、广东分会理事。代表作有《模仿》《我们爱阿姨》《五朵红云》等，著有《最新素描技法》《素描——明暗画法与结构画法研究》等。

J0048055
鄱湖渔歌　罗挺球作
［南昌］江西人民出版社 1975 年［1 张］
76cm（2 开）定价：CNY0.11

J0048056
谱新歌　王锡麒作
［南京］江苏人民美术出版社 1975年［1张］
76cm（2开）定价：CNY0.14
　　作者王锡麒（1938—　　），画家。江苏苏州人。历任中国美术家协会江苏分会会员、江苏省国风书画院副院长、苏州画院副院长、苏州吴门书画院院长、江苏省美术家协会会员、中国工艺美术家学会会员。高级工艺美术师，擅长人物画。代表作品有《唐人诗意》《仕女图》《谱新歌》等。

J0048057
谱新歌　王锡麒作
北京 人民美术出版社 1975年［1张］
76cm（2开）定价：CNY0.11

J0048058
七叶一枝花　（四条屏）来层林文；汪国新，王文华画
［武汉］湖北人民出版社 1975年 2张
76cm（2开）定价：CNY0.28
　　作者汪国新（1947—　　），国家一级美术师。湖北宜昌人。历任中国法治诗书画院院长、文化部中国书画院国画院副院长、中国美术家协会艺术委员会委员。代表作《长江三部曲》《汪国新长江万里风情图》《汪国新新绘全本三国演义》等。

J0048059
奇志图　（四条屏）朱家安画
［长春］吉林人民出版社 1975年 2张
76cm（2开）定价：CNY0.28

J0048060
气象新兵　李夜冰作
［太原］山西人民出版社 1975年［1张］
76cm（2开）定价：CNY0.14
　　作者李夜冰（1931—　　），画家、艺术家、高级工艺美术师。河北井陉县人。中国美术家协会会员、中央文史研究馆书画院研究员、中央书画艺术研究院名誉院长、五台山佛教书画艺术研究院名誉院长、山西国际文化交流画院院长。代表作品《明珠今夜更灿烂》《夕阳映辉》《三雕惊世》《华沙一条街》等。

J0048061
千花万锦量不尽　陈宗跃作
［武汉］湖北人民出版社 1975年［1张］
76cm（2开）定价：CNY0.14

J0048062
千里草原添骏马　张振国作
［沈阳］辽宁人民出版社 1975年［1张］
76cm（2开）定价：CNY0.11

J0048063
千年古筝获新生　王世儒作
［沈阳］辽宁人民出版社 1975年［1张］
76cm（2开）定价：CNY0.11

J0048064
千秋功罪　我们评说　延生，侯杰作
［太原］山西人民出版社 1975年［1张］
76cm（2开）定价：CNY0.11

J0048065
千秋功罪　我们评说　延生，侯杰作
上海 上海人民出版社 1975年［1张］
76cm（2开）定价：CNY0.11

J0048066
前程万里　岑学恭作
［成都］四川人民出版社 1975年［1张］
76cm（2开）定价：CNY0.11
　　作者岑学恭（1917—2009），满族。画家，一级美术师。内蒙古呼和浩特人，毕业于国立中央大学艺术系。历任中国美术家协会会员、中国诗书画研究院院士、北京大学东方书画家协会常务理事、人民日报神州书画院顾问、白书画研究会顾问、满族书画家联谊会顾问、四川省政协书画研究院院长等职。国画作品有《巫山云》《三峡》《秋林群鹿》等。

J0048067
巧裁缝　赵绪成作
［南京］江苏人民出版社 1975年［1张］
76cm（2开）定价：CNY0.14

J0048068
亲切的关怀　那启明，车永仁作

天津　天津人民美术出版社　1975 年［1 张］
76cm（2 开）定价：CNY0.14

　　作者那启明（1936—　　），满族，北京人。擅
长民间美术。1958 年毕业于中央美术学院附中。
现任天津杨柳青画社编辑部主任、编审。作品《白
求恩》获第三届全国年画美术作品展览二等奖，
《团结图》获第五届全国年画美术作品展览三等
奖，《多彩夕阳》获中华人民共和国成立 45 周年
美术作品展览佳作奖，《喜迎春》等作品入选第四
届、五届全国年画展和第六届、七届、八届全国
美术作品展览。1994 年被中央文化部、新闻出版
署评为"优秀年画编辑"。中国美术家协会会员。

J0048069
亲人放映到山村　李平升作；武功县电影站
供稿
［西安］陕西人民出版社　1975 年［1 张］
76cm（2 开）定价：CNY0.11

J0048070
勤奋学习　赵万俭，陈志琳作；眉县文化馆
供稿
［西安］陕西人民出版社　1975 年［1 张］
76cm（2 开）定价：CNY0.11

J0048071
勤俭是我们的传家宝　程久顺作
［成都］四川人民出版社　1975 年［1 张］
53cm（4 开）定价：CNY0.06

J0048072
擎旗喜有后来人　李中文作
［郑州］河南人民出版社　1975 年［1 张］
76cm（2 开）定价：CNY0.14

J0048073
请教　孙廷作
［沈阳］辽宁人民出版社　1975 年［1 张］
76cm（2 开）定价：CNY0.11

J0048074
请战　徐中作
［南京］江苏人民出版社　1975 年［1 张］
76cm（2 开）定价：CNY0.14

J0048075
请战　杨宝成作
［沈阳］辽宁人民出版社　1975 年［1 张］
76cm（2 开）定价：CNY0.11

J0048076
请战　王镩作
［太原］山西人民出版社　1975 年［1 张］
76cm（2 开）定价：CNY0.14

J0048077
**庆丰年牢记基本路线　渡佳节不忘阶级斗
争**　李文龙作
［太原］山西人民出版社　1975 年　76cm（2 开）
定价：CNY0.14

J0048078
庆丰晚会　林喜相作
［南宁］广西人民出版社　1975 年［1 张］
76cm（2 开）定价：CNY0.11

J0048079
去北京的路上　郑向农画
［济南］山东人民出版社　1975 年［1 张］
76cm（2 开）定价：CNY0.11

J0048080
全家齐上阵　张立柱作；武功县文化馆供稿
［西安］陕西人民出版社　1975 年［1 张］
76cm（2 开）定价：CNY0.11

J0048081
全心全意　沈大慈作
北京　人民美术出版社　1975 年［1 张］
76cm（2 开）定价：CNY0.11

J0048082
全心全意　沈大慈作
天津　天津人民出版社　1975 年［1 张］
76cm（2 开）定价：CNY0.11

J0048083
人民的嘱托　张文乾作
［兰州］甘肃人民出版社　1975 年［1 张］
76cm（2 开）定价：CNY0.14

J0048084

人民送我上大学　我上大学为人民　王建民，杜成锁作

[太原] 山西人民出版社 1975 年 53cm（4 开）

定价：CNY0.07

J0048085

人民送我上大学　我上大学为人民　肖家禾作

[昆明] 云南人民出版社 1975 年 76cm（2 开）

定价：CNY0.11

J0048086

人勤猪壮　陈庆心，陈衍宁作

[广州] 广东人民出版社 1975 年 [1 张]

76cm（2 开）定价：CNY0.14

J0048087

任重道远　郭全忠作；陕西省工农兵艺术馆供稿

[西安] 陕西人民出版社 1975 年 [1 张]

76cm（2 开）定价：CNY0.11

　　作者郭全忠(1944—　　)，又名瑞生、全中。一级美术师。河南宝丰人。陕西省国画院副院长、中国美术家协会会员。

J0048088

如今黄河服咱管　齐河县文化馆供稿；李庆新画

[济南] 山东人民出版社 1975 年 [1 张]

76cm（2 开）定价：CNY0.11

J0048089

入学第一课　李铁树作

[石家庄] 河北人民出版社 1975 年 [1 张]

76cm（2 开）定价：CNY0.14

J0048090

入学通知书　吕十锁，高月鉴作

[太原] 山西人民出版社 1975 年 [1 张]

76cm（2 开）定价：CNY0.14

J0048091

撒什么种子开什么花　潘海作

[郑州] 河南人民出版社 1975 年 [1 张]

76cm（2 开）定价：CNY0.11

J0048092

赛诗会　罗镜泉，胡景德作

[郑州] 河南人民出版社 1975 年 [1 张]

76cm（2 开）定价：CNY0.11

　　作者罗镜泉(1937—　　)，教授。生于广东兴宁，毕业于湖北艺术学院美术系。历任河南大学美术系教师、中国美术家协会会员、华南师范大学美术学院教授。代表作品有《妇女队长》《金色洪湖》《夜深人未静》《老人》等。

J0048093

三八号渔船下水　刘以通作

[福州] 福建人民出版社 1975 年 [1 张]

76cm（2 开）定价：CNY0.14

J0048094

山川尽染　张丕慧作

[兰州] 甘肃人民出版社 1975 年 [1 张]

76cm（2 开）定价：CNY0.14

J0048095

山村春夜　张达平作

[南宁] 广西人民出版社 1975 年 [1 张]

76cm（2 开）定价：CNY0.14

　　作者张达平(1945—　　)，广西博白人。师从著名岭南派画家黄独峰。曾任广西美术出版社副总编、广西书画研究会副会长、广西文物收藏家协会副会长等职。主要作品有《苗山新绣》《狼孩》《木偶奇遇记》等。

J0048096

山村妇女将　康宁作

[成都] 四川人民出版社 1975 年 [1 张]

76cm（2 开）定价：CNY0.11

J0048097

山村女教师　葛伟作；商县文化馆供稿

[西安] 陕西人民出版社 1975 年 [1 张]

76cm（2 开）定价：CNY0.11

J0048098

山村新户　陈有吉作

上海 上海人民出版社 1975 年 [1 张]

76cm（2开）定价：CNY0.11

J0048099
山村新户 （胶印轴画）陈有吉作
上海 上海书画社 1975年 [1轴] 76cm（2开）
定价：CNY0.28

J0048100
山村新貌 （四条屏）訾世增，赵铁镜作；张连
瑞，高夫集配诗
[石家庄] 河北人民出版社 1975年 2张
76cm（2开）定价：CNY0.28

J0048101
山村新貌 （四条屏 胶印轴画）刘宝纯等作
天津 天津杨柳青画店 1975年 4轴
定价：CNY1.10

J0048102
山村新校 滕胤中作
[石家庄] 河北人民出版社 1975年 [1张]
76cm（2开）定价：CNY0.14

J0048103
山村巡教 何在世作
[长沙] 湖南人民出版社 1975年 [1张]
76cm（2开）定价：CNY0.11

J0048104
山村夜校迎亲人 李宪润作
[西宁] 青海人民出版社 1975年 [1张]
76cm（2开）定价：CNY0.11

J0048105
山村有了电视机 朱岩作
[哈尔滨] 黑龙江人民出版社 1975年 [1张]
76cm（2开）定价：CNY0.14

J0048106
山村运动会 温国良作
[北京] 人民体育出版社 1975年 [1张]
76cm（2开）定价：CNY0.11

J0048107
山河新貌 （一九七四年全国美术作品展览版
画选 四条屏）
[太原] 山西人民出版社 1975年 2张
76cm（2开）定价：CNY0.22

J0048108
山峡彩虹 邓志发，马继忠作；千阳县文化
馆，太白县文化馆供稿
西安 陕西人民出版社 1975年 [1张]
76cm（2开）定价：CNY0.11

J0048109
闪闪的红星传万代 刘熹奇作
[南昌] 江西人民出版社 1975年 [1张]
76cm（2开）

J0048110
闪闪红星传万代 马耀华作
[郑州] 河南人民出版社 1975年 [1张]
76cm（2开）定价：CNY0.11

J0048111
上场 南运生，万桂香作
[石家庄] 河北人民出版社 1975年 [1张]
76cm（2开）定价：CNY0.14
　　作者南运生（1944—　），一级美术师。别名
南恽笙，河北任丘人，毕业于哈尔滨师范大学艺
术系美术专业。历任河北省艺术馆馆长，河北画
报社社长、总编，中国美术家协会、河北省美术
家协会副主席，河北省画院院长。年画作品有《花
好月圆》《艺苑新秀》《吉庆有余》等。作者万桂
香（1944—　），女，画家。辽宁丹东人，毕业于
哈尔滨师范大学艺术系。曾在黑龙江省鸡西市
文化馆、河北省内丘县文化馆从事美术工作。历
任河北省电影公司《河北银幕》编辑、河北省电
影发行公司宣传科科长、河北省电影宣传画画会
会长。代表作品《戎奶奶佳节到我家》《女驸马》
《花为媒》等。

J0048112
上完大学回来 孙宗禧作
[合肥] 安徽人民出版社 1975年 [1张]
76cm（2开）定价：CNY0.14
　　作者孙宗禧，画家。安徽砀山人，斋名土山
草堂，映雪堂。晚年自署禧翁。国家二级美术师，
中国年画研究会会员、安徽年画研究会理事、中

国美术家协会安徽分会会员、砀山县书画院第一任院长。主要作品有《毕业归来》《黄河故道果满园》《仙山琼阁》等。

J0048113
韶山松柏　　王信作
[石家庄] 河北人民出版社 1975 年 [1 张]
76cm（2 开）定价：CNY0.14
　　　作者王信（1925—　），画家。河北承德人。历任辽宁美术出版社专职画家、承德市群众艺术馆研究馆员、河北水彩画会名誉会长、河北省美术家协会顾问。画作有《早雾》《原始森林》《深山情》《山家》等。出版有《王信水彩画选辑》《王信水彩选集》《王信水彩画专辑》等。

J0048114
韶山松柏　（胶印轴画）王信作
[石家庄] 河北人民出版社 1975 年 [1 轴]
76cm（2 开）定价：CNY0.75

J0048115
社办工厂新产品　　龚德林等作
[长沙] 湖南人民出版社 1975 年 [1 张]
76cm（2 开）定价：CNY0.11

J0048116
社会调查　　佟振国作
[石家庄] 河北人民出版社 1975 年 [1 张]
76cm（2 开）定价：CNY0.14
　　　作者佟振国（1951—　），浙江美术学院国画系教师。

J0048117
社会主义新生事物赞　　涂宗岳，郑先梅画；符启文配诗
[广州] 广东人民出版社 1975 年 [1 张]
76cm（2 开）定价：CNY0.14

J0048118
社会主义祖国欣欣向荣　（四条屏）浙江人民出版社编辑
[杭州] 浙江人民出版社 1975 年 2 张
76cm（2 开）定价：CNY0.28

J0048119
社社队队过"长江"　赵贵德作
[石家庄] 河北人民出版社 1975 年 [1 张]
76cm（2 开）定价：CNY0.14
　　　作者赵贵德（1937—　），满族、国家一级美术师。生于北京。历任中国美术家协会理事、河北省美术家协会名誉主席。代表作品有《激流》《春潮》《大风歌》《神骏图》等，著有《怎样才能画好速写》。

J0048120
社社队队气象新　　王效池，曹天舒作
[郑州] 河南人民出版社 1975 年 [1 张]
76cm（2 开）定价：CNY0.11

J0048121
身在林区望北京　　黄启茂作
[南宁] 广西人民出版社 1975 年 [1 张]
76cm（2 开）定价：CNY0.11

J0048122
深山林场　　梁德颜作
[昆明] 云南人民出版社 1975 年 [1 张]
76cm（2 开）定价：CNY0.11

J0048123
生产队长　　肖斯锐作
[南京] 江苏人民出版社 1975 年 [1 张]
76cm（2 开）定价：CNY0.14

J0048124
生气勃勃　　王波作
[南京] 江苏人民出版社 1975 年 [1 张]
76cm（2 开）定价：CNY0.14

J0048125
胜利的航程　　王广宁作
天津　天津人民美术出版社 1975 年 [1 张]
76cm（2 开）定价：CNY0.14

J0048126
胜天渠　　黄荣勇作
[福州] 福建人民出版社 1975 年 [1 张]
76cm（2 开）定价：CNY0.14

J0048127
时间就是生命　张辛国作
[石家庄] 河北人民出版社 1975 年 [1 张]
76cm（2 开）定价：CNY0.11

　　作者张辛国（1926—　），编辑。河北安平人，就读于中央美术学院。历任河北美术出版社总编辑、编审，中国美术家协会会员，河北美术家协会顾问。出版有《怎样画鹿》《张辛国动物画集》《百鹿图》等。

J0048128
试播　范长章作
北京　人民美术出版社 1975 年 [1 张]
76cm（2 开）定价：CNY0.11

J0048129
试讲　黄永勇作
[南昌] 江西人民出版社 1975 年 [1 张]
76cm（2 开）

J0048130
试讲儒法斗争史　王力平作
[昆明] 云南人民出版社 1975 年 [1 张]
53cm（4 开）定价：CNY0.06

J0048131
试验田　宋仁梁，宋仁贤作
北京　人民美术出版社 1975 年 [1 张]
76cm（2 开）定价：CNY0.11

　　作者宋仁贤（1939—　），画家。山东荣城人。艺号牧云渔翁，自品斋，堂号闭门堂。师承顾生岳、周沧米、舒传熹等。烟台画院专业画家、国家一级美术师、中国美术家协会会员、山东书法家协会会员、山东省画院高级画师。画作有《试验田》《海岛民兵师》《海上劳模》等，出版有《宋仁贤画选》。

J0048132
试验田　宋仁梁，宋仁贤作
[济南] 山东人民出版社 1975 年 [1 张]
76cm（2 开）定价：CNY0.11

J0048133
誓师会上　上钢一厂工人美术组作
上海　上海书画社 1975 年 [1 张] 76cm（2 开）

定价：CNY0.11

J0048134
誓做革命接班人　（四条屏）傅义民画
[长春] 吉林人民出版社 1975 年　2 张
76cm（2 开）定价：CNY0.28

J0048135
收工一把草　丁崇喜作
[武汉] 湖北人民出版社 1975 年 [1 张]
76cm（2 开）定价：CNY0.14

J0048136
收获　蔡庆芽作
[福州] 福建人民出版社 1975 年 [1 张]
76cm（2 开）定价：CNY0.14

J0048137
收获　侯纪德画
[济南] 山东人民出版社 1975 年 [1 张]
76cm（2 开）定价：CNY0.11

J0048138
手牵油龙下大海　颜炳选画
[济南] 山东人民出版社 1975 年 [1 张]
76cm（2 开）定价：CNY0.11

J0048139
首首新诗献给党　韩喜增作
[石家庄] 河北人民出版社 1975 年 [1 张]
76cm（2 开）定价：CNY0.14

J0048140
书记不减当年勇　张君实作
[南京] 江苏人民出版社 1975 年 [1 张]
76cm（2 开）定价：CNY0.14

J0048141
书记到咱敖特尔　刘棣，张冠哲作
[哈尔滨] 黑龙江人民出版社 1975 年 [1 张]
76cm（2 开）定价：CNY0.14

　　作者刘棣（1948—　），画家。别名刘怀山，辽宁锦州人。毕业于内蒙古师范学院艺术系美术专业。主要作品有《伯乐相马》《破晓》《大漠行》等。

J0048142
书记的假日　唐新民,陈亚非作
[合肥]安徽人民出版社 1975 年 [1 张]
76cm(2 开) 定价:CNY0.14

J0048143
书记蹲点　李月小作
[太原]山西人民出版社 1975 年 [1 张]
76cm(2 开) 定价:CNY0.14

J0048144
书记在排演场　黄迪杞作
[福州]福建人民出版社 1975 年 [1 张]
76cm(2 开) 定价:CNY0.14
　　作者黄迪杞(1929—),字晴川,福建福清人。毕业于福建师范大学艺术系。历任福建人民出版社、福建画报社美术编辑,福建美术出版社美术编辑、编审,福建省美术家协会常务理事、理事,中国年画研究会理事,福州涌泉书画社社长。中国美术家协会会员。作品有《满堂红》《丰碑》。出版《黄迪杞古典人物画辑》《黄迪杞书画集》《黄迪杞画集》等。

J0048145
暑假　荣国等作
[哈尔滨]黑龙江人民出版社 1975 年 [1 张]
76cm(2 开) 定价:CNY0.14

J0048146
数九练精兵　沈启鹏等作
[南京]江苏人民出版社 1975 年 [1 张]
76cm(2 开) 定价:CNY0.14
　　作者沈启鹏(1946—),画家。历任南通美术家协会主席,南通书画研究院院长。代表作品《大汛》《海子牛》《二月二回娘家》。

J0048147
数九练精兵　沈启鹏等作
上海 上海人民出版社 1975 年 [1 张]
76cm(2 开) 定价:CNY0.11

J0048148
水牢仇　(六条屏)陈泽远编;徐恒瑜画
[成都]四川人民出版社 1975 年 3 张
76cm(2 开) 定价:CNY0.42

　　作者徐恒瑜(1944—),国画家、连环画家、一级美术师。四川邛崃人。中国美术家协会会员、四川省美术家协会副主席、中国美术家协会连环画艺术委员会委员。连环画代表作有《李慧娘》《水牢仇》等。

J0048149
水上联欢　林善忠,刘以通作
[福州]福建人民出版社 1975 年 [1 张]
76cm(2 开) 定价:CNY0.14

J0048150
水乡新貌　(四条屏)朱现昌等作
天津 天津人民美术出版社 1975 年 2 张
76cm(2 开) 定价:CNY0.28

J0048151
硕果传友谊　白统绪作
[武汉]湖北人民出版社 1975 年 [1 张]
76cm(2 开) 定价:CNY0.14

J0048152
硕果累累　张啸涛作
[武汉]湖北人民出版社 1975 年 [1 张]
76cm(2 开) 定价:CNY0.14

J0048153
丝绸样品下乡来　王明亮,刘武明作
[贵阳]贵州人民出版社 1975 年 [1 张]
76cm(2 开) 定价:CNY0.14

J0048154
四新图　王胜华,张洪飞作
[沈阳]辽宁人民出版社 1975 年 [1 张]
76cm(2 开) 定价:CNY0.11
　　作者王胜华(1951—),画家、编辑。又名盛华,山东莒县人,曾在沈阳鲁迅美术学院进修。历任山东画院高级画师、山东美术出版社编辑、中国书法艺术委员会会员、中国美术家协会山东分会会员。代表作品有《春茶吐艳》《起舞弄清影》《长寿》《秋爽图》。

J0048155
送粮图　王学武作
[武汉]湖北人民出版社 1975 年 [1 张]

76cm（2开）定价：CNY0.14

J0048156
送女务农　王海珊作
[武汉]湖北人民出版社 1975年 [1张]
76cm（2开）定价：CNY0.14

J0048157
颂歌献给毛主席　（年画 1976年年历）沈丰明作
[南宁]广西人民出版社 1975年 38cm（6开）
定价：CNY0.08

J0048158
苏绣新花春常在　张晓飞作
[南京]江苏人民出版社 1975年 [1张]
76cm（2开）定价：CNY0.14
　　作者张晓飞（1941— ），画家、工艺美术大师。江苏吴县人。苏州桃花坞木刻年画社创作室主任、苏州大学艺术学院兼职教授、苏州市美术家协会副主席。代表作品有《水乡元宵》，出版有《风山拾得画集》《彩图唐诗一百首》等。

J0048159
踏遍青山　李俊明作
[石家庄]河北人民出版社 1975年 [1张]
76cm（2开）定价：CNY0.14

J0048160
台台都称心　傅乐星作
[兰州]甘肃人民出版社 1975年 [1张]
76cm（2开）定价：CNY0.14

J0048161
台台新车朝阳开　是有福，詹大全作
[南京]江苏人民出版社 1975年 [1张]
76cm（2开）定价：CNY0.14

J0048162
太白春暖　马继忠作；太白县文化馆供稿
西安 陕西人民出版社 1975年 [1张]
76cm（2开）定价：CNY0.11

J0048163
太行巡医　刘志文作

[石家庄]河北人民出版社 1975年 [1张]
76cm（2开）定价：CNY0.14

J0048164
提高警惕紧握五尺钢枪　保卫祖国苦练杀敌本领　徐慧玲作
[武汉]湖北人民出版社 1975年 76cm（2开）
定价：CNY0.11
　　作者徐慧玲（1936— ），女，画家。湖北武汉人。毕业于华中师范大学美术系，后又进入中央工艺美术学院进修。就职于湖北美术院。代表作品有《喜鹊牡丹》《歌手》《晚归》《舞新春》等。

J0048165
天安门前　赵映囷，张自启作
[成都]四川人民出版社 1975年 [1张]
76cm（2开）定价：CNY0.11

J0048166
天大旱 人大干　李光魁作
[武汉]湖北人民出版社 1975年 [1张]
76cm（2开）定价：CNY0.14

J0048167
天高任我管　童金贵作
[沈阳]辽宁人民出版社 1975年 [1张]
76cm（2开）定价：CNY0.11
　　作者童金贵，中国美术家协会辽宁省分会会员、辽宁省年画学会理事、丹东市美术家协会理事。

J0048168
天河通水　肖小源作
[南昌]江西人民出版社 1975年 [1张]
76cm（2开）定价：CNY0.14

J0048169
天山牧歌　关山月作
上海 上海书画社 1975年 [1张] 76cm（2开）
定价：CNY0.11
　　作者关山月（1912—2000），国画家、教育家。原名关泽霈。生于广东阳江。历任广州市艺术专科学校教授、广州美术学院教授兼院长、广东画院院长、中国美术家协会副主席、广东省

美术家协会副主席等职。代表作《江山如此多娇》《俏不争春》《绿色长城》《长河颂》等。

J0048170
天上银河落太行　张三友作
[郑州] 河南人民出版社 1975 年 [1 张]
76cm（2 开）定价：CNY0.14

J0048171
田间新课　王振东作
[郑州] 河南人民出版社 1975 年 [1 张]
76cm（2 开）定价：CNY0.11

J0048172
挑灯迎夜战　赵仲贤作
上海 上海人民出版社 1975 年 [1 张]
76cm（2 开）定价：CNY0.11

J0048173
铁龙穿过万重山　马流洲，姚力芳作
上海 上海书画社 1975 年 [1 张] 76cm（2 开）
定价：CNY0.11
　　作者马流洲（1942— ），广东潮阳人。中国美术家协会广东分会会员，高级工艺美术师。

J0048174
铁龙穿过万重山　（胶印轴画）马流洲，姚力芳作
上海 上海书画社 1975 年 [1 轴] 76cm（2 开）
定价：CNY0.28

J0048175
铁山雷鸣　吴富佳，周恩连作
[沈阳] 辽宁人民出版社 1975 年 [1 张]
76cm（2 开）定价：CNY0.11

J0048176
听从党的召唤 立志扎根农村　吴平作
[昆明] 云南人民出版社 1975 年 76cm（2 开）
定价：CNY0.11

J0048177
听从党的召唤 立志扎根农村　吴平作
[昆明] 云南人民出版社 1975 年 53cm（4 开）
定价：CNY0.06

J0048178
听妈妈讲故事　张义生画
[济南] 山东人民出版社 1975 年 [1 张]
76cm（2 开）定价：CNY0.14

J0048179
同仇敌忾　闵广生作
[沈阳] 辽宁人民出版社 1975 年 [1 张]
76cm（2 开）定价：CNY0.11

J0048180
同仇敌忾　李廷元作
[昆明] 云南人民出版社 1975 年 [1 张]
76cm（2 开）定价：CNY0.11

J0048181
团结治水　袁传鼎作
[合肥] 安徽人民出版社 1975 年 [1 张]
76cm（2 开）定价：CNY0.14

J0048182
瓦岗军开仓散粮　王雁作；中国革命历史博物馆供稿
上海 上海人民出版社 1975 年 [1 张]
76cm（2 开）定价：CNY0.11

J0048183
万物生长靠太阳　谢志高，胡振玉作
[石家庄] 河北人民出版社 1975 年 [1 张]
76cm（2 开）定价：CNY0.14
　　作者谢志高（1942— ），画家、国家一级美术师。生于上海，研究生毕业于中央美术学院，后留校任教。曾任中国画研究院创作研究部主任。代表作品《水墨仕女画技法》《战海河》《欢欢喜喜过个年》《春蚕》等。

J0048184
万物生长靠太阳　谢志高，胡振宇作
石家庄 河北人民出版社 1976 年 1 张
107cm（全开）定价：CNY0.28

J0048185
万物生长靠太阳　谢志高，胡振宇画
石家庄 河北人民出版社 1976 年 3 轴
定价：CNY0.75

中国现代年画作品，含中堂及对联。

J0048186
万物生长靠太阳　谢志高，胡振宇作
长春 吉林人民出版社 1976年 1张 76cm（2开）
定价：CNY0.114

J0048187
万物生长靠太阳　谢志高，胡振宇作
沈阳 辽宁人民出版社 1976年 1张 76cm（2开）
定价：CNY0.11

J0048188
万物生长靠太阳　谢志高，胡振宇作
北京 人民美术出版社 1976年 1张 76cm（2开）
定价：CNY0.14

J0048189
万物生长靠太阳　谢志高，胡振宇作
太原 山西人民出版社 1976年 1张 76cm（2开）
定价：CNY0.14

J0048190
万物生长靠太阳　谢志高，胡振宇作
上海 上海人民出版社 1976年 1张 76cm（2开）
定价：CNY0.14

J0048191
万物生长靠太阳　谢志高，胡振宇作
北京 人民美术出版社 1977年 39cm（8开）
定价：CNY0.14

J0048192
万物生长靠太阳　（年画 1976年年历）谢志高，胡振宇作
上海 上海人民出版社 1975年 53cm（4开）
定价：CNY0.08

J0048193
万盏花灯连北京　孟养玉作
［太原］山西人民出版社 1975年［1张］
76cm（2开）定价：CNY0.14
　　作者孟养玉（1935—　），画家。山西文水人，毕业于山西汾阳师范学校。历任山西文水县文化馆高级研究员、人物画学会艺术顾问、吕梁地

区美术家协会主席、黄河书画院副院长。代表作品有《收音机下乡》《刘胡兰》《能工巧匠》等。

J0048194
万紫千红总是春　肖莹作
［南昌］江西人民出版社 1975年［1张］
76cm（2开）

J0048195
望北京更使我增添力量　姚逸之作
［南昌］江西人民出版社 1975年［1张］
76cm（2开）

J0048196
为普及大寨县做出新贡献　齐河县文化馆供稿；刘德润画
［济南］山东人民出版社 1975年［1张］
76cm（2开）定价：CNY0.11

J0048197
为人民服务是无限的　宁世忠作
上海 上海人民出版社 1975年［1张］
76cm（2开）定价：CNY0.11

J0048198
为我们伟大祖国站岗　沈加蔚作
［沈阳］辽宁人民出版社 1975年［1张］
76cm（2开）定价：CNY0.11

J0048199
未来的战士　胡明录，陈绍泉作
［兰州］甘肃人民出版社 1975年［1张］
76cm（2开）定价：CNY0.14

J0048200
慰问　古钜荣作
［广州］广东人民出版社 1975年［1张］
76cm（2开）定价：CNY0.14

J0048201
文化室的新节目　王力平作
［昆明］云南人民出版社 1975年［1张］
76cm（2开）定价：CNY0.11

J0048202
文艺轻骑兵　宓胜作
[合肥]安徽人民出版社 1975 年［1 张］
76cm（2 开）定价：CNY0.14

J0048203
我爱北京天安门　郑药如作
[贵阳]贵州人民出版社 1975 年［1 张］
76cm（2 开）定价：CNY0.14

J0048204
我爱北京天安门　葛荣环作
[哈尔滨]黑龙江人民出版社 1975 年［1 张］
76cm（2 开）定价：CNY0.14

J0048205
我爱北京天安门（年画 1976〈农历丙辰年〉年历）郑药如作
[贵阳]贵州人民出版社 1975 年 53cm（4 开）
统一书号：8115.601（4）定价：CNY0.07

J0048206
我爱这一行　吴家华作
[贵阳]贵州人民出版社 1975 年［1 张］
76cm（2 开）定价：CNY0.14
　　作者吴家华(1932—)，版画家。出生于贵州贵阳，毕业于贵阳师范学院艺术科美术专业，并留校任教。历任中国美术家协会、版画家协会、藏书票研究会会员，贵州版画研究会副会长，贵州民族学院特聘客座教授。代表作品《吴家华版画选集》。

J0048207
我爱祖国红彤彤　陈以忠作
[南宁]广西人民出版社 1975 年［1 张］
76cm（2 开）定价：CNY0.14
　　作者陈以忠(1940—)，编辑。广东化州人，毕业于广西艺术学院美术系。历任《广西日报》高级编辑、漓江画院副院长、中国人才研究会艺术家学部委员会委员、中国美术家协会广西分会常务理事等职。出版有《报刊美编学》《实用图案设计》。

J0048208
我和奶奶齐上场　党耕成，崔绍纲作

[石家庄]河北人民出版社 1975 年［1 张］
76cm（2 开）定价：CNY0.14

J0048209
我和奶奶齐战斗　高汝法作
[银川]宁夏人民出版社 1975 年［1 张］
76cm（2 开）定价：CNY0.11

J0048210
我和书记来竞赛　刘须丰，陶汉达作
[南京]江苏人民出版社 1975 年［1 张］
76cm（2 开）定价：CNY0.14

J0048211
我画叔叔栽秧忙　孙建东作
[昆明]云南人民出版社 1975 年［1 张］
76cm（2 开）定价：CNY0.11
　　作者孙建东(1952—)，画家。出生于上海。毕业于云南艺术学院美术系。云南艺术学院美术学院中国画专业教授、中国美术家协会会员、中国美术家协会第七次全国代表大会代表、第六届云南美术家协会副主席。代表作品有《孔雀红梅》《流沙河之歌》《共同的希望》。

J0048212
我们从小爱劳动　李静平作
[武汉]湖北人民出版社 1975 年［1 张］
76cm（2 开）定价：CNY0.14

J0048213
我们的大学生回来了　上海机电一局工人美术创作组［作］
上海 上海人民出版社 1975 年［1 张］
76cm（2 开）定价：CNY0.11

J0048214
我们都是神枪手（年画 1976 年年历）赵淑钦作
[兰州]甘肃人民出版社 1975 年 53cm（4 开）
定价：CNY0.07

J0048215
我们都是神枪手（年画 1976 年年历）赵淑钦作
[沈阳]辽宁人民出版社 1975 年 76cm（2 开）

定价: CNY0.11

J0048216

我们都是神枪手 （年画 1976〈农历丙辰年〉
年历）赵淑钦作
天津 天津杨柳青画店 1975年 53cm（4开）
定价: CNY0.25

J0048217

我们工人的肩膀是铁打的 （四条屏）罗希
贤等作
上海 上海人民出版社 1975年 2张 76cm（2开）
定价: CNY0.22

　　作者罗希贤（1946— ），连环画家。广东东
莞人。上海美术出版社美术创作员。上海著名
民俗画、连环画家，共绘制了150多部连环画。
作品有《火种》《蔡锷》等。

J0048218

我们喜爱新书画 时卫平作
[南京] 江苏人民出版社 1975年 [1张]
76cm（2开）定价: CNY0.14

J0048219

我们也云打靶 孙家耀作
[石家庄] 河北人民出版社 1975年 [1张]
76cm（2开）定价: CNY0.14

J0048220

我是"公社"小社员 赵华仁作
[合肥] 安徽人民出版社 1975年 [1张]
76cm（2开）定价: CNY0.14

J0048221

我是"公社"小社员 苏舣作
[广州] 广东人民出版社 1975年 [1张]
76cm（2开）定价: CNY0.14

J0048222

我是一个兵 虞健作
[南京] 江苏人民出版社 1975年 [1张]
76cm（2开）定价: CNY0.14

J0048223

我是一个兵 （年画 1976年年历）虞健作

[南京] 江苏人民出版社 1975年 53cm（4开）
铜版纸 定价: CNY0.14

J0048224

我是一个兵 （年画 1976年年历）虞健作
[南京] 江苏人民出版社 1975年 53cm（4开）
定价: CNY0.07

J0048225

我送奶奶上夜校 孙学诚作
天津 天津人民美术出版社 1975年 [1张]
76cm（2开）定价: CNY0.11

J0048226

我为革命开铲车 蒋炳威作
上海 上海人民出版社 1975年 [1张]
76cm（2开）定价: CNY0.11

J0048227

我为"公社"绘新图 晏义平作
[武汉] 湖北人民出版社 1975年 [1张]
76cm（2开）定价: CNY0.14

J0048228

我为战备献石雷 殷振立作
北京 人民出版社 1975年 [1张] 76cm（2开）
定价: CNY0.14

J0048229

无限风光 青岛警备区供稿；王遵义画
[济南] 山东人民出版社 1975年 [1张]
76cm（2开）定价: CNY0.14

　　作者王遵义（1938— ），画家。擅长油画、
中国画。山东临沂人。在山东省体委、济南军区
文工团长期从事舞台美术设计工作。作品《姐妹
俩》《未包扎完的绷带》《胜利之路》为中国美术
馆收藏，《甘作春泥育新苗》《爱鸟》获全国宣传
画大展二、三等奖，《回天无力》获第八届全国美
展优秀奖。

J0048230

五洲友谊一线连 陈少芳作
[广州] 广东人民出版社 1975年 [1张]
76cm（2开）定价: CNY0.14

J0048231
西沙的故事　谭灼恩等作
［广州］广东人民出版社 1975 年［1 张］
76cm（2 开）定价：CNY0.14

J0048232
喜购铁牛　胡道生作
上海 上海人民出版社 1975 年［1 张］
76cm（2 开）定价：CNY0.11

J0048233
喜交爱国粮　昔阳县农民业余美术创作组
［作］
［太原］山西人民出版社 1975 年［1 张］
76cm（2 开）定价：CNY0.14

J0048234
喜接新机建边疆　任尚永作
［沈阳］辽宁人民出版社 1975 年［1 张］
76cm（2 开）定价：CNY0.11

J0048235
喜看拔秧不变腰　吴光华作
上海 上海人民出版社 1975 年［1 张］
76cm（2 开）定价：CNY0.11
　　作者吴光华（1933—　　），版画家。生于江西
东乡，曾用笔名牧也、笑也、牧春等。中国美术
家协会会员、上海人民美术出版社副编审。擅版
画、年画、国画及篆刻。在江西陶瓷专业艺术学
院从事了三年的绘瓷生涯。毕业于中央美术学
院华东分院版画系，师从木刻家张漾兮。版画作
品有《把余粮卖给国家》《村口》《新学》等，木
刻连环画《党费》，木刻画《舞师图》《春》《黄河
渔民》，木刻邮票《摘棉花》。

J0048236
喜看稻菽从"天"降　郭守祥作
［太原］山西人民出版社 1975 年［1 张］
76cm（2 开）定价：CNY0.14

J0048237
喜看队里的新"牛栏"　余国华作
［南昌］江西人民出版社 1975 年［1 张］
76cm（2 开）定价：CNY0.14

J0048238
喜看队里的新牛栏　（年画 1976〈农历丙辰
年〉年历）余国华画
［南昌］江西人民出版社 1975 年 38cm（6 开）
定价：CNY0.05

J0048239
喜看黄水今又来　杨振渊作
［郑州］河南人民出版社 1975 年［1 张］
76cm（2 开）定价：CNY0.14

J0048240
喜看群山多一峰　薛其晴等作
［石家庄］河北人民出版社 1975 年［1 张］
76cm（2 开）定价：CNY0.14

J0048241
喜看群山多一峰　（胶印轴画）薛其晴等作
［石家庄］河北人民出版社 1975 年［1 轴］
107cm（全开）定价：CNY0.75

J0048242
喜看群山多一峰　（胶印轴画）薛其晴等作
上海 上海书画社 1975 年［1 轴］76cm（2 开）
定价：CNY0.28

J0048243
喜评新瓷　王朝明作
［南昌］江西人民出版社 1975 年［1 张］
76cm（2 开）定价：CNY0.14

J0048244
喜庆丰收　李敏作
［沈阳］辽宁人民出版社 1975 年［1 张］
53cm（4 开）定价：CNY0.06

J0048245
喜算丰收粮　侯德剑作
［南京］江苏人民出版社 1975 年［1 张］
76cm（2 开）定价：CNY0.14
　　作者侯德剑（1949—　　），江苏南通人。南通
书法国画研究院院长、南通市美术家协会主席、
中国美术家协会会员、国家一级美术师、江苏省
政协书画室特聘画师。擅长中国画、连环画。作
品有连环画《东进、东进》，中国画《牛戏图》《铁

流》(合作)等。

J0048246
喜望高原日日新　邵文锦作
天津　天津人民美术出版社 1975 年［1 张］
76cm（2 开）定价：CNY0.14
　　作者邵文锦(1931—　)。画家。山东荣城人，
毕业于中央美术学院绘画系。历任《天津画报》
社、天津美术出版社编辑，天津杨柳青画社副社
长、副总编、一级美术师。中国美术家协会会员、
理事。作品有《春晖颂》《春风十里桃花香》《学
习老英雄继续新长征》《匠门虎子》等。

J0048247
喜讯　李玉禄，屈保寿作；襄汾县美术创作组
供稿
［太原］山西人民出版社 1975 年［1 张］
76cm（2 开）定价：CNY0.14

J0048248
喜讯东风温天来　王中一作
上海　上海人民出版社 1975 年［1 张］
76cm（2 开）定价：CNY0.11

J0048249
喜讯频传　王建新作
［石家庄］河北人民出版社 1975 年［1 张］
76cm（2 开）定价：CNY0.14

J0048250
喜印农民画　宋源泉，郭庆元作
［石家庄］河北人民出版社 1975 年［1 张］
76cm（2 开）定价：CNY0.14

J0048251
喜迎丰收　丛志远作
［南京］江苏人民出版社 1975 年［1 张］
76cm（2 开）定价：CNY0.11

J0048252
喜迎丰收　古月作
［成都］四川人民出版社 1975 年［1 张］
76cm（2 开）定价：CNY0.11

J0048253
喜赞新一代　杨松杰作
［哈尔滨］黑龙江人民出版社 1975 年［1 张］
76cm（2 开）定价：CNY0.14

J0048254
向白求恩同志学习　巫子强作
［贵阳］贵州人民出版社 1975 年［1 张］
76cm（2 开）定价：CNY0.14
　　作者巫子强(1939—　)，回族，生于云南
昆明。毕业于四川美术学院油画专业。历任铜
仁县文化馆馆长、铜仁县文化局局长、铜仁地区
文联主席、贵州民族学院艺术系主任、贵州民族
学院副教授。作品有《日日夜夜》《无辜者》《小
鬼》等。

J0048255
向大海要石油　史美诚，胡梅星作
上海　上海人民出版社 1975 年［1 张］
76cm（2 开）定价：CNY0.11

J0048256
向母亲汇报　刘成荣作
［哈尔滨］黑龙江人民出版社 1975 年［1 张］
76cm（2 开）定价：CNY0.14

J0048257
向贫下中农学习　为贫下中农服务　许全群
作；北京市东城区文艺组供稿
［北京］人民体育出版社 1975 年［1 张］
76cm（2 开）定价：CNY0.11
　　作者许全群(1943—　)，画家。河南鲁山县
人。毕业于北京艺术学院附中。曾任职于人民
美术出版社创作室，中国美术家协会会员、吉隆
坡艺术学院客座教授。出版有《许全群画集》《许
全群水墨作品精选》等。

J0048258
向阳花开满院红　李成义作
［石家庄］河北人民出版社 1975 年［1 张］
76cm（2 开）定价：CNY0.14

J0048259
象冬子那样战斗　夏文键作
［广州］广东人民出版社 1975 年［1 张］

76cm（2 开）定价：CNY0.14

J0048260

小岛紧连北京城 罗邦泰作；南京部队供稿
上海 上海人民出版社 1975 年［1 张］
76cm（2 开）定价：CNY0.11

J0048261

小岛夜校 舒展作
上海 上海人民出版社 1975 年［1 张］
76cm（2 开）定价：CNY0.11

J0048262

小小神枪手 高云作
［南京］江苏人民出版社 1975 年［1 张］
76cm（2 开）定价：CNY0.14
　　作者高云（1956— ），国家一级美术师。毕业于南京艺术学院中国画专业。历任中国美术家协会理事、中国画艺术委员会委员、全国美术馆专委会副主任、江苏省美术家协会副主席，江苏省美术馆馆长，南京艺术学院客座教授。

J0048263

小小运动会 苏家芬作
［广州］广东人民出版社 1975 年［1 张］
76cm（2 开）定价：CNY0.14
　　作者苏家芬（1945— ），女，讲师。广东新会人，毕业于广州美术学院工艺系。广东轻工职业技术学院副教授、中国美术家协会会员、广东美术家协会理事。作品有《何芷故事选》《煤油灯下的欢乐》《猎鲨者》《笑画》《苏家芬水彩画集》等。

J0048264

校办工厂 石五长作
［郑州］河南人民出版社 1975 年［1 张］
76cm（2 开）定价：CNY0.11

J0048265

校外课堂 赵成立作
［合肥］安徽人民出版社 1975 年［1 张］
76cm（2 开）定价：CNY0.11

J0048266

写上咱们心里话 阴衍江作

［哈尔滨］黑龙江人民出版社 1975 年［1 张］
76cm（2 开）定价：CNY0.14
　　作者阴衍江（1940—2011），画家。中国美术家协会会员、一级画师，黑龙江美术出版社专业画家，黑龙江文史馆馆员。

J0048267

写首儿歌颂北京 徐振铭作
北京 人民出版社 1975 年［1 张］76cm（2 开）
定价：CNY0.14

J0048268

心不离群众 身不离劳动 张林作
［西安］陕西人民出版社 1975 年 76cm（2 开）
定价：CNY0.11

J0048269

心红手巧 刘维之作
［武汉］湖北人民出版社 1975 年［1 张］
76cm（2 开）定价：CNY0.14
　　作者刘维之（1939— ），教授。湖北武昌人。历任湖北工业大学工业美术设计学院基础部主任、教授，湖北省工艺美术学会副会长。代表作品有国画《楚魂汨罗图》《魂系九头鸟》，出版《刘维之写生画集》。

J0048270

心向北京 刘汉才画；招远县文化馆供稿
［济南］山东人民出版社 1975 年［1 张］
76cm（2 开）定价：CNY0.11

J0048271

心向北京城 王培波，宫立龙［作］
［沈阳］辽宁人民出版社 1975 年［1 张］
76cm（2 开）定价：CNY0.11

J0048272

新春 王锡麒作
［南京］江苏人民出版社 1975 年［1 张］
76cm（2 开）定价：CNY0.11
　　作者王锡麒（1938— ），画家。江苏苏州人。历任中国美术家协会江苏分会会员。江苏省国风书画院副院长、苏州画院副院长、苏州吴门书画院院长、江苏省美术家协会会员、中国工艺美术家学会会员。高级工艺美术师，擅长人物画。

代表作品有《唐人诗意》《仕女图》《谱新歌》等。

J0048273
新春 马云, 叶坚作
[沈阳] 辽宁人民出版社 1975 年［1 张］
76cm（2 开）定价: CNY0.11

J0048274
新春 马云, 叶坚作
北京 人民美术出版社 1975 年［1 张］
76cm（2 开）定价: CNY0.14

J0048275
新春 马云, 叶坚作
[西安] 陕西人民出版社 1975 年［1 张］
76cm（2 开）定价: CNY0.14

J0048276
新春故事会 洪和生, 汪家龄作
[合肥] 安徽人民出版社 1975 年［1 张］
76cm（2 开）定价: CNY0.14
　　作者汪家龄（1944—2010），画家。江西婺源人。中国艺术研究院特邀创作委员、黄山市美术家协会副主席、黄山市中国画研究院副院长、中国美术家协会安徽分会会员。擅长连环画。作品有《追牛》《三八号》《红烛泪》等连环画,《哪吒闹海》《三战吕布》等年画。

J0048277
新党员 沈行工, 许平作
[南京] 江苏人民出版社 1975 年［1 张］
76cm（2 开）定价: CNY0.14
　　作者沈行工（1943—　　），画家, 艺术家。浙江宁波人, 毕业于南京艺术学院。南京艺术学院教授、硕士生导师, 中国美术家协会会员, 中国油画学会理事, 江苏省油画学会名誉主席、艺术委员会主席。代表作品《小镇春深》《秋晴》《读书人生》《蓝色的江南风景》《雪后的江南风景》等。作者许平（1953—　　），教授。南京艺术学院任教, 历任《中国民间工艺》杂志副主编、中国民俗学会会员。

J0048278
新的起点 吕学文作
[兰州] 甘肃人民出版社 1975 年［1 张］

53cm（4 开）定价: CNY0.08

J0048279
新的一代 马敬稳作
[哈尔滨] 黑龙江人民出版社 1975 年［1 张］
76cm（2 开）定价: CNY0.14

J0048280
新的战斗从这里开始 殷培华作
上海 上海人民出版社 1975 年［1 张］
76cm（2 开）定价: CNY0.11
　　作者殷培华（1943—　　），国家一级美术师。江苏常熟人。毕业于苏州工艺美术专科学校。曾任《山东民兵》美术编辑、南京军区政治部文艺创作室专职创作员等职。主要作品有《三比一》《总理和老农》《歌别图》等。

J0048281
新的阵地 王本松作
[合肥] 安徽人民出版社 1975 年［1 张］
76cm（2 开）定价: CNY0.14

J0048282
新队长 周大川作
[成都] 四川人民出版社 1975 年［1 张］
76cm（2 开）定价: CNY0.11

J0048283
新嫁妆 李华英作
[南京] 江苏人民出版社 1975 年［1 张］
76cm（2 开）定价: CNY0.14

J0048284
新课堂 邓学东画
[南宁] 广西人民出版社 1975 年［1 张］
76cm（2 开）定价: CNY0.14

J0048285
新课堂 仝延奎作; 户县文化馆供稿
西安 陕西人民出版社 1975 年［1 张］
76cm（2 开）定价: CNY0.11

J0048286
新课堂 鸥洋作
上海 上海人民出版社 1975 年［1 张］

76cm（2开）定价：CNY0.11

　　作者鸥洋（1937—　　），女，生于湖北武昌，原籍江西龙南，毕业于广州美术学院，留校任教。历任广州美术学院教授、中国美术家协会会员、中国油画学会理事、广东美术家协会油画艺术委员会委员、广东油画学会副主席。代表作有《女民警》《往事涌心头》《金色的秋天》等。

J0048287
新课堂　宋玉星作
天津　天津人民美术出版社 1975年［1张］
76cm（2开）定价：CNY0.11

J0048288
新来的战士　娄德智作；南京部队供稿
上海　上海人民出版社 1975年［1张］
76cm（2开）定价：CNY0.11

J0048289
新老射手　汪好民画
［济南］山东人民出版社 1975年［1张］
76cm（2开）定价：CNY0.11

J0048290
新苗　（海伦农民画）张家纯作
［哈尔滨］黑龙江人民出版社 1975年［1张］
76cm（2开）定价：CNY0.14

J0048291
新苗苗壮　刘长顺作
［沈阳］辽宁人民出版社 1975年［1张］
76cm（2开）定价：CNY0.11

J0048292
新人新事送新粮　李凤君画
［长春］吉林人民出版社 1975年［1张］
76cm（2开）定价：CNY0.11

J0048293
新山春茶香　陆一飞，姚有信作
上海　上海人民出版社 1975年［1张］
76cm（2开）定价：CNY0.11

　　作者陆一飞（1931—2005），画家、教师。生于浙江余姚，祖籍慈溪，就读于浙江美术学院和上海画院。历任上海师范学院艺术系教师、华东

化工学院兼职教授、中国河山画会秘书长。代表作品有《李白诗意山水百图》《唐宋意图》《川江橘红》等。作者姚有信（1935—1997），画家。浙江湖州人。上海华东美术出版社专业画家，在浙江美术学院国画系师从潘天寿，后又师从程十发攻连环画创作。连环画作品有《伤逝》《刘胡兰小时候的故事》《刘胡兰小时候的故事》《戊达吉和她的父亲》《聂耳》等。

J0048294
新社员　陈书文作
［郑州］河南人民出版社 1975年［1张］
76cm（2开）定价：CNY0.11

J0048295
新生事物赞　（四条屏）杜长荣等作
［合肥］安徽人民出版社 1975年 2张
76cm（2开）定价：CNY0.28

J0048296
新生事物苗壮成长 团结胜利凯歌嘹亮
甘家伟作
［昆明］云南人民出版社 1975年 76cm（2开）
定价：CNY0.11

J0048297
新手　高而颐等作
北京　人民美术出版社 1975年［1张］
76cm（2开）定价：CNY0.14

J0048298
新手　梁平波等作
［杭州］浙江人民出版社 1975年［1张］
76cm（2开）定价：CNY0.11

J0048299
新书到山寨　龙山农作
［南宁］广西人民出版社 1975年［1张］
76cm（2开）定价：CNY0.14

J0048300
新学年　王开文，侯继明作；岐山县文化馆供稿
西安　陕西人民出版社 1975年［1张］
76cm（2开）定价：CNY0.11

J0048301
信儿捎给台湾小朋友　谢从荣，林永权作
[沈阳]辽宁人民出版社 1975 年 [1 张]
76cm（2 开）定价：CNY0.11

J0048302
幸福不忘毛主席　成邦作
[哈尔滨]黑龙江人民出版社 1975 年 [1 张]
76cm（2 开）定价：CNY0.14

J0048303
幸福的会见　吴家栋等作
[沈阳]辽宁人民出版社 1975 年 [1 张]
76cm（2 开）定价：CNY0.11

J0048304
幸福渠　秦文美作
[石家庄]河北人民出版社 1975 年 [1 张]
76cm（2 开）定价：CNY0.14

J0048305
幸福渠　秦文美作
[沈阳]辽宁人民出版社 1975 年 [1 张]
76cm（2 开）定价：CNY0.11

J0048306
幸福渠　秦文美作
北京 人民美术出版社 1975 年 [1 张]
76cm（2 开）定价：CNY0.14

J0048307
幸福渠　秦文美作
[太原]山西人民出版社 1975 年 [1 张]
76cm（2 开）定价：CNY0.14

J0048308
幸福渠　秦文美作
天津 天津人民美术出版社 1975 年 [1 张]
76cm（2 开）定价：CNY0.14

J0048309
幸福渠　秦文美作
石家庄 河北人民出版社 1976 年 1 幅
107cm（全开）定价：CNY0.75

J0048310
幸福渠　秦文美作
天津 天津杨柳青画店 1976 年 1 幅
107cm（全开）定价：CNY0.75

J0048311
幸福渠　秦文美作
北京 人民美术出版社 1977 年 39cm（8 开）
定价：CNY0.14

J0048312
幸福渠　（年画 1976 年年历）秦文美作
上海 上海书画社 1975 年 76cm（2 开）
定价：CNY0.30

J0048313
宣讲之前　宋武征作
[兰州]甘肃人民出版社 1975 年 [1 张]
76cm（2 开）定价：CNY0.14

J0048314
学唱革命样板戏　郭明珍等作
[太原]山西人民出版社 1975 年 [1 张]
53cm（4 开）定价：CNY0.07

J0048315
学工　丰兆民，马云作
西安 陕西人民出版社 1975 年 [1 张]
76cm（2 开）定价：CNY0.11

J0048316
学好无产阶级专政的理论　王俊昌，李永
生作
[哈尔滨]黑龙江人民出版社 1975 年 [1 张]
76cm（2 开）定价：CNY0.14

J0048317
**学好无产阶级专政理论 巩固、加强无产阶
级专政**　李元星作
[昆明]云南人民出版社 1975 年 76cm（2 开）
定价：CNY0.11

J0048318
学理论 促大干　王世强作
[南宁]广西人民出版社 1975 年 [1 张]

76cm（2开）定价：CNY0.14

J0048319

学农　罗远安作

［成都］四川人民出版社 1975 年［1张］

76cm（2开）定价：CNY0.11

J0048320

学农基地摆战场　薛树森作

［石家庄］河北人民出版社 1975 年［1张］

76cm（2开）定价：CNY0.14

J0048321

学圃　乳山县文化馆供稿；刘甫高，李乐玉画

［济南］山东人民出版社 1975 年［1张］

76cm（2开）定价：CNY0.11

J0048322

学习马列　眼明心亮　张大昕作

上海　上海人民出版社 1975 年［1张］

76cm（2开）定价：CNY0.11

J0048323

学习潘冬子　争做党的好孩子　聂文生作

［太原］山西人民出版社 1975 年［1张］

76cm（2开）定价：CNY0.14

J0048324

学习潘冬子　做党的好孩子　王立新作

［南昌］江西人民出版社 1975 年 76cm（2开）

J0048325

学习潘冬子　做党的好孩子　（年画 1976〈农历丙辰年〉年历）戚道彦，单联孝作

北京　人民美术出版社 1975 年 53cm（4开）

定价：CNY0.07，CNY0.18（铜版纸）

J0048326

学演革命样板戏　誓作革命接班人　陆海林作

［成都］四川人民出版社 1975 年 2 张

53cm（4开）定价：CNY0.11

　　作者陆海林，年画作家。连云港市市美术馆馆长。

J0048327

学英雄　绣英雄　杨复如，王锡麒作

［南京］江苏人民出版社 1975 年［1张］

76cm（2开）定价：CNY0.14

J0048328

学英雄精神　走英雄道路　孟养玉作

北京　人民美术出版社 1975 年［1张］

76cm（2开）定价：CNY0.11

　　作者孟养玉（1935— ），画家。山西文水人，毕业于山西汾阳师范学校。历任山西文水县文化馆高级研究员、人物画学会艺术顾问、吕梁地区美术家协会主席、黄河书画院副院长。代表作品有《收音机下乡》《刘胡兰》《能工巧匠》等。

J0048329

学战例　讲传统　高民利作；西安警备区政治部供稿

［西安］陕西人民出版社 1975 年［1张］

76cm（2开）定价：CNY0.11

J0048330

鸭肥蛋大　陈文生作

［长沙］湖南人民出版社 1975 年［1张］

76cm（2开）定价：CNY0.11

J0048331

沿途处处景象新　曹立伟作

［合肥］安徽人民出版社 1975 年［1张］

76cm（2开）定价：CNY0.14

J0048332

沿着英雄成长的道路前进　王冬龄作

［南京］江苏人民出版社 1975 年［1张］

76cm（2开）定价：CNY0.14

　　作者王冬龄（1945— ），书法家。江苏台东人，毕业于中国美术学院。中国书法家协会学术委员、中国书法进修学院副院长、浙江省书法家协会副主席、美国明尼苏达大学客座教授。代表作品《书画艺术》。

J0048333

演出之后　尚涛作

［广州］广东人民出版社 1975 年［1张］

76cm（2开）定价：CNY0.14

J0048334
演革命戏 作革命人　刘称奇作
北京 人民美术出版社 1975年［1张］
76cm（2开）定价：CNY0.11

J0048335
扬眉吐气的三万二千里　庞卡作
上海 上海人民出版社 1975年［1张］
76cm（2开）定价：CNY0.11
　　作者庞卡（1935—　）。画家。又名庞抱俊。
上海人。历任上海人民美术出版社年画编辑、创
作员。作品有《从小爱科学》《秧苗青青春来早》
《爱人民》等。

J0048336
扬子江畔大庆花　宋文治作
［南京］江苏人民出版社 1975年［1张］
76cm（2开）定价：CNY0.14
　　作者宋文治（1919—1999），画家。江苏太仓
人。就读于江苏省国画院。曾任南京大学教授、
江苏美术家协会副主席、江苏省国画院副院长等
职。代表作有《白云幽涧图》《蜀江云起》《华岳
积翠图》《水乡春暖》。著作有《宋文治画集》《宋
文治作品选集》等。

J0048337
阳澄湖上　徐卫华，张贻庆作；南京部队供稿
上海 上海人民出版社 1975年［1张］
76cm（2开）定价：CNY0.11

J0048338
阳光满校园　孙德育画
［长春］吉林人民出版社 1975年［1张］
76cm（2开）定价：CNY0.11

J0048339
阳光普照奔前程　肇玉厚画
［长春］吉林人民出版社 1975年［1张］
76cm（2开）定价：CNY0.14

J0048340
阳光雨露育新苗　韩景琦画
［长春］吉林人民出版社 1975年［1张］
76cm（2开）定价：CNY0.14

J0048341
样板戏到山村　刘柏蔚画
［济南］山东人民出版社 1975年［1张］
76cm（2开）定价：CNY0.11

J0048342
要使全国都知道　邓秀作
天津 天津人民美术出版社 1975年［1张］
76cm（2开）定价：CNY0.11

J0048343
要使全国知道　李萍作
北京 人民出版社 1975年［1张］76cm（2开）
定价：CNY0.14

J0048344
爷爷的文章广播了　郑新民作
［哈尔滨］黑龙江人民出版社 1975年［1张］
76cm（2开）定价：CNY0.14

J0048345
夜校喜添理论书　杨作文作
［石家庄］河北人民出版社 1975年［1张］
76cm（2开）定价：CNY0.14
　　作者杨作文（1936—　），画家。出生于河北
威县。任中国书画研究院高级美术师、中国国画
家协会理事、冀南画院名誉院长等职。代表作品
有《迎春图》《海河工地英雄多》等。

J0048346
夜校新歌　李泽民画
［石家庄］河北人民出版社 1975年［1张］
76cm（2开）定价：CNY0.14

J0048347
夜校新课　李复兴作
［哈尔滨］黑龙江人民出版社 1975年［1张］
76cm（2开）定价：CNY0.14

J0048348
夜战之前　陆贵友画
［长春］吉林人民出版社 1975年［1张］
76cm（2开）定价：CNY0.14

J0048349
一代新农民　金勇,陈家骅作
[武汉]湖北人民出版社 1975 年 [1 张]
76cm(2 开)定价:CNY0.14

J0048350
一代新人接班来　刘小曼执笔;上海美术学
校第五期工农兵美术创作学习班
上海 上海人民出版社 1975 年 [1 张]
76cm(2 开)定价:CNY0.11

J0048351
一路欢唱丰收歌　刘海志作
[石家庄]河北人民出版社 1975 年 [1 张]
76cm(2 开)定价:CNY0.14

J0048352
一日千里　王羽画
[长春]吉林人民出版社 1975 年 [1 张]
76cm(2 开)定价:CNY0.14

J0048353
一心为人民　施嘉彬作
[福州]福建人民出版社 1975 年 [1 张]
76cm(2 开)定价:CNY0.14

J0048354
一张革命大字报　王慎艺作
[沈阳]辽宁人民出版社 1975 年 [1 张]
76cm(2 开)定价:CNY0.11

J0048355
一张革命大字报　王慎艺作
北京 人民美术出版社 1975 年 [1 张]
38cm(6 开)定价:CNY0.04

J0048356
沂蒙山区茶花香　安茂让画
[济南]山东人民出版社 1975 年 [1 张]
76cm(2 开)定价:CNY0.11

J0048357
以练为战　傅金雨,陈菊菊作
[合肥]安徽人民出版社 1975 年 [1 张]
76cm(2 开)定价:CNY0.14

J0048358
以粮为纲 全面发展　甘武炎作
[南宁]广西人民出版社 1975 年 76cm(2 开)
定价:CNY0.14

J0048359
以粮为纲 全面发展 喜庆丰收 五业兴旺
耿炳伦画;王炳怀书
[郑州]河南人民出版社 1975 年 76cm(2 开)
定价:CNY0.11

J0048360
以粮为纲,全面发展 支援农业,实现四化
顾成骥作
[昆明]云南人民出版社 1975 年 76cm(2 开)
定价:CNY0.11

J0048361
引来银河水　孙国岐,张洪赞作
[沈阳]辽宁人民出版社 1975 年 [1 张]
76cm(2 开)定价:CNY0.11

J0048362
饮水思源　(毛主席当年挖红井 引来泉水甜又
清 红井甘露育万代 代代永做革命人)刘世群,
平德威作
[南昌]江西人民出版社 1975 年 [1 张]
76cm(2 开)

J0048363
英雄的足迹　刘长恩画
[长春]吉林人民出版社 1975 年 [1 张]
76cm(2 开)定价:CNY0.14
　　作者刘长恩(1936—1996),吉林通榆人,吉
林美术出版社美术编辑。代表作品《咱队的好猎
手》《再请战》《巧妈妈》等。

J0048364
英雄树下学英雄　蔡业崇,翁自芳作
[广州]广东人民出版社 1975 年 [1 张]
76cm(2 开)定价:CNY0.14

J0048365
英姿飒爽　刘换荣等作
北京 人民出版社 1975 年 [1 张]76cm(2 开)

定价：CNY0.14

J0048366
迎春　姚腊远作
［南昌］江西人民出版社 1975 年［1 张］
76cm（2 开）

J0048367
迎风斗浪夺高产　董廷瑞［作］
［沈阳］辽宁人民出版社 1975 年［1 张］
76cm（2 开）定价：CNY0.11

J0048368
迎风飞燕　（四条屏）张豁明编文；裴开新等绘
北京 人民美术出版社 1975 年 2 张 76cm（2 开）
定价：CNY0.28

J0048369
拥军灯　袁丕海画
［济南］山东人民出版社 1975 年［1 张］
76cm（2 开）定价：CNY0.11

J0048370
拥军优属　宋承志作
［贵阳］贵州人民出版社 1975 年［1 张］
76cm（2 开）定价：CNY0.14

J0048371
拥军优属　阮士钊作
［郑州］河南人民出版社 1975 年 76cm（2 开）
定价：CNY0.11

J0048372
拥军优属　阮士钊作
［郑州］河南人民出版社 1975 年 53cm（4 开）
定价：CNY0.06

J0048373
永保红色江山　梁长林作；中央"五七"艺术
大学美术学院供稿
［西安］陕西人民出版社 1975 年［1 张］
76cm（2 开）定价：CNY0.11
　　作者梁长林（1951—1983），画家。吉林白城
人，毕业于中央美术学院中国画系，留校任教。
主要作品有《故乡行》《春雨》《板桥小像》《吕梁

游击队》《荷花淀》等。

J0048374
永葆革命青春　李秉刚作
［沈阳］辽宁人民出版社 1975 年［1 张］
76cm（2 开）定价：CNY0.11

J0048375
永远飞翔在毛主席指引的航线上　屈建
国作
［南京］江苏人民出版社 1975 年［1 张］
76cm（2 开）定价：CNY0.14

J0048376
油田家属支前忙　汪滋德，沙启彦作
［哈尔滨］黑龙江人民出版社 1975 年［1 张］
76cm（2 开）定价：CNY0.14

J0048377
油田赞歌　（四条屏）张仁芝作
上海 上海人民出版社 1975 年 2 张 76cm（2 开）
定价：CNY0.22

J0048378
油香万里　王本善，吕庆伟作
［沈阳］辽宁人民出版社 1975 年［1 张］
76cm（2 开）定价：CNY0.11

J0048379
友谊汇长城　马清宇，朱宝山作
［沈阳］辽宁人民出版社 1975 年［1 张］
76cm（2 开）定价：CNY0.11

J0048380
有来无回　徐德元画
［长春］吉林人民出版社 1975 年［1 张］
76cm（2 开）定价：CNY0.14
　　作者徐德元（1949—　），画家。辽宁鞍山
人。曾任辽宁美术家协会会员、岫岩美术家协会
主席等职。主要作品有《农家乐》《中华魂》《闹
灯倌》等。

J0048381
又创高产　左建华作
天津 天津人民美术出版社 1975 年［1 张］

76cm（2开）定价：CNY0.11

J0048382
又回到了农业第一线　高天雄作
[兰州]甘肃人民出版社 1975年 [1张]
76cm（2开）定价：CNY0.14

J0048383
又一口新井　秦文，李宝峰作
[兰州]甘肃人民出版社 1975年 [1张]
76cm（2开）定价：CNY0.14

J0048384
又增新田　康兴德作
[兰州]甘肃人民出版社 1975年 [1张]
76cm（2开）定价：CNY0.14

J0048385
又长了　宋立明，杨光间作
[沈阳]辽宁人民出版社 1975年 [1张]
76cm（2开）定价：CNY0.11

J0048386
又长了　宋立明，杨光间作
北京 人民美术出版社 1975年 [1张]
76cm（2开）定价：CNY0.11

J0048387
鱼水情深　李知作
[合肥]安徽人民出版社 1975年 [1张]
76cm（2开）定价：CNY0.14

J0048388
渔港新貌　陈韵波作
[广州]广东人民出版社 1975年 [1张]
76cm（2开）定价：CNY0.14

J0048389
渔家儿女　赵文元作；南京部队供稿
上海 上海人民出版社 1975年 [1张]
76cm（2开）定价：CNY0.11

J0048390
渔民的贴心人　荣城县京剧团供稿；周炳呈画
[济南]山东人民出版社 1975年 [1张]

76cm（2开）定价：CNY0.11

J0048391
雨后春笋　（四条屏）滦南县文化馆供稿
[石家庄]河北人民出版社 1975年 2张
76cm（2开）定价：CNY0.28

J0048392
育苗　李超，黄乃源作；武功县电影站供稿
西安 陕西人民出版社 1975年 [1张]
76cm（2开）定价：CNY0.11

J0048393
育新苗　屠国英画
[济南]山东人民出版社 1975年 [1张]
76cm（2开）定价：CNY0.11

J0048394
园艺场新貌　常佳蓉作
[南宁]广西人民出版社 1975年 [1张]
76cm（2开）定价：CNY0.11

J0048395
远航归来　上海人民出版社年画学习班作
上海 上海人民出版社 1975年 [1张]
76cm（2开）定价：CNY0.11

J0048396
越听越唱心越红　肖忠厚画
[石家庄]河北人民出版社 1975年 [1张]
76cm（2开）定价：CNY0.14

J0048397
运输战线添骏马——庆祝三百吨大平板车试制成功　贺定龙等作
上海 上海人民出版社 1975年 [1张]
76cm（2开）定价：CNY0.11

J0048398
再攀高峰　高景波作
[哈尔滨]黑龙江人民出版社 1975年 [1张]
76cm（2开）定价：CNY0.14
　　作者高景波（1946— ），山东披县人。擅长年画、水彩画。大庆市群众艺术馆美术部主任、二级美术师，大庆市美术家协会副主席。主要作

品：水粉组画《采油新工艺》，年画《一路春风喜盈归》，水彩画《倾国恨》。

J0048399
再请战　刘长恩作
北京　人民美术出版社 1975 年［1 张］
76cm（2 开）定价：CNY0.14
　　作者刘长恩（1936—1996），吉林通榆人，吉林美术出版社美术编辑。代表作品《咱队的好猎手》《再请战》《巧妈妈》等。

J0048400
在丰收场上　姜吉维，高燕作；北京市东城区文艺组供稿
［北京］人民体育出版社 1975 年［1 张］
76cm（2 开）定价：CNY0.11

J0048401
咱村又添新线路　许惠南作
［南京］江苏人民出版社 1975 年［1 张］
76cm（2 开）定价：CNY0.14

J0048402
咱队的大学生　吴爱堂，王红作
［兰州］甘肃人民出版社 1975 年［1 张］
53cm（4 开）定价：CNY0.07

J0048403
咱队又添新粮仓　刘继成等作
北京　人民美术出版社 1975 年［1 张］
76cm（2 开）定价：CNY0.14

J0048404
早已森严壁垒　尹瘦石作
北京　人民出版社 1975 年［1 张］76cm（2 开）
定价：CNY0.14
　　作者尹瘦石（1919—1998），书画艺术家。江苏宜兴人，毕业于江苏省立宜兴陶瓷职业学校。作品有《屈原》《郑成功海师规取留都图》《史可法督师扬州图》《伯夷叔齐》《巨赞法师像》等。

J0048405
枣园来了秧歌队　高民生等作
［沈阳］辽宁人民出版社 1975 年［1 张］
76cm（2 开）定价：CNY0.11

J0048406
枣园来了秧歌队　高民生等作
北京　人民美术出版社 1975 年［1 张］
76cm（2 开）定价：CNY0.14

J0048407
枣园来了秧歌队　高民生等作
［西安］陕西人民出版社 1975 年［1 张］
107cm（全开）定价：CNY0.28

J0048408
枣园来了秧歌队　高民生等作
［杭州］浙江人民出版社 1975 年［1 张］
76cm（2 开）定价：CNY0.14

J0048409
枣园来了秧歌队　高民生等作
北京　人民美术出版社 1977 年　39cm（8 开）
定价：CNY0.14

J0048410
扎根山村　叶宝森，孙伯礼作
［郑州］河南人民出版社 1975 年［1 张］
76cm（2 开）定价：CNY0.11

J0048411
展新图　苏民，胡依仁执笔；静安区文化宫供稿
上海　上海人民出版社 1975 年［1 张］
76cm（2 开）定价：CNY0.11

J0048412
占领农村文化阵地　（四条屏）王捷山，靳冠三作
［太原］山西人民出版社 1975 年　2 张
76cm（2 开）定价：CNY0.28

J0048413
占领阵地　张庆洲作
［石家庄］河北人民出版社 1975 年［1 张］
76cm（2 开）定价：CNY0.14

J0048414
战场　赵子荣作
［沈阳］辽宁人民出版社 1975 年［1 张］

76cm（2开）定价：CNY0.11

J0048415
战地广播　卓敏浩作；南京部队供稿
上海　上海人民出版社 1975 年［1 张］
76cm（2开）定价：CNY0.11

J0048416
战地新歌　陆忠德，沈云清作；南京部队供稿
上海　上海人民出版社 1975 年［1 张］
76cm（2开）定价：CNY0.11
　　作者陆忠德(1950—　　)，画家。上海周浦人。上海市徐悲鸿艺术研究协会创作部主任、美术家协会上海分会会员。擅长画虎，被称为"江南虎王"。

J0048417
战斗在广阔的天地里　杨冰作
［南昌］江西人民出版社 1975 年［1 张］
76cm（2开）定价：CNY0.14

J0048418
战石海　黄宗海画
［南宁］广西人民出版社 1975 年［1 张］
76cm（2开）定价：CNY0.14

J0048419
战士责任重　梁礼清作
［南昌］江西人民出版社 1975 年［1 张］
76cm（2开）定价：CNY0.14

J0048420
战友重逢　曹文斌，王遵义画
［济南］山东人民出版社 1975 年［1 张］
76cm（2开）定价：CNY0.14

J0048421
长大我也当社员　刘义作
［沈阳］辽宁人民出版社 1975 年［1 张］
76cm（2开）定价：CNY0.11

J0048422
长大我也当社员　黄力生作
北京　人民美术出版社 1975 年［1 张］
76cm（2开）定价：CNY0.14

J0048423
长大我也当社员　（年画 1976 年年历）黄力生作
［广州］广东人民出版社 1975 年 38cm（6 开）
定价：CNY0.08

J0048424
长工窑前批"复礼"　毛明杰作；眉县文化馆供稿
西安　陕西人民出版社 1975 年［1 张］
76cm（2开）定价：CNY0.11

J0048425
长江上的老船工　许晓江作；南京部队供稿
上海　上海人民出版社 1975 年［1 张］
76cm（2开）定价：CNY0.11

J0048426
长势喜人　于中兴，范凤岭作
［合肥］安徽人民出版社 1975 年［1 张］
76cm（2开）定价：CNY0.14

J0048427
这就是我们的党委书记　王慎艺作
［沈阳］辽宁人民出版社 1975 年［1 张］
76cm（2开）定价：CNY0.11

J0048428
针针线线鱼水情　杨淑涛作
天津　天津人民美术出版社 1975 年［1 张］
76cm（2开）定价：CNY0.14

J0048429
珍惜每一粒　王红作
［兰州］甘肃人民出版社 1975 年［1 张］
76cm（2开）定价：CNY0.14

J0048430
真像咱们的老书记　曹丽珍作
［兰州］甘肃人民出版社 1975 年［1 张］
76cm（2开）定价：CNY0.14

J0048431
阵地　诸葛增华作
天津　天津人民美术出版社 1975 年［1 张］

76cm（2 开）定价：CNY0.11

J0048432
阵阵凯歌抒豪情　贺中等作
[哈尔滨]黑龙江人民出版社 1975 年 [1 张]
76cm（2 开）定价：CNY0.14

J0048433
征求意见　赵正涛作
[西宁]青海人民出版社 1975 年 [1 张]
76cm（2 开）定价：CNY0.11

J0048434
整装待发　陈强，石奇英作
上海 上海人民出版社 1975 年 [1 张]
76cm（2 开）定价：CNY0.11

J0048435
支农列车到山村　贺成作
[南京]江苏人民出版社 1975 年 [1 张]
76cm（2 开）定价：CNY0.14
　　作者贺成（1945—　），国家一级美术师。字
峰然，号古杨。出生于山东枣庄，毕业于南京艺
术学院。中国美术家协会会员、中华诗词学会会
员、江苏省艺术研究院研究员、江苏省国画院人
物画创研所原所长等。代表作品《共和之光》《欲
与江山共娇》《马背上的歌》《辛亥风云》等。

J0048436
支农路上　刘晓鸣作
[石家庄]河北人民出版社 1975 年 [1 张]
76cm（2 开）定价：CNY0.14

J0048437
知难而进　邹平章作
[合肥]安徽人民出版社 1975 年 [1 张]
76cm（2 开）定价：CNY0.14

J0048438
致敬，战斗的西沙　翁平作
[南昌]江西人民出版社 1975 年 [1 张]
76cm（2 开）定价：CNY0.14

J0048439
中国共产党八届八中全会会址　张松茂作

[南昌]江西人民出版社 1975 年 [1 张]
78cm（2 开）定价：CNY0.10

J0048440
重任在肩　郝极红作
[沈阳]辽宁人民出版社 1975 年 [1 张]
76cm（2 开）定价：CNY0.11

J0048441
猪场新兵　百双虎作
[郑州]河南人民出版社 1975 年 [1 张]
76cm（2 开）定价：CNY0.11

J0048442
竹海小哨兵　刘二刚作
[南京]江苏人民出版社 1975 年 [1 张]
76cm（2 开）定价：CNY0.11
　　作者刘二刚（1947—　），国家一级美术师。
字梦铁，又字柔克，江苏镇江人。曾供职于镇江
国画院、南京书画院。代表作品有《二刚国画小
品集》《刘二刚书画选集》《庙亭山随笔》等。

J0048443
竹壮苗青　吕基作
[广州]广东人民出版社 1975 年 [1 张]
76cm（2 开）定价：CNY0.14

J0048444
主课　单伯钦，陈文光作
[广州]广东人民出版社 1975 年 [1 张]
76cm（2 开）定价：CNY0.14

J0048445
主课　单伯钦，陈文光作
北京 人民美术出版社 1975 年 [1 张]
76cm（2 开）定价：CNY0.11

J0048446
抓革命勇当闯将 促生产誓做尖兵　杜克礼作
[郑州]河南人民出版社 1975 年 76cm（2 开）
定价：CNY0.11

J0048447
抓革命勇当闯将 促生产誓做尖兵　杜克礼作
[郑州]河南人民出版社 1975 年 53cm（4 开）

定价：CNY0.06

J0048448
追报表 （四条屏）徐国华，李继尧编；方隆
昌绘
[武汉] 湖北人民出版社 1975 年　2 张
76cm（2 开）定价：CNY0.28
　　作者方隆昌(1944—)，湖北武汉人。毕业
于湖北艺术学院。中国美术家协会、中国装帧艺
术研究会、中国连环画研究会会员，湖北美术编
辑研究会会长。主要作品有中国画《喂猪》、连环
画《向警予》《宋史故事》等。

J0048449
准备出击 刘继成作
[合肥] 安徽人民出版社 1975 年 [1 张]
76cm（2 开）定价：CNY0.14

J0048450
苗壮成长 张富荣等作
[太原] 山西人民出版社 1975 年　53cm（4 开）
定价：CNY0.07

J0048451
自力更生造大船 李问汉作
天津　天津人民美术出版社 1975 年 [1 张]
76cm（2 开）定价：CNY0.11

J0048452
自力更生奏凯歌 尹德年作
[石家庄] 河北人民出版社 1975 年 [1 张]
76cm（2 开）定价：CNY0.14

J0048453
走大寨道路 学大庆精神 邹浩作
[南京] 江苏人民出版社 1975 年　2 张
78cm（2 开）定价：CNY0.19

J0048454
祖国遍开石油花 广交会上红烂漫 侯春洋
等作
上海　上海人民出版社 1975 年 [1 张]
76cm（2 开）定价：CNY0.11

J0048455
祖国大地暖如春 李一新作
[南昌] 江西人民出版社 1975 年 [1 张]
76cm（2 开）

J0048456
祖国大地欣欣向荣 （一九七四年全国美术作
品展览版画选辑 四条屏）
[沈阳] 辽宁人民出版社 1975 年　2 张
76cm（2 开）定价：CNY0.22

J0048457
祖国的花朵 吕振敏，陆新森作
[石家庄] 河北人民出版社 1975 年 [1 张]
76cm（2 开）定价：CNY0.14

J0048458
遵义会址学路线 天安门前唱颂歌 刘骥
林，刘万琪作
[贵阳] 贵州人民出版社 1975 年　76cm（2 开）
定价：CNY0.14

J0048459
"泥腿子"书记 唐石生作
南宁　广西人民出版社 1976 年　1 张　76cm（2 开）
定价：CNY0.14

J0048460
"五·七"指示育新人 （四条屏）田林海画
济南　山东人民出版社 1976 年　2 张　76cm（2 开）
定价：CNY0.22
　　作者田林海(1948—)，画家。出生于浙江
永康，原名田林罕，号九里山人。毕业于浙江美
术学院附中，结业于中国美术学院山水研修班。
曾任浙江衢州文化馆馆员、山东美术出版社编辑
室主任、山东画院高级画师、（杭州）西泠书画院
特聘画师、山东政协书画院画师。作品有《故园
烟雨》《疏林烟雨红军桥》《秋山秋水》。

J0048461
1976 年画缩样
石家庄　河北人民出版社 1976 年　32 页
19cm（32 开）

J0048462
1976 年画缩样
石家庄　河北人民出版社　1976 年　16 页
19cm（小 32 开）

J0048463
1976 年画缩样
石家庄　河北人民出版社　1976 年　24 页
19cm（小 32 开）

J0048464
1977 年画缩样 （二）
广州　广东人民出版社　1976 年　13 页
19cm（32 开）

J0048465
1977 年画缩样 （一）
南宁　广西人民出版社　1976 年　8 页
19cm（32 开）

J0048466
1977 年画缩样 （二）
南宁　广西人民出版社　1976 年　11 页
19cm（32 开）

J0048467
1977 年画缩样　李正康等作
成都　四川人民出版社　1976 年　11 页
19cm（32 开）

J0048468
1977 年门画缩样 （第一批）
昆明　云南人民出版社　1976 年　10 幅
19cm（32 开）

J0048469
1977 年门画缩样 （第二批）
昆明　云南人民出版社　1976 年　8 幅
19cm（32 开）

J0048470
1977 年门画缩样 （第三批）
昆明　云南人民出版社　1976 年　6 页
19cm（32 开）

J0048471
阿姨又送糍粑来了
上海　上海人民出版社　1976 年　1 张 76cm（2 开）

J0048472
爸爸的假日　邹晓青，章孟和作
合肥　安徽人民出版社　1976 年　1 张 76cm（2 开）
定价：CNY0.14

J0048473
爸爸在这儿　张国庆，翼学闻画
济南　山东人民出版社　1976 年　1 张 76cm（2 开）
定价：CNY0.11

J0048474
百花盛开春满园　苏庆英，胡有章作
太原　山西人民出版社　1976 年　1 张 53cm（4 开）
定价：CNY0.06

J0048475
百里浦江一片春　王路画
长春　吉林人民出版社　1976 年　1 张 76cm（2 开）
统一书号：8091.793 定价：CNY0.14
　　作者王路（1936—　），画家。安徽霍邱人，
北京书画院油画、雕塑工作室主任，北京市美术
家协会理事。代表作品有《古田会址》《白洋淀
上》《天山之晨》等。

J0048476
班班组组都超产　辛克胜，陈铭画
济南　山东人民出版社　1976 年　1 张 76cm（2 开）
定价：CNY0.11

J0048477
半边天　袁著同画
济南　山东人民出版社　1976 年　1 张 76cm（2 开）
定价：CNY0.11

J0048478
北京的种子　董硕画
长春　吉林人民出版社　1976 年　1 张 76cm（2 开）
定价：CNY0.11

J0048479
毕业回乡干革命　戴玉茹，廖荧作

昆明　云南人民出版社　1976年　1张　76cm（2开）
定价：CNY0.11

J0048480
边疆春节夜　傅胜利作
哈尔滨　黑龙江人民出版社　1976年　1张
76cm（2开）定价：CNY0.11

J0048481
边疆小将　赵丁画
长春　吉林人民出版社　1976年　1张　76cm（2开）
定价：CNY0.14

J0048482
扁担剧团　周清源作
合肥　安徽人民出版社　1976年　1张　76cm（2开）
定价：CNY0.14

J0048483
不靠天
上海　上海人民出版社　1976年　1张　76cm（2开）

J0048484
采新歌　廖志惠作
贵阳　贵州人民出版社　1976年　1张　76cm（2开）
定价：CNY0.14

J0048485
彩虹映红花　董建民作
石家庄　河北人民出版社　1976年　1张
76cm（2开）定价：CNY0.11

J0048486
草原儿女　新华社供稿
西安　陕西人民出版社　1976年　2张　76cm（2开）
定价：CNY0.28

J0048487
草原女民兵　李希玉作
兰州　甘肃人民出版社　1976年　1张　76cm（2开）
定价：CNY0.14

J0048488
草原新牧民　郭重光，赵德生作
石家庄　河北人民出版社　1976年　1张

76cm（2开）定价：CNY0.11

J0048489
草原新曲　刘树章，刘棣作
哈尔滨　黑龙江人民出版社　1976年　1张
76cm（2开）定价：CNY0.11

J0048490
茶山春晖　李洪勋作
上海　上海人民出版社　1976年　1张　76cm（2开）
定价：CNY0.14

J0048491
常备不懈　李文龙等作
太原　山西人民出版社　1976年　1张　53cm（4开）
定价：CNY0.06

J0048492
畅通无阻　李震鳌，王子和作
哈尔滨　黑龙江人民出版社　1976年　1张
76cm（2开）定价：CNY0.11

J0048493
朝气蓬勃　古月作
长春　吉林人民出版社　1976年　1张　76cm（2开）
定价：CNY0.11

J0048494
朝气蓬勃　古月作
沈阳　辽宁人民出版社　1976年　1张　76cm（2开）
定价：CNY0.11

J0048495
朝气蓬勃　古月作
北京　人民美术出版社　1976年　1张　76cm（2开）
定价：CNY0.11

J0048496
朝阳　平帆作
南昌　江西人民出版社　1976年　1张　76cm（2开）
定价：CNY0.11

J0048497
车站故事员　李益年画
济南　山东人民出版社　1976年　1张　76cm（2开）

定价：CNY0.11

J0048498

陈传香打豹　汪国新，向阳画；啸海，管用和
配诗
武汉　湖北人民出版社　1976年　2张76cm（2开）
定价：CNY0.28
　　中国现代年画作品，四条屏。作者汪国新
（1947—　），国家一级美术师。湖北宜昌人。历
任中国法治诗书画院院长、文化部中国书画院国
画院副院长、中国美术家协会艺术委员会委员。
代表作《长江三部曲》《汪国新长江万里风情图》
《汪国新新绘全本三国演义》等。

J0048499

乘胜前进　唐德泉画
成都　四川人民出版社　1976年　1张76cm（2开）
定价：CNY0.11

J0048500

赤脚医生创奇迹　李志铭作
武汉　湖北人民出版社　1976年　1张76cm（2开）
定价：CNY0.14

J0048501

出国之前　李振球，陈国涛作
南昌　江西人民出版社　1976年　1张76cm（2开）
定价：CNY0.11

J0048502

除夕　王宝芝作
天津　天津人民美术出版社　1976年　1张
76cm（2开）定价：CNY0.11

J0048503

除夕之夜　李向伟作
合肥　安徽人民出版社　1976年　1张76cm（2开）
定价：CNY0.11

J0048504

除夕之夜　万桂香，南运生作
石家庄　河北人民出版社　1976年　1张
76cm（2开）定价：CNY0.11
　　作者万桂香（1944—　），女，画家。辽宁丹
东人，毕业于哈尔滨师范大学艺术系。曾在黑龙

江省鸡西市文化馆、河北省内丘县文化馆从事美
术工作。历任河北省电影公司《河北银幕》编辑、
河北省电影发行公司宣传科科长、河北省电影宣
传画画会会长。代表作品《戎奶奶佳节到我家》
《女驸马》《花为媒》等。作者南运生（1944—　），
一级美术师。别名南恽笙，河北任丘人，毕业于
哈尔滨师范大学艺术系美术专业。历任河北省
艺术馆馆长，河北画报社社长、总编，中国美术
家协会、河北省美术家协会副主席，河北省画院
院长。年画作品有《花好月圆》《艺苑新秀》《吉
庆有余》等。

J0048505

除夕之夜　刘超作
西安　陕西人民出版社　1976年　1张76cm（2开）
定价：CNY0.14

J0048506

处处有雷锋　杨朝艳作
上海　上海人民出版社　1976年　1张（2开）
定价：CNY0.14

J0048507

处处有亲人　金梅生作
上海　上海人民出版社　1976年　1张76cm（2开）
定价：CNY0.11
　　作者金梅生（1902—1989），画家。别名石摩，
上海人。曾于商务印书馆美术科专门从事月份
牌绘画，上海市文史馆馆员、上海人民美术出版
社特约年画家。作品有《新中国的歌声》《秀女
饲养员》《花木兰》等。

J0048508

处处注意到　王天胜，李卫奎作
沈阳　辽宁人民出版社　1976年　1张76cm（2开）
定价：CNY0.11

J0048509

川西三月　苏葆桢作
天津　天津杨柳青画店　1976年　1幅
76cm（2开）定价：CNY0.28
　　中国现代年画作品，胶印画轴，作者苏葆桢
（1916—1990），国画家。江苏宿迁市人，师从徐
悲鸿、张书旂、傅抱石等大家。曾任西南大学教
授，硕士生导师，重庆国画院副院长。作品有《葡

蔔图》《硕果累累》《玉羽迎春》《山花烂漫》《战地花开》等。

J0048510
船厂喜事　万腾卿作
合肥　安徽人民出版社 1976年 1张 76cm（2开）
定价：CNY0.14

J0048511
春潮滚滚　应嘉琨，翟大伦作
上海　上海人民出版社 1976年 1张 76cm（2开）
定价：CNY0.11

J0048512
春潮急　彭明作
广州　广东人民出版社 1976年 1张 76cm（2开）
定价：CNY0.14

J0048513
春风送暖　张金荣，于化鲤作
北京　人民美术出版社 1976年 1张 76cm（2开）
定价：CNY0.11
　　作者于化鲤（1933— ），画家。又名于化，天津人。曾任天津人民美术出版社副总编。主要作品有《于化鲤漫画作品选集》《宝船》《有朋自远方来》等。

J0048514
春风送暖　张金荣，于化鲤作
上海　上海人民出版社 1976年 1张 76cm（2开）
定价：CNY0.14

J0048515
春风送暖　张金荣，于化鲤作
天津　天津人民美术出版社 1976年 1张 76cm（2开）定价：CNY0.14

J0048516
春江盛开大寨花　浙江《两江》创作组
杭州　浙江人民出版社 1976年 2张 76cm（2开）
定价：CNY0.22

J0048517
春节　张士新画
长春　吉林人民出版社 1976年 1张 76cm（2开）
定价：CNY0.11

J0048518
春节慰问　吴自忠作
长沙　湖南人民出版社 1976年 1张 76cm（2开）
定价：CNY0.11

J0048519
春满大课堂　刘称奇作
南昌　江西人民出版社 1976年 1张 76cm（2开）
定价：CNY0.14

J0048520
春满心田　区锦生作
广州　广东人民出版社 1976年 1张 76cm（2开）
定价：CNY0.14

J0048521
春苗茁壮　邓开圯作
沈阳　辽宁人民出版社 1976年 1张 76cm（2开）
定价：CNY0.11

J0048522
春色满园　朱俪作
南昌　江西人民出版社 1976年 1张 76cm（2开）
定价：CNY0.11

J0048523
春雨　刘志谋作
西安　陕西人民出版社 1976年 1张 76cm（2开）
定价：CNY0.11
　　作者刘志谋（1939— ），陕西长安人，毕业于西安美术学院附中，任职于武功县文化馆，做美术创作与辅导工作。历任陕西省美术家协会会员，陕西省书法家协会会员，陕西省书画艺术研究院研究员、副院长，中国国学研究会研究员等。

J0048524
春雨
上海　上海人民出版社 1976年 1张 76cm（2开）

J0048525
瓷厂新手　章开森作
合肥　安徽人民出版社 1976年 1张 76cm（2开）

定价: CNY0.14

J0048526
从小锻炼身体好　长大要把重担挑　王惠琴作
南京　江苏人民出版社　1976年　1张 76cm（2开）
定价: CNY0.14

J0048527
从小就走大寨路　刘长贵作
北京　人民出版社　1976年　1张 76cm（2开）
定价: CNY0.14

J0048528
从小学做大寨人　谷学忠画
长春　吉林人民出版社　1976年　1张 76cm（2开）
定价: CNY0.14

J0048529
打击教唆犯　潘嘉峻作
郑州　河南人民出版社　1976年　1张 76cm（2开）
定价: CNY0.14

J0048530
打击教唆犯　潘嘉峻作
北京　人民美术出版社　1976年　1张 76cm（2开）
定价: CNY0.14

J0048531
打击教唆犯　潘嘉峻作
上海　上海人民出版社　1976年　1张 76cm（2开）
定价: CNY0.14

J0048532
大车又过咱山寨　杨南荣，薛其晴作
上海　上海人民出版社　1976年　1张 76cm（2开）
定价: CNY0.11

J0048533
大队合作医疗好　五指山区幸福长　张石培，李仁杰作
广州　广东人民出版社　1976年　1张 76cm（2开）
定价: CNY0.11

J0048534
大队科研室　严明星作
西安　陕西人民出版社　1976年　1张 76cm（2开）
定价: CNY0.11

J0048535
大风浪里炼红心　高而颐，宗文龙等作
北京　人民美术出版社　1976年　1张 76cm（2开）
定价: CNY0.11

J0048536
大风浪里炼红心　高而颐，宗文龙等作
上海　上海人民出版社　1976年　1张 76cm（2开）
定价: CNY0.11

J0048537
大风浪里炼红心　高而颐，宗文龙等作
杭州　浙江人民出版社　1976年　1张 76cm（2开）
定价: CNY0.14

J0048538
大干社会主义　大批资本主义　胡有章作
太原　山西人民出版社　1976年　1张 53cm（4开）
定价: CNY0.06

J0048539
大干声中催春来　殷永耀，毛国伦作
上海　上海人民出版社　1976年　1张 76cm（2开）
定价: CNY0.11
　　作者毛国伦（1944—　　），一级美术师。浙江奉化人。上海中国画院创作研究室主任、上海市美术家协会理事、中国画艺术委员会委员等。出版有《毛国伦画选》《毛国伦人物画近作》等。

J0048540
大国发展养猪　李伟华作
哈尔滨　黑龙江人民出版社　1976年　1张 76cm（2开）定价: CNY0.14

J0048541
大街小巷　苏耕作
石家庄　河北人民出版社　1976年　1张 76cm（2开）定价: CNY0.14

J0048542
大街小巷　苏耕作
上海　上海人民出版社　1976年　1张　76cm（2开）
定价：CNY0.14
　　　作者苏耕（1943—　），画家。生于山东荣成。
原名苏永畔。毕业于山东艺术专科学校，后结业
于中央美术学院。威海画院专职画家、副院长、
副书记，中国美术家协会会员，国家一级美术
师。作品有《大街小巷》《铁路哨兵》《童心》《在
艺术的故乡里》等。

J0048543
大娘家里暖如春　焦志广作
哈尔滨　黑龙江人民出版社　1976年　1张
76cm（2开）定价：CNY0.14

J0048544
大批促大干大干促大变　张明真作
太原　山西人民出版社　1976年　1张　76cm（2开）
定价：CNY0.14

J0048545
大庆红花遍地开　关雁作
哈尔滨　黑龙江人民出版社　1976年　1张
76cm（2开）定价：CNY0.11

J0048546
大庆金龙跨四海　大寨银河上九天　锋刃作
上海　上海人民出版社　1976年　1张　76cm（2开）
定价：CNY0.11

J0048547
大庆原油滚滚来　韦炳华作
上海　上海人民出版社　1976年　1张　76cm（2开）
定价：CNY0.11

J0048548
大庆原油进榆关　贾克里，吴建中作
石家庄　河北人民出版社　1976年　1张
76cm（2开）定价：CNY0.14

J0048549
大庆原油进榆关　（中堂及对联）贾克里，吴
建中作
石家庄　河北人民出版社　1976年　3轴

定价：CNY0.75

J0048550
大庆战友送宝来　谢智良作
武汉　湖北人民出版社　1976年　1张　76cm（2开）
定价：CNY0.14

J0048551
大学办到"公社"来　课峥嵘作
南宁　广西人民出版社　1976年　1张　76cm（2开）
定价：CNY0.14

J0048552
大学办在咱队里　王敏作
上海　上海人民出版社　1976年　1张　76cm（2开）
定价：CNY0.14

J0048553
大学归来　刘景秀作
西安　陕西人民出版社　1976年　1张　76cm（2开）
定价：CNY0.11

J0048554
大院盛开向阳花　冯忆南作
南京　江苏人民出版社　1976年　1张　76cm（2开）
定价：CNY0.14

J0048555
大寨
上海　上海人民出版社　1976年　1张　76cm（2开）

J0048556
大寨的春天
上海　上海人民出版社　1976年　1张　76cm（2开）

J0048557
大寨红花遍地开　大庆红旗迎风展　邬应
能作
贵阳　贵州人民出版社　1976年　1张　76cm（2开）
定价：CNY0.14

J0048558
大寨之夜　张明真作
太原　山西人民出版社　1976年　1张　76cm（2开）
定价：CNY0.14

J0048559

大寨子山歌震山河　崔炳良作

武汉　湖北人民出版社　1976年　1张 76cm（2开）
定价：CNY0.14

J0048560

代表会后　陈延作

兰州　甘肃人民出版社　1976年　1张 53cm（4开）
定价：CNY0.07

J0048561

丹心育战马　（四条屏）谭国信画；马炳洁，王
永华配诗

济南　山东人民出版社　1976年　2张 76cm（2开）
定价：CNY0.22

J0048562

当代愚公换新天　刘棣作

哈尔滨　黑龙江人民出版社 1976年　1张
76cm（2开）定价：CNY0.11

　　作者刘棣（1948—　　），画家。别名刘怀山，
辽宁锦州人。毕业于内蒙古师范学院艺术系美
术专业。主要作品有《伯乐相马》《破晓》《大漠
行》等。

J0048563

到大江大海中锻炼　武海鹰作

石家庄　河北人民出版社　1976年　1张
76cm（2开）定价：CNY0.14

　　作者武海鹰（1944—　），画家。擅长中国画、
年画。河北永清人。就学于中央美术学院。河
北省永清县文化馆副研究馆员。年画作品有《周
总理请客》《胜芳花灯》获全国美术作品展览奖
项，《六子争鱼》《为国争光》《连年有余》入选全
国美术作品展览。

J0048564

灯亮心明　姚向群作

杭州　浙江人民出版社　1976年　1张 76cm（2开）
定价：CNY0.11

J0048565

地下粮仓　李惠作

石家庄　河北人民出版社　1976年　1张
76cm（2开）定价：CNY0.11

J0048566

定教来敌无路回　殷培华等作

上海　上海人民出版社　1976年　1张 76cm（2开）
定价：CNY0.14

　　作者殷培华（1943—　　），国家一级美术师。
江苏常熟人。毕业于苏州工艺美术专科学校。
曾任《山东民兵》美术编辑、南京军区政治部文
艺创作室专职创作员等职。主要作品有《三比一》
《总理和老农》《歌别图》等。

J0048567

东方红　张松鹤画

长春　吉林人民出版社　1976年　1张 76cm（2开）
定价：CNY0.14

J0048568

冬子筹盐的故事　蔡世明，王衢生作

合肥　安徽人民出版社　1976年　1张 76cm（2开）
定价：CNY0.14

J0048569

洞庭湖上"红小兵"　郑小娟作

北京　人民美术出版社　1976年　1张 76cm（2开）
定价：CNY0.14

　　作者郑小娟（1940—　），女，画家。湖南长
沙人。毕业于湖南师范大学美术系。历任湖南
美术出版社编审、中国美术家协会理事、中国工
笔画学会理事、湖南省美术家协会副主席、湖南
省文联委员。著有《工笔人物画技法》《中国当
代美术家画库·郑小娟》《郑小娟作品集》。

J0048570

斗恶风 战暴雨　陈建国作

上海　上海人民出版社　1976年　1张 76cm（2开）
定价：CNY0.11

J0048571

队队红旗过长江　刘长恩画

长春　吉林人民出版社　1976年　1张 76cm（2开）
定价：CNY0.14

　　作者刘长恩（1936—1996），吉林通榆人，吉
林美术出版社美术编辑。代表作品《咱队的好猎
手》《再请战》《巧妈妈》等。

J0048572
队里年年添新仓　陈一文作
南昌 江西人民出版社 1976年 1张 76cm（2开）
定价：CNY0.14

J0048573
队小粮多　翼城县农民业余美术组作
太原 山西人民出版社 1976年 1张 76cm（2开）
定价：CNY0.11

J0048574
对春联　郑道鸿作
武汉 湖北人民出版社 1976年 1张 76cm（2开）
定价：CNY0.14

J0048575
多像咱们老支书　尚天保作
太原 山西人民出版社 1976年 1张 76cm（2开）
定价：CNY0.11

J0048576
夺钢凯歌　孟晋元作
济南 山东人民出版社 1976年 1张 76cm（2开）
定价：CNY0.11

J0048577
夺钢凯歌　孟晋元作
上海 上海人民出版社 1976年 1张 76cm（2开）
定价：CNY0.11

J0048578
夺钢英雄　张方震作
成都 四川人民出版社 1976年 1张 76cm（2开）
定价：CNY0.11

J0048579
夺取生产新胜利 革命到底志不移　廖乐厚，邱启光作
南昌 江西人民出版社 1976年 1张 76cm（2开）
定价：CNY0.11

J0048580
夺油赞　（四条屏）洪世清作
杭州 浙江人民出版社 1976年 4张 53cm（4开）
定价：CNY0.28

J0048581
发扬革命传统 争取更大光荣　金珏，李颂嘉作
贵阳 贵州人民出版社 1976年 1张 76cm（2开）
定价：CNY0.14

J0048582
放学路上　李平升作
西安 陕西人民出版社 1976年 1张 76cm（2开）
定价：CNY0.14

J0048583
沸腾的炉前　庞建国作
广州 广东人民出版社 1976年 1张 76cm（2开）
定价：CNY0.14

J0048584
丰收场上披新装
上海 上海人民出版社 1976年 1张 76cm（2开）

J0048585
丰收场上找差距　昔阳县洪水"公社"南峪大队业余美术组编
太原 山西人民出版社 1976年 1张 76cm（2开）
定价：CNY0.11

J0048586
丰收时节　景志龙作
成都 四川人民出版社 1976年 1张 76cm（2开）
定价：CNY0.11

J0048587
丰收运动会　余统德，毛翔先作
杭州 浙江人民出版社 1976年 1张 76cm（2开）
定价：CNY0.14

J0048588
风景这边独好　上海市轻工业局工会美术创作组
上海 上海人民出版社 1976年 1张 76cm（2开）
定价：CNY0.11

J0048589
服务上门树新风 跋山涉水为革命　王祖军作
昆明 云南人民出版社 1976年 1张 76cm（2开）

定价: CNY0.11

J0048590

辅导员　徐东来等作

天津　天津人民美术出版社 1976 年 1 张
76cm（2 开）定价: CNY0.11

J0048591

妇女号归航　胡德智，梁万成作

南宁 广西人民出版社 1976 年 1 张 78cm（2 开）
定价: CNY0.10

J0048592

复员不恋城奔赴新农村　徐谷安，高志岳作

杭州 浙江人民出版社 1976 年 1 张 76cm（2 开）
定价: CNY0.11

　　作者徐谷安（1943— ），一级美术师、美术
评论家、字画鉴定专家。别名大风、谷冰、禅心，
斋名禅风听雨斋。生于上海，毕业于浙江美术学
院。历任少年儿童出版社（上海）资深美术编辑、
世界教科文组织联合协会首席艺术家、中国艺术
学院教授、中国书画研究会副会长。代表作品有
《天光》《山水》等。

J0048593

改土英雄 养猪模范　文小苗作

成都 四川人民出版社 1976 年 1 张 76cm（2 开）
定价: CNY0.11

J0048594

高唱凯歌还　赵贵德作

石家庄 河北人民出版社 1976 年 1 张
76cm（2 开）定价: CNY0.14

　　作者赵贵德（1937— ），满族、国家一级美
术师。生于北京。历任中国美术家协会理事、河
北省美术家协会名誉主席。代表作品有《激流》
《春潮》《大风歌》《神骏图》等，著有《怎样才能
画好速写》。

J0048595

高原盛开大寨花

上海 上海人民出版社 1976 年 1 张 76cm（2 开）

J0048596

高原盛开大寨花　李万春作

成都 四川人民出版社 1976 年 1 张 76cm（2 开）
定价: CNY0.11

J0048597

高原新貌　李献珍作

兰州 甘肃人民出版社 1976 年 1 张 53cm（4 开）
定价: CNY0.07

J0048598

戈江两岸尽朝晖　赵鸿恩，汪克寅作

合肥 安徽人民出版社 1976 年 2 张 76cm（2 开）
定价: CNY0.28

J0048599

革命促生产 山河换新颜　王立新作

南昌 江西人民出版社 1976 年 1 张 76cm（2 开）
定价: CNY0.11

J0048600

革命代代如潮涌　关鉴作

上海 上海人民出版社 1976 年 1 张 78cm（2 开）
定价: CNY0.09

J0048601

革命代代如潮涌　关鉴作

天津 天津杨柳青画店 1976 年 1 幅
76cm（2 开）定价: CNY0.28

J0048602

革命接班人　（四条屏）

天津 天津杨柳青画店 1976 年 4 幅
定价: CNY1.10

J0048603

革命路上又相逢　陈有吉画

长春 吉林人民出版社 1976 年 1 张 76cm（2 开）
定价: CNY0.14

J0048604

革命人喜欢革命画　苏全成，单华驹作

太原 山西人民出版社 1976 年 1 张 76cm（2 开）
定价: CNY0.11

J0048605

革命声传画舫中　陈松林，吴自强合作

上海　上海书画社 1976 年　1 张 76cm（2 开）
定价：CNY0.14

　　作者吴自强（1943—　　），画家。祖籍浙江杭州，又名吴声。生于江苏苏州。毕业于浙江美术学院工艺美术系。历任杭州画院专业画家、中国美术家协会会员、浙江人民出版社美术编辑。主要作品有《傲雪》《春酣》《西湖诗词画意百图》《古诗画诗》《长恨歌二十图》等。

J0048606
革命声传画舫中　陈松林，吴自强合作
杭州　浙江人民出版社 1976 年　1 张 76cm（2 开）
定价：CNY0.14

J0048607
革命真理代代传　李正康作
成都　四川人民出版社 1976 年　1 张 76cm（2 开）
定价：CNY0.11

J0048608
各行各业支农忙　李俊杰画
长春　吉林人民出版社 1976 年　1 张 76cm（2 开）
定价：CNY0.14

J0048609
各族人民的心愿　翁开恩作
福州　福建人民出版社 1976 年　1 张 76cm（2 开）
定价：CNY0.14

　　作者翁开恩（1939—　　），教授。号竹啸庄人，福建莆田人。历任福建师范大学美术系副教授，福建画院、福州画院、福建政协画师，中国美术家协会会员，福建美术家协会理事。出版有《翁开恩画集》《翁开恩写生》《翁开恩画辑》等。

J0048610
各族人民心向党　姚有信等作
上海　上海人民出版社 1976 年　1 张 76cm（2 开）
定价：CNY0.14

　　作者姚有信（1935—1997），画家。浙江湖州人。上海华东美术出版社专业画家，在浙江美术学院国画系师从潘天寿，后又师从程十发攻连环画创作。连环画作品有《伤逝》《刘胡兰小时候的故事》《刘胡兰小时候的故事》《戊达吉和她的父亲》《聂耳》等。

J0048611
耕云播雨夺丰收　张武勇作
上海　上海人民出版社 1976 年　1 张 76cm（2 开）
定价：CNY0.14

J0048612
工地新事多　盛菊轩作
长沙　湖南人民出版社 1976 年　1 张 76cm（2 开）
定价：CNY0.11

J0048613
工地宣传员　罗展桓作
西安　陕西人民出版社 1976 年　1 张 76cm（2 开）
定价：CNY0.11

J0048614
工地战旗红　何元廷，谢伯齐作
武汉　湖北人民出版社 1976 年　1 张 76cm（2 开）
定价：CNY0.14

J0048615
工农兵形象选　（6）天津人民美术出版社编辑
天津　天津人民美术出版社 1976 年　76 页
15cm（40 开）定价：CNY0.36

　　中国现代年画作品，选自 1975 年《全国年画少年儿童美术作品展览》年画部分。

J0048616
工农兵学员毕业实践成果丰硕　广州市美术工作室供稿
广州　广东人民出版社 1976 年　1 张 76cm（2 开）
定价：CNY0.14

J0048617
工农携手保丰收　宋恩民作
沈阳　辽宁人民出版社 1976 年　1 张 76cm（2 开）
定价：CNY0.11

J0048618
工农携手夺丰收　沈汉武作
武汉　湖北人民出版社 1976 年　1 张 76cm（2 开）
定价：CNY0.14

J0048619
工农一家亲　朱海廷作

哈尔滨　黑龙江人民出版社　1976 年　1 张
76cm（2 开）定价：CNY0.11

J0048620
工人阶级永远领导学校　广州市美术工作室
供稿
广州　广东人民出版社　1976 年　1 张 76cm（2 开）
定价：CNY0.14

J0048621
工业学大庆　农业学大寨　李恒声作
南宁　广西人民出版社　1976 年　1 张 76cm（2 开）
定价：CNY0.14

J0048622
工业学大庆　农业学大寨　李恒声作
南宁　广西人民出版社　1976 年　1 张 53cm（4 开）
定价：CNY0.07

J0048623
工艺新花　李夜冰作
太原　山西人民出版社　1976 年　1 张 76cm（2 开）
定价：CNY0.11
　　作者李夜冰（1931—　），画家、艺术家、高
级工艺美术师。河北井陉县人。中国美术家协
会会员、中央文史研究馆书画院研究员、中央书
画艺术研究院名誉院长、五台山佛教书画艺术研
究院名誉院长、山西国际文化交流画院院长。代
表作品《明珠今夜更灿烂》《夕阳映辉》《三雕惊
世》《华沙一条街》等。

J0048624
"公社"春来早　周守忠作
上海　上海人民出版社　1976 年　1 张 76cm（2 开）
定价：CNY0.11

J0048625
"公社"的节日　阳云等作
石家庄　河北人民出版社　1976 年　1 张
76cm（2 开）定价：CNY0.14

J0048626
"公社"的节日　阳云等作
西宁　青海人民出版社　1976 年　1 张 76cm（2 开）
定价：CNY0.11

J0048627
"公社"的节日　阳云等作
北京　人民美术出版社　1976 年　1 张 76cm（2 开）
定价：CNY0.11

J0048628
"公社"湖畔　章真理作
合肥　安徽人民出版社　1976 年　1 张 76cm（2 开）
定价：CNY0.14

J0048629
"公社"小社员　廖连贵作
武汉　湖北人民出版社　1976 年　1 张 76cm（2 开）
定价：CNY0.14
　　作者廖连贵（1932—　），国家一级美术师。
广西贵港市人。毕业于华中师范大学美术系，并
留校任教。历任中国美术家协会会员、湖北省美
术院专业画家、湖北水墨画院院士、湖北书画院
院士。作品有《高原千里踪》《瑶老庚》《东坡夜
游图》《勇进》《版纳的笑声》等。

J0048630
"公社"新春　吴炳德等作
广州　广东人民出版社　1976 年　1 张 76cm（2 开）
定价：CNY0.14

J0048631
"公社"渔场　肖代贤作
武汉　湖北人民出版社　1976 年　1 张 76cm（2 开）
定价：CNY0.14

J0048632
巩固无产阶级专政　加速社会主义建设　贺
旭作
长沙　湖南人民出版社　1976 年　1 张 76cm（2 开）
定价：CNY0.11

J0048633
共大毕业回山乡　徐福根画
长春　吉林人民出版社　1976 年　1 张 76cm（2 开）
定价：CNY0.14

J0048634
古田光辉照征途　郑学恭画
福州　福建人民出版社　1976 年　1 张 76cm（2 开）

定价: CNY0.14

J0048635
管得好　山东省小戏队演出; 上海电影制片厂拍摄
济南　山东人民出版社　1976年　2张　76cm(2开)
定价: CNY0.22
　　中国现代年画作品, 剧照四条屏。

J0048636
光辉词篇照前程　刘嘉学作
沈阳　辽宁人民出版社　1976年　1张　76cm(2开)
定价: CNY0.11

J0048637
光荣人家　马荣华作
贵阳　贵州人民出版社　1976年　1张　76cm(2开)
定价: CNY0.14

J0048638
广阔天地气象万千　上海"五七"农场美术创作组
上海　上海人民出版社　1976年　1张　76cm(2开)
定价: CNY0.11

J0048639
广阔天地新苗壮　唐利庆等画
成都　四川人民出版社　1976年　1张　76cm(2开)
定价: CNY0.11

J0048640
广州新貌　张先志, 林振声作
广州　广东人民出版社　1976年　1张
107cm(全开)定价: CNY0.28

J0048641
国家球队在农村　苏家芬作
广州　广东人民出版社　1976年　1张　76cm(2开)
定价: CNY0.14
　　作者苏家芬(1945—　), 女, 讲师。广东新会人, 毕业于广州美术学院工艺系。广东轻工职业技术学院副教授、中国美术家协会会员、广东美术家协会理事。作品有《何芷故事选》《煤油灯下的欢乐》《猎鲨者》《笑画》《苏家芬水彩画集》等。

J0048642
还是当年那股劲　赵幼华画
长春　吉林人民出版社　1976年　1张　76cm(2开)
定价: CNY0.11

J0048643
还须努力作战　邢中杰作
合肥　安徽人民出版社　1976年　1张　76cm(2开)
定价: CNY0.14

J0048644
海上轻骑　王兆平作
杭州　浙江人民出版社　1976年　1张　76cm(2开)
定价: CNY0.11

J0048645
海上业余大学　林崇成, 韩培生作
杭州　浙江人民出版社　1976年　1张　76cm(2开)
定价: CNY0.14

J0048646
好妈妈疼爱咱象亲娘一样　吴建武作
武汉　湖北人民出版社　1976年　1张　76cm(2开)
定价: CNY0.14

J0048647
合作医疗健全普及 赤脚红心送药送医　刘薇作
昆明　云南人民出版社　1976年　1张　76cm(2开)
定价: CNY0.11

J0048648
狠批投降派　冯正健作
上海　上海人民出版社　1976年　1张　76cm(2开)
定价: CNY0.14

J0048649
红儿班演出队　吴纯洁, 方文河作
福州　福建人民出版社　1976年　1张　76cm(2开)
定价: CNY0.14

J0048650
红花朵朵　廖连贵作
武汉　湖北人民出版社　1976年　1张　76cm(2开)
定价: CNY0.14

作者廖连贵(1932—　)，国家一级美术师。广西贵港市人。毕业于华中师范大学美术系，并留校任教。历任中国美术家协会会员、湖北省美术院专业画家、湖北水墨画院院士、湖北书画院院士。作品有《高原千里踪》《瑶老庚》《东坡夜游图》《勇进》《版纳的笑声》等。

J0048651
红花送给姐姐戴　杨涤江作
哈尔滨　黑龙江人民出版社　1976年　1张
76cm(2开)　定价: CNY0.11
　　作者杨涤江(1949—　)，画家。浙江绍兴人。于哈尔滨师范大学艺术系美术专业学习，擅长油画。曾任海宁市美术家协会主席。代表作品有《荒原情》《孤儿》《太行山上》《伟大的使命》等。

J0048652
红军的故事　尹呈忠作
南昌　江西人民出版社　1976年　1张76cm(2开)
定价: CNY0.11

J0048653
红军路上　章仁缘作
兰州　甘肃人民出版社　1976年　1张53cm(4开)
定价: CNY0.07

J0048654
红军路上　章仁缘作
上海　上海人民出版社　1976年　1张76cm(2开)
定价: CNY0.11

J0048655
红日映钢城　胡华令作
合肥　安徽人民出版社　1976年　1张76cm(2开)
定价: CNY0.14

J0048656
红书育新人　叶德昌作
武汉　湖北人民出版社　1976年　1张76cm(2开)
定价: CNY0.14

J0048657
"红小兵"志气高 学习大寨立功劳　高汝法作
银川　宁夏人民出版社　1976年　1张76cm(2开)
定价: CNY0.14

J0048658
红心铁手绘新图 管天管地迎丰收　卢永祯作
太原　山西人民出版社　1976年　1张53cm(4开)
定价: CNY0.06

J0048659
红星闪闪亮 红旗代代传　马长春作
昆明　云南人民出版社　1976年　1张76cm(2开)
定价: CNY0.11

J0048660
宏图大业我们创　于占德画
济南　山东人民出版社　1976年　1张76cm(2开)
定价: CNY0.11
　　作者于占德(1946—　)，山东武城县人。曾任中国美术家协会会员、山东画院高级画师、德州学院副教授等职。主要作品有《农家宝宝》《甜》《连年有余》等。

J0048661
宏伟的设想，壮丽的前景　张祖泰，林天德作
广州　广东人民出版社　1976年　1张78cm(2开)
定价: CNY0.10

J0048662
呼风唤雨新一代　张达平作
南宁　广西人民出版社　1976年　1张76cm(2开)
定价: CNY0.14
　　作者张达平(1945—　)，广西博白人。师从著名岭南派画家黄独峰。曾任广西美术出版社副总编、广西书画研究会副会长、广西文物收藏家协会副会长等职。主要作品有《苗山新绣》《狼孩》《木偶奇遇记》等。

J0048663
湖上新兵　郑小娟作
长沙　湖南人民出版社　1976年　1张76cm(2开)
定价: CNY0.11
　　作者郑小娟(1940—　)，女，画家。湖南长沙人。毕业于湖南师范大学美术系。历任湖南美术出版社编审、中国美术家协会理事、中国工笔画学会理事、湖南省美术家协会副主席、湖南省文联委员。著有《工笔人物画技法》《中国当代美术家画库·郑小娟》《郑小娟作品集》。

J0048664

虎头山上机声隆 （八条屏）赵卧虎作
北京 人民美术出版社 1976年 4张 76cm（2开）
定价：CNY0.56

J0048665

虎头山上育新苗 赵卧虎，贾秋生作
太原 山西人民出版社 1976年 1张 76cm（2开）
定价：CNY0.14

J0048666

互学 唐石生作
南宁 广西人民出版社 1976年 1张 76cm（2开）
定价：CNY0.14

J0048667

华灯初放 费正画
石家庄 河北人民出版社 1976年 1张
76cm（2开）定价：CNY0.11

J0048668

淮北人民学大寨 赖少其等作
北京 人民美术出版社 1976年 1张 76cm（2开）
定价：CNY0.14
　　作者赖少其（1915—2000），艺术家。斋号木
石斋，广东普宁市人。毕业于广州美术专科学校。
历任上海美术家协会副主席、中共安徽省委宣传
部副部长、广州市美术家协会名誉主席、中国版
画家协会副主席。

J0048669

淮河儿女 蔡方作
合肥 安徽人民出版社 1976年 1张 76cm（2开）
定价：CNY0.11

J0048670

欢腾的山岙 郦纬农作
杭州 浙江人民出版社 1976年 1张 76cm（2开）
定价：CNY0.11

J0048671

欢迎新社员 沈永生作
昆明 云南人民出版社 1976年 1张 76cm（2开）
定价：CNY0.11

J0048672

黄河故道果满园 孙宗禧作
合肥 安徽人民出版社 1976年 1张 76cm（2开）
定价：CNY0.14
　　作者孙宗禧，画家。安徽砀山人，斋名土山
草堂，映雪堂。晚年自署禧禧翁。国家二级美术师、
中国年画研究会会员、安徽年画研究会理事、中
国美术家协会安徽分会会员、砀山县书画院第一
任院长。主要作品有《毕业归来》《黄河故道果
满园》《仙山琼阁》等。

J0048673

黄河两岸映朝晖 李明媚，孙敬会画
济南 山东人民出版社 1976年 1张 76cm（2开）
定价：CNY0.14
　　作者李明媚（1936— ），女，教授。字
克平，笔名汇波，浙江宁波人。山东艺术学院
教授。作品有《给咱添花》《同饮幸福水》《拳
友》《流水寄深情》等，出版有《工笔人物画技
法》《李明媚人物画选》《李明媚传统人物画专
辑》等。作者孙敬会（1939— ），教授。字克齐，
号生前生，山东艺术研究院中国绘画研究室主
任。出版专著和画集有《写意人物画技法》《中
国肖像画研究》《孙敬会人物画选》《孙敬会水
浒人物全图》等。

J0048674

黄河女民兵 崔占德画
济南 山东人民出版社 1976年 1张 76cm（2开）
定价：CNY0.11

J0048675

会前 刘志德作
上海 上海人民出版社 1976年 1张 76cm（2开）
定价：CNY0.11
　　作者刘志德（1940— ），农民画家，一级画
师。陕西户县人，户县农民画代表人物。历任中
国农民书画研究会副会长、中国民俗艺术研究院
院士。有专著《老书记传奇》。

J0048676

会战前夜 单忠雨作
沈阳 辽宁人民出版社 1976年 1张 76cm（2开）
定价：CNY0.11

J0048677
火旺钢红志更坚　张忠国等作
上海　上海人民出版社　1976年　1张　76cm（2开）
定价：CNY0.11

J0048678
激浪飞筏　盛济坤作
贵阳　贵州人民出版社　1976年　1张　76cm（2开）
定价：CNY0.14

J0048679
技术革新开红花
上海　上海人民出版社　1976年　1张　76cm（2开）

J0048680
继承先辈志　永做革命人　李明作
哈尔滨　黑龙江人民出版社　1976年　1张
76cm（2开）定价：CNY0.11

J0048681
继续革命不停步　金川有色金属公司工人业
余美术创作组
兰州　甘肃人民出版社　1976年　1张　76cm（2开）
定价：CNY0.14

J0048682
**继续革命争取更大光荣　艰苦奋斗永葆革
命青春**　刘海成，邬建民作
合肥　安徽人民出版社　1976年　1张　76cm（2开）
定价：CNY0.06

J0048683
家喻户晓　苏耕画
济南　山东人民出版社　1976年　1张　76cm（2开）
定价：CNY0.11
　　作者苏耕（1943— ），画家。生于山东荣成。
原名苏永畔。毕业于山东艺术专科学校，后结业
于中央美术学院。威海画院专职画家、副院长、
副书记，中国美术家协会会员，国家一级美术
师，作品有《大街小巷》《铁路哨兵》《童心》《在
艺术的故乡里》等。

J0048684
艰苦奋斗创大业　自力更生绘新图
天津　天津杨柳青画店　1976年　2轴

定价：CNY0.28

J0048685
**艰苦奋斗继承革命传统　奋发图强建设社
会主义**
石家庄　河北人民出版社　1976年　2轴
定价：CNY0.45

J0048686
胶林新曲　宁霄作
南宁　广西人民出版社　1976年　1张　76cm（2开）
定价：CNY0.14

J0048687
教育革命结硕果　开门办学育新人　崔培
华作
武汉　湖北人民出版社　1976年　1张　76cm（2开）
定价：CNY0.14

J0048688
阶级斗争永不忘　继续革命攀高峰　姚学贤
书；梁紫冰画
郑州　河南人民出版社　1976年　1张　53cm（4开）
定价：CNY0.06

J0048689
接妹妹　陈初良作
福州　福建人民出版社　1976年　1张　76cm（2开）
定价：CNY0.14
　　作者陈初良（1944— ），画家。福建闽侯
人，毕业于厦门工艺美术学院绘画系。历任福州
画院专职画家、国家一级美术师。代表作《海岳
雄峙》《花草美人秋》《郁郁乡情》等。出版有《陈
初良画集》《四季古诗》《陈初良线描》等。

J0048690
节日西湖　徐屏作
杭州　浙江人民出版社　1976年　1张　76cm（2开）
定价：CNY0.14
　　作者徐屏（1944— ），教师。江苏灌云人，
浙江美术学院附中讲师、中国美术家协会会员。
作品有《小旅馆》《春催幼芽》《茶与健康》《骄阳
下的火花》等。

J0048691

今日荒山明日粮川　嵇兰田画
长春 吉林人民出版社 1976年 1张 76cm（2开）
定价：CNY0.11

J0048692

金凤凰飞回黎家寨　鸥洋，杨之光合作
上海 上海书画社 1976年 1张 76cm（2开）
定价：CNY0.14
　　作者鸥洋（1937— ），女，生于湖北武昌，
原籍江西龙南，毕业于广州美术学院，留校任
教。历任广州美术学院教授、中国美术家协会会
员、中国油画学会理事、广东美术家协会油画艺
术委员会委员、广东油画学会副主席。代表作有
《女民警》《往事涌心头》《金色的秋天》等。作
者杨之光（1930— ），画家。又名焘甫，广东揭
西人，毕业于中央美术学院绘画系。历任广州美
术学院教授、副院长，广州画院国画系教授、副
院长，美术家协会广东分会理事，岭南美术专修
学院院长等职。代表作品有《毛泽东主办广东农
民运动讲习所》《浴日图》《矿山新兵》，著作有
《中国画人物画法》《杨之光画集》《杨之光书法
集》等。

J0048693

金桥新事　（移风易俗小故事）夏生和等作
上海 上海人民出版社 1976年 1张 76cm（2开）
定价：CNY0.11

J0048694

金色的种子　罗远安作
成都 四川人民出版社 1976年 1张 76cm（2开）
定价：CNY0.11

J0048695

精心饲养　王连树作
上海 上海人民出版社 1976年 1张 76cm（2开）
定价：CNY0.11

J0048696

井冈山　上海人民出版社编
上海 上海人民出版社 1976年 1张 76cm（2开）
定价：CNY0.14

J0048697

井冈水情谊深　徐筱蓉作
南昌 江西人民出版社 1976年 1张 76cm（2开）
定价：CNY0.11

J0048698

井冈新苗　胡立义作
南昌 江西人民出版社 1976年 1张 76cm（2开）
定价：CNY0.14

J0048699

井井在心中　郑小鹏作
哈尔滨 黑龙江人民出版社 1976年 1张
76cm（2开）定价：CNY0.14

J0048700

警惕　白铭洲作
兰州 甘肃人民出版社 1976年 1张 53cm（4开）
定价：CNY0.07

J0048701

警惕　白铭洲作
北京 人民美术出版社 1976年 1张 76cm（2开）
定价：CNY0.11

J0048702

桔子洲头　古干作
北京 人民体育出版社 1976年 1张 76cm（2开）
定价：CNY0.11
　　作者古干（1942— ），画家。中国美术家协
会会员、中国现代书画学会会长、世界书法家协
会荣誉顾问。

J0048703

举旗抓纲 纲举目张　覃树林，陈翔云作
南宁 广西人民出版社 1976年 1张 53cm（4开）
定价：CNY0.07

J0048704

决裂　黄健中改编
北京 人民美术出版社 1976年 1张
107cm（全开）定价：CNY0.28
　　根据同名电影改编的现代年画作品。

J0048705

军爱民　民拥军　军民团结一家亲　廖宗怡，仓小宝作

南宁　广西人民出版社　1976年　1张　76cm（2开）

定价：CNY0.14

　　作者廖宗怡（1937—　　），画家、国家一级美术师。广东汕头人，广州美术学院进修。历任中国美术家协会会员、中国书法家协会会员、广州军区政治部创作室创作员。代表作品有《最高的奖赏》《广州农民运动讲习所》《阵地午餐》《山中那十九座坟茔》等。

J0048706

军民同夜练　吴敏作

天津　天津人民美术出版社　1976年　1张
76cm（2开）定价：CNY0.11

J0048707

军民一家亲　革命情谊深　肖征波作

昆明　云南人民出版社　1976年　1张53cm（4开）

定价：CNY0.06

J0048708

开门办好学　李建章作

石家庄　河北人民出版社　1976年　1张
76cm（2开）定价：CNY0.11

J0048709

开门办学好　（蒙族）苏赫作

沈阳　辽宁人民出版社　1976年　1张76cm（2开）

定价：CNY0.11

J0048710

开门办学好

上海　上海人民出版社　1976年　1张76cm（2开）

J0048711

开门办学展新颜　刘勇作

太原　山西人民出版社　1976年　1张76cm（2开）

定价：CNY0.14

J0048712

开学典礼　王秦生作

石家庄　河北人民出版社　1976年　1张
76cm（2开）定价：CNY0.14

J0048713

开学典礼　王秦生作

沈阳　辽宁人民出版社　1976年　1张76cm（2开）

定价：CNY0.14

J0048714

开学典礼　王秦生作

太原　山西人民出版社　1976年　1张76cm（2开）

定价：CNY0.14

J0048715

开学典礼　王秦生作

上海　上海人民出版社　1976年　1张76cm（2开）

定价：CNY0.14

J0048716

凯歌阵阵　张清桂作

合肥　安徽人民出版社　1976年　1张76cm（2开）

定价：CNY0.14

J0048717

看妈妈打球　尤开民作

南宁　广西人民出版社　1976年　1张76cm（2开）

定价：CNY0.14

J0048718

柯湘　（革命现代京剧《杜鹃山》人物）程宝泓，刘柏荣作

上海　上海书画社　1976年　1幅　定价：CNY0.80

J0048719

颗颗种子育新苗　任川画

长春　吉林人民出版社　1976年　1张76cm（2开）

定价：CNY0.11

J0048720

课堂　纺织局工人业余美术创作组等作

上海　上海人民出版社　1976年　1张76cm（2开）

定价：CNY0.11

J0048721

来到毛主席身边　裴常青作

天津　天津人民美术出版社　1976年　1张
76cm（2开）定价：CNY0.11

J0048722
浪高耳敏　毛文佐作
杭州　浙江人民出版社　1976年　1张 76cm（2开）
定价：CNY0.11
　　作者毛文佐（1944—　），油画家。浙江岱山人。历任舟山市美术家协会副主席、中国美术家协会会员、中国油画学会会员等。作品有《大海与铁猫》《艳阳秋》《大海丰碑》等。

J0048723
劳动大军　陈以雄作
广州　广东人民出版社　1976年　1张 76cm（2开）
定价：CNY0.14

J0048724
劳动妇女是伟大的革命力量　尹欢作
太原　山西人民出版社　1976年　1张 53cm（4开）
定价：CNY0.04

J0048725
擂台　余家台"公社"业余美术组作
长沙　湖南人民出版社　1976年　1张 76cm（2开）
定价：CNY0.11

J0048726
离队之前　葛振纲作
成都　四川人民出版社　1976年　1张 76cm（2开）
定价：CNY0.11

J0048727
李逵扯诏　王德兴，赵志光作
太原　山西人民出版社　1976年　1张 76cm（2开）
定价：CNY0.11

J0048728
李逵反投降　（四条屏）孙景全画；岳宗周等文
济南　山东人民出版社　1976年　2张 76cm（2开）
定价：CNY0.22

J0048729
李逵反招安　（四条屏）汪家龄作
合肥　安徽人民出版社　1976年　2张 76cm（2开）
定价：CNY0.28
　　作者汪家龄（1944—2010），画家。江西婺源人。中国艺术研究院特邀创作委员、黄山市美术家协会副主席、黄山市中国画研究院院长、中国美术家协会安徽分会会员。擅长连环画。作品有《追牛》《三八号》《红烛泪》等连环画，《哪吒闹海》《三战吕布》等年画。

J0048730
李逵撕"诏书"　王茂君画
济南　山东人民出版社　1976年　1张 76cm（2开）
定价：CNY0.11

J0048731
李自成怒斩叛徒　海滨改编；王钰珉等画
沈阳　辽宁人民出版社　1976年　2张 76cm（2开）
定价：CNY0.22

J0048732
理论辅导员　李乐玉画
济南　山东人民出版社　1976年　1张 76cm（2开）
定价：CNY0.11

J0048733
理论战线小尖兵　郭爱娣作
上海　上海人民出版社　1976年　1张 76cm（2开）
定价：CNY0.11

J0048734
练出铁手腕　张自生画
福州　福建人民出版社　1976年　1张 76cm（2开）
定价：CNY0.14

J0048735
练好本领　保卫祖国　（四条屏）毛文彪画；张鸣诗
石家庄　河北人民出版社　1976年　2张 76cm（2开）定价：CNY0.22

J0048736
练好本领　保卫祖国　卢福根作
武汉　湖北人民出版社　1976年　1张 76cm（2开）
定价：CNY0.11

J0048737
练武去　赵金龙作
天津　天津人民美术出版社　1976年　1张

76cm（2开）定价：CNY0.11

J0048738
粮船数不尽　洪耀华作
石家庄　河北人民出版社　1976年　1张
76cm（2开）定价：CNY0.14

J0048739
两个辅导员　郧阳地区美术学习班供稿
武汉　湖北人民出版社　1976年　1张76cm（2开）
定价：CNY0.14

J0048740
列车新风　黄乃源作
西安　陕西人民出版社　1976年　1张76cm（2开）
定价：CNY0.14
　　作者黄乃源（1931—2004），教授。江西萍乡
市人。毕业于西北艺术学院（西安美术学院前身），
并留校任教。中国美术家协会会员、陕西美术家
协会理事、陕西油画学会副会长。作品有《巡道
工》《巨轮》《萍矿洗煤厂》等。出版画册有《黄
乃源油画风景习作选》《黄乃源油画作品选》《黄
乃源油画风景写生集》等。

J0048741
烈马河畔　张韫韬等画；孟阳配诗
石家庄　河北人民出版社　1976年　1张
76cm（2开）定价：CNY0.14

J0048742
六忆神州尽舜尧　宋飞作
广州　广东人民出版社　1976年　1张76cm（2开）
定价：CNY0.14

J0048743
龙腾虎跃　章毓霖作
北京　人民体育出版社　1976年　1张76cm（2开）
定价：CNY0.11
　　作者章毓霖（1947—2006），生于南通市，历
任江苏省美术家协会会员、南通市美术家协会理
事、海安县美术家协会主席、海安书画院兼职画
师。作品有《"北京人"下落不明》等。

J0048744
龙腾虎跃　章毓霖作

上海　上海人民出版社　1976年　1张76cm（2开）
定价：CNY0.11

J0048745
聋哑妹上学了　李卫中作
贵阳　贵州人民出版社　1976年　1张76cm（2开）
定价：CNY0.14

J0048746
炉前　罗荣心作
西安　陕西人民出版社　1976年　1张76cm（2开）
定价：CNY0.11

J0048747
妈妈参加了篮球队　何春晓，卢宝童作
太原　山西人民出版社　1976年　1张76cm（2开）
定价：CNY0.11

J0048748
码头工人唱"海港"丰收时节颂"龙江"　叶
其青作
广州　广东人民出版社　1976年　1张76cm（2开）
定价：CNY0.14
　　作者叶其青（1949—　），国家一级美术师。
广东顺德人。佛山画院专职画家、佛山市美术家
协会副主席、中国美术家协会会员、广东省美术
家协会理事。主要作品有《四时花似锦》《果香》
《水乡曲》《园趣》《沃土》等。

J0048749
码头工人唱"海港"丰收时节颂"龙江"　叶
其青作
广州　广东人民出版社　1976年　1张53cm（4开）
定价：CNY0.07

J0048750
麦场战歌　许贵芳作
太原　山西人民出版社　1976年　1张53cm（4开）
定价：CNY0.06

J0048751
满怀豪情战矿山　鼓足干劲夺高产　段锡作
昆明　云南人民出版社　1976年　1张76cm（2开）
定价：CNY0.11
　　作者段锡（1946—　），彝族，美术编辑。生

于云南个旧市，历任《云南日报》主任编辑、云南省美术家协会理事、中国美术家协会云南分会会员等。著有《红土高原的画卷》《1910年的列车》等。

J0048752
毛泽东思想哺育我们成长　韦天瑜作
上海　上海人民出版社　1976年　1张　76cm（2开）
定价：CNY0.14

J0048753
毛主席鼓舞咱们攀高峰　田丰荣作
沈阳　辽宁人民出版社　1976年　1张　76cm（2开）
定价：CNY0.11

J0048754
毛主席观察广州重型机器厂　陈宏新等作
广州　广东人民出版社　1976年　1张　76cm（2开）
定价：CNY0.14

J0048755
毛主席光辉暖人心　陶源清作
南京　江苏人民出版社　1976年　1张　76cm（2开）
定价：CNY0.14

J0048756
毛主席号召学大寨　大寨红花向阳开　屠曙光作
昆明　云南人民出版社　1976年　1张　53cm（4开）
定价：CNY0.06

J0048757
毛主席和井冈山人民在一起　邹良材作
上海　上海人民出版社　1976年　1张　76cm（2开）
定价：CNY0.14

J0048758
毛主席和井冈山人民在一起　邹良材作
天津　天津人民美术出版社　1976年　1张
76cm（2开）定价：CNY0.14

J0048759
毛主席送我们上红大　秦大虎画
济南　山东人民出版社　1976年　1张
107cm（全开）定价：CNY0.28

作者秦大虎（1938—　），教授。历任中国美术学院油画系教授、中国美术家协会会员、中国油画家协会理事、浙江美术家协会常务理事等职。作品有《在战斗中成长》《老将》《田喜嫂》等。出版有《秦大虎油画选》《秦大虎的绘画世界》《油画创作》等。

J0048760
毛主席无限信任华主席　全国人民热烈拥护华主席　刘仁庆作
北京　人民出版社　1976年　1张　76cm（2开）
定价：CNY0.14

J0048761
毛主席重上井冈山　王兆荣等作
北京　人民美术出版社　1976年　1张　76cm（2开）
定价：CNY0.14

J0048762
毛主席走遍祖国大地　黄迪杞画
福州　福建人民出版社　1976年　1张　76cm（2开）
定价：CNY0.14

作者黄迪杞（1929—　），字晴川，福建福清人。毕业于福建师范大学艺术系。历任福建人民出版社、福建画报社美术编辑，福建美术出版社美术编辑、编审，福建省美术家协会常务理事、理事，中国年画研究会理事，福州涌泉书画社社长。中国美术家协会会员。作品有《满堂红》《丰碑》。出版《黄迪杞古典人物画辑》《黄迪杞书画集》《黄迪杞画集》等。

J0048763
煤海传喜讯　李兰作
成都　四川人民出版社　1976年　1张　76cm（2开）
定价：CNY0.11

J0048764
棉海哨兵　李武英作
武汉　湖北人民出版社　1976年　1张　76cm（2开）
定价：CNY0.14

J0048765
棉田姐妹谱新曲　（四条屏）王俊亮作
石家庄　河北人民出版社　1976年　2张
76cm（2开）定价：CNY0.22

J0048766

苗家儿女多奇志　孙吉斌作

贵阳　贵州人民出版社　1976年　1张　76cm（2开）

定价：CNY0.14

J0048767

民兵小分队进驻里弄　侯友林作

上海　上海人民出版社　1976年　1张76cm（2开）

定价：CNY0.11

J0048768

民兵赞　上海沪东工人文化宫供稿

上海　上海人民出版社　1976年　2张76cm（2开）

定价：CNY0.22

J0048769

明日要开课　左川，赵正阳作

天津　天津人民美术出版社　1976年　1张
53cm（4开）定价：CNY0.07

　　作者左川（1941—　　），漫画家。原名左济利，
四川江北县人，就读于天津红专工艺美术学院。
天津科技出版社美术编辑。出版有《左川漫画选
集》《中国历代皇帝大观》。

J0048770

牧场喜添铁牛群　陈智娟，刘棣作

哈尔滨　黑龙江人民出版社　1976年　1张
76cm（2开）定价：CNY0.14

J0048771

牧民爱读马列书　邵华，邵青林作

西宁　青海人民出版社　1976年　1张76cm（2开）

定价：CNY0.11

J0048772

牧民爱读马列书　邵华，邵青林作

北京　人民美术出版社　1976年　1张76cm（2开）

定价：CNY0.11

J0048773

奶奶今晚要演出　翁开恩作

福州　福建人民出版社　1976年　1张76cm（2开）

定价：CNY0.14

　　作者翁开恩（1939—　　），教授。号竹啸庄人，
福建莆田人。历任福建师范大学美术系副教授，

福建画院、福州画院、福建政协画师，中国美术
家协会会员，福建美术家协会理事。出版有《翁
开恩画集》《翁开恩写生》《翁开恩画辑》等。

J0048774

南下第一春　方楚雄作

广州　广东人民出版社　1976年　1张76cm（2开）

定价：CNY0.14

　　作者方楚雄（1950—　　），广东普宁人。毕业
于广州美术学院并留校任教。中国美术家协会
会员。主要作品有《牧鸭》《水禽》《翠蝶兰》等。
出版《方楚雄画选》《方楚雄画集》等。

J0048775

年过半百头一回　郭常信作

沈阳　辽宁人民出版社　1976年　1张76cm（2开）

定价：CNY0.11

J0048776

年画缩样　（1977.1）

合肥　安徽人民出版社［1976年］13×19cm

J0048777

年画缩样　（1977.2）

广州　广东人民出版社［1976年］13×19cm

J0048778

年画缩样　（1977.1）

南宁　广西人民出版社［1976年］13×18cm

J0048779

年画缩样　（1977.2）

南宁　广西人民出版社［1976年］13×18cm

J0048780

年画缩样　（1977.2）

郑州　河南人民出版社［1976年］13×19cm

J0048781

年画缩样　（1977.1）

沈阳　辽宁人民出版社［1976年］13×19cm

J0048782

年画缩样　（1977）

西宁　青海人民出版社［1976年］13×19cm

J0048783
年画缩样 （1977）
北京　人民出版社［1976 年］13×19cm

J0048784
年画缩样 （1977）
成都　四川人民出版社［1976 年］13×19cm

J0048785
年画选 （1）
天津　天津人民美术出版社　1976 年　16 幅
26cm（16 开）统一书号：8073.50060
定价：CNY1.00

J0048786
年画选 （2）
天津　天津人民美术出版社　1976 年　16 幅
26cm（16 开）统一书号：8073.50061
定价：CNY1.00

J0048787
年画选辑 （一）广东人民出版社编
广州　广东人民出版社　1976 年　12 幅
19cm（32 开）定价：CNY0.24

J0048788
年画选辑 （二）广东人民出版社编
广州　广东人民出版社　1976 年　12 幅
19cm（32 开）定价：CNY0.24

J0048789
年年夺丰收 岁岁广积粮　石高堂作
武汉　湖北人民出版社　1976 年　1 张 76cm（2开）
定价：CNY0.11

J0048790
牛奶生产换新貌　王金普等作
天津　天津人民美术出版社　1976 年　1 张
53cm（4 开）定价：CNY0.06

J0048791
农村新事　周黎作
合肥　安徽人民出版社　1976 年　2 张 76cm（2开）
定价：CNY0.28

J0048792
农大办到乡下来　洪以钧作
贵阳　贵州人民出版社　1976 年　1 张 76cm（2 开）
定价：CNY0.14

J0048793
农大毕业当农民　吕燕作
沈阳　辽宁人民出版社　1976 年　1 张 76cm（2 开）
定价：CNY0.11

J0048794
农机新兵　彭润生作
长沙　湖南人民出版社　1976 年　1 张 76cm（2 开）
定价：CNY0.11

J0048795
农林牧副渔 （大干快上战双抢 四条屏）孙君
良作
上海　上海书画社　1976 年　1 张 76cm（2 开）
定价：CNY0.28

J0048796
农林牧副渔 （湖上渔村气象新 四条屏）孙君
良作
上海　上海书画社　1976 年　1 张 76cm（2 开）
定价：CNY0.28

J0048797
农林牧副渔 （茂林硕果唱丰收 四条屏）孙君
良作
上海　上海书画社　1976 年　1 张 76cm（2 开）
定价：CNY0.28

J0048798
农林牧副渔 （牧副兴旺闯新路 四条屏）孙君
良作
上海　上海书画社　1976 年　1 张 76cm（2 开）
定价：CNY0.28

J0048799
农忙托儿所　刘二刚作
沈阳　辽宁人民出版社　1976 年　1 张 76cm（2 开）
定价：CNY0.11
　　作者刘二刚（1947—　），国家一级美术师。
字梦铁，又字柔克，江苏镇江人。曾供职于镇江国画院、南京书画院。代表作品有《二刚国画小品集》《刘二刚书画选集》《庙亭山随笔》等。

J0048800
农忙托儿所　刘二刚作
上海　上海人民出版社　1976年　1张 76cm（2开）
定价：CNY0.11

J0048801
农业八字宪法　朱宝林，芝光林作
太原　山西人民出版社　1976年　1张 76cm（2开）
定价：CNY0.11

J0048802
农业学大寨 旧貌变新颜　阮士钊作
郑州　河南人民出版社　1976年　1张 76cm（2开）
定价：CNY0.11

J0048803
农业学大寨 旧貌变新颜　阮士钊作
郑州　河南人民出版社　1976年　1张 53cm（4开）
定价：CNY0.06

J0048804
怒海轻骑　张大畏作
上海　上海人民出版社　1976年　1张 76cm（2开）
定价：CNY0.11

J0048805
女将　曾庆华画
成都　四川人民出版社　1976年　1张 76cm（2开）
定价：CNY0.11

J0048806
女子采伐队　张万杰作
哈尔滨　黑龙江人民出版社　1976年　1张
76cm（2开）定价：CNY0.11

J0048807
劈开马陵山引沂 沭入大海　于太昌等画
济南　山东人民出版社　1976年　1张 76cm（2开）
定价：CNY0.11

J0048808
聘请校外辅导员　严南麟等作

J0048809
普通一兵　焦德华作
上海　上海人民出版社　1976年　1张 76cm（2开）
定价：CNY0.11

J0048810
奇志贯长空　窦世魁等画
济南　山东人民出版社　1976年　1张 76cm（2开）
定价：CNY0.11
　　作者窦世魁(1942—)，国家一级美术师。别名石岭，号岩松斋主，山东青岛人，毕业于青岛艺术专科学校美术专业。历任中国美术家协会会员，青岛市美术家协会副主席、顾问，青岛书画研究院副院长，中国书画学会名誉主席等。代表作品有连环画《唐赛儿》等。

J0048811
千歌万舞献给党 红心向着华主席　尹家琅作
上海　上海人民出版社　1976年　1张 76cm（2开）
定价：CNY0.14

J0048812
千军万马齐上阵　王德民等作
合肥　安徽人民出版社　1976年　1张 76cm（2开）
定价：CNY0.14

J0048813
千里新河运粮忙　吴纯玉作
合肥　安徽人民出版社　1976年　1张 76cm（2开）
定价：CNY0.14

J0048814
千里野营学大庆　王天胜画
哈尔滨　黑龙江人民出版社　1976年　1张
76cm（2开）定价：CNY0.11

J0048815
巧手出新花　雷淑娟作
广州　广东人民出版社　1976年　1张 76cm（2开）
定价：CNY0.14

J0048816
亲切的教导　黄乃源作
长春 吉林人民出版社 1976年 1张 76cm（2开）
定价：CNY0.11
　　作者黄乃源（1931—2004），教授。江西萍乡市人。毕业于西北艺术学院（西安美术学院前身），并留校任教。中国美术家协会会员、陕西美术家协会理事、陕西油画学会副会长。作品有《巡道工》《巨轮》《萍矿洗煤厂》等。出版画册有《黄乃源油画风景习作选》《黄乃源油画作品选》《黄乃源油画风景写生集》等。

J0048817
亲切的教导　黄乃源作
长春 吉林人民出版社 1976年 1张 76cm（2开）
定价：CNY0.14

J0048818
亲切的教导　黄乃源作
沈阳 辽宁人民出版社 1976年 1张 76cm（2开）
定价：CNY0.11

J0048819
亲切的教导　黄乃源作
西宁 青海人民出版社 1976年 1张 76cm（2开）
定价：CNY0.11

J0048820
亲切的教导　黄乃源作
北京 人民美术出版社 1976年 1张 76cm（2开）
定价：CNY0.14

J0048821
亲切的教导　黄乃源作
西安 陕西人民出版社 1976年 1张 76cm（2开）
定价：CNY0.14

J0048822
秦皇岛输油忙　广廷渤作
石家庄 河北人民出版社 1976年 1张
76cm（2开）定价：CNY0.14

J0048823
青山着意化为桥　汪涛作
合肥 安徽人民出版社 1976年 1张 76cm（2开）

定价：CNY0.14

J0048824
晴空展翅　贾书敏作
天津 天津人民美术出版社 1976年 1张
76cm（2开）定价：CNY0.11

J0048825
请教　白仁海，秦大虎画
济南 山东人民出版社 1976年 1张 76cm（2开）
定价：CNY0.11
　　作者秦大虎（1938—　），教授。历任中国美术学院油画系教授、中国美术家协会会员、中国油画家协会理事、浙江美术家协会常务理事等职。作品有《在战斗中成长》《老将》《田喜嫂》等。出版有《秦大虎油画选》《秦大虎的绘画世界》和《油画创作》等。

J0048826
求师　李承轩作
西安 陕西人民出版社 1976年 1张 76cm（2开）
定价：CNY0.11

J0048827
泗渡乌江话当年 拉练娄山学传统　陈尚云作
贵阳 贵州人民出版社 1976年 1张 76cm（2开）
定价：CNY0.14

J0048828
全党齐动员 普及大寨县　包应钏作
贵阳 贵州人民出版社 1976年 1张 76cm（2开）
定价：CNY0.14

J0048829
全家忙　刘秀鸣作
石家庄 河北人民出版社 1976年 1张
76cm（2开）定价：CNY0.14

J0048830
全家齐上赛诗台　梁元作
南京 江苏人民出版社 1976年 1张 76cm（2开）
定价：CNY0.11

J0048831
全家学理论　宋厚达作

沈阳 辽宁人民出版社 1976年 1张 76cm（2开）
定价：CNY0.11

J0048832
群策群力 周小筠等作
兰州 甘肃人民出版社 1976年 1张 53cm（4开）
定价：CNY0.07

J0048833
群策群力 周小筠等作
北京 人民美术出版社 1976年 1张 76cm（2开）
定价：CNY0.11

J0048834
人定胜天 黄荣勇作
上海 上海人民出版社 1976年 1张 78cm（2开）
定价：CNY0.09

J0048835
人定胜天 陈墩等作
天津 天津人民美术出版社 1976年 1张
76cm（2开）定价：CNY0.11

J0048836
人勤猪壮 陈庆心作
石家庄 河北人民出版社 1976年 1张
76cm（2开）定价：CNY0.14

J0048837
人勤猪壮 陈庆心作
上海 上海人民出版社 1976年 1张 76cm（2开）
定价：CNY0.11

J0048838
塞上长城 文军作
西安 陕西人民出版社 1976年 1张 76cm（2开）
定价：CNY0.11

J0048839
赛前 尚涛作
长春 吉林人民出版社 1976年 1张 76cm（2开）
定价：CNY0.11

J0048840
赛前 尚涛作

北京 人民体育出版社 1976年 1张 76cm（2开）
定价：CNY0.11

J0048841
三八机训班 熊兆瑞作
广州 广东人民出版社 1976年 1张 53cm（4开）
定价：CNY0.07

J0048842
三春过后又相逢 李吉祥作
贵阳 贵州人民出版社 1976年 1张 76cm（2开）
定价：CNY0.14

J0048843
三定桩 山东省小戏队演出；上海电影制片厂
拍摄
济南 山东人民出版社 1976年 2张 76cm（2开）
定价：CNY0.22

J0048844
三九隆冬打井忙 李秀春画
长春 吉林人民出版社 1976年 1张 76cm（2开）
定价：CNY0.11

J0048845
沙丘披绿换新装 （四条屏）李财等画
长春 吉林人民出版社 1976年 2张 76cm（2开）
定价：CNY0.28

J0048846
山村的未来 金红炜画
长春 吉林人民出版社 1976年 1张 76cm（2开）
定价：CNY0.11

J0048847
山村红医班 徐新军作
沈阳 辽宁人民出版社 1976年 1张 76cm（2开）
定价：CNY0.11

J0048848
山村水电放光彩 王信作
石家庄 河北人民出版社 1976年 2张
76cm（2开）定价：CNY0.28
　　作者王信（1925—　），画家。河北承德人。
历任辽宁美术出版社专职画家、承德市群众艺术馆研究馆员、河北水彩画会名誉会长、河北省美术家协会顾问。画作有《早雾》《原始森林》《深山情》《山家》等。出版有《王信水彩画选辑》《王信水彩选集》《王信水彩画专辑》等。

J0048849
山村新户
上海　上海人民出版社　1976年　1张　76cm（2开）

J0048850
山东治淮新貌　《山东治淮国画选》创作组画
济南　山东人民出版社　1976年　2张　76cm（2开）
定价：CNY0.22

J0048851
山高春更早　胡德智作
南宁　广西人民出版社　1976年　1张　76cm（2开）
定价：CNY0.14

J0048852
山河重安排　汪大文等作
上海　上海书画社　1976年　1张　76cm（2开）
定价：CNY0.14

J0048853
山花烂漫　张永锵作
上海　上海书画社　1976年　1幅　76cm（2开）
定价：CNY0.28

J0048854
山区大学生　杨立群作
广州　广东人民出版社　1976年　1张　76cm（2开）
定价：CNY0.14
　　作者杨立群（1948—　），湖南长沙人。毕业于广州美术学院附中。擅长年画、实用美术。曾任岭南美术出版社美术编辑。代表作品有《龙腾神州》《南海龙王逛油城》等。

J0048855
山乡人民学大寨　赵春田画
济南　山东人民出版社　1976年　1张　76cm（2开）
定价：CNY0.11

J0048856
闪闪的红星传万代　洗励强作

J0048857
闪闪的红星传万代　洗励强作
北京　人民美术出版社　1976年　1张　76cm（2开）
定价：CNY0.14

J0048858
闪闪红星照万代　郭安祥作
西安　陕西人民出版社　1976年　1张　76cm（2开）
定价：CNY0.11

J0048859
商业新风　耿华英，吕十锁作
太原　山西人民出版社　1976年　1张　76cm（2开）
定价：CNY0.11

J0048860
上山下乡怀壮志　广阔天地炼红心　余南轩作
武汉　湖北人民出版社　1976年　1张　76cm（2开）
定价：CNY0.11

J0048861
上学路上　段小琴，丁世谦作
西宁　青海人民出版社　1976年　1张　76cm（2开）
定价：CNY0.11

J0048862
上学路上　段小琴，丁世谦作
北京　人民美术出版社　1976年　1张　76cm（2开）
定价：CNY0.14

J0048863
上学路上　晓琴，丁世谦作
成都　四川人民出版社　1976年　1张　76cm（2开）
定价：CNY0.11

J0048864
上夜校　赵绍虎作
上海　上海人民出版社　1976年　1张　76cm（2开）
定价：CNY0.11
　　作者赵绍虎（1941—　），教授。号老戊，江苏镇江人，毕业于南京师范大学美术系。历任江苏大学艺术学院教授、中国美术家协会会员、镇江报社及江苏人民出版社美术编辑、江苏大学美术系主任、镇江市美术家协会副主席。代表作品有《荷风》《摩崖夕照》等。

J0048865
社会主义大院好　曾正民作
长沙　湖南人民出版社　1976年　1张 76cm（2开）
定价：CNY0.11

J0048866
深山响起马达声　张美山, 杨其棫作
长沙　湖南人民出版社　1976年　1张 76cm（2开）
定价：CNY0.11

J0048867
深夜不眠
上海　上海人民出版社　1976年　1张 76cm（2开）

J0048868
胜利凯歌响彻云霄　律向银作
沈阳　辽宁人民出版社　1976年　1张 76cm（2开）
定价：CNY0.11

J0048869
师生重逢　孙玉琴作
上海　上海人民出版社　1976年　1张 76cm（2开）
定价：CNY0.11

J0048870
时刻准备着　李元星作
昆明　云南人民出版社　1976年　1张 53cm（4开）
定价：CNY0.06

J0048871
世上无难事　只要肯登攀　姚学贤书；梁紫冰画
郑州　河南人民出版社　1976年　1张 76cm（4开）
定价：CNY0.11

J0048872
世上无难事　只要肯登攀　姚学贤书；梁紫冰画
郑州　河南人民出版社　1976年　1张 53cm（4开）
定价：CNY0.06

J0048873
势不可挡　朱大海作
西宁　青海人民出版社　1976年　1张 76cm（2开）
定价：CNY0.11

J0048874
势不可挡　朱大海作
北京　人民美术出版社　1976年　1张 76cm（2开）
定价：CNY0.14

J0048875
誓将山河变新颜　王春景作
天津　天津人民美术出版社　1976年　1张 76cm（2开）定价：CNY0.14

J0048876
书记到第一线　李德仁作
太原　山西人民出版社　1976年　1张 76cm（2开）
定价：CNY0.11
　　作者李德仁（1946—　　），教授。字泽甫，号霁原，山西榆次人。历任山西大学美术系副教授、中国美术家协会会员、中国书法家协会会员，兼任马来西亚艺术学院东方艺术研究中心研究员。出版《东方绘画学原理概论》《道与书画》《明清绘画大师丛书——徐渭》《李德仁中国画作品集》等。

J0048877
书记在这里　沈大慈作
天津　天津人民美术出版社　1976年　1张 76cm（2开）定价：CNY0.14

J0048878
叔叔更早　段秀苍作
石家庄　河北人民出版社　1976年　1张 76cm（2开）定价：CNY0.11

J0048879
叔叔要走了　陈学斌, 谷爱萍作
石家庄　河北人民出版社　1976年　1张 76cm（2开）定价：CNY0.14

J0048880
谁诗彩练当空舞　王树明, 吕双明画
长春　吉林人民美术出版社　1976年　1张

76cm（2开）定价：CNY0.14

J0048881

谁诗彩练当空舞　新河船厂业余美术组作
天津　天津人民美术出版社　1976年　1张
76cm（2开）定价：CNY0.11

J0048882

水上居民新居　单剑锋作
广州　广东人民出版社　1976年　1张76cm（2开）
定价：CNY0.14
　　作者单剑锋（1934— ），画家。湖南衡山
县人，毕业于广州美术学院中国画系。历任岭南
美术出版社副编审、广东美术家协会会员、齐白
石纪念馆特聘画家、海南大学艺术学院客座教授
等。主要作品有《九曲黄河》《荒原月》《我是一
片云》《独钓寒江》《长河落日》等。

J0048883

说不尽的心里话　胡振郎，项宪文作
上海　上海人民出版社　1976年　1张76cm（2开）
定价：CNY0.11
　　作者胡振郎（1938— ），国家一级美术师。
浙江永康县人，毕业于浙江美术学院。历任中
国美术家协会上海分会理事、上海市黄浦画院
院长、上海市文史研究馆馆员、上海中国画院画
师。代表作品有《功》《一生难忘1976》《峥嵘
岁月》《百年沧桑》《白求恩》，出版有《胡振郎画
集》《胡振郎山水画集》《怎样画水墨山水》等。

J0048884

硕果累累迎战友　黄天虎作
贵阳　贵州人民出版社　1976年　1张76cm（2开）
定价：CNY0.14

J0048885

硕果满园　（四条屏）王庆升作
天津　天津杨柳青画店　1976年　4幅
定价：CNY1.10

J0048886

四新图　（四条屏）周大正作
兰州　甘肃人民出版社　1976年　2张76cm（2开）
定价：CNY0.28
　　作者周大正（1941— ），教授。湖北沙市人，

毕业于浙江美术学院油画系。历任甘肃临夏州
展览馆美术干部、西北民族学院艺术系美术教研
室主任、副教授、教授。作品有《手牵黄河上高
山》《希望》《清清夏河水》《夏河风情》《哈族婚
礼》《进军腊子口》等，出版有《周大正画选》。

J0048887

四新图　（四条屏）周大正作
天津　天津杨柳青画店　1976年　4幅
定价：CNY1.10

J0048888

饲养场上春意浓　江淳作
南京　江苏人民出版社　1976年　1张76cm（2开）
定价：CNY0.14

J0048889

送朵红花给姐姐　陈以忠作
南宁　广西人民出版社　1976年　1张76cm（2开）
定价：CNY0.14
　　作者陈以忠（1940— ），编辑。广东化州人，
毕业于广西艺术学院美术系。历任《广西日报》
高级编辑、漓江画院副院长、中国人才研究会艺
术家学部委员会委员、中国美术家协会广西分会
常务理事等职。出版有《报刊美编学》《实用图
案设计》。

J0048890

送给阿爸的礼物　傅立邦，孙玉平作
哈尔滨　黑龙江人民出版社　1976年　1张
76cm（2开）定价：CNY0.14

J0048891

送戏上船　冉茂芹作
广州　广东人民出版社　1976年　1张76cm（2开）
定价：CNY0.14

J0048892

送医到田间　刘国权等作
贵阳　贵州人民出版社　1976年　1张76cm（2开）
定价：CNY0.14

J0048893

颂歌献给毛主席　苏家杰作
广州　广东人民出版社　1976年　1张76cm（2开）

定价：CNY0.14

作者苏家杰（1947—　），画家。广州美术学院版画系结业。广东省美术家协会会员、花城出版社美术编辑室主任。作品有《百猫图谱》《友谊花开》等。

J0048894

颂歌献给毛主席　刘大为，贾方洲作

北京　人民美术出版社　1976年　1张 76cm（2开）定价：CNY0.14

作者刘大为（1945—　），教师。山东诸城人。解放军艺术学院美术系主任，中国美术家协会中国画艺术委员会委员等。出版有《刘大为画集》。

J0048895

颂新春　陈衍宁作

广州　广东人民出版社　1976年　1张 76cm（2开）定价：CNY0.14

作者陈衍宁（1945—　），广东博罗县人。毕业于广州美术学院舞台美术大专班。中国美术家协会会员、广东画院专业画家。擅中国人物画。代表作有《母与子》《山风》《晨光》等。

J0048896

缩小三大差别　造就一代新人　叶志鸿作

广州　广东人民出版社　1976年　1张 76cm（2开）定价：CNY0.14

J0048897

缩小三大差别　造就一代新人　叶志鸿作

广州　广东人民出版社　1976年　1张 53cm（4开）定价：CNY0.07

J0048898

台湾同胞各族兄弟欢迎你　徐启雄作

杭州　浙江人民出版社　1976年　1张 76cm（2开）定价：CNY0.14

J0048899

台湾同胞我的骨肉兄弟　商县电影院供稿

西安　陕西人民出版社　1976年　1张 76cm（2开）定价：CNY0.11

J0048900

台湾同胞我的骨肉兄弟　杨英镖作

上海　上海人民出版社　1976年　1张 76cm（2开）定价：CNY0.11

J0048901

太行展翅过江南　陈九如作

天津　天津人民美术出版社　1976年　1张 76cm（2开）定价：CNY0.11

J0048902

谈论大事　汪家龄作

合肥　安徽人民出版社　1976年　1张 76cm（2开）定价：CNY0.14

作者汪家龄（1944—2010），画家。江西婺源人。中国艺术研究院特邀创作委员、黄山市美术家协会副主席、黄山市中国画研究院副院长、中国美术家协会安徽分会会员。擅长连环画。作品有《追牛》《三八号》《红烛泪》等连环画，《哪吒闹海》《三战吕布》等年画。

J0048903

谈笑凯歌还　钟文斌作

南昌　江西人民出版社　1976年　76cm（2开）定价：CNY0.14

作者钟文斌（1943—　），画家。笔名文石，江西新余人，毕业于江西文化艺术学院美术系。中国美术家协会会员、中国艺术研究院艺术市场研究中心特聘书画师、江西省书画院特聘画家、江西美术出版社副编审。

J0048904

提高警惕　保卫祖国　李泽霖作

武汉　湖北人民出版社　1976年　1张 76cm（2开）定价：CNY0.11

J0048905

提高警惕　保卫祖国　杨晓辉作

南京　江苏人民出版社　1976年　2张 78cm（2开）定价：CNY0.18

J0048906

田间文化站　依群作

哈尔滨　黑龙江人民出版社　1976年　1张 76cm（2开）定价：CNY0.11

J0048907
田头阵地　刘庆涛作
长春 吉林人民出版社 1976年 1张 76cm（2开）
定价：CNY0.14
　　作者刘庆涛，吉林永吉人，毕业于吉林省中等艺术学校。历任吉林省吉剧团舞美设计、吉林省春城剧场美术员、吉林省通榆县文化馆美术干部、长春市宽城文化馆美术干部。作品有《田头阵地》《泉水咚咚》《绿色的冬天》《周总理访问朝鲜》《春风如意》等。

J0048908
田头阵地　李学勤作
沈阳 辽宁人民出版社 1976年 1张 76cm（2开）
定价：CNY0.11
　　作者李学勤（1933—2019），历史学家、古文字学家。北京人，就读于清华大学哲学系。历任中国社会科学院历史研究所研究员，西北大学历史系、南开大学历史系兼职教授。著有《殷墟文字缀合》《李学勤集》《走出疑古时代》。

J0048909
田头阵地　刘庆涛作
上海 上海人民出版社 1976年 1张 76cm（2开）
定价：CNY0.11

J0048910
调查归来　林墉作
广州 广东人民出版社 1976年 1张 76cm（2开）
定价：CNY0.14
　　作者林墉（1942—　），画家、国家一级美术师。广东潮州人，毕业于广州美术学院中国画系。中国美术家协会副主席、广东画院院长、美术家协会广东分会主席、暨南大学艺术中心主任。作品有《宋庆龄》《访问巴基斯坦组画》，出版有《林墉作品选》《林墉访问巴基斯坦选集》《人体速写》等。

J0048911
贴心人　宁积贤等作
太原 山西人民出版社 1976年 1张 76cm（2开）
定价：CNY0.11

J0048912
铁道女卫士　张丕慧作

兰州 甘肃人民出版社 1976年 1张 76cm（2开）
定价：CNY0.14

J0048913
铁水沸腾迎亲人　曹惠林作
武汉 湖北人民出版社 1976年 1张 76cm（2开）
定价：CNY0.14

J0048914
铁心务农　席跃良作
南京 江苏人民出版社 1976年 1张 76cm（2开）
定价：CNY0.11

J0048915
头等大事　（四条屏）
天津 天津杨柳青画店 1976年 4幅
定价：CNY1.10

J0048916
团结战斗奏凯歌　梁振雄作
长沙 湖南人民出版社 1976年 1张 76cm（2开）
定价：CNY0.11

J0048917
挖潜支农　白洋作
沈阳 辽宁人民出版社 1976年 1张 76cm（2开）
定价：CNY0.11

J0048918
晚婚计划生育好　黄原等作
合肥 安徽人民出版社 1976年 1张 76cm（2开）
定价：CNY0.14
　　作者黄原，即黄海儒，四川广汉人。历任四川美术学院副教授，中国美术家协会、中国书法家协会会员，四川省及重庆市书法家协会理事。作品有《高山力耕图》等，出版有《黄原书画作品集》。

J0048919
万里长江横渡　魏扬作
武汉 湖北人民出版社 1976年 1张 76cm（2开）
定价：CNY0.14

J0048920
万里长江横渡　魏扬作

沈阳　辽宁人民出版社　1976年　1张　76cm（2开）
定价：CNY0.11

J0048921

万里长江横渡　魏扬作
北京　人民体育出版社　1976年　1张
107cm（全开）定价：CNY0.28

J0048922

万里长江横渡　魏扬作
北京　人民体育出版社　1976年　1张76cm（2开）
定价：CNY0.14

J0048923

万千英雄战震灾　重建家园创新业　严国基
等合作
上海　上海书画社　1976年　1张76cm（2开）
定价：CNY0.14

J0048924

万山红遍　邓家驹作
天津　天津人民美术出版社　1976年　1张
76cm（2开）定价：CNY0.14

J0048925

万山红遍　魏紫熙作
天津　天津杨柳青画店　1976年　1幅
76cm（2开）定价：CNY0.28
　　　作者魏紫熙（1915—2002），画家。河南遂
平县人，河南艺术师范学院毕业。历任河南艺
术师范学校教师、河南大学讲师、江苏省国画院
画师、徐州市国画院名誉院长等。代表作品《黄
洋界》《温课》《巡逻》《同劳动同协商》《魏紫熙
画集》。

J0048926

万众欢腾　殷培华等画
济南　山东人民出版社　1976年　1张76cm（2开）
定价：CNY0.14
　　　作者殷培华（1943—　　），国家一级美术师。
江苏常熟人。毕业于苏州工艺美术专科学校。
曾任《山东民兵》美术编辑、南京军区政治部文
艺创作室专职创作员等职。主要作品有《三比一》
《总理和老农》《歌别图》等。

J0048927

望穿碧海千层浪　刘泽文画
济南　山东人民出版社　1976年　1张76cm（2开）
定价：CNY0.11
　　　作者刘泽文（1943—　　），画家，国家一级美
术师。山东即墨人，历任烟台地区新华书店美工、
山东省出版总社烟台分社美术编辑。代表作品
《望穿碧海千层浪》，出版有《刘泽文水粉画集》。

J0048928

为革命学务农　韩景琦画
长春　吉林人民出版社　1976年　1张76cm（2开）
定价：CNY0.14

J0048929

为革命养蚕　刘浩作
成都　四川人民出版社　1976年　1张76cm（2开）
定价：CNY0.11

J0048930

为革命养猪　程国英作
成都　四川人民出版社　1976年　1张76cm（2开）
定价：CNY0.11

J0048931

为工农兵演出　（四条屏）敦抱湘，徐万荣画
济南　山东人民出版社　1976年　2张76cm（2开）
定价：CNY0.22

J0048932

为了一个共同的目标　余小仪作
上海　上海人民出版社　1976年　1张76cm（2开）
定价：CNY0.11
　　　作者余小仪（1949—　　），油画家。生于上海，
毕业于上海纺织高等专科学校美术系（现上海东
华大学美术系），后又分别就读于纽约美格埃弗
斯学院和杜鲁大学。中央美术学院、厦门大学艺
术学院客座教授，美国肖像画家协会会员。主要
作品有《爱祖国爱海洋》《变戏法》《沉香扇》等。

J0048933

为普及大赛县而奋斗　新金县农民年画学习
班作
沈阳　辽宁人民出版社　1976年　1张76cm（2开）
定价：CNY0.11

J0048934

为普及大寨县而奋斗　　新金县农民年画学习
班作

沈阳　辽宁人民出版社　1976年　1张 76cm（2开）
定价：CNY0.11

J0048935

伟大的创举　（四条屏）邵劲文编文；程犁等
绘画

武汉　湖北人民出版社　1976年　2张 76cm（2开）
定价：CNY0.28

　　作者程犁（1941— ），女，湖北武汉人。毕
业于湖北美术学院。中国美术家协会会员、中国
美术家协会湖北分会理事。主要作品有《楚乐》
《葛洲坝人》《1976～中国的十月》等。

J0048936

伟大的创举　（四条屏）沈行工，陈守义作

南京　江苏人民出版社　1976年　2张 76cm（2开）
定价：CNY0.28

　　作者沈行工（1943— ），画家，艺术家。浙
江宁波人，毕业于南京艺术学院。南京艺术学院
教授、硕士生导师，中国美术家协会会员，中国
油画学会理事，江苏省油画学会名誉主席、艺术
委员会主席。代表作品《小镇春深》《秋晴》《读
书人生》《蓝色的江南风景》《雪后的江南风景》
等。作者陈守义（1944— ），浙江温州人。毕业
于浙江美术学院油画系。中国美术家协会会员、
浙江美术家协会理事、浙江美术教育研究会副会
长。主要作品有《山城》《水乡的回忆》《巴黎春
色》等。

J0048937

喂军马　　古家康作

南宁　广西人民出版社　1976年　1张 76cm（2开）
定价：CNY0.14

J0048938

蔚然成风　　沈相豹画

长春　吉林人民出版社　1976年　1张 76cm（2开）
定价：CNY0.14

J0048939

温暖　　金兰作

哈尔滨　黑龙江人民出版社　1976年　1张

76cm（2开）定价：CNY0.11

J0048940

我爱北京天安门　　张希关作

西安　陕西人民出版社　1976年　1张 76cm（2开）
定价：CNY0.11

J0048941

我爱红星　　周为松作

杭州　浙江人民出版社　1976年　1张 76cm（2开）
定价：CNY0.14

J0048942

我给全家画童年　　王福增画

济南　山东人民出版社　1976年　1张 76cm（2开）
定价：CNY0.11

　　作者王福增（1946— ），满族，画家。山东
郓城人，祖籍河北雄州，号山东大愚。河北省美
术家协会会员、中国画研究会会员、香港国际书
画中国艺术研究院理事、国家一级美术师、山东
画院高级画师、曹州美术家协会副主席。作品有
《绿荫垂江》《相依》《幽林》《淀上人家》《故乡
的河》等。

J0048943

我和奶奶上夜校　　刘钟作

石家庄　河北人民出版社　1976年　1张
76cm（2开）定价：CNY0.14

J0048944

我画我们的大油田　　杨庆龙画

济南　山东人民出版社　1976年　1张 76cm（2开）
定价：CNY0.11

J0048945

我接爸爸来新家　　刘书军画

济南　山东人民出版社　1976年　1张 76cm（2开）
定价：CNY0.11

J0048946

我们的大学生回来了　　韦江琼作

武汉　湖北人民出版社　1976年　1张 76cm（2开）
定价：CNY0.14

J0048947

我们的理想　冯杰作
南昌　江西人民出版社　1976年　1张　76cm（2开）
定价：CNY0.14

J0048948

我们都是小闯将　王敬平作
银川　宁夏人民出版社　1976年　1张　76cm（2开）
定价：CNY0.11

J0048949

我们要革命"风庆"要远航　江南造船厂美
术创作组
上海　上海人民出版社　1976年　1张　76cm（2开）
定价：CNY0.11

J0048950

我们也要参战　丁家奇画
长春　吉林人民出版社　1976年　1张　76cm（2开）
定价：CNY0.11

J0048951

我们自己写的书　洪明道作
合肥　安徽人民出版社　1976年　1张　76cm（2开）
定价：CNY0.11

J0048952

我们走的是金光道　董指中作
上海　上海人民出版社　1976年　1张　76cm（2开）
定价：CNY0.11

J0048953

我牵油龙过大江　吴秀楣作
沈阳　辽宁人民出版社　1976年　1张　76cm（2开）
定价：CNY0.11
　　作者吴秀楣(1937—　)，女，画家。辽宁沈
阳人。毕业于鲁迅美术学院中国画系。沈阳大
学师范学院副教授、沈阳美术家协会常务理事、
辽宁中国画研究会理事、中国美术家协会会员。
代表作有《迟来的春天》《清清的小溪》《滩石细
语》《三女炼铁炉》《腊梅》等。

J0048954

我是一个小民兵　杨剑华作
合肥　安徽人民出版社　1976年　1张　76cm（2开）

定价：CNY0.14

J0048955

我学师傅管油田　杨涤江作
哈尔滨　黑龙江人民出版社　1976年　1张
76cm（2开）定价：CNY0.11
　　作者杨涤江(1949—　)，画家。浙江绍兴人。
于哈尔滨师范大学艺术系美术专业学习，擅长油
画。曾任海宁市美术家协会主席。代表作品有《荒
原情》《孤儿》《太行山上》《伟大的使命》等。

J0048956

乌江渡口学红军　李颂嘉作
贵阳　贵州人民出版社　1976年　1张　76cm（2开）
定价：CNY0.14

J0048957

无限风光　王遵义画
济南　山东人民出版社　1976年　1张　76cm（2开）
定价：CNY0.14
　　作者王遵义(1938—　)，画家。擅长油画、
中国画。山东临沂人。在山东省体委、济南军区
文工团长期从事舞台美术设计工作。作品《姐妹
俩》《未包扎完的绷带》《胜利之路》为中国美术
馆收藏，《甘作春泥育新苗》《爱鸟》获全国宣传
画大展二、三等奖，《回天无力》获第八届全国美
术作品展览优秀奖。

J0048958

五·七道路宽又广　继续革命永向前　宣灿
源作
上海　上海人民出版社　1976年　1张　76cm（2开）
定价：CNY0.11

J0048959

昔阳河山展新容　（四条屏）张建明画；倪维
德配诗
天津　天津人民美术出版社　1976年　2张
76cm（2开）定价：CNY0.28
　　作者张建明(1945—　)，画家。号清官店人，
河北束鹿人。中国美术家协会会员。

J0048960

喜丰收　刘熹奇作
南昌　江西人民出版社　1976年　1张　76cm（2开）

定价: CNY0.14

J0048961
喜见草原添新彩　安永荣画
长春 吉林人民出版社 1976年 1张 76cm（2开）
定价: CNY0.14

J0048962
喜降人工雨　陈政明作
广州 广东人民出版社 1976年 1张 76cm（2开）
定价: CNY0.14
　　作者陈政明(1941—)，画家。广东普宁人，毕业于汕头市师范学校。历任中国美术家协会理事、广东美术家协会中国画艺术委员会副主任、汕头市美术家协会主席、汕头中国画院院长，国家一级美术师。代表作《南海晨曲》《特区姑娘》《夕阳红》等，出版有《陈政明画集》《陈政明国外写生画集》等。

J0048963
喜看拔身不弯腰
上海 上海人民出版社 1976年 1张 76cm（2开）

J0048964
喜看稻菽千重浪　刘玉叶，杨洪山画
济南 山东人民出版社 1976年 1张 76cm（2开）
定价: CNY0.11

J0048965
喜看今日六盘山　靳守恭作
银川 宁夏人民出版社 1976年 1张 76cm（2开）
定价: CNY0.14

J0048966
喜看麦乡千重浪　康文生作
石家庄 河北人民出版社 1976年 1张 76cm（2开）定价: CNY0.11

J0048967
喜看群山多一峰　薛其晴作
石家庄 河北人民出版社 1976年 1幅
定价: CNY0.05

J0048968
喜看装仓不用扛　孙海雄，姚军合作

上海 上海人民出版社 1976年 1张 76cm（2开）
定价: CNY0.11

J0048969
喜事新风　周富德作
银川 宁夏人民出版社 1976年 1张 76cm（2开）
定价: CNY0.14

J0048970
喜送春联　马璟作
北京 人民出版社 1976年 1张 76cm（2开）
定价: CNY0.14
　　作者马璟(1937—)，国画家、水彩画家。笔名梅山，字清源，又号司马清源，九峰画室主人。山西清徐县人，毕业于中央美术学院国画系。北京画院专职画家、中国美术家协会会员、国家一级美术师。代表作有《还我河山》《黄河之水天上来》《日日夜夜》《秋爽斋》《李清照》等。

J0048971
喜送良种　方楚雄作
广州 广东人民出版社 1976年 1张 76cm（2开）
定价: CNY0.14
　　作者方楚雄(1950—)，广东普宁人。毕业于广州美术学院并留校任教。中国美术家协会会员。主要作品有《牧鸭》《水禽》《翠蝶兰》等。出版《方楚雄画选》《方楚雄画集》等。

J0048972
喜送展品　程新坤作
南昌 江西人民出版社 1976年 1张 76cm（2开）
定价: CNY0.11

J0048973
喜迎丰收　叶泽惇作
长沙 湖南人民出版社 1976年 1张 76cm（2开）
定价: CNY0.11

J0048974
喜迎佳节慰亲人　王信作
石家庄 河北人民出版社 1976年 1幅
定价: CNY0.75
　　作者王信(1925—)，画家。河北承德人。历任辽宁美术出版社专职画家、承德市群众艺术馆研究馆员、河北水彩画会名誉会长、河北省美

术家协会顾问。画作有《早雾》《原始森林》《深山情》《山家》等。出版有《王信水彩画选辑》《王信水彩选集》《王信水彩画专辑》等。

J0048975

喜迎铁牛进山村　肖小阮作

南昌　江西人民出版社　1976年　1张　76cm（2开）

定价：CNY0.14

J0048976

喜迎下乡又一春　李增吉作

成都　四川人民出版社　1976年　1张　76cm（2开）

定价：CNY0.11

J0048977

喜迎新社员　康义作

西安　陕西人民出版社　1976年　1张　76cm（2开）

定价：CNY0.11

J0048978

喜迎新学员　郭兴贤作

武汉　湖北人民出版社　1976年　1张　76cm（2开）

定价：CNY0.14

J0048979

掀开铁山取宝藏　孙维水等作

太原　山西人民出版社　1976年　1张　76cm（2开）

定价：CNY0.14

J0048980

县委会议　丁健，熊长清作

长沙　湖南人民出版社　1976年　1张　76cm（2开）

定价：CNY0.11

J0048981

线长情深　殷介宇等作

上海　上海人民出版社　1976年　1张　76cm（2开）

定价：CNY0.11

J0048982

献给祖国万担粮　任铭生作

太原　山西人民出版社　1976年　1张　76cm（2开）

定价：CNY0.14

J0048983

向雷锋同志学习　左汉钟作

长沙　湖南人民出版社　1976年　1张　76cm（2开）

定价：CNY0.11

J0048984

向毛主席汇报　孙国成作

长沙　湖南人民出版社　1976年　1张　76cm（2开）

定价：CNY0.11

J0048985

向毛主席汇报　孙国成作

上海　上海人民出版社　1976年　1张　76cm（2开）

定价：CNY0.14

J0048986

向农业机械化进军　冯金昌作

合肥　安徽人民出版社　1976年　1张　76cm（2开）

定价：CNY0.14

J0048987

向阳花　顾梅作

上海　上海人民出版社　1976年　1张　76cm（2开）

定价：CNY0.11

J0048988

向阳花　张宝英，殷会珍作

昆明　云南人民出版社　1976年　1张　53cm（4开）

定价：CNY0.06

J0048989

向阳花开　王铁城作

兰州　甘肃人民出版社　1976年　1张　53cm（4开）

定价：CNY0.07

J0048990

向阳院的热心人　戴明德作

上海　上海人民出版社　1976年　1张　76cm（2开）

定价：CNY0.11

J0048991

向阳院里气象新　曹自强作

上海　上海人民出版社　1976年　1张　76cm（2开）

定价：CNY0.11

J0048992
小港新貌　郭春华作
武汉　湖北人民出版社 1976年 1张 76cm（2开）
定价：CNY0.14

J0048993
小哨兵　刘建峰画
济南　山东人民出版社 1976年 1张 76cm（2开）
定价：CNY0.11

J0048994
小手开了新茧花　鄂俊大画
长春 吉林人民出版社 1976年 1张 76cm（2开）
定价：CNY0.14

J0048995
小学办在队里　许彪甲作
沈阳 辽宁人民出版社 1976年 1张 76cm（2开）
定价：CNY0.11

J0048996
小燕飞　甘武炎作
南宁 广西人民出版社 1976年 1张 76cm（2开）
定价：CNY0.14

J0048997
校办工厂好　刘继贤作
贵阳 贵州人民出版社 1976年 1张 76cm（2开）
定价：CNY0.14

J0048998
校园新画　郑林华作
广州 广东人民出版社 1976年 1张 76cm（2开）
定价：CNY0.14

J0048999
心花怒放　邓开圯等作
长春 吉林人民出版社 1976年 1张 76cm（2开）
定价：CNY0.14

J0049000
心花怒放　邓开圯等作
沈阳 辽宁人民出版社 1976年 1张 76cm（2开）
定价：CNY0.11

J0049001
心花怒放　邓开圯等作
北京 人民美术出版社 1976年 1张 76cm（2开）
定价：CNY0.11

J0049002
心花怒放　邓开圯等作
上海 上海人民出版社 1976年［1幅］
38cm（6开）定价：CNY0.10

J0049003
心花怒放　邓开圯等作
天津 天津人民美术出版社 1976年 1张
76cm（2开）定价：CNY0.14

J0049004
心向延安　魏扬作
武汉 湖北人民出版社 1976年 1张 76cm（2开）
定价：CNY0.14

J0049005
欣欣向荣　王明玉作
沈阳 辽宁人民出版社 1976年 1张 76cm（2开）
定价：CNY0.11

J0049006
欣欣向荣　李志国作
天津 天津人民美术出版社 1976年 2张
76cm（2开）定价：CNY0.28

J0049007
新的战斗从这里开始
上海 上海人民出版社 1976年 1张 76cm（2开）

J0049008
新风尚　陈红作
南宁 广西人民出版社 1976年 1张 76cm（2开）
定价：CNY0.14

J0049009
新歌满山　吕延志画
长春 吉林人民出版社 1976年 1张 76cm（2开）
定价：CNY0.14

J0049010
新课堂里育良种　张国良, 吴山明作
杭州 浙江人民出版社 1976年 1张 76cm（2开）
定价: CNY0.14

　　作者吴山明（1941—　），画家。生于浙江浦
江县, 毕业于中国美术学院中国画系人物专业。
历任中国美术学院学术委员会委员, 中国画系教
授、博士生导师、造型艺术学部主任。代表作品
有《意笔人物画选》等, 著作有《吴山明意笔人物
线描集》《吴山明画集》等。

J0049011
新来的炊事兵　张文煦, 陈一德作
南京 江苏人民出版社 1976年 1张 76cm（2开）
定价: CNY0.14

J0049012
新年之夜　吴景行, 于志学作
哈尔滨 黑龙江人民出版社 1976年 1张
76cm（2开）定价: CNY0.11

J0049013
新学员　李恩源, 张惠斌作
沈阳 辽宁人民出版社 1976年 1张 76cm（2开）
定价: CNY0.11

　　作者张惠斌（1942—　），画家、国家一级美
术师。山东济南人。历任中国美术家协会会员,
锦州市中国画研究会会长、副研究馆员。出版有
《张惠斌书画集》《张惠斌画集》等。

J0049014
新学员　李恩源, 张惠斌作
北京 人民美术出版社 1976年 1张 76cm（2开）
定价: CNY0.11

J0049015
星期天的早晨　张新画
济南 山东人民出版社 1976年 1张 76cm（2开）
定价: CNY0.11

J0049016
形势喜人　陈其智, 曾溢波作
广州 广东人民出版社 1976年 1张 76cm（2开）
定价: CNY0.14

J0049017
幸福渠畔　何兰, 张琳作
北京 人民体育出版社 1976年 1张 76cm（2开）
定价: CNY0.11

J0049018
雄伟的新安江水电站　潘一杭, 章晓明作
杭州 浙江人民出版社 1976年 1张 76cm（2开）
定价: CNY0.11

J0049019
绣新花　袁晖作
北京 人民美术出版社 1976年 1张 76cm（2开）
定价: CNY0.11

J0049020
宣讲会前　伍启中作
广州 广东人民出版社 1976年 1张 53cm（4开）
定价: CNY0.07

　　作者伍启中（1944—　），画家, 国家一级美
术师。擅长国画。广东新会人。毕业于广州美
术学院附中。广东画院副院长、中国美术家协会
会员、广东省美术家协会常务理事。曾任《广东
画报》美术编辑。代表作品有《康有为》《浩气长
存——孙中山》, 国画《心潮逐浪高》《世上无难
事》《新区故地》, 油画《东方欲晓》等。

J0049021
选队长
上海 上海人民出版社 1976年 1张 76cm（2开）

J0049022
学大寨 挖山不止　于太昌等画
济南 山东人民出版社 1976年 1张 76cm（2开）
定价: CNY0.11

J0049023
学大寨不断革命 抓根本坚持斗争　赵宋
生作
昆明 云南人民出版社 1976年 1张 76cm（2开）
定价: CNY0.11

J0049024
学大寨结硕果 学大庆展新图　何永明, 何
永坤作

昆明　云南人民出版社　1976年　1张 76cm（2开）
定价：CNY0.11

　　作者何永坤（1953—　　），教授。出生于昆明，祖籍浙江鄞县，云南艺术学院工艺美术系任教。作品有《山果》《青草地》等。

J0049025
学大寨精神　创大寨业绩　　杨郁生作
昆明　云南人民出版社　1976年　1张 76cm（2开）
定价：CNY0.11

J0049026
学大寨山河重安排　　李红燕作
南宁　广西人民出版社　1976年　1张 76cm（2开）
定价：CNY0.14

J0049027
学冬子　　陈青，李宝亮画
济南　山东人民出版社　1976年　1张 76cm（2开）
定价：CNY0.11

J0049028
学好本领　上好主课　　柳文社作
太原　山西人民出版社　1976年　1张 53cm（4开）
定价：CNY0.06

J0049029
学军　　张建华画
济南　山东人民出版社　1976年　1张 76cm（2开）
定价：CNY0.11

J0049030
学理论　促大干　　李国胜作
太原　山西人民出版社　1976年　1张 76cm（2开）
定价：CNY0.11

J0049031
学理论　明航向　　朱维明作
昆明　云南人民出版社　1976年　1张 76cm（2开）
定价：CNY0.11

J0049032
学理论反修防修　　徐慧玲作
武汉　湖北人民出版社　1976年　1张 76cm（2开）
定价：CNY0.14

　　作者徐慧玲（1936—　　），女，画家。湖北武汉人。毕业于华中师范大学美术系，后又进入中央工艺美术学院进修。就职于湖北美术院。代表作品有《喜鹊牡丹》《歌手》《晚归》《舞新春》等。

J0049033
学理论反修防修　扎根农村心红志坚　　蔡志坚作
南京　江苏人民出版社　1976年　1张 76cm（2开）
定价：CNY0.14

　　作者蔡志坚（1938—　　），画家，教授。江苏泰兴人，毕业于南京艺术学院。历任江苏省科普美术家协会副理事长、南京工业大学艺术学院教授、徐悲鸿画院副院长、江苏省文史研究馆馆员等职。出版有《蔡志坚画集》《蔡志坚新画》《建筑装饰美术》《蔡志坚嘲集》等。

J0049034
学理论反修防修　抓路线大办农业　　郭长林作
成都　四川人民出版社　1976年　1张 76cm（2开）
定价：CNY0.14

J0049035
学妈妈　　师立功等作
南宁　广西人民出版社　1976年　1张 76cm（2开）
定价：CNY0.14

J0049036
学农　　何长印作
武汉　湖北人民出版社　1976年　1张 76cm（2开）
定价：CNY0.14

J0049037
学习归来　　（朝鲜族）柳香兰作
哈尔滨　黑龙江人民出版社　1976年　1张 76cm（2开）定价：CNY0.14

J0049038
学习雷锋好榜样　　陈白一等作
长沙　湖南人民出版社　1976年　2张 76cm（2开）
定价：CNY0.22
　　中国现代年画作品，六条屏。作者陈白一（1926—2014），美术师。湖南邵阳人，毕业于华中艺术专科学校。历任湖南书画研究院院长、中国当代工笔画学会副会长、湖南省美术家协会顾问、湖南师范大学艺术学院客座教授。代表作品《听壁脚》《喜丰收》《工农联盟》等。

J0049039

学习马列主义 牢记阶级斗争　　卫福庆作

太原 山西人民出版社 1976年 1张 53cm（4开）定价：CNY0.06

J0049040

雪夜春风　　陆一飞等作

上海 上海人民出版社 1976年 1张 76cm（2开）定价：CNY0.11

作者陆一飞（1931—2005），画家、教师。生于浙江余姚，祖籍慈溪，就读于浙江美术学院和上海画院。历任上海师范学院艺术系教师、华东化工学院兼职教授、中国河山画会秘书长。代表作品有《李白诗意山水百图》《唐宋意图》《川江橘红》等。

J0049041

延安的故事　　黄华榜作

太原 山西人民出版社 1976年 1张 76cm（2开）定价：CNY0.11

J0049042

演出之后　　井维春作

沈阳 辽宁人民出版社 1976年 1张 76cm（2开）定价：CNY0.11

J0049043

燕山雏鹰　　杨沛璋作

北京 人民体育出版社 1976年 1张 76cm（2开）定价：CNY0.11

杨沛璋（1951— ），教授。天津人，毕业于天津美术学院。历任天津美术学院副教授、中国美术家协会会员、天津工笔画会秘书长。著有《中国人物画技法教材》。

J0049044

燕山雏鹰　　杨沛章作

天津 天津人民美术出版社 1976年 1张 76cm（2开）定价：CNY0.11

J0049045

燕山春色　　赵文发作

石家庄 河北人民出版社 1976年 2张 76cm（2开）定价：CNY0.28

作者赵文发（1933— ），教师。别名晓文，河北泊头人，毕业于西安美术学院国画系。历任西安美术学院国画系教师、河北交河县文化馆美术干部、河北泊头市文化馆美术组组长等。

J0049046

扬眉吐气三万五千里　　张效孟画

济南 山东人民出版社 1976年 1张 76cm（2开）定价：CNY0.11

J0049047

扬起长江水 灌溉万顷田　　李华英作

上海 上海人民出版社 1976年 1张 76cm（2开）定价：CNY0.11

J0049048

阳澄湖畔谱新篇　　黄作如作

南京 江苏人民出版社 1976年 1张 76cm（2开）定价：CNY0.14

J0049049

阳光下　　金宝珠作

哈尔滨 黑龙江人民出版社 1976年 1张 76cm（2开）定价：CNY0.14

J0049050

养猪能手　　刘斌昆作

上海 上海人民出版社 1976年 1张 76cm（2开）定价：CNY0.11

J0049051

要使全国知道　　梁照全作

广州 广东人民出版社 1976年 1张 76cm（2开）定价：CNY0.14

J0049052

要使全国知道　　陈巽如作

长沙 湖南人民出版社 1976年 1张 76cm（2开）定价：CNY0.11

作者陈巽如（1949— ），女，美术编辑。曾用名陈胜如、耳东，湖南望城人。毕业于湖南戏

剧学校舞台美术科。历任湖南文艺出版社美术
编辑、装帧室副主任。中国美术家协会会员。代
表作品有《攻关》《金龙崖》《湘西行》等。

J0049053

野心家吕后　杨兆林编文；贺友直绘画
上海　上海人民出版社 1976年 1张 76cm（2开）
定价：CNY0.08
　　作者杨兆林，改编的主要连环画作品有《中
国诗歌故事》《汤姆和疯子》《神灯》等。作者贺
友直（1922—2016），连环画家。出生于上海，祖
籍浙江宁波。曾任上海人民美术出版社编审、连
环画艺术委员会主任、上海市美术家协会第四届
副主席、中国连环画研究会第二届副会长等职。
代表作品《朝阳沟》《山乡巨变》等。

J0049054

业余理论学习组　沈琛作
天津　天津人民美术出版社 1976年 1张
76cm（2开）定价：CNY0.11

J0049055

夜练　章兆源作
合肥　安徽人民出版社 1976年 1张 76cm（2开）
定价：CNY0.11

J0049056

夜校火红　杨卫中等合作
贵阳　贵州人民出版社 1976年 1张 76cm（2开）
定价：CNY0.14

J0049057

夜校新课　张振华作
沈阳　辽宁人民出版社 1976年 1张 76cm（2开）
定价：CNY0.11
　　作者张振华，江苏徐州人。学士学位。毕业
于南京艺术学院中国画专业，留校任教，教授中
国画。作品有《冬树》《冬景》。

J0049058

夜校新声　王柏生，杨淑珠画
福州　福建人民出版社 1976年 1张 76cm（2开）
定价：CNY0.14

J0049059

夜校迎新春　高云作
南京　江苏人民出版社 1976年 1张 76cm（2开）
定价：CNY0.14
　　作者高云（1956—　），国家一级美术师。毕
业于南京艺术学院中国画专业。历任中国美术
家协会理事、中国画艺术委员会委员、全国美术
馆专委会副主任、江苏省美术家协会副主席、江
苏省美术馆馆长、南京艺术学院客座教授。

J0049060

夜以继日　（四条屏）
天津　天津杨柳青画店 1976年 4幅
定价：CNY1.10

J0049061

夜战归来　马清涛作
西安　陕西人民出版社 1976年 1张 76cm（2开）
定价：CNY0.11
　　作者马清涛（1938—2019），美术教师。出生
于河南温县。历任中国画家协会会员、中国山水
画家协会会员、陕西省美术家协会会员。在武功
县文化馆从事创作和教学工作。

J0049062

一花引来万花开　乔德珑作
贵阳　贵州人民出版社 1976年 1张 76cm（2开）
定价：CNY0.14

J0049063

一花引来万花开　陈玉其作
南昌　江西人民出版社 1976年 1张 76cm（2开）
定价：CNY0.14

J0049064

一九七七年年画缩样　（二）
郑州　河南人民出版社 1976年 16页
19cm（32开）

J0049065

一颗枣儿一颗心　邵黎阳作
石家庄　河北人民出版社 1976年 1张
76cm（2开）定价：CNY0.11
　　作者邵黎阳（1942—　），画家。浙江镇海
人。历任《解放军报》美术编辑、上海人民美术

出版编辑部主任。作品有版画《山高攀》《胜利的旗帜》《航标灯》，油画《房东》《马石山十勇士》《天福山起义》等。著有《藏书票入门》。

J0049066
一心为人民　　施嘉彬作
福州　福建人民出版社　1976年　1张　76cm（2开）定价：CNY0.14

J0049067
沂蒙颂　（剧照　四条屏）新华社供稿
西安　陕西人民出版社　1976年　2张　76cm（2开）
定价：CNY0.28

J0049068
彝族女司机　　詹青，刘南作
上海　上海人民出版社　1976年　1张　76cm（2开）
定价：CNY0.11

J0049069
以粮为纲　以钢为纲　　乐谬顺作
南昌　江西人民出版社　1976年　1张　76cm（2开）
定价：CNY0.11

J0049070
亦工亦农　亦文亦武　　梁培龙作
广州　广东人民出版社　1976年　1张　76cm（2开）
定价：CNY0.14
　　作者梁培龙（1944—　），儿童画家。广东三水人，毕业于广州建筑工程学院。历任广东新世纪出版社编辑室主任、美术副编审，中国美术家协会会员，广东分会理事等职。出版有《梁培龙画册》《儿时的歌——梁培龙水墨画集》《童年的梦——梁培龙画集》等。

J0049071
亦工亦农　亦文亦武　　梁培龙作
广州　广东人民出版社　1976年　1张　53cm（4开）
定价：CNY0.07

J0049072
殷切的期望　　开封市业余油画创作组画
郑州　河南人民出版社　1976年　1张　76cm（2开）
定价：CNY0.14

J0049073
银河金谷　　罗国贤作
广州　广东人民出版社　1976年　1张　76cm（2开）
定价：CNY0.14

J0049074
英雄辈出　　简繁作
合肥　安徽人民出版社　1976年　1张　76cm（2开）
定价：CNY0.11

J0049075
英雄人民创奇迹　　上海第二建筑工程公司，上海钟表工业公司供稿
上海　上海书画社　1976年　1张　76cm（2开）
定价：CNY0.14

J0049076
莺歌燕舞　　费正画
石家庄　河北人民出版社　1976年　1张　76cm（2开）定价：CNY0.14

J0049077
莺歌燕舞　　王庆升作
郑州　河南人民出版社　1976年　1张　76cm（2开）
定价：CNY0.14

J0049078
迎春　　唐洪民作
哈尔滨　黑龙江人民出版社　1976年　1张　76cm（2开）定价：CNY0.11

J0049079
迎春图　　尚勇，许心华作
哈尔滨　黑龙江人民出版社　1976年　1张　76cm（2开）定价：CNY0.11

J0049080
迎接幸福的时刻　　李世元作
沈阳　辽宁人民出版社　1976年　1张　76cm（2开）
定价：CNY0.11

J0049081
迎千轮送万船　　顾顺元作
上海　上海人民出版社　1976年　1张　76cm（2开）
定价：CNY0.11

J0049082

映了一寨又一寨　欧阳深作

成都 四川人民出版社 1976年 1张 76cm（2开）

定价：CNY0.11

J0049083

拥军灯　袁丕海画

济南 山东人民出版社 1976年 1张 76cm（2开）

定价：CNY0.11

J0049084

永不停步　胡晓幸作

昆明 云南人民出版社 1976年 1张 76cm（2开）

定价：CNY0.11

　　作者胡晓幸（1951—　），画家。生于云南昆明，毕业于云南艺术学院。历任昆明画院院长、昆明美术家协会副主席。绘有《乡土的回忆——胡晓幸水彩画集》。

J0049085

永做人民的勤务员　井维春作

沈阳 辽宁人民出版社 1976年 1张 76cm（2开）

定价：CNY0.11

J0049086

油港电焊工　张宏宾等画

济南 山东人民出版社 1976年 1张 76cm（2开）

定价：CNY0.11

J0049087

油井新医　曾纪纲作

成都 四川人民出版社 1976年 1张 76cm（2开）

定价：CNY0.11

J0049088

油龙赞　广廷渤，张洪赞作画；张军武配诗

沈阳 辽宁人民出版社 1976年 2张 76cm（2开）

定价：CNY0.22

J0049089

油龙赞　广廷渤，张洪赞作；张军武配诗

北京 人民美术出版社 1976年 2张 76cm（2开）

定价：CNY0.28

J0049090

油田新一代　梁基定，鲁晓洁作

哈尔滨 黑龙江人民出版社 1976年 1张 76cm（2开）定价：CNY0.14

J0049091

又提前啦　傅笔抗作

上海 上海人民出版社 1976年 1张 76cm（2开）

定价：CNY0.14

J0049092

鱼水情深　朱连生，汪跃年作

武汉 湖北人民出版社 1976年 1张 76cm（2开）

定价：CNY0.14

J0049093

渔灯盏盏　王飙等作

上海 上海人民出版社 1976年 1张 78cm（2开）

定价：CNY0.07

J0049094

渔港丰收忙　黄建平作

上海 上海人民出版社 1976年 1张 76cm（2开）

定价：CNY0.14

J0049095

雨中送暖　朱静伟作

上海 上海人民出版社 1976年 1张 76cm（2开）

定价：CNY0.14

J0049096

源源不断　廖永生作

成都 四川人民出版社 1976年 1张 76cm（2开）

定价：CNY0.11

J0049097

越说心越甜　康笑宇作

银川 宁夏人民出版社 1976年 1张 76cm（2开）

定价：CNY0.11

J0049098

运输战线添新手　林宏作

上海 上海人民出版社 1976年 1张 76cm（2开）

定价：CNY0.11

J0049099
再给大妈讲一遍　李临菊,胡有章作
太原　山西人民出版社　1976年　1张　76cm（2开）
定价：CNY0.11

J0049100
在大风大浪中锻炼成长　齐大鹏作
石家庄　河北人民出版社　1976年　1张
76cm（2开）定价：CNY0.14
　　作者齐大鹏（1940— ），生于河北省沧州
市，天津美术学院干部训练班结业。历任中国书
画艺术家协会会员、河北省美术家协会会员、沧
州画院画师。作品有《整装待发》《准时开车》《杨
家将》《准时开车》等。

J0049101
在斗争中成长　费加作
合肥　安徽人民出版社　1976年　1张　76cm（2开）
定价：CNY0.14

J0049102
在候车室　史希光,曹雯作
太原　山西人民出版社　1976年　1张　76cm（2开）
定价：CNY0.14

J0049103
在艰苦创业的日子里　姚天沐,张怀信作
太原　山西人民出版社　1976年　1张　76cm（2开）
定价：CNY0.11

J0049104
在农业学大寨工地上　杨树有画
长春　吉林人民出版社　1976年　1张　76cm（2开）
定价：CNY0.14

J0049105
咱队的铁牛年年增　孙宝贵画
长春　吉林人民出版社　1976年　1张　76cm（2开）
定价：CNY0.14

J0049106
咱队自己的兽医　王守志作
合肥　安徽人民出版社　1976年　1张　76cm（2开）
定价：CNY0.14
　　作者王守志（1941—　），画家。山东枣庄人，

入合肥书画院学习。历任中国美术家协会会员、
中国书法家协会会员、合肥市美术家协会主席、
安徽省书法家协会艺术顾问等。出版有《王守志
画集》《王守志山水画集》《王守志写意花卉集》
《王守志戏剧人物画集》《当代著名篆刻家作品精
选》等。

J0049107
造福万代　王仲莉作
成都　四川人民出版社　1976年　1张　76cm（2开）
定价：CNY0.11

J0049108
扎根荒原第一春　李树基作
上海　上海人民出版社　1976年　1张　76cm（2开）
定价：CNY0.14

J0049109
占领农村文化阵地　胡嘉翔等作
杭州　浙江人民出版社　1976年　1张　76cm（2开）
定价：CNY0.11

J0049110
战备课　曹德兆作
天津　天津人民美术出版社　1976年　1张
76cm（2开）定价：CNY0.11

J0049111
战冰雹保丰收　王大为,刘旭作
沈阳　辽宁人民出版社　1976年　1张　76cm（2开）
定价：CNY0.11

J0049112
战地春雷　童秉刚,刘泽怡作
长沙　湖南人民出版社　1976年　1张　76cm（2开）
定价：CNY0.11

J0049113
战洪图　王思镇作
合肥　安徽人民出版社　1976年　1张　76cm（2开）
定价：CNY0.14

J0049114
战马奔驰　劳思,刘懋善作
南京　江苏人民出版社　1976年　1张　76cm（2开）

定价: CNY0.14

J0049115
战士又回村里来　刘禾生作
南京 江苏人民出版社 1976年 1张 76cm（2开）
定价: CNY0.14

J0049116
战太行　赵益超, 张明堂作
沈阳 辽宁人民出版社 1976年 1张 76cm（2开）
定价: CNY0.11

J0049117
战太行　赵益超, 张明堂作
北京 人民美术出版社 1976年 1张 76cm（2开）
定价: CNY0.11

J0049118
长城颂　刘家福等合作
天津 天津人民美术出版社 1976年 1张
76cm（2开）定价: CNY0.14

J0049119
长大我要学姐姐　孙耀盛作
西安 陕西人民出版社 1976年 1张 76cm（2开）
定价: CNY0.14

J0049120
长大我也当社员　黄力生作
广州 广东人民出版社 1976年 1张 76cm（2开）
定价: CNY0.14

J0049121
长征学传统 扎根大凉山　文小苗作
成都 四川人民出版社 1976年 1张 76cm（2开）
定价: CNY0.14

J0049122
阵地新花　蔡金章, 林鹏腾画
福州 福建人民出版社 1976年 1张 76cm（2开）
定价: CNY0.14

J0049123
争分夺秒　仇德树作
上海 上海人民出版社 1976年 1张 76cm（2开）

定价: CNY0.11
　　作者仇德树（1948—　），画家。出生于上海。作品有书法《风雷》，水墨《从自然到超脱，从黑夜到白天》。

J0049124
争试新药为人民　董须坚作
南京 江苏人民出版社 1976年 1张 76cm（2开）
定价: CNY0.11

J0049125
支农列车到山村　贺成作
北京 人民美术出版社 1976年 1张 76cm（2开）
定价: CNY0.11
　　作者贺成（1945—　），国家一级美术师。字峰然，号古杨。出生于山东枣庄，毕业于南京艺术学院。中国美术家协会会员、中华诗词学会会员、江苏省艺术研究院研究员、江苏省国画院人物画创研所原所长等。代表作品《共和之光》《欲与江山共娇》《马背上的歌》《辛亥风云》等。

J0049126
支农列车到山村　贺成作
上海 上海人民出版社 1976年 1张 76cm（2开）
定价: CNY0.14

J0049127
支农轻骑　陈秉钧作
上海 上海书画社 1976年 1张 76cm（2开）
定价: CNY0.14

J0049128
支农要知农　张人勇等作
上海 上海人民出版社 1976年 1张 76cm（2开）
定价: CNY0.11

J0049129
支援农业做贡献　王建明作
太原 山西人民出版社 1976年 1张 53cm（4开）
定价: CNY0.06

J0049130
只手开出万吨煤　赵荣纪作
太原 山西人民出版社 1976年 1张 76cm（2开）
定价: CNY0.11

J0049131
指挥台上新一代　苑诚心作
石家庄　河北人民出版社　1976年　1张
76cm（2开）定价：CNY0.11

J0049132
中国共产党万岁！毛泽东思想万岁！　陆
海林作
成都　四川人民出版社　1976年　1张76cm（2开）
定价：CNY0.14

J0049133
重上井冈山　崔开西画
济南　山东人民出版社　1976年　1张
107cm（全开）定价：CNY0.28
　　作者崔开西（1935—　），教授，画家。本名
崔开玺，山东掖县人，就读于中央美术学院。任
解放军艺术学院副教授、教授，中国美术家协会
会员。代表作品有《演习之后》《长征路上写生》
《长征途中的贺龙与任弼时》等。

J0049134
珠峰脚下气象新　魏明，耿跃民画
长春　吉林人民出版社　1976年　1张76cm（2开）
定价：CNY0.11

J0049135
猪场新人　杨士军画
长春　吉林人民出版社　1976年　1张76cm（2开）
定价：CNY0.14

J0049136
抓阶级斗争，促农业"四化"　孙建东作
昆明　云南人民出版社　1976年　1张76cm（2开）
定价：CNY0.11
　　作者孙建东（1952—　），画家。出生于上海。
毕业于云南艺术学院美术系。云南艺术学院美
术学院中国画专业教授、中国美术家协会会员、
中国美术家协会第七次全国代表大会代表、第六
届云南美术家协会副主席。代表作品有《孔雀红
梅》《流沙河之歌》《共同的希望》。

J0049137
转占农村立新功　王正玺作
武汉　湖北人民出版社　1976年　1张76cm（2开）

定价：CNY0.14

J0049138
转战　赵幼华画
长春　吉林人民出版社　1976年　1张76cm（2开）
定价：CNY0.11

J0049139
壮志绘新图　施振广作
天津　天津人民美术出版社　1976年　1张
76cm（2开）定价：CNY0.11

J0049140
壮志凌云　张秉发作
武汉　湖北人民出版社　1976年　1张76cm（2开）
定价：CNY0.14

J0049141
茁壮成长　张登联，石景昭作
西安　陕西人民出版社　1976年　1张76cm（2开）
定价：CNY0.14

J0049142
茁壮成长　（四条屏）
天津　天津杨柳青画店　1976年　4幅
定价：CNY1.10

J0049143
走革命前辈的道路　宋韧等作
上海　上海人民出版社　1976年　1张76cm（2开）
定价：CNY0.11

J0049144
走向胜利　彭彬作
沈阳　辽宁人民出版社　1976年　1张76cm（2开）
定价：CNY0.11
　　作者彭彬（1927—　），油画家。江苏吕四人，
毕业于中央美术学院专修科。历任解放军总政
文化部创作室创作员、军事博物馆美术创作员。
作品有《遵义会议》《雄关漫道真如铁，而今漫步
从头越》《巍巍长城一代风流》等。

J0049145
走向胜利　彭彬作
北京　人民美术出版社　1976年　1张76cm（2开）

定价: CNY0.14

J0049146
走向胜利　*彭彬作*
天津 天津人民美术出版社 1976 年 1 张
76cm（2 开）定价: CNY0.14

J0049147
祖国遍地开红花　*林亦香作*
杭州 浙江人民出版社 1976 年 1 张 76cm（2 开）
定价: CNY0.14

J0049148
祖国处处有亲人　*李醒滔, 梁照堂作*
广州 广东人民出版社 1976 年 1 张 76cm（2 开）
定价: CNY0.14

J0049149
祖国的关怀　*陈如鹏作*
福州 福建人民出版社 1976 年 1 张 76cm（2 开）
定价: CNY0.14

J0049150
祖国的关怀　*陈如鹏作*
长春 吉林人民出版社 1976 年 1 张 76cm（2 开）
定价: CNY0.14

J0049151
祖国的关怀　*陈如鹏作*
北京 人民美术出版社 1976 年 1 张 76cm（2 开）
定价: CNY0.11

J0049152
祖国的关怀　*陈如鹏作*
上海 上海人民出版社 1976 年 1 张 76cm（2 开）
定价: CNY0.14

J0049153
祖国的关怀　*陈如鹏作*
福州 福建人民出版社 1977 年 76cm（2 开）
定价: CNY0.14

J0049154
祖国的早晨　*王芳清, 王立志作*
上海 上海人民出版社 1976 年 1 张 76cm（2 开）

定价: CNY0.14

J0049155
最新最美的图画　*程中元, 季格君作*
哈尔滨 黑龙江人民出版社 1976 年 1 张
76cm（2 开）定价: CNY0.11

J0049156
遵义　*上海人民出版社编*
上海 上海人民出版社 1976 年 1 张 76cm（2 开）
定价: CNY0.14

J0049157
做革命人 接革命班　*赵有为作*
兰州 甘肃人民出版社 1976 年 2 张 38cm（6 开）
定价: CNY0.07

J0049158
1975 年全国年画少年儿童美术作品展览年画选集　*辽宁人民出版社编*
沈阳 辽宁人民出版社 1977 年 28 幅 26cm（16 开）
统一书号: 8090.826 定价: CNY1.20

J0049159
1977 年画缩样　（一）
合肥 安徽人民出版社 1977 年 16 页 19cm（32 开）

J0049160
1977 年画缩样　（一）
沈阳 辽宁人民出版社 1977 年 19cm（32 开）

J0049161
1977 年画缩样
西宁 青海人民出版社 1977 年 8 幅 19cm（32 开）

J0049162
1977 年画缩样
北京 人民出版社 1977 年 20 页 19cm（32 开）

J0049163
1978 年画缩样　（一）
合肥 安徽人民出版社 1977 年 20 幅 19cm（32 开）

J0049164
1978 年画缩样

郑州 河南人民出版社 1977 年 11 幅 19cm（32 开）

J0049165
1978 年画缩样
长春 吉林人民出版社 1977 年 22 幅 19cm（32 开）

J0049166
1978 年画缩样 （一）
南京 江苏人民出版社 1977 年 16 幅 19cm（32 开）

J0049167
1978 年画缩样 （二）
南京 江苏人民出版社 1977 年 19 幅 19cm（32 开）

J0049168
1978 年画缩样
济南 山东人民出版社 1977 年 20 幅 19cm（32 开）

J0049169
1978 年画缩样
西安 陕西人民出版社 1977 年 11 幅 19cm（32 开）

J0049170
1978 年画缩样 （一）
成都 四川人民出版社 1977 年 10 幅 19cm（32 开）

J0049171
1978 年画缩样 （二）
成都 四川人民出版社 1977 年 7 幅 19cm（32 开）

J0049172
1978 年画缩样 （三）
成都 四川人民出版社 1977 年 8 幅 13×19cm

J0049173
1978 年门画缩样
昆明 云南人民出版社 1977 年 12 19cm（32 开）

J0049174
1978 年年画缩样 （一）
呼和浩特 内蒙古人民出版社 1977 年 12 幅 19cm（32 开）

J0049175
哀思如潮 邵增虎作

武汉 湖北人民出版社 1977 年 76cm（2 开）
定价：CNY0.07
　　作者邵增虎（1937—　　）。画家。安徽绩溪人，毕业于广州美术学院油画系。历任广州军区政治部文艺创作组副组长、中国美术家协会广东分会副主席、中国美术家协会理事、广东省画院特聘画家、国家一级美术师、中国人民解放军总政治部文化部美术作品评选委员会委员。代表作品有《螺号响了》《农机专家之死》《在延安的日子》等。

J0049176
爱国卫生小尖兵 陈爱康作
杭州 浙江人民出版社 1977 年 76cm（2 开）
定价：CNY0.14

J0049177
爱晚亭 秦剑铭作
南京 江苏人民出版社 1977 年 76cm（2 开）
定价：CNY0.11

J0049178
八一风暴
合肥 安徽人民出版社 1977 年 2 张（套）
76cm（2 开）定价：CNY0.22

J0049179
八一战旗红 李一新作
南昌 江西人民出版社 1977 年 76cm（2 开）

J0049180
八月的延安 彭蠡作
西安 陕西人民出版社 1977 年 76cm（2 开）
定价：CNY0.14

J0049181
八字宪法闪金光 阎洪波画
长春 吉林人民出版社 1977 年 76cm（2 开）
定价：CNY0.11

J0049182
白毛女(喜儿) 李慕白作
天津 天津人民美术出版社 1977 年
76cm（2 开）定价：CNY0.11
　　作者李慕白（1913—1991），画家。生于浙江海宁。历任中国民主同盟会成员、中国美术家协会会员、上海人民美术出版社特约年画作者。出版有《李慕白、金雪尘年画选集》。

J0049183
白求恩的故事　　霍根仲作
石家庄　河北人民出版社　1977年　76cm（2开）
定价：CNY0.11

J0049184
百发百中　　高维新画
济南　山东人民出版社　1977年　76cm（2开）
定价：CNY0.11

J0049185
百花齐放，推陈出新　　（窗旁）刘之堂画
济南　山东人民出版社　1977年　2张（套）
39cm（8开）定价：CNY0.08

J0049186
办沼气好　　孟庆祥，韩玉龙作
合肥　安徽人民出版社　1977年　76cm（2开）
定价：CNY0.11

J0049187
保卫边疆　　杨国栋作
昆明　云南人民出版社　1977年　39cm（8开）
定价：CNY0.04

J0049188
毕业回乡　　梁丙卓作
郑州　河南人民出版社　1977年　76cm（2开）
定价：CNY0.11

J0049189
边疆变新颜　　曾抒嘉作
沈阳　辽宁人民出版社　1977年　76cm（2开）
定价：CNY0.11

J0049190
边疆盛会　　杨建友等作
合肥　安徽人民出版社　1977年　76cm（2开）
定价：CNY0.14

J0049191
边疆盛会　　杨建友等作
上海　上海人民出版社　1977年　78cm（2开）
定价：CNY0.07

J0049192
不是战机　　黄惠连作
合肥　安徽人民出版社　1977年　76cm（2开）
定价：CNY0.11

J0049193
不歇脚的贴心人　　陈荣清作
上海　上海书画社　1977年　76cm（2开）
定价：CNY0.14

J0049194
沧海绿洲　　林曦明作
上海　上海书画社　1977年　76cm（2开）
定价：CNY0.14
　　作者林曦明（1925—　　），画家。原名正熙，号乌牛。浙江永嘉人。历任上海戏剧学院美术系教师。上海中国画院一级画师、中国美术家协会会员、现代书画研究会会长。代表作品有《红梅时节》《水满鱼肥》《太湖之歌》《漓江雨后》《故乡》等。

J0049195
草地诗篇　　徐匡作
成都　四川人民出版社　1977年　76cm（2开）
定价：CNY0.14
　　作者徐匡（1938—　　），国家一级美术师。生于湖南长沙，毕业于中央美术学院附中。历任四川美术家协会常务理事、中国美术家协会会员。代表作品《走过草地》《天路》《高原的阳光》等。

J0049196
草原号声　　董善明作
石家庄　河北人民出版社　1977年　76cm（2开）
定价：CNY0.11

J0049197
草原连北京　　王执平，郭重光画
石家庄　河北人民出版社　1977年　76cm（2开）
定价：CNY0.11

J0049198
草原苹果喜丰收　　张曦旺作
石家庄　河北人民出版社　1977 年　76cm（2 开）

J0049199
插秧机真正好　　洪普松作
长沙　湖南人民出版社　1977 年　76cm（2 开）
定价：CNY0.11

J0049200
朝气蓬勃　　古月作
成都　四川人民出版社　1977 年　76cm（2 开）
定价：CNY0.11

J0049201
乘胜前进　　王玉萍画
济南　山东人民出版社　1977 年　76cm（2 开）
定价：CNY0.11

J0049202
赤脚好阿姨　　蒋铁峰作
昆明　云南人民出版社　1977 年　76cm（2 开）
定价：CNY0.11

J0049203
赤脚医生好阿姨　　陆矛德作
南京　江苏人民出版社　1977 年　76cm（2 开）
定价：CNY0.11

J0049204
雏鹰比翅　　毛文彪作
北京　人民美术出版社　1977 年　76cm（2 开）
定价：CNY0.14

J0049205
穿上红军鞋　　徐仲偶作
成都　四川人民出版社　1977 年　76cm（2 开）
定价：CNY0.14

J0049206
船厂喜事　　丁仪新作
上海　上海人民出版社　1977 年　76cm（2 开）
定价：CNY0.11

J0049207
创业靠毛泽东思想　　王铁牛等作
北京　人民美术出版社　1977 年　76cm（2 开）
定价：CNY0.14

J0049208
创业靠毛泽东思想　　王铁牛等作
天津　天津人民美术出版社　1977 年　76cm（2 开）
定价：CNY0.14

J0049209
锤炼　　倪志琪作
上海　上海人民出版社　1977 年　76cm（2 开）
定价：CNY0.11

J0049210
春潮滚滚　　黄炯作
南宁　广西人民出版社　1977 年　76cm（2 开）
定价：CNY0.11

J0049211
春催桃李壮　　屠国英画
济南　山东人民出版社　1977 年　76cm（2 开）
定价：CNY0.11

J0049212
春江放筏　　亚明作
上海　上海书画出版社　1977 年　76cm（2 开）
定价：CNY0.14
　　作者亚明（1924—2002），画家、教授。原姓叶，名家炳，号敬植，后改名亚明。安徽合肥人。历任无锡市美术家协会主席、江苏省美术工作室主任、江苏省国画院副院长、中国美术家协会常务理事、香港《文汇报》中国画版主编。出版有《访苏画辑》《亚明作品选集》《亚明画集》《三湘四水集》等。

J0049213
春满光荣人家　　萝北县文化馆供稿
哈尔滨　黑龙江人民出版社　1977 年　76cm（2 开）
定价：CNY0.11

J0049214
春暖　　丰兆民，马云作
西安　陕西人民出版社　1977 年　76cm（2 开）

定价：CNY0.14

J0049215
春雨　余强作
石家庄　河北人民出版社　1977年　76cm（2开）
定价：CNY0.11

J0049216
从小锻炼身体好　长大要把重担挑　王惠
琴作
南京　江苏人民出版社　1977年　76cm（2开）
定价：CNY0.11

J0049217
从小就把根扎正　马亚利作
北京　人民美术出版社　1977年　76cm（2开）
定价：CNY0.11

J0049218
从小就同风浪斗　杨玉奎作
哈尔滨　黑龙江人民出版社　1977年
76cm（2开）定价：CNY0.11

J0049219
打得好　徐慧玲作
武汉　湖北人民出版社　1977年　76cm（2开）
定价：CNY0.14
　　作者徐慧玲（1936—　），女，画家。湖北
武汉人。毕业于华中师范大学美术系，后又进
入中央工艺美术学院进修。就职于湖北美术院。
代表作品有《喜鹊牡丹》《歌手》《晚归》《舞新
春》等。

J0049220
大队养猪场　邵奎一作
合肥　安徽人民出版社　1977年　76cm（2开）
定价：CNY0.11

J0049221
大红花献给华主席　邹世俊作
成都　四川人民出版社　1977年　76cm（2开）
定价：CNY0.11

J0049222
大江南北红烂漫　长城内外尽朝晖　李昶海

书；刘达銮画
广州　广东人民出版社　1977年［1张］76cm（2开）
定价：CNY0.14

J0049223
大庆红旗处处飘　尹德年作；张文忠诗
石家庄　河北人民出版社　1977年　2张（套）
76cm（2开）定价：CNY0.22

J0049224
大庆红旗迎风飘
天津　天津人民美术出版社　1977年　2张（套）
76cm（2开）定价：CNY0.28

J0049225
大学毕业回车间　任海宁画
济南　山东人民出版社　1977年　76cm（2开）
定价：CNY0.11

J0049226
大学毕业茧未退　黄恩涛画
济南　山东人民出版社　1977年　76cm（2开）
定价：CNY0.11
　　作者黄恩涛（1948—　），山东济宁人。毕
业于山东艺术学院美术系。历任山东省巨野县
文化馆馆长、文联副主席、研究馆员，中国书画
协会会员，中国美术家协会会员，国家一级美术
师，中国人物画艺术委员会委员，中国连环画、
插图艺术委员会委员。主要作品有《红色喇叭家
家响》《社社队队粮满仓》《我是工地点炮手》。

J0049227
大学大批促大干　大治之年庆丰收　许学明
等作
合肥　安徽人民出版社　1977年　76cm（2开）
定价：CNY0.11

J0049228
大寨红花遍地开　覃汉尊作
南宁　广西人民出版社　1977年　76cm（2开）
定价：CNY0.14

J0049229
大寨红花遍地开　曾正民作
长沙　湖南人民出版社　1977年　76cm（2开）

定价：CNY0.11

J0049230
大寨红旗映山河 马国强作
郑州 河南人民出版社 1977 年 76cm（2 开）
定价：CNY0.11

J0049231
大寨花开朵朵红 曼世才等作
成都 四川人民出版社 1977 年 76cm（2 开）
定价：CNY0.11

J0049232
大寨路上送货忙 胡一达作
杭州 浙江人民出版社 1977 年 76cm（2 开）
定价：CNY0.14

J0049233
大寨田上小愚公 郭志明作
上海 上海人民出版社 1977 年 76cm（2 开）
定价：CNY0.11

J0049234
当彻底革命派 做红色接班人 徐荣灿作
昆明 云南人民出版社 1977 年 ［1 张］
76cm（2 开）定价：CNY0.11

J0049235
党的关怀暖人心 （华主席在四川视察群众办沼气）谢可新作
成都 四川人民出版社 1977 年 76cm（2 开）
定价：CNY0.14

J0049236
党的关怀暖心窝 白铭洲画
长春 吉林人民出版社 1977 年 76cm（2 开）
定价：CNY0.14

J0049237
党给我武装 戎蓓蕾，陈继武作
杭州 浙江人民出版社 1977 年 76cm（2 开）
定价：CNY0.14

J0049238
灯光夜市 孙仲阳作

合肥 安徽人民出版社 1977 年 76cm（2 开）
定价：CNY0.11

J0049239
第一课 石景昭作
西安 陕西人民出版社 1977 年 ［1 张］
76cm（2 开）定价：CNY0.11
　　作者石景昭（1938—2010），画家，教授。河南偃师人，毕业于西安美术学院油画系。中国美术家协会会员、西安美术学院国画系人物教研室主任。代表作品有《丝路风情》《敦煌古市》《秋熟》《春花图》。出版有《工笔重彩人物画技法》《中国传统美术造型图论》等。

J0049240
第一师范 徐照海作
长沙 湖南人民出版社 1977 年 ［1 张］
76cm（2 开）定价：CNY0.11

J0049241
顶风劈浪迎朝阳 （上海海运局大庆 16 号油轮学大庆先进事迹）尤兑编；郑波绘
上海 上海人民出版社 1977 年 108cm（全开）
定价：CNY0.18

J0049242
顶逆流 黄中羊作
广州 广东人民出版社 1977 年 76cm（2 开）
定价：CNY0.14

J0049243
东风劲吹 莺歌燕舞 山花烂漫 果实累累 喻继高作
南京 江苏人民出版社 1977 年 4 张（套）
76cm（2 开）定价：CNY0.56
　　作者喻继高（1932— ），国家一级美术师。江苏铜山人，毕业于南京大学艺术系和南京师范学院美术系。江苏省国画院副院长、江苏省美术家协会副主席、中国画研究院委员、中国工笔画学会副会长、徐悲鸿奖学金委员会委员。代表作品有《梨花春雨》《玉兰锦鸡》《春江水暖》等。

J0049244
东风又送《创业》来 奚文渊，倪基民作
上海 上海人民出版社 1977 年 76cm（2 开）

定价：CNY0.11

J0049245
杜鹃花开　刘称奇作
南昌　江西人民出版社　1977 年　76cm（2 开）
定价：CNY0.14

J0049246
锻炼身体　增强体质　孔庆池作
广州　广东人民出版社　1977 年［1 张］
76cm（2 开）定价：CNY0.14

J0049247
锻炼身体　增强体质　孔庆池作
广州　广东人民出版社　1977 年［1 张］
54cm（4 开）定价：CNY0.07

J0049248
队里的大学生　梅军，刘金珠作
杭州　浙江人民出版社　1977 年　76cm（2 开）
定价：CNY0.11

J0049249
队里新事画不完　闵才彬作
上海　上海人民出版社　1977 年　76cm（2 开）
定价：CNY0.11

J0049250
对春联　黄思源，崔尧章作
郑州　河南人民出版社　1977 年　76cm（2 开）
定价：CNY0.11

J0049251
翻身农奴迎亲人　魏传义，马一平作
天津　天津人民美术出版社　1977 年　76cm（2 开）
定价：CNY0.14
　　作者魏传义（1928—　），书画家、教育家。别名川一，生于四川达县，毕业于四川省立艺术专科学校和中央美术学院马克西莫夫油画训练班。历任厦门书画教育研究院院长、中国美术家协会会员、福建省美术教育研究会会长。主编出版《艺术教育学》《魏传义艺术》《魏传义中国花鸟画选》《魏传义中国山水画选》等。

J0049252
纺纱织布为人民　（上海第三十三棉纺织厂学大庆先进事迹）王乃人编；金奎绘
上海　上海人民出版社　1977 年　108cm（全开）
定价：CNY0.18
　　作者金奎（1936—　），连环画家。江苏人。上海人民美术出版社创作干部。主要作品《红岩》。

J0049253
飞向祖国的蓝天　于永华作
沈阳　辽宁人民出版社　1977 年　76cm（2 开）
定价：CNY0.11

J0049254
沸腾的油田创业庄　高景波作
哈尔滨　黑龙江人民出版社　1977 年
76cm（2 开）定价：CNY0.11
　　作者高景波（1946—　），山东掖县人。擅长年画、水彩画。大庆市群众艺术馆美术部主任、二级美术师、大庆市美术家协会副主席。主要作品：水粉组画《采油新工艺》，年画《一路春风喜盈归》，水彩画《倾国恨》。

J0049255
丰收不忘国家　增产不忘储备　丁建生，宁积贤作
太原　山西人民出版社　1977 年［1 张］
54cm（4 开）定价：CNY0.06

J0049256
丰收场上机声隆　孙伯礼作
郑州　河南人民出版社　1977 年　76cm（2 开）
定价：CNY0.11

J0049257
丰收场上赞新绸　宋德昌作
沈阳　辽宁人民出版社　1977 年　76cm（2 开）
定价：CNY0.11

J0049258
风华正茂　苏州桃花坞木刻组作
南京　江苏人民出版社　1977 年　76cm（2 开）
定价：CNY0.11

J0049259

风雪送暖　刘金华作

天津　天津人民美术出版社　1977 年　76cm（2 开）

定价：CNY0.14

J0049260

风雨涤新苗　李存欣画

济南　山东人民出版社　1977 年　76cm（2 开）

定价：CNY0.11

J0049261

父女同走革命路　崔绍纲，党诚作

石家庄　河北人民出版社　1977 年　76cm（2 开）

定价：CNY0.11

J0049262

复原回来第一仗　冯有康作

上海　上海人民出版社　1977 年　76cm（2 开）

定价：CNY0.11

J0049263

富饶的祖国海疆　叶其璋作

杭州　浙江人民出版社　1977 年　76cm（2 开）

定价：CNY0.14

J0049264

高山夺丰收　邰铭作

上海　上海人民出版社　1977 年　76cm（2 开）

定价：CNY0.11

J0049265

歌唱领袖华主席　刘志谋作

西安　陕西人民出版社　1977 年　76cm（2 开）

定价：CNY0.14

　　作者刘志谋（1939—　　），陕西长安人，毕业于西安美术学院附中，在武功县文化馆做美术创作与辅导工作。历任陕西省美术家协会会员，陕西省书法家协会会员，陕西省书画艺术研究院研究员、副院长，中国国学研究会研究员等。

J0049266

革命传统万代传　黄永镇作

成都　四川人民出版社　1977 年　76cm（2 开）

定价：CNY0.11

J0049267

革命圣地　陈巨锁作

太原　山西人民出版社　1977 年　2 张（套）

76cm（2 开）定价：CNY0.28

　　作者陈巨锁（1934—　　），书法家、作家、文化学者。别名隐堂，山西原平人。先后在山西艺术学院和山西大学攻读美术兼书法。历任中国书法家协会理事、山西省书法家协会副主席、山西省美术家协会理事、山西省诗书画印艺术家联合会副主席等。一级美术师。主要作品有《生死门》，出版有《隐堂散文集》《隐堂随笔》等。

J0049268

革命摇篮石景山　魏紫熙作

南京　江苏人民出版社　1977 年　2 张（套）

76cm（2 开）定价：CNY0.22

　　作者魏紫熙（1915—2002），画家。河南遂平县人，河南艺术师范学院毕业。历任河南艺术师范学校教师、河南大学讲师、江苏省国画院画师、徐州市国画院名誉院长等。代表作品《黄洋界》《温课》《巡逻》《同劳动同协商》《魏紫熙画集》。

J0049269

革命又有了掌舵人　金祥龙作

上海　上海人民出版社　1977 年　76cm（2 开）

定价：CNY0.11

　　作者金祥龙（1956—　　），画家。上海人。上海市南汇县文化馆馆员。作品有《故乡之四》《故乡之七》，出版有《金祥龙画选》《金祥龙版画选》。

J0049270

各条战线支农忙　协作花开遍地春　眭关荣，戴孟清作

上海　上海人民出版社　1977 年　2 张（套）

54cm（4 开）定价：CNY0.11

J0049271

各族人民衷心爱戴华主席　王效池作

郑州　河南人民出版社　1977 年　76cm（2 开）

定价：CNY0.14

J0049272

更爱本行　王平作

天津 天津人民美术出版社 1977 年
76cm（2 开）定价：CNY0.11

J0049273
更喜岷山千里雪 陈宁尔，王方雄作
北京 人民美术出版社 1977 年 76cm（2 开）
定价：CNY0.14

J0049274
工地怒火 励利道，盛元龙作
杭州 浙江人民出版社 1977 年 76cm（2 开）
定价：CNY0.11
　　作者盛元龙（1949— ），美术师，画家。浙
江鄞县人。毕业于中国美术学院国画系人物画
专业。历任鄞县美术家协会主席、鄞县越剧团二
级美术师。代表作品有《众志成城》《海边》等，
出版有《盛元龙画集》。

J0049275
工地宣传员 王瑞奎画
济南 山东人民出版社 1977 年 76cm（2 开）
定价：CNY0.11

J0049276
工农一线连 李健保，毛国保作
长沙 湖南人民出版社 1977 年 76cm（2 开）
定价：CNY0.11

J0049277
工业学大庆 农业学大寨 杜克礼作
郑州 河南人民出版社 1977 年 [1 张]
76cm（2 开）定价：CNY0.11

J0049278
工业学大庆 农业学大寨 刘仲杰作
武汉 湖北人民出版社 1977 年 [1 张]
108cm（全开）定价：CNY0.22

J0049279
工业学大庆 农业学大寨 刘仲杰作
武汉 湖北人民出版社 1977 年 [1 张]
76cm（2 开）定价：CNY0.11

J0049280
工业学大庆 农业学大寨 苏州桃花坞木刻

组 [作]
南京 江苏人民出版社 1977 年 2 张（套）
78cm（2 开）定价：CNY0.18

J0049281
工业学大庆 农业学大寨 施元祥，陈鸿达作
上海 上海人民出版社 1977 年 2 张（套）
54cm（4 开）定价：CNY0.11

J0049282
"公社"的节日 阳云等作
天津 天津杨柳青画店 1977 年 4 幅（套）
76cm（2 开）定价：CNY1.10

J0049283
"公社"蕉林忙 何元飞作
南宁 广西人民出版社 1977 年 76cm（2 开）
定价：CNY0.14

J0049284
"公社"之春 包志峰作
石家庄 河北人民出版社 1977 年 76cm（2 开）
定价：CNY0.11

J0049285
巩固无产阶级专政 保卫社会主义祖国 杜
克礼作
郑州 河南人民出版社 1977 年 [1 张]
76cm（2 开）定价：CNY0.11

J0049286
共同的心愿 袁银昌作
上海 上海人民出版社 1977 年 76cm（2 开）
定价：CNY0.11

J0049287
古田光辉照征途 郑学恭画
福州 福建人民出版社 1977 年 76cm（2 开）
定价：CNY0.14

J0049288
故乡新颜 刘友国作
南宁 广西人民出版社 1977 年 76cm（2 开）
定价：CNY0.14

J0049289
顾客的好参谋　徐静茹作
哈尔滨　黑龙江人民出版社　1977 年　76cm（2 开）
定价：CNY0.11

J0049290
关山飞越又一线　（成昆铁路胜利通车）章育青作
上海　上海人民出版社　1977 年　76cm（2 开）
定价：CNY0.11
　　作者章育青（1909—1993），画家。浙江慈溪人。上海人民美术出版社年画专业画家。作品《上海大世界》《元宵灯》《上海外滩》《南京长江大桥》等。

J0049291
光荣之家　刘刚作
沈阳　辽宁人民出版社　1977 年　76cm（2 开）
定价：CNY0.11

J0049292
广阔天地大有作为　张宏宾画
济南　山东人民出版社　1977 年　[1 张]
76cm（2 开）定价：CNY0.11

J0049293
广阔天地炼红心　李树基等作
天津　天津杨柳青画店　1977 年　4 幅（套）
76cm（2 开）定价：CNY1.10

J0049294
广阔天地育新人　革命熔炉炼红心　周云亮作
昆明　云南人民出版社　1977 年　[1 张]
76cm（2 开）定价：CNY0.11

J0049295
归来还是社里人　滕建民作
长沙　湖南人民出版社　1977 年　76cm（2 开）
定价：CNY0.11

J0049296
海岛献新粮　赖建华，范吉屏作
杭州　浙江人民出版社　1977 年　76cm（2 开）
定价：CNY0.14

J0049297
海岛战士迎亲人　杨家驷作
杭州　浙江人民出版社　1977 年　76cm（2 开）
定价：CNY0.11

J0049298
海河风光　赵文发等作；聪聪配诗
石家庄　河北人民出版社　1977 年　2 张（套）
76cm（2 开）定价：CNY0.22
　　作者赵文发（1933—　），教师。别名晓文，河北泊头人，毕业于西安美术学院国画系。历任西安美术学院国画系教师、河北交河县文化馆美术干部、河北泊头市文化馆美术组组长等。

J0049299
旱区新路　田茂怀作
石家庄　河北人民出版社　1977 年　76cm（2 开）
定价：CNY0.11
　　作者田茂怀（1948—　），画家。河北衡水人。历任河北省画院特聘画师、河北省科技大学客座教授、河北书画院副主席、台湾艺术协会荣誉理事。

J0049300
好画献给毛主席　李凤兰等作
西安　陕西人民出版社　1977 年　76cm（2 开）
定价：CNY0.14

J0049301
红宝书指航程　赵俊杰作
太原　山西人民出版社　1977 年　54cm（4 开）
定价：CNY0.06

J0049302
红花盛开　焦俊华等作
天津　天津人民美术出版社　1977 年　76cm（2 开）
定价：CNY0.11
　　焦俊华（1932—　），生于河北赵县。天津美术学院副教授、中国美术家协会会员、中国白洋淀诗书画院艺术顾问。代表作品《画中揽胜》《中国古塔》等。

J0049303
红梅报春　陈大羽作
上海　上海人民出版社　1977 年　76cm（2 开）

定价: CNY0.11

作者陈大羽(1912—2001),画家、书法家、篆刻家。原名汉卿,更名翱,字大羽。广东潮阳人,毕业于上海美术专业学校中国画系。历任南京艺术学院教授、中国书法家协会常务理事。主要作品有《红梅公鸡》《庐山》《松柏长青》等。出版有《陈大羽书画篆刻作品集》《大羽画集》等。

J0049304

红旗渠颂　黄润华,张凭作

郑州 河南人民出版社 1977 年 78cm(2 开)

定价: CNY0.10

作者黄润华(1932—2000),教授。河北正定人。毕业于中央美术学院中国画系。历任中央美术学院中国画系主任、中央美术学院学术委员会委员、中国美术家协会会员、中国书画函授大学名誉教授。出版有《黄润华山水画集》《黄润华画集》。作者张凭(1934—),教授、画家。河南新乡人。毕业于中央美术学院中国画系,后留校任教。历任中央美术学院中国画系山水画室主任、教授。中国美术家协会会员。主要作品有《黄河》《太行赞》《龙羊峡之夜》《砥柱》《屹立》等。

J0049305

红色阵地春意浓　武培柱作

昆明 云南人民出版社 1977 年 76cm(2 开)

定价: CNY0.11

J0049306

红心铁骨　(记严细成风的硬骨头采煤队) 阳泉工人《红心铁骨》创作组编

太原 山西人民出版社 1977 年 2 张(套)

76cm(2 开) 定价: CNY0.20

J0049307

红星闪闪传万代　俞士梅,吴祯祥作

上海 上海人民出版社 1977 年 76cm(2 开)

定价: CNY0.11

J0049308

红云岗　单应桂,李百钧画;艺夫文

天津 天津人民美术出版社 1977 年 2 张(套)

76cm(2 开) 定价: CNY0.28

J0049309

洪湖赤卫队　邵劲之改编;叶德昌绘

武汉 湖北人民出版社 1977 年 2 张(套)

76cm(2 开) 定价: CNY0.28

J0049310

湖水迎来稻果香　李海陆作

上海 上海书画出版社 1977 年 76cm(2 开)

定价: CNY0.14

J0049311

虎头山下战旗红　张广作

北京 人民美术出版社 1977 年 76cm(2 开)

定价: CNY0.14

J0049312

互帮互学　薛嘉惠作

沈阳 辽宁人民出版社 1977 年 76cm(2 开)

定价: CNY0.11

作者薛嘉惠(1940—),满族,国家一级美术家。曾任联合国美术家协会名誉主席、中国当代艺术协会终身名誉主席、宋庄国际书画院终身院长等职。代表作品有《呼唤》《医魂》《假日》《雄风图》《关怀》等。

J0049313

户户有储蓄　乔树,郝贵生作

石家庄 河北人民出版社 1977 年 76cm(2 开)

定价: CNY0.11

J0049314

护秋

天津 天津人民美术出版社 1977 年

76cm(2 开) 定价: CNY0.11

J0049315

花儿朵朵　陈永锵作

广州 广东人民出版社 1977 年 [1 张]

108cm(全开) 定价: CNY0.28

作者陈永锵(1948—),画家。生于广州,祖籍广东南海西樵,毕业于广州美术学院国画系研究生班。历任广州市文化局副局长兼广州画院院长、广东美术家协会副主席、中国国家画院研究员、岭南画派纪念馆名誉馆长等。作品有《南天开阔好纵横》《南粤雄风》《岭南花》《雄姿

英发》。

J0049316
花儿献给华主席　朱淑媛作
沈阳　辽宁人民出版社　1977年　76cm（2开）
定价：CNY0.11
　　作者朱淑媛，年画艺术家，辽宁人。作品有《校园新苗》《花儿》《全家福》《牡丹仙子》等。

J0049317
花儿向太阳　刘海志画
石家庄　河北人民出版社　1977年　76cm（2开）
定价：CNY0.11

J0049318
华主席啊，我们衷心爱戴您　林亦香作
杭州　浙江人民出版社　1977年　76cm（2开）
定价：CNY0.14

J0049319
华主席办事，毛主席放心，全党放心，全军放心，全国各族人民放心
北京　人民美术出版社　1977年　76cm（2开）
定价：CNY0.14

J0049320
华主席朝着我们笑　汤继民作
南京　江苏人民出版社　1977年　76cm（2开）
定价：CNY0.11

J0049321
华主席到过咱的家　孙广男作
沈阳　辽宁人民出版社　1977年　76cm（2开）
定价：CNY0.11

J0049322
华主席各族人民热爱您　刘宗祺作
昆明　云南人民出版社　1977年　54cm（4开）
定价：CNY0.06

J0049323
华主席鼓励我们学大寨　任丽君等作
上海　上海人民出版社　1977年　76cm（2开）
定价：CNY0.11

J0049324
华主席和藏族人民心连心　艾轩，张文源作
成都　四川人民出版社　1977年　54cm（4开）
定价：CNY0.07

J0049325
华主席和大寨人心连心　王镇，武尚功作
北京　人民美术出版社　1977年　76cm（2开）
定价：CNY0.14

J0049326
华主席是咱们的贴心人　孙伯礼作
郑州　河南人民出版社　1977年　76cm（2开）
定价：CNY0.14

J0049327
华主席送给咱无价宝　刘吉厚作
沈阳　辽宁人民出版社　1977年　76cm（2开）
定价：CNY0.11
　　作者刘吉厚（1942—2011），满族，画家。辽宁宽甸人。历任辽宁美术出版社编辑、外联部编审，辽宁形象传播研究会常务副会长、秘书长。作品有《鸿福满堂》《春满人间》，出版有《刘吉厚作品选集》等。

J0049328
华主席在大寨　杨淑涛作
天津　天津人民美术出版社　1977年　76cm（2开）
定价：CNY0.14

J0049329
华主席在一六六中学家长会上　王肇庆等作
上海　上海人民出版社　1977年　76cm（2开）
定价：CNY0.11

J0049330
欢乐的节日　砀山县文化馆美术创作组供稿
合肥　安徽人民出版社　1977年　76cm（2开）
定价：CNY0.11

J0049331
欢乐的节日　张西关作
西安　陕西人民出版社　1977年　76cm（2开）
定价：CNY0.11

J0049332

欢乐的节日　陶琦作

天津 天津人民美术出版社 1977 年 76cm（2 开）

定价: CNY0.14

　　作者陶琦（1922—2002），女，连环画家。毕业于北平艺术专科学校。原中联书店、天津美术出版社画家，天津文史馆馆员。创作连环画有《我当上了学习小组长》。

J0049333

欢庆超千斤　阎贵明作

北京 人民体育出版社 1977 年 76cm（2 开）

定价: CNY0.11

J0049334

黄海女民兵　王言昌画

济南 山东人民出版社 1977 年 76cm（2 开）

定价: CNY0.11

J0049335

黄桥烧饼慰亲人　杨家保等作

南京 江苏人民出版社 1977 年 76cm（2 开）

定价: CNY0.11

J0049336

黄山春意浓　应野平作

合肥 安徽人民出版社 1977 年 76cm（2 开）

定价: CNY0.11

　　作者应野平（1910—1990），教授。曾名野萍、野苹。浙江宁海人。历任新华艺术专科学校教授、上海人民美术出版社编辑室副主任、上海美术专科学校和上海大学美术学院教授。代表作品有《应野平山水画集》《应野平山水画辑》《应野平山水画册》。

J0049337

挥笔写心声　鲍诗度作

合肥 安徽人民出版社 1977 年 76cm（2 开）

定价: CNY0.11

J0049338

回校传经送宝　雷宜锌作

长沙 湖南人民出版社 1977 年 76cm（2 开）

定价: CNY0.11

J0049339

汇演之夜豪情满怀　靳定生作

南京 江苏人民出版社 1977 年 76cm（2 开）

定价: CNY0.14

J0049340

机声隆隆唱丰年　刘清慧，赵敬之作

石家庄 河北人民出版社 1977 年 76cm（2 开）

定价: CNY0.11

J0049341

集体户的除夕夜　夏振萍作

石家庄 河北人民出版社 1977 年 76cm（2 开）

定价: CNY0.11

J0049342

集体户的除夕之夜　夏振萍作

北京 人民美术出版社 1977 年 76cm（2 开）

定价: CNY0.11

J0049343

集体户的除夕之夜　夏振萍作

上海 上海人民出版社 1977 年 76cm（2 开）

定价: CNY0.11

J0049344

集体户的除夕之夜　夏振萍作

上海 上海人民出版社 1977 年 39cm（8 开）

定价: CNY0.10

J0049345

集体户的除夕之夜　夏振萍作

天津 天津人民美术出版社 1977 年 76cm（2 开）

定价: CNY0.11

J0049346

坚持自力更生 挖掘企业潜力　（上海第三钢铁厂学大庆先进事迹）李志勇编；冯导，冯远绘

上海 上海人民出版社 1977 年 108cm（全开）

定价: CNY0.18

　　作者冯远（1952— ），教授、画家。生于上海，祖籍江苏无锡。作品有《望夫妹》《母子图》《新疆风情写生》《今生来世》。出版有《二十一世纪中国艺术家·冯远》《笔墨尘缘》。

J0049347

建成大寨县　形势大发展　罗远安作

成都　四川人民出版社　1977 年　[1 张]

76cm（2 开）定价：CNY0.11

J0049348

建设大寨县　县委是关键　吴彤章作

上海　上海人民出版社　1977 年　76cm（2 开）

定价：CNY0.11

J0049349

健康成长　黄恩涛作

济南　山东人民出版社　1977 年　76cm（2 开）

定价：CNY0.14

　　本书由山东人民出版社和人民美术出版社
联合出版。作者黄恩涛（1948—　），山东济宁
人。毕业于山东艺术学院美术系。历任山东省
巨野县文化馆馆长、文联副主席、研究馆员，中
国书画协会会员，中国美术家协会会员，国家一
级美术师，中国人物画艺术委员会委员，中国连
环画、插图艺术委员会委员。主要作品有《红色
喇叭家家响》《社社队队粮满仓》《我是工地点
炮手》。

J0049350

健康成长　黄恩涛作

济南　山东人民出版社　1977 年　76cm（2 开）

定价：CNY0.11

J0049351

犟姑娘　詹建俊，庞涛作

北京　人民美术出版社　1977 年　2 张（套）

76cm（2 开）定价：CNY0.28

　　作者詹建俊（1931—　），满族，油画家、教
授。辽宁盖平人，毕业于中央美术学院彩墨系。
历任中央美术学院教授、博士生导师，中国油画
学会主席，中国美术家协会顾问，欧洲人文艺术
科学院客座院士等。代表作品《高原的歌》《鹰
之乡》，出版《詹建俊画集》。

J0049352

**骄杨——毛主席的亲密战友和夫人、伟大
的共产主义战士——杨开慧**　苑诚心画

石家庄　河北人民出版社　1977 年　2 张（套）

76cm（2 开）定价：CNY0.22

J0049353

胶东屋脊造平原　郝丕瑜画

济南　山东人民出版社　1977 年　76cm（2 开）

定价：CNY0.11

J0049354

教育革命开新花　张义作

杭州　浙江人民出版社　1977 年　76cm（2 开）

定价：CNY0.11

J0049355

阶级斗争永不忘　继续革命攀高峰　姚学贤
书；梁紫冰画

郑州　河南人民出版社　1977 年　[1 张]

76cm（2 开）定价：CNY0.11

J0049356

捷报频传　杨沛林作

兰州　甘肃人民出版社　1977 年　76cm（2 开）

定价：CNY0.14

J0049357

姐俩同唱一支歌　陈继荣作

石家庄　河北人民出版社　1977 年　76cm（2 开）

定价：CNY0.11

J0049358

姐妹爱一行　戎蓓蕾，范吉屏作

杭州　浙江人民出版社　1977 年　76cm（2 开）

定价：CNY0.14

J0049359

今日泸定　伍霖生作

上海　上海书画社　1977 年　76cm（2 开）

定价：CNY0.14

J0049360

金猴奋诛白骨精　丁中一作

郑州　河南人民出版社　1977 年　76cm（2 开）

定价：CNY0.14

　　作者丁中一（1937—　），国画家。上海人，
毕业于中国美术学院中国画系。历任河南艺术
学院美术系硕士生导师、中国美院成人教育分院
特聘教授、河南中国人物画艺术委员会顾问、河
南中国山水画艺术委员会顾问、中国美术家协会

会员.代表作品《八大山人》《素描技法论系》《丁中一西部写生画集》等。

J0049361

金沙江畔南泥湾　蔡振辉作

成都　四川人民出版社　1977 年　76cm（2 开）

定价：CNY0.11

J0049362

紧跟华主席 奋勇向前进　李汉三书；梁紫冰画

郑州　河南人民出版社　1977 年［1 张］

76cm（2 开）定价：CNY0.11

J0049363

紧跟华主席 奋勇向前进　李汉三书；梁紫冰画

郑州　河南人民出版社　1977 年［1 张］

54cm（4 开）定价：CNY0.06

J0049364

进军大西南　刘蔚作

成都　四川人民出版社　1977 年　76cm（2 开）

定价：CNY0.11

J0049365

劲松挺翠 梅园长春　宋文治作

石家庄　河北人民出版社　1977 年　54cm（4 开）

定价：CNY0.07

　　作者宋文治（1919—1999），画家。江苏太仓人。就读于江苏省国画院。曾任南京大学教授、江苏美术家协会副主席、江苏省国画院副院长等职。代表作有《白云幽涧图》《蜀江云起》《华岳积翠图》《水乡春暖》。著作有《宋文治画集》《宋文治作品选集》等。

J0049366

井冈山　白统绪，沈汉武画；邵劲之编

武汉　湖北人民出版社　1977 年　2 张（套）

76cm（2 开）定价：CNY0.28

J0049367

井冈山　李可染作

上海　上海人民出版社　1977 年　76cm（2 开）

定价：CNY0.11

　　作者李可染（1907—1989），国画家、诗人、教授。原名李永顺，江苏徐州人。历任中央美术学院教授、中国美术家协会副主席、中国文联委员、中国画研究院院长等。代表作品有《江山无尽图》《万山红遍》《漓江胜境图》等，画集有《李可染水墨写生画集》《李可染中国画集》《李可染画牛》等。

J0049368

敬爱的周恩来总理永远和我们在一起　（胶印画轴）周思聪作

天津　天津杨柳青画店　1977 年　76cm（2 开）

定价：CNY0.28

　　作者周思聪（1939—1996），女，画家。天津宁河县人。毕业于中央美术学院中国画系。中国美术家协会原副主席、北京画院一级美术师。代表作品有《矿工图》《高原风情画》《荷之系列》等。

J0049369

敬爱的周总理 我们热爱您　殷培华画

济南　山东人民出版社　1977 年［1 张］

76cm（2 开）定价：CNY0.14

　　作者殷培华（1943—　　），国家一级美术师。江苏常熟人。毕业于苏州工艺美术专科学校。曾任《山东民兵》美术编辑、南京军区政治部文艺创作室专职创作员等职。主要作品有《三比一》《总理和老农》《歌别图》等。

J0049370

敬爱的周总理，我们永远怀念您　刘润民，傅植桂画

长春　吉林人民出版社　1977 年　76cm（2 开）

定价：CNY0.14

J0049371

敬爱的周总理到延边　赵丁画

长春　吉林人民出版社　1977 年　76cm（2 开）

定价：CNY0.14

J0049372

敬爱的周总理永远和我们在一起　费正作

石家庄　河北人民出版社　1977 年　76cm（2 开）

定价：CNY0.14

J0049373

敬爱的周总理在四届人大第一次会议上

潘嘉峻作

广州 广东人民出版社 1977 年 76cm（2 开）

定价：CNY0.14

J0049374

揪出"四人帮"人心大快 痛打落水狗永远

进击 赵宋生作

昆明 云南人民出版社 1977 年［1 张］

76cm（2 开）定价：CNY0.11

J0049375

就说咱叫"红小兵" 薛景贵作

沈阳 辽宁人民出版社 1977 年 76cm（2 开）

定价：CNY0.11

J0049376

巨大的鼓舞 陈继武，胡海远作

杭州 浙江人民出版社 1977 年 76cm（2 开）

定价：CNY0.14

J0049377

决不辜负党的期望 丁品作

昆明 云南人民出版社 1977 年 76cm（2 开）

定价：CNY0.11

J0049378

军民同练 罗蔚青作

上海 上海人民出版社 1977 年 76cm（2 开）

定价：CNY0.11

J0049379

军民一家亲 陈秉钧作

广州 广东人民出版社 1977 年［1 张］

76cm（2 开）定价：CNY0.14

J0049380

军民一家亲 陈秉钧作

广州 广东人民出版社 1977 年［1 张］

54cm（4 开）定价：CNY0.07

J0049381

军民一家亲 柳忠福作

石家庄 河北人民出版社 1977 年 76cm（2 开）

定价：CNY0.11

　　作者柳忠福（1942—2014），教授。祖籍山东，字兰芝，号兰芝斋主，辽宁师范大学艺术系毕业。现任中国书画家协会理事、中国收藏家协会会员、中国国学研究会研究员、雅典艺校教授、大连美术家协会会员、中国当代艺术协会副主席等职位。

J0049382

军民迎新春 鱼水情谊深 蔡宏坡作

武汉 湖北人民出版社 1977 年［1 张］

76cm（2 开）定价：CNY0.11

J0049383

军民鱼水情 刘德润作

济南 山东人民出版社 1977 年 76cm（2 开）

定价：CNY0.11

　　本书由山东人民出版社和人民美术出版社联合出版。

J0049384

开门办科研 赵思温作

石家庄 河北人民出版社 1977 年 76cm（2 开）

定价：CNY0.11

　　作者赵思温（1940—　　），国家一级美术师。甘肃省民乐县人，入中央民族大学艺术系学习。历任河北省廊坊市群众艺术馆馆员、廊坊画院院长、中国美术家协会河北分会理事、河北省花鸟画研究会副会长、河北省廊坊画院常务副院长、文化部民族文化基金会常务理事、河北廊坊市美术家协会副主席。代表作品有《高风亮节》《双鹰图》《高鸣图》《国色天香》等。

J0049385

抗寒的种子 马星华，阎胜利作

哈尔滨 黑龙江人民出版社 1977 年

76cm（2 开）定价：CNY0.11

J0049386

科学养鸡 成果丰硕 林新穗作

广州 广东人民出版社 1977 年 76cm（2 开）

定价：CNY0.11

J0049387

颗颗红枣献亲人 蒲慧华画

济南　山东人民出版社　1977 年　76cm（2 开）
定价：CNY0.11

　　作者蒲慧华（1947—　　），国家二级美术师。出生于山东青岛。青岛市美术家协会理事、青岛市美术家协会中国画艺术委员会委员、中国美术家协会山东分会会员。代表作品《三国演义》《红楼梦》《西游记》封面设计。著作有《当代连环画精品集·蒲慧华》。

J0049388
可上九天揽月　可下五洋捉鳖　　杨纳群执笔
广州　广东人民出版社　1977 年 ［1 张］
76cm（2 开）定价：CNY0.11

J0049389
可上九天揽月　可下五洋捉鳖　　杨纳群执笔
广州　广东人民出版社　1977 年 ［1 张］
54cm（4 开）定价：CNY0.04

J0049390
渴饮清泉水更甜　　赵彦杰画
长春　吉林人民出版社　1977 年　76cm（2 开）
定价：CNY0.11

　　作者赵彦杰（1937—　　），国家二级美术师。出生在东北。作品有《农忙十二月》《泥土芳香》《大观园》《忠烈千秋》《血染白山》等。

J0049391
孔雀牡丹　　田世光，俞致贞作
天津　天津人民美术出版社 1977 年　2 版
76cm（2 开）定价：CNY0.14

　　作者田世光（1916—1999），教授。号公炜，北京人，祖籍山东乐陵，毕业于北京京华美术学院，师承张大千、赵梦朱、吴镜汀、于非闇、齐白石诸先生。历任中国美术家协会会员、北京工笔重彩画副会长、中国画研究院第一届院务委员。代表作《和平颂》《松树白鹰》《春晖》《幽谷红妆》《山雀》。作者俞致贞（1915—1995），花鸟画家。字一云，北京人。历任中国美术家协会会员、中国老年书画会顾问、中国书画函授大学教授、北京工笔重彩画会副会长、北京花鸟画会名誉会长等。代表作品《沙果双鹊》《荷花》《鸢耋图》等。

J0049392
孔雀迎春　　袁晓岑作

昆明　云南人民出版社　1977 年　76cm（2 开）
定价：CNY0.11

　　作者袁晓岑（1915—2008），雕塑家、画家、教授。贵州普定县人，毕业于云南大学。历任云南文联创作研究部副主任、云南艺术学院系主任、副院长，云南省画院名誉院长。出版有《袁晓岑画辑》等。

J0049393
狼牙山上映朝晖　　赵文发作
石家庄　河北人民出版社　1977 年　76cm（2 开）
定价：CNY0.11

　　作者赵文发（1933—　　），教师。别名晓文，河北泊头人，毕业于西安美术学院国画系。历任西安美术学院国画系教师、河北交河县文化馆美术干部、河北泊头市文化馆美术组组长等。

J0049394
老房东查铺　　林涛作
石家庄　河北人民出版社　1977 年　76cm（2 开）
定价：CNY0.11

J0049395
乐为支农出把力　　张竞华作
上海　上海人民出版社　1977 年　76cm（2 开）
定价：CNY0.11

J0049396
雷锋精神代代传　　王荣奖作
南宁　广西人民出版社　1977 年　76cm（2 开）
定价：CNY0.14

J0049397
雷锋精神代代传　　马清涛作
西安　陕西人民出版社　1977 年　76cm（2 开）
定价：CNY0.11

　　作者马清涛（1938—2019），美术教师。出生于河南温县。历任中国画家协会会员、中国山水画家协会会员、陕西省美术家协会会员。在武功县文化馆从事创作和教学工作。

J0049398
雷锋精神永发扬　　尹欢作
太原　山西人民出版社　1977 年　54cm（4 开）
定价：CNY0.06

J0049399

雷锋日记 王义胜等作
沈阳 辽宁人民出版社 1977 年 2 张（套）
76cm（2 开）定价：CNY0.22

J0049400

雷锋叔叔望着我们笑 唐缉熙作
北京 人民美术出版社 1977 年 76cm（2 开）
定价：CNY0.11

J0049401

泪水洒满丰收田 （1976 年 9 月 9 日）阿旺
曲扎，陈丹清作
武汉 湖北人民出版社 1977 年 54cm（4 开）
定价：CNY0.07

J0049402

梨乡八月 谢海洋作
合肥 安徽人民出版社 1977 年 76cm（2 开）
定价：CNY0.11

J0049403

理论队伍在成长 宋治国作
郑州 河南人民出版社 1977 年 76cm（2 开）
定价：CNY0.11

J0049404

历尽艰辛为人民 （毛主席和周总理在转战陕
北途中）刘文西，陈光健作
沈阳 辽宁人民出版社 1977 年 1 张 76cm（2 开）
定价：CNY0.11
　　作者刘文西（1933—2019），生于浙江嵊州。
曾任中国美术家协会顾问、陕西省文艺界联合会
顾问、陕西省美术家协会副主席、西安美术学院
名誉院长、西安美术学院研究院院长、延安市副
市长。重要作品有《毛主席和牧羊人》《东方》《解
放区的天》和巨幅系列长卷《黄土人》等近百幅。
作者陈光健（1936—　），女，四川荣昌人。毕业
于浙江美术学院，并留校工作，后调入西安美术
学院任教。中国美术家协会会员、当代工笔画会
会员、陕西省国画院画师。主要作品有《在社员
家里》《自习》《老师》等。

J0049405

历尽艰辛为人民 （毛主席和周总理在转战陕

北途中）刘文西，陈光健作
上海 上海人民出版社 1977 年 76cm（2 开）
定价：CNY0.14

J0049406

**历尽艰辛为人民——毛主席和周总理在转
战陕北途中** 刘文西，陈光健作
北京 人民美术出版社 1977 年 76cm（2 开）
定价：CNY0.14

J0049407

立下凌云志 俞士梅作
南京 江苏人民出版社 1977 年 76cm（2 开）
定价：CNY0.11

J0049408

凉山需要你们 马振声作
成都 四川人民出版社 1977 年 76cm（2 开）
定价：CNY0.14
　　作者马振声（1939—　），国家一级美术师。
北京人，毕业于中央美术学院中国画系。历任中
国美术家协会会员、四川省美术家协会专业美
术创作员、重庆国画院名誉院长、中央文史研究
馆馆员。作品有《爱国诗人陆游》《酒歌图》《逢
场》等。

J0049409

林海哨兵 张国际，韩文华作
合肥 安徽人民出版社 1977 年 76cm（2 开）
定价：CNY0.11

J0049410

林海之春 张韫韬作
石家庄 河北人民出版社 1977 年 76cm（2 开）
定价：CNY0.11

J0049411

鹿场新兵 尹向前作
太原 山西人民出版社 1977 年 54cm（4 开）
定价：CNY0.06

J0049412

妈妈夸我干得好 孙恩道，张世平作
郑州 河南人民出版社 1977 年 76cm（2 开）
定价：CNY0.14

J0049413
满山新竹　周鸽群作
上海　上海人民出版社　1977 年　76cm（2 开）
定价：CNY0.11

J0049414
满园春色　陈国威作
广州　广东人民出版社　1977 年　76cm（2 开）
定价：CNY0.11

J0049415
满园春色　张世先作
上海　上海人民出版社　1977 年　76cm（2 开）
定价：CNY0.11

J0049416
毛泽东主席是当代最伟大的马克思主义者
贾兴桐作
成都　四川人民出版社　1977 年　76cm（2 开）
定价：CNY0.14

J0049417
毛主席、周总理、朱委员长和我们在一起
冯杰作
南昌　江西人民出版社　1977 年　76cm（2 开）
定价：CNY0.14

J0049418
毛主席的恩情比海深　南运生，万桂香作
石家庄　河北人民出版社　1977 年　76cm（2 开）
定价：CNY0.11
　　作者南运生（1944—　　），一级美术师。别名
南恽笙，河北任丘人，毕业于哈尔滨师范大学艺
术系美术专业。历任河北省艺术馆馆长，河北画
报社社长、总编，中国美术家协会、河北省美术
家协会副主席，河北省画院院长。年画作品有《花
好月圆》《艺苑新秀》《吉庆有余》等。作者万桂
香（1944—　　），女，画家。辽宁丹东人，毕业于
哈尔滨师范大学艺术系。曾在黑龙江省鸡西市
文化馆、河北省内丘县文化馆从事美术工作。历
任河北省电影公司《河北银幕》编辑、河北省电
影发行公司宣传科科长、河北省电影宣传画画会
会长。代表作品《戎奶奶佳节到我家》《女驸马》
《花为媒》等。

J0049419
毛主席的好战士——雷锋　李万春作
成都　四川人民出版社　1977 年　76cm（2 开）
定价：CNY0.11

J0049420
毛主席的好战士——雷锋　祝福新，周玉
玮作
天津　天津人民美术出版社　1977 年　2 张（套）
76cm（2 开）定价：CNY0.28

J0049421
毛主席和民兵在一起　石奇人等作
上海　上海人民出版社　1977 年　76cm（2 开）
定价：CNY0.14

J0049422
毛主席和农民谈话　古元作
北京　人民美术出版社　1977 年　39cm（8 开）
定价：CNY0.14
　　作者古元（1919—1996），画家。字帝源，生
于广东珠海。曾就读于鲁迅艺术学院。历任中
央美术学院教授、院长，中国美术家协会协会副
主席，中国版画家协会主席。作品有《减租会》
《烧毁旧地契》《人桥》《刘志丹和赤卫军》《枣园
灯光》等。出版有《古元木刻选》《古元水彩画
选》等。

J0049423
毛主席和我们同劳动　姚有信等作
上海　上海人民出版社　1977 年　76cm（2 开）
定价：CNY0.14
　　作者姚有信（1935—1997），画家。浙江湖州
人。上海华东美术出版社专业画家，在浙江美术
学院国画系师从潘天寿，后又师从程十发攻连环
画创作。连环画作品有《伤逝》《刘胡兰小时候
的故事》《刘胡兰小时候的故事》《戌达吉和她的
父亲》《聂耳》等。

J0049424
毛主席教导记心中　崔培华作
武汉　湖北人民出版社　1977 年　76cm（2 开）
定价：CNY0.14

J0049425

毛主席教导我们学理论　耿建，张自嶷作

西安　陕西人民出版社　1977年　76cm（2开）

定价：CNY0.14

　　作者张自嶷（1935—　　），女，画家、教授。江西萍乡人，毕业于中央美术学院绘画系。曾在中国美术家协会陕西分会、陕西文化局创作组从事创作，中国美术学院教授。出版有《蔡亮、张自嶷油画选》《素描基础技法》。

J0049426

毛主席来到咱校办工厂　黄惠连作

合肥　安徽人民出版社　1977年　76cm（2开）

定价：CNY0.11

J0049427

毛主席视察抚顺　辽宁省宣传馆供稿

沈阳　辽宁人民出版社　1977年　76cm（2开）

定价：CNY0.11

J0049428

毛主席视察四二二水泥厂　刘文甫，乔文科画

石家庄　河北人民出版社　1977年　76cm（2开）

定价：CNY0.14

J0049429

毛主席延安凤凰山旧居　陈达作

南京　江苏人民出版社　1977年　76cm（2开）

定价：CNY0.11

J0049430

毛主席永远和我们在一起　王玉平，刘清杰画

石家庄　河北人民出版社　1977年　76cm（2开）

定价：CNY0.11

J0049431

毛主席在北戴河　费正作

石家庄　河北人民出版社　1977年　76cm（2开）

定价：CNY0.11

J0049432

毛主席指引金光道　姜堃作

长沙　湖南人民出版社　1977年　76cm（2开）

定价：CNY0.14

J0049433

毛主席重上井冈山　王兆荣等作；徐林义[书]

南昌　江西人民出版社　1977年　76cm（2开）

定价：CNY0.14

J0049434

毛主席重上井冈山　全山石，罗工柳作

北京　人民美术出版社　1977年　76cm（2开）

定价：CNY0.14

　　作者全山石（1930—　　），画家，教授。浙江宁波人，毕业于中央美术学院华东分院。历任中国油画学会副主席、中国美术家协会油画艺术委员会副主任、中国美术学院教授、俄罗斯列宾美术学院荣誉教授等。代表作有收藏在中国革命博物馆的《英勇不屈》《井冈山上》《娄山关》《重上井冈山》《历史的潮流》等。作者罗工柳（1916—2004），画家、教授。广东开平县人，毕业于杭州艺术专科学校和鲁迅艺术文学院美术系。中央美术学院教授。著有《罗工柳画集》《巨匠周刊·罗工柳·专集》《罗工柳艺术对话录》等。

J0049435

毛主席重上井冈山　王兆荣等画

济南　山东人民出版社　1977年　76cm（2开）

定价：CNY0.14

J0049436

毛主席周总理和我们在一起　陆忠德作

南京　江苏人民出版社　1977年　108cm（全开）

定价：CNY0.28

　　作者陆忠德（1950—　　），画家。上海周浦人。上海市徐悲鸿艺术研究协会创作部主任、美术家协会上海分会会员。擅长画虎，被称为"江南虎王"。

J0049437

毛主席著作闪金光　朱源清作

上海　上海人民出版社　1977年　76cm（2开）

定价：CNY0.11

J0049438

明灯永照心头　李平升作

西安　陕西人民出版社　1977年　76cm（2开）

定价：CNY0.11

J0049439

牡丹　钟质夫作

沈阳　辽宁人民出版社　1977年　76cm（2开）

定价：CNY0.11

　　作者钟质夫（1914—1994），满族，教授、国画家。字鸿毅，北京人。鲁迅美术学院中国画系副主任、教授，辽宁省文联、美术家协会理事，辽宁省政协委员。作品有《荷塘烟雨》《十二月令·四扇屏》《桃花四喜图》《雪树寒鸦》《荷花鸳鸯》等。

J0049440

牡丹　木棉　杜鹃　红梅　张振锋作

武汉　湖北人民出版社　1977年　2张（套）

76cm（2开）定价：CNY0.28

J0049441

牧场的春天　吕吉华作

上海　上海人民出版社　1977年　76cm（2开）

定价：CNY0.11

J0049442

牧场新春　张克森作

沈阳　辽宁人民出版社　1977年　76cm（2开）

定价：CNY0.11

J0049443

牧场新春　于晋里，张克森作

天津　天津人民美术出版社　1977年

76cm（2开）定价：CNY0.14

J0049444

牧民心向华主席　张洪赞作

沈阳　辽宁人民出版社　1977年　76cm（2开）

定价：CNY0.11

J0049445

牧民心向华主席　张洪赞作

上海　上海人民出版社　1977年　76cm（2开）

定价：CNY0.11

J0049446

南海码头添彩虹　林常春作

广州　广东人民出版社　1977年　76cm（2开）

定价：CNY0.11

J0049447

南水北调结硕果　金铭作

上海　上海人民出版社　1977年　76cm（2开）

定价：CNY0.11

J0049448

闹春　潘秀宏作

南宁　广西人民出版社　1977年　76cm（2开）

定价：CNY0.14

J0049449

能文能武　亦工亦农　李蕾作

南昌　江西人民出版社　1977年［1张］

76cm（2开）

J0049450

你办事　我放心　广西人民出版社美术创作学习班作

南宁　广西人民出版社　1977年　76cm（2开）

定价：CNY0.14

J0049451

你办事　我放心　彭彬，靳尚谊作

武汉　湖北人民出版社　1977年　76cm（2开）

定价：CNY0.14

　　作者彭彬（1927—　），油画家。江苏吕四人，毕业于中央美术学院专修科。历任解放军总政文化部创作室创作员，军事博物馆美术创作员。作品有《遵义会议》《雄关漫道真如铁，而今漫步从头越》《巍巍长城一代风流》等。作者靳尚谊（1934—　），满族，画家、教授。河南焦作人，毕业于中央美院绘画系和马克西莫夫油画训练班。曾任中央美术学院院长、教授、博士生导师，中国美术家协会主席，中国文联副主席。代表作品有《塔吉克新娘》《青年歌手》《蓝衣少女》等，出版有《靳尚谊油画选》《靳尚谊肖像作品选集》等。

J0049452

你办事　我放心　彭彬，靳尚谊作

武汉　湖北人民出版社 1977 年 54cm（4 开）
定价：CNY0.07

J0049453
你办事 我放心　彭彬，靳尚谊作
长沙　湖南人民出版社 1977 年 76cm（2 开）
定价：CNY0.14

J0049454
你办事 我放心　彭彬，靳尚谊作
沈阳　辽宁人民出版社 1977 年 76cm（2 开）
定价：CNY0.11

J0049455
你办事 我放心　彭彬，靳尚谊作
济南　山东人民出版社 1977 年 76cm（2 开）
定价：CNY0.14

J0049456
你办事 我放心　彭彬，靳尚谊作
上海　上海人民出版社 1977 年 76cm（2 开）
定价：CNY0.14

J0049457
你办事 我放心　徐匡作
成都　四川人民出版社 1977 年 76cm（2 开）
定价：CNY0.11
　　作者徐匡（1938—　），国家一级美术师。生
于湖南长沙，毕业于中央美术学院附中。历任四
川美术家协会常务理事、中国美术家协会会员。
代表作品《走过草地》《天路》《高原的阳光》等。

J0049458
你办事 我放心　彭彬，靳尚谊作
天津　天津人民美术出版社 1977 年 76cm（2 开）
定价：CNY0.14

J0049459
你办事 我放心　叶其璋作
杭州　浙江人民出版社 1977 年 76cm（2 开）
定价：CNY0.14

J0049460
年画缩样　（1978.1）
合肥　安徽人民出版社 ［1977 年］13×19cm

J0049461
年画缩样　（1978）
郑州　河南人民出版社 ［1977 年］13×19cm

J0049462
年画缩样　（1978）
长春　吉林人民出版社 ［1977 年］13×19cm

J0049463
年画缩样　（1978.1）
南京　江苏人民出版社 ［1977 年］13×19cm

J0049464
年画缩样　（1978.2）
南京　江苏人民出版社 ［1977 年］13×19cm

J0049465
年画缩样　（1978.1）
沈阳　辽宁人民出版社 1977 年 19 幅 19cm（32 开）

J0049466
年画缩样　（1978.1）
呼和浩特　内蒙古人民出版社 ［1977 年］
19cm（32 开）

J0049467
年画缩样　（1978）
济南　山东人民出版社 ［1977 年］19cm（32 开）
统一书号：8099.546

J0049468
年画缩样　（1978）
济南　山东人民出版社 ［1977 年］19cm（32 开）
统一书号：8099.561

J0049469
年画缩样　（1978）
西安　陕西人民出版社 ［1977 年］13×19cm

J0049470
年画缩样　（1978）
成都　四川人民出版社 ［1977 年］13×19cm

J0049471
年画缩样　（1978.2）

成都　四川人民出版社［1977 年］13×19cm

J0049472
年画缩样　（1978.3）
成都　四川人民出版社［1977 年］13×19cm

J0049473
年画缩样　（1978.1）
天津　天津人民美术出版社［1977 年］
13×19cm

J0049474
年画选辑
哈尔滨　黑龙江人民出版社　1977 年　27 幅
20cm（32 开）统一书号：8093.387
定价：CNY0.66

J0049475
年画选页
南宁　广西人民出版社［1977 年］16 幅
19cm（32 开）

J0049476
农村新生事物屏　李大山作
上海　上海人民出版社　1977 年　2 张（套）
76cm（2 开）定价：CNY0.22
　　作者李大山(1944—　)，画家、美术教育
家。山东潍坊市人，中国美术家协会山东分会会
员。出版专著《李大山画集》《红楼群芳》《李大
山画选》等。

J0049477
农机盛会　童金贵作
沈阳　辽宁人民出版社　1977 年　76cm（2 开）
定价：CNY0.11
　　作者童金贵，中国美术家协会辽宁省分会
会员、辽宁省年画学会理事、丹东市美术家协会
理事。

J0049478
农机展销好　宋子龙作
合肥　安徽人民出版社　1977 年　76cm（2 开）
定价：CNY0.11

J0049479
农奴的女儿　刘恩甫作
上海　上海人民出版社　1977 年　76cm（2 开）
定价：CNY0.11

J0049480
农业的根本出路在于机械化　肇玉厚画
长春　吉林人民出版社　1977 年　76cm（2 开）
定价：CNY0.14

J0049481
农业学大寨
石家庄　河北人民出版社　1977 年　76cm（2 开）
定价：CNY0.11

J0049482
农业学大寨　天津艺术学院工艺系创作
天津　天津人民美术出版社　1977 年　2 张（套）
76cm（2 开）定价：CNY0.28

J0049483
女子掘进队　王妍画
济南　山东人民出版社　1977 年　76cm（2 开）
定价：CNY0.11

J0049484
普通劳动者　王日新画
济南　山东人民出版社　1977 年　76cm（2 开）
定价：CNY0.11

J0049485
齐上阵　谷爱萍作
石家庄　河北人民出版社　1977 年　76cm（2 开）
定价：CNY0.11

J0049486
千歌万舞献给华主席　陈红作
南宁　广西人民出版社　1977 年　76cm（2 开）
定价：CNY0.14

J0049487
千里草原春送暖　雷荣厚作
成都　四川人民出版社　1977 年　76cm（2 开）
定价：CNY0.11

J0049488
千秋万代高唱东方红 五湖四海齐颂华主席 黄培忠作
南京 江苏人民出版社 1977 年［1 张］
76cm（2 开）定价：CNY0.11

J0049489
前程似锦 陈庆心等作
天津 天津杨柳青画店 1977 年 4 幅（套）
76cm（2 开）定价：CNY1.10

J0049490
前方后方齐努力 王怀骐画
石家庄 河北人民出版社 1977 年 76cm（2 开）
定价：CNY0.14

J0049491
巧绣金堤 吴江南作
长沙 湖南人民出版社 1977 年 76cm（2 开）
定价：CNY0.11

J0049492
亲切的关怀 时卫平作
南京 江苏人民出版社 1977 年 76cm（2 开）
定价：CNY0.14

J0049493
亲切的接见——周总理与《洪湖赤卫队》演员在一起 叶俊康作
上海 上海人民出版社 1977 年 76cm（2 开）
定价：CNY0.11

J0049494
亲切关怀 张建中作
昆明 云南人民出版社 1977 年 54cm（4 开）
定价：CNY0.06

J0049495
青松竞长山河壮 项宪文作
上海 上海人民出版社 1977 年 76cm（2 开）
定价：CNY0.11

J0049496
请工人叔叔上主课 常锐伦作
北京 人民美术出版社 1977 年 76cm（2 开）

定价：CNY0.11

J0049497
请来华主席像到咱家 刘陆一作
西安 陕西人民出版社 1977 年 76cm（2 开）
定价：CNY0.14

J0049498
请战 李成义作
石家庄 河北人民出版社 1977 年 76cm（2 开）
定价：CNY0.11

J0049499
庆功晚会 卢萍作
成都 四川人民出版社 1977 年 76cm（2 开）
定价：CNY0.11

J0049500
渠畔新风 谢述先作
太原 山西人民出版社 1977 年 76cm（2 开）
定价：CNY0.11

J0049501
渠水引来满山春 王庆升作
太原 山西人民出版社 1977 年 54cm（4 开）
定价：CNY0.07

J0049502
渠水引来满山春 王庆升作
上海 上海人民出版社 1977 年 76cm（2 开）
定价：CNY0.11

J0049503
全国年画、少年儿童美术作品展览年画选编 （1975）全国美术作品展览办公室编
北京 人民美术出版社 1977 年 100 页
33cm（5 开）定价：CNY10.00

J0049504
全民皆兵 张自生等作
天津 天津杨柳青画店 1977 年 4 幅（套）
76cm（2 开）定价：CNY1.10

J0049505
全中国儿童热爱毛主席 阿老作

北京　人民美术出版社 1977 年 39cm（8 开）
定价：CNY0.14

J0049506
群众发动起来了　张大川，王伟作
成都　四川人民出版社 1977 年 76cm（2 开）
定价：CNY0.14

J0049507
人民战士心向党　王征，秦大虎作
上海　上海人民出版社 1977 年 76cm（2 开）
定价：CNY0.11
　　作者王征（1938—　　），画家。浙江温岭人，
毕业于浙江美术学院中国画系。历任浙江博物
馆美术员，北京人民美术出版社编辑，济南军区
美术员，杭州浙江工艺美校高级讲师、校长、中
国美术家协会会员。作品有《红楼梦》《三国演
义》《金瓶梅》。出版有《国画人物画法》等。作
者秦大虎（1938—　　），教授。历任中国美术学院
油画系教授、中国美术家协会会员、中国油画家
协会理事、浙江美术家协会常务理事等职。作品
有《在战斗中成长》《老将》《田喜嫂》等。出版
有《秦大虎油画选》《秦大虎的绘画世界》和《油
画创作》等。

J0049508
人勤鸡壮　张宝元，于新生画
济南　山东人民出版社 1977 年［1 张］
76cm（2 开）定价：CNY0.11
　　作者张宝元（1941—　　），山东青岛人。毕业
于山东艺术专科学校。曾任山东美术家协会会
员、潍坊市美术家协会第一届副主席等职。主要
作品有《梅鹤图》《鸣春图》《群鹤飞鸣》等。作
者于新生（1956—　　），教授。生于山东寿光。毕
业于山东艺术学院。现任山东工艺美术学院造
型艺术学院教授、中国美术家协会会员、山东省
美术家协会副主席等职。代表作品有《于新生画
集》《吉祥腊月》《荷塘水清清》等。

J0049509
认真学习毛主席著作　刘泽文画
济南　山东人民出版社 1977 年 76cm（2 开）
定价：CNY0.11
　　作者刘泽文（1943—　　），画家，国家一级美
术师。山东即墨人，历任烟台地区新华书店美工、

山东省出版总社烟台分社美术编辑。代表作品
《望穿碧海千层浪》，出版有《刘泽文水粉画集》。

J0049510
撒什么种子开什么花　李铁树作
石家庄　河北人民出版社 1977 年 76cm（2 开）
定价：CNY0.11

J0049511
飒爽英姿　王言昌，刘泽文作
济南　山东人民出版社 1977 年 76cm（2 开）
定价：CNY0.11
　　本书由山东人民出版社和人民美术出版社
联合出版。

J0049512
三打白骨精　华其敏作
合肥　安徽人民出版社 1977 年 76cm（2 开）
定价：CNY0.11
　　作者华其敏（1953—　　），画家、教授。别名
田乔、果然、沙月。上海人，毕业于中央美术学
院中国画系研究生班。中央美术学院教授，中国
美术家协会会员。代表作品有《夸父图》《西门
豹除巫》《安祥的艺术》等。

J0049513
山村朝阳　黄锡勤作
南宁　广西人民出版社 1977 年 76cm（2 开）
定价：CNY0.14

J0049514
山高水旺　滕胤中作
石家庄　河北人民出版社 1977 年 76cm（2 开）
定价：CNY0.11

J0049515
山河新貌　陈大章等作
天津　天津杨柳青画店 1977 年 4 幅（套）
76cm（2 开）定价：CNY1.10

J0049516
上海风貌　（一，二）金光瑜，陆一飞作
上海　上海书画社 1977 年 76cm（2 开）
定价：CNY0.14

J0049517

上海风貌 （三，四）金光瑜，陆一飞作
上海　上海书画社　1977 年　76cm（2 开）
定价：CNY0.14

J0049518

上山下乡干革命　广阔天地炼红心　陈龙作
兰州　甘肃人民出版社　1977 年　2 张（套）
39cm（8 开）定价：CNY0.07

J0049519

韶山青松　关山月作
长沙　湖南人民出版社　1977 年　76cm（2 开）
定价：CNY0.11
　　作者关山月（1912—2000），国画家、教育
家。原名关泽需。生于广东阳江。历任广州市
艺术专科学校教授、广州美术学院教授兼院长、
广东画院院长、中国美术家协会副主席、广东省
美术家协会副主席等职。代表作《江山如此多娇》
《俏不争春》《绿色长城》《长河颂》等。

J0049520

韶山松长青　金志远作
南京　江苏人民出版社　1977 年　76cm（2 开）
定价：CNY0.11

J0049521

韶山银河映朝晖　王同仁作
兰州　甘肃人民出版社　1977 年　76cm（2 开）
定价：CNY0.14
　　作者王同仁（1937—　），教授、画家。甘肃
兰州人，毕业于中央美术学院。任中央美术学院
教授，中国美术家协会、中国书法家协会会员，
炎黄艺术馆艺术委员会原副主任，北京国际艺术
博览会基金会理事等。出版《王同仁作品集》《中
国画大家——王同仁》《王同仁速写》等。

J0049522

社会主义新生事物赞　《社会主义新生事物
赞》创作组作；李鹏配诗
兰州　甘肃人民出版社　1977 年　4 张（套）
54cm（4 开）定价：CNY0.28

J0049523

深揭狠批"四人帮"衷心拥护华主席　孙建

东作
昆明　云南人民出版社　1977 年 ［1 张］
76cm（2 开）定价：CNY0.11
　　作者孙建东（1952—　），画家。出生于上海。
毕业于云南艺术学院美术系。云南艺术学院美
术学院中国画专业教授、中国美术家协会会员、
中国美术家协会第七次全国代表大会代表、第六
届云南美术家协会副主席。代表作品有《孔雀红
梅》《流沙河之歌》《共同的希望》。

J0049524

深揭狠批"四人帮"衷心拥护华主席　孙建
东作
昆明　云南人民出版社　1977 年 ［1 张］
54cm（4 开）定价：CNY0.06

J0049525

深情厚意渡重洋　张佃生等作
石家庄　河北人民出版社　1977 年　76cm（2 开）
定价：CNY0.11

J0049526

胜利的消息要传开　（刘胡兰支前归来传捷
报）孟养玉作
太原　山西人民出版社　1977 年　76cm（2 开）
定价：CNY0.11
　　作者孟养玉（1935—　），画家。山西文水人，
毕业于山西汾阳师范学校。历任山西文水县文
化馆高级研究员、人物画学会艺术顾问，吕梁地
区美术家协会主席，黄河书画院副院长。代表作
品有《收音机下乡》《刘胡兰》《能工巧匠》等。

J0049527

**胜利在前——毛主席，周副主席，朱总司
令在西柏坡**　齐捷，费正作
石家庄　河北人民出版社　1977 年　76cm（2 开）
定价：CNY0.14

J0049528

**胜利在前——毛主席，周副主席，朱总司
令在西柏坡**　齐捷，费正作
武汉　湖北人民出版社　1977 年　76cm（2 开）
定价：CNY0.14

J0049529

胜利在前——毛主席，周副主席，朱总司令在西柏坡　齐捷，费正作

北京 人民美术出版社 1977年 76cm（2开）

定价：CNY0.14

J0049530

诗词光辉照油田　王田光画

济南 山东人民出版社 1977年 76cm（2开）

定价：CNY0.11

J0049531

诗满工地　曹维理作

武汉 湖北人民出版社 1977年 76cm（2开）

定价：CNY0.14

J0049532

十月花更红　赵幼华画

长春 吉林人民出版社 1977年 76cm（2开）

定价：CNY0.11

J0049533

实现四个现代化 国民经济大发展　陈之川作

昆明 云南人民出版社 1977年 ［1张］

54cm（4开）定价：CNY0.06

　　作者陈之川（1940— ），女，作家。浙江瑞安人，毕业于北京大学历史系。中国美术学院副教授。创作小说《天亮以后说分手》《瑞安名胜古诗选》。

J0049534

始终保持革命警惕 时刻牢记阶级斗争　孙建东作

昆明 云南人民出版社 1977年 ［1张］

54cm（4开）定价：CNY0.06

　　作者孙建东（1952— ），画家。出生于上海。毕业于云南艺术学院美术系。云南艺术学院美术学院中国画专业教授、中国美术家协会会员、中国美术家协会第七次全国代表大会代表、第六届云南美术家协会副主席。代表作品有《孔雀红梅》《流沙河之歌》《共同的希望》。

J0049535

世上无难事　伍启中作

上海 上海人民出版社 1977年 76cm（2开）

定价：CNY0.11

　　作者伍启中（1944— ），画家，国家一级美术师。擅长国画。广东新会人。毕业于广州美术学院附中。广东画院副院长、中国美术家协会会员、广东省美术家协会常务理事。曾任《广东画报》美术编辑。代表作品有《康有为》《浩气长存——孙中山》，国画《心潮逐浪高》《世上无难事》《新区故地》，油画《东方欲晓》等。

J0049536

誓将遗愿化宏图　谢兰昆作

广州 广东人民出版社 1977年 76cm（2开）

定价：CNY0.14

J0049537

誓师会上　张文永作

武汉 湖北人民出版社 1977年 76cm（2开）

定价：CNY0.14

J0049538

手捧宝书心向党　叶世荪等作

上海 上海人民出版社 1977年 76cm（2开）

定价：CNY0.11

J0049539

手牵黄河上高原　文军作

西安 陕西人民出版社 1977年 76cm（2开）

定价：CNY0.11

J0049540

书记编在我们班　田绪铭作

长沙 湖南人民出版社 1977年 76cm（2开）

定价：CNY0.11

J0049541

书记学手艺　李大山作

上海 上海人民出版社 1977年 76cm（2开）

定价：CNY0.11

　　作者李大山（1944— ），画家、美术教育家。山东潍坊市人，中国美术家协会山东分会会员。出版专著《李大山画集》《红楼群芳》《李大山画选》等。

J0049542
书记学艺　王福增画
济南　山东人民出版社　1977 年　76cm（2 开）
定价：CNY0.11
　　作者王福增（1946—　），满族，画家。山东
郓城人，祖籍河北雄州，号山东大愚。河北省美
术家协会会员、中国画研究会会员、香港国际书
画中国艺术研究院理事、国家一级美术师、山东
画院高级画师、曹州美术家协会副主席。作品有
《绿荫垂江》《相依》《幽林》《淀上人家》《故乡
的河》等。

J0049543
书记学艺　郭安祥作
西安　陕西人民出版社　1977 年　76cm（2 开）
定价：CNY0.11

J0049544
书记也是老内行　张傲芳，季则夫作
哈尔滨　黑龙江人民出版社　1977 年　76cm（2 开）
定价：CNY0.11

J0049545
蜀江之晨　李际科作
成都　四川人民出版社　1977 年　76cm（2 开）
定价：CNY0.14

J0049546
水面庄稼绿满湖　庄利经作
上海　上海书画出版社　1977 年　76cm（2 开）
定价：CNY0.14

J0049547
四季花卉　（炕琴画）钟质夫作
沈阳　辽宁人民出版社　1977 年　2 张（套）
76cm（2 开）定价：CNY0.22
　　作者钟质夫（1914—1994），满族，教授、国
画家。字鸿毅，北京人。鲁迅美术学院中国画
系副主任、教授，辽宁省文联、美术家协会理事，
辽宁省政协委员。作品有《荷塘烟雨》《十二月
令·四扇屏》《桃花四喜图》《雪树寒鸦》《荷花鸳
鸯》等。

J0049548
松梅颂　关山月作

石家庄　河北人民出版社　1977 年　76cm（2 开）
定价：CNY0.11
　　作者关山月（1912—2000），国画家、教育
家。原名关泽霈。生于广东阳江。历任广州市
艺术专科学校教授、广州美术学院教授兼院长、
广东画院院长、中国美术家协会副主席、广东省
美术家协会副主席等职。代表作《江山如此多娇》
《俏不争春》《绿色长城》《长河颂》等。

J0049549
松梅颂　关山月作
上海　上海人民出版社　1977 年　76cm（2 开）
定价：CNY0.14

J0049550
松梅颂　（胶印画轴）关山月作
石家庄　河北人民出版社　1978 年　1 张
76cm（2 开）定价：CNY0.75

J0049551
松梅颂　（胶印画轴）关山月作
天津　天津杨柳青画店　1978 年　1 张 76cm（2 开）
定价：CNY0.75

J0049552
颂大寨唱英雄　林善忠画
福州　福建人民出版社　1977 年　76cm（2 开）
定价：CNY0.14

J0049553
颂歌献给华主席　杜海涛作
兰州　甘肃人民出版社　1977 年　76cm（2 开）
定价：CNY0.14

J0049554
颂歌献给华主席　苏庆英，胡有章作
太原　山西人民出版社　1977 年　54cm（4 开）
定价：CNY0.06

J0049555
颂歌献给华主席　陈和莲，戴雨樵作
成都　四川人民出版社　1977 年　76cm（2 开）
定价：CNY0.14
　　作者陈和莲（1941—　），四川江津县人。毕
业于西南师范学院美术专科。中国美术家协会

会员、四川省美术家协会理事。擅长国画、连环画、年画。主要作品有《碧血春秋》《左老的山村》《清清溪水》等。

J0049556
孙悟空三打白骨精　赵宏本作
上海　上海书画社　1977 年　76cm（2 开）
定价：CNY0.30
　　作者赵宏本（1915—2000），连环画家。号赵卿，又名张弓，生于上海，原籍江苏阜宁。历任中国美术家协会会员、中国美术家协会上海分会常务理事、中国连环画研究会副会长。主要作品有《孙悟空三打白骨精》《水浒一百零八将》《小五义》《七侠五义》等。

J0049557
踏遍青山　姜华庆作
济南　山东人民出版社　1977 年　76cm（2 开）
定价：CNY0.14
　　本作品由山东人民出版社和人民美术出版社联合出版。

J0049558
踏遍青山　姜华庆作
济南　山东人民出版社　1977 年　76cm（2 开）
定价：CNY0.11

J0049559
台湾人民心向华主席　陈一豪作
武汉　湖北人民出版社　1977 年　76cm（2 开）
定价：CNY0.14

J0049560
太行山上石姑娘　潘世勋等画；豫昌配诗
郑州　河南人民出版社　1977 年　2 张（套）
76cm（2 开）定价：CNY0.28

J0049561
太湖盛开大寨花　曹汶作
上海　上海书画社　1977 年　76cm（2 开）
定价：CNY0.14

J0049562
探望　康义作
西安　陕西人民出版社　1977 年　76cm（2 开）

定价：CNY0.11

J0049563
提高警惕 保卫祖国　李炳炎作
武汉　湖北人民出版社　1977 年　76cm（2 开）
定价：CNY0.11

J0049564
提高警惕 保卫祖国　敬源峻，陈和莲作
成都　四川人民出版社　1977 年　76cm（2 开）
定价：CNY0.11

J0049565
体育新苗　吴秀楣作
沈阳　辽宁人民出版社　1977 年　76cm（2 开）
定价：CNY0.11
　　作者吴秀楣（1937—　　），女，画家。辽宁沈阳人。毕业于鲁迅美术学院中国画系。沈阳大学师范学院副教授、沈阳美术家协会常务理事、辽宁中国画研究会理事、中国美术家协会会员。代表作有《迟来的春天》《清清的小溪》《滩石细语》《三女炼铁炉》《腊梅》等。

J0049566
天寒心暖　汪仁杰作
上海　上海人民出版社　1977 年　76cm（2 开）
定价：CNY0.11

J0049567
天天向上　秦永春作
沈阳　辽宁人民出版社　1977 年　76cm（2 开）
定价：CNY0.11
　　作者秦永春（1936—　　），高级美术师。历任中国美术家协会会员、中国电影家协会会员、沈阳市美术家协会主席、沈阳市美术家协会顾问。作品《丰收忙》《蝙蝠》《天云山传奇》，出版有《中国当代美术家精品集——秦永春》。

J0049568
田头花开送暖来　曹秀文作
上海　上海人民出版社　1977 年　76cm（2 开）
定价：CNY0.11

J0049569
田头新课　杨建明作

上海　上海人民出版社　1977 年　76cm（2 开）
定价：CNY0.11

　　作者杨建明，主要年画作品有《杂技新花》《快乐假日》《进军奥运会》等。

J0049570
贴心话　白崇易，张为之作
沈阳　辽宁人民出版社　1977 年　76cm（2 开）
定价：CNY0.11

J0049571
贴心话　白崇易等作
上海　上海人民出版社　1977 年　76cm（2 开）
定价：CNY0.11

J0049572
贴心人　知心话　杨之光，鸥洋作
广州　广东人民出版社　1977 年　76cm（2 开）
定价：CNY0.14

　　作者杨之光（1930—　），画家。又名焘甫，广东揭西人，毕业于中央美术学院绘画系。历任广州美术学院教授、副院长，广州画院国画系教授、副院长，美术家协会广东分会理事，岭南美术专修学院院长等职。代表作品有《毛泽东主办广东农民运动讲习所》《浴日图》《矿山新兵》，著作有《中国画人物画法》《杨之光画集》《杨之光书法集》等。作者鸥洋（1937—　），女，生于湖北武昌，原籍江西龙南，毕业于广州美术学院，留校任教。历任广州美术学院教授、中国美术家协会会员、中国油画学会理事、广东美术家协会油画艺术委员会委员、广东油画学会副主席。代表作有《女民警》《往事涌心头》《金色的秋天》等。

J0049573
铁姑娘爆破组　冯萍作
上海　上海人民出版社　1977 年　76cm（2 开）
定价：CNY0.11

J0049574
听从党召唤　建设新农村　王永琪作
昆明　云南人民出版社　1977 年［1 张］
54cm（4 开）定价：CNY0.06

J0049575
听毛主席的话　做革命接班人　赵友萍作
北京　人民美术出版社　1977 年　39cm（8 开）
定价：CNY0.14

　　作者赵友萍（1932—　），女，油画家。黑龙江依兰人。历任中央美术学院教授、中国美术家协会会员、中国油画学会理事、中国人民大学徐悲鸿艺术学院副院长等。作品有《代表会上的妇女委员》《山花烂漫时》《路漫漫》等。

J0049576
同谱胜利曲　郑小都作
西安　陕西人民出版社　1977 年　76cm（2 开）
定价：CNY0.11

J0049577
团结互助好学习　李勤，徐士钦作
天津　天津人民美术出版社　1977 年
76cm（2 开）定价：CNY0.14

J0049578
万亩海滩披锦绣　徐先堂画
济南　山东人民出版社　1977 年　76cm（2 开）
定价：CNY0.11

J0049579
万水千山　文大家配诗
西安　陕西人民出版社　1977 年　2 张（套）
76cm（2 开）定价：CNY0.28

J0049580
为革命练好身体　陈怡作
上海　上海人民出版社　1977 年　76cm（2 开）
定价：CNY0.11

J0049581
为革命学文化　杨参军作
合肥　安徽人民出版社　1977 年　76cm（2 开）
定价：CNY0.11

J0049582
伟大领袖毛主席　（胶印画轴）张松鹤等作
天津　天津杨柳青画店　1977 年　76cm（2 开）
定价：CNY0.75

J0049583

伟大领袖毛主席和敬爱的周总理在一起　蔡
江白，陈天年作
上海　上海人民出版社　1977 年　76cm（2 开）
定价：CNY0.14

J0049584

卫生之家　褚鲁平画
济南　山东人民出版社　1977 年　76cm（2 开）
定价：CNY0.11

J0049585

慰问军属　邓秀作
天津　天津人民美术出版社　1977 年　76cm（2 开）
定价：CNY0.14

J0049586

文艺轻骑　成砺志作
南京　江苏人民出版社　1977 年　76cm（2 开）
定价：CNY0.11

J0049587

我爱爷爷大红花　邹才干作
南宁　广西人民出版社　1977 年　76cm（2 开）
定价：CNY0.14

J0049588

我和妈妈去参战　庄梦雄，曹广福作
银川　宁夏人民出版社　1977 年　76cm（2 开）
定价：CNY0.11

J0049589

我驾铁牛插春秧　韦献青作
上海　上海人民出版社　1977 年　76cm（2 开）
定价：CNY0.11
　　作者韦献青（1956—　）。擅长年画、油画。
江苏常州人。进修于上海大学美术学院美术设
计系。现任上海人民美术出版社年画、宣传画室
编辑。作品《我的小鸟》《四化新标兵》《天上有
个太阳》均入选全国美术作品展览。

J0049590

我们的白大夫　许勇，白素兰作
石家庄　河北人民出版社　1977 年　76cm（2 开）
定价：CNY0.11

　　作者许勇（1933—　），画家。别名许涌。生
于山东青岛，毕业于东北美术专科学校并留校任
教。历任鲁迅美术学院教授、研究生导师，中国
美术家协会会员，中国连环画研究会常务理事，
中国当代工笔画学会理事，雪庐画会副会长。代
表作品有《金田起义》《戚继光平倭图》等。出版
有《许勇画马》。

J0049591

我们的领袖华主席　朱丽丽画
长春　吉林人民出版社　1977 年　76cm（2 开）
定价：CNY0.14

J0049592

我们的贴心人　（华国锋同志一九七一年视察
浙江省上旺大队）潘鸿海等作
杭州　浙江人民出版社　1977 年　76cm（2 开）
定价：CNY0.14

J0049593

我们的医生喊得应　廖连贵作
武汉　湖北人民出版社　1977 年　54cm（4 开）
定价：CNY0.07
　　作者廖连贵（1932—　），国家一级美术师。
广西贵港市人。毕业于华中师范大学美术系，并
留校任教。历任中国美术家协会会员、湖北省美
术院专业画家、湖北水墨画院院士、湖北书画院
院士。作品有《高原千里踪》《瑶老庚》《东坡夜
游图》《勇进》《版纳的笑声》等。

J0049594

我们和老师　曾昭强，沈健作
南京　江苏人民出版社　1977 年　76cm（2 开）
定价：CNY0.11

J0049595

我们热爱华主席　安和，宋玉璞作
太原　山西人民出版社　1977 年　76cm（2 开）
定价：CNY0.14

J0049596

我们热爱华主席　吴性清，陈菊仙作
上海　上海人民出版社　1977 年　76cm（2 开）
定价：CNY0.11
　　作者吴性清（1933—　），女，编审。生于

江苏泰州，毕业于中央美术学院华东分院油画系。历任上海人民美术出版社创作员、中国美术家协会会员。作品有《我们热爱毛主席》《胡笳十八拍图卷》《关汉卿名剧选》等。作者陈菊仙（1929—　　），女，浙江温州人。毕业于中央美术学院华东分院。擅长年画。上海人民美术出版社画家。主要作品有《捉麻雀》《个个争当小雷锋》《共同富万家乐》等。著有《年画述要》。

J0049597

我们热爱华主席　步万方等作

天津　天津人民美术出版社　1977年　76cm（2开）

定价：CNY0.14

J0049598

我们胜利了　黄柔昌作

南京　江苏人民出版社　1977年　76cm（2开）

定价：CNY0.11

J0049599

我们是大地的主人　王有政作

北京　人民美术出版社　1977年　76cm（2开）

定价：CNY0.11

　　作者王有政（1941—　　），画家。山西万荣县人，毕业于西安美术学院。历任陕西国画院创作研究室主任、中国美术家协会会员、陕西作家协会理事。代表作品有《悄悄话》《捏扁食》《翠翠莉莉和姣姣》等。

J0049600

我们是大地的主人　王有政作

上海　上海人民出版社　1977年　39cm（8开）

定价：CNY0.10

J0049601

我们是大地的主人　王有政作

上海　上海人民出版社　1977年　76cm（2开）

定价：CNY0.11

J0049602

我们无限热爱华主席　杨复如作

南京　江苏人民出版社　1977年　76cm（2开）

定价：CNY0.14

J0049603

我们也去战斗　杨参军，张文国作

合肥　安徽人民出版社　1977年　76cm（2开）

定价：CNY0.11

J0049604

我们也要参战　孙凌涛作

西安　陕西人民出版社　1977年　76cm（2开）

定价：CNY0.11

J0049605

五·七红校育新人　宋仁贤作

济南　山东人民出版社　1977年　76cm（2开）

定价：CNY0.11

　　本作品由山东人民出版社和人民美术出版社联合出版。作者宋仁贤（1939—　　），画家。山东荣城人。艺号牧云渔翁，自品斋，堂号闭门堂。师承顾生岳、周沧米、舒传熹等。烟台画院专业画家、国家一级美术师、中国美术家协会会员、山东书法家协会会员、山东省画院高级画师。画作有《试验田》《海岛民兵师》《海上劳模》等，出版有《宋仁贤画选》。

J0049606

五·七红校育新人　宋仁贤作

济南　山东人民出版社　1977年　76cm（2开）

定价：CNY0.11

J0049607

武术新花　天津杨柳青画店绘

天津　天津杨柳青画店　1977年　4幅（套）

78cm（2开）定价：CNY1.10

　　本作品为年画形式的中国现代国画人物画。

J0049608

昔日奴隶　张文瑞作

成都　四川人民出版社　1977年　76cm（2开）

定价：CNY0.11

J0049609

溪水新歌　汪其忻作

合肥　安徽人民出版社　1977年　76cm（2开）

定价：CNY0.11

J0049610
喜驾铁牛　陈彦丹作
长沙　湖南人民出版社　1977 年　76cm（2 开）
定价：CNY0.14

J0049611
喜见光明　周贵余等作
哈尔滨　黑龙江人民出版社　1977 年　76cm（2 开）
定价：CNY0.11

J0049612
喜降春雨　李红玉作
石家庄　河北人民出版社　1977 年　76cm（2 开）
定价：CNY0.11

J0049613
喜看新车　李再华画
济南　山东人民出版社　1977 年　76cm（2 开）
定价：CNY0.11

J0049614
喜看新星天外归　刘宝祥作
上海　上海人民出版社　1977 年　76cm（2 开）
定价：CNY0.11

J0049615
喜送铁牛　于可安画
济南　山东人民出版社　1977 年　76cm（2 开）
定价：CNY0.11

J0049616
喜讯传来　张鲁泉作
兰州　甘肃人民出版社　1977 年　76cm（2 开）
定价：CNY0.14

J0049617
喜讯捎给华主席　邓学东作
南宁　广西人民出版社　1977 年　76cm（2 开）
定价：CNY0.14

J0049618
喜坐革新车　谭可元作
西安　陕西人民出版社　1977 年　76cm（2 开）
定价：CNY0.11

J0049619
峡谷战歌　张德禄执笔
太原　山西人民出版社　1977 年　76cm（2 开）

J0049620
鲜花开五洲　友谊传四海　马长春作
昆明　云南人民出版社　1977 年　[1 张]
76cm（2 开）定价：CNY0.11

J0049621
鲜花献英雄　施邦鹤作
南京　江苏人民出版社　1977 年　76cm（2 开）
定价：CNY0.11

J0049622
响应晚婚号召　实行计划生育　陈之川作
昆明　云南人民出版社　1977 年　[1 张]
76cm（2 开）定价：CNY0.11
　　作者陈之川（1940—　），女，作家。浙江瑞安人，毕业于北京大学历史系。中国美术学院副教授。创作小说《天亮以后说分手》《瑞安名胜古诗选》。

J0049623
小八路　孙滋溪作
武汉　湖北人民出版社　1977 年　54cm（4 开）
定价：CNY0.07

J0049624
小八路　单锡和作
上海　上海人民出版社　1977 年　76cm（2 开）
定价：CNY0.11
　　作者单锡和（1940—　），画家。江西高安人。毕业于南京艺术学院油画系。任教于上海东华大学。上海服饰协会理事、全国工艺美术教学专业委员会委员。擅长水粉画、年画和装饰画。主要作品有《夏夜静静》《浓浓情怀》等，著有《单锡和装饰油画集》《单锡和线描装饰画》等。

J0049625
小八路　孙滋溪作
天津　天津人民美术出版社　1977 年　76cm（2 开）
定价：CNY0.14

J0049626
小刀会　高国强作
上海　上海人民出版社　1977 年　76cm（2 开）
定价：CNY0.11

J0049627
小站新春　张战生作
成都　四川人民出版社　1977 年　76cm（2 开）
定价：CNY0.11

J0049628
心红劲添　王安江画
济南　山东人民出版社　1977 年　76cm（2 开）
定价：CNY0.11

J0049629
心花怒放　韩澎作
兰州　甘肃人民出版社　1977 年　76cm（2 开）
定价：CNY0.14

J0049630
心愿　张起林作
西安　陕西人民出版社　1977 年　76cm（2 开）
定价：CNY0.11

J0049631
心中的歌儿唱给华主席　史景林画
长春　吉林人民出版社　1977 年　76cm（2 开）
定价：CNY0.14

J0049632
欣欣向荣　（炕琴画）郭西河作
沈阳　辽宁人民出版社　1977 年　2 张（套）
76cm（2 开）定价：CNY0.22
　　作者郭西河（1917—1995），画家、教授。字伴云，浙江绍兴人，毕业于北平国立艺术专科学校国画专业。中国美术家协会会员、辽宁中国画研究会副会长、沈阳鲁迅美术学院教授。作品有《月季花》《山里红》《百花齐放》等。

J0049633
新保管　傅佩泽画
济南　山东人民出版社　1977 年　76cm（2 开）
定价：CNY0.11

J0049634
新春　马云，叶坚作
北京　人民美术出版社　1977 年　39cm（8 开）
定价：CNY0.14

J0049635
新春好　胡杰作
长沙　湖南人民出版社　1977 年　76cm（2 开）
定价：CNY0.11

J0049636
新队长　焦岩峰画
济南　山东人民出版社　1977 年　76cm（2 开）
定价：CNY0.11

J0049637
新花怒放　王庆升作
天津　天津人民美术出版社　1977 年　76cm（2 开）
定价：CNY0.11

J0049638
新课堂　赵云清，陈安民作
长沙　湖南人民出版社　1977 年　76cm（2 开）
定价：CNY0.11

J0049639
新来的水手　赵国经作
天津　天津人民美术出版社　1977 年　76cm（2 开）
定价：CNY0.11
　　作者赵国经（1950—　），一级画师。出生于河北景县，毕业于天津美术学院绘画系。历任中国美术家协会会员，连环画艺术委员会委员，天津美术家协会副主席，天津画院、天津美术出版社美术编辑、连环画编辑室主任。年画代表作品有《烽火连三月》《做嫁衣》等。

J0049640
新来的饲养员　王美芳，田立作
哈尔滨　黑龙江人民出版社　1977 年　76cm（2 开）
定价：CNY0.11
　　作者王美芳（1949—　），女，高级画师。北京人。毕业于中央美术学院附中。天津工艺美术设计院高级画师、天津画院院外画家。擅长中国画。作品有《蒙山腊月》《王贵与李香香》《做嫁衣》《正月》《太阳、雪山和我》。

J0049641

新马倌　储克亭作

合肥　安徽人民出版社　1977 年　76cm（2 开）

定价：CNY0.11

J0049642

新年画　黄耿卓等作

石家庄　河北人民出版社　1977 年　76cm（2 开）

定价：CNY0.14

　　作者黄耿卓（1946—　　），教授。河北南宫人，历任河北大学艺术学院教授、硕士生导师，中国美术家协会会员。出版有《黄耿卓黄耿新画集》。

J0049643

新生事物赞　李伯安等作

郑州　河南人民出版社　1977 年　4 幅（套）

78cm（2 开）定价：CNY0.37

J0049644

新战友　李世元作

沈阳　辽宁人民出版社　1977 年　76cm（2 开）

定价：CNY0.11

J0049645

幸福的新一代　邵佐唐作

沈阳　辽宁人民出版社　1977 年　76cm（2 开）

定价：CNY0.11

　　作者邵佐唐，有年画作品《西园记》《上学第一天》《新来的小伙伴》《在科学宫里》等。

J0049646

秀丽漓江新装　（胶印画轴）白雪石作

天津　天津杨柳青画店　1977 年　78cm（2 开）

定价：CNY0.28

　　作者白雪石（1915—2011），画家，教授。北京市人，斋号何须斋。自幼习画，早年师从赵梦朱，后拜梁树年为师。执教于北京师范学院、北京艺术学院、中央工艺美术学院。兼北京山水画研究会会长。代表作品《万壑松风》《千峰竞秀》《早春图》《漓江一曲千峰秀》等。

J0049647

选骏马　刘生展作

石家庄　河北人民出版社　1977 年　76cm（2 开）

定价：CNY0.11

　　作者刘生展（1938—2016），画家，一级美术师。别名塞城。内蒙古丰镇人。历任河北省张北县文化馆馆长、张家口市美术家协会名誉主席、中国美术家协会会员、中华炎黄文化研究会会员、中日美术交流协会会员、察哈尔书画院名誉院长。作品有《草原女民兵》《赛马去》《多为农业选俊马》《草原盛会》等。出版《怎样画马》《三国志人物绘卷》《马的描法》等。

J0049648

学大庆 结硕果　蔡其中作

南宁　广西人民出版社　1977 年　76cm（2 开）

定价：CNY0.14

J0049649

学大寨精神 走大寨道路　张冬生作

南昌　江西人民出版社　1977 年［1 张］

76cm（2 开）

J0049650

学大寨争贡献　丁红章作

南京　江苏人民出版社　1977 年　76cm（2 开）

定价：CNY0.11

J0049651

学工支农　李宝亮画

济南　山东人民出版社　1977 年　76cm（2 开）

定价：CNY0.11

J0049652

学雷锋　魏栓德作

太原　山西人民出版社　1977 年［1 张］

54cm（4 开）定价：CNY0.06

J0049653

学雷锋 做好事　刘斌昆作

上海　上海人民出版社　1977 年　76cm（2 开）

定价：CNY0.11

J0049654

学农课堂　张瑜生作

杭州　浙江人民出版社　1977 年　76cm（2 开）

定价：CNY0.14

J0049655

学习大寨绘新图　张路红作

上海　上海人民出版社　1977 年　76cm（2 开）
定价：CNY0.11

　　作者张路红（1956—　　），女。画家，上海人。就读于上海大学美术学院工艺美术系成人大专班。上海人民美术出版社美术编辑。作品有《学游泳》《在和平的阳光下》《两小无猜》。

J0049656
学习当年儿童团　邵子振作
哈尔滨　黑龙江人民出版社　1977 年　76cm（2 开）
定价：CNY0.11

J0049657
学习雷锋好榜样　阎颂艺，单华驹作
太原　山西人民出版社　1977 年　76cm（2 开）
定价：CNY0.12

J0049658
学英雄 绣英雄　杨复如，王锡麟作
南京　江苏人民出版社　1977 年　76cm（2 开）
定价：CNY0.11

J0049659
雪岭怒放大寨花　孟有珍作
兰州　甘肃人民出版社　1977 年　76cm（2 开）
定价：CNY0.14

J0049660
演出之后　俞士梅作
南京　江苏人民出版社　1977 年　76cm（2 开）
定价：CNY0.11

J0049661
阳光灿烂照前程　井维春作
沈阳　辽宁人民出版社　1977 年　76cm（2 开）
定价：CNY0.11

J0049662
阳光灿烂照征途　李惠君作
兰州　甘肃人民出版社　1977 年　76cm（2 开）
定价：CNY0.14

J0049663
阳光普照　李秉刚作
沈阳　辽宁人民出版社　1977 年　76cm（2 开）

定价：CNY0.11

J0049664
阳光雨露育新苗　潘直亮，程惠钊作
上海　上海人民出版社　1977 年　2 张（套）76cm（2 开）定价：CNY0.22

　　作者潘直亮（1941—　　），编辑。湖北汉阳人。历任湖北孝感市文联副主席、市美术家协会主席，孝感画院院长，中国美术家协会会员，孝感市美术家协会名誉主席。作品有《杨靖宇》《恋》《献寿》主要专著有《潘直亮佛教题材水墨作品选集》等。

J0049665
要把无产阶级"文化大革命"进行到底　侯一民等作
北京　人民美术出版社　1977 年　76cm（2 开）

　　作者侯一民（1930—　　），蒙古族，画家、雕塑家、美术教育家。河北高阳人。历任中央美术学院教授、中国壁画学会会长、中国美术家协会常务理事、全国壁画艺术委员会主任、吴作人国际美术基金会理事长。油画代表作品有《青年地下工作者》《毛主席与安源矿工》《六亿神州尽舜尧》《百花齐放》《华夏之歌》等。

J0049666
要学哥哥开铁牛　邹起奎作
沈阳　辽宁人民出版社　1977 年　76cm（2 开）
定价：CNY0.11

　　作者邹起奎（1948—　　），画家。笔名加贝，辽宁省盖州人，毕业于鲁迅美术学院附中。天津杨柳青画社集绘画、摄影、编辑、出版于一身的专家。中国美术家协会会员。代表作品有《毛泽东主席》正面标准像等。

J0049667
野营快报　沈北雁作
兰州　甘肃人民出版社　1977 年　76cm（2 开）
定价：CNY0.14

J0049668
夜校　江碧波作
成都　四川人民出版社　1977 年　76cm（2 开）
定价：CNY0.14

　　作者江碧波（1939—　　），女，画家。浙江镇

海人，毕业于四川美术学院。历任四川美术学院版画系主任、中国美术家协会理事。代表作品《歌乐山群雕》《白云深处》《近邻》等。

J0049669
夜校归途　　齐丽生作
杭州　浙江人民出版社　1977 年　76cm（2 开）
定价：CNY0.14

J0049670
夜校女教师　　韩作源画
济南　山东人民出版社　1977 年　76cm（2 开）
定价：CNY0.11

J0049671
一定要把淮河修好　　张登堂等作；赵万顺词
天津　天津杨柳青画店　1977 年　4 幅（套）
76cm（2 开）定价：CNY1.10
　　作者张登堂（1944—2015），国画家。山东聊城县人，毕业于济南艺术学校美术科。历任济南画院副院长、中国美术家协会山东分会常务理事。代表作品有《黄河纤夫》《泰岱雄姿》。作者赵万顺（1959—　），字一帆，生于甘肃天水甘谷县，毕业于河南大学美术系。新疆文化艺术研究会副会长、新疆丝路书画院执行院长、中国美术家协会新疆创作中心常务副主任。

J0049672
一定要把五星红旗插上台湾岛　　郑学恭画
福州　福建人民出版社　1977 年　76cm（2 开）
定价：CNY0.14

J0049673
一花引来万花开　　徐能海作
杭州　浙江人民出版社　1977 年　76cm（2 开）
定价：CNY0.11

J0049674
一堂地理课　　周补田作
上海　上海人民出版社　1977 年　76cm（2 开）
统一书号：8171.857 定价：CNY0.11

J0049675
沂蒙人民学大寨　　皮之先等画
济南　山东人民出版社　1977 年　2 张（套）

76cm（2 开）定价：CNY0.22
　　作者皮之先（1928—　），艺术家、一级美术师。河北阜城人，毕业于中央美术学院。历任工人出版社美术编辑、临沂画院院长、国际王羲之书画院院长等职，中国美术家协会会员、临沂市文联副主席兼美术家协会主席、北京中国书法艺术研究院教授。代表作品有《泰山揽胜图》《皮之先钟馗百图》《慰问军属》等。

J0049676
移山造田　　肖先才作
上海　上海人民出版社　1977 年　1 幅　76cm（2 开）
定价：CNY0.11

J0049677
彝寨喜迎新社员　　阿鸽作
成都　四川人民出版社　1977 年　76cm（2 开）
定价：CNY0.14
　　作者阿鸽（1948—　），女，彝族，四川凉山人。全名金叶阿鸽，别名邓明英。毕业于四川美术学院附中，擅长版画。中国美术家协会四川分会主席，中国版画家协会会员、理事等。主要作品有《三月》《鸽子》等。

J0049678
以粮为纲　全面发展　　牛宝林书；谭西方画
郑州　河南人民出版社　1977 年　[1 张]
76cm（2 开）定价：CNY0.11
　　作者谭西方，美术编辑，河南郾城人。作品有连环画《中华字圣许慎》等。

J0049679
以粮为纲　全面发展　　胡有章作
太原　山西人民出版社　1977 年　2 张（套）
54cm（4 开）定价：CNY0.12

J0049680
以学为主兼学别样　　魏栓德，冯对生作
太原　山西人民出版社　1977 年　39cm（8 开）
定价：CNY0.04

J0049681
亦农亦医为人民　　邬燕佩，齐丽生作
杭州　浙江人民出版社　1977 年　76cm（2 开）
定价：CNY0.14

J0049682
银河穿山来　王利华作
杭州 浙江人民出版社 1977 年 76cm（2 开）
定价：CNY0.11

J0049683
银燕过后甘露降　赵权作
银川 宁夏人民出版社 1977 年 76cm（2 开）
定价：CNY0.11

J0049684
英雄花放漫天红　黄幻吾作
上海 上海人民出版社 1977 年 76cm（2 开）
定价：CNY0.11
　　作者黄幻吾（1906—1985），花鸟画家。名罕，字幻吾，号罕僧，晚年称罕翁。广东新会人。历任中国美术家协会会员、中国美术家协会上海分会理事、上海文史研究馆馆员等职。出版有《幻吾画集》《幻吾小品画集》《怎样画走兽》《中国画技法》等。

J0049685
莺歌燕舞　古干画；林东海诗
天津 天津人民美术出版社 1977 年 2 张（套）76cm（2 开）定价：CNY0.22
　　作者古干（1942—　），画家。中国美术家协会会员、中国现代书画学会会长、世界书法家协会荣誉顾问。

J0049686
迎来春色换人间　刘万里作
兰州 甘肃人民出版社 1977 年 76cm（2 开）
定价：CNY0.14

J0049687
迎来龙江化春雨　袁汝云作
石家庄 河北人民出版社 1977 年 76cm（2 开）
定价：CNY0.11

J0049688
迎新春　杨绍路画
济南 山东人民出版社 1977 年 76cm（2 开）
定价：CNY0.11

J0049689
迎新春　董世军作
西安 陕西人民出版社 1977 年 76cm（3 开）
定价：CNY0.14

J0049690
永远跟着共产党　永远跟着毛主席　侯一民等作
北京 人民美术出版社 1977 年 76cm（2 开）
　　作者侯一民（1930—　），蒙古族，画家、雕塑家、美术教育家。河北高阳人。历任中央美术学院教授、中国壁画学会会长、中国美术家协会常务理事、全国壁画艺术委员会主任、吴作人国际美术基金会理事长。油画代表作品有《青年地下工作者》《毛主席与安源矿工》《六亿神州尽舜尧》《百花齐放》《华夏之歌》等。

J0049691
永远扎根在边疆　崔炜作
哈尔滨 黑龙江人民出版社 1977 年 76cm（2 开）
定价：CNY0.11

J0049692
渔岛演出　陈继武作
杭州 浙江人民出版社 1977 年 76cm（2 开）
定价：CNY0.11

J0049693
渔家儿女上大学　白逸如画
济南 山东人民出版社 1977 年 76cm（2 开）
定价：CNY0.11
　　作者白逸如（1932—　），女，画家。北京人。毕业于浙江美术学院。曾任山东省文化局美工室、山东师范大学艺术系教师、天津画院专业画家。主要作品有《渔家女儿上大学》《移来南茶住北乡》《大娘的病好了》等。

J0049694
渔水情　刘德润作
济南 山东人民出版社 1977 年 76cm（2 开）
定价：CNY0.11

J0049695
雨露滋润禾苗壮　张志千作
沈阳 辽宁人民出版社 1977 年 76cm（2 开）

定价: CNY0.11

J0049696
育新医　李长新, 关秀云作
郑州　河南人民出版社　1977 年　76cm（2 开）
定价: CNY0.14

J0049697
欲与天公试比高　张家纯作
哈尔滨　黑龙江人民出版社　1977 年　76cm（2 开）
定价: CNY0.11

J0049698
跃峰渠　跃峰渠指挥部创作组创作; 聪聪配诗
石家庄　河北人民出版社　1977 年　2 张（套）
76cm（2 开）定价: CNY0.22

J0049699
云淡天高呈丽日　莺歌燕舞报新春　麦华三书; 刘达鎏画
广州　广东人民出版社　1977 年 [1 张]
76cm（2 开）定价: CNY0.14
　　作者麦华三（1907—1986）, 广州美术学院副教授。编写有《中国书法艺术》。

J0049700
运不完的丰收果　朱泉林作
上海　上海人民出版社　1977 年　76cm（2 开）
定价: CNY0.11

J0049701
运筹帷幄　孙敬会, 李明媚画
济南　山东人民出版社　1977 年　76cm（2 开）
定价: CNY0.14
　　作者孙敬会（1939—　），教授。字克齐, 号生前生, 山东艺术研究院中国绘画研究室主任。出版专著和画集有《写意人物画技法》《中国肖像画研究》《孙敬会人物画选》《孙敬会水浒人物全图》等。作者李明媚（1936—　），女, 教授。字克平, 笔名汇波, 浙江宁波人。山东艺术学院教授。作品有《给咱添花》《同饮幸福水》《拳友》《流水寄深情》等, 出版有《工笔人物画技法》《李明媚人物画选》《李明媚传统人物画专辑》等。

J0049702
在周总理身边　蒋昌一作
上海　上海人民出版社　1977 年　76cm（2 开）
定价: CNY0.14
　　作者蒋昌一（1943—　），画家、国家一级美术师。湖南湘乡人, 毕业于南京艺术学院美术系。历任上海美术设计公司干部、上海油画雕塑院院长、中国美术家协会会员、上海美术家协会常务理事、上海美术家协会绘画艺术委员会主任。代表作品《团结》《国旗像太阳一样红》《革命风雨催我长》等。

J0049703
咱队多兴旺　李重新作
石家庄　河北人民出版社　1977 年　76cm（2 开）
定价: CNY0.11

J0049704
咱队猪娃数不尽　陈华民作
沈阳　辽宁人民出版社　1977 年　76cm（2 开）
定价: CNY0.11
　　作者陈华民（1943—　），画家。辽宁东港人。笔名文安、春江。中国美术家协会会员、丹东市美术家协会副主席。擅长国画, 主要作品有《海之恋》《金色的路》《扬帆远航》等。

J0049705
咱们家乡变了样　胡起中作
太原　山西人民出版社　1977 年　76cm（2 开）
定价: CNY0.12

J0049706
咱们也要做贡献　徐德元作
沈阳　辽宁人民出版社　1977 年　76cm（2 开）
定价: CNY0.11
　　作者徐德元（1949—　），画家。辽宁鞍山人。曾任辽宁美术家协会会员、岫岩美术家协会主席等职。主要作品有《农家乐》《中华魂》《闹灯馆》等。

J0049707
赞书记　吴澍作
南京　江苏人民出版社　1977 年　76cm（2 开）
定价: CNY0.11

J0049708
赞新书记　　王荣奖作
郑州　河南人民出版社　1977 年　76cm（2 开）
定价：CNY0.11

J0049709
扎红头绳　　李慕白作
天津　天津人民美术出版社　1977 年　76cm（2 开）
定价：CNY0.11

J0049710
战斗在太行山上　　钟长声，赵贵德作
石家庄　河北人民出版社　1977 年　76cm（2 开）
定价：CNY0.11
　　作者赵贵德（1937—　　），满族、国家一级美术师。生于北京。历任中国美术家协会理事、河北省美术家协会名誉主席。代表作品有《激流》《春潮》《大风歌》《神骏图》等，著有《怎样才能画好速写》。

J0049711
战斗在太行山上　　李夜冰作
太原　山西人民出版社　1977 年　76cm（2 开）
定价：CNY0.14
　　作者李夜冰（1931—　　），画家、艺术家、高级工艺美术师。河北井陉县人。中国美术家协会会员、中央文史研究馆书画院研究员、中央书画艺术研究院名誉院长、五台山佛教书画艺术研究院名誉院长、山西国际文化交流画院院长。代表作品《明珠今夜更灿烂》《夕阳映辉》《三雕惊世》《华沙一条街》等。

J0049712
战歌迎春　　瞿谷寒作
上海　上海人民出版社　1977 年　76cm（2 开）
定价：CNY0.11
　　作者瞿谷寒（1938—　　），画家。生于上海浦东，就读于扬州艺术学校学习美术。历任上海美术家协会会员、上海连环画研究会会员、上海民盟书画院院师。代表作品有《宋史演义》连环画，《少小离家老大回》《瞿谷寒画集》等。

J0049713
战山河　　侯纪德画
济南　山东人民出版社　1977 年　76cm（2 开）

定价：CNY0.11

J0049714
长大当个新农民　　梁永贵作
银川　宁夏人民出版社　1977 年　76cm（2 开）
定价：CNY0.11

J0049715
长征路上
天津　天津人民美术出版社　1977 年　2 张（套）
76cm（2 开）定价：CNY0.28

J0049716
长征路上创新业　　韦博文作
兰州　甘肃人民出版社　1977 年　76cm（2 开）
定价：CNY0.14

J0049717
招生　　辛鹤江作
石家庄　河北人民出版社　1977 年　76cm（2 开）
定价：CNY0.11
　　作者辛鹤江（1941—　　），河北安新人。毕业于天津美术学院。擅长中国画。曾任河北美术家协会副主席，连环画研究会副会长，河北美术出版社社长兼总编辑、编审等职。代表作有《棉农来访》《周总理和小演员在一起》《敌情急》《老英雄回到雁翎队》等。

J0049718
震区除夕夜　　黄振永作
沈阳　辽宁人民出版社　1977 年　76cm（2 开）
　　作者黄振永（1930—　　），四川成都人。擅长宣传画、年画。曾在空军美术训练班学习。历任沈阳军区美术创作员、成都军区空军政治部创作员。作品有《我爱祖国的蓝天》，年画《幽谷飞瀑》《海之歌》等。

J0049719
震区除夕夜　　黄振永作
北京　人民美术出版社　1977 年　76cm（2 开）
定价：CNY0.14

J0049720
震区除夕夜　　黄振永作
上海　上海人民出版社　1977 年　76cm（2 开）

定价：CNY0.14

J0049721
正副书记　刘淑荣作
天津　天津人民美术出版社　1977 年　76cm（2 开）
定价：CNY0.11

J0049722
支农新产品　周小申作
石家庄　河北人民出版社　1977 年　76cm（2 开）
定价：CNY0.11

J0049723
支援　姜月鲁，王崇会作
成都　四川人民出版社　1977 年　76cm（2 开）
定价：CNY0.14

J0049724
芝麻开花节节高　谢海洋作
合肥　安徽人民出版社　1977 年　76cm（2 开）
定价：CNY0.11

J0049725
知心话　（年画　1978〈农历戊午年〉年历）刘
文西作
武汉　湖北人民出版社　1977 年　［1 张］
54cm（4 开）定价：CNY0.15
　　作者刘文西（1933—2019），生于浙江嵊州。
曾任中国美术家协会顾问、陕西省文艺界联合会
顾问、陕西省美术家协会副主席、西安美术学院
名誉院长、西安美术学院研究院院长、延安市副
市长。重要作品有《毛主席和牧羊人》《东方》《解
放区的天》和巨幅系列长卷《黄土人》等近百幅。

J0049726
治淮劳模上北京　凤阳花鼓寄深情　吴德
春作
合肥　安徽人民出版社　1977 年　76cm（2 开）
定价：CNY0.11

J0049727
重回大娘家　郭德纯作
哈尔滨　黑龙江人民出版社　1977 年　76cm（2 开）
定价：CNY0.11

J0049728
重忆长征史　继承革命志　郑霓裳作
上海　上海人民出版社　1977 年　76cm（2 开）
定价：CNY0.11

J0049729
周总理鼓励我们学大寨　赵贵德作
石家庄　河北人民出版社　1977 年　76cm（2 开）
定价：CNY0.11
　　作者赵贵德（1937—　），满族、国家一级美
术师。生于北京。历任中国美术家协会理事、河
北省美术家协会名誉主席。代表作品有《激流》
《春潮》《大风歌》《神骏图》等，著有《怎样才能
画好速写》。

J0049730
周总理是我们的贴心人　苏高礼，林岗作
沈阳　辽宁人民出版社　1977 年　76cm（2 开）
定价：CNY0.11
　　作者苏高礼（1937—　　），油画家，美术教育
家。山西平定县人。就读于中央美术学院油画
系，后毕业于列宾美术学院油画大师梅尔尼科夫
工作室。中国美术家协会会员、中央美术学院教
授。出版《苏高礼写生画集》《苏高礼素描画集》
《中国油画五十家——苏高礼》《素描教学》等。

J0049731
周总理是我们贴心人　苏高礼等作
北京　人民美术出版社　1977 年　76cm（2 开）
定价：CNY0.14

J0049732
周总理是我们贴心人　苏高礼等作
天津　天津人民美术出版社　1977 年　76cm（2 开）
定价：CNY0.14

J0049733
周总理在梅园新村　许勇等作
沈阳　辽宁人民出版社　1977 年　2 张（套）
76cm（2 开）定价：CNY0.22
　　作者许勇（1933—　　），画家。别名许涌。生
于山东青岛，毕业于东北美专并留校任教。历任
鲁迅美术学院教授、研究生导师，中国美术家协
会会员，中国连环画研究会常务理事，中国当代
工笔画学会理事，雪庐画会副会长。代表作品有

《金田起义》《戚继光平倭图》等。出版有《许勇画马》。

J0049734

珠峰展红旗　杨麟翼作

成都　四川人民出版社　1977 年　76cm（2 开）

定价：CNY0.11

J0049735

抓纲治国　周至宇作

太原　山西人民出版社　1977 年　[1 张]

54cm（4 开）定价：CNY0.06

J0049736

抓纲治国　大干快上　穆涛山作

太原　山西人民出版社　1977 年　[1 张]

78cm（2 开）定价：CNY0.08

J0049737

抓纲治国　前程似锦　（为加速实现四个现代化而奋斗）何叔水作

南昌　江西人民出版社　1977 年　76cm（2 开）

J0049738

抓纲治国　实现四化　王祖军作

昆明　云南人民出版社　1977 年　[1 张]

54cm（4 开）定价：CNY0.06

J0049739

抓纲治国方向明　劳动竞赛争上游　李文龙作

太原　山西人民出版社　1977 年　[1 张]

76cm（2 开）定价：CNY0.12

J0049740

抓革命促生产乘胜前进　迎新春夺丰收万象更新　徐久隆作

贵阳　贵州人民出版社　1977 年　[1 张]

76cm（2 开）定价：CNY0.14

J0049741

壮志凌云　石齐作

北京　人民体育出版社　1977 年　76cm（2 开）

定价：CNY0.11

　　作者石齐（1939—　　），画家。福建福清人，毕业于厦门工艺美术学院。北京画院专业画家、

中国美术家协会会员、北京美术家协会理事。代表作品有《金秋时节》《养鸡图》《泼水节》。出版有《石齐画集》等。

J0049742

捉泥猪　王正平原作；刘治贵改编；徐恒瑜画

成都　四川人民出版社　1977 年　2 张（套）

76cm（2 开）定价：CNY0.22

　　作者徐恒瑜（1944—　　），国画家、连环画家、一级美术师。四川邛崃人。中国美术家协会会员、四川省美术家协会副主席、中国美术家协会连环画艺术委员会委员。连环画代表作有《李慧娘》《水牢仇》等。

J0049743

走遍边寨情意深　何能作

昆明　云南人民出版社　1977 年　76cm（2 开）

定价：CNY0.11

J0049744

走大庆道路铺海上"铁路"　（上海沪东造船厂学大庆先进事迹）王西堂编；赵仁年绘

上海　上海人民出版社　1977 年　108cm（全开）

定价：CNY0.18

　　作者赵仁年（1939—　　），画家。江苏阜宁人。中国美术家协会会员、上海美术家协会会员、日本东西方艺术振兴会常务理事、原上海侨友经济协会东舟美术家联谊会副会长。代表作品有《诸葛亮探亲》等。

J0049745

走向胜利　彭彬作

哈尔滨　黑龙江人民出版社　1977 年　76cm（2 开）

定价：CNY0.11

　　作者彭彬（1927—　　），油画家。江苏吕四人，毕业于中央美术学院专修科。历任解放军总政文化部创作室创作员、军事博物馆美术创作员。作品有《遵义会议》《雄关漫道真如铁，而今漫步从头越》《巍巍长城一代风流》等。

J0049746

祖国处处有石油　（一）洪世清作

上海　上海书画社　1977 年　54cm（4 开）

定价：CNY0.08

J0049747

祖国处处有石油 （二）洪世清作

上海　上海书画社　1977 年　54cm（4 开）

定价：CNY0.08

J0049748

祖国处处有石油 （三）洪世清作

上海　上海书画社　1977 年　54cm（4 开）

定价：CNY0.08

J0049749

祖国处处有石油 （四）洪世清作

上海　上海书画社　1977 年　54cm（4 开）

定价：CNY0.08

J0049750

祖国大地春光万里　速泰熙作

南京　江苏人民出版社　1977 年　76cm（2 开）

定价：CNY0.14

J0049751

祖国繁荣山河似锦　东风浩荡大地皆春　巫
子强等作

贵阳　贵州人民出版社　1977 年 ［1 张］
76cm（2 开）定价：CNY0.14

　　作者巫子强（1939—　　），回族，生于云南
昆明。毕业于四川美术学院油画专业。历任铜
仁县文化馆馆长、铜仁县文化局局长、铜仁地区
文联主席、贵州民族学院艺术系主任、贵州民族
学院副教授。作品有《日日夜夜》《无辜者》《小
鬼》等。

J0049752

《红灯照》首领林黑娘　马清涛，刘景秀作

西安　陕西人民出版社　1978 年　76cm（2 开）

定价：CNY0.11

　　作者马清涛（1938—2019），美术教师。出生
于河南温县。历任中国画家协会会员、中国山水
画家协会会员、陕西省美术家协会会员。在武功
县文化馆从事创作和教学工作。

J0049753

1979 年画缩样

郑州　河南人民出版社　1978 年　20 幅　19cm（32 开）

J0049754

1979 年画缩样 （二）

武汉　湖北人民出版社　1978 年　8 幅　19cm（32 开）

J0049755

1979 年画缩样

长春　吉林人民出版社　1978 年　20 页　19cm（32 开）

J0049756

1979 年画缩样

南京　江苏人民出版社　1978 年　32 幅　19cm（32 开）

J0049757

1979 年画缩样

呼和浩特　内蒙古人民出版社　1978 年　19 幅
19cm（32 开）

J0049758

1979 年画缩样 （一）

北京　人民美术出版社　1978 年　13×19cm

J0049759

1979 年画缩样

乌鲁木齐　新疆人民出版社　1978 年　18 幅
13×19cm

J0049760

1979 年画缩样 （第一集）

昆明　云南人民出版社　1978 年　10 幅　19cm（32 开）

J0049761

1979 年画缩样 （第二集）

昆明　云南人民出版社　1978 年　19cm（32 开）

J0049762

爱晚亭　曾晓浒作

长沙　湖南人民出版社　1978 年　76cm（2 开）

定价：CNY0.14

　　作者曾晓浒（1938—2015），画家。出生于四
川成都，毕业于广州美术学院国画系。年幼时观
张大千先生作画，得张肇铭、王霞宙、端木梦锡、
关山月、黎雄才先生的指导。画作有《韶山》《南
天独秀》《放木排》。著作有《曾晓浒画集》《曾
晓浒陆露音画集》。

J0049763

爱祖国 爱劳动 爱科学 爱学习 周绍文作
郑州 河南人民出版社 1978年 1张 76cm（2开）
定价：CNY0.11

J0049764

傲雪 吴自强作
杭州 浙江人民出版社 1978年 53cm（4开）
定价：CNY0.07
　　作者吴自强（1943— ），画家。祖籍浙江杭州，又名吴声。生于江苏苏州。毕业于浙江美术学院工艺美术系。历任杭州画院专业画家、中国美术家协会会员、浙江人民出版社美术编辑。主要作品有《傲雪》《春酣》《西湖诗词画意百图》《古诗画诗》《长恨歌二十图》等。

J0049765

八亿人民的心愿 夏葆元等作
上海 上海人民美术出版社 1978年 76cm（2开）
定价：CNY0.14

J0049766

白云深处飘茶香 李中文作
郑州 河南人民出版社 1978年 76cm（2开）
定价：CNY0.11

J0049767

百花报春 杨德衡作
沈阳 辽宁人民出版社 1978年 76cm（2开）
统一书号：8090.1190 定价：CNY0.11

J0049768

百花竞放 春色满园 陆海林作
成都 四川人民出版社 1978年 76cm（2开）
定价：CNY0.11
　　作者陆海林，年画作家。连云港市美术馆馆长。

J0049769

百花迎春 蔡天涛作
南昌 江西人民出版社 1978年 76cm（2开）
定价：CNY0.14

J0049770

百花争艳 周彦生作
郑州 河南人民出版社 1978年 76cm（2开）

定价：CNY0.11

J0049771

百花争艳 孙奇峰等作
天津 天津人民美术出版社 1978年 76cm（2开）
定价：CNY0.11

J0049772

百花争艳欣欣向荣 许恩源作
南京 江苏人民出版社 1978年 76cm（2开）
统一书号：8100.2.297（2）定价：CNY0.11
　　作者许恩源（1940— ），教授。历任上海中国纺织大学服装系副教授、中国美术家协会上海分会会员。编著有《时装画技法研究》《论装饰图案艺术》《学习时装画入门》《时装画技法研究》等。

J0049773

保卫海疆添力量 丁仪新作
上海 上海人民美术出版社 1978年 76cm（2开）
定价：CNY0.11

J0049774

保卫祖国 保卫边疆 刘永谦作
成都 四川人民出版社 1978年 76cm（2开）
定价：CNY0.11

J0049775

爆竹声声传喜讯 梅花朵朵迎新春 王祖军，王仲林作
昆明 云南人民出版社 1978年 76cm（2开）
定价：CNY0.11

J0049776

爆竹声中迎新春 王仲莉作
成都 四川人民出版社 1978年 76cm（2开）
定价：CNY0.11

J0049777

北方来的新伙伴 陈少芳作
广州 广东人民出版社 1978年 76cm（2开）
定价：CNY0.14

J0049778

碧波红鲤 江涛作

天津 天津人民美术出版社 1978 年 76cm（2 开）
定价：CNY0.14

J0049779
碧空银花　田克盛作
武汉 湖北人民出版社 1978 年 76cm（2 开）
定价：CNY0.14

J0049780
边防巡逻　李慕白等作
天津 天津人民美术出版社 1978 年 76cm（2 开）
定价：CNY0.11

J0049781
边疆铁骑　王遵义，高少飞作
上海 上海人民美术出版社 1978 年 76cm（2 开）
定价：CNY0.11
　　作者王遵义（1938—　　），画家。擅长油画、
中国画。山东临沂人。在山东省体委、济南军区
文工团长期从事舞台美术设计工作。作品《姐妹
俩》《未包扎完的绷带》《胜利之路》为中国美术
馆收藏，《甘作春泥育新苗》《爱鸟》获全国宣传
画大展二、三等奖，《回天无力》获第八届全国美
术作品展览优秀奖。

J0049782
渤海渔歌　广廷渤作
沈阳 辽宁人民出版社 1978 年 76cm（2 开）
定价：CNY0.11

J0049783
哺育　李成义作
石家庄 河北人民出版社 1978 年 76cm（2 开）
定价：CNY0.14

J0049784
采莲图　（杨柳青年画）步万方作
天津 天津杨柳青画店 1978 年 76cm（2 开）
定价：CNY0.11

J0049785
采桑图　马乐群作
上海 上海人民美术出版社 1978 年 76cm（2 开）
定价：CNY0.11
　　作者马乐群（1933—　　），画家。上海人，曾

在上海现代画室学习绘画及西洋美术史等。历
任上海画片出版社年画创作员、上海美术出版社
年画编辑。作品有《人民不允许浪费粮食的行为》
《海防前线宣传员》《金杯红花传捷报》《激流勇
进》等。

J0049786
彩虹舞东风 鲜花献英雄　唐德泉作
成都 四川人民出版社 1978 年 76cm（2 开）
定价：CNY0.11

J0049787
蚕乡似锦　童金贵作
沈阳 辽宁人民出版社 1978 年 76cm（2 开）
定价：CNY0.11
　　作者童金贵，中国美术家协会辽宁省分会
会员、辽宁省年画学会理事、丹东市美术家协会
理事。

J0049788
苍山脚下新书来　黄妙发作
上海 上海人民美术出版社 1978 年 76cm（2 开）
定价：CNY0.11
　　作者黄妙发（1938—　　），别名年丰，江苏常
熟人。　擅长年画。曾任上海人民美术出版社年
画宣传画编辑室副主任。作品有年画《喜临门》
《我爱中华》《儿童附捐邮票一套》（两枚）等。

J0049789
苍松挺拔千秋翠 冬梅昂首万年春　赵万顺
词; 陈林祥书
天津 天津杨柳青画店 1978 年 53cm（4 开）
定价：CNY0.50
　　作者赵万顺（1959—　　），字一帆，生于甘肃
天水甘谷县，毕业于河南大学美术系。新疆文
化艺术研究会副会长、新疆文化艺术研究会副会
长、新疆丝路书画院执行院长、中国美术家协会
新疆创作中心常务副主任。

J0049790
草原的春天　（杨柳青年画）刘正作
天津 天津杨柳青画店 1978 年 76cm（2 开）
定价：CNY0.11
　　作者刘正（1949—　　），女，编辑。天津人，
毕业于天津美术学院绘画系。历任天津人民美

术出版社编审、中国美术家协会会员、中国工笔画学会会员、中国刘奎龄艺术研究院研究员、天津市美术家协会会员。代表作品有《中国织绣服饰全集》《幸福花开》《庄户剧团》《十二月花神》《春到西花厅》等。

J0049791
草原红花　刘海志作
石家庄　河北人民出版社　1978 年　76cm（2 开）
定价：CNY0.11

J0049792
草原赛马　官布作
上海　上海人民美术出版社　1978 年　76cm（2 开）
定价：CNY0.11
　　作者官布（1928—2013），蒙古族，画家。毕业于齐齐哈尔军政大学。历任中国美术家协会第二、三、四届理事，北京海峡两岸书画家联谊会常务理事、常务副主席。代表作品有《傍晚》《读毛主席的书》《草原小姐妹》《壶口瀑布》《万马奔腾》等。

J0049793
草原四季青　郭重光作
石家庄　河北人民出版社　1978 年　76cm（2 开）
定价：CNY0.11

J0049794
草原铁骑　杭鸣时作
沈阳　辽宁人民出版社　1978 年　76cm（2 开）
定价：CNY0.11
　　作者杭鸣时（1931— ），画家。又名杭度，生于上海，祖籍浙江海宁，毕业于鲁迅美术学院。历任苏州城市建设环境保护学院建筑系美术教研室主任、中国美术家协会会员。代表作品有《夜航》《工业的粮仓》等。

J0049795
草原新事多　邢跃，王桂卿作
天津　天津人民美术出版社　1978 年　76cm（2 开）
定价：CNY0.14

J0049796
常备不懈　邓超华作
广州　广东人民出版社　1978 年　53cm（4 开）

定价：CNY0.07
　　作者邓超华（1950— ），广东新会县人。毕业于广州业余艺术大学绘画系。中国美术家协会会员、广东省美术家协会会员。主要作品有组画《练为战》、中国画《调查路上》《妆》等。

J0049797
常备不懈　司马连义，杨德彪作
上海　上海人民美术出版社　1978 年　76cm（2 开）
定价：CNY0.11

J0049798
嫦娥起舞慰忠魂　巫子强等作
贵阳　贵州人民出版社　1978 年　76cm（2 开）
定价：CNY0.14
　　作者巫子强（1939— ），回族，生于云南昆明。毕业于四川美术学院油画专业。历任铜仁县文化馆馆长、铜仁县文化局局长、铜仁地区文联主席、贵州民族学院艺术系主任、贵州民族学院副教授。作品有《日日夜夜》《无辜者》《小鬼》等。

J0049799
成果喜人　谢述先，李德仁作
太原　山西人民出版社　1978 年　76cm（2 开）
定价：CNY0.14
　　作者李德仁（1946— ），教授。字泽甫，号霁原，山西榆次人。历任山西大学美术系副教授、中国美术家协会会员、中国书法家协会会员，兼任马来西亚艺术学院东方艺术研究中心研究员。出版《东方绘画学原理概论》《道与书画》《明清绘画大师丛书——徐渭》《李德仁中国画作品集》等。

J0049800
雏凤凌空　李慕白，金雪尘作
天津　天津人民美术出版社　1978 年　76cm（2 开）
定价：CNY0.14
　　作者李慕白（1913—1991），画家。生于浙江海宁。历任中国民主同盟会成员、中国美术家协会会员、上海人民美术出版社特约年画作者。出版有《李慕白、金雪尘年画选集》。

J0049801
处处为社员着想　霍允庆，傅国庆作

上海 上海人民美术出版社 1978 年 76cm（2 开）
定价：CNY0.11

　　作者霍允庆（1944— ），笔名静轩，山东
龙口人。擅长年画、中国画。曾在龙口文化馆从
事美术工作，二级美术师。作品有《丰收时节》
《劈山救母》《年方八八》等。

J0049802
闯王旗　张洪林编文；张祖道摄影
石家庄 河北人民出版社 1978 年 2 张（套）
76cm（2 开）定价：CNY0.28

　　作者张祖道（1922— ），纪实摄影家。生
于湖南浏阳，就读于西南联合大学社会学系，毕
业于清华大学社会学系。历任《新观察》杂志
摄影记者，中国摄影家协会理事，出版有《江村
纪事》。

J0049803
春催桃李　李廷章作
石家庄 河北人民出版社 1978 年 76cm（2 开）
定价：CNY0.11

J0049804
春催桃李　刘称奇作
南昌 江西人民出版社 1978 年 76cm（2 开）
定价：CNY0.11

J0049805
春到大别山　杨敏作
郑州 河南人民出版社 1978 年 76cm（2 开）
定价：CNY0.11

J0049806
春孵忙　朱葵作
南京 江苏人民出版社 1978 年 76cm（2 开）
定价：CNY0.11

J0049807
春光遍地　徐希作；红宇配诗
天津 天津人民美术出版社 1978 年 2 张（套）
76cm（2 开）定价：CNY0.28

　　作者徐希（1940—2015），画家。曾用名徐振
武，浙江绍兴人。毕业于浙江美术学院。曾任人
民美术出版社编辑、一级美术师，中国美术家协
会会员。代表作品《长城》《布达拉宫》《湖上晨

曲》《江南喜雨》等。

J0049808
春光图　陆仰非作
杭州 浙江人民出版社 1978 年 76cm（2 开）
定价：CNY0.14

J0049809
春光万里　姜堃作
长沙 湖南人民出版社 1978 年 76cm（2 开）
定价：CNY0.14

J0049810
春回大地花似锦　程宗元作
南京 江苏人民出版社 1978 年 76cm（2 开）
定价：CNY0.11

J0049811
春满人间　郭方颐作
武汉 湖北人民出版社 1978 年 76cm（2 开）
定价：CNY0.14

J0049812
春满园　何水法作
杭州 浙江人民出版社 1978 年 76cm（2 开）
定价：CNY0.14

　　作者何水法（1946— ），画家。浙江绍兴人。
浙江画院高级美术师、中国美术家学会会员、浙
江省美术家协会理事。作品有《凌寒怒放》《春
菜图》《翠蔓凌霄》《灼灼红芳》，出版有《何水法
花鸟画集》等。

J0049813
春牛向荣气象日新　（杨柳青年画）步万方作
天津 天津杨柳青画店 1978 年 76cm（2 开）
定价：CNY0.11

J0049814
春暖　张建时作
上海 上海人民美术出版社 1978 年 76cm（2 开）
定价：CNY0.11

J0049815
春暖　池长尧作
杭州 浙江人民出版社 1978 年 76cm（2 开）

定价: CNY0.14

J0049816
春色满园 李儒光作
长沙 湖南人民出版社 1978 年 76cm(2 开)
定价: CNY0.11

J0049817
春天 朱岩作
哈尔滨 黑龙江人民出版社 1978 年 76cm(2 开)
定价: CNY0.11

J0049818
春晓 李铁树作
石家庄 河北人民出版社 1978 年 76cm(2 开)
定价: CNY0.11

J0049819
春雨淅淅桃李红 杨淑涛作
天津 天津人民美术出版社 1978 年 76cm(2 开)
定价: CNY0.14

J0049820
从小爱科学 孙家跃作
石家庄 河北人民出版社 1978 年 76cm(2 开)
定价: CNY0.11

J0049821
从小爱科学 庞卡作
上海 上海人民美术出版社 1978 年 2 张(套)
76cm(2 开) 定价: CNY0.22
　　作者庞卡(1935—)。画家。又名庞抱俊。
上海人。历任上海人民美术出版社年画编辑、创
作员。作品有《从小爱科学》《秧苗青青春来早》
《爱人民》等。

J0049822
从小爱科学 应善昌作
杭州 浙江人民出版社 1978 年 76cm(2 开)
定价: CNY0.11

J0049823
从小立志学科学 尚德周, 陈绍华作
西安 陕西人民出版社 1978 年 76cm(2 开)
定价: CNY0.11

J0049824
从小学科学, 长大攀高峰 李慕白作
石家庄 河北人民出版社 1978 年 76cm(2 开)
定价: CNY0.14

J0049825
从小学雷锋 (杨柳青年画)那启明, 张煜作
北京 人民美术出版社 1978 年 76cm(2 开)
定价: CNY0.11
　　作者那启明(1936—), 满族, 北京人。擅
长民间美术。1958 年毕业于中央美术学院附中。
现任天津杨柳青画社编辑部主任、编审。作品《白
求恩》获第三届全国年画美术作品展览二等奖,
《团结图》获第五届全国年画美术作品展览三等
奖,《多彩夕阳》获中华人民共和国成立 45 周年
美术作品展览佳作奖,《喜迎春》等作品入选第四
届、五届全国年画展和第六届、七届、八届全国
美术作品展览。1994 年被中央文化部、新闻出版
署评为"优秀年画编辑"。中国美术家协会会员。

J0049826
从小学雷锋 (杨柳青年画)那启明, 张煜作
天津 天津杨柳青画店 1978 年 76cm(2 开)
定价: CNY0.11

J0049827
打"四人帮" (杨柳青年画)王宝光作
北京 人民美术出版社 1978 年 76cm(2 开)
定价: CNY0.11

J0049828
打"四人帮" (杨柳青年画)王宝光作
天津 天津杨柳青画店 1978 年 76cm(2 开)
定价: CNY0.11

J0049829
大地发春华 陈永康作
广州 广东人民出版社 1978 年 107cm(全开)
定价: CNY0.28

J0049830
大地回春 宁积贤作
太原 山西人民出版社 1978 年 53cm(4 开)
定价: CNY0.07

J0049831
大队畜禽兴旺　张建时作
北京　人民美术出版社　1978 年　76cm（2 开）
定价：CNY0.11

J0049832
大公鸡　杨馥如作
上海　上海人民美术出版社　1978 年　76cm（2 开）
定价：CNY0.11

J0049833
大庆红旗处处飘扬　大寨红花遍地开放　甘
家伟作
昆明　云南人民出版社　1978 年　53cm（4 开）
定价：CNY0.06

J0049834
大庆红旗迎风舞　大寨花开遍地香　陈汉
中作
广州　广东人民出版社　1978 年　76cm（2 开）
定价：CNY0.11

J0049835
大庆红旗迎风舞　大寨花开遍地香　陈汉
中作
广州　广东人民出版社　1978 年　53cm（4 开）
定价：CNY0.07

J0049836
大寨红花遍地开　浙江人民出版社编辑
杭州　浙江人民出版社　1978 年　2 张（套）
76cm（2 开）定价：CNY0.28

J0049837
戴花要戴大红花　宋智明作
成都　四川人民出版社　1978 年　53cm（4 开）
定价：CNY0.07

J0049838
荡湖船　高国强作
上海　上海人民美术出版社　1978 年　[1 张]
76cm（2 开）定价：CNY0.11

J0049839
到大江大海去锻炼　（杨柳青年画）步万方作

天津　天津杨柳青画店　1978 年　76cm（2 开）
定价：CNY0.14

J0049840
到敌人后方去　师峰光作
兰州　甘肃人民出版社　1978 年　[1 张]
38cm（8 开）定价：CNY0.07

J0049841
**稻香千里南泥湾　乌江天险起宏图　凉山盛
开大寨花　万水千山变通途**　王颂余，白庚
延作
天津　天津人民美术出版社　1978 年　2 张（套）
76cm（2 开）定价：CNY0.22
　　作者王颂余（1910—2005），书法家、山水画
家。出生于天津。天津美术学院任教。代表作
品《把余粮卖给国家》《凯歌黄金路》《滦水清分
清且甘》等。

J0049842
灯光捕鱼　张碧梧作
上海　上海人民美术出版社　1978 年　76cm（2 开）
定价：CNY0.11
　　作者张碧梧（1905—1987），画家。江苏江阴
人。曾任上海人民美术出版社特约年画作者、中
国美术家协会会员。代表作品有《百万雄师渡长
江》《养小鸡捐飞机》等。

J0049843
第一面军旗的诞生　孟晋元，崔森林作
石家庄　河北人民出版社　1978 年　53cm（4 开）
定价：CNY0.07
　　作者崔森林（1943—　　），美术编辑。笔名黎
恩、李恩。生于山东济南，毕业于济南艺术学校。
任山东美术出版社副编审。作品有《省里送来显
微镜》《黄河》《第一面八一军旗的诞生》《毛主
席视察北园》等，小说《不屈的昆仑》插图。

J0049844
东风吹遍春满园　王道中作
哈尔滨　黑龙江人民出版社　1978 年　76cm（2 开）
定价：CNY0.11

J0049845
董存瑞　刘端作

石家庄 河北人民出版社 1978 年 2 张（套）
76cm（2 开）定价：CNY0.28

J0049846
杜鹃花 王晋元作
昆明 云南人民出版社 1978 年 76cm（2 开）
定价：CNY0.06
　　作者王晋元（1939—2001），国画家。生于
河北乐亭，毕业于中央美术学院中国画系，师承
叶浅予、李苦禅、郭味蕖、田世光教授。曾任云
南省美术家协会主席、文联副主席、云南画院院
长、中国美术家协会理事兼中国画艺术委员会委
员、中国画研究院院务委员等职务。作品有《井
冈杜鹃红似火》《猎》《舞龙蛇》，出版有《王晋元
画选》等。

J0049847
队里蛋蛋多 张达平作
南宁 广西人民出版社 1978 年 76cm（2 开）
定价：CNY0.14
　　作者张达平（1945—　），广西博白人。师从
著名岭南派画家黄独峰。曾任广西美术出版社
副总编、广西书画研究会副会长、广西文物收藏
家协会副会长等职。主要作品有《苗山新绣》《狼
孩》《木偶奇遇记》等。

J0049848
队日 祝福新作
石家庄 河北人民出版社 1978 年 53cm（4 开）
定价：CNY0.07

J0049849
队日 谢振欧作
杭州 浙江人民出版社 1978 年 76cm（2 开）
定价：CNY0.11

J0049850
多种经营全面发展 李东旭等作
石家庄 河北人民出版社 1978 年 2 张（套）
76cm（2 开）定价：CNY0.22

J0049851
朵朵红花颂先进 单锡和，周云根作
上海 上海人民美术出版社 1978 年 76cm（2 开）
定价：CNY0.11

　　作者单锡和（1940—　），画家。江西高安人。
毕业于南京艺术学院油画系。任教于上海东华
大学。上海服饰协会理事、全国工艺美术教学专
业委员会委员。擅长水粉画、年画和装饰画。主
要作品有《夏夜静静》《浓浓情怀》等，著有《单
锡和装饰油画集》《单锡和线描装饰画》等。

J0049852
朵朵争艳 朱鉴作
兰州 甘肃人民出版社 1978 年 76cm（2 开）
定价：CNY0.14

J0049853
恩比天高感肺腑 情似海深暖人心 赵万顺
词；赵克玉书
天津 天津杨柳青画店 1978 年 53cm（4 开）
定价：CNY0.28
　　作者赵万顺（1959—　），字一帆，生于甘肃
天水甘谷县，毕业于河南大学美术系。新疆文
化艺术研究会副会长、新疆文化艺术研究会副会
长、新疆丝路书画院执行院长、中国美术家协会
新疆创作中心常务副主任。

J0049854
发扬革命传统 争取更大光荣 阮士钊作
郑州 河南人民出版社 1978 年 76cm（2 开）
定价：CNY0.11

J0049855
发展副业为国家 张汝为作
天津 天津人民美术出版社 1978 年 76cm（2 开）
定价：CNY0.14
　　作者张汝为（1944—　），画家，国家一级美
术师。浙江镇海人。历任中国美术家协会会员、
天津美术家协会顾问、天津画院专职画家。主要
作品有《共产主义是千秋万代的崇高事业》《大
海的女儿》等。

J0049856
翻身全靠毛主席 郭全忠作
天津 天津人民美术出版社 1978 年 76cm（2 开）
定价：CNY0.14
　　作者郭全忠（1944—　），又名瑞生、全中。
一级美术师。河南宝丰人。陕西省国画院副院长、
中国美术家协会会员。

J0049857

方腊义军息坑大捷　来汶阳, 孙昌茵作

杭州　浙江人民出版社　1978 年　76cm（2 开）

定价: CNY0.11

　　作者孙昌茵(1943—), 画家。原籍中国浙江温州, 现居加拿大。加拿大中国美术协会副主席、加拿大当代艺术研究院院长、多伦多美术学院名誉院长。代表作品有连环画《白蛇传》、油画《百年华工血泪路》, 出版有《孙昌茵水墨人体》《线描人体》《怎样使用油画刀》《孙昌茵油画艺术》等。

J0049858

访校友拜老师　李惠, 于秉正作

广州　广东人民出版社　1978 年　76cm（2 开）

定价: CNY0.14

　　作者于秉正(1938—), 画家、教授。山东人, 毕业于广州美术学院版画系。历任广州美术学院教授、广州美术学院学术委员会委员、广州美术学院教育系主任。代表作品《太阳·鸽子》《炼泥歌》《三目水》《荷塘夜月》等, 出版有《于秉正油画水彩作品选集》《绘画构图与创作》《素描实践与鉴赏》等。

J0049859

飞吧小海燕　赵绍虎作

南京　江苏人民出版社　1978 年　76cm（2 开）

定价: CNY0.11

　　作者赵绍虎(1941—), 教授。号老戈, 江苏镇江人, 毕业于南京师范大学美术系。历任江苏大学艺术学院教授、中国美术家协会会员、镇江报社及江苏人民出版社美术编辑、江苏大学美术系主任、镇江市美术家协会副主席。代表作品有《荷风》《摩崖夕照》等。

J0049860

飞吧新中国的少年　靳定生作

南京　江苏人民出版社　1978 年　76cm（2 开）

定价: CNY0.11

J0049861

飞驰吧"周恩来号"机车　蒋昌一作

上海　上海人民美术出版社　1978 年　76cm（2 开）

定价: CNY0.11

　　作者蒋昌一(1943—), 画家、国家一级美

术师。湖南湘乡人, 毕业于南京艺术学院美术系。历任上海美术设计公司干部、上海油画雕塑院院长、中国美术家协会会员、上海美术家协会常务理事、上海美术家协会绘画艺术委员会主任。代表作品《团结》《国旗像太阳一样红》《革命风雨催我长》等。

J0049862

飞向蓝天　冯杰作

南昌　江西人民出版社　1978 年　76cm（2 开）

定价: CNY0.11

J0049863

飞雪迎春　黄鹏作

北京　人民美术出版社　1978 年　76cm（2 开）

定价: CNY0.14

J0049864

丰收地里有亲人　沈大慈作

北京　人民美术出版社　1978 年　76cm（2 开）

定价: CNY0.11

J0049865

丰收歌舞　徐成智作

武汉　湖北人民出版社　1978 年　2 张（套）

76cm（2 开）定价: CNY0.28

　　作者徐成智(1937—), 江苏金坛人。曾任武汉画院画师、湖北省美术家协会会员、湖北省连环画研究会首届副会长等职。代表作品有《友谊之花》《丰收歌舞》《情寓西厢》《体操王子》等。

J0049866

丰收歌舞　张利群作

杭州　浙江人民出版社　1978 年　76cm（2 开）

定价: CNY0.11

J0049867

丰收乐　杨复如作

南京　江苏人民出版社　1978 年　76cm（2 开）

定价: CNY0.11

J0049868

丰收乐　那启明作

天津　天津人民美术出版社　1978 年　76cm（2 开）

定价: CNY0.14

作者那启明(1936—　)，满族，北京人。擅长民间美术。1958年毕业于中央美术学院附中。现任天津杨柳青画社编辑部主任、编审。作品《白求恩》获第三届全国年画美术作品展览二等奖，《团结图》获第五届全国年画美术作品展览三等奖，《多彩夕阳》获中华人民共和国成立45周年美术作品展览佳作奖，《喜迎春》等作品入选第四届、五届全国年画展和第六届、七届、八届全国美术作品展览。1994年被中央文化部、新闻出版署评为"优秀年画编辑"。中国美术家协会会员。

J0049869
丰收年　张恩杰作
石家庄　河北人民出版社　1978年　76cm(2开)
定价: CNY0.11

J0049870
丰收鱼儿运不完　李冠国作
南宁　广西人民出版社　1978年　76cm(2开)
定价: CNY0.11

J0049871
风雪大别山　石齐作
北京　人民美术出版社　1978年　76cm(2开)
定价: CNY0.14

J0049872
风雨无阻　卢永庆, 赵连霭作
石家庄　河北人民出版社　1978年　76cm(2开)
定价: CNY0.11

J0049873
凤凰花开　李福星作
杭州　浙江人民出版社　1978年　76cm(2开)
定价: CNY0.14

J0049874
芙蓉新花　贺宜华作
长沙　湖南人民出版社　1978年　76cm(2开)
定价: CNY0.11

J0049875
服务新风　林瑛珊作
沈阳　辽宁美术出版社　1978年　76cm(2开)

定价: CNY0.11

作者林瑛珊(1940—　)笔名砚春，号步云居士，辽宁省盖州市人。1965年毕业于鲁迅美术学院，为赵梦朱、郭西河先生入室弟子，又拜师著名国画大师崔子范先生。辽宁美术出版社社长兼总编辑。出版有《林瑛珊画集》《砚春花鸟画集锦》《砚春国画小品》等。

J0049876
辅导员　王可君作
长沙　湖南人民出版社　1978年　76cm(2开)
定价: CNY0.11

J0049877
钢铁意志　马晞, 张奎杰作
兰州　甘肃人民出版社　1978年　76cm(2开)
定价: CNY0.14

J0049878
高飞　安茂让画
济南　山东人民出版社　1978年　76cm(2开)
定价: CNY0.11

J0049879
高山插秧　孟宪国作
西安　陕西人民出版社　1978年　76cm(2开)
定价: CNY0.11

J0049880
高峡山平湖粮鱼双丰收　柳忠福作
石家庄　河北人民出版社　1978年　76cm(2开)
定价: CNY0.11

作者柳忠福(1942—2014)，教授。祖籍山东，字兰芝，号兰芝斋主，辽宁师范大学艺术系毕业。现任中国书画家协会理事、中国收藏家协会会员、中国国学研究会研究员、雅典艺校教授、大连美术家协会会员、中国当代艺术协会副主席等职位。

J0049881
高原水乡　周嘉福作
兰州　甘肃人民出版社　1978年　76cm(2开)
定价: CNY0.14

J0049882
歌唱南泥湾　来汶阳作
杭州　浙江人民出版社　1978 年　76cm（2 开）
定价：CNY0.11

J0049883
革命纪念地　柳新生作
合肥　安徽人民出版社　1978 年　2 张（套）
76cm（2 开）定价：CNY0.28

J0049884
革命课堂　夏文键作
广州　广东人民出版社　1978 年　76cm（2 开）
定价：CNY0.14

J0049885
革命摇篮井冈山　魏紫熙作
南京　江苏人民出版社　1978 年　2 张（套）
76cm（2 开）定价：CNY0.22
　　　作者魏紫熙（1915—2002），画家。河南遂
平县人，河南艺术师范学院毕业。历任河南艺
术师范学校教师、河南大学讲师、江苏省国画院
画师、徐州市国画院名誉院长等。代表作品《黄
洋界》《温课》《巡逻》《同劳动同协商》《魏紫熙
画集》。

J0049886
革命摇篮——井冈山　（胶印画轴）张仁芝作
天津　天津杨柳青画店　1978 年　4 幅（套）
定价：CNY0.10

J0049887
革命争先进　大干最光荣　江南春作
上海　上海人民美术出版社　1978 年　3 张（套）
78cm（2 开）定价：CNY0.30

J0049888
各族人民齐欢庆　邢琏作
天津　天津人民美术出版社　1978 年　76cm（2 开）
定价：CNY0.14

J0049889
给老师拜年　冯忆南作
南京　江苏人民出版社　1978 年　76cm（2 开）
定价：CNY0.11

J0049890
耿耿忠心干革命　孜孜不倦育新人　黄蕴
愉作
昆明　云南人民出版社　1978 年　76cm（2 开）
定价：CNY0.11

J0049891
工农兵形象选
哈尔滨　黑龙江人民出版社　1978 年　32 幅
20cm（32 开）统一书号：8093.388
定价：CNY1.60

J0049892
工艺美术开新花　雷金池作
石家庄　河北人民出版社　1978 年　2 张（套）
76cm（2 开）定价：CNY0.22

J0049893
弓舞　龚景充作
杭州　浙江人民出版社　1978 年　76cm（2 开）
定价：CNY0.11

J0049894
"公社" 的红枣　陶琦，张泽蕊作
天津　天津人民美术出版社　1978 年　76cm（2 开）
定价：CNY0.11
　　　作者陶琦（1922—2002），女，连环画家。毕
业于北平艺术专科学校。原中联书店、天津美术
出版社画家，天津文史馆馆员。创作连环画有《我
当上了学习小组长》。作者张泽蕊（1926—　　），
女，编辑。别名张爱丽，湖北汉阳人。历任《天
津晚报》《天津日报》社美术编辑，天津人民美术
出版社年画编辑室副主任。作品有系列漫画《小
丫日记》，中国画《秋华正茂鱼先醉》《中华女儿
经》等。

J0049895
攻关莫畏难　周作民作
济南　山东人民出版社　1978 年　76cm（2 开）
定价：CNY0.11

J0049896
攻书不怕难　贡振宝作
石家庄　河北人民出版社　1978 年　76cm（2 开）
定价：CNY0.11

J0049897
共产主义战士欧阳海　陈白一作
长沙　湖南人民出版社　1978 年　76cm（2 开）
定价：CNY0.14
　　作者陈白一（1926—2014），美术师。湖南邵阳人，毕业于华中艺术专科学校。历任湖南书画研究院院长、中国当代工笔画学会副会长、湖南省美术家协会顾问、湖南师范大学艺术学院客座教授。代表作品《听壁脚》《喜丰收》《工农联盟》等。

J0049898
共商大计　李宝义，吴秀楣作
沈阳　辽宁美术出版社　1978 年　76cm（2 开）
定价：CNY0.11
　　作者吴秀楣（1937—　），女，画家。辽宁沈阳人。毕业于鲁迅美术学院中国画系。沈阳大学师范学院副教授、沈阳美术家协会常务理事、辽宁中国画研究会理事、中国美术家协会会员。代表作有《迟来的春天》《清清的小溪》《滩石细语》《三女炼铁炉》《腊梅》等。

J0049899
共学光辉篇　殷培华，刘增祥作
上海　上海人民美术出版社　1978 年　76cm（2 开）
定价：CNY0.11
　　作者殷培华（1943—　），国家一级美术师。江苏常熟人。毕业于苏州工艺美术专科学校。曾任《山东民兵》美术编辑、南京军区政治部文艺创作室专职创作员等职。主要作品有《三比一》《总理和老农》《歌别图》等。

J0049900
瓜香果甜喜丰收　贾世经，王德作
上海　上海人民美术出版社　1978 年　2 张（套）
76cm（2 开）定价：CNY0.22

J0049901
关怀　陈加逊作
武汉　湖北人民出版社　1978 年　76cm（2 开）
定价：CNY0.14

J0049902
光华照神州　胡振宇作
石家庄　河北人民出版社　1978 年　76cm（2 开）

定价：CNY0.14

J0049903
光辉的典范　（写华主席在抗日战争时期）莫麓云作
武汉　湖北人民出版社　1978 年　53cm（4 开）
定价：CNY0.07

J0049904
光荣参军保卫社会主义江山　光荣复员建设社会主义祖国　韦江琼作
武汉　湖北人民出版社　1978 年　76cm（2 开）
定价：CNY0.11

J0049905
光荣的岗位　薛嘉惠作
沈阳　辽宁人民出版社　1978 年　76cm（2 开）
定价：CNY0.11
　　作者薛嘉惠（1940—　），满族，国家一级美术家。曾任联合国美术家协会名誉主席、中国当代艺术协会终身名誉主席、宋庄国际书画院终身院长等职。代表作品有《呼唤》《医魂》《假日》《雄风图》《关怀》等。

J0049906
光荣的岗位　王瑞清作
西安　陕西人民出版社　1978 年　76cm（2 开）
定价：CNY0.11

J0049907
光荣归于共产党　颂歌献给华主席　巫子强等作
贵阳　贵州人民出版社　1978 年　76cm（2 开）
定价：CNY0.14
　　作者巫子强（1939—　），回族，生于云南昆明。毕业于四川美术学院油画专业。历任铜仁县文化馆馆长、铜仁县文化局局长、铜仁地区文联主席、贵州民族学院艺术系主任、贵州民族学院副教授。作品有《日日夜夜》《无辜者》《小鬼》等。

J0049908
光荣花开大治年　洪佩奇作
南京　江苏人民出版社　1978 年　76cm（2 开）
定价：CNY0.11

作者洪佩奇(1948—　)，画家，装帧艺术家。江苏南京人。从事外国文学插图、书籍装帧和图书编辑等工作，曾画过大量油画、插图和连环漫画。著作有《美国连环漫画史》《美国连环漫画名家》等。

J0049909
光荣人家　郭桐凤，赵映壁作
成都　四川人民出版社　1978年　53cm（4开）
定价：CNY0.06

J0049910
光荣属于人民教师　李众斌，钟晶晶作
西安　陕西人民出版社　1978年　76cm（2开）
定价：CNY0.11

J0049911
桂林春晨　（胶印画轴）伍霖生作
天津　天津杨柳青画店　1978年　78cm（2开）
定价：CNY0.28

J0049912
国色春晖　赵梦朱作
沈阳　辽宁人民出版社　1978年　76cm（2开）
定价：CNY0.11
　　作者赵梦朱(1892—1985)，花鸟画家、教授。原名恩熹，号明湖，河北雄县人。历任京华美术学院、华北艺术专科学校教授，中国美术家协会会员。

J0049913
还是当年那个样　应龙森作
北京　人民美术出版社　1978年　76cm（2开）
定价：CNY0.11

J0049914
还是当年那个样　（杨柳青年画）张锡武作
天津　天津杨柳青画店　1978年　76cm（2开）
定价：CNY0.11
　　作者张锡武(1927—　)，画家。字青松，河北河间人。历任天津国画研究所副所长，天津杨柳青画社副编审，中国美术家协会会员等。代表作品《淀上渔歌》《李时珍问药图》，出版有《张锡武画选》《牡丹的画法》等。

J0049915
还是当年那股劲　王允恭作
合肥　安徽人民出版社　1978年　76cm（2开）
定价：CNY0.14

J0049916
孩子们的理想　邵佐唐作
沈阳　辽宁人民出版社　1978年　76cm（2开）
定价：CNY0.11
　　作者邵佐唐，有年画《西园记》《上学第一天》《新来的小伙伴》《在科学宫里》等。

J0049917
海岛新一代　孙昌茵，来汶阳作
杭州　浙江人民出版社　1978年　76cm（2开）
定价：CNY0.11
　　作者孙昌茵(1943—　)，画家。原籍中国浙江温州，现居加拿大。加拿大中国美术协会副主席、加拿大当代艺术研究院院长、多伦多美术学院名誉院长。代表作品有连环画《白蛇传》、油画《百年华工血泪路》，出版有《孙昌茵水墨人体》《线描人体》《怎样使用油画刀》《孙昌茵油画艺术》等。

J0049918
好得很　詹建俊作
石家庄　河北人民出版社　1978年　53cm（4开）
定价：CNY0.07
　　作者詹建俊(1931—　)，满族，油画家、教授。辽宁盖平人，毕业于中央美术学院彩墨系。历任中央美术学院教授、博士生导师，中国油画学会主席，中国美术家协会顾问，欧洲人文艺术科学院客座院士等。代表作品《高原的歌》《鹰之乡》，出版《詹建俊画集》。

J0049919
红灯照　尚羡智编文；翁乃强摄影
石家庄　河北人民出版社　1978年　2张(套)
76cm（2开）定价：CNY0.22

J0049920
红灯照　李遵义，阎凤成编文；阎凤成画
长春　吉林人民出版社　1978年　2张(套)
76cm（2开）定价：CNY0.28
　　作者阎凤成(1942—　)，画家。吉林大安人。

任吉林市丰满区教师进修学院教研员。代表作品有《愁》《瓜香时节》《礼物》《落花有意》等。

J0049921

红灯照 西安市秦腔一团编；宝生等摄影

西安 陕西人民出版社 1978 年 2 张(套)

76cm(2 开) 定价：CNY0.28

J0049922

红灯照 邓福星作

天津 天津人民美术出版社 1978 年 76cm(2 开)

定价：CNY0.14

　　作者邓福星(1945—)，书画家，美术教育家。河北固安人，毕业于中国艺术研究院研究生班，获博士学位。任中国艺术研究院研究员、博士生导师，中国画学会副会长。绘画作品《周总理永远和我们在一起》《梅花欢喜漫天雪》《五体千字文》，论著《美术概论》等。

J0049923

红花朵朵献英雄 刘振夏作

南京 江苏人民出版社 1978 年 76cm(2 开)

定价：CNY0.11

J0049924

红花结硕果 (杨柳青年画)邵文锦作

北京 人民美术出版社 1978 年 76cm(2 开)

定价：CNY0.11

　　作者邵文锦(1931—)。画家。山东荣城人，毕业于中央美术学院绘画系。历任《天津画报》社、天津美术出版社编辑，天津杨柳青画社副社长、副总编、一级美术师。中国美术家协会会员、理事。作品有《春晖颂》《春风十里桃花香》《学习老英雄继续新长征》《匠门虎子》等。

J0049925

红花结硕果 (杨柳青年画)邵文锦作

天津 天津杨柳青画店 1978 年 76cm(2 开)

定价：CNY0.11

J0049926

红花开万代 张志千作

沈阳 辽宁美术出版社 1978 年 76cm(2 开)

定价：CNY0.11

J0049927

红军过草地 张文源作

成都 四川人民出版社 1978 年 76cm(2 开)

定价：CNY0.14

J0049928

红梅赞 谢慕莲等作

上海 上海人民美术出版社 1978 年 76cm(2 开)

定价：CNY0.11

　　作者谢慕莲(1918—1985)，画家。浙江余姚人。曾受聘为上海画片出版社和上海人民美术出版社特约年画作者，中国美术家协会会员。代表作有《李香君》《霸王别姬》《杨家十二女将》等。

J0049929

红梅赞 谢慕莲等作

上海 上海人民美术出版社 1978 年 38cm(6 开)

定价：CNY0.06

J0049930

红太阳光辉照千秋 赵思温作

石家庄 河北人民出版社 1978 年 78cm(2 开)

定价：CNY0.10

　　作者赵思温(1940—)，国家一级美术师。甘肃省民乐县人，毕业入中央民族大学艺术系学习。历任河北省廊坊市群众艺术馆馆员、廊坊画院院长、中国美术家协会河北分会理事、河北省花鸟画研究会副会长、河北省廊坊画院常务副院长、文化部民族文化基金会常务理事、河北廊坊市美术家协会副主席。代表作品有《高风亮节》《双鹰图》《高鸣图》《国色天香》等。

J0049931

红雨随心翻作浪 (纪念毛主席诗词《送瘟神》发表二十周年)周昭坎作

合肥 安徽人民出版社 1978 年 76cm(2 开)

定价：CNY0.14

J0049932

洪湖战歌 施江城，魏康祥作

武汉 湖北人民出版社 1978 年 53cm(4 开)

定价：CNY0.07

J0049933

忽报人间曾伏虎 董辰清作

沈阳　辽宁人民出版社　1978 年　76cm（2 开）
定价：CNY0.11

J0049934
忽报人间曾伏虎　　赵澍萍作
北京　人民美术出版社　1978 年　76cm（2 开）
定价：CNY0.14

J0049935
忽报人间曾伏虎　　金雪尘，李慕白作
上海　上海人民美术出版社　1978 年　76cm（2 开）
定价：CNY0.14
　　　作者金雪尘（1904—1996），画家。上海嘉定
人。曾任上海图片出版社、上海人民美术出版社
特约记者。代表作有《武松打虎》《春江花月夜》
《金鱼舞》。

J0049936
忽报人间曾伏虎　　金雪尘，李慕白作
上海　上海人民美术出版社　1978 年　53cm（4 开）
定价：CNY0.07

J0049937
虎豹　　葛茂柱，葛茂桐作
合肥　安徽人民出版社　1978 年　76cm（2 开）
定价：CNY0.14

J0049938
花儿朵朵向阳开　　何永明，段锡作
昆明　云南人民出版社　1978 年　76cm（2 开）
定价：CNY0.14
　　　作者段锡（1946—　　），彝族，美术编辑。生
于云南个旧市，历任《云南日报》主任编辑，云
南省美术家协会理事、中国美术家协会云南分会
会员等。著有《红土高原的画卷》《1910 年的列
车》等。

J0049939
花儿向阳开万代　　刘彦平作
石家庄　河北人民出版社　1978 年　76cm（2 开）
定价：CNY0.11
　　　作者刘彦平，年画家，代表作有《红花少
年》等。

J0049940
花繁叶茂舞长风　　石华作
广州　广东人民出版社　1978 年　76cm（2 开）
定价：CNY0.14

J0049941
花卉四条屏　　孙奇峰，霍春阳作
天津　天津人民美术出版社　1978 年　2 张（套）
76cm（2 开）定价：CNY0.22

J0049942
花卉条屏　　王庆升作
石家庄　河北人民出版社　1978 年　2 张（套）
76cm（2 开）定价：CNY0.22

J0049943
花鸟四条屏　　高惠民作
哈尔滨　黑龙江人民出版社　1978 年　2 张（套）
76cm（2 开）定价：CNY0.22

J0049944
花鸟四条屏　　喻继高作
南京　江苏人民出版社　1978 年　4 张（套）
76cm（2 开）定价：CNY0.56
　　　作者喻继高（1932—　　），国家一级美术师。
江苏铜山人，毕业于南京大学艺术系和南京师范
学院美术系。江苏省国画院副院长、江苏省美术
家协会副主席、中国画研究院委员、中国工笔画
学会副会长、徐悲鸿奖学金委员会委员。代表作
品有《梨花春雨》《玉兰锦鸡》《春江水暖》等。

J0049945
花鸟四条屏　　史秉有作
太原　山西人民出版社　1978 年　2 张（套）
76cm（2 开）定价：CNY0.28

J0049946
花香蜜甜　　刘荣富作
哈尔滨　黑龙江人民出版社　1978 年　76cm（2 开）
定价：CNY0.11

J0049947
华山　　罗铭作
西安　陕西人民出版社　1978 年　53cm（4 开）
定价：CNY0.07

作者罗铭（1912—1998）。著名画家、美术教育家。字西甫，别号西父，广东普宁南径人。曾在广州烈风艺术专科学校学西洋绘画，上海美术专科学校学西画。历任中央美术学院国画系讲师、陕西省国画院副院长等。作品有《飞越秦岭》《漓江》《竹林麻雀》等，画集有《罗铭先生国画集》《罗铭纪游画集》《罗铭画集》等。

J0049948

华政委视察韶山区　张方作

合肥 安徽人民出版社 1978 年 76cm（2 开）

定价：CNY0.14

J0049949

华主席，各族人民热爱您！　袁峰作

南京 江苏人民出版社 1978 年 76cm（2 开）

定价：CNY0.11

J0049950

华主席登上虎头山　贺成，郭希铨作

上海 上海人民美术出版社 1978 年 76cm（2 开）

定价：CNY0.14

作者贺成（1945— ），国家一级美术师。字峰然，号古杨。出生于山东枣庄，毕业于南京艺术学院。中国美术家协会会员、中华诗词学会会员、江苏省艺术研究院研究员、江苏省国画院人物画创研所原所长等。代表作品《共和之光》《欲与江山共娇》《马背上的歌》《辛亥风云》等。

J0049951

华主席给咱回天力　阎贵明作

天津 天津人民美术出版社 1978 年 76cm（2 开）

定价：CNY0.14

J0049952

华主席鼓励我们争上游　赵益超，张明堂作

北京 人民美术出版社 1978 年 76cm（2 开）

定价：CNY0.14

J0049953

华主席关怀咱大庆人　张惠斌，李恩元［作］

沈阳 辽宁人民出版社 1978 年 76cm（2 开）

定价：CNY0.11

作者张惠斌（1942— ），画家、国家一级美术师。山东济南人。历任中国美术家协会会员，

锦州市中国画研究会会长、副研究馆员。出版有《张惠斌书画集》《张惠斌画集》等。

J0049954

华主席佳节慰英雄　林涛作

石家庄 河北人民出版社 1978 年 76cm（2 开）

定价：CNY0.14，CNY0.75（胶印画轴）

J0049955

华主席教导我们爱科学　郑小朋作

哈尔滨 黑龙江人民出版社 1978 年 76cm（2 开）

定价：CNY0.11

J0049956

华主席教我们展翅飞　唐德泉作

成都 四川人民出版社 1978 年 76cm（2 开）

定价：CNY0.14

J0049957

华主席来到俺猪场　孟养玉作

北京 人民美术出版社 1978 年 76cm（2 开）

定价：CNY0.14

作者孟养玉（1935— ），画家。山西文水人，毕业于山西汾阳师范学校。历任山西文水县文化馆高级研究员、人物画学会艺术顾问，吕梁地区美术家协会主席，黄河书画院副院长。代表作品有《收音机下乡》《刘胡兰》《能工巧匠》等。

J0049958

华主席来到我们家　王迎春，杨力舟作

北京 人民美术出版社 1978 年 76cm（2 开）

定价：CNY0.14

J0049959

华主席率领我们绘新图　江显辉作

上海 上海人民美术出版社 1978 年 76cm（2 开）

定价：CNY0.14

J0049960

华主席亲切接风《雷锋》剧组演员　周玉玮，白崇禄作

天津 天津人民美术出版社 1978 年 76cm（2 开）

定价：CNY0.14

J0049961
华主席是咱领路人 （杨柳青年画）沈大慈作
天津　天津杨柳青画店　1978 年　76cm（2 开）
定价：CNY0.14

J0049962
华主席是咱社里人 郑向农作
北京　人民美术出版社　1978 年　76cm（2 开）
定价：CNY0.11

J0049963
欢乐的节日 赵思温，高鸿源作
石家庄　河北人民出版社　1978 年　76cm（2 开）
定价：CNY0.11
　　作者赵思温（1940—　），国家一级美术师。甘肃省民乐县人，毕业入中央民族大学艺术系学习。历任河北省廊坊市群众艺术馆馆员、廊坊画院院长、中国美术家协会河北分会理事、河北省花鸟画研究会副会长、河北省廊坊画院常务副院长、文化部民族文化基金会常务理事、河北廊坊市美术家协会副主席。代表作品有《高风亮节》《双鹰图》《高鸣图》《国色天香》等。

J0049964
欢庆 王木兰作
太原　山西人民出版社　1978 年　76cm（2 开）
定价：CNY0.14

J0049965
欢庆丰年 梁培龙作
广州　广东人民出版社　1978 年　76cm（2 开）
定价：CNY0.14
　　作者梁培龙（1944—　），儿童画家。广东三水人，毕业于广州建筑工程学院。历任广东新世纪出版社编辑室主任、美术副编审，中国美术家协会会员，广东分会理事等职。出版有《梁培龙画册》《儿时的歌——梁培龙水墨画集》《童年的梦——梁培龙画集》等。

J0049966
换了人间 费正作
石家庄　河北人民出版社　1978 年　76cm（2 开）
定价：CNY0.14

J0049967
黄海前哨 刘长顺作
沈阳　辽宁人民出版社　1978 年　76cm（2 开）
定价：CNY0.11

J0049968
机声隆隆震山河　丰收歌儿上云霄 武培柱作
昆明　云南人民出版社　1978 年　76cm（2 开）
定价：CNY0.11

J0049969
机械化到山寨 胡道生作
上海　上海人民美术出版社　1978 年　76cm（2 开）
定价：CNY0.11

J0049970
机械喷灌夺高产　科学种田育新苗 文小苗作
成都　四川人民出版社　1978 年　76cm（2 开）
定价：CNY0.11

J0049971
鸡壮蛋多 郑鹍作
上海　上海人民美术出版社　1978 年　76cm（2 开）
定价：CNY0.11
　　作者郑鹍（1926—　），画家，生于浙江瑞安白门。历任上海人民美术出版社副编审、上海美术家协会会员、中国艺术研究院市场研究中心特邀创作委员。

J0049972
计划生育好　晚婚风俗新 叶其青作
广州　广东人民出版社　1978 年　76cm（2 开）
定价：CNY0.14
　　作者叶其青（1949—　），国家一级美术师。广东顺德人。佛山画院专职画家、佛山市美术家协会副主席、中国美术家协会会员、广东省美术家协会理事。主要作品有《四时花似锦》《果香》《水乡曲》《园趣》《沃土》等。

J0049973
计划生育娃娃壮 李慕白作
上海　上海人民美术出版社　1978 年　76cm（2 开）
定价：CNY0.06

J0049974
纪念碑前讲传统　张瑜生作
杭州　浙江人民出版社　1978 年　76cm（2 开）
定价：CNY0.11

J0049975
寄张立功奖状回家来　叶文西，舒展作
上海　上海人民美术出版社　1978 年　76cm（2 开）
定价：CNY0.11

J0049976
冀中儿女逞英豪　孔建国等作
天津　天津人民美术出版社　1978 年　2 张（套）
76cm（2 开）定价：CNY0.28

J0049977
加紧训练准备打仗　高少飞，王遵义作
上海　上海人民美术出版社　1978 年　2 张（套）
76cm（2 开）定价：CNY0.22
　　作者王遵义（1938—　），画家。擅长油画、
中国画。山东临沂人。在山东省体委、济南军区
文工团长期从事舞台美术设计工作。作品《姐妹
俩》《未包扎完的绷带》《胜利之路》为中国美术
馆收藏，《甘作春泥育新苗》《爱鸟》获全国宣传
画大展二、三等奖，《回天无力》获第八届全国美
术作品展览优秀奖。

J0049978
加速国防现代化　何波，伍振国作
武汉　湖北人民出版社　1978 年　76cm（2 开）
定价：CNY0.11
　　作者何波（1949—　），满族，高级美术师。
笔名冰云，辽宁渤海湾人。曾就读于哈尔滨文学
院。哈尔滨云野艺院院长、中国美术家协会、书
法家协会会员、理事。

J0049979
假日　孙廷作
沈阳　辽宁美术出版社　1978 年　76cm（2 开）
定价：CNY0.11

J0049980
假日　马清涛作
西安　陕西人民出版社　1978 年　76cm（2 开）
定价：CNY0.11

　　作者马清涛（1938—2019），美术教师。出生
于河南温县。历任中国画家协会会员、中国山水
画家协会会员、陕西省美术家协会会员。在武功
县文化馆从事创作和教学工作。

J0049981
坚持锻炼身体好　王祖德作
南京　江苏人民出版社　1978 年　76cm（2 开）
定价：CNY0.11

J0049982
江南秀色　（胶印画轴）金志远等作
天津　天津杨柳青画店　1978 年　4 幅（套）
定价：CNY1.10

J0049983
交城山春早　祝涛作
太原　山西人民出版社　1978 年　76cm（2 开）
定价：CNY0.11

J0049984
骄杨颂　（杨柳青年画）郝之辉作
天津　天津杨柳青画店　1978 年　76cm（2 开）
定价：CNY0.11

J0049985
骄杨颂　龚景充作
杭州　浙江人民出版社　1978 年　76cm（2 开）
定价：CNY0.11

J0049986
节日的颐和园　章育青作
上海　上海人民美术出版社　1978 年　76cm（2 开）
定价：CNY0.11
　　作者章育青（1909—1993），画家。浙江慈溪
人。上海人民美术出版社年画专业画家。作品《上
海大世界》《元宵灯》《上海外滩》《南京长江大
桥》等。

J0049987
捷报传千里喜讯暖万家　张锦标作
上海　上海人民美术出版社　1978 年　76cm（2 开）
定价：CNY0.11
　　作者张锦标（1935—　），编审。浙江嵊州市
人，毕业于浙江美术学院中国画系。历任上海书

画出版社编辑、副编审。代表作品有《熊猫宴》《宠爱》《迎千年曙光》《任伯年群仙祝寿图》。著作有《怎样画大熊猫》。

J0049988

姐姐的好手艺　郭常信作
沈阳　辽宁美术出版社　1978年　76cm（2开）
定价：CNY0.11

J0049989

姐姐教我爱清洁　刘启文作
石家庄　河北人民出版社　1978年　76cm（2开）
定价：CNY0.11
　　作者刘启文（1940—　），国家一级美术师。原名刘起文，河北石家庄人，祖籍保定。历任河北美术家协会会员、石门画院院长。

J0049990

解放军叔叔再见　周国军作
沈阳　辽宁人民出版社　1978年　76cm（2开）
定价：CNY0.11
　　作者周国军（1954—　），满族，辽宁凤城人。毕业于广州美术学院中国画系。历任丹东市文联专业画家、中国美术家协会会员、丹东美术家协会主席。作品《国风》《厚土》《悠悠牧歌》《亘立千秋》出版有《中国当代美术家精品集——周国军画集》。

J0049991

解放军叔叔在大干　想起久作
上海　上海人民美术出版社　1978年　76cm（2开）
定价：CNY0.11

J0049992

解放军英雄屏　何声钦作
沈阳　辽宁人民出版社　1978年　76cm（2开）
定价：CNY0.11

J0049993

今年喜事多　吴性清，陈菊仙作
上海　上海人民美术出版社　1978年　76cm（2开）
定价：CNY0.11
　　作者吴性清（1933—　），女，编审。生于江苏泰州，毕业于中央美术学院华东分院油画系。上海人民美术出版社创作员、中国美术家协会会

员。作品有《我们热爱毛主席》《胡笳十八拍图卷》《关汉卿名剧选》等。作者陈菊仙（1929—　），女，浙江温州人。毕业于中央美术学院华东分院。擅长年画。上海人民美术出版社画家。主要作品有《捉麻雀》《个个争当小雷锋》《共同富万家乐》等。著有《年画述要》。

J0049994

今日蜀道不再难　崔振宽作
西安　陕西人民出版社　1978年　76cm（2开）
定价：CNY0.14

J0049995

金匾献给华主席　张学成作
哈尔滨　黑龙江人民出版社　1978年　76cm（2开）
定价：CNY0.11

J0049996

金灯高照　张庆洲作
石家庄　河北人民出版社　1978年　76cm（2开）
定价：CNY0.11

J0049997

金猴奋起千钧棒玉宇澄清万里埃　王孝纲作
成都　四川人民出版社　1978年　76cm（2开）
定价：CNY0.14

J0049998

金猴怒打白骨精　巫子强等作
贵阳　贵州人民出版社　1978年　76cm（2开）
定价：CNY0.14
　　作者巫子强（1939—　），回族，生于云南昆明。毕业于四川美术学院油画专业。历任铜仁县文化馆馆长、铜仁县文化局局长、铜仁地区文联主席、贵州民族学院艺术系主任、贵州民族学院副教授。作品有《日日夜夜》《无辜者》《小鬼》等。

J0049999

金色的种子　刘福臣，刘庆福作
哈尔滨　黑龙江人民出版社　1978年　76cm（2开）
定价：CNY0.11

J0050000

金色的壮乡　帅立功作

南宁　广西人民出版社　1978 年　76cm（2 开）

定价：CNY0.14

J0050001

锦城灯会　柴夫作

成都　四川人民出版社　1978 年　76cm（2 开）

定价：CNY0.11

J0050002

锦绣前程　温尚光，刘振夏作

南京　江苏人民出版社　1978 年　76cm（2 开）

定价：CNY0.14

J0050003

精心培育　张希华作

沈阳　辽宁美术出版社　1978 年　76cm（2 开）

定价：CNY0.11

J0050004

精心维护　郭安祥作

西安　陕西人民出版社　1978 年　76cm（2 开）

定价：CNY0.11

J0050005

精选良种科学种田　斐文璐作

昆明　云南人民出版社　1978 年　76cm（2 开）

定价：CNY0.11

J0050006

井冈山会师　林岗作

天津　天津人民美术出版社　1978 年　76cm（2 开）

定价：CNY0.14

J0050007

旧貌变新颜　应野平作

合肥　安徽人民出版社　1978 年　76cm（2 开）

定价：CNY0.11

　　作者应野平（1910—1990），教授。曾名野萍、野苇。浙江宁海人。历任新华艺术专科学校教授、上海人民美术出版社编辑室副主任、上海美术专科学校和上海大学美术学院教授。代表作品有《应野平山水画集》《应野平山水画辑》《应野平山水画册》。

J0050008

桔子洲头　陆一飞作

上海　上海人民美术出版社　1978 年　76cm（2 开）

定价：CNY0.11

　　作者陆一飞（1931—2005），画家、教师。生于浙江余姚，祖籍慈溪，就读于浙江美术学院和上海画院。历任上海师范学院艺术系教师、华东化工学院兼职教授、中国河山画会秘书长。代表作品有《李白诗意山水百图》《唐宋意图》《川江橘红》等。

J0050009

军民联防如铁壁　军民情谊似鱼水　金祥龙作

昆明　云南人民出版社　1978 年　76cm（2 开）

定价：CNY0.11

　　作者金祥龙（1956—　），画家。上海人。上海市南汇县文化馆员。作品有《故乡之四》《故乡之七》，出版有《金祥龙画选》《金祥龙版画选》。

J0050010

军民联欢　王东斌作

西安　陕西人民出版社　1978 年　76cm（2 开）

定价：CNY0.11

J0050011

军民一家亲　生产备战忙　区锦生作

广州　广东人民出版社　1978 年　53cm（4 开）

定价：CNY0.07

J0050012

军民一家亲　生产备战忙　区锦生作

广州　广东人民出版社　1978 年　76cm（2 开）

定价：CNY0.14

J0050013

军民鱼水情　（胶印画轴）高天祥等作

天津　天津杨柳青画店　1978 年　4 幅（套）

定价：CNY1.10

　　作者高天祥（1935—　），教授。别名晓晨，浙江三门湾人，毕业于山东艺术学院。历任曲阜师范大学美术系教授、中国美术家协会会员、临沂艺术馆美术创作员。代表作品《高天祥画集》《写意花鸟画技法》等。

J0050014
看画报　张大听作
上海 上海人民美术出版社 1978 年 76cm（2 开）
定价：CNY0.11

J0050015
科学选良种　林之耀作
合肥 安徽人民出版社 1978 年 76cm（2 开）
定价：CNY0.11

J0050016
孔雀　邵一萍作
长沙 湖南人民出版社 1978 年 76cm（2 开）
定价：CNY0.14
　　作者邵一萍（1910—1965），女，画家。原名慧卿，号浙东女史，别号萍庐主人、紫溪馆主。浙江东阳人。曾任湖南省湘绣一厂一级技工、湖南省工艺美术研究所技工。作品有《萱花》《高粱》《梅竹》等。

J0050017
孔雀牡丹　潘德广作
武汉 湖北人民出版社 1978 年 76cm（2 开）
定价：CNY0.14

J0050018
兰竹　潘天寿作
杭州 浙江人民出版社 1978 年 53cm（4 开）
定价：CNY0.07
　　作者潘天寿（1897—1971），现代著名国画家，美术教育家，原名天授，字大颐，号寿者。浙江宁海县人。擅画花鸟、山水，兼善指画，亦能书法、诗词、篆刻。曾任中国文联委员，中国美术家协会副主席，浙江省文联副主席，中国美术家协会浙江分会主席，浙江美术学院院长、教授等职。著有《中国绘画史》《听天阁画谈随笔》等。

J0050019
老当益壮　殷培华作
上海 上海人民美术出版社 1978 年 76cm（2 开）
定价：CNY0.11
　　作者殷培华（1943—　　），国家一级美术师。江苏常熟人。毕业于苏州工艺美术专科学校。曾任《山东民兵》美术编辑、南京军区政治部文艺创作室专职创作员等职。主要作品有《三比一》《总理和老农》《歌别图》等。

J0050020
雷锋　李慕白作
石家庄 河北人民出版社 1978 年 4 张（套）
78cm（2 开）定价：CNY0.38
　　作者李慕白（1913—1991），画家。生于浙江海宁。历任中国民主同盟会成员、中国美术家协会会员、上海人民美术出版社特约年画作者。出版有《李慕白、金雪尘年画选集》。

J0050021
雷锋精神代代传　邓红兵，曾正民作
长沙 湖南人民出版社 1978 年 76cm（2 开）
定价：CNY0.14

J0050022
雷锋精神暖万家　李用世作
合肥 安徽人民出版社 1978 年 76cm（2 开）
定价：CNY0.11

J0050023
雷锋叔叔教我这样做　陈以忠作
南宁 广西人民出版社 1978 年 76cm（2 开）
定价：CNY0.14
　　作者陈以忠（1940—　　），编辑。广东化州人，毕业于广西艺术学院美术系。历任《广西日报》高级编辑、漓江画院副院长、中国人才研究会艺术家学部委员会委员、中国美术家协会广西分会常务理事等职。出版有《报刊美编学》《实用图案设计》。

J0050024
漓水春风客舟轻　沈丰明作
上海 上海人民美术出版社 1978 年 76cm（2 开）
定价：CNY0.11

J0050025
李自成 高夫人　朱川作
昆明 云南人民出版社 1978 年 76cm（2 开）
定价：CNY0.11

J0050026
李自成 高夫人　朱川作

昆明　云南人民出版社　1978 年　53cm（4 开）
定价：CNY0.06

J0050027
理想　莫树滋作
南京　江苏人民出版社　1978 年　76cm（2 开）
定价：CNY0.11
　　作者莫树滋（1941—　　），画家、国家一级美
术师。江苏常州人，毕业于南京师范学院美术系。
中国美术家协会会员。代表作品有《理想》《花
香鸟语处处香》《路——瞿秋白造像》《三杰图》，
出版有《莫树滋画集》。

J0050028
连年丰收　陈华民作
沈阳　辽宁人民出版社　1978 年　76cm（2 开）
定价：CNY0.11
　　作者陈华民（1943—　　），画家。辽宁东港人。
笔名文安、春江。中国美术家协会会员、丹东市
美术家协会副主席。擅长国画，主要作品有《海
之恋》《金色的路》《扬帆远航》等。

J0050029
良种颗颗报丰收　徐德元作
沈阳　辽宁美术出版社　1978 年　76cm（2 开）
定价：CNY0.11
　　作者徐德元（1949—　　），画家。辽宁鞍山
人。曾任辽宁美术家协会会员、岫岩美术家协会
主席等职。主要作品有《农家乐》《中华魂》《闹
灯馆》等。

J0050030
刘家峡水电站　常书鸿作
兰州　甘肃人民出版社　1978 年　53cm（4 开）
定价：CNY0.07

J0050031
刘三姐　张振华作
沈阳　辽宁美术出版社　1978 年　76cm（2 开）
定价：CNY0.11
　　作者张振华，江苏徐州人。学士学位。毕业
南京艺术学院中国画专业，留校任教，教授中国
画。作品有《冬树》《冬景》。

J0050032
刘三姐　杨俊生作
上海　上海人民美术出版社　1978 年　76cm（2 开）
定价：CNY0.11
　　作者杨俊生（1909—1981），出生于安徽安
庆。曾任上海人民美术出版社、上海画版出版社
特约作者，上海美术家协会年画组组长等职。代
表作品有《岳母刺字》《夜战马超》《大闹天宫》
《贵妃醉酒》等。

J0050033
刘三姐新歌　唐长风诗；邓二龙等画
南宁　广西人民出版社　1978 年　2 张（套）
76cm（2 开）定价：CNY0.28

J0050034
六月花儿香　李荣洲作
南京　江苏人民出版社　1978 年　76cm（2 开）
定价：CNY0.11

J0050035
庐山　陈大羽作
南昌　江西人民出版社　1978 年　76cm（2 开）
定价：CNY0.11
　　作者陈大羽（1912—2001），画家、书法家、
篆刻家。原名汉卿，更名翱，字大羽。广东潮
阳人，毕业于上海美术专业学校中国画系。历
任南京艺术学院教授、中国书法家协会常务理
事。主要作品有《红梅公鸡》《庐山》《松柏长青》
等。出版有《陈大羽书画篆刻作品集》《大羽画
集》等。

J0050036
妈妈成了神枪手　南运生，万桂香作
石家庄　河北人民出版社　1978 年　76cm（2 开）
定价：CNY0.11
　　作者南运生（1944—　　），一级美术师。别名
南恽笙，河北任丘人，毕业于哈尔滨师范大学艺
术系美术专业。历任河北省艺术馆馆长，河北画
报社社长、总编，中国美术家协会、河北省美术
家协会副主席，河北省画院院长。年画作品有《花
好月圆》《艺苑新秀》《吉庆有余》等。作者万桂
香（1944—　　），女，画家。辽宁丹东人，毕业于
哈尔滨师范大学艺术系。曾在黑龙江省鸡西市
文化馆、河北省内丘县文化馆从事美术工作。历

任河北省电影公司《河北银幕》编辑、河北省电
影发行公司宣传科科长、河北省电影宣传画画会
会长。代表作品《戎奶奶佳节到我家》《女驸马》
《花为媒》等。

J0050037
满船金谷满船歌　潘如艾作
南京　江苏人民出版社　1978 年　76cm（2 开）
定价：CNY0.11

J0050038
满目青山夕照明　朱旭作
南京　江苏人民出版社　1978 年　76cm（2 开）
定价：CNY0.14

J0050039
满园春色　董兆惠作
兰州　甘当人民出版社　1978 年　76cm（2 开）
定价：CNY0.14

J0050040
满园春色　陈人力作
上海　上海人民美术出版社　1978 年　76cm（2 开）
定价：CNY0.11

J0050041
满园春色谢东风　叶碧花繁月月红　（秋令
时节花更茂　红梅争艳又一春）贾允中作
西宁　青海人民出版社　1978 年　4 张（套）
53cm（4 开）定价：CNY0.30

J0050042
毛驴　黄胄作
西安　陕西人民出版社　1978 年　53cm（4 开）
定价：CNY0.07
　　作者黄胄（1925—1997），画家、社会活动
家、收藏家。字映斋，河北蠡县人。历任总政治
部文化部创作员、中国画研究院副院长、中国美
术家协会常务理事等。代表作品有《洪荒风雪》
《巡逻图》等，出版有《黄胄书画论》《黄胄作品
集》《黄胄谈艺术》等。

J0050043
毛主席、周总理接见地质学家李四光　唐
小禾作

武汉　湖北人民出版社　1978 年　107cm（全开）
定价：CNY0.28
　　作者唐小禾（1941—　），画家。祖籍湖北武
昌，生于四川江津县。毕业于湖北艺术学院美术
系。历任湖北美术学院院长、湖北省美术院副院
长、湖北省美术家协会主席、中国美术家协会壁
画艺术委员会主任。代表作品有《在大风大浪
中前进》《葛洲坝人》《火中的凤凰》《楚乐》等。

J0050044
毛主席、周总理接见地质学家李四光　唐
小禾作
武汉　湖北人民出版社　1978 年　76cm（2 开）
定价：CNY0.14

J0050045
毛主席恩情比海深　徐坚白，欧洋作
上海　上海人民美术出版社　1978 年　76cm（2 开）
定价：CNY0.11
　　作者徐坚白（1925—2017），女，画家。浙江
杭州人，毕业于美国柴纳累斯学院及芝加哥艺术
学院。曾任广州美术学院油画系主任、广东省美
术家协会副主席、广东省文联委员、广东油画会
首届会长。主要作品《女解放军》《革命母亲徐
大妈》《"三八"妇女号渔船》《徐坚白、谭雪生油
画展》等。

J0050046
毛主席和朱德同志在挑粮路上　邓澍，侯一
民作
石家庄　河北人民出版社　1978 年　53cm（4 开）
定价：CNY0.07
　　作者侯一民（1930—　），蒙古族，画家、雕
塑家、美术教育家。河北高阳人。历任中央美术
学院教授、中国壁画学会会长、中国美术家协会
常务理事、全国壁画艺术委员会主任、吴作人国
际美术基金会理事长。油画代表作品有《青年地
下工作者》《毛主席与安源矿工》《六亿神州尽舜
尧》《百花齐放》《华夏之歌》等。

J0050047
毛主席和朱德同志在挑粮路上　侯一民，邓
澍作
沈阳　辽宁人民出版社　1978 年　38cm（6 开）
定价：CNY0.08

J0050048

毛主席纪念堂　上海人民美术出版社编
上海　上海人民美术出版社 1978 年 76cm（2 开）
定价：CNY0.14

J0050049

毛主席家乡迎亲人　张青渠作
长沙　湖南人民出版社 1978 年 76cm（2 开）
定价：CNY0.14

J0050050

毛主席视察杭州小营巷　汪诚一等作
杭州　浙江人民出版社 1978 年 76cm（2 开）
定价：CNY0.14

J0050051

毛主席视察耀华玻璃厂　仁之玉等作
石家庄　河北人民出版社 1978 年 53cm（4 开）
定价：CNY0.07

J0050052

毛主席是人民大救星　韩德雅，卓昌勇作
成都　四川人民出版社 1978 年 53cm（4 开）
定价：CNY0.07
　　作者韩德雅（1952—　），四川名山人。毕业于雅安地区师范学校，后进修于四川美术学院国画系、中央美术学院国画系。历任美术教员、县文化馆美术干部。擅长中国画、雕塑、年画。作品有《做新鞋》《乡趣》《茶山春早》等。作者卓昌勇（1944—　），教授。四川重庆人，毕业于西南师范大学。重庆师范学院影像工程系教授、中国美术家协会四川分会会员。著有《教学美术》《现代居室装饰画技法》。

J0050053

毛主席一九五九年到韶山　孙国成作
长沙　湖南人民出版社 1978 年 76cm（2 开）
定价：CNY0.14

J0050054

毛主席重上井冈山　（胶印画轴）王兆荣等作
天津　天津杨柳青画店 1978 年 78cm（2 开）
定价：CNY0.28

J0050055

梅花　王晋元作
昆明　云南人民出版社 1978 年 53cm（4 开）
定价：CNY0.06
　　作者王晋元（1939—2001），国画家。生于河北乐亭，毕业于中央美术学院中国画系，师承叶浅予、李苦禅、郭味蕖、田世光教授。曾任云南省美术家协会主席、文联副主席、云南画院院长、中国美术家协会理事兼中国画艺术委员会委员、中国画研究院院务委员等职务。作品有《井冈杜鹃红似火》《猎》《舞龙蛇》，出版有《王晋元画选》等。

J0050056

梅山水库　陈达作
合肥　安徽人民出版社 1978 年 76cm（2 开）
定价：CNY0.11

J0050057

妹妹喜做光荣花　赵绍虎作
南京　江苏人民出版社 1978 年 76cm（2 开）
定价：CNY0.11
　　作者赵绍虎（1941—　），教授。号老戌，江苏镇江人，毕业于南京师范大学美术系。历任江苏大学艺术学院教授、中国美术家协会会员、镇江报社及江苏人民出版社美术编辑、江苏大学美术系主任、镇江市美术家协会副主席。代表作品有《荷风》《摩崖夕照》等。

J0050058

棉花丰收　李慕白作
石家庄　河北人民出版社 1978 年 76cm（2 开）
定价：CNY0.11

J0050059

勉励　张保亮作
太原　山西人民出版社 1978 年 76cm（2 开）
定价：CNY0.14

J0050060

苗家儿女热爱华主席　胡万卿，张雁碧作
长沙　湖南人民出版社 1978 年 76cm（2 开）
定价：CNY0.14

J0050061

苗岭山下映山红　乌江河畔鱼米乡　巫子强
等作

贵阳　贵州人民出版社　1978 年　76cm（2 开）

定价：CNY0.14

　　作者巫子强（1939—　　），回族，生于云南
昆明。毕业于四川美术学院油画专业。历任铜
仁县文化馆馆长、铜仁县文化局局长、铜仁地区
文联主席、贵州民族学院艺术系主任、贵州民族
学院副教授。作品有《日日夜夜》《无辜者》《小
鬼》等。

J0050062

明灯盏盏庆丰年　曾昭强，沈建合作

南京　江苏人民出版社　1978 年　76cm（2 开）

定价：CNY0.11

J0050063

木兰从军　（杨柳青年画）张锡武作

北京　人民美术出版社　1978 年　76cm（2 开）

定价：CNY0.14

　　作者张锡武（1927—　　），画家。字青松，河
北河间人。历任天津国画研究所副所长、天津杨
柳青画社副编审、中国美术家协会会员等。代表
作品《淀上渔歌》《李时珍问药图》，出版有《张
锡武画选》《牡丹的画法》等。

J0050064

木兰从军　（杨柳青年画）张锡武作

天津　天津杨柳青画店　1978 年　76cm（2 开）

定价：CNY0.14

J0050065

穆桂英大战洪州　赵静东作

天津　天津人民美术出版社　1978 年　76cm（2 开）

定价：CNY0.14

　　作者赵静东（1930—　　），人物画家，天津
人，毕业于中央美术学院。历任北京通俗读物出
版社编辑、天津人民美术出版社副编审。作品《中
华女儿经》《战斗的青春》《连心镇》《儿女风尘
记》等。出版有《赵静东人物画选》《五个儿童抓
特务》等。

J0050066

奶奶的喜悦　刘喜春作

沈阳　辽宁人民出版社　1978 年　76cm（2 开）

定价：CNY0.11

J0050067

难忘的会见　（胶印画轴）张煜，张福龙作

天津　天津杨柳青画店　1978 年　76cm（2 开）

定价：CNY0.28

　　作者张煜（1963—　　），国家二级美术师。字
文染，号八公山人，三痴斋主，安徽寿县人。历
任中国美术家协会会员、中国书法家协会会员、
安徽省直机关书画家协会创作部主任、安徽省
青年书法家协会常务理事、安徽省青年美术家
协会理事、安徽省书画院特聘画家、合肥市美术
家协会理事、合肥市书画院专职画家。作品《清
凉世界》《醉彩浓墨写秋山》《万壑泉声松外去》
等。代表作品有《张煜水墨画集》。作者张福龙
（1942—　　），画家。天津人。曾任天津杨柳青画
社、天津画院专业画家等职。主要作品有《毛主
席和青年农民》《杨柳春风》《山娃》等。

J0050068

难忘的时刻　杨晓晖作

南京　江苏人民出版社　1978 年　76cm（2 开）

定价：CNY0.14

　　作者杨晓晖（1942—　　），教授。江苏南通人。
毕业于南京师范大学美术系。任中国国画家协
会理事、南通大学艺术学院教授等职。代表作有
《百猫图》《万蝶图》《中国画的题款和钤印》等。

J0050069

难忘的岁月　尚德周作

上海　上海人民美术出版社　1978 年　76cm（2 开）

定价：CNY0.11

J0050070

霓虹灯下的哨兵　陈安禹编文；尹福康摄影

上海　上海人民美术出版社　1978 年　2 张（套）
76cm（2 开）定价：CNY0.22

　　作者尹福康（1927—　　），摄影家。江苏南京
人。曾任上海人民美术出版社副编审、上海市摄
影家协会副主席等职。主要作品有《烟笼峰岩》
《向荒山要宝》《晒盐》《工人新村》等。

J0050071

年画缩样　（1979）

郑州 河南人民出版社［1978 年］13×19cm

J0050072
年画缩样 （1979.1）
武汉 湖北人民出版社［1978 年］13×19cm

J0050073
年画缩样 （1979.2）
武汉 湖北人民出版社［1978 年］13×19cm

J0050074
年画缩样 （1979.1）
长春 吉林人民出版社［1978 年］13×19cm

J0050075
年画缩样 （1979.1）
南京 江苏人民出版社［1978 年］13×19cm

J0050076
年画缩样 （1979.2）
南京 江苏人民出版社［1978 年］13×19cm

J0050077
年画缩样 （1979）
呼和浩特 内蒙古人民出版社［1978 年］
13×19cm

J0050078
年画缩样 （1979.1）
昆明 云南人民出版社［1978 年］13×19cm

J0050079
年画缩样 （1979.2）
昆明 云南人民出版社［1978 年］13×19cm

J0050080
农村妇女谱新歌 黄恩涛等作
上海 上海人民美术出版社 1978 年 76cm（2 开）
定价：CNY0.11
　　作者黄恩涛（1948—　），山东济宁人。毕业于山东艺术学院美术系。历任山东省巨野县文化馆馆长、文联副主席、研究馆员，中国书画协会会员，中国美术家协会会员，国家一级美术师，中国人物画艺术委员会委员，中国连环画、插图艺术委员会委员。主要作品有《红色喇叭家

响》《社社队队粮满仓》《我是工地点炮手》。

J0050081
农忙托儿所 陈烈作
成都 四川人民出版社 1978 年 76cm（2 开）
定价：CNY0.11

J0050082
农业庆丰收 工业传喜报 冯长江作
太原 山西人民出版社 1978 年 2 张（套）
53cm（4 开）定价：CNY0.14

J0050083
农业学大寨 工业学大庆 廖正华作
长沙 湖南人民出版社 1978 年 76cm（2 开）
定价：CNY0.11
　　作者廖正华（1946—　），画家。湖南益阳人，结业于浙江美术学院国画系。现任湖南省美术家协会理事、湖南省连环画艺术委员会副主任、湖南省益阳市美术家协会主席、湖南益阳群众艺术馆副研究馆员、益阳市美术家协会主席。主要作品《边城》《万朵花开四月八》《醉乡》《芙蓉镇》等作品。

J0050084
农业学大寨 普通大寨县 范凤岭等作
合肥 安徽人民出版社 1978 年 76cm（2 开）
定价：CNY0.14

J0050085
普通一兵 戈跃作
哈尔滨 黑龙江人民出版社 1978 年 76cm（2 开）
定价：CNY0.11

J0050086
普通一兵 戈跃作
北京 人民美术出版社 1978 年 76cm（2 开）
定价：CNY0.14

J0050087
期望 韩喜增作
石家庄 河北人民出版社 1978 年 76cm（2 开）
定价：CNY0.14，CNY0.75（胶印画轴）

J0050088
期望　毛文彪作
长春　吉林人民出版社　1978 年　38cm（6 开）
定价：CNY0.04

J0050089
期望　毛文彪作
沈阳　辽宁人民出版社　1978 年　53cm（4 开）
定价：CNY0.06

J0050090
气垫船载来科学考察队　孟咸昌等作
上海　上海人民美术出版社　1978 年　76cm（2 开）
定价：CNY0.11

J0050091
千秋万代高唱东方红　五湖四海齐颂华主席　刘贵友作
武汉　湖北人民出版社　1978 年　76cm（2 开）
定价：CNY0.11

J0050092
千万个雷锋在成长　高顺康，吴德荣作
南京　江苏人民出版社　1978 年　4 张（套）
53cm（4 开）定价：CNY0.22

J0050093
前程似锦　万象更新　谭尚忍作
上海　上海人民美术出版社　1978 年　2 张（套）
53cm（4 开）定价：CNY0.11
　　作者谭尚忍（1940— ），上海人。上海美术家协会和上海摄影家协会会员、上海人民美术出版社副编审。作品有《儿童武书》《民族英雄岳飞》等。

J0050094
前程似锦重任在肩——周总理鼓励我们搞革新　金铭作
上海　上海人民美术出版社　1978 年　76cm（2 开）
定价：CNY0.14

J0050095
前方打了大胜仗　陈全胜作
北京　人民美术出版社　1978 年　76cm（2 开）
定价：CNY0.14

　　作者陈全胜（1950— ），画家。出生于青岛，祖籍山东文登市。历任中国美术家协会理事、山东美术家协会副主席、国家一级美术师、山东美术家协会副主席、深圳大学艺术学院客座教授。代表作有连环画《辛弃疾》《梦中缘》等，特种邮票《三国演义》《聊斋志异》。

J0050096
亲切的关怀　丁振清作
成都　四川人民出版社　1978 年　76cm（2 开）
定价：CNY0.14

J0050097
亲切的教导殷切的期望　李自健作
长沙　湖南人民出版社　1978 年　76cm（2 开）
定价：CNY0.14

J0050098
清清渠水笑山坡　白文明作
上海　上海人民美术出版社　1978 年　76cm（2 开）
定价：CNY0.11

J0050099
清水塘　华拓作
合肥　安徽人民出版社　1978 年　76cm（2 开）
定价：CNY0.11
　　作者华拓（1940— ），国家一级美术师。河北景县人，江苏省国画院山水画研究所所长、中国美术家协会会员。出版有《华拓画集》《华拓画选》等。

J0050100
情意更比湖水深　罗承力作
兰州　甘肃人民出版社　1978 年　76cm（2 开）
定价：CNY0.14

J0050101
庆丰收　黄胄作
兰州　甘肃人民出版社　1978 年　76cm（2 开）
定价：CNY0.14
　　作者黄胄（1925—1997），画家、社会活动家、收藏家。字映斋，河北蠡县人。历任总政治部文化部创作员、中国画研究院副院长、中国美术家协会常务理事等。代表作品有《洪荒风雪》《巡逻图》等，出版有《黄胄书画论》《黄胄作品集》《黄胄谈艺术》等。

J0050102
庆丰收感谢共产党 迎佳节歌颂华主席　廖志惠，石俊生作
贵阳 贵州人民出版社 1978 年 76cm（2 开）
定价：CNY0.14

J0050103
庆功图　潘培德作
成都 四川人民出版社 1978 年 76cm（2 开）
定价：CNY0.14
　　作者潘培德（1938— ），画家。四川成都人。毕业于四川美术学院附中毕业。历任《四川画报》社美术编辑、记者，四川省群众艺术馆群众美术辅导，致力于民间木板年画（绵竹年画）的研究和创作。作品《康乐图》《印刷工人的心愿》《草地雷锋——札江》《赛龙舟》等。

J0050104
泉　张彤云，尹国良作
广州 广东人民出版社 1978 年 53cm（4 开）
定价：CNY0.07

J0050105
群芳争艳　（胶印画轴）张继馨作
天津 天津杨柳青画店 1978 年 4 幅（套）
定价：CNY1.10
　　作者张继馨（1926— ），花鸟画名家、美术教育家。又名馨子，江苏武进人。中央文史研究馆书画院研究员、江苏省文史研究馆馆员、中国美术家协会会员、江苏省花鸟画研究会顾问、苏州市职业大学艺术学院教授。作品有《草虫画谱》《鸟类画谱》等，著有《画事一得》《笔上参禅》《馨子砚语》《颠倒葫芦》。

J0050106
让苹果　陶琦作
天津 天津人民美术出版社 1978 年 76cm（2 开）
定价：CNY0.11
　　作者陶琦（1922—2002），女，连环画家。毕业于北平艺术专科学校。原中联书店、天津美术出版社画家，天津文史馆馆员。创作连环画有《我当上了学习小组长》。

J0050107
让我来算　马乐群作
上海 上海人民美术出版社 1978 年 76cm（2 开）
定价：CNY0.11
　　作者马乐群（1933— ），画家。上海人，曾在上海现代画室学习绘画及西洋美术史等。历任上海画片出版社年画创作员、上海美术出版社年画编辑。作品有《人民不允许浪费粮食的行为》《海防前线宣传员》《金杯红花传捷报》《激流勇进》等。

J0050108
人欢鱼跃　陈明作
上海 上海人民美术出版社 1978 年 76cm（2 开）
定价：CNY0.11

J0050109
人间正道是沧桑　（毛主席、周总理、朱委员长在庐山）吴云华作
沈阳 辽宁人民出版社 1978 年 76cm（2 开）
定价：CNY0.11
　　作者吴云华（1944— ），国家一级美术师。出生于黑龙江省，祖籍辽宁辽阳。毕业于鲁迅美术学院。中国美术家协会会员、中国油画学会理事、辽宁省美术家协会副主席、辽宁画院副院长。代表作品油画《采铜尖兵》《粮官奶奶》《1976 年唐山》等，国画《我该是中国的一部分·斯诺》等，创作油画作品《抗美援朝跨过鸭绿江》。画作《萌》获首届体育美展铜奖并被中国奥委会收藏。出版有《吴云华油画自选集》。

J0050110
人民的战士　白仁海，言师中作
上海 上海人民美术出版社 1978 年 76cm（2 开）
定价：CNY0.11

J0050111
人民的总理　曾道宗作
西宁 青海人民出版社 1978 年 76cm（2 开）
定价：CNY0.14

J0050112
人民军队党指挥　许宝中，李泽浩作
北京 人民美术出版社 1978 年 76cm（2 开）
定价：CNY0.14
　　作者许宝中（1937— ），画家。山东莘县人。毕业于鲁迅美术学院油画系。擅长油画。

曾任中国人民军事博物馆美术创作室主任。代表作品有《战友》(合作)《把一切献给党》《青春年代》等。作者李泽浩(1939—)，画家、教授。辽宁辽中县人。毕业于鲁迅美术学院并留校任教。历任油画系党支部书记、美术教育系主任、学位委员会副主席、教授、中国高等院校美术教育研究会副理事长，中国美术家协会会员，辽宁省家美术家协会常务理事。作品有《垦区新兵》《第二次大沽口之战》《民族魂·聂耳·冼星海》等，出版《李泽浩画集》。

J0050113
三打白骨精 甘武炎作
南宁 广西人民出版社 1978年 76cm(2开)
定价：CNY0.14

J0050114
三打白骨精 赵宏本，钱笑呆作
上海 上海人民美术出版社 1978年 2张(套)
76cm(2开) 定价：CNY0.22
　　作者赵宏本(1915—2000)，连环画家。号赵卿，又名张弓，生于上海，原籍江苏阜宁。历任中国美术家协会会员、中国美术家协会上海分会常务理事、中国连环画研究会副会长。主要作品有《孙悟空三打白骨精》《水浒一百零八将》《小五义》《七侠五义》等。作者钱笑呆(1912—1965)，连环画名家。祖籍江西，出生于江苏阜宁。原名爱荃。曾为上海锦章书局创作连环画，后任上海新华美术出版社、上海人民美术出版社连环画创作员。代表作有《青楼泪》《红楼梦》《洛阳桥》等。

J0050115
三军过后尽开颜 艾轩作
长春 吉林人民出版社 1978年 53cm(4开)
定价：CNY0.07

J0050116
三军过后尽开颜 艾轩作
长春 吉林人民出版社 1978年 38cm(6开)
定价：CNY0.04

J0050117
山城晓雾 李维康作
哈尔滨 黑龙江人民出版社 1978年 76cm(2开)
定价：CNY0.11

J0050118
山东潍坊年画
济南 山东人民出版社 1978年 60幅
25cm(16开) 统一书号：8099.1671
定价：CNY6.00

J0050119
山高情深 郑新雨作
沈阳 辽宁人民出版社 1978年 76cm(2开)
定价：CNY0.11

J0050120
山花烂漫时 赵友萍，李天祥作
哈尔滨 黑龙江人民出版社 1978年 1张
76cm(2开) 定价：CNY0.14
　　作者赵友萍(1932—)，女，油画家。黑龙江依兰人。历任中央美术学院教授、中国美术家协会会员、中国油画学会理事、中国人民大学徐悲鸿艺术学院副院长等。作品有《代表会上的妇女委员》《山花烂漫时》《路漫漫》等。

J0050121
山花烂漫时 李天祥，赵友萍作
沈阳 辽宁人民出版社 1978年 53cm(4开)
定价：CNY0.06

J0050122
山花烂漫时 赵友萍，李天祥作
上海 上海人民美术出版社 1978年 1张
76cm(2开) 定价：CNY0.14

J0050123
山花怒放 崔如琢作
广州 广东人民出版社 1978年 1张76cm(2开)
定价：CNY0.14

J0050124
山区旧貌变新颜 梁世雄作
广州 广东人民出版社 1978年 4张(套)
78cm(2开) 定价：CNY0.37
　　作者梁世雄(1933—)，画家。广东南海人，就读于广东省立艺术专科学校，毕业于华南文艺学院美术系。中国美术家协会会员、岭南画派研

究室主任、岭南画派纪念馆副董事长、广东省美
术家协会常务理事。代表作品有《归渔》《椰林
秋晓》《不尽长江滚滚流》等。

J0050125
韶山
上海　上海人民美术出版社　1978 年　1 张
76cm（2 开）定价：CNY0.10

J0050126
韶山灌区春常在　　姜堃作
长沙　湖南人民出版社　1978 年　1 张 76cm（2 开）
定价：CNY0.14

J0050127
韶山——红太阳升起的地方　　章育青作
上海　上海人民美术出版社　1978 年　1 张
76cm（2 开）定价：CNY0.11
　　作者章育青（1909—1993），画家。浙江慈溪
人。上海人民美术出版社年画专业画家。作品《上
海大世界》《元宵灯》《上海外滩》《南京长江大
桥》等。

J0050128
少年武术　　谷照恩，谷爱萍作
石家庄　河北人民出版社　1978 年　2 张（套）
76cm（2 开）定价：CNY0.22
　　作者谷照恩（1939—　），河北宁晋人。历任
石家庄日报社和建设报社美术编辑、河北少年儿
童出版社美术编辑。擅长连环画、插图。作品有
《棉花医生》《将军的末日》《鲤鱼洲的枪声》等。

J0050129
社会主义繁荣昌盛　伟大祖国兴旺富强　　郎
森作
昆明　云南人民出版社　1978 年　1 张 76cm（2 开）
定价：CNY0.11
　　作者郎森（1945—　），画家、教授。云南昆
明人。历任云南艺术学院美术系副教授、北京服
装学院工艺美术系教授、中国美术家协会会员。

J0050130
社会主义繁荣昌盛　伟大祖国兴旺富强　　郎
森作
昆明　云南人民出版社　1978 年　1 张 53cm（4 开）

定价：CNY0.06

J0050131
社员热爱华主席　　张晓飞作
南京　江苏人民出版社　1978 年　1 张 76cm（2 开）
定价：CNY0.14
　　作者张晓飞（1941—　），画家、工艺美术大
师。江苏吴县人。苏州桃花坞木刻年画社创作
室主任、苏州大学艺术学院兼职教授、苏州市美
术家协会副主席。代表作品有《水乡元宵》，出版
有《风山拾得画集》《彩图唐诗一百首》等。

J0050132
深山驮铃　　（藏族）文光裕作
成都　四川人民出版社　1978 年　1 张 76cm（2 开）
定价：CNY0.11

J0050133
神州九亿争飞跃　　金纪发作
上海　上海人民美术出版社　1978 年　1 张
107cm（全开）定价：CNY0.28

J0050134
神州展宏图　　蔡宏坡作
武汉　湖北人民出版社　1978 年　1 张 76cm（2 开）
定价：CNY0.11

J0050135
生机勃勃　　米春茂作
石家庄　河北人民出版社　1978 年　2 张（套）
76cm（2 开）定价：CNY0.22
　　作者米春茂（1938—　），一级美术师。生于
河北霸州。历任沧州市文联专业画家、中国美术
家协会会员、美术家协会河北分会会员、河北省
工艺美术学会常务理事、沧州市美术家协会理事
长。代表作品有《米春茂画集》《中国画自学丛
书——怎样画小动物》。

J0050136
胜利的节日　　郭绍纲，蚁美楷作
上海　上海人民美术出版社　1978 年　1 张
76cm（2 开）定价：CNY0.14
　　作者郭绍纲（1932—　），画家、艺术教育
家。曾用名享邑。北京昌平人，毕业于中央美术
学院和苏联列宾美术学院学习油画。历任武汉

中南美术专科学校教师，广州美术学院院长、教授。代表作《锻工像》《红帽姑娘》《牡丹盛开》等。作者蚁美楷(1938—　)，画家。广东澄海人，毕业于北京艺术师范学院。历任吉林艺术学院美术系教师，广州美术学院副教授。代表作品《打稻场上》《待鱼归》《炎黄子孙》等。

J0050137

胜利的节日　郭绍纲，蚁美楷作
天津　天津人民美术出版社　1978年　1张
76cm(2开)定价：CNY0.14

J0050138

狮舞　张咏作
武汉　湖北人民出版社　1978年　1张　76cm(2开)
定价：CNY0.11

J0050139

十五贯　金雪尘，李慕白作
上海　上海人民美术出版社　1978年　1张
76cm(2开)定价：CNY0.11
　　作者金雪尘(1904—1996)，画家。上海嘉定人。曾任上海图片出版社、上海人民美术出版社特约记者。代表作有《武松打虎》《春江花月夜》《金鱼舞》。

J0050140

十五贯　沈祖安配诗；池一平，钱予强摄影
杭州　浙江人民出版社　1978年　2张(套)
76cm(2开)定价：CNY0.28
　　作者沈祖安(1929—　)，编剧、曲艺作家、戏剧理论家。祖籍浙江诸暨。历任浙江省曲艺家协会副主席、中国说唱文艺学会理事、杭州市文化局艺术顾问、浙江京昆艺术剧院艺术顾问、浙江省政协诗书画之友社顾问、中国戏曲表演学会顾问等。著有《鉴湖女侠》《纵横谈艺录》《琵琶街杂记》《顾曲丛谈》《变与不变——沈祖安艺术论集》等。

J0050141

世上无难事　(胶印画轴)伍启中等作
天津　天津杨柳青画店　1978年　4幅(套)
76cm(2开)定价：CNY1.10
　　作者伍启中(1944—　)，画家，国家一级美术师。擅长国画。广东新会人。毕业于广州美

术学院附中。广东画院副院长、中国美术家协会会员、广东省美术家协会常务理事。曾任《广东画报》美术编辑。代表作品有《康有为》《浩气长存——孙中山》，国画《心潮逐浪高》《世上无难事》《新区故地》，油画《东方欲晓》等。

J0050142

试航　曹天舒作
郑州　河南人民出版社　1978年　1张76cm(2开)
定价：CNY0.11

J0050143

试航　忻礼良作
上海　上海人民美术出版社　1978年　1张
76cm(2开)定价：CNY0.11
　　作者忻礼良(1913—?)，浙江鄞县人。擅长年画。曾任上海画片出版社特约作者、上海人民美术出版社创作人员等职。代表作品有《毛主席和我们在一起》《姑嫂选笔》《拾到五分钱》等。

J0050144

试看天地翻覆　詹建俊作
石家庄　河北人民出版社　1978年　1张
53cm(4开)定价：CNY0.07
　　作者詹建俊(1931—　)，满族，油画家、教授。辽宁盖平人，毕业于中央美术学院彩墨系。历任中央美术学院教授、博士生导师，中国油画学会主席，中国美术家协会顾问，欧洲人文艺术科学院客座院士等。代表作品《高原的歌》《鹰之乡》，出版《詹建俊画集》。

J0050145

视察途中　张成思，潘树生作
沈阳　辽宁人民出版社　1978年　1张76cm(2开)
定价：CNY0.11

J0050146

手鼓舞　金雪尘作
天津　天津人民美术出版社　1978年　1张
76cm(2开)定价：CNY0.14

J0050147

书记这月又满勤　赵金鸽作
天津　天津人民美术出版社　1978年　1张
76cm(2开)定价：CNY0.14

J0050148

叔叔找来了　段秀苍作

石家庄　河北人民出版社　1978年　1张

76cm（2开）定价：CNY0.11

J0050149

双鹊迎春　刘学正作

哈尔滨　黑龙江人民出版社　1978年　1张

76cm（2开）定价：CNY0.11

J0050150

水果　胡善余作

杭州　浙江人民出版社　1978年　1张38cm（6开）

定价：CNY0.04

　　作者胡善余（1909—1993），油画家、教授。广东开平人，毕业于巴黎国立高等美术学院。历任杭州国立艺术专科学校、中央美术学院华东分院、浙江美术学院、中国美术学院教授。代表作品有《市场一角》《舞女》《工地一角》等。

J0050151

水利工地春意浓　崔五零作

郑州　河南人民出版社　1978年　1张76cm（2开）

定价：CNY0.11

J0050152

水面饲料养猪好　邹晓清等作

合肥　安徽人民出版社　1978年　1张76cm（2开）

定价：CNY0.14

J0050153

水乡对歌会　胡焕良等作

广州　广东人民出版社　1978年　1张76cm（2开）

定价：CNY0.14

J0050154

硕果献亲人　（杨柳青年画）赵金龙作

天津　天津杨柳青画店　1978年　1张76cm（2开）

定价：CNY0.14

J0050155

四季花卉　仲明等作

沈阳　辽宁美术出版社　1978年　2张（套）

76cm（2开）定价：CNY0.22

J0050156

四季花卉屏　郝进贤，王天一作

兰州　甘肃人民出版社　1978年　4张（套）

53cm（4开）定价：CNY0.28

　　作者郝进贤（1914—1993），别号鹤翁。甘肃兰州人。甘肃省工艺美术研究所工艺美术师。代表作品有《兴隆山太白泉》《古金城》《炳灵寺》《迎春》《牡丹》等。作者王天一（1926—　），古筝理论家、教育家。甘肃画院副院长、中国美术家协会会员、一级美术家。

J0050157

四季花卉屏　陈佩秋，陈贞馥作

上海　上海人民美术出版社　1978年　2张（套）

76cm（2开）定价：CNY0.22

　　作者陈佩秋（1922—　），女，现代中国画花鸟画画家。河南南阳人。字健碧，室名秋兰室、高华阁、截玉轩。毕业于国立艺术专科学校。历任上海大学美术学院兼职教授、上海中国画院画师、中国美术家协会会员。主要作品有《天目山杜鹃》《水佩风裳》《红满枝头》。

J0050158

四季花鸟　（春、夏、秋、冬）王庆升作

郑州　河南人民出版社　1978年　2张（套）

76cm（2开）定价：CNY0.22

J0050159

四季花鸟　裴玉林，张思淮作

太原　山西人民出版社　1978年　1张53cm（4开）

定价：CNY0.07

　　作者裴玉林（1943—　），国画家，高级美术师。山西襄汾人。中国美术家协会会员、中国文联牡丹书画艺术委会国画研究室主任、山西省美术家协会理事、美术研究会副会长、花鸟画学会副会长、临汾市文联副主席、山西美术院特聘画师。代表作品《小雨留春》《秋高图》《硕果》《老藤不知秋萧萧》等。

J0050160

四季花鸟屏　王一鸣作

沈阳　辽宁人民出版社　1978年　2张（套）

76cm（2开）定价：CNY0.22

　　作者王一鸣（1945—2009），花鸟画家。辽宁盖州人。历任辽宁盖州市文联主席、高级工程师，

中国美术家协会会员。

J0050161
四季如春　徐德隆作
合肥　安徽人民出版社　1978年　2张（套）
76cm（2开）定价：CNY0.28

J0050162
松鼠　郑珖作
西安　陕西人民出版社　1978年　1张53cm（4开）
定价：CNY0.07

J0050163
送金匾　张万夫，苗佳硕作
天津　天津人民美术出版社　1978年　1张
76cm（2开）定价：CNY0.14
　　作者张万夫（1939—　　），画家。河北怀来人，
毕业于天津美术学院。历任天津人民美术出版
社连环画编辑室编辑，画册编辑室主任、编审。
版画作品有《支援农业第一线》等，论著有《汉画
石、画像砖浅析》等。

J0050164
送子务农　徐艺麟，田希祖作
长沙　湖南人民出版社　1978年　1张76cm（2开）
定价：CNY0.11

J0050165
颂歌献给华主席　王久兴作
沈阳　辽宁人民出版社　1978年　1幅76cm（2开）
定价：CNY0.11

J0050166
颂歌献给华主席　戴仁等作
杭州　浙江人民出版社　1978年　1幅76cm（2开）
定价：CNY0.14
　　作者戴仁（1934—　　），浙江温州人。中国美
术家协会会员、浙江省美术家协会理事、浙江省
科普艺术协会理事。主要作品有连环画《三个勇
士》《棠棣之花》《胭脂》等。

J0050167
苏州园林　张晓飞作
南京　江苏人民出版社　1978年　1张76cm（2开）
定价：CNY0.11

作者张晓飞（1941—　　），画家、工艺美术大
师。江苏吴县人。苏州桃花坞木刻年画社创作
室主任、苏州大学艺术学院兼职教授、苏州市美
术家协会副主席。代表作品有《水乡元宵》，出版
有《风山拾得画集》《彩图唐诗一百首》等。

J0050168
孙悟空——大闹天宫　蒋铁峰作
昆明　云南人民出版社　1978年　1张76cm（2开）
定价：CNY0.11

J0050169
孙悟空三打白骨精　陕西省木偶剧团编；光
明等摄影
西安　陕西人民出版社　1978年　2张（套）
76cm（2开）定价：CNY0.28

J0050170
孙悟空三打白骨精　贝庚配诗；池一平等
摄影
杭州　浙江人民出版社　1978年　2张（套）
76cm（2开）定价：CNY0.28

J0050171
太华朝霞　曹文作
合肥　安徽人民出版社　1978年　1张76cm（2开）
定价：CNY0.11

J0050172
谈笑凯歌还　张崇政作
南京　江苏人民出版社　1978年　1幅76cm（2开）
定价：CNY0.14

J0050173
探姐姐　李建华作
上海　上海人民美术出版社　1978年　1张
76cm（2开）定价：CNY0.11

J0050174
桃李花香　（杨柳青年画）高学海作
天津　天津杨柳青画店　1978年　1张76cm（2开）
定价：CNY0.14

J0050175
桃李满天下　潘衡生作

哈尔滨　黑龙江人民出版社　1978年　1张 76cm（2开）定价：CNY0.11

作者潘薇生（1949—　），画家。上海人。历任黑龙江省京剧团美术设计、《剧作家》杂志美术编辑、中国美术家协会会员、黑龙江省美术家协会副主席。兼擅连环画、油画、水墨画。出版有《潘薇生油画作品精选》《美术家潘薇生》等。

J0050176
铁道小卫士　　刘志谋作
西安　陕西人民出版社　1978年　1张 76cm（2开）定价：CNY0.11

作者刘志谋（1939—　），陕西长安人，毕业于西安美术学院附中，于武功县文化馆从事美术创作与辅导工作。历任陕西省美术家协会会员，陕西省书法家协会会员，陕西省书画艺术研究院研究员、副院长，中国国学研究会研究员等。

J0050177
铁牛高歌传万里　　张福龙作
北京　人民美术出版社　1978年　1张 76cm（2开）定价：CNY0.11

作者张福龙（1942—　），画家。天津人。曾任天津杨柳青画社、天津画院专业画家等职。主要作品有《毛主席和青年农民》《杨柳春风》《山娃》等。

J0050178
同声歌唱　　李明媚，孙敬会作
北京　人民美术出版社　1978年　1张 76cm（2开）定价：CNY0.14

作者李明媚（1936—　），女，教授。字克平，笔名汇波，浙江宁波人。山东艺术学院教授。作品有《给咱添花》《同饮幸福水》《拳友》《流水寄深情》等，出版有《工笔人物画技法》《李明媚人物画选》《李明媚传统人物画专辑》等。作者孙敬会（1939—　），教授。字克齐，号生前生，山东艺术研究院中国绘画研究室主任。出版专著和画集有《写意人物画技法》《中国肖像画研究》《孙敬会人物画选》《孙敬会水浒人物全图》等。

J0050179
统帅夸咱本领强　　章毓霖作
南京　江苏人民出版社　1978年　1张 76cm（2开）定价：CNY0.11

作者章毓霖（1947—2006），生于南通市，历任江苏省美术家协会会员、南通市美术家协会理事、海安县美术家协会主席、海安书画院兼职画师。作品有《"北京人"下落不明》等。

J0050180
团结备战国富强　防病治病民安康　　金安群作
昆明　云南人民出版社　1978年　1张 76cm（2开）定价：CNY0.11

J0050181
团结胜利　　舒均欢作
天津　天津人民美术出版社　1978年　1张 76cm（2开）定价：CNY0.14

J0050182
吞吐江河水友谊连五洲　　朱旭作
南京　江苏人民出版社　1978年　1张 76cm（2开）定价：CNY0.11

J0050183
万里长空且为忠魂舞　　常玉昌，张桂芝作
哈尔滨　黑龙江人民出版社　1978年　1张 76cm（2开）定价：CNY0.11

J0050184
万里长空且为忠魂舞　　陈家骅作
武汉　湖北人民出版社　1978年　1张 76cm（2开）定价：CNY0.14

J0050185
万里长空且为忠魂舞　（1979年年历）袁丕海画
济南　山东人民出版社　1978年　1张 78cm（2开）定价：CNY0.30，CNY0.40（镶铁边）

J0050186
万象更新　连年有余　　沈中一作
郑州　河南人民出版社　1978年　1张 53cm（4开）定价：CNY0.06

J0050187
万紫千红　　金鸿钧作
太原　山西人民出版社　1978年　1张 76cm（2开）

定价: CNY0.14

作者金鸿钧(1937—)，教授、画家。别名爱新觉罗鸿钧，生于北京。历任中央美术学院中国画系教授、中国美术家协会会员、北京工笔重彩画会副会长。代表作品《生生不已》《石壁榕根》《叶落归根》《枝繁花盛》，出版有《牡丹画谱》《工笔花鸟画技法》《金鸿钧画集》等。

J0050188

万紫千红 (胶印画轴)金鸿钧作
天津 天津杨柳青画店 1978年 1轴
定价: CNY0.75

J0050189

万紫千红总是春 诸乐三等作
杭州 浙江人民出版社 1978年 1张 76cm(2开)
定价: CNY0.14

作者诸乐三(1902—1984)，书画篆刻家、艺术教育家。原名文萱、字乐三、号希斋，别署南屿山人。历任中国美术学院教授、研究生导师，西泠印社副社长，中国书法家协会名誉理事，中国美术家协会浙江分会副主席等。代表作《蜀葵》《红梅图》《九秋风露》等。

J0050190

伟大的榜样 杨力舟，王迎春作
太原 山西人民出版社 1978年 1张
107cm(全开) 定价: CNY0.28

J0050191

伟大领袖毛主席和周总理1950年视察哈尔滨车辆厂 祝林恩，刘亚民作
哈尔滨 黑龙江人民出版社 1978年 1张
76cm(2开) 定价: CNY0.14

J0050192

伟大领袖毛主席和周总理1950年视察桦林橡胶厂 郑小明，杨涤江作
哈尔滨 黑龙江人民出版社 1978年 1张
76cm(2开) 定价: CNY0.14

作者杨涤江(1949—)，画家。浙江绍兴人。于哈尔滨师范大学艺术系美术专业学习，擅长油画。曾任海宁市美术家协会主席。代表作品有《荒原情》《孤儿》《太行山上》《伟大的使命》等。

J0050193

伟大领袖毛主席和周总理接见铁人王进喜 于美成，郑新民作
哈尔滨 黑龙江人民出版社 1978年 1张
76cm(2开) 定价: CNY0.11

作者于美成(1943—)，壁画家、美术理论家。山东汶上人，毕业于哈尔滨师范大学。历任哈尔滨工业大学建筑学院教师、黑龙江省版画院副秘书长、中国美术家协会会员。壁画作品有《大唐册封渤海郡王》《鹤翔云应》《群峰竞秀》《欢乐歌》，著有《壁画与壁画创作》《广告与传媒》《晁楣论》等。

J0050194

我爱祖国的蓝天 黄振永作
沈阳 辽宁人民出版社 1978年 1张 76cm(2开)
定价: CNY0.11

作者黄振永(1930—)，四川成都人。擅长宣传画、年画。曾在空军美术训练班学习。历任沈阳军区美术创作员、成都军区空军政治部创作员。作品有《我爱祖国的蓝天》，年画《幽谷飞瀑》《海之歌》等。

J0050195

我擦大炮打豺狼 牛晓林作
兰州 甘肃人民出版社 1978年 1张76cm(2开)
定价: CNY0.14

J0050196

我的家乡尽是宝 刘绍昆作
南宁 广西人民出版社 1978年 1张76cm(2开)
定价: CNY0.14

J0050197

我们爱科学 程大利作
南京 江苏人民出版社 1978年 1张76cm(2开)
定价: CNY0.11

作者程大利(1945—)，书画家、编辑出版家、美术理论家。江苏徐州人。历任江苏美术出版社社长兼总编辑、副编审，中国美术家协会会员，江苏省国画院特邀画师，中国年画研究会常务理事等。主要作品有《曲尽箫笙息》《风云际会时》《闲云》《太行岂止铁壁高》《汉风流宕》等。

J0050198
我们爱科学 刘淑英作
太原 山西人民出版社 1978年 1张 76cm（2开）
定价：CNY0.14

J0050199
我们爱清洁 徐寄萍作
上海 上海人民美术出版社 1978年 1张
76cm（2开）定价：CNY0.11
　　作者徐寄萍（1919—2005），上海人。曾任上
海美术家协会会员、上海人民美术出版社特约年
画作者等职。主要作品有《帮妈妈做事》《学雷
锋做好事》《擦亮眼睛》等。

J0050200
我们的队伍向太阳 巫子强等作
贵阳 贵州人民出版社 1978年 1张 76cm（2开）
定价：CNY0.14
　　作者巫子强（1939—　　），回族，生于云南昆
明。毕业于四川美术学院油画专业。历任铜仁
县文化馆馆长、铜仁县文化局局长、铜仁地区文
联主席、贵州民族学院艺术系主任、贵州民族学
院副教授。作品有《日日夜夜》《无辜者》《小
鬼》等。

J0050201
我们队里的发明家 张和荣作
上海 上海人民美术出版社 1978年 1张
76cm（2开）定价：CNY0.11

J0050202
我们热爱共产党 我们热爱华主席 李炳
炎作
武汉 湖北人民出版社 1978年 1张 76cm（2开）
定价：CNY0.11

J0050203
我们热爱华主席 郭文涛作
兰州 甘肃人民出版社 1978年 1张 76cm（2开）
定价：CNY0.14

J0050204
我们热爱华主席 焦志广作
哈尔滨 黑龙江人民出版社 1978年 1张
76cm（2开）定价：CNY0.11

J0050205
我们热爱华主席 李冰作
西宁 青海人民出版社 1978年 1张 76cm（2开）
定价：CNY0.14

J0050206
我们热爱华主席 傅启中作
昆明 云南人民出版社 1978年 1张 53cm（4开）
定价：CNY0.06

J0050207
我们热爱华主席 傅启中作
昆明 云南人民出版社 1978年 1张 38cm（6开）
定价：CNY0.03

J0050208
我们热爱周伯伯 方梦雄作
广州 广东人民出版社 1978年 1张 76cm（2开）
定价：CNY0.14

J0050209
我们是华主席的好孩子 成励志作
南京 江苏人民出版社 1978年 1张 76cm（2开）
定价：CNY0.14

J0050210
我为革命学文化 韩兴业作
天津 天津人民美术出版社 1978年 1张
76cm（2开）定价：CNY0.14

J0050211
我为亲人选骏马 李永志作
沈阳 辽宁美术出版社 1978年 1张 76cm（2开）
定价：CNY0.11

J0050212
无限风光 于牧作
杭州 浙江人民出版社 1978年 1张 53cm（4开）
定价：CNY0.07

J0050213
西柏坡颂 钟长生，吴守明作
石家庄 河北人民出版社 1978年 2张（套）
76cm（2开）定价：CNY0.22
　　作者钟长生（1941—　　），畲族，画家。笔名

钟簴，浙江龙泉市人，毕业于浙江美术学院中国画系。历任河北画院专职画家、一级美术师、中国书法艺术研究院艺术委员会理事、国际诗词艺术家联合会理事、亚洲艺术科学院院士、河北省山水画研究会会长等职。代表作品《钟长生画选》《钟长生画集》。作者吴守明（1938—　　），书画家。河北滦县人，历任中国美术家协会会员、中国书法家协会会员、河北省山水画研究会会长。代表作品《黄河颂》《长城进行曲》等，出版有《山水画变革要述》《山水画构图》《吴守明画集》等。

J0050214
喜看铁牛满山坡　董本伟作
沈阳　辽宁美术出版社　1978年　1张76cm（2开）
定价：CNY0.11

J0050215
喜看新雏　徐元清等作
上海　上海人民美术出版社　1978年　1张
76cm（2开）定价：CNY0.11

J0050216
喜庆丰收　许睦琰作

广州　广东人民出版社　1978年　1张53cm（4开）
定价：CNY0.06

J0050217
喜售丰收果　谢慕莲作
上海　上海人民美术出版社　1978年　1张
76cm（2开）定价：CNY0.11

　　作者谢慕莲（1918—1985），画家。浙江余姚人。曾受聘为上海画片出版社和上海人民美术出版社特约年画作者，中国美术家协会会员。代表作有《李香君》《霸王别姬》《杨家十二女将》等。

J0050218
喜迎新春　唐丁华作
南京　江苏人民出版社　1978年　1张76cm（2开）
定价：CNY0.14

J0050219
峡谷新曲　齐兆凡作
石家庄　河北人民出版社　1978年　1张76cm（2开）
定价：CNY0.14，CNY0.75（胶印画轴）